W9-BVM-300

Preparación completa para el

GED

Steck Vaughn™

HOUGHTON MIFFLIN HARCOURT
Supplemental Publishers

www.SteckVaughn.com/AdultEd
800-531-5015

Fotografía: P.1 Andre Beckles; p.28 ©Hulton-Deutsch/Corbis; p.66 (Foto de Walter Anderson) Cortesía de PARADE; p.66 (libros, lápizes) ©Photodisc/Getty Images; p.156 ©Deborah Feingold/Corbis; p.200 ©Dee Marvin/AP Photo; p.288 (tomate) ©Corbis Royalty Free; p.288 (foto de Linda Torres-Winters) Reproducido con la autorización, the Rocky Mountain News; p.288 (salsa) ©Digital Studios; p.456 ©AP Photo/John Duricka; p.652 ©Reuters New Media, Inc./ Corbis.

ISBN 10:   1-4190-5334-5
ISBN 13: 978-1-4190-5334-4

5 6 7 8 0982 15 14 13 12

4500342393   DEFG

Contenido

Unidad 3 Estudios sociales 200

Unidad 4 Ciencias

Al estudiante

Abraham Rodríguez, Jr., autor galardonado y graduado de GED, dio el discurso de graduación de GED en la Universidad de la Ciudad de Nueva York (CUNY) en 1997.

Al decidir fomar las Pruebas de GED, ha dado un paso muy importante en su vida. Al momento de abrir este libro habrá tomado ya la segunda decisión más importante: dedicar su tiempo y esfuerzo a prepararse para las pruebas. Es posible que se sienta nervioso por lo que está por venir, lo cual es totalmente normal. Relájese y lea las siguientes páginas que le darán más información acerca de las Pruebas de GED.

¿Qué son las pruebas de GED?

Las Pruebas de GED abarcan cinco asignaturas que se estudian en la escuela superior. Estas cinco asignaturas son: Lenguaje y Redacción, Lenguaje y Lectura, Estudios Sociales, Ciencias y Matemáticas. No es necesario que usted sepa toda la información que normalmente se enseña en escuela superior; sin embargo, en las cinco pruebas se evaluará su capacidad para leer y procesar información, resolver problemas y comunicarse eficazmente. Algunos estados también piden una prueba sobre la Constitución de Estados Unidos o sobre el gobierno estatal. Pregunte en el centro de educación para adultos de su localidad si su estado exige esa prueba.

¿Quién suministra las pruebas de GED?

Las Pruebas de GED son las cinco pruebas que conforman el programa de Desarrollo Educativo General, GED (General Educational Development). El Servicio de Pruebas de GED del American Council on Education pone estas pruebas al alcance de todos aquellos adultos que no terminaron la escuela superior. Si pasa las Pruebas de GED, recibirá un certificado que se considera como el equivalente al diploma de la escuela superior. Los patronos de la industria privada y del gobierno, así como el personal de admisiones de instituciones de estudios superiores y universidades, aceptan el certificado de GED como si fuera un diploma de escuela superior.

¿Quiénes se presentan a las pruebas de GED?

Cada año más de 800,000 personas se presentan a las Pruebas de GED. De las personas que terminan todas las pruebas, el 70 por ciento recibe su certificado de GED. La *Preparación Completa de GED de Steck-Vaughn* lo ayudará a pasar las Pruebas de GED. Le proporciona lo siguiente: (1) instrucción y práctica de las destrezas que necesita aprobar; (2) práctica en preguntas de evaluación parecidas a las que encontrará en la Prueba de GED; (3) sugerencias para tomar las pruebas; (4) práctica para cronometrar las pruebas, y (5) tablas de evaluación que le ayudarán a llevar un control de su progreso.

¿Cómo se califican las pruebas de GED?

La tabla que aparece en la página 2 le da información sobre el contenido, el número de preguntas y el límite de tiempo para cada una de las pruebas de GED. Debido a que cada estado tiene requisitos distintos en cuanto al número de pruebas que se pueden tomar en un mismo día o período, consulte con su centro local de educación para adultos para averiguar los requisitos en su estado, provincia o territorio.

Pruebas de desarrollo educativo general, GED

Prueba	Áreas temáticas		Preguntas	Límite de tiempo
Lenguaje y Redacción, Parte I	Estructura de las oraciones Organización Uso Mecánica	30% 15% 30% 25%	50 preguntas	75 minutos
Lenguaje y Redacción, Parte II	Composición			45 minutos
Estudios sociales	Historia de Estados Unidos Historia del mundo Educación cívica y gobierno Economía Geografía	25% 15% 25% 20% 15%	50 preguntas	70 minutos
Ciencias	Ciencias biológicas Ciencias de la Tierra y del espacio Ciencias físicas	45% 20% 35%	50 preguntas	80 minutos
Lenguaje y Lectura	Textos de no ficción Textos literarios • Ficción en prosa • Poesía • Obra dramática	25% 75%	40 preguntas	65 minutos
Matemáticas	Números y operaciones Geometría Medidas y análisis de datos Álgebra	20-30% 20-30% 20-30% 20-30%	Parte I: 25 preguntas con uso opcional de una calculadora Parte II: 25 preguntas sin calculadora	90 minutos

Se le pedirá que responda preguntas extraídas de textos relacionados con el medio laboral o de consumo. Estas preguntas no requieren poseer conocimientos especializados, pero sí exigen que recurra a sus propias observaciones y experiencias personales.

En la Prueba de Lenguaje y Redacción se le pedirá detectar y corregir errores comunes dentro de un texto publicado en español y decidir la mejor manera de organizar un texto. En la sección de Composición de la Prueba de Redacción, deberá redactar una composición en la que dé su opinión o una explicación acerca de un sólo tema de cultura general.

En las Pruebas de Lenguaje y Lectura, Estudios Sociales y Ciencias se le pedirá que responda a preguntas mediante la interpretación de textos de lectura, diagramas, tablas, gráficas, mapas, caricaturas y documentos prácticos e históricos.

En la Prueba de Matemáticas tendrá que resolver una serie de problemas (muchos de ellos con gráficas) mediante el uso de destrezas básicas de cálculo, análisis y razonamiento.

Calificación en las Pruebas de GED

Después de terminar cada una las Pruebas de GED, recibirá la calificación correspondiente a esa prueba. Una vez que tome las cinco pruebas, se le dará su calificación total, la cual se obtendrá promediando todas las calificaciones. La calificación máxima que puede obtenerse en una prueba es 800. La calificación que debe obtener para aprobar la Prueba de GED varía dependiendo del lugar donde viva. Consulte con su centro local de educación para adultos para averiguar la calificación mínima para aprobar la Prueba de GED en su estado, provincia o territorio.

¿Adónde puede acudir para tomar las Pruebas de GED?

Las Pruebas de GED se ofrecen durante todo el año en Estados Unidos, en sus posesiones, en bases militares estadounidenses del mundo entero y en Canadá. Si desea obtener mayor información sobre las fechas y los lugares en que puede tomar estas pruebas cerca de su domicilio, comuníquese con la línea de ayuda de GED en el 1-800-62-MY-GED (1-800-626-9433 ó diríjase a una de las siguientes instituciones en su área:

- Centro de educación para adultos
- Centro de educación continua
- Institución de estudios superiores de su comunidad
- Biblioteca pública
- Escuela privada comercial o técnica
- Consejo de educación pública de su localidad

Además, tanto la línea de ayuda de GED como las instituciones antes mencionadas pueden darle información acerca de las identificaciones que deberá presentar, las cuotas que deberá pagar para tomar las pruebas, los materiales que necesitará para escribir y la calculadora científica que usará en la Prueba de Matemáticas de GED. Asimismo, revise las fechas en que cada institución ofrece las pruebas ya que aunque hay algunos centros de evaluación que abren varios días a la semana, hay otros que sólo abren los fines de semana.

Otros recursos de GED

- www.acenet.edu Éste es el sitio oficial del Servicio de Pruebas de GED, GEDTS. Para obtener información sobre las Pruebas de GED, simplemente seleccione los enlaces que hagan referencia a "GED" en este sitio.

- www.steckvaughn.com Seleccione el enlace "Adult Learners" (Estudiantes en la edad adulta) con el fin de saber más sobre los materiales que están disponibles para prepararse para las Pruebas de GED. Este sitio también proporciona otros recursos relacionados con la educación para adultos.

- www.nifl.gov/nifl/ Éste es el sitio del Instituto Nacional de Alfabetismo de Estados Unidos, NIL (National Institute for Literacy) y en él se proporciona información acerca de la enseñanza, las políticas federales y las iniciativas nacionales que afectan la educación para adultos.

- www.doleta.gov El sitio de la Administración para el Empleo y la Capacitación del Departamento del Trabajo de Estados Unidos (Department of Labor's Employment and Training Administration) ofrece información sobre programas de capacitación para adultos.

¿Por qué debe tomar las Pruebas de GED?

Un certificado de GED se reconoce ampliamente como equivalente de un diploma de escuela superior y puede ayudarle de las siguientes maneras:

Empleo

Las personas que han obtenido un certificado de GED han demostrado que están decididas a triunfar al seguir adelante con su educación. En muchos casos, los patronos no contratan a personas que no cuenten con un diploma de escuela superior o el certificado de GED. Los ascensos futuros y cambiar de empleo es más fácil para los graduados de GED.

Educación

Es posible que en muchas escuelas técnicas, vocacionales o en otros programas educativos le pidan un diploma de escuela superior o su equivalente para poder inscribirse. Las instituciones de estudios superiores y las universidades exigen un diploma de escuela superior o su equivalente.

Superación personal

Ahora tiene la oportunidad única de lograr una meta importante. Obtener un certificado de GED es una gran aspiración y el primer paso hacia otros objetivos educativos. Es una movida positiva para desarrollar todo su potencial.

Cómo usar este libro

- Empiece por hacer la Prueba preliminar de cada asignatura. Estas pruebas son idénticas a las pruebas verdaderas, tanto en formato como en duración y le darán una idea de cómo es la Prueba de GED. Luego, con la ayuda de la Tabla de análisis del desempeño en la prueba preliminar, que se encuentra al final de cada prueba, identifique las áreas en las que salió bien y las que necesita repasar. La tabla le dirá a qué unidades y números de página dirigirse para estudiar.

- Al estudiar, lea cuidadosamente las instrucciones y las sugerencias. Luego responda las preguntas y compruebe su trabajo en Respuestas y Explicaciones. Use el Repaso de GED y el Repaso de la Unidad para determinar si necesita repasar alguna de las lecciones antes de seguir adelante.

- Una vez que haya terminado el Repaso de la Unidad, use la Prueba simulada de GED. Esta prueba es idéntica a la verdadera Prueba de GED en formato y extensión. Esto le dará una idea de la prueba verdadera y si ya está listo para presentarla. La Tabla Simulada de Análisis de Desempeño le ayudará a darse cuenta si necesita repasar alguna lección antes de continuar.

- Puede hallar recursos adicionales como el Plan de Estudios de GED, el Formato de Autoevaluación de composiciones, las Listas de Verificación de Redacción y un Manual de Calculadora de GED en el Apéndice de recursos, en las páginas 882-903.

¿Qué necesita saber para aprobar las pruebas de GED?

Primera prueba: Lenguaje, Redacción, Parte I

Tiempo: 75 minutos con 50 preguntas

La Prueba de Lenguaje y Redacción de GED se divide en dos partes. La Parte I es una prueba de corrección y revisión en formato de opción múltiple y la Parte II es un ensayo.

En la Parte I leerá varios documentos de 12 a 22 oraciones de largo. Los textos incluyen documentos instructivos y documentos informativos. Lea siempre el pasaje completo antes de empezar a contestar las preguntas. Si hay errores, lo más seguro es que le harán preguntas sobre ellos. Lea todo el pasaje antes de responderlas. Algunas preguntas requieren que entienda el sentido del texto en su totalidad.

Áreas temáticas

Las preguntas de la Parte I de la Prueba de redacción cubren cuatro áreas generales de contenido: estructura de las oraciones, organización, uso y mecánica.

Estructura de las oraciones (30%) Tendrá que corregir errores de construcción de las oraciones: fragmentos de oraciones, oraciones seguidas y el uso de la coma. Esta área temática incluye también la corrección de errores en la estructura de las oraciones, como la subordinación incorrecta de ideas, los modificadores sin sujeto o mal colocados y la falta de estructura paralela.

Organización (15%) Se espera que usted reorganice las ideas de un párrafo, escoja una oración temática efectiva, elimine las ideas irrelevantes y unifique un documento.

Uso (30%) En el uso se incluye la utilización correcta de pronombres, sustantivos y verbos.

Mecánica (25%) Le pedirán que use convenciones estándares de puntuación, mayúsculas y ortografía. Se incluye el uso correcto de la coma en oraciones y también su uso excesivo. Las preguntas sobre ortografía se centran en las palabras parónimas, en las homófonas, en la acentuación y en otras palabras que generalmente provocan confusión.

Tipos de preguntas

Le pedirán que:

- Corrija oraciones de un pasaje que pude tener o no tener errores. En ellas se le pedirá que escoja la corrección adecuada para un error, o que escoja la opción "(5) no es necesario hacer correcciones".

- Revise la parte subrayada de una oración. La parte subrayada puede tener o no tener un error. Escogerá la mejor corrección o la opción (1) "correcta tal como está".

- Escoja maneras alternativas de presentar ideas. Estas preguntas ponen a prueba su destreza para reestructurar o combinar oraciones.

Primera prueba: Lenguaje, Redacción, Parte II, Composición

Tiempo: 45 minutos para un tema asignado de composición

En la Parte II de la Prueba de Lenguaje y Redacción le pedirán que escriba una composición. Una composición es una redacción que muestra el punto de vista del escritor sobre un tema determinado. Se le proporcionará un tema breve describiendo una situación y usted deberá dar su opinión o una explicación. Los temas son generales, por lo que usted podrá escribir la composición basándose en sus observaciones y sus experiencias personales.

Se le dará cierto tiempo para escribir una composición. En ese tiempo usted debe planear, escribir y corregir la composición. El folleto de la prueba incluirá papel de borrador para planear y dos hojas con líneas para la versión final. En las páginas 22 y 23 verá las instrucciones y una tarea que son representativas de la Parte II de la Prueba de redacción.

¿Cómo se califica la composición?

En la página 185 encontrará una muestra de la Guía de puntuación para composiciones de GED. Dos evaluadores entrenados asignan una puntuación a la composición juzgando cómo usted:

- enfoca y desarrolla los puntos principales;
- organiza la composición;
- desarrolla sus ideas usando ejemplos y detalles;
- demuestra un uso efectivo de las palabras; y
- usa correctamente la estructura de las oraciones, la gramática, la ortografía y la puntuación

Dos evaluadores asignarán una puntuación de entre 1 y 4 cada uno. Su puntuación total será el promedio de las dos puntuaciones. Una puntuación promedio de 1 ó 1.5 significa que debe repetir las dos partes de la prueba de Lenguaje. Si el promedio es 2 ó más alto, se aplica una fórmula para encontrar una puntuación combinada de las Partes I y II de la Prueba de Redacción.

Segunda prueba: Estudios sociales

Tiempo: 70 minutos con 50 preguntas

La Prueba de Estudios Sociales de GED evalúa su capacidad para comprender y usar la información correspondiente a los estudios sociales. Se le solicitará que piense en lo que está leyendo. Esta no es una prueba de conocimientos anteriores sobre estudios sociales.

Áreas temáticas

Las preguntas se han extraído de cinco áreas básicas de contenido de Estudios Sociales: historia de Estados Unidos, historia del mundo, educación cívica y gobierno, economía y geografía.

Historia de Estados Unidos (25%) Algunas preguntas incluyen pasajes de documentos históricos como la *Declaración de Independencia,* la Constitución de E.U.A, los *Federalist Papers* (El Federalista) y casos fundamentales del Tribunal Supremo.

Historia del mundo (15%) Leerá y responderá preguntas acerca de sucesos mundiales y cómo ha respondido la gente ante aquellos sucesos.

Educación cívica y gobierno (25%) Las preguntas comprenden la organización y funcionamiento del gobierno de Estados Unidos. Se incluirá por lo menos un documento práctico (por ejemplo una guía para el votante o un formulario de impuestos).

Economía (20%) Leerá acerca de productos y servicios, y cómo se usan y comercializan. Se utilizarán documentos prácticos como presupuestos y documentos laborales.

Geografía (15%) Esta área cubre las relaciones entre los individuos y el medio ambiente.

Tercera prueba: Ciencias

Tiempo: 80 minutos con 50 preguntas

La prueba de Ciencias de GED evalúa su capacidad de comprender e interpretar información científica presentada en textos o gráficas, como mapas, tablas o diagramas. Se le solicitará que piense en lo que está leyendo. Esta no es una prueba de conocimientos anteriores sobre ciencias.

Áreas temáticas

Las preguntas de la prueba de ciencias de GED cubre áreas generales de las ciencias, como ciencias biológicas, ciencias de la Tierra y del espacio y ciencias físicas.

Ciencias Biológicas (45%) Hallará temas como la célula, la herencia, la salud; funciones fisiológicas como la respiración y la fotosíntesis, y conducta e interdependencia de los organismos.

Ciencias de la Tierra y del espacio (20%) Los temas comprenden la estructura de la Tierra, sismos y vulcanología, el estado del tiempo y clima, y el origen y evolución de la Tierra, el Sistema Solar y el universo.

Ciencias Físicas (35%) Los temas comprenden los átomos, los elementos, los compuestos, la radiactividad, la materia, la energía, las ondas y el magnetismo.

El contexto de muchas de las preguntas de estas áreas temáticas refleja también los siguientes temas, de acuerdo a los requisitos de las Normas Nacionales de Educación en Ciencias: **Ciencias e investigación** (los principios que existen detrás del método científico, el razonamiento y los procesos científicos); **Ciencias y tecnología** (el uso de la tecnología en los procesos y descubrimientos científicos); **Unir conceptos y procesos** (conceptos complejos, como "uniformidad y cambio"); **Ciencias y perspectivas personales y sociales** (problemáticas contemporáneas, como la salud individual y social); **Historia y naturaleza de las ciencias** (perspectiva histórica de la búsqueda del conocimiento científico).

Tiempo: 65 minutos con 40 preguntas

La Prueba de Lenguaje y Lectura de GED se centra en evaluar cuán bien usted comprende y analiza lo que lee. Sus conocimientos de literatura no serán evaluados. Cada selección estará precedida de una "pregunta de propósito" que le ayudará a dirigir su lectura del texto.

Tipos de textos

- Dos selecciones de **no ficción** de 200 a 400 palabras cada una. Pueden ser textos informativos o persuasivos, reseñas críticas de las bellas artes o artes escénicas, y documentos empresariales.

- Tres selecciones de **prosa de ficción** de 200 a 400 palabras cada una. Generalmente son pasajes de novelas o cuentos. Habrá una selección escrita antes de 1920, una escrita entre 1920 y 1960 y una escrita después de 1960.

- Una selección de poesía de 8 a 25 versos.

- Una selección de **teatro** de 200 a 400 palabras.

Destrezas de razonamiento

Las pruebas de Estudios Sociales, de Ciencias y de Lectura de GED requieren que usted piense sobre la información de diferentes maneras. Para responder a las preguntas usted debe usar cinco tipos diferentes de destrezas de razonamiento: comprensión, aplicación, análisis, evaluación y síntesis.

Comprensión Las preguntas de comprensión requieren de una comprensión básica de la selección o de un fragmento de la selección. Miden la capacidad de reconocer un replanteamiento, una paráfrasis o un resumen, o de identificar lo que se insinúa en el texto.

Aplicación Las preguntas de aplicación requieren de la capacidad de usar la información y las ideas dadas o recordadas de una situación en un contexto nuevo. Debe saber cómo sustentar una generalización, principio o estrategia en un problema nuevo.

Análisis Las preguntas de análisis requieren de la capacidad de descomponer la información con el fin de sacar una conclusión, hacer una deducción, identificar elementos de estilo y estructura, identificar las relaciones de causa y efecto y reconocer suposiciones implícitas.

Evaluación Las preguntas de evaluación requieren que usted se forme juicios, saque conclusiones e identifique valores y creencias. También tiene que identificar el papel que juegan esos valores y creencias en la toma de decisiones.

Síntesis Las preguntas de síntesis requieren de la capacidad de unir elementos sueltos para formar un todo. Requieren de un análisis de la estructura general de un texto (por ejemplo: plantear un problema y dar la solución o comparar y contrastar), interpretar el tono, el punto de vista o el propósito generales de un texto, o integrar información dada con la información en el texto.

Quinta prueba: Matemáticas

Tiempo: 90 minutos con 25 preguntas en cada una de dos partes

La Prueba de Matemáticas de GED consiste de problemas tradicionales de matemáticas y problemas que se refieren al mundo real. Aproximadamente el 50% de la prueba incluye dibujos, diagramas, cuadros y gráficas. En la Parte I podrá usar una calculadora que le proporcionarán en el centro de evaluación.

Aproximadamente el 20% de la prueba consistirá en registrar su respuesta en una cuadrícula estándar o en una cuadrícula de coordenadas. Se incluyen instrucciones para el uso de estos formatos "alternativos".

Algunas preguntas le pedirán que muestre *qué pasos* seguiría para resolver un problema. Otras evaluarán conceptos matemáticos tales como razones y proporciones, estimaciones o fórmulas. Se le dará una hoja de fórmulas para cada parte de la prueba. Esa hoja contiene todas las fórmulas necesarias para realizar la prueba.

Áreas temáticas

Las preguntas de la prueba de matemáticas de GED cubren las siguientes áreas temáticas.

Números y operaciones (20-30%) Las preguntas de esta área temática evaluarán su capacidad de trabajar con problemas que usen números enteros, fracciones, decimales y porcentajes, y razones y proporciones. Usará números en diversas formas equivalentes, comparará números y sacará conclusiones. Relacionará operaciones aritméticas elementales entre sí, las usará en el orden adecuado y hará cálculos con la ayuda de la calculadora y sin ella.

Medidas y análisis de datos (20-30%) Las preguntas sobre medidas comprenden longitud, perímetro, circunferencia, área, volumen y tiempo. Debe estar familiarizado con el sistema tradicional de medidas de Estados Unidos y el sistema métrico.

Las preguntas relacionadas con el análisis de datos miden su capacidad de usar información en tablas, cuadros y gráficas. También se le puede pedir que calcule la media (promedio) la mediana, la moda o la probabilidad de que ocurra un suceso.

Álgebra (20-30%) Las preguntas de álgebra evalúan su comprensión de variables, expresiones algebraicas y ecuaciones. Algunas preguntas evalúan conceptos como los de raíz cuadrada, exponentes y notación científica. Otras preguntas harán referencia a porcentajes, razones y proporciones. Unas cuantas preguntas serán sobre potencias y raíces, factorización, resolución de desigualdades, gráficas de ecuaciones y calcular la pendiente de una recta. Las preguntas de álgebra también valoran sus conocimientos acerca del plano de coordenadas y pares ordenados. El nuevo formato alternativo de respuestas en cuadrícula le pide marcar sus respuestas rellenando los círculos correspondientes a la posición en la que se ubica un par ordenado.

Geometría (20-30%) Las preguntas de geometría comprenden rectas y ángulos, círculos, triángulos, cuadriláteros y la medición indirecta. Utilizará las operaciones aritméticas elementales para calcular los valores de ángulos y segmentos de rectas. Algunas preguntas requieren comprender los conceptos de congruencia, semejanza y el teorema de Pitágoras.

Cómo prepararse para las pruebas de GED

Cualquier persona que desee prepararse para tomar las Pruebas de GED puede asistir a las clases que se imparten con este fin. La mayoría de los programas de preparación ofrecen instrucción individualizada y asesores que pueden ayudarle a identificar las áreas en las que puede necesitar ayuda. También hay muchos centros de educación para adultos que ofrecen clases gratuitas en horarios matutino o vespertino. Estas clases por lo general son informales y le permiten trabajar a su propio ritmo y en compañía de otros adultos que también están estudiando para tomar las Pruebas de GED. Si desea obtener mayor información sobre clases que se impartan cerca de su domicilio, consulte alguno de los recursos mencionados en la lista de la página 3.

Si prefiere estudiar por su cuenta, la *Preparación Completa para GED de ¬Steck-Vaughn* ha sido diseñada para guiar sus estudios a través de la enseñanza de destrezas y de ejercicios de práctica. Los Libros de Ejercicios para GED *¬Steck-Vaughn* y *www.gedpractice.com* también le suministran práctica adicional para cada prueba. Además de trabajar en destrezas específicas, podrá hacer las Pruebas de GED de práctica (como las que aparecen en este libro) para verificar su progreso.

Destrezas necesarias para tomar las pruebas

La *Preparación Completa para GED de Steck Vaughn* le servirá de ayuda para prepararse para las pruebas. Además, hay algunas maneras específicas en las que puede mejorar su desempeño en ellas.

Cómo responder a las preguntas de las pruebas

- Nunca vea superficialmente las instrucciones. Léalas con detenimiento para que sepa exactamente qué es lo que tiene que hacer. Si no está seguro, pregúntele al examinador si le puede explicar las instrucciones.
- Lea todas las preguntas detenidamente para asegurarse de que entiende lo que se le está preguntando.
- Lea todas las opciones de respuesta con mucha atención, aun cuando piense que ya sabe cuál es la respuesta correcta. Es posible que algunas de las respuestas no parezcan incorrectas a primera vista, pero sólo una será la correcta.
- Antes de responder a una pregunta, asegúrese de que el problema planteado contenga la información necesaria para sustentar la respuesta que elija. No se base en conocimientos que no estén relacionados con el contexto del problema.
- Conteste todas las preguntas. Si no puede encontrar la respuesta correcta, reduzca el número de respuestas posibles eliminando todas las que sepa que son incorrectas. Luego, vuelva a leer la pregunta para deducir cuál es la respuesta correcta. Si aun así no puede decidir cuál es, escoja la que le parezca más acertada.
- Llene la hoja de respuestas con cuidado. Para registrar sus respuestas, rellene uno de los círculos numerados que se encuentran a la derecha del número que corresponde a la pregunta. Marque solamente un círculo como respuesta a cada pregunta. Si marca más de una respuesta, ésta se considerará incorrecta.

- Recuerde que la Prueba de GED tiene un límite de tiempo. Cuando empiece la prueba, anote el tiempo que tiene para terminarla. Después, vea la hora de vez en cuando y no se detenga demasiado en una sola pregunta. Responda cada una lo mejor que pueda y continúe. Si se está tardando demasiado en una pregunta, pase a la siguiente y ponga una <u>marca muy leve</u> junto al número que corresponda a esa pregunta en la hoja de respuestas. Si termina antes de que acabe el tiempo, regrese a las preguntas que se saltó o de cuyas respuestas no estaba seguro y piense un poco más en las respuestas. <u>No olvide borrar cualquier marca extra que haya hecho</u>.
- No cambie ninguna respuesta a menos que esté completamente seguro de que la que había marcado está mal. Generalmente, la primera respuesta que se elige es la correcta.
- Si siente que se está poniendo nervioso, deje de trabajar por un momento. Respire profundamente unas cuantas veces y relájese. Luego, empiece a trabajar otra vez.

Técnicas de estudio

Estudie con regularidad

- Las distracciones pueden dañar su concentración. Explique a los demás por qué es importante que lo dejen solo durante el tiempo que le ha destinado al estudio.
- Busque un lugar cómodo para estudiar. Si no puede estudiar en su casa, vaya a una biblioteca. Casi todas las bibliotecas públicas cuentan con áreas de lectura y de estudio. Si hay alguna institución de educación superior o universidad cerca de su domicilio, averigüe si puede usar la biblioteca.

Organice sus materiales de estudio

- Guarde todos sus materiales en un sólo lugar para que no pierda tiempo buscándolos cada vez que vaya a estudiar.
- Asigne una libreta o carpeta para cada asignatura que esté estudiando. Las carpetas con funda son muy útiles para guardar hojas sueltas.

Lea con regularidad

- Consiga una tarjeta para la biblioteca. Vuélvase un visitante permanente. Las bibliotecas guardan todo tipo de materiales. ¿Tiene algún pasatiempo? Consulte la sección de revistas para buscar publicaciones de su interés. Si usted no está familiarizado con la biblioteca, pídale ayuda al bibliotecario.

Tome notas

- Desarrolle un sistema para tomar notas. Tal vez le baste con algunas palabras clave que le ayuden a recordar un concepto. Puede tomar notas en forma de preguntas y respuestas: *¿Cuál es la idea principal? La idea principal es...* Algunas personas prefieren esbozar sus ideas o anotarlas en cuadros o diagramas. El objetivo es escribir información importante de modo que usted la pueda recordar.

- Al leer, no se salte ninguna palabra desconocida. Mejor, trate de deducir el significado de esa palabra aislándola primero del resto de la oración. Lea la oración sin la palabra y trate de colocar otra palabra en su lugar. ¿El significado de la oración es el mismo?

- Si no sabe el significado de alguna palabra, consulte un diccionario. Busque la palabra mientras tenga el texto frente a usted, porque algunas palabras tienen más de un significado. Tal vez tenga que probar distintos significados de una misma palabra dentro del contexto hasta averiguar cuál es la mejor.

- Escriba una lista con nuevas palabras. Escriba sus definiciones en sus propias palabras.

Presentación de las pruebas

Antes de la prueba

- Si nunca ha estado en el centro de evaluación, vaya un día antes de presentarse a la prueba. Si se va a ir manejando, busque dónde puede estacionar su auto.

- Prepare todo lo que necesite para la prueba: su pase de admisión (en caso necesario), identificación válida, lápices del No. 2 con punta y goma de borrar, reloj, anteojos, chaqueta o suéter (por si hace frío) y algunos refrigerios para comer durante los recesos.

- Duerma bien. Si la prueba va a empezar temprano en la mañana, ponga el despertador.

El día de la prueba

- Desayune bien, vístase con ropa cómoda y asegúrese de tener todos los materiales que necesita.

- Trate de llegar al centro de evaluación 20 minutos antes de la prueba. De esta manera, tendrá tiempo adicional en caso de que, por ejemplo, haya un cambio de salón de último minuto.

- Si sabe que va a estar en el centro de evaluación todo el día, puede llevarse algo para comer. Si se ve en la necesidad de buscar un restaurante o esperar mucho tiempo a que lo atiendan, podría llegar tarde a la parte restante de la prueba.

LENGUAJE, REDACCIÓN, PARTE I

Instrucciones

La Prueba preliminar de Lenguaje y Redacción pretende medir su capacidad para usar un español claro y efectivo. La prueba no se refiere a la forma en que el idioma se puede hablar, sino a la forma en que se debe escribir.

Esta prueba consta de párrafos con oraciones numeradas. Algunas oraciones contienen errores, ya sea de estructura, uso o mecánica (ortografía, puntuación y uso de mayúsculas). Después de leer las oraciones numeradas, conteste las preguntas de selección múltiple que siguen. Algunas preguntas se refieren a oraciones que están escritas de manera correcta. La mejor respuesta para estas preguntas es la que no cambia la oración original. La mejor respuesta para otras preguntas es la que produce una oración que concuerda con el tiempo verbal y el punto de vista empleado en todo el texto.

Se le darán $37\frac{1}{2}$ minutos para contestar las 25 preguntas de esta prueba. Trabaje con cuidado, pero no dedique demasiado tiempo a una sola pregunta. Conteste todas las preguntas. Si no está seguro de una respuesta, responda de manera razonable por eliminación. No se descontarán puntos por respuestas incorrectas.

Cuando se agote el tiempo, ponga una marca en la última pregunta que haya contestado. Esto le servirá de guía para calcular si podrá terminar la verdadera Prueba de GED dentro del tiempo permitido. A continuación termine la prueba.

Ejemplo:

Oración 1: **Fue un honor para todos nosotros ser recibidos por el Gobernador Phillips.**

¿Qué corrección se debe hacer en la oración 1?

(1) cambiar Fue por Siendo
(2) añadir una coma después de Fue
(3) cambiar ser recibidos a recibirnos
(4) cambiar Gobernador a gobernador
(5) no se requiere hacer ninguna corrección

① ② ③ ● ⑤

En este ejemplo, la palabra gobernador debe ir en minúscula; por lo tanto, en la hoja de respuestas debería haber rellenado el círculo con el número 4 adentro.

Registre sus respuestas en una copia de la hoja de respuestas de la página 916. Asegúrese de incluir toda la información requerida en la hoja de respuestas.

Para marcar sus respuestas en la hoja de respuestas rellene el círculo con el número de la respuesta que considere correcta para cada una de las preguntas de la prueba.

No apoye la punta del lápiz en la hoja de respuestas mientras piensa en la respuesta. No haga marcas innecesarias en la hoja. Si decide cambiar una respuesta, borre completamente la primera marca. Rellene un solo círculo por cada respuesta: si señala más de un círculo, la respuesta se considerará incorrecta. No doble ni arrugue la hoja de respuestas.

Una vez terminada esta prueba, utilice la tabla de análisis del desempeño en la página 21 para determinar si está listo para tomar la verdadera Prueba de GED. Si no lo está, use la tabla para identificar las destrezas que debe repasar de nuevo.

Adaptado con el permiso del American Council on Education.

Instrucciones: Elija la respuesta que mejor responda a cada pregunta.

Las preguntas 1 a 9 se refieren al siguiente memorándum.

Memorándum

A: Los empleados de la Compañía Bell

De: Ana Sánchez, Directora de Relaciones con la Comunidad

Ref: Donación anual

(A)

(1) Este año nuestros empleados han reunido 120 regalos para la donación anual al hospital del niño. (2) El año pasado, no reunimos tantos regalos. (3) Han participado todos los departamentos, así que, ¡felicidades a todos! (4) Ahora estamos buscando al menos 10 voluntarios. (5) Los voluntarics van a envolver los regalos. (6) Es más rápido y más divertido con más gente. (7) Empezaremos a envolver los regalos el lunes a las 3 p.m.

(B)

(8) ¿Quieren llevar o repartir los regalos el martes? (9) Necesitamos sobre todo personas con camionetas furgonetas o camiones. (10) Incluso si no saben conducir, pueden ayudar a repartir los regalos en el hospital. (11) Si no han estado antes en el hospital infantil para ver la cara de los niños que reciben sus regalos, deberian sacar tiempo para hacerlo. (12) Ver cómo se iluminan sus ojos es una experiencia que olvidarán. (13) Por favor, apúntense antes del viernes, para que podamos organizar quién va a ir en cada carro. (14) ¡Bell Company y los niños del hospital les dan las gracias por su colaboración!

1. Oración 1: **Este año nuestros empleados han reunido 120 ragalos para la donación anual al <u>hospital del niño</u>.**

   ¿Cuál es la mejor forma de escribir la parte subrayada del texto? Si la redacción original es la mejor, escoja la opción (1).

   (1) hospital del niño
   (2) el hospital del Niño
   (3) Hospital del Niño
   (4) Hospital del niño
   (5) Ospital del Niño

2. Oración 2: **El año pasado, no reunimos tantos regalos.**

   Qué cambio se debe hacer en la oración 2?

   (1) sustituir la oración 2 con <u>Los organizadores de la colecta del año pasado no lo hicieron tan bien como nosotros.</u>
   (2) sustituir la oración 2 con El año que viene, intentaremos duplicar esta cifra.
   (3) trasladar la oración 2 a continuación de la oración 3
   (4) trasladar la oración 2 al final del párrafo A
   (5) eliminar la oración 2

3. ¿Qué cambio haría más efectivo el memorándum?

   (1) comenzar un nuevo párrafo con la oración 4
   (2) comenzar un nuevo párrafo con la oración 5
   (3) comenzar un nuevo párrafo con la oración 6
   (4) combinar los párrafos A y B
   (5) no es necesario hacer ningún cambio

4. Oraciones 4 y 5: **Ahora estamos buscando al menos 10 voluntarios. Los voluntarios van a envolver los regalos.**

   ¿Qué grupo de palabras es mejor para combinar las oraciones 4 y 5?

   (1) para envolver los regalos
   (2) que envuelven regalos
   (3) que envolverían los regalos
   (4) Ahora hay que envolverlos
   (5) para envolverlos

5. Oración 8: **¿Quieren llevar o repartir los regalos el martes?**

   ¿Con qué podemos sustituir la oración 8?

   (1) Necesitamos ayuda para el martes.
   (2) No nos olvidemos del martes.
   (3) ¿Pueden repartir regalos el martes?
   (4) El martes, necesitaremos ayuda para repartir los regalos.
   (5) Por supuesto, habrá que repartir los regalos.

6. Oración 9: **Necesitamos sobre todo personas con camionetas furgonetas o camiones.**

   ¿Cuál es la mejor forma de escribir la parte subrayada del texto? Si la redacción original es la mejor, escoja la opción (1).

   (1) camionetas furgonetas o camiones
   (2) camionetas, furgonetas o camiones
   (3) camionetas, furgonetas, o camiones
   (4) camionetas o furgonetas, y camiones
   (5) camionetas o, furgonetas, o, camiones

7. Oración 12: **Ver cómo se iluminan sus ojos es una experiencia que olvidarán.**

   ¿Qué cambio se debe hacer en la oración 12? Si la redacción original es la mejor, escoja la opción (5).

   (1) que nunca olvidarán
   (2) que siempre olvidarán
   (3) que olvidaron
   (4) que ya olvidarán
   (5) que olvidarán

8. Oración 13: **Por favor, apúntense antes del viernes, para que podamos organizar quién va en cada carro.**

   ¿Cuál es la mejor forma de escribir la parte subrayada del texto? Si la redacción original es la mejor, escoja la opción (1).

   (1) viernes, para que
   (2) viernes para que
   (3) viernes para, que
   (4) Viernes, para que
   (5) viernes. Para que

9. Oración 14: **¡Bell Company y los niños del hospital les dan las gracias por su colaboración!**

   ¿Qué cambio se debe hacer en laoración 14?

   (1) eliminar la oración 14
   (2) trasladar la oración 14 al final del párrafo A
   (3) trasladar la oración 14 al final del párrafo C
   (4) sustituir la oración 14 con Gracias.
   (5) no es necesario hacer ningún cambio

Las preguntas 10 a 17 se refieren al siguiente artículo.

Una mujer con distinciones

(A)

(1) Patricia Roberts Harris provenía de una familia humilde pero esto no fue un obstáculo para que lograra un gran nivel profesional. (2) Continuó con sus estudios después de graduarse en 1945 de la Universidad de Howard en Washington D.C. (3) Graduó en 1960 de la Escuela de Leyes de la Universidad George Washington. (4) Pocos años después fue nombrada codirectora del Comité Nacional Femenino por los Derechos Ciudadanos. (5) Luego fue embajadora de los Estados Unidos en Luxemburgo. (6) El entonces presidente Jimmy Carter la nombró en su gabinete. (7) Harris fue la primera mujer afroamericana en el gabinete de los Estados Unidos. (8) Sus puestos durante la presidencia de Jimmy Carter, fue secretaria de Vivienda y Planeamiento urbano y secretaria de salud, Educación y Bienestar Social. (9) Harris usó su posición para defender los derechos de los pobres, luchó por la justicia y la igualdad para todos los ciudadanos.

(B)

(10) En honor a su servicio público, una imagen de Harris aparecerá en una estampilla conmemorativa. (11) La estampilla forma parte de la prestigiosa serie Herencia Negra. (12) Esta serie, que honra a distinguidos afroamericanos, comenzaba en 1978 con la imagen de la abolicionista Harriet Tumban. (13) El gobierno de los Estados Unidos también honró a Harris al fundar un programa de becas que lleva su nombre. (14) El programa de becas Patricia Roberts Harris suministra becas de postgrado para mujeres calificadas y grupos minoritarios. (15) Muchas personas, que de otra manera no habrían podido continuar con sus estudios, se han beneficiado del programa. (16) Sus éxito rinden homenaje a la espectacular carrera de Harris.

10. Oración 1: **Patricia Roberts Harris provenía de una familia humilde pero esto no fue un obstáculo para que lograra un gran nivel profesional.**

Si se vuelve a redactar la oración 4 comenzando con:

Harris provenía de una familia humilde y aún así, la próxima palabra sería:

(1) logra
(2) está logrando
(3) logrará
(4) logró
(5) había logrado

11. Oración 3: **Graduó en 1960 de la Escuela de Leyes de la Universidad George Washington.**

¿Qué corrección se debe hacer en la oración 3?

(1) reemplazar Graduó en 1960 por En 1960, se graduó
(2) colocar una coma después de Escuela
(3) cambiar Leyes por leyes
(4) reemplazar Graduó en 1960 por Graduando en 1960
(5) no se requiere ninguna corrección

12. Oración 8: **Sus puestos, durante la presidencia de Jimmy Carter, fue secretaria de Vivienda y Planeamiento urbano y secretaria de Salud, Educación y Bienestar social.**

¿Qué corrección se debe hacer en la oración 8?

(1) sustituir Sus puestos por Los puestos de Patricia Roberts Harris
(2) eliminar la coma después de Carter
(3) cambiar fue por fueron
(4) eliminar la coma después de Salud
(5) no se requiere hacer ninguna corrección

13. Oración 9: **Harris usó su posición para defender los derechos de los pobres, luchó por la justicia y la igualdad para todos los ciudadanos.**

¿Cuál es la mejor forma de escribir la parte subrayada del texto? Si la redacción original es la mejor, escoja la opción (1).

(1) pobres, luchó por
(2) pobres y luchó por
(3) pobres luchó por
(4) pobres, ha luchado
(5) pobres, y luchará

14. Oración 10: **En honor a su servicio público, una imagen de Harris aparecerá en una estampilla conmemorativa.**

¿Cuál es la mejor manera de escribir la parte subrayada de la oración? Si la redacción original es la mejor, escoja la opción (1).

(1) aparecerá
(2) aparece
(3) ha aparecido
(4) estuvo apareciendo
(5) apareciendo

15. Oración 12: **Esta serie, que honra a distinguidos afroamericanos, comenzaba en 1978 con la imagen de la abolicionista Harriet Tubman.**

¿Cuál es la mejor manera de escribir la parte subrayada de la oración? Si la redacción original es la mejor, escoja la opción (1).

(1) comenzaba
(2) había comenzado
(3) está comenzando
(4) comenzará
(5) comenzó

16. Oración 16: **Sus éxito rinden homenaje a la espectacular carrera de Harris.**

¿Qué corrección se debe hacer en la oración 9?

(1) agregar s al final de éxito
(2) remplazar rinden por presenta
(3) escribir omenaje en lugar de homenaje
(4) remplazar Harris por Harris's
(5) no se requiere ninguna corrección

17. ¿Qué corrección mejoraría el estilo del artículo?

Comenzar un nuevo párrafo con:

(1) la oración 11
(2) la oración 12
(3) la oración 13
(4) la oración 14
(5) la oración 15

Las preguntas 18 a 25 se refieren a los párrafos siguientes.

Comprar un carro usado

(A)

(1) Hoy hay más opciones que nunca para comprar un carro usado. (2) Al un carro usado querer comprar, no está de más que lo inspeccione. (3) Los carros certificados han sido reacondicionados y generalmente viene con garantía. (4) Si quiere ver diferentes marcas y modelos puede visitar a un distribuidor de carros usados. (5) También puede comprar a la antigua leyendo los avisos clasificados y contactando personas. (6) No importa cómo decida buscarlo, nunca es bueno tener mucho cuidado al comprar un carro usado. (7) Examine el carro con cuidado y estudia las "leyes lemon" de su estado para evitar un fraude.

(B)

(8) Antes de ensayar un carro usado, inspecciónelo muy bien. (9) Busque señales de oxidación por debajo y examine las llantas. (10) Las llantas muy gastadas o con desgastes desigual pueden indicarle que el carro no ha sido bien mantenido. (11) Compruebe si los pedales están muy desgastados, esto le indicará que se ha utilizado mucho ese carro. (12) Las manchas de aceite debajo de un carro pueden indicar futuros problemas. (13) El exceso de aceite en el motor, también. (14) Revise el odómetro para verificar cuántas millas ha recorrido. (15) Si un carro viejo y gastado indica poco millaje pueden haber alterado el odómetro.

(C)

(16) Después de ensayar el carro, escuche el motor para asegurarse de que suene bien y asegúrese de que no huela a aceite quemado o refrigerante. (17) Finalmente, pídale a un mecánico de su confianza que revise el carro. (18) Si es cuidadoso, encontrará un carro usado económico y confiable.

18. Oración 2: **Al un carro usado querer comprar, no está de más que lo inspeccione.**

¿Cuál es la mejor manera de escribir la parte subrayada del texto? Si el original representa la mejor manera, escoja la opción (1).

(1) Al un carro usado querer comprar, no
(2) Al comprar un carro usado, no
(3) Cuando quiera comprar un carro usado, no
(4) ¿Quiere comprar un carro usado? No
(5) Queriendo comprar un carro usado, no

19. Oración 4: **Si quiere ver diferentes marcas y modelos puede visitar a un distribuidor de carros usados.**

¿Qué corrección se debe hacer en la oración 4?

(1) remplazar Si quiere por Si quieres
(2) colocar una coma después de modelos
(3) cambiar distribuidor por Distribuidor
(4) eliminar puede
(5) no se requiere ninguna corrección

20. Oración 6: **No importa cómo decida buscarlo, nunca es bueno tener mucho cuidado al comprar un carro usado.**

¿Cuál es la mejor forma de escribir la parte subrayada del texto? Si la redacción original es la mejor, escoja la opción (1).

(1) nunca es bueno
(2) nunca, es bueno
(3) siempre es bueno
(4) siempre, es bueno
(5) bueno

21. Oración 10: **Las llantas muy gastadas o con desgastes desigual pueden indicarle que el carro no ha sido bien mantenido.**

¿Cuál es la mejor forma de escribir la parte subrayada del texto? Si la redacción original es la mejor, escoja la opción (1).

(1) o con desgastes desigual
(2) o con desgaste desigual
(3) pero con desgastes desigual
(4) con desgastes
(5) no muestran desgastes

22. Oración 5: **Compruebe si los pedales están muy desgastados, esto le indicará que se ha utilizado mucho ese carro.**

¿Cuál es la mejor manera de escribir la parte subrayada del texto? Si el original representa la mejor manera, escoja la opción (1).

(1) desgastados, esto
(2) desgastados esto
(3) desgastados ya esto
(4) desgastados, y esto
(5) desgastados. Esto

23. Oraciones 12 y 13: **Las manchas de aceite debajo de un carro pueden indicar futuros problemas. El exceso de aceite en el motor, también.**

¿Qué grupo de palabras incluiría la mejor combinación de las oraciones 6 y 7?

(1) problemas y el exceso de aceite
(2) problemas pero también el exceso de aceite
(3) Una indicación de futuros problemas
(4) Las manchas de aceite debajo de un carro y el exceso de aceite
(5) Los futuros problemas los indican

Comprar un carro usado

(A)

(1) Hoy hay más opciones que nunca para comprar un carro usado. (2) Al un carro usado querer comprar, no está de más que lo inspeccione. (3) Los carros certificados han sido reacondicionados y generalmente viene con garantía. (4) Si quiere ver diferentes marcas y modelos puede visitar a un distribuidor de carros usados. (5) También puede comprar a la antigua leyendo los avisos clasificados y contactando personas. (6) No importa cómo decida buscarlo, nunca es bueno tener mucho cuidado al comprar un carro usado. (7) Examine el carro con cuidado y estudia las "leyes lemon" de su estado para evitar un fraude.

(B)

(8) Antes de ensayar un carro usado, inspecciónelo muy bien. (9) Busque señales de oxidación por debajo y examine las llantas. (10) Las llantas muy gastadas o con desgastes desigual pueden indicarle que el carro no ha sido bien mantenido. (11) Compruebe si los pedales están muy desgastados, esto le indicará que se ha utilizado mucho ese carro. (12) Las manchas de aceite debajo de un carro pueden indicar futuros problemas. (13) El exceso de aceite en el motor, también. (14) Revise el odómetro para verificar cuántas millas ha recorrido. (15) Si un carro viejo y gastado indica poco millaje pueden haber alterado el odómetro.

(C)

(16) Después de ensayar el carro, escuche el motor para asegurarse de que suene bien y asegúrese de que no huela a aceite quemado o refrigerante. (17) Finalmente, pídale a un mecánico de su confianza que revise el carro. (18) Si es cuidadoso, encontrará un carro usado económico y confiable.

24. Oración 15. **Si un carro viejo y gastado indica poco millaje pueden haber alterado el odómetro.**

    ¿Qué corrección se debe hacer en la oración 15?

    (1) cambiar gastado por gastar
    (2) cambiar indica por indicar
    (3) colocar una coma después de millaje
    (4) borrar la palabra odómetro
    (5) no se requiere ninguna corrección

25. Oración 16. **Después de ensayar el carro, escuche el motor para asegurarse de que suene bien y asegúrese de que no huela a aceite quemado o refrigerante.**

    ¿Qué corrección se debe hacer en la oración 16?

    (1) suene bien y huela a aceite quemado
    (2) suene bien, y asegúrese
    (3) suene bien y sin embargo asegúrese
    (4) suene bien. Asegúrese
    (5) no se requiere ninguna corrección

Tabla de análisis del desempeño en la Prueba preliminar
Lenguaje, Redacción

La siguiente tabla le servirá para determinar cuáles son sus puntos fuertes y débiles en las áreas temáticas y destrezas necesarias para aprobar la Prueba de Lenguaje y Redacción de GED. Consulte la sección Respuestas y explicaciones que empieza en la página 722 para verificar las respuestas de la Prueba preliminar. Luego, en la tabla, encierre en un círculo los números correspondientes a las preguntas de la prueba que haya contestado correctamente. Anote el número total de aciertos por área temática y por destreza al final de cada hilera y columna. Si respondió menos de 25 preguntas correctamente, mire el número total de respuestas correctas en cada hilera y columna. Determine cuáles son las áreas que más se le dificultan. Use como referencia las páginas señaladas en la tabla para estudiar esas áreas.

Tipo de pregunta / Área temática	Corrección	Revisión	Construcción	Número de aciertos	Números de páginas
Estructura de las oraciones					**68-95**
Oraciones/ Fragmentos de oraciones	11			____/1	68-71
Oraciones compuestas/ Combinar ideas				____/0	72-75
Ideas subordinantes				____/1	76-79
Oraciones seguidas/ Omisión de conjunciones coordinantes	22	9, 25	4	____/3	80-83
Modificadores	23			____/1	84-86
Estructura paralela		13		____/1	87-89
Organización					**96-113**
Estructura de los párrafos/ Unidad y coherencia	2			____/1	96-99
Oraciones temáticas			5	____/1	100-102
División en párrafos			3, 17	____/2	103-105
Transiciones				____/0	106-108
Uso					**114-131**
Concordancia entre el sujeto y el verbo	12	14		____/2	114-117
Participio y gerundio	8, 15		10	____/3	118-120
Tiempos verbales		21		____/1	121-123
Pronombres	7	20		____/2	124-127
Mecánica					**132-144**
Uso de mayúsculas	1			____/1	132-134
Comas	19, 24	6		____/3	135-137
Ortografía	16	18		____/2	138-141

Para obtener más ayuda vea *Steck-Vaughn GED Lenguaje, Redacción* y *GED Lenguaje, Cuaderno de redacción*

LENGUAJE Y REDACCIÓN, PARTE II

Tema e instrucciones para la composición

Mire el recuadro de la página siguiente. Adentro encontrará el tema que se le ha asignado y la letra que designa ese tema.

Escriba su composición SOLAMENTE sobre el tema asignado.

Tiene 45 minutos para redactar su composición sobre el tema que se le ha asignado. Si le sobra tiempo después de haber terminado la composición, puede volver a la sección de preguntas de selección múltiple. No entregue el folleto de la Prueba de Lenguaje y redacción hasta que haya terminado la Parte I y la Parte II.

Dos personas evaluarán su composición de acuerdo a la efectividad general de su redacción. La evaluación tomará en cuenta los siguientes puntos:

- enfoque de las ideas principales;
- claridad de la organización;
- desarrollo específico de las ideas;
- control de la estructura de las oraciones, puntuación, gramática, vocabulario y ortografía.

RECUERDE QUE DEBE TERMINAR TANTO LA SECCIÓN DE PREGUNTAS DE SELECCIÓN MÚLTIPLE (PARTE I) COMO LA COMPOSICIÓN (PARTE II) PARA QUE SU PRUEBA DE REDACCIÓN SEA CALIFICADA. A fin de no tener que repetir las dos secciones de la prueba, asegúrese de seguir las reglas siguientes:

- No deje hojas en blanco.
- Escriba de manera legible, usando tinta para evitar problemas en la evaluación.
- Escriba sobre el tema que se le ha asignado. Si no lo hace, su Prueba de Redacción no será calificada.
- Escriba la composición en las hojas con líneas del folleto de respuestas. Sólo se calificará lo que esté escrito en estas hojas.

¿Por qué la gente hace cosas dañinas, incluso cuando hay pruebas claras de que tales actividades les hacen mal?

Suministre razones en su composición sobre este comportamiento.

La Parte II es una prueba para determinar la forma en que usted utiliza el idioma escrito para explicar sus ideas.

Al preparar su composición, siga los siguientes pasos:

- Lea las **INSTRUCCIONES** y el **TEMA** cuidadosamente.

- Haga un plan antes de empezar a redactar. Use el papel de borrador para hacer apuntes. Estos apuntes se deben entregar, pero no se calificarán.

- Antes de entregar la composición, léala con cuidado y haga los cambios que crea que la pueden mejorar.

Su composición debe ser lo suficientemente larga como para desarrollar el tema adecuadamente.

Al terminar su composición, vea la página 724 de Respuestas y explicaciones para que califique su composición.

Adaptado con el permiso del American Council on Education.

Estudios Sociales

Instrucciones

La Prueba preliminar de Estudios Sociales evalúa sus conocimientos generales sobre Estudios Sociales.

Las preguntas se basan en lecturas breves o en un mapa, un gráfico, un cuadro, una tira cómica o una ilustración. Estudie la información que se proporciona y luego conteste las preguntas que siguen. Al contestar las preguntas, consulte la información dada cuantas veces considere necesario.

No debe demorarse más de 25 minutos para contestar las 25 preguntas de esta prueba. Trabaje con cuidado, pero no dedique demasiado tiempo a una sola pregunta. Asegúrese de haber contestado todas las preguntas. Si no sabe una respuesta, haga un razonamiento lógico y escoja una de las opciones. No se descontarán puntos por respuestas incorrectas. Cuando se agote el tiempo, ponga una marca en la última pregunta que haya contestado. Esto le servirá para calcular si podrá terminar la verdadera Prueba de GED dentro del tiempo permitido. A continuación, termine la prueba.

Registre sus respuestas en la hoja de respuestas de la página 917. Asegúrese de incluir toda la información requerida en la hoja de respuestas.

Para marcar sus respuestas, en la hoja de respuestas rellene el círculo con el número de la respuesta que considere correcta para cada una de las preguntas de la prueba.

Ejemplo:

Para asentarse, los primeros colonos de América del Norte buscaron lugares que tuvieran suficiente agua y acceso por barco. Por este motivo, muchas de las primeras ciudades fueron construidas cerca de

(1) bosques
(2) praderas
(3) ríos
(4) glaciares
(5) océanos   ① ② ③ ● ⑤

La respuesta correcta es ríos; por lo tanto, en la hoja de respuestas debe rellenar el círculo con el número 3.

No apoye la punta del lápiz en la hoja de respuestas mientras piensa en la respuesta. No haga marcas innecesarias en la hoja. Si decide cambiar una respuesta, borre completamente la primera marca. Rellene un sólo círculo por cada respuesta: si señala más de un círculo, la respuesta se considerará incorrecta. No doble ni arrugue la hoja de respuestas.

Una vez terminada esta prueba, utilice la Tabla de análisis del desempeño en la página 32 para determinar si está listo para tomar la verdadera Prueba de GED. Si no lo está, use la tabla para identificar las destrezas que debe repasar de nuevo.

Las preguntas 1 a 4 se refieren al texto y caricatura siguientes.

Cuando la Segunda Guerra Mundial estaba por terminar, se formó la Organización de las Naciones Unidas con la esperanza de evitar futuras guerras. Los organismos de la ONU ayudan a disminuir las tensiones mundiales proporcionando préstamos, alimento y otras contribuciones a los países que lo necesitan. Por lo general, se considera que han sido útiles la mayoría de los servicios de la ONU. No obstante, su rol en el mantenimiento de la paz ha causado más controversia. La ONU no tiene fuerzas armadas propias y corresponde a los países miembros proporcionarle tropas. A veces, la política internacional dificulta el trabajo de las fuerzas de paz de la ONU, como fue el caso cuando se enviaron las primeras fuerzas canadienses y francesas a Bosnia a principios de la década de 1990. Su misión era proteger a los musulmanes de Bosnia de las atrocidades que cometían contra ellos los serbios cristianos. Esta caricatura canadiense evalúa la eficacia de la misión para mantener la paz de la ONU.

¡CUIDADO, SERBIOS DE BOSNIA!… ¡ÉSTA ES LA ÚLTIMA OPORTUNIDAD DE BAJAR SUS ARMAS!

ONU

PURO AIRE ▶

© Malcolm Mayes/Artizans.com

1. Según el texto, ¿por qué se formó la Organización de las Naciones Unidas?

   (1) para poner fin a la Segunda Guerra Mundial
   (2) para hacer préstamos a los países miembros
   (3) para dar alimento a las víctimas de hambrunas
   (4) para promover la paz mundial
   (5) para proteger a los bosnios de la violencia

2. ¿Por qué se enviaron tropas de la ONU a Bosnia a principios de la década de 1990?

   (1) Los franceses y los canadienses estaban en guerra.
   (2) Los cristianos estaban atacando a los musulmanes.
   (3) Los musulmanes estaban atacando a los cristianos.
   (4) La ONU estaba reuniendo a su ejército.
   (5) La ONU estaba evitando una controversia.

3. ¿Qué situación de la vida real se parece más a la que representa la caricatura?

   (1) a comprar un rifle en una armería
   (2) a un nuevo tipo de proceso de peluquería
   (3) oír a una profesora amenazar con suspender a un alumno peleón, sin cumplirlo
   (4) ser asaltado por una banda de rufianes en una esquina cerca de su casa
   (5) ser arrestado injustamente por la policía por un delito que usted no cometió

4. ¿Cuál de las siguientes conclusiones está respaldada por la caricatura y el texto del pasaje?

   (1) Se debería poner fin a la ONU.
   (2) La ONU debería tener su propio ejército.
   (3) La ONU debería salir de Bosnia.
   (4) La ONU debería tener la capacidad necesaria para ejecutar sus misiones.
   (5) La ONU debería trasladar a los refugiados bosnios a Francia y Canadá.

Las preguntas 5 y 6 se refieren al siguiente pasaje y documento.

Vivir en Estados Unidos tiene muchas ventajas. Sin embargo, los beneficios más importantes de ser estadounidense van acompañados por, y dependen de, responsabilidades igualmente importantes.

Una responsabilidad importante es votar. Un motivo por el cual las personas no se registran para votar es que algunos estados utilizan las listas de registro de votantes para seleccionar a los candidatos que actuarán como jurado en un juicio. Otras personas no se molestan en registrarse. Sin embargo, mientras menos votantes haya, menos probable es que los líderes electos representen verdaderamente la voluntad del pueblo. Esto debilita la democracia y arruina nuestro sistema de gobierno.

CERTIFICADO DE REGISTRO DE VOTANTE CONDADO DE TRAMMS					Ciudad
Número de certificado 000000000	Género M	Válido desde 01/01/2001	Distrito escolar TISD	SMD 4	SALFP
Fecha de nacimiento 11/08/1962	Nº de distrito 220	hasta 12/31/2002			
Nombre y domicilio permanente: Michael B. Livens 5098 McMurtry Drive Salinas, KS 55678					
x Michael B. Livens					

5. ¿Qué valor importante para nuestro sistema político se sugiere por el requisito de que los votantes se deben registrar antes de poder votar?

(1) Las personas encargadas del gobierno tienen el control sobre la votación.
(2) En las elecciones debe votar la mayor cantidad posible de personas.
(3) En las elecciones sólo debe votar un pequeño número de personas.
(4) Sólo se debe autorizar para votar a las personas que cumplan con los requisitos.
(5) El sistema debe parecer democrático, aunque sólo permita que los ricos tengan el poder.

6. ¿A qué otro documento común se parece la tarjeta de registro de votante?

(1) a una tarjeta de crédito
(2) a una licencia de conducir
(3) a un acta de nacimiento
(4) a una tarjeta de vacunación
(5) a un certificado de seguro

Las preguntas 7 y 8 se refieren a la siguiente caricatura.

Colonos americanos en Boston protestan por los impuestos maltratando a un cobrador de impuestos.

7. ¿Qué detalle es el mejor indicio para concluir que el caricaturista simpatiza con el cobrador de impuestos?

(1) El cobrador de impuestos está frunciendo el ceño.
(2) El cobrador de impuestos está cubierto de plumas.
(3) Los bostonianos lo están rodeando.
(4) Los bostonianos se ven crueles.
(5) Los bostonianos usan sombreros negros.

8. ¿Qué valor cree usted que quiere inspirar el caricaturista?

(1) confianza en la democracia
(2) respeto por la ley
(3) respeto por los mayores
(4) autosuficiencia
(5) amor a la riqueza

Prueba preliminar • Estudios sociales

Las preguntas 9 a 11 se refieren al siguiente pasaje.

Un trabajador solitario tiene sólo una voz débil. Pero los trabajadores que hablan como grupo a través de un sindicato tienen una voz fuerte y poderosa. Cuando estos trabajadores amenazan con detener la producción mediante huelgas, su patrono se ve forzado a prestarles atención.

Para equilibrar el poder de una empresa y de sus trabajadores, el Congreso aprobó la ley de relaciones entre sindicatos y ejecutivos de 1947, la que hoy día se conoce mejor como la ley Taft-Hertley. Esta ley exige que los sindicatos negocien sus exigencias con los patronos para preparar de este modo el escenario para las negociaciones colectivas.

Las negociaciones colectivas son las discusiones entre los gerentes de las empresas y los dirigentes de los sindicatos que hablan de parte de los trabajadores de la empresa. Los dos grupos negocian e intentan llegar a un acuerdo en un contrato que fija los salarios y las condiciones laborales de los trabajadores. A menudo, ambas partes deberán ceder algo importante para ellos a fin de obtener algo que para ambos es de mayor interés.

Desde la década de 1930, las negociaciones colectivas han mejorado los salarios y los sueldos, los beneficios de salud y las vacaciones, las condiciones de trabajo y seguridad, y la responsabilidad de la empresa en peligros de accidente y salud. Si después de una negociación colectiva el sindicato y los ejecutivos no pueden llegar a un acuerdo en un contrato, el sindicato puede decidir ir a huelga. A menudo, la sola amenaza de huelga hará que los ejecutivos accedan a las demandas de los trabajadores. A veces, sin embargo, ni siquiera una huelga prolongada sirve para que los trabajadores logren su objetivo.

9. ¿Qué pasaría primero si una junta escolar no quisiera aumentar los sueldos de los profesores?

   (1) Los profesores se irían a huelga.
   (2) Los profesores sufrirían una reducción de sueldo.
   (3) Los profesores renunciarían.
   (4) La junta escolar cerraría las escuelas.
   (5) El sindicato de los profesores negociaría con la junta escolar.

10. ¿Cuál de los siguientes enunciados acerca de los sindicatos es una opinión?

   (1) Son demasiado poderosos.
   (2) Mejoran la vida de los trabajadores.
   (3) Se comprometen en negociaciones colectivas.
   (4) Dan a los trabajadores una voz en sus empleos.
   (5) Negocian acerca de la seguridad laboral y otros problemas.

11. ¿Qué valor está relacionado más fuertemente al uso de las negociaciones colectivas en la solución de conflictos laborales?

   (1) el poder
   (2) la riqueza
   (3) el control
   (4) el compromiso
   (5) la libertad

La pregunta 12 se refiere a la siguiente gráfica.

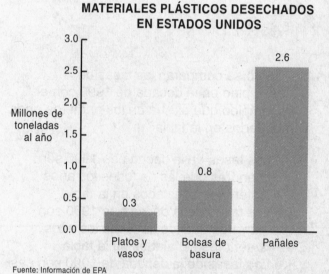

MATERIALES PLÁSTICOS DESECHADOS EN ESTADOS UNIDOS

Fuente: Información de EPA

12. ¿Cuál de los siguientes enunciados acerca de la vida en Estados Unidos se implica por la gráfica?

   (1) Los estadounidenses tienen demasiados hijos.
   (2) Los estadounidenses usan más platos y vasos plásticos que de otro tipo.
   (3) Los estadounidenses compran muchos artículos plásticos desechables.
   (4) Los estadounidenses no usan nada que sea hecho de plástico.
   (5) Los estadounidenses no están dispuestos a desechar nada.

Las preguntas 13 y 14 se refieren a la siguiente tabla.

Tasa de desempleo de la fuerza laboral de 1929 a 1943 y de 1986 a 2000			
Año	Desempleo	Año	Desempleo
1929	3.2	1986	7.0
1931	15.9	1988	5.5
1933	24.9	1990	5.6
1935	20.1	1992	7.5
1937	14.3	1994	6.1
1939	17.2	1996	5.4
1941	9.9	1998	4.5
1943	1.9	2000	4.1

13. De acuerdo con la tabla, ¿en qué año fue peor el desempleo?

(1) 1929
(2) 1933
(3) 1941
(4) 1992
(5) 1998

14. ¿Cómo se comparan las tasas de desempleo en la década de 1990 con el desempleo que existía en los primeros años mostrados en la tabla?

(1) Las tasas de la década de 1990 son menores que las de todos los años anteriores señalados en la tabla.
(2) Las tasas de la década de 1990 son mayores que las de todos los años anteriores señalados en la tabla.
(3) Las tasas de la década de 1990 son casi las mismas que las tasas en la década de 1930.
(4) Las tasas de la década de 1990 son menores que las tasas de la década de 1930.
(5) Las tasas de la década de 1990 son mayores que las tasas de la década de 1930.

La pregunta 15 se refiere al siguiente párrafo y fotografía.

En 1964, miles de estadounidenses se congregaron en Washington, D.C., en una marcha a favor de la igualdad de derechos civiles para todos los estadounidenses. En esta concentración, el Dr. Martin Luther King Jr. pronunció su famoso discurso "I Have a Dream" ("Tengo un sueño"). Como consecuencia del movimiento por los derechos civiles, se aprobaron leyes para asegurar que todas las personas en Estados Unidos tuvieran los mismos derechos fundamentales en cuanto al voto, la vivienda y la educación.

El Dr. Martin Luther King Jr. abogó por la protesta pacífica como medio para alcanzar justicia social.

15. ¿Qué se puede inferir sobre los derechos civiles fundamentales en Estados Unidos del párrafo y la fotografía anteriores?

(1) Todos los estadounidenses gozaban de los mismos derechos fundamentales.
(2) El movimiento por los derechos civiles atrajo a cientos de personas de todas las razas en Estados Unidos.
(3) A un gran número de estadounidenses se les negaron ciertos derechos civiles.
(4) Muchos estadounidenses participaron en las marchas por los derechos civiles.
(5) El movimiento por los derechos civiles influyó para que se aprobaran muchas leyes.

Las preguntas 16 y 17 se refieren al texto y mapa siguientes.

PRONÓSTICO PARA HOY

Seattle 45/36
Minneapolis 32/25
San Francisco 56/44
Chicago
Nueva York 49/38
Denver 58/33
Richmond 57/37
Los Ángeles 65/49
Dallas 74/60
Atlanta 68/56
Miami 73/63

○ Soleado
◑ Parcialmente nublado
● Nublado

Lluvia
Nieve
Frente frío

Predicción de temperaturas alta y baja 81/60

16. ¿Cuál de los siguientes enunciados está respaldado por la información del mapa?

(1) La temperatura en Denver no alcanzará el máximo esperado de 58°F.
(2) El cielo estará despejado durante varios días en el suroccidente.
(3) Se espera cielo nublado y temperatura máxima de 70 grados en Dallas hoy.
(4) Las carreteras resbalosas por la lluvia ocasionarán accidentes en Nueva York.
(5) Se esperan alertas de inundaciones repentinas en el área de Atlanta.

17. ¿Cuál es el efecto más probable del tiempo de hoy?

(1) La nieve retrasa los vuelos en el aeropuerto de Minneapolis.
(2) El sistema escolar de Denver cancela las clases debido a la nieve.
(3) La contaminación cierra las playas en el área de Los Ángeles.
(4) El esmog interrumpe los viajes aéreos en la ciudad de Nueva York.
(5) El huracán Alice amenaza a Miami y al resto del sur de Florida.

La pregunta 18 se refiere a la siguiente caricatura.

Como miembro del Congreso me siento profundamente ofendido...

...por todos los que afirman que los miembros de los grupos de presión...

...nos dicen lo que debemos hacer.

© Clay Bennett/North America Syndicate

18. ¿Cuál de las siguientes es una opinión expresada en esta caricatura?

(1) Los miembros del Congreso se presentan a sí mismos como independientes, aun cuando siguen los consejos de grupos de intereses especiales.
(2) Para ser elegidos, los miembros del Congreso deben conseguir dinero para financiar sus campañas.
(3) Los miembros de grupos de presión tratan de persuadir a los miembros del Congreso para que voten en una forma que favorezca los intereses de los grupos a los cuales representan.
(4) Muchos miembros del Congreso tienen personas encargadas de indicar a los legisladores lo que deben decir en sus discursos.
(5) La mayoría de los miembros del Congreso y de los miembros de grupos de presión son personas blancas de mediana edad.

19. En 1970 se creó la Administración Federal de la Seguridad y Salud Ocupacionales (OSHA) con el fin de reglamentar la seguridad en el lugar de trabajo. OSHA establece normas de seguridad, inspecciona los lugares de trabajo y sanciona a las empresas que violan las reglas de seguridad.

¿Cuál de los siguientes cambios resultó más factible con la creación de OSHA?

(1) más riesgos en el lugar de trabajo
(2) sueldos más altos para los trabajadores
(3) mejores condiciones de seguridad
(4) más huelgas por parte de los sindicatos
(5) menos trabajadores a tiempo parcial

Las preguntas 20 a 22 se refieren al siguiente pasaje.

Durante la Guerra de Independencia, los representantes de cada una de las trece antiguas colonias británicas se unieron para designar un nuevo gobierno nacional. Redactaron un acuerdo que llamaron Artículos de la Confederación. Según los Artículos, cada una de las trece colonias se convirtió en un estado independiente. Cada nuevo estado escribió su propia constitución que describía su propia forma de gobierno y los derechos fundamentales de sus ciudadanos. Estos derechos incluían la libertad de expresión, libertad de prensa, libertad religiosa y el derecho a un juicio con jurado.

En los Artículos de la Confederación, la unión entre los estados no era muy sólida. El país no poseía un verdadero gobierno nacional. Pronto hubo problemas inesperados que provocaron conflictos entre los estados. Algunos problemas surgieron debido a que los estados no tenían leyes uniformes sobre acuñar o manufacturar su moneda. Cada estado tenía el poder para cobrar tarifas (impuestos) por los bienes traídos desde otro estado. En 1787, muchos estadounidenses sentían que la nación necesitaba un nuevo plan de gobierno.

20. ¿Qué conclusión sobre los estadounidenses durante la guerra de la Independencia apoya este texto?
    Les importaba
    (1) estipular los derechos de los ciudadanos.
    (2) que todos los estados tuvieran las mismas leyes.
    (3) formar un nuevo gobierno central fuerte.
    (4) establecer buenas relaciones con los indios americanos.
    (5) establecer buenas relaciones con Gran Bretaña.

21. ¿Qué problemas podían surgir si los diferentes estados acuñaban cada uno su propia moneda?
    (1) Al país le podría faltar el metal precioso necesario para fabricar las monedas.
    (2) La gente de diferentes estados podría no ser capaz de identificar sus propias monedas.
    (3) Sería difícil para los estados con diferentes sistemas monetarios efectuar comercio.
    (4) Estados Unidos se podría quedar sin dinero por completo.
    (5) Algunos estados se podrían negar a comerciar con naciones fuera del continente.

22. ¿Cuál organización actual se parece más a Estados Unidos bajo los Artículos de la Confederación?
    (1) El Tratado de Libre Comercio de América del Norte (TLCAN), el cual fija reglamentos para formentar el comercio entre Estados Unidos, Canadá y México
    (2) La organización del Tratado del Atlántico Norte (OTAN), en la que Estados Unidos y otras naciones se ponen de acuerdo para defenderse en caso de ataque

    (3) El Interpol, que se preocupa de asegurar la cooperación entre las autoridades policiales de sus naciones miembros
    (4) El Fondo Monetario Internacional (FMI), que realiza préstamos con un fondo central para las naciones con problemas económicos.
    (5) La Organización de las Naciones Unidas, donde cada país se representa en una Asamblea General de naciones independientes.

La pregunta 23 se refiere a la siguiente gráfica.

GASTO FEDERAL POR CATEGORÍA, 1999

Fuente: Office of Management and Budget

23. ¿Qué parte de la gráfica incluiría los intereses pagados a las personas que compran bonos del gobierno?
    (1) Defensa nacional
    (2) Pagos directos a los estadounidenses
    (3) Donaciones a gobiernos estatales y locales
    (4) Todas las demás donaciones
    (5) Pago de intereses sobre la deuda nacional

La pregunta 24 se refiere al siguiente pasaje y documento histórico.

Nuestro sistema de gobierno otorga a las personas la facultad de trabajar abiertamente para lograr un cambio en el gobierno y en la sociedad que éste representa. La expresión más frecuente de dicho cambio se produce en las urnas el día de las elecciones. Sin embargo, algunos de los cambios más dramáticos y radicales se han producido en los tribunales.

Uno de los casos legales más importantes en la historia de Estados Unidos comenzó cuando Oliver Brown trató de inscribir a su hija, Linda, en una escuela primaria para niños de raza blanca en Topeka, Kansas. Él señaló que la escuela para niños blancos se ubicaba en su vecindario, mientras que la de niños negros, a la que su hija debía asistir, se encontraba al otro lado del pueblo. Cuando la junta escolar rechazó la solicitud de Brown, él presentó una demanda. El caso que se originó, "Brown contra la Junta de educación", pronto llegó al Tribunal Supremo de Estados Unidos.

En 1954, el Tribunal Supremo revocó la práctica de la segregación en las escuelas públicas. Esto anuló el antiguo principio de que era legal tener instalaciones separadas para afroamericanos y personas de raza blanca siempre que la calidad de ambas fuera similar. En la decisión el juez principal, Earl Warren, atacó la doctrina de "separados pero iguales":

Pasaje de *"Brown contra la Junta de educación"*
  "La segregación de los niños en las escuelas públicas basándose únicamente en la raza… ¿priva a los niños de grupos minoritarios de la igualdad de oportunidades de educación? Creemos que sí… Separarlos de los demás… únicamente debido a su raza genera un sentimiento de inferioridad… que tiene pocas probabilidades de ser corregido… En el campo de la educación pública, la doctrina de "separados pero iguales" no tiene vigencia. Las instalaciones para la educación separadas son inherentemente desiguales".

24. De acuerdo con el texto, ¿cómo cambiaron Linda y Oliver Brown la sociedad estadounidense?

(1) Dieron inicio al movimiento por los derechos civiles.
(2) Terminaron con la discriminación en Estados Unidos.
(3) Restablecieron el poder del Tribunal Supremo.
(4) Su caso llevó a solicitar que las escuelas públicas tuvieran integración racial.
(5) Su caso inspiró a más personas a utilizar los tribunales para trabajar por la justicia social.

La pregunta 25 se refiere al siguiente mapa.

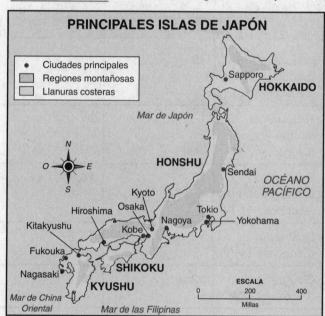

PRINCIPALES ISLAS DE JAPÓN

- Ciudades principales
- Regiones montañosas
- Llanuras costeras

25. ¿Qué conclusión sobre Japón está apoyada por este mapa?

(1) Las montañas más altas de Japón se encuentran en Hokkaido.
(2) Kyushu es la isla principal más pequeña de Japón.
(3) Hay menos granjas en las costas occidentales de las islas principales de Japón que en las costas orientales.
(4) La industria es más importante que la agricultura para la economía japonesa.
(5) Más japoneses viven en Honshu que en cualquiera de las demás islas.

Tabla de análisis del desempeño en la prueba preliminar
Lenguaje, Redacción

Las siguientes tablas le servirán para determinar cuáles son sus puntos fuertes y débiles en las áreas temáticas y destrezas necesarias para aprobar la Prueba de Estudios Sociales de GED. Consulte la sección Respuestas y explicaciones que empieza en la página 724 para verificar las respuestas que haya dado en la Prueba preliminar. Luego, en la tabla, encierre en un círculo los números correspondientes a las preguntas de la prueba que haya contestado correctamente. Anote el número total de aciertos por área temática y por destreza al final de cada hilera y columna. Vea el número total de aciertos de cada columna e hilera para determinar cuáles son las áreas y destrezas que más se le dificultan. Use como referencia las lecciones señaladas en la tabla para estudiar esas áreas.

Destreza de razonamiento / Área temática	Comprensión (Lecciones 1, 2, 7, 16, 18)	Análisis (Lecciones 3, 4, 6, 9, 10, 11, 12, 19)	Aplicación (Lecciones 14, 15)	Evaluación (Lecciones 5, 8, 13, 17, 20)	Números de aciertos
Historia de Estados Unidos (Lecciones 1-6)	**15**	**7**, 20, 21	22	**8**	____/6
Historia del mundo (Lecciones 7-10)	1	2	3	4	____/4
Educación cívica y gobierno (Lecciones 11-14)	23	**18**, 19, 24	6	5	____/6
Economía (Lecciones 15-17)	13	10, **14**	9	11	____/5
Geografía (Lecciones 18-20)	**12**	**16**	**17**	**25**	____/4
Número de aciertos	____/5	____/10	____/5	____/5	____/25

> 1–20 → Necesita repasar más.
> 21–25 → ¡Felicitaciones! ¡Ya está listo para GED!

Los **números en negrita** indican preguntas basadas en cuadros, gráficas, diagramas, fotografías y dibujos.

Para obtener más ayuda, vea _Steck-Vaughn GED Estudios Sociales_ y _GED Estudios Sociales, Cuaderno de ejercicios_.

CIENCIAS

Instrucciones

La Prueba preliminar de Ciencias consta de una serie de preguntas de selección múltiple destinadas a medir conceptos generales de las ciencias. Las preguntas se basan en lecturas breves que con frecuencia incluyen una gráfica, un cuadro o un diagrama. Primero estudie la información que se proporciona y luego conteste la pregunta o preguntas que le siguen. Al contestar las preguntas, consulte la información dada cuantas veces considere necesario.

No debe demorarse más de 40 minutos para contestar las 25 preguntas de la Prueba preliminar de Ciencias. Trabaje con cuidado, pero no dedique demasiado tiempo a una sola pregunta. Asegúrese de haber contestado todas las preguntas. Si no está seguro de una respuesta responda de manera razonable por eliminación. No se descontarán puntos por respuestas incorrectas.

Cuando se agote el tiempo, ponga una marca en la última pregunta que haya contestado. Esto le servirá de guía para calcular si podrá terminar la verdadera Prueba de GED dentro del tiempo permitido. A continuación, termine la prueba.

Registre sus respuestas en una copia de la hoja de respuestas de la página 918. Asegúrese de incluir toda la información requerida en la hoja de respuestas.

Para marcar sus respuestas, en la hoja de respuestas rellene el círculo con el número de la respuesta que considere correcta para cada una de las preguntas de la prueba.

Ejemplo:

¿Cuál de las siguientes es la unidad más pequeña en un ser vivo?

(1) tejido
(2) órgano
(3) célula
(4) músculo
(5) capilar

① ② ③ ● ⑤

La respuesta correcta es "célula", por lo tanto, en la hoja de respuestas debería haber rellenado el círculo con el número 3 adentro.

No apoye la punta del lápiz en la hoja de respuestas mientras piensa en la respuesta. No haga marcas innecesarias en la hoja. Si decide cambiar una respuesta, borre completamente la primera marca. Rellene un solo círculo por cada respuesta: si señala más de un círculo, la respuesta se considerará incorrecta. No doble ni arrugue la hoja de respuestas.

Una vez terminada esta prueba, utilice la Tabla de análisis del desempeño en la página 41 para determinar si está listo para tomar la verdadera Prueba de GED. Si no lo está, use la tabla para identificar las destrezas que debe repasar de nuevo.

Instrucciones: Elija la mejor respuesta que mejor responda a cada pregunta.

Las preguntas 1 a 3 se refieren al párrafo y diagrama siguientes.

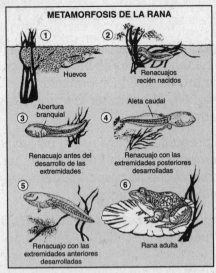

El ciclo de vida de la rana es un ejemplo de metamorfosis, proceso biológico por el cual los animales cambian de forma a medida que se desarrollan. El estado inmaduro de la rana, el renacuajo, cambia gradualmente hasta adquirir la apariencia de rana adulta. El renacuajo vive en el agua y respira a través de branquias, las cuales pierde a medida que crece para desarrollar pulmones. La rana adulta puede vivir en tierra gracias a su respiración pulmonar.

1. ¿Qué es la metamorfosis?

(1) el proceso reproductor de las ranas y de otros animales semejantes

(2) el proceso por el cual el estado inmaduro de un animal cambia al llegar a la etapa adulta

(3) el cambio de un organismo joven en adulto

(4) los cambios por los que pasa un organismo adulto al envejecer

(5) el proceso por el cual los renacuajos absorben el oxígeno del agua

2. ¿Cuál de los siguientes enunciados se asemeja más al crecimiento de un renacuajo hasta llegar a rana adulta?

(1) el crecimiento de un cachorro hasta llegar a ser un perro adulto

(2) el crecimiento de un niño hasta llegar a ser un adulto

(3) el crecimiento de un cordero hasta llegar a ser un carnero

(4) el crecimiento de una oruga hasta llegar a ser una mariposa

(5) el crecimiento de un polluelo hasta llegar a ser un pollo

3. ¿Cuál de los siguientes enunciados supone el autor que usted conoce?

(1) Todos los animales pasan por la metamorfosis.

(2) Todas las plantas pasan por la metamorfosis.

(3) Las diferentes características estructurales de los organismos les sirven para adaptarse a diferentes ambientes.

(4) Casi todos los huevos de rana, con el tiempo se convierten en ranas adultas.

(5) La metamorfosis se presenta en el ser humano.

La pregunta 4 se refiere a la siguiente gráfica.

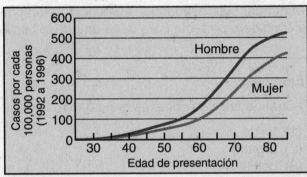

Fuente: Instituto National del Cáncer

4. "El cáncer de colon es una enfermedad que aparece sólo en los hombres". De acuerdo con la información que ofrece la gráfica, ¿por qué es ilógica esta afirmación?

(1) Muy pocas personas menores de 50 años padecen cáncer de colon.

(2) El cáncer de colon se observa casi en el mismo número de hombres que de mujeres.

(3) El número de mujeres que padecen cáncer de colon es mayor que el de hombres.

(4) El número de hombres jóvenes que padecen cáncer es menor que el de mujeres mayores.

(5) El número de hombres que mueren de cáncer pulmonar es mayor que el de los que mueren de cáncer de colon.

La pregunta 5 se refiere al siguiente diagrama.

ECLIPSE LUNAR

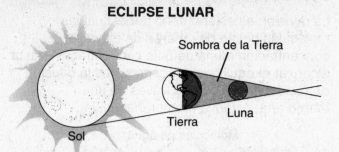

5. Un eclipse lunar ocurre cuando la Tierra se encuentra en una posición particular con respecto a la Luna. ¿Por qué es esta afirmación demasiado simple?
   (1) La posición de la Luna también es un factor que influye en un eclipse lunar.
   (2) Los eclipses lunares sólo ocurren durante los meses de primavera y otoño.
   (3) Los eclipses lunares no se pueden ver porque la Tierra gira alrededor del Sol.
   (4) Los eclipses lunares sólo son visibles por la noche.
   (5) La posición de la Tierra no influye en los eclipses lunares.

La pregunta 6 se refiere al siguiente diagrama.

MOLÉCULA DE AGUA (H_2O)

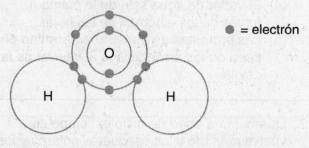

● = electrón

6. En un enlace covalente, cada átomo contribuye un electrón para formar el enlace. Por tanto, ¿cuántos electrones tenía el átomo de oxígeno antes de unirse mediante enlaces covalentes a los átomos de hidrógeno para formar una molécula de agua?
   (1) uno
   (2) dos
   (3) seis
   (4) ocho
   (5) diez

7. El Programa de Búsqueda de Inteligencia Extraterrestre, SETI (Search for Extraterrestrial Intelligence) explora el espacio con radiotelescopios en busca de evidencias de vida inteligente en forma de ondas de radio uniformes. Sin embargo, los científicos del SETI tienen problemas para la asignación de tiempo de uso en los radiotelescopios más grandes del mundo debido a que muchos en la comunidad científica consideran su proyecto como ciencia ficción y no investigación científica.

¿Cuál de los siguientes enunciados expresa una opinión sobre el SETI y no un hecho?
   (1) Algunos científicos buscan señales de inteligencia extraterrestre.
   (2) Los radiotelescopios reciben ondas de radio provenientes del espacio.
   (3) Las ondas de radio transmitidas por seres inteligentes pueden tener un patrón uniforme.
   (4) Es difícil para los científicos del SETI que les asignen tiempo de uso en los telescopios de mayor tamaño.
   (5) Los proyectos del SETI se basan en sueños más que en posibilidades realistas del espacio.

8. Las profundas depresiones en forma de "V" del fondo marino se denominan fosas oceánicas. Estas fosas se forman debido a la superposición de una placa sobre otra. En la tabla de abajo se enumeran las placas más profundas que se encuentran en los océanos Pacífico, Atlántico e Índico.

FOSAS OCEÁNICAS: PROFUNDIDADES		
Océano	Fosa	Profundidades
Pacífico	Mariana	35,840
	Tonga	35,433
Atlántico	Puerto Rico	28,232
	S. Sandwich	27,313
Índico	Java	23,736
	Ob'	22,553

¿Cuál de las siguientes conclusiones apoya la información de la tabla?
   (1) La fosa Ob tiene 27,313 de profundidad.
   (2) El fondo marino se separa en donde se forman las fosas.
   (3) La fosa de mayor profundidad es la de Puerto Rico.
   (4) La fosa Java es más profunda que la fosa Tonga.
   (5) Las fosas más profundas del mundo son las del océano Pacífico.

Las preguntas 9 y 10 se refieren al siguiente texto.

El dióxido de carbono es un producto de desecho de la respiración celular que sale del organismo con el aire que exhalamos y puede medirse. Primero, respire normalmente por un minuto exhalando por un sorbeto en un frasco con 100 ml de agua. El CO_2 del aire exhalado se disolverá en el agua para formar un ácido débil. Ahora, añada cinco gotas de fenolftaleína, un indicador de bases y ácidos. A continuación, añada gota a gota hidróxido de sodio, una solución básica. Mientras más gotas necesite para neutralizar el ácido y que el agua tome color rosa, mayor será el contenido de dióxido de carbono del agua y de su aliento.

Ahora vamos a comprobar si el ejercicio influye en la cantidad de dióxido de carbono presente en el aire que espiramos. Jaime se puso a trotar por cinco minutos y a continuación hizo la prueba anterior. El agua se tornó de color rosa después de agregar cinco gotas de hidróxido de sodio.

9. Jaime pensó que el ejercicio aumentaría la concentración de dióxido de carbono del aire exhalado. ¿En qué suposición se apoyó su hipótesis?

   (1) Las plantas utilizan el dióxido de carbono producido durante la respiración celular para realizar la fotosíntesis.
   (2) Las plantas liberan oxígeno al aire como producto de la fotosíntesis.
   (3) Es necesario desacelerar el ritmo de la respiración celular a fin de producir la energía que el organismo demanda para hacer ejercicio durante cinco minutos.
   (4) El ritmo de respiración celular aumenta al hacer ejercicio para suministrar más energía al organismo.
   (5) La capacidad pulmonar de retención de aire disminuye durante el ejercicio.

10. Aparte del frasco, el agua, el sorbeto, la fenolftaleína y el hidróxido de sodio, ¿cuál de los siguientes utensilios podría ser útil en el experimento?

   (1) un mechero de Bunsen
   (2) un gotero
   (3) una cuchara para medir
   (4) un tubo de ensayo
   (5) una centrífuga

La pregunta 11 se refiere al texto y diagrama siguientes.

La difusión es el fenómeno por el cual las moléculas pasan de un área de elevada concentración a una de baja concentración hasta alcanzar el equilibrio. La ósmosis es la difusión de moléculas de agua a través de una membrana, como la membrana celular.

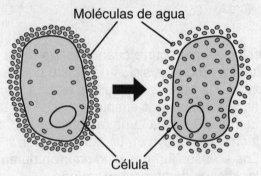

Moléculas de agua

Célula

11. ¿Cuál de los siguientes enunciados representa un ejemplo de ósmosis?

   (1) El material genético de la célula se duplica a sí mismo y la célula se divide.
   (2) Las células de las raíces de las plantas absorben agua del suelo.
   (3) Las células de la sangre recogen el oxígeno de los pulmones y eliminan el dióxido de carbono.
   (4) El vapor de agua sale de la planta a través de los estomas de las hojas.
   (5) Las proteínas de transporte permiten el paso de los aminoácidos al interior de la célula.

12. Durante una edad de hielo el tiempo se vuelve más frío y los casquetes polares y los glaciares se expanden hacia el sur y norte a partir de los polos. Si ocurriera una nueva edad de hielo, ¿qué harían los que viven al norte de Norteamérica con mayor probabilidad?

   (1) migrar al hemisferio sur del planeta
   (2) migrar hacia el ecuador
   (3) quedarse en el norte
   (4) morir rápidamente debido al hielo
   (5) disfrutar de inviernos cortos y templados

La pregunta 13 se refiere al texto y gráfica siguientes.

La capacidad de aprender y recordar ciertas cosas varía con la edad. Esto se demostró en un experimento en el que participaron 1,205 personas a quienes se les pidió que se aprendieran algunos nombres. Para este fin, se les exhibieron cintas de video en las que aparecían catorce personas para presentarse por su nombre y lugar de origen. Como se aprecia en la gráfica lineal, todos los participantes fueron capaces de recordar mayor cantidad de nombres que lo esperado después de exhibir el video dos o tres veces, pero los jóvenes superaron a los adultos de mayor edad.

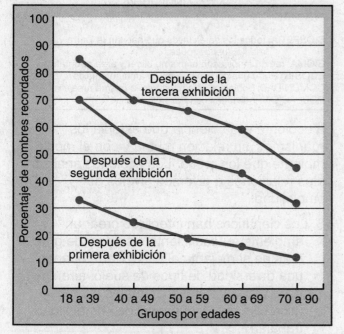

13. ¿Qué grupo de edades recordó un menor número de nombres?

   (1) el grupo de 18 a 39 después de una sola exhibición
   (2) el grupo de 50 a 59 después de una sola exhibición
   (3) el grupo de 50 a 59 después de dos exhibiciones
   (4) el grupo de 70 a 90 después de una sola exhibición
   (5) el grupo de 70 a 90 después de tres exhibiciones

La pregunta 14 se refiere al párrafo y diagrama siguientes.

Muchas especies tienen vestigios estructurales,

es decir, órganos o extremidades pequeños que carecen de alguna función conocida. Los científicos piensan que los vestigios estructurales son señales de estructuras completamente desarrolladas y funcionales en los antepasados de los organismos de hoy en día.

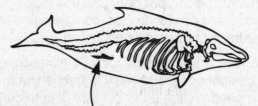

Vestigios de extremidades en la marsopa

14. ¿Cuál de los siguientes enunciados representa una conclusión y no un detalle de apoyo?
   (1) La marsopa de nuestros días tiene vestigios de huesos pequeños.
   (2) Los vestigios estructurales no tienen ninguna función conocida.
   (3) Los vestigios estructurales son señales de estructuras completamente desarrolladas y funcionales.
   (4) Muchas especies, como la marsopa, tienen estructuras sin una función específica.
   (5) Muchas veces los vestigios estructurales, como las extremidades de la marsopa, son pequeños.

15. La energía de la Tierra proviene de las reacciones nucleares del Sol. La energía del Sol llega a la Tierra en forma de luz y calor. En la Tierra, las plantas convierten la energía luminosa a energía química mediante la fotosíntesis. Los animales obtienen su energía alimentándose de otros animales o de plantas.
Si esta conversión de energía mediante fotosíntesis disminuyera, ¿cómo afectaría a la Tierra?

La Tierra tendría
   (1) más energía luminosa del Sol.
   (2) menos energía luminosa del Sol.
   (3) más energía calórica del Sol
   (4) menos energía disponible para los seres vivos.
   (5) más energía disponible para los seres vivos.

La pregunta 16 se refiere al siguiente texto.

La frecuencia mide la cantidad de ondas que pasan por un punto dado en una unidad de tiempo determinada. Por ejemplo, si observa cómo un objeto se mueve hacia arriba y hacia abajo en el océano diez veces en un minuto, la frecuencia de la onda sería de diez ciclos por minuto. Para contar un ciclo completo tienen que pasar la cresta y el valle de la onda.

Si conoce la longitud de onda (la distancia entre dos crestas consecutivas) y la frecuencia que tiene, puede hallar su velocidad. Si la frecuencia de una onda se mide en hertzios (ondas o ciclos por segundo) y la longitud de onda se mide en metros, la velocidad en metros por segundo viene dada por la siguiente ecuación:

velocidad = longitud de onda × frecuencia

16. ¿Cuál es la relación implicada en la frecuencia de una onda?

    (1) la altura y la distancia entre crestas
    (2) la altura y la distancia entre valles
    (3) la distancia entre las crestas y la amplitud
    (4) el número de ciclos que pasan por un punto dado y la unidad de tiempo
    (5) el número de ciclos que pasan por un punto dado y la distancia

17. Un objeto que se mueve en círculo siempre está cambiando de posición. La fuerza que mantiene a un objeto en movimiento se llama fuerza centrípeta. Por ejemplo, cuando le das vueltas a una pelota amarada al extremo de una cuerda, la fuerza de la cuerda tira la pelota hacia el centro. La inercia de la pelota evita que ésta se vaya hacia el centro.

    ¿Cuál de las siguientes se parece más a la fuerza centrípeta descrita arriba?

    (1) una bala que cae hacia el suelo
    (2) la fuerza de fricción en un rodadero
    (3) la atracción de la gravedad terrestre sobre una estación espacial
    (4) la atracción entre dos cargas eléctricas opuestas
    (5) un paracaidista llegando a su velocidad final

La pregunta 18 se refiere a la siguiente información.

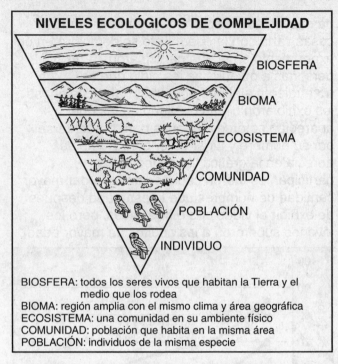

NIVELES ECOLÓGICOS DE COMPLEJIDAD

BIOSFERA
BIOMA
ECOSISTEMA
COMUNIDAD
POBLACIÓN
INDIVIDUO

BIOSFERA: todos los seres vivos que habitan la Tierra y el medio que los rodea
BIOMA: región amplia con el mismo clima y área geográfica
ECOSISTEMA: una comunidad en su ambiente físico
COMUNIDAD: población que habita en la misma área
POBLACIÓN: individuos de la misma especie

La ecología es la ciencia que estudia los organismos, su relación mutua y con el medio ambiente que los rodea. Los ecólogos analizan estas relaciones a diversos niveles de complejidad.

18. Los científicos han intentado crear un ambiente autosuficiente aislado y de gran tamaño semejante al de la Tierra usando una diversidad de tipos de suelo, aire, especies vegetales y animales y microclimas. ¿A qué nivel de complejidad trabajan?

    (1) población
    (2) comunidad
    (3) ecosistema
    (4) bioma
    (5) biosfera

La pregunta 19 se refiere al texto y diagrama siguientes.

Los embriones representan etapas tempranas del desarrollo de los organismos a partir de óvulos fertilizados. Las semejanzas entre los embriones de los peces, las aves y los seres humanos sugieren que evolucionaron a partir de un antepasado común. Por ejemplo, al principio todos los embriones tienen ranuras branquiales, pero posteriormente sólo los peces desarrollan branquias verdaderas.

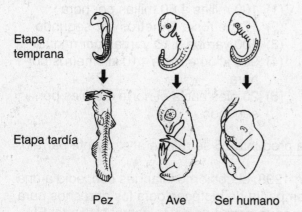

Etapa temprana

Etapa tardía

Pez   Ave   Ser humano

19. ¿Cuál de los siguientes enunciados está apoyado por el texto y el diagrama?

(1) Los seres humanos están más estrechamente emparentados con los peces que con las aves.
(2) Las aves y los peces están más estrechamente emparentados entre sí que con los seres humanos.
(3) Las semejanzas de los embriones es más marcada en la etapa tardía de su desarrollo.
(4) A medida que evolucionaron los peces, las aves y los seres humanos, sus embriones adquirieron una mayor semejanza.
(5) El antepasado común de los peces, las aves y los seres humanos fue probablemente un animal acuático.

La pregunta 20 se refiere a la siguiente tabla.

20. ¿Cuál de las siguientes comparaciones apoya la información contenida en la tabla?

(1) El gas natural libera menos calor que el petróleo.
(2) El metano es el que proporciona la mayor cantidad de calor.
(3) La madera desprende la mitad de calor que el petróleo.

Energía calorífica liberada por la combustión con el oxígeno	
Combustible	energía calorífica liberada por gramo de combustible (en kilocalorías)
Metano	13.3
Gas Natural	11.6
Petróleo de calefacción	11.3
Carbón	7.3
Madera	4.5

(4) La madera desprende más calor que el carbón.
(5) El carbón desprende más calor que el petróleo.

La pregunta 21 se refiere al siguiente texto.

Los glaciares son masas enormes de hielo que en su mayoría se forman en las montañas donde la nieve se acumula más rápidamente de lo que se derrite. A medida que la nieve fresca cae sobre la nieve antigua año tras año, se compacta gradualmente hasta formar hielo. Después, cuando el hielo adquiere un peso suficiente, la atracción de la gravedad causa su lento desplazamiento montaña abajo. El glaciar arrastra bloques de roca en su trayecto, los cuales desprenden más roca al congelarse en el fondo del glaciar. Una parte de esta roca permanece en el borde posterior del glaciar.

A veces el glaciar entra en valles fluviales en forma de V más angostos que el glaciar. El paso forzado del glaciar por estos valles estrechos causa la erosión del suelo y las paredes del valle y el cambio de forma del valle a un valle en forma de U.

21. ¿Cuál de los siguientes es el título que mejor se adapta al texto anterior?

(1) Pasado y presente de los glaciares
(2) Agentes erosivos
(3) Formación de los glaciares
(4) Cómo esculpen los valles los glaciares
(5) Causas y efectos de los glaciares

La pregunta 22 se refiere al texto y diagrama siguientes.

Un termómetro para el oído contiene un sensor con una conductividad eléctrica a la que afecta la radiación infrarroja. La radiación infrarroja que emite el tímpano se convierte en una señal eléctrica que el termómetro interpreta gracias a un microprocesador. De este modo el termómetro muestra la temperatura corporal.

TERMÓMETRO DE OÍDO

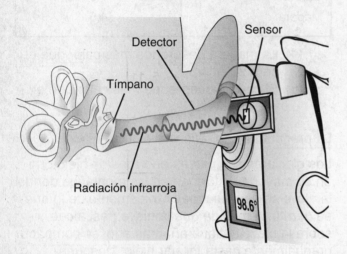

22. ¿Cuál es la propiedad de la radiación infrarroja que le permite cambiar la conductividad eléctrica al sensor?

    (1) su masa
    (2) su densidad
    (3) su campo electromagnético
    (4) su longitud de onda
    (5) su frecuencia

23. La velocidad media de un objeto se halla dividiendo la distancia total recorrida por el tiempo. La velocidad instantánea es la velocidad que tiene un objeto en un momento dado. ¿Cuál de los siguientes es un ejemplo de velocidad instantánea?

    (1) un pájaro que se mueve rápidamente de rama en rama
    (2) una pelota de béisbol que recorre 90 pies en 3 segundos
    (3) un viaje de 1,000 millas en automóvil que dura dos días
    (4) un automóvil que acelera de 0 a 30 millas por hora
    (5) un automóvil en el que el indicador de velocidad muestra 65 millas por hora

La pregunta 24 se refiere al siguiente párrafo.

La rapidez es la distancia que un objeto recorre en una cantidad de tiempo dada. La velocidad se diferencia de la rapidez en que incluye la rapidez y la dirección del movimiento.

24. ¿Cuál de los siguientes puntos ofrece información acerca de la velocidad y también acerca de la rapidez?

    (1) 100 millas a 60 millas por hora
    (2) 17 metros a 3 metros por segundo
    (3) 100 yardas a 10 yardas por minuto
    (4) 900 kilómetros a 110 kilómetros por hora
    (5) 20 pies hacia el norte a 5 pies por segundo

La pregunta 25 se refiere al siguiente párrafo.

En 1998, el gobierno islandés concedió a una compañía de biotecnología los derechos para crear un banco de datos computarizado. El banco de datos contendría el perfil genético, los antecedentes genealógicos y la historia médica de todos los habitantes de Islandia. Quienes apoyaban el plan argumentaban que la información produciría un caudal de conocimientos nuevos y útiles, aunque sus opositores decían que violaba las garantías individuales sobre privacidad.

25. ¿En cuál de las siguientes áreas sería más útil el banco de datos?

    (1) prevención de la difusión de la infección por VIH y SIDA
    (2) identificación de enfermedades bacterianas
    (3) mejoramiento de los hábitos nutricionales de los islandeses
    (4) identificación de enfermedades de origen genético
    (5) vacunación de los menores de edad

Tabla de análisis del desempeño en la prueba preliminar
Ciencias

La siguiente tabla le servirá para determinar cuáles son sus puntos fuertes y débiles en las áreas temáticas y destrezas necesarias para aprobar la Prueba de Ciencias de GED. Consulte la sección Respuestas y explicaciones que empieza en la página 726 para verificar las respuestas que haya dado en la Prueba preliminar. Luego, en la tabla, encierre en un círculo los números correspondientes a las preguntas de la prueba que haya contestado correctamente. Anote el número total de aciertos por área temática y por destreza al final de cada hilera y columna. Vea el número total de aciertos de cada columna e hilera para determinar cuáles son las áreas y destrezas que más se le dificultan. Use como referencia las lecciones señaladas en la tabla para estudiar esas áreas.

Destreza de razonamiento / Área temática	Comprensión (Lecciones 1, 2, 6, 9, 13)	Aplicación (Lecciones 8-15)	Análisis (Lecciones 3, 4, 7, 10, 14, 17, 19)	Evaluación (Lecciones 5, 11, 12, 16, 18, 20)	Números de aciertos
Ciencias biológicas *(Lecciones 1-8)*	**1**, 13	**2, 11, 18**, 25	**3**, 9, 10, **14**	**4**, 19	____/12
Ciencias de la Tierra y del espacio *(Lecciones 9-13)*	21	12	7	**5**, 8	____/5
Ciencias físicas *(Lecciones 14-20)*	16	**6**, 17, 23, 24	15, **22**	**20**	____/8
Número de aciertos	____/4	____/9	____/7	____/5	____/25

1–20 → Necesita repasar más.
21–25 → ¡Felicitaciones! ¡Ya está listo para GED!

Los **números en negrita** indican preguntas basadas en cuadros, gráficas, diagramas, fotografías y dibujos.

Para obtener más ayuda, vea *Steck-Vaughn GED Ciencias* o *GED Ciencias, Cuaderno de redacción*.

Lenguaje y Lectura

Instrucciones

La Prueba preliminar de Lenguaje y Lectura consta de pasajes extraídos de textos de ficción, no ficción, poesía y obras de teatro. Cada pasaje va seguido de preguntas de selección múltiple sobre las lecturas.

Lea primero cada texto y luego conteste las preguntas. Vuelva al texto todas las veces que necesite para contestar las preguntas.

Cada texto va precedido de una "pregunta general". La pregunta general ofrece un motivo para leer la selección y lo ayudará a orientarse en la lectura. No tiene que contestar estas preguntas generales, sino que están allí para ayudarlo a concentrarse en las ideas presentadas en la lectura.

Se le darán $32\frac{1}{2}$ minutos para contestar las 20 preguntas de esta prueba. Trabaje con cuidado, pero no dedique demasiado tiempo a una sola pregunta. Conteste todas las preguntas. Si no está seguro de una respuesta, responda de manera razonable. No se descontarán puntos por respuestas incorrectas.

Cuando se agote el tiempo, ponga una marca en la última pregunta que haya contestado. Esto le servirá de guía para calcular si podrá terminar la verdadera Prueba de GED dentro del tiempo permitido. A continuación termine la prueba.

Registre sus respuestas en una copia de la hoja de respuestas de la página 919. Asegúrese de incluir toda la información requerida en la hoja de respuestas.

Para marcar sus respuestas, en la hoja de respuestas rellene el círculo con el número de la respuesta que considere correcta para cada una de las preguntas de la prueba.

Ejemplo:

Era el sueño de sueños de Susana. El color azul metálico resplandecía, y brillaba el cromo de las ruedas. El motor había sido limpiado con el mismo esmero. Adentro, luces brillantes iluminaban el tablero de mandos y los asientos estaban tapizados en cuero fino.

¿A qué "es" más probable que se refiera el párrafo?

(1) un avión
(2) un sistema de sonido estéreo
(3) un automóvil
(4) un bote
(5) una motocicleta

① ② ● ④ ⑤

La respuesta correcta es "un automóvil"; por lo tanto, en la hoja de respuestas debería haber rellenado el círculo con el número 3 adentro.

No apoye la punta del lápiz en la hoja de respuestas mientras piensa en la respuesta. No haga marcas innecesarias en la hoja. Si decide cambiar una respuesta, borre completamente la primera marca. Rellene un solo círculo por cada respuesta: si señala más de un círculo, la respuesta se considerará incorrecta. No doble ni arrugue la hoja de respuestas.

Una vez terminada esta prueba, utilice la Tabla de análisis del desempeño en la página 30 para determinar si está listo para tomar la verdadera Prueba de GED. Si no lo está, use la tabla para identificar las destrezas que debe repasar de nuevo.

Adaptado con permiso del American Council on Education.

Instrucciones: Escoja la respuesta que mejor responda a cada pregunta.

Las preguntas 1 a 3 se refieren al siguiente pasaje de un cuento corto.

¿QUÉ TIPO DE OPINIONES TIENE ESTE PADRE?

Tus opiniones sobre la guerra no me son indiferentes, Jack. Tampoco soy indiferente a tus opiniones sobre el estado del mundo en general. Por la manera en

(5) que te peinas y te vistes, sí encuentro difícil diferenciar entre quién llevará el rol masculino y quién el femenino en tu matrimonio, si tú o esa jovencita con la que dices que te vas a casar.

Pero ni siquiera eso me parece ofensivo.

(10) Y no trato de hacer bromas pesadas a costa de ti.

Perdóname si mis observaciones parecen demasiado personales. Confieso que no te conozco tan bien como un padre *debería* conocer a su hijo, y tal vez

(15) parezca que me tomo libertades...

Jack, sinceramente no sé cuándo decidí dedicarme a la enseñanza universitaria.

Había considerado hacer otras cosas, como una carrera en el ejército o en la

(20) marina. Sí, hubiera podido ir a Annapolis o a West Point.

Esos puestos eran demasiado deseados en los años de la Depresión y mi familia aún tenía unas cuantas relaciones políticas. Sin embargo, una

(25) cosa era cierta; para mí los negocios estaban tan fuera de cuestión como la política lo estuvo para mi padre. A un hombre honrado, después lo entendería, le esperan muchos sufrimientos allí. Sí, considerando la historia de nuestra familia,

(30) una torre de marfil no sonaba nada mal para un hombre honrado, para un hombre serio...

Peter Taylor, "Dean of Men", *The Collected Stories*.

1. ¿Cuál de las siguientes afirmaciones es más probable que sea cierta sobre el pasado del narrador?

   (1) Se hizo profesor universitario de mala gana.
   (2) Era extremadamente convencional.
   (3) Tuvo una corta carrera en el ejército.
   (4) No siguió los pasos de su padre.
   (5) Su padre no era honrado.

2. ¿Cuál es el principal efecto de la frase "torre de marfil" (línea 30)?

   (1) Enfatiza que el narrador quería escapar a un mundo más seguro.
   (2) Muestra cuánto respeta el narrador la universidad donde trabaja.
   (3) Muestra que el narrador se percata de que no ha sido un buen padre.
   (4) Refleja la opinión del narrador de que Jack no enfrenta la vida real.
   (5) Muestra cuánto tienen en común el narrador y su hijo.

3. Si Jack le dijera a su padre que quiere ser vegetariano, ¿cuál sería la reacción más probable de su padre, de acuerdo con la información que proporciona el pasaje?

   (1) Le diría a Jack que actúa de modo ilógico.
   (2) Concluiría que Jack está actuando por rebeldía.
   (3) Asumiría que es la esposa la que está induciendo a Jack a hacerlo.
   (4) Asumiría que Jack cambiaría de opinión al poco tiempo.
   (5) Haría lo posible por aceptar las opiniones de Jack.

Las preguntas 4 a 6 se refieren al siguiente pasaje de una autobiografía.

¿CÓMO ERA SER ESCLAVO DURANTE LA GUERRA?

No iba a la escuela mientras era esclavo, pero recuerdo que en varias ocasiones acompañé a una de mis jóvenes amas hasta la puerta de la

(5) escuela para cargarle sus libros. La imagen de varias docenas de niños y niñas en un salón de clases dedicados al estudio me causó una profunda impresión y tuve la sensación de que ir a la escuela

(10) para estudiar sería más o menos como entrar en el paraíso.

Hasta donde recuerdo, la primera noticia que tuve del hecho de que éramos esclavos y que nuestra libertad estaba

(15) bajo discusión, fue una madrugada en que me desperté cuando mi madre, inclinada frente a sus hijos, rezaba fervientemente por el éxito de Lincoln y sus ejércitos y porque un día ella y sus hijos pudieran ser

(20) libres. En este sentido, nunca he logrado entender cómo los esclavos del sur, tan ignorantes como eran las masas en cuanto a libros o periódicos, fueron capaces de mantenerse informados de

(25) manera tan precisa y completa sobre los grandes problemas nacionales que agitaban el país. Desde la época en que Garrison, Lovejoy y otros comenzaron a agitar por la libertad, los esclavos del sur

(30) mantuvieron un estrecho contacto con el progreso del movimiento. Aunque yo era sólo un niño durante los preparativos de la Guerra Civil y durante la guerra en sí misma, ahora recuerdo el murmullo de las

(35) conversaciones que, ya entrada la noche, mi madre y otros esclavos de las plantaciones mantenían. Estas conversaciones demostraban que entendían la situación y que se mantenían

(40) informados sobre los sucesos a través de lo que se denominaba el "telégrafo descompuesto".

Booker T. Washington, *Up from Slavery*.

4. ¿Quiénes fueron Garrison y Lovejoy de acuerdo con la información del pasaje?

(1) amigos del autor
(2) miembros del gabinete de Lincoln
(3) oponentes famosos de la esclavitud
(4) acaudalados propietarios de esclavos
(5) agitadores

5. De acuerdo con el contexto, ¿qué es el "telégrafo descompuesto"? (línea 41)

(1) mensajes telegráficos enviados de norte a sur
(2) cables de telégrafo que estaban descompuestos
(3) un medio para transmitir la información de persona a persona
(4) un conducto directo de los puestos de comando de las fuerzas de la Unión
(5) un medio de comunicación mediante códigos secretos

6. El autor de este pasaje, Booker T. Washington, transformó el Instituto Tuskegee en una universidad importante y prestigiosa. ¿Qué cualidad mencionada en el pasaje refleja este logro?

(1) el ferviente deseo del autor por la libertad
(2) el deseo del autor por fama
(3) la falta de escolaridad del autor
(4) el profundo interés del autor en la educación
(5) el contacto del autor con esclavos informados

Las preguntas 7 a 9 se refieren al siguiente poema.

EL VIEJO Y LA MUERTE

Entre montes, por áspero camino,
Tropezando con una y otra peña,
Iba un viejo cargado con su leña,
Maldiciendo su mísero destino.
(5) Al fin cayó, y viéndose de suerte
Que apenas levantarse ya podía,
Llamaba con colérica porfía[1]
Una, dos y tres veces a la Muerte.
Armada de guadaña[2], en esqueleto,
(10) La Parca[3] se le ofrece en aquel punto;
Pero el viejo, temiendo ser difunto,
lleno más de terror que de respeto,
Trémulo la decía y balbuciente[4]:
"Yo, señora…os llamé desesperado;
(15) Pero… — "Acaba; ¿qué quieres, desdichado?"
— "Que me cargues la leña solamente".
Tenga paciencia quien se crea infelice;
Es la vida del hombre siempre amable;
Que aun en la situación más lamentable,
(20) El viejo de la leña nos lo dice.

[1] porfía: insistencia
[2] guadaña: cuchilla curva con mango largo
[3] parca: la muerte
[4] balbuciente: hablar entrecortado

Félix María Samaniego (1745-1801)

In: Agustí, Vicente *Florilegio de autores castellanos de prosa y verso.*

7. ¿Qué imagen usa el autor para describir la vida (líneas 1 a 5)?

   (1) el camino difícil y tortuoso
   (2) los montes
   (3) las peñas del camino
   (4) la buena suerte
   (5) un caballo brioso

8. ¿A quién le habla el viejo cuando dice: "Yo, señora…os llamé desesperado"?

   (1) a la Virgen María
   (2) a la madre naturaleza
   (3) a la muerte
   (4) a La Parca
   (5) al mundo

9. ¿Qué mensaje sobre la vida quiere transmitir el autor del poema?

   (1) la vida es para gozarla
   (2) la vida no vale la pena
   (3) la vida siempre es buena
   (4) la vida es demasiado complicada
   (5) ninguna de las anteriores

Las preguntas 10 y 11 se refieren al siguiente pasaje de una póliza de seguros.

¿QUÉ CUBRE UN SEGURO DE INQUILINOS?

El seguro de inquilinos es una modalidad importante que muchos inquilinos pasan por alto. Dos términos clave que se usan para tratar el tema
(5) sobre el seguro de inquilinos son *peligro* y *riesgo*. Los peligros son las causas potenciales de una pérdida, como un incendio, tormenta, granizo, robo y vandalismo. El riesgo es la posibilidad de sufrir una pérdida.

Otros dos términos clave relacionados
(10) con el seguro de inquilinos son *valor real monetario* y *cobertura de costo de reemplazo*. Ambos se relacionan con la manera en que se soluciona una demanda de pérdida de propiedad.

En muchos estados, *valor real*
(15) *monetario* significa que en caso de pérdida, a usted se le pagará el costo de reemplazo actual menos la depreciación (desgaste debido a los años y al uso). La cantidad total que recibirá está sujeta a los términos de su póliza.

(20) La *cobertura de costo de reemplazo* significa que en caso de pérdida, a usted se le pagará el costo en que incurra para reemplazar la propiedad dañada con una propiedad nueva similar; el costo está
(25) sujeto a los términos de su póliza.

Otros términos clave de una póliza de seguro de inquilinos son: *deducible*, la parte de la pérdida que el asegurado pagará de su bolsillo y los *límites* de la
(30) cobertura, las cantidades máximas que la aseguradora pagará al titular de la póliza por una pérdida incluida en la cobertura. Si los límites de la cobertura se mantienen bajos, el costo del seguro se mantendrá bajo.

(35) El seguro de inquilinos ofrece las siguientes opciones de cobertura: protección a la propiedad personal, protección de responsabilidad familiar y protección médica para invitados. La
(40) protección de propiedad personal protege contra pérdidas de bienes *muebles*. La protección de responsabilidad familiar protege contra ciertas demandas de responsabilidad realizadas contra usted
(45) debido a daño a la propiedad o daño corporal que usted haya ocasionado accidentalmente. La protección médica a invitados es el reembolso de gastos en que se incurra si invitados a su casa sufren heridas, independientemente de quién tuvo la culpa.

10. De acuerdo con la información de este pasaje, ¿cuál de los siguientes tipos de seguros debería comprar una persona con una gran colección de muñecas valiosas?

   (1) seguro de inquilinos con cobertura de costo de reemplazo
   (2) seguro de inquilinos con valor real monetario
   (3) una póliza con un deducible alto
   (4) una póliza con protección de responsabilidad familiar
   (5) seguro contra incendios

11. ¿Qué par de palabras describe mejor el estilo de redacción del pasaje?

   (1) legal y técnico
   (2) informativo y directo
   (3) académico y aburrido
   (4) informal y coloquial
   (5) ligero y dinámico

Las preguntas 12 a 13 se refieren al siguiente pasaje de una novela.

¿POR QUÉ JOHN SE DISTRAE CON SU NUEVO MAESTRO?

De niño, John nunca había prestado atención en las sesiones dominicales de catequesis y siempre olvidaba el texto dorado, lo que enfurecía a su padre.

(5) Alrededor de la época de su catorceavo cumpleaños, debido a las presiones conjuntas de la iglesia y de su familia para conducirlo al altar, se esforzó por mostrarse más serio y por lo tanto menos

(10) conspicuo.[1] Pero se distraía con su nuevo maestro, Elisha, que era sobrino del pastor y había llegado recientemente de Georgia. Elisha no era mucho mayor que John, tenía sólo diecisiete, y él ya estaba

(15) salvado y era un pastor. John se quedaba mirándolo durante toda la clase; admiraba el timbre de su voz, mucho más profundo y viril que el suyo; admiraba la esbeltez, gracia, fuerza y lobreguez que Elisha lucía

(20) en su traje dominical, y se preguntaba si algún día sería santo como Elisha lo era. Pero no seguía la lección y, cuando a veces Elisha hacía una pausa para hacerle alguna pregunta, John se sentía

(25) avergonzado y confundido, se le humedecían las palmas de las manos y el corazón le latía como un martillo. Entonces, Elisha le sonreía y lo reprendía con dulzura, y la clase continuaba. Roy

(30) tampoco se sabía nunca su lección de catecismo, pero en su caso era diferente, ya que nadie esperaba de Roy lo que se esperaba de John. Todo el mundo rezaba siempre para que el Señor cambiara el

(35) corazón de Roy, pero era de John de quien se esperaba que fuera bueno, un buen ejemplo.

---

[1] conspicuo: notorio

James Baldwin, *Go to Tell It on the Mountain.*

12. ¿Qué quiere decir el autor con la frase "presiones conjuntas de la iglesia y de su familia para conducirlo al altar" (líneas 6 a 8)?

(1) La presión de sus padres está alejando a John de su casa.
(2) La iglesia ha estado presionando a John para que se integre como miembro.
(3) Los padres de John lo han estado presionando para que se incorpore a la iglesia.
(4) La iglesia y la familia están presionando a John para que sea pastor.
(5) La iglesia y la familia están presionando a John para que se case.

13. ¿Cuál de los siguientes recursos caracteriza el estilo de este pasaje?

(1) uso de muchas palabras descriptivas
(2) uso frecuente de lenguaje figurado
(3) dependencia del dialecto
(4) detalles de humor
(5) narración en primera persona en todo el pasaje

Las preguntas 14 a 16 se refieren al siguiente pasaje de una novela.

TERESA LA LIMEÑA

Una semana después de mi llegada mi madre me anunció que al día siguiente vendrían a visitarnos mi tía y Reinaldo, que acababa de llegar de París a su casa

(5) de campo, situada en las inmediaciones. ¡Reinaldo!... ¿Comprendes cuál sería mi emoción? ¡Por fin lo iba a ver! Mi imaginación se exaltó y aquella noche no dormí; la pasé en gran parte sentada a mi

(10) ventana, contemplando las estrellas hasta poco antes del amanecer…

A medio día bajé al salón, desesperada ya con tanta tardanza; pocos momentos después oímos pararse un coche a la reja

(15) del jardín, y mi madre y yo salimos a la puerta: bajó primero del coche una señora de alguna edad, de suave fisonomía, muy parecida a la de mi padre... después un perrillo; cerraron la portezuela y el coche

(20) dio la vuelta para entrar en la cochera.

—¿Y Reinaldo? —preguntó mi madre.

—Ah, mi querida —contestó mi tía—, toda la mañana lo estuve aguardando para que viniésemos juntos, pero había salido a

(25) caballo y probablemente olvidó que debíamos venir aquí hoy.

¡Se le había olvidado! Me sentía tan triste y desanimada que no podía casi hablar con mi tía, que desde mucho tiempo antes

(30) no me veía y me inspeccionaba, con curiosidad. Sintiéndome turbada y desabrida, salí del salón y fui al jardín, procurando hacer un esfuerzo para que no se me saltasen las lágrimas… viendo en la

(35) parte superior de un emparrado un hermoso racimo de uvas me subí a la verja que dividía el jardín del huerto. Estando en ello, oí detrás de mí una voz, y volviéndome, avergonzada de mi posición,

(40) vi en la puerta un joven pequeño, moreno, de ojos negros y enrizada cabellera, que llevaba un caballo de la brida.

—Perdone usted, —me dijo—: buscaba un sirviente para entregarle mi caballo; y

(45) como llegase en ese momento el criado, se lo dio, haciéndole mil recomendaciones sobre la manera de cuidarlo.

Mientras eso yo lo miraba... ¡Éste es, pues, Reinaldo, pensaba, cuán diferente

(50) de lo que había soñado! ¡Se ocupa más de su caballo que de mí!...

—¿Usted es acaso mi primita Lucila? —dijo al fin volviéndose hacia mí.

Y sin hacerme más caso que a una niñita,
(50) me tomó de la mano y me dio un beso sobre cada mejilla, como se usa en Francia entre hermanos. Yo estaba sumamente humillada con el poco respeto que me manifestaba, y entré al salón con

(55) él, que me llevaba siempre de la mano. Después de haber saludado a mi madre, Reinaldo me hizo sentar, y parándose delante de mí dijo, sonriéndome, mientras yo bajaba la cabeza para ocultar las

(50) lágrimas de despecho que se me ahogaban a los ojos:

—¡Miren ustedes a mi prima, que parece tenerme miedo! Y está más grande de lo que yo esperaba, ¿cuántos años tiene?

(55) —Diez y seis -contestó mi madre; y comprendiendo mi turbación me envió a que diera una orden a los sirvientes.

Llena de despecho, subí a mi cuarto y dejé correr mis lágrimas, sin lo que me hubiera
(60) ahogado.

Soledad Acosta de Samper

14. ¿A cuál de estos hechos **no** se refiere Lucila cuando habla de "el poco respeto que me manifestaba"?

(1) Reinaldo le da dos besos.
(2) Reinaldo le pregunta la edad.
(3) Reinaldo se ocupa de su caballo.
(4) Reinaldo le dice "primita".
(5) Reinaldo la toma de la mano.

15. ¿Con base en este extracto, ¿cuál de las siguientes afirmaciones puedes inferir acerca de Lucila?

(1) Es una joven madura para su edad.
(2) Quiere a Reinaldo como a un hermano.
(3) Quiere rebelarse contra su madre y su tía.
(4) Es una joven muy segura de sí misma.
(5) Se siente enamorada de Reinaldo.

16. ¿Cuál de los siguientes describe mejor el tema de este extracto?

(1) Es mejor estar solo que mal acompañado.
(2) A veces los adultos no comprenden los sentimientos de los jóvenes.
(3) Los primos deben tenerse más confianza.
(4) Las jóvenes no deben enamorarse.
(5) A veces obramos con buena intención pero herimos a otros sin saberlo.

Las preguntas 17 a 20 se refieren al siguiente pasaje de un cuento corto.

¿POR QUÉ VISTE DE NEGRO ESTA MUJER?

Debí suponer que algo en el interior de Doña Ernestina se había roto en cuanto la vi vestida con su traje de viuda; era el centro de atención de todas. Vestía de
(5) *luto*[1] riguroso: negro de los pies a la cabeza, incluyendo la mantilla...

Doña Ernestina simplemente esperó a que yo me uniera a las otras dos que estaban reclinadas contra las máquinas
(10) antes de continuar su explicación de lo que había pasado el día anterior, cuando le llevaron la noticia de Tony hasta su puerta. Hablaba con calma; su rostro reflejaba una expresión altiva que, junto
(15) con su hermoso vestido negro, le daba un aire de duquesa ofendida. Estaba pálida, pálida, pero su mirada era salvaje. El oficial le había dicho que, cuando llegara el momento, enterrarían a Tony con "todos
(20) los honores militares"; y que por lo pronto le enviaban la medalla y la bandera. Pero ella había dicho "*no, gracias*" al funeral y había mandado de vuelta la bandera y las medallas con las palabras "*ya no vive*
(25) *aquí*". "Dígale al Sr. Presidente de Estados Unidos que yo digo: *no, gracias*". Luego se quedó esperando nuestra reacción.

Lidia negó con la cabeza, indicando que no sabía qué decir. Y Elenita me miró
(30) deliberadamente para obligarme a expresar nuestras condolencias, para asegurar a Doña Ernestina que había hecho exactamente lo que cualquiera de nosotros habría hecho en su lugar: sí,
(35) todas habríamos dicho "*no, gracias*" a cualquier presidente que hubiera tratado de pagar la vida de un hijo con unas cuantas chucherías y una bandera doblada.

---

[1]Las expresiones en bastardilla aparecen en español en el original.

Judith Ortiz Cofer, "Nada", *The Latin Deli: Prose and Poetry*.

17. ¿Por qué la narradora comienza a pensar que algo se ha "roto" dentro de Doña Ernestina?

(1) Había hablado de la muerte de su hijo con demasiada calma.
(2) Estaba vestida demasiado bien para una ocasión triste.
(3) Estaba vestida como una viuda de luto.
(4) Su único hijo había muerto en Vietnam.
(5) Había devuelto la bandera y las medallas a los militares.

18. De acuerdo con la información que proporciona este pasaje, si el presidente invitara a Doña Ernestina a una ceremonia en honor a los héroes de guerra, ¿cuál sería su reacción más probable?

Doña Ernestina:

(1) iría a la ceremonia vestida con su traje de viuda
(2) se negaría a asistir a la ceremonia
(3) le rogaría al presidente que pusiera fin a la guerra
(4) le pediría al presidente que diera un discurso sobre su hijo
(5) le agradecería al presidente que le rindiera homenaje a su hijo

19. ¿Cuál de los siguientes detalles describe mejor el estado emocional de Doña Ernestina?

   (1) Estaba vestida de negro de los pies a la cabeza.
   (2) La expresión de su cara era altiva.
   (3) Parecía una duquesa.
   (4) Su mirada era salvaje.
   (5) Devolvió la bandera y las medallas.

20. ¿Qué técnica usa la autora para dar autenticidad al pasaje?

   (1) narración en tercera persona
   (2) el nombre de un presidente
   (3) lenguaje formal
   (4) frases en español
   (5) lenguaje figurado

Tabla de análisis del desempeño en la prueba preliminar
Lenguaje, Lectura

La siguiente tabla le servirá para determinar cuáles son sus puntos fuertes y débiles en las áreas temáticas y destrezas necesarias para aprobar la Prueba Preliminar de Lectura de GED. Consulte la sección Respuestas y explicaciones que empieza en la página 729 para verificar las respuestas que haya dado en la Prueba preliminar. Luego, en la tabla, encierre en un círculo los números correspondientes a las preguntas de la prueba que haya contestado correctamente. Anote el número total de aciertos por área temática y por destreza al final de cada hilera y columna. Vea el número total de aciertos de cada columna e hilera para determinar cuáles son las áreas y destrezas que más se le dificultan. Use como referencia las lecciones señaladas en la tabla para estudiar esas áreas.

Destreza de razonamiento / Área temática	Comprensión	Aplicación	Análisis	Evaluación	Números de aciertos
Textos de no ficción (Lecciones 1-9)	4	10	5	6, 11	____/5
Ficción (Lecciones 10-19)	1, 12	3, 18	2, 17, 19	13, 20	____/9
Poesía (Lecciones 20-24)	7		9	8	____/3
Teatro (Lecciones 25-28)	15		14	16	____/3
Número de aciertos	____/5	____/3	____/6	____/6	____/20

1–20 → Necesita repasar más.
21–25 → ¡Felicitaciones! ¡Ya está listo para GED!

Para obtener más ayuda, vea *Steck-Vaughn GED Lenguaje, Lectura* y *GED Lenguaje, Lectura, Cuaderno de redacción*.

Matemáticas
Parte I

Instrucciones

La prueba preliminar de Matemáticas está formada por preguntas de opción múltiple y por preguntas de formato alternativo que sirven para medir su conocimiento general de las destrezas matemáticas y su capacidad de resolver problemas. Las preguntas se basan en enunciados breves que en muchas ocasiones incluyen una gráfica, una tabla o un diagrama.

Se le darán 22 minutos para contestar las 12 preguntas de la Parte I. Trabaje con cuidado, pero no dedique demasiado tiempo a una sola pregunta. Asegúrese de haber contestado todas las preguntas. No se descontarán puntos por respuestas incorrectas. Cuando se agote el tiempo, ponga una marca en la última pregunta que haya contestado. Esto le servirá de guía para calcular si podrá terminar la verdadera Prueba de GED dentro del tiempo permitido. A continuación, termine la prueba.

En la página 55 se proporcionan las fórmulas que podría necesitar. Solamente algunas de las preguntas necesitarán que utilice una fórmula. No todas las fórmulas que se darán serán necesarias.

Algunas preguntas contienen más información de la que usted necesita para resolver el problema; otras preguntas no dan suficiente información. Si la pregunta no da suficiente información para resolver el problema, la respuesta correcta es "No se cuenta con suficiente información".

En la Parte I se le permitirá el uso de la calculadora. En la página 54 encontrará las instrucciones necesarias para utilizar la calculadora científica CASIO modelo *fx-260SOLAR*.

Registre sus respuestas en la hoja de respuestas separada en la página 920. Asegúrese de incluir toda la información requerida en la hoja de respuestas.

Para marcar sus respuestas, en la hoja de respuestas rellene el círculo con el número de la respuesta que considere correcta para cada una de las preguntas de la prueba.

Ejemplo: Si una persona paga una cuenta de supermercado de $15.75 con un billete de $20.00, ¿cuánto debe recibir de cambio?

(1) $5.25

(2) $4.75

(3) $4.25

(4) $3.75

(5) $3.25   ① ② ● ④ ⑤

La respuesta correcta es $4.25. Por tanto, en la hoja de respuestas debería haber rellenado el círculo con el número 3 adentro.

No apoye la punta del lápiz en la hoja de respuestas mientras piensa en la respuesta. No haga marcas innecesarias en la hoja. Si decide cambiar una respuesta, borre completamente la primera marca. Rellene un solo círculo por cada pregunta: si señala más de un círculo, la respuesta se considerará incorrecta. No doble ni arrugue la hoja de respuestas.

Una vez terminada esta prueba, utilice la Tabla de análisis del desempeño en la página 65 para determinar si está listo para tomar la verdadera Prueba de GED. Si no lo está, use la tabla para identificar las destrezas que debe repasar de nuevo.

Adaptado con el permiso del American Council on Education.

MATEMÁTICAS

Los números mixtos, como $3\frac{1}{2}$, no pueden anotarse en la cuadrícula del formato alterno. En lugar de ello, represéntelos como números decimales (en este caso, 3.5) o en fracciones (en este caso 7/2). Ninguna respuesta podrá ser un número negativo como −8.

Para registrar su respuesta a una pregunta en el formato alternativo:

- empiece en cualquier columna que le permita anotar su respuesta;
- escriba su respuesta en los recuadros en la fila superior;
- en la columna que esté debajo de una barra de fracción o de un punto decimal (si la hubiere) y cada número de su respuesta, rellene el círculo que represente ese signo o número;
- deje en blanco las columnas no utilizadas.

Ejemplo:

En un mapa, la escala indica que $\frac{1}{2}$ pulgada representa una distancia real de 120 millas, ¿a qué distancia en el mapa están las dos ciudades si la distancia real entre ellas es 180 millas?

La respuesta al ejemplo anterior es de 3/4 ó 0.75 pulgadas. A continuación se presentan algunos ejemplos de cómo podría anotarse la respuesta en la cuadrícula.

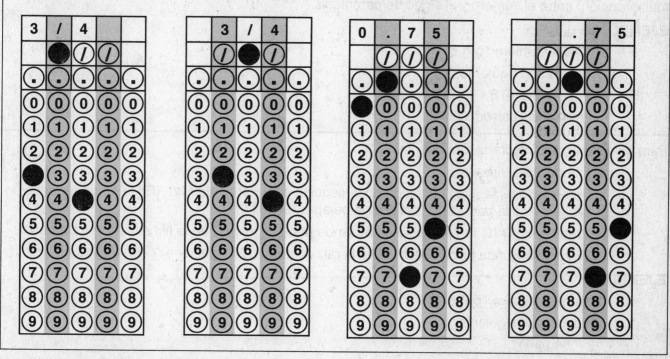

Puntos que es preciso recordar:

- La hoja de respuestas será calificada a máquina. **Los círculos deben rellenarse correctamente.**
- No marque más de un círculo en una columna.
- Anote una sola respuesta en la cuadrícula aunque haya más de una respuesta correcta.
- Los números mixtos como $3\frac{1}{2}$ deben escribirse en la cuadrícula como 3.5 ó 7/2.
- Ninguna respuesta podrá ser un número negativo.

Adaptado con el permiso del American Council on Education.

INSTRUCCIONES PARA EL USO DE LA CALCULADORA

Presione la tecla (ON) (situada en la esquina superior derecha) cuando utilice la calculadora por **_primera_** vez. En la parte superior central de la pantalla aparecerán las letras "DEG" y a la derecha el número "0." Esto indica que la calculadora se encuentra en el formato adecuado para que usted pueda realizar sus cálculos.

Para utilizar la calculadora para **_otra_** pregunta, presione la tecla (ON) o la tecla roja (AC). De esta forma se borrará toda entrada anterior.

Introduzca la expresión tal como está escrita para realizar una operación. Presione (=) (el signo de "es igual a") cuando termine de introducir los datos.

EJEMPLO A: $8 - 3 + 9$

> Presione primero (ON) o (AC).
> Introduzca lo siguiente:
>
> > 8 (−) 3 (+) 9 (=)
>
> La respuesta correcta es 14.

Si tiene que multiplicar una expresión entre paréntesis por cierto número, presione (×) (el signo de multiplicación) entre el número y el signo de paréntesis.

EJEMPLO B: $6(8 + 5)$

> Presione primero (ON) o (AC).
> Introduzca lo siguiente:
>
> > 6 (×) ((--- 8 (+) 5 ---)) (=)
>
> La respuesta correcta es 78.

Para calcular la raíz cuadrada de un número:

- Introduzca el número,
- Presione la tecla (SHIFT) (situada en la esquina superior izquierda). (En la parte superior izquierda de la pantalla, aparecerá la palabra "SHIFT"),
- Presione (x^2) (la tercera tecla empezando por la izquierda en la fila superior) para poder utilizar la segunda función de la tecla: la raíz cuadrada. **NO** presione (SHIFT) y (x^2) a la vez.

EJEMPLO C: $\sqrt{64}$

> Presione primero (ON) o (AC).
> Introduzca lo siguiente:
>
> > 64 (SHIFT) (x^2)
>
> La respuesta correcta es 8.

Para introducir un número negativo, como por ejemplo –8,

- Introduzca el número sin el signo negativo (introduzca 8),
- Presione la tecla de cambio de signo ((+/−)) que está colocada justo encima de la del número 7.

Puede realizar cualquier operación con números negativos y/o positivos.

EJEMPLO D: $-8 - -5$

> Presione primero (ON) o (AC).
> Introduzca lo siguiente:
>
> > 8 (+/−) (−) 5 (+/−) (=)
>
> La respuesta correcta es –3.

Prueba preliminar • Matemáticas

FÓRMULAS

SUPERFICIE de un:

cuadrado	Área = lado^2
rectángulo	Área = largo × ancho
paralelogramo	Área = base × altura
triángulo	Área = $\frac{1}{2}$ × base × altura
trapecio	Área = $\frac{1}{2}$ × (base mayor + base menor) × altura
círculo	Área = π × radio^2; donde π equivale aproximadamente a 3.14

PERÍMETRO de un:

cuadrado	Perímetro = 4 × lado
rectángulo	Perímetro = 2 × largo + 2 × ancho
triángulo	Perímetro = lado$_1$ + lado$_2$ + lado$_3$

PERÍMETRO DE LA CIRCUNFERENCIA — Circunferencia = π × diámetro; donde π equivale aproximadamente a 3.14

VOLUMEN de:

un cubo	Volumen = arista^3
un objeto rectangular	Volumen = largo × ancho × alto
una pirámide cuadrangular	Volumen = $\frac{1}{3}$ × (arista de la base)^2 × altura
un cilindro	Volumen = π × radio^2 × altura; donde; π equivale aproximadamente a 3.14
un cono	Volumen = $\frac{1}{3}$ × π × radio^2 × height; π altura; donde π equivale aproximadamente a 3.14

GEOMETRÍA ANALÍTICA

Distancia entre dos puntos = $\sqrt{(x_2 - x_1)^2 + (y_2 - y_1)^2}$; donde (x_1, y_1) y (x_2, y_2) son dos puntos en un plano.

Pendiente de una recta = $\frac{y_2 - y_1}{x_2 - x_1}$; donde (x_1, y_1) y (x_2, y_2) son dos puntos en una recta.

TEOREMA DE PITÁGORAS

$a^2 + b^2 = c^2$; adonde a y b son los catetos y c la hipotenusa de un triángulo rectángulo.

MEDIDAS DE TENDENCIA CENTRAL

Media aritmética = $\frac{x_1 + x_2 + \ldots + x_n}{n}$; donde las x son los valores para los cuales se desea encontrar la media y n es el número total de valores de x.

Mediana = Es el valor situado en el centro en un número impar de datos *ordenados* y la media aritmética de los dos valores más próximos al centro en un número par de datos *ordenados*.

INTERÉS SIMPLE — interés = capital × tasa × tiempo

DISTANCIA — distancia = velocidad × tiempo

COSTO TOTAL — costo total = (número de unidades) × (precio de cada unidad)

Adaptado con el permiso del American Council on Education.

Parte I

Instrucciones: Tendrá 22 minutos para responder las preguntas 1 a 12. Elija la respuesta que mejor responda a cada pregunta. PUEDE usar la calculadora.

1. Sandra compra una póliza de seguros que cuesta $7.43 por cada $2,500 asegurados. Si compra una póliza por $30,000, ¿cuánto le costará?

   (1) $86.08
   (2) $87.16
   (3) $88.08
   (4) $89.16
   (5) $90.08

La pregunta 2 se refiere a la siguiente figura.

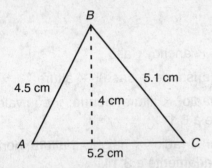

2. ¿Cuál es el área del △ABC redondeada al centímetro cuadrado más cercano?

   (1) 10
   (2) 14
   (3) 17
   (4) 19
   (5) 21

3. Teresa vendió 2 cámaras por $175 cada una y tres cámaras por $150 cada una. Si Teresa se gana una comisión de $35 por cada venta, ¿qué expresión muestra cuánto se ganó de comisión?

   (1) ($175 + $150)$35
   (2) (2 × $175) + (3 × $150)
   (3) $35 × 2 × 3
   (4) (2 + 3)$35
   (5) $\frac{(\$175 + \$150)}{\$35}$

4. En una recta numérica, ¿−2 se encuentra a mitad de camino entre cuáles de los siguientes puntos?

   (1) −3 y 0
   (2) −4 y 1
   (3) −4 y −1
   (4) −4 y 0
   (5) −5 y 0

Las preguntas 5 y 6 se refieren a la siguiente figura.

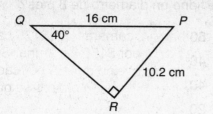

5. ¿Cuánto mide el ∠RPQ?

    (1) 40°

    (2) 50°

    (3) 60°

    (4) 90°

    (5) 140°

6. ¿Cuál es la longitud de $\overline{QR}$ a la décima de centímetro más cercana?

    Registre sus respuestas en las cuadrículas.

Las preguntas 7 y 8 se refieren a la siguiente gráfica.

7. ¿Cuánto dinero, en millones de dólares, se gastó en palomitas de maíz durante el mes de mayo?

    (1) $1.32

    (2) $1.44

    (3) $1.56

    (4) $2.04

    (5) $4.08

8. ¿Cuál fue la razón entre el gasto total en palomitas de maíz y el gasto en nachos durante el mes de mayo?

    (1) 34:13

    (2) 2:1

    (3) 17:13

    (4) 13:34

    (5) 1:2

9. ¿La expresión $4(x + 2y) - (x + y)$ es igual a cuál de las siguientes expresiones?

(1) $3x + y$

(2) $3x + 3y$

(3) $3x + 5y$

(4) $3x + 7y$

(5) $3x + 9y$

La pregunta 10 se refiere a la siguiente figura.

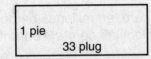

1 pie

33 plug

10. ¿Cuál es el área del rectángulo en <u>pulgadas cuadradas</u>?

(1) 364

(2) 386

(3) 396

(4) 412

(5) 432

11. ¿Cuál es el área aproximada en pies cuadrados del fondo de una piscina circular que tiene un diámetro de 8 pies?

(1) 50

(2) 48

(3) 40

(4) 20

(5) 16

12. Muestre la ubicación del punto cuyas coordenadas son $(-3, 2)$.

Marque su respuesta en el plano de coordenadas en su hoja de respuestas.

Matemáticas
Parte II

Instrucciones

La Prueba preliminar de Matemáticas consta de una serie de preguntas de selección múltiple y formato alternativo, destinadas a medir las aptitudes matemáticas generales y la capacidad de resolver problemas. Las preguntas se basan en lecturas breves que con frecuencia incluyen una gráfica, un cuadro o un diagrama.

Se le darán 23 minutos para contestar las 13 preguntas de la Parte II. Trabaje con cuidado, pero no dedique demasiado tiempo a una sola pregunta. Asegúrese de haber contestado todas las preguntas. No se descontarán puntos por respuestas incorrectas. Cuando se agote el tiempo, ponga una marca en la última pregunta que haya contestado. Esto le servirá de guía para calcular si podrá terminar la verdadera Prueba de GED dentro del tiempo permitido. A continuación, termine la prueba.

En la página 61 se proporcionan las fórmulas que podría necesitar. Solamente algunas de las preguntas necesitarán que utilice una fórmula. No todas las fórmulas que se darán serán necesarias.

Algunas preguntas contienen más información de la que usted necesita para resolver el problema; otras preguntas no dan suficiente información. Si la pregunta no da suficiente información para resolver el problema, la respuesta correcta es "No se cuenta con suficiente información".

En la Parte II no se permite utilizar la calculadora.

Registre sus respuestas en la hoja de respuestas separada en la página 920. Asegúrese de incluir toda la información requerida en la hoja de respuestas.

Para marcar sus respuestas, en la hoja de respuestas rellene el círculo con el número de la respuesta que considere correcta para cada una de las preguntas de la prueba.

Ejemplo: Si una cuenta de mercado por valor total de $15.75 se paga con un billete de $20.00, ¿cuánto cambio debe devolverse?

(1) $5.25
(2) $4.75
(3) $4.25
(4) $3.75
(5) $3.25

① ② ● ④ ⑤

La respuesta correcta es $4.25; por lo anto, en la hoja de respuestas debeía haber rellenado el círculo con el número 3 adentro.

No apoye la punta del lápiz en la hoja de respuestas mientras piensa en la respuesta. No haga marcas innecesarias en la hoja. Si decide cambiar una respuesta, borre completamente la primera marca. Rellene un solo círculo por cada respuesta: si señala más de un círculo, la respuesta se considerará incorrecta. No doble ni arrugue la hoja de respuestas.

Una vez terminada esta prueba, utilice la Tabla de análisis del desempeño en la página 65 para determinar si está listo para tomar la verdadera Prueba de GED. Si no lo está, use la tabla para identificar las destrezas que debe repasar de nuevo.

Adaptado con el permiso del American Council on Education.

MATEMÁTICAS

Los números mixtos, como $3\frac{1}{2}$, no pueden anotarse en la cuadrícula del formato alterno. En lagar de ello, represéntelos como números decimales (en este caso, 3.5) o en fracciones (en este caso 7/2). Ninguna respuesta podrá ser un número negativo, como -8.

Para registrar su respuesta a una pregunta en el formato alternativo:

- empiece en cualquier columna que le permita anotar su respuesta;
- escriba su respuesta en los recuadros en la fila superior;
- en la columna que esté debajo de una barra de fracción o de un punto decimal (si la hubiere) y cada número de su respuesta, rellene el círculo que represente ese signo o número;
- deje en blanco las columnas no utilizadas.

Ejemplo:

En un mapa, la escala indica que $\frac{1}{2}$ pulgada representa una distancia real de 120 millas, ¿a qué distancia en el mapa están las dos ciudades si la distancia real entre ellas es 180 millas ?

La respuesta al ejemplo anterior es de 3/4 ó 0.75 pulgadas. A continuación se presentan algunos ejemplos de cómo podría anotarse la respuesta en la cuadrícula.

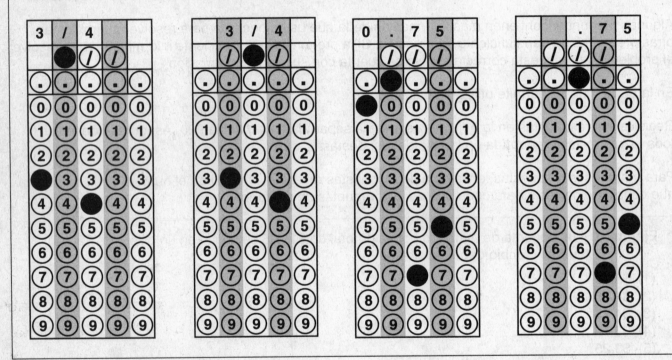

Puntos que es preciso recordar:

- Una computadora se encargará de puntuar la hoja de respuestas. **Es muy importante que rellene los círculos correctamente.**
- No marque más de un círculo en una columna.
- Anote una sola respuesta en la cuadrícula aunque haya más de una respuesta correcta.
- Los números mixtos como $3\frac{1}{2}$ deben escribirse en la cuadrícula como 3.5 ó 7/2.
- Ninguna respuesta podrá ser un número negativo.

Adaptado con el permiso del American Council on Education.

Prueba preliminar • Matemáticas

FÓRMULAS

SUPERFICIE de un:

cuadrado	Área = lado^2
rectángulo	Área = largo × ancho
paralelogramo	Área = base × altura
triángulo	Área = $\frac{1}{2}$ × base × altura
trapecio	Área = $\frac{1}{2}$ × (base mayor + base menor) × altura
círculo	Área = π × radio^2; donde π equivale aproximadamente a 3.14

PERÍMETRO de un:

cuadrado	Perímetro = 4 × lado
rectángulo	Perímetro = 2 × largo+ 2 × ancho
triángulo	Perímetro = lado$_1$ + lado$_2$ + lado$_3$

PERÍMETRO DE LA CIRCUNFERENCIA — Circunferencia = π × diámetro; donde π equivale aproximadamente a 3.14

VOLUMEN de:

un cubo	Volumen = arista^3
un objeto rectangular	Volumen = largo × ancho × alto
una pirámide cuadrangular	Volumen = $\frac{1}{3}$ × (arista de la base)^2 × altura
un cilindro	Volumen = π × radio^2 × altura; donde; π equivale aproximadamente a 3.14
un cono	Volumen = $\frac{1}{3}$ × π × radio^2 × altura; donde π equivale aproximadamente a 3.14

GEOMETRÍA ANALÍTICA

Distancia entre dos puntos = $\sqrt{(x_2 - x_1)^2 + (y_2 - y_1)^2}$; donde (x_1, y_1) y (x_2, y_2) son dos puntos en un plano.

Pendiente de una recta = $\frac{y_2 - y_1}{x_2 - x_1}$; donde (x_1, y_1) y (x_2, y_2) son dos puntos en una recta.

TEOREMA DE PITÁGORAS

$a^2 + b^2 = c^2$; adonde a y b son los catetos y c la hipotenusa de un triángulo rectángulo.

MEDIDAS DE TENDENCIA CENTRAL

Media aritmética = $\frac{x_1 + x_2 + \ldots + x_n}{n}$; donde las x son los valores para los cuales se desea encontrar la media y n es el número total de valores de x.

Mediana = Es el valor situado en el centro en un número impar de datos *ordenados* y la media aritmética de los dos valores más próximos al centro en un número par de datos *ordenados*.

INTERÉS SIMPLE — interés = capital × tasa × tiempo

DISTANCIA — distancia = velocidad × tiempo

COSTO TOTAL — costo total = (número de unidades) × (precio de cada unidad)

Parte II

Instrucciones: Tendrá 23 minutos para responder las preguntas 13 a 25. Elija la respuesta que mejor responda a cada pregunta. **NO** puede usar la calculadora.

13. La suma de tres números enteros consecutivos es 138. ¿Cuál es el número mayor?

    (1) 52
    (2) 50
    (3) 48
    (4) 46
    (5) 44

Las preguntas 14 y 15 se refieren al siguiente diagrama.

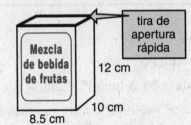

14. Una nueva mezcla de bebida se empaqueta en envases rectangulares. Tal y como se muestra en el diagrama, la tira de apertura rápida rodea la parte superior del envase. ¿Cuál es la longitud de la tira en centímetros?

    (1)   30.5
    (2)   37
    (3)   61
    (4)   85
    (5) 1020

15. Una etiqueta cubre completamente la parte frontal del envase. ¿Cuál de las expresiones siguientes podría utilizarse para hallar la superficie de la etiqueta?

    (1) 8.5 + 12 + 8.5 + 12
    (2) (8.5 × 2) + (12 × 2)
    (3) 8.5 × 4
    (4) 8.5 × 12
    (5) 8.5 × 10 × 12

16. ¿Cuál de las siguientes expresiones es igual 2 − (x + 7)?

    (1) x − 9
    (2) −x − 5
    (3) −x − 9
    (4) −x + 9
    (5) −x + 14

17. La familia Jordans pidió un préstamo de $5000 a 3 años a 14% de interés. ¿Cuánto le pagarán en total al banco?

    (1) $2100
    (2) $5042
    (3) $6400
    (4) $7100
    (5) $8000

18. Kathy cortó una tabla de madera de 19.6 pulgadas de largo en 4 partes iguales. ¿Cuántas pulgadas de largo mide cada pedazo?

    Marque sus respuestas en los círculos en su hoja de respuestas.

La pregunta 19 se refiere a la siguiente figura.

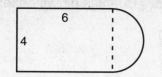

19. La figura muestra un rectángulo unido a un semicírculo. ¿Cuál de las expresiones siguientes representa el perímetro de la figura?

(1) $16 + 2\pi$

(2) $10 + 2\pi$

(3) $10 + 4\pi$

(4) $16 + 4\pi$

(5) $24 + 4\pi$

---

20. ¿Qué expresión se puede usar para hallar el perímetro de la siguiente figura?

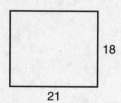

(1) $21 + 21 + 12 + 12$

(2) $21 + 21 + 18 + 18$

(3) $2(12 + 18)$

(4) $12 + 18$

(5) 21×18

La pregunta 21 se refiere a la tabla siguiente.

Juego	Puntaje
1	94
2	73
3	86
4	102
5	96
6	71

21. ¿Cuál es la mediana del puntaje de los juegos indicados?

(1) 94.0

(2) 90.0

(3) 87.0

(4) 86.5

(5) 86.0

La pregunta 22 se refiere a la siguiente figura.

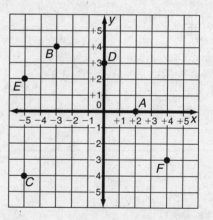

22. ¿Por qué puntos del plano de coordenadas pasa la gráfica de la ecuación $y = -\frac{3}{2}x + 3$

(1) A y B

(2) A y C

(3) A, D, y F

(4) A y E

(5) C y D

23. Janet estableció un calendario para pagar una deuda de $1800. El primer mes pagará $300 y luego pagará $150 mensuales. ¿Qué expresión indica el número de pagos de $150 que debe hacer Janet?

(1) $\dfrac{(\$1800 - \$300)}{\$150}$

(2) $\$1800 - \$300 - \$150$

(3) $\dfrac{(\$1800 - \$150)}{\$300}$

(4) $\$1800 - (\$300 + \$150)$

(5) $\$1800 - \$300 \times \$150$

24. Una caja contiene 15 tarjetas y cada una está numerada con un número entero diferente entre 1 y 15. Si se saca una tarjeta al azar, ¿cuál es la probabilidad de que salga un número par?

(1) $\dfrac{1}{15}$

(2) $\dfrac{7}{15}$

(3) $\dfrac{1}{2}$

(4) $\dfrac{7}{8}$

(5) $\dfrac{14}{15}$

25. Sam gastó 5 galones de fertilizante en su césped. ¿Cuántas pintas de fertilizante usó?

(1) 40

(2) 32

(3) 8

(4) 5

(5) 4

Tabla de análisis del desempeño en la Prueba preliminar

Matemáticas

Las siguientes tablas le servirán para determinar cuáles son sus puntos fuertes y débiles en las áreas temáticas y destrezas necesarias para aprobar la Prueba de Matemáticas de GED. Consulte la sección Respuestas y explicaciones que empieza en la página 731 para verificar las respuestas que haya dado en la Prueba preliminar. Luego, en las tablas para la parte I y la parte II, encierre en un círculo los números correspondientes a las preguntas de la prueba que haya contestado correctamente. Anote el número total de aciertos por área temática y por destreza al final de cada hilera y columna. Vea el número total de aciertos de cada columna e hilera para determinar cuáles son las áreas y destrezas que más se le dificultan. Use como referencia las páginas señaladas en la tabla para estudiar esas áreas y destrezas.

Parte I

Área temática	Concepto	Procedimiento	Aplicación	Números de aciertos
Operaciones numéricas y sentido numérico *(Lecciones 1–13)*		3	1	_____/2
Medidas *(Lecciones 14–15)*			**10**	_____/1
Análisis de datos *(Lecciones 16–17)*			**7, 8**	_____/2
Álgebra *(Lecciones 18–22)*	4, 12	9		_____/3
Geometría *(Lecciones 23–27)*	**5**		**2, 6**, 11	_____/4
Número de aciertos	_____/3	_____/2	_____/7	_____/12

Parte II

Área temática	Concepto	Procedimiento	Aplicación	Números de aciertos
Operaciones numéricas y sentido numérico *(Lecciones 1–13)*		23	17, 18	_____/3
Medidas *(Lecciones 14–15)*	25	**20**	**14**	_____/3
Análisis de datos *(Lecciones 16–17)*	**21**, 24			_____/2
Álgebra *(Lecciones 18–22)*		16	13, **22**	_____/3
Geometría *(Lecciones 23–27)*		**15, 19**		_____/2
Número de aciertos	_____/3	_____/5	_____/5	_____/13

Los problemas indicados en **negrilla** se basan en gráficas.

Unidad 1

LENGUAJE, REDACCIÓN

La Prueba de GED Lenguaje, Redacción, Parte I consiste en:

La Prueba

- Una prueba de 50 preguntas de selección múltiple
- 75 minutos para completar la prueba

El Contenido

- Estructura de las oraciones
- Organización
- Uso
- Mecánica

Las Preguntas

- Corrección
- Revisión
- Cambios de estructura

"Lo importante no es que se cometan errores, sino aprovechar las oportunidades que nos presentan".
~ Walter Anderson
graduado de GED

Walter Anderson ha aprendido a aprovechar las oportunidades. El certificado de GED que recibió después de dejar los estudios de la escuela secundaria le dio la oportunidad de estudiar en Westchester Community College y Mercy College. Se graduó de las dos universidades con el honor de ser el mejor alumno de su curso y pasó a trabajar para las editoriales de revistas. Actualmente es Jefe Ejecutivo de *Parade Magazine*, que sale en más de 300 periódicos nacionales. Anderson se dedica a las causas que más le interesan y usa su fama para promover la alfabetización y prevenir que los estudiantes abandonen la escuela.

Los errores nos ofrecen oportunidades para aprender y mejorar nuestra escritura, pero también en el trabajo y el hogar. Si leemos y revisamos un párrafo confuso y poco claro, podemos transformarlo en algo importante. En esta unidad se dan oraciones con errores y otras que se podrían escribir mejor. Su trabajo es revisarlas y corregirlas para aprender a escribir mejor.

Las destrezas de escritura son muy importantes para Walter Anderson, quien publica una revista semanal y es autor de varios libros. Naturalmente, la gente que no se dedica a escribir se puede beneficiar de estas destrezas. Al fin y al cabo, la escritura es una forma de comunicación, así se trate de una carta de negocios, una nota para el maestro, una novela o una tarjeta para un amigo. ¿Y quién no quisiera comunicarse mejor?

Destrezas de estudio

Escribir facilita la concentración.

Tome notas mientras estudia para poder entender y recordar los conceptos más difíciles y disminuir las distracciones.

- Tome notas de las ideas principales mientras lee.
- Escriba las palabras que no conoce para recordar cómo se deletrean.
- Escriba un resumen para enfocarse en el tema.

Estructura de las oraciones

En la parte I de la Prueba de Lenguaje y Redacción de GED, se evaluarán sus destrezas para reconocer y corregir problemas que haya en oraciones o párrafos. El treinta por ciento de las preguntas de la prueba evalúa la estructura de las oraciones, o la manera en que se forman las oraciones. Esta unidad se enfoca en temas clave de la estructura de las oraciones. Le enseñará maneras de expresar sus ideas en oraciones claras, correctas y lógicas.

Oraciones completas y fragmentos de oraciones

Oraciones completas

Para escribir con claridad, debe usar oraciones completas. Una oración es completa si cumple con los siguientes requisitos.

sujeto
dice de qué o de quién trata una oración

verbo
dice lo que el sujeto es o lo que hace

REGLA 1 Una oración completa tiene un sujeto y un verbo. El **sujeto** nombra de quién o de qué trata la oración. El **verbo** dice lo que el sujeto es o lo que hace.

Sin sujeto: Enseñar al hijo a manejar un carro de cambios.
Completa: <u>Gloria</u> enseña al hijo a manejar un carro de cambios.

Sin verbo: Los carros de transmisión automática.
Completa: Los carros de transmisión automática <u>son</u> fáciles de manejar.

A veces, el sujeto de una oración es implícito, o sea, que no se expresa directamente. Sin embargo, se sobreentiende por la terminación del verbo.

Completa: Estudié la guía para aprender a manejar. (sujeto implícito: Yo)

REGLA 2 Las oraciones completas expresan ideas completas.

Incompleta: Porque obtiene mejor millaje.
Completa: Ramón piensa comprar un carro con transmisión estándar porque obtiene mejor millaje.

REGLA 3 Las oraciones completas comienzan y terminan con signos de puntuación. La mayor parte de los enunciados terminan con un punto. Las preguntas empiezan y terminan con signos de interrogación. Los enunciados fuertes o mandatos empiezan y terminan con signos de exclamación.

Enunciado: Gloria prefiere manejar un carro de cambios.
Pregunta: ¿Maneja bien Ramón?
Exclamación: ¡Sálvese quien pueda!

> ### Sugerencia
>
> Identifique las oraciones completas preguntándose: *¿Tiene sujeto la oración? ¿Tiene un verbo completo? ¿Expresa una idea completa?* Si la respuesta a todas estas preguntas es afirmativa, la oración es completa.

Fragmentos de oraciones

Ha estado trabajando con oraciones completas. Si escribe por error una oración incompleta, habrá escrito un **fragmento de oración.** Cuando corrija un escrito y vea un fragmento de oración, puede usar uno de los siguientes métodos. El método que escoja dependerá de la situación y de lo que usted crea que mejorará el trabajo escrito.

fragmento de oración
una oración
incompleta

MÉTODO 1 Si el verbo del fragmento no indica cuál es el sujeto implícito, cambie el verbo a la persona correcta. Puede añadir un sujeto para que quede más claro.

Fragmento: Ir a la entrevista con su resumé.
Correcta: Fue a la entrevista con su resumé. (sujeto implícito: usted, él o ella)
Correcta: <u>Lía</u> fue a la entrevista con su resumé.

MÉTODO 2 Si al fragmento le falta un verbo, añádalo.

Fragmento: La Dra. Pastrana <u>preguntándole</u> por su último trabajo.
Correcta: La Dra. Pastrana <u>está preguntándole</u> por su último trabajo.

MÉTODO 3 Añada o cambie palabras para completar una idea incompleta.

Fragmento: Un trabajo normal, pero muy aburrido.
Correcta: Su último trabajo era normal, pero muy aburrido.

MÉTODO 4 Una el fragmento a una oración completa. Este método es bueno cuando el fragmento no exprese una idea completa aunque tenga sujeto y verbo.

Fragmento: Lía aceptó el trabajo. <u>Porque necesitaba un cambio estimulante</u>.
Correcta: Lía aceptó el trabajo porque necesitaba un cambio estimulante.
Correcta: Porque necesitaba un cambio estimulante, Lía aceptó el trabajo.

El siguiente enunciado subrayado es un fragmento. Marque con una "X" la mejor manera de corregirlo.

Jaime adelgazó. <u>Una vez que empezó a hacer ejercicio</u>.

_____ a. cambiar la persona del verbo

_____ b. añadir un verbo

_____ c. añadir palabras para completar la idea

_____ d. unirlo a la oración anterior

Usted acertó si escogió la *opción d*. El fragmento ya tiene el sujeto implícito *él* (*opción a*) y el verbo *empezó* (*opción b*), pero no expresa una idea completa. Puede añadirle palabras para que exprese una idea completa (*opción c*). Sin embargo, la mejor manera de corregirlo es uniéndolo a la oración anterior, porque la primera oración es corta y abrupta, y el significado del fragmento tiene mucho que ver con ella.

Práctica de GED

Las preguntas 1 a 4 se refieren al párrafo siguiente.

Hornos de microondas

(1) Los hornos de microondas han transformado la cocina debido a sus ventajas en la sociedad actual de rápido ritmo de vida. (2) Hace años, la mayoría de la gente cocinaba con gas o electricidad. (3) Hoy en día, muchos prefieren los hornos de microondas por su velocidad para cocinar. (4) Que es una de sus mejores cualidades. (5) Más baratos, además, que las estufas de gas o electricidad. (6) En los casos en que hay que considerar el espacio disponible, los hornos de microondas son relativamente pequeños. (7) De hecho, la mayoría de la gente usa el microondas además del horno grande de gas o electricidad, y no en su lugar. (8) Los fabricantes de hornos no preocuparse.

1. Oración 1: **Los hornos de microondas han transformado la cocina debido a sus ventajas en la sociedad actual de rápido ritmo de vida.**

   ¿Qué corrección debe hacerse a la oración 1?

   (1) añadir ellos después de microondas
   (2) cambiar han a habiendo
   (3) cambiar cocina por a cocina. Debido
   (4) cambiar ventajas a ventajas. En
   (5) no se requiere hacer ninguna corrección

2. Oraciones 3 y 4: **Hoy en día, muchos prefieren los hornos de microondas por su velocidad para cocinar. Que es una de sus mejores cualidades.**

   ¿Cuál es la mejor manera de escribir la parte subrayada del texto? Si el original representa la mejor manera, escoja la opción (1).

   (1) cocinar. Que es una
   (2) cocinar, que es una
   (3) cocinar. Una
   (4) cocinar y una
   (5) cocinar. Siendo una

3. Oración 5: **Más baratos, además, que las estufas de gas o electricidad.**

   ¿Qué corrección debe hacerse a la oración 5?

   (1) sustituir Más con Los microondas son más
   (2) añadir de usar después de baratos
   (3) añadir o después de que
   (4) cambiar gas o a gas. O
   (5) añadir son después de que

4. Oraciones 7 y 8: **De hecho, la mayoría de la gente usa el microondas además del horno grande de gas o electricidad, y no en su lugar. Los fabricantes de hornos no preocuparse.**

   Si volviera a escribir las oraciones 7 y 8, empezando con

   Los fabricantes de hornos, sin embargo,

   las siguientes palabras deberían ser

   (1) no preocuparse porque la mayoría
   (2) no preocupándose porque, de hecho
   (3) ellos no están preocupados porque la mayoría
   (4) no están preocupados porque la mayoría
   (5) no preocupados porque de hecho

Sugerencia

Algunas preguntas del GED dan la opción: "no se requiere hacer ninguna corrección". Si usted cree que ésa es la respuesta correcta, vuelva a leer la oración atentamente para verificar que realmente no haya ningún error.

Las preguntas 5 a 8 se refieren a los párrafos siguientes.

Sistemas de Computadoras Fénix

A nuestros apreciados clientes:

(A)

(1) La empresa Sistemas de Computadoras Fénix desea facilitarle la visita a nuestras páginas de Internet. (2) Configuramos nuestros sistemas para ayudarle a guardar la información que desea compartir con nosotros. (3) Su nombre, dirección postal y de correo electrónico, y número de teléfono. (4) Después usted selecciona su contraseña exclusiva Fénix, que se le pedirá al principio de su búsqueda en Internet. (5) No tendrá que volver a escribir todos sus datos personales. (6) Para bajar un artículo de nuestros archivos o comprar un nuevo producto. (7) Simplemente, escriba su contraseña, y el sistema accederá a la información automáticamente.

(B)

(8) No compartiremos la información que le guardamos con ninguna otra entidad, y ninguna otra persona podrá acceder a sus datos personales. (9) Su información actualizada en cualquier momento, escribiendo su contraseña y cambiando los datos archivados.

5. Oraciones 2 y 3: **Configuramos nuestros sistemas para ayudarle a guardar la información que desea compartir con nosotros. Su nombre, dirección postal y de correo electrónico, y número de teléfono.**

¿Cuál es la mejor manera de escribir la parte subrayada del texto? Si el original representa la mejor manera, escoja la opción (1).

(1) nosotros. Su
(2) nosotros su
(3) nosotros, como su
(4) nosotros siendo su
(5) nosotros porque su

6. Oración 4: **Después usted selecciona su contraseña exclusiva Fénix, que se le pedirá al principio de su búsqueda en Internet.**

¿Qué corrección debe hacerse a la oración 4?

(1) añadir cuando después de Después
(2) sustituir selecciona con seleccionando
(3) cambiar exclusiva Fénix, que a exclusiva Fénix. Que
(4) sustituir se con sé
(5) no se requiere hacer ninguna corrección

7. Oraciones 5 y 6: **No tendrá que volver a escribir todos sus datos personales. Para bajar un artículo de nuestros archivos o comprar un nuevo producto.**

¿Qué grupo de palabras incluiría la mejor combinación de las oraciones 5 y 6?

(1) por razón de bajar
(2) cuando quiera bajar
(3) volver a introducir y bajar
(4) datos personales y bajar
(5) datos personales porque

8. Oración 9: **Su información actualizada en cualquier momento, escribiendo su contraseña y cambiando los datos archivados.**

¿Qué corrección debe hacerse a la oración 9?

(1) añadir puede ser antes de actualizada
(2) cambiar actualizada a actualizando
(3) cambiar momento, escribiendo a momento. Escribiendo
(4) cambiar corrigiendo a habiendo corregido
(5) añadir que tiene después de los datos

Las respuestas comienzan en la página 733.

Oraciones compuestas

Conjunciones coordinantes

Ha estado escribiendo oraciones completas, también llamadas oraciones independientes. Una oración independiente es una oración que puede formar una oración simple por sí misma. Dos o más oraciones independientes pueden combinarse para formar una oración compuesta. Escribir oraciones compuestas es una manera eficaz de expresar la relación que existe entre las ideas de las oraciones independientes.

MÉTODO Para escribir una oración compuesta, combine las oraciones independientes con una **conjunción coordinante**. La conjunción coordinante expresa la relación entre las oraciones. Cuando consisten en más de una palabra, se conocen como locuciones coordinantes y cumplen la misma función.

conjunción coordinante
palabra que une las oraciones independientes de una oración compuesta

Conjunción coordinante	Relación
y, e	une dos ideas relacionadas
pero, aunque	contrasta dos ideas
como	indica una causa
así que	indica un efecto
o, u	da opciones
ni	da opciones negativas

REGLA Cuando escriba una oración compuesta con una conjunción coordinante, debe escribir una coma delante de la conjunción. Sin embargo, no debe escribir una coma antes de las conjunciones y, e, ni, o, u en una enumeración.

Separadas: José se unió a un grupo de actores. Tienen mucho talento.

Combinadas: José se unió a un grupo de actores y tienen mucho talento. (La palabra y une dos ideas relacionadas y no lleva coma delante.)

Separadas: Su primera obra de teatro es una comedia muy graciosa. Seguramente será un éxito.

Combinadas: Su primera obra de teatro es una comedia muy graciosa, así que seguramente será un éxito. (La locución así que indica un efecto y lleva una coma delante.)

> ### Sugerencia
>
> Para combinar correctamente dos oraciones, lea ambas y busque la relación entre sus ideas. Después, use una coma si hace falta y una conjunción coordinante que exprese correctamente esa relación.

Marque con una "X" la oración compuesta que combine correctamente las oraciones independientes.

_____ a. Mi madre trabaja en Fino Textiles, lleva diez años trabajando allí.

_____ b. Empezó de costurera, pero quería ser diseñadora.

_____ c. Después de seis años terminó la universidad así que la ascendieron al departamento de diseño.

Usted acertó si escogió la *opción b*. Sus dos oraciones independientes están unidas por coma y la conjunción *pero*. La *opción a* tiene solamente la coma y le falta la conjunción. En la *opción c* falta la coma.

Otros conectores

Hay otras dos maneras de combinar oraciones independientes para formar oraciones compuestas.

MÉTODO 1 Combine las oraciones escribiendo punto y coma si las ideas son extensas. Si no lo son, se prefiere la coma.

Separadas: Las armas nucleares amenazan nuestras vidas y sana convivencia. La falta de solución a este problema podría tener consecuencias graves.

Combinadas: Las armas nucleares amenazan nuestras vidas y sana convivencia; la falta de solución a este problema podría tener consecuencias graves.

MÉTODO 2 Combine las oraciones escribiendo punto y coma y un adverbio conjuntivo. El adverbio conjuntivo que escoja debe expresar la relación entre las dos ideas que se combinan.

Adverbios conjuntivos	**Relación**
también, además, por otra parte, es más	unen dos ideas
sin embargo, aún así, no obstante, en vez de, a pesar de	contrastan dos ideas
de la misma manera, del mismo modo, igualmente	comparan dos ideas
por lo tanto, por eso, en consecuencia	expresan un resultado
a continuación, luego, mientras tanto, finalmente, cronológico	expresan orden entonces
por ejemplo	expresa ejemplos

REGLA Cuando escriba un adverbio conjuntivo para unir dos oraciones, añada un punto y coma antes y una coma después.

Separadas: A la gente le interesa evitar la guerra nuclear. No siempre están de acuerdo sobre la mejor manera de hacerlo.

Combinadas: A la gente le interesa evitar la guerra nuclear; sin embargo, no siempre están de acuerdo sobre la mejor manera de hacerlo.

Marque con una "X" las oraciones compuestas que combinen correctamente las ideas.

_____ a. El Seguro Social brinda muchas clases de ayuda económica; actualmente paga el retiro, la incapacidad y otros beneficios.

_____ b. La mayoría de las personas se retiran a los 65 años; después, una nueva ley prolonga esa edad hasta los 67 años.

_____ c. Algunas personas se retiran a los 62 años; en consecuencia, reciben menos beneficios.

_____ d. Los retirados también reciben atención médica de Medicare; que paga los servicios médicos.

Usted acertó si escogió las *opciones a* y *c*. La *opción b* es incorrecta porque emplea después, una palabra de enlace que expresa orden cronológico, cuando la relación que existe es de contraste. La *opción d* es incorrecta porque *que paga los servicios médicos* no es una oración independiente.

Práctica de GED

Instrucciones: Elija la respuesta que mejor responda a cada pregunta.

Las preguntas 1 a 4 se refieren al párrafo siguiente.

Chaquetas de servicio

(A)

(1) Durante la guerra de Vietnam, muchos marineros y soldados llevaban unas chaquetas con adornos personales llamadas "Pleiku", o chaquetas de servicio. (2) Las chaquetas estaban cosidas a mano con diseños llenos de colorido. (3) Mapas, dragones, banderas, y cosas por el estilo. (4) Luego, los dueños añadían complicadas insignias o bordaban mensajes que decían dónde estaban destinados. (5) Las chaquetas se individualizaron completamente; cada persona tenía una diferente.

(B)

(6) Los primeros en llevar las chaquetas de servicio fueron los marineros. (7) La Marina entregaba a cada marinero un uniforme completo de trabajo pero la chaqueta era la única prenda de la Marina que podía adornarse. (8) La decoración de las chaquetas, entonces, empezó con los marineros. (9) Más corriente entre los soldados más adelante en la guerra.

1. Oraciones 2 y 3: **Las chaquetas estaban cosidas a mano con diseños llenos de colorido. Mapas, dragones, banderas, y cosas por el estilo.**

   ¿Qué grupo de palabras incluiría la mejor combinación de las oraciones 2 y 3?

   (1) llenos de colorido, y mapas
   (2) llenos de colorido tales como mapas
   (3) mapas cosidos a mano con
   (4) Los mapas estaban cosidos a mano
   (5) Sus chaquetas con mapas

2. Oración 4: **Luego, los dueños añadían complicadas insignias o bordaban mensajes que decían dónde estaban destinados.**

   ¿Cuál es la mejor manera de escribir la parte subrayada del texto? Si el original representa la mejor manera, escoja la opción (1).

   (1) insignias o
   (2) insignias, o
   (3) insignias. O
   (4) insignias o,
   (5) insignias, o,

3. Oración 7: **La Marina entregaba a cada marinero un uniforme completo de trabajo pero la chaqueta era la única prenda de la Marina que podía adornarse.**

   ¿Cuál es la mejor manera de escribir la parte subrayada del texto? Si el original representa la mejor manera, escoja la opción (1).

   (1) trabajo pero
   (2) trabajo, de esta manera
   (3) trabajo. Y
   (4) trabajo pero,
   (5) trabajo, pero

4. Oración 9: **Más corriente entre los soldados más adelante en la guerra.**

   ¿Qué corrección debe hacerse a la oración 9?

   (1) añadir Haciéndose antes de Más corriente
   (2) añadir Se hizo antes de Más corriente
   (3) añadir coma después de soldados
   (4) cambiar guerra a Guerra
   (5) no se requiere hacer ninguna corrección

Las preguntas 5 a 8 se refieren al párrafo siguiente.

Declaración de impuestos por Internet

(1) El Servicio de Rentas Internas IRS *(Internal Revenue Service)* ha simplificado el proceso de declaración de impuestos con el envío electrónico. (2) Usted puede llenar y presentar sus planillas de impuestos muy rápidamente por Internet, así que su reembolso podrá llegarle en tres semanas en lugar de seis. (3) Para declarar electrónicamente, necesitará una computadora personal con módem y un programa para preparar la planilla. (4) El programa registra todos sus datos personales y económicos, y el módem los transmite al IRS. (5) A continuación, el IRS comprueba la planilla y busca errores. (6) Algunas planillas pueden ser rechazadas. (7) El IRS tiene un departamento de servicio al cliente para ayudarlo en estos casos. (8) Uno de sus representantes le puede indicar lo que falta o está incompleto, para que usted lo corrija y lo vuelva a presentar. (9) Una vez que su declaración sea aceptada, usted tendrá que presentar papeles adicionales, como por ejemplo el documento especial para la firma y los formularios W-2. (10) Usted también puede pagar electrónicamente puede solicitar que el IRS ingrese el reembolso directamente en su cuenta bancaria.

5. Oración 2: **Usted puede llenar y presentar sus planillas de impuestos muy rápidamente por Internet, así que su reembolso podrá llegarle en tres semanas en lugar de seis.**

   ¿Cuál es la mejor manera de escribir la parte subrayada del texto? Si el original representa la mejor manera, escoja la opción (1).

   (1) Internet, así que su
   (2) Internet, su
   (3) Internet así, que su
   (4) Internet así que su
   (5) Internet. Así que

6. Oración 4: **El programa registra todos sus datos personales y económicos, y el módem los transmite al IRS.**

   ¿Qué corrección debe hacerse a la oración 4?

   (1) eliminar y después de económicos
   (2) añadir coma después de y
   (3) eliminar la coma después de económicos
   (4) eliminar el módem
   (5) no se requiere hacer ninguna corrección

7. Oraciones 6 y 7: **Algunas planillas pueden ser rechazadas. El IRS tiene un departamento de servicio al cliente para ayudarlo en estos casos.**

   ¿Qué grupo de palabras incluiría la mejor combinación de las oraciones 6 y 7?

   (1) rechazados, el
   (2) rechazados el,
   (3) rechazados por lo tanto el
   (4) rechazados pero el
   (5) rechazados, pero el

8. Oración 10: **Usted también puede pagar electrónicamente puede solicitar que el IRS ingrese el reembolso directamente en su cuenta bancaria.**

   ¿Qué corrección debe hacerse a la oración 10?

   (1) añadir coma después de electrónicamente
   (2) añadir o después de electrónicamente
   (3) añadir coma y o después de electrónicamente
   (4) añadir coma después de ingrese
   (5) no se requiere hacer ninguna corrección

> ### Sugerencia
>
> A veces, en la Prueba de GED se pregunta: "¿Cuál es la mejor manera de escribir la parte subrayada del texto?" En este tipo de preguntas, la opción (1) siempre es idéntica al original.

Las respuestas comienzan en la página 733.

Lección

3

oración compleja contiene una oración independiente y una oración subordinada, unidas por una conjunción subordinante

Ideas subordinantes

Oraciones complejas

Ya sabe que una oración independiente tiene un sujeto y un verbo y expresa una idea completa. Una oración dependiente, u oración subordinada, tiene sujeto y verbo pero no expresa una idea completa.

Oración subordinada: Hasta que se puso el sol.

Como también sabe, una oración compuesta contiene dos oraciones independientes unidas por una conjunción coordinante. Para formar una **oración compleja,** puede unir una oración independiente y una subordinada. La oración subordinada añade información o detalles a la oración independiente principal.

Oración compleja: Los fuegos artificiales no empezaron hasta que se puso el sol.

Una conjunción subordinante introduce la oración subordinada. A continuación se mencionan algunas conjunciones subordinantes y las relaciones que expresan.

Tiempo: después que, antes que, una vez que, desde que, hasta que, cuando, siempre que, mientras
Resultado/efecto: para que, así que, con el fin de que
Lugar: donde, dondequiera
Condición: si, incluso si, a menos que
Elección: si
Concesión: aunque, a pesar de que, si bien
Razón/causa: como, porque, puesto que

MÉTODO Una oración subordinada es un fragmento de oración si no está unido a una oración independiente. Para corregir el fragmento, puede unirlo a una oración independiente, formando una oración compleja.

**Oración independiente
y fragmento:** Se canceló el partido. Porque llovía.
Oración compleja: Se canceló el partido porque llovía.

REGLA Escriba una coma después de una oración subordinada que está al principio de una oración. Normalmente, no hay que escribir una coma antes de una oración subordinada que está al final de una oración.

Oración compleja: Porque llovía, se canceló el partido.
Oración compleja El partido se canceló porque llovía.

Marque con una "X" la oración compleja correcta.

_____ a. Una vez que la grúa se llevó el camión dañado.

_____ b. Una vez que se llevaron el camión, se despejó el tapón.

Usted acertó si escogió la opción b. Es una oración compleja con la puntuación correcta. La opción a es una oración subordinada (fragmento).

Combinar detalles

Una oración simple tiene un sujeto, un verbo y una idea. Las oraciones simples suelen ser cortas. El exceso de oraciones simples cortas, aunque formen parte de una oración compuesta, hará que la redacción parezca entrecortada y repetitiva.

Hay varios métodos para combinar los detalles de modo que la redacción sea más fluida. Observe que, aunque los tres métodos resuelven el problema con algunas diferencias, cada uno contiene los mismos detalles, elimina la repetición y expresa la relación entre las ideas.

MÉTODO 1 Combine los detalles para formar una oración simple más larga.

Entrecortada: Se requieren muchas agujas diferentes para coser a mano. Las agujas varían en la forma del ojo. Varían en la longitud. Varían en la punta.

Entrecortada: Las agujas varían en la forma del ojo, y varían en la longitud, y varían en la punta.

Fluida: Las agujas para coser a mano varían en la forma del ojo, en la longitud y en la punta.

MÉTODO 2 Combine los detalles para formar una sola oración compuesta.

Fluida: Para coser a mano se requieren diferentes agujas, así que varían en la forma del ojo, en la longitud y en la punta.

MÉTODO 3 Combine los detalles para formar una sola oración compleja.

Fluida: Como para coser a mano se requieren diferentes agujas, éstas varían en la forma del ojo, en la longitud y en la punta.

Marque con una "X" el texto más fluido y mejor escrito.

_____ a. En promedio, las mujeres de Estados Unidos viven más que los hombres. Viven unos siete años más que los hombres que generalmente son más fuertes que las mujeres.

_____ b. En promedio, las mujeres de Estados Unidos viven siete años más que los hombres, aunque los hombres son físicamente más fuertes.

_____ c. En promedio, las mujeres de Estados Unidos viven siete años más que los hombres. Esto significa que los hombres, por término medio, tienen una vida más corta que las mujeres. Los hombres son generalmente más fuertes que las mujeres.

Usted acertó si escogió la *opción b*, pues combina con fluidez todas las ideas y expresa su relación en una oración compleja y clara. La *opción a* combina algunas ideas, pero repite innecesariamente la información. La *opción c* no combina las ideas y repite la misma información de maneras diferentes.

> ## Sugerencia
>
> A menudo las ideas muy sencillas o los detalles individuales no se incluyen en oraciones distintas. Intente combinarlos con oraciones cercanas para que la redacción no resulte tan entrecortada.

Práctica de GED

Instrucciones: Elija la respuesta que mejor responda a cada pregunta.

Las preguntas 1 a 4 se refieren a los párrafos siguientes.

Sugerencias para las mudanzas

(A)

(1) Ya sea que se vaya a otra parte de la ciudad o del país. (2) Mudarse de casa es una de las experiencias más estresantes de la vida. (3) Para que le resulte más fácil los expertos en mudanzas sugieren hacer una lista de "mudanza".

(B)

(4) Por ejemplo, comunique a las compañías de servicios públicos la fecha en que va a mudarse. (5) Llene un formulario de cambio de domicilio en la oficina de correos. (6) Asegúrese de saber su nueva dirección. (7) Saber la fecha en que desea trasladar su correspondencia, también. (8) Algunas personas que se mudan recomiendan llevar un equipo de supervivencia. (9) Este equipo contiene artículos tales como herramientas básicas, comida, bebidas y pañuelos de papel. (10) Probablemente necesite esas cosas en algún momento el día de la mudanza, así que asegúrese de no olvidarse su equipo.

1. Oraciones 1 y 2: **Ya sea que se vaya a otra parte de la ciudad o del país. Mudarse de casa es una de las experiencias más estresantes de la vida.**

   ¿Cuál es la mejor manera de escribir la parte subrayada del texto? Si el original representa la mejor manera, escoja la opción (1).

   (1) país. Mudarse
   (2) país mudarse
   (3) país, mudarse
   (4) país y mudarse
   (5) país porque mudarse

2. Oración 3: **Para que le resulte más fácil los expertos en mudanzas sugieren hacer una lista de "mudanza".**

   ¿Qué corrección debe hacerse a la oración 3?

   (1) sustituir Para con Porque
   (2) añadir coma después de fácil
   (3) cambiar sugieren a sugirieron
   (4) añadir coma después de sugieren
   (5) no se requiere hacer ninguna corrección

3. Oraciones 6 y 7: **Asegúrese de saber su nueva dirección. Saber la fecha en que desea trasladar su correspondencia, también.**

   ¿Cuál es la mejor manera de escribir la parte subrayada del texto? Si el original representa la mejor manera, escoja la opción (1).

   (1) dirección. Saber
   (2) dirección, saber
   (3) dirección, mientras que saber
   (4) dirección. Y saber
   (5) dirección y

4. Oraciones 8 y 9: **Algunas personas que se mudan recomiendan llevar un equipo de supervivencia. Este equipo contiene artículos tales como herramientas básicas, comida, bebidas y pañuelos de papel.**

   ¿Qué grupo de palabras incluiría la mejor combinación de las oraciones 8 y 9?

   (1) equipo de supervivencia, y este
   (2) equipo de supervivencia como por ejemplo
   (3) equipo de supervivencia, que contiene
   (4) llevar unas herramientas básicas
   (5) las personas que se mudan recomendando un equipo con

Las preguntas 5 a 8 se refieren al párrafo siguiente.

Sanos y en forma

(1) Estar en forma es prácticamente una obsesión nacional. (2) Son muchos los libros para ponerse en forma. (3) También lo son los programas para hacer ejercicio. (4) Por desgracia, no hay una fórmula mágica para ponerse en forma. (5) ¿Cómo se pone uno en forma y permanece en forma? (6) Si realmente quiere ponerse en forma tiene que hacer cambios serios y permanentes en su estilo de vida. (7) El ejercicio debe ser uno de los cambios. (8) No tiene que pagar por afiliarse a un club caro. (9) Puede simplemente comprar un buen par de zapatos y dar un paseo rápido con ellos varias veces a la semana, y los zapatos deben estar hechos especialmente para andar. (10) Por último, mantenga una actitud positiva. (11) Recuérdese a menudo lo mucho mejor que se ve y se siente. (12) Desde que cambió su comportamiento.

5. Oraciones 2 y 3: **Son muchos los libros para estar en forma. También lo son los programas para hacer ejercicio.**

   ¿Qué grupo de palabras incluiría la mejor combinación de las oraciones 2 y 3?

   (1) forma, también lo son
   (2) muchos los libros para estar en forma y los programas para hacer ejercicio
   (3) además, los programas para hacer ejercicio
   (4) pero también lo son los programas para hacer ejercicio
   (5) Muchos libros para estar en forma y programas

6. Oración 6: **Si realmente quiere ponerse en forma tiene que hacer cambios serios y permanentes en su estilo de vida.**

   ¿Qué corrección debe hacerse a la oración 6?

   (1) cambiar Si realmente a Realmente
   (2) añadir coma después de quiere
   (3) añadir coma después de forma
   (4) cambiar forma tiene a forma. Tiene
   (5) no se requiere hacer ninguna corrección

7. Oración 9: **Puede simplemente comprar un buen par de zapatos y dar un paseo rápido con ellos varias veces a la semana, y los zapatos deben estar hechos especialmente para andar.**

   ¿Qué grupo de palabras incluiría la mejor corrección a la oración 9?

   (1) asegúrese de que los zapatos
   (2) Comprar un buen par de zapatos y caminar
   (3) Puede simplemente comprar y dar un paseo
   (4) los zapatos deben ser buenos para caminar
   (5) un buen par de zapatos para andar

8. Oraciones 11 y 12: **Recuérdese a menudo lo mucho mejor que se ve y se siente. Desde que cambió su comportamiento.**

   ¿Cuál es la mejor manera de escribir la parte subrayada del texto? Si el original representa la mejor manera, escoja la opción (1).

   (1) siente. Desde que cambió
   (2) siente, y puesto que cambió
   (3) siente desde que cambió
   (4) siente aunque cambió
   (5) siente. Cambió

Las respuestas comienzan en la página 734.

Oraciones seguidas y omisión de conjunciones coordinantes

Oraciones seguidas

Una **oración seguida** consiste en dos o más oraciones independientes unidas incorrectamente. Hay varias maneras de corregir este tipo de oraciones.

MÉTODO 1 Separe las oraciones que forman la oración seguida, escribiendo dos oraciones.

Seguida: Es fácil dejarse atrapar por la emoción de una subasta es veloz y ruidosa.

Correcta: Es fácil dejarse atrapar por la emoción de una subasta. Es veloz y ruidosa.

MÉTODO 2 Separe las oraciones con un punto y coma, o con punto y coma, adverbio conjuntivo y coma.

Seguida: En una subasta, un hombre estornudó terminó siendo propietario de una cabeza de alce llena de polillas.

Correcta: En una subasta, un hombre estornudó; terminó siendo propietario de una cabeza de alce llena de polillas.

Correcta: En una subasta, un hombre estornudó; como resultado, terminó siendo propietario de una cabeza de alce llena de polillas.

MÉTODO 3 Separe las oraciones con una coma y una conjunción coordinante. Recuerde que algunas conjunciones coordinantes son: y, pero, o, ni, pues, así, así que, sin embargo, ya que y no obstante. Recuerde que no se escribe coma antes de las conjunciones coordinantes *y, e, o, u* tras una enumeración.

Seguida: Decida por adelantado cuánto quiere gastar no caerá en la tentación de ofrecer dinero de más.

Correcta: Decida por adelantado cuánto quiere gastar, así no caerá en la tentación de ofrecer dinero de más.

MÉTODO 4 Convierta una oración independiente en oración dependiente con una conjunción subordinante. Escriba una coma si es necesario.

Correcta: Si decide por adelantado cuánto quiere gastar, no caerá en la tentación de ofrecer demasiado dinero.

Marque con una "X" la oración correcta.

_____ a. Inés no es eficiente, pero está aprendiendo con rapidez.

_____ b. Inés no es eficiente está aprendiendo con rapidez.

Usted acertó si escogió la *opción a*. Es una manera correcta de crear una oración compuesta con una coma y la conjunción coordinante *pero*. La *opción b* es una oración seguida.

---

oración seguida
dos o más oraciones independientes que están unidas sin los signos de puntuación y/o palabras de enlace

---

Sugerencia

Para saber si una oración larga es una oración seguida, observe si incluye demasiadas ideas que no están unidas con signos de puntuación y palabras de enlace correctas.

Oraciones seguidas y conjunciones coordinantes

Un error común es omitir la conjunción coordinante en una oración compuesta y sólo separar las oraciones independientes con una coma.

MÉTODO 1 La manera más fácil de corregir este error es añadir una conjunción coordinante después de la coma. Recuerde que no se escribe coma antes de las conjunciones coordinantes y, e, o, u en una enumeración.

Omisión de la conjunción coordinante: Muchos problemas de aprendizaje se pueden corregir, es mejor detectarlos a tiempo

Correcta: Muchos problemas de aprendizaje se pueden corregir, pero es mejor detectarlos a tiempo.

También puede corregir este error mediante cualquiera de los métodos para corregir oraciones seguidas, explicados en la página 80.

Otra clase de oración seguida se forma cuando se juntan demasiadas oraciones independientes con *y, e, o* o *u*. A menudo, estas oraciones largas juntan ideas que no están lo suficientemente relacionadas como para combinarlas en una sola oración.

MÉTODO 2 Corrija una oración seguida con demasiadas oraciones independientes dividiéndola en más de una oración. Una o más oraciones pueden convertirse en oraciones compuestas.

Seguida: Hay muchos tipos de trastornos del aprendizaje e interfieren con el habla o la redacción y estos trastornos a veces causan problemas con la lectura y pueden afectar la atención.

Correcta: Hay muchos tipos de trastornos del <u>aprendizaje que interfieren</u> con el habla o la redacción. <u>Estos</u> trastornos a veces causan problemas con la lectura <u>y</u> pueden afectar la atención.

Marque con una "X" las oraciones correctas.

_____ a. A los bebés les gustan los juguetes que hacen ruido, pero asegúrese de que las piezas pequeñas no puedan desprenderse para que el bebé no se las trague.

_____ b. Los juguetes grandes y ligeros son divertidos y fáciles de sujetar.

_____ c. No deben tener bordes afilados, evite las puntas también.

_____ d. Usted puede comprar un tubo y coloque dentro los juguetes o partes de un juguete y si las partes caben en el tubo entonces son demasiado pequeñas para un bebé y usted debe deshacerse del juguete.

Usted acertó si escogió las *opciones a* y *b*. Son oraciones compuestas combinadas correctamente. La *opción c* es un ejemplo de omisión de conjunción coordinante porque combina dos oraciones independientes solamente con una coma. La *opción d* tiene demasiadas oraciones unidas con la palabra *y*.

omisión de la conjunción coordinante
omitir la conjunción coordinante en oraciones compuestas crea oraciones seguidas

Práctica de GED

Instrucciones: Elija la respuesta que mejor responda a cada pregunta.

Las preguntas 1 a 4 se refieren a la solicitud siguiente.

Condiciones de crédito

(1) He leído esta solicitud todo lo que declaro en ella es verdad. (2) Autorizo al Banco del Pacífico a comprobar mis datos de crédito, mi historial de empleo y cualquier otra información relevante. (3) Acepto ser responsable de todos los gastos que se carguen a la cuenta, tengo al menos 18 años. (4) Además entiendo que la información sobre mi persona o mi cuenta puede ser compartida por el Banco con sus empresas asociadas. (5) Sin embargo, negarme a permitir este uso de la información personal o crediticia con otras empresas. (6) Si me niego, acepto informar al Banco del Pacífico por carta y debo incluir mi nombre, dirección y número de teléfono, así como los números de cuenta del Banco del Pacífico correspondientes. (7) La información de esta solicitud es correcta hasta la fecha de la firma.

1. Oración 1: **He leído esta <u>solicitud todo</u> lo que declaro en ella es verdad.**

   ¿Cuál es la mejor manera de escribir la parte subrayada del texto? Si el original representa la mejor manera, escoja la opción (1).

   (1) solicitud todo
   (2) solicitud, todo
   (3) solicitud, por lo tanto todo
   (4) solicitud; y todo
   (5) solicitud y todo

2. Oración 3: **Acepto ser responsable de todos los gastos que se carguen a la cuenta, tengo al menos 18 años.**

   ¿Qué corrección debe hacerse a la oración 3?

   (1) cambiar <u>gastos que se carguen</u> a <u>gastos. Que se carguen</u>
   (2) eliminar la coma
   (3) cambiar la coma a un punto
   (4) añadir <u>y sin embargo</u> después de la coma
   (5) sustituir <u>tengo</u> con <u>teniendo</u>

3. Oración 5: **Sin embargo, negarme a permitir este uso de la información personal o crediticia con otras empresas.**

   ¿Qué corrección debe hacerse a la oración 5?

   (1) añadir <u>puedo</u> después de la coma
   (2) sustituir <u>negarme</u> con <u>negando</u>
   (3) sustituir <u>negarme</u> con <u>mi negativa</u>
   (4) añadir coma después de <u>personal</u>
   (5) no se requiere hacer ninguna corrección

4. Oración 6: **Si me niego, acepto informar al Banco del Pacífico por carta y debo incluir mi nombre, dirección y número de teléfono, así como los números de cuenta del Banco del Pacífico correspondientes.**

   ¿Qué grupo de palabras incluiría la mejor corrección a la oración 6?

   (1) Si me niego y sin embargo acepto
   (2) incluida una carta a Océano Pacífico
   (3) carta, teniendo que incluir
   (4) carta e incluir mi nombre,
   (5) Acepto incluir, si me niego,

Las preguntas 5 a 9 se refieren al párrafo siguiente.

Lesiones laborales

(1) No todas las lesiones laborales implican equipos pesados, algunas tareas de oficina también pueden implicar lesiones. (2) Los empleados que escriben a máquina constantemente, como los que entran datos, pueden padecer el síndrome del túnel carpiano los dedos se les quedan tiesos literalmente por los movimientos repetidos. (3) Tanto el cambiar frecuentemente de postura como el mantener el teclado a un nivel más bajo de los codos ayuda a evitar las lesiones. (4) Los estudios han detectado otras lesiones en trabajos aparentemente "seguros", mirar fijamente las pantallas de computadora durante períodos largos puede causar un esfuerzo ocular grave. (5) Para reducir el esfuerzo ocular, permanezca al menos a 20 pulgadas de la pantalla, y utilice una iluminación difusa desde arriba. (6) En algunas oficinas las lesiones de espalda son corrientes los empleados pueden disminuir el riesgo agachándose al levantar objetos del suelo.

5. Oración 1: **No todas las lesiones laborales implican equipos pesados, algunas tareas de oficina también pueden implicar lesiones.**

    ¿Cuál es la mejor manera de escribir la parte subrayada del texto? Si el original representa la mejor manera, escoja la opción (1).

    (1) pesados, algunas
    (2) pesados algunas
    (3) pesados, sin embargo algunas
    (4) pesados de modo que algunas
    (5) pesados. Algunas

6. Oración 2: **Los empleados que escriben a máquina constantemente, como los que entran datos, pueden padecer el síndrome del túnel carpiano los dedos se les quedan tiesos literalmente por los movimientos repetidos.**

    ¿Cuál es la mejor manera de escribir la parte subrayada del texto? Si el original representa la mejor manera, escoja la opción (1).

    (1) carpiano los
    (2) carpiano, los
    (3) carpiano. Los
    (4) carpiano porque los
    (5) carpiano pero los

7. Oración 3: **Tanto el cambiar frecuentemente de postura como el mantener el teclado a un nivel más bajo de los codos ayuda a evitar las lesiones.**

    ¿Qué corrección debe hacerse a la oración 3?

    (1) sustituir Tanto con Tanto por
    (2) añadir coma después de frecuentemente
    (3) eliminar como
    (4) añadir para después de codos
    (5) no se requiere hacer ninguna corrección

8. Oración 4: **Los estudios han detectado otras lesiones en trabajos aparentemente "seguros", mirar fijamente las pantallas de computadora durante períodos largos puede causar un esfuerzo ocular grave.**

    ¿Qué grupo de palabras incluiría la mejor corrección a la oración 4?

    (1) "seguros" y mirar fijamente
    (2) Mientras que los estudios han detectado
    (3) porque mirar fijamente
    (4) "seguros"; por ejemplo,
    (5) han detectado que mirar fijamente

9. Oración 6: **En algunas oficinas las lesiones de espalda son corrientes los empleados pueden disminuir el riesgo agachándose al levantar objetos del suelo.**

    ¿Qué corrección debe hacerse a la oración 6?

    (1) sustituir En con Porque en
    (2) añadir coma después de corrientes
    (3) añadir mientras que después de corrientes
    (4) sustituir corrientes los empleados con corrientes. Los empleados
    (5) no se requiere hacer ninguna corrección

Sugerencia

Es importante reconocer la diferencia entre el punto y el punto y coma para separar oraciones compuestas. Como regla general, el punto y coma equivale a una pausa mayor a la de la coma y menor a la del punto.

Las respuestas comienzan en la página 735.

Modificadores mal colocados y modificadores sin sujeto

Cuando usted escribe, puede utilizar un modificador para describir otra palabra o frase. Un modificador puede ser una sola palabra, como el adjetivo *mullida* en *almohada mullida* o el adverbio *profundamente* en *dormir profundamente*. Un modificador también puede ser una frase, como *en la cama* en *Mi marido está durmiendo en la cama*.

Cuando se coloca un modificador en un lugar incorrecto de una oración, puede confundir al lector o cambiar el significado de esa oración. En ese caso, se conoce como un modificador mal colocado. Un **modificador mal colocado** parece describir una palabra o frase equivocada, o no queda claro qué palabra o frase está describiendo.

REGLA 1 Escriba el modificador cerca de la palabra o frase que describe.

Mal colocado: Se nos ampollaron las manos cuando estuvimos remando terriblemente. (¿Modifica *terriblemente* a *estuvimos remando?*)

Correcto: Se nos ampollaron terriblemente las manos cuando estuvimos remando.

Confuso: Nuestra canoa era de madera, que era la única opción. (¿Modifica la frase *que era la única opción* a *canoa* o *de madera?*)

Correcto: Nuestra canoa, que era la única opción, era de madera.

Un **modificador sin sujeto** es otro modificador problemático. En este caso, la oración no contiene el sujeto que describe el modificador.

REGLA 2 Evite los modificadores sin sujeto.

MÉTODO 1 Solucione el problema de un modificador sin sujeto convirtiéndolo en una oración subordinada.

MÉTODO 2 Solucione el problema de un modificador sin sujeto haciendo que el sujeto de la oración sea la palabra que describe el modificador.

Sin sujeto: Remando río abajo, la canoa se volcó. (¿Cuál es el sujeto de *Remando río abajo*? ¡Tal y como está escrito, parece que el sujeto es la canoa!)

Correcto: Mientras remábamos río abajo, la canoa se volcó.

Correcto: Remando río abajo, nos volcamos con la canoa.

Marque con una "X" la oración que tiene un modificador mal colocado o un modificador sin sujeto.

_____ a. Hice la cena para un amigo en su casa.

_____ b. Mirando en la nevera, los vegetales estaban podridos.

Usted acertó si escogió la *opción b*. La oración de apertura no tiene sujeto (¿quién está mirando en la nevera: los vegetales?), así que tiene un modificador sin sujeto.

modificador mal colocado
una palabra o frase situada demasiado lejos de la palabra o frase que describe

modificador sin sujeto
una frase situada al principio de una oración que no contiene el sujeto que está describiendo el modificador

Sugerencia

Puede ser difícil ver los modificadores mal colocados, porque el lector trata automáticamente de interpretar la oración aunque sea confusa. Asegúrese de leer exactamente lo que dice una oración y no lo que usted piensa que quiere decir.

Práctica de GED

Instrucciones: Elija la respuesta que mejor responda a cada pregunta.

Las preguntas 1 a 4 se refieren al siguiente párrafo.

Reduzca el costo de su seguro

(1) ¿Es demasiado alto el seguro de su automóvil? (2) Al instalar dispositivos antirrobo, el costo de su seguro disminuirá. (3) La mejor manera de ahorrar dinero es grabar el número de identificación de su vehículo en cada ventanilla, por sólo unos $20. (4) Las ventanillas grabadas hacen que sea difícil desmontar un automóvil en piezas útiles para los ladrones. (5) Las ventanillas grabadas pueden ahorrarle hasta $50 en un seguro de cubierta total, dependiendo de dónde viva. (6) Otros dispositivos utilizados con frecuencia cuestan entre $300 y $800, pero pueden ahorrarle hasta un 35% del precio del seguro. (7) Sea cual sea el que escoja, instalar dispositivos antirrobo le brindará tarifas más bajas y tranquilidad personal.

1. Oración 2: **Al instalar dispositivos antirrobo, el costo de su seguro disminuirá.**

   ¿Qué corrección debe hacerse a la oración 2?

   (1) sustituir <u>Al instalar</u> con <u>Si usted instala</u>
   (2) eliminar la coma
   (3) añadir <u>y</u> después de la coma
   (4) cambiar <u>disminuirá</u> por <u>disminuyendo</u>
   (5) no se requiere hacer ninguna corrección

> ### Sugerencia
>
> Cuando en una pregunta de la Prueba de GED se le pide que escoja la mejor manera de corregir o volver a escribir una oración, primero cambie las palabras en su mente. Después, vea qué opción se parece más a lo que usted pensó.

2. Oración 3: **La mejor manera de ahorrar dinero es grabar el número de identificación de su vehículo en cada ventanilla, por sólo unos $20.**

   ¿Qué grupo de palabras incluiría la mejor corrección a la oración 3?

   (1) Por sólo unos $20,
   (2) Al ser la manera más barata de ahorrar,
   (3) Para ahorrar dinero,
   (4) Al grabar el número de identificación de su vehículo,
   (5) El número de identificación de su vehículo

3. Oración 4: **Las ventanillas grabadas hacen que sea difícil desmontar un automóvil en piezas útiles para los ladrones.**

   ¿Qué grupo de palabras incluiría la mejor corrección a la oración 4?

   (1) Al grabar las ventanillas, es
   (2) Si graba las ventanillas, usted hace
   (3) haciendo que sea difícil desmontar
   (4) hacen difícil para los ladrones desmontar
   (5) desmonten en piezas útiles

4. Oración 7: **Sea cual sea el que escoja, instalar dispositivos antirrobo le brindará tarifas más bajas y tranquilidad personal.**

   ¿Qué corrección debe hacerse a la oración 7?

   (1) sustituir <u>Sea cual sea el que escoja</u> con <u>Escogiendo cualquiera de ellos</u>
   (2) eliminar la coma
   (3) sustituir <u>instalar</u> con <u>usted puede instalar</u>
   (4) añadir una coma después de <u>bajas</u>
   (5) no se requiere hacer ninguna corrección

Lección 5 • Modificadores mal colocados y modificadores sin sujeto   85

Las preguntas 5 a 9 se refieren a la siguiente carta de recomendación.

Estimada Sra. Lang:

(1) Como supervisora de equipos de trabajo, Erica Ortiz supervisa a 24 jardineros de seis equipos de jardinería de la empresa Paisajismo Contemporáneo, Inc. (2) Ella se encarga de verificar al salir por las mañanas que los equipos tengan sus tareas asignadas y sus herramientas. (3) Erica comenzó siendo la única supervisora mujer en Paisajismo Contemporáneo y rápidamente se ganó el respeto de los miembros de los equipos en 1998. (4) Trabajadora, organizada y entregada, Erica ha realizado un gran trabajo de supervisión de los equipos de jardinería. (5) Erica tiene también una gran reputación entre nuestros clientes y representa a Paisajismo Contemporáneo con orgullo en la comunidad. (6) Con mucho gusto, Erica Ortiz queda recomendada para un puesto de gerente en el campo de la jardinería.

5. Oración 1: <u>**Como supervisora de equipos de trabajo, Erica Ortiz**</u> **supervisa a 24 jardineros de seis equipos de jardinería de la empresa Paisajismo Contemporáneo, Inc.**

¿Cuál es la mejor manera de escribir la parte subrayada del texto? Si el original representa la mejor manera, escoja la opción (1).

(1) Como supervisora de equipos de trabajo, Erica Ortiz
(2) Como Erica Ortiz, supervisora de equipos de trabajo,
(3) Erica Ortiz es supervisora de equipos de trabajo
(4) Erica Ortiz supervisora de equipos de trabajo
(5) Erica Ortiz, supervisora de equipos de trabajo

6. Oración 2: **Ella se encarga de verificar al salir por las mañanas que los equipos tengan sus tareas asignadas y sus herramientas.**

¿Qué grupo de palabras incluiría la mejor corrección a la oración 2?

(1) Verificar que los equipos tienen
(2) Al salir por las mañanas, ella
(3) se encarga de verificar que las tareas asignadas de la mañana
(4) de que los equipos tengan sus tareas asignadas y sus herramientas al
(5) cuando los equipos tienen sus tareas

asignadas

7. Oración 3: **Erica comenzó siendo la única supervisora mujer en Paisajismo** <u>**Contemporáneo y rápidamente se ganó el respeto de los miembros de los equipos en 1998.**</u>

¿Cuál es la mejor manera de escribir la parte subrayada del texto? Si el original representa la mejor manera, escoja la opción (1).

(1) Contemporáneo y rápidamente se ganó el respeto de los miembros de los equipos en 1998
(2) Contemporáneo y rápidamente se ganó el respeto en 1998 de los miembros de los equipos
(3) Contemporáneo en 1998 y rápidamente se ganó el respeto de los miembros de los equipos
(4) Contemporáneo y ella rápidamente se ganó el respeto de los miembros de los equipos en 1998
(5) rápidamente el respeto de los miembros de los equipos

8. Oración 5: **Erica tiene también una gran reputación entre nuestros clientes y representa a Paisajismo Contemporáneo con orgullo en la comunidad.**

Si usted volviera a escribir la oración 5 comenzando con

<u>Orgullosa representante de Paisajismo Contemporáneo,</u>

las siguientes palabras deberían ser

(1) Erica tiene también
(2) una gran reputación
(3) la comunidad tiene
(4) los clientes tienen
(5) y con una gran reputación

9. Oración 6: **Con mucho gusto, Erica Ortiz queda recomendada para un puesto de gerente en el campo de la jardinería.**

¿Qué corrección debe hacerse a la oración 6?

(1) cambiar la coma a un punto
(2) cambiar <u>Erica Ortiz queda recomendada</u> por <u>recomiendo a Erica Ortiz</u>
(3) eliminar <u>queda</u>
(4) añadir una coma después de <u>recomendada</u>
(5) no se requiere hacer ninguna corrección

Las respuestas comienzan en la página 735.

Estructura paralela

Cuando una oración contiene una serie de elementos iguales y relacionados, todos los elementos deben tener la misma forma gramatical. Es decir, todos los elementos deben ser iguales gramaticalmente a los demás. Esto se conoce como **estructura paralela**. Si utiliza la estructura paralela, expresará sus ideas con más claridad.

REGLA 1 Los elementos de una serie deben tener la misma forma y parte de la oración.

No paralela: Busqué, investigué y rogaba por un apartamento.
Paralela: <u>Busqué</u>, <u>investigué</u> y <u>rogué</u> por un apartamento.

No paralela: Mi rutina era levantarme a las seis, correr a comprar el diario y revisaba todos los anuncios de alquiler antes de desayunar.
Paralela: Mi rutina era <u>levantarme</u> a las seis, <u>correr</u> a comprar el diario y <u>revisar</u> todos los anuncios de alquiler antes de desayunar.
Paralela: Mi rutina era: <u>me levantaba</u> a las seis, <u>corría</u> a comprar el diario y <u>revisaba</u> todos los anuncios de alquiler antes de desayunar.

No paralela: El arrendatario debe mirar los apartamentos nuevos de manera sensata, cuidadosa y con prudencia.
Paralela: El arrendatario debe mirar los apartamentos nuevos de manera <u>sensata</u>, <u>cuidadosa</u> y <u>prudente</u>.

REGLA 2 Combine las frases con otras frases.

No paralela: Asómese al baño, al balcón y la cocina.
Paralela: Asómese al baño, al balcón y <u>a</u> la cocina.

REGLA 3 No mezcle palabras o frases con oraciones.

No paralela: Asegúrese de que el edificio sea limpio, seguro y que usted pueda pagarlo.
Paralela: Asegúrese de que el edificio sea limpio, seguro y <u>accesible</u>.

Marque con una *P* las oraciones que tengan estructura paralela. Marque con una *N* las que no la tengan.

_____ a. Queremos a nuestras mascotas porque viven con nosotros, nos conocen bien, pero amándonos de todas formas.

_____ b. Los necesitamos para que nos diviertan, nos entretengan y nos consuelen.

_____ c. No esperan de nosotros más que comer lo suficiente, ejercicio diario y un hogar seguro.

Usted acertó si decidió que la *opción b* es la única que es paralela. La *opción a* debería decir *Queremos a nuestras mascotas porque viven con nosotros, nos conocen bien, pero nos aman de todas formas.* La *opción c* debería ser *No esperan de nosotros más que comida suficiente, ejercicio diario y un hogar seguro.*

estructura paralela
texto en el que todos los elementos de una serie están escritos de la misma forma gramatical

Práctica de GED

Las preguntas 1 a 4 se refieren al párrafo siguiente.

Una entrevista efectiva

(1) Demostrar interés, con mucha experiencia y llevar un buen resumé no bastan para conseguir buenos resultados en una entrevista de trabajo. (2) Para conseguir un buen trabajo, se debe llegar a la entrevista a tiempo y vestido de forma apropiada. (3) No dará una buena impresión si llega tarde, jadeando y deshacerse en disculpas. (4) Si llega vestido con mahones, una camiseta y tenis, tampoco impresionará a nadie. (5) Póngase ropa que tenga aire empresarial, conservadora y seria. (6) Si actúa con seguridad, profesionalismo y sea amable, tiene muchas posibilidades de conseguir el trabajo. (7) Incluso si no lo contratan en la primera entrevista, la experiencia de prepararse para ella hará que mejoren sus posibilidades en la próxima.

1. Oración 1: **Demostrar interés, con mucha experiencia y llevar un buen resumé no bastan para conseguir buenos resultados en una entrevista de trabajo**.

   ¿Qué corrección debe hacerse a la oración 1?

   (1) cambiar Demostrar a Demostrando
   (2) eliminar la coma que hay después de interés
   (3) sustituir con mucha con tener
   (4) eliminar llevar
   (5) añadir una coma después de resumé

2. Oración 3: **No dará una buena impresión si llega tarde, jadeando y deshacerse en disculpas.**

   Si usted volviera a escribir la oración 3 empezando con

   Al llegar tarde, jadeando,

   las siguientes palabras deben ser

   (1) y deshecho en disculpas
   (2) como si estuviera deshaciéndose en disculpas
   (3) y para deshacerse en disculpas
   (4) y deshacerse en disculpas
   (5) y con disculpas deshecho

3. Oración 4: **Si llega vestido con mahones, una camiseta y tenis, tampoco impresionará a nadie.**

   ¿Cuál es la mejor manera de escribir la parte subrayada del texto? Si el original representa la mejor manera, escoja la opción (1).

   (1) y tenis
   (2) y con tenis
   (3) y con tenis puestos
   (4) y llevando tenis
   (5) y tenis en los pies

4. Oración 5: **Póngase ropa que tenga aire empresarial, conservadora y seria.**

   ¿Qué corrección debe hacerse a la oración 5?

   (1) cambiar Póngase con Poniéndose
   (2) cambiar Póngase con Al ponerse
   (3) eliminar la coma después de empresarial
   (4) añadir y antes de conservadora
   (5) eliminar que tenga aire

Las preguntas 5 a 9 se refieren al párrafo siguiente.

Música de ascensor

(1) A la gente le encanta, la odia o sencillamente no presta atención a la música que suena mientras hace compras, viaja en ascensor o espera una cita. (2) La música que se oye en el trasfondo de nuestras vidas es suave, indefinida y podemos reconocerla. (3) Es bien sabido que la música nos puede calmar, disminuir nuestro ritmo cardíaco, así como reduce nuestra presión sanguínea. (4) Las empresas ponen la "música de ascensor" para influir en nuestro comportamiento en las tiendas, en el trabajo y mientras esperamos en situaciones de tensión. (5) Las oficinas que usan esa música informan que tienen menos ausencias mejor rendimiento en el trabajo y menor movimiento de empleados. (6) Las tiendas piensan que la música de ascensor hace que los clientes pasen más tiempo en las tiendas y compren más. (7) Si usted detesta ese murmullo de fondo, puede tratar de cantar para sus adentros, usar tapones en los oídos o irse.

5. Oración 2: **La música que se oye en el trasfondo de nuestras vidas es suave, indefinida y podemos reconocerla.**

¿Qué corrección debe hacerse a la oración 2?

(1) cambiar se oye a puede oírse
(2) cambiar suave a suavemente
(3) cambiar indefinida a indefinición
(4) cambiar y a entonces
(5) sustituir y podemos reconocerla con y conocida

6. Oración 3: **Es bien sabido que la música nos puede calmar, disminuir nuestro ritmo cardíaco, así como que reduce nuestra presión sanguínea.**

¿Qué corrección debe hacerse a la oración 3?

(1) cambiar puede calmarnos a calmante
(2) añadir a antes de disminuir
(3) eliminar así como que
(4) cambiar que reduce a reducir
(5) no se requiere hacer ninguna corrección

7. Oración 4: **Las empresas ponen la "música de ascensor" para influir en nuestro comportamiento en las tiendas, en el trabajo y mientras esperamos en situaciones de tensión.**

¿Cuál es la mejor manera de escribir la parte subrayada del texto? Si el original representa la mejor manera, escoja la opción (1).

(1) en las tiendas, en el trabajo y mientras esperamos en situaciones de tensión
(2) en las tiendas, mientras trabajamos y esperando en situaciones de tensión
(3) en las tiendas, en el trabajo y esperando en situaciones de tensión
(4) en las tiendas, en el trabajo y en situaciones de tensión
(5) en las tiendas, trabajando y situaciones de tensión

8. Oración 5: **Las oficinas que usan esa música informan que tienen menos ausencias mejor rendimiento en el trabajo y menor movimiento de empleados.**

¿Qué corrección debe hacerse a la oración 5?

(1) añadir una coma después de música
(2) cambiar informan a informando
(3) añadir una coma después de ausencias
(4) sustituir rendimiento con rendir
(5) no se requiere hacer ninguna corrección

9. Oración 7: **Si usted detesta ese murmullo de fondo, puede tratar de cantar para sus adentros, usar tapones en los oídos o irse.**

¿Qué corrección debe hacerse a la oración 7?

(1) eliminar la coma después de fondo
(2) cambiar cantar a canto
(3) eliminar usar
(4) cambiar irse por se puede ir
(5) no se requiere hacer ninguna corrección

Las respuestas comienzan en la página 736.

GED Repaso Estructura de las oraciones

Instrucciones: Elija la respuesta que mejor responda a cada pregunta.

Las preguntas 1 a 5 se refieren a la siguiente carta de negocios.

A quien corresponda:

(1) El 15 de junio, pedí por catálogo un par de pantalones azules de niños de la talla 8. (2) Me enviaron un par de pantalones verdes en su lugar. (3) Que devolví enseguida. (4) Luego recibí el color correcto, pero de la talla 4, y no 8. (5) Me pasaron al buzón de voz cuando llamé a la línea de servicio al cliente para quejarme. (6) 15 días desde que dejé el mensaje. (7) Éste un comportamiento inaceptable hacia el cliente. (8) Voy a cancelar mi tarjeta de la tienda. (9) Disculpa y la devolución del dinero antes de que pase una semana.

1. Oraciones 2 y 3: **Me enviaron un par de pantalones verdes en su lugar. Que devolví enseguida.**

   ¿Cuál es la mejor manera de escribir la parte subrayada del texto? Si el original representa la mejor manera, escoja la opción (1).

   (1) lugar. Que
   (2) lugar! Que
   (3) lugar, que
   (4) lugar y
   (5) lugar. Y que

2. Oración 5: **Me pasaron al buzón de voz cuando llamé a la línea de servicio al cliente para quejarme.**

   ¿Qué corrección debe hacerse a la oración 5?

   (1) añadir Aunque antes de Me pasaron
   (2) cambiar voz cuando a voz! Cuando
   (3) cambiar voz cuando a voz. Cuando
   (4) eliminar cuando
   (5) no se requiere hacer ninguna corrección

3. Oración 6: **15 días desde que dejé el mensaje.**

   ¿Qué corrección debe hacerse a la oración 6?

   (1) añadir Han pasado antes de 15
   (2) cambiar 15 a Quince
   (3) añadir atrás después de días
   (4) añadir en su buzón de voz después de mensaje
   (5) no se requiere hacer ninguna corrección

4. Oración 7: **Éste un comportamiento inaceptable hacia el cliente.**

   ¿Qué corrección debe hacerse a la oración 7?

   (1) sustituir Éste con Convirtiéndolo
   (2) añadir es después de Éste
   (3) sustituir comportamiento hacia con comportamiento. Hacia
   (4) sustituir hacia el con dado al
   (5) añadir de la tienda después de cliente

5. Oraciones 8 y 9: **Voy a cancelar mi tarjeta de la tienda. Disculpa y la devolución del dinero antes de que pase una semana.**

   ¿Qué grupo de palabras incluiría la mejor combinación de las oraciones 8 y 9?

   (1) tarjeta de la tienda déme una
   (2) tarjeta de la tienda exigiendo una
   (3) tarjeta de la tienda a menos que reciba una
   (4) tarjeta de la tienda y una
   (5) tarjeta de la tienda con una

Las preguntas 6 a 10 se refieren a la carta de negocios siguiente.

Apreciado cliente nuevo de servicio celular:

(1) Las tarifas por acceso mensual se facturarán el día veinticinco de cada mes. (2) En la primera factura se incluyen las tarifas prorrateadas1 desde el 8 de abril, fecha en que se inició el servicio, y la tarifa del acceso normal del mes de mayo. (3) En la primera factura se combinan dos meses, podrá ser mayor que las facturas posteriores. (4) Además, le regalamos una hora de conexión gratuita todos los meses. (5) Esa hora gratuita debe usarse en el mismo mes. (6) Los impuestos, llamadas de larga distancia y gastos especiales adicionales se detallarán por separado. (7) Los gastos de las llamadas empiezan a calcularse desde el momento en que el teléfono se conecta y, terminan en el momento en que se desconecta. (8) Se cobran todas las llamadas respondidas pero no se cobra por las señales de teléfono ocupado o llamadas que no sean contestadas. (9) Las llamadas se cobran por minutos enteros; por ejemplo, una llamada de 5 minutos y 15 segundos se cobrará como una llamada de 6 minutos. -1prorratear: dividir en función de lo que le corresponde a cada uno

6. Oración 3: **En la primera factura se combinan dos meses, podrá ser mayor que las facturas posteriores.**

   ¿Qué corrección debe hacerse a la oración 3?

   (1) añadir y después de combinan
   (2) añadir igualmente después de la coma
   (3) añadir así que después de la coma
   (4) eliminar la coma
   (5) no se requiere hacer ninguna corrección

7. Oraciones 4 y 5: **Además, le regalamos una hora de conexión gratuita todos los meses. Esa hora de conexión debe usarse en el mismo mes.**

   ¿Qué grupo de palabras incluiría la mejor combinación de las oraciones 4 y 5?

   (1) meses por ejemplo esa
   (2) meses, y hora de conexión
   (3) meses sin embargo hora de conexión
   (4) meses así que, la hora de conexión
   (5) meses, pero esa hora

8. Oración 7: **Los gastos de las llamadas empiezan a calcularse desde el momento en que el teléfono se conecta y, terminan en el momento en que se desconecta.**

   ¿Qué corrección debe hacerse a la oración 7?

   (1) eliminar la coma
   (2) sustituir y con sin embargo
   (3) eliminar y
   (4) cambiar se conecta y, a se conecta, y
   (5) no se requiere hacer ninguna corrección

9. Oración 8: **Se cobran todas las llamadas respondidas pero no se cobra por las señales de teléfono ocupado o llamadas que no sean contestadas.**

   ¿Cuál es la mejor manera de escribir la parte subrayada del texto? Si el original representa la mejor manera, escoja la opción (1).

   (1) respondidas pero
   (2) respondidas, pero
   (3) respondidas, sin embargo,
   (4) respondidas y
   (5) respondidas. Pero

10. Oración 9: **Las llamadas se cobran por minutos enteros; por ejemplo, una llamada de 5 minutos y 15 segundos se facturará como una llamada de 6 minutos.**

    ¿Qué corrección debe hacerse a la oración 9?

    (1) sustituir por ejemplo con sin embargo
    (2) sustituir por ejemplo con pero
    (3) eliminar la coma
    (4) añadir coma después de 5 minutos
    (5) no se requiere hacer ninguna corrección

Sugerencia

A veces, en la Prueba de GED verá una opción donde se utiliza un adverbio conjuntivo sin punto y coma para unir dos oraciones. Recuerde que ese tipo de construcción de oración nunca es correcto.

Las preguntas 11 a 14 se refieren a la carta siguiente.

Estimado doctor Peralta:

(A)

(1) Gracias por responder a nuestra evaluación de su programa del Hospital Municipal tiene usted razón al señalar la diferencia en la evaluación este año. (2) La causa es que nuestra agencia está enfocándose en programas basados en hospitales más que en los que están basados en la comunidad. (3) También tuvimos más tiempo para realizar nuestras evaluaciones este año, así que el informe es más detallado.

(B)

(4) Su programa no cumple con los requisitos en varios campos, no hay motivo para preocuparse demasiado. (5) Evaluamos muchos programas de hospitales y casi todos dejan de cumplir algún requisito en uno o más campos y el absoluto cumplimiento no es un requisito indispensable para la financiación. (6) Le daremos una opinión objetiva de su funcionamiento y una explicación de nuestro nuevo proceso de evaluación en nuestro informe anual.

11. Oración 1: **Gracias por responder a nuestra evaluación de su programa del <u>Hospital Municipal tiene usted razón</u> al señalar la diferencia en la evaluación este año.**

    ¿Cuál es la mejor manera de escribir la parte subrayada del texto? Si el original representa la mejor manera, escoja la opción (1).

    (1) Hospital Municipal tiene usted razón
    (2) Hospital Municipal, Tiene usted razón
    (3) Hospital Municipal, tiene usted razón
    (4) Hospital Municipal. Tiene usted razón
    (5) Hospital Municipal y tiene usted razón

12. Oración 3: **También tuvimos más tiempo para realizar nuestras evaluaciones este año, así que el informe es más detallado.**

    ¿Qué corrección debe hacerse a la oración 3?

    (1) añadir coma después de <u>tiempo</u>
    (2) eliminar la coma
    (3) añadir <u>y</u> después de la coma
    (4) eliminar <u>así que</u>
    (5) no se requiere hacer ninguna corrección

13. Oración 4: **Su programa no cumple con los requisitos en varios campos, no hay motivo para preocuparse demasiado.**

    ¿Qué corrección debe hacerse a la oración 4?

    (1) sustituir <u>Su</u> con <u>Porque su</u>
    (2) eliminar la coma
    (3) sustituir la coma con y
    (4) añadir <u>a pesar de que</u> después de la coma
    (5) añadir <u>pero</u> después de la coma

14. Oración 5: **Evaluamos muchos programas de hospitales y casi todos dejan de cumplir algún requisito en uno o más campos y el absoluto cumplimiento no es un requisito indispensable para la financiación.**

    ¿Qué grupo de palabras incluiría la mejor corrección a la oración 5?

    (1) en uno o más campos. El absoluto
    (2) Mientras evaluando muchos programas de hospitales,
    (3) Muchos programas de hospitales suspenden la evaluación
    (4) el absoluto cumplimiento no siendo un requisito indispensable
    (5) programas de hospitales que no cumplen

Las preguntas 15 a 18 se refieren al siguiente memorándum.

Memorándum

A: Todos los miembros del proyecto
De: Ken López

(A)

(1) Evalué el Programa Pinto en tres aspectos: historial de fiabilidad, facilidad de instalación y lo fácil que es de usar. (2) Pinto parece totalmente fiable. (3) Los usuarios de Pinto informan que sus computadoras funcionan durante meses sin congelarse, y el programa no interfiere con otras aplicaciones. (4) Por desgracia, el proceso de instalación no es para nadie que se rinda fácilmente. (5) Tuve que cambiar el disco duro y tuve que reconectar el ratón tres veces y tuve que reinstalar mi conexión de Internet dos veces. (6) Finalmente, me temo que tampoco es fácil de usar. (7) Los gráficos son complicados los comandos son confusos.

(B)

(8) En conclusión, recomiendo que sigamos buscando un programa más apropiado.

15. Oración 1: **Evalué el Programa Pinto en tres aspectos: historial de fiabilidad, facilidad de instalación y lo fácil que es de usar.**

    ¿Qué corrección debe hacerse a la oración 1?

    (1) eliminar la coma después de <u>fiabilidad</u>
    (2) cambiar <u>instalación</u> a <u>ser instalado</u>
    (3) cambiar <u>lo fácil que es de utilizar</u> a <u>facilidad de uso</u>
    (4) cambiar <u>es</u> a <u>será</u>
    (5) no se requiere hacer ninguna corrección

16. Oración 3: **Los usuarios de Pinto informan que sus computadoras funcionan durante meses sin congelarse, y el programa no interfiere con otras aplicaciones.**

    ¿Qué corrección debe hacerse a la oración 3?

    (1) cambiar <u>informan</u> a <u>informando</u>
    (2) cambiar <u>funcionan</u> a <u>funcionando</u>
    (3) eliminar la coma después de <u>congelarse</u>
    (4) sustituir <u>y</u> con <u>sin</u>
    (5) cambiar <u>no</u> por ni

17. Oración 5: **Tuve que cambiar el disco duro y tuve que reconectar el ratón tres veces y tuve que reinstalar mi conexión de Internet dos veces.**

    ¿Qué grupo de palabras incluiría la mejor corrección a la oración 5?

    (1) cambiar el disco duro y reconectar el ratón tres veces y reinstalar
    (2) cambiar, reconectar y reinstalar
    (3) disco duro, reconectando el ratón tres veces y reinstalando
    (4) disco duro, reconectar el ratón tres veces y reinstalar
    (5) disco duro, y también tuve que reconectar el ratón tres veces y también tuve que reinstalar

18. Oración 7: **Los gráficos son <u>complicados los</u> comandos son confusos.**

    ¿Cuál es la mejor manera de escribir la parte subrayada del texto? Si el original representa la mejor manera, escoja la opción (1).

    (1) complicados los
    (2) complicados, y los
    (3) complicados sin embargo los
    (4) complicados, los
    (5) complicados y los

Las preguntas 19 a 22 se refieren al párrafo siguiente.

Compras impulsivas

(1) Los supermercados están diseñados para animarnos a comprar impulsivamente. (2) Cuando entramos vamos generalmente en la dirección que la tienda ha escogido, por el pasillo "de fuerza". (3) Es raro el comprador que puede llegar a los productos lácteos de la parte trasera de la tienda sin escoger artículos imprevistos. (4) Luego nos ponemos en fila para pagar y vemos más compras impulsivas. (5) Vemos revistas. (6) Vemos dulces y otros artículos pequeños. (7) Aunque tal vez sólo queríamos un galón de leche. (8) Saldremos probablemente con varios productos. (9) Podemos evitar comprar impulsivamente. (10) Tenemos que comprender por qué lo hacemos.

19. Oración 2: **Cuando entramos vamos generalmente en la dirección que la tienda ha escogido, por el pasillo "de fuerza".**

    ¿Qué corrección debe hacerse a la oración 2?

    (1) sustituir Cuando con Porque
    (2) añadir coma después de entramos
    (3) cambiar entramos vamos a entramos. Vamos
    (4) añadir coma después de generalmente
    (5) añadir coma después de dirección

20. Oraciones 4, 5 y 6: **Luego nos ponemos en fila para pagar y vemos más compras impulsivas. Vemos revistas. Vemos dulces y otros artículos pequeños.**

    ¿Qué grupo de palabras incluiría la mejor combinación de las oraciones 4, 5 y 6?

    (1) Poniéndonos en fila para pagar y viendo
    (2) Luego nos ponemos y vemos
    (3) impulsivas tales como revistas, dulces y
    (4) impulsivas, vemos revistas
    (5) impulsivas, viendo revistas

21. Oraciones 7 y 8: **Aunque tal vez sólo queríamos un galón de leche. Saldremos probablemente con varios productos.**

    ¿Cuál es la mejor manera de escribir la parte subrayada del texto? Si el original representa la mejor manera, escoja la opción (1).

    (1) leche. Saldremos
    (2) leche, y saldremos
    (3) leche, así que saldremos
    (4) leche saldremos
    (5) leche, saldremos

22. Oraciones 9 y 10: **Podemos evitar comprar impulsivamente. Tenemos que comprender por qué lo hacemos.**

    ¿Qué grupo de palabras incluiría la mejor combinación de las oraciones 9 y 10?

    (1) impulsivamente, y
    (2) impulsivamente, así que
    (3) Porque podemos
    (4) si comprendemos
    (5) aunque no

Sugerencia

Para saber si debe escribir una coma, fíjese si hay una conjunción subordinante y un sujeto y verbo al principio de la oración.

Las preguntas 23 a 26 se refieren a los párrafos siguientes.

El reciclaje

(A)

(1) El reciclaje se ha convertido en una prioridad en Estados Unidos debido a que los vertederos se encuentran llenos a capacidad. (2) Por eso se pide a la población que separe su basura en algunos estados. (3) Cada hogar debe separar las botellas, las latas y el papel en distintos recipientes. (4) Cuando se dejan en el borde de la acera, la población colabora con el esfuerzo del reciclaje.

(B)

(5) Muchas compañías de la industria del reciclaje han encontrado nuevos usos creativos para los productos usados. (6) Formando industrias con un futuro prometedor para ayudar a sustituir los productos biodegradables. (7) Las compañías crean nuevos productos de vidrio y aluminio a partir de latas y botellas fundidas. (8) Un innovador fabricante de zapatos hace suelas y utiliza gomas de automóvil gastadas para hacerlas y las suelas son para hacer tenis. (9) Las casas editoras están tratando de aumentar la cantidad de papel reciclado en sus productos.

(C)

(10) Con esfuerzos continuos como éstos tanto por parte de la gente como de las compañías, se puede reducir considerablemente el problema de la basura en este país.

23. Oración 2: **Por eso se pide a la población que separe su basura en algunos estados.**

¿Qué grupo de palabras incluiría la mejor corrección a la oración 2?

(1) separando basura en algunos estados
(2) peticiones en algunos estados
(3) población de algunos estados
(4) separe en algunos estados
(5) su basura pedida en algunos estados

Sugerencia

Para más información sobre la Estructura de las oraciones, vea la Lista del escritor en la página 885.

24. Oración 4: **Cuando se dejan en el borde de la acera, la población colabora con el esfuerzo del reciclaje.**

¿Qué corrección debe hacerse a la oración 4?

(1) sustituir Cuando con Al ser
(2) sustituir Cuando se dejan con Se dejan
(3) añadir estos productos después de dejan
(4) eliminar la coma
(5) cambiar colabora por colaborando

25. Oración 6: **Formando industrias con un futuro prometedor para ayudar a sustituir los productos biodegradables.**

¿Qué corrección debe hacerse a la oración 6?

(1) sustituir industrias con un futuro prometedor con con un futuro prometedor, industrias
(2) sustituir con con tienen
(3) añadir Se están delante de Formando
(4) añadir una coma después de Formando
(5) no se requiere hacer ninguna corrección

26. Oración 8: **Un innovador fabricante de zapatos hace suelas y utiliza gomas de automóvil gastadas para hacerlas y las suelas son para hacer tenis.**

¿Qué grupo de palabras incluiría la mejor corrección a la oración 8?

(1) utiliza gomas de automóvil gastadas y está haciendo suelas para tenis
(2) a partir de gomas de automóvil gastadas hace suelas de tenis
(3) está haciendo utilizando suelas de gomas de automóvil gastadas para hacer tenis
(4) fabricante de zapatos y suelas utiliza gomas de automóvil gastadas para hacer tenis
(5) hace suelas de tenis utilizando gomas de automóvil gastadas

Las respuestas comienzan en la página 737.

Organización

La organización es un área de contenido importante de la Prueba de Lenguaje y Redacción de GED. El quince por ciento de las preguntas de opción múltiple de la prueba evalúan temas de organización. Prestar atención a la organización del trabajo escrito entero lo ayudará a responder a las preguntas de la prueba.

Organizar sus ideas en párrafos ayudará al lector a entender lo que usted quiere decir. Los párrafos son grupos de oraciones organizadas en torno a una idea principal. La idea principal de un párrafo se expresa en una oración temática y es apoyada por otras oraciones con ejemplos, hechos y detalles específicos. Puede usar palabras de transición para indicar la relación que existe entre las oraciones y los párrafos.

Párrafos efectivos

Estructura del párrafo

párrafo
un grupo de oraciones relacionadas que desarrollan una sola idea principal

oración temática
expresa la idea principal de un párrafo

detalles de apoyo
enunciados que explican la idea principal de un párrafo por medio de detalles específicos, ejemplos y razones

Un párrafo efectivo desarrolla una idea claramente presentando información específica en un orden lógico. Un **párrafo** es un grupo de oraciones acerca de una idea principal. Tiene una **oración temática,** que expresa la idea principal, además de varias oraciones que dan detalles de apoyo. Estos **detalles de apoyo** ayudan al lector a entender la idea principal del párrafo aportando ejemplos, hechos, razones y detalles específicos.

Lea este párrafo de una carta en respuesta a un anuncio de oferta de empleo. Preste atención a la forma en que las otras oraciones ayudan a explicar y apoyar la idea principal que se expresa en la oración temática.

Yo sería un vendedor experto y efectivo en la ferretería Férrez. Estudié carpintería y un curso superior de reparaciones domésticas en la escuela para adultos de San Juan, donde aprendí el uso de herramientas eléctricas y manuales, mezcla de pinturas y plomería. También tengo experiencia en el uso de cajas electrónicas, que he utilizado en mi trabajo de verano en Almacenes Generales. Como podrá confirmarle mi jefe anterior, mi trato con el público es amable, cortés y atento. Por último, aprendo rápido y seré una valiosa incorporación a su personal.

> *Sugerencia*
>
> Recuerde que debe indicar el principio de un párrafo con una sangría o espacio. Esto indica al lector que está pasando a una idea nueva.

Unidad y coherencia

La unidad y la coherencia son el resultado de la buena escritura. Un párrafo tiene unidad cuando todas las oraciones apoyan la idea principal que se expresa en la oración temática. Cuando todas las oraciones se presentan en un orden racional y lógico, un párrafo tiene coherencia. Los detalles irrelevantes o las ideas desorganizadas hacen que el párrafo parezca descuidado y confuso.

Por ejemplo, lea este párrafo y fíjese en la falta de unidad y coherencia:

> Muchas personas desean tener su propia casa, pero ser propietario puede ser caro y agotador. Las reparaciones pueden ser costosas y hay que pagar un pronto. Las empresas de reparaciones pueden ser irresponsables. La muchacha que cuida a nuestros hijos también puede ser irresponsable. En fin, ser el dueño de una casa puede ser preocupante y costoso. Los impuestos de propiedad son otro gasto encubierto.

Como contraste, lea este párrafo corregido. Preste atención a los cambios en color. Fíjese en la forma en que hacen que las ideas sean unificadas y coherentes:

> Muchas personas desean tener su propia casa, pero ser propietario puede ser caro y agotador. Primero, hay que pagar un pronto. Las reparaciones pueden ser costosas y las empresas de reparaciones pueden ser irresponsables. Nuestra niñera es irresponsable también. Los impuestos de propiedad son otro gasto encubierto. En fin, ser dueño de una casa puede ser preocupante y costoso.

Marque con una "X" la oración que podría usarse en este párrafo. Luego, indique en la línea que sigue el lugar del párrafo en donde usted pondría la oración.

Hemos estado teniendo problemas con los informes de ventas. Algunos miembros de los equipos de ventas los han entregado tarde o incompletos. Los informes de ventas deben estar en la carpeta de su equipo todos los jueves antes de las 4:00. Debe informar al líder de su equipo si se produce una demora inevitable en la entrega de sus informes.

_____ a. La lista de ascensos está en la oficina del equipo de ventas.

_____ b. Otros no han entregado ninguno de los informes de ventas.

_____ c. El programa de incentivo del equipo de ventas comienza el viernes.

Usted acertó si escogió la *opción b*. Es la única oración que está relacionada con los problemas en la entrega de informes de ventas, la idea principal. Las otras opciones mencionan a los equipos de ventas, pero no están relacionadas con la misma idea principal. El mejor lugar donde añadir este detalle al párrafo es usándola de tercera oración. La relación de ideas más lógica es que algunos miembros del equipo han estado entregando los informes tarde o incompletos y que además, otros no han entregado ninguno.

Sugerencia

Asegúrese de que todas las oraciones del párrafo se relacionen con la idea principal. Tache las oraciones que no estén relacionadas.

Práctica de GED

Elija la respuesta que mejor responda a cada pregunta.

Las preguntas 1 a 3 se refieren a la siguiente carta.

Apreciado miembro de Salud Hoy:

(A)

(1) Algunas compañías están cambiando de nuestro plan médico, Salud Hoy, al Plan Andrade. (2) Muchas compañías también están haciendo cambios en otros beneficios para los empleados, como las pensiones y los días de vacaciones. (3) Como Salud Hoy acepta el seguro de Plan Andrade, deseamos informarle que usted puede seguir recibiendo la atención médica de sus doctores actuales de Salud Hoy.

(B)

(4) El 1 de enero, usted tendrá además dos opciones para adquirir medicamentos con receta. (5) La opción 1 le permite utilizar nuestra red de cadenas de farmacias. (6) La opción 2 le permite seguir utilizando la farmacia de Salud Hoy que se encuentra en todas nuestras clínicas de atención médica. (7) Los miembros de la red de farmacias son Farmacia Bravo, Medicamentos de Descuento, FTR y Farmacias Vida. (8) También estamos en negociaciones para añadir algunas farmacias independientes a nuestra red. (9) Gracias por confiar su atención médica a los doctores y otros profesionales de la salud de Salud Hoy.

(C)

(10) No dude en llamarnos si tiene cualquier pregunta.

Gracias,
Salud Hoy

1. ¿Qué cambio se debe hacer en el párrafo A?

   (1) eliminar la oración 2
   (2) trasladar la oración 2 al principio del párrafo
   (3) trasladar la oración 2 al final del párrafo
   (4) trasladar la oración 3 al principio del párrafo
   (5) no es necesario hacer ningún cambio

2. ¿Qué cambio se debe hacer en la oración 6?

   (1) eliminar la oración 6
   (2) trasladar la oración 6 a continuación de la oración 3
   (3) trasladar la oración 6 a continuación de la oración 8
   (4) trasladar la oración 6 al principio del párrafo C
   (5) no es necesario hacer ningún cambio

3. ¿Qué cambio se debe hacer en la oración 9?

   (1) trasladar la oración 9 al principio del párrafo A
   (2) trasladar la oración 9 al final del párrafo A
   (3) eliminar la oración 9
   (4) trasladar la oración 9 al principio del párrafo C
   (5) no es necesario hacer ningún cambio

Sugerencia

Lea el pasaje entero antes de responder a las preguntas. Mientras lea, considere si todas las oraciones apoyan la idea principal. También considere si las oraciones siguen un orden lógico.

Las preguntas 4 y 5 se refieren a los siguientes párrafos.

Consejos de seguridad para el invierno

(A)

(1) La nieve de invierno puede ser tan peligrosa para los niños que van en trineo como para los adultos que manejan carros. (2) Aquí le ofrecemos algunas ideas para que la diversión en trineo de sus hijos sea más segura.

(B)

(3) Lo más importante es escoger un trineo que se pueda guiar, para que sus hijos no se estrellen contra árboles, rocas, ni chocarse con otros niños en trineo. (4) Con el trineo del año pasado, asegúrese de que el mecanismo del timón no se haya oxidado o roto. (5) La zona donde se usen los trineos no debe ser demasiado empinada ni tener mucho hielo, debe haber una zona plana al final para reducir la velocidad. (6) En estado de congelación o no, sus hijos no deben ir en trineo cerca del agua ni sobre ella. (7) Enseñe a los niños a esperar su turno y subir a la parte de arriba de la colina rodeando la cuesta, y no subiendo por ésta.

(C)

(8) En cuanto a sus hijos, pídales que lleven cascos para evitar golpes a la cabeza. (9) Los guantes y las botas son esenciales para protegerlos del frío y de las raspaduras. (10) Puede conseguirlos en cualquier tienda. (11) Por último, no olvide abrigarse. (12) En la parte de arriba de una colina puede hacer mucho frío y viento, helándole los huesos a los padres.

4. Oración 12: **En la parte de arriba de una colina puede hacer mucho frío y viento, helándole los huesos a los padres.**

   ¿Qué corrección se debe hacer en esta oración?

   (1) añadir <u>ello</u> después de <u>puede</u>
   (2) sustituir <u>puede</u> con <u>siendo</u>
   (3) eliminar la coma después de <u>viento</u>
   (4) añadir <u>puede hacer</u> después de <u>y</u>
   (5) no se requiere hacer ninguna corrección

5. ¿Qué cambio mejoraría el párrafo C?

   (1) eliminar la oración 9
   (2) eliminar la oración 10
   (3) trasladar la oración 11 al principio del párrafo
   (4) eliminar la oración 12
   (5) no es necesario hacer ningún cambio

La pregunta 6 se refiere al siguiente pasaje.

La grulla blanca

(1) La grulla blanca, con su ruidoso canto y su danza característica, siempre ha fascinado a los que la observan. (2) La tos ferina, nombre común de la enfermedad llamada pertussis, recibió su nombre en inglés del sonido que produce la grulla blanca. (3) Esta elegante ave blanca de cinco pies de altura es el más grande de los pájaros originarios de América del Norte. (4) En vuelo, las grullas blancas miden más de siete pies de la punta de un ala a la otra. (5) La gente viaja muchas millas para ver estas hermosas criaturas.

6. ¿Qué cambio se debe hacer para mejorar el pasaje?

   (1) eliminar la oración 1
   (2) trasladar la oración 1 al final del párrafo A
   (3) eliminar la oración 2
   (4) eliminar la oración 5
   (5) no es necesario hacer ningún cambio

Las respuestas comienzan en la página 739.

Oraciones temáticas

La oración temática expresa la idea principal de un párrafo. Es una guía del lector para comprender las ideas del párrafo. Por eso, muchos escritores empiezan sus párrafos con la oración temática, aunque pueda situarse en cualquier lugar del párrafo.

Evite escribir oraciones temáticas que sean demasiado específicas o demasiado generales. Si es demasiado específica, su lector no verá el cuadro general o idea principal. Una oración temática que sea demasiado general no ayudará al lector a enfocarse en lo que usted diga sobre el tema. Todas las oraciones temáticas deben responder claramente a la pregunta: "¿Cuál es el punto principal de este párrafo?"

REGLA La oración temática enuncia la idea principal del párrafo, sin ser demasiado general ni demasiado específica.

Por ejemplo, lea este grupo de oraciones. Después, considere las posibles oraciones temáticas.

La mayor parte de la contaminación del aire la causan los medios de transporte. Siempre que conducimos nuestros carros, echamos al aire gases contaminantes. Los gases del tubo de escape de los motores diesel de los camiones comerciales son también muy fuertes. Además, el consumo de combustible para la calefacción de nuestros hogares, oficinas y fábricas contribuye a la contaminación. Los procesos industriales, como el refinado del petróleo, también lo hacen. Las fuentes naturales, como los volcanes, aportan algunos contaminantes, pero no tantos como piensa mucha gente.

Demasiado general: El aire está contaminado.
Demasiado específico: La mayor parte de la contaminación del aire proviene de los carros y los camiones.
Efectiva: La causa más frecuente de la contaminación del aire es la actividad humana.

La oración temática efectiva resume todos los detalles, que se refieren a las cosas que hace el ser humano que causa contaminación del aire.

Marque con una "X" la mejor oración temática para un párrafo sobre este tema.

Tema: Cómo entrenar a su cachorro para que obedezca

_____ a. Hay cuatro etapas principales en el entrenamiento de la obediencia.

_____ b. Recompense la buena conducta con muchas alabanzas.

_____ c. Usted puede entrenar a su perro.

Usted acertó si escogió la *opción a* como la mejor oración temática. Expresa la idea principal y da al lector información clara sobre lo que puede esperar. La *opción b* es demasiado específica. La *opción c* es demasiado general.

Sugerencia
Puede escribir la oración temática después de decidir los detalles de apoyo que incluirá en el párrafo.

Práctica de GED

Instrucciones: Elija la respuesta que mejor responda a cada pregunta.

Las preguntas 1 a 3 se refieren al siguiente artículo.

Formularios de cambio de dirección

(A)

(1) Todas las oficinas del correo tienen formularios de cambio de dirección para su correspondencia. (2) Usted puede llenar este formulario en el correo o llevárselo a casa, llenarlo y echarlo en cualquier buzón. (3) Los empleados del correo recomiendan que entregue el formulario al menos un mes antes de mudarse para que no se le atrase la correspondencia.

(B)

(4) La correspondencia personal reenviada puede ser de primera clase, con prioridad y urgente. (5) El correo también reenviará gratuitamente los periódicos y las revistas durante 60 días. (6) Es su responsabilidad notificar a esas publicaciones que se ha mudado.

(C)

(7) La mayoría de las empresas pueden tramitar su cambio de dirección en tres meses, así que comuníqueselo pronto. (8) La oficina de correos no le entregará circulares, catálogos o anuncios a menos que usted lo solicite específicamente.

1. ¿Qué oración sería más efectiva al principio del párrafo A?

   (1) El cambio de domicilio es una experiencia muy estresante.
   (2) Para seguir recibiendo la correspondencia cuando cambie de domicilio, notifique al correo su nueva dirección.
   (3) Llenar un formulario de cambio de dirección requiere muy poco tiempo.
   (4) El correo reenviará su correspondencia a su nueva dirección.
   (5) Hay un formulario denominado Cambio de dirección.

2. ¿Qué cambio se debe hacer en el párrafo B?

   (1) añadir al principio del párrafo El correo reenviará su correspondencia personal y la mayoría de los paquetes durante un año.
   (2) eliminar la oración 4
   (3) trasladar la oración 4 al final del párrafo.
   (4) sustituir la oración 4 con No se reenviará todo el correo.
   (5) no es necesario hacer ningún cambio

3. ¿Qué oración sería más efectiva al principio del párrafo C?

   (1) También está el correo comercial.
   (2) Muchas empresas le envían correspondencia, también.
   (3) Algunas empresas envían lo que la gente considera "propaganda".
   (4) Muchas personas olvidan decir a las empresas que se mudan.
   (5) No olvide notificar a las empresas con las que trata que se mudó.

Sugerencia

Una vez que escoja una oración temática para un párrafo en la Prueba de GED, lea todo el párrafo con la oración temática al principio. Esto le ayudará a "escuchar" si la oración temática que escogió es efectiva.

Las preguntas 4 y 5 se refieren al siguiente párrafo.

El color de uñas

(1) Las uñas blancas pueden indicar una enfermedad del hígado. (2) Mientras que si tienen la mitad blanca y la mitad rosa puede indicar una enfermedad del riñón. (3) Un problema del corazón puede ponerse de manifiesto en el enrojecimiento de la matriz de la uña. (4) Las uñas que son gruesas, amarillas y tienen bultos pueden estar diciéndole que tiene problemas con los pulmones. (5) Una matriz pálida de las uñas manifiesta anemia. (6) Las uñas que son amarillas con una coloración ligeramente rosa en la base pueden indicar diabetes. (7) En cuanto al pintauñas, puede secar las uñas, especialmente el uso frecuente de acetona. (8) No se preocupe por las manchas blancas parecen estar causadas por lesiones externas y no por enfermedades internas.

4. ¿Qué oración sería más efectiva al principio del párrafo?

   (1) A veces, las uñas cambian de color.
   (2) Algunas uñas son blancas o rosas; otras son rojizas o amarillas.
   (3) Los cambios del color natural de las uñas pueden avisarle que tiene una enfermedad.
   (4) Examine sus uñas todos los días para ver si tiene alguna enfermedad.
   (5) Algunos cambios del color de las uñas son graves, mientras que otros no.

5. ¿Qué cambio haría más efectivo el texto?

   (1) eliminar la oración 3
   (2) trasladar la oración 5 al final del párrafo
   (3) trasladar la oración 6 al final del párrafo
   (4) eliminar la oración 7
   (5) trasladar la oración 7 al final del párrafo

Las preguntas 6 y 7 se refieren a la siguiente carta.

Querido padre de familia:

(A)

(1) Vamos a asistir al Festival de Luces de Invierno y a "Misterios de la Antigua Mesopotamia". (2) El autobús saldrá de la Escuela Intermedia a las 8:30 a.m. y regresará a las 2:30 p.m.

(B)

(3) El precio incluye la entrada al museo, una merienda a media mañana y el transporte. (4) Por favor, hagan un cheque a nombre de *Fondo de la Escuela Easton.* (5) Por favor, no le de dinero adicional a su hijo, porque no habrá tiempo libre para ir a la tienda del museo.

(C)

(6) Se adjunta un permiso para la excursión. (7) Si su hijo necesita algún medicamento que haya que administrarle durante el día, asegúrese también de firmar el permiso adjunto de medicamentos. (8) El maestro de ciencias de su hijo recogerá el dinero y los permisos firmados.

6. ¿Qué oración sería más efectiva al principio del párrafo A?

   (1) El séptimo grado visitará el Museo de Ciencias el lunes, 5 de octubre.
   (2) Las excursiones del séptimo grado suelen ser educativas.
   (3) Este año, la Exposición de la Célula está temporalmente cerrada, por lo que el séptimo grado verá otras ofertas del Museo de Ciencias.
   (4) El séptimo grado siempre hace una excursión al año.
   (5) Los estudiantes de séptimo grado aprenden mucho en sus excursiones al Museo de Ciencias.

7. ¿Qué oración sería más efectiva al principio del párrafo B?

   (1) Se notificará a los padres del costo de la excursión.
   (2) El costo de la excursión incluye tres cosas.
   (3) El costo de la excursión es de 8 dólares en efectivo o con cheque.
   (4) El Departamento de Educación paga la mayor parte de la excursión, pero se pedirá a los padres que aporten una parte del costo.
   (5) El costo por estudiante será menos de $10.

Las respuestas comienzan en la página 740.

Lenguaje, Redacción • Organización

Lección 9

División en párrafos

Los párrafos son una manera de organizar las ideas. Cada párrafo desarrolla una idea principal. Además, es mucho más fácil leer un texto cuando está dividido en párrafos que cuando forma un solo bloque largo de texto.

REGLA 1 Empiece un nuevo párrafo cuando la idea principal de un grupo de oraciones cambie.

REGLA 2 Tanto la introducción como la conclusión se organizan en párrafos: la introducción es el primero y la conclusión, el último.

Fíjese en dónde comienza cada párrafo de este artículo. La introducción se encuentra en un párrafo aparte, pero la conclusión, no.

El correo electrónico se está convirtiendo rápidamente en el medio de comunicación más utilizado de todos. Sus usuarios incluso prevén que dentro de poco este medio sustituirá a las cartas y a los sellos. De hecho, muchas personas y empresas utilizan este sistema a diario.

El correo electrónico tiene muchas ventajas en comparación con el correo tradicional. La velocidad del correo electrónico ha hecho que la comunicación sea casi instantánea. Se puede enviar un mensaje a un lugar remoto en un brevísimo plazo de tiempo. El correo electrónico, además, no es muy caro. De hecho, muchas personas tienen correo electrónico gratuito. Mucha gente aprecia también el hecho de que los mensajes sean informales.

Aun así, hay muchas personas que no utilizan el correo electrónico. Algunas no tienen acceso a una computadora o nunca la han usado. Otras opinan que los mensajes son demasiado impersonales. Piensan que a un correo electrónico se le dedica menos cuidado y reflexión que a una carta. Sin embargo, tarde o temprano, todo el mundo recibirá correo electrónico. Es fácil imaginar que, dentro de unos años, las cartas tradicionales correrán la misma suerte que las maquinillas: se considerarán antigüedades extrañas y pasadas de moda que los abuelos apenas recordarán.

Marque con una "X" la oración del tercer párrafo con la que debería empezar el párrafo de conclusión.

_____ a. Sin embargo, tarde o temprano, todo el mundo recibirá correo electrónico.

_____ b. Es fácil imaginar que, dentro de unos años, las cartas tradicionales correrán la misma suerte que las maquinillas: se considerarán antigüedades extrañas y pasadas de moda que los abuelos apenas recordarán.

Usted acertó si escogió la *opción a*. El tercer párrafo trata sobre las personas que no utilizan el correo electrónico. La *opción a* introduce una nueva idea, la del futuro del correo electrónico, que constituye la conclusión de la composición.

Sugerencia

La mayoría de los párrafos contienen una oración temática y tres o cuatro oraciones de apoyo. Los párrafos de introducción y de conclusión pueden ser más breves.

Práctica de GED

Instrucciones: Elija la respuesta que mejor responda a cada pregunta.

La pregunta 1 se refiere al siguiente anuncio.

De: La Oficina del Alcalde
Para: Los habitantes de Oakland

(A)

(1) Los habitantes del pueblo ya pueden adquirir los permisos en la alcaldía de reciclaje. (2) También pueden adquirirlos en el Centro de Reciclaje durante horas laborables. (3) Los permisos cuestan $10 y tienen validez de un año. (4) Si desea obtener un permiso debe presentarse en persona con un certificado válido de inscripción de su vehículo. (5) Estos permisos no se enviarán por correo, ni tampoco se emitirán sin la prueba de inscripción. (6) Al obtener su permiso, debe pegarlo en su vehículo en la ventanilla trasera del lado del conductor. (7) Los permisos no son válidos a menos que estén colocados de forma permanente y visible. (8) Por favor, quite los permisos de años anteriores.

(B)

(9) Ahora puede deshacerse de los residuos de jardinería en el Centro de Reciclaje puede continuar trayéndolos al vertedero de ramas de la calle E. (10) Esta zona estará abierta los lunes, miércoles y sábados, coincidiendo con la división de reciclaje.

1. ¿Qué cambio haría más efectivo el texto de este anuncio?

   (1) comenzar un nuevo párrafo con la oración 5
   (2) comenzar un nuevo párrafo con la oración 6
   (3) eliminar la oración 6
   (4) eliminar la oración 8
   (5) trasladar la oración 8 al principio del párrafo B

La pregunta 2 se refiere a la siguiente carta.

Dr. Elías Bruno
Clínica Central
4201 Ashwood Avenue
Morris, OH 43201

Estimado Dr. Bruno:

(1) Estoy escribiendo esta carta con una sola mano porque me rompí la muñeca la semana pasada al caerme sobre el hielo en el estacionamiento del trabajo. (2) Quiero darles las gracias a los miembros del equipo de la Clínica Central por su extraordinaria atención, amabilidad y profesionalismo cuando trataron mi lesión. (3) Cuando entré a la clínica, casi me desmayaba de dolor y no podía quitarme el guante de la mano lesionada. (4) La primera persona que me atendió fue Margarita Fernández en la recepción, cuyo calor humano y preocupación me calmaron inmediatamente. (5) Luego, el doctor Ramírez consiguió quitarme con cuidado el guante de la mano hinchada. (6) Después, pasé a la zona de emergencias. (7) Todas las personas que me atendieron fueron muy amables. (8) Carlos Calvo me administró la novocaína sin dolor y de forma muy eficiente. (9) El técnico, Guillermo Roca, fue también muy simpático y se preocupó mucho por mí. (10) La Dra. Martínez me operó con total profesionalidad y se puso en contacto conmigo tres veces antes de mi visita de atención postoperatoria. (11) Estoy muy agradecida por el tratamiento que recibí de manos de su equipo. (12) Espero que comparta esta carta con todas las personas que menciono y les haga llegar mi más profundo agradecimiento.

Atentamente,
Lupe Ortiz

2. ¿Qué cambio haría más efectivo el texto de esta carta?

   Comenzar un párrafo nuevo

   (1) con la oración 2
   (2) con la oración 3
   (3) con la oración 4
   (4) con la oración 5
   (5) con la oración 6

Las preguntas 3 a 5 se refieren al siguiente memorándum escolar.

Evaluación de la escritura de un estudiante

(A)

(1) Utilizamos tres niveles de dominio para evaluar la escritura de un estudiante. (2) El nivel más bajo es el de principiante, el nivel intermedio es el de competente y el nivel más alto se denomina superior. (3) El trabajo de un principiante puede mostrar momentos de calidad, pero necesita mejorar en varios aspectos importantes. (4) Por ejemplo, la descripción de un principiante puede ser superficial o demostrar una comprensión incompleta del tema. (5) Su escritura también puede contener graves errores ortográficos, gramaticales, de puntuación y de mayúsculas, o bien puede tener una organización incorrecta. (6) En general, el producto final puede resultar descuidado. (7) En el siguiente nivel de dominio, la escritura del estudiante competente es aceptable, pero podría mejorarse en algunos aspectos importantes. (8) Por ejemplo, la comprensión del autor sobre el tema puede parecer incompleta o imprecisa en ocasiones. (9) Su escritura puede contener varios errores gramaticales, ortográficos, de puntuación y/o de mayúsculas. (10) Sin embargo, el producto final tiene, en general, buena presentación.

(B)

(11) Los escritores del nivel superior muestran una excelente comprensión del tema. (12) Abundan los detalles específicos y precisos. (13) Su escritura está bien organizada, el vocabulario está bien elegido y, en general, se evitan los errores gramaticales, ortográficos, de puntuación y de mayúsculas. (14) El producto final tiene una excelente presentación y es de calidad profesional. (15) Todos los estudiantes deben presentar cada semestre dos textos originales para la evaluación de su competencia. (16) Sugerimos a los estudiantes que anteriormente recibieron la calificación de principiantes que corrijan y entreguen de nuevo aquellos textos para que vuelvan a ser evaluados.

3. ¿Qué cambio haría más efectivo este texto?

Comenzar un párrafo nuevo

   (1) con la oración 2
   (2) con la oración 3
   (3) con la oración 4
   (4) con la oración 5
   (5) con la oración 6

4. ¿Qué cambio se debe hacer en las oraciones 7 a 10?

Comenzar un párrafo nuevo

   (1) con la oración 7
   (2) con la oración 8
   (3) con la oración 9
   (4) con la oración 10
   (5) no es necesario hacer ningún cambio

5. ¿Qué cambio haría más efectivo este texto?

Comenzar un párrafo nuevo

   (1) con la oración 12
   (2) con la oración 13
   (3) con la oración 14
   (4) con la oración 15
   (5) con la oración 16

Las respuestas comienzan en la página 740.

Transiciones claras

Usted aprendió que ciertas palabras y frases (las conjunciones coordinantes, las conjunciones subordinantes y los adverbios conjuntivos) indican que las ideas están relacionadas de maneras específicas. Estas palabras y frases se conocen como **transiciones**.

Si se utilizan las transiciones de forma efectiva, la escritura fluirá con mayor naturalidad. (Para repasar las palabras y frases de transición y su puntuación correcta, consulte las Lecciones 2 y 3).

REGLA 1 Utilice las transiciones y la puntuación para mostrar la relación entre las ideas de dos oraciones. Cuando una transición se sitúa al principio de una oración, se debe poner una coma después de ella. Dentro de una oración, es necesario poner una coma antes y después de la transición.

transición
una palabra o frase que indica la relación que existe entre un idea y la siguiente

Sin transición: Los bancos pequeños a menudo reducen las cuotas. La cuota media en los cajeros automáticos es de $1.25 dólares en el caso de los bancos grandes, pero de 86 centavos en los pequeños.

Con transición: Los bancos pequeños a menudo reducen las cuotas. Por ejemplo, la cuota media en los cajeros automáticos es de $1.25 en el caso de los bancos grandes, pero de 86 centavos en los pequeños.

Con transición: Los bancos pequeños a menudo reducen las cuotas. La cuota media en los cajeros automáticos, por ejemplo, es de $1.25 en el caso de los bancos grandes, pero de 86 centavos en los pequeños.

REGLA 2 Utilice las transiciones y la puntuación cuando pase de un párrafo a otro para mostrar la relación entre las ideas.

Un estudio de las cuotas en los bancos grandes y pequeños muestra varios datos interesantes. En casi todas las categorías, desde la cantidad mínima en la cuenta corriente hasta las cuotas por cheques devueltos, los bancos pequeños ofrecen mejores condiciones a los consumidores.

No obstante, los consumidores continúan ingresando su dinero en bancos grandes por distintos motivos.

Sugerencia

Otras palabras de transición comunes son *en otras palabras* (definición), *en primer lugar* (orden), *en realidad* (detalle de apoyo), *por otra parte* (contraste) y *como consecuencia* o *por ello* (causa y efecto).

Ponga un signo de intercalación (^) en el lugar en donde usted colocaría la frase de transición *Sin embargo* en este párrafo corto.

La Torre del Diablo de Wyoming fue el primer monumento importante que recibió un nombre en Estados Unidos. El monte Rushmore de Dakota del Sur es mucho más famoso.

Usted acertó si escogió colocar *Sin embargo* entre la primera y la segunda oración: *La Torre del Diablo de Wyoming fue el primer monumento importante que recibió un nombre en Estados Unidos. Sin embargo, el monte Rushmore de Dakota del Sur es mucho más famoso.* La palabra de transición hace que la relación entre las ideas sea más clara.

Práctica de GED

Las preguntas 1 a 4 se refieren a la siguiente información.

Muebles de madera barnizada

(A)

(1) La madera barnizada aguanta bien el uso y el desgaste normales. (2) Es así porque el barniz es un acabado resistente. (3) Protege durante décadas. (4) El principal problema de la madera barnizada es que se ven muy fácilmente los rayazos.

(B)

(5) Sacuda el polvo regularmente. (6) Lávela de vez en cuando con disolvente de pintura, que disuelve la suciedad. (7) Sin embargo, el disolvente de pintura puede quitarle el brillo al acabado, así que hay que estar preparado para devolverle el brillo con un buen pulido. (8) Una solución suave de un buen detergente y agua también limpiará los muebles barnizados, pero el agua se debe utilizar en muy pequeñas cantidades. (9) No es necesario abrillantar los muebles barnizados. (10) La cera abrillantadora puede irse acumulando y quitarle el brillo al acabado. (11) Incluso puede acumular suciedad.

(C)

(12) Siga estos consejos y sus muebles de madera barnizada se verán bien y durarán mucho, mucho tiempo.

1. Oración 4: **El principal problema de la madera barnizada es que se ven muy fácilmente los rayazos.**

   ¿Qué cambio se debe hacer en la oración 4?

   (1) sustituir El con Por desgracia, el
   (2) añadir por desgracia, después de barnizada
   (3) añadir , por desgracia después de se ven
   (4) añadir por desgracia después de fácilmente
   (5) no es necesario hacer ningún cambio

2. ¿Cuál de las siguientes oraciones sería más efectiva al principio del párrafo B?

   (1) Además, los siguientes son consejos para el mantenimiento de la madera.
   (2) Lo más importante es que usted siempre puede limpiar la madera.
   (3) Afortunadamente, puede conseguir que la madera barnizada siempre se vea bien si sigue estos consejos.
   (4) Sin embargo, sacudir el polvo a la madera es importante, pero no abrillantarla.
   (5) Por el contrario, las alfombras se ven bien sobre los suelos limpios y barnizados.

3. Oraciones 5 y 6: **Sacuda el polvo regularmente. Lávela de vez en cuando con disolvente de pintura, que disuelve la suciedad.**

   ¿Qué palabras incluiría la forma más efectiva de combinar las oraciones 5 y 6?

   (1) y por supuesto,
   (2) y además,
   (3) y como resultado,
   (4) y por ejemplo,
   (5) y por el contrario,

4. Oraciones 9 y 10: **No es necesario abrillantar los muebles barnizados. La cera abrillantadora puede irse acumulando y quitarle el brillo al acabado.**

   ¿Cuál es la mejor manera de escribir la parte subrayada de la oración? Si la redacción original es la mejor, escoja la opción (1).

   (1) barnizados. La
   (2) barnizados, la
   (3) barnizados, de modo que la
   (4) barnizados. De hecho, la
   (5) barnizados, del mismo modo la

Las preguntas 5 y 6 se refieren al siguiente párrafo.

Las preguntas 7 y 8 se refieren al siguiente párrafo.

Verificación de crédito

(1) ¿Le negado una tarjeta de crédito o una hipoteca? (2) Aquí explicamos cómo comprobar su clasificación de crédito para poder averiguar la razón. (3) Usted tiene derecho a leer su informe de crédito y a corregir cualquier error, dice la Ley sobre Informes de Crédito Justos. (4) Para hacerlo, pida el nombre y la dirección de la agencia de crédito empleada por el banco o compañía de tarjetas de crédito que le negó el préstamo o crédito. (5) La agencia de crédito debe proporcionarle una copia de su informe. (6) Después de examinar el informe, la agencia de crédito debe corregir o eliminar la información incorrecta. (7) La información general sobre el crédito se conserva durante siete años, se puede informar de una bancarrota durante diez años. (8) Para más información, póngase en contacto con la Fundación Nacional para el Crédito de los Consumidores.

5. Oración 3: **Usted tiene derecho a leer su informe de crédito y a corregir cualquier error, dice la Ley sobre Informes de Crédito Justos.**

   ¿Qué palabras incluiría el mejor cambio a la oración 3?

   (1) Dice la Ley sobre Informes de Crédito Justos
   (2) Con el derecho a leer
   (3) Para leer su informe de crédito y corregir
   (4) Según la Ley sobre Informes de Crédito Justos,
   (5) Usted tiene, dice la Ley sobre Informes de Crédito Justos,

6. Oración 4: **Para hacerlo, pida el nombre y la dirección de la agencia de crédito empleada por el banco o compañía de tarjetas de crédito que le negó el préstamo o crédito.**

   ¿Cuál es la mejor manera de escribir la parte subrayada del texto? Si la redacción original es la mejor, escoja la opción (1).

   (1) hacerlo, pida
   (2) hacerlo. Pida
   (3) hacerlo, pidiendo
   (4) hacerlo, de hecho, pida
   (5) hacerlo, por lo tanto pida

Cuidado infantil en el trabajo

(1) En algunos países europeos, el gobierno tiene centros para el cuidado infantil. (2) En Estados Unidos, la mayoría de los padres y madres que trabajan tienen que arreglárselas por su cuenta. (3) Muchos de ellos llegan tarde al trabajo o incluso faltan por problemas con el cuidado infantil, de modo que cada vez más empresarios están ofreciendo cuidado infantil a sus empleados. (4) Una fábrica de Indiana tiene un centro de cuidado infantil de tres turnos en la misma fábrica. (5) Los agradecidos padres y madres pueden llevar a sus hijos al trabajo con ellos. (6) Se han reducido considerablemente las tardanzas y las ausencias. (7) Este programa satisface tanto al empresario como a los empleados. (8) Los empleados no tienen que preocuparse por el cuidado infantil. (9) Tienden a ser mucho más productivos que los que sí tienen que preocuparse por ello.

7. Oración 2: **En Estados Unidos, la mayoría de los padres y madres que trabajan tienen que arreglárselas por su cuenta.**

   ¿Qué cambio se debe hacer en la oración 2?

   (1) añadir sin embargo, después de la coma
   (2) añadir sin embargo, después de madres
   (3) añadir sin embargo después de que
   (4) añadir , sin embargo después de trabajan
   (5) añadir sin embargo después de cuenta

8. Oración 6: **Se han reducido considerablemente las tardanzas y las ausencias.**

   ¿Qué cambio se debe hacer en la oración 6?

   (1) sustituir Se han con Como consecuencia, se han
   (2) añadir , como consecuencia, después de Se han reducido
   (3) añadir , como consecuencia, después de y
   (4) añadir como consecuencia después de ausencias
   (5) no es necesario hacer ningún cambio

Las respuestas comienzan en la página 741.

<u>Las preguntas 1 a 3</u> se refieren al siguiente pasaje.

A salvar la grulla blanca

(A)

(1) En 1941, la grulla blanca estaba casi extinguida. (2) Entonces, con ayuda federal, se inició un programa para rescatar la especie. (3) Actualmente sobreviven casi 400 de estas aves. (4) Gracias a varios científicos inventores, se incubaron huevos en incubadoras que parecían grullas hembra. (5) Para adiestrar a los polluelos en el "comportamiento propio de las grullas blancas", los biólogos se vistieron de grullas blancas, anduvieron como grullas por los pantanos con los polluelos y buscaron comida escarbando con el pico y las patas.

(B)

(6) Si los esfuerzos por salvar a las grullas continúan dando resultado, estas fascinantes aves podrían ser eliminadas muy pronto de la lista de especies en peligro de extinción. (7) La mayoría de los animales silvestres no reciben una atención tan especial. (8) La supervivencia de las grullas será una historia de triunfo de la naturaleza.

1. ¿Qué cambio se debe hacer en el párrafo A?

   (1) trasladar la oración 1 al final del párrafo A
   (2) eliminar la oración 2
   (3) eliminar la oración 3
   (4) trasladar la oración 3 al final del párrafo
   (5) trasladar la oración 5 al principio del párrafo B

2. ¿Qué cambio se debe hacer en la oración 7?

   (1) trasladar la oración 7 al principio del párrafo B
   (2) eliminar la oración 7
   (3) trasladar la oración 7 al final del párrafo B
   (4) sustituir la oración 7 con <u>Sin embargo, otros animales salvajes seguirán estando en la lista.</u>
   (5) no es necesario hacer ningún cambio

3. ¿Qué cambio se debe hacer en la oración 8?

   (1) trasladar la oración 8 al final del párrafo A
   (2) trasladar la oración 8 al principio del párrafo A
   (3) trasladar la oración 8 al principio del párrafo B
   (4) eliminar la oración 8
   (5) no es necesario hacer ningún cambio

Sugerencia

Cuando no sabe a ciencia cierta si una oración debe ir en un párrafo, lea el párrafo sin ella. Luego, decida si el párrafo parece completo o si la oración que falta ayuda a ampliar la idea principal.

La pregunta 4 se refiere a los siguientes párrafos.

Hábil en el hogar

(A)

(1) Todos pueden aprender a ser hábiles en el hogar. (2) Empiece con cosas sencillas, como cambiar una bombilla, engrasar una cerradura y pueden apretarse los tornillos en la puerta. (3) Hay muchos manuales repletos de trucos útiles hasta para hacer trabajitos tan simples como ésos. (4) Hoy día, es probable incluso que los libros puedan encargarse por Internet.

(B)

(5) Si prueba con tareas más difíciles, primero tendrá que analizar los distintos pasos. (6) A menudo conviene pensar en los preparativos necesarios y hacer una lista antes empezar. (7) Por ejemplo, si decide pintar las paredes del cuarto, piense en las tareas que hay que hacer y en qué orden.

(C)

(8) Si desea probar con trabajos más técnicos, consulte antes a alguien con experiencia. (9) Nadie nace hábil, la práctica es la mejor manera de aprender.

4. ¿Qué revisión se debe hacer en el párrafo A?

   (1) eliminar la oración 1
   (2) poner la oración 2 al final del párrafo
   (3) eliminar la oración 2
   (4) eliminar la oración 4
   (5) no es necesario hacer ningún cambio

La pregunta 5 se refiere a los siguientes párrafos.

Cómo comprar con seguridad por Internet

(A)

(1) Comprar por Internet se haciendo muy popular, ahora que cada vez se conecta más gente a la red. (2) Se puede comprar de todo por Internet con una tarjeta de crédito. (3) Esto incluye todo desde ropa en especial hasta pasajes de tren o de autobús. (4) A mucha gente le parece rápido y cómodo comprar por Internet.

(B)

(5) No obstante, existen algunos riesgos. (6) La entrega de los pedidos no siempre es fiable los costos de envío a veces suponen un recargo del 15 por ciento por encima del costo.

(C)

(7) Las leyes que regulan la devolución de compras no siempre se aplican al comercio electrónico. (8) Al revelar los números de tarjetas de crédito en un sitio no protegido, se corre el riesgo de que alguien robe sus datos personales.

(D)

(9) Los defensores de los consumidores explican que se pueden tomar varias medidas de protección. (10) Por ejemplo, uno debería recurrir únicamente a empresas muy conocidas al comprar por Internet. (11) A veces, los comercios electrónicos que no facilitan un número de teléfono son estafadores. (12) Asegúrese de consultar el método de devolución y los cargos de envío antes de realizar una compra. (13) Siempre que se tenga cuidado comprar por Internet puede ser una nueva y cómoda manera de ir de compras.

5. ¿Qué cambio mejoraría el texto?

   (1) poner la oración 6 al principio del párrafo B
   (2) combinar los párrafos B y C
   (3) poner la oración 7 al final del párrafo C
   (4) poner la oración 8 al principio del párrafo D
   (5) eliminar la oración 8

La pregunta 6 se refiere a los siguientes párrafos.

Cómo cambiar la llanta

(A)

(1) Hay que tener en cuenta estas reglas de seguridad si en algún momento se le pincha la rueda del carro mientras maneja. (2) Lo primero que hay que hacer es parar en un lugar seguro. (3) Ponga los intermitentes, y si está en la autopista, pase al carril de la derecha. (4) Después, pase muy cuidadosamente al arcén y continúe hasta que llegue a un lugar seguro donde parar.

(B)

(5) Busque tierra firma y nivelada donde estacionar el carro, apague el motor y tire del freno de mano. (6) Si hay pasajeros en el carro, dígales que se bajen por el lado del pasajero.

(C)

(7) Mientras cambia la llanta, no olvide estas sugerencias. (8) No se ponga debajo del carro después de levantarlo con el gato. (9) Es fácil que el carro se caiga y puede que usted resulte gravemente herido. (10) Después de sacar la llanta pinchada, póngala en el suelo con el tapacubos hacia arriba para no rayarlo. (11) Luego, coloque la llanta de repuesto y ajuste las tuercas. (12) Cuando se acomode la llanta, baje el coche y saque el gato. (13) Ajuste las tuercas otra vez, guarde las herramientas y ponga la llanta pinchada en el maletero.

(D)

(14) Con la llanta de repuesto acomodada, busque el taller más cercano. (15) Pídales a los mecánicos que revisen la llanta. (16) Es posible que puedan arreglar la llanta pinchada y ponerla de nuevo para que usted siga en su camino.

6. ¿Qué cambio mejoraría el texto?

   (1) poner la oración 5 al final del párrafo A
   (2) combinar los párrafos A y B
   (3) eliminar la oración 6
   (4) poner la oración 7 al final del párrafo B
   (5) eliminar la oración 8

La pregunta 7 se refiere a los siguientes párrafos.

Consejos para conseguir empleo

(A)

(1) Conseguir un empleo requiere una preparación cuidadosa. (2) A continuación presentamos algunos pasos útiles que aquellos que entran en el mercado laboral pueden tener en cuenta.

(B)

(3) Primero, haga una lista de la clase de empleos que usted creía que le gustaría hacer. (4) Puede determinar las destrezas, conocimiento y experiencias necesarias si habla con trabajadores. (5) Es decir, hable con gente que tenga empleos que a usted le interesan. (6) Luego, haga una lista de sus actitudes y vea si armonizan con alguno de los empleos que ha seleccionado. (7) De lo contrario, debe pensar nuevamente sobre la clase de empleo que usted desea hacer. (8) Por ejemplo, no puede empezar como gerente de un restaurante, pero podría empezar como mozo o cajero y esforzarse por ascender de posición. (9) Una vez que haya elegido un empleo que armonice con sus aptitudes y encuentre una vacante en una empresa, debe prepararse para una entrevista. (10) Busque información sobre el lugar de trabajo antes de la entrevista. (11) Para dar una buena impresión, debe tener buena presentación, hablar correctamente y actuar de la mejor manera posible. (12) Destaque sus aptitudes, sus hábitos de trabajo positivos y exprese su interés por el trabajo.

7. ¿Qué revisión mejoraría el texto "Cómo encontrar un empleo"?

   Comience un nuevo párrafo con la

   (1) oración 6
   (2) oración 7
   (3) oración 8
   (4) oración 9
   (5) oración 10

Las preguntas 8 y 9 se refieren al siguiente párrafo.

El árbol genealógico de la salud

(1) Algunos datos sobre los miembros de su familia para hacer un árbol genealógico de la salud. (2) Los miembros de la familia sobre los que debe averiguar datos son: sus padres, abuelos, hermanos, hijos, nietos y tíos. (3) Es una ventaja adicional conocer datos sobre parientes más lejanos, como bisabuelos, primos y sobrinos, los datos básicos que necesita conocer sobre cada familiar son su fecha de nacimiento y sus principales enfermedades. (4) Pídales también que le den información sobre sus alergias, incapacidades, problemas de peso o de presión sanguínea y hábitos de salud generales, tales como su dieta o si fuman. (5) Los parientes que sufran de sobrepeso deben seguir una dieta y los fumadores, por supuesto, deben dejar de fumar. (6) En el caso de los parientes que ya hayan fallecido, anote sus edades y causas del fallecimiento. (7) Entregue copias de su historial médico familiar a su doctor, a su pediatra y a otros miembros de la familia.

8. ¿Cuál de las siguientes oraciones sería la mejor para añadir al principio del párrafo?

   (1) Un árbol genealógico de la salud muestra historiales médicos.
   (2) Hacer el esquema del historial médico de su familia puede ayudar a salvar una vida, ya que la herencia desempeña un papel muy importante en muchas enfermedades.
   (3) Las enfermedades tales como alergias y diabetes deben figurar en un árbol genealógico de la salud.
   (4) Pida a sus familiares que lo ayuden a hacer un árbol genealógico de la salud.
   (5) Es bueno tener información sobre las enfermedades de su familia.

9. ¿Qué corrección mejoraría el texto?

   (1) trasladar la oración 4 a continuación de la oración 2
   (2) eliminar la oración 5
   (3) trasladar la oración 5 al final del párrafo
   (4) eliminar la oración 6
   (5) eliminar la oración 7

La pregunta 10 se refiere a los siguientes párrafos.

Soñar despierto

(A)

(1) Soñar despierto es uno de los pasatiempos favoritos de mucha gente. (2) Las canciones, leyendas y películas a menudo contiene referencias a este tipo de actividad. (3) Soñar despierto está bien siempre y cuando usted esté siendo el que controla y no permita que los sueños lo controlen a usted.

(B)

(4) El soñar despierto tiene varios aspectos psicológicos positivos. (5) Por ejemplo, puede ayudarlo a relajarse a desconectarse y a levantarle el ánimo si tiene un mal día. (6) A veces es posible soñar despierto mientras se hace un trabajo aburrido y repetitivo. (7) Un ejemplo de este tipo de labor es cortar la grama del patio con una máquina cortadora. (8) Soñar despierto es una buena manera de mantener la mente ocupada mientras el cuerpo hace otras cosas.

(C)

(9) Pero, puede ser peligroso soñar despierto mientras se cuida a niños, se usan máquinas o se operan equipos eléctricos. (10) Se puede soñar despierto mientras maneja el carro. (11) Especialmente al manejar solo por una carretera recta durante mucho tiempo. (12) Pero, sobre todo, debe tener cuidado de no llegar al punto de confundir los sueños con la realidad. (13) Soñar despierto, como muchas otras cosas, por lo general está bien si se hace con moderación.

10. ¿Cuál de estas oraciones sería más efectiva al comienzo del párrafo C?

    (1) Sin embargo, como casi todas las cosas, soñar despierto también tiene aspectos negativos.
    (2) A veces se sueña despierto en otros momentos también.
    (3) Mucha gente sueña despierta durante una clase o un sermón aburrido.
    (4) Podría soñar despierto durante un largo viaje en carro.
    (5) Si sueña despierto intensamente, a veces se perderá conversaciones o llamadas telefónicas importantes.

La pregunta 11 se refiere a los siguientes párrafos.

Cómo cuidar a un niño con fiebre

(A)

(1) A menos que se trate de un niño, es correcto decir que la temperatura normal de una persona es de 37° C. (2) Según los pediatras, la temperatura normal de un niño oscila entre los 36° C y los 38° C. (3) ¿Qué deben hacer los padres si su hijo tiene fiebre? (4) A continuación se describen algunas sugerencias útiles.

(B)

(5) En el caso de bebés menores de tres meses, todas las temperaturas superiores a los 38°C necesitan atención médica. (6) Sea consciente de que a veces las enfermedades no presentan fiebre como uno de los síntomas. (7) Es posible que la temperatura de su bebé corresponda a los valores normales. (8) Es posible que aún así el bebé vomite o le cueste respirar. (9) En estos casos, llame al médico inmediatamente.

(C)

(10) En el caso de niños mayores con fiebre es buena idea bañarlos con una esponja empapada en agua fresca. (11) Los analgésicos que no sean aspirina también pueden ser útiles. (12) Asegúrese de no administrar al niño una dosis superior a la recomendada. (13) Si no está seguro de la cantidad de medicamento que debe darle a su hijo, consulte a su médico. (14) La dosis de un niño suele estar determinada por el peso de uno.

11. ¿Qué cambio se debe hacer en el párrafo C?
    (1) poner la oración 10 al final del párrafo B
    (2) eliminar la oración 12
    (3) poner la oración 13 después de la oración 11
    (4) poner la oración 13 al final del párrafo C
    (5) eliminar la oración 13

La pregunta 12 se refiere al siguiente memorándum.

Memorándum

A: Todos los empleados
DE: A. Suárez, Especialista en Recursos Humanos
RE: Oportunidad de trabajo

(A)

(1) El Departamento de Recursos Humanos se complace en anunciar una nueva oportunidad de trabajo. (2) El departamento buscando un ayudante a tiempo completo para el supervisor de archivos del personal.

(B)

(3) Los candidatos al puesto deberán tener destrezas demostradas y ser capaces de desempeñar ciertas tareas. (4) El ayudante debe tener buenas destrezas de mecanografía, ser organizado y atención a los detalles. (5) Será responsable de distribuir, recoger y archivar las hojas de horarios, los formularios de autorización de ausencia por enfermedad y los cupones de vacaciones en todas las sucursales. (6) Todas las semanas, el ayudante verificará la corrección de las hojas de horario de los empleados. (7) Además, trabajará distribuyendo información a las sucursales, por último, el candidato seleccionado se reportará al supervisor.

12. Oración 3: **Los candidatos al puesto deberán tener destrezas demostradas y ser capaces de desempeñar ciertas tareas.**

    ¿Qué cambio se debe hacer en la oración 3?
    (1) poner la oración 3 al final del párrafo A
    (2) eliminar la oración 3
    (3) poner la oración 3 después de la oración 4
    (4) poner la oración 3 al final del párrafo B
    (5) No es necesario hacer ningún cambio.

Sugerencia

Para más información sobre la Organización, vea la Lista del escritor en la página 886.

Las respuestas comienzan en la página 741.

Uso

El uso es un área importante de contenido en la Prueba de GED de Lenguaje y Redacción. Aproximadamente un 30% de las preguntas de selección múltiple estarán basadas en conceptos de uso. Los conceptos de uso consisten en la concordancia entre el sujeto y el verbo; las formas y tiempos verbales, y el uso y concordancia del pronombre. El dominio de las reglas gramaticales y los conceptos de uso lo ayudarán a evitar errores comunes y crear textos efectivos.

Concordancia entre el sujeto y el verbo

Concordancia en número y persona

La concordancia entre el sujeto y el verbo en una oración significa que la conjugación del verbo concuerda con el sujeto en número y persona.

1a persona singular: Yo   **1a persona plural:** Nosotros/Nosotras
2a persona singular: Tú   **2a persona plural:** Ustedes
3a persona singular: Él/Ella   **3a persona plural:** Ellos/Ellas

REGLA 1 El verbo debe concordar con el sujeto en número y persona.

No concuerdan: La Sra. López planifican la fiesta de la compañía cada año.

Concuerdan: La Sra. López planifica la fiesta de la compañía cada año.

El sujeto *La Sra. López* está en tercera persona del singular y, por lo tanto, el verbo *planificar* debe conjugarse como *planifica*.

No concuerdan: Varios voluntarios ayuda en la planificación.
Concuerdan: Varios voluntarios ayudan en la planificación.

El sujeto *voluntarios* está en tercera persona del plural y, por lo tanto, el verbo *ayudar* debe conjugarse como *ayudan*.

REGLA 2 Si el verbo se refiere a varios sujetos (sujeto compuesto) de la misma persona, debe conjugarse en plural. Los sustantivos colectivos (como multitud, gente, familia) generalmente van asociados a un verbo en singular. Un sujeto compuesto con la conjunción *y* requiere un verbo conjugado en plural excepto cuando se trata de una sola cosa. Cuando el verbo va antes de dos sujetos unidos por la conjunción *o*, puede ir en plural o singular.

No concuerdan: Paulina y Raúl conoce muchos juegos divertidos.
Concuerdan: Paulina y Raúl conocen muchos juegos divertidos.

El verbo en plural *conocen* concuerda con el sujeto compuesto.

Frases interrumpidas y orden invertido

Cuando un sujeto está separado del verbo por una palabra o fras[e], difícil decidir cuál es el sujeto. También puede ser difícil encontrar e[l] sujeto cuando éste se encuentra después del verbo.

Para hallar el sujeto de la oración debe preguntarse sobre *qué* o so[bre] *quién* trata la oración. Luego compruebe la concordancia entre el suje[to] el verbo.

REGLA 1 La concordancia debe ser entre el verbo y el sujeto, no entre palabras o frases existentes entre ambos.

No concuerdan: <u>La ruta</u> para llegar a las fiestas patronales son muy fá[cil]
Concuerdan: <u>La ruta</u> ~~para llegar a las fiestas patronales~~ es muy fácil[l]

Si usted no se pregunta acerca de qué trata la oración, podría pensar que el sujeto es la palabra plural *fiestas* y no la palabra singular *ruta*.

REGLA 2 La concordancia entre el sujeto y el verbo también se produce cuando el sujeto está después del verbo.

No concuerdan: <u>Existen</u> <u>un mapa</u> con tres rutas diferentes.
Concuerdan: <u>Existe</u> <u>un mapa</u> con tres rutas diferentes.

Marque con una "X" la oración donde no haya concordancia entre el sujeto y el verbo.

_____ a. Aún hay tres cursos de ciencias de la computación disponibles para este semestre.

_____ b. Los estudiantes del curso de computación aprenden cómo navegar en Internet.

_____ c. El profesor Nadal invitan a sus alumnos a navegar en Internet el primer día de clases.

Usted acertó si escogió la *opción c*. El sujeto de esa oración es *El profesor Nadal*, por lo que el verbo debe ser *invita*, en singular: *El profesor Nadal invita a sus alumnos a navegar en Internet el primer día de clases.*

Casos especiales en la concordancia entre el sujeto y el verbo

REGLA 1 Un sustantivo colectivo representa a un grupo de personas o cosas semejantes, o a una muchedumbre o conjunto: *enjambre, tropa, rebaño, pueblo, mayoría, mitad*. Cuando el sujeto es un sustantivo colectivo que va seguido de una frase nominal en plural, puede llevar un verbo en plural.

Aceptable: <u>El resto</u> de <u>los presentes</u> se <u>quedaron</u> en sus puestos.

Aceptable: <u>La mitad</u> de <u>los empleados</u> <u>trabajan</u> el turno noche.

La falta de concordancia entre el sujeto colectivo y el verbo se puede producir deliberadamente según el sentido de la oración. En los casos anteriores, se alude a la pluralidad de individuos.

REGLA 2 Cuando el sustantivo colectivo va junto al verbo y carece de frase nominal en plural, el verbo debe ir en singular.

Incorrecto: La mayoría fueron por la tarde.

Correcto: La mayoría fue por la tarde.

REGLA 3 Cuando el sustantivo colectivo no sea la parte principal del sujeto, el verbo debe concordar en número y persona con la parte que lo sea.

Incorrecto: Los miembros del equipo llegó tarde.

Correcto: Los miembros del equipo llegaron tarde.

Incorrecto: El equipo llegaron tarde.

Correcto: El equipo llegó tarde.

Marque con u na "X" la oración cuya falta de concordancia entre el sujeto y el verbo sea incorrecta.

_____ a. La muchedumbre se congregaron para ver el concierto.

_____ b. La mayoría de los reptiles ponen huevos.

_____ c. Una infinidad de insectos voladores aparecieron después de las seis.

Usted acertó si escogió la *oración a*. El sustantivo colectivo *muchedumbre* se encuentra junto al verbo y no está separado por una frase nominal en plural, así que la oración es incorrecta. La oración debería ser: *La muchedumbre se congregó para ver el concierto*. Las *oraciones b* y *c* contienen sustantivos colectivos seguidos por frases nominales en plural, por lo que el uso del verbo en plural es aceptable.

Práctica de GED

Las preguntas 1 a 4 se refieren a la siguiente garantía.

Compañía Falcón

(A)

(1) Compañía Falcón garantizan que el tocadiscos Excel está libre de defectos en materiales y mano de obra por un período de un año. (2) Sin embargo, ocasionalmente, puede surgir algún defecto. (3) Si esto ocurre, la compañía, sin exigir pago por concepto de piezas al propietario, tienen la opción de sustituir o reparar el equipo. (4) El cliente, por uso indebido, puedo causar un defecto, mal funcionamiento o fallo, en cuyo caso se anula esta garantía.

(B)

(5) Esta garantía es válida sólo cuando el *Modelo JDS-23* sea devuelto al concesionario de productos Falcón. (6) La garantía cubrimos un período de un año a partir de la fecha de compra del equipo. (7) Para dar fe de la validez de su garantía, usted también debe mostrar una copia del recibo del contrato original.

1. Oración 1: **Compañía Falcón garantizan que el tocadiscos Excel está libre de defectos en materiales y mano de obra por un período de un año.**

   ¿Qué corrección se debe hacer en la oración 1?

   (1) sustituir garantizan por han garantizado
   (2) sustituir garantizan por garantiza
   (3) añadir una coma después de materiales
   (4) añadir una coma después de mano de obra
   (5) no se requiere hacer ninguna corrección

2. Oración 3: **Si esto ocurre, la compañía, sin exigir pago por concepto de piezas al propietario, tienen la opción de sustituir o reparar el equipo.**

   ¿Cuál es la mejor manera de escribir la parte subrayada de la oración? Si la redacción original es la mejor, escoja la opción (1).

   (1) tienen
   (2) teniendo
   (3) tiene
   (4) no tiene
   (5) está teniendo

3. Oración 4: **El cliente, por uso indebido, puedo causar un defecto, mal funcionamiento o fallo, en cuyo caso se anula esta garantía.**

   ¿Qué corrección se debe hacer en la oración 4?

   (1) eliminar la coma después de cliente
   (2) cambiar puedo a pudieran
   (3) cambiar caso a evento
   (4) cambiar puedo a puede
   (5) no se requiere hacer ninguna corrección

4. Oración 6: **La garantía cubrimos un período de un año a partir de la fecha de compra del equipo.**

   ¿Qué corrección se debe hacer en la oración 6?

   (1) sustituir La por Sin embargo, esta
   (2) sustituir cubrimos por cubre
   (3) sustituir cubrimos por cubriendo
   (4) añadir una coma después de año
   (5) no se requiere hacer ninguna corrección

Las respuestas comienzan en la página 742.

Tiempos verbales

Tiempos simples y compuestos

Los verbos cambian para describir cuándo ocurre una acción o cuándo una condición es verdadera. Todo esto se conoce como **tiempos verbales**.

REGLA 1 Use los tiempos simples para acciones o condiciones que usualmente son verdaderas.

- El **presente** expresa que una acción tiene lugar ahora o que la condición es real ahora.
- El **pretérito** expresa que una acción tuvo lugar o que la condición fue verdadera en el pasado.
- El **futuro** expresa que una acción ocurrirá o que la condición será realidad en el futuro.

tiempo verbal
describe cuándo ocurre una acción o cuándo una condición es verdadera

Presente:	El Sr. Gómez <u>aconseja</u> a Paula que solicite otro puesto.
Pretérito:	El <u>trabajó</u> con ella en un proyecto especial el año pasado.
Futuro:	Paula <u>traerá</u> su resumé a la oficina el próximo jueves.

REGLA 2 Use los tiempos perfectos para relaciones de tiempo más complejas en las que se da por finalizada la acción.

- El **pretérito perfecto** expresa una acción que comenzó en el pasado y ya se ha concluido. Use el auxiliar *he, has, han,* etc. con el participio del verbo principal.
- El **pretérito pluscuamperfecto** expresa una acción que se concluyó en el pasado antes de que comenzara otra acción en el pasado. Use *había, habías, habían,* etc. con el participio del verbo principal.
- El **futuro perfecto** expresa una acción futura que comienza y termina antes del comienzo de otra acción futura. Use *habré, habrás, habrán,* etc. con el participio del verbo principal.

Pretérito perfecto:	<u>He enviado</u> su solicitud a la Sra. Dávila.
Pretérito pluscuamperfecto:	María ya <u>había comido</u> cuando yo llegué.
Futuro perfecto:	En agosto ya Paula se <u>habrá graduado</u>.

Marque con una "X" la oración correcta.

_____ a. La conferencia ha terminado antes de que llegáramos.

_____ b. La conferencia había terminado antes de que llegáramos.

Usted acertó si escogió la *opción b.* En esa oración, el pretérito pluscuamperfecto se utiliza correctamente porque describe una acción pasada que concluyó (*la conferencia había terminado*) antes de que comenzara la segunda acción (*llegáramos*).

Uniformidad y secuencia

Los tiempos verbales dentro de una oración o párrafo deben tener uniformidad, o sea, estar todos en pretérito, en pasado, o en futuro (a menos que el significado exija un cambio en el tiempo verbal).

Las claves en una oración o párrafo nos muestran a menudo qué tiempo debe usarse. En ocasiones otros verbos de la oración pueden decirnos qué tiempo es necesario, mientras que en otras es preciso leer todo el párrafo para hallar el tiempo correcto.

REGLA 1 Evite cambios innecesarios en el tiempo verbal dentro de la oración o párrafo.

Inconsistente: El miércoles pasado una compañera se sentó a mi lado y actúa como si jamás me hubiera visto.

Consistente: El miércoles pasado una compañera se sentó a mi lado y actuó como si jamás me hubiera visto.

En la primera oración *El miércoles pasado* indica pretérito, por lo que el verbo *sentó* es correcto. Como la acción en la segunda cláusula ocurre en el mismo tiempo, debería estar también en pretérito: *actuó*.

REGLA 2 En una oración compleja, use el mismo tiempo verbal en cada cláusula, a menos que la acción en la segunda cláusula ocurra en un tiempo diferente.

Incorrecto: Cuando la saludé ella no reacciona.
Correcto: Cuando la saludé ella no reaccionó.

Ambas acciones ocurrieron en pasado, por lo que deben estar en el pretérito. Pero vea este ejemplo:

Incorrecto: Si se comporta así nuevamente, me irrito.
Correcto: Si se comporta así nuevamente, me irritaré.

En la primera oración los verbos *comportar* e *irritar* están en presente. Sin embargo, la acción en la segunda cláusula ocurrirá después de la acción en la primera cláusula, por lo que el verbo *irrito* debe cambiarse al futuro *irritaré*.

Marque con una "X" la oración que contenga un cambio incorrecto de tiempo verbal.

_____ a. Juan necesitaba trabajar así que fue a una agencia de empleo.

_____ b. Juan pidió una solicitud y se sentó a llenarla.

_____ c. Lo entrevistan después que llenó la planilla.

_____ d. Le dijeron que la Sra. Álvarez le informará la próxima semana.

Usted acertó si escogió la *opción c*. Ambas acciones se realizaron en el pasado, por lo cual los verbos deben tener uniformidad: *Lo entrevistaron después de que llenó la planilla.*

Sugerencia

Busque siempre expresiones de tiempo que den claves en torno al tiempo verbal, como *ahora, pasado, próximo, después, durante, mientras, desde*. Las frases también pueden darnos claves. Por ejemplo: *hoy* expresa el tiempo presente; *en 1900* expresa el pretérito; *el año próximo* denota el futuro.

Práctica de GED

Las preguntas 1 a 4 se refieren al siguiente artículo.

Una nueva preocupación para los adolescentes

(A)

(1) Las prioridades de los adolescentes han cambiando en los últimos años. (2) Por supuesto, a muchos jóvenes todavía les preocupan las notas, los amigos, las citas románticas y el trabajo. (3) Últimamente, sin embargo, los jóvenes han hacido suyo un problema nuevo y muy adulto: el miedo a la violencia.

(B)

(4) Una encuesta de un importante periódico y medio televisivo ha indicado que los jóvenes pensando que entre el 15 y el 50 por ciento de los adolescentes llevan armas blancas a la escuela. (5) Un 40 por ciento de los entrevistados temiendo por sus propias vidas. (6) Sin embargo, el 80 por ciento declaró que ningún miembro de su familia fue víctima de violencia en los últimos dos años. (7) Lamentablemente, hablar de sus miedos no es algo que muchos adolescentes hayan hecho con sus padres.

1. Oración 1: **Las prioridades de los adolescentes han cambiando en los últimos años.**

   ¿Cuál es la mejor manera de escribir la parte subrayada de la oración? Si la redacción original es la mejor, escoja la opción (1).

   (1) han cambiando
   (2) ido cambiando
   (3) han cambiado
   (4) cambiando
   (5) cambiado

2. Oración 4: **Una encuesta de un importante periódico y medio televisivo ha indicado que los jóvenes pensando que entre el 15 y el 50 por ciento de los adolescentes llevan armas blancas a la escuela.**

   ¿Qué corrección se debe hacer en la oración 4?

   (1) añadir una coma después de periódico
   (2) cambiar ha indicado por indicando
   (3) añadir han antes de pensando
   (4) cambiar pensando por piensan
   (5) cambiar llevan por llevando

3. Oración 5: **Un 40 por ciento de los entrevistados temiendo por sus propias vidas.**

   ¿Cuál es la mejor manera de escribir la parte subrayada de la oración? Si la redacción original es la mejor, escoja la opción (1).

   (1) temiendo
   (2) temer
   (3) temido
   (4) haber temido
   (5) temen

4. Oración 7: **Lamentablemente, hablar de sus miedos no es algo que muchos adolescentes hayan hecho con sus padres.**

   Si se vuelve a redactar la oración 7 comenzando con

   Lamentablemente, muchos adolescentes

   las próximas palabras serían:

   (1) no habló
   (2) no han hablar
   (3) no hablando
   (4) no han hablado
   (5) no hablado

Las respuestas comienzan en la página 743.

Participipio y gerundio

Los **participios** y **gerundios** son formas derivadas del verbo que funcionan como adjetivos y adverbios respectivamente. Se pueden utilizar con o sin **verbos auxiliares** (verbos que se utilizan para conjugar otros verbos) para formar otros tiempos además del presente, pretérito y futuro.

REGLA 1 Los participios de los verbos regulares tienen las terminaciones -ado(a)(s), ido(a)(s) y se unen primordialmente al verbo auxiliar haber. Cuando acompañan al sustantivo, funcionan como adjetivos.

Participio: Terminadas las lecciones, salimos del salón.
Participio: No ha probado bocado desde esta mañana.
Participio: Es una muchacha estimada por todos.

REGLA 2 Los gerundios se forman agregando las terminaciones -ando o -iendo y se unen primordialmente al verbo auxiliar estar. Cuando modifican al verbo, funcionan como adverbios.

Gerundio: Corriendo así, ganarás la competencia.
Gerundio: Anita está compitiendo en la Carrera del Pavo.
Gerundio: Marco llegó cantando una linda melodía.

REGLA 3 Los verbos auxiliares indican el tiempo y la persona gramatical, mientras que los participios y gerundios no varían.

Participios: hemos cantado, habremos cantado, ha cantado
Gerundios: estarán cantando, estoy cantando, estarías cantando

Marque con una "X" la oración cuya forma verbal sea incorrecta.

_____ a. Se han observado que las personas optimistas viven más.

_____ b. Muchas personas están considerando hacer ejercicio.

Usted acertó si escogió la *opción a*. La oración contiene una forma equivocada del verbo auxiliar *haber*. La oración debería ser: *Se ha observado que las personas optimistas viven más.*

participio
forma derivada del verbo que funciona como adjetivo

gerundio
forma derivada del verbo que funciona como adverbio

verbos auxiliares
verbos que se utilizan para conjugar otros verbos

Formas irregulares del participio

Los participios irregulares no contienen las terminaciones regulares del participio -ado(a)(s), -ido(a)(s).

REGLA 1 Algunos participios irregulares terminan en -cho, -so o -to.

Infinitivo	Participio
decir	dicho
romper	roto
ver	visto
hacer	hecho
volver	vuelto

Infinitivo	Participio
poner	puesto
cubrir	cubierto
abrir	abierto
morir	muerto
escribir	escrito

REGLA 2 Para formar ciertos participios, se puede utilizar tanto la forma regular como la irregular. Fíjese en las distintas terminaciones de los participios irregulares a continuación.

Infinitivo	Participio regular	Participio irregular
convertir	convertido	converso
bendecir	bendecido	bendito
proveer	proveído	provisto
incluir	incluido	incluso
maldecir	maldecido	maldito

Infinitivo	Participio regular	Participio irregular
atender	atendido	atento
confesar	confesado	confeso
elegir	elegido	electo
concluir	concluido	concluso
despertar	despertado	despierto

REGLA 3 En los participios que aceptan ambas formas, la forma regular se utiliza para formar tiempos compuestos.

Participio regular: La oruga se ha convertido en mariposa.
Participio regular: Hemos elegido la directiva del equipo de pelota.

REGLA 4 En los participios que aceptan ambas formas, la forma irregular se utiliza para formar adjetivos.

Participio irregular: Pedro es un muchacho muy atento.
Participio irregular: Astrid fue la candidata electa.

Marque con una "X" la oración donde aparezca una forma verbal incorrecta.

_____ a. La ventana está rompida. Ten cuidado de no cortarte.

_____ b. Le hemos proveído instrucciones detalladas.

Usted acertó si escogió la *opción a*. El verbo *poner* debe llevar el participio irregular: *La ventana está rota. Ten cuidado de no cortarte.*

Práctica de GED

Instrucciones: Elija la respuesta que mejor responda a cada pregunta.

Las preguntas 1 a 5 se refieren a la siguiente carta.

Estimado cliente:

(A)

(1) Gracias por comprar en Casa Puerto. (2) Nos ha complacido ser su fuente de suministro de artículos de calidad para el hogar. (3) Sentimos mucho que se haya demorado su pedido. (4) Estamos esperando que los vendedores nos envíen el producto y se lo enviaremos dentro de los próximos treinta días. (5) En cuanto llegue el producto a nuestros almacenes, procederemos a efectuar el envío.

(B)

(6) Si prefiere cancelar su pedido, esté llamando a nuestro departamento de servicios cuando estime conveniente. (7) No facturaremos a su tarjeta de crédito hasta que hagamos el envío. (8) Apreciaremos su paciencia y esperamos servirle nuevamente.

1. Oración 2: **Nos ha complacido ser su fuente de suministro de artículos de calidad para el hogar.**

   ¿Qué corrección se debe hacer en la oración 2?

   (1) sustituir <u>ha</u> por <u>había</u>
   (2) sustituir <u>ha complacido</u> por <u>complace</u>
   (3) sustituir <u>ser</u> por <u>haber sido</u>
   (4) añadir una coma después de <u>fuente</u>
   (5) no se requiere hacer ninguna corrección

2. Oración 4: **Estamos esperando que los vendedores nos envíen el producto y se lo <u>enviaremos</u> dentro de los próximos treinta días.**

   ¿Cuál es la mejor manera de escribir la parte subrayada de la oración? Si la redacción original es la mejor, escoja la opción (1).

   (1) enviaremos
   (2) habíamos enviado
   (3) estamos enviando
   (4) enviamos
   (5) enviar

3. Oración 5: **En cuanto llegue el producto a nuestros almacenes, procederemos a efectuar el envío.**

   Si se vuelve a redactar la oración 5 comenzando con

   Procederemos a efectuar el envío en cuanto

   la próxima palabra o palabras serían:

   (1) habrá llegado
   (2) estaba llegando
   (3) llegue
   (4) esté llegando
   (5) llegando

4. Oración 6: **Si prefiere cancelar su pedido, esté llamando a nuestro departamento de servicios cuando estime conveniente.**

   ¿Qué corrección se debe hacer en la oración 6?

   (1) sustituir <u>prefiere</u> por <u>estar prefiriendo</u>
   (2) eliminar la coma después de <u>pedido</u>
   (3) sustituir <u>pedido</u> por <u>pedido. Esté</u>
   (4) sustituir <u>esté llamando</u> por <u>llame</u>
   (5) no se requiere hacer ninguna corrección

5. Oración 8: **<u>Apreciaremos</u> su paciencia y esperamos servirle nuevamente.**

   ¿Cuál es la mejor manera de escribir la parte subrayada de la oración? Si la redacción original es la mejor, escoja la opción (1).

   (1) Apreciaremos
   (2) Hemos apreciado
   (3) Estamos apreciando
   (4) Habremos apreciado
   (5) Apreciamos

Pronombres

Pronombres personales

Los **pronombres personales** señalan a las personas gramaticales (yo, ustedes) y el número (singular, plural). Frecuentemente van delante de un verbo y no suelen acompañar a los nombres.

Pronombres personales		
Persona	**Singular**	**Plural**
Primera	yo, mí, me, conmigo	nosotros, nosotras, nos
Segunda	tú, usted, ti, te, contigo	ustedes, vosotros, vosotras, os
Tercera	él, ella, ello, sí, consigo, le, lo, la, se	ellos, ellas, sí, consigo, les, los, las, se

pronombre personal señala a las personas gramaticales (yo, ustedes), frecuentemente va delante de un verbo y no suele acompañar a los nombres

REGLA 1 Los pronombres personales *yo, nosotros, nosotras, tú, usted, ustedes, vosotros, vosotras, él, ella, ellos* y *ellas* funcionan como sujetos en la oración.

Sujeto: Ella redactó una composición espléndida.

REGLA 2 En ocasiones el pronombre personal se omite y se refleja en el verbo.

Implícito: <u>Disfruto</u> de una buena conversación. (Yo)

REGLA 3 Los pronombres personales deben concordar en género y número con el sustantivo que sustituye.

Incorrecto: Perdió un botón. La costurera las cosió.
Correcto: Perdió un botón. La costurera lo cosió.

Marque con una "X" la oración que use correctamente el pronombre personal.

_____ a. Ana no tiene con quien dejar la mascota. Me pidió que les cuidara por una semana.

_____ b. Ana no tiene con quien dejar la mascota. Me pidió que la cuidara por una semana.

Usted acertó si escogió la *opción b*, porque la es la sustitución correcta de *la mascota* ya que la mascota es femenino y singular (*ella*) y les es un pronombre plural.

Sugerencia

Para saber si un pronombre se puede omitir, "escuche" a ver cómo "suena" la oración con o sin él. Por ejemplo, determine cuál de los siguientes suena mejor: *Creo que yo voy al cine o Creo que voy al cine. Creo que voy al cine* suena mejor. En este caso, el *yo* no es imprescindible para saber de quién se habla.

Pronombres posesivos

Los **pronombres posesivos** expresan pertenencia. Al igual que los personales, los posesivos indican la persona gramatical, el género y el número.

antecedente
sustantivo al cual sustituye el pronombre posesivo

Pronombres posesivos		
Persona	**Singular**	**Plural**
Primera	mío(a), nuestro(a)	míos(as), nuestros(as)
Segunda	tuyo(a), vuestro(a)	tuyos(as), vuestros(as)
Tercera	suyo(a)	suyos(as)

Posesión: Los problemas de mi familia también son míos.

Concordancia con los antecedentes

El sustantivo al cual sustituye el pronombre posesivo es su antecedente. El pronombre posesivo debe concordar con su antecedente.

REGLA 1 El pronombre posesivo debe concordar con su **antecedente** en **número** (singular o plural).

Antecedente: Este <u>carro</u> es económico.
Pronombre posesivo: El <u>tuyo</u> no lo es.

Antecedente: Estos <u>pantalones</u> están pasados de moda.
Pronombre posesivo: Los <u>tuyos</u> no lo están.

REGLA 2 El pronombre posesivo debe concordar con su antecedente en **género** (masculino, femenino).

Antecedente: Las **compañeras** de clase de Maritza son simpáticas.
Pronombre posesivo: Las **mías**, no tanto.

REGLA 3 El pronombre posesivo debe concordar con su antecedente en **persona** (primera, segunda, tercera).

Antecedente: <u>Martín y yo</u> pertenecemos al mismo equipo de fútbol.
Pronombre posesivo: <u>Nuestro</u> equipo es excelente.

Sugerencia

Para determinar el pronombre que debe usar en una oración, busque su antecedente. Luego identifique la persona, el género y el número, y elija un pronombre que concuerde con el antecedente en los tres aspectos.

Marque con una "X" la oración correcta.

_____ a. Karen y María trajeron los materiales. Delia dejó los suyos.

_____ b. Víctor compró una casa nueva. El mío es usado.

Usted acertó si escogió la *opción a*. El posesivo se refiere a *los materiales* de Karen y María, por lo que se debe utilizar la tercera persona en plural y masculina. En la *opción b*, *casa* es femenino y *mío* es masculino, así que no hay concordancia.

Mutaciones en los pronombres y referencias claras

Una **mutación en los pronombres** se produce cuando la persona o número de un pronombre cambia de manera incorrecta dentro de una oración o párrafo.

REGLA 1 Evite las mutaciones en persona o número del pronombre, incluso del implícito.

Incorrecto: Cuando <u>ellos</u> escuchen la sirena, <u>deberás</u> hacerse a un lado.

Correcto: Cuando <u>ellos</u> escuchen la sirena, <u>deberán</u> hacerse a un lado.

En la primera oración hay una mutación pues *ellos* está en tercera persona plural, y el pronombre implícito contenido en el verbo *deberás* está en segunda persona singular.

Incorrecto: Sonia lo llamó hace una semana, y ellos ni siquiera respondieron su mensaje.

Correcto: Sonia los llamó hace una semana, y ellos ni siquiera respondieron su mensaje.

En la primera oración hay una mutación pues *lo es* singular y *ellos*, plural.

Un **antecedente confuso** implica que el lector no podrá determinar correctamente el antecedente de un pronombre.

REGLA 2 Cuando haya más de un antecedente posible, sea claro en el uso del pronombre para evitar confusión.

Confuso: Los valerosos bomberos salvaron a los que estaban atrapados en el quinto piso. Ellos se sintieron muy aliviados.

El lector no sabe a ciencia cierta si *Ellos* se refiere a *bomberos* o a *los que estaban atrapados*.

Claro: Los valerosos bomberos salvaron a los que estaban atrapados en el quinto piso. <u>Los bomberos</u> se sintieron muy aliviados.

REGLA 3 Evite los pronombres ambiguos que no tengan antecedentes.

Ambiguo: Bernardo quiere pertenecer al Departamento de Prevención de Incendios porque ellos son héroes de la comunidad.

El pronombre *ellos* no tiene antecedente.

Claro: Bernardo quiere pertenecer al Departamento de Prevención de Incendios porque los bomberos son héroes de la comunidad.

Subraye dos problemas con los pronombres en estas oraciones.

Yo uso un pase mensual para tomar el ómnibus. Ellos dicen que los pases resuelven muchos problemas para quienes usan el transporte público. Algunas compañías compran pases con descuento para sus empleados. Esos pases también les son mucho más económicos.

Usted acertó si escogió *Ellos* en la segunda oración (no tiene antecedente), y les en la última oración (no se sabe si sustituye a *compañías* o a *empleados*).

Práctica de GED

Las preguntas 1 a 4 se refieren al siguiente párrafo:

Para evitar la enfermedad de Lyme

(A)

(1) En verano debemos tomar precauciones para detectar cualquier síntoma de la Enfermedad de Lyme, que puede consistir en intoxicación de la piel o señales de resfriado. (2) La enfermedad, que se ha transformado en un preocupante problema, es provocada por la picada de una garrapata que vive en la piel de los ciervos o venados.

(B)

(3) Hay algunas cosas que puede hacer para evitarla. (4) Cuando camine por un sitio con vegetación alta, en bosques o en playas, use pantalones largos. (5) Dice que debe introducir el ruedo de los pantalones en la parte superior de las medias. (6) Si su ropa es de colores claros, podrá detectar y eliminarlas antes de que tengan oportunidad de picarle.

(C)

(7) También debe colocarle collares contra garrapatas a sus mascotas (tanto a los perros como a los gatos). (8) Son muy importantes durante la temporada de la garrapata, que se extiende usualmente entre mayo y septiembre.

1. Oración 3: **Hay algunas cosas que puede hacer para evitarla.**

   ¿Qué corrección se debe hacer en la oración 3?

   (1) sustituir Hay por Tenemos
   (2) sustituir puede por podemos
   (3) sustituir cosas por procedimientos
   (4) sustituir evitarla por evitar la enfermedad
   (5) no se requiere hacer ninguna corrección

Sugerencia

Lea el párrafo completo cuando decide qué pronombre es correcto en una Prueba de GED.

---

2. Oración 5: **Dice que debe introducir el ruedo de los pantalones en la parte superior de las medias.**

   ¿Cuál es la mejor manera de escribir la parte subrayada de la oración? Si la redacción original es la mejor, escoja la opción (1).

   (1) Dice que debe introducir
   (2) Usted debe introducir
   (3) Hay quien aconseja introducir
   (4) Siempre introducimos
   (5) Todos deben introducir

3. Oración 6. **Si su ropa es de colores claros, podrá detectar y eliminarlas antes de que tengan oportunidad de picarle.**

   ¿Qué corrección se debe hacer en la oración 6?

   (1) sustituir si su ropa por si nuestra ropa
   (2) eliminar la coma después de claros
   (3) añadir una coma después de eliminarlas
   (4) sustituir eliminarlas por eliminar las garrapatas
   (5) sustituir tengan por ellas tengan

4. Oración 8: **Son muy importantes durante la temporada de la garrapata, que se extiende usualmente entre mayo y septiembre.**

   ¿Qué corrección se debe hacer en la oración 8?

   (1) sustituir Son por Los collares son
   (2) sustituir temporada de la garrapata por esta
   (3) sustituir garrapata, que se por garrapata. Que se
   (4) sustituir extiende por dura
   (5) no se requiere hacer ninguna corrección

Las respuestas comienzan en la página 743.

Instrucciones: Elija la respuesta que mejor responda a cada pregunta.

Las preguntas 1 a 4 se refieren a la siguiente carta.

Servicios de Entrega San Pedrito
Parque Industrial #304
Calle Constancia
Morovis, Puerto Rico

Estimado Sr. Alvarado:

(A)

(1) Por favor acepte mi solicitud para el puesto de chofer de camioneta anunciado en el periódico *La Noticia*. (2) Conducido autos por más de cuatro años y hace seis meses que obtuve la licencia D de chofer. (3) En su anuncio se menciona que necesita un chofer para sus oficinas de Parque Industrial. (4) Estoy familiarizado con el área porque creciendo en esa zona.

(B)

(5) También tengo una considerable experiencia laboral. (6) Conduciendo una camioneta de repartos de la empresa Buenos Precios durante dos años. (7) Desde mayo, también me estoy desempeñado como chofer sustituto en la agencia Servicio Automovilístico.

(C)

(8) Agradeceré que me considere para el puesto. (9) Estaré en espera de su respuesta.

Queda de usted,
José Luis González

1. Oración 2: **Conducido autos por más de cuatro años y hace seis meses que obtuve la licencia D de chofer.**

   ¿Qué corrección se debe hacer en la oración 2?

   (1) cambiar <u>conducido</u> por <u>conduciendo</u>
   (2) cambiar conducido por <u>conducí</u>
   (3) añadir una coma después de <u>autos</u>
   (4) añadir <u>He</u> antes de <u>conducido</u>
   (5) cambiar <u>obtuve</u> por <u>obtení</u>

2. Oración 4: **Estoy familiarizado con el área porque creciendo en esa zona.**

   ¿Qué corrección se debe hacer en la oración 4?

   (1) cambiar <u>Estoy</u> por <u>Soy</u>
   (2) cambiar <u>familiarizado</u> por <u>familiarizando</u>
   (3) cambiar <u>creciendo</u> por <u>crecido</u>
   (4) cambiar <u>creciendo</u> por <u>crecí</u>
   (5) añadir <u>he</u> antes de <u>creciendo</u>

3. Oración 6: **<u>Conduciendo</u> una camioneta de repartos de la empresa Buenos Precios durante dos años.**

   ¿Cuál es la mejor manera de escribir la parte subrayada de la oración? Si la redacción original es la mejor, escoja la opción (1).

   (1) Conduciendo
   (2) He conducido
   (3) Conducí
   (4) He conduciendo
   (5) Conducido

4. Oración 7: **Desde mayo, también me <u>estoy desempeñando</u> como chofer sustituto de la agencia Servicio Automovilístico.**

   ¿Cuál es la mejor manera de escribir la parte subrayada de la oración? Si la redacción original es la mejor, escoja la opción (1).

   (1) estoy desempeñando
   (2) desempeñado
   (3) desempeñando
   (4) desempeñada
   (5) está desempeñando

Las preguntas 5 a 9 se refieren al siguiente memorándum.

Memorándum
A: todos los empleados
De: Gonzalo Menéndez
RE: Transporte colectivo

(1) Recientemente Ricardo Torres nos informó a mi equipo de trabajo y a yo que el 76 por ciento de los trabajadores de la compañía conduce al centro de trabajo individualmente. (2) Me preocupa que este porcentaje sea tan alto. (3) Necesitamos estimular que algunos compañeros se ofrezcan a traer a otros al trabajo en sus automóviles. (4) Por ejemplo, Ricardo y mí nos dimos cuenta de que ambos pasamos por la calle Magnolia todos los días. (5) El lunes próximo vendremos juntos. (6) Ya Carolina Marín se ofreció a organizarlos en su departamento. (7) Si le interesa organizar algo similar en su departamento o anotarse para un transporte colectivo, debe darle su nombre y teléfono a Ricardo. (8) Él me la dará a mí, y yo la compilaré, y les daré los resultados.

5. Oración 1: **Recientemente Ricardo Torres nos informó a mi equipo de trabajo y a yo que el 76 por ciento de los trabajadores de la compañía conduce al centro de trabajo individualmente.**

   ¿Qué corrección se debe hacer en la oración 1?

   (1) añadir él después de Ricardo Torres
   (2) sustituir yo por mí
   (3) sustituir conduce por condujo
   (4) sustituir conduce por conducirá
   (5) no se requiere hacer ninguna corrección

6. Oración 4: **Por ejemplo, Ricardo y mí nos dimos cuenta de que ambos pasamos por la calle Magnolia todos los días.**

   ¿Cuál es la mejor manera de escribir la parte subrayada de la oración? Si la redacción original es la mejor, escoja la alternativa (1).

   (1) Ricardo y mí
   (2) mí y Ricardo
   (3) él y yo
   (4) yo y él
   (5) Ricardo y yo

7. Oración 6: **Ya Carolina Marín se ofreció a organizarlos en su departamento.**

   ¿Qué corrección se debe hacer en la oración 6?

   (1) sustituir Carolina Marín por mí
   (2) añadir ella después de Marín
   (3) sustituir ofreció por está ofreciendo
   (4) sustituir organizarlos por organizar el transporte colectivo
   (5) sustituir su por sus

8. Oración 7: **Si le interesa organizar algo similar en su departamento o anotarse para un transporte colectivo, debe darle su nombre y teléfono a Ricardo.**

   ¿Qué corrección se debe hacer en la oración 7?

   (1) sustituir le interesa por se interesa
   (2) añadir anotarse por anotarlo
   (3) añadir una coma después de anotarse
   (4) eliminar la coma después de transporte conjunto
   (5) no se requiere hacer ninguna corrección

9. Oración 8: **El me la dará a mí, y yo la compilaré, y les daré en breve los resultados.**

   ¿Qué palabras incluiría el mejor cambio a la oración 8?

   (1) a mí, compilándola y entregándola
   (2) El compilará y yo compilaré toda la información
   (3) me dará la información, y yo la compilaré
   (4) de manera que yo pueda compilar la información
   (5) compilar la información, y les daré

Las preguntas 10 a 14 se refieren al siguiente párrafo:

Cuidado de las plantas en casa

(1) A continuación le damos unos consejos para cuidar de sus plantas en caso de que usted vayamos a estar fuera de la casa por varios días. (2) Primeramente, no se preocupe por la fertilización. (3) Las plantas caseras, desde la violeta africana hasta el geranio, puede vivir varios meses sin fertilizante. (4) Por otra parte, ninguna planta pueden sobrevivir sin agua. (5) Para simplificar el riego, coloque las plantas en una bañera que reciba luz solar desde una ventana. (6) Pero antes, proteja la bañera con varias capas de papel para evitar que se dañen. (7) Luego coloque ladrillos sobre el papel, y las plantas sobre éstos. (8) Finalmente, llene de agua la bañera hasta que cubra los ladrillos, no los tiestos. (9) Así las raíces pueden absorber el agua por los orificios en el fondo de los tiestos.

10. Oración 1: **A continuación le damos unos consejos para cuidar de sus plantas en caso de que usted vayamos a estar fuera de la casa por varios días.**

¿Qué corrección se debe hacer en la oración 1?

(1) sustituir <u>damos</u> por <u>doy</u>
(2) sustituir <u>vayamos</u> por <u>vaya</u>
(3) añadir una coma después de <u>consejos</u>
(4) sustituir <u>cuidar</u> por <u>cuida</u>
(5) añadir una coma después de <u>fuera</u>

11. Oración 3: **Las plantas caseras, desde la violeta africana hasta el geranio, puede vivir varios meses sin fertilizante.**

¿Qué corrección se debe hacer en la oración 3?

(1) añadir una coma después de <u>violeta</u>
(2) añadir una coma después de vivir
(3) sustituir <u>caseras</u> por <u>casera</u>
(4) sustituir <u>puede</u> por <u>pueden</u>
(5) no se requiere hacer ninguna corrección

12. Oración 4: **Por otra parte, ninguna planta pueden sobrevivir sin agua.**

¿Qué corrección se debe hacer en la oración 4?

(1) sustituir <u>Por otra parte, ninguna</u> por <u>No hay</u>
(2) sustituir <u>ninguna planta</u> por <u>nada</u>
(3) sustituir <u>pueden</u> por <u>puede</u>
(4) sustituir <u>sobrevivir</u> por <u>vivir</u>
(5) no se requiere hacer ninguna corrección

13. Oración 6: **Pero antes, proteja la bañera con varias capas de papel para evitar que se <u>dañen</u>.**

¿Cuál es la mejor manera de escribir la parte subrayada de la oración? Si la redacción original es la mejor, escoja la opción (1).

(1) dañen
(2) dañe
(3) daña
(4) se están dañando
(5) se dañó

14. Oración 8: **Finalmente, llene de agua la bañera hasta que cubra los ladrillos, no los tiestos.**

Si se vuelve a redactar la oración 8 comenzando con

<u>Finalmente, llene la bañera hasta que los ladrillos, y no los tiestos</u>

las próximas palabras serían:

(1) esté cubierto
(2) estén cubiertos
(3) cubiertos
(4) cubriendo
(5) estén cubierto

Las preguntas 15 a 18 se refieren al siguiente artículo.

Productos agrícolas sanos

(A)

(1) Los consumidores sabían desde hace muchos años que los cultivadores tratan las plantaciones con pesticidas y otras sustancias químicas. (2) Por ejemplo, hace varios años los consumidores expresan su descontento cuando se enteraron de que se estaba utilizando una sustancia química llamada Alar en manzanas y uvas para que aumentaran de tamaño y tuvieran mejor color. (3) El problema, entonces y ahora, es que los consumidores a menudo eligieron productos agrícolas con una apariencia excelente. (4) Dicha conducta del consumidor sólo contribuye a que los cultivadores utilicen sustancias químicas para hacer más atractivas las frutas y los vegetales.

(B)

(5) No obstante, el "asunto Alar" hizo que muchos consumidores recurrieran a mercados de productos orgánicos y mercados agrícolas. (6) En la medida en que crezca la demanda de productos libres de pesticidas, los productores se enfocan más en métodos de cultivo orgánico. (7) Por su parte, otros podrían adoptar métodos de ingeniería genética de frutas y vegetales, lo cual provocaría a su vez otras discusiones sobre temas de seguridad.

15. Oración 1: **Los consumidores sabían desde hace muchos años que los cultivadores tratan las plantaciones con pesticidas y otras sustancias químicas.**

¿Cuál es la mejor manera de escribir la parte subrayada de la oración? Si la redacción original es la mejor, escoja la opción (1)

(1) sabían
(2) supieron
(3) sabieron
(4) sabrán
(5) saben

16. Oración 2: **Por ejemplo, hace varios años los consumidores expresan su descontento cuando se enteraron de que se estaba utilizando una sustancia química llamada Alar en manzanas y uvas para que aumentaran de tamaño y tuvieran mejor color.**

¿Qué corrección se debe hacer en la oración 2?

(1) eliminar la coma después de ejemplo
(2) sustituir expresan por expresaron
(3) añadir una coma después de descontento
(4) sustituir expresan por habrán expresado
(5) no se requiere hacer ninguna corrección

17. Oración 3: **El problema, entonces y ahora, es que los consumidores a menudo eligieron productos agrícolas con una apariencia excelente.**

¿Cuál es la mejor manera de escribir la parte subrayada de la oración? Si la redacción original es la mejor, escoja la opción (1).

(1) eligieron
(2) habían elegido
(3) han elegido
(4) eligen
(5) estarán eligiendo

18. Oración 6: **En la medida en que crezca la demanda de productos libres de pesticidas, los productores se enfocan más en métodos de cultivo orgánico.**

Si se vuelve a redactar la oración 6 comenzando con

En la medida en que crezca la demanda de productos libres de pesticidas, más productores

la próxima palabra o palabras serían

(1) estarán enfocándose
(2) se habrán enfocado
(3) se enfocarán
(4) se están enfocando
(5) se enfocando

Sugerencia

Para más información sobre el Uso, vea la Lista del escritor en la página 887.

Las respuestas comienzan en la página 744.

Mecánica

La mecánica es un contenido importante en la Prueba de Lenguaje y Redacción de GED. Cerca de un 25 por ciento de las preguntas de selección múltiple estarán basadas en estos temas. Los conceptos de mecánica consisten en el uso de las mayúsculas, la puntuación y la ortografía. La redacción ortográficamente correcta (o sea, con el uso de las mayúsculas, puntuación y ortografía adecuados) da siempre una mejor impresión que un texto con errores.

Mayúsculas

Cuándo se deben usar las mayúsculas

Probablemente ya sabe que la primera palabra en una oración o en un párrafo después de un punto final siempre comienza con mayúscula. Las siguientes reglas le ayudarán a determinar cuándo usar mayúsculas en otros casos.

nombre propio
palabra que define una persona, lugar o cosa específicos

REGLA 1 Se escriben con mayúsculas todos los **nombres propios**, como los nombres de personas, lugares o cosas específicos.

> En 1951 William Boyle inventó la tarjeta de crédito.
> Vivía en la calle Independencia en San José.
> Este intérprete trabajaba en la Organización de las Naciones Unidas.
> La Tierra se encuentra en el Sistema Solar.

REGLA 2 Se escriben con mayúsculas los títulos de dignidad cuando se refieren a una persona específica, pero no van acompañados del nombre de la persona, así como las abreviaturas de las fórmulas de tratamiento.

> Todos se pusieron de pie para saludar al Presidente.
> La Sra. Bermúdez solicitó un crédito bancario para pagar una deuda.

REGLA 3 Se escriben con mayúsculas los días festivos y los nombres de edades y épocas históricas.

> El Día de Acción de Gracias es una buena oportunidad para reunirse en familia.
> Los dinosaurios vivieron en el período Jurásico.
> La Edad Media fue una época de oscurantismo.

Marque con una "X" la oración que contenga un error en el uso de las mayúsculas.

_____ a. El Sistema Solar cuenta con nueve planetas y una estrella.

_____ b. El sol es la estrella que permite que exista la vida en nuestro planeta.

Usted acertó si escogió la _opción b_. El nombre propio sol debe iniciarse con mayúscula.

Cuándo no se deben usar las mayúsculas

Muchos escritores usan excesivamente las mayúsculas, o sea, ponen mayúsculas donde no debe haberlas. Es necesario aprender a evitar las mayúsculas innecesarias.

REGLA 1 Los días de la semana, los meses del año y los nombres de las estaciones no se escriben con mayúscula.

Incorrecto: Alicia vendrá a almorzar con nosotros el Jueves.
Correcto: Alicia vendrá a almorzar con nosotros el jueves.

Incorrecto: En el trópico, el Otoño y el Invierno son más cálidos.
Correcto: En el trópico, el otoño y el invierno son más cálidos.

REGLA 2 Los títulos de dignidad no se escriben con mayúscula cuando van seguidos del nombre de la persona o cuando se emplean en sentido genérico.

Incorrecto: El Presidente Bush asistió a la reunión.
Correcto: El presidente Bush asistió a la reunión.

Incorrecto: La Senadora Valdés nos acompañará.
Correcto: La senadora Valdés nos acompañará.
Correcto: El puesto de Senadora conlleva muchas responsabilidades.

REGLA 3 Los nombres de cursos de estudio de escuela superior o universidad llevan mayúscula, pero no el tema genérico.

Incorrecto: Estoy tomando un curso de Botánica.
Correcto: Estoy tomando un curso de botánica.
Correcto: Estoy tomando Botánica 102.

REGLA 4 Los gentilicios se escriben siempre con minúscula, incluso cuando forman parte del nombre de un suceso histórico.

Incorrecto: La tía de Felipe es Mexicana.
Correcto: La tía de Felipe es mexicana.
Correcto: Vimos un programa sobre la Revolución mexicana.

REGLA 5 Las características geográficas, como mar, río, monte, etc. no se escriben con mayúscula. Sólo se escribe con mayúscula el nombre del mar, río, monte, etc., excepto cuando la característica geográfica forma parte del nombre del lugar.

Incorrecto: El Río Bravo divide a Estados Unidos y México.
Correcto: El río Bravo divide a Estados Unidos y México.
Correcto: El año próximo visitaremos los Grandes Lagos.

Marque con una "X" la oración que contenga un error en el uso de las mayúsculas.

_____ a. José llevó el curso Matemáticas I este verano.

_____ b. Gilberto ha viajado por todas las islas del Mar Caribe.

Usted acertó si escogió la *opción b*. La palabra mar no se debe escribir con mayúscula.

Sugerencia

En ciertos casos, cuando una abreviatura va con mayúsculas, el término que representa también va con mayúsculas (S.M. Su Majestad; R.D. Real Decreto), pero en muchos otros casos, no es así (Sra., señora; Lic., licenciado).

Práctica de GED

Elija la respuesta que mejor responda a cada pregunta.

Las preguntas 1 a 4 se refieren a los párrafos siguientes.

De regalos a jardines

(A)

(1) Muchas personas se deshacen de las plantas de lirio que reciben el día de la madre poco después de que se marchitan las flores. (2) Sin embargo, la fundación Nacional del Lirio afirma que si se cuidan y se plantan en el jardín, los lirios se recuperan y florecen al año siguiente.

(B)

(3) En Puerto Rico, los lirios se pueden sembrar en cualquier época del año. (4) Es común sembrarlos en los meses de Mayo a Junio. (5) Saque el bulbo[1] del tiesto, dejando las hojas y los tallos porque éstos suministran alimento a la planta. (6) Siembre el bulbo a unas ocho pulgadas de profundidad y fertilícelo una vez al mes. (7) A finales del Verano, cuando las hojas estén muertas, vuelva a podar la planta y cúbrala con agujas de pino o mantillo. (8) Así, su lirio florecerá por muchos años.

[1]**bulbo: porción de una planta, generalmente subterránea**

1. Oración 1: **Muchas personas se deshacen de las plantas de lirio que reciben el día de la madre poco después de que se marchitan las flores.**

   ¿Qué corrección se debe hacer en la oración 1?

   (1) sustituir deshacen por deshicieron
   (2) sustituir lirio por Lirio
   (3) añadir una coma después de lirios
   (4) sustituir día de la madre por Día de la Madre
   (5) añadir una coma después de Muchas personas

Sugerencia

Los nombres de muchos días feriados consisten en más de una palabra. Es necesario escribir con mayúscula la letra inicial de todas las palabras relevantes (los artículos, preposiciones, y conjunciones se escriben con minúscula).

---

2. Oración 2: **Sin embargo, la fundación Nacional del Lirio afirma que si se cuidan y se plantan en el jardín, los lirios se recuperan y florecen al año siguiente.**

   ¿Qué corrección se debe hacer en la oración 2?

   (1) sustituir Nacional del Lirio por nacional del lirio
   (2) sustituir fundación por Fundación
   (3) sustituir afirma por afirman
   (4) sustituir los lirios por ellos
   (5) sustituir florecen por floreciendo

3. Oración 4: **Es común sembrarlos en los meses de Mayo a Junio.**

   ¿Qué corrección se debe hacer en la oración 4?

   (1) sustituir meses por Meses
   (2) sustituir sembrarlos por sembrándolos
   (3) colocar una coma después de sembrarlos
   (4) sustituir Mayo a Junio por Mayo y Junio
   (5) sustituir Mayo a Junio por mayo a junio

4. Oración 7: **A finales del Verano, cuando las hojas estén muertas, vuelva a podar la planta y cúbrala con agujas de pino o mantillo.**

   ¿Qué corrección se debe hacer en la oración 7?

   (1) sustituir Verano por verano
   (2) eliminar la coma después de muertas
   (3) sustituir muertas, vuelva por muertas. Vuelva
   (4) sustituir pino por Pino
   (5) no se requiere hacer ninguna corrección

Las respuestas comienzan en la página 745.

Comas

Elementos de una serie y oraciones compuestas

La coma es una guía para el lector. Nos indica cuándo debe hacerse una separación en la oración o cuáles elementos necesitan separarse de forma que tengan sentido. El aprendizaje de las reglas para el uso de las comas le ayudará a leer y redactar mejor.

REGLA 1 Use las comas para separar los elementos de una serie (una lista de tres o más). Los elementos de una serie pueden ser palabras o frases.

Correcto: En la fiesta de recaudación benéfica se venderán <u>bizcochos, pasteles y galletas.</u> Varios comités han ayudado con <u>la publicidad, las donaciones y la decoración de los puestos.</u>

No se usan comas cuando hay sólo dos componentes. Tampoco se escribe coma delante de las conjunciones *y, e, o, u* para separar elementos que expresen un mismo contenido.

Correcto: ¿Tomas <u>café, té o refresco</u>? ¿Lo prefieres con <u>cafeína o descafeinado</u>?

REGLA 2 Separe las oraciones compuestas con una coma y una conjunción coordinante. Recuerde que algunas conjunciones coordinantes son: *y, pero, o, ni, pues, así, así que, sin embargo, ya que* y *no obstante.*

Correcto: Encontraron muchas <u>parchas, pero</u> algunas estaban partidas.

REGLA 3 Escriba coma delante de *y, e, o, u* para separar una enumeración cuyo último elemento exprese un contenido distinto al de los elementos anteriores.

Correcto: Cerraron las cortinas herméticamente, apagaron todas las luces de la casa<u>, y</u> permanecieron callados.

REGLA 4 Una conjunción va precedida de una coma cuando se enlaza con todos los elementos de una serie, y no sólo con el último elemento.

Correcto: Alina compró azúcar, harina y huevos<u>, y</u> se dirigió a su casa.

Marque con una "X" la oración que contenga un error en el uso de la coma.

_____ a. Los nuevos billetes vienen en denominaciones de uno, diez, cinco y diez dólares.

_____ b. Algunas máquinas expendedoras nuevas contienen panecillos café y frutas frescas.

Usted acertó si escogió la *opción b,* porque la serie necesita una coma: *Algunas máquinas expendedoras nuevas contienen panecillos, café y frutas frescas.*

Sugerencia

El uso de la coma antes de la conjunción depende de la naturaleza de los elementos de la oración. Sin embargo, es necesario usar comas en el resto de la serie.

Sugerencia

No use la coma en un sujeto compuesto por dos elementos ni cuando haya dos verbos en un predicado compuesto: *María y Tomás fueron de pesca. Elisa comió y bebió como nunca.*

Elementos de introducción y aposiciones

Las palabras y frases que introducen o interrumpen la idea principal de una oración se separan usualmente del resto de la misma por medio de comas.

REGLA 1 Use la coma para separar elementos de introducción (palabras o frases al inicio de una oración) del resto de la misma.

<u>No,</u> el banco estará cerrado el Día de la Independencia.
<u>Como resultado de los gastos excesivos,</u> los fondos de Rolando han mermado.

REGLA 2 Use coma después de una cláusula dependiente ubicada al inicio de una oración. Recuerde que una cláusula dependiente contiene un sujeto y un verbo, pero no está completa y no puede existir por sí misma. Ésta comienza con una conjunción subordinada como *antes* o *si*.

<u>Cuando le llegaron todas las cuentas,</u> se sintió abrumado.

Pero: Se sintió abrumado cuando le llegaron todas las cuentas.

Una **aposición** es una frase nominal que explica o describe más detalladamente otro sustantivo o pronombre. Si la aposición se necesita para identificar el sustantivo o el pronombre, es esencial, y se le llama aposición especificativa. Si la aposición sólo añade información, pero no es necesaria a la hora de identificar el sustantivo o pronombre, entonces no es esencial, y se le llama aposición explicativa.

REGLA 3 Use comas para separar una aposición explicativa del resto de la oración. No use comas en las aposiciones especificativas.

Explicativa: Rolando<u>, mi amigo,</u> tiene 13 tarjetas de crédito.
Especificativa: Rolando está leyendo el libro de la biblioteca *Diez formas para salir de las deudas.*

Un **enlace** es una palabra o frase que no añade nada esencial al significado de una oración. Muchos enlaces son adverbios y otros modificadores oracionales. Algunos de los enlaces más utilizados son: *finalmente, por ejemplo, en cambio, sin embargo* y *por otro lado.*

REGLA 4 Use comas para separar los enlaces.

Rey<u>, en cambio,</u> nunca coleccionó cartas de pelota.

Marque con una "X" la oración que use correctamente las comas.

_____ a. Además de las destrezas, la apariencia es importante en una entrevista.

_____ b. Mi consejera laboral, Delia Ramírez me ayudó a elegir un vestuario adecuado para la entrevista.

Usted acertó si escogió la *opción a. Además de las habilidades* es una frase introductoria que debe ser seguida de una coma. En la opción b se necesita una segunda coma después de la aposición explicativa *Delia Ramírez.*

---

aposición
frase nominal que explica o describe más detalladamente otro sustantivo o pronombre

enlace
una palabra o frase que no añade nada esencial al significado de una oración

Práctica de GED

Elija la respuesta que mejor responda a cada pregunta.

Las preguntas 1 a 4 se refieren al siguiente memorándum:

Memorándum

A: Todo el personal
FECHA: 12 de septiembre de 2002
RE: Apertura del deli

(A)

(1) El viernes sábado y domingo próximos, el Supermercado Cuatro Esquinas realizará una venta especial para presentar nuestro nuevo departamento de deli. (2) Se llevarán a cabo demostraciones culinarias para los clientes. (3) Todos los sándwiches, sopas y ensaladas estarán a mitad de precio. (4) Además se servirán muestras de nuestro delicioso jamón ahumado, carne asada y ensalada de atún en todo el supermercado.

(B)

(5) Antes de la actividad, usted tendrá la oportunidad de conocer a los empleados del nuevo departamento. (6) Silvia Márquez la gerente del deli, espera aumentar las ventas del supermercado entre un 50 y un 75 por ciento durante el evento especial. (7) Usted nos puede ayudar invitando a sus amigos, y familiares a que visiten nuestro nuevo departamento.

1. Oración 1: **El viernes sábado y domingo próximos,** el Supermercado Cuatro Esquinas realizará una venta especial para presentar nuestro nuevo departamento de deli.

¿Cuál es la mejor manera de escribir la parte subrayada del texto? Si la redacción original es la mejor, escoja la opción (1).

(1) El viernes sábado y domingo próximos,
(2) El viernes sábado, y domingo próximos,
(3) El viernes, y sábado y domingo próximos
(4) El viernes, sábado, y domingo próximos
(5) El viernes, sábado y domingo próximos,

2. Oración 4: **Además se servirán muestras de nuestro delicioso jamón ahumado, carne asada y ensalada de atún en todo el supermercado.**

¿Qué corrección se debe hacer en la oración 4?

(1) añadir una coma después de Además
(2) eliminar la coma después de ahumado
(3) añadir una coma después de ensalada
(4) sustituir se servirán por se sirvieron
(5) no se requiere hacer ninguna corrección

3. Oración 6: **Silvia Márquez la gerente del deli, espera aumentar las ventas del supermercado entre un 50 y un 75 por ciento durante el evento especial.**

¿Qué corrección se debe hacer en la oración 6?

(1) sustituir gerente por Gerente
(2) añadir una coma después de Márquez
(3) añadir una coma después de ventas
(4) sustituir espera por esperaba
(5) sustituir el evento especial por este

4. Oración 7: **Usted nos puede ayudar invitando a sus amigos, y familiares a que visiten nuestro nuevo departamento.**

¿Qué corrección se debe hacer en la oración 7?

(1) sustituir Usted por Uno
(2) sustituir ayudar por estar ayudando
(3) eliminar la coma después de amigos
(4) añadir una coma después de familiares
(5) no se requiere hacer ninguna corrección

Las respuestas comienzan en la página 745.

Ortografía

Palabras parónimas

Las **palabras parónimas** son aquellas que se pronuncian de forma parecida, pero tienen un significado y ortografía diferentes.

Ejemplos de palabras parónimas

perjuicio (daño)	absceso (empeine)
prejuicio (parcialidad)	acceso (entrada)
	exceso (abundancia)
aptitud (capacidad)	condonar (perdonar)
actitud (ademán)	condenar (castigar)
absorber (chupar)	deferencia (cortesía)
absolver (perdonar)	diferencia (discrepancia)
omitir (olvidar)	afecto (cariño)
emitir (difundir)	efecto (consecuencia)
precedente (antecedente)	hartura (abundancia)
procedente (originario)	altura (elevación)
arador (que ara)	adaptar (modificar)
orador (que habla)	adoptar (asumir)
notario (escribano público)	
notorio (relevante)	
prendado (encantado)	
prendido (encendido)	

palabras parónimas aquellas que se pronuncian de forma parecida, pero tienen un significado y ortografía diferentes

Tenga presente el significado de las palabras parónimas para que no las utilice incorrectamente al redactar o al hablar.

Incorrecto: No me permitieron el absceso al área restringida.
Correcto: No me permitieron el acceso al área restringida.
Correcto: Fue al médico para que le examinara un absceso en el brazo.

Marque con una "X" la oración donde se use correctamente la palabra parónima.

a. El tribunal absolvió al acusado de todos los cargos que pesaban contra él.

b. La tierra sedienta absolvió hasta la última gota de lluvia.

Usted acertó si escogió la *opción a*. La oración en la *opción b* debe ser: *La tierra sedienta absorbió hasta la última gota de lluvia.*

Sugerencia

Al leer, fíjese bien en la forma en que está escrita la palabra y en el contexto en que se usa. Si tiene dudas sobre su significado, consulte el diccionario.

Palabras homófonas

Las **palabras homófonas** son aquellas que se pronuncian igual, pero su ortografía y significado son diferentes.

palabras homófonas
palabras que tienen igual sonido, pero diferente significado

Ejemplos de palabras homófonas

a: preposición
ha: del verbo "haber"
¡ah!: interjección de sorpresa

verás: del verbo "ver"
veraz: que dice la verdad

¡ay!: interjección de daño
hay: del verbo "haber"

ceda: del verbo "ceder"
seda: tela

abría: de abrir la botella
habría: del verbo "haber"

cocer: preparar alimentos
coser: unir con hilo

aceros: productos de metal
haceros: del verbo "hacer"

meces: del verbo "mecer"
meses: plural de mes

aremos: de arar el campo
haremos: del verbo "hacer"

peces: plural de pez
peses: del verbo pesar

arte: artístico
harte: de "hartarse"

atajo: camino más corto
hatajo: una partida, un grupo de bandoleros

as: campeón
has: del verbo "haber"

aya: institutriz
halla: del verbo "hallar" o "encontrar"
haya: un árbol de buena madera; del verbo haber

asta: de madera
hasta: hasta aquí

barón: título nobiliario
varón: un hombre

masa: mezcla
maza: arma

basto: áspero
vasto: extenso

casa: vivienda
caza: del verbo "cazar"

baya: el tomate, la fresa
vaya: del verbo "ir"
valla: la que cerca un terreno

risa: acto de reír
riza: del verbo "rizar"

bienes: de fortuna
vienes: del verbo "venir"

ves: del verbo "ver"
vez: ocasión

Marque con una "X" la oración correcta.

a. La tigresa halla a su presa y la ataca.

b. La ciudad prohibió a la compañía constructora que talara el halla centenaria del Parque Central.

Usted acertó si escogió la *opción a*. La *opción b* debe ser: *La ciudad prohibió a la compañía constructora que talara el haya centenaria del Parque Central.*

Acentuación

Las palabras se clasifican según la sílaba donde lleven la fuerza de pronunciación. Las cuatro clasificaciones son: **agudas, llanas, esdrújulas** y **sobreesdrújulas**.

Agudas: Llevan la fuerza de pronunciación en la última sílaba (ra**tón**, escri**bí**, cate**dral**, historia**dor**, lla**mar**). Se escriben con tilde cuando terminan en *n, s* o vocal: ca**mión**, To**más**, recor**dé**.

Llanas: Llevan la fuerza de pronunciación en la penúltima sílaba (**fér**til, **lá**piz, a**mi**go, cua**der**no). Se escriben con tilde cuando las palabras terminan en consonante, menos *n* o *s*: **ár**bol, di**fí**cil.

Esdrújulas: Llevan la fuerza de pronunciación en la antepenúltima sílaba (**rá**pido, **fí**jate, **dá**melo). Siempre se escriben con tilde.

Sobreesdrújulas: Llevan la fuerza de pronunciación en cualquier sílaba anterior a la antepenúltima (**llé**vatela, **dí**gaselo, co**má**monoslo). Siempre se escriben con tilde.

Marque con una "X" la oración correcta.

a. La lección del instructor es vital para la comprensión del tema.

b. La leccion del instructor es vital para la comprensión del tema.

Usted acertó si escogió la *opción a*. La palabra *lección* es aguda, termina en *n* y debe llevar tilde.

Sugerencia

Si no sabe a ciencia cierta dónde recae la fuerza de pronunciación, pronuncie la palabra de distintas maneras, acentuando cada sílaba para determinar la correcta: si-la-**bá**, si-**lá**-ba, **sí**-la-ba. Luego, aplique la regla correspondiente para añadir la tilde de ser necesaria (sílaba = esdrújula; siempre lleva tilde).

Práctica de GED

Elija la respuesta que mejor responda a cada pregunta.

Las preguntas 1 a 4 se refieren a la siguiente carta.

Estimado Sr. Tomás Pérez:

(A)

(1) No pierda esta oportunidad especial de renovar su suscripción. (2) Si lo hace ahora mismo, recibirá 48 números seminales de *El Emblema de Internet*, además de 12 reportajes especiales mensuales por el módico precio de $18.95.

(B)

(3) No pierda la suscripción de la única revista que trata temas acerca de personalidades, noticias locales y acciones comunitarias que conforman la economía de Internet. (4) La cobertura de nuestras revistas le ofrece lo más resiente en torno a correspondencia electrónica, descuentos comerciales, empleo y deportes. (5) Con su remodelación de suscripción, le enviaremos 12 reportajes mensuales adicionales acerca de temas actuales de Internet.

(C)

(6) ¡No espere un minuto más para renovar un servicio considerado por la profesora Jazmín Ferré, de la Escuela de Ciencias de la Computación de la Universidad Intercontinental, como "la mejor y más acertada publicación" que cubre los temas más actuales de Internet!

1. Oración 2: **Si lo hace ahora mismo, recibirá 48 números seminales de *El Emblema de Internet,* además de 12 reportajes especiales mensuales por el módico precio de $18.95.**

   ¿Qué corrección se debe hacer en la oración 2?

   (1) sustituir <u>lo hace</u> por <u>usted hace</u>
   (2) eliminar la coma después de <u>mismo</u>
   (3) sustituir <u>recibirá</u> por <u>ha recibido</u>
   (4) sustituir <u>seminales</u> por <u>semanales</u>
   (5) sustituir <u>módico</u> por <u>médico</u>

2. Oración 4: **La cobertura de nuestras revistas le ofrece lo más resiente en torno a correspondencia electrónica, descuentos comerciales, empleo y deportes.**

   ¿Qué corrección se debe hacer en la oración 4?

   (1) sustituir <u>resiente</u> por <u>reciente</u>
   (2) sustituir <u>ofrece</u> por <u>ofrecen</u>
   (3) sustituir <u>le</u> por <u>uno</u>
   (4) sustituir <u>empleo</u> por <u>empleó</u>
   (5) no se requiere hacer ninguna corrección

3. Oración 5: **Con su remodelación de suscripción, le enviaremos 12 reportajes mensuales adicionales acerca de temas actuales de Internet.**

   ¿Qué corrección se debe hacer en la oración 5?

   (1) sustituir <u>su</u> por <u>sus</u>
   (2) eliminar la coma
   (3) sustituir <u>remodelación</u> por <u>renovación</u>
   (4) sustituir <u>reportajes mensuales</u> por <u>Reportajes Mensuales</u>
   (5) no se requiere hacer ninguna corrección

4. Oración 6: **¡No espere un minuto más para renovar un servicio considerado por la profesora Jazmín Ferré, de la Escuela de Ciencias de la Computación de la Universidad Intercontinental, como "la mejor y más acertada publicación" que cubre los temas más actuales de Internet!**

   ¿Qué corrección se debe hacer en la oración 6?

   (1) sustituir <u>espere</u> por <u>esperé</u>
   (2) añadir una coma después de <u>servicio</u>
   (3) sustituir <u>profesora</u> por <u>Profesora</u>
   (4) sustituir <u>Universidad</u> por <u>universidad</u>
   (5) no se requiere hacer ninguna corrección

Sugerencia

A medida que trabaje en los ejercicios, anote las palabras parónimas y homófonas con las que tenga dificultades. Estúdielas y practíquelas redactando oraciones con las mismas. De esa manera, las conocerá mejor cuando tome la Prueba de redacción de GED.

Las respuestas comienzan en la página 745.

GED Repaso Mecánica

Instrucciones: Elija la respuesta que mejor responda a cada pregunta.

Las preguntas 1 a 4 se refieren a los siguientes párrafos:

Cómo tomar mensajes telefónicos

(A)

(1) En estos tiempos de buzones de voz y menús telefónicos automáticos, el arte de contestar el teléfono podría ser parte del pasado. (2) No obstante, algunas compañías reconocen el valor del contacto personal. (3) A continuación se presentan excelentes consejos para recibir llamadas y tomar los masajes de los clientes.

(B)

(4) Después de saludar al cliente, identifique su compañía y pregunte lo más gentilmente posible: "¿En qué puedo ayudarle?". (5) Es muy importante escuchar con cuidado y pedir ha la persona que repita cualquier nombre o número que usted no comprenda. (6) Si toma mensajes para un empleado que no está en la oficina, anote el nombre de la persona que toma el mensaje y la hora de la llamada. (7) Luego escriba el nombre de la persona, compañía, número telefónico y cualquier mensaje que deseé dar. (8) Verifique el nombre y número de teléfono repitiéndolos a la persona que llama. (9) Finalmente, déle las gracias y asegúrele que le hará llegar el mensaje a su destinatario lo antes posible.

1. Oración 1: **En estos tiempos de buzones de voz y menús telefónicos automáticos, el arte de contestar el teléfono podría ser parte del pasado.**

   ¿Qué corrección se debe hacer en la oración 1?

   (1) añadir una coma después de voz
   (2) eliminar la coma después de automáticos
   (3) sustituir voz por vos
   (4) sustituir arte por harte
   (5) no se requiere hacer ninguna corrección

2. Oración 3: **A continuación se presentan excelentes consejos para recibir llamadas y tomar los masajes de los clientes.**

   ¿Qué corrección se debe hacer en la oración 3?

   (1) sustituir excelentes por excedentes
   (2) sustituir consejos por concejos
   (3) sustituir llamadas por camadas
   (4) añadir una coma después de llamadas
   (5) sustituir masajes por mensajes

3. Oración 5: **Es muy importante escuchar con cuidado y pedir ha la persona que repita cualquier nombre o número que usted no comprenda.**

   ¿Qué corrección se debe hacer en la oración 5?

   (1) sustituir ha por a
   (2) sustituir importante por importánte
   (3) sustituir y por una coma
   (4) añadir una coma después de nombre
   (5) sustituir no por que no

4. Oración 7: **Luego escriba el nombre de la persona, compañía, número telefónico y cualquier mensaje que deseé dar.**

   ¿Qué corrección se debe hacer en la oración 7?

   (1) sustituir deseé por desee
   (2) sustituir escriba por escribá
   (3) sustituir persona por personal
   (4) eliminar la coma después de compañía
   (5) añadir una coma después de mensaje

Las preguntas 5 a 9 se refieren a los siguientes párrafos.

Cómo obtener el calcio necesario

(A)

(1) El calcio es un mineral necesario para la salud y duración, de nuestros dientes y huesos. (2) Los médicos generalmente concuerdan en que el consumo de 2000 miligramos de calcio al día es seguro para la mayoría de las personas.

(B)

(3) Aunque muchos toman calcio en píldoras los expertos en nutrición recomiendan el consumo de alimentos naturalmente ricos en ese mineral. (4) Los productos lácteos son los alimentos con mayor riqueza en calcio y ahora muchos de éstos también tienen un bajo contenido de grasa, o nada. (5) Para quienes tengan dificultad en digerir la leche hay alternativas con bajo contenido de lactosa. (6) Además, los alimentos como el jugo de naranja pueden estar enriquecidos con calcio. (7) Entre los productos no lácteos que son ricos en calcio, están el brócoli, los vegetales verdes con hojas, y el pan y cereales fortificados.

5. Oración 1: **El calcio es un mineral necesario para la salud y duración, de nuestros dientes y huesos.**

   ¿Qué corrección se debe hacer en la oración 1?

   (1) sustituir es por ha sido
   (2) añadir una coma después de mineral
   (3) eliminar la coma después de duración
   (4) añadir una coma después de dientes
   (5) no se requiere hacer ninguna corrección

6. Oración 3: **Aunque muchos toman calcio en píldoras los expertos en nutrición recomiendan el consumo de alimentos naturalmente ricos en ese mineral.**

   ¿Qué corrección se debe hacer en la oración 3?

   (1) sustituir toman por estaban tomando
   (2) añadir una coma después de calcio
   (3) añadir una coma después de píldoras
   (4) sustituir expertos por Expertos
   (5) no se requiere hacer ninguna corrección

7. Oración 4: **Los productos lácteos son los alimentos con mayor riqueza en calcio y ahora muchos de éstos también tienen un bajo contenido de grasa, o nada.**

   ¿Cuál es la mejor manera de escribir la parte subrayada del texto? Si la redacción original es la mejor, escoja la opción (1).

   (1) calcio y
   (2) calcio
   (3) calcio. Y
   (4) calcio, y
   (5) calcio y,

8. Oración 5: **Para quienes tengan dificultad en digerir la leche hay alternativas con bajo contenido de lactosa.**

   ¿Qué corrección se debe hacer en la oración 5?

   (1) añadir una coma después de dificultad
   (2) añadir una coma después de leche
   (3) sustituir hay por tienen
   (4) sustituir hay por haber
   (5) no se requiere hacer ninguna corrección

9. Oración 7: **Entre los productos no lácteos que son ricos en calcio, están el brócoli, los vegetales verdes con hojas, y el pan y cereales fortificados.**

   ¿Qué corrección se debe hacer en la oración 7?

   (1) sustituir que por ellos
   (2) sustituir son por han sido
   (3) eliminar la coma después de calcio
   (4) eliminar la coma después de brócoli
   (5) añadir una coma después de pan

Sugerencia

Para decidir si una aposición necesita comas, diga la oración sin la aposición. Si puede identificar claramente el sustantivo, coloque comas en la aposición.

Las preguntas 10 a 13 se refieren a los siguientes párrafos.

Las elecciones

(A)

(1) Cada cuatro años, en Otoño, los estadounidenses van a las urnas el Día de las Elecciones para votar por un presidente. (2) La mayoría de los presidentes proceden de los estados del Sur. (3) Es interesante observar que California, el Estado más poblado de la nación, sólo ha producido dos presidentes: Richard Nixon y Ronald Reagan.

(B)

(4) Aunque el trabajo de un vicepresidente parece menos importante, es una posición de transición vital para la nación. (5) Por ejemplo, cuando Nixon renunció a su cargo en la Casa Blanca, le sustituyó el Vicepresidente Ford. (6) Ford trabajó en el congreso antes de que Nixon lo designara como sustituto de Spiro Agnew. (7) Aunque Ford no regresó al poder por votación, el país pudo salvarse de un serio vacío de poder.

10. Oración 1: **Cada cuatro años, en Otoño, los estadounidenses van a las urnas el Día de las Elecciones para votar por un presidente.**

¿Qué corrección se debe hacer en la oración 1?

(1) sustituir <u>Otoño</u> por <u>otoño</u>
(2) sustituir <u>van</u> por <u>va</u>
(3) sustituir <u>van</u> por <u>fueron</u>
(4) sustituir <u>presidente</u> por <u>Presidente</u>
(5) no se requiere hacer ninguna corrección

11. Oración 3: **Es interesante observar que California, el Estado más poblado de la nación, sólo ha producido dos presidentes: Richard Nixon y Ronald Reagan.**

¿Qué corrección se debe hacer en la oración 3?

(1) sustituir <u>nación</u> por <u>Nación</u>
(2) sustituir <u>Estado</u> por <u>estado</u>
(3) sustituir <u>ha</u> por <u>han</u>
(4) añadir <u>fueron</u> después de <u>presidentes,</u>
(5) sustituir <u>presidentes</u> por <u>Presidentes</u>

12. Oración 5: **Por ejemplo, cuando Nixon renunció a su cargo en la Casa Blanca, le sustituyó el Vicepresidente Ford.**

¿Qué corrección se debe hacer en la oración 5?

(1) eliminar la coma después de <u>ejemplo</u>
(2) sustituir <u>Casa Blanca</u> por <u>casa blanca</u>
(3) eliminar la coma después de <u>Blanca</u>
(4) sustituir <u>Casa Blanca</u> por <u>Casa blanca</u>
(5) sustituir <u>Vicepresidente</u> por <u>vicepresidente</u>

13. Oración 6: **Ford trabajó en el congreso antes de que Nixon lo designara como sustituto de Spiro Agnew.**

¿Qué corrección se debe hacer en la oración 6?

(1) sustituir <u>trabajó</u> por <u>trabaja</u>
(2) sustituir <u>trabajó</u> por <u>trabajando</u>
(3) sustituir <u>Spiro</u> por <u>spiro</u>
(4) sustituir <u>congreso</u> por <u>Congreso</u>
(5) sustituir <u>Agnew</u> por <u>agnew</u>

Sugerencia

Para más información sobre la Mecánica, vea la Lista del escritor en la página 888.

Las respuestas comienzan en la página 746.

Instrucciones: Elija la respuesta que mejor responda a cada pregunta.

Las preguntas 1 a 3 se refieren a la siguiente carta.

Compañía de seguros West Star
570 West 47th Avenue
Port Grayson, FL 32007

Estimada Sra. Santos:

(A)

(1) Gracias por hacer negocios con West Star. (2) Ciertamente, esperamos que nunca tenga daños o pérdidas estamos su vehículo. (3) Sin embargo, si tiene alguno, nosotros en West Star está comprometida a tramitar su reclamo con las menores inconveniencias para usted.

(B)

(4) Además de proporcionar un servicio de reclamaciones rápido, West Star ofrece mano de obra de alta calidad para reparaciones en cualquiera de nuestros talleres recomendados. (5) Cuando reemplace un parabrisas roto o quebrado, nuestra lista preferida tiene las mejores tiendas de vidrios en su área. (6) West Star también puede negociar tarifas especiales para el arrendamiento de vehículos.

(C)

(7) Adjunto se encuentra un botiquín especial que West Star proporciona a los nuevos clientes éste contiene instrucciones acerca de lo que se debe hacer cuando se encuentra en un accidente. (8) El botiquín también contiene una tarjeta de información del accidente en la que debe registrar los hechos importantes acerca de un accidente. (9) Es una buena idea conservar el botiquín en la guantera de su vehículo, para que esté disponible con facilidad cuando lo necesite. (10) También hay una lista de números de llamadas gratis a los cuales llamar cuando informe un accidente.

(D)

(11) Todos en West Star desean brindarle servicio durante muchos años. (12) Además, le deseamos una conducción segura y sin accidentes.

Atentamente,
Departamento de reclamaciones de West Star

1. Oración 2: **Ciertamente, esperamos que nunca tenga daños o pérdidas estamos su vehículo.**

   ¿Qué corrección se debe hacer en la oración 2?

   (1) añadir <u>nosotros</u> después de <u>ciertamente</u>
   (2) cambiar <u>tenga</u> a <u>tuvo</u>
   (3) añadir una coma después de <u>daños</u>
   (4) cambiar <u>estamos</u> a <u>en</u>
   (5) no se requiere hacer ninguna corrección

2. Oración 5: **Cuando reemplace un parabrisas roto o quebrado, nuestra lista preferida tiene las mejores tiendas de vidrios en su área.**

   ¿Qué grupo de palabras incluiría el mejor cambio en la oración 5?

   (1) Un parabrisas roto o quebrado necesita ser reemplazado
   (2) Cuando necesite reemplazar un parabrisas roto o quebrado,
   (3) Con un parabrisas roto o quebrado
   (4) Si necesita reparar un parabrisas roto o quebrado
   (5) Al romper o quebrar un parabrisas

3. Oración 11: **Todos en West Star desean brindarle servicio durante muchos años.**

   ¿Qué corrección se debe hacer en la oración 11?

   (1) cambiar <u>desea</u> a <u>deseará</u>
   (2) cambiar <u>desea</u> a <u>desean</u>
   (3) cambiar <u>servicio</u> a <u>servicial</u>
   (4) añadir una coma después de <u>brindarle</u>
   (5) no se requiere hacer ninguna corrección

Las preguntas 4 a 8 se refieren al siguiente aviso.

Advertencia:
Aviso a los excavadores

(A)

(1) Cada Primavera, los caseros y propietarios de todo el estado inician las obras de construcción, remodelación y paisajismo. (2) No obstante, se advierte a toda persona que utilice maquinaria pesada para excavar hoyos, que debe seguir estas normas. (3) La única excepción son la persona que excave con herramientas manuales.

(B)

(4) Las leyes del estado estipulan que todo excavador debe presentar el plan de la obra al departamento local de construcción, al menos con cinco días de antelación a la fecha de su inicio. (5) Éste expedirá el permiso y notificará a las empresas de servicios públicos. (6) A su vez, las empresas de servicios públicos localizarán y señalizarán todos los sistemas subterráneos. (7) Una vez señalizado, el excavador puede continuar con sus planes sin peligro.

(C)

(8) Este método sirve para evitar que se dañen casas u otras estructuras. (9) Las leyes del estado ordenan también que el contratista u otro cavador "preseñalicen" los límites de cualquier hoyo previsto. (10) La pintura blanca, las estacas con cinta adhesiva u otras señales claramente visibles, son aceptables. (11) Estas señales servirán para impedir que, al excavar, se dañen cables o tuberías subterráneas.

4. Oración 1: **Cada Primavera, los caseros y propietarios de todo el estado inician las obras de construcción, remodelación y paisajismo.**

¿Qué corrección se debe hacer en la oración 1?

(1) cambiar Primavera a primavera
(2) eliminar la coma después de Primavera
(3) cambiar estado a Estado
(4) cambiar inician a iniciarán
(5) eliminar la coma después de construcción

5. Oración 3: **La única excepción son la persona que excave con herramientas manuales.**

¿Qué corrección se debe hacer en la oración 3?

(1) añadir está después de persona
(2) añadir coma después de excave
(3) añadir coma después de excepción
(4) cambiar manuales a manual
(5) cambiar son a es

6. Oración 5: **Éste expedirá el permiso y notificará a las empresas de servicios públicos.**

¿Cuál es la mejor manera de escribir la parte subrayada de la oración? Si la redacción original es la mejor, escoja la opción (1).

(1) Éste
(2) Eso
(3) Uno
(4) El departamento de construcción
(5) Los excavadores

7. ¿Qué cambio se debe hacer en el párrafo C?

(1) poner la oración 8 al final del párrafo B
(2) eliminar la oración 8
(3) poner la oración 8 después de la oración 9
(4) eliminar la oración 9
(5) No es necesario hacer ningún cambio.

8. Oración 10: **La pintura blanca, las estacas con cinta adhesiva u otras señales claramente visibles, son aceptables.**

¿Qué corrección se debe hacer en la oración 10?

(1) eliminar la coma después de blanca
(2) eliminar la coma después de visibles
(3) cambiar son a siendo
(4) cambiar son a es
(5) no se requiere hacer ninguna corrección

Las preguntas 9 a 11 se refieren a los siguientes párrafos.

Protéjase de reparaciones fraudulentas en el hogar

(A)

(1) Miles de millones de dólares se gastan cada año en reparaciones del hogar que son falsas, inconclusas o que nunca se realizaron. (2) Aquí hay algunas formas para evitar ser víctima de dicho fraude al consumidor.

(B)

(3) Primero, reconozca las señales de advertencia. (4) Las promesas extravagantes o los productos gratuitos generalmente es fuente de sospechas. (5) Otra táctica cuestionable es la de ofrecer un precio menor por presentar a posibles consumidores, llamada retorno. (6) Los contratos no deben tener frases engañosas o lenguaje ambiguo y debe coincidir con las promesas del anuncio de venta. (7) Tómese su tiempo antes de firmar y evite la presión para firmar de inmediato.

(C)

(8) Una vez que ha escogido un contratista de reparaciones en el hogar, existen formas adicionales de proteger su inversión. (9) Nunca debe pagar en efectivo y no pague el monto total antes del inicio del trabajo. (10) Los contratistas con reputación rara vez esperan ese tipo de pago. (11) En cambio, generalmente aceptan pagos en tercios o cuartos. (12) Por ejemplo, el contratista recibirá un tercio al inicio un tercio en mitad del trabajo y el tercio final al terminar el trabajo. (13) Solicite ver las licencias de los trabajadores que contrató. (14) Asegúrese de que los contratos escritos señalen claramente el costo de los materiales y el trabajo, como también, las fechas de inicio y término.

(D)

(15) En resumen, esté atento a las señales de advertencia cuando alguien ofrece reparar su casa. (16) No duda en rechazar una oferta que parezca demasiado buena para ser verdadera. (17) Finalmente, póngase en contacto con las autoridades si cree que ha sido víctima de fraude.

9. Oración 4: **Las promesas extravagantes o los productos gratuitos generalmente es fuente de sospechas.**

¿Qué corrección se debe hacer en la oración 4?

(1) cambiar <u>promesas</u> a <u>promesa</u>
(2) añadir una coma después de <u>promesas</u>
(3) cambiar <u>es</u> a <u>son</u>
(4) reemplazar de con <u>desde</u>
(5) no se requiere hacer ninguna corrección

10. Oración 5: **Otra táctica cuestionable es la de ofrecer un precio menor por presentar a posibles consumidores, llamada retorno.**

¿Qué grupo de palabras incluiría el mejor cambio en la oración 5?

(1) Otra táctica cuestionable para presentar consumidores potenciales,
(2) Otra táctica cuestionable, llamada retorno,
(3) Para presentar posibles consumidores, una táctica cuestionable
(4) Un retorno para presentar potenciales consumidores, conocida como táctica cuestionable
(5) Ofrecer un menor precio por un retorno es otra

11. Oración 16: **No duda en rechazar una oferta que parezca demasiado buena para ser verdadera.**

¿Qué corrección se debe hacer en la oración 16?

(1) cambiar <u>duda</u> a <u>dude</u>
(2) cambiar <u>duda</u> a <u>haber dudado</u>
(3) sustituir <u>parezca</u> con <u>parece</u>
(4) sustituir <u>demasiado</u> con <u>mucho</u>

Las preguntas 12 a 14 se refieren al siguiente memorándum.

Memorándum

PARA: Todo el personal de belleza corporal
DE: Ricardo Gutiérrez
Asunto: Informe del comité de personal temporal

(A)

(1) Este es un resumen del informe del mes pasado sobre el uso de personal temporal en el centro de belleza corporal Bellmore. (2) Bellmore emplea aproximadamente a 60 oficinistas cada temporada. (3) Estos temporeros ayudan en varios departamentos de nuestros 36 centros. (4) Los temporeros se encargan del escritorio de recepción en los centros completan órdenes de compras de material deportivo y equipos y suplen a los empleados permanentes. (5) Bellmore emplea temporeros para que varios departamentos puedan completar sus proyectos a la vez de seleccionar futuros trabajadores permanentes.

(B)

(6) En el informe, el comité identificó y exploró el siguiente temas. (7) Sin experiencia directa en centros de belleza corporal, se crean problemas a nuestros clientes por más de la mitad de los empleados temporales. (8) Debido a que los temporeros se emplean por un período de tres meses reciben muy poca capacitación. (9) Estos trabajadores no tienen motivación para resolver problemas. (10) Los problemas no resueltos crean una atmósfera humilde tanto para los clientes como para el personal. (11) En respuesta a este informe, el director de Recursos humanos, Jaime Ramírez y yo buscamos voluntarios para trabajar en la elaboración de un manual breve y práctico para los trabajadores temporales.

(C)

(12) Esta guía definirá roles, clarificará procedimientos y orientará a los nuevos trabajadores rápidamente y eficientemente. (13) Si desea participar en este valioso proyecto, por favor contacte a Jaime o a mí mismo. (14) Estoy seguro que este proyecto hará el trabajo de todos más fácil.

12. Oración 1: **Este es un resumen del informe del mes pasado sobre el uso de personal temporal en el centro de belleza corporal Bellmore.**

    ¿Qué corrección se debe hacer en la oración 1?

    (1) cambiar personal temporal a personas temporales
    (2) cambiar centro de belleza corporal a bello centro corporal
    (3) cambiar del mes a de un mes
    (4) cambiar resumen del informe a informado resumen
    (5) no se requiere hacer ninguna corrección

13. Oración 7: **Sin experiencia directa en centros de belleza corporal, se crean problemas a nuestros clientes por más de la mitad de los empleados temporales.**

    Si se vuelve a redactar la oración 7 comenzando con

    Debido a que no tienen experiencia directa en centros de belleza corporal

    las próximas palabras serían

    (1) más de la mitad de los temporeros crean
    (2) se crean problemas a nuestros clientes por más de la mitad
    (3) crean problemas a nuestros clientes por más de la mitad
    (4) y porque crean problemas para más de la mitad
    (5) nuestros clientes tienen problemas creados por más de la mitad

14. Oración 13: **Si desea participar en este valioso proyecto, por favor contacte a Jaime o a mí mismo.**

    ¿Qué corrección se debe hacer en la oración 13?

    (1) cambiar desea a deseamos
    (2) cambiar este valioso proyecto a estos valiosos proyectos
    (3) eliminar la coma después de proyecto
    (4) añadir entonces después de la coma
    (5) sustituir a mí mismo con a mí

Las preguntas 15 a 18 se refieren al siguiente informe comercial.

Informe anual de Compañía Integrada de Trigo, S.A.

(A)

(1) Compañía Integrada de Trigo (CIT) tiene mucho que celebrar en este, su año del centenario. (2) Fue hace un siglo que dos magnates del trigo Oriental de Trigos y Granos La Hacienda, unieron sus firmas rivales. (3) Con una sola pincelada, crearon la gran CIT. (4) Los productos de los cereales de CIT pronto se transformaron en nombres domésticos y crearon un imperio. (5) En la actualidad, no sólo CIT sigue dominando la industria de los cereales listos para comer, sino que sus otras divisiones compiten en forma intensa también. (6) Estamos muy contentos con el desempeño de Compañía Nacional de Aceite de Maíz el año pasado, y eso fue a pesar de un ambiente comercial difícil. (7) CIT registró ganancias récord e inicia las negociaciones con varios procesadores de etanol del medio oeste de Estados Unidos. (8) Además, Compañía Nacional de Semillas sigue dominando su mercados. (9) Las ventas han alcanzado niveles récord por tercer año consecutivo. (10) Finalmente, Molinos del Norte fue nombrada uno de los 100 mejores resultados del año por la revista Inversiones.

(B)

(11) El informe anual completo detallará las empresas comerciales en curso, como también las propuestas, para el segundo siglo. (12) El informe estará en sus escritorios la próxima semana.

15. Oraciones 3 y 4: **Con una sola pincelada, crearon la gran CIT. Los productos de los cereales de CIT pronto se transformaron en nombres domésticos y crearon un imperio.**

¿Qué grupo de palabras incluiría el mejor cambio en las oraciones 3 y 4?

(1) CIT, cuyos productos cerealeros
(2) CIT, y su cereal
(3) la creación de los grandes productos de los cereales de CIT
(4) CIT, su transformación a nombre doméstico
(5) crearon productos de los cereales y se transformaron

16. Oración 6: **Estamos muy contentos con el desempeño de la Compañía Nacional de Aceite de Maíz el <u>año pasado, y eso fue a pesar de</u> un ambiente comercial difícil.**

¿Cuál es la mejor manera de escribir la parte subrayada de la oración? Si la redacción original es la mejor, escoja la opción (1).

(1) año pasado, y eso fue a pesar de
(2) año pasado y eso a pesar de
(3) año pasado. Y esto a pesar de
(4) año, a pesar de
(5) año. Esto a pesar de

17. Oración 8: **Además, Compañía Nacional de Semillas sigue dominando su mercados.**

¿Qué corrección se debe hacer en la oración 8?

(1) eliminar la coma después de <u>Además</u>
(2) cambiar <u>Compañía</u> a <u>compañía</u>
(3) cambiar <u>sigue</u> a <u>siguen</u>
(4) cambiar <u>dominando</u> a <u>dominados</u>
(5) cambiar <u>su</u> a <u>sus</u>

18. ¿Qué revisión haría más efectivo este informe comercial?

Comenzar un nuevo párrafo

(1) con la oración 5
(2) con la oración 6
(3) con la oración 7
(4) con la oración 8
(5) con la oración 10

Las preguntas 19 a 21 se refieren a los siguientes párrafos.

Los Óscares

(A)

(1) ¿Puedo tener el sobre, por favor? (2) Sólo con escuchar esas palabras es suficiente para enviar un escalofrío de anticipación a toda la audiencia. (3) Pronto una película nominada recibirá un Óscar, el premio más antiguo y conocido de la Academia de *Motion Picture Arts and Sciences*. (4) La estatua es uno de los premios más codiciados. (5) Tiene solamente 10 pulgadas de altura y pesa aproximadamente siete libras.

(B)

(6) Algunos de los premios son para trabajos artísticos, como mejor imagen, mejor director, mejor actor o para la mejor canción. (7) Otros premios también se entregan para una variedad de categorías técnicas, como edición de cine o efectos de sonido. (8) Cada cierto tiempo, la academia también presenta un premio especial llamado el Premio de Logros de la vida. (9) Este premio se entrega a un miembro de la industria cinematográfica, basado en su obra completa más que en una película en particular.

(C)

(10) La ceremonia de los premios de la Academia también se ha convertido en un popular programa de televisión cada primavera. (11) Es una vitrina de talento, películas y personalidades y talento en la industria del entretenimiento. (12) Los Óscares son ellos más buscados por actores y actrices porque son admirados en todo el mundo. (13) Además, la película que gane uno o más Óscares, tiene casi garantizado un aumento de sus ganancias.

19. Oración 3: **Pronto una película nominada recibirá un Óscar, el premio más antiguo y conocido de la Academia de *Motion Picture Arts and Sciences*.**

¿Qué corrección se debe hacer en la oración 3?

(1) cambiar <u>nominada</u> a <u>Nominada</u>
(2) eliminar la coma
(3) añadir una coma después de <u>antiguo</u>
(4) sustituir *Arts and Sciences* con *arts and sciences*
(5) cambiar <u>Academia</u> a <u>academia</u>

20. Oraciones 4 y 5: **La estatua es uno de los premios más <u>codiciados. Tiene</u> solamente 10 pulgadas de altura y pesa aproximadamente siete libras.**

¿Cuál es la mejor manera de escribir la parte subrayada de la oración? Si la redacción original es la mejor, escoja la opción (1).

(1) codiciados. Tiene
(2) codiciados. Sin embargo
(3) codiciados, es
(4) codiciados, tiene
(5) codiciados tiene

21. ¿Cuál de las siguientes oraciones serviría como una oración temática efectiva del párrafo B?

(1) Se entregan Óscares para muchas categorías de películas.
(2) A la mayoría de las personas les emociona recibir los premios.
(3) Las estrellas se visten con ropa glamorosa para la ceremonia.
(4) Algunos nominados no asisten a la ceremonia.
(5) En ocasiones, un grupo completo gana un Óscar.

Las preguntas 22 a 25 se refieren a los siguientes párrafos.

Reparto postal: antes y ahora

(A)

(1) El servicio postal de Estados Unidos ha recorrido un largo camino desde que fue fundado por Ben Franklin al final del siglo XVIII. (2) Un hombre de talentos múltiples, Franklin representó a la nueva nación en Europa y nos dio innumerables inventos. (3) En aquel entonces, tomaba semanas en que la correspondencia cruzara a través de los trece estados. (4) Cien años más tarde, el Pony Express se demoraba diez días para llevar la correspondencia desde el Oeste de Missouri hasta California. (5) En este siglo, sin embargo, aparecieron los trenes veloces, los camiones eficientes y finalmente, aparecieron los aviones, los más rápidos de todos. (6) Hoy, de acuerdo al servicio postal, la mayoría de la correspondencia de primera clase dentro de los 50 estados se reparten dentro de los tres días, mientras que la correspondencia fuera del país toma entre cinco y seis días.

(B)

(7) Además de la velocidad, el costo de la correspondencia también ha cambiado. (8) El costo de la correspondencia de primera clase subió mucho desde los días de la colonia. (9) Para el año 2000, el costo había alcanzado 33 centavos. (11) Mucha gente está molesta por el costo del estampillado. (12) Cuesta relativamente menos que en el siglo XIX. (13) El servicio postal de Estados Unidos, a pesar de sus falencias, hacía el mejor trabajo del mundo repartiendo correspondencias rápida y eficazmente.

22. Oración 4: **Cien años más tarde, el Pony Express se demoraba diez días para llevar la correspondencia desde el Oeste de Missouri hasta California.**

¿Qué corrección se debe hacer en la oración 4?

(1) eliminar la coma después de tarde
(2) cambiar Pony Express a pony express
(3) cambiar demoraba a demoró
(4) añadir una coma después de días
(5) cambiar Oeste a oeste

23. Oración 8: **El costo de la correspondencia de primera clase subió mucho desde los días de la colonia.**

¿Qué corrección se debe hacer en la oración 8?

(1) cambiar subió a había subido
(2) cambiar subió a ha subido
(3) añadir una coma después de clase
(4) cambiar colonia a Colonia
(5) no se requiere hacer ninguna corrección

24. Las oraciones 11 y 12: **Mucha gente está molesta por el costo del estampillado. Cuesta relativamente menos que en el siglo XIX.**

¿Cuál es la mejor manera de escribir la parte subrayada de las oraciones 11 y 12? Si la redacción original es la mejor, escoja la opción (1).

(1) estampillado. Cuesta
(2) estampillado, cuesta
(3) estampillado, costando
(4) estampillado
(5) estampillado, aunque cuesta

25. Oración 13: **El servicio postal de Estados Unidos, a pesar de sus falencias, hacía el mejor trabajo del mundo repartiendo correspondencias rápidamente y acuciosamente.**

¿Cuál es la mejor manera de escribir la parte subrayada de la oración? Si la redacción original es la mejor, escoja la opción (1).

(1) hacía
(2) está haciendo
(3) ha hecho
(4) hará
(5) hace

Las preguntas 26 a 29 se refieren a los siguientes párrafos

Literas seguras

(A)

(1) Por mucho tiempo, las literas han sido la solución para ahorrar espacio en las habitaciones pequeñas y generalmente a los niños les encanta el drama de trepar a la cama superior. (2) Desafortunadamente, por muchos años, estas camas también han sido un peligro. (3) Recientemente, el gobierno estableció estándares estrictos para proteger a los niños para que no se lastimen. (4) A continuación presentarás algunos consejos útiles que pueden ayudar a que los usuarios de literas duerman seguros.

(B)

(5) Primero que todo, averigüe si su litera ha sido construida después que se establecieron los estándares nuevos. (6) Busque la etiqueta permanente con la fecha de manufactura, empresa que la distribuye y modelo. (7) Pierde esta etiqueta, debe suponer que la cama no cumple con los estándares. (8) Quizás quiera comprar una nueva.

26. Oración 1: **Por mucho tiempo, las literas han sido la solución para ahorrar espacio en las habitaciones pequeñas y generalmente a los niños les encanta el drama de trepar a la cama superior.**

¿Cuál es la mejor manera de escribir la parte subrayada de la oración? Si la redacción original es la mejor, escoja la opción (1).

(1) pequeñas y
(2) pequeñas y,
(3) pequeñas, y
(4) pequeñas. Y
(5) pequeñas, y,

27. Oración 4: **A continuación presentarás algunos consejos útiles que pueden ayudar a que los usuarios de literas duerman seguros.**

¿Qué corrección se debe hacer en la oración 4?

(1) cambiar <u>presentarás</u> a <u>presentamos</u>
(2) añadir coma después de <u>consejos</u>
(3) cambiar <u>dormir</u> a <u>dormirnos</u>
(4) cambiar <u>seguros</u> a <u>seguramente</u>
(5) cambiar <u>seguros</u> a <u>asegurado</u>

28. Oración 7: **Pierde esta etiqueta, debe suponer que la cama no cumple con los estándares.**

¿Qué grupo de palabras incluiría el mejor cambio a la oración 7?

(1) No tiene etiqueta
(2) Al no tener información sobre la etiqueta
(3) Si pierde la etiqueta
(4) La cama no tiene etiqueta
(5) Una etiqueta perdida

29. Oración 8: **Quizás quiera comprar una nueva.**

¿Qué revisión se debe hacer en la oración 8?

(1) mover la oración 8 a continuación de la 5
(2) reemplazar <u>Quizás quiera comprar</u> con <u>En ese caso es posible que</u>
(3) reemplazar <u>Quizás</u> con <u>Finalmente</u>
(4) mover la oración 8 al comienzo el párrafo C
(5) quitar la oración 8

Las preguntas 30 a 32 se refieren a la siguiente carta.

Sra. Elena Suárez, Gerente de contrataciones
Hoteles Las Américas
Wilmington, IL 60100

Estimada Sra. Suárez:

(A)

(1) El cargo de aprendiz de servicio al cliente que publicó el domingo en el Diario de San Andrés me interesa mucho. (2) Hoteles Las Américas siempre se ha destacado por alojamientos cómodos con un servicio atento y con un precio razonable. (3) Me gustaría ser parte del crecimiento continuado de Hoteles Las Américas. (4) Mi tía siempre se hospeda en Hoteles Las Américas cuando viene de visita y ella cree que son muy buenos.

(B)

(5) Como usted visto en el currículum que adjunto, tengo las calificaciones y la determinación necesarias para el cargo de aprendiz. (6) En junio, recibí mi certificado de equivalencia de secundaria. (7) Mientras asistía al colegio y estudiaba para aprobar la Prueba de GED, he desarrollado fuertes habilidades de organización. (8) Además, mi trabajo a tiempo parcial en el mesón de informaciones del hospital de San Andrés requiere de habilidades interpersonales y de relaciones públicas intensas. (9) Mi supervisora me dio un alto puntaje en todas las evaluaciones de mi trabajo. (10) Recibí felicitaciones por brindar un servicio excepcional a los pacientes. (11) Creo que esas experiencias son una buena preparación para su programa de capacitación en servicio al cliente.

(C)

(12) Agradecería poder analizar mis calificaciones con usted. (13) Para programar una entrevista, llámeme al 555-9091. (14) Gracias por su consideración.

Sinceramente,

Guillermo Velásquez

30. Oración 5: **Como usted <u>visto</u> en el currículum que adjunto, tengo las calificaciones y la determinación necesarias para el cargo de aprendiz.**

¿Cuál es la mejor manera de escribir la parte subrayada de la oración? Si la redacción original es la mejor, escoja la opción (1).

(1) visto
(2) habrá visto
(3) ha estado viendo
(4) será visto
(5) verá

31. Oración 7: **Mientras asistía al colegio y estudiaba para aprobar la Prueba de GED, he desarrollado fuertes habilidades de organización.**

¿Qué corrección se debe hacer en la oración 7?

(1) eliminar Mientras
(2) añadir una coma después de colegio
(3) eliminar la coma después de GED
(4) cambiar Prueba a prueba
(5) cambiar he desarrollado a desarrollé

32. Oración 8: **Además, mi trabajo a tiempo parcial en el mesón de informaciones del hospital de *San Andrés* requiere de habilidades interpersonales y de relaciones públicas intensas.**

¿Qué corrección se debe hacer en la oración 8?

(1) eliminar la coma después de <u>Además</u>
(2) añadir una coma después de <u>trabajo</u>
(3) cambiar <u>hospital</u> a <u>Hospital</u>
(4) cambiar <u>requiere</u> a <u>requieren</u>
(5) cambiar <u>relaciones</u> a <u>relación</u>

Las preguntas 33 a 35 se refieren a la siguiente carta.

Departamento de Servicio al Cliente
Galerías Buenavista
Avenida de los Reyes 56
San Juan, Puerto Rico

A quien pueda interesar:

(A)

(1) Ayer por la mañana, había ido a las Galerías Buenavista de Santa Marta a comprar la radio digital que se anunciaba en el periódico dominical. (2) Según el anuncio, la radio modelo X12 estaría a la venta en todos los locales de la tienda por el precio de $47.95.

(B)

(3) Por desgracia, tuve varios problemas en el departamento de televisión y sonido de Santa Marta. (4) Primero, tuve que esperar diez minutos para solamente poder hablar con un empleado de ventas. (5) Cuando por fin hablé con una empleada, dijeron que la tienda no vendía ese modelo en absoluto. (6) Luego, un segundo empleado afirmó que el modelo se había agotado. (7) En ese momento, encontré a Rafael Martínez, que era el supervisor. (8) Rafael Martínez dijo que la tienda sí vendía esa radio, pero que no estaba en especial. (9) Como no había llevado el anuncio conmigo no pude mostrárselo. (10) Antes de que pudiera pedirle que lo comprobara, desapareció. (11) Estaba a punto de irme cuando vi la radio, en especial al precio anunciado. (12) La compré inmediatamente y salí. (13) Mi experiencia en la tienda fue tan frustrante, no obstante, que no volveré ha comprar allí. (14) Si quieren conservar los clientes, sugiero que mejoren la capacitación de los empleados cuanto antes.

Atentamente,

Alma Benítez

33. Oración 1: **Ayer por la mañana, había ido a las Galerías Buenavista de Santa Marta de Lakeville a comprar la radio digital que se anunciaba en el periódico dominical.**

¿Cuál es la mejor manera de escribir la parte subrayada de la oración? Si la redacción original es la mejor, escoja la opción (1).

(1) había ido
(2) he fui
(3) ha ido
(4) iba
(5) fui

34. Oraciones 7 y 8: **En ese momento, encontré a Rafael Martínez, que era el supervisor. Rafael Martínez dijo que la tienda sí vendía la radio, pero que no estaba en especial.**

¿Qué palabras incluiría la forma más efectiva de combinar las oraciones 7 y 8?

(1) Rafael Martínez, el supervisor, que dijo
(2) Rafael Martínez, que era el supervisor y que dijo
(3) Rafael Martínez, siendo el supervisor, que dijo
(4) supervisor, y Rafael Martínez dijo
(5) supervisor, así que dijo

35. Oración 9: **Como no había llevado el anuncio conmigo no pude mostrárselo.**

¿Qué corrección se debe hacer en la oración 9?

(1) eliminar Como
(2) cambiar no a ni
(3) añadir coma después de conmigo
(4) cambiar mostrárselo a mostrándoselo
(5) sustituir mostrárselo con mostrarle el anuncio

Las preguntas 36 a 39 se refieren a los siguientes párrafos.

Inventos transformadores

(A)

(1) Hemos avanzado mucho desde el siglo XV, cuando johannes gutenberg inventó la imprenta. (2) Actualmente, con Internet, se envían textos de libros enteros alrededor del mundo en unos segundos. (3) Y sin embargo, la imprenta tuvo sus propios efectos transformadores en la cultura y la transmisión de ideas.

(B)

(4) Todo el material escrito se hacía a mano. (5) Había pocos libros y la información escrita era muy escasa. (6) Se tardaba una o más horas en imprimir manualmente una página. (7) Meses o incluso años en hacer un libro entero, como la Biblia. (8) Con la imprenta, se pudieron hacer muchas copias rápida y fácilmente de una página, una vez compuestos los tipos o cáracteres para esa página. (9) Ello significó que fue posible difundir información más amplia y rápidamente, lo que mejoró la educación de la gente y permitió el avance del saber. (10) La imprenta tal vez sea el invento singular más importante de la historia y sin embargo tal vez la excepción sería la computadora personal.

(C)

(11) Hoy en día, las computadoras nos proporcionan Internet y el acceso instantáneo a millones de libros y a toneladas de información. (12) En realidad, según algunos, se nos da demasiada información. (13) Tal vez la gente se habría sentido abrumada por la imprenta. (14) Todo el mundo necesita tiempo para acostumbrarse a los inventos que cambian la vida.

36. Oración 1: **Hemos avanzado mucho desde el siglo XV, cuando johannes gutenberg inventó la imprenta.**

    ¿Qué corrección se debe hacer en la oración 1?

    (1) añadir coma después de <u>mucho</u>
    (2) cambiar <u>siglo</u> a <u>Siglo</u>
    (3) cambiar <u>johannes gutenberg</u> a <u>Johannes Gutenberg</u>
    (4) cambiar <u>inventó</u> a <u>inventaba</u>
    (5) no se requiere hacer ninguna corrección

37. Oración 4: **Todo el material escrito se hacía a mano.**

    ¿Qué cambio se debe hacer en la oración 4?

    (1) poner la oración 4 al final del párrafo A
    (2) sustituir <u>Todo</u> con <u>Por ejemplo, todo</u>
    (3) sustituir <u>Todo</u> con <u>Antes de la invención de la imprenta, todo</u>
    (4) eliminar la oración 4
    (5) no se requiere hacer ninguna corrección

38. Oración 10: **La imprenta tal vez sea el invento singular más importante de la historia y sin embargo tal vez sea la excepción sería la computadora personal.**

    ¿Qué palabras incluiría el mejor cambio a la oración 10?

    (1) historia, y sin embargo tal vez pueda ser la excepción
    (2) O la imprenta o la computadora personal es el invento individual más importante
    (3) Con la excepción de la imprenta que es
    (4) historia a excepción, tal vez, de la computadora personal
    (5) historia, y sin embargo teniendo en cuenta la computadora personal

39. Oración 13: **Tal vez la gente <u>se habría sentido</u> abrumada por la imprenta.**

    ¿Cuál es la mejor manera de escribir la parte subrayada de la oración? Si la redacción original es la mejor, escoja la opción (1).

    (1) se habría sentido
    (2) se ha sentido
    (3) se sintió
    (4) se había sentido
    (5) se siente

Las respuestas comienzan en la página 747.

Unidad 2

COMPOSICIÓN

La Prueba de GED Lenguaje, Redacción, Parte II consiste en:

La Prueba

- Una composición sobre un tema determinado
- 45 minutos para completar la prueba

El Contenido

Dos evaluadores entrenados asignan una puntuación a la composición según su efectividad general juzgando cómo usted:

- Enfoca, desarrolla y apoya los puntos principales
- Organiza la composición
- Demuestra un uso efectivo de las palabras
- Usa correctamente la estructura de las oraciones, la gramática, la ortografía y la puntuación

La Composición

Asegúrese de seguir las reglas siguientes:

- Escriba de manera legible usando tinta
- Escriba sobre el tema que se le ha asignado
- Escriba la composición en las hojas con líneas del folleto de respuestas

"SNL [Saturday Night Live] ha sido una experiencia valiosa. Aprendí a escribir con una fecha límite".

~ Chris Rock
graduado de GED

El cómico Chris Rock se ha hecho famoso como escritor. Semana tras semana, Rock escribía guiones para *Saturday Night Live*. Después de tres temporadas con la serie cómica, pasó a protagonizar películas, comedias y su propio programa de televisión. Con su trabajo, el cómico ganó dos premios Grammy y hasta escribió un libro titulado *Rock This!* En 1997 ganó dos premios Emmy por su programa cómico *Bring on the Pain!* y fue nominado por su trabajo como escritor en la serie *Politically Incorrect with Bill Maher*. En el año 1999 ganó otro premio Emmy por su trabajo como escritor y en el 2000 fue nominado cuatro veces más.

Al escribir guiones semanales de alta calidad para *Saturday Night Live,* Chris Rock pulía sus técnicas de escritura. La Unidad 2 presenta todos los pasos necesarios para escribir una composición efectiva, y después le ofrece la oportunidad de pulir las técnicas aprendidas y ponerlas en práctica. Usted tendrá la oportunidad de desarrollar y organizar sus ideas para aprender a presentarlas de manera lógica y coherente. El Repaso de la Unidad incluye varios temas de composición para que practique y aprenda a escribir una composición bien desarrollada dentro del límite de tiempo.

No deje que el límite de 45 minutos en la Prueba de GED Composición lo asuste. Tal como el graduado de GED Chris Rock aprendió a escribir con una fecha límite, usted también puede aprender a organizar y elaborar sus ideas dentro del límite de tiempo. Es cuestión de practicar.

Destrezas de estudio

Conocer el formato de la prueba permite que se prepare de manera más efectiva.

Evitar el nerviosismo y los errores al familiarizarse con el formato de cada sección de la Prueba de GED.

- Averiguar cuáles son las destrezas necesarias para salir bien en cada sección.
- Enterarse del tipo de preguntas que se presentan en cada sección.
- Controlar el límite de tiempo para cada sección.

Planear

En la Parte II de la Prueba de Lenguaje y Redacción de GED usted tendrá 45 minutos para escribir una composición sobre un tema asignado. Dado que se espera que usted escriba un solo borrador, dedique unos cinco minutos a planear su composición. Para elaborar correctamente una composición de GED, es fundamental pensar sobre el tema y luego reunir ideas, ejemplos y detalles de apoyo. Por eso, planear la composición es el primer paso del proceso de escritura.

Entender la tarea de redacción

La segunda parte de la Prueba de Lenguaje y Redacción de GED es una **tarea de redacción**. En esta prueba usted debe plantear su opinión sobre un tema y justificarla con ejemplos. El siguiente es un ejemplo típico de una tarea de redacción de GED.

tarea de redacción instrucciones para escribir sobre un tema determinado

El **tema** es el asunto del que trata su composición. Todas las ideas de su composición deben estar relacionadas con este tema.

> La tecnología moderna, como la computadora, ¿ha mejorado o empeorado la vida de la gente?
>
> Escriba una composición en la que explique su punto de vista sobre el tema. Use sus observaciones personales, su experiencia y sus conocimientos para fundamentar su composición.

Las **instrucciones** indican el tipo de información que debe incluir en su composición.

Las palabras clave *explique su punto de vista* dicen lo que debe hacer en su composición. Esta tabla contiene palabras clave usadas en las instrucciones y son pistas de la información que usted debe dar.

Si en las instrucciones dice	Usted debe
explique por qué mencione las razones	escribir sobre las causas o razones
explique los efectos analice las ventajas y desventajas	escribir sobre los efectos
describa	analizar las cualidades de algo
mencione su postura exprese su punto de vista dé su opinión	expresar lo que opina sobre un tema y explicar por qué
analice las semejanzas y diferencias compare y contraste	explicar en qué se parecen y en qué se diferencian las cosas

Sugerencia

Usted no necesita conocimientos especializados para escribir una composición de GED.

Práctica de GED

Lea todas las tareas de redacción de GED. Luego, subraye las palabras clave y escriba el tipo de información que debe dar. Puede consultar la tabla de la página 158.

TEMA 1

¿Qué significa ser un verdadero amigo?

Escriba una composición en la que describa qué significa ser un verdadero amigo. Use sus observaciones personales, su experiencia y sus conocimientos para fundamentar su composición.

Tipo de información: _____

TEMA 2

Algunas personas piensan que si los padres de un niño de edad preescolar trabajan fuera del hogar, producen un daño; otros no opinan lo mismo.

Escriba una composición en la que plantee su punto de vista. Dé ejemplos para fundamentar su composición. Use sus observaciones personales, su experiencia y sus conocimientos.

Tipo de información: _____

TEMA 3

¿Cómo les afecta a usted y a los que viven en la misma región que usted el clima del lugar?

Escriba una composición en la que explique las ventajas y las desventajas de vivir en ese clima. Use sus observaciones personales, su experiencia y sus conocimientos para fundamentar su composición.

Tipo de información: _____

TEMA 4

A pesar de las leyes que exigen el uso del cinturón de seguridad, muchas personas no lo usan.

Escriba una composición en la que explique por qué las personas no usan el cinturón de seguridad. Use sus observaciones personales, su experiencia y sus conocimientos para fundamentar su composición.

Tipo de información: _____

TEMA 5

¿Qué tan importante es tener un diploma de GED o de la escuela superior cuando se solicita un trabajo?

Escriba una composición en la que exprese su punto de vista. Dé ejemplos para fundamentar su composición. Use sus observaciones personales, su experiencia y sus conocimientos.

Tipo de información: _____

Las respuestas comienzan en la página 751.

Reunir ideas

reunir ideas
enumerar ideas relacionadas sobre un tema para fundamentar una idea principal

lista
ideas escritas en el orden en que se les ocurren al escritor

mapa de ideas
una forma de registrar las ideas en la que se muestra cómo se relacionan con el tema y entre sí

Una vez que comprenda la tarea de redacción, puede empezar a **reunir ideas**. Para obtener una buena puntuación, necesita diversas ideas y ejemplos específicos. Use sus propias observaciones, su experiencia y sus conocimientos para reunir ideas sobre las que le resulte fácil escribir.

Para reunir ideas, dedique unos cinco minutos a pensar sobre el tema y escriba todas las ideas que le vengan a la mente. Luego, revise lo que escribió; esto le puede servir para que se le ocurran nuevas ideas.

Una forma de registrar sus ideas es haciendo una **lista**. Cuando se hace una lista, se escriben las ideas en el orden en que vienen a la mente.

Otra forma de registrar las ideas para una composición es hacer un **mapa de ideas**. Cuando se hace un mapa de ideas, se escriben las ideas de manera tal que se muestra cómo se relacionan con el tema y entre sí.

Observe la lista y mapa de ideas que escribieron dos estudiantes para los temas que se presentan a continuación.

TEMA: La tecnología moderna, ¿ha mejorado o empeorado nuestra vida?

Tema: Efectos de la tecnología moderna

- *los adelantos en el campo de la medicina prolongan la vida*
- *mayor eficiencia en los lugares de trabajo*
- *se contamina el medio ambiente*
- *mejora el transporte*
- *las personas perdieron el contacto con la naturaleza*
- *las computadoras invaden nuestra privacidad*

TEMA: ¿Cómo puede hacer un viaje que esté dentro de su presupuesto?

Práctica de GED

Lea todos los temas para la composición. Luego, escriba una lista o haga un mapa de cinco o seis ideas por cada tema. Elabore su propio mapa de ideas o use el modelo en la página 884.

TEMA 1: Cómo afecta a las personas mirar televisión

TEMA 2: Cómo afecta la vida ser aficionado al deporte

TEMA 3: La importancia de tener un diploma de GED o de la escuela superior

TEMA 4: La influencia de la música popular en los jóvenes

Las respuestas comienzan en la página 751.

Determinar la idea principal

Después de reunir las ideas sobre un tema, es necesario determinar la **idea principal** de la composición. La idea principal es lo más importante que usted está tratando de decir sobre el tema. Para determinarla, piense qué tienen en común todas sus ideas.

Por ejemplo, si el tema es los efectos positivos y negativos de la tecnología, fíjese si sus ideas son en su mayoría efectos positivos, negativos o ambos. Si escribió más efectos positivos, su idea principal podría ser *En general, la tecnología ha tenido efectos positivos en la sociedad.*

Observe la lista de ideas que se reunieron para este tema.

TEMA: ¿Tener un automóvil tiene más ventajas o desventajas?

> hay que pagar el seguro
> contamina el aire más que el transporte público
> comprarlo y mantenerlo cuesta más que tomar el autobús
> se puede ir adonde uno quiera, cuando uno quiera
> a veces no se consigue lugar para estacionar
> con el automóvil se tiene más privacidad

Marque con una "X" la oración que mejor describe la idea principal de esta lista.

_____ a. Tener un automóvil tiene muchas ventajas.

_____ b. Ser dueño de un automóvil tiene muchas desventajas.

La mayoría de las ideas están relacionadas con los problemas que tienen los dueños de automóviles. Por lo tanto, una buena idea principal para esta lista sería la *opción (b)*.

Lea el tema y las ideas que se presentan a continuación y escriba la idea principal.

TEMA: ¿Qué es mejor: tener casa propia o alquilar?

> los inquilinos dependen del dueño para las reparaciones
> comprar una casa es una buena inversión
> el dueño es responsable de reparar y mantener
> el inquilino puede ser obligado a mudarse cuando vence
> el contrato
> el costo del alquiler puede aumentar sin previo aviso
> los dueños deben pagar impuestos inmobiliarios

Idea principal: _____

_____

Casi todas estas ideas son ventajas de tener casa propia. Por tanto, la idea principal puede ser *Ser dueño de una casa es mejor que alquilar.*

Práctica de GED

A. **Lea el tema y las ideas que se presentan a continuación y escriba la idea principal.**

   TEMA: Razones por las que hay personas sin hogar

   > vivir de cheque en cheque, ocurre una crisis costosa
   > uso de drogas
   > niños abusados terminan viviendo en la calle
   > no hay suficientes viviendas para personas de bajos recursos

   Idea principal: _____

B. **Observe las listas de ideas que escribió en la página 161 y escriba la idea principal de cada una.**

   TEMA 1: Cómo afecta a las personas mirar televisión

   Idea principal: _____

   TEMA 2: Cómo afecta la vida ser aficionado al deporte

   Idea principal: _____

   TEMA 3: La importancia de tener un diploma de GED o de la escuela superior

   Idea principal: _____

   TEMA 4: La influencia de la música popular en los jóvenes

   Idea principal: _____

C. **Temas adicionales. Elabore una lista o un mapa de ideas y después escriba la idea principal de cada uno.**

   TEMA 1: Los beneficios de hacer ejercicio cotidianamente

   Idea principal: _____

   TEMA 2: Semejanzas y diferencias entre la personalidad de las mujeres y la de los hombres

   Idea principal: _____

   TEMA 3: Causas de estrés en la vida moderna

   Idea principal: _____

Las respuestas comienzan en la página 751.

Repase lo que entendió sobre las destrezas de planificación respondiendo a las siguientes preguntas sobre los temas para la composición de GED de muestra. Para más información y estrategias, vea las páginas 896 y 898.

TEMA

¿La vida es mejor en la ciudad o en un pueblo pequeño?

Escriba una composición en la que explique su punto de vista sobre el tema. Use sus observaciones personales, su experiencia y sus conocimientos para fundamentar su composición.

---

1. Subraye las palabras clave de las instrucciones.

2. ¿Qué tipo de información le indican estas palabras clave que debe incluir en su composición?

   _____

   _____

3. Reflexione sobre el tema. ¿Cuáles son los dos métodos que puede usar para reunir ideas sobre el tema?

   _____

   _____

   _____

4. Una vez que haya reunido ideas sobre el tema, fíjese qué tienen en común. ¿Qué se hace una vez que se reconoce qué tienen en común las ideas?

   _____

   _____

   _____

   _____

Las respuestas comienzan en la página 751.

Organizar

El segundo paso del proceso de escritura es organizar. En esta unidad usted aprenderá a separar las ideas en grupos y a rotularlos. Para que su composición de GED sea efectiva, debe incluir muchas ideas y ejemplos buenos; por lo tanto, también practicará cómo ampliar los grupos de ideas. Además, aprenderá a presentar los grupos de ideas en un orden lógico. Cuando empiece a escribir la composición, estos grupos de ideas serán la base de sus párrafos.

Agrupar y rotular

Una vez que tiene algunas ideas sobre un tema, el paso siguiente es agrupar las ideas y rotular los grupos. Cada grupo de ideas se transformará en un párrafo que apoya la idea principal de la composición.

Para agrupar sus ideas, piense qué tienen en común. Póngalas en un grupo y rotúlelo, o póngale un título, para mostrar cómo se relaciona con la idea principal. Agrupe otras ideas relacionadas y rotúlelas. Si alguna no cabe en algún grupo, táchela.

Este es un ejemplo de cómo una estudiante agrupó las ideas del tema: *¿cómo afecta a la gente mirar TV?* con el que usted trabajó en la Unidad 1. Primero hizo una lista de todas las ideas que se le ocurrieron, sin pensar si se relacionaban.

Idea principal: Mirar televisión tiene efectos positivos y negativos.

Los efectos de mirar televisión

la violencia está en todos lados

las gente ya no lee

ocupa el tiempo de dedicar a su familia

las personas no hacen actividades físicas

los televisores son caros

informa

es una forma de distraerse

entretenimiento

los anuncios hacen que la gente quier cosas

Luego, buscó cómo agrupar las ideas relacionadas. En su lista había incluido efectos positivos y negativos, de modo que encerró en un círculo todos los efectos positivos y los rotuló. Después hizo lo mismo con los efectos negativos. Los rótulos le ayudaron a recordar qué tenían en común las ideas de cada grupo.

Después de ordenar las ideas, se dio cuenta de que una (*los televisores son caros*) no era un efecto y la quitó de la lista.

Los grupos de ideas de la estudiante quedaron así:

Los efectos de mirar televisión

la violencia está en todos lados
la gente ya no lee
ocupa el tiempo de dedicar a su familia
las personas no hacen actividades físicas

Efectos negativos — los televisores son caros

informa
es una forma de distraerse — Efectos positivos
entretenimiento

los anuncios hacen que la gente quiera cosas

Sugerencia

Trate de hacer tres grupos de ideas. Contar con tres grupos le servirá para asegurarse de que tiene suficiente apoyo para su idea principal.

Por lo general, no es difícil separar la lista de ideas en dos grupos. Sin embargo, como usted debe escribir una composición de cinco párrafos, es mejor tener tres grupos de ideas relacionadas. En estos tres grupos se incluirán las ideas para los tres párrafos del medio de la composición, o párrafos de apoyo. Si divide el párrafo más grande en dos grupos, cada uno de los tres grupos puede ser un párrafo de apoyo de la composición.

Para formar los tres grupos, la estudiante se dio cuenta de que podía dividir en dos el grupo más grande: *los efectos negativos de la televisión*. En un grupo se podrían incluir las cosas que eran poco realistas de la televisión. En el otro, se podrían incluir las cosas que las personas dejan de hacer por mirar televisión.

Efectos negativos

Sentido equivocado

querer demasiadas cosas (anuncios)
la violencia está en todos lados

Aleja a las personas de cosas mejores

leer
hacer cosas físicas

Si la escritora hubiera usado un mapa de ideas, muchas de sus ideas ya estarían agrupadas y relacionadas. Sólo necesitaría rotular los distintos grupos, de esta forma:

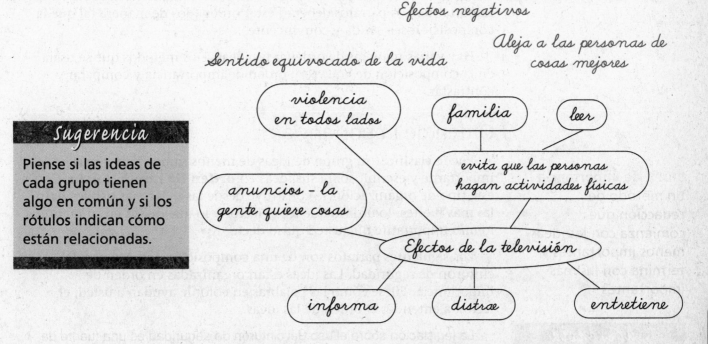

Sugerencia

Piense si las ideas de cada grupo tienen algo en común y si los rótulos indican cómo están relacionadas.

Lea los tres grupos de ideas sobre el tema "¿Cuáles son las ventajas y desventajas de tener un pasatiempo?". Marque con una "X" la oración que no corresponde a ningún grupo. ¿A qué grupo pertenece la otra idea?

_____ a. mi pasatiempo son los bolos

_____ b. se le puede dedicar demasiado tiempo y perder el interés en otras cosas

Las ventajas y desventajas de tener un pasatiempo

Ventajas		Desventajas
Razones prácticas	**Razones emocionales o sociales**	
se puede aprender cosas	divertirse	se puede descuidar cosas que hay que hacer
	aliviar el estrés	
se puede desarollar nuevas destrezas	se puede conocer personas con intereses similares	se puede gastar demasiado dinero

Usted dio la respuesta correcta si eligió la *opción (a)* porque no corresponde a ningún grupo. La *opción (b)* pertenece al grupo *Desventajas* porque es otro efecto negativo de tener un pasatiempo.

Ordenar los grupos

Antes de escribir la composición, es necesario cumplir con otro paso: elegir un orden lógico para presentar los grupos. Como cada uno de los tres grupos de ideas formará un párrafo de su composición, el orden es importante. Los párrafos deberán estar ordenados de manera tal que la composición sea sólida y convincente.

Hay varias maneras de ordenar las ideas. Dos métodos que se usan en la composición de GED son: orden de importancia y comparar y contrastar.

Orden de importancia

Puede clasificar su grupo de ideas de menos importante a más importante y escribir sobre sus ideas en **orden de importancia**. Como este tipo de organización se construye desde las ideas más débiles hasta las más fuertes, lo último que lee el lector y lo que queda en su mente es lo más importante que usted quiso decir.

Los siguientes párrafos son de una composición sobre el uso del cinturón de seguridad. Las ideas están organizadas en orden de importancia. Fíjese cómo las palabras en color le ayudan a usted, el lector, a entender el orden de las ideas.

La legislación sobre el uso del cinturón de seguridad es una fuente de ingresos para las ciudades. Quienes reciben una multa por no llevarlo puesto deben pagar. El dinero se usa para mantener las calles.

Más importante aún, la esta legislación mejora la seguridad vial. Ponerse el cinturón de seguridad hace que la gente conduzca con más cuidado.

Pero la razón principal por la cual la legislación sobre el uso del cinturón de seguridad es acertada es porque salva vidas. Hay muchas personas que están vivas gracias al cinturón de seguridad. Otras se salvaron de sufrir heridas graves.

El escritor ordenó de menor a mayor importancia las razones por las que apoya la legislación sobre el uso del cinturón de seguridad. La más importante, salvar vidas, es la última que se lee. Deja al lector con la impresión más fuerte.

Lea los párrafos en el orden inverso al que fueron escritos. ¿Cómo cambia la efectividad de la composición?

_____

_____

Si la razón más importante está al principio, las otras parecen menos importantes. Pero si la menos importante está al principio, parece válida y cada razón que se agrega contribuye al argumento.

orden de importancia
un método de redacción que comienza con las ideas menos importantes y termina con las más importantes

Comparar y contrastar

comparar y contrastar
un método de organización de ideas en una composición para mostrar en qué se parecen y en qué se diferencian dos cosas

contrastar
analizar los distintos puntos de vista sobre un tema

Cuando se comparan cosas, se muestra en qué se parecen. Cuando se contrastan, se muestra en qué se diferencian. Es posible que en la tarea de redacción de GED le pidan que **compare y contraste** dos cosas, por ejemplo, los problemas del pasado y los que encontramos hoy en día. O le pueden pedir que **contraste** los distintos puntos de vista sobre un tema, como las ventajas y desventajas de un trabajo nocturno.

En su composición sobre los efectos de mirar televisión, la estudiante contrastó los efectos positivos y negativos. Preste atención a las frases que están en color, ya que muestran en qué orden están planteadas las ideas.

No hay duda de que mirar televisión puede tener efectos positivos. Con los noticieros vespertinos, los adultos se mantienen informados sobre los sucesos cotidianos. Incluso pueden adquirir algunos conocimientos prácticos sobre la salud y otros asuntos personales. Los programas educativos, como *Plaza Sésamo*, enseñan a los niños. Además, los dibujos animados, las comedias y los programas de deportes entretienen a toda la familia e incluso proporcionan distracción.

Por otro lado, mirar televisión también tiene efectos negativos. En lugar de usarla como una distracción temporal, algunas personas miran televisión para ignorar sus problemas. La televisión también ocupa el tiempo que debieran dedicar a su familia o a la lectura. De hecho, algunas personas terminan siendo teleadictas y se vuelven inactivas.

Además, la televisión presenta un sentido equivocado de la vida. Los anuncios hacen que la gente quiera cosas. Ven que en los programas hay mucha violencia y creen que la violencia está en todos lados, o incluso pueden llegar a pensar que manejarse con violencia está bien.

Al contrastar los efectos negativos y positivos de mirar televisión, la estudiante hizo entender su idea principal eficazmente. En el primer párrafo analizó los efectos positivos. En el segundo párrafo analizó algunos de los efectos negativos y señaló este contraste con la frase por otro lado. En el tercer párrafo, analizó otros efectos negativos.

Lea los párrafos en el orden inverso al que fueron escritos. ¿Cómo cambia la efectividad de la composición?

_____

_____

Los argumentos más firmes del escritor deben estar cerca del final de la composición. Como los efectos negativos son más que los positivos (alcanzan para completar dos párrafos), la atención se concentra en ellos si los ubicamos al final. Cuando el párrafo sobre los efectos positivos se escribe al final, la composición pierde efectividad. La opinión negativa de la escritora sobre la televisión se debilita. ¿Tuvo esa sensación cuando leyó los párrafos en el orden inverso?

Sugerencia

Estas palabras indican una comparación: *ambos, también, de manera similar, como.* Estas palabras indican contraste: *por otro lado, en contraste, sin embargo, pero, en tanto que, mientras que.*

Práctica GED

Para cada tema de la composición, determine el método de organización y el orden de las ideas que considere que apoyan mejor la idea principal. Numere los grupos en ese orden. Escriba la idea principal de los temas 2 y 3.

TEMA 1: ¿Qué cualidades de la natación hacen que valga la pena practicarla?

Idea principal: Vale la pena practicar natación.

Organización: _____

Beneficios ___	**Poco equipo** ___	**Facilidad y conveniencia** ___
ejercicio saludable	traje de baño	se puede practicar todo el año
poco estrés en el cuerpo	toalla	piscinas públicas
diversión	quizás gafas de natación	playa en el verano
relajación mental		fácil de aprender

TEMA 2: ¿Qué efecto tendría en una persona aprobar las Pruebas de GED?

Idea principal: _____

Organización: _____

Razones personales ___	**Razones laborales** ___	**Razones educativas** ___
sentirse bien consigo mismo	conseguir mejor empleo	mejores destrezas de lectura y matemáticas
aprender a no renunciar	ganar más dinero	posibilidad de ingresar a la universidad
más confianza	más posibilidades de conseguir un ascenso	

TEMA 3: ¿Qué efectos positivos y negativos tiene el énfasis que pone la sociedad en ser delgado?

Idea principal: _____

Organización: _____

Efectos negativos en la sociedad ___	**Efectos positivos en la salud** ___	**Efectos negativos en los individuos** ___
los niños aprenden a burlarse de las personas con sobrepeso	muchas personas se alimentan bien y hacen ejercicio	sentirse mal si no se es delgado
las personas juzgan por las apariencias	menos problemas de salud	algunos se obsesionan por ser delgados
las personas con sobrepeso son discriminadas	menos gastos médicos relacionados con la obesidad	algunos intentan hacer dietas riesgosas para la salud
		puede generar anorexia

Las respuestas comienzan en la página 751.

Repase lo que entendió sobre las destrezas de organización respondiendo a las siguientes preguntas sobre los temas para la composición de GED de muestra. Para más información sobre las estrategias de escritura vea las páginas 896 y 898.

TEMA

¿La vida es mejor en la ciudad o en un pueblo pequeño?

Escriba una composición en la que explique su punto de vista sobre el tema. Use sus observaciones personales, su experiencia y sus conocimientos para fundamentar su composición.

---

1. Usted ya hizo una lista de ideas o un mapa de ideas sobre este tema. ¿Cuál debería ser el primer paso para organizar sus ideas?

2. ¿Qué métodos puede utilizar para generar más ideas?

3. ¿Cuál es el mejor tipo de organización para una composición como ésta? ¿Por qué?

4. ¿En qué orden ubicaría los tres grupos? ¿Por qué?

Las respuestas comienzan en la página 751.

Escribir

Una vez que haya planeado y organizado sus pensamientos e ideas, estará listo para desarrollarlos. Por eso, desarrollar la composición es el tercer paso del proceso de escritura. Debe dedicar unos 25 minutos a desarrollar el primer borrador de su composición.

Las tres partes de una composición

Una composición tiene tres partes fundamentales: introducción, cuerpo y conclusión, en ese orden. Cada parte tiene un objetivo específico.

Para preparar la composición de la Prueba de GED, un estudiante leyó el siguiente tema y luego completó los dos primeros pasos.

> ¿El ejercicio diario es importante para mantener la salud?
>
> Escriba una composición explicando su punto de vista. Use sus observaciones personales, experiencias y conocimientos.

Idea principal: *El ejercicio diario es importante.*

La salud	*Verse mejor*	*Sentirse mejor*
corazón fuerte	perder peso	sentirse bien
respirar mejor	músculos	con uno mismo
más resistencia	firmes	más autoestima
quema calorías	piel y cabello	reducir tensiones
	saludables	sentirse relajado

Luego, el estudiante escribió la siguiente composición. Léala y observe cómo las tres partes están contenidas en los cinco párrafos.

Introdución
- un párrafo
- incluye el tema de la composición
- cuenta la idea principal

Si bien muchas personas hacen ejercicio a diario, otras no. Si los que no hacen ejercicio supieran lo importante que es, todos empezarían una rutina de ejercicios. Hacer ejercicio a diario nos pone en forma. De hecho, además de ponernos en forma, nos ayuda a vernos y sentirnos mejor.

Cuerpo
- tres párrafos
- desarrolla el tema
- apoya la idea principal

En primer lugar, hacer ejercicio a diario es bueno para la salud. Cuando corremos, andamos en bicicleta o practicamos otra actividad aeróbica el corazón se fortalece y respiramos mejor. Estos cambios físicos aumentan la resistencia y nos dan más energía. Además, el trabajo muscular quema más calorías.

El ejercicio ayuda a mejorar no sólo la salud, sino también el aspecto. Dado que el cuerpo quema más calorías, se pierde peso y nos vemos más esbeltos. Los músculos se tonifican. Nuestro aspecto se vuelve más joven y energético. Además, con mejor circulación, la piel y el cabello brillan más.

Todos estos beneficios físicos conducen a lo más importante: el ejercicio diario nos hace sentir mejor. Reduce la tensión muscular y nos relaja. Nos sentimos descansados y listos para las tareas cotidianas, y dormimos mejor. Al vernos mejor, nos sentimos mejor con nuestro cuerpo y con nosotros mismos. Así aumenta la autoestima.

Con todos los beneficios del ejercicio diario, es difícil entender por qué algunas personas prefieren <u>no</u> hacerlo. Si lo hacemos, el cuerpo y la mente nos lo agradecerán.

Párrafos y oraciones temáticas

oración temática
la oración que cuenta la idea principal del párrafo

detalles de apoyo
otras ideas que brindan más información sobre la idea principal

Antes de escribir la composición es necesario saber cómo desarrollar un buen párrafo. Para hacerlo, concéntrese en el grupo de ideas que escribió en el Paso 2. Cada grupo será un párrafo de la composición.

Todos los párrafos deben tener una **oración temática** que cuente la idea principal del párrafo. Las otras ideas son **detalles de apoyo** del párrafo. La oración temática se puede escribir al principio, mitad o final del párrafo. El párrafo se puede redactar de una de tres maneras:

Oración temática – Detalles de apoyo

Detalles de apoyo – **Oración temática** – Detalles de apoyo

Detalles de apoyo – **Oración temática**

Lea los siguientes párrafos. ¿Dónde están las oraciones temáticas?

1. El costo de vida ha aumentado constantemente en las últimas décadas. Hace 40 años un pan costaba 30 centavos. Hoy cuesta seis o siete veces más. Hace 30 años un automóvil nuevo costaba $4,000. Hoy el costo promedio ronda los $14,000. El precio de los inmuebles es otro ejemplo del aumento de los costos. En la década de 1960 el alquiler de un apartamento no llegaba $125 por mes, pero hoy el mismo apartamento cuesta por lo menos $600 al mes.

2. Durante el verano el ingreso a muchas piscinas municipales es gratis o sólo cuesta unos pocos dólares. Los días de campo son una forma de disfrutar del aire libre, especialmente en las frescas tardes de verano. En algunos parques de la ciudad hay obras de teatro o conciertos gratis en vivo. Basta llevar una silla plegable. Los centros de recreación ofrecen actividades para todas las edades, desde cine hasta bolos. Los parques de diversiones y las vacaciones largas son tradicionales; pero las familias con presupuesto reducido también pueden disfrutar el verano.

La primera oración del párrafo 1 es la oración temática. Cuenta la idea principal del párrafo. Las otras oraciones apoyan la idea principal del párrafo con detalles que contrastan el precio del pan, los automóviles y los inmuebles. En el párrafo 2, la oración temática es la última y plantea la idea principal del párrafo.

Práctica de GED

Lea el párrafo. Luego, responda a las preguntas.

1.   Un buen empleado sabe lo importante que es no faltar demasiado al trabajo y cumplir con las tareas. Rara vez se despide a alguien porque la calidad del trabajo no sea buena. En cambio, las personas pierden el trabajo por otras cosas, como no presentarse o no cumplir con las tareas. Los gerentes necesitan saber que pueden contar con que los empleados estarán en sus puestos. Los empleadores no tienen mucha tolerancia con los empleados que hablan tanto con sus compañeros de trabajo que no les alcanza el tiempo para terminar sus tareas.

    a. ¿De qué trata el párrafo? _____

    _____

    b. Subraye la oración temática.

    c. Enumere algunos detalles de apoyo. _____

    _____

    _____

    _____

Escriba una oración temática para cada párrafo.

2.   Fumar es perjudicial para la salud. De hecho, se ha probado que el uso del tabaco en cualquiera de sus formas es dañino. Todos los años mueren miles de personas de cáncer de pulmón y otras tantas mueren por enfermedades cardíacas relacionadas con el hábito de fumar. Fumar es además un hábito caro. Los grandes fumadores llegan a gastar hasta $7 por día en cigarrillos. ¡Son unos $210 por mes! Imagine todo lo que se podría comprar con ese dinero.

    _____

    _____

    _____

3.   Existen grupos de consumidores a los cuales se puede recurrir para pedir ayuda financiera. Ellos revisarán sus finanzas y lo aconsejarán sobre cómo reducir la deuda. Le ayudarán a hacer un presupuesto para pagarle a sus acreedores, e incluso le dirán si su situación financiera es tan complicada que necesita consultar con un abogado. Las personas a las que usted les debe dinero a menudo también cooperarán. Quizás estén dispuestos a reducir la cuota mensual para que usted pueda pagarles. Lo más importante es que usted podrá aprender a vivir dentro de sus posibilidades.

    _____

    _____

    _____

Las respuestas comienzan en la página 752.

Escribir el párrafo introductorio

Un buen párrafo introductorio sirve para varias cosas:

- Dice cuáles son el tema y la idea principal.
- Da un vistazo previo de la composición.
- Puede brindar información de antecedentes.

El tema de una composición se plantea en una oración llamada **tesis**. La tesis es la idea principal de la composición. Para escribirla, reescriba la idea principal del Paso 1. Amplíela agregándole palabras que la expliquen o la refuercen. En este ejemplo se muestra cómo una estudiante amplió la idea principal para convertirla en su tesis.

Idea principal: Me gustan las comedias de televisión.
Tesis: De todos los programas de televisión, prefiero las comedias.

Un buen párrafo introductorio tiene una o más **oraciones introductorias**. Estas oraciones le dicen al lector qué leerá en la composición. Para escribirlas, use los grupos rotulados del Paso 2 y explíquelos en términos generales, breves e interesantes.

Por último, agregue una o dos oraciones de antecedentes que proporcionen información general sobre el tema. Éstas no son necesarias, pero ayudan a introducir el tema.

Éste es el párrafo introductorio de la composición de las páginas 172 y 173. En la etapa de planificación, la idea principal era: "El ejercicio diario es importante".

Subraye la tesis. Encierre en un círculo la oración introductoria.

> *Si bien muchas personas hacen ejercicio a diario, otras no. Si los que no hacen ejercicio supieran lo importante que es, todos empezarían una rutina de ejercicios. Hacer ejercicio a diario nos pone en forma. De hecho, además de ponernos en forma, nos ayuda a vernos y sentirnos mejor.*

La tesis es *Hacer ejercicio a diario nos pone en forma*. La oración introductoria es *De hecho, además de ponernos en forma, nos ayuda a vernos y sentirnos mejor*. Dice de qué tratan los tres párrafos del medio. Las primeras dos oraciones de la introducción son información de antecedentes.

Práctica de GED

Escriba párrafos introductorios para las tareas temáticas que se presentan a continuación. Siga los siguientes pasos.

a. Lea las tareas temáticas. Use los Pasos 1 y 2 para crear grupos de ideas, rotúlelos y escriba la idea principal de cada tema. El tema 1 ya está hecho. Tómelo como modelo.

b. Escriba un párrafo introductorio para cada composición. Escriba cada tema en hojas separadas.

TEMA 1

¿Es justo que los atletas profesionales reciban sueldos tan altos?

Escriba una composición en la que explique su punto de vista. Use sus observaciones personales, su experiencia y sus conocimientos.

Idea principal: Los atletas ganan dinero.

Trabajo físico	**Profesionales**	**Servicio a la comunidad**
requiere un entrenamiento intenso	se entrenan durante mucho tiempo	son un modelo positivo
pueden lesionarse o ser internados en un hospital	trabajan mucho para ser profesionales	hacen anuncios publicitarios contra las drogas
posibilidad de sufrir lesiones a largo plazo	tienen que seguir una dieta estricta	hacen obras de caridad
mucho esfuerzo durante el juego	no tienen privacidad	

TEMA 2

¿Cómo influye el rock en los jóvenes?

Escriba una composición en la que explique las influencias positivas, las influencias negativas o ambas. Use sus observaciones personales, su experiencia y sus conocimientos.

TEMA 3

¿Cuál es la función de los padres?

Escriba una composición en la que analice las responsabilidades de ser padre, los placeres o ambos. Explique su punto de vista con detalles y ejemplos. Use sus observaciones personales, su experiencia y sus conocimientos.

Las respuestas comienzan en la página 752.

Escribir los párrafos del cuerpo

Ahora está listo para escribir los párrafos del cuerpo de su composición. Estos tres párrafos desarrollan el tema y sustentan la tesis del párrafo introductorio con ideas de apoyo.

Para escribir los tres párrafos del cuerpo use los grupos de ideas ampliados del Paso 2. Siga el orden que eligió para los grupos. Use el rótulo que dio al primer grupo para escribir la oración temática de ese párrafo. Luego use las ideas del grupo para escribir las oraciones de apoyo del párrafo. Tenga siempre a mano la lista para asegurarse de que las oraciones de apoyo responden al tema.

Siga los mismos pasos para escribir los siguientes dos párrafos.

Éstos son los párrafos del cuerpo de la composición sobre el ejercicio de las páginas 172 y 173. Compare los párrafos con los tres grupos de ideas. Observe cómo las oraciones temáticas subrayadas expresan la idea principal del párrafo. Observe también que el escritor agregó detalles que no están en los grupos. Mientras estaba escribiendo los párrafos del cuerpo, se le ocurrieron otras ideas.

Sugerencia

Puede poner una oración temática al principio, a la mitad o al final de un párrafo, pero es mejor ponerla al inicio para que su lector sepa de qué trata el párrafo.

La salud

corazón fuerte
respirar mejor
más resistencia
quema calorías

En primer lugar, hacer ejercicio a diario es bueno para la salud. Cuando corremos, andamos en bicicleta o practicamos otra actividad aeróbica, el corazón se fortalece y respiramos mejor. Estos cambios físicos aumentan la resistencia y nos dan más energía. Además, el trabajo muscular quema más calorías.

Verse mejor

perder peso
músculos firmes
piel y cabello
   saludables

El ejercicio ayuda a mejorar no sólo la salud, sino también el aspecto. Dado que el cuerpo quema más calorías, se pierde peso y nos vemos más esbeltos. Los músculos se tonifican. Nuestro aspecto se vuelve más joven y energético. Además, con mejor circulación, la piel y el cabello brillan más.

Sentirse mejor

sentirse bien con
uno mismo
más autoestima
reducir tensiones
sentirse relajado

Todos estos beneficios físicos conducen a lo más importante: el ejercicio diario nos hace sentir mejor. Reduce la tensión muscular y nos relaja. Nos sentimos descansados y listos para las tareas cotidianas, y dormimos mejor. Al vernos mejor, nos sentimos mejor con nuestro cuerpo y con nosotros mismos. Así aumenta la autoestima.

Mire el primer grupo de ideas de la página 177 sobre el sueldo de los atletas. Escriba la oración temática en otra hoja. Luego escriba las oraciones de apoyo.

Compare su trabajo con el siguiente párrafo del cuerpo de muestra. La oración temática está subrayada: *El trabajo del atleta profesional requiere de un trabajo físico exigente. Los atletas deben entrenarse intensamente para estar en forma. Ponen un gran esfuerzo en cada juego. Además, los atletas se pueden lastimar durante un juego y a veces es preciso internarlos en un hospital. La posibilidad de sufrir lesiones a largo plazo es una amenaza constante.*

Práctica de GED

Use lo que escribió en la sección Enfoque en las destrezas de GED, página 177. Siga estos pasos en cada tarea temática. Use la misma hoja de los párrafos introductorios.

a. Repase la lista de ideas y el párrafo introductorio que escribió.

b. Siga el orden que eligió para las listas.

c. Use los rótulos para escribir oraciones temáticas.

d. Use las ideas del grupo para escribir oraciones de apoyo.

e. Agregue detalles a medida que se le ocurran.

1. Escriba tres párrafos del cuerpo que justifiquen los sueldos altos de los atletas profesionales.

2. Escriba tres párrafos del cuerpo acerca de si el rock es una mala influencia para los jóvenes, una buena influencia o ambas.

3. Escriba tres párrafos del cuerpo acerca de las responsabilidades de ser padre, los placeres o ambos.

Las respuestas comienzan en la página 752.

Desarrollar los párrafos del cuerpo

Para escribir una composición efectiva es necesario desarrollar las ideas. Desarrollar significa explicar con detalles y ejemplos.

Cuando se desarrollan las ideas en un párrafo del cuerpo, se apoya la oración temática del párrafo. A su vez, las tres oraciones temáticas de los párrafos del cuerpo apoyan la tesis de toda la composición. De esta manera, se escribe una composición sólida.

Observe cómo el escritor de la composición sobre el ejercicio apoyó algunas de sus primeras ideas agregando detalles que las explican.

Ideas de apoyo	Detalles en el párrafo del cuerpo
• quema calorías	el trabajo muscular quema más calorías
• perder peso	se pierde peso y nos vemos más esbeltos

En un ejemplo se nombra a una persona o se explica una situación que ilustra lo que se quiere decir. Lea los ejemplos que el escritor agregó a la composición sobre el ejercicio para ilustrar las ideas de apoyo.

Ideas de apoyo	Ejemplos en el párrafo del cuerpo
• ejercicio periódico	nos acostumbramos a correr, andar en bicicleta o practicar alguna otra actividad aeróbica
• sentirse más relajado	nos sentimos descansados y listos para las tareas cotidianas y dormimos mejor

En la composición sobre los sueldos de los atletas, una de las ideas de apoyo del tercer párrafo es: "Los atletas son un modelo positivo".

Para desarrollar esta idea, piense en un atleta que haya sido un modelo positivo. ¿Qué fue lo que hizo?

_____

_____

Una respuesta posible es: *Al admitir que era VIH positivo, el jugador de básquet Magic Johnson contribuyó a reducir el estigma de la enfermedad.*

Escribir el párrafo final

El último párrafo de la composición es el párrafo final. Da la misma información que el párrafo introductorio, pero está escrito desde una perspectiva distinta. En lugar de introducir las ideas de la composición, el párrafo final las repasa, replantea la tesis y resume las ideas de apoyo. Por ejemplo, vuelva a leer el párrafo final de la composición sobre el ejercicio.

> Con todos los beneficios del ejercicio diario, es difícil entender por qué algunas personas prefieren *no* hacerlo. Si lo hacemos, el cuerpo y la mente nos lo agradecerán.

La tesis del párrafo introductorio es *Hacer ejercicio a diario nos pone en forma*. La última oración del párrafo final replantea esa idea de la siguiente forma: *Si lo hacemos, el cuerpo y la mente nos lo agradecerán.*

Los detalles de apoyo de la composición analizaron tres beneficios de hacer ejercicio: más salud, verse mejor, sentirse mejor. Estos detalles se resumen en la frase: *Con todos los beneficios del ejercicio diario.*

Por último, en la conclusión también se incluye este fuerte enunciado sobre el tema que deja una impresión en la mente del lector: *es difícil entender por qué algunas personas prefieren no hacerlo.*

Vuelva a leer el párrafo introductorio y los párrafos del cuerpo que escribió para la composición sobre el sueldo de los atletas de las páginas 177 y 179. Escriba el párrafo final de la composición en la misma hoja.

Éste es un posible párrafo final:
Los atletas profesionales nos ofrecen horas de entretenimiento y también brindan un valioso servicio a la comunidad. Se esfuerzan muchísimo para hacerlo posible. Teniendo en cuenta lo que contribuyen, los sueldos altos que cobran están más que justificados. De hecho, deberían pagarles más.

Su párrafo final puede ser distinto, pero debe replantear la tesis y resumir las tres ideas principales de los tres párrafos del cuerpo. También debe incluir un último enunciado que deje una gran impresión.

Práctica de GED

Vuelva a mirar el párrafo introductorio y los párrafos del cuerpo que escribió para las composiciones sobre el rock y los padres de las páginas 177 y 179. Luego complete los siguientes ejercicios.

1. Escriba un párrafo final para la composición sobre las formas en que el rock influye en los jóvenes.

_____
_____
_____
_____
_____
_____
_____
_____

2. Escriba un párrafo final para la composición sobre las responsabilidades de ser padre, los placeres o ambos.

_____
_____
_____
_____
_____
_____
_____
_____
_____

Las respuestas comienzan en la página 752.

Composición • Escribir

Repase lo que entendió sobre cómo escribir un primer borrador respondiendo a las siguientes preguntas sobre los temas para la composición de GED de muestra. Para más información sobre las estrategias de escritura vea las páginas 896 y 898.

TEMA

¿La vida es mejor en la ciudad o en un pueblo pequeño?

Escriba una composición en la que explique su punto de vista sobre el tema. Use sus observaciones personales, su experiencia y sus conocimientos para fundamentar su composición.

---

1. ¿Qué tres partes incluiría en una composición sobre este tema?

_____

_____

2. ¿Qué tipo de información debería estar en el párrafo introductorio?

_____

_____

_____

3. ¿Cómo decidiría cuántos párrafos del cuerpo debería escribir?

_____

_____

_____

4. ¿Cómo escribiría la oración temática y los detalles de apoyo de los párrafos del cuerpo?

_____

_____

_____

5. ¿Qué tipo de información debería estar en el párrafo final? ¿En qué se diferencia del párrafo introductorio?

_____

_____

_____

_____

Las respuestas comienzan en la página 752.

Evaluar

Una vez que entregue la composición, lectores entrenados la evaluarán y le asignarán una puntuación. Por eso, evaluar la composición es el cuarto paso.

Método holístico de puntuación

Su composición será evaluada según el método holístico, lo cual significa que se juzgará según la efectividad general que tenga. Para los evaluadores, los aspectos más importantes de la composición son la claridad con que presenta la tesis y cómo la justifica. Si tiene algunos errores de ortografía o gramática, no recibirá una puntuación baja, pero si tiene demasiados, quizás sí. Los evaluadores calificarán la composición según cómo usted:

- enfoque y desarrolle los puntos principales
- organice la composición
- dé ejemplos y detalles específicos para apoyar los puntos principales
- haga un uso claro y preciso de las palabras
- use correctamente la estructura de las oraciones, la gramática, la ortografía y la puntuación

En la página 185 se encuentra una muestra de la Guía completa de puntuación para composiciones de GED con explicaciones detalladas de las características que buscan los evaluadores cuando leen una composición.

Las composiciones con una puntuación de 1 ó 1.5 se consideran desaprobadas y el estudiante debe repetir los ejercicios de opción múltiple y la composición de la Prueba de Redacción de GED. Si en la composición obtiene una puntuación de 2 o más, se aplica una fórmula para encontrar una puntuación combinada para las Partes I y II de la Prueba de Redacción.

Guía de puntuación para composiciones de GED

	1 Inadecuado	2 Marginal	3 Adecuado	4 Eficaz
Cómo responde al tema de composición	El lector tiene dificultad en captar o seguir las ideas del escritor.	El lector tiene dificultad ocasionalmente para comprender o seguir las ideas del escritor.	El lector comprende las sigue con facilidad la expresión de ideas del escritor.	El lector comprende y sigue con facilidad la expresión de ideas del escritor.
	Intenta responder al tema pero apenas logra o no logra establecer un enfoque claro.	Responde al tema, aunque puede cambiar el enfoque.	Usa el tema de la composición para establecer una idea principal.	Presenta con claridad una idea principal que responde al tema.
Organización	No logra organizar sus ideas.	Demuestra cierta evidencia de un plan organizacional.	Usa un plan organizacional discernible.	Establece una organización clara y lógica.
Desarrollo y detalles	Demuestra muy poco o nada de desarrollo; le suelen faltar detalles o ejemplos, o presenta información irrelevante.	Tiene cierto desarrollo pero carece de detalles específicos; puede limitarse a una lista, repeticiones o generalizaciones.	Desarrolla el tema pero ocasionalmente es irregular; incorpora algún detalle específico.	Logra un desarrollo coherente con detalles y ejemplos específicos y pertinentes.
Convenciones del español escrito	Exhibe un dominio mínimo o nulo de la estructura oracional y de las convenciones del español escrito.	Puede demostrar un dominio inconsistente de la estructura oracional y de las convenciones del español escrito.	Generalmente domina la estructura oracional del español escrito.	Domina con constancia la estructura gramatical y las convenciones del español escrito.
Uso de palabras	Usa palabras imprecisas e inadecuadas.	Usa una gama limitada de palabras, incluyendo a menudo algunas inadecuadas.	Usa una gama de palabras apropiadas.	Usa una gama de palabras variadas y precisas.

Lea la siguiente composición de muestra y la puntuación que probablemente reciba.

TEMA

¿La vida es mejor en la ciudad o en un pueblo pequeño?

Escriba una composición en la que explique su punto de vista sobre el tema. Use sus observaciones personales, su experiencia y sus conocimientos para fundamentar su composición.

La vida en la gran ciudad y la vida en un pueblo pequeño son muy distintas. Vivir en la ciudad tiene ventajas y desventajas, así como los pueblos tienen cosas buenas y malas.

Algunas de las cosas malas de la vida en la ciudad son el alto índice de delincuencia, las viviendas abarrotadas de gente y la gran cantidad de trafico. La vida en la ciudad también puede ser muy placentera ya que tiene más lugares de trabajo y de diversión.

El ritmo de vida en un pueblo pequeño es más lento. Las personas son más amigables porque el índice de delincuencia es menor. Las casas no están tan cerca unas de otras y las carreteras no están tan atestadas de autos porque hay menos oportunidades de trabajo y diversión.

En mi opinión la vida en un pueblo pequeño es mucho mejor que la vida en la ciudad porque la vida a un ritmo menos acelerado es más gratificante.

Es probable que esta composición reciba una puntuación de 2. Está organizada, pero en la introducción no se menciona el tema directamente aclarando si el escritor cree que la vida es mejor en un pueblo pequeño o en la ciudad; también hay algunos errores en las convenciones del español, principalmente de ortografía.

Lea en la guía de puntuación sobre el desarrollo y los detalles en una composición con una puntuación de 2. Compare esa descripción con la composición anterior. ¿Por qué otra razón esta composición recibió un 2?

La composición no desarrolla los detalles, se limita a enumerarlos en el primer párrafo del cuerpo y los repite en el segundo.

Composición • Evaluar

Evaluar una composición

Cuando se evalúa una composición de GED, se consideran cinco áreas: cómo responde al tema de la composición, organización, desarrollo y detalles, convenciones del español escrito (estructura de las oraciones, uso, ortografía, mayúsculas y puntuación) y uso de palabras. Puede consultar la siguiente lista para evaluar su composición.

Sugerencia

Los evaluadores de GED experimentados leen una composición una vez y entonces le asignan una puntuación. Sin embargo, cuando usted evalúe su composición, léala más de una vez para ver cómo puede mejorarla y obtener una puntuación más alta.

Sí	No	**Cómo responde al tema de la composición**
☐	☐	(1) ¿Hay una idea principal claramente presentada?
☐	☐	(2) ¿La composición desarrolla el tema asignado?

Organización

Sí	No	
☐	☐	(3) ¿Hay una tesis e introducción en el párrafo introductorio?
☐	☐	(4) ¿En todos los párrafos del cuerpo hay una oración temática y detalles relacionados con ella?
☐	☐	(5) ¿El párrafo final vuelve a expresar la tesis y repasa las ideas?
☐	☐	(6) ¿Es fluida la transición entre los párrafos y entre las oraciones?

Desarrollo y detalles

Sí	No	
☐	☐	(7) ¿Los párrafos incluyen detalles específicos y ejemplos que apoyan las oraciones temáticas?
☐	☐	(8) ¿La composición apoya la tesis?
☐	☐	(9) ¿La composición tiene sólo los detalles necesarios?

Convenciones del español escrito

Sí	No	
☐	☐	(10) ¿Están las ideas presentadas en oraciones completas?
☐	☐	(11) ¿Se utilizan oraciones con estructuras diferentes?
☐	☐	(12) ¿Hay concordancia entre los sujetos y los verbos?
☐	☐	(13) ¿Se utilizan los tiempos verbales correctamente?
☐	☐	(14) ¿Se utilizan los signos de puntuación correctamente?
☐	☐	(15) ¿Es correcta la ortografía?
☐	☐	(16) ¿Es correcto el uso de las mayúsculas?

Uso de palabras

Sí	No	
☐	☐	(17) ¿Se utilizan palabras variadas y apropiadas?
☐	☐	(18) ¿Se utilizan palabras de manera precisa?

Sugerencia

Cuando evalúe su composición de GED, léala detenidamente para asegurarse de que sus ideas estén claramente presentadas. Pregúntese: "¿Otro lector entendería lo que escribí?."

Para evaluar su composición, léala al menos dos veces. En la primera lectura, concéntrese en las tres primeras áreas de la lista: cómo responde al tema de la composición, organización y desarrollo y detalles. Estas preguntas le permiten evaluar la presentación que ha hecho de las ideas. En la segunda lectura, concéntrese en las dos últimas áreas de la lista: convenciones del español escrito y uso de palabras.

Práctica de GED

Las dos composiciones que se presentan en esta página y la siguiente fueron escritas respondiendo a la tarea de redacción de la página 186 sobre las diferencias entre la vida en la ciudad y en un pueblo pequeño. Evalúe las composiciones solo o con un compañero siguiendo los siguientes pasos.

1. Lea las composiciones una vez para evaluarlas como lo haría un evaluador de GED. Asigne una puntuación de 1 a 4 según la guía de puntuación de GED de la página 185.

2. Evalúe las composiciones nuevamente para mejorar la presentación de las ideas. Responda a las preguntas de las tres primeras áreas de la lista que le sigue a cada composición.

3. Verifique las composiciones una tercera vez para evaluar el manejo de las convenciones del español escrito y el uso de palabras. Responda a las preguntas de las dos últimas áreas de la lista que le sigue a cada composición.

Composición 1

Creo que la vida rural es mejor que la urbana. Porque se ahorra tiempo y dinero. No hay que ir tanto al almacén. No hay que ir y venir en autobús. Se puede lavar a mano la ropa de cada uno. Es menos complicado. El índice de delincuencia es muy bajo. Menos tráfico. Menos preocupación por los asaltos o los robos porque el pueblo es muy pequeño. Las personas de la comunidad. Parecen muy amables. La atmósfera tiene olor a limpio.

Prefiero vivir en un pueblo pequeño. La vida rural es más relajada y menos costosa que la vida en una gran ciudad.

El ritmo de vida en un pueblo pequeño es mucho más relajado que la vida vivir en una gran ciudad. En los pueblos pequeños, las personas no están tan apuradas. Tienen tiempo para dedicarle a los demás y a los pequeños placeres de la vida. Como hay menos personas, la cola en el banco, el almacén y el correo es más corta. Las personas no se estresan tanto porque estas actividades cotidianas llevan menos tiempo que en la gran ciudad. No hay congestionamientos de tránsito y las personas no se preocupan porque llegan tarde a una cita. Estas pequeñas cosas contribuyen a que haya menos complicaciones y una atmósfera más relajada.

El costo de vivir en una gran ciudad también es una desventaja. ~~Vivir~~ La vivienda en los pueblos rurales es más barata y la comida cuesta menos. Las escuelas privadas no son tan comunes de modo que la educación no cuesta tanto. Hay menos motivos para tener que vestirse bien y comprar ropa no tiene tanta importancia. Tener lo mismo que el vecino de al lado no es tan importante. Se puede ser uno mismo.

La vida en un pueblo pequeño es más relajada y menos costosa. Prefiero vivir en un pueblo pequeño toda la vida.

	Composición 1				Composición 2		
○	○	○	○	○	○	○	○
1	2	3	4	1	2	3	4

Composición 1　　**Composición 2**

Composición 1		Composición 2		
Sí	No	Sí	No	**Cómo responde al tema de la composición**
☐	☐	☐	☐	(1) ¿Hay una idea principal claramente presentada?
☐	☐	☐	☐	(2) ¿La composición desarrolla el tema asignado?
				Organización
☐	☐	☐	☐	(3) ¿Hay una tesis e introducción en el párrafo introductorio?
☐	☐	☐	☐	(4) ¿En todos los párrafos del cuerpo hay una oración temática y detalles relacionados con ella?
☐	☐	☐	☐	(5) ¿El párrafo final vuelve a expresar la tesis y repasa las ideas?
☐	☐	☐	☐	(6) ¿Es fluida la transición entre los párrafos y entre las oraciones?
				Desarrollo y detalles
☐	☐	☐	☐	(7) ¿Los párrafos incluyen detalles específicos y ejemplos que apoyan las oraciones temáticas?
☐	☐	☐	☐	(8) ¿La composición apoya la tesis?
☐	☐	☐	☐	(9) ¿La composición tiene sólo los detalles necesarios?
				Convenciones del español escrito
☐	☐	☐	☐	(10) ¿Están las ideas presentadas en oraciones completas?
☐	☐	☐	☐	(11) ¿Se utilizan oraciones con estructuras diferentes?
☐	☐	☐	☐	(12) ¿Hay concordancia entre los sujetos y los verbos?
☐	☐	☐	☐	(13) ¿Se utilizan los tiempos verbales correctamente?
☐	☐	☐	☐	(14) ¿Se utilizan los signos de puntuación correctamente?
☐	☐	☐	☐	(15) ¿Es correcta la ortografía?
☐	☐	☐	☐	(16) ¿Es correcto el uso de las mayúsculas?
				Uso de palabras
☐	☐	☐	☐	(17) ¿Se utilizan palabras variadas y apropiadas?
☐	☐	☐	☐	(18) ¿Se utilizan palabras de manera precisa?

Las respuestas comienzan en la página 752.

Dado que no puede llevar una lista de evaluación a la prueba de composición de GED, es una buena idea recordar la mayor cantidad de criterios que pueda. Escriba los criterios que recuerde para los siguientes puntos. Para más información sobre las estrategias de escritura vea las páginas 897 y 898.

1. Cómo responde al tema de la composición

_____

_____

_____

2. Organización

_____

_____

_____

_____

3. Desarrollo y detalles

_____

_____

_____

4. Convenciones del español escrito

_____

_____

_____

_____

5. Uso de palabras

_____

_____

_____

Las respuesta comienzan en la página 752.

Revisar

Usted tendrá 45 minutos para planear, desarrollar y revisar su composición de GED. No tendrá tiempo para escribir un segundo borrador pero debe reservar algún tiempo para repasar el trabajo y hacer cambios. Por eso, revisar es el siguiente paso.

Revisar las ideas y la organización

Cuando se evalúa la composición, se identifican las áreas que es necesario reforzar o corregir. Cuando se revisa la composición, se decide cómo cambiarlas y luego se hacen los cambios.

Primero, evalúe y revise las ideas y la organización. Luego, evalúe y revise el uso que usted hizo de las convenciones del español escrito. Este segundo paso de la revisión a veces se denomina corrección.

Cuando evaluó la presentación de las ideas, usted se hizo tres grupos de preguntas:

Sí	No	
		Cómo responde al tema de la composición
☐	☐	(1) ¿Hay una idea principal claramente presentada?
☐	☐	(2) ¿La composición desarrolla el tema asignado?
		Organización
☐	☐	(3) ¿Hay una tesis e introducción en el párrafo introductorio?
☐	☐	(4) ¿En todos los párrafos del cuerpo hay una oración temática y detalles relacionados con ella?
☐	☐	(5) ¿El párrafo final vuelve a expresar la tesis y repasa las ideas?
☐	☐	(6) ¿Es fluida la transición entre los párrafos y entre las oraciones?
		Desarrollo y detalles
☐	☐	(7) ¿Los párrafos incluyen detalles específicos y ejemplos que apoyan las oraciones temáticas?
☐	☐	(8) ¿La composición apoya la tesis?
☐	☐	(9) ¿La composición tiene sólo los detalles necesarios?

Las respuestas a este cuestionario indican qué partes de la composición necesita revisar. Por ejemplo, si en la pregunta 3 respondió *no*, decida cómo agregar una tesis para el tema de la composición. Cuando agregue oraciones, use marcas de revisión. Si en la pregunta 9 respondió *no*, decida en qué frases u oraciones se tratan cosas que no están relacionadas directamente con el tema y luego elimínelas.

Sugerencia

La composición se puede revisar en cualquier momento. Por ejemplo, usted puede corregir una palabra mal escrita o un error de puntuación en cuanto lo vea. Sin embargo, no dedique demasiado tiempo a la corrección hasta que no haya escrito el primer borrador.

Observe cómo una escritora revisó su composición sobre el tema: "Explique si usted considera que es mejor vivir en un solo lugar o mudarse seguido y vivir en distintos lugares".

Observe que la escritora aplicó algunos de los siguientes métodos de revisión:

- Hacer correcciones o agregar ideas entre líneas o al margen.
- Usar el signo de intercalación (^) para indicar dónde debe ir el texto agregado.
- Tachar las palabras o frases que se desea eliminar.
- Volver a escribir las partes ilegibles o demasiado desordenadas.

Idea principal: *Es mejor vivir en distintos lugares que quedarse en uno solo.*

Muchas personas viven toda su vida en un solo lugar y les gusta pero yo prefiero tener la experiencia de vivir en distintos lugares. Vivir en un solo lugar nos da seguridad pero este estilo de vida tiene muchas desventajas. Vivir en lugares nuevos es emosionante y educativo.

A decir verdad, vivir en un lugar durante mucho tiempo ofrece algunas ventajas. Se sabe dónde está todo y la rutina nos da seguridad. Si se necesita ayuda, se puede recurrir a un amigo o un vecino. ^Es fácil cobrar cheques y hacer otras diligencias porque todos se conocen.

Yo creo que estas ventajas pierden importancia ante las desventajas de vivir en un solo lugar. La comodidad de la rutina fácilmente nos puede hacer sentir estancados. Vemos a las mismas personas y hacemos las mismas cosas una y otra vez ... ¡y eso es muy aburrido! ^Finalmente, se Nunca surgen ideas nuevas y otras formas de pensar. empieza a tener un concepto limitado de cómo es el mundo.

Mudarse a otra ciudad o a otro pueblo es una aventura. Todo es nuevo. Se tendrán nuevas experiencias habrá nuevas cosas para ver y hacer. Quizás se esté cerca de las montañas o del mar. Se puede aprender a esquiar o a hacer surf. ~~Pero hay que tener en cuenta que las llamadas de larga distancia son caras.~~ Mudarse nos ofrece oportunidades que antes no teníamos. Lo mejor de todo es que se puede conocer a muchas personas y hacer muchos amigos nuevos.

¡Así que anímese! Encuentre un lugar que crea que le va a gustar, haga las valijas y múdese. Decida si la mudanza la va a hacer usted mismo o si contratará a una empresa de mudanzas. Tendrá muchas más experiencias emocionantes que las personas que viven en un solo lugar durante toda su vida.

Cuando la escritora comenzó a evaluar su composición, buscó ideas que no se relacionaban con la idea principal. En el cuarto párrafo encontró una oración que no le pareció apropiada, de modo que la tachó.

Luego se fijó en las ideas que había reunido y organizado en los Pasos 1 y 2. En el segundo párrafo agregó una oración sobre las ventajas de cobrar cheques. Luego pensó en otro detalle de apoyo y en el tercer párrafo agregó una oración sobre las nuevas ideas que se nos pueden presentar.

Evalúe nuevamente el último párrafo de la composición usando la lista de la página 192. Busque otro cambio que pueda hacerse.

Tiene que haber tachado: *Decida si la mudanza la va a hacer usted mismo o si contratará a una empresa de mudanzas,* porque no se relaciona con el tema del párrafo.

Revisar las convenciones del español escrito

Después de revisar las ideas y la organización de la composición, debe evaluar el uso de las convenciones del español escrito y de las palabras y, si es necesario, revisar la composición. Para evaluar (Paso 4), usted se hizo estos dos grupos de preguntas:

Sí | No | Convenciones del español escrito

☐ ☐ (10) ¿Están las ideas presentadas en oraciones completas?

☐ ☐ (11) ¿Se utilizan oraciones con estructuras diferentes?

☐ ☐ (12) ¿Hay concordancia entre los sujetos y los verbos?

☐ ☐ (13) ¿Se utilizan los tiempos verbales correctamente?

☐ ☐ (14) ¿Se utilizan los signos de puntuación correctamente?

☐ ☐ (15) ¿Es correcta la ortografía?

☐ ☐ (16) ¿Es correcto el uso de las mayúsculas?

Uso de palabras

☐ ☐ (17) ¿Se utilizan palabras variadas y apropiadas?

☐ ☐ (18) ¿Se utilizan palabras de manera precisa?

Las respuestas del cuestionario indican qué correcciones debe hacer, por ejemplo, corregir una oración agregando las palabras necesarias y usar un signo de intercalación para indicar dónde deben insertarse. Si las palabras están mal escritas, táchelas y escriba encima la palabra correcta.

Vuelva a leer la composición en la que se compara vivir en un solo lugar y vivir en distintos lugares. La escritora terminó el segundo paso de la revisión y corrigió los errores en las convenciones del español escrito. Los cambios están señalados en color.

Muchas personas viven toda su vida en un solo lugar y les gusta pero yo prefiero tener la experiencia de vivir en distintos lugares. Vivir en un solo lugar nos da seguridad pero este estilo de vida tiene muchas desventajas. Vivir en lugares nuevos es ~~emosionante~~ emocionante y educativo.

A decir verdad, vivir en un lugar durante mucho tiempo ofrece algunas ventajas. Se sabe dónde está todo y la rutina nos da seguridad. Si se necesita ayuda, se puede recurrir a un amigo o un vecino. ^Es fácil cobrar cheques y hacer otras diligencias porque todos se conocen.

Yo creo que estas ventajas pierden importancia ante las desventajas de vivir en un solo lugar. La comodidad de la rutina fácilmente nos puede hacer sentir estancados. Vemos a las mismas personas y hacemos las mismas cosas una y otra vez ... ¡y eso es muy aburrido! Finalmente, se *Nunca surgen ideas nuevas y otras formas de pensar.* empieza a tener un concepto limitado de cómo es el mundo.

Mudarse a otra ciudad o a otro pueblo es una aventura. Todo es nuevo. Se tendrán nuevas experiencias. Habrá nuevas cosas para ver y hacer. Quizás se esté cerca de las montañas o del mar. Se puede aprender a esquiar o a hacer surf. ~~Pero hay que tener en cuenta que las llamadas de larga distancia son caras.~~ Mudarse nos ofrece oportunidades que antes no teníamos. Lo mejor de *un gran número de* todo es que se puede conocer a ~~muchas~~ personas y hacer muchos amigos nuevos.

¡Asíque anímese! Encuentre un lugar que crea que le va a gustar, haga las valijas y múdese. ~~Decida si la mudanza la va a hacer usted mismo o si contratará a una empresa de mudanzas.~~ Tendrá muchas más experiencias emocionantes que las personas que viven en un solo lugar durante toda su vida.

La escritora corrigió una palabra mal escrita en el primer párrafo y una oración seguida en el cuarto párrafo. Luego, se dio cuenta de que en la última oración de ese párrafo podía mejorar el uso de palabras cambiando *muchas* por *un gran número de*.

Consulte la lista de la página 195 para corregir los errores del párrafo final. Si es necesario, revíselo.

Asíque está mal escrito. Usted debió separar las dos palabras para corregir este párrafo: *Así que*.

Práctica de GED

Lea la siguiente composición sobre la popularidad de los restaurantes de comida rápida. Corrija el uso de las convenciones del español escrito. Si lo necesita, consulte la lista de la página 195. Haga los cambios directamente en la composición.

En los últimos años, ha habido un aumento de la cantidad de restaurantes de comida rápida en todo el país. No es difícil entender por qué. El aumento se debe a su conveniencia, los precios y al número cada vez mayor de familias en las que ambos padres trabajan fuera del hogar.

Los restaurantes de comida rápida están ubicados en lugares muy convenientes. Se construyen cerca de las empresas, y al costado de las carreteras. Además, generalmente ofrecen menús rápidos con unos pocos productos se puede decidir rápido y fácilmente lo que se quiere pedir.

Estos restaurantes también ofrecen precios bajos. Las hamburguesas sólo un par de dólares. El bar de ensaladas en general también es accesible. Además, al comer en un restaurante de comida rápida, no se gasta dinero en comprar comida para tener en casa o en gas o electricidad para cocinarla.

Por último, cada ves más familias están compuestas de padres que trabaja. Cuando llegan a casa, los padres están cansados y no quieren cocinar quieren pasar tiempo con sus hijos. Por lo tanto, suben todos al auto y se dirijen al primer restaurante de comida rápida que encuentran.

Es fácil de comprender la popularidad de la comida rápida y el aumento de restaurantes que la ofrecen. Estos restaurantes les ofrecen a las personas que están cansadas y con ambre exactamente lo que quieren.

Las respuesta comienzan en la página 752.

Repase lo que entendió sobre cómo revisar respondiendo a las siguientes preguntas sobre los temas para la composición de GED de muestra. Para más información sobre estrategias de escritura vea las páginas 897 y 898.

TEMA

¿La vida es mejor en ciudad o en un pueblo pequeño?

Escriba una composición en la que explique su punto de vista sobre el tema. Use sus observaciones personales, su experiencia y sus conocimientos para fundamentar su composición.

---

1. Una vez que haya escrito el primer borrador de la composición, ¿cuál es el paso siguiente: evaluar y revisar las ideas de la composición o evaluar y corregir el uso de las convenciones del español escrito? ¿Por qué?

   _____

   _____

   _____

2. ¿Cómo puede hacer cambios a la composición sin volver a escribirla? Mencione al menos tres métodos.

   _____

   _____

   _____

   _____

   _____

3. ¿Cómo debe decidir lo que hay que cambiar?

   _____

   _____

   _____

4. ¿Cómo puede determinar si incluyó todas las ideas que quería incluir?

   _____

   _____

   _____

Las respuestas comienzan en la página 753.

Use estos temas para adquirir más experiencia en la redacción de composiciones de GED. Use su propia estrategia para preparar la prueba siguiendo los pasos. Escriba cada composición en menos de 45 minutos. Su composición debe ser lo suficientemente larga como para desarrollar el tema adecuadamente. Para más información sobre cómo escribir una composición efectiva, vea la lista del escritor en la página 899.

TEMA 1

Describa de qué manera las computadoras han afectado nuestras vidas.

Escriba una composición en la que analice los efectos positivos, los efectos negativos o ambos.

TEMA 2

¿Por qué a tantas personas les gusta mirar deportes?

Escriba una composición explicando las razones. Use sus observaciones personales, su experiencia y sus conocimientos para fundamentar su composición.

TEMA 3

¿Cuáles son las ventajas y las desventajas de no tener hijos?

Escriba una composición analizando las ventajas y desventajas de decidir no tener hijos. Use sus observaciones personales, su experiencia y sus conocimientos para fundamentar su composición.

TEMA 4

Compare y contraste la persona que es hoy con la persona que era hace cinco o diez años.

Escriba una composición en la que explique cómo cambió.

TEMA 5

Compare y contraste la persona que es hoy con la persona que era hace cinco o diez años.

Escriba una composición en la que explique cómo cambió.

Las respuestas comienzan en la página 753.

ESTUDIOS SOCIALES

La Prueba de Estudios Sociales de GED abarcará el siguiente contenido y destrezas.

La Prueba

- Prueba de 50 preguntas de respuesta múltiple
- 70 minutos para completarla

El Contenido

- Historia de Estados Unidos y del mundo
- Educación cívica y gobierno
- Economía
- Geografía

Las Preguntas

- Comprensión
- Aplicación
- Análisis
- Evaluación

"Si usted cree en algo, es su responsabilidad dar el paso y hacer su parte."

~ Ruth Ann Minner
graduada de GED

Para la gobernadora de Delaware, Ruth Ann Minner, hacer su parte ha sido un reto. Enviudada a los 32 años con tres hijos que educar, estudiaba en las noches y recibió su GED, el primero de muchos éxitos obtenidos con arduo trabajo. Minner comenzó su carrera en el gobierno estatal trabajando como recepcionista en la oficina del gobernador. Unos cuantos años más tarde decidió postularse para la asamblea legislativa estatal de Delaware. Ganó y ocupó primero el cargo de legisladora estatal, luego de vice gobernadora y finalmente de gobernadora.

La gobernadora Minner debe mantenerse informada en su puesto. Esto significa que debe leer mucho sobre diversos temas y sucesos. Luego debe ser capaz de asimilar lo que ha leído. Debe considerar las implicaciones y luego usar lo que ha aprendido para tomar decisiones. Usted también usa estas destrezas cuando lee y asimila información que encuentra en el trabajo, en el periódico y en libros. La unidad de Estudios Sociales ejercita su capacidad para leer y considerar información, y luego emplearla para tomar decisiones.

La gobernadora Minner piensa que todos deben hacer su parte. No hay manera alguna de saber qué oportunidades usted tendrá para apoyar sus creencias. Quizá una de ellas sea obtener su GED.

Sugerencia de estudio

Para mejorar la comprensión de lectura, lea.

Una gran parte del GED prueba su capacidad para entender y aplicar lo que lee. Practique siempre que le sea posible.

- Lea y comente con amigos artículos del periódico.
- Lea los editoriales para ver qué opinan los demás.
- Únase a un club en el que los miembros leen y comentan libros.

Historia de Estados Unidos

Lección

1

El estudio de la historia de Estados Unidos nos ayuda a comprender los derechos que los estadounidenses valoran y las responsabilidades de nuestra democracia. La historia de Estados Unidos es una parte importante de la Prueba de Estudios Sociales de GED, y constituye el 25 por ciento de las preguntas de la prueba.

La colonización europea de Norteamérica

Identificar la idea principal

La **idea principal** es la idea más importante o de lo que trata un cuento o un párrafo. Usted debe buscar la idea principal cuando lea y estudie, y también cuando haga la Prueba de GED.

¿Cómo puede encontrar las ideas principales de un texto? Primero, observe cuántos párrafos tiene el texto. Debe buscar una idea principal en cada párrafo. El análisis de todas estas ideas principales en conjunto le indicará la idea principal del texto completo.

Cada párrafo se concentra en un solo tema: la idea principal. La idea principal se presenta en la **oración temática**, la cual a menudo aparece como la primera o la última oración del párrafo. Todas las demás oraciones en el párrafo apoyan esta idea principal. A veces, la idea principal no se presenta de manera obvia en una sola oración. En ese caso, pregúntese "¿Qué es lo que comenta el autor a lo largo del párrafo?".

idea principal
tema sobre el cual trata un párrafo o un artículo, la idea más general e importante

oración temática
oración que indica al lector sobre qué trata el párrafo

Lea el texto y responda las preguntas que se presentan a continuación.

El término *iroqués* tiene varios significados. Tiene que ver con un grupo de indios americanos, su idioma y su forma de vida. El pueblo que hablaba el idioma iroqués vivía en una región de Norteamérica denominada los Bosques Orientales. Hace más de 500 años, el pueblo iroqués practicaba la agricultura y vivía en viviendas comunales rectangulares que albergaban una docena o más de familias.

En el siglo XV, el pueblo iroqués formó una alianza o consejo de cinco tribus para mantenerse unidos contra la invasión. Los jefes de las aldeas asistían a las asambleas del consejo. El consejo tenía sistemas complejos para elegir a sus líderes y para tomar decisiones importantes.

Escriba una *P* al lado de la oración que expresa mejor la idea principal del texto.

_____ a. El término *iroqués* se refiere a un grupo de indios americanos que practicaban la agricultura y que vivían en viviendas comunales.

_____ b. El pueblo al que se denominaba iroqués hablaba el idioma del mismo nombre, tenía una forma de vida definida y un sistema avanzado de autogobierno.

Usted acertó si escogió la *opción b*. La idea expresada por esta opción es suficientemente amplia como para incluir la información de ambos párrafos.

Práctica de GED

Instrucciones: Elija la respuesta que mejor responda a cada pregunta.

Las preguntas 1 a 3 se refieren al texto y al pasaje siguientes.

Los peregrinos pertenecían a un grupo religioso que era perseguido en Inglaterra debido a que sus creencias eran distintas a las enseñanzas de la iglesia anglicana. Para huir de esta situación, los peregrinos fueron en primer lugar a Holanda. Como no encontraron felicidad allí, obtuvieron autorización para establecerse en Norteamérica, cerca de la primera colonia inglesa en Virginia. En 1620, un grupo de colonos inició el viaje a bordo del *Mayflower* para establecer la segunda colonia en los territorios ingleses del Nuevo Mundo. Sin embargo, su barco fue desviado por el viento y llegaron más al norte de su destino inicial. Antes de desembarcar, los colonos redactaron y firmaron el siguiente acuerdo, que se conoce como el *Pacto del Mayflower.*

pasaje del *Pacto del Mayflower*

"Nosotros, cuyos nombres están suscritos, leales súbditos de nuestro temido soberano, el Rey Jacobo[…] habiendo emprendido, por la gloria de Dios y la propagación de la fe cristiana y el honor de nuestro Rey y de nuestro país, un viaje para establecer la primera colonia en la parte norte de Virginia[…] solemne y mutuamente[…] nos unimos en una política de cuerpo civil, para nuestra mejor organización y supervivencia[…] para promulgar, constituir y formular, de tiempo en tiempo, leyes, ordenanzas, decretos, constituciones y agencias justas y equitativas según se estime[…] conveniente para el bienestar general de la colonia: y a las cuales prometemos toda la sumisión y obediencia debidas".

1. ¿Cuál era la idea principal del *Pacto del Mayflower*?

   (1) dividir las tierras entre los colonos
   (2) honrar a Dios y al rey Jacobo
   (3) prometer obediencia a todos los oficiales ingleses
   (4) formular planes para gobernar la colonia
   (5) formular planes para buscar a los colonos de Virginia

2. ¿Por qué piensa usted que los peregrinos firmaron el *Pacto del Mayflower*?

   (1) Estaban perdidos y atemorizados.
   (2) Los indios americanos en las cercanías se negaron a prestarles ayuda.
   (3) No había gobierno inglés en el lugar donde se instalaron.
   (4) El rey así lo había exigido.
   (5) Estipulaba la libertad de religión.

3. ¿Cuál ideal de la historia de Estados Unidos se expresa en el *Pacto del Mayflower*?

   (1) el establecimiento de la libertad de religión
   (2) el desarrollo del autogobierno
   (3) el fin de la esclavitud
   (4) la cooperación entre las colonias
   (5) la independencia de Inglaterra

La pregunta 4 se refiere al párrafo siguiente.

En la colonia de la bahía de Massachusetts, el gobierno y la iglesia tenían una estrecha relación. Los hombres tenían que ser miembros de la iglesia para poder participar en el gobierno. Se expulsaba a aquellas personas que no estaban de acuerdo con el gobierno o con la iglesia. Cuando Roger Williams fue expulsado de Massachusetts, fundó Rhode Island, donde se garantizaba la libertad de religión a todas las personas.

4. ¿Cuál detalle apoya la idea principal del párrafo de que la iglesia y el gobierno estaban estrechamente relacionados en Massachusetts?

   (1) El gobierno de Rhode Island garantizó la libertad de religión.
   (2) Se expulsaba a las personas que no estaban de acuerdo con el gobierno o con la iglesia.
   (3) Roger Williams fundó Rhode Island después de salir de Massachusetts.
   (4) Massachusetts expulsó a Roger Williams, y él tuvo que irse a Rhode Island.
   (5) Los hombres tenían que pertenecer a la iglesia para poder participar en el gobierno.

Las preguntas 5 y 6 se refieren a la siguiente gráfica.

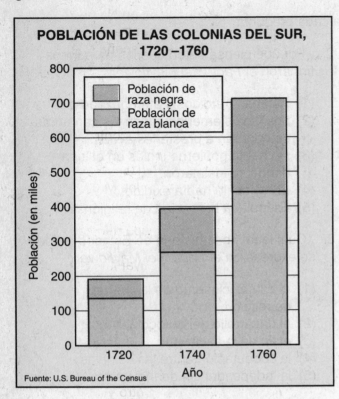

POBLACIÓN DE LAS COLONIAS DEL SUR, 1720–1760

Población de raza negra
Población de raza blanca

Población (en miles)

Año

Fuente: U.S. Bureau of the Census

5. ¿Cuál era la población de raza blanca de las colonias del sur en el año 1740?

   (1) aproximadamente 250
   (2) cerca de 400
   (3) aproximadamente 25,000
   (4) más de 250,000
   (5) cerca de 400,000

6. ¿Cuál de las siguientes afirmaciones puede deducirse a partir de esta gráfica?

   (1) La población aumentó más rápidamente en las colonias del sur que en cualquier otra región entre los años 1720 y 1740.
   (2) En las colonias del sur, la mayor parte de la población de raza negra estaba esclavizada en el año 1760.
   (3) La población de raza negra aumentó más que la población de raza blanca entre los años 1720 y 1760.
   (4) En 1720, vivían más personas de raza negra que de raza blanca en las colonias del sur.
   (5) En las colonias del norte había más personas de raza blanca que en las colonias del sur.

Las preguntas 7 y 8 se refieren al siguiente texto.

Democracia significa que los pueblos se autogobiernan. Mientras mayor voz tiene el pueblo, más democrático será el sistema. En una verdadera democracia, todas las personas tienen voz en el gobierno. Sin embargo, los sistemas de gobierno pueden ser democráticos de diferentes maneras.

Antes del estallido de la Revolución Estadounidense en 1776, las trece colonias británicas se gobernaban fundamentalmente de tres formas: como colonias reales, como colonias con gobierno propietario o como colonias autónomas. Cada uno de estos sistemas aplicaba en forma diferente los principios democráticos.

Nueve de las colonias eran colonias reales. En las colonias reales, era el Rey de Inglaterra quien designaba al gobernador. En las colonias con gobierno propietario, era el propietario o dueño de la colonia quien elegía al gobernador. Maryland y Pensilvania eran colonias con gobierno propietario. Connecticut y Rhode Island eran colonias autónomas. En estas últimas, eran los propios colonos los que elegían al gobernador y a todos los miembros del poder legislativo.

El poder legislativo durante la Colonia tenía dos secciones o cámaras. En la mayoría de las colonias reales y con gobierno propietario, los colonos elegían a los miembros de una cámara. El propietario o el Rey designaba a los miembros de la otra. En Pensilvania, sin embargo, los colonos elegían a los miembros de las dos cámaras del poder legislativo.

7. ¿Cuál de los siguientes títulos expresa mejor la idea principal de este texto?

   (1) Las colonias con gobierno propietario en América
   (2) El desarrollo de la democracia colonial
   (3) Sistema de gobierno colonial en América
   (4) El verdadero significado de la democracia
   (5) Comparación entre colonias reales y colonias con gobierno propietario

8. Según la información del texto, ¿cuál de las siguientes colonias era la más democrática en 1776?

   (1) Georgia
   (2) Maryland
   (3) Pensilvania
   (4) Rhode Island
   (5) Virginia

Las preguntas 9 a 12 se refieren al párrafo y al mapa siguientes.

En la década de 1730 había trece colonias inglesas en lo que hoy es Estados Unidos. Debido a las diferencias geográficas, las personas que vivían en estas colonias se ganaban la vida de varias formas diferentes. Las colonias de Nueva Inglaterra tenían una tierra estéril e inviernos fríos, pero contaban con excelentes puertos. Las colonias que se encontraban en el centro del territorio tenían tierra adecuada para el cultivo de granos, como el trigo. Las colonias del sur contaban con un clima cálido y tierra fértil, condiciones que permitieron cultivar el tabaco y el algodón, productos que eran cosechados en enormes granjas llamadas plantaciones.

COLONIAS INGLESAS EN NORTEAMÉRICA, 1750

9. ¿Cuál es la idea principal del párrafo?

(1) Había trece colonias inglesas.
(2) Las diferencias geográficas hicieron que las personas que vivían en las colonias se ganaran la vida de diferentes maneras.
(3) Los tres grupos de colonias contaban con diferentes tipos de tierra.
(4) Las colonias del centro y del sur contaban con tierra fértil, pero no era así en Nueva Inglaterra.
(5) El algodón y el tabaco eran cultivos importantes en las colonias del sur.

10. ¿Cuál es la idea principal que muestra la información del mapa?

(1) Las colonias inglesas en Norteamérica estaban agrupadas en tres categorías.
(2) Francia, Inglaterra y España tenían colonias en lo que hoy se conoce como Estados Unidos.
(3) Inglaterra tenía trece colonias en lo que hoy se conoce como Estados Unidos.
(4) El Río Mississippi se encontraba mucho más al oeste de las colonias inglesas.
(5) Los ingleses y los franceses reclamaban las tierras al oeste de los Montes Apalaches.

11. ¿Cuál información del mapa apoya la conclusión de que en Nueva Inglaterra era mucho más difícil cultivar la tierra que en otras colonias?

(1) Las colonias de Nueva Inglaterra tenían conflictos territoriales.
(2) Las colonias del sur eran las más grandes.
(3) El cultivo de la tierra era más lucrativo en las colonias del centro y del sur.
(4) Las colonias de Nueva Inglaterra eran las más pequeñas.
(5) Las colonias de Nueva Inglaterra eran las que se encontraban más al norte.

12. Según la información del mapa y del párrafo, ¿en cuáles colonias era más probable que las personas vivieran de la pesca?

(1) New Hampshire
(2) Carolina del Norte
(3) Pensilvania
(4) Massachussets
(5) Virginia

Las respuestas comienzan en la página 754.

La Revolución Estadounidense

Resumir ideas

Lección 2

Alguna vez, alguien le ha preguntado: "¿De qué se trataba la película?". Por lo general, en vez de explicar toda la trama de la película, sólo damos una breve descripción o resumen de los protagonistas y de los sucesos principales.

Resumir también es una destreza importante a la hora de leer y comprender materiales sobre Estudios Sociales. Un **resumen** es una descripción breve y precisa de los temas principales de un texto o de una gráfica. Siempre incluye la idea principal del material, la cual a menudo está en el título. Al resumir un texto, usted vuelve a plantear los temas principales de una manera más corta. Estos son, por lo general, las oraciones temáticas o puntos principales de todos los párrafos que apoyan la idea principal.

Para resumir materiales visuales, como mapas y gráficas, observe el título y las claves, encabezados y etiquetas. Luego, vuelva a plantear la información en una o dos oraciones. Para escribir un resumen, debe responder la mayor cantidad posible de estas preguntas: ¿Quién? ¿Qué? ¿Cuándo? ¿Dónde? ¿Por qué? ¿Cómo?

resumen
descripción breve de la idea principal de una sección de un texto o de una gráfica

Lea el texto y responda las preguntas que se presentan a continuación.

Durante muchos años, los colonos protestaron contra las leyes tributarias británicas. Los colonos no querían pagar impuestos a los británicos, puesto que no tenían voz en la elaboración de las leyes. El gobierno británico envió soldados a Boston para mantener el orden y hacer cumplir las leyes. Sin embargo, los colonos se burlaban de estos soldados y les arrojaban bolas de nieve.

Un día durante el invierno de 1770, la situación se salió de sus límites. Los colonos no sólo les arrojaron bolas de nieve, sino que también les lanzaron piedras. De entre ellos, un hombre arrojó un garrote de madera que golpeó a un soldado y lo derribó. De repente, los soldados dispararon contra la multitud y murieron cinco colonos. Este hecho se conocería como la Matanza de Boston.

Marque con una "X" la oración que resuma mejor todo el texto.

_____ a. Los colonos, quienes se sentían maltratados por el gobierno británico, lanzaron bolas de nieve a los soldados británicos.

_____ b. La Matanza de Boston ocurrió en 1770, cuando las tropas británicas enviadas a Boston dispararon contra los colonos rebeldes.

Usted acertó si escogió la *opción b*. Esta oración le indica *quién, qué, dónde, cuándo* y *por qué*. La *opción a* solamente brinda información del primer párrafo.

Sugerencia

Para resumir un texto, busque la idea principal de cada párrafo. Pregunte *quién, qué, cuándo, dónde, por qué* y *cómo*.

Práctica de GED

Las preguntas 1 y 2 se refieren a la siguiente información.

A fines de la década de 1780, los líderes estadounidenses elaboraron un nuevo plan de gobierno que reemplazaría a los Artículos de la Confederación. El plan elaborado era la Constitución de Estados Unidos. Los líderes que redactaron la Constitución tuvieron que hacer concesiones para complacer a las personas de todos los estados. Una concesión se relacionaba con la composición del poder legislativo, la parte del gobierno que dicta las leyes.

En la Constitución, el poder legislativo se divide en dos partes: la Cámara de Representantes y el Senado. En la Cámara, el número de los representantes de cada estado se basa en la población de dicho estado. Lea esta sección de la Constitución para aprender sobre la composición del Senado.

extracto de la Constitución de Estados Unidos
"El Senado de Estados Unidos consiste de dos senadores provenientes de cada estado, elegidos… por seis años; y cada uno de ellos tendrá derecho a un voto".

1. ¿Qué tipos de estados tuvieron que hacer concesiones para estar de acuerdo con el plan para la Cámara de Representantes y el Senado?

   (1) los estados con grandes extensiones de tierras y estados que tenían extensiones pequeñas
   (2) estados con grandes poblaciones y estados que tenían poblaciones pequeñas
   (3) estados en que la esclavitud era legal y estados en que era ilegal
   (4) estados de gran riqueza y estados de poca riqueza
   (5) estados con impuestos altos y estados con impuestos bajos

2. Basado en el párrafo, ¿qué valoraban los redactores de la Constitución?

   (1) un Congreso dominado por los estados mayores
   (2) un poder legislativo dirigido por el presidente
   (3) los límites de períodos para todos los legisladores.
   (4) la representación equitativa en la Cámara de Representantes
   (5) un gobierno que funcione para todos los estados

3. Los indios americanos de la parte sureste de Estados Unidos se desempeñaban como agricultores y criadores, cientos de años antes de que llegaran los europeos a colonizar sus tierras. Pero ya a finales del siglo XVIII algunos grupos de indios americanos, como los cheroquíes, habían adoptado los patrones europeo-americanos de agricultura. Algunos de sus líderes eran propietarios de grandes plantaciones que usaban esclavos para cosechar algodón y otros cultivos comerciales.

   ¿Qué valores motivarían a los líderes cheroquíes a transformarse en propietarios de plantaciones?

   (1) respeto por pueblos de diferentes culturas
   (2) admiración por el aprendizaje
   (3) deseo de riqueza y prestigio
   (4) sentido de justicia para todos los pueblos
   (5) lealtad a Estados Unidos

4. De lo siguiente, ¿cuál es una opinión, más que un hecho, sobre los seminoles, una tribu indígena americana que vivió en lo que hoy corresponde a Florida?

   (1) Cazaban y pescaban para obtener sus alimentos.
   (2) Daban refugio a los esclavos fugitivos.
   (3) Estados Unidos capturó a su líder Osceola en 1837 en medio de negociaciones de tregua.
   (4) Eran guerreros valientes y aguerridos.
   (5) En la década de 1820, fueron forzados a trasladarse a lo que en la actualidad es el estado de Oklahoma.

Las preguntas 5 y 6 se refieren al texto y diagrama siguientes.

Después de la Revolución Estadounidense, Estados Unidos adquirió control sobre el territorio que ahora forman los estados de Ohio, Indiana, Michigan, Illinois y Wisconsin. Estas tierras se conocían como el "territorio del noroeste". La organización de los territorios del noroeste fue uno de los mayores logros para el gobierno de EE.UU. bajo los Artículos de la Confederación. El diagrama muestra la forma en que se dividió el territorio en municipios. El gobierno de Estados Unidos midió la tierra para establecer los límites de los municipios. Cada municipio se dividió en 36 secciones cuadradas que se vendieron a los pobladores por unidad completa o por parcelas más pequeñas.

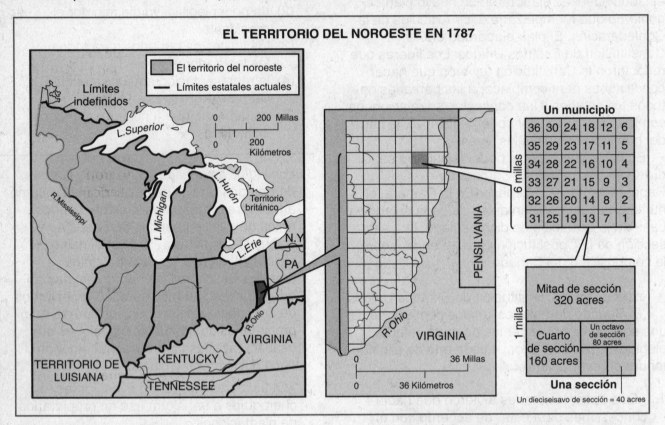

EL TERRITORIO DEL NOROESTE EN 1787

5. ¿Cuál es la razón principal por la que el diagrama se centra en la sección 13 del cuadro del municipio?

(1) para mostrar cuántas mitades de secciones se pueden aprovechar del total
(2) para mostrar la diferencia de tamaño entre las diferentes secciones
(3) para presentar un ejemplo de cómo votaban las personas de cada municipio para dividir la tierra
(4) para presentar un ejemplo de cómo se podían dividir todas las secciones en un municipio
(5) para mostrar que ciertas secciones pueden ser cantidades de tierra menos deseables

6. Según la ley, una sección de cada municipio en el territorio del noroeste tenía que reservarse para apoyar la educación. ¿Qué indica esto sobre los valores de los estadounidenses a finales del siglo XVIII?

(1) La tierra no era valiosa puesto que no se iba a usar toda para la agricultura.
(2) La educación era valorada sólo en el territorio del noroeste, debido a que sólo allí se apartaba la tierra para esos fines.
(3) La educación no tenía valor, ya que sólo en el territorio del noroeste había tierras para escuelas.
(4) La educación era apreciada debido a que el gobierno construyó todas las escuelas de la nación.
(5) La educación era apreciada debido a que el gobierno apartaba tierras para las escuelas.

Las respuestas comienzan en la página 755.

La expansión hacia el oeste

Reconocer suposiciones implícitas

"Te veré esta noche en la fiesta de Elena", podría decir alguien. Esta persona acaba de hacer al menos dos suposiciones implícitas: (1) que a usted ya le han invitado a la fiesta y (2) que usted piensa ir. Los escritores también hacen suposiciones implícitas. Usted debe leer atentamente para reconocer **suposiciones** implícitas y para entender el material en su totalidad.

A menudo, los escritores hacen suposiciones acerca de lo que usted ya sabe, de modo que no le dicen todo. Por ejemplo, usted lee un informe en el periódico que menciona que el presidente dará una fiesta en la Casa Blanca. Sin que se lo hayan dicho, usted sabe que la narración es acerca del presidente de Estados Unidos debido a que la Casa Blanca es la residencia oficial del presidente en Washington, D.C. A veces, los escritores suponen que ciertos principios son verdaderos. Por ejemplo, un escritor puede suponer que los europeos que colonizaron Norteamérica tenían el derecho a quitar a los indios americanos de su camino. Otros pueden estar fuertemente en contra de esta suposición.

Para reconocer suposiciones implícitas en un texto, lea despacio y con atención. Pregúntese: "¿Qué es lo que este escritor supone como verdadero?"

suposición
una idea, teoría o principio que una persona toma como verdadera

Lea el texto y responda las preguntas que se presentan a continuación.

Luego de la Guerra de Independencia, oleadas de colonos del este de Estados Unidos comenzaron a trasladarse hacia el oeste. La vida en los territorios fronterizos era difícil y peligrosa. Se necesitaba valor y persistencia para establecer granjas y viviendas en una tierra sin despejar, tratar con los indios que habitaban el territorio y formar nuevas comunidades en condiciones adversas.

En 1890, el director del Censo de Estados Unidos (U.S. Census) indicó que el Oeste estaba lleno de colonos. La frontera, dijo, había desaparecido, y la civilización ahora reinaba.

Marque con una "X" la oración que es una suposición implícita del director del Censo.

_____ a.   En el Oeste no había civilización antes de la llegada de los colonos.

_____ b.   El Oeste estaba lleno de colonos y la frontera había desaparecido.

Usted acertó si escogió la *opción a*. El director suponía que los indios americanos que vivían en el Oeste antes de la llegada de los colonos no eran civilizados, una suposición que muchas personas discuten. La *opción b* es incorrecta porque no es una suposición implícita. El segundo párrafo es un replanteamiento directo de la afirmación del director del Censo.

Sugerencia

Una suposición es algo que el escritor da por sentado y que no explica. Lea atentamente para reconocer suposiciones implícitas.

Práctica de GED

Instrucciones: Elija la respuesta que mejor responda a cada pregunta.

Las preguntas 1 a 2 se refieren al texto y mapa siguientes.

EL SUROESTE DE ESTADOS UNIDOS EN 1853

Territorio de Oregón

Territorio no organizado

California se convierte en estado: 1850

Territorio de Utah

Territorio de Nuevo México

Río Gila

Compra de Gadsden

Texas se convierte en estado: 1845

MÉXICO

Cesión mexicana adquirida en 1848

Territorio

Estado

En 1853, el presidente de Estados Unidos Franklin Pierce envió a James Gadsden a México a modificar la frontera entre ambas naciones. El tratado de Guadalupe Hidalgo, que terminó con la guerra con México in 1848, estableció la frontera en el río Gila, actualmente Arizona. Sin embargo, la gente del sur quería un ferrocarril transcontinental desde Nueva Orleans a Los Ángeles. El terreno más apropiado para construir dicha vía estaba al sur del río Gila, en territorio mexicano.

Las negociaciones no fueron difíciles. México se encontraba en una situación financiera desesperada tras la guerra con Estados Unidos. El presidente Antonio López de Santa Anna temía perder su poder, a menos que consiguiera fondos, y rápidamente acordó entregar cerca de 29 millones de acres a Estados Unidos a cambio de $10 millones. Pero debido a la Guerra Civil, que absorbió a Estados Unidos desde 1861 a 1865, el proyecto ferroviario fue pospuesto hasta la década de 1880.

1. ¿Cómo se denominaba la tierra que Estados Unidos obtuvo por el tratado de Guadalupe Hidalgo?

   (1) la Cesión mexicana
   (2) el territorio de Nuevo México
   (3) el territorio de Utah
   (4) California
   (5) la Compra de Gadsden

2. ¿Cuál de estos enunciados sobre la Compra de Gadsden es verdadero?

   (1) Se transformó en parte del territorio de Nuevo México.
   (2) Su superficie era mayor que la de California.
   (3) Tenía las vías férreas necesarias para construir un ferrocarril transcontinental.
   (4) Los principales defensores de la compra provenían del norte de Estados Unidos.
   (5) Se agregó a Estados Unidos poco antes de que California se convirtiera en estado.

3. Cuando el control de California y del Suroeste pasó de México a manos de Estados Unidos, casi 80,000 hispanohablantes de la región se transformaron en ciudadanos de Estados Unidos. Sin embargo, muchos de ellos se sintieron como "extranjeros" en su propio país. Los pobladores que inundaron la región impugnaron los derechos de propiedad de la tierra de los mexicanos estadounidenses. Los derechos de propiedad a menudo se basaban en antiguas donaciones de tierras españolas del tiempo en que México era colonia de España. Los tribunales de Estados Unidos no reconocían estos títulos como prueba de propiedad. Como resultado, las familias perdieron las tierras en que habían vivido por generaciones. Muchos antiguos terratenientes fueron obligados a aceptar trabajos mal pagados en las minas o las granjas para sobrevivir.

De acuerdo con el texto, ¿cuál fue el resultado de la adquisición de California y el Suroeste por parte de Estados Unidos?

   (1) El fin de la guerra entre México y Estados Unidos.
   (2) Los tribunales de Estados Unidos cambiaron el método de reconocer los títulos de propiedad.
   (3) Muchos extranjeros se mudaron al Suroeste.
   (4) Los antiguos residentes sufrieron pérdidas bajo la ley estadounidense.
   (5) Las familias se dividieron.

Las preguntas 4 a 5 se refieren al siguiente mapa.

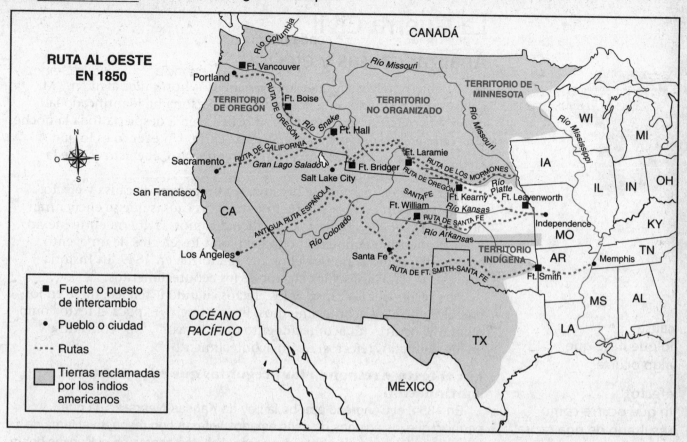

RUTA AL OESTE
EN 1850

Leyenda:
- ■ Fuerte o puesto de intercambio
- • Pueblo o ciudad
- ---- Rutas
- ▨ Tierras reclamadas por los indios americanos

4. ¿Cuál ruta habría tomado más probablemente una persona del sur para ir a California?

   (1) las rutas de Oregón y California
   (2) las rutas de Santa Fe y Ft. Smith-Santa Fe
   (3) las rutas de los mormones y de California
   (4) la ruta de Santa Fe y la antigua ruta española
   (5) la ruta de Ft. Smith-Santa Fe y la antigua ruta española

5. ¿Qué suposición se puede hacer a partir de la información de este mapa?

   (1) En lo posible, las rutas seguían los ríos debido al agua que ellos proporcionan.
   (2) Algunas rutas al oeste no cruzaban territorios indios.
   (3) Las tribus de indios americanos luchaban entre ellas por tierras.
   (4) Había más fuertes a lo largo de la ruta de Santa Fe que de la ruta de Oregón.
   (5) Los indios americanos trataban de vender tierras a los colonos que pasaban.

6. En 1851, los funcionarios del gobierno de Estados Unidos y representantes de varias tribus de indios americanos firmaron un tratado en el fuerte Laramie en la ruta de Oregón. Acordaron que las caravanas de carretas podrían pasar por tierras indias sin ser molestadas. El tratado también permitió que el gobierno construyera caminos y fuertes militares en territorio indígena. A cambio, Estados Unidos prometió entregar a las tribus $50,000 en provisiones anualmente durante cincuenta años. Sin embargo, más tarde el senado estadounidense cambió esta suma a $70,000 anuales durante quince años.

¿Qué suposición puede usted hacer acerca del tratado?

   (1) Los negociadores estadounidenses del tratado mintieron a los indios americanos.
   (2) Había conflictos entre los indios americanos y los viajeros en la ruta de Oregón.
   (3) Los indios americanos no tenían intenciones de respetar el tratado.
   (4) Las tribus estaban muriendo y necesitaban provisiones.
   (5) Éste fue el primer tratado entre el gobierno y una tribu de indios americanos.

Las respuestas comienzan en la página 755.

La Guerra Civil

Analizar causas y efectos

"Apenas puedo mantener los ojos abiertos hoy", dice alguien. "Mi bebé estuvo tosiendo toda la noche". Esa persona ha identificado la razón o la causa de su cansancio: su bebé la tenía despierta toda la noche. Una **causa** es lo que provoca que algo ocurra. Un **efecto** es lo que ocurre como resultado de una causa. En este caso, el efecto es que la persona está cansada.

La escritura a menudo se organiza en un patrón de causa y efecto. Por ejemplo, un escritor podría investigar las causas que se encuentran detrás de un acontecimiento específico digamos, la guerra entre México y Norteamérica. O un texto podría explorar los efectos de un evento en especial, como la fiebre del oro de California en 1849. La historia se ocupa de las causas y los efectos de los acontecimientos.

Para reconocer las causas y los efectos cuando usted lea, fíjese en los vínculos entre los acontecimientos. Pregúntese, "¿Explica el texto cómo o por qué ocurrió un acontecimiento (las causas)?", "¿Se concentra en los resultados (efectos) de un acontecimiento?"

Lea el texto y responda las preguntas que se presentan a continuación.

En 1854, el Congreso aprobó la Ley de Kansas-Nebraska, la que permitió que los colonos de esos estados votaran con respecto al tema de la esclavitud. Inmediatamente, surgieron disputas acerca de si Kansas debía ingresar a la Unión como un estado libre de esclavitud o como un estado esclavista. Como consecuencia, Kansas y Nebraska se convirtieron en lugares donde se llevaron a cabo violentas contiendas entre grupos a favor y en contra de la esclavitud.

Debido a estos violentos incidentes, el territorio se hizo conocer como "Bleeding Kansas" (Kansas la Sangrienta). La severidad de la lucha intensificó las diferencias entre el Norte y el Sur y aceleró la tendencia a la guerra civil.

1. Marque con una "X" el enunciado que indica un efecto de la lucha en Kansas.

    _____ a. texto de la Ley de Kansas-Nebraska

    _____ b. tendencia a la guerra civil

2. Haga una lista de las causas de las violentas contiendas en Kansas.

Usted acertó si escogió la *opción b* para la pregunta 1. Esto se encuentra explícitamente formulado en la última oración del texto. La *opción a* es una causa, no un efecto. Para la pregunta 2, la causa que el texto proporciona para la violenta contienda es *el conflicto acerca de si el territorio de Kansas debía ingresar a la Unión como un estado libre de esclavitud o un estado esclavista.*

causa
lo que hace que algo ocurra

efecto
lo que ocurre como resultado de una causa

Sugerencia

Las palabras y expresiones *porque, puesto que, por lo tanto* y *como consecuencia* son pistas que indican una relación de causa y efecto.

Práctica de GED

Instrucciones: Elija la respuesta que mejor responda a cada pregunta.

Las preguntas 1 y 2 se refieren al siguiente párrafo.

Durante la Guerra Civil, el presidente Lincoln anunció que todos los esclavos que se encontraran en áreas que se estuvieran rebelando contra Estados Unidos debían considerarse libres. Esta afirmación, fechada el 1 de febrero de 1863, se conoce como la Proclamación de Emancipación. Lincoln demostró una gran sabiduría política al hacer este anuncio. El Norte se vio beneficiado de cuatro maneras. La proclamación alentó a los norteños que se oponían a la esclavitud a apoyar la guerra. Al mismo tiempo, despojó a los sureños de los trabajadores que necesitaban para llevar a cabo la guerra. También ayudó a asegurar que Inglaterra no continuara favoreciendo la independencia del Sur; Inglaterra había abolido la esclavitud en 1833 y no prestaría apoyo a quienes quisieran preservarla. Finalmente, cerca de 200,000 afroamericanos libres se unieron al ejército de la Unión para liberar a los esclavos del Sur.

1. ¿Cuál de las siguientes afirmaciones fue un efecto de la Proclamación de Emancipación?

   (1) El apoyo a la guerra disminuyó en el Norte.
   (2) Los afroamericanos libres se unieron al ejército confederado.
   (3) El Sur ganó el apoyo de Inglaterra.
   (4) Los sureños liberaron a sus esclavos voluntariamente.
   (5) El esfuerzo del Sur para llevar a cabo la guerra se vio debilitado.

2. De acuerdo con el párrafo, ¿por qué los ingleses se negaron a ayudar al Sur durante la Guerra Civil?

   (1) Porque libraban una guerra en Europa.
   (2) Porque no iban a ayudar a proteger la esclavitud.
   (3) Porque aún estaban disgustados por la independencia de Estados Unidos.
   (4) Porque no querían enfurecer al presidente Lincoln.
   (5) Porque no tenían un ejército que pudiera luchar fuera del país.

Las preguntas 3 y 4 se refieren a la siguiente tabla.

ENMIENDAS CONSTITUCIONALES PRODUCTO DE LA GUERRA CIVIL		
Año	Enmienda	Objetivo
1865	13	hizo ilegal la esclavitud en Estados Unidos
1868	14	garantizó los derechos civiles a todas las personas
1870	15	otorgó el derecho a voto a todos los ciudadanos de sexo masculino, sin considerar raza, color o condición previa de esclavo

3. ¿Qué conjeturas puede usted hacer a partir de la información que se entrega en la tabla?

   (1) La esclavitud era ilegal en todos los demás países del mundo.
   (2) Los afroamericanos fueron los que más lucharon en la Guerra Civil.
   (3) Abraham Lincoln no fue reelegido presidente.
   (4) Sólo en el Norte tenían derecho a voto todos los hombres y mujeres de raza blanca.
   (5) La Proclamación de Emancipación de 1863 no acabó con toda la esclavitud existente en Estados Unidos.

4. ¿Qué sugieren los términos de la Décimoquinta Enmienda?

   (1) Los ciudadanos deben poseer tierras para tener derecho a voto.
   (2) La esclavitud aún existía en algunas partes del Sur.
   (3) En algunos estados no se les permitía votar a los que habían sido esclavos.
   (4) La edad para tener derecho a voto era de 18 años.
   (5) No se habían llevado a cabo elecciones desde el fin de la Guerra Civil.

Las preguntas 5 y 6 se refieren al párrafo y pasaje siguientes.

El 19 de noviembre de 1863, el presidente Lincoln dedicó un cementerio nacional a los caídos en el campo de batalla de Gettysburg. Su discurso se hizo conocido como el *Discurso de Gettysburg*. En éste, Lincoln analiza los ideales democráticos y la meta de reunificar a la nación.

pasaje del *Discurso de Gettysburg*

"Hace ochenta y siete años, nuestros padres crearon en este continente una nueva nación concebida bajo el signo de la libertad y consagrada al principio de que todos los hombres nacen como iguales. Estamos ahora involucrados en una gran guerra civil que pone a prueba la idea de que esta nación o cualquier otra así concebida y consagrada pueda subsistir por largo tiempo".

5. La Guerra Civil se había extendido por más de dos años cuando Lincoln dio el *Discurso de Gettysburg*. ¿Cuál fue el objetivo principal de su discurso?

   (1) exaltar al ejército de la Unión por su victoria
   (2) dar esperanzas a los prisioneros de guerra de la Unión atrapados en los campos de prisión del Sur
   (3) criticar a los sureños por continuar con la guerra
   (4) recordar a los norteños los ideales por los cuales estaban luchando
   (5) recordar a los norteños la falta de progreso de la Unión durante la guerra

6. Cuando Lincoln dijo que la nación se había fundado bajo el principio de que "todos los hombres nacen como iguales"¿a cuál documento anterior se refería?

   (1) a la Declaración de Independencia
   (2) a los Artículos de la Confederación
   (3) a la Constitución de Estados Unidos
   (4) al Pacto del Mayflower.
   (5) a la Proclamación de Emancipación

Sugerencia

Una causa puede tener más de un efecto y un efecto, por sí mismo, puede ser la causa de otro efecto.

Las preguntas 7 y 8 se refieren al siguiente texto.

El ejército de la Unión del general Ulysses S. Grant y el ejército confederado del general Robert E. Lee continuaron enfrentándose hasta abril de 1865. El 9 de abril, al ver que las líneas de suministro estaban cortadas y que estaba rodeado, Lee envió a un jinete portando una bandera blanca de tregua para llegar a un acuerdo con el general Grant. Grant sugirió que el ejército abatido y en retirada de Lee debería rendirse. Lee respondió solicitando a su enemigo las condiciones de rendición. Grant ofreció a Lee estas generosas condiciones de rendición, que Lee aceptó:

"…que oficiales y soldados sean liberados bajo palabra… que se entregue el armamento y los materiales de guerra… que los oficiales se queden con su arma portátil (pistola) y que todo hombre que declare ser dueño de un caballo o una mula se lleve sus animales a casa para trabajar en su pequeña granja".

Luego de rendirse, Lee regresó a su casa en Virginia e instó a todos los sureños a trabajar por la paz y la armonía en un país unido.

7. ¿Cuál es el efecto más probable que tuvieron sobre Lee las condiciones de rendición de Grant?

   (1) Causaron que Lee se sintiera humillado.
   (2) Hicieron que Lee generara aversión por Grant.
   (3) Hicieron que para Lee fuera más fácil rendirse.
   (4) Alentaron a Lee a seguir luchando.
   (5) Hicieron que Lee sintiera amargura hacia la Unión.

8. ¿Qué puede usted concluir de la segunda oración del primer párrafo de este texto?

   (1) Grant le tenía miedo a Lee.
   (2) Lee quería pelear contra el ejército de Grant.
   (3) Grant tenía la intención de reabastecer al ejército de Lee.
   (4) Lee sabía que su ejército estaba en apuros.
   (5) Lee tenía la esperanza que su ejército pudiera escapar.

Las respuestas comienzan en la página 756.

La industrialización

Reconocer valores

La sociedad está unida por los valores comunes. Los valores son las metas y los ideales que dan sentido a la vida. Los **valores** abarcan lo que las personas creen importante, bueno, bello, valioso o sagrado. Reconocer los valores nos ayuda a entender el comportamiento humano. A menudo, los seres humanos tomamos decisiones sobre lo que debemos hacer en base a nuestros valores.

La mayoría de los escritos expresan algún valor, ya sea del autor o de quienes se habla en el texto. Por ejemplo, un autor puede decir que la construcción del ferrocarril transcontinental de fines del siglo XIX fue un logro magnífico para el pueblo de Estados Unidos. Otro autor podría decir que el ferrocarril transcontinental se construyó con el sudor y la sangre de pobres obreros. Ambos enunciados se basan en hechos históricos, pero expresan valores distintos. El primero se centra en los valores del progreso y los logros, mientras que el segundo se centra en los valores relacionados con el sufrimiento humano y la preocupación por éste.

Para reconocer los valores que se manifiestan en un escrito, lea con atención y busque más allá de las palabras. ¿Cuál es la actitud del autor sobre el tema? ¿Cómo se comportan las personas descritas en el texto? Pregúntese: "¿Qué es lo más importante para el autor o las personas descritas en el texto?"

valores

objetivos e ideales; lo que las personas creen importante, bueno, bello, valioso o sagrado

Lea el texto y haga el ejercicio que se presenta a continuación.

En 1848, cuando tenía 13 años, el inmigrante escocés Andrew Carnegie consiguió su primer empleo trabajando 12 horas al día en una fábrica de algodón, 6 días a la semana. Había ido poco a la escuela y ganaba sólo unos $2 semanales. Como era inteligente y ambicioso, Carnegie progresó de un trabajo a otro decidido a labrarse un futuro mejor. Con el tiempo, como hombre de negocios, llegó a dominar la industria siderúrgica estadounidense. En 1881, el hombre que no había tenido un centavo en su juventud vendió su empresa siderúrgica por cerca de $500 millones. Carnegie pensaba que los ricos tenían una responsabilidad social. Donó millones de dólares a la educación, la investigación y las artes.

Sugerencia

Para entender los valores de un texto, pregúntese: "¿Qué es lo que el autor o las personas descritas en el texto creen ser importante?"

Marque con una "X" los enunciados que expresan un valor en la vida de Carnegie.

_____ a. Las personas deben aceptar la vida que les corresponde por nacimiento.

_____ b. El trabajo arduo y la ambición pueden llevar a la fortuna.

_____ c. Los ricos tienen la responsabilidad de ayudar a los demás.

Usted acertó si escogió las *opciones b* y *c*. Ambos eran ideales o valores en la vida de Carnegie. La *opción a* estaría equivocada, porque Carnegie pudo triunfar aunque al principio no tuviera estudios ni mucho dinero.

Práctica de GED

Instrucciones: Elija la respuesta que mejor responda a cada pregunta.

Las preguntas 1 y 2 se refieren al siguiente texto.

En la década de 1790, un joven maestro llamado Eli Whitney lanzó dos ideas importantes para mejorar la fabricación: las nociones de producción en masa y de piezas intercambiables. Whitney propuso que siempre que fuera posible los obreros debían hacer los artículos a máquina. Cada ejemplar de las piezas hechas a mano era un poco distinto, mientras que las piezas hechas a máquina serían casi idénticas. Cualquier ejemplar de la pieza cabría en cualquier ejemplar del artículo. No tenían que hacer cada pieza para caber exactamente en un artículo dado, sino que podían montar un artículo tomando cualquier pieza de cada pila de piezas del artículo. Esto permitió a los obreros producir muchos ejemplares del artículo rápidamente.

Más tarde, se perfeccionó el enfoque de fabricación de Whitney asignando a cada obrero una etapa del proceso de montaje. Este sistema de trabajo en cadena contribuyó a hacer de Estados Unidos el principal fabricante de mercadería hacia fines del siglo XIX.

1. ¿Qué enunciado resume mejor la idea principal de este texto?

   (1) La vida de Eli Whitney
   (2) Hacer piezas justas
   (3) El crecimiento de la industria estadounidense
   (4) Mejorar la vida obrera
   (5) El surgimiento de la producción en masa

2. ¿Qué valores demostraron los dueños de fabricas al adoptar los métodos de Whitney?

   (1) Los productos hechos a mano eran mejores.
   (2) La eficacia era importante.
   (3) Los obreros no eran importantes.
   (4) Los productos de calidad no eran importantes.
   (5) La jornada laboral era demasiado corta.

Las preguntas 3 y 4 se refieren al siguiente texto.

La mayoría de los industriales de fines del siglo XIX eran ciudadanos honestos y con conciencia pública. No obstante, algunos empleaban prácticas poco ortodoxas y maltrataban a otros con el fin de enriquecerse.

John D. Rockefeller empleó métodos drásticos para sobresalir en la industria de la refinería de petróleo. Para robarle un cliente a la competencia, a veces vendía su petróleo más barato que el costo de producción. Si su competidor se negaba a venderle la compañía, Rockefeller lo forzaba a la quiebra con bajas de precios y otras medidas.

Otra manera que tenían los industriales de aumentar su poder era la formación de sociedades de fideicomiso. Primero, se convencía o forzaba a los accionistas de corporaciones competidoras para que pasaran el control a un fiduciario. Luego, este fiduciario administraba todas las compañías de la sociedad de fideicomiso. Si la sociedad llegaba a crecer bastante, el fiduciario podía controlar toda la industria y tener enormes utilidades. Con frecuencia, las sociedades de fideicomiso creaban monopolios de la industria respectiva. De ese modo, Rockefeller llegó a controlar casi el 90 por ciento de la industria petrolera nacional hacia fines de la década de 1890.

3. Según las acciones de Rockefeller descritas en el texto, ¿qué era lo más importante para él?

   (1) el poder
   (2) la sabiduría
   (3) la competencia
   (4) la amistad
   (5) la honestidad

4. ¿Cuál de las siguientes conclusiones se basa en el texto?

   (1) Rockefeller robaba el petróleo de sus competidores.
   (2) El monopolio es la única manera de enriquecerse.
   (3) Todas las corporaciones eran monopolios.
   (4) Rockefeller fundó una sociedad petrolera de fideicomiso.
   (5) *Sociedad de fideicomiso* es otra manera de designar una *corporación*.

La preguntas 5 a 8 se refieren al texto y la gráfica siguientes.

A fines del siglo XIX, la gente llegaba en multitudes a las ciudades para buscar trabajo. Éstas servían de mercados para los granjeros vecinos y de centros para la nueva industria. El comercio, la industria, la inmigración y las mejoras en el transporte contribuyeron al desarrollo de las grandes ciudades como Nueva York y Chicago. Las ciudades de todo el Norte siguieron creciendo durante la Primera Guerra Mundial y hasta fines de la década de 1920, porque más de un millón de afroamericanos dejaron el Sur durante lo que llega a   llamarse la Gran Migración. La industria bélica conllevaba muchas oportunidades laborales y había menos inmigrantes a causa de leyes aprobadas después de la guerra. Una migración afroamericana similar ocurrió en la década de 1940, durante la Segunda Guerra Mundial.

El rápido crecimiento urbano creó problemas, como el hacinamiento. La gente vivía hacinada en casas de vecindad sin las necesidades mínimas de salubridad. Muchos de los problemas que surgieron en los vecindarios urbanos pobres siguen vigentes en la actualidad.

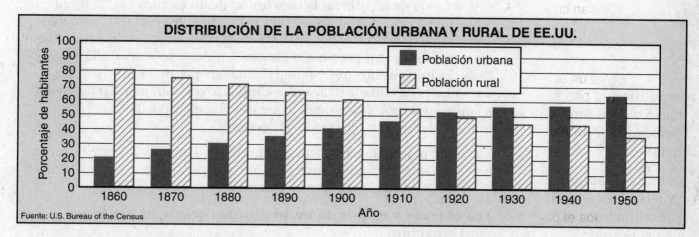

DISTRIBUCIÓN DE LA POBLACIÓN URBANA Y RURAL DE EE.UU.

Fuente: U.S. Bureau of the Census

5. ¿Cuál de los siguientes enunciados contribuyó al crecimiento de las grandes ciudades?

   (1) la recesión económica
   (2) las oportunidades laborales
   (3) las leyes para restringir la inmigración
   (4) las condiciones insalubres de las casas de vecindad
   (5) la invención del automóvil

6. ¿Cuál fue el primer año en que más estadounidenses vivían en las ciudades que en las zonas rurales?

   (1) 1860
   (2) 1900
   (3) 1920
   (4) 1930
   (5) 1950

Sugerencia

Para reconocer los valores, busque claves que indiquen lo que pudiera haber influenciado las acciones de una persona o grupo.

---

7. De acuerdo con el texto, ¿cuál es uno de los probables factores del cambio en la distribución de la población que nos muestra la gráfica entre los años 1940 y 1950?

   (1) el aumento en la inmigración
   (2) la Gran Migración
   (3) el desarrollo de las casas de vecindad
   (4) la Segunda Guerra Mundial
   (5) las leyes de extrema restricción de la inmigración

8. De acuerdo con el texto, ¿qué valores se reflejaron en la migración masiva?

   (1) Los trabajos eran importantes para los afroamericanos.
   (2) La salubridad era importante para los inmigrantes después de la Primera Guerra Mundial.
   (3) La gente no quería vivir hacinada en casas de vecindad.
   (4) Venir a Estados Unidos era importante para los inmigrantes después de la Segunda Guerra Mundial.
   (5) Los estadounidenses valoraban los buenos sistemas de transporte.

Las respuestas comienzan en la página 757.

Estados Unidos y el mundo

Distinguir entre conclusiones y detalles de apoyo

Un niño escucha a su maestra. Él abre su libro cuando ella se lo pide. Su tarea está hecha. Al parecer, este niño tiene un buen comportamiento en la escuela. Este último enunciado es una **conclusión** (un juicio o una decisión basada en hechos y detalles). Los **detalles de apoyo** (sacar el libro, terminar su tarea) son pruebas que conducen a la conclusión. A veces, el escritor indica al lector la conclusión empleando palabras como *por lo tanto* o *por ello*. Otras veces, el lector debe distinguir entre la conclusión y los detalles sin esas pistas.

Un modo de identificar la conclusión de un escritor es que usted saque una propia. Sume los detalles del texto y vea cuál es la idea más amplia que se le ocurre. Por ejemplo, considere estos detalles acerca de los inmigrantes europeos hacia Estados Unidos a principios del siglo XX: Dejaron atrás sus hogares y familias. Su viaje por mar fue difícil. Las autoridades de aduana de Estados Unidos los podían mandar de vuelta a Europa por muchas razones. ¿Qué conclusiones puede sacar? Los inmigrantes debían tener valor y decisión.

Lea atentamente para distinguir entre los detalles y la conclusión en un texto. Hágase dos preguntas: "¿Qué hechos y detalles se presentan en el texto? ¿Qué idea más amplia señalan?"

conclusión
juicio o decisión basada en hechos y detalles

detalles de apoyo
pruebas o hechos que conducen a una conclusión

Lea el texto y responda las preguntas que se presentan a continuación.

Jeannette Rankin fue la primera mujer que participó en el Congreso. Ella representó al estado de Montana en dos períodos consecutivos, de 1917 a 1919 y de 1940 a 1942. Rankin fue una de cincuenta miembros del congreso que se opuso a la declaración de guerra de Estados Unidos contra Alemania durante la Primera Guerra Mundial. Cuando la llamaron a votar se puso de pie y dijo "Deseo apoyar a mi país, pero no puedo votar por la guerra". Fue el único miembro del congreso que votó en contra de la guerra con Japón cuando ese país atacó Pearl Harbor, Hawai, en 1941. En 1968, a la edad de 87 años, convocó a una marcha de 5,000 mujeres en la sede del Congreso de Estados Unidos (Capitol Hill) para protestar contra la guerra de Vietnam. Rankin fue una valiente activista por la paz.

Marque con una "X" la oración que contiene la conclusión del texto.

_____ a. Rankin se opuso a la participación de Estados Unidos en la Primera Guerra Mundial.

_____ b. Rankin fue una valiente activista por la paz.

La *opción b* es una conclusión sacada del texto. La *opción a* es sólo un ejemplo de su activismo por la paz.

Sugerencia

A veces, una conclusión comienza con palabras como *por ello, por lo tanto* y *así,* o *lo que podemos aprender de esto.* Use estas palabras como guías para identificar la conclusión

Práctica de GED

Instrucciones: Elija la respuesta que mejor responda a cada pregunta.

Las preguntas 1 a 3 se refieren al siguiente párrafo.

Luego de la Primera Guerra Mundial en 1918, los estadounidenses esperaban tiempos mejores, pero primero tenían que remediar los problemas que resultaron del término de la guerra. El término de la guerra causó que la economía se aletargara. Las fábricas que habían funcionado a su capacidad máxima durante la guerra, produciendo bienes para la guerra, cerraron para reorganizarse para los tiempos de paz. Miles de personas que trabajaron en esas fábricas fueron despedidas. Además, millones de veteranos, que volvieron a casa, necesitaban trabajo. La competencia por el trabajo era muy dura. Durante el comienzo de la década de 1920, los trabajadores industriales, granjeros y criadores, inmigrantes y otros trabajadores competían por su parte de la prosperidad anhelada.

1. ¿Qué conclusión apoyan los detalles del párrafo?

   (1) La década de 1920 fue tranquila.
   (2) Todas las guerras causan reajustes económicos.
   (3) Antes de que la nación pudiera disfrutar de tiempos mejores, debía remediar los problemas causados por la guerra.
   (4) Los trabajadores industriales, granjeros y criadores, inmigrantes y otros experimentaron una gran prosperidad en la década de 1920.
   (5) Muchos estadounidenses estaban preocupados por el bienestar de los veteranos que volvían de la guerra.

2. ¿Qué puede usted suponer según la información del párrafo?

   (1) El desempleo fue alto durante algunos años después de la Primera Guerra Mundial.
   (2) Los empleadores preferían contratar veteranos de la guerra antes que a otros estadounidenses.
   (3) Los trabajadores industriales tenían mejor situación económica que los granjeros y criadores.
   (4) Muchos trabajadores industriales eran inmigrantes.
   (5) Surgieron discordias entre los veteranos de guerra y los inmigrantes.

3. ¿A qué otra batalla de la historia de Estados Unidos se parece más la que se produjo entre los grupos en la década de 1920?

   (1) las luchas por la independencia contra Bretaña en la década de 1770
   (2) intentos de erradicar la esclavitud a comienzos del siglo XIX
   (3) intentos de negar el derecho a voto del pueblo afroamericano a fines del siglo XIX
   (4) demandas de las mujeres por el voto a principios del siglo XX
   (5) demandas de igualdad de oportunidades laborales en la década de 1970 para las mujeres y las minorías

La pregunta 4 se refiere a la siguiente caricatura.

4. En 1917, los comunistas asumieron el poder en Rusia y adoptaron una bandera roja como símbolo de su revolución. En Estados Unidos, los comunistas buscaban apoyo entre los trabajadores. Cuando más de 3,000 huelgas se llevaron a cabo durante 1919, un "Miedo a los rojos" invadió a la nación. El gobierno hizo una redada de miles de supuestos radicales.

¿Qué sugieren estos hechos y esta caricatura de 1919 sobre lo que creía los estadounidenses en aquél entonces?

   (1) Todos los inmigrantes eran comunistas.
   (2) Las huelgas eran parte de una conspiración comunista.
   (3) Todos los trabajadores en huelga deberían ser arrestados.
   (4) Los dueños de siderurgias eran comunistas.
   (5) Los huelguistas deberían volver forzados al trabajo.

Las preguntas 5 a 8 se refieren al texto y tabla siguientes.

Cuando el presidente Franklin D. Roosevelt asumió su cargo en 1933, prometió un "nuevo trato" para el pueblo estadounidense. Su meta era sacar a la nación de la peor crisis económica de su historia. Como los reformistas de principios del siglo XX, la tarea de Roosevelt era conservar los recursos naturales, regular el comercio, disolver los monopolios y mejorar las condiciones laborales. Al aumentar la participación del gobierno en el comercio y la economía, Roosevelt creía que estaba actuando a favor de la nación. Sus críticos, sin embargo, vieron su Nuevo Trato como una peligrosa ruptura con la tradición estadounidense de independencia. Temían que las limosnas del gobierno pudieran debilitar el carácter de los estadounidenses.

Muchos programas regulatorios del Nuevo Trato continúan afectando a la nación en la actualidad. Por ejemplo, la Comisión de Valores, SEC (Securities and Exchange Commission), que regula el mercado de valores, y la Corporación Federal de Seguros de Depósitos, FDIC (Federal Deposit Insurance Corporation), que asegura los ahorros de los inversionistas, fueron creadas mediante el Nuevo Trato. Muchos parques estatales se construyeron por el Cuerpo de Conservación Civil. La Asociación de Electrificación Rural, REA (Rural Electrification Association) llevó la electricidad a regiones que no tenían energía eléctrica antes del Nuevo Trato.

PROGRAMAS PRINCIPALES DEL NUEVO TRATO

Programa	Año	Propósito
Administración Federal de Ayuda de Emergencia	1933	Proporcionó dinero y ayuda a personas necesitadas
Cuerpo de Conservación Civil	1933	Empleó a hombres jóvenes en proyectos de conservación
Administración de Ajuste Agrícola	1933	Ayudó a los granjeros y criadores, y reguló la producción de las granjas
Administración de Recuperación Nacional	1933	Estableció códigos de competencia justa para las industrias
Administración de Trabajos Públicos	1933	Creó proyectos de trabajo público para dar empleos
Administración de Progreso del Trabajo	1935	Creó proyectos gubernamentales para emplear a las personas
Administración del Seguro Social	1935	Pagó prestaciones a trabajadores desempleados y jubilaros
Ley Nacional de Relaciones Laborales	1935	Le dio a los trabajadores el derecho a unirse a sindicatos
Ley de Normas Razonables de Trabajo	1938	Estableció una semana laboral de 40 horas y un salario mínimo

5. ¿Qué programa del Nuevo Trato refleja la meta de Roosevelt de disolver los monopolios?

    (1) la Administración de Ajuste Agrícola
    (2) el Cuerpo de Conservación Civil
    (3) la Corporación Federal de Seguros de Depósitos
    (4) la Ley Nacional de Relaciones Laborales
    (5) la Administración de Recuperación Nacional

6. ¿Qué conclusión acerca del Nuevo Trato se basa en la información del texto y la tabla?

    (1) El Nuevo Trato no abarca todas las metas de Roosevelt.
    (2) Muchos de los programas del Nuevo Trato eran tan eficaces que fueron conservados después de la Gran Depresión.
    (3) Todos los programas del Nuevo Trato funcionaron bien.
    (4) El Nuevo Trato terminó con la depresión.
    (5) El Nuevo Trato atrajo votantes al Partido Demócrata.

7. ¿Cuál de los siguientes programas habría preocupado más a los críticos de Roosevelt?

    (1) la Administración de Trabajos Públicos
    (2) la Administración de Electrificación Rural
    (3) la Administración Federal de Ayuda de Emergencia
    (4) el Cuerpo de Conservación Civil
    (5) la Ley Nacional de Relaciones Laborales

8. ¿Cuál es más probable que haya constituido la base para los programas de bienestar del gobierno?

    (1) la Comisión de Valores
    (2) la Administración Federal de Ayuda de Emergencia
    (3) el Cuerpo de Conservación Civil
    (4) la Ley de Normas Razonables de Trabajo
    (5) la Ley Nacional de Relaciones Laborales

Las respuestas comienzan en la página 758.

Instrucciones: Elija la respuesta que mejor responda a cada pregunta.

Las preguntas 1 a 3 se refieren al texto y gráfica siguientes.

A fines del siglo XIX, dos organizaciones sindicales trataron de mejorar la vida de los obreros. Un grupo llamado *Knights of Labor* (Caballeros Laborales), bajo la dirección de Terence Powderly, se organizó en sindicatos distintos para cada industria. Todos los obreros de una industria podían sindicarse, sin importar el tipo de trabajo que realizaran. Capacitados o no, los trabajadores pertenecían al mismo sindicato. Entre 1880 y 1886, los miembros de los Caballeros aumentaron de 10,000 a 700,000.

Los Caballeros pedían un aumento salarial, una jornada de trabajo de ocho horas y que se pusiera fin al trabajo infantil. Powderly prefería negociar que ir a huelga, pero no tenía mucho control sobre los sindicatos locales. La reputación de los Caballeros decayó luego de una serie de huelgas infructuosas y una bomba en 1886. La cantidad de miembros decreció rápidamente, y ya en la década de 1890 los Caballeros habían sido sobrepasados por la Federación Laboral Estadounidense (American Labor Federation).

La Federación Laboral Estadounidense, o AFL, se fundó en 1886 por el fabricante de cigarros Samuel Gompers. Le fue bien por muchas de las mismas razones que fallaron los Caballeros. Cada sindicato miembro de la AFL consistía en cuatro obreros con la misma maestría o capacitación. Las huelgas de los obreros capacitados podían ser más efectivas que las de los no capacitados, quienes eran más fáciles de reemplazar. Sin embargo, más que promover las huelgas, Gompers concentró mucho esfuerzo en cooperar con los empleadores que permitían que sus empleados estuvieran sindicados. Bajo su dirección, los obreros capacitados terminaron por conseguir una jornada laboral más corta y mejor pagada.

Hubo muchos episodios de violencia laboral a fines del siglo XIX y comienzos del XX. Puesto que los tribunales consideraban por lo general a los sindicatos como monopolios ilegales, con frecuencia los empleadores rompían las huelgas con fuerzas policiales o guardias particulares. En 1914, el Congreso aprobó la Ley de Clayton, que declaraba que los sindicatos no eran monopolios, pero los tribunales siguieron fallando en contra de ellos. No fue hasta la aprobación de la Ley Nacional de Relaciones Laborales en 1935 que los trabajadores consiguieron el derecho legal de sindicarse y embarcarse en negociaciones colectivas con sus empleadores.

OBREROS SINDICADOS, 1890 A 1940

Obreros sindicados (en millones) / Año

Fuente: U.S. Bureau of the Census

1. Por medio del texto, prediga lo que ocurriría si el sindicato de obreros de la industria automotriz (United Auto Workers) perdiera varias huelgas contra los fabricantes de automóviles del país.

   (1) Subirían los salarios de los trabajadores.
   (2) Se sindicarían más obreros no capacitados.
   (3) El sindicato perdería miembros.
   (4) Los salarios perderían importancia para los obreros sindicados.
   (5) Los trabajadores se preocuparían por su seguridad laboral.

2. ¿Cuál es la causa más probable del cambio en el número de trabajadores sindicados entre 1935 y 1940?

   (1) la fundación de la FLE
   (2) el fracaso de varias huelgas destinadas a obtener mejores salarios
   (3) la aprobación de la Ley de Clayton
   (4) el término del trabajo infantil en Estados Unidos
   (5) la aprobación de la Ley Nacional de Relaciones Laborales

3. ¿Qué sugieren la historia de los Caballeros y la FLE acerca de los valores de los obreros de fines del siglo XIX?

   (1) Su único objetivo era obtener mejores salarios.
   (2) Seguían a ciegas al liderazgo sindical.
   (3) No tenían respeto por los demás trabajadores.
   (4) Estaban desanimados por las huelgas violentas.
   (5) Eran flojos y no les gustaba trabajar mucho.

Las preguntas 4 y 5 se refieren al siguiente texto.

Al término de la Guerra Civil, las ciudades, las granjas y los sistemas de transporte de todo el Sur se destruyeron casi por completo. Pocos líderes políticos del Sur sentían lealtad hacia Estados Unidos. Lincoln y otros líderes norteños se dieron cuenta de que la economía y el gobierno del Sur necesitaban ser reconstruidos. Los antiguos esclavos también necesitaban ayuda para encontrar su papel en la sociedad. Las acciones del gobierno entre los años 1865 y 1877 para alcanzar estas tres metas y reunificar a la nación se conocieron como la Reconstrucción.

Lincoln esperaba reunificar a la nación del modo menos doloroso posible. Perdonó a casi todos los sureños por rebelarse e hizo posible que, si el 10 por ciento de los votantes de un estado juraran lealtad a la Constitución, el estado podía volver a unirse a la Unión. Sin embargo, los miembros radicales del Congreso querían castigar al Sur por la guerra. También temían que los antiguos esclavos sufrieran debido al plan de Lincoln. Después del asesinato de Lincoln en abril de 1865, los radicales tomaron rápidamente el control de la Reconstrucción. Estaban decididos a proteger a los sureños de raza negra y a evitar que los políticos "rebeldes" regresaran alguna vez al poder.

4. ¿Qué significa el término *Reconstrucción*?

(1) un plan para castigar al Sur por la muerte de Lincoln
(2) un sistema de plantaciones sin esclavitud
(3) los miembros radicales del Congreso
(4) el esfuerzo para reunificar a la nación y reconstruir el Sur
(5) un plan para restituir la esclavitud en el Sur

5. ¿Cuál de estos detalles del texto apoya mejor la conclusión de que los norteamericanos no estaban de acuerdo en cómo tratar al Sur después de la guerra?

(1) Los congresistas radicales se hicieron cargo de la Reconstrucción.
(2) Los antiguos esclavos necesitaban ayuda.
(3) La reconstrucción duró de 1865 hasta 1877.
(4) La economía del Sur necesitaba ser reconstruida.
(5) El presidente Lincoln fue asesinado.

6. Poco antes del fin de la Guerra Civil, el Congreso creó la *Freedmen's Bureau* (Oficina de Libertos) para proveer alimentos, ropa, atención médica y otras ayudas a los esclavos liberados por la Unión. Después de la guerra, su papel se amplió. Se encargó de supervisar los acuerdos salariales que los empleadores blancos hicieron con los antiguos esclavos. También fundó cerca de 3,000 escuelas a lo largo del Sur.

¿A qué institución moderna se parecía más *Freedmen's Bureau* durante la Guerra Civil?

(1) un sistema de educación pública
(2) una clínica de salud y hospital públicos
(3) una agencia de socorro federal
(4) una oficina de empleo estatal
(5) una institución de beneficencia religiosa privada

7. A pesar de que al final alcanzaron su libertad, la mayoría de los antiguos esclavos no poseían tierras y tenían muy poco dinero. Por lo tanto, muchos trabajaron en las plantaciones como empleados de quienes antes habían sido dueños de esclavos. En un principio se les pagó un salario. Pero la mayoría de los terratenientes tenían poco dinero en efectivo, de modo que pronto se desarrolló un nuevo sistema llamado aparcería. Con este sistema, los terratenientes aportaban viviendas, herramientas y semillas y los aparceros aportaban la mano de obra y las habilidades para cultivar. Después de la cosecha, el terrateniente se quedaba con la mitad o hasta dos tercios de la cosecha.

De acuerdo con el texto, ¿cuál de los siguientes enunciados impulsó el desarrollo del sistema de aparcería?

(1) La mayoría de los antiguos esclavos ahora eran dueños de tierras.
(2) El gobierno de Estados Unidos no protegió los derechos de los antiguos esclavos.
(3) Los sureños de raza blanca eran dueños de la mayor parte de la tierra pero tenían poco dinero para pagar a los trabajadores agrícolas.
(4) Muchos de los antiguos esclavos pudieron finalmente dejar las plantaciones.
(5) La mayoría de los antiguos esclavos se trasladaron a las ciudades del norte y necesitaban un lugar donde vivir.

Estudios sociales • Historia de Estados Unidos

Las preguntas 8 a 10 se refieren al texto y mapa siguientes.

En 1963, más de 200,000 personas se reunieron en Washington, D.C. en lo que se conoce como la Marcha de Washington. Allí, un líder de los derechos civiles, el Dr. Martin Luther King Jr., pronunció su famoso discurso "Tengo un sueño". Llamó a Estados Unidos a vivir de acuerdo a los ideales de la Declaración de Independencia, que afirma que "todos los hombres nacen iguales".

La marcha fue un gran éxito. La Enmienda Vigésimocuarta se agregó a la Constitución en enero de 1964, proscribiendo el requisito de que los ciudadanos pagaran un impuesto para votar. La Ley de Derechos Civiles de 1964 prohibió la discriminación racial en empleos y espacios públicos.

Algunos estadounidenses, sin embargo, se resistieron a estos cambios. En todo el sur, las personas que trataron de inscribir a afroamericanos para votar fueron arrestadas o golpeadas. A principios de 1965, la policía de Alabama atacó una marcha pacífica por los derechos civiles, golpeando a los que marchaban y rociándolos con gas lacrimógeno. En respuesta, el congreso aprobó la ley de Derecho al Voto de 1965. Esta ley estableció duros castigos por interferir en las votaciones y puso la inscripción para el voto bajo control federal. Pocos años después de la promulgación de esta ley, más de la mitad de los afroamericanos del sur con edad para votar estaban inscritos para hacerlo.

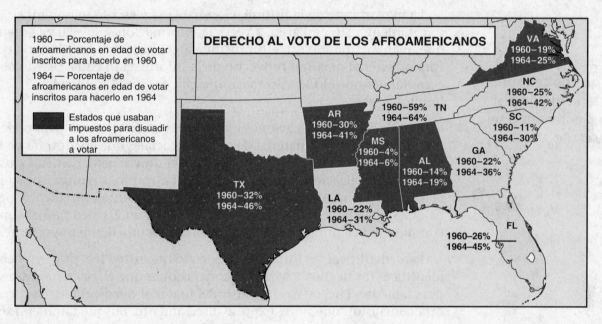

8. ¿Qué estado se opuso más fuertemente a la inscripción de los votantes afroamericanos?

   (1) Alabama
   (2) Tennessee
   (3) Mississippi
   (4) Carolina del Norte
   (5) Carolina del Sur

9. ¿Dónde es más probable que la Enmienda Vigésimocuarta haya tenido un mayor efecto en la inscripción de votantes?

   (1) Tennessee
   (2) Florida
   (3) Carolina del Sur
   (4) Virginia
   (5) Texas

10. ¿Cuál es la razón más probable de que un porcentaje más alto de afroamericanos estuviera inscrito para votar en Carolina del Norte que en Alabama?

   (1) En Alabama la gente era golpeada por tratar de ejercer el derecho a voto.
   (2) Carolina del Norte no tenía impuesto a la votación.
   (3) Alabama estaba bastante más al sur que Carolina del Norte.
   (4) La ley de Derecho al Voto de 1965 fue muy eficaz.
   (5) El Dr. Martin Luther King Jr. vivía en Alabama.

Las respuestas comienzan en la página 758.

Historia del mundo

Los anales de la historia del mundo muestran la lucha constante entre los esfuerzos de algunos grupos por controlar a otros y el indiscutible deseo de tener la libertad. Estudiar la historia del mundo nos ayuda a comprender y a valorar el progreso y los desafíos que aún existen en el mundo de hoy. La historia del mundo es también una parte importante de la Prueba de Estudios Sociales de GED, y constituye el 15 por ciento de las preguntas de la prueba.

Imperios antiguos del mundo

Identificar implicaciones

implicación
algo que no se expresa abiertamente pero sí se da a entender o se sugiere

La mayor parte de la información hablada y escrita se presenta directamente. Sin embargo, a veces la información sólo se da a entender o se insinúa. Cuando un autor insinúa algo, hace una **implicación**. Para obtener el máximo provecho de la información dada, usted debe comprender no sólo la información explícita, sino también las implicaciones.

Identificar las implicaciones es una destreza importante para poder leer y comprender el material de estudios sociales que encontrará en la Prueba de GED. Esta destreza puede parecer difícil, pero, de hecho, usted identifica implicaciones todos los días. Por ejemplo, suponga que su jefe le pide que sea más amable en su trato con un cliente específico. A pesar de que su jefe no le dice por qué debiera ser amable, usted probablemente comprenderá la implicación de que se trata de un cliente importante.

Para identificar las implicaciones en lo que usted lee, primero debe identificar los hechos y todas las conclusiones que el autor ha expresado directamente. Luego vea si a partir del material puede obtenerse alguna otra conclusión que no se exprese directamente. Busque también frases que sugieran emociones o actitudes. Por ejemplo, si el autor escribe que alguien hizo rechinar sus dientes antes de tomar una decisión, la implicación del autor consiste en que la decisión fue desagradable o difícil.

Sugerencia

Lea entre líneas para identificar las implicaciones. Recuerde que lo que se sugiere pero no se expresa puede ser tan importante como lo que se expresa.

Práctica de GED

Instrucciones: Elija la respuesta que mejor responda a cada pregunta.

Las preguntas 1 a 3 se refieren al texto y tabla siguientes.

Alrededor del año 800 a.C., se desarrolló una sociedad organizada en la península de Grecia, donde clanes y tribus establecieron cientos de ciudades-estado. En un principio, cada ciudad-estado estaba gobernada por un jefe o rey tribal. Hacia el año 700 a.C., la mayoría de estos gobernantes habían sido destronados por los terratenientes adinerados. Los griegos se referían a estos nuevos gobiernos como *aristokratika,* o aristocracias, lo que significaba "gobernado por el mejor". Al final, algunas aristocracias se reemplazaron por gobiernos en los cuales el pueblo común, o *demos,* tenía voz en el régimen de la ciudad-estado. A estos gobiernos se les llamó democracias. La democracia más grande era Atenas, la cual se convirtió en la pieza central de lo que se llamó la Edad de Oro de Grecia, hacia el año 400 a.C.

A pesar de que duró menos de cien años, la Edad de Oro de Grecia fue una época de grandes logros en la ciencia, las artes, y las formas de razonamiento acerca del mundo. Las guerras y las rivalidades entre las ciudades-estado provocaron un desgaste paulatino en el liderazgo cultural de Atenas, pero los logros de ese corto período influyeron en la civilización griega y en el mundo entero por todos los siglos venideros.

Ciencia y pensamiento	Arte y drama
Sócrates (470 a.C. – 399 a.C.) desarrolló métodos de búsqueda de la verdad y del conocimiento que se convirtieron en la base de la educación moderna	**Esquilo** (525 a.C. – 456 a.C.) escribió las primeras obras dramáticas, u obras que contenían acción y diálogo
Hipócrates (460 a.C. – 377 a.C.) fundó la medicina mediante la enseñanza de que las enfermedades tenían causas naturales y no eran castigos de los dioses	**Eurípides** (484 a.C. – 406 a.C.) escribió las primeras obras dramáticas que trataban sobre personas comunes y problemas sociales en lugar de las hazañas de los dioses
Demócrito (460 a.C. – 370 a.C.) desarrolló la idea de que el universo consiste de pequeñas partículas de materia que denominó átomos	**Mirón** (480 a.C. – 440 a.C.) esculpió el *Discóbolo,* uno de los ejemplos del arte griego antiguo más famosos

1. ¿Cuál de los siguientes enunciados es una implicación del texto?

   (1) La cultura griega dependió en gran medida de la civilización egipcia.
   (2) La palabra española *democracia* viene del término griego que significa "el pueblo".
   (3) Las ciudades-estado de Grecia eran muy grandes.
   (4) Una aristocracia es una mejor forma de gobierno que una democracia.
   (5) La guerra alienta el desarrollo cultural.

2. ¿Qué conclusiones se pueden sacar a partir de la tabla?

   (1) Los dramaturgos más grandes vinieron de Atenas.
   (2) Mirón fue ejecutado debido a su arte.
   (3) Sócrates inspiró las enseñanzas de Hipócrates.
   (4) Sócrates influenció la escritura de Eurípides.
   (5) Los antiguos griegos influyeron en la ciencia moderna.

3. ¿Qué razones insinúa el texto que produjeron el liderazgo cultural de Atenas en la Edad de Oro?

   (1) su victoria militar frente a Esparta
   (2) su deseo de influenciar al resto del mundo
   (3) su forma democrática de gobierno
   (4) las rivalidades que existían entre las ciudades-estado
   (5) las contribuciones de Esquilo y Mirón

Sugerencia

Para identificar y comprender las implicaciones de un escritor, busque las pistas que en el orden de la oración y de las palabras insinúan ideas y conexiones importantes.

Las preguntas 4 a 6 se refieren al texto y mapa siguientes.

En América del Sur, las civilizaciones avanzadas surgieron por primera vez a lo largo de la costa de lo que ahora es Perú. El pueblo nazca practicó la agricultura en la región a comienzos del año 3000 a.C. y en el año 1800 a.C. ya trabajaban los metales y construían grandes templos. Un pueblo posterior, los mochicas, crearon un detallado sistema de canales para regar sus campos y criaron llamas y conejillos de Indias por su carne. En el año 400 d.C., el reino mochica se extendía 400 millas a lo largo de la costa, conectado por caminos que los incas usarían cien años después para gobernar su propio imperio en la misma región.

Entre los años 1800 a.C. y 900 d.C., los mayas desarrollaron una civilización por gran parte de América Central que rivalizaba con las antiguas culturas mediterráneas. Al igual que los antiguos griegos, los mayas vivieron en ciudades-estado independientes. Despejaron los bosques en las afueras de cada ciudad y cultivaron cosechas para alimentar a la población de las ciudades. Algunas de estas ciudades eran muy grandes. Tikal, en lo que hoy se conoce como Guatemala, cubría 50 millas cuadradas y tenía una población de 75,000 a 100,000 habitantes en el año 400 d.C.

El comercio también era importante para los mayas. Aunque no tenían animales de carga ni conocimiento de la rueda, trasladaban mercancías por largas distancias en sus espaldas. Uno de los socios comerciales de Tikal era Teotihuacán, ubicado a cientos de millas en el centro de México. Con una población de casi 200,000 habitantes, Teotihuacán era la ciudad más grande de la antigua América.

Por motivos aún sin descubrirse, Teotihuacán, al igual que la civilización maya, desapareció hacia el año 900 a.C. Sin embargo, alrededor del año 1200, un nuevo pueblo, los aztecas, construyó una nueva civilización cerca de las ruinas de la gran ciudad abandonada.

4. De acuerdo con el texto, ¿cuál de los siguientes enunciados indica una similitud entre las civilizaciones nazca, mochica y maya?

   (1) Cada una de ellas formó ciudades-estado y vivieron en ciudades.
   (2) En cada imperio existieron grandes sistemas de caminos.
   (3) La agricultura era importante para todas estas culturas.
   (4) Todas surgieron en América del Sur.
   (5) Todas declinaron y desaparecieron por motivos que aún no se descubren.

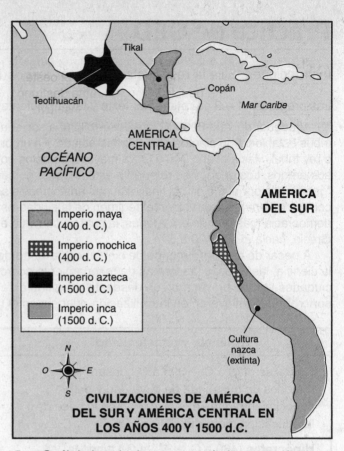

CIVILIZACIONES DE AMÉRICA DEL SUR Y AMÉRICA CENTRAL EN LOS AÑOS 400 Y 1500 d.C.

5. ¿Cuál de los siguientes enunciados apoya la evidencia presentada en el mapa?

   (1) Las ciudades de Teotihuacán, Tikal y Copán comerciaban entre ellas.
   (2) Los imperios azteca e inca existieron al mismo tiempo.
   (3) Los incas hicieron uso de los caminos de los mochicas para conquistar Copán.
   (4) Los aztecas construyeron su imperio sobre las ruinas de Tikal.
   (5) Los aztecas se encontraban activos en América Central antes que los mayas.

6. ¿Cuál de los siguientes enunciados sugiere que la construcción de caminos era importante para la cultura mochica?

   (1) el autogobierno
   (2) las ciudades
   (3) el aprendizaje
   (4) la religión
   (5) el comercio

Las preguntas 7 a 9 se refieren al texto y tabla siguientes.

Mientras Grecia entraba en la Edad de Oro, surgía un nuevo poder en la Península Itálica hacia el oeste. En el año 509 a.C., el pueblo latino de Roma destronó a los reyes etruscos que los gobernaban e instituyó una república en la cual los ciudadanos elegían representantes para que los gobernaran. Sin embargo, la aristocracia de ciertos clanes obtuvo rápidamente el control de los cargos electos.

Las leyes romanas no habían sido escritas, por lo que para las autoridades electas era muy fácil interpretarlas de modo que los clanes permanecieran en el poder. Los ciudadanos de Roma pronto exigieron un cambio. Alrededor de 450 a.C., las leyes romanas fueron puestas por escrito y se hicieron más democráticas. Por ejemplo, todos los ciudadanos ganaron el derecho a tener un cargo público. A los ciudadanos terratenientes también se les exigió que sirvieran en el ejército.

La democracia se expandía a medida que Roma extendía su poder. Hacia el año 272 a.C., Roma controlaba toda Italia. Todos los pueblos conquistados de la península se convirtieron en ciudadanos de la República Romana.

Movilizándose más allá de los límites de Italia, Roma invadió y derrotó a la poderosa ciudad de Cartago en el año 202 a.C. y obtuvo el control sobre África del Norte. Luego, los ejércitos romanos se dirigieron al oeste, hacia España. También marcharon hacia el este, conquistando Grecia y sus colonias en lo que hoy se denomina Turquía. Hacia el año 133 a.C., la supremacía de Roma en el Mediterráneo era total.

Los romanos no otorgaron ciudadanía ni gobierno democrático a los pueblos que se encontraban fuera de Italia. En lugar de eso, los pueblos conquistados se gobernaron por una autoridad designada por Roma y se apoyaron por un ejército de ocupación romana. Estos pueblos dominados fueron obligados a pagar altos impuestos a sus amos romanos. Incluso algunos, como los ciudadanos de Cartago, fueron esclavizados por los romanos.

7. ¿Qué implicaciones hace el texto acerca de Cartago?
   (1) Estaba ubicada en África del Norte.
   (2) Fue vencida por los ejércitos romanos.
   (3) Era más democrática que Roma.
   (4) Su conquista le dio a Roma la supremacía en la región mediterránea.
   (5) Sus ciudadanos se convirtieron en ciudadanos de Roma.

Gobierno de la República Romana

Senado
Los ciudadanos elegían a romanos de clase alta para formar un Senado compuesto de 300 miembros, el cual aprobaba leyes, establecía la política exterior y controlaba los fondos gubernamentales.

Asambleas populares
Las asambleas formadas por ciudadanos aprobaban las leyes y elegían autoridades llamadas tribunos. Los tribunos podían obstruir las leyes del Senado que no beneficiaban el conjunto de la sociedad.

Cónsules
Dos cónsules electos administraban el gobierno. Cada cónsul tenía el poder de ejercer el **veto** (palabra del Latín que significa "yo vedo o prohíbo") sobre las acciones del otro.

Magistrados
Estas autoridades electas vigilaban el sistema jurídico e interpretaban dudas acerca de la ley.

Censores
Estas autoridades inscribían a los ciudadanos de acuerdo a su riqueza, seleccionaban candidatos para el Senado y supervisaban la conducta moral de todos los romanos.

8. ¿Qué autoridades de Estados Unidos son más parecidas a los magistrados romanos?
   (1) el presidente, que puede vetar leyes del Congreso
   (2) los senadores y los representantes del Congreso, que aprueban las leyes de la nación
   (3) los miembros del poder legislativo del estado, que aprueban las leyes para cada estado
   (4) los jueces del Tribunal Supremo, que determinan si las leyes concuerdan con la Constitución
   (5) los gobernadores, que encabezan los 50 estados

9. De acuerdo con lo que sugiere la información, ¿qué valoraban más los antiguos romanos?
   (1) la riqueza y el comercio
   (2) el poder político y militar
   (3) la libertad y la igualdad para todos los pueblos
   (4) la igualdad de derechos para la mujer
   (5) el arte y la cultura griegos

Las respuestas comienzan en la página 759.

Lección

8

Cómo surgieron las naciones

Evaluar cuán adecuada es la información

A menudo hacemos **generalizaciones** y sacamos **conclusiones** sin fundamento. Usted probablemente las escucha todo el tiempo: "Los empleados de envío no trabajan tanto como los vendedores". "Ahora ocurren más delitos en este vecindario que antes". Sin pruebas que los respalden, estos enunciados tienen poco o ningún valor.

La **información adecuada** consiste en los hechos y otros detalles que hacen que una generalización o conclusión sea comprensible, creíble y verdadera. Para que una generalización o conclusión sea útil, debe haber información apropiada que la respalde. La información debe tener algún fundamento. Debe explicar o dar un ejemplo, describir una causa o aclarar el razonamiento que hay detrás de una generalización o conclusión. Probablemente, cualquier información que no cumpla con esto no será adecuada; aun si es interesante o verdadera.

generalización
enunciado amplio que se aplica a toda una clase de cosas o personas

conclusión
juicio o decisión sobre alguien o algo

información adecuada
información que apoya una idea, una generalización o una conclusión

Lea el texto y complete el ejercicio que se presenta a continuación.

Una nación se define actualmente como el territorio donde viven las personas bajo el mando de un solo gobierno. Durante mucho tiempo, sin embargo, una nación se definía por su cultura más que por sus límites o su política. Todos los que compartían un lenguaje y origen étnico formaban una nación, aunque fueran gobernados por diferentes gobernantes. Los emperadores Tang, de China, en el siglo VIII estaban a favor del budismo y fomentaban las artes chinas. Los francos eran una nación en el siglo VI, mil años antes de que los reyes borbones los unieran para formar la nación política de Francia. De hecho, la meta de convertir una nación cultural en una nación política ha sido de vital importancia en la historia del mundo

Marque con una "X" el enunciado que respalda la conclusión de que una nación es un pueblo, y no un área geográfica con límites establecidos.

_____ a. Los francos eran una nación en el siglo VI, mil años antes de que los reyes borbones los unieran para formar la nación política de Francia.

_____ b. Los emperadores Tang de China en el siglo VIII estaban a favor del budismo y fomentaban las artes chinas.

Usted acertó si escogió la *opción a*. El texto trata sobre la diferencia entre la definición moderna y la histórica de la palabra *nación*. La *opción a* ilustra esta diferencia. La información de la *opción b* no ayuda a comprender lo que es una nación.

Práctica de GED

Instrucciones: Elija la respuesta que mejor corresponda a cada pregunta.

Las preguntas 1 y 2 se refieren al siguiente texto.

A mediados del siglo VII, los comerciantes musulmanes propagaron su religión, el Islam, más allá de su tierra natal en el Medio Oriente. Hacia el año 750, la influencia musulmana se había extendido al norte de África, a España, y al este hasta la India. En los lugares controlados por los musulmanes, las ciencias, el conocimiento y las artes adquirieron importancia.

Los árabes mantuvieron el mayor poder en el mundo musulmán durante 500 años. Entre los siglos XI y XII, sin embargo, los turcos arrasaron el centro de Asia, conquistaron gran parte del Medio Oriente y se convirtieron al Islam. Con el tiempo, el liderazgo del mundo musulmán pasó a los turcos.

Alrededor del siglo XV, un grupo de turcos llamados otomanos invadieron Europa. En el año 1450, el Imperio Otomano comprendía la mayor parte de Grecia y la actual Bulgaria. En el año 1550, los otomanos dominaban la mayor parte de Europa oriental, el Medio Oriente y el norte de África.

1. ¿Cuál es el mejor título para este texto?

   (1) La influencia de la religión en la Edad Media
   (2) El desarrollo y expansión del Islam, del 650 al 1550
   (3) La dominación árabe en la Edad Media
   (4) La dominación otomana en la Edad Media
   (5) El dominio musulmán en el norte de África

2. ¿A cuál de las siguientes conclusiones del Imperio Otomano apoya la información del texto?

   (1) Los turcos perseguían a los árabes.
   (2) Los musulmanes en España eran otomanos.
   (3) Los turcos terminaron con el Renacimiento en Europa.
   (4) Las artes florecieron en el Imperio Otomano.
   (5) Los musulmanes perseguían a los cristianos.

La pregunta 3 se refiere al siguiente texto.

Entre el colapso del Imperio Romano y la llegada de los primeros colonizadores ingleses a Norteamérica, tres grandes civilizaciones surgieron y cayeron en el oeste de África. La más antigua fue Ghana, que se desarrolló en el siglo IV a lo largo de una ruta de caravanas entre el norte y el oeste de África. En el siglo XI, el reino se había vuelto rico gracias al comercio de sal, oro y esclavos. Pero brotó un conflicto religioso cuando el reino fue invadido por los bereberes musulmanes del norte de África. A mediados del siglo XIII, Ghana había dejado de existir.

La decadencia de Ghana dio paso al surgimiento de su vecino Malí. Ghana acabó por formar parte del imperio de Malí, el cual se extendía desde el interior de África occidental a la costa atlántica. Durante el apogeo de la cultura y el poder malí, a principios del siglo XIV, Tombuctú, su capital, era un importante centro de enseñanza. La universidad islámica atrajo a eruditos de Egipto y Arabia. Pero luego, una sucesión de reyes débiles provocó la caída de Malí. Sin embargo, pudo mantener el control de las rutas comerciales al norte de África hasta la mitad del siglo XV, cuando fue conquistada por Songhay, un reino que alguna vez había gobernado.

Bajo el control de Songhay, la cultura de África Occidental prosperó. El comercio de oro, marfil y de esclavos floreció. Tombuctú creció hasta incluir 180 escuelas islámicas y tres universidades que enseñaban astronomía, poesía, medicina y religión. Sus bibliotecas mantenían grandes colecciones de escritos griegos y romanos. A mediados del siglo XVI, la educación competía con el comercio como actividad principal.

3. Según el texto, ¿qué valor parece haber sido de menor importancia en la cultura Songhay?

   (1) los derechos humanos
   (2) la educación
   (3) la riqueza
   (4) la literatura
   (5) la religión

Las preguntas 4 a 6 se refieren al mapa y al texto que viene a continuación del mismo.

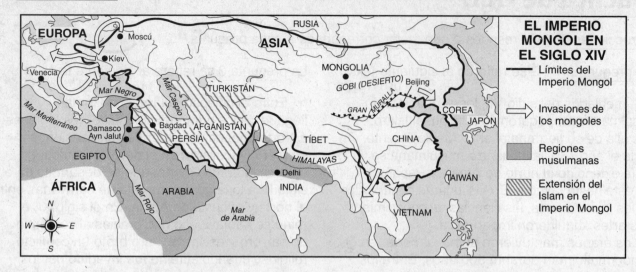

A principios del siglo XIII, el pueblo mongol se expandió hacia el oeste y el sur desde una región en Asia Central denominada actualmente Mongolia. En los siguientes cien años, al mando de Gengis Kan y luego de sus tres nietos, los mongoles establecieron el mayor imperio que había conocido el mundo.

Gengis Kan conquistó el norte de China en 1215, y luego volvió su mirada hacia el oeste. Antes de morir en 1227, su imperio se extendía hasta el Mar Negro.

Bajo el mando de Batu, el nieto de Gengis Kan, los mongoles atravesaron Rusia e invadieron Europa en la década de 1240. Sólo la política libró a Europa de la conquista. Las fuerzas mongolas habían derrotado a los ejércitos polacos y húngaros y amenazaban a Viena en 1242 cuando Batu suspendió el ataque y regresó a Asia para ayudar en la elección del próximo dirigente mongol. Mientras tanto, otro nieto, Hulagu, conquistaba Persia en la década de 1250. Su invasión al Medio Oriente fracasó cuando fue derrotado por las fuerzas musulmanas en Siria el año 1260.

Hacia 1279, el tercer nieto, Kublai Kan, había logrado la conquista de China de su abuelo y extendido el imperio mongol hasta Corea y el Tíbet. También atacó a Birmania y Vietnam, y en 1281 intentó anexar Japón al imperio.

El ejército mongol infundía el terror por donde iba. Los arqueros montados podían recorrer 100 millas en un día y a todo galope lanzaban sus flechas dando justo en el blanco. Los guerreros mongoles saqueaban y destruían los lugares que ofrecían resistencia y a menudo mataban a las personas que allí vivían.

4. ¿Cuál es el tema del texto y el mapa?

(1) encuentros entre mongoles y musulmanes
(2) Gengis Kan y sus nietos
(3) la expansión del Imperio Mongol
(4) las rutas invasoras de los ejércitos mongoles
(5) la amenaza de los mongoles a Europa

5. ¿Qué suposición se puede hacer a partir del texto y el mapa?

(1) El Imperio Mongol se extendió a África.
(2) Los mongoles atacaron Vietnam por mar.
(3) Finalmente los mongoles conquistaron Arabia.
(4) La invasión de Japón por los mongoles no tuvo éxito.
(5) Todos los mongoles eran musulmanes.

6. ¿Cuál de las siguientes conclusiones está mejor apoyada por la información del texto y del mapa?

(1) Los mongoles no eran hábiles para gobernar un imperio.
(2) Los mongoles fueron los guerreros más temibles que haya conocido el mundo.
(3) Los mongoles usaban una tecnología superior para derrotar a sus enemigos.
(4) El Imperio Mongol decayó luego de la muerte de Gengis Kan.
(5) Los mongoles tuvieron una gran influencia en la historia del mundo.

Las respuestas comienzan en la página 761.

Estudios sociales • Historia del mundo

La expansión mundial

Analizar causas y efectos

Como usted aprendió en la Lección 4, una **causa** es lo que hace que algo suceda; el **efecto** es el resultado. Con frecuencia, un acontecimiento tiene más de una causa y una sola causa puede tener muchos efectos. Imagine que el lugar donde trabaja fuese destruido por un incendio. Este acontecimiento por sí solo podría tener muchos efectos. El tránsito se interrumpiría en los alrededores del lugar. Los clientes tendrían que ir a otra parte. Los empleados perderían sus trabajos. Por su parte, cada uno de estos efectos sería la causa de otros efectos. Por ejemplo, si usted perdiera su empleo debido al incendio, eso podría significar que tendría que vender el automóvil recién comprado porque no podría solventar los pagos.

La historia escrita, registro de la vida real, contiene una serie de causas y efectos. Además, algunas causas pueden ser **causas implícitas**, es decir, causas que no se expresan directamente. Por ejemplo, un escritor o una escritora puede describir una serie de acontecimientos y el lector tendrá que comprender que cada acontecimiento es la consecuencia del acontecimiento anterior.

Otra manera de dar a entender una causa es expresar dos o tres efectos relacionados. Imagine que lee en una novela que el televisor del personaje principal de pronto queda en blanco. Eso podría haber ocurrido por varios motivos. Pero si luego lee que el personaje no podía encender la luz, el autor o la autora estará dando a entender que la causa fue un corte de electricidad.

Lea el texto y complete el ejercicio que se presenta a continuación.

En la década de 1490 y a comienzos del siglo XVI, Cristóbal Colón realizó varios viajes en nombre de España, durante los cuales exploró las islas del Caribe y las costas de Centroamérica. Mientras tanto, en 1499, el rival de España, Portugal, envió una expedición para explorar la región que se encontraba más al sur. En este viaje se encontraba a bordo un navegante nacido en Italia llamado Américo Vespucio. Cuando su expedición exploró la región, Vespucio se dio cuenta de que Colón se había equivocado. Llegó a la conclusión de que estas tierras no eran Asia, sino que, según escribió, las tierras eran un "Nuevo Mundo, porque nuestros ancestros no tenían conocimiento de ellas". Pronto los cartógrafos comenzaron a utilizar el nombre "América" en sus mapas para identificar el Nuevo Mundo de Américo Vespucio.

Marque con una "X" el enunciado que el texto señala como la razón por la cual el Hemisferio Occidental se conoce como América.

_____ a. España y Portugal estaban en competencia para explorarlo.

_____ b. Vespucio fue el primero en darse cuenta de que éste era un nuevo mundo.

Usted acertó si escogió la *opción b*. El texto sugiere claramente una relación entre el nombre *América* y el nombre del hombre que se dio cuenta de que esta tierra no era Asia. Los hechos no apoyan la *opción a* como la causa.

causa
algo que produce un resultado o consecuencia

efecto
algo que se produce por una causa; resultado o consecuencia

causa implícita
causa que no se expresa directamente, sólo se sugiere o insinúa

Sugerencia

Para identificar una causa implícita, comience con el efecto conocido. Luego busque una razón para explicar por qué se produjo el efecto.

Práctica de GED

Instrucciones: Elija la respuesta que mejor responda a cada pregunta.

Las preguntas 1 a 5 se refieren al siguiente texto.

El Canal de Panamá hace que Centroamérica sea una región importante para el comercio mundial. Centroamérica también es importante para la economía de Estados Unidos, porque hay empresas estadounidenses que tienen grandes inversiones en la banana, café y otros recursos de ese lugar. Por ambos motivos, Estados Unidos ha apoyado por mucho tiempo a gobiernos centroamericanos que no eran democráticos, pero eso trajo estabilidad a la región. La preocupación por la estabilidad aumentó después de 1977, cuando Estados Unidos aceptó devolver el canal a Panamá en el año 2000.

A fines de la década de 1970, se hizo claro que Fidel Castro, el dictador comunista de Cuba, estaba prestando ayuda a los rebeldes en Centroamérica, incluso a los de El Salvador. Apoyado por Estados Unidos, el gobierno de El Salvador se defendió. El ejército salvadoreño y los escuadrones de la muerte del gobierno asesinaron a miles de ciudadanos que eran sospechosos de apoyar a los rebeldes, antes de que se restableciera la paz en la década de 1990. Los estadounidenses ayudaron a Guatemala a conducir a una cadena similar de acontecimientos durante el mismo período.

En 1979, los comunistas derrocaron al dictador de Nicaragua, quien contaba con el respaldo de Estados Unidos, y cuya familia había gobernado desde la década de 1930. Estados Unidos respondió financiando, entrenando y entregando armas a una fuerza conocida como los "contras" para derrocar al nuevo gobierno. En 1990, después de una década de guerra, los comunistas aceptaron celebrar nuevas elecciones. La candidata respaldada por Estados Unidos, hija de una familia nicaragüense adinerada, se convirtió en presidente.

1. ¿Cuál es el objetivo principal de este texto?

    (1) hablar acerca del Canal de Panamá
    (2) mostrar cómo el imperialismo afectó a Centroamérica
    (3) comparar los disturbios en El Salvador, Guatemala y Nicaragua
    (4) mostrar cómo las inversiones estadounidenses causaron el imperialismo en Centroamérica
    (5) describir las guerras en Centroamérica

2. De acuerdo con el texto, ¿cuál fue el efecto de la participación estadounidense en Nicaragua?

    (1) la muerte de miles de ciudadanos inocentes
    (2) las pérdidas de tierras que sufrieron nicaragüenses adinerados a favor de los pobres
    (3) el descontento en Estados Unidos por la política gubernamental en Nicaragua
    (4) el descontento de los nicaragüenses por la política estadounidense
    (5) el fracaso final de los comunistas en Nicaragua

3. ¿Cuál causa se insinúa en el texto para las acciones de Estados Unidos en Centroamérica?

    (1) la preocupación por la seguridad del Canal de Panamá
    (2) la ubicación de los países centroamericanos al sur de Estados Unidos
    (3) la importancia del banano y el café para los consumidores estadounidenses
    (4) la opinión de que los países centroamericanos son débiles
    (5) el deseo de los líderes estadounidenses de tomar el control de Centroamérica

4. ¿Cuáles países, entre los mencionados en el texto, practicaban el imperialismo?

    (1) Estados Unidos y Nicaragua
    (2) Nicaragua y Cuba
    (3) Cuba y Estados Unidos
    (4) Estados Unidos y El Salvador
    (5) El Salvador y Nicaragua

5. ¿Cuál era el valor menos importante para Estados Unidos en su política en Centroamérica?

    (1) la seguridad del Canal de Panamá
    (2) la estabilidad de los gobiernos en Centroamérica
    (3) la protección de las inversiones estadounidenses
    (4) el fortalecimiento de la democracia en Centroamérica
    (5) la prevención de la expansión del comunismo

Las preguntas 6 a 9 se refieren al texto y mapa siguientes.

Durante siglos, China trató a los forasteros a su manera. El gobierno restringía severamente el desplazamiento de comerciantes extranjeros en China. Los comerciantes chinos solamente aceptaban oro y plata por sus productos, como el té y la seda, entre otros. Aproximadamente en le año 1800, sin embargo, los comerciantes británicos comenzaron a ofrecer el opio de sus colonias en India para pagar los productos que compraban en china. Cuando el gobierno de China exigió que se detuvieran las importaciones de drogas el resultado fue una guerra que duró entre 1839 y 1842.

La fácil victoria de Gran Bretaña sobre China en la guerra del opio comprobó cuán poderosas se habían vuelto las naciones europeas gracias a la Revolución Industrial. Para restablecer la paz, China fue obligada a entregar Hong Kong a Gran Bretaña, y a otorgar privilegios especiales a los comerciantes británicos en cinco puertos chinos.

La ventaja comercial especial de Gran Bretaña sobre China duró poco tiempo. Francia y otras naciones pronto comenzaron a exigir concesiones comerciales parecidas. A fines del siglo XIX, grandes regiones de China habían quedado bajo control extranjero. Técnicamente, estas esferas de influencia siguieron formando parte de China. No obstante, los extranjeros que se encontraban en la esfera de influencia de cada país, solamente obedecían las leyes de su propia nación y se encontraban exentos de la autoridad china. Cada esfera se convirtió en un mercado para los productos del país respectivo y en una fuente de materias primas para las fábricas de ese país.

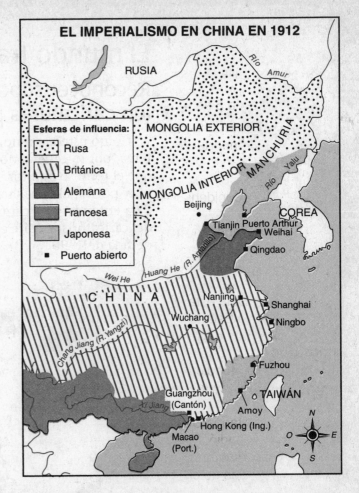

EL IMPERIALISMO EN CHINA EN 1912

Esferas de influencia:
- Rusa
- Británica
- Alemana
- Francesa
- Japonesa
- ■ Puerto abierto

6. ¿Qué efecto de la Revolución Industrial se insinúa en el texto?

(1) Los británicos comenzaron a producir opio.
(2) Europa ya no deseaba la seda de China.
(3) La Revolución Industrial causó la Guerra de Opio.
(4) Los países industrializados se hicieron más poderosos que los países no industrializados.
(5) La Revolución Industrial hizo que se desarrollaran esferas de influencia en China.

7. ¿A qué país pertenecía la esfera de influencia más pequeña en China en 1912?

(1) Francia
(2) Alemania
(3) Gran Bretaña
(4) Japón
(5) Rusia

8. De acuerdo con el texto, ¿qué valor era más importante para China cuando combatió contra Gran Bretaña en al Guerra del Opio?

(1) conservar las utilidades del tráfico de drogas
(2) convencer a Japón de que China aún era poderosa
(3) controlar el comercio que estaba ingresando a China
(4) finalizar el comercio con India
(5) terminar con las esferas de influencia en China

9. ¿Cuál es la única conclusión adecuada acerca de Japón apoyada por la información del mapa y del texto?

(1) Japón era aliado de Gran Bretaña y Francia.
(2) Japón y Rusia estaban en guerra en 1912.
(3) Japón pretendía conquistar China y Corea.
(4) Japón deseaba expandir su esfera de influencia en China.
(5) Japón era un país industrializado en 1912.

Las respuestas comienzan en la página 761.

El mundo tras la Guerra Fría

Reconocer suposiciones implícitas (en caricaturas políticas)

Como usted aprendió en la Lección 3, cuando se habla o escribe de un tema, por lo general no se dice todo lo que se sabe al respecto. Se supone que el lector o auditor ya sabe algunas cosas. Como la caricatura emplea muy pocas palabras, hace muchas **suposiciones** de lo que ya se sabe. Para entender una caricatura política, hay que reconocer las suposiciones del caricaturista. Mire esta caricatura que se publicó a comienzos de la década de 1990.

suposición
algo que se da por sentado sin explicación

SARGENT © Austin American-Statesman. Reproducido con autorización del SINDICATO DE PRENSA UNIVERSAL (UNIVERSAL PRESS SYNDICATE). Derechos reservados.

En esta caricatura puede ver un oso, cuya gorra dice *Rusia,* que está leyendo una receta marcada *Democracia* y sosteniendo una olla en llamas.

Marque con una "X" la oración que formula una suposición importante no expresada para entender la caricatura.

_____ a. Rusia no tiene tradición democrática, por lo que está tratando de usar una "receta".

_____ b. La olla en llamas representa los problemas que tiene Rusia para hacer funcionar la democracia.

Usted acertó si escogió la *opción a.* Hay que tener esta información (el *por qué*) para poder entender el mensaje de la caricatura: Rusia tiene problemas para pasar del comunismo a la democracia. Reconocer el significado de la olla en la *opción b* (el *qué* de la caricatura) no ayuda a entender el significado de la caricatura.

Sugerencia

Para identificar la suposición de una caricatura política, se deben buscar pistas visuales que lleven al mensaje del caricaturista, como el aspecto de los personajes dibujados.

Práctica de GED

Instrucciones: Elija la respuesta que mejor responda a cada pregunta.

Las preguntas 1 a 3 se refieren al texto y caricatura siguientes.

Desde tiempos antiguos ha habido repetidos, aunque intermitentes conflictos, entre árabes y judíos en la tierra bíblica llamada Palestina. Durante los siglos en que la región formaba parte del Imperio Otomano, pocos judíos vivían en Palestina y hubo pocos conflictos. Con la caída del Imperio Otomano después de la Primera Guerra Mundial y la afluencia de pobladores judíos a la región, las tensiones aumentaron. Los británicos agravaron estas tensiones, puesto que habían hecho promesas conflictivas tanto a árabes como a judíos con el fin de ganarse su apoyo durante la guerra contra los turcos.

Gran Bretaña gobernó Palestina durante las guerras mundiales. Después de la Segunda Guerra Mundial, la Organización de las Naciones Unidas votó por dividir Palestina en un estado árabe y uno judío. Los árabes, que eran mayoritarios, se sintieron traicionados. Cuando los judíos formaron el estado de Israel en 1948, los países árabes circundantes lo atacaron. Huyeron más de la mitad de los árabes de Palestina. Desde entonces, los palestinos han tratado de recuperar la tierra que consideran su hogar, a lo que se han opuesto los judíos, que piensan que su derecho a las tierras es igualmente válido. Es frecuente que el resultado sea la violencia. Desde 1973, Estados Unidos ha estado tratando de ayudarlos a resolver su disputa.

Israel y la Organización de Liberación de Palestina (OLP), que representa a los árabes de Palestina, llegaron a varios acuerdos durante la década de 1990. No obstante y por distintas razones, todos los acuerdos fallaron antes de poder ponerlos en práctica completamente. En octubre de 1998, a instancias del presidente Clinton, ambas partes lograron llegar a otro acuerdo, que es el que inspiró la caricatura anterior.

1. ¿Por qué dibuja el caricaturista a los tres personajes en una plataforma de naipes?

   (1) para ilustrar la opinión de que los acuerdos entre ambas partes han sido inciertos
   (2) para reconocer la pasión por los juegos de naipes del líder palestino
   (3) para ilustrar que hacer tratados es como los juegos de azar
   (4) para afirmar que Estados Unidos no debería mezclarse en asuntos del Medio Oriente
   (5) para rendir honores al presidente Clinton por el papel que desempeñó en la paz del medio Oriente

2. Según el texto, ¿en qué se basa el conflicto entre árabes y judíos en el medio Oriente?

   (1) Practican religiones distintas.
   (2) Lucharon en lados opuestos durante la Segunda Guerra Mundial.
   (3) Ambos pueblos reclaman las mismas tierras.
   (4) Los otomanos crearon resentimiento entre ambos pueblos.
   (5) Los británicos crearon resentimiento entre ambos pueblos.

3. ¿Qué debe usted saber, fundamentalmente, para poder entender esta caricatura de 1998?

   (1) El árabe es Yasir Arafat, líder de la OLP.
   (2) El personaje de la derecha es el primer ministro de Israel, Benjamin Netanyahu.
   (3) El parlamento israelí aprobó el tratado de paz que sostiene Netanyahu.
   (4) La mayoría de los acuerdos entre Israel y la OLP no se han podido terminar de llevar a cabo.
   (5) El parlamento de Israel se conoce como Knesset.

Las preguntas 4 a 7 se refieren a la caricatura y texto siguientes.

MURO DE BERLIN

A principios de la década de 1980, parecía que la Guerra Fría entre la Unión Soviética y Occidente no terminaría nunca; pero alrededor del año 1990 empezó a debilitarse el control político de los soviéticos. Al año siguiente, la Unión Soviética se separó en países independientes. La mayoría de los países europeos de la órbita soviética habían derrocado también a sus líderes comunistas y formado gobiernos democráticos. En ninguna parte fueron tan dramáticos estos acontecimientos como en Berlín, ciudad rodeada por Alemania Oriental. Desde 1961, los habitantes de Berlín Oriental habían estado separados de Berlín Occidental por el Muro que erigiera el gobierno de Alemania Oriental.

El 9 de noviembre de 1989, miles de alemanes de ambos lados del Muro de Berlín empezaron a derribarlo. La caída del muro de Berlín marcó el fin de la Guerra Fría y la ruina del comunismo.

4. ¿Qué suposiciones pueden hacerse a partir de la información del texto?

   (1) El gobierno soviético se oponía al Muro de Berlín.
   (2) Los líderes de Alemania Oriental mantuvieron un estricto control sobre su pueblo mientras el comunismo caía en otras partes.
   (3) El comunismo cayó en los países de la órbita soviética.
   (4) Berlín Oriental estaba controlado por un gobierno comunista.
   (5) Los países que se formaron al dividirse la Unión Soviética siguieron siendo comunistas.

5. ¿Cuáles de las siguientes regiones tienen una relación más parecida a la que había entre las Alemanias Oriental y Federal?

   (1) Canadá y Estados Unidos
   (2) Gran Bretaña y Estados Unidos
   (3) Corea del Norte y Corea del Sur
   (4) Carolina del Norte y Carolina del Sur
   (5) Virginia Occidental y Virginia

6. ¿Qué suposición cree usted que es más importante para entender esta caricatura de 1990?

   (1) El dinosaurio representa a Europa comunista bajo el liderazgo de la Unión Soviética.
   (2) El dinosaurio representa a Berlín Occidental.
   (3) La Unión Soviética construyó el Muro de Berlín.
   (4) El Muro de Berlín estaba en Alemania.
   (5) La Unión Soviética fue responsable de realizar la destrucción del Muro de Berlín.

7. Si el caricaturista hubiera puesto un título a esta caricatura para expresar su mensaje, ¿qué título es más probable que hubiera usado?

   (1) Traslado del Muro de Berlín
   (2) La caída del Muro de Berlín
   (3) Se extingue el comunismo europeo
   (4) La caída de la Unión Soviética
   (5) El comunismo sigue fuerte y peligroso

Las respuestas comienzan en la página 762.

Instrucciones: Elija la respuesta que mejor responda a cada pregunta.

Las preguntas 1 a 4 se refieren al siguiente texto.

La política de una nación que extiende su poder sobre naciones o pueblos más débiles se conoce como imperialismo. En todos los períodos de la historia y en todas las regiones del mundo se ha practicado el imperialismo. Los antiguos griegos invadieron lo que es hoy el oeste de Turquía. Los macedonios conquistaron a los griegos y, bajo la dirección de Alejandro Magno, extendieron su control hacia el oriente hasta la India. Los romanos dominaron un gran imperio que se extendía desde Inglaterra hasta Egipto. Mucho más tarde, en los siglos XVII y XVIII, los ingleses colonizaron y controlaron la India y una gran parte de Norteamérica.

En el siglo XIX, varias naciones europeas establecieron imperios. Hubo varias razones para este aumento en el imperialismo. En primer lugar, los pueblos europeos se sentían superiores a otras culturas. Deseaban propagar su forma de vida y la religión cristiana a otras partes del mundo. En segundo lugar, y como consecuencia de la Revolución Industrial que comenzó a mediados del siglo XVIII, las fábricas podían producir grandes cantidades de productos. Con más productos para vender, las naciones industrializadas de Europa necesitaban más espacios para comercializarlos. En tercer lugar, las naciones industrializadas necesitaban fuentes de materias primas que permitieran mantener la producción de sus fábricas y obreros.

A comienzos del siglo XX, casi la totalidad del continente africano había sido colonizada y dividida entre varias naciones europeas. Francia controlaba la mayor parte de África occidental; Gran Bretaña controlaba una gran parte del norte y del sur de África; Bélgica, por su parte, reclamaba la región central del continente. Alemania, Italia, Portugal y España también controlaban territorios en África. Gran parte del sureste asiático, grandes extensiones de China y varias islas en el Pacífico Sur, también se encontraban bajo control europeo.

1. ¿Cuál es el tema de este texto?

   (1) los antiguos imperios griego y romano
   (2) la colonización europea en Asia
   (3) la expansión de la Revolución Industrial
   (4) el imperio mundial de Gran Bretaña
   (5) el imperialismo en la historia del mundo

2. ¿Cuál es la razón por la cual los europeos propagaron su cultura y religión?

   (1) Los griegos y los romanos ya lo habían hecho.
   (2) Los pueblos europeos se sentían superiores a otros pueblos.
   (3) El imperialismo exigía que lo hicieran.
   (4) Necesitaban materias primas para sus fábricas.
   (5) Los pueblos que los europeos conocían no tenían cultura.

3. ¿Cuál es un ejemplo de imperialismo?

   (1) Los soldados españoles conquistaron el Imperio Inca en el siglo XVI.
   (2) Estados Unidos declara su independencia de Gran Bretaña en la década de 1770.
   (3) Las potencias mundiales formaron la Organización de las Naciones Unidas después de la Segunda Guerra Mundial e invitaron a otras naciones a unirse a ella.
   (4) En la década de 1970, Japón protege su industria prohibiendo productos extranjeros en competencia.
   (5) Estados Unidos y sus aliados liberan Kuwait en la Guerra del Golfo Pérsico en la década de 1990.

4. ¿Cuál de los siguientes acontecimientos fue una causa para el imperialismo europeo en el siglo XIX?

   (1) la falta de ejércitos en otras naciones
   (2) la Revolución Industrial y la necesidad de encontrar más mercados para vender sus productos
   (3) la necesidad de encontrar más mercados para vender productos y el deseo de subyugar a los pueblos de África
   (4) la necesidad de encontrar más mercados para vender productos y un exceso de materias primas
   (5) la falta de religión en otras naciones

Sugerencia

Para decidir si existe una relación de causa y efecto, pregúntese si el segundo acontecimiento hubiera ocurrido si el primero no hubiera existido.

Las <u>preguntas 5 a 9</u> se refieren al texto y caricatura siguientes.

En 1949, los comunistas chinos encabezados por Mao Zedong derrocaron el gobierno de su país. Convirtieron la economía china al comunismo, silenciaron a los chinos que se les oponían y terminaron con la poca democracia que había en China. Tras la muerte de Mao en 1976, los líderes chinos relajaron el control gubernamental de la economía y empezaron a dejar que las personas tuvieran sus propios pequeños negocios.

Esta libertad económica instó a que algunos chinos presionaran por tener libertad política, por lo que en 1989 se reunieron manifestantes en la capital para pedir democracia. Los líderes chinos reaccionaron drásticamente; enviaron tropas a atacar a los manifestantes y mataron a cientos de ellos. El gobierno chino siguió tratando de aplastar el movimiento a favor de la democracia en la década de 1990. Se arrestó, torturó y encarceló a los líderes del movimiento y a muchos otros chinos. La comunidad internacional condenó a China por violar los derechos humanos de su pueblo, pero China se opuso a los pedidos de reforma política.

Linda Boileau, *Frankfort State Journal*, Rothco Cartoon Syndicate. Reproducido con autorización.

5. ¿Qué título asocia <u>mejor</u> el contenido del texto con la caricatura?

   (1) La revolución comunista china
   (2) La contribución de Mao Zedong a China
   (3) China hace reformas políticas
   (4) China avanza hacia una economía capitalista
   (5) El movimiento a favor de la democracia en China

6. ¿Qué efecto tuvo el acontecimiento al que se refiere la caricature?

   (1) Mejoró el nivel de vida en China.
   (2) Se reemplazó al líder chino Mao Zedong.
   (3) La comunidad internacional criticó a China.
   (4) Aumentó la libertad política en China.
   (5) El gobierno chino hizo cambios económicos.

7. ¿Qué representa el personaje tendido en el suelo en la caricatura?

   (1) a los líderes comunistas chinos
   (2) a Estados Unidos
   (3) a Mao Zedong
   (4) a los manifestantes que pedían democracia
   (5) al gobierno derrocado en 1949

8. De acuerdo con la caricatura y el texto, ¿qué parecen valorar más los líderes chinos?

   (1) el control
   (2) la verdad
   (3) la vida
   (4) la igualdad
   (5) los derechos humanos

9. ¿Qué implica esta caricatura?

   (1) El deseo de democracia está muerto en China.
   (2) El deseo de democracia está vivo en China.
   (3) La milicia china no estaba a cargo de la matanza.
   (4) La matanza de los manifestantes chinos es un mito.
   (5) Los estadounidenses no deberían meterse en los asuntos chinos.

Sugerencia

Una de las formas de determinar si la información apoya una conclusión es buscar relaciones de causa y efecto. La información que muestra una causa de la conclusión es un apoyo adecuado de la conlcusión.

EL LENGUAJE DEL IMPERIALISMO

Anexión	un país agrega la totalidad o una parte del territorio de otro país a su propio territorio; se puede realizar mediante un acuerdo o mediante la acción militar
Colonialismo	control formal que realiza una nación sobre otra con la pérdida de identidad e independencia de la nación que se controla; difiere del protectorado
Imperialismo cultural	imposición de una forma de gobierno, estilo de vida, valores u otras partes de una cultura en otro pueblo; no requiere conquista ni control político
Colonia dependiente	colonia en la cual unos pocos funcionarios de la nación que tiene el control, gobiernan a la población del pueblo que se controla; difiere de una colonia de asentamiento
Intervención militar	una nación usa la fuerza en el territorio de otra, no para conquistarla sino que para controlar los acontecimientos que ahí suceden; a menudo no se solicitan las tropas, sin embargo el país más débil suele ser presionado para que las "invite"
Neo-imperialismo	un país explota los recursos naturales de otro, usa a su pueblo como mano de obra, toma ventaja en forma injusta de las oportunidades de inversión o bien lo usa como mercado para deshacerse de sus excedentes de productos; denominado, a veces, imperialismo económico
Protectorado	acuerdo en el cual un país más poderoso protege a uno más débil: el país más débil conserva su identidad como nación, pero el país más fuerte toma el control total o parcial de sus asuntos; difiere del colonialismo
Colonia de asentamiento	colonias en las cuales una gran cantidad de personas provenientes de la nación que tiene el control ocupan la tierra del pueblo controlado; difiere de una colonia dependiente

10. En la década de 1820, los misioneros protestantes de Nueva Inglaterra introdujeron el cristianismo en Hawai. Cuando el rey Kamehameha III se opuso a las leyes que ellos querían aprobar, intentaron destronarlo.

¿Qué tipo de imperialismo se produjo en Hawai?

(1) neoimperialismo
(2) imperialismo cultural
(3) anexión
(4) creación de una colonia dependiente
(5) creación de una colonia de asentamiento

11. Angola tuvo una guerra civil antes de que Portugal otorgara la independencia a la colonia en 1975. Estados Unidos respaldó a un grupo llamado FNLA, la Unión Soviética favoreció a MPLA y la vecina Sudáfrica ayudó a la UNITA. Cuando las fuerzas sudafricanas entraron en Angola, llegaron tropas cubanas respaldadas por el ejército soviético para apoyar a MPLA.

¿Qué acción tomaban los cubanos?

(1) colonialismo
(2) anexión
(3) establecer un protectorado
(4) imperialismo cultural
(5) intervención militar

12. Vietnam obtuvo su independencia de China en el año 939, después de más de 1000 años de dominio. El budismo chino se había convertido en la fuerza que guiaba su cultura. Hasta hoy en día, Vietnam utiliza la escritura y los sistemas de gobierno introducidos por China.

¿Qué tipos de imperialismo se ilustran en este caso?

(1) colonias dependientes y de asentamiento
(2) intervención militar y colonialismo
(3) colonialismo e imperialismo cultural
(4) imperialismo cultural y neoimperialismo
(5) neoimperialismo y colonias de asentamiento

13. En 1876, Japón obligó a Corea a aceptar un acuerdo comercial que este país no deseaba; en 1910, Corea había sido anexada. Miles de personas abandonaron Japón y se reubicaron en Corea. Corea no recuperó su independencia hasta la derrota de Japón en la Segunda Guerra Mundial.

¿Qué tipos de imperialismo experimentó Corea?

(1) neoimperialismo y colonia independiente
(2) formación de protectorado e imperialismo cultural
(3) imperialismo cultural y colonialismo
(4) neoimperialismo y colonias de asentamiento
(5) colonialismo y creación de un protectorado

Las respuestas comienzan en la página 763.

Educación cívica y gobierno

Lección 11

Entender cómo funcionan nuestro gobierno y nuestro sistema político es esencial para preservar nuestra posición de pueblo libre. Es por ello que el estudio de la educación cívica y el gobierno es una parte importante de la Prueba de Estudios Sociales de GED, y representa el 25 por ciento de las preguntas de la prueba.

El gobierno moderno

Distinguir los hechos de las opiniones

Un **hecho** es información acerca de algo que realmente ocurrió o que realmente existe. Por ejemplo, cuando un periodista cubre una manifestación política y escribe acerca de lo que hacen y dicen los manifestantes, el periodista está informando cosas que existen y acontecimientos que suceden. Estas cosas y acontecimientos son hechos.

Una **opinión** es una interpretación de los hechos. Las opiniones se influencian por nuestros intereses, por lo que sabemos acerca de un tema y por nuestra experiencia con hechos relacionados con él. Las opiniones pueden llevarnos a actuar de acuerdo a los hechos que conocemos. Los manifestantes expresan sus opiniones en los lemas de sus pancartas y en sus discursos. Ellos apoyan una visión de un tema político y rechazan las visiones opuestas que otros pueden tener.

Los discursos políticos están llenos de opiniones. Aunque las opiniones siempre son *acerca* de hechos, no siempre *se basan en* los hechos o en razonamientos sólidos. Sin embargo, las opiniones políticas generalmente se presentan como si fuesen hechos. Es usted quien decide si los enunciados son lógicos y si se basan en información válida.

Lea el siguiente texto y haga el ejercicio que se presenta a continuación.

Algunas personas piensan que el gobierno de Estados Unidos ha tenido éxito en el manejo de los problemas económicos y sociales de la nación. Durante las décadas de 1960 y 1970, se aprobaron leyes que prohibían la discriminación racial. Se cree que estas leyes han disminuido la injusticia, la desigualdad y la pobreza en Estados Unidos. Sin embargo, otras personas piensan que el gobierno no ha mejorado en forma significativa la vida de los pobres y de las minorías raciales y étnicas. La injusticia racial y la desigualdad siguen siendo problemas importantes.

Marque con una "X" el enunciado que constituya un hecho.

_____ a. Durante las décadas de 1960 y 1970 se aprobaron leyes que prohibían la discriminación racial.

_____ b. La injusticia racial y la desigualdad siguen siendo problemas importantes.

Usted acertó si escogió la *opción a*. La aprobación de estas leyes es un hecho que puede verificarse. Que la pobreza, la injusticia racial y la desigualdad aún son problemas importantes es una opinión.

hecho
un episodio o acontecimiento real

opinión
creencias o sentimientos de alguien acerca de algo

Sugerencia

Recuerde que la veracidad de un hecho puede comprobarse; una opinión es un juicio que puede o no ser verdadero. Ciertas palabras proporcionan pistas de que un enunciado en una opinión. Estas palabras incluyen *debiera, debería, mejor* y *peor*.

Práctica de GED

Instrucciones: Elija la respuesta que mejor responda a cada pregunta.

Las preguntas 1 a 4 se refieren al siguiente texto.

Los estadounidenses están acostumbrados a escuchar que tienen ciertos derechos y privilegios. Pero, ¿qué son los derechos y en qué se diferencian de los privilegios? En términos legales, los derechos son poderes y libertades que el gobierno debe proteger. Por ejemplo, la Constitución otorga a todo estadounidense el derecho a juicio público ante un jurado si se lo acusa de un delito. Además de esos derechos civiles, la Constitución también protege los derechos naturales. Estos son derechos que se cree que provienen de un poder superior al gobierno. En el siglo XVII, el gran pensador político John Locke resumió los derechos naturales como el derecho a la vida, a la libertad y a la propiedad. Por ejemplo, la Primera Enmienda protege la libertad o libertad personal cuando garantiza la libertad religiosa. "El Congreso no hará ley alguna por la que adopte una religión como oficial del Estado o se prohíba practicarla libremente."

En contraste con los derechos están los derechos reglamentarios. Éstos se pueden describir mejor como privilegios o beneficios que el gobierno otorga a quienes cumplen con ciertos requisitos. Algunos ejemplos incluyen la pensión del seguro social, pagos a los granjeros que siembran ciertos cultivos, y pagos del gobierno a los que no tienen empleo. A diferencia de los derechos naturales, los privilegios y los derechos reglamentarios pueden tener un límite temporal y retirarse de forma legal.

1. ¿Cuál es un ejemplo de un derecho natural?

   (1) la libertad de expresión
   (2) el juicio público
   (3) una licencia para ejercer como médico
   (4) el pago de impuestos
   (5) los pagos del gobierno a las personas sin trabajo

2. ¿Cuál sería un ejemplo de un derecho reglamentario?

   (1) la libertad de prensa
   (2) el juicio ante un jurado
   (3) un préstamo para estudios garantizado por el gobierno
   (4) la posibilidad de renunciar a su trabajo
   (5) la posibilidad de poner su casa en venta

3. ¿Cuál de las siguientes es una opinión que se expresa o que se implica en este texto?

   (1) Para los estadounidenses los privilegios son más importantes que los derechos.
   (2) Los derechos civiles son más importantes que los derechos naturales.
   (3) Se cree que los derechos naturales provienen de un poder superior al gobierno.
   (4) La gente que no tiene trabajo debe recibir pagos del gobierno.
   (5) John Locke era un gran pensador político.

4. ¿Por qué los derechos son más esenciales para un gobierno democrático que los privilegios?

   (1) El pueblo no necesita privilegios.
   (2) El gobierno puede retirar los privilegios legalmente, no así los derechos.
   (3) Los privilegios están protegidos por la Constitución, no así los derechos.
   (4) Los derechos sólo se aplican a los ciudadanos estadounidenses, los privilegios se aplican a todos los residentes de Estados Unidos.
   (5) Los derechos naturales no se protegen por la Constitución ya que provienen de un poder superior.

5. Las democracias y los gobiernos totalitarios tienen diferentes metas, como también diferentes estructuras. Una meta importante en una democracia es asegurar la libertad y la dignidad de todos los individuos. La meta principal de un gobierno totalitario es mantener el control sobre todos los aspectos de la vida de su pueblo.

   Basándose en la información anterior, si usted vive bajo un gobierno totalitario, ¿cuál de las siguientes cosas puede esperar?

   (1) ser capaz de escoger al dirigente de su nación
   (2) enviar a sus hijos a un colegio particular
   (3) poder elegir dónde vive
   (4) tener restricciones en los lugares a los que puede viajar
   (5) tener siempre un trabajo

Las preguntas 6 a 9 se refieren al texto y diagrama siguientes.

El sistema presidencial de los Estados Unidos es una de las formas que puede tomar un gobierno democrático. Otra forma democrática de gobierno es el sistema parlamentario. En este sistema, un cuerpo legislativo electo o parlamento dirige las funciones legislativas y ejecutivas del gobierno.

En un sistema presidencial, el jefe de estado o presidente se elige por los votantes. En un sistema parlamentario el jefe de estado es el primer ministro. Él o ella debe ser miembro del parlamento. Con la aprobación del parlamento, el primer ministro selecciona a otros miembros de sus filas para formar un gabinete gobernante. Estos funcionarios gobernantes no sólo forman parte del cuerpo legislativo, también están sujetos a su control directo. Su servicio se prolonga por el tiempo en que su política se apoya por el cuerpo legislativo.

En la actualidad, el sistema parlamentario es el más común de los gobiernos democráticos del mundo. Gran Bretaña, Japón e India son algunas de las naciones que usan este sistema.

DOS FORMAS FUNDAMENTALES DE GOBIERNO DEMOCRÁTICO

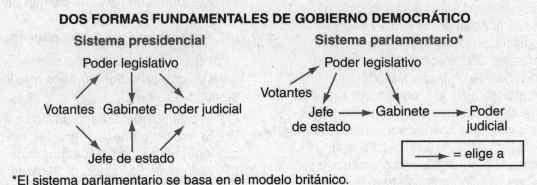

*El sistema parlamentario se basa en el modelo británico.

6. ¿Quién elige al primer ministro en un sistema parlamentario de gobierno?

   (1) el presidente
   (2) los votantes
   (3) el gabinete
   (4) el cuerpo legislativo
   (5) el poder judicial

7. ¿Cuál de los siguientes enunciados es una opinión?

   (1) En un sistema parlamentario, el cuerpo legislativo tiene más poder que en un sistema presidencial.
   (2) El sistema parlamentario es una forma de gobierno más común que el sistema presidencial.
   (3) El sistema parlamentario es una mejor forma de gobierno que el sistema presidencial.
   (4) El primer ministro en un sistema parlamentario es similar al presidente en un sistema presidencial.
   (5) Tanto el sistema presidencial como el parlamentario poseen un gabinete.

8. ¿Quiénes eligen a los jueces del sistema de tribunales en un sistema parlamentario de gobierno?

   (1) el gabinete
   (2) el parlamento
   (3) el primer ministro
   (4) los votantes
   (5) el primer ministro y el cuerpo legislativo

9. ¿Qué pruebas apoyan de mejor manera la conclusión de que el primer ministro de Gran Bretaña es menos independiente que el presidente de Estados Unidos?

   (1) El primer ministro debe ser miembro del cuerpo legislativo.
   (2) El primer ministro debe renunciar si pierde un voto importante en el cuerpo legislativo.
   (3) El primer ministro debe designar a su gabinete.
   (4) El primer ministro debe responder directamente ante los votantes.
   (5) El sistema parlamentario es la forma más común de gobierno democrático

Las preguntas 10 a 12 se refieren al texto y tabla siguientes.

La democracia no seguirá existiendo solamente debido a que el pueblo estadounidense considera que es el mejor sistema de gobierno. Sólo se hace posible con una fuerte creencia en, y una estricta práctica de, los siguientes cinco principios.

Los cinco pilares de la democracia
La importancia del individuo El valor y la dignidad de cada persona se deben reconocer y respetar por todos los demás en todo momento. Al mismo tiempo, sin embargo, los intereses individuales de cada persona deben ser secundarios a los intereses de todos los individuos que conforman la sociedad.
La igualdad de todas las personas Cada persona tiene derecho a igualdad de oportunidades y de tratamiento legal. El principio no significa que todas las personas nazcan con las mismas habilidades o que tengan derecho a una parte igual de la riqueza de la nación.
El gobierno de la mayoría y los derechos de las minorías El gobierno de la mayoría es la base de la democracia. Sin embargo, el gobierno de la mayoría sin los derechos de las minorías destruye la democracia. La mayoría debe estar dispuesta a escuchar a las minorías y reconocer su derecho por medios legales a convertirse en mayoría.
La necesidad de compromiso En una sociedad que pone énfasis en el individualismo y en la igualdad, pocas interrogantes públicas tendrán sólo dos puntos de vista. Armonizar los intereses en pugna mediante el compromiso es necesario para encontrar la posición más aceptable para la mayoría.
Libertad individual Le democracia no puede existir en una atmósfera de libertad absoluta. Con el tiempo, eso podría conducir a un gobierno de los miembros más fuertes de la sociedad. Sin embargo, en una democracia cada persona tiene tanta libertad como sea posible sin interferir con los derechos de los demás.

Para el pueblo estadounidense, estos principios son más que una guía de un sistema de gobierno: se han vuelto parte de nuestro modo de vida. Esperamos ser capaces de elegir nuestra propia manera de hacer las cosas en nuestra vida diaria. Sin embargo, debido a que la libertad personal se da por sentada, existe el peligro de imponer nuestros propios modos y valores a otros individuos. Debemos reconocer que la elección de una persona puede no ser correcta para otra. Debemos recordar que nuestros derechos y libertades tienen límites. El juez del Tribunal Supremo Oliver Wendell Holmes una vez señaló, "Mi libertad termina donde comienza la libertad del prójimo." Para que la democracia funcione, cada uno de nosotros debe renunciar a ciertas libertades personales para mantener la libertad de la sociedad en su conjunto.

10. ¿Qué opinión acerca de la libertad se expresa en este párrafo?

    (1) que conlleva responsabilidades
    (2) que es un privilegio importante
    (3) que ejercerla realmente no es posible
    (4) que conduce a la nación al peligro
    (5) que no debería tener límites

11. ¿Cuál de los siguientes enunciados es verdad en una democracia?

    (1) La mayoría siempre debe conseguir lo que quiere.
    (2) El pueblo debería repartirse por igual los recursos de la nación.
    (3) La igualdad es el principio más importante.
    (4) Se construye en base al respeto por las diferencias individuales.
    (5) Siempre habrá democracia en Estados Unidos.

12. ¿Qué valores democráticos expresaba el juez Holmes cuando dijo que su libertad terminaba donde comenzaba la del prójimo?

    (1) Que la libertad personal no es importante en una sociedad democrática.
    (2) Que en una democracia los derechos de unos no pueden interferir con los derechos de otros.
    (3) Que en una democracia se debería permitir tener igualdad de oportunidades de éxito a todas las personas.
    (4) Que la lucha y la violencia no son derechos en una sociedad democrática.
    (5) Que un gobierno democrático no puede tener éxito en una atmósfera donde existen diferencias de opinión.

Las respuestas comienzan en la página 765.

Estructura del gobierno de Estados Unidos

Comparar y contrastar

Suponga que desea comprar un automóvil usado. Encuentra algunos con las características que desea, pero tienen muchas millas recorridas. Otros tienen pocas millas y las características precisas, pero no corresponden al modelo que desea ni tienen el color que le gusta. Los precios también son diferentes, por lo que escoger un automóvil es aún más confuso. La única forma de tomar una buena decisión es comparar y contrastar las características de cada automóvil.

Comparar y **contrastar** comprende el examinar dos o más cosas para entender en qué se parecen y en qué se diferencian. Buscar las similitudes y las diferencias de las cosas a menudo ayuda a evaluarlas. De manera consciente o inconsciente, al evaluar algo lo está comparando y contrastando con algo conocido.

El paso más importante para usar estas destrezas es establecer las categorías de las cosas que se van a comparar y contrastar. Las categorías deben ser paralelas. Por ejemplo, no será útil comparar el equipo de sonido de un automóvil con el color del otro. La creación de categorías también aumenta las oportunidades de encontrar similitudes y diferencias. Equipos de sonido será una mejor categoría que equipos de CD, puesto que habrá automóviles que sólo tendrán radios y otros tendrán radios y equipos de CD.

Lea el siguiente texto y responda la pregunta que se presenta a continuación.

En 1973, en reacción a la guerra de Vietnam, el Congreso aprobó la ley sobre poderes gubernamentales concernientes a la guerra. Esta ley prohíbe al presidente involucrar a las tropas estadounidenses en conflictos armados por más de 60 días, a menos que el Congreso declare la guerra o autorice la extensión del período. En caso contrario, el Congreso puede exigir al presidente que traiga las tropas de vuelta al país una vez finalizados los 60 días.

La ley sobre poderes gubernamentales concernientes a la guerra es un ejemplo de la voluntad del pueblo transformada en ley por parte del Congreso. En un sistema democrático de gobierno, el pueblo manda, ya sea directamente o por medio de funcionarios elegidos para representarlo. En muchos estados, si al pueblo no le gusta una ley aprobada por el estado o por los funcionarios locales electos, puede exigir una elección llamada referéndum y votar para revocar la ley.

Marque con una "X" la oración que explique en qué se parecen el referéndum y la ley sobre poderes gubernamentales concernientes a la guerra.

_____ a. Ambos limitan el poder de los dirigentes de gobierno electos.

_____ b. Ambos tienen la intención de evitar que los gobiernos nacionales se vuelvan demasiado poderosos.

Usted acertó si escogió la *opción a*. Ambas señalan lo que pueden hacer los dirigentes, pero la *opción b* es incorrecta porque el texto dice que el referéndum sólo se aplica a los gobiernos locales y estatales.

comparar
buscar las similitudes de las cosas

contrastar
buscar las diferencias de las cosas

Sugerencia

Al comparar y contrastar las cosas, primero busque las semejanzas que hay entre ellas. Si sabe en qué se parecen las cosas, será más fácil ver en qué son diferentes.

Práctica de GED

Instrucciones: Elija la respuesta que mejor responda a cada pregunta.

Las preguntas 1 a 3 se refieren al siguiente texto.

La Junta nacional de dirigentes políticos femeninos (*National Political Women's Caucus*) realizó una vez un estudio sobre el promedio del éxito entre candidatos femeninos y masculinos en las elecciones estatales y federales. El estudio arrojó que el sexo del candidato no importaba a la hora de ser elegido. En cambio, se descubrió que el factor fundamental en las elecciones era si el candidato era titular, esto es, alguien que se postula a la reelección de un puesto. Entre las ventajas de los titulares se cuenta un mejor acceso al financiamiento.

El estudio muestra que los titulares ganan con mayor frecuencia que los candidatos que los desafían. Debido a que la mayoría de los titulares son hombres, y la mayoría de las mujeres que se han postulado con ellos han perdido, la impresión que se suscitó entre la gente era que a las mujeres les cuesta trabajo ser elegidas. Sin embargo, la mayoría de los hombres que se enfrentan a los titulares pierden asimismo.

1. De acuerdo con este texto, ¿quién ganará con más probabilidad una elección?
   (1) un desafiante masculino
   (2) una desafiante femenina
   (3) un desafiante, sin importar su sexo
   (4) un titular, sin importar su sexo
   (5) alguien que haya ocupado otro puesto

2. ¿Cuál es el fundamento para la creencia de que a las mujeres les cuesta trabajo ser elegidas debido a su sexo?
   (1) Sólo se eligen mujeres para puestos menores.
   (2) Las desafiantes femeninas pierden más elecciones que sus pares masculinos.
   (3) Las mujeres pierden con frecuencia frente a un titular.
   (4) Las campañas de las mujeres no son suficientemente impactantes.
   (5) Las campañas de los hombres son más enérgicas que las de las mujeres.

3. ¿A cuál de los siguientes enunciados se aplican mejor las conclusiones de la Junta nacional de dirigentes políticos femeninos?
   (1) un equipo deportivo que trata de ganar el campeonato frente a un equipo que perdió el año pasado
   (2) un estudiante que trata de sacar una A en su curso de Matemáticas cuando en el pasado no ha podido superar una C
   (3) una poetisa que espera ganar un concurso de poesía cuando nunca se ha presentado a uno
   (4) un actor que trata de obtener el papel protagónico cuando sólo ha tenido papeles pequeños antes
   (5) una persona fuera de una organización que compite por un puesto con alguien que pertenece a la organización

4. La Décima Enmienda establece: "Los poderes que la Constitución no delega a los Estados Unidos ni prohíbe a los Estados quedan en manos de los Estados respectivamente o del pueblo".

   ¿Cuál es la idea principal de la enmienda?
   (1) dividir y delegar poderes
   (2) expandir los poderes federales
   (3) limitar el poder de la Constitución
   (4) expandir el poder del Senado
   (5) asegurar el poder de la Cámara de Representantes

5. Muchas ciudades tienen grupos de vecinos que se reúnen regularmente para ocuparse de los temas que afectan a la comunidad. ¿A qué tipo de actividad política se asemeja más esta reunión de vecinos en grupo?
   (1) a la escritura de programas de partidos políticos
   (2) a hablar en una reunión en un concejo municipal
   (3) a la elección de representantes de gobierno
   (4) a la ratificación de una enmienda
   (5) a la toma de decisiones en una democracia directa

Las preguntas 6 a 8 se refieren al texto y diagrama siguientes.

Los redactores de la Constitución en 1787 se dieron cuenta de que, con el paso del tiempo y los cambios en la sociedad, también cambiarían las demandas al gobierno hechas por el pueblo. Por lo tanto, la Constitución incluye maneras en que pueda ser enmendada o modificada. Se han agregado veintisiete enmiendas a la Constitución durante los más de dos siglos en que ha permanecido vigente. Las primeras diez enmiendas, la Declaración de Derechos, se agregó en 1791. Desde entonces, se han agregado 17 más, incluyendo la enmienda que puso fin a la esclavitud, la que definió los derechos de los ciudadanos y la que entregó al pueblo el poder de elegir directamente a los senadores del país. Otras enmiendas han limitado la duración del presidente en el cargo a dos períodos y autorizado al gobierno a gravar los ingresos de las personas.

El artículo V de la Constitución establece dos pasos en el proceso de establecer una enmienda. Primero, se debe proponer formalmente una enmienda. Luego, los estados deben ratificarla o aprobarla. Existen muchas ideas para las enmiendas, pero muy pocas llegan a proponerse y menos aún son las que se ratifican. En 1972, por ejemplo, el Congreso propuso una enmienda para establecer la ilegalidad de la discriminación en contra de las personas por su sexo. La propuesta terminó en 1982 debido a que no fue ratificada por la cantidad necesaria de estados. Por otra parte, el Congreso propuso la vigésimo séptima enmienda sobre el calendario para los aumentos de sueldo de sus miembros en 1789, pero no fue ratificada sino hasta 1992, ¡más de dos siglos después!

MÉTODOS PARA ENMENDAR LA CONSTITUCIÓN

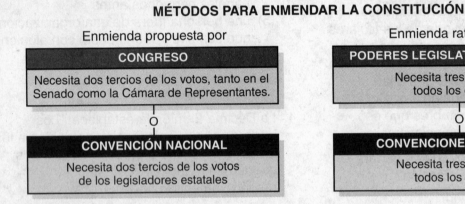

Enmienda propuesta por

CONGRESO

Necesita dos tercios de los votos, tanto en el Senado como la Cámara de Representantes.

○

CONVENCIÓN NACIONAL

Necesita dos tercios de los votos de los legisladores estatales

Enmienda ratificada por

PODERES LEGISLATIVOS ESTATALES

Necesita tres cuartos de todos los estados

○

CONVENCIONES ESTATALES

Necesita tres cuartos de todos los estados

6. ¿Qué enmienda ha aumentado el poder y la voz del pueblo en el gobierno?

(1) la enmienda que limita los períodos del poder de un presidente
(2) la enmienda que autoriza el impuesto a la renta
(3) la enmienda que cambia la elección de los senadores
(4) la enmienda que hace ilegal la discriminación por el sexo
(5) la Vigésimo Séptima Enmienda

7. Según lo que sugiere el proceso de una enmienda ¿qué valoraban más los redactores de la Constitución?

(1) la democracia directa
(2) el aumento en el poder del gobierno
(3) un gobierno de la gente de trabajo
(4) un gobierno de los ricos y poderosos
(5) la adaptación y el cambio ordenado

8. Al comparar el proceso para proponer y ratificar una enmienda, ¿qué puede usted concluir sobre las motivaciones o creencias de los redactores de la Constitución?

(1) Creían que nunca podría proponerse enmiendas a la Constitución.
(2) Estaban confiados en que nunca se podría agregar enmiendas a la Constitución.
(3) Querían que fuera más difícil agregar enmiendas que proponerlas.
(4) Pensaron que la mayoría de las enmiendas que ratificaría el Congreso se propondrían por los poderes legislativos.
(5) Esperaban más propuestas de enmiendas provenientes de las convenciones nacionales que de las estatales.

Las respuestas comienzan en la página 766.

Estudios sociales • Educación cívica y gobierno

La política estadounidense en acción

Identificar la lógica incorrecta

Identificar la lógica incorrecta significa reconocer los errores en el razonamiento. La persona que presenta un argumento puede comenzar haciendo una progresión lógica de ideas, pero luego puede sacar conclusiones sobre estas ideas que no son completamente lógicas. Es importante prestar atención a la lógica incorrecta, ya que un orador o un escritor puede usar ese pensamiento erróneo de manera convincente. Depende del lector u oyente determinar si es erróneo el razonamiento y rechazar las conclusiones basadas en la lógica incorrecta.

Un ejemplo de lógica incorrecta es la generalización apresurada. Esto ocurre cuando alguien hace una afirmación amplia basada en pruebas inadecuadas. Un tipo de generalización apresurada común es el **estereotipo**. Usted puede tener la sospecha de que existe un estereotipo en casi cualquier enunciado acerca de una persona o cosa que se basa en su relación con un grupo más grande. Tenga mucho cuidado si el grupo tiene en común la religión, la raza, la nacionalidad o el género. Por ejemplo, un estereotipo es decir que los hombres son mejores que las mujeres en las Matemáticas y las Ciencias. De hecho, muchas mujeres son mejores que la mayoría de los hombres en estas materias.

estereotipo
idea fija o imagen de un tipo específico de persona o cosa que a menudo no es verdad

simplificación excesiva
descripción de algo en términos que lo hacen parecer menos complicado de lo que realmente es

La **simplificación excesiva** es un tipo de lógica incorrecta. Esto surge a menudo cuando una persona relaciona dos cosas que no están directamente relacionadas en una relación de causa y efecto. Por ejemplo, una simplificación excesiva es que la pobreza es la causa de los delitos. Si eso fuera cierto, todos los pobres serían delincuentes, lo que por supuesto no es verdad. Las causas que originan el delito son mucho más complejas que el hecho de si una persona es pobre o no.

Lea el siguiente texto y complete el ejercicio que se presenta a continuación.

¡Carl Jones al Senado! ¡Es hora de cambiar! El senador Brown es el responsable de la ley que aumentó sus impuestos. ¡Carl Jones trabajará para revocar este incremento en los impuestos! Los políticos se controlan por los grupos de intereses que donan dinero a sus campañas. ¡Pero Carl Jones será el senador del pueblo! ¡Elija a Carl Jones al Senado de Estados Unidos!

Marque la simplificación excesiva de este aviso de campaña política con una *S* y el estereotipo con una *E*.

_____ a. Los políticos se controlan por los grupos de intereses que donan dinero a sus campañas.

_____ b. El senador Brown es el responsable de la ley que aumentó sus impuestos.

Usted acertó si escogió la *opción a* como el estereotipo y la *opción b* como la simplificación excesiva. No todos los políticos se controlan por intereses especiales. Decir que un senador es responsable del aumento de impuestos es una simplificación excesiva. Para que el aumento de impuestos sea aprobado, muchos otros senadores deben votar a favor del mismo.

> ### Sugerencia
>
> Cuando busque la lógica incorrecta, pregúntese lo siguiente: ¿Apoya la información presentada la conclusión? ¿Se necesita más información para apoyar esta conclusión?

Práctica de GED

Instrucciones: Elija la respuesta que mejor responda a cada pregunta.

Las preguntas 1 a 4 se refieren al siguiente texto.

A pesar de que los partidos Republicano y Demócrata dominan la política de Estados Unidos, muchos otros partidos alternativos han surgido durante el transcurso de los años. Un partido alternativo es cualquier partido político distinto a los dos partidos mayoritarios. En el *Federalist Paper* "No. 10", James Madison escribió que en un país grande "se selecciona de una mayor cantidad de partidos e intereses; se hace menos probable que una mayoría del todo tenga un motivo común para invadir los derechos de otros ciudadanos".

Los partidos alternativos a menudo surgen cuando las personas piensan que los partidos mayoritarios no se ocupan de los problemas importantes. En la mitad del siglo XIX, por ejemplo, se formó el partido *Free Soil* (Tierra libre) para tomar una posición más firme contra la expansión de la esclavitud que la del partido mayoritario. Muchos partidos alternativos han sido partidos que se han dedicado a un solo problema. La mayoría desapareció cuando el problema que le preocupaba pasó a ser menos importante o cuando un partido mayoritario lo absorbió.

Los partidos alternativos ideológicos que se concentran en cambios globales en lugar de problemas específicos duran más tiempo. El Partido Liberal, que pide realizar drásticas reducciones en el gobierno a fin de aumentar las libertades personales, ha llevado un candidato a cada elección presidencial desde 1972. Otros partidos alternativos ideológicos, como el Partido Socialista, tienen una historia aún más larga.

Muchos partidos alternativos han obtenido puestos en el Senado y cargos estatales importantes. En 1988, el candidato del Partido Reformista, Jesse Ventura, fue elegido gobernador de Minnesota. Además, los candidatos presidenciales de partidos alternativos han influido en los resultados de las elecciones. Por ejemplo, muchos expertos políticos creen que la victoria de Bill Clinton sobre el presidente George Bush en 1992 se debió a la presencia del candidato de otro partido, Ross Perot, en el voto. Estos expertos creen que Perot alejó de Bush suficientes votos para que Bill Clinton se convirtiera en presidente.

1. ¿Qué insinúa el texto acerca de los partidos alternativos de Estados Unidos?

   (1) Son peligrosos para los Estados Unidos.
   (2) Sus miembros no los apoyan.
   (3) Han sido influyentes en la política.
   (4) Sus problemas no son importantes.
   (5) No han contribuido en nada a la nación.

2. ¿Cuál de los siguientes enunciados resume mejor el tercer párrafo del texto?

   (1) El Partido Socialista es un ejemplo de un partido alternativo ideológico.
   (2) Ha habido candidatos de los partidos alternativos en cada una de las elecciones presidenciales desde 1972.
   (3) Los partidos alternativos ideológicos surgen cuando los partidos mayoritarios no se ocupan de los problemas importantes.
   (4) Los partidos alternativos están a favor de aumentar las libertades individuales.
   (5) Los partidos alternativos ideológicos suelen durar más que los partidos que se orientan hacia un solo problema.

3. ¿Cuál es la razón más probable por la cual grandes números de votantes apoyan a los partidos alternativos y a sus candidatos?

   (1) Los estadounidenses se vuelven cada vez más temerosos de tomar una posición con respecto a los asuntos políticos.
   (2) Los candidatos de partidos alternativos son más entusiastas que los de los partidos mayoritarios.
   (3) Muchos estadounidenses quieren cambiar la nación por una monarquía constitucional.
   (4) Los votantes sienten que los partidos mayoritarios no se orientan hacia los problemas importantes.
   (5) Un número creciente de estadounidenses se ha vuelto indiferente con respecto a los asuntos políticos.

4. ¿Qué tipo de sistema partidista tendría Estados Unidos si los partidos Liberal o Reformista se convirtieran en una fuerza mayoritaria de la política nacional?

   (1) una democracia
   (2) una república
   (3) un sistema bipartidista
   (4) un sistema de tres partidos
   (5) un sistema multipartidista

Sugerencia

Los argumentos y las conclusiones que se basan en juicios u opiniones tienen más probabilidad de contener lógica incorrecta que los que se basan en hechos.

Las preguntas 5 a 6 se refieren al párrafo y caricatura siguientes.

Los dos partidos políticos mayoritarios a menudo se representan como animales. El Partido Republicano se representa por un elefante y el Demócrata por un asno. La caricatura se refiere a sus relaciones laborales en el Congreso.

PRESUPUESTO BALANCEADO

5. ¿Cuál es la idea principal de la caricatura?

(1) Los republicanos controlan el Congreso.
(2) Los demócratas son mejores que los republicanos.
(3) Los demócratas y los republicanos ponen a un lado sus diferencias para aprobar la ley de presupuesto balanceado.
(4) Los republicanos han adoptado la plataforma de los demócratas.
(5) Ambos partidos trabajan juntos para recolectar fondos para las campañas de todos los candidatos.

6. ¿Qué promesa hace el elefante en la caricatura?

(1) Los republicanos y los demócratas trabajarán juntos en el futuro.
(2) Los dirigentes de ambos partidos siempre se preocupan únicamente por el bienestar de la nación.
(3) Los dos partidos compartirán el poder.
(4) Los dirigentes republicanos no tratarán de obstruir la legislación propuesta por los demócratas.
(5) Los partidos cooperarán con el Congreso siempre y cuando les convenga.

Las preguntas 7 a 9 se refieren al siguiente párrafo.

El financiamiento de la mayoría de las campañas políticas proviene de fuentes privadas. Ninguna persona puede contribuir con más de $1,000 para la campaña de un candidato a un cargo federal. Sin embargo, esta restricción no se aplica a las campañas estatales y locales. Los comités de acción política (PAC) de grupos de intereses especiales pueden contribuir más. Los PAC no pueden aportar más de $5,000 a un candidato federal, pero no hay límite con respecto a cuántos puede apoyar. A menudo los PAC apoyan a los candidatos a cargos importantes de ambos partidos. Los PAC pueden dar sumas ilimitadas de dinero a los mismos partidos, los que después usan ese dinero para apoyar a sus candidatos.

7. De acuerdo con sus contribuciones políticas, ¿qué valoran más los grupos de intereses especiales?

(1) el dinero
(2) la influencia
(3) la competencia
(4) los principios republicanos
(5) los principios demócratas

8. ¿En qué se diferencian la recolección de fondos de los candidatos al Congreso y la de los candidatos al cargo de gobernador?

(1) Las campañas para cargos en el Congreso se financian con fondos federales.
(2) No hay límites con respecto a la cantidad dinero puede recolectar un candidato al Congreso.
(3) Los PAC apoyan a los candidatos al Congreso.
(4) Las donaciones para candidatos al Congreso son limitadas en cuanto al monto.
(5) Los PAC apoyan a los candidatos a gobernador.

9. ¿Por qué las leyes actuales para reformar el financiamiento de las campañas no han tenido éxito?

(1) Los grupos de intereses especiales han formado los PAC.
(2) Los límites a las contribuciones de los PAC son muy altos.
(3) Los límites a las contribuciones individuales son muy altos.
(4) Los PAC tienen suficiente dinero para apoyar a muchos candidatos.
(5) No hay límites a las contribuciones.

Las respuestas comienzan en la página 768.

Lección

14

El gobierno de Estados Unidos y sus ciudadanos

Aplicar información a nuevos contextos

Con frecuencia, usted podrá aplicar las cosas que ha aprendido en un **contexto** a otras situaciones con las que se encuentre. Aplicar información a un nuevo contexto significa tomar la información que ya ha aprendido en una situación y utilizarla para entender una situación relacionada. Entender los materiales de Estudios Sociales constituye una destreza de vida útil y, además, una ayuda.

Por ejemplo, usted puede leer que el Tribunal Supremo ha declarado que no se debe imponer una ley, debido a que ésta viola la Constitución. Más tarde, se entera de que la policía local ya no puede imponer otra ley que estaba vigente en su comunidad. Usted puede aplicar lo que aprendió sobre la primera ley para sacar la conclusión de que probablemente la segunda ley también era inconstitucional.

En ocasiones, la información se presenta de una manera general. Si entiende la idea general, entonces la puede aplicar a una situación específica. A veces, puede aprender algo mediante un ejemplo específico. Entonces puede averiguar sobre otra situación. Si dos situaciones son parecidas, la información aprendida sobre la primera se puede aplicar para entender mejor a la segunda.

Lea el siguiente texto y responda las preguntas que se presentan a continuación.

Muchas industrias se benefician de los programas gubernamentales. Por ejemplo, el gobierno de Estados Unidos paga subsidios de cultivos y de investigación agrícola. El gobierno gasta millones de dólares anualmente en diversas investigaciones, como la erosión del suelo, el control de plagas y el mejoramiento de la calidad de los cultivos. Los resultados de dichas investigaciones suelen entregarse en forma gratuita a los granjeros como parte de la contribución del gobierno al bienestar público.

Marque el programa del gobierno federal que entrega una ayuda parecida a una industria y que a la vez contribuye al bienestar de la nación.

_____ a. Subsidios a un estado para construir nuevas carreteras.

_____ b. Pruebas gubernamentales de choques para investigar la seguridad en los automóviles.

Usted acertó si escogió la *opción b*. Al igual que la investigación agrícola, los resultados de las pruebas de choques ayudan a los fabricantes de automóviles a mejorar sus productos. Toda la nación se beneficia de las mejoras a la seguridad que surgen de dichas pruebas. Aplicar la información sobre cómo el gobierno ayuda a los granjeros le permite entender cómo el programa de pruebas de choques ayuda a la industria automotriz. La información original en realidad no puede ayudarlo a entender mejor la *opción a*, ya que los dos contextos no son similares.

contexto
las circunstancias o el escenario en el que ocurre un acontecimiento

Práctica de GED

Instrucciones: Elija la respuesta <u>que mejor responda</u> a cada pregunta.

Las <u>preguntas 1 a 3</u> se refieren al texto y gráfica siguientes.

El gobierno federal obtiene el dinero para pagar los gastos de operación y de sus programas en dos formas: impuestos y préstamos. La principal fuente de rentas fiscales es el impuesto sobre la renta federal. Los estadounidenses que reciben más de cierto ingreso mínimo deben pagar parte de sus ganancias al gobierno federal en forma de impuesto sobre la renta. Otras rentas fiscales del gobierno provienen de los derechos aduaneros sobre bienes importados y de los impuestos que se aplican sobre productos como la gasolina, el tabaco y el alcohol.

El Departamento del Tesoro pide préstamos a los ciudadanos estadounidenses y a ciudadanos de otros países ofreciendo a la venta bonos del Tesoro a largo plazo y pagarés del Tesoro a mediano plazo. Aun cuando la persona está "comprando" el pagaré o bono, la transacción es en realidad un préstamo y, por lo tanto, el gobierno adquiere una deuda. Después de una cantidad determinada de años, el gobierno debe pagar el costo del bono o pagaré más los intereses sobre el préstamo al comprador. La cantidad total que el gobierno debe a los compradores de sus pagarés y bonos se conoce como la deuda nacional.

GASTO FEDERAL POR CATEGORÍA, 1999

Pagos directos a los estadounidenses 47.0%

Defensa nacional 16.9%

15.2%

9.3%

6.3%

5.3%

Todas las demás donaciones

Todos los demás programas y funciones

Donaciones a gobiernos estatales y locales

Pago de intereses sobre la deuda nacional

Fuente: Office of Management and Budget

1. ¿Cuál de los siguientes enunciados es verdadero sobre el gasto y los programas del gobierno?

   (1) Todos los servicios que entrega el gobierno a los ciudadanos son gratuitos.
   (2) La mayor parte del dinero que gasta el gobierno se paga directamente a las personas.
   (3) Los programas del gobierno se financian únicamente por los impuestos que pagan los estadounidenses.
   (4) Los intereses sobre la deuda nacional ayudan a pagar los programas del gobierno.
   (5) El gobierno gasta más en defensa que en bienestar social.

2. ¿Qué es más probable que pasara si el gobierno gasta más dinero del que recibe?

   (1) El impuesto sobre la renta disminuiría.
   (2) El impuesto indirecto disminuiría.
   (3) Los impuestos aumentarían.
   (4) El gobierno ofrecería menos bonos.
   (5) Los estadounidenses tendrían que ganar más dinero.

3. ¿Qué categoría de la gráfica incluiría los cheques de beneficios mensuales de la Administración del Seguro Social?

   (1) Defensa nacional
   (2) Pagos directos a los estadounidenses
   (3) Subvenciones a gobiernos estatales y locales
   (4) Todos los demás programas y funciones
   (5) Rentas fiscales en general

Sugerencia

Cuando aplique información a un nuevo contexto, pregunte: ¿Cuáles son las semejanzas? ¿Se parecen estos acontecimientos? ¿Se parecen los resultados?

Las <u>preguntas 4 a 7</u> se refieren a la siguiente gráfica.

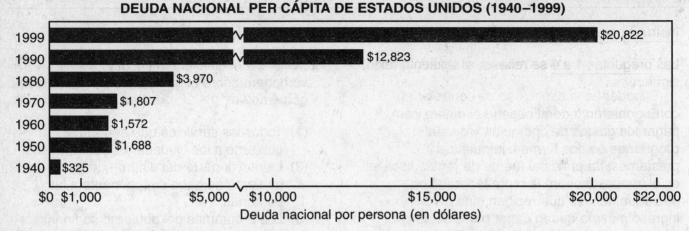

DEUDA NACIONAL PER CÁPITA DE ESTADOS UNIDOS (1940–1999)

Año	Deuda
1999	$20,822
1990	$12,823
1980	$3,970
1970	$1,807
1960	$1,572
1950	$1,688
1940	$325

Deuda nacional por persona (en dólares)

Fuentes: U.S. Bureau of the Census
U.S. Office of Public Debt

4. En 1950, ¿cuánto debía el gobierno federal a cada persona en Estados Unidos?

   (1) $325
   (2) $1,572
   (3) $1,688
   (4) $1,807
   (5) $12,823

5. ¿Cuál de los siguientes enunciados está apoyado por la información de la gráfica?

   (1) Desde 1940, la deuda nacional per cápita ha aumentado con cada década.
   (2) En 1990, la deuda nacional total era de $3,233,313,000,000.
   (3) En 1960, la deuda nacional total del gobierno era inferior al total correspondiente a 1950.
   (4) Entre 1980 y 1990, la deuda nacional por persona aumentó en más del triple.
   (5) Cada año, el gobierno federal gasta más dinero de lo que recibe.

6. ¿A qué transacción financiera habitual se parece el cambio en la deuda nacional?

   (1) a los aumentos mensuales en el saldo de una tarjeta de crédito
   (2) a los pagos mensuales de una hipoteca
   (3) al pago por adelantado de un préstamo automotriz
   (4) al pago de la renta de un departamento
   (5) a la inversión en un certificado de depósito (CD)

7. En 1999, el gobierno federal recibió más dinero de lo que gastó. Esto significa que en 1999 al gobierno le quedó un superávit de dinero. Pero el total de la deuda nacional ese mismo año era de casi $150 mil millones más que en 1998.

   ¿Cuál fue la causa más probable del aumento de la deuda nacional?

   (1) El gobierno tuvo que pedir dinero prestado durante 1999.
   (2) El gobierno no pagó nada de la deuda nacional durante 1999.
   (3) Los gastos del gobierno excedieron sus ingresos durante 1999.
   (4) El gobierno gastó mucho más dinero en 1999 de lo que recibió durante 1998.
   (5) Se acumularon más intereses sobre la deuda nacional durante 1999 de los que el gobierno pagó.

8. Las personas pobres apoyan más el bienestar social que las personas ricas. Los trabajadores apoyan más al Medicare y al Medicaid que los empresarios. Los ejecutivos apoyan más las protecciones fiscales que los oficinistas.

   ¿Qué generalización sobre las opiniones políticas apoya más esta información?

   (1) Se basan mayormente en los intereses particulares.
   (2) Expresan el punto de vista de un partido político.
   (3) Se relacionan con el nivel de la educación.
   (4) Están influenciadas por la edad y el género.
   (5) Dependen del trabajo de la persona.

Las respuestas comienzan en la página 769.

Instrucciones: Elija la respuesta que mejor responda a cada pregunta.

Las preguntas 1 a 4 se refieren al siguiente texto.

El poder es la capacidad de controlar el comportamiento de los demás. Existen tres formas fundamentales de obtener el control sobre las personas: mediante la fuerza, mediante la autoridad y mediante la influencia.

La fuerza se basa en hacer que la gente haga cosas en contra de su voluntad. Debido a que la fuerza física asusta a la gente, harán cosas que no quieren hacer.

La autoridad es el poder de los dirigentes para hacer que la gente obedezca las leyes. Se basa en la creencia de que esos dirigentes tienen derecho a gobernar.

La influencia es una forma de persuadir. Un individuo que tiene una personalidad fuerte, que es importante o adinerado o que tiene el apoyo de muchos puede persuadir a las personas a hacer cosas. Sin embargo, el poder para gobernar generalmente requiere más que influencia.

Un gobierno estable se basa en lo que se denomina poder legítimo. Dicho poder se considera adecuado y aceptable por aquellos que lo obedecen. Éste proviene del hecho de tener un dirigente con la autoridad para tomar decisiones que la gente apoyará, incluso sin estar de acuerdo con ellas. La fuerza se considera un poder ilegítimo debido a que no tiene el apoyo ni el consentimiento del pueblo gobernado. El poder legítimo generalmente tiene como resultado un gobierno mejor y más eficaz que el ilegítimo.

1. ¿Cuál de los siguientes enunciados constituye una opinión del escritor del texto?

   (1) El poder legítimo es aquél que se considera adecuado y aceptable.
   (2) La fuerza constituye un poder ilegítimo.
   (3) El poder legítimo termina construyendo un mejor gobierno que el ilegítimo.
   (4) La fuerza hace que la gente haga cosas que no quiere hacer.
   (5) Una persona importante o adinerada puede persuadir a otras a hacer ciertas cosas.

2. Luego de la muerte del rey Balduino en 1993, su hijo Alberto se convirtió en rey de Bélgica. ¿Qué tipo de poder se ilustra con el gobierno del rey Alberto?

   (1) la influencia
   (2) la fuerza
   (3) la persuasión
   (4) la autoridad
   (5) la autoridad electoral

3. Según el texto, ¿cuán importante es la opinión del pueblo para el ejercicio del poder?

   (1) La opinión del pueblo no es para nada importante para el ejercicio del poder.
   (2) El apoyo del pueblo es necesario para que el poder sea legítimo.
   (3) La opinión del pueblo puede cambiarse fácilmente.
   (4) La opinión del pueblo puede influenciarse por la fuerza.
   (5) La opinión pública es la base de todo tipo de poder.

4. ¿Qué efecto tiene la fuerza en el ejercicio del poder?

   (1) Poco o nada de efecto.
   (2) Convierte el poder ilegítimo en legítimo.
   (3) Permite que la gente adinerada tenga el poder.
   (4) Provoca que la gente crea lo que el gobierno les dice.
   (5) Hace que la gente se comporte como los dirigentes gubernamentales desean.

Sugerencia

Las palabras *creer, pensar, sentir, mejor* y *peor* a menudo señalan que se está enunciando una opinión.

Las preguntas 5 a 8 se refieren al siguiente texto.

Al igual que los Estados Unidos, los cincuenta estados también dividen el poder en las ramas legislativa, ejecutiva y judicial. La rama ejecutiva de cada estado está encabezada por un gobernador. Cada estado tiene un poder legislativo de dos cámaras o bicameral salvo Nebraska, que cuenta con un poder legislativo de una cámara o unicameral. Los sistemas de tribunales de los estados varían ampliamente. En algunos, los jueces se eligen por los votantes, en otros por el poder legislativo, y en otros se nombran por el gobernador.

Durante gran parte de la historia de la nación, las constituciones de los estados han limitado enormemente el poder de los gobernadores. La mayoría de los períodos duran sólo dos años y, en algunos estados, el gobernador no puede ser reelegido. Aunque el cargo ha ganado poder paulatinamente, la mayoría de los gobernadores tienen autoridad limitada para designar a los funcionarios del poder ejecutivo. A diferencia de los miembros del gabinete, los principales ejecutivos de cada estado, como el secretario de estado y el procurador general, generalmente se eligen por el pueblo.

En el Congreso, los estados se representan por la Cámara de Representantes de acuerdo a la población del estado. El poder legislativo de los estados se conforma de igual manera: cada distrito en la cámara baja del poder legislativo del estado (a menudo llamado asamblea general) contiene aproximadamente el mismo número de personas. Una cantidad establecida de distritos de la cámara baja forma un distrito en el senado del estado. En la mayoría de los estados, los senadores tienen un período de 4 a 6 años y los miembros de la asamblea general están dos años. A diferencia de los miembros del Congreso, a los legisladores del estado generalmente no se les paga bien y sólo trabajan tiempo parcial.

5. ¿Cuál es el objetivo principal de este texto?

(1) comparar a los gobernadores estatales con el presidente
(2) explicar la estructura de los sistemas de los tribunales estatales
(3) comparar el gobierno nacional y los gobiernos estatales
(4) dar una idea del poder creciente de los gobernadores estatales
(5) comparar y contrastar el poder legislativo de los estados

6. ¿Qué características de los gobiernos estatales varían de un estado a otro?

(1) la manera en que se eligen los cargos en la rama ejecutiva
(2) la duración en el poder de los legisladores estatales
(3) la estructura y el esquema representativo de los poderes legislativos del estado
(4) la manera en que se seleccionan los jueces
(5) los poderes de los gobernadores de estado

7. ¿Cuál de los siguientes es el más parecido a la mayoría de las legislaturas estatales?

(1) el poder legislativo de Nebraska
(2) el Congreso de Estados Unidos
(3) el Tribunal Supremo de Estados Unidos
(4) los funcionarios ejecutivos del estado
(5) el gabinete del presidente

8. ¿Qué forma de gobierno ilustra mejor la estructura de los gobiernos estatales?

(1) una dictadura
(2) una monarquía
(3) una democracia directa
(4) una democracia representativa
(5) un poder legislativo bicameral

Sugerencia

Al comparar y contrastar, considere sólo la información que se ajuste a la categoría que va a comparar y a contrastar.

Las preguntas 9 a 12 se refieren al texto y tabla siguientes.

La Constitución original permitía que cada estado determinara los estadounidenses que podían votar. En 1789, cuando la Constitución entró en vigencia, todos los estados limitaron el derecho al voto a los hombres de raza blanca dueños de propiedades. Con el tiempo, los estados eliminaron estas restricciones para votar, pero no todos lo hicieron a la misma velocidad ni de la misma manera. Como consecuencia, algunas personas que podían votar en algunos estados no podían hacerlo en otros. A medida que pasaba el tiempo, el Congreso se hizo cargo del voto por medio de enmiendas constitucionales que extendían los derechos al voto y los hacían uniformes para todos los estados. Estas enmiendas se resumen a continuación.

Aunque la Constitución define claramente quiénes tienen derecho al voto, los estados conservan algo de poder en ese aspecto. Por ejemplo, muchos estados aún niegan el derecho al voto a personas de incapacidad mental o condenadas por delitos graves. Por el momento, el Congreso parece estar satisfecho con permitir estas restricciones en los estados.

Las enmiendas sobre el derecho al voto		
Enmienda	Año de ratificación	Estipulaciones
Decimoquinta Enmienda	1870	Prohíbe la negación del derecho al voto por motivos raciales.
Decimonovena Enmienda	1920	Extiende el derecho al voto a las mujeres.
Vigésimo Tercera Enmienda	1961	Permite que los residentes de Washington, D.C. voten en las elecciones presidenciales.
Vigésimo Cuarta Enmienda	1964	Elimina los impuestos electorales (cobros a personas que debían pagar para votar).
Vigésimo Sexta Enmienda	1971	Disminuye la edad mínima para votar a 18 años.

9. ¿Qué persona es más probable que esté impedida legalmente de votar para presidente?

   (1) un granjero del norte de raza blanca y de 35 años de edad en 1790
   (2) un hombre de raza negra del sur y de 40 años de edad en 1860
   (3) una mujer de raza negra del sur y de 30 años de edad en 1925
   (4) un residente de Washington D.C. de raza negra y de 21 años de edad en 1968
   (5) un hombre de raza blanca, de 19 años, condenado por una infracción de tránsito en 1984

10. ¿Cuáles son los efectos más probables que el derecho al voto haya tenido sobre las enmiendas a la Constitución indicadas en la tabla?

   (1) Han dado el derecho al voto a más criminales.
   (2) Han aumentado las restricciones para votar en la actualidad.
   (3) Hay un mayor número de personas políticamente conservadoras que vota.
   (4) Ha aumentado la cantidad de posibles votantes.
   (5) Se le permite votar a un mayor número de personas no calificadas.

11. En la elección presidencial de 1972, ¿cuál de las siguiente personas es más probable que votara por primera vez?

   (1) un hombre de raza negra de Virginia y de 25 años
   (2) una mujer de raza negra de Ohio y de 25 años
   (3) una mujer de raza blanca de Alabama y de 18 años
   (4) una mujer hispana de California y de 21 años
   (5) un asesino convicto de 28 años

12. ¿A qué conclusión sobre el poder relativo de los gobiernos estatales y nacional apoyan el texto y la tabla?

   (1) El gobierno nacional controla a los gobiernos estatales.
   (2) Los gobiernos estatales controlan al gobierno nacional.
   (3) Los gobiernos estatales se han vuelto más poderosos.
   (4) El gobierno nacional se ha vuelto más poderoso.

Las respuestas comienzan en la página 769.

Economía

La economía es el estudio de las decisiones relacionadas con la forma en que se producen, distribuyen, consumen o usan los bienes y servicios. La comprensión de la economía nos da las herramientas para ser mejores consumidores y tomar decisiones más acertadas, que nos darán más satisfacción en el momento de invertir nuestro tiempo y dinero.

La economía también forma parte de la vida cotidiana. Nos ocupamos de la economía cada vez que recibimos el cheque del sueldo, vamos de compras o pagamos los impuestos. Muchas de las decisiones que tomamos tienen que ver con la economía de alguna manera, nos demos cuenta o no. La economía también es una parte importante de la Prueba de Estudios Sociales de GED y representa el 20 por ciento de las preguntas de la prueba.

Principios generales de economía

Usar ideas en contextos nuevos

concepto
idea o principio que se aplica a muchas situaciones o circunstancias individuales

Usted ya aprendió que un fragmento de información de un contexto o situación específicos puede ayudarle a comprender situaciones similares. No obstante, usted también puede aplicar una idea general, llamada **concepto,** a situaciones que posiblemente ni siquiera estén relacionadas. Por ejemplo, el concepto de "la distancia" ayuda a determinar cuánto demora uno en llegar a alguna parte. También le ayuda a comprender que usted puede alargar la hora del almuerzo en su trabajo si, en lugar de salir a comer a un restaurante, lo hace en el comedor. En este caso está utilizando el concepto de distancia para analizar el tiempo que ocupa en su hora de almuerzo.

Aplicar conceptos de economía a sus compras cotidianas le ayuda a ser un consumidor más inteligente. Uno de estos conceptos en la economía del consumidor es el de obtener valor por el dinero. Tal vez usted ha estado pensando en comprar camisas con el logotipo de un fabricante de ropa deportiva que está de moda. Las camisas son bonitas, pero cuestan mucho más que otras. Su presupuesto para ropa es limitado; pero tenga en cuenta la calidad. Es posible que sean de mejor calidad y que duren más tiempo que otras camisas más baratas. En consecuencia, usted recibiría más valor por su dinero. En este caso usted está aplicando a su compra el concepto económico de calidad vs. costo.

Para usar ideas en contextos nuevos, usted aplica otras destrezas que utilizan el análisis y la evaluación. Entre éstas se incluyen identificar relaciones de causa y efecto, hacer comparaciones y sacar conclusiones.

> *Sugerencia*
>
> Para aplicar una idea a una situación, busque la forma en que la idea ayuda a explicar, definir o revelar una causa o efecto de la situación.

Práctica de GED

Las preguntas 1 a 4 se refieren al texto y gráfica siguientes.

Los principios de la oferta y la demanda también ayudan a determinar los salarios de los trabajadores. Si el número de personas que desea un trabajo determinado es mayor que la cantidad de empleos disponibles, la remuneración por ese trabajo será menor que si hubiera muchos empleos disponibles y pocas personas para ocuparlos. Si la oferta o la demanda de trabajadores cambia, también lo harán los salarios en esa ocupación.

Por ejemplo, en cierto momento se produjo una escasez de abogados, y los altos salarios impulsaron a muchas personas a estudiar leyes. Con el tiempo, la oferta de abogados superó a la demanda y se produjo un excedente. Muchos abogados principiantes tuvieron que aceptar trabajos por un salario menor de lo que esperaban y algunos estudiantes graduados tuvieron que aceptar empleos con bajos salarios no relacionados con su profesión.

Otro factor que influye en la remuneración es el valor del trabajo realizado. Un médico gana más que la recepcionista del consultorio médico, porque realiza un trabajo especializado importante para la sociedad.

Obviamente, se requiere una enorme cantidad de capacitación para ser médico. Pero la capacitación también se relaciona con la oferta y la demanda. Hay menos personas calificadas para los empleos que exigen una capacitación difícil. Por lo general, esos trabajos son mejor pagados que los que necesitan menos capacitación. Los trabajos desagradables o peligrosos son la excepción. Los trabajos en las plantas que procesan materiales nucleares no exigen mucha capacitación. Sin embargo, en ellos los trabajadores están expuestos a radiación potencialmente peligrosa. Como consecuencia, estos trabajos son mejor pagados porque hay menos personas dispuestas a realizarlos.

1. ¿Cuáles son las dos profesiones más parecidas en cuanto al salario?

   (1) maestro e higienista dental
   (2) ilustrador médico y agente de ventas
   (3) mensajero y mecanógrafo
   (4) agente de ventas y recepcionista de consulta médica
   (5) maestro y naturalista de parques

SALARIO POR OFICIO EN 1997

Salario inicial anual promedio (en miles de $)

Fuente: Bureau of Labor Statistics

2. ¿Cuál es la explicación más probable de que los mensajeros ganen más que los ilustradores médicos?

   (1) La ilustración médica es un trabajo peligroso.
   (2) Hay menos demanda de ilustradores médicos.
   (3) Más personas desean trabajar como mensajeros.
   (4) Hay más mensajeros que ilustradores médicos.
   (5) Los ilustradores médicos necesitan más capacitación que los mensajeros.

3. La gráfica muestra que los agentes de policía tienen un salario inicial alto. ¿Cuál es la mejor explicación para el alto salario que obtienen los policías?

   (1) El trabajo de agente de policía es peligroso.
   (2) La demanda del empleo de agente de policía es menor que la oferta de personas que desean el empleo.
   (3) Para el empleo se requiere capacitación.
   (4) La mayor parte de los agentes de policía son hombres.
   (5) Los agentes de policía prestan un servicio más valioso a la sociedad que los médicos.

4. ¿A qué conclusión acerca del salario inicial de los abogados apoya la información?

   (1) Es mejor que el de los maestros.
   (2) Está aumentando rápidamente.
   (3) Es mejor que el salario de todas las profesiones que aparecen en la gráfica.
   (4) Era mejor antes que ahora.
   (5) Es menor que el de los agentes de policía.

Las preguntas 5 a 7 se refieren al siguiente texto.

Las empresas se organizan en tres formas básicas. Una empresa unipersonal pertenece a una persona. El propietario único obtiene todas las utilidades y debe pagar todas las deudas. También tiene el control total de la forma en que se administra la empresa.

Una asociación es propiedad de dos personas al menos. Los propietarios comparten las decisiones correspondientes a la administración. También comparten las utilidades y las deudas, de acuerdo por lo general con el porcentaje de la empresa que posee cada socio. No obstante, cada socio es generalmente responsable ante la ley por todas las deudas de la empresa si el otro socio no paga su parte.

Una sociedad anónima es propiedad de una o más personas, pero constituye una unidad legal en sí misma. Cada uno de los propietarios posee cuotas de propiedad de la sociedad anónima llamadas acciones. La cantidad de acciones que posee cada propietario depende de la cantidad de dinero que él o ella ha invertido en la empresa. Las utilidades de una sociedad anónima se dividen entre los propietarios de acuerdo con la cantidad de acciones que posee cada uno de ellos. Cada cuota recibe la misma cantidad. La sociedad anónima en sí misma es responsable de sus deudas. Si una sociedad anónima no puede pagar sus deudas, no se puede obligar a los propietarios como individuos (accionistas) a pagar.

5. ¿En qué se parecen las empresas unipersonales a las asociaciones?

   (1) Ambas son empresas grandes.
   (2) Ambas son empresas pequeñas.
   (3) Es una persona la que toma las decisiones de la empresa.
   (4) Ambas obtienen dinero por la venta de acciones.
   (5) Los propietarios de cada una de ellas obtienen las utilidades.

6. De acuerdo con el texto, ¿cuál es la diferencia más grande entre una asociación y una sociedad anónima?

   (1) el tamaño de la empresa
   (2) la forma en que se dividen las utilidades de la empresa
   (3) la responsabilidad por las deudas de la empresa
   (4) la parte que administra las operaciones diarias de la empresa
   (5) la cantidad de personas que poseen la empresa

7. Daniel y Ana abren una imprenta. Ana posee dos tercios de la empresa y Daniel el tercio restante. Daniel opera las prensas y Ana atiende los pedidos de los clientes. ¿Qué suposición harán más probablemente Daniel y Ana?

   (1) Que compartirán las utilidades en partes iguales.
   (2) Que el trabajo de Daniel es más importante que el de Ana.
   (3) Que Ana será la responsable de todas las cuentas.
   (4) Que se pondrán de acuerdo acerca de las decisiones de la empresa.
   (5) Que Ana administrará la empresa.

Las preguntas 8 y 9 se refieren al siguiente párrafo

Uno de los factores más importantes para la economía es el consumidor. La venta de artículos, desde golosinas hasta automóviles, es importante para que crezca la economía. Las empresas se benefician cuando las personas tienen dinero para comprar más de lo que necesitan para vivir.

Cuando las tasas de interés bajan, aumenta la cantidad de dinero que la gente pide prestado para gastar. Sin embargo, cuando los consumidores comienzan a pasar estrecheces, gastan menos. Una disminución en el gasto daña los negocios. Con frecuencia, esto produce desempleo y las personas tienen aún menos dinero para gastar. Entonces la economía se hace lenta.

8. De acuerdo con el párrafo, ¿cuál es un efecto de la disminución en las tasas de interés?

   (1) La actividad económica se hace más lenta.
   (2) Las personas piden más dinero prestado.
   (3) Las personas tienen menos dinero para gastar.
   (4) Menos personas compran casas.
   (5) Los consumidores pierden la confianza en la economía.

9. El propietario de Comedor Juanito se da cuenta de que el desempleo está aumentando drásticamente. De acuerdo con esta información y el párrafo, ¿qué debería suponer él que ocurrirá y que afectará a su negocio?

   (1) Que la economía crecerá.
   (2) Que la tasa de interés de su préstamo subirá.
   (3) Que tendrá menos clientes.
   (4) Que otros restaurantes aumentarán sus precios.
   (5) Que muchos de sus empleados renunciarán.

Las respuestas comienzan en la página 771.

El gobierno y la economía

Identificar implicaciones a partir de gráficas

Ya usted ha aprendido que los mapas proporcionan información en un formato visual. Las gráficas son otra manera de presentar la información visualmente. Los escritores usan gráficas a veces para mostrar relaciones entre cosas de modo que no necesitan explicar esas relaciones en forma escrita. Es responsabilidad del lector identificar las implicaciones de este material gráfico.

Las gráficas se usan a menudo para mostrar cambios paulatinos en el tiempo, lo que permite al lector hacer comparaciones y ver las tendencias con facilidad. La gráfica de barras a continuación muestra cómo ha cambiado desde 1975 el salario mínimo que los empleadores deben pagar a sus trabajadores. Establecer una tasa de salario mínimo es una forma en que el gobierno afecta la economía de la nación.

Al costado izquierdo de la gráfica se encuentran varias cantidades en dólares. A lo largo del costado inferior de la gráfica se indica cada año entre 1975 y 2000. Encima de cada año hay una barra vertical, cuya parte superior corresponde a una cantidad de dólares indicada en el costado izquierdo de la gráfica. Por ejemplo, la gráfica muestra que el salario mínimo legal en 1975 era de $2.10 por hora. En 1976 y 1977 aumentó a $2.30 la hora.

Estudie la gráfica y responda las preguntas que se presentan a continuación.

¿Qué información implica la gráfica?

_____ a. El salario mínimo ha aumentado constantemente desde 1980.

_____ b. El salario mínimo aumentó mayormente en la década de 1990.

Usted acertó si escogió la *opción b*. La gráfica muestra que el aumento del salario mínimo fue más rápido durante ese período. La *opción a* es incorrecta porque, como muestra la gráfica, el salario mínimo no aumentó constantemente; éste no aumentó para nada durante la mayor parte de la década de 1980 ni por varios años a principios de la década de 1990.

> ### Sugerencia
> Para interpretar una gráfica, examine sus ejes horizontal y vertical para ver qué tipo de datos se muestran.

Práctica de GED

Instrucciones: Elija la respuesta que mejor responda a cada pregunta.

Las preguntas 1 a 4 se refieren al siguiente texto.

En el mundo actual existen tres sistemas económicos principales: capitalismo, comunismo y socialismo. Las diferencias principales en los sistemas son los modos en que son tratadas la propiedad y la toma de decisiones.

El capitalismo, el sistema económico favorecido por el mundo occidental industrializado, permite la propiedad privada de bienes y medios de producción. Las decisiones y la planificación están en manos privadas.

En el comunismo, el sistema económico de países como Corea del Norte y Cuba, el estado es el propietario de los medios de producción y planifica la economía. La base del comunismo es, en teoría, que todos los individuos entregan su mejor esfuerzo para el bien de la comunidad y reciben en recompensa todo lo que necesitan.

El socialismo se parece al comunismo en que el estado es el propietario de los principales medios de producción y planifica la economía para el bien de todos. Sin embargo, el socialismo fomenta la competencia entre pequeños negocios. El estado proporciona ciertos servicios sociales a sus ciudadanos, como la atención médica gratuita o a bajo precio.

En el mundo moderno, estos sistemas económicos se han confundido con sistemas políticos. Debido a que el comunismo y el socialismo dependen tanto de la planificación centralizada, la gente los ha asociado con la dictadura. El capitalismo, debido a que está construido alrededor de la propiedad privada y de la empresa libre, se asocia a los gobiernos democráticos o representativos.

1. De acuerdo con el texto, ¿en qué se asemejan el capitalismo y el socialismo?

   (1) La producción es propiedad del estado.
   (2) El estado planifica la economía.
   (3) Los pequeños negocios pueden competir.
   (4) Toda la gente tiene todo lo que necesita.
   (5) La gente tiene libertad económica y política.

2. ¿Qué tienen en común el capitalismo y el comunismo?

   (1) La planificación económica se encuentra en manos privadas.
   (2) Los individuos trabajan para el bien común.
   (3) Requieren de un gobierno democrático.
   (4) Son sistemas económicos.
   (5) Todos los negocios son propiedad del estado.

3. ¿Cuál de las siguientes conclusiones está apoyada por el texto?

   (1) La libertad individual se asocia al capitalismo.
   (2) En el pasado, las economías socialistas han fracasado.
   (3) En el comunismo, la gente puede hacerse rica.
   (4) El capitalismo puede funcionar bien en una dictadura.
   (5) La política y la economía no tienen nada que ver una con la otra.

4. ¿Qué información adicional se necesita para concluir que la teoría del comunismo difiere de la realidad?

   (1) sólo lo que se enuncia en el texto
   (2) cuál es la teoría del comunismo
   (3) cuál es la realidad del comunismo
   (4) más detalles acerca de la teoría comunista
   (5) las diferencias entre comunismo y socialismo

5. Muchos productos fabricados tienen una garantía. Una garantía promete que, si el producto es defectuoso, el fabricante lo reparará. ¿Qué concepto de la economía ilustra la garantía?

   (1) el capitalismo
   (2) la protección al consumidor
   (3) el producto interno bruto
   (4) la oferta y la demanda
   (5) el comunismo

Una forma en que el gobierno se involucra en la economía es mediante sus esfuerzos por proteger al consumidor. En el pasado, la gente tenía poca protección. Todas las tiendas deberían haber colocado grandes letreros que dijeran "¡Comprador, cuidado!" Si un panadero compraba harina llena de gusanos, podía tomarse el tiempo de sacarlos, incluirlos en los productos que horneaba, o botar la harina y perder el dinero. Hoy en día, la Administración de Alimentos y Drogas, FDA, la Comisión de Seguridad de Productos de Consumo, CPSC y otras instituciones parecidas protegen a los consumidores de gente descuidada o sin escrúpulos que de otro modo pondría su propio beneficio económico por delante de la salud y seguridad del público.

La preocupación pública por los derechos del consumidor, las relaciones públicas de los fabricantes y dueños de tiendas y la autorregulación de las diferentes empresas ha aumentado también la protección al consumidor. Por ejemplo, en la actualidad las tiendas de comestibles reemplazan la comida que se ha puesto añeja o agria o que se ha contaminado de alguna manera. De hecho, en las pérdidas se considera la incapacidad para vender dichos alimentos al momento de ponerles precio.

PRINCIPALES INSTITUCIONES FEDERALES DE PROTECCIÓN AL CONSUMIDOR	
Institución	Actividades y funciones de protección al consumidor
Servicio de Seguridad e Inspección de los Alimentos, FSIS	Inspecciona la carne y la carne de ave para asegurar su calidad, salubridad y etiquetado en detalle (parte del Departamento de Agricultura)
Administración de Alimentos y Drogas, FDA	Establece y hace cumplir los estándares de calidad y de etiquetado en detalle de alimentos y drogas (parte del Departamento de Salud y Servicios Humanos)
Comisión de Seguridad de Productos de Consumo, CPSC	Establece y hace cumplir los estándares de seguridad para productos de consumo; puede obligar a los fabricantes a retirar del mercado productos no seguros
Comisión Federal de Comercio, FTC	Hace cumplir las leyes que prohíben la publicidad engañosa, los acuerdos entre competidores para fijar los precios y etiquetar mal los productos
Administración Federal de Aviación, FAA	Crea y hace cumplir normas con respecto a la seguridad en líneas aéreas (parte del Departamento de Transporte)
Administración Nacional de Seguridad del Tráfico en las Carreteras, NHTSA	Hace cumplir las leyes federales con respecto a la seguridad de los pasajeros de automóviles y camiones (parte del Departamento de Transporte)

6. ¿Cuál de los siguientes enunciados se encuentra implícito en el texto y tabla?

   (1) La autorregulación protege a los consumidores con mayor eficacia que la acción del gobierno.
   (2) La FDA es más eficaz como institución de protección al consumidor que la FAA.
   (3) Los problemas más graves de seguridad de los productos tienen que ver con los alimentos.
   (4) La autorregulación de los grupos industriales hace innecesaria la regulación del gobierno.
   (5) Sin la protección del gobierno, las empresas podrían vender a sabiendas productos dañinos para las personas.

7. ¿Quién paga más probablemente el costo de retiro del fabricante de un producto defectuoso?

   (1) el gobierno
   (2) el fabricante
   (3) los consumidores
   (4) la CPSC
   (5) la NHTSA

8. ¿Cuál es la meta común de las instituciones descritas en la tabla?

   (1) evitar que las empresas digan mentiras acerca de sus productos en sus avisos
   (2) evitar que los competidores fijen los precios
   (3) asegurar que la comida es de alta calidad
   (4) establecer los precios de los productos esenciales
   (5) ayudar a evitar que los estadounidenses compren bienes y servicios posiblemente dañinos

Las respuestas comienzan en la página 772.

Lección

17

El trabajo y la economía

Evaluar cuán adecuados son los detalles de apoyo

Usted ya sabe que debe decidir si la información presentada realmente está relacionada con el enunciado que se supone que debe apoyar. Al evaluar una conclusión, usted también debe decidir si ha recibido *suficientes* hechos que la apoyen. Ambas cosas se aplican a las conclusiones que usted saca, así como también a las que lee o escucha. También se aplican a los **datos** y otra información de apoyo.

Para decidir si la información presentada es adecuada o suficiente para apoyar una conclusión es necesario comprender la idea principal y todos los detalles de apoyo. Cuando esté seguro de comprender estas ideas y detalles, pregúntese: "¿Son suficientes estos hechos para apoyar la conclusión?" Asegúrese de preguntarse también si hay algo más que necesite saber para sacar una conclusión lógica. Si encuentra suficiente información de apoyo contundente y relevante, es probable que la conclusión sea precisa. A veces, sin embargo, puede ocurrir que no encuentre suficiente información o que la conclusión carezca del apoyo adecuado. En cualquiera de estos casos, la conclusión probablemente no será válida o precisa.

datos

hechos, estadísticas o medidas usadas como base para el razonamiento, la discusión o el cálculo

Lea el texto y responda las preguntas que se presentan a continuación.

Cuando se establecieron por primera vez los sindicatos en el siglo XIX, su poder se limitaba por la ley y por la falta general de apoyo para los trabajadores en huelga. A principios de la década de 1930 ocurrieron menos de 900 huelgas por año en la nación, la mayoría de ellas para pedir sueldos más altos. La aprobación de la Ley Nacional de Relaciones Laborales, NLRA (National Labor Relations Act) ayudó a los trabajadores en 1935. Esta ley, que después de 70 años aún permanece vigente, reconoce el derecho de los trabajadores a formar sindicatos e impone a los empleadores la obligación de negociar con los sindicatos sobre las condiciones laborales y de salario. En los primeros cinco años tras la aprobación de la ley, el número de huelgas se elevó a 2,100 por año. Más de dos tercios de estas huelgas surgieron como resultado de los intentos de los trabajadores de formar sindicatos.

Sugerencia

Después de identificar los detalles de apoyo y otros hechos, busque las suposiciones implícitas y las relaciones de causa y efecto implícitas o explícitas en la información que se relaciona con la conclusión.

¿Cuál de las siguientes conclusiones está apoyada por suficiente información?

——— a. Después de la aprobación de la NLRA, muchos empleadores se mostraron contrarios a aceptar los derechos legales de los trabajadores.

——— b. La aprobación de la ley nacional sobre las relaciones laborales generó como resultado salarios superiores para los trabajadores.

Usted acertó si escogió la *opción a*. Después de la aprobación de la NLRA, dos tercios de las huelgas surgieron como resultado del intento de los trabajadores de ejercer su derecho a formar sindicatos, lo que indica que los empleadores se vieron forzados a aceptarlos. Para elegir la *opción b* se necesitarían datos adicionales que comparen los salarios antes y después de 1935.

Práctica de GED

Instrucciones: Elija la respuesta que mejor responda a cada pregunta.

Las preguntas 1 a 4 se refieren al texto y tabla siguientes.

Las fusiones entre las empresas y las adquisiciones de una parte o de la totalidad de una empresa por parte de otra, se han convertido en hechos de la vida económica estadounidense. Estas acciones se producen cuando empresas grandes o pequeñas se ven en problemas y se ponen a sí mismas a la venta. Incluso algunas empresas que no están a la venta pueden ser objeto de adquisiciones hostiles por parte de la competencia o de otros compradores que encuentran atractiva la empresa.

Los trabajadores de las empresas que están siendo adquiridas suelen preocuparse por la seguridad de su empleo y temen que los nuevos propietarios contraten a personal nuevo o eliminen sus puestos de trabajo. Es posible que los nuevos propietarios decidan dejar de producir o de vender ciertos productos de la empresa que han comprado.

Casi el 50 por ciento de las personas que perdieron sus trabajos en 1998 pasaron a ser desempleados debido a que su empresa se trasladó o cerró una planta. Otro tercio fue despedido debido a que sus puestos de trabajo se eliminaron.

No obstante, algunos trabajadores se benefician del cambiante escenario comercial. Las empresas estables se aprovechan en ocasiones de las reorganizaciones que se producen en otros lugares ofreciendo buenos puestos a los empleados diestros de las empresas en transición.

FUSIONES Y ADQUISICIONES DURANTE LA DÉCADA DE 1990					
Actividad	1990	1992	1994	1996	1998
Fusiones	1,907	1,598	2,005	2,423	3,304
Compra de empresas estadounidenses por parte de extranjeros	773	361	No disponible	73	48
Compra de empresas extranjeras por parte de estadounidenses	392	456	207	364	746

> ## Sugerencia
>
> Para apoyar una conclusión, imagine que tiene que explicar la conclusión a otra persona. Pregúntese: "¿Convencerán estos hechos a otra persona de que la conclusión es correcta?"

1. De acuerdo con el texto, ¿cuándo ocurre siempre una adquisición hostil?

   (1) cuando la empresa que se está comprando no desea ser comprada
   (2) cuando el comprador es un competidor de la empresa que se está comprando
   (3) cuando el comprador es una empresa extranjera
   (4) cuando el comprador no tiene un verdadero interés por la empresa que se está comprando
   (5) cuando el comprador elimina puestos de trabajo en la empresa adquirida

2. ¿Cuál sería el efecto más probable de la compra de una empresa por un competidor?

   (1) Los salarios de los trabajadores bajarán.
   (2) Habrá más puestos disponibles.
   (3) Los consumidores tendrán menos opciones de productos.
   (4) La nueva empresa se pondrá ella misma a la venta.
   (5) Los precios de ambas empresas bajarán.

3. ¿Qué información necesitaría usted para determinar la precisión de la conclusión sacada en la primera oración del texto?

   (1) los nombres de grandes empresas que se han fusionado
   (2) el número de adquisiciones hostiles
   (3) el porcentaje de trabajadores que han perdido sus trabajos debido a las fusiones
   (4) los datos no disponibles de la tabla para 1994
   (5) sólo la información que está en la tabla

4. ¿Qué información presenta la mejor prueba para responder a la pregunta "¿Se preocupan por sus trabajos los empleados de empresas que están siendo adquiridas?"

   (1) la información del segundo párrafo
   (2) la información del tercer párrafo
   (3) la información del cuarto párrafo
   (4) los datos de la tabla sobre las fusiones
   (5) los datos de la tabla sobre las compras en el extranjero

Las preguntas 5 a 7 se refieren al texto y gráfica siguientes.

Muchos creen que el desempleo juvenil es un problema grave en Estados Unidos. Muchos adolescentes abandonan la escuela superior. Muchos graduados de escuela superior no siguen estudiando ni se capacitan. Aunque las estadísticas varían de una región y otra, son un motivo real de preocupación. Casi el 15 por ciento de los adolescentes que no están en la escuela están desempleados y muchos tienen hijos. Muchas de las jóvenes no trabajan debido a que necesitan estar en sus hogares cocinando, limpiando y cuidando a sus hijos. La falta de trabajos pagados puede producir dificultades financieras para esas familias.

Para otros adolescentes que dejan la escuela, los restaurantes de comida rápida y las tareas domésticas en hoteles representan soluciones de empleo a corto plazo. Sin embargo, a algunos de ellos les espera una vida sirviendo o limpiando. Hay que preguntar cómo podrán mantenerse a sí mismos y a quienes dependen de ellos financieramente.

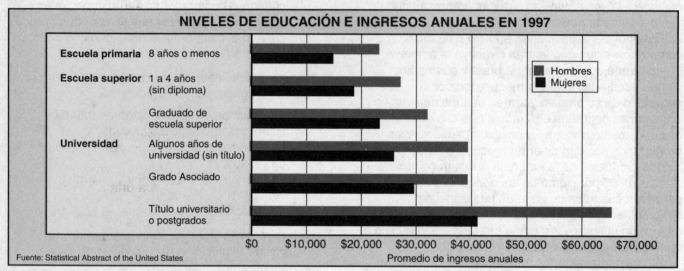

NIVELES DE EDUCACIÓN E INGRESOS ANUALES EN 1997

Fuente: Statistical Abstract of the United States

Promedio de ingresos anuales

5. ¿Qué información apoyaría mejor la conclusión de que la tasa de adolescentes que abandonan la escuela es un motivo de preocupación?
   (1) la que se presenta en la gráfica
   (2) la que aparece en el primer párrafo del texto
   (3) la que habla sobre las madres adolescentes
   (4) la que aparece en el texto junto con la gráfica
   (5) la que habla sobre el futuro de los adolescentes que abandonan la escuela

6. De acuerdo con la información, ¿qué factor es el más importante al determinar si una persona conseguirá un trabajo bien pagado?
   (1) el género
   (2) la experiencia laboral anterior
   (3) el nivel de educación
   (4) el estado civil
   (5) un diploma de escuela superior

7. ¿Cuál de los siguientes es un efecto probable de que los adolescentes dejen la escuela superior?
   (1) más madres adolescentes
   (2) más niños pobres
   (3) mejores salarios para los graduados
   (4) menos trabajadores en comida rápida
   (5) menos empleados de limpieza de hoteles

8. Cerca del 15 por ciento de todos los adultos de 55 años o más se inscriben en cursos de educación para adultos. Los datos de la inscripción de adultos entre 17 y 34 años y de 35 a 54 años son 43 y 40 por ciento respectivamente.

¿Qué conclusión apoyan estas estadísticas?
   (1) Los adultos quieren aprender nuevas destrezas.
   (2) La mayoría de los estudiantes adultos tienen menos de 35 años.
   (3) Los adultos jóvenes tienen mejores ingresos.
   (4) Es popular la educación para adultos.
   (5) Los adultos mayores están más ocupados que los adultos jóvenes.

Las respuestas comienzan en la página 773.

Instrucciones: Elija la respuesta que mejor responda a cada pregunta.

Las preguntas 1 a 4 se refieren al texto y gráfica siguientes.

La economía de todos los países se basa en el intercambio, ya sea a través del trueque de bienes y servicios o del pago de dinero por ellos. Los bienes son objetos físicos como alimentos, automóviles o viviendas. Los servicios se refieren al trabajo hecho por la gente que no produce nuevos bienes. Los servicios incluyen reparar los automóviles, pintar las casas y la atención médica.

Un modo común de medir el desarrollo de la economía de un país es por medio del Producto Interno Bruto o PIB. El PIB es el valor monetario total de todos los bienes y servicios producidos en ese país durante un año.

En 1991, el PIB estadounidense casi duplicó el de 1975, pero esto no significa que la economía haya duplicado su tamaño o que los estadounidenses hayan mejorado su economía al doble, sino que se debe a la inflación y al crecimiento de la población. Los precios entre 1980 y 1991 aumentaron en un 50 por ciento aproximadamente, de modo que gran parte del aumento del PIB se debió a los precios más altos, no al aumento de la producción. El denominado PIB real (el valor de la producción anual ajustada por los aumentos debido a la inflación) fue más pequeño. Además, la población de la nación aumentó en un 12 por ciento. Entonces, aunque se produjeron más bienes y servicios en 1991 que en 1980, hubo que dividirlos entre más personas.

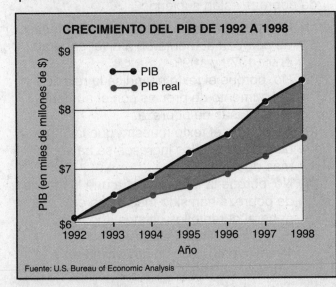

CRECIMIENTO DEL PIB DE 1992 A 1998

PIB (en miles de millones de $)

● PIB
● PIB real

Año

Fuente: U.S. Bureau of Economic Analysis

1. ¿Qué es el PIB real?
   (1) todos los bienes y servicios producidos y vendidos en el país durante un año
   (2) el valor total de la producción de un país dividido por su población
   (3) el comercio de bienes y servicios de un país con el exterior
   (4) el PIB ajustado por el aumento de precios producto de la inflación
   (5) el ingreso personal que la gente de un país puede ganar

2. ¿Cuál de los siguientes es un bien que podría incluirse en el PIB anual?
   (1) un automóvil usado, comprado en California
   (2) la consultoría legal de un abogado de Nueva York
   (3) una mazorca de maíz cultivada en Illinois
   (4) una operación hecha a una mascota en Iowa
   (5) un reproductor de discos compactos importado de Japón

3. ¿Qué implicación hace la información de la gráfica acerca de la década de 1990?
   (1) La mayoría de los estadounidenses se volvieron más adinerados.
   (2) La economía de la nación creció constantemente.
   (3) El valor de los bienes manufacturados disminuyó.
   (4) Las empresas estadounidenses vendieron más al extranjero.
   (5) Los estadounidenses compraron más bienes extranjeros.

4. ¿A qué conclusión acerca de la economía de Estados Unidos apoya la gráfica?
   (1) Casi un tercio del crecimiento del PIB se debe a la inflación.
   (2) La economía de la nación era más saludable en la década de 1990 que en la de 1980.
   (3) La economía de la nación era menos saludable en la década de 1990 que en la de 1980.
   (4) La nación está cambiando de una economía manufacturera a una economía que proporciona servicios.
   (5) La tasa de desempleo disminuye a medida que crece el PIB.

Las preguntas 5 a 8 se refieren al texto y tabla siguientes.

Los ingresos en Estados Unidos se distribuyen en forma desigual. Aunque el país se considera una nación de clase media, el 20 por ciento más rico de nuestra población gana casi el 50 por ciento de los ingresos. En contraste, el 20 por ciento más pobre de estadounidenses gana menos del 5 por ciento de ellos. En 1998, casi el 10 por ciento de las familias estadounidenses y el 19 por ciento de los niños estadounidenses vivían por debajo del nivel mínimo de ingresos. Muchas de estas personas carecen de la educación y la capacitación necesarias para tener un trabajo en esta sociedad cada vez más tecnológica.

La diferencia en los ingresos entre ricos y pobres está aumentando. Entre 1991 y 1996, la participación en los ingresos de la nación del quinto más rico aumentó un 10 por ciento, mientras que el quinto más pobre disminuyó su participación en casi un 20 por ciento. A medida que aumentan los precios de los artículos de primera necesidad, como alimento y refugio, los pobres se han vuelto menos capaces de costearlos.

PORCENTAJE DE FAMILIAS QUE VIVEN EN POBREZA							
Año	Porcentaje	Año	Porcentaje	Año	Porcentaje	Año	Porcentaje
1979	9.2	1984	11.6	1989	10.3	1994	11.6
1980	10.3	1985	11.4	1990	10.7	1995	10.8
1981	11.2	1986	10.9	1991	11.5	1996	11.0
1982	12.2	1987	10.7	1992	11.9	1997	10.3
1983	12.3	1988	10.4	1993	12.3	1998	10.0

Fuente: U.S. Census Bureau

5. ¿En cuál de los siguientes años la tasa de pobreza para las familias estadounidenses fue más alta?

(1) 1979
(2) 1991
(3) 1993
(4) 1996
(5) 1998

6. En Estados Unidos la riqueza se distribuye en forma desigual. ¿Qué esperaría encontrar en un país donde la riqueza se distribuye en forma más equitativa?

(1) Todas las personas gastarían una proporción similar de sus ingresos en alimento y vivienda.
(2) La mayoría de las personas comprarían la misma marca y modelo de automóvil.
(3) Todas las familias tendrían la misma cantidad de hijos.
(4) Todos tendrían el mismo nivel de educación.
(5) Las personas gastarían su dinero en el mismo tipo de actividades en su tiempo libre.

7. Hay más niños viviendo en la pobreza que familias viviendo en la pobreza. ¿Cuál es el motivo más probable?

(1) Los niños son más pobres que sus padres.
(2) La mayoría de las familias pobres tienen más de un hijo.
(3) Criar a un hijo cuesta dinero.
(4) Los niños pobres tienen más probabilidades de dejar la escuela que los demás niños.
(5) En la mayoría de los trabajos no es legal que trabajen niños menores de 15 años.

8. ¿Sería creíble la afirmación de que las tasas de pobreza están subiendo?

(1) Sí, porque la tabla muestra que las tasas de pobreza aumentaron a nivel general entre 1979 y 1993.
(2) No, porque el texto no indica la relación del aumento de precios con el aumento de las tasas de pobreza.
(3) Sí, porque el texto muestra que la distribución de los ingresos se ha vuelto más desigual.
(4) No, porque la tabla muestra que las tasas de pobreza han sido más bajas en general durante los últimos años.
(5) Sí, porque el texto establece que el 19 por ciento de los niños vivían en pobreza en 1998.

Las preguntas 9 a 12 se refieren al texto y tabla siguientes.

Se dice que la economía estadounidense pasa por un ciclo comercial de ocho a diez años. Este ciclo tiene cuatro fases: expansión, cima, contracción y seno. Durante la fase de expansión, la actividad económica aumenta hasta que alcanza el punto más alto o cima. Durante la fase de contracción, la actividad económica disminuye hasta que alcanza el punto más bajo o seno. A pesar de que constantemente se producen alzas y bajas pequeñas, el patrón general del ciclo comercial es subir, luego bajar y subir de nuevo.

El movimiento en la economía se clasifica con una variedad de términos que explican los efectos que tienen los salarios, la producción y la oferta de dinero entre sí y con el ciclo comercial, en un momento determinado. La tabla identifica algunos de estos términos y define brevemente las tendencias económicas que estos describen.

TÉRMINOS Y DEFINICIONES DE ECONOMÍA

Término	Descripción
inflación	aumento general de los precios como resultado de una disminución del valor del dinero; se produce cuando en la economía hay más dinero que bienes para comprar
inflación impulsada por la demanda	aumento en los precios que se produce cuando hay una mayor demanda que oferta de bienes; se produce porque hay demasiado dinero y relativamente pocos bienes
inflación impulsada por costos	aumento en los precios causado por un aumento en el costo de la producción; a menudo se produce por un aumento general en los salarios; la inflación impulsada por costos que se relaciona con los salarios a veces se denomina espiral de precios y salarios
recesión	período de declinación general en la economía; se caracteriza por una disminución de la producción, aumento del desempleo y menos dinero para gastar por parte de la gente
depresión	reducción grave o letargo de la actividad económica y del flujo de dinero en la economía; muchas personas están desempleadas y tienen poco dinero para gastar

9. ¿Qué palabra describe mejor la economía estadounidense?

   (1) positiva
   (2) negativa
   (3) cambiante
   (4) estable
   (5) grande

10. ¿Cuál término de economía se refiere a recesión y a depresión, al mismo tiempo?

    (1) inflación
    (2) cima
    (3) seno
    (4) expansión
    (5) alza

11. Un artículo que en 1990 costaba $1 cuesta $2 en el año 2000. ¿Qué condición de la economía ilustra este ejemplo?

    (1) inflación
    (2) recesión
    (3) depresión
    (4) expansión
    (5) contracción

12. ¿Qué suposición implícita se hace en el texto acerca de la economía estadounidense?

    (1) Actualmente está en alza.
    (2) La inflación no la afecta.
    (3) La contracción es preferible a la expansión.
    (4) Pequeñas variaciones en el patrón pueden conducir a la recesión o a la depresión.
    (5) No se ve seriamente afectada por cambios menores en el patrón.

Sugerencia

Para aplicar una idea a una situación nueva, analice la situación para asegurarse de que la idea se relaciona claramente con ella. Busque las similitudes entre el contexto original y la situación nueva.

Las respuestas comienzan en la página 774.

Lección

18

Geografía

Durante el transcurso de la historia de la humanidad, las personas se han dispersado por toda la superficie utilizable de la Tierra. Conocer el planeta y sus recursos siempre ha sido esencial para la supervivencia de la raza humana. Las personas deben saber dónde hay agua suficiente, en qué lugar el suelo entrega el alimento suficiente y dónde pueden encontrar los materiales necesarios para construir refugios.

La geografía es el estudio del medio ambiente físico, del medio ambiente humano y de cómo éstos se afectan entre sí. Saber de geografía nos ayuda a comprender la superficie que ocupamos y a saber cómo utilizarla mejor. La geografía también es una parte importante de la Prueba de Estudios Sociales de GED y representa el 15 por ciento de las preguntas de la prueba.

Lugares y regiones

Replantear la información de un mapa

replanteamiento información que se entrega de otra manera

leyenda herramienta de un mapa que explica el significado de los símbolos que aparecen en él

rosa de los vientos herramienta del mapa que indica los cuatro puntos cardinales en el mapa: norte, sur, este y oeste

Suponga que está organizando una fiesta, pero no todos los invitados saben dónde vive usted. Algunos de ellos querrán que les dé un mapa para llegar a su casa, y otros preferirán instrucciones por escrito. Las personas aprenden de distintas formas. El **replanteamiento** verbal ayuda a algunas de ellas a entender mejor el contenido de un material visual. Cuando usted escribe instrucciones, está replanteando en forma verbal la información visual del mapa.

Los mapas entregan información sobre un terreno. Esta información puede incluir la forma del terreno, la ubicación, orientación y distancia de los objetos, e incluso el clima, los recursos y la población. Para replantear la información de los mapas en forma precisa, usted debe ser capaz de leerlos.

Para averiguar lo que tiene un mapa, observe en primer lugar el título de éste. Muchos mapas incluyen una lista de símbolos (llamada **leyenda**) que explica la información mostrada en el mapa. Una herramienta del mapa llamada **rosa de los vientos** indica el norte y los demás puntos cardinales. Las medidas de las distancias se indican en la escala del mapa.

Sugerencia

Antes de usar un mapa, lea su título y estudie la leyenda. Esto le ayudará a determinar lo que puede aprender del mapa.

Práctica de GED

Instrucciones: Elija la respuesta que mejor responda a cada pregunta.

Las preguntas 1 a 4 se refieren al texto y mapa siguientes.

De todos los continentes, sólo la Antártida no ha atraído a colonos permanentes. La Antártida es uno de los lugares más difíciles del mundo para vivir. La temperatura promedio es de 56 grados bajo cero.

Aun cuando es una tierra fría cubierta por nieve y hielo, a la Antártida se le considera un desierto. Sólo cae una pequeña cantidad de precipitaciones cada año, en forma de nieve. La nieve casi nunca se derrite y con el correr de los siglos, las escasas nevadas se han acumulado hasta formar una lámina o "capa" de hielo que tiene miles de pies de grosor.

Sólo unos pocos tipos de plantas sobreviven en los escasos lugares rocosos que no están cubiertos por el hielo. Salvo por algunos insectos, los animales sólo pueden vivir en los bordes de este vasto continente congelado. Los pingüinos y las focas buscan alimento en las aguas de la costa de la Antártida, que, aunque están tachonadas de icebergs, son más cálidas que la tierra firme.

LA ANTÁRTIDA

1. ¿Cuál de los siguientes enunciados replantea correctamente la información del mapa sobre la Antártida?

   (1) Debido a su ubicación en el Polo Sur, no tiene estaciones.
   (2) Muchas naciones tienen estaciones de investigación, pero Estados Unidos tiene más.
   (3) Los Montes Trasantárticos la dividen en las regiones oriental y occidental.
   (4) Se compone principalmente de una plataforma de hielo, pero también tiene cordilleras y una capa de hielo.
   (5) El punto más alto se encuentra en el Polo Sur, en el interior del continente.

2. ¿Qué implica el texto sobre los desiertos?

   (1) Sólo existen desiertos en África y Asia.
   (2) Un lugar frío no puede ser desierto.
   (3) En un desierto casi nunca nieva.
   (4) Los desiertos tienen arena, aun cuando están cubiertos de hielo.
   (5) Un desierto es un lugar con poca precipitación.

3. ¿Por qué los animales más grandes de la Antártida viven a lo largo de las costas y no en el interior del continente?

   (1) El interior es demasiado frío.
   (2) El interior es demasiado montañoso.
   (3) La mayor parte del interior está cubierta de hielo.
   (4) El interior no tiene buenas fuentes de alimento.
   (5) Los investigadores del interior han cazado a los animales grandes hasta extinguirlos.

4. ¿Qué valor ha causado más probablemente el establecimiento de estaciones de investigación en la Antártida?

   (1) la curiosidad: aprender más sobre el continente
   (2) el valor: la falta de temor al clima
   (3) la compasión: ayudar a las personas que allí viven
   (4) el amor a la naturaleza: salvar a sus animales
   (5) la eficacia: construir industrias sobre tierra no utilizada

Las preguntas 5 a 8 se refieren al siguiente mapa.

DENSIDAD DE POBLACIÓN DE ESTADOS UNIDOS

Personas por milla cuadrada
- 0–25
- 26–130
- 131–260
- > 261

5. Como promedio, ¿cuál de los siguientes estados tiene la densidad de población más alta?

   (1) Arizona
   (2) Illinois
   (3) Montana
   (4) Oklahoma
   (5) Dakota del Sur

6. ¿Cuál enunciado informa de manera más precisa los datos del mapa?

   (1) La zona del este de Estados Unidos tiene una mayor densidad de población que la del oeste.
   (2) El área más grande de alta densidad de población se ubica en la costa del este.
   (3) El Sur es la región que crece con mayor rapidez.
   (4) Hay más habitantes en Utah que en Idaho.
   (5) El mejor lugar para vivir es el Norte.

7. ¿Qué motivo explica mejor la razón por la cual algunas áreas del mapa indican una densidad de población muy alta?

   (1) Muchos turistas visitan esas áreas.
   (2) Son áreas montañosas.
   (3) En esas áreas el clima es cálido.
   (4) Son buenas para la agricultura.
   (5) Hay ciudades importantes en estas áreas.

8. Suponga que desea abrir una cadena de restaurantes por todo un estado. De acuerdo con la información que se entrega, ¿cuál de los siguientes estados sería la mejor opción?

   (1) Arizona
   (2) Arkansas
   (3) Ohio
   (4) Utah
   (5) Washington

Las preguntas 9 a 11 se refieren al texto y mapa siguientes.

Al igual que otras grandes masas de tierra, Estados Unidos tiene climas que, en gran parte, son el resultado de las formas del terreno. Las principales cordilleras van de norte a sur cerca de los bordes oriental y occidental de la nación. Estas cordilleras forman barreras que canalizan entre ellas el aire frío proveniente del norte y el aire cálido proveniente del sur.

El clima en el borde externo de las cordilleras es distinto al clima que hay entre ellas. En especial, en la costa oeste, el aire oceánico que se mueve tierra adentro se bloquea por las altas cordilleras de Cascada y Sierra Nevada. Esto da a gran parte de California y a la costa del noroeste un clima que no se encuentra en ningún otro lugar de Estados Unidos.

CLIMAS DE ESTADOS UNIDOS

9. ¿Cuál oración resume el texto?

(1) Al igual que el tiempo, el clima es impredecible.
(2) El clima varía debido a las características del terreno.
(3) Las cordilleras bloquean el movimiento del aire.
(4) El clima depende de los patrones oceánicos.
(5) El clima se vuelve más cálido hacia el sur.

10. ¿Cuál oración replantea en forma más precisa la información del mapa?

(1) El clima a lo largo de la costa oeste es similar al de la costa este.
(2) Las montañas del oeste son más altas que los Apalaches del este.
(3) Las Montañas Rocosas son las montañas más altas de Estados Unidos.
(4) El Océano Atlántico influye más en el clima que el Océano Pacífico.
(5) Gran parte del clima es subtropical húmedo o continental húmedo.

11. Si las cordilleras fueran de este a oeste en lugar de norte a sur, ¿cómo se vería más probablemente afectado el tiempo?

(1) Los días serían más cálidos y las noches más frías.
(2) La región de clima desértico sería más grande.
(3) Los océanos tendrían un mayor efecto.
(4) El tiempo se volvería cálido e insoportable.
(5) No habría ningún cambio.

12. ¿Qué rasgos aparecerían menos probablemente en un mapa de regiones físicas?

(1) montañas
(2) lagos
(3) planicies
(4) caminos
(5) desiertos

Las respuestas comienzan en la página 776.

Los recursos influyen dónde vive la gente

Distinguir entre conclusiones y detalles de apoyo

Como usted ya ha aprendido, es importante ser capaz de distinguir una conclusión de sus detalles de apoyo para poder juzgar si la conclusión es precisa. No todos los párrafos del material escrito tendrán una conclusión. Sin embargo, cuando los escritores llegan a una conclusión acerca del tema de un párrafo, generalmente estructuran el párrafo de modo que su conclusión se enuncie ya sea al comienzo o al final del párrafo.

Cuando la conclusión aparece al principio de un párrafo, el resto del mismo contiene pruebas u otros detalles que el escritor incluye para hacer que la conclusión sea creíble. Esta estructura de párrafo tiene algunas ventajas para el lector. Si se sabe primero la conclusión, se hace más fácil juzgar si los detalles que siguen realmente apoyan dicha conclusión.

Los párrafos en que la conclusión se encuentra al final pueden ser más difíciles de comprender. Esto se debe a que los detalles de apoyo se enuncian antes de que el lector conozca la conclusión a la que los detalles deben apoyar. Al analizar dichos materiales, el lector debe recordar los detalles o repasar el párrafo para ver si realmente apoyan la conclusión que se enuncia al final.

Lea el párrafo y responda las preguntas que se presentan a continuación.

Los recursos desempeñan un papel importante para determinar dónde vive la gente. A principios del siglo XIX, el pueblo estadounidense se refería a las Grandes Praderas como el Gran Desierto Estadounidense. Esto se debe a que la región parecía árida, ya que proporcionaba pocas de las cosas necesarias para vivir o llevar a cabo actividades económicas. Había pocos árboles que proveyeran madera para las casas. La escasez de grandes lagos y ríos hacía pensar que el agua también era escasa. El grueso yerbazal de la pradera era difícil de arar. Esas condiciones hicieron que la Grandes Praderas fuesen una de las últimas áreas de Estados Unidos en colonizarse.

¿Cuál de las oraciones del párrafo enuncia su conclusión?

_____ a. Los recursos desempeñan un papel importante para determinar dónde vive la gente.

_____ b. Esas condiciones hicieron que las Grandes Praderas fuesen una de las últimas áreas de Estados Unidos en ser colonizadas.

Usted acertó si escogió la *opción a*. El resto del párrafo muestra en qué forma este enunciado es verdad. La *opción b* es un hecho que apoya la opinión que los recursos son importantes para determinar dónde vive la gente.

Sugerencia

Cuando un párrafo contiene información acerca de una relación de causa y efecto, la conclusión probablemente se enunciará al final de éste.

Práctica de GED

Las preguntas 1 a 3 se refieren al siguiente texto.

En un mapa, un río parece seguir una ruta establecida. Pero un río puede cambiar su curso. Un capitán de una embarcación fluvial que vivió hace cien años podría detectar muchos cambios en la apariencia actual del río Mississippi. Empujando el lodo y los árboles, el agua ha cambiado todas las vueltas y las pequeñas islas del río.

El ser humano también puede cambiar el curso de un río cavando canales y construyendo presas, y los cambios pueden afectar el modo en que viven las personas. Antes de que se completara la presa de Asuán en 1970, el río Nilo en Egipto crecía cada otoño. Cuando las aguas de la crecida se retiraban, una capa de légamo (pequeñas partículas de barro que estaban suspendidas en el agua) quedaba en las riveras. Estos depósitos de légamo enriquecían la tierra, aumentando las cosechas y las ganancias de los granjeros.

Debido a que la presa terminó con las crecidas, los granjeros a lo largo del Nilo han tenido que abonar sus tierras con costosos fertilizantes químicos. Algunos de estos químicos llegan al río, matando los peces que los egipcios necesitan para vivir. Sin embargo, la presa del Nilo también trajo la electricidad a las casas y negocios de millones de egipcios.

1. ¿Cómo afectaban las crecidas del Nilo a los granjeros egipcios?
   (1) Las crecidas hacían que el cultivo de la tierra fuese más difícil.
   (2) Las frecuentes crecidas los obligaban a usar costosos fertilizantes en su tierra de cultivo.
   (3) Las crecidas imposibilitaban la cosecha de sus cultivos durante los meses de verano.
   (4) Las crecidas permitían que los granjeros produjeran más cultivos.
   (5) Las crecidas arrancaban la rica capa superior del suelo.

2. ¿Qué detalle apoya la conclusión de que los cambios en un río pueden afectar cómo viven las personas?
   (1) Un río puede cambiar su curso.
   (2) El ser humano puede cambiar el curso de un río cavando canales y construyendo presas.
   (3) Antes de que se completara la presa de Asuán en 1970, el río Nilo crecía cada año.
   (4) Los depósitos de légamo enriquecían la tierra, aumentando las cosechas y las ganancias de los granjeros.
   (5) Los granjeros a lo largo del Nilo han tenido que enriquecer sus tierras con costosos fertilizantes químicos.

3. ¿Cuál de las siguientes conclusiones está apoyada por el texto?
   (1) Los ríos pueden ser peligrosos y fatales.
   (2) Los ríos son económicamente importantes.
   (3) Las crecidas del Nilo dificultaron los viajes y el comercio.
   (4) Los granjeros egipcios usan más fertilizantes que los granjeros estadounidenses.
   (5) La industria pesquera está creciendo en Egipto.

4. Grandes zonas de la Tierra son muy diferentes a como solían ser. Muchos de los cambios, como los cambios climáticos, tienen causas naturales. Otros son causados por las personas. Por ejemplo, la mayor parte de Estados Unidos era tierra de cultivo en el siglo XIX. Hoy, gran parte está urbanizada o convertida en bosques.

   ¿Cuál es la idea principal de este párrafo?
   (1) Estados Unidos era principalmente tierra de cultivo en el siglo XIX.
   (2) En la actualidad hay ciudades donde antes había granjas.
   (3) Los cambios de la Tierra se producen por la naturaleza o por las personas.
   (4) Aunque la Tierra sufrió cambios en el pasado, ya no cambia.
   (5) Hoy en día, gran parte del este de Estados Unidos es zona de bosques o urbana.

Las preguntas 5 a 7 se refieren al texto y mapa siguientes.

En las costas estadounidenses del Pacífico y del Golfo de México hay muchas ciudades. Al este, sin embargo, pocas ciudades entre la ciudad de Nueva York y Charleston, Carolina del Sur, están ubicadas en la misma costa. La mayoría de las ciudades se encuentran millas hacia adentro, sobre una línea de caída que separa las llanuras que están en la Costa Este de la sierra del interior. A lo largo de la línea de caída, los ríos que nacen en los Montes Apalaches avanzan a través de rápidos y saltos de agua a medida que fluyen hacia el mar.

La línea de caída marca el punto más lejano tierra adentro al que los botes pueden alcanzar en estos ríos. En los tiempos de antes, los colonos que se dirigían río arriba se detuvieron y construyeron pueblos en muchos de estos lugares. Más tarde, cuando se desarrolló la industria estadounidense, las primeras máquinas funcionaban con energía hidráulica. Los lugares cerca de rápidos y saltos de agua eran ubicaciones ideales para las fábricas. Los empleos creados por las fábricas hicieron que los pueblos en la línea de caída crecieran más rápido que los de la costa. De esta manera, los recursos hidráulicos crearon la mayoría de las ciudades que hoy existen a lo largo de la costa marítima del este.

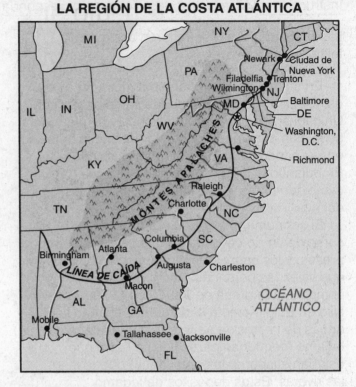

PATRONES DE ASENTAMIENTO EN LA REGIÓN DE LA COSTA ATLÁNTICA

5. ¿Qué oración del texto replantea mejor la información del mapa acerca de las ciudades del este?

(1) En las costas del Pacífico y del Golfo de Estados Unidos hay muchas ciudades.
(2) La mayoría de las ciudades se encuentran millas hacia adentro, sobre una línea de caída que separa las planicies de la Costa Este de la sierra del interior.
(3) En los tiempos de antes, los colonos que se dirigían río arriba se detuvieron y construyeron pueblos en muchos de estos lugares.
(4) A lo largo de la línea de caída, los ríos que nacen en los Montes Apalaches avanzan a través de rápidos y saltos de agua a medida que fluyen hacia el mar.
(5) Los empleos creados por las fábricas hicieron que los pueblos en la línea de caída crecieran más rápido que los de la costa.

6. ¿Qué información acerca de la Costa Este está implícita en el texto?

(1) Los primeros colonos construyeron caminos a través de los Montes Apalaches.
(2) La región carece de suficientes recursos hidráulicos para sustentar a una gran población.
(3) En un comienzo, viajar por tierra desde la costa hacia el interior era difícil.
(4) La mayor parte de la industria se desarrolló en otras partes.
(5) Allí no se desarrollaron ciudades importantes.

7. ¿Cuál enunciado en el segundo párrafo es la conclusión del texto?

(1) La línea de caída marca el punto más lejano tierra adentro que los botes pueden alcanzar en estos ríos.
(2) Cuando se desarrolló la industria estadounidense, las primeras máquinas funcionaban con energía hidráulica.
(3) Los lugares cerca de rápidos y saltos de agua eran ubicaciones ideales para las fábricas.
(4) Los empleos creados por las fábricas hicieron que los pueblos en la línea de caída crecieran más rápido que los de la costa.
(5) Los recursos hidráulicos crearon la mayoría de las ciudades que hoy existen a lo largo de la costa marítima del este.

Sugerencia

A menudo, una conclusión contiene palabras como, *como consecuencia, de esta manera, por lo tanto* o *como resultado*. Busque tales palabras para identificar las conclusiones.

Las respuestas comienzan en la página 777.

Cómo cambian las personas el medio ambiente

Reconocer valores

Usted ya aprendió que los valores son principios, cualidades y objetivos que las personas consideran deseables y valiosos. A menudo, las personas toman decisiones acerca de lo que van a hacer basándose en sus valores.

Previamente, usted también aprendió que los valores que comparten las personas se encuentran entre las cosas que mantienen unida a una sociedad. Estos valores compartidos (así como los valores de los miembros individuales de una sociedad) afectan las decisiones que las personas toman acerca del uso y la conservación de los recursos de la sociedad. Por ejemplo, muchas personas se esfuerzan para conservar el agua durante un período de escasez. Pero muchas otras siguen regando sus jardines sin mostrar preocupación alguna por si los demás tendrán agua suficiente. Estos dos enfoques acerca del uso de este recurso son el resultado de conjuntos de valores muy distintos.

En un material escrito pueden estar presentes dos tipos de valores: los valores de las personas acerca de las cuales se escribe y los valores de quien escribe. Ser capaces de reconocer los valores de las personas acerca de las cuales se escribe nos ayuda a comprender por qué actúan de la manera en que lo hacen. También es importante reconocer los valores de quien escribe para ser capaces de notar todo rastro de **parcialidad** en sus escritos. Busque palabras en el material que le sirvan de pistas acerca de la actitud frente a un tema de quien escribe.

parcialidad
opinión fuerte que tiene una persona acerca de un tema, a veces injustamente o sin una buena razón

Sugerencia

Para reconocer valores en materiales escritos, preste atención especial a la descripción que se hace de las acciones de las personas así como a las descripciones de lo que dicen. El comportamiento de las personas a menudo revela más sobre sus valores que sus palabras.

Lea el texto y responda la pregunta que se presenta a continuación.

La primera mitad del siglo XX fue un período sin precedentes de construcción de presas en los ríos de Estados Unidos. La presa Grand Coulee en el estado de Washington, la presa Hoover en Nevada y cientos de otras presas construidas durante este período controlaron las crecidas y llevaron energía eléctrica a enormes áreas en Estados Unidos. En el oeste desértico, las nuevas presas proporcionaron agua que permitió la agricultura y estimuló el crecimiento de ciudades como Los Ángeles y Las Vegas. No obstante, la construcción de las presas también trajo problemas. Los dueños de las tierras fueron forzados a trasladarse a medida que los lagos creados por las presas se llenaron de agua y cubrieron sus propiedades. En algunos lugares hubo que abandonar pueblos enteros. Además, las poblaciones de peces que viajan río arriba en esas regiones para alimentarse disminuyeron rápidamente cuando los ríos fueron embalsados.

¿Cuál creencia de las personas las estimuló para construir presas?

_____ a. La comodidad y felicidad de cada individuo es importante.

_____ b. La sociedad es más importante que sus miembros individuales.

Usted acertó si escogió la *opción b*. Las presas utilizaron el agua de los ríos para beneficiar a grandes grupos de personas. Sin embargo, el hecho de que quienes vivían cerca de las presas fueran obligados a trasladarse indica que los proyectos ponen los beneficios a la sociedad antes que la felicidad personal.

Práctica de GED

Las preguntas 1 a 4 se refieren a la siguiente caricatura.

Peter Porges © 1975

1. ¿Cuál de los siguientes enunciados describe mejor lo que ocurre en la caricatura?

   (1) El pescador obtuvo el pez más grande que se haya registrado.
   (2) Están preparando un pescado para procesarlo y comerlo.
   (3) Un pescado cuelga en un desembarcadero o en la cubierta de un bote.
   (4) Un señor pescó un pez que ha comido la basura de las personas.
   (5) Se utilizó un enorme pez para ayudar a limpiar el océano.

2. ¿Cuál es la opinión que se expresa en la caricatura acerca de cómo las personas cambian el medio ambiente?

   (1) La pesca está agotando el abastecimiento de peces.
   (2) Los océanos del mundo están contaminados.
   (3) La pesca ayuda a limpiar el medio ambiente.
   (4) La contaminación causa defectos congénitos en los peces.
   (5) La pesca contamina el medio ambiente.

3. ¿Qué valores y actitudes de los contaminadores acerca de la contaminación se insinúan en la caricatura?

   (1) La pesca deportiva destruye más peces que la contaminación.
   (2) Los pescadores se encuentran entre los peores contaminadores.
   (3) No importa dejar desperdicios si no se ven.
   (4) El aire limpio es más importante que el agua limpia.
   (5) La contaminación no es un gran problema.

4. ¿Qué conclusión está apoyada por la información de la caricatura?

   (1) No es saludable comer pescado.
   (2) La contaminación de los océanos mata a los peces.
   (3) La pesca con caña es menos dañina para el medio ambiente que la pesca con red.
   (4) El gobierno debería regular la pesca.
   (5) La contaminación afecta a los animales del océano.

5. Las barreras naturales como los océanos y los desiertos han retardado durante mucho tiempo el movimiento de las ideas. En la actualidad los satélites permiten que los teléfonos e Internet lleguen a casi todo el mundo, propagan las ideas y reducen los conflictos entre las sociedades.

   ¿Cuál de los siguientes enunciados se parece más a un satélite de comunicaciones?

   (1) una pared
   (2) un piso
   (3) una ventana
   (4) una habitación
   (5) un techo

Las preguntas 6 a 9 se refieren al texto y diagramas siguientes.

En las últimas décadas se ha producido un enorme crecimiento en las costas del Estados Unidos. Costas que alguna vez estuvieron desiertas están ahora cubiertas de casas y empresas. Desde el punto de la geografía, con frecuencia estas costas no son un buen lugar para tal desarrollo.

Con el tiempo, las corrientes y las ondas cambian la forma de las orillas y las playas. Las olas que golpean una playa "de frente", arrastran la arena directamente hacia el mar. Esto produce islas llamadas arenales a corta distancia de la costa. En los lugares donde las ondas golpean la costa en ángulo, crean una corriente llamada corriente costera que fluye paralelamente a la línea costera. Esta corriente arrastra la arena de la playa y la deposita en otro lugar a lo largo de la costa.

Para resistir estas fuerzas de la naturaleza, los propietarios y las comunidades han construido rompeolas, malecones y diques marítimos. Los rompeolas son barreras que se instalan a corta distancia de la costa, mientras que los malecones se adentran en el mar. En los diagramas se muestra cómo funcionan estas estructuras. Se puede considerar que los diques marítimos son rompeolas en tierra. A menudo son el último esfuerzo para salvar los edificios. Mientras los diques marítimos protegen la tierra que se encuentra tras ellos, aceleran la erosión que se produce en el costado que da al mar y hacen que las playas desaparezcan rápidamente.

Los rompeolas y malecones retardan la erosión de las playas cercanas. Los rompeolas incluso pueden crear nuevas playas puesto que evitan que las olas arrastren la arena depositada por la corriente costera. Sin embargo, ninguno impide que la orilla cambie y algunos expertos piensan que aumentan la erosión a largo plazo porque interfieren con los ciclos naturales.

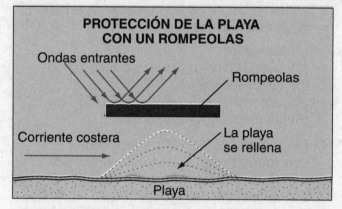

PROTECCIÓN DE LA PLAYA CON UN ROMPEOLAS
Ondas entrantes
Rompeolas
Corriente costera
La playa se rellena
Playa

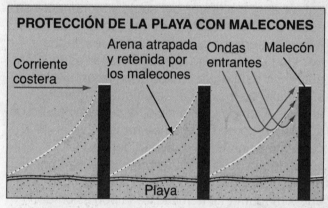

PROTECCIÓN DE LA PLAYA CON MALECONES
Corriente costera
Arena atrapada y retenida por los malecones
Ondas entrantes
Malecón
Playa

6. De acuerdo con el diagrama, ¿qué hacen los malecones?

(1) moderan la energía de las ondas entrantes
(2) cambian el ángulo de las ondas entrantes
(3) atrapan la arena
(4) forman la corriente costera
(5) forman arenales

7. ¿Cuál de las siguientes oraciones expresa un valor que se relaciona de mejor manera con la construcción de rompeolas, malecones y diques marítimos?

(1) La protección de la propiedad es importante.
(2) Se debe conservar el medio ambiente natural.
(3) Las personas deben aceptar las fuerzas de la naturaleza.
(4) Es valioso conservar las bellezas naturales.
(5) Las personas tienen la responsabilidad de ayudar a los demás.

8. ¿Cuál de los siguientes se asemeja más en su función a los rompeolas del diagrama?

(1) un elevador de esquí en una colina
(2) un puente sobre un río
(3) la torre de transmisión de una estación de TV
(4) el muro de protección a lo largo de una autopista
(5) un refugio subterráneo contra bombardeos

9. ¿Cuál de los siguientes enunciados es una opinión?

(1) La orilla cambia de forma constantemente.
(2) Las ondas pueden arrastrar la arena de la playa.
(3) Los malecones y los rompeolas tienen funciones distintas.
(4) La construcción de diques marítimos destruye las playas.
(5) Los rompeolas y los malecones aceleran la erosión.

Las respuestas comienzan en la página 778.

Instrucciones: Escoja la respuesta que mejor responda para cada pregunta.

Las preguntas 1 a 4 se refieren al siguiente texto.

Uno de los más grandes retos de nuestro medio ambiente es la contaminación del agua. Durante años, las industrias en todo Estados Unidos enterraron las sustancias químicas dañinas o las arrojaron a los arroyos. La mayor parte de la contaminación del agua es invisible. Solamente sus efectos en las plantas y en los animales evidencian la baja calidad del agua.

La contaminación no está restringida a los lugares donde se produce en realidad la contaminación. En el ciclo de la naturaleza, el abastecimiento de agua se utiliza y reutiliza. El agua superficial se evapora y más tarde vuelve a la Tierra en forma de lluvia o nieve. Parte de esta agua penetra a través del suelo y lentamente se escurre entre las fisuras en las rocas para pasar a formar parte de grandes estanques, lagos y ríos que existen bajo la superficie terrestre. Con el tiempo esta agua subterránea retorna a la superficie en los manantiales que forman los arroyos. Debido a este ciclo, la contaminación de cualquier fuente de agua se transforma en la contaminación de la totalidad del agua.

El agua subterránea también se extrae por medio de pozos y proporciona agua potable para aproximadamente la mitad de la población de Estados Unidos. Muchas personas utilizan filtros de agua o beben agua embotellada porque dudan que el agua en sus casas sea segura. Las casas viejas a menudo tienen tuberías de plomo. El plomo de estas tuberías puede a veces penetrar el agua que fluye a través de ellas. El cuerpo absorbe muy lentamente el plomo. Sin embargo, si se acumulan altos niveles de plomo, se pueden dañar el cerebro y el sistema nervioso central.

1. ¿Cuál de los siguientes enunciados expresa la idea principal del texto?

   (1) Los lagos y los ríos están siendo contaminados.
   (2) La contaminación del agua es peligrosa para la salud del ser humano.
   (3) La contaminación del agua es un problema generalizado.
   (4) No existe solución para la contaminación del agua.
   (5) Las personas deberían comenzar a beber agua embotellada.

2. ¿A cuál de las siguientes conclusiones apoya el texto?

   (1) Se puede detectar el agua contaminada por su apariencia.
   (2) El agua subterránea está más contaminada que el agua de los ríos y los lagos.
   (3) El agua de los ríos y los lagos está más contaminada que el agua subterránea.
   (4) Las personas que obtienen agua potable de los pozos deberían hacer que se analizara periódicamente.
   (5) Las personas se pueden enfermar gravemente si beben agua de las tuberías de las casas viejas.

3. ¿Qué valoran más las personas que beben agua embotellada?

   (1) su salud
   (2) quedar bien ante los vecinos
   (3) las casas viejas
   (4) la conservación de los recursos
   (5) un medio ambiente limpio

4. De acuerdo con el texto, ¿se debería considerar que el entierro de sustancias químicas dañinas es una fuente de la contaminación del agua?

   (1) Sí, porque una de las más grandes amenazas a nuestro medio ambiente es la contaminación del agua.
   (2) No, porque estas sustancias químicas se entierran en el suelo, no se arrojan a las aguas.
   (3) Sí, porque las sustancias químicas son dañinas para el ser humano.
   (4) No, porque cuando se enterraron las sustancias químicas esto no era ilegal.
   (5) Sí, porque la filtración de aguas pluviales podría arrastrar estas sustancias químicas hacia las aguas subterráneas.

Sugerencia

Recuerde que las cosas que se consideran importantes indican los valores de las personas.

Las preguntas 5 a 8 se refieren al texto y mapa siguientes.

Cada otoño, las mariposas monarcas de todo el este y centro de Estados Unidos vuelan hacia el sur para el invierno. Ellas reaparecen cada primavera. En 1975, un científico canadiense localizó el hogar de invierno de las monarcas en la Sierra Madre de México central. En sólo 60 millas cuadradas hay 14 colonias de monarcas, o cerca de 150 millones de estas criaturas majestuosas. Tornan el cielo naranja y negro y cubren los troncos de los árboles, y las ramas se doblan bajo su peso.

Cuando este maravilloso lugar se dio a conocer, comenzó a atraer visitantes. A principios de la década de 1980, miles de turistas visitaban el área cada fin de semana desde diciembre a marzo. Llenaban de basura el hogar de las monarcas y se llevaban las mariposas dentro de bolsas plásticas como recuerdo. Los residentes locales, viendo una oportunidad económica, comenzaron a vender pequeñas cajas de madera y vidrio con monarcas en su interior.

Como el turismo llevó el desarrollo, la amenaza para las monarcas era aún más grave. El crecimiento de la región creó la necesidad de madera, y los residentes locales aumentaron la tala de árboles del bosque en que las colonias monarcas vivían. En 1986, el gobierno de México creó una reserva para proteger a 5 de las 14 colonias. Pero los dueños de la tierra recibieron una pequeña compensación por la pérdida de sus recursos de madera, la tala ilegal de árboles continúa en la actualidad en el área que supuestamente sirve de refugio a las monarcas.

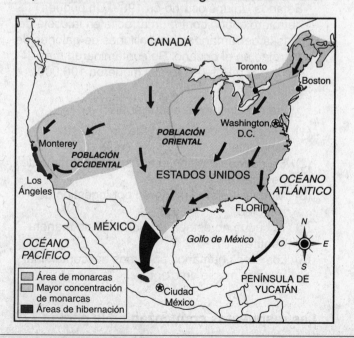

Área de monarcas
Mayor concentración de monarcas
Áreas de hibernación

5. De acuerdo con el mapa, ¿en qué otra región, además de México central, pasan las monarcas el invierno?

(1) Canadá
(2) América Central
(3) la Ciudad de México
(4) la Costa este de Estados Unidos
(5) la península mexicana de Yucatán

6. ¿Cuál de los siguientes es un hecho implícito importante para entender el primer párrafo del texto?

(1) Las mariposas son más pequeñas que las aves.
(2) El hogar de invierno de las monarcas está en México.
(3) La calidad del aire en la reserva de las monarcas es mala.
(4) Las aves también vuelan al sur para el invierno.
(5) Una monarca tiene alas de colores naranja y negro.

7. Si el gobierno de Estados Unidos quisiera proteger las mariposas monarcas a lo largo de la Costa Oeste, ¿qué se podría crear que tuviera una intención similar a la de la reserva de monarcas de México?

(1) un zoológico
(2) una reserva de fauna silvestre
(3) una granja
(4) un centro turístico
(5) un área nacional de recreación

8. ¿Qué relación de causa y efecto está implícita en la información del texto?

(1) La tala de árboles del bosque amenaza el bienestar de las monarcas.
(2) El gobierno creó la reserva a pedido de los turistas.
(3) El crecimiento económico terminó con la tala de árboles en el área.
(4) La creación de la reserva ha aumentado el número de monarcas.
(5) La mayor parte del daño al bosque se debe a las propias monarcas.

Las preguntas 9 a 13 se refieren al texto siguiente.

El medio ambiente en que vivimos no es sólo aire, tierra y agua, sino que incluye ciudades y pueblos. Una gran parte de la población del mundo vive en ciudades. En Estados Unidos, alrededor del 75 por ciento de los habitantes vive en zonas urbanas.

Desgraciadamente, el país no está bien preparado para el crecimiento urbano. Aunque la mayoría de los estadounidenses vive en ciudades, el espacio que ocupa es sólo alrededor del uno por ciento. Las ciudades enfrentan problemas debidos al hacinamiento, la contaminación ambiental, la eliminación de basuras, el suministro y tratamiento de aguas, la insuficiencia de viviendas idóneas, etc. Estos problemas urbanos resultan de la gran concentración de personas en áreas reducidas. Si no se presta mayor atención al ambiente urbano, es probable que estos problemas empeoren.

En los últimos tiempos, un número creciente de estadounidenses ha llegado a entender y sopesar los problemas urbanos. También los políticos han empezado a prestar atención a las ciudades. Algunos están empezando a aprobar leyes que ayuden a mejorar la calidad de vida urbana.

9. ¿Cuál es la idea principal del primer párrafo del texto?

   (1) El medio ambiente comprende toda la tierra así como el aire y el agua.
   (2) Hay más habitantes en los suburbios que en las ciudades.
   (3) Las ciudades ocupan mayor superficie que las granjas.
   (4) Las ciudades y los suburbios forman parte del medio ambiente, no así las granjas.
   (5) La mayoría de los estadounidenses vive en zonas urbanas, las que forman parte del medio ambiente.

10. ¿Cuál de los siguientes enunciados del texto es una conclusión?

   (1) Una gran parte de la población del mundo vive ahora en ciudades.
   (2) La mayoría de los estadounidenses vive en ciudades.
   (3) Los problemas urbanos resultan de la gran concentración de personas en áreas reducidas.
   (4) Los problemas urbanos comprenden la contaminación del aire y el agua además de la insuficiencia de viviendas adecuadas.
   (5) La mayoría de los habitantes de Estados Unidos ocupa sólo el uno por ciento de la superficie.

11. ¿Cuál es la causa más probable de los problemas de suministro de agua que enfrentan las ciudades?

   (1) la falta de lluvia
   (2) el exceso de gente
   (3) la contaminación de los pozos
   (4) el exceso de lluvia
   (5) las inundaciones urbanas

12. ¿Cuál información es la opinión del autor?

   (1) Alrededor del 75 por ciento de los estadounidenses vive en zonas urbanas.
   (2) La eliminación de basura es un problema que afecta a las ciudades.
   (3) El crecimiento urbano no ha sido bien planificado.
   (4) Algunos políticos trabajan para ayudar a las ciudades.
   (5) Hay nuevas leyes que tratan algunos problemas urbanos.

13. ¿Qué correspondencia de causa y efecto sugiere el texto?

   (1) Al mudarse más estadounidenses a las ciudades, la superficie urbana disminuye.
   (2) Los estadounidenses han tomado conciencia de los problemas urbanos, porque los medios de comunicación están prestando más atención a las ciudades.
   (3) La toma de conciencia de los estadounidenses sobre los problemas urbanos los lleva a ejercer presión en el gobierno para que haga mejoras urbanas.
   (4) Como las ciudades tienen tantos problemas, la mayor parte de los que allí viven son infelices.
   (5) Los políticos conocen los problemas urbanos porque existen en todo el mundo.

14. El peor derrame de petróleo de la historia de Estados Unidos ocurrió en 1989. Un buque petrolero chocó contra un arrecife en la costa de Alaska derramando once millones de galones de petróleo en el océano. Se contaminaron más de 1,200 millas de litoral y murieron 100,000 pájaros.

   ¿Qué conclusión se apoya aquí?

   (1) El derrame de petróleo fue un desastre ambiental.
   (2) Se debería prohibir el transporte marítimo de petróleo.
   (3) Muchos pájaros murieron por ingestión de petróleo.
   (4) El buque no estaba funcionando de manera segura.
   (5) Los seres humanos podemos descontaminar nuestro medio ambiente.

Las respuestas comienzan en la página 779.

Instrucciones: Elija la respuesta que mejor responda a cada pregunta.

Las preguntas 1 a 3 se refieren a la información y mapa siguientes.

El clima de la Tierra ha cambiado paulatinamente durante miles de años. Cuando aumenta la temperatura promedio de la Tierra, se derriten pedazos de las capas de hielo polar, con lo que aumenta el nivel del mar en todas partes. Este mapa muestra las regiones que se verían afectadas por un aumento del nivel de mar.

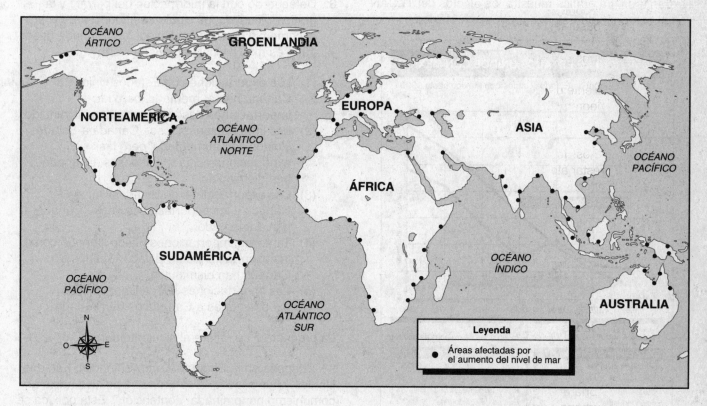

1. ¿Cuál sería el resultado más probable de un calentamiento climático gradual?

   (1) un aumento paulatino del nivel del mar
   (2) un aumento repentino del nivel del mar
   (3) inviernos más fríos por todo el mundo
   (4) marejadas en las costas
   (5) más hielo atrapado en las capas polares

2. ¿En cuáles dos continentes se asemeja más la amenaza de inundación debido al aumento en el nivel del mar?

   (1) Norteamérica y Sudamérica
   (2) África y Sudamérica
   (3) Norteamérica y África
   (4) África y Australia
   (5) Australia y Norteamérica

3. ¿Los habitantes de qué zonas estarían más interesados en la información del mapa?

   (1) Europa
   (2) las ciudades costeras
   (3) Australia
   (4) la costa occidental de Sudamérica
   (5) cerca del Polo Norte

Las preguntas 4 a 6 se refieren al párrafo y gráfica siguientes.

El 1 de enero de 1994 entró en vigencia el Tratado de Libre Comercio de América del Norte (TLCAN). El acuerdo contemplaba la eliminación paulatina de las barreras comerciales entre México, Estados Unidos y Canadá. Esto significa que los productos elaborados en cualquiera de estas naciones se podrán vender en cualquiera de las otras dos sin pagar los impuestos que se cobran normalmente a los productos extranjeros. La gráfica muestra los efectos del TLCAN en el comercio de Estados Unidos con México.

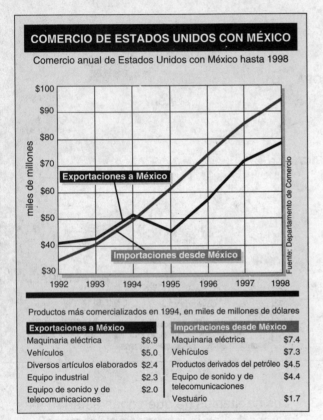

COMERCIO DE ESTADOS UNIDOS CON MÉXICO

Comercio anual de Estados Unidos con México hasta 1998

Fuente: Departamento de Comercio

Productos más comercializados en 1994, en miles de millones de dólares

Exportaciones a México		Importaciones desde México	
Maquinaria eléctrica	$6.9	Maquinaria eléctrica	$7.4
Vehículos	$5.0	Vehículos	$7.3
Diversos artículos elaborados	$2.4	Productos derivados del petróleo	$4.5
Equipo industrial	$2.3	Equipo de sonido y de telecomunicaciones	$4.4
Equipo de sonido y de telecomunicaciones	$2.0		
		Vestuario	$1.7

4. ¿Cuál de los siguientes fue el producto más comercializado en 1994?

 (1) maquinaria eléctrica
 (2) vehículos
 (3) equipos de telecomunicaciones
 (4) productos derivados del petróleo
 (5) vestuario

5. ¿Cuál de los siguientes enunciados sobre el TLCAN está apoyado por la información?

 (1) El TLCAN convirtió a Estados Unidos en el principal socio comercial de México.
 (2) El TLCAN revirtió la relación comercial entre Estados Unidos y México.

(3) El TLCAN convirtió a México en un socio comercial de Estados Unidos más importante que Canadá.
(4) Las exportaciones a México aumentaron fuertemente en el primer año de vigencia del TLCAN.
(5) Debido al TLCAN, México se ha convertido en el proveedor principal de vestuario para Estados Unidos.

6. De acuerdo con la información del párrafo y la gráfica, ¿cuál de los siguientes enunciados sobre el comercio de Estados Unidos con Canadá desde 1994 es más probable que sea cierto?

 (1) Las exportaciones de Estados Unidos a Canadá han aumentado, pero las importaciones desde Canadá han disminuido.
 (2) Las importaciones desde Canadá a Estados Unidos han aumentado, pero las exportaciones estadounidenses a Canadá han disminuido.
 (3) Las exportaciones de Estados Unidos a Canadá y las importaciones desde Canadá han aumentado.
 (4) Tanto las importaciones desde Canadá como las exportaciones de Estados Unidos a Canadá han disminuido.
 (5) Las importaciones desde Canadá y las exportaciones a Canadá no han variado.

La pregunta 7 se refiere al siguiente párrafo.

Después de la Segunda Guerra Mundial, Estados Unidos y sus aliados adoptaron una política hacia el comunismo denominada "contención". Esta política se basaba en la idea de evitar que el comunismo se extendiera más allá de los países donde ya existía.

7. ¿Cuál de los siguientes sucesos mundiales es un ejemplo de contención?

 (1) la creación de la Organización de las Naciones Unidas para ayudar a las naciones del mundo a trabajar colectivamente
 (2) la creación de la Unión Europea para ayudar a mejorar la economía de Europa
 (3) la independencia de la India y Pakistán
 (4) la limitada guerra en Corea para llevar a los invasores comunistas de Corea del Sur hacia Corea del Norte
 (5) la revolución en Cuba que llevó a un gobierno comunista al poder

Las preguntas 8 y 9 se refieren a la siguiente caricatura de 1871.

"¿QUIÉN SE ROBÓ EL DINERO DEL PUEBLO?" – HABLEN. *N.Y. Times.*   **FUE ÉL.**

© Coleccion granger, Nueva York.

8. A fines del siglo XIX, el gobierno de la ciudad de Nueva York se controlaba por una organización llamada la Sociedad Tammany. ¿A quién representan los hombres de esta caricatura?

    (1) inmigrantes que vivían en la ciudad de Nueva York
    (2) trabajadores capacitados y sin capacitación
    (3) los votantes de la ciudad de Nueva York
    (4) los funcionarios elegidos en la ciudad de Nueva York
    (5) los miembros de la Sociedad Tammany

9. ¿Qué supone el dibujante que sabe la gente cuando ve esta caricatura?

    (1) Saben que la Sociedad Tammany se considera corrupta.
    (2) Creen que todos estos hombres son inocentes.
    (3) Nunca han oído hablar de la Sociedad Tammany.
    (4) Piensan que todos los hombres en la caricatura están presos.
    (5) No reconocerán a los hombres bien vestidos en el primer plano en la caricatura.

La pregunta 10 se refiere al siguiente texto de la *Declaración de Independencia*.

"Sostenemos que estas verdades son evidentes por sí mismas: que todos los hombres han sido creados iguales, que ellos están dotados por su Creador de ciertos derechos inalienables, que entre estos están la vida, la libertad y la búsqueda de la felicidad. Que, para asegurar estos derechos, los gobiernos son instituidos por los hombres, derivando sus justos poderes del consentimiento de los gobernados…"

10. ¿Qué acontecimiento en la historia de Estados Unidos refleja mejor los principios y valores expresados en este texto?

    (1) el establecimiento de las primeras escuelas públicas gratuitas
    (2) el desplazamiento hacia el oeste de los pioneros
    (3) la enmienda a la Constitución que deroga la esclavitud
    (4) la admisión de nuevos estados a la Unión
    (5) la restricción de la inmigración a Estados Unidos

Las preguntas 11 a 13 se refieren al texto y gráficas siguientes.

En 1995, el Congreso votó en contra de una enmienda constitucional propuesta para fijar límites a los mandatos de los parlamentarios. La Constitución no limita el número de períodos de seis años para el cargo de senador o el número de períodos de dos años para el cargo de representante de la Cámara.

La idea de fijar límites de mandato era popular entre el público. La gente a favor de fijar límites de mandato argumentaba que el Congreso debía conformarse por ciudadanos comunes más que por políticos profesionales. Los oponentes señalaban que el límite de mandato provocaría que en el Congreso la experiencia fuera mínima.

Tanto los demócratas como los republicanos votaron en contra de la enmienda propuesta. Un vistazo a la antigüedad en el cargo de los miembros del Congreso ayudaría a explicar el por qué.

AÑOS DE SERVICIO DE LOS MIEMBROS DEL CONGRESO EN 1995

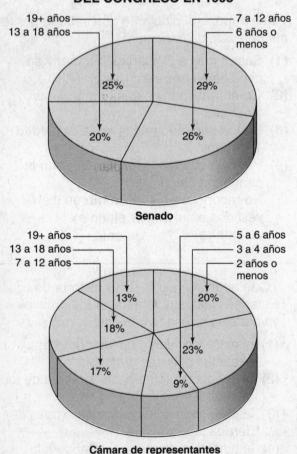

Senado

Cámara de representantes

Fuente: Congressional Directory

11. ¿Qué porcentaje del total de la senaduría en 1995 representaban los senadores con más de dos períodos en el cargo?

(1) 20 por ciento
(2) 25 por ciento
(3) 26 por ciento
(4) 29 por ciento
(5) 45 por ciento

12. ¿Qué suposición implícita hace el escritor para explicar por qué no tuvo éxito la propuesta de fijar límites de mandato?

(1) El público estadounidense se opuso a los límites de mandato.
(2) Los límites de mandato harían que el Congreso se conformara de ciudadanos comunes.
(3) Los límites de mandato disminuirían el nivel de experiencia de los legisladores.
(4) Los senadores tienen mandatos más largos que los miembros de la Cámara.
(5) Los miembros del Congreso no querían que se les aplicaran los límites de mandato.

13. ¿Cuál de los siguientes enunciados está apoyado por la información?

(1) La Cámara de Representantes tiene más miembros que el Senado.
(2) Los senadores y los representantes de la Cámara se eligen en cada estado.
(3) Los senadores y representantes pueden desempeñar el cargo por un máximo de doce años.
(4) En el Congreso de 1995, había una mayor proporción de miembros que desempeñaban el cargo por más de doce años en el Senado que en la Cámara.
(5) Los miembros de la Cámara desempeñan el cargo de cinco a seis años, y la mayoría de los senadores trece a dieciocho años.

La pregunta 14 se refiere al siguiente mapa.

ESTADOS UNIDOS COLONIAL EN 1750

14. ¿Qué desarrollo se puede predecir a partir de la información del mapa?

    (1) Surgirían disputas por la tierra entre los colonos y Francia.
    (2) Habría conflictos entre los colonos y los indios americanos.
    (3) Los colonos lucharían contra Gran Bretaña por la independencia.
    (4) La esclavitud se volvería más común en las colonias del sur.
    (5) Francia vendería Louisiana a Estados Unidos.

Las preguntas 15 y 16 se refieren al siguiente aviso.

TENEDURÍA DE LIBROS/ NÓMINA DE PAGOS

Una empresa de North Shore busca una persona para llevar la nómina de pagos y la teneduría de libros. El candidato o candidata ideal posee su bachillerato y tiene 2 años de experiencia en computación y teneduría de libros. La experiencia en nómina de pagos es una ventaja, pero se brindará capacitación. Ofrecemos un horario flexible, un salario competitivo y beneficios, incluyendo atención dental. Una oficina pequeña, prohibido fumar. Envíe su currículum con historial de sueldos a:

Barr & Co. 500 North Shore, Chicago, IL 60604

Un empleador que ofrece igualdad de oportunidades de empleo

---

15. Miguel solicita para el puesto descrito en el aviso. ¿Qué hecho deberá resaltar en la entrevista?

    (1) Que habla dos idiomas.
    (2) Que es casado y tiene dos hijos.
    (3) Que ha trabajado como tenedor de libros.
    (4) Que tiene un excelente estado de salud.
    (5) Que tuvo promedio B en la secundaria.

16. ¿Cuál oración sobre el trabajo expresa una opinión más que un hecho?

    (1) La empresa se ubica en un vecindario de North Shore en Chicago.
    (2) El empleo ofrece un plan de atención dental.
    (3) Se pueden acordar un horario flexible.
    (4) Una persona sin experiencia en nómina de pagos probablemente no será contratada.
    (5) No se permite fumar en la oficina.

La pregunta 17 se refiere al siguiente mapa.

**LA SITUACIÓN MILITAR
EN BOSNIA-HERZEGOVINA EN 1995**

La pregunta 18 se refiere al siguiente párrafo.

Una ciudad pequeña no cuenta con un sistema de transporte público. Además de caminar o andar en bicicleta, los residentes de esta ciudad que no tienen automóvil sólo pueden moverse solicitando los servicios de la Cooperativa de Taxis ABC. La ciudad no tiene leyes que regulen los precios de las carreras.

18. ¿Cuál de los siguientes enunciados es más probable que sea cierto sobre la Cooperativa de Taxis ABC?

   (1) El precio de una carrera de taxi es alto.
   (2) El precio de una carrera de taxi en bajo.
   (3) El servicio de la cooperativa es bueno.
   (4) La ciudad comprará la cooperativa de taxis.
   (5) La cooperativa quebrará.

La pregunta 19 se refiere a la siguiente gráfica.

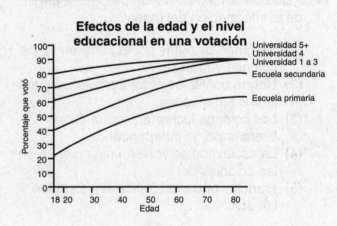

19. De acuerdo con la gráfica, ¿cuál grupo será más probable que vote?

   (1) personas jóvenes con algún grado de educación universitaria
   (2) personas mayores con educación primaria
   (3) personas mayores con educación secundaria
   (4) personas mayores con algún grado de educación universitaria
   (5) personas de edad media de todos los niveles de educación

17. A mediados de la década de 1990, la pequeña nación de Europa occidental llamada Bosnia-Herzegovina aparecía en las noticias a menudo. ¿Cuál de los siguientes enunciados replantea lo que muestra el mapa sobre Bosnia-Herzegovina a mediados de la década de 1990?

   (1) Bosnia-Herzegovina había declarado su independencia de Yugoslavia.
   (2) Bosnia-Herzegovina estaba ocupada por varios ejércitos.
   (3) La Organización de las Naciones Unidas (ONU) había invadido Serbia.
   (4) La Infantería de Marina de Estados Unidos estaba invadiendo Bosnia-Herzegovina.
   (5) El conflicto se limitaba a Bosnia-Herzegovina.

Estudios sociales • Repaso de la unidad

La pregunta 20 se refiere a la siguiente fotografía.

La pregunta 21 se refiere a la siguiente gráfica.

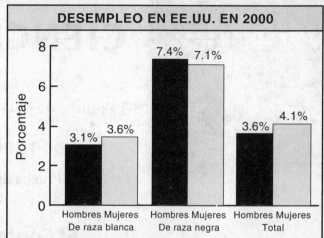

DESEMPLEO EN EE.UU. EN 2000

Fuente: U.S. Bureau of the Census

20. En febrero de 1945, un reportero gráfico capturó el momento en que las tropas estadounidenses, después de seis semanas de intenso combate, aseguraron una isla del Pacífico.

¿Cuál es la razón más probable de que esta fotografía se convirtiera en un símbolo de orgullo nacional?

(1) La fotografía se utilizo de inmediato para el reclutamiento en la armada.
(2) La fotografía parecía prediseñada.
(3) La fotografía mostraba una victoria importante y estratégica para los aliados.
(4) La fotografía fue la primera que se tomó durante la Segunda Guerra Mundial.
(5) La fotografía revelaba el trabajo en equipo.

21. ¿Cuál de los siguientes enunciados es una conclusión basada en la gráfica?

(1) Aproximadamente el 3 por ciento de los hombres de raza blanca están desempleados.
(2) Más del 7 por ciento de los hombres de raza negra están desempleados.
(3) El desempleo es mucho menor entre las personas de raza blanca que las de raza negra.
(4) Aproximadamente el 4 por ciento de las mujeres de raza blanca están desempleadas.
(5) Más del 7 por ciento de las mujeres de raza negra están desempleados.

La pregunta 22 se refiere al siguiente mapa.

TRASLADO DE LOS CHEROQUÍES, 1837 A 1839

22. ¿Cuál de las siguientes conclusiones está relacionada con la información del mapa?

(1) En la década de 1830, los cheroquíes vivían en cuatro estados del sur.
(2) Los cheroquíes siguieron más de una ruta hacia el oeste.
(3) Los cheroquíes viajaron a través de Tennessee y Kentucky.
(4) El nuevo hogar de los cheroquíes se encontraba en el Territorio indígena.
(5) Los actuales cheroquíes del Medio Oeste son descendientes de los cheroquíes del sur.

Las respuestas comienzan en la página 778.

Unidad

4

CIENCIAS

La prueba de GED cubrirá el contenido y las destrezas siguientes.

La Prueba

- Prueba de escogencia múltiple de 50 preguntas
- 80 minutos para terminar

El Contenido

- Ciencias biológicas
- Ciencias de la tierra y del espacio
- Ciencias físicas

Las Preguntas

- Comprensión
- Aplicaciones
- Análisis
- Evaluación

"…sin mi GED no hubiera tenido éxito como mujer de negocios".

~ Linda Torres-Winters
Graduada de GED

Linda Torres-Winters ha descubierto varias formas de usar su GED. En 1994 empezó una compañía llamada Lindita's que hace mezclas instantáneas para salsa picante basadas en recetas tradicionales. Después de varios años de investigación, de aprender sobre condimentos, de desarrollar un plan de mercadeo, y de arduo trabajo, Torres-Winters introdujo su producto. Las ventas siguen subiendo desmesuradamente mientras que la salsa picante de Lindita's conquista nuevos mercados. Para Torres-Winters participar activamente en su comunidad es parte de su posición como mujer de negocios de éxito. Ella es la anfitriona de un programa de televisión local, sirve en la organización Denver Hispanic Chamber of Commerce, y trabaja con grupos de obras de caridad. Éxito, para "Lindita", ha sido un proceso de descubrir todo lo que ella puede hacer.

Hacer Descubrimientos es parte de lo que hace que las ciencias sean emocionantes: el entendimiento que recibes cuando analizas conceptos nuevos. Vas a usar este proceso de descubrimiento en la prueba de ciencias del GED. Primero vas a leer y analizar toda la información cuidadosamente. En algunas ocasiones tomarás información científica general y la pondrás en práctica en situaciones específicas. En otras, vas a evaluar la información y juzgarás su precisión.

Cuando ella estudió para obtener su prueba de GED, es posible que Linda Torres-Winters no supiera como usaría su certificado. Por seguro ella no pudo haber predicho las varias formas en las que tendría éxito. Tú también puedes descubrir formas inesperadas en las que puedes usar tu GED.

Sugerencia de estudio

Divide tu tiempo de estudio en bloques.

Recordarás más si divides tu tiempo de estudio en varios bloques cortos, en vez de sesiones largas y exhaustivas.

- Haz un horario de estudio y rígete por él.
- Escoge un momento del día para estudiar que funcione para ti.
- Los bloques de estudio no deben durar más de 2 ó 3 horas a la vez.

Ciencias biológicas

A pesar de que quizás no siempre nos damos cuenta de ello, el conocimiento de las Ciencias Biológicas nos ayuda a tomar decisiones diariamente. De manera individual, las Ciencias Biológicas nos ayudan a conocer cómo mejorar nuestra salud y calidad de vida. A gran escala, las Ciencias Biológicas nos ayudan a entender cómo funcionan el organismo humano y otros organismos, cómo se relacionan con su medio ambiente y cómo podemos participar para mejorar la calidad de esta relación. Los científicos del área de las Ciencias Biológicas se dedican a estudiar todo lo relacionado con los diferentes sistemas biológicos, desde la composición celular de los organismos y las variaciones entre individuos de una misma especie, hasta los ecosistemas de la Tierra.

El conocimiento de las Ciencias Biológicas es muy importante para tener éxito en la Prueba de Ciencias de GED. Los temas del área de las Ciencias Biológicas se encuentran aproximadamente en el 50 por ciento de las preguntas de la prueba.

Estructura y función celular.

Identificar la idea principal

idea principal
tema central de un
párrafo o texto

Cuando tomes la prueba del GED leerás textos científicos y gráficas para determinar su comprensión. Esto implica que mientras usted lee, debe buscar las **ideas principales** y los detalles que las apoyan. ¿Cómo se identifican las ideas principales de un texto? Primero, lea rápidamente el texto y cuente el número de párrafos. Si el texto consta de tres párrafos, cada uno debe expresar una idea principal. Al unir estas tres ideas se obtiene la idea principal del texto.

Los párrafos son grupos de oraciones que tratan de un solo tema (la idea principal). Por lo general, la idea principal de un párrafo se expresa en la oración temática. Muchas veces la oración temática es la primera o la última de un párrafo, aunque en ocasiones se encuentra en la mitad. Sin embargo, independientemente de dónde se encuentre, el significado de la oración que contiene la idea principal es suficientemente general como para cubrir todos los puntos de los que trata el párrafo.

A veces la idea principal de un párrafo no se expresa de manera clara en una sola oración. En estos casos, es necesario leer y analizar todo el párrafo para captar la idea principal. Los detalles de apoyo, tales como datos concretos, ejemplos, explicaciones o pruebas que ilustran o abundan sobre la idea principal, le facilitarán esta tarea.

Práctica de GED

Las preguntas 1 a 3 se refieren al texto y diagrama siguientes.

Todas las células son seres vivos y, como tales, tienen un ciclo de vida. Las cinco etapas del ciclo de vida de una célula son: interfase, profase, metafase, anafase y telofase. Durante su ciclo de vida, la célula crece, cumple con sus funciones específicas y se reproduce.

La mitosis es el proceso más importante de la división celular y corresponde a la división del núcleo. Durante la mitosis, los cromosomas de la célula original se duplican y se dividen formando dos juegos idénticos. Cada uno de estos juegos pasa a una de las dos células hijas.

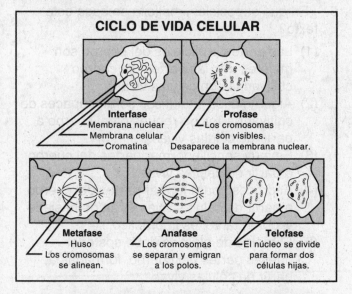

CICLO DE VIDA CELULAR

Interfase
— Membrana nuclear
— Membrana celular
— Cromatina

Profase
— Los cromosomas son visibles.
Desaparece la membrana nuclear.

Metafase
— Huso
— Los cromosomas se alinean.

Anafase
— Los cromosomas se separan y emigran a los polos.

Telofase
— El núcleo se divide para formar dos células hijas.

En la mayoría de las células, la interfase es la etapa más larga del ciclo de vida celular. Durante esta fase, la célula cumple diversas funciones importantes para su crecimiento y supervivencia. Hacia el final de esta etapa, la célula se prepara para dividirse y la cromatina del núcleo se duplica.

La profase marca el inicio de la mitosis. Esta etapa se caracteriza porque las fibras de cromatina se acortan y engruesan para formar los cromosomas. Los cromosomas están formados por dos cromátidas idénticas unidas por el centro. Durante esta fase también se observa la formación de una red de fibras que cubre toda la célula y la solución de la membrana nuclear.

La siguiente etapa de la mitosis se conoce como metafase. Esta etapa corresponde a la alineación de los cromosomas en el centro de la célula para luego adherirse a las fibras del huso.

Durante la anafase, las cromátidas de los cromosomas se separan y se mueven hacia los polos por las fibras del huso. Las cromátidas así separadas se conocen como cromosomas hijos. El huso de la célula jala los dos juegos de cromosomas hijos hacia extremos opuestos de la célula.

La telofase es la última etapa de la mitosis y se caracteriza por la formación de una nueva membrana nuclear alrededor de los dos juegos de cromosomas hijos, los cuales se alargan y adelgazan. La mitosis culmina y el citoplasma se divide para producir dos células hijas. Estas dos células entran en la interfase y el ciclo de vida celular empieza otra vez.

1. ¿Qué título expresa la idea principal del texto?

   (1) Interfase: la etapa más larga
   (2) La desaparición de la membrana nuclear
   (3) El proceso de la mitosis
   (4) La función del huso en la célula
   (5) Importancia de la división celular

2. ¿Cuál de los siguientes detalles sobre la mitosis apoya el diagrama?

   (1) La membrana nuclear se disuelve durante la profase.
   (2) El huso empieza a formarse durante la profase.
   (3) Si alguna de las fibras del huso se rompe, la mitosis no puede continuar de manera normal.
   (4) Hacia el final de la interfase, aumenta el contenido de proteína de la célula.
   (5) La anafase es la etapa más breve de la mitosis.

3. Si la célula original tiene 6 cromosomas al inicio de la interfase, ¿cuántos cromosomas tendrá cada una de las células hijas?

   (1) 1
   (2) 3
   (3) 6
   (4) 12
   (5) 15

Las preguntas 4 a 6 se refieren al texto y diagrama siguientes.

Antes, la gente se burlaba de la idea de que algún día los científicos serían capaces de cultivar células en el laboratorio y de amoldarlas para formar partes vivas del cuerpo. Sin embargo, aunque usted no lo crea, ese día ha llegado. El diagrama de abajo describe cómo se construye un vaso sanguíneo, célula por célula, fuera del organismo humano.

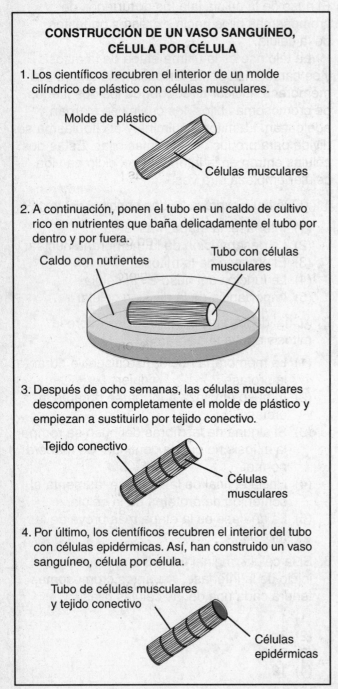

CONSTRUCCIÓN DE UN VASO SANGUÍNEO, CÉLULA POR CÉLULA

1. Los científicos recubren el interior de un molde cilíndrico de plástico con células musculares.

Molde de plástico

Células musculares

2. A continuación, ponen el tubo en un caldo de cultivo rico en nutrientes que baña delicadamente el tubo por dentro y por fuera.

Caldo con nutrientes

Tubo con células musculares

3. Después de ocho semanas, las células musculares descomponen completamente el molde de plástico y empiezan a sustituirlo por tejido conectivo.

Tejido conectivo

Células musculares

4. Por último, los científicos recubren el interior del tubo con células epidérmicas. Así, han construido un vaso sanguíneo, célula por célula.

Tubo de células musculares y tejido conectivo

Células epidérmicas

4. ¿Qué oración resume mejor la idea principal del texto y el diagrama?

(1) Los biólogos celulares han trabajado arduamente para satisfacer las necesidades del ser humano.

(2) Los biólogos celulares no creen que algún día puedan cultivar partes vivas del cuerpo en el laboratorio a partir de células.

(3) Los vasos sanguíneos no son la primera parte viva del cuerpo que los biólogos celulares han cultivado en el laboratorio.

(4) Los biólogos celulares han logrado cultivar vasos sanguíneos en el laboratorio a partir de células vivas.

(5) El primer paso para cultivar vasos sanguíneos en el laboratorio es recubrir un molde de plástico con células musculares.

5. ¿En qué suposición implícita se basa esta texto?

(1) Las partes artificiales del cuerpo son mejores que las partes del cuerpo cultivadas con células vivas.

(2) Algún día los científicos serán capaces de cultivar partes de repuesto del cuerpo a partir de células vivas.

(3) Es muy sencillo formar partes del cuerpo a partir de células vivas.

(4) El proceso para formar partes del cuerpo a partir de células vivas tarda demasiado y, por lo tanto, es impráctico.

(5) El molde de plástico debe sostener nuevas partes del cuerpo, formadas a partir de células vivas.

6. Es posible que muy pronto, cuando un nervio sea cortado, los médicos sean capaces de colocar un tipo de plástico entre las secciones del nervio cortado a fin de estimular el crecimiento de las células nerviosas. ¿Cuál sería la función más probable del plástico?

(1) reconectar las secciones del nervio cortado

(2) proporcionar células nerviosas vivas para reconectar el nervio dañado

(3) servir de soporte físico a las células nerviosas en crecimiento

(4) llevarse los desechos del nervio lesionado

(5) facilitar el crecimiento de las células musculares y las células nerviosas

Las preguntas 7 a 9 se refieren al texto y diagrama siguientes.

Las células vegetales tienen ciertas estructuras que no se encuentran en las células animales. Por ejemplo, las células vegetales tienen una pared que rodea la membrana celular. Esta pared está formada por capas de celulosa y le sirve de soporte a la célula.

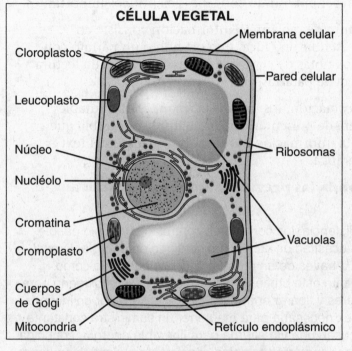

CÉLULA VEGETAL

Cloroplastos
Membrana celular
Pared celular
Leucoplasto
Núcleo
Ribosomas
Nucléolo
Cromatina
Cromoplasto
Vacuolas
Cuerpos de Golgi
Mitocondria
Retículo endoplásmico

Las vacuolas son unos sacos grandes llenos de agua y también son estructuras de soporte de las células vegetales. En las células vegetales maduras, la mayor parte del citoplasma está ocupado por una o dos vacuolas. Las células animales rara vez contienen vacuolas y, cuando éstas están presentes, son muy pequeñas.

Otra característica única de las células vegetales es la presencia de ciertos organelos llamados plástidos. Los cloroplastos son un tipo de plástido y son las estructuras que contienen el pigmento verde llamado clorofila. Las plantas necesitan clorofila para producir azúcares a través de la fotosíntesis. Los cromoplastos también son plástidos que almacenan pigmentos de color amarillo, naranja y rojo en la planta. Los leucoplastos son otro tipo de plástidos que elaboran el almidón y los aceites de las plantas.

7. ¿Cuál sería el título más apropiado para el texto y el diagrama en conjunto?

(1) Estructuras de las células vegetales y sus funciones
(2) Reproducción de una célula vegetal
(3) Semejanzas entre las células animales y vegetales
(4) Función de los plástidos en las células vegetales
(5) Partes de una planta verde

8. Según el texto, ¿qué estructuras le dan su color característico al narciso y la rosa?

(1) la membrana celular
(2) la pared celular
(3) las mitocondrias
(4) los cromoplastos
(5) los leucoplastos

9. Lisa olvidó regar sus plantas por tres semanas y se marchitaron. ¿Qué fenómeno causó su marchitez?

(1) La celulosa de la pared celular se desintegró.
(2) Las vacuolas se encogieron al faltarles el agua.
(3) Los leucoplastos produjeron demasiado almidón.
(4) Los cloroplastos perdieron toda su clorofila y dejaron de funcionar.
(5) Los cromoplastos produjeron demasiados pigmentos.

Sugerencia

Para identificar la idea principal, debe fijarse en la idea general del texto. Para identificar detalles de apoyo, preste atención a los nombres, los números las fechas y los ejemplos. Busque también palabras clave, como *a manera de*, *tal como* y *por ejemplo*.

Las respuestas comienzan en la página 782.

Lección

2

Célula y energía

Replantear información

El término **replantear información** implica expresar algo de una manera diferente. A veces, simplemente se replantea con palabras diferentes; otras, se replantea la información utilizando diagramas, gráficas, tablas o fórmulas. La estrategia de replantear información es útil para estar seguros de haber entendido conceptos científicos importantes.

La manera más común de replantear información consiste en parafrasear, o volver a escribir una idea, una oración o un párrafo con sus propias palabras. Las notas de clase o las tomadas de alguna lectura representan una manera de parafrasear.

Al replantear la información, los hechos permanecen inmutables y sólo cambia la manera de presentarlos. Por ejemplo, es posible que se cambie el orden de la información o que la información del texto se presente en forma gráfica.

replantear información
expresar algo de
manera diferente

Lea el texto y responda las preguntas que se presentan a continuación:

En las carreras de distancia, los corredores controlan su propio paso. Las fibras musculares necesitan un suministro continuo de energía, la cual por lo general obtienen a través de un proceso químico conocido como respiración celular. Durante este proceso, las células utilizan el oxígeno para descomponer los azúcares y liberar energía. Cuando el corredor es incapaz de respirar con la rapidez necesaria para mantener un suministro constante de oxígeno, las células usan una vía alterna para liberar la energía, conocida como fermentación. La fermentación también consiste en el desdoblamiento de azúcares para liberar energía, pero no requiere de oxígeno. El ácido láctico es uno de los subproductos de la fermentación. A medida que este ácido se acumula en las células, el corredor comienza a sentir dolor en las fibras musculares. Esto puede hacer que el corredor disminuya o detenga completamente la marcha.

Sugerencia

Al replantear la información, asegúrese de no alterar los hechos. Lo único que debe cambiar son el vocabulario empleado y el orden de la información.

1. Marque con una "X" el replanteamiento del proceso de fermentación.

_____ a. Proceso químico que libera energía y ácido láctico al descomponer azúcares en ausencia de oxígeno.

_____ b. Proceso químico por medio del cual las fibras musculares utilizan el ácido láctico para liberar energía.

Usted acertó si escogió la *opción a*. La fermentación se explica en la cuarta y quinta oración del texto. La *opción a* parafrasea estas oraciones, mientras que la *opción b* es falsa debido a que el ácido láctico es en realidad un subproducto de la fermentación.

2. Marque con una "X" el replanteamiento de la última idea del texto.

_____ a. El corredor siente dolor debido a la acumulación de oxígeno.

_____ b. El corredor siente dolor debido a la acumulación de ácido láctico.

Usted acertó si escogió la *opción b*. La oración replantea la idea con palabras diferentes, mientras que la *opción a* es falsa debido a que la fatiga muscular se debe a la falta de oxígeno.

Práctica de GED

Instrucciones: Elija la respuesta que mejor responda a cada pregunta.

Las preguntas 1 a 3 se refieren al texto y diagrama siguientes.

Los seres humanos y los animales obtienen su energía de los alimentos que consumen. Al ingerir alimentos, el sistema digestivo descompone los carbohidratos presentes en los alimentos en un azúcar simple llamado glucosa. Las células del organismo absorben la glucosa, donde es descompuesta para liberar su energía. Este proceso químico complejo se conoce como respiración celular.

RESPIRACIÓN CELULAR

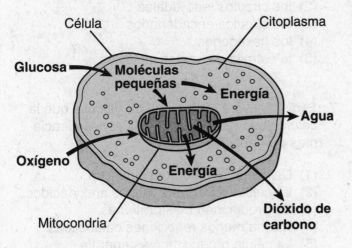

La respiración celular se caracteriza por la reacción entre el oxígeno y la glucosa para liberar energía química y los subproductos dióxido de carbono y agua. La respiración celular es un proceso que tiene lugar en varias etapas. La etapa en la que se libera la mayor cantidad de energía ocurre en las mitocondrias.

$$C_6H_{12}O_6 + 6O_2 \longrightarrow 6CO_2 + 6H_2O + \text{energía}$$

glucosa + oxígeno $\longrightarrow$ dióxido + agua + energía
de carbono

1. ¿En cuál estructura celular se libera la mayor parte de la energía resultante de la respiración celular?

   (1) en la membrana celular
   (2) en el citoplasma
   (3) en los cloroplastos
   (4) en las mitocondrias
   (5) en el núcleo

2. ¿Cuál de las siguientes oraciones replantea la ecuación de la respiración celular?

   (1) El dióxido de carbono y el agua reaccionan químicamente en presencia de energía luminosa y clorofila produciendo glucosa, oxígeno y agua.
   (2) La glucosa y el agua reaccionan químicamente produciendo dióxido de carbono, oxígeno y energía.
   (3) La glucosa y el dióxido de carbono reaccionan químicamente produciendo oxígeno, agua y energía.
   (4) La glucosa, el oxígeno y la energía reaccionan químicamente produciendo dióxido de carbono y agua.
   (5) La glucosa y el oxígeno reaccionan químicamente produciendo dióxido de carbono, oxígeno, agua y energía.

3. ¿Cuál de los siguientes sería el resultado más probable al disminuir el suministro de oxígeno a las células?

   (1) se liberaría una menor cantidad de energía
   (2) se liberaría una mayor cantidad de energía
   (3) se aceleraría la respiración celular
   (4) se liberaría una mayor cantidad de dióxido de carbono
   (5) no se vería afectada la respiración celular

4. La respiración celular y la fotosíntesis son procesos opuestos. La respiración celular requiere oxígeno para producir energía y dióxido de carbono. Por otro lado, la fotosíntesis requiere energía y dióxido de carbono para producir oxígeno. Ambos procesos participan en el balance del equilibrio entre el oxígeno y dióxido de carbono del aire.

   ¿Cuál de los siguientes enunciados está apoyado por esta información?

   (1) A mayor número de plantas verdes, menor concentración de oxígeno en el aire.
   (2) A mayor número de plantas verdes, mayor concentración de oxígeno en el aire.
   (3) A menor número de plantas verdes, menor concentración de dióxido de carbono en el aire.
   (4) A menor número de plantas verdes, menor concentración de energía en la glucosa.
   (5) El aire tiene una concentración mayor de oxígeno que de dióxido de carbono.

Las preguntas 5 a 8 se refieren al texto y diagrama siguientes.

El metabolismo es la suma de todas las reacciones químicas que ocurren en la célula. Existen dos procesos metabólicos básicos: el anabolismo y el catabolismo.

Las reacciones metabólicas utilizan la materia prima que absorbe la célula para producir moléculas más complejas, como proteínas y grasas. La célula utiliza estas moléculas para su propio crecimiento y mantenimiento. Por otra parte, las reacciones catabólicas, como por ejemplo la respiración celular, liberan energía al descomponer moléculas orgánicas.

ANABOLISMO Y CATABOLISMO

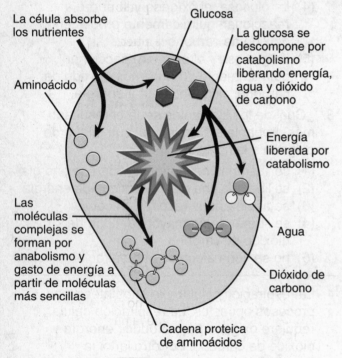

La célula absorbe los nutrientes

Glucosa

La glucosa se descompone por catabolismo liberando energía, agua y dióxido de carbono

Aminoácido

Energía liberada por catabolismo

Las moléculas complejas se forman por anabolismo y gasto de energía a partir de moléculas más sencillas

Agua

Dióxido de carbono

Cadena proteica de aminoácidos

Cuando la actividad anabólica de un organismo supera la actividad catabólica, el organismo crece o aumenta de peso. Por el contrario, cuando la actividad catabólica supera la actividad anabólica, el organismo baja de peso. El equilibrio de ambos procesos equivale al equilibrio mismo del organismo.

5. ¿Qué es el metabolismo?

(1) Un proceso por el cual los organismos atrapan la energía de la luz solar.
(2) La suma de todos los procesos químicos que realiza la célula.
(3) Un proceso por el cual se libera la energía de la glucosa.
(4) La cantidad total de energía liberada durante la respiración celular.
(5) La cantidad total de materia prima usada por la célula para obtener energía.

6. ¿Qué símbolo o símbolos del diagrama representan la energía liberada por reacciones catabólicas?

(1) las flechas
(2) los círculos individuales
(3) los círculos encadenados
(4) los hexágonos
(5) la estrella de aristas múltiples

7. Si disminuyera la cantidad de glucosa que la célula absorbe, ¿cuál sería la consecuencia más probable?

(1) Disminuiría la energía luminosa.
(2) La célula absorbería menos aminoácidos.
(3) Se producirían más proteínas.
(4) Habría menos reacciones catabólicas.
(5) La célula produciría más energía.

8. Carla quiere bajar de peso haciendo más ejercicio diariamente. Si lo logra, ¿qué cambio tendrá lugar en su metabolismo?

(1) Habrá una mayor fotosíntesis.
(2) Aumentará el número de reacciones catabólicas.
(3) Aumentará el número de reacciones anabólicas.
(4) Habrá una menor fotosíntesis.
(5) Disminuirá el número de reacciones catabólicas

Las respuestas comienzan en la página 783.

Genética

Distinguir los hechos de las opiniones

Un **hecho** es algo real y objetivo que puede comprobarse. Por otro lado, una **opinión** representa algo que en opinión de alguien es verdad. Las opiniones pueden o no ser verdad y no es posible comprobar su veracidad.

Los hechos y las opiniones son algo cotidiano. Por ejemplo, la partidura de una amiga suya forma un pico de viuda idéntico al de su mamá. En este caso, es un hecho que la partidura termina en un punto definido en el centro de su frente. También es un hecho que su amiga heredó de su mamá este rasgo, es decir, la manera en que la característica física se expresa. Por otro lado, es posible que usted piense que el cabello de su amiga es bonito. Esta es una opinión que no es posible comprobar y con la que otros pueden estar en desacuerdo.

Una gran parte de los textos científicos se basa en hechos. Sin embargo, también es posible encontrar las opiniones personales de los autores. Esto se debe a que los científicos observan algo que les interesa para luego formarse una opinión y basándose en ella pueden formular hipótesis para explicar sus observaciones. Después experimentan para comprobar si la hipótesis puede apoyarse en los datos recopilados.

Lea el texto. Luego complete la tabla de hechos y opiniones que se presenta a continuación.

Los científicos han sido capaces de producir una especie de calabaza resistente a cierto virus mortal, lo cual se logró alterando una parte del material genético de la calabaza. El Departamento de Agricultura de Estados Unidos aprobó el cultivo de la nueva especie de calabaza para el consumo humano a pesar de la controversia sobre los posibles riesgos para el ambiente. Algunos científicos piensan que la calabaza alterada genéticamente se cruzará con las especies silvestres de calabaza y que las plantas nacidas de este cruce pueden heredar la resistencia al virus. Esto puede causar que las calabazas silvestres se propaguen como plaga en los terrenos agrícolas o en condiciones naturales. Sin embargo, otros apoyan la decisión del gobierno diciendo que los riesgos ambientales son exagerados y que las ventajas de la nueva especie sobrepasan las desventajas

Hecho	Opinión
Los científicos alteraron el material genético de la calabaza para hacerla resistente a cierto virus mortal	Algunos científicos piensan que la aprobación del cultivo de la especie alterada de calabaza para el consumo humano es un error, mientras que otros apoyan la decisión del gobierno.

Entre los hechos que menciona el texto se encuentran los siguientes: *El Departamento de Agricultura de Estados Unidos aprobó el cultivo de la nueva especie para el consumo humano. Existe controversia sobre la decisión del gobierno.* A partir de la tercera oración, el autor plantea opiniones sobre la nueva especie. Asegúrese de haber escrito dos de estas opiniones en la columna correspondiente.

Lección

3

hecho
algo que puede ser comprobado

opinión
creencia que puede o no ser verdad

Sugerencia

Para distinguir los hechos de las opiniones, busca palabras y verbos conjugados o frases que señalen la opinión del autor, como *según…, es posible que…, creer, pensar, sentir, sugerir, poder, estar de acuerdo, estar en desacuerdo*, etc.

Práctica de GED

Instrucciones: Elija la respuesta que mejor responda a cada pregunta.

Las preguntas 1 a 3 se refieren al texto y diagrama siguientes.

En 1903, el genetista estadounidense Walter Sutton, quien se encontraba estudiando los óvulos y espermatozoides de los saltamontes, descubrió que las unidades responsables de la herencia mencionadas por Mendel (es decir, los genes) se localizaban en los cromosomas. Los cromosomas están formados por una molécula química denominada ADN. La estructura molecular del ADN se desconocía hasta 1953, año en el que el biólogo estadounidense James D. Watson y el biofísico británico Francis Crick la develaron. Estos dos científicos describieron la estructura como una hélice o espiral doble formada por dos cadenas longitudinales enrolladas sobre sí mismas e interconectadas por segmentos transversales de manera que semeja una escalera enrollada.

MOLÉCULA DE ADN

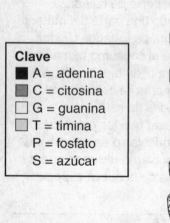

Clave
A = adenina
C = citosina
G = guanina
T = timina
P = fosfato
S = azúcar

Los segmentos transversales de ADN están formados por moléculas de azúcar y fosfato, mientras que las cadenas longitudinales consisten en pares formados por las bases nitrogenadas adenina, citosina, guanina y timina. La adenina de una de las cadenas longitudinales siempre se parea con una molécula de timina en el lado opuesto, mientras que la guanina siempre se parea con la citosina. La secuencia de las bases a lo largo de la escalera varía en los diversos organismos, aunque la copia del ADN de todas las células de un mismo organismo tiene la misma secuencia de bases. Las variaciones forman un código genético que controla la producción de

proteínas de las células del organismo. Las proteínas participan en la determinación de las características y funciones de un organismo.

1. ¿Cuál de las siguientes frases representa una de las funciones del ADN?

   (1) control de la síntesis celular de proteínas
   (2) desdoblamiento celular de las proteínas
   (3) producción de energía a partir de las moléculas alimenticias en el interior de la célula
   (4) control de la entrada y salida de sustancias de la célula
   (5) unión de la adenina con la timina y de la citosina con la guanina

2. Supongamos que la secuencia de bases de una de las cadenas longitudinales de una molécula de ADN es ATGTCAGC. ¿Cuál de las siguientes representa la secuencia correcta de bases, con la cual dicha secuencia sería pareada?

   (1) CTAGATAT
   (2) CTAGTGCT
   (3) TACACTCG
   (4) TACAGTCG
   (5) ATGTCAGC

3. ¿Cuál de los siguientes enunciados está apoyado por la información del diagrama?

   (1) Los segmentos transversales de la molécula de ADN están formados por azúcares y fosfatos.
   (2) De las dos cadenas longitudinales que forman la molécula de ADN, una está formada sólo por azúcar y la otra sólo por fosfato.
   (3) La timina siempre se parea con la guanina.
   (4) Sólo la adenina es capaz de unirse a las cadenas longitudinales de ADN.
   (5) Las cadenas longitudinales de ADN están formadas por unidades alternas de azúcar y fosfato.

Las preguntas 4 y 5 se refieren al texto y diagrama siguientes.

Un gen es un segmento molecular que determina un rasgo específico. Las plantas y los animales que nacen por **reproducción sexual** heredan un gen por cada rasgo expresado individualmente por sus progenitores. El juego de genes que hereda la planta o el animal se llama **genotipo.**

La tabla de Punnett es una herramienta que facilita a los científicos la tarea de representar los rasgos heredados. La tabla de abajo ilustra la posible combinación genética de la descendencia de dos progenitores con un hoyuelo vertical en la barbilla, un rasgo dominante.

El genotipo del padre es PP y el de la madre Pp. Las letras que representan el genotipo del padre se escriben de izquierda a derecha en la fila superior, mientras que los de la madre se escriben de arriba abajo en la columna de la izquierda. Los descendientes heredan un gen de cada progenitor

	P	P
P	PP	PP
p	Pp	Pp

P = barbilla con hoyuelo
p = barbilla lisa

La tabla de Punnett ilustra los posibles genotipos de la descendencia. Sin embargo, ¿cómo se expresa físicamente cada genotipo? ¿Qué características manifestaría un niño nacido con cada uno de estos genotipos? El fenotipo, o apariencia física, de cada individuo se determina según el rasgo dominante heredado representado por una letra mayúscula. Por ejemplo, los individuos con el genotipo PP o Pp expresan el hoyuelo en la barbilla. Cuando un individuo hereda el gen dominante de un rasgo, el rasgo siempre se expresa, independientemente de que vaya aparejado al gen recesivo del rasgo. El rasgo recesivo se expresa sólo cuando el individuo hereda los dos genes recesivos en su genotipo.

4. ¿Cuántos fenotipos se ilustran en la tabla de Punnett?

   (1) 0
   (2) 1
   (3) 2
   (4) 3
   (5) 4

5. Si usted conociera a una muchacha con un hoyuelo vertical en la barbilla, ¿qué sería posible predecir con exactitud?

   (1) el fenotipo de la característica
   (2) el genotipo de la característica
   (3) si tiene un gen recesivo para la barbilla partida
   (4) si su mamá tiene el hoyuelo en la barbilla
   (5) si su papá tiene el hoyuelo en la barbilla

6. Los rasgos no siempre son dominantes o recesivos. A veces, la transmisión genética de los rasgos ocurre por dominio incompleto. Por ejemplo, cierta planta tiene tres genotipos para el color de la flor. El genotipo RR produce flores rojas, el rr blancas y el Rr rosas.

   Si cruzáramos una planta de flores blancas con una de flores rojas, ¿qué probabilidades hay de producir una planta con flores rosas?

   (1) ninguna
   (2) 1 en 4
   (3) 2 en 4
   (4) 3 en 4
   (5) 4 en 4

Sugerencia

A veces resulta más fácil contestar algunas de las preguntas haciendo un bosquejo, un diagrama o una tabla. La tabla de Punnett podría facilitarle responder correctamente las preguntas sobre genética.

Las respuestas comienzan en la página 783.

Los sistemas del cuerpo humano

Reconocer suposiciones implícitas

Lección

4

Cuando nos comunicamos con los demás, muchas veces suponemos que nuestro interlocutor o lector conoce ciertos hechos. Estos hechos o ideas se denominan **suposiciones implícitas** que usted necesita ser capaz de identificar.

Todos los días hacemos suposiciones implícitas. Por ejemplo, cuando le decimos a un amigo que es posible que haya una tormenta eléctrica por la tarde, suponemos que la persona sabe lo que es una tormenta eléctrica, por lo que no nos ponemos a explicarle qué es un trueno, un relámpago y la lluvia.

En el caso de las lecturas sobre ciencias, notará que existen muchas suposiciones implícitas. Los autores piensan que sus lectores conocen ciertos hechos del dominio común. Por lo tanto, a fin de comprender la lectura, es necesario poder identificar las suposiciones del autor.

suposición implícita
hecho o idea supuesta que no ha sido expresada explícitamente

Lea el texto, estudie la gráfica y responda las preguntas que se presentan a continuación.

EL ESTRÉS Y LOS RESFRIADOS

Según el Dr. Sheldon Cohen de la Universidad Carnegie Mellon, el estrés crónico aumenta más las probabilidades de contraer un resfriado que el estrés moderado o rutinario. En la actualidad, el Dr. Cohen está tratando de determinar cómo el estrés afecta el sistema inmunológico al disminuir su resistencia a las enfermedades.

Marque con una X los hechos que el autor supone que son del dominio público y por lo tanto no los expresa explícitamente en el texto o la gráfica.

_____ a. El estrés moderado o rutinario es parte de la vida cotidiana.

_____ b. El sistema inmunológico combate los agentes causantes de las enfermedades.

_____ c. El estrés crónico aumenta las probabilidades de contraer resfriados.

_____ d. Las personas que padecen estrés interpersonal crónico tienen el doble de probabilidades de contraer resfriados, comparados con quienes padecen estrés rutinario.

_____ e. El estrés crónico es un tipo de estrés grave que dura un tiempo considerable.

_____ f. El estrés crónico laboral aumenta de manera marcada los riesgos de contraer resfriados comparado con el estrés interpersonal crónico.

Usted acertó si escogió las *opciones a, b* y *e*. Estas opciones representan hechos que el autor supone que usted conoce y que por lo tanto no expresa explícitamente. Las demás opciones se explican en el texto o en la gráfica.

Sugerencia

Las suposiciones implícitas pueden aparecer tanto en textos como en ilustraciones. En estos casos, resulta útil preguntarse, ¿qué supuso el autor que ya debo saber?

Práctica de GED

Instrucciones: Elija la respuesta que mejor responda a cada pregunta.

Las preguntas 1 y 2 se refieren al texto y al mapa siguientes.

Recientemente, la Dirección para el Control de Alimentos y Medicamentos de Estados Unidos, FDA *(Food and Drug Administration)* autorizó el uso de una vacuna contra la enfermedad de Lyme, una enfermedad bacteriana transmitida al ser humano por la picada de la garrapata del venado. Esta vacuna se aplica en tres dosis y su uso ha sido autorizado exclusivamente para la población adulta. La vacuna estimula el sistema inmunológico para producir anticuerpos que eliminan la bacteria. En los estudios de investigación en los que participaron 11,000 personas, se demostró que la vacuna tiene una efectividad del 78 por ciento. Los científicos aconsejan la vacuna a la población que trabaja o realiza actividades al aire libre en áreas boscosas o silvestres donde la enfermedad de Lyme y la garrapata del venado son muy comunes.

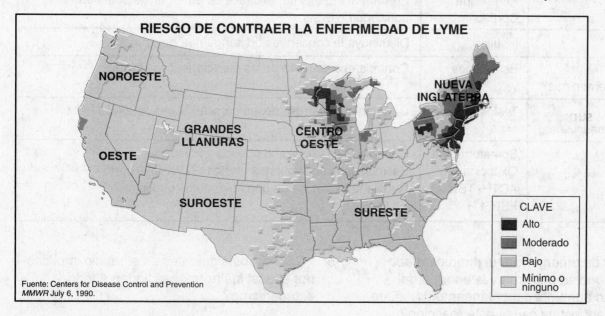

RIESGO DE CONTRAER LA ENFERMEDAD DE LYME

NOROESTE · NUEVA INGLATERRA · GRANDES LLANURAS · CENTRO OESTE · OESTE · SUROESTE · SURESTE

CLAVE
- Alto
- Moderado
- Bajo
- Mínimo o ninguno

Fuente: Centers for Disease Control and Prevention
MMWR July 6, 1990.

1. Según el texto y el mapa, ¿a quién se debe aconsejar la vacunación contra la enfermedad de Lyme?

   (1) una mujer que habita un área boscosa de la región Centro Oeste
   (2) un hombre que habita y trabaja en Chicago
   (3) una mujer que habita un rancho de la región de las Grandes Llanuras
   (4) un hombre que trabaja en buques cargueros
   (5) un niño pequeño que habita un área boscosa de Nueva Inglaterra

2. ¿Cuál de los siguientes enunciados está apoyado por el texto?

   (1) La enfermedad de Lyme es una infección viral cuya incidencia va en aumento.
   (2) Todas los habitantes de áreas con un alto riesgo de enfermedad de Lyme deben vacunarse.
   (3) La FDA exige que la vacunación se aplique en cuatro dosis.
   (4) Quienes reciben la vacuna quedan completamente protegidos contra la enfermedad.
   (5) La vacuna estimula el sistema inmunológico para producir anticuerpos contra la bacteria causante de la enfermedad.

> ## Sugerencia
>
> Cuando una determinada pregunta se refiere a un texto o diagrama, tenga cuidado con las suposiciones implícitas.

Las preguntas 3 a 6 se refieren al texto y a la tabla siguientes.

El sistema endocrino está formado por glándulas que secretan unas sustancias químicas denominadas hormonas. Las hormonas circulan por todo el organismo, pero afectan exclusivamente a ciertos órganos.

Glándula endocrina	Hormona	Acción
Tiroides	Tiroxina	Controla la velocidad de conversión celular de los nutrientes en energía
Paratiroides	Parathormona	Regula el uso del calcio y el fósforo en el organismo
Timo	Timosina	Influye en la formación de anticuerpos en niños
Adrenales	Adrenalina Cortisona	Prepara al organismo en casos de emergencia. Mantiene el equilibrio de la sal
Páncreas	Insulina	Disminuye la concentración sanguínea de azúcar
Ovarios (gónadas femeninas)	Estrógenos	Controla el desarrollo de las características sexuales
Testículos (gónadas masculinas)	Testosterona	Controla el desarrollo de las características sexuales
Pituitaria	Somatotropina Oxitocina ACTH, TSH, FSH, LH	Controla el desarrollo de huesos y músculos Estimula las contracciones uterinas durante el parto Regula la secreción de otras glándulas endocrinas

3. En casos de emergencia, el ritmo cardíaco y respiratorio se aceleran y la energía del organismo aumenta espontáneamente. ¿Qué glándula endocrina causa esta reacción?

   (1) las adrenales
   (2) la pituitaria
   (3) el timo
   (4) la paratiroides
   (5) el páncreas

4. ¿Qué hormona estimula las contracciones del útero durante el parto?

   (1) el glucagón
   (2) la oxitocina
   (3) los estrógenos
   (4) la testosterona
   (5) la adrenalina

5. ¿Cuál de los siguientes es el medio implícito por el cual las hormonas llegan a todo el organismo?

   (1) el sistema digestivo
   (2) los nervios
   (3) la sangre
   (4) la saliva
   (5) la piel

6. Las personas que padecen diabetes tienen una concentración elevada de azúcar en la sangre. Uno de los tipos de diabetes se debe a la deficiencia de una hormona en particular. ¿Qué hormona es?

   (1) la parathormona
   (2) la adrenalina
   (3) la insulina
   (4) la oxitocina
   (5) la timosina

Las respuestas comienzan en la página 784.

Ciencias • Ciencias biológicas

El sistema nervioso y la conducta

Identificar la lógica incorrecta

La mayor parte del tiempo, el razonamiento científico tiene un rasgo lógico, aunque a veces pierde sentido y se plantea con una **lógica incorrecta**. En estos casos es necesario leer detenidamente a fin de identificar la lógica incorrecta.

La simplificación excesiva es una forma de lógica incorrecta en la que se incurre al hacer menos complicado un tema a tal grado que el planteamiento deja de ser fiel. Muchas veces, la simplificación excesiva se observa en enunciados de causa y efecto. Por ejemplo, es posible que usted haya escuchado que las dietas con un alto contenido de grasas causan cardiopatías. Pues bien, esta es una simplificación excesiva debido a que este tipo de dietas puede contribuir al desarrollo de cardiopatías en muchos individuos.

A veces, la simplificación excesiva se da en forma de **errores de selección** en los que sólo se escogen dos opciones cuando existen otras opciones. Por ejemplo, vamos a suponer que alguien dice que las cardiopatías se deben a dietas con un alto contenido de grasas o al hábito de fumar. En realidad, tanto este tipo de dietas como el hábito de fumar son factores que contribuyen a la presentación de cardiopatías, aunque también se encuentran en este caso la falta de ejercicio, la herencia y otros factores.

Lea el texto y responda las preguntas que se presentan a continuación.

Durante años, la gente ha debatido sobre la cuestión de si la conducta humana está determinada por factores genéticos (herencia) o ambientales (la interacción con nuestro medio). Platón, un filósofo de la Grecia antigua, pensaba que la personalidad es innata al ser humano, pero Aristóteles, otro filósofo de la Grecia antigua, proponía que se adquiría a través de los órganos de los sentidos. Y el debate continúa. ¿Tienen origen biológico o existencial las diferencias de conducta entre los sexos? ¿Qué conforma nuestra personalidad, la herencia o el medio? En la actualidad, los científicos piensan que la conducta humana recibe influencias tanto genéticas como ambientales.

1. Marque con una "X" la oración que expresa el pensamiento de Platón sobre la personalidad.

_____ a. La personalidad se forma debido a influencias ambientales.

_____ b. La personalidad del ser humano es innata.

Usted acertó si escogió la *opción b* ya que Platón pensaba que la personalidad era un rasgo biológico.

2. Marque con una "X" la razón por la cual el pensamiento de Platón sobre la personalidad es una simplificación excesiva.

_____ a. La personalidad está determinada por diversos factores, tanto innatos como ambientales.

_____ b. La personalidad es en realidad el resultado de nuestras vivencias.

Usted acertó si escogió la *opción a*. La personalidad es compleja y está determinada por diversos factores. El tratar de atribuir la personalidad a una sola causa puede representar una lógica incorrecta.

---

lógica incorrecta
error de razonamiento

simplificación excesiva
hacer menos complicado un concepto o un tema al grado de que se vuelva incorrecto

error de selección
presentación de sólo dos opciones a pesar de que existan otras posibilidades

Sugerencia

La lógica incorrecta se identifica estudiando detenidamente el material. Busque elementos demasiado simplistas o generales e ilógicos.

Práctica de GED

Instrucciones: Elija la respuesta que mejor responda a cada pregunta.

Las preguntas 1 a 3 se refieren al texto y diagrama siguientes.

Ciertos aspectos de la conducta humana, como los reflejos simples, son innatos. Los reflejos simples representan respuestas automáticas ante estímulos externos. Por ejemplo, cuando nos quemamos la yema de un dedo en la estufa, retiramos automáticamente la mano.

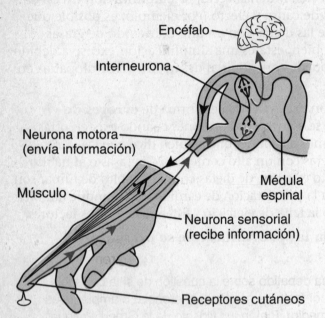

Los reflejos simples ocurren de la siguiente manera: primero, una neurona sensorial lleva la información del estímulo de la piel a la médula espinal, de donde pasa a las neuronas motoras que van a los músculos del brazo y la mano. Esto causa que retiremos la mano tan rápidamente que todo ocurre antes de que la información sobre el accidente llegue al encéfalo. Cuando la información llega al encéfalo, sentimos de inmediato el dolor.

Sin embargo, otros aspectos de la conducta humana no son innatos sino más bien aprendidos. Por ejemplo, aprendemos a relacionar eventos como el olor de los alimentos al cocinarlos con la hora de la comida. También aprendemos a practicar conductas recompensadas y evitamos las que se castigan y por observación aprendemos de las experiencias y el ejemplo de los demás. A diferencia de los reflejos simples, el aprendizaje exige la participación de rutas complejas del encéfalo.

1. "Los reflejos simples exigen la transmisión directa de información de una neurona sensorial a una motora". Según el diagrama, ¿por qué este enunciado representa un ejemplo de lógica incorrecta?

    (1) Porque sólo las neuronas sensoriales participan en los reflejos simples.
    (2) Porque sólo las neuronas motoras participan en los reflejos simples.
    (3) Porque sólo las interneuronas participan en los reflejos simples.
    (4) Porque la información de los reflejos simples se procesa en el encéfalo, no en las neuronas.
    (5) Porque la información también pasa por las interneuronas de la médula espinal.

2. ¿Cuál de los siguientes enunciados representa un ejemplo de aprendizaje de conducta repetitiva recompensada?

    (1) Un pequeño se encoge al mirar un relámpago porque sabe que a continuación tronará el cielo.
    (2) Una mujer aprende a conducir el automóvil respetando el límite de velocidad después de recibir una infracción por exceso de velocidad.
    (3) Una pequeña aprende a decir "por favor" al pedir las cosas porque sólo así consigue lo que busca.
    (4) Un hombre se quema la mano al tocar la estufa y retira la mano rápidamente.
    (5) Una pequeña mira a su papá hacer un truco sencillo y después trata de hacerlo ella.

3. ¿Qué diferencia hay entre un reflejo simple y la conducta aprendida?

    (1) El reflejo simple exige la participación del encéfalo, mientras que la conducta aprendida exige la participación de la médula espinal.
    (2) El reflejo simple exige la participación de la médula espinal, mientras que la conducta aprendida exige la participación del encéfalo.
    (3) El reflejo simple y la conducta aprendida exigen la participación del encéfalo.
    (4) El reflejo simple exige la participación de neuronas sensoriales y la conducta aprendida no.
    (5) El reflejo simple exige la participación de neuronas motoras y la conducta aprendida no.

Las preguntas 4 a 6 se refieren al texto y diagrama siguientes.

El encéfalo humano está formado por tres partes principales: el cerebro, el cerebelo y el tallo cerebral.

El cerebro es la estructura de mayor tamaño del encéfalo y responsable de la percepción los movimientos voluntarios (control motor), el lenguaje, la memoria y el pensamiento. Las diversas regiones del cerebro controlan distintas funciones.

El cerebelo controla los movimientos automáticos, como los relacionados con la postura del cuerpo, además de que coordina la información proveniente de la vista, el oído interno y los músculos para mantener el equilibrio.

El tallo cerebral controla el ritmo cardíaco y respiratorio entre otras funciones vitales del organismo

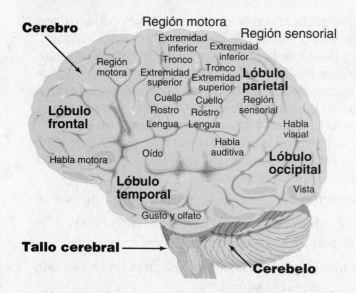

4. "El cerebelo es la estructura encefálica responsable de controlar el movimiento". ¿Qué enunciado corrige la lógica incorrecta de la oración anterior?
   (1) El cerebelo controla el equilibrio, pero no el movimiento.
   (2) El cerebelo controla funciones vitales y el movimiento.
   (3) El cerebelo y el cerebro controlan en conjunto el movimiento.
   (4) El tallo cerebral controla los movimientos involuntarios.
   (5) El tallo cerebral controla el ritmo cardíaco y respiratorio.

5. ¿Cuál de las siguientes funciones es más probable que resulte afectada por un golpe en la parte posterior de la cabeza?

   (1) el gusto
   (2) la vista
   (3) el ritmo cardíaco
   (4) el oído
   (5) el movimiento de las extremidades inferiores

6. ¿Cuál sería el título ideal para el texto y el diagrama?

   (1) El sistema nervioso humano
   (2) El encéfalo humano
   (3) El cerebro
   (4) El encéfalo
   (5) El sistema nervioso

7. En un momento dado, nuestros órganos de los sentidos reciben una gran cantidad de estímulos. Por ejemplo, es posible que escuchemos el ruido de los automóviles al pasar, el murmullo de personas conversando y de aves gorjeando; o que miremos desplazarse los mismos automóviles y a los vecinos caminar por la acera; o que percibamos el olor del pasto recién cortado o el aroma del café recién preparado; o bien, que al mismo tiempo sintamos picazón en un pie y saboreemos un bocado de nuestro cereal caliente preferido. La atención selectiva es el proceso por el cual el encéfalo escoge los estímulos en los que se concentra.

¿En que situación es más probable que aplique usted la atención selectiva?

   (1) al mirar una película interesante en el cine
   (2) al sentir la luz solar tocar su piel en un día húmedo y caluroso de verano
   (3) al percibir el aroma de un caldo caliente al entrar a un restaurante
   (4) al sentir el sabor dulce de una bebida carbonatada azucarada
   (5) al escuchar la voz de una persona en una fiesta ruidosa

Las preguntas comienzan en la página 785.

Lección 5 • El sistema nervioso y la conducta

305

Evolución

Resumir ideas

Resumir es la acción de sintetizar las ideas más importantes de un texto. Por ejemplo, cuando relatamos a un amigo el último episodio de una serie de televisión, no nos tomamos media hora para contarle cada detalle, sino que le relatamos sólo las escenas más importantes en unos minutos.

La habilidad de resumir es muy útil al leer sobre ciencias. Cuando resumimos un texto, buscamos la idea principal que muchas veces se plantea en la oración temática de un párrafo. El resumen debe contener todas las ideas principales del texto y los detalles más sobresalientes.

También es posible resumir diagramas y tablas. ¿Cómo se hace esto? Estudie el título, las leyendas o los encabezamientos de las columnas. A continuación pregúntese, "¿Qué representa este diagrama o tabla?". Una respuesta clara pero breve a esta pregunta servirá de resumen.

Lea el párrafo y responda las preguntas que se presentan a continuación.

Algunos científicos han especulado con la idea de que los dinosaurios son los antepasados de las aves y a manera de prueba citan muchos rasgos físicos comunes, como el hueso de la quilla. A fines de la década de 1990, se descubrieron los primeros fósiles, o restos, de dinosaurios prehistóricos semejantes a las aves, lo cual reforzó las evidencias del parentesco entre las aves y los dinosaurios. Una de estas especies prehistóricas tenía unas plumas muy largas en la cola, mientras que otra tenía plumas en las extremidades inferiores, el cuerpo y la cola. Sin embargo, ninguno de estos dinosaurios era capaz de volar y es posible que las plumas hayan tenido la función de aislante, equilibrio o atractivo sexual.

1. Escriba *P* junto a la oración que contiene la idea principal del párrafo.

    _____ a. Los científicos han especulado con la idea de que los dinosaurios son los antepasados de las aves.

    _____ b. Es posible que las plumas de los dinosaurios les hayan sido útiles para conservar el equilibrio.

    Usted acertó si escogió la *opción a*. La idea principal es que quizás haya un parentesco entre aves y dinosaurios.

2. Escriba *R* junto a la oración que representa un resumen del párrafo.

    _____ a. Es posible que los dinosaurios sean los antepasados de las aves. Los rasgos comunes, como la semejanza del hueso de la quilla, y las evidencias fósiles, como el descubrimiento de dinosaurios emplumados semejantes a las aves, apoyan esta teoría.

    _____ b. Se han descubierto fósiles de dinosaurios semejantes a las aves. Es posible que las plumas de los dinosaurios emplumados hayan servido como aislante, para mantener el equilibrio o como atractivo sexual.

    Usted acertó si escogió la *opción a*. Este enunciado expresa la idea principal y otras ideas importantes de manera breve.

Lección 6

resumir
sintetizar ideas
importantes

Sugerencia

Antes de resumir un texto pregúntese, "¿Es importante esta idea?". Si la idea no es esencial, ignórela.

Ciencias • Ciencias biológicas

Práctica de GED

Instrucciones: Elija la respuesta que mejor responda a cada pregunta.

Las preguntas 1 a 4 se refieren al texto y diagrama siguientes.

Las especies son grupos de organismos capaces de aparearse entre sí y producir descendencia fértil. El fenómeno de aparición de especies nuevas derivadas de especies establecidas se conoce como evolución de las especies. La evolución de las especies se presenta debido a cambios del ambiente o a la separación de grupos de individuos y su asentamiento en lugares distintos. El resultado de la evolución de las especies es la aparición de dos o más grupos de organismos que no pueden aparearse entre sí.

A veces, muchas especies evolucionan a partir de una sola por un fenómeno denominado radiación adaptativa. Este fenómeno se presenta cuando un grupo pequeño de individuos se separa del resto de la población, como las poblaciones que habitan en los archipiélagos o regiones bordeadas por cordilleras. Por ejemplo, en Hawai los grupos separados de azucareros se adaptaron a un ambiente distinto. Al paso del tiempo, la forma del pico de cada uno de estos grupos aislados cambió a fin de poder aprovechar los recursos locales. Esta adaptación, o rasgo que estimula la supervivencia de los individuos, pasa de una generación a otra. Al final del proceso, el grupo se convierte en una especie nueva.

ADAPTACIONES DEL AZUCARERO

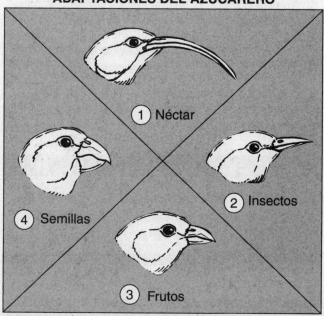

① Néctar
② Insectos
③ Frutos
④ Semillas

1. ¿Cuál de los siguientes factores es más probable que contribuya a la evolución de las especies?

   (1) los cambios ambientales
   (2) la estabilidad ambiental
   (3) el aislamiento de una especie
   (4) la falta de actividad reproductora
   (5) la abundancia de alimento

2. ¿Cómo influyó la radiación adaptativa en los azucareros?

   (1) Adquirieron una mayor semejanza.
   (2) Se reprodujeron con otras especies.
   (3) Adquirieron más diferencias.
   (4) Adquirieron cambios mínimos o no adquirieron cambios.
   (5) Mostraron un cambio muy rápido en un período de un año.

3. ¿Qué ocurriría si un azucarero de pico adaptado a la extracción de néctar se extraviara en un ambiente donde escaseara el néctar pero abundaran los insectos?

   (1) Se le desarrollaría un pico adaptado para extraer el néctar.
   (2) Se le desarrollaría un pico adaptado para alimentarse de insectos.
   (3) Recibiría insectos de otras aves.
   (4) Recibiría néctar de otras aves.
   (5) No sería capaz de alimentarse lo suficiente para sobrevivir.

4. ¿Qué efecto tuvo la evolución de las especies sobre la diferenciación animal y vegetal a través del tiempo?

   (1) creó una menor diversidad
   (2) creó una mayor diversidad
   (3) no influyó en la diversidad
   (4) desaceleró la aparición de variedades nuevas
   (5) detuvo la aparición de variedades nuevas

Unir conceptos

Las preguntas 5 a 7 se refieren al texto y diagrama siguientes.

Darwin planteó la teoría de la selección natural en la década de 1850 antes de que se conocieran los genes y el ADN. Su teoría se basó en la observación de semejanzas de la estructura corporal y el desarrollo temprano de diversas especies animales. Recientemente los científicos han empezado a comparar la secuencia de la cadena de ADN de diversas especies y han notado que a mayor semejanza de las secuencias, existe un mayor parentesco evolutivo.

Las nuevas pruebas de comparación del ADN han derrumbado teorías sostenidas por mucho tiempo sobre las relaciones entre las especies. Hasta el año de 1800, todos los organismos se clasificaban dentro de uno de dos grandes reinos: el vegetal o el animal. Sin embargo, durante la década de ese mismo año, los científicos comenzaron a darse cuenta de que esa clasificación era demasiado simplista y poco a poco propusieron una clasificación de cinco reinos: bacterias, protistas, hongos, plantas y animales. Las plantas, los animales y los hongos son organismos eucariontes.

Durante muchos años los científicos pensaron que las plantas y los animales pluricelulares habían evolucionado a partir de organismos eucarióticos unicelulares casi al mismo tiempo. Sin embargo, las nuevas pruebas del ADN sugieren que las plantas rojas evolucionaron primero, seguidas por las plantas color café y las verdes al mismo tiempo. Los animales y los hongos evolucionaron más tarde. Los árboles del diagrama muestran la teoría moderna y la antigua sobre la evolución de los eucariontes.

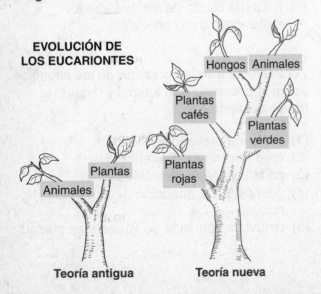

EVOLUCIÓN DE LOS EUCARIONTES

Hongos Animales

Plantas cafés

Plantas verdes

Plantas rojas

Plantas

Animales

Teoría antigua   **Teoría nueva**

5. De acuerdo con la teoría moderna, ¿qué grupo de organismos está más estrechamente emparentado con los animales?

   (1) las plantas
   (2) las plantas rojas
   (3) las plantas de color café
   (4) los hongos
   (5) las plantas verdes

6. ¿A cuál de los siguientes casos podría aplicarse la técnica de comparación del ADN?

   (1) determinación del parentesco de dos individuos
   (2) extracción de ADN fósil
   (3) determinación de la edad de un organismo
   (4) descubrimiento de la estructura general del ADN
   (5) cálculo de la edad de la Tierra

7. ¿Cuál de los siguientes enunciados resume mejor el texto y el diagrama?

   (1) La secuencia del ADN ofrece pruebas de la relación evolutiva entre las especies e incluso derrumba conceptos antiguamente establecidos.
   (2) Los científicos son capaces de determinar el parentesco entre dos especies mediante la comparación de la secuencia de su ADN.
   (3) Antiguamente se pensaba que las plantas y los animales habían evolucionado aproximadamente al mismo tiempo y a partir de organismos unicelulares.
   (4) Los cinco grupos principales de organismos pluricelulares son: plantas rojas, plantas de color café, plantas verdes, hongos y animales.
   (5) Darwin planteó la teoría de la evolución teniendo como base la observación de semejanzas entre las especies aun antes de que se descubriera el ADN.

Sugerencia

Cuando resuma un texto y un diagrama, asegúrese de incluir las ideas importantes de ambos.

Las respuestas comienzan en la página 785.

El flujo de energía en los ecosistemas

Distinguir las conclusiones de los detalles de apoyo

Lección 7

La lectura de comprensión muchas veces exige diferenciar las conclusiones y las afirmaciones de apoyo. Las **conclusiones** son resultados lógicos o generalizaciones de algo, mientras que los **detalles de apoyo** son las observaciones, las mediciones y otros hechos que respaldan las conclusiones.

Para establecer la diferencia entre las conclusiones y las afirmaciones de apoyo, aplique las habilidades que usted ya ha aprendido. A veces es necesario distinguir la idea principal (conclusión) de los detalles que la apoyan. Otras veces es necesario decidir qué hechos apoyan una opinión y en ocasiones hasta seguir el razonamiento lógico que lleva de un conjunto de detalles a la generalización o conclusión.

conclusión
resultado lógico o generalización de algo

detalle de apoyo
observaciones, mediciones y otros hechos que apoyan una conclusión

Lea el texto, estudie la tabla y responda las preguntas que se presentan a continuación.

Para satisfacer la demanda de consumo, la industria pesquera ha sometido a sobreexplotación numerosas poblaciones de peces. Por esta razón, los grupos ambientalistas han empezado a ofrecer a los consumidores información sobre qué especies de peces están en peligro de extinción y qué otras no lo están. De esta manera, estas organizaciones tienen la esperanza de que los consumidores cambien sus hábitos alimenticios para participar en la recuperación de las poblaciones de peces.

POBLACIÓN DE PECES	
Especie	**Situación actual**
Bacalao, eglefino y fogonero	Años de sobreexplotación causaron una disminución drástica de la población.
Salmón	Saludable en Alaska pero agotada en el resto del mundo.
Atún	El atún de aleta azul ha sido sobre explotado gravemente.
Lubina	Las restricciones a la pesca comercial han permitido la recuperación de la población de este pez.

Escriba *DA* si el enunciado es un detalle de apoyo y *C* si es una conclusión.

_____ a. La lubina era una especie en peligro de extinción antes de restringir su pesca.

_____ b. Las poblaciones de bacalao y fogonero muestran una marcada disminución.

_____ c. Los consumidores pueden participar en la recuperación de la industria pesquera del mundo modificando sus hábitos de consumo.

Sugerencia

Al analizar las conclusiones de un texto, busque palabras clave como por esta razón, por lo tanto, puesto que, debido a, etc.

Usted acertó si escogió la *opción c* como conclusión. Las *opciones a* y *b* son detalles (DA) que apoyan la conclusión de que los consumidores pueden participar en la recuperación de las poblaciones de peces al evitar la compra de ciertas especies comerciales.

Práctica de GED

Las preguntas 1 a 4 se refieren a la siguiente información.

Por lo general, siempre existe por lo menos un organismo consumidor por cada planta y animal usados como punto de referencia para vigilar el crecimiento de su población. A esto se debe que el número de plantas y animales permanezca constante de un año a otro. Cuando sacamos a un animal o una planta de su hábitat natural para introducirlo en otro, puede llegar a desaparecer rápidamente. Sin embargo, si sobrevive, la especie puede reproducirse a un ritmo increíble.

¿Cómo es posible que una nueva especie tenga un éxito demográfico tan sorprendente? Las interrelaciones alimenticias de los ecosistemas han evolucionado lentamente y cambian a un ritmo muy lento. Así como muchas personas evitan consumir alimentos que no conocen, los animales evitan comer alimentos que nunca antes han visto. Entonces, si no existen consumidores dispuestos a alimentarse de la especie nueva, ésta se reproducirá rápidamente. Por ejemplo, en 1859 se introdujeron 24 conejos europeos en Australia. Debido a la ausencia de depredadores capaces de controlar su población, los conejos se multiplicaron sin control. Hoy en día, a pesar de las medidas de control de plagas tomadas en el país, Australia tiene una población de millones de conejos que causan daños graves a su agricultura.

La mejor solución al problema de la superpoblación por especies introducidas es la prevención de su introducción. Y en caso de que ocurriera, a veces el crecimiento de la población se puede controlar importando una especie depredadora de la otra.

1. ¿Cuál de las siguientes fue la causa de la superpoblación de conejos en Australia?

   (1) la importación de depredadores
   (2) la continua importación de conejos
   (3) la inestabilidad del ecosistema
   (4) la superpoblación de depredadores y la lenta velocidad de reproducción del conejo
   (5) la rápida velocidad de reproducción del conejo y la ausencia de depredadores

2. ¿Cuál es la mejor manera de evitar los problemas relacionados con la introducción de nuevos organismos en un ecosistema?

   (1) Introducir depredadores de la especie nueva.
   (2) Asegurarse de que el organismo nuevo disponga de alimento.
   (3) Evitar la introducción de organismos nuevos.
   (4) Asegurarse de que no haya alimento en el ecosistema para el organismo nuevo.
   (5) Evitar la introducción de depredadores de la especie nueva.

3. ¿Cuál de los siguientes enunciados apoya la conclusión de que la superpoblación de una especie nueva a veces puede controlarse con la introducción de un depredador?

   (1) No siempre es posible prevenir la introducción de organismos nuevos.
   (2) El conejo se exterminó con éxito en Australia.
   (3) En los ecosistemas en equilibrio, la población de un consumidor por lo general controla el crecimiento de la población de otro.
   (4) Con el tiempo la población disminuirá.
   (5) La especie de la superpoblación no podrá encontrar alimento.

4. ¿Qué podemos suponer sobre el ecosistema australiano en relación con el conejo?

   (1) Que no dispone de alimento ni de depredadores.
   (2) Que dispone de alimento para el conejo.
   (3) Que cuenta con depredadores, pero no con alimento.
   (4) Que tiene una gran población de animales carnívoros.
   (5) Que es muy semejante al ecosistema europeo.

Ciencias y perspectivas personales y sociales

Las preguntas 5 a 7 se refieren a la siguiente información.

La expansión de las poblaciones humanas ha alterado el equilibrio de los ecosistemas naturales y ha causado un descenso en muchas poblaciones vegetales y animales en todo el mundo. Sin embargo, en Norteamérica y aun a pesar del enorme incremento de la población humana, la población de coyotes ha aumentado. Hace quinientos años, el coyote ocupaba sólo las llanuras occidentales y en la actualidad habita en casi todo el continente.

DISTRIBUCIÓN DEMOGRÁFICA DEL COYOTE EN NORTEAMÉRICA

En muchas áreas el coyote es el depredador principal, debido a que los humanos han eliminado a los lobos, que son los enemigos naturales de los coyotes. El coyote es capaz de cazar en jauría presas mayores como el venado. Cuando caza solo, se alimenta de mamíferos pequeños, como el ratón, y cuando llega a las ciudades y los suburbios se alimenta de gatos y perros pequeños.

El coyote come prácticamente cualquier cosa. Un análisis de sus desechos orgánicos reveló una dieta de aproximadamente 100 tipos de alimentos diferentes, desde grillos hasta manzanas y cuero de zapato. Los vertederos sanitarios y los contenedores de basura representan una fuente abundante y variada para su dieta.

El paisaje alterado por el ser humano ofrece un hábitat excelente al coyote. Es capaz de vivir en áreas boscosas pequeñas tan comunes en los suburbios y se le ha visto hasta en el Parque Central de la ciudad de Nueva York. Muchas veces, el coyote está libre de peligro gracias a que se le confunde con frecuencia con un perro.

5. ¿Cómo la erradicación de las poblaciones de lobos favoreció al coyote?

(1) En muchas regiones el coyote ya no tiene enemigos naturales.
(2) El coyote es capaz de cazar mamíferos pequeños como ratones y gatos.
(3) El coyote habita en áreas boscosas pequeñas muy comunes en los suburbios.
(4) El coyote busca alimento en los vertederos sanitarios y los contenedores de basura.
(5) El lobo vive en jaurías y el coyote vive solo o en jaurías también.

6. ¿Cuál de los siguientes enunciados representa una conclusión y no un detalle de apoyo?

(1) Muchas veces la gente confunde al coyote con un perro.
(2) Se ha descubierto que el coyote consume docenas de alimentos distintos.
(3) Cuando caza solo, el coyote se alimenta de mamíferos pequeños.
(4) Cuando caza en jauría, el coyote es capaz de cazar animales de mayor tamaño, como el venado.
(5) La capacidad de adaptación alimenticia del coyote y otros tipos de conducta le han permitido distribuirse más ampliamente.

7. ¿Cuál de los siguientes enunciados apoya la información del texto y el mapa sobre la distribución del coyote en Norteamérica?

(1) El coyote prefiere la vida en áreas urbanas en lugar de suburbanas.
(2) El coyote es capaz de sobrevivir en diversos tipos de ecosistemas y climas.
(3) La población actual de coyotes es menor que hace quinientos años.
(4) El ser humano ha destruido el hábitat del coyote a lo largo del tiempo.
(5) El coyote se ha expandido de los bosques del este a otras regiones de Norteamérica.

Sugerencia

Recuerde usar el título, la leyenda y la rosa de los vientos del mapa para contestar las preguntas.

Las preguntas comienzan en la página 786.

Los ciclos de los ecosistemas
Aplicar ideas en contextos nuevos

Cuando hacemos uso de nuestros conocimientos en situaciones nuevas, estamos **aplicando ideas** en un **contexto** nuevo. Dicho en otras palabras, estamos utilizando los conocimientos adquiridos en ciertas circunstancias para resolver problemas en circunstancias distintas.

Cuando usted lea un tema relacionado con las ciencias, piense cómo los conocimientos que está a punto de adquirir pueden ser utilizados en otro contexto. La habilidad de aplicar los conocimientos sobre las ciencias en contextos distintos puede reforzarse haciéndose uno mismo las siguientes preguntas:

- ¿Qué describe o explica el texto?
- ¿A qué situación podría esta información estar relacionada?
- ¿Cómo sería utilizada esta información en estos contextos?

aplicar ideas
hacer uso de los conocimientos adquiridos en circunstancias distintas

contexto
circunstancias en la que se dice o se hace algo

Lea el párrafo y responda las preguntas que se presentan a continuación.

Una de las causas del aumento de la concentración de dióxido de carbono en la atmósfera es la deforestación de los bosques. Las plantas absorben dióxido de carbono de la atmósfera y lo utilizan como materia prima para la fotosíntesis. Sin embargo, cuando se talan grandes extensiones boscosas, existe un menor número de plantas para absorber el dióxido de carbono presente en la atmósfera. El aumento de la concentración del dióxido de carbono en la atmósfera puede causar el calentamiento de la Tierra al absorber ésta el calor del sol.

1. Marque con una "X" el enunciado que aplica la información sobre la fotosíntesis en circunstancias distintas.

_____ a. La tala de grandes extensiones boscosas se denomina deforestación.

_____ b. La tala de árboles puede contribuir al calentamiento de la Tierra.

Usted acertó si escogió la *opción b*. La teoría de que la fotosíntesis es menos intensa, permite explicar por qué la deforestación contribuye al calentamiento de la Tierra en un contexto más amplio.

2. Marque con una "X" el enunciado que señala circunstancias semejantes a las de la deforestación.

_____ a. Las plantas acuáticas de los estanques de carpa dorada mueren.

_____ b. Algunos animales de zoológico tienen problemas de reproducción.

Usted acertó si escogió la *opción a*. La deforestación es semejante a la muerte de las plantas de un acuario porque en ambos casos hay un menor número de plantas y por tanto un menor número de procesos de fotosíntesis.

Práctica de GED

Instrucciones: Elija la respuesta que mejor responda a cada pregunta.

Las preguntas 1 a 4 se refieren al siguiente texto.

Cuando la niebla envuelve los bosques de secoyas de la costa oeste, las gotitas de agua suspendidas en el aire se condensan en las hojas agudas de los árboles y luego se escurren por las ramas y el tronco. Los estudios han demostrado que en las noches de niebla, las secoyas pueden llegar a acumular un volumen de agua equivalente al que dejaría una tormenta fuerte. La capacidad de las secoyas de absorber el agua de la niebla es muy importante para otras plantas y animales de su hábitat.

Los científicos han medido el volumen de agua de la niebla condensada en los bosques de secoyas y el acumulado por los colectores artificiales de niebla usados en áreas deforestadas. En las áreas deforestadas, el aire se calienta y se seca rápidamente, por lo que las gotitas de agua se evaporan antes de adquirir el peso suficiente para precipitarse a la tierra. Esto hace que el volumen de agua absorbido de la niebla en las áreas deforestadas sea inferior al absorbido en los bosques de secoyas.

El hecho de que la condensación de la niebla contribuya al suministro de agua de un área determinada sirve de argumento a los ambientalistas para exigir la prohibición de la tala de los bosques de secoyas. Además, las personas que contemplan cómo se agota el agua de sus pozos y manantiales durante los veranos calurosos, han comenzado a comprender la función de las secoyas en la conservación del suministro de agua.

1. ¿Cómo demostraron los científicos que las áreas deforestadas acumulan menos agua por condensación de la niebla que los bosques de secoyas?
   (1) observando el agua condensada que escurre por las hojas agudas, las ramas y el tronco de las secoyas
   (2) comparando el volumen de agua condensada por las secoyas y el colectado en áreas deforestadas
   (3) observando si las corrientes fluviales deforestadas de la costa oeste se secan
   (4) desviando la niebla formada en las áreas boscosas hacia las áreas deforestadas de la costa oeste
   (5) midiendo la altura de las secoyas para determinar la relación altura-volumen de agua colectada

2. ¿Qué enunciado se asemeja más al fenómeno de absorción del agua de la niebla de las secoyas para beneficio de su hábitat?
   (1) eliminación de las impurezas del agua de lluvia por filtración
   (2) acumulación del agua de lluvia y escurrimiento en un tanque de gran tamaño
   (3) desalinización del agua de mar por evaporación y condensación
   (4) uso de colectores de niebla en regiones costeras de clima seco para acumular agua
   (5) uso de un sistema de desagües y tanques para atrapar el agua de lluvia

3. ¿Cuál de los siguientes enunciados apoya la conclusión de que las secoyas contribuyen al suministro de agua de un área determinada?
   (1) La niebla proveniente del océano Pacífico envuelve los bosques de secoyas.
   (2) Las gotitas de agua suspendidas en la niebla son absorbidas por las secoyas.
   (3) El agua condensada de la niebla escurre por las hojas agudas, las ramas y el tronco de las secoyas hasta llegar al suelo.
   (4) Otras plantas y animales utilizan el agua provista por las secoyas.
   (5) Sólo queda aproximadamente el 4 por ciento de los bosques de secoya antiguos.

4. ¿Cuál de los siguientes enunciados motivaría más a la mayoría de los habitantes de regiones pobladas por secoyas para oponerse a la tala de estos árboles?
   (1) A través de los años, el ser humano ha deforestado la mayoría de los bosques de secoyas.
   (2) Una sola secoya produce madera por un valor de cientos de miles de dólares.
   (3) Las casas construidas con madera de secoya duran mucho tiempo y son fáciles de mantener.
   (4) La industria maderera es una fuente de trabajo para los habitantes del área.
   (5) La deforestación contribuye al agotamiento de los pozos y manantiales de la localidad.

Las respuestas comienzan en la página 787.

Instrucciones: Elija la respuesta que mejor responda a cada pregunta.

Las preguntas 1 a 4 se refieren al texto y a la tabla siguientes.

Uno de los puntos de vista sobre la definición de inteligencia es el concepto de inteligencias múltiples. Según esta teoría, existen diversos tipos de inteligencia que además se observan en diversos grados.

INTELIGENCIAS MÚLTIPLES	
Tipo de inteligencia	Descripción
Lingüística	Habilidad lingüística, sobre todo para distinguir diversas acepciones
Lógica-matemática	Habilidad racional
Espacial	Habilidad para percibir y dibujar relaciones espaciales
Musical	Habilidad musical, incluyendo canto, habilidad instrumental y composición
Corporal-cinestésica	Habilidad para controlar los movimientos corporales con gracia
Interpersonal	Habilidad para comprender y llevar buenas relaciones con los demás
Intrapersonal	Habilidad para comprenderse a sí mismo y aplicar los conocimientos para guiar la conducta propia

1. ¿Cuál de los siguientes enunciados se puede inferir a partir del concepto de inteligencias múltiples?

    (1) La inteligencia depende de la velocidad con la que el encéfalo es capaz de procesar información.
    (2) La inteligencia representa una sola habilidad mental general.
    (3) Las inteligencias múltiples no son mensurables por medio de las pruebas estándar de inteligencia.
    (4) Las personas que tienen una marcada inteligencia corporal-cinestésica muchas veces carecen de habilidad lingüística.
    (5) Las personas que tienen una marcada inteligencia espacial, muchas veces carecen de inteligencia interpersonal.

2. Según la teoría, ¿qué tipos de inteligencia aplica usted al estudiar este libro?

    (1) lingüística y lógica-matemática
    (2) lógica-matemática y espacial
    (3) espacial y corporal-cinestésica
    (4) corporal-cinestésica e interpersonal
    (5) interpersonal e intrapersonal

3. ¿Cuál de las siguientes personas es más probable que use el concepto de inteligencias múltiples en su trabajo?

    (1) una abogada
    (2) una maestra de escuela primaria
    (3) un vendedor
    (4) un contador
    (5) un médico

4. ¿Cuál de los siguientes enunciados apoya el concepto de inteligencias múltiples?

    (1) Las áreas que forman el encéfalo se especializan en funciones específicas.
    (2) Las personas que son hábiles para algunas cosas, por lo general son hábiles para otras.
    (3) La velocidad a la cual el encéfalo procesa información varía en todos los individuos.
    (4) Todos tendemos a organizar objetos comunes de manera distinta.
    (5) Las personas que obtienen calificaciones altas en los exámenes de memoria a corto plazo tienden a ser inteligentes.

Las preguntas **5 a 8** se refieren al texto y diagrama siguientes.

Los lugares ocupados por cada una de las especies que forman una cadena alimenticia se denominan niveles tróficos. Estos niveles tróficos almacenan la energía en la biomasa de las plantas o animales vivos. La mayor parte de la energía de los niveles tróficos es aprovechada por los organismos para realizar sus procesos vitales o disipada en forma de calor por el medio. Por lo tanto, sólo aproximadamente el 10 por ciento de la energía de un nivel trófico está a disposición de los organismos del nivel trófico siguiente.

Una manera de demostrar la pérdida de energía al pasar de un nivel a otro de una cadena alimenticia es construyendo una pirámide de energía. Cada segmento de la pirámide representa a la energía disponible para el siguiente nivel superior de la pirámide, así como la cantidad de biomasa. Debido a que sólo una parte de la energía de un nivel determinado está a disposición de los organismos del nivel inmediato superior, a medida que avanzamos hacia el vértice cada nivel contiene una menor cantidad de biomasa y un menor número de organismos.

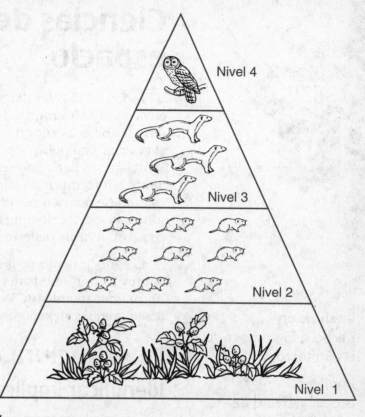

5. ¿Cómo se almacena la energía en las cadenas alimenticias?

   (1) en niveles tróficos
   (2) en forma de energía solar
   (3) en forma de calor
   (4) en forma de biomasa
   (5) en forma de planta

6. ¿Cuál de los siguientes enunciados representa una conclusión y no un detalle de apoyo?

   (1) El búho ocupa el cuarto nivel trófico de esta pirámide de energía.
   (2) Las bayas silvestres y la hierba forman la base de la pirámide.
   (3) La cadena alimenticia es capaz de soportar más consumidores primarios que secundarios.
   (4) Aproximadamente el 10 por ciento de la energía del tercer nivel está a disposición de los organismos del cuarto nivel.
   (5) La comadreja constituye la fuente de energía del cárabo en la cadena alimenticia.

7. ¿Cuál de los siguientes enunciados está apoyado por el texto y el diagrama?

   (1) A mayores niveles de la pirámide de energía, mayor cantidad de biomasa.
   (2) La mayor parte de la biomasa se encuentra en la base de la pirámide de energía.
   (3) La población de comadrejas de la pirámide de energía es mayor que la de ratones de campo.
   (4) La población de cárabos es menor debido a que sirven de alimento a las comadrejas.
   (5) A medida que subimos por la pirámide hay más energía disponible.

8. La base de las pirámides de energía oceánicas está formada por unos organismos microscópicos llamados plancton. A continuación vienen los mejillones, los cangrejos, las langostas y por último las focas. ¿Qué población sería la menor?

   (1) la de plancton
   (2) la de mejillones
   (3) la de cangrejos
   (4) la de langostas
   (5) la de focas

Las respuestas comienzan en la página 787.

Ciencias de la tierra y del espacio

Todos los días los diarios publican importantes notas acerca de las ciencias de la Tierra o del espacio. Esas notas pueden tratar acerca de un terremoto devastador o de las cuantiosas vidas que pudieron ser salvadas al evacuar una población costera antes del previsto arribo de un huracán. También nos llegan noticias sobre el aterrizaje de una sonda espacial en Marte o información reciente sobre las dimensiones del universo. Y aun cuando no ocurren desastres naturales, ni los diarios publican noticias sobre el espacio, siempre aparece una nota sobre ciencias de la Tierra como el informe del estado del tiempo.

El conocimiento de las ciencias de la Tierra y del espacio también es muy importante para el éxito en la Prueba de Ciencias de GED. Aproximadamente un 20 por ciento de las preguntas de la prueba están basadas en las ciencias de la Tierra y del espacio.

La estructura de la tierra

Identificar implicaciones

Cuando leemos un texto y luego captamos la información extra que quizás representa un hecho, estamos ante una **implicación**. Las implicaciones no se expresan explícitamente en el texto, sino que se sugieren de manera implícita. Por ejemplo, imaginemos que nos encontramos con el siguiente texto: "El aumento de la demanda del petróleo, combustible de uso doméstico, ha encarecido su precio". Una de las implicaciones de este texto es que el monto de las facturaciones por el servicio aumentará. Las implicaciones son hechos o ideas que podemos suponer razonablemente como válidas debido a que se desprenden del texto.

La habilidad de identificar las implicaciones de un texto se refuerza pensando en las consecuencias. Las consecuencias son el efecto o resultado de algo. Si se dieran ciertas condiciones, ¿cuál sería el resultado? Por ejemplo, el hecho de que una población haya recibido un tornado, **implica** que la consecuencia fue la devastación de las casas.

implicación
hecho o idea sugerido en un texto

implicar
acción y efecto de sugerir algo como un hecho sin expresarlo explícitamente

Sugerencia

Para determinar si un si un texto implica algún hecho o idea, pregúntese si la idea se basa en algo concreto del texto. Si es así, el hecho o la idea representan una implicación.

Práctica de GED

Instrucciones: Elija la respuesta que mejor responda a cada pregunta.

Las preguntas 1 a 4 se refieren al texto y diagrama siguientes.

La expansión del fondo oceánico se debe al flujo ascendente de la roca fundida proveniente del manto a través de la corteza. Al salir a la superficie, este material agrieta el fondo marino (es decir, la corteza terrestre) formando dorsales oceánicas. Este material nuevo empuja lateralmente el fondo marino hacia ambos lados.

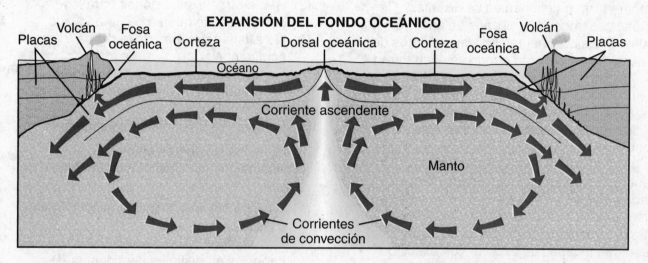

EXPANSIÓN DEL FONDO OCEÁNICO

1. ¿Qué causa la expansión del fondo oceánico?

   (1) las corrientes térmicas de la corteza
   (2) las corrientes térmicas del manto
   (3) el envejecimiento del fondo marino
   (4) la actividad volcánica a lo largo de la costa
   (5) la deriva continental

2. ¿Cuál de los siguientes enunciados está implícito en el diagrama?

   (1) A mayor distancia de las dorsales oceánicas, menor es la edad del fondo marino.
   (2) A mayor distancia de las dorsales oceánicas, mayor es la edad del fondo marino.
   (3) La expansión del fondo marino ocurre sólo en el océano Atlántico.
   (4) La expansión del fondo marino ocurre sólo en el océano Pacífico.
   (5) La expansión del fondo marino causa la desecación de los mares.

3. ¿Cuál es la causa de que el fondo marino se hunda en el manto?

   (1) el choque con una placa y su hundimiento bajo ella
   (2) su peso más ligero que el de las placas continentales
   (3) el derrumbe del manto sobre el que se asienta
   (4) el encuentro con movimientos telúricos
   (5) el empuje ascendente del manto

4. Los científicos han calculado que el fondo marino del Atlántico Norte se expande aproximadamente 3.5 centímetros por año. ¿Cuál de las siguientes conclusiones apoya este cálculo?

   (1) El nivel del mar subirá.
   (2) El nivel del mar descenderá.
   (3) El océano Atlántico se expandirá.
   (4) El océano Atlántico disminuirá de tamaño.
   (5) El ancho del océano Atlántico no variará.

Las preguntas 5 a 7 se refieren al siguiente texto.

La idea de la deriva continental fue concebida por primera vez por el científico alemán Alfred Wegener en 1915. Wegener propuso que en la antigüedad había existido un solo continente al que denominó Pangea, el cual se empezó a dividir para formar continentes de distintos tamaños hace unos 200 millones de años. Después, estos continentes se alejaron unos de otros hasta llegar al punto donde se encuentran ahora. Para apoyar su teoría, Wegener hizo notar la coincidencia lineal de la línea costera, los hallazgos fósiles, la semejanza de la estructura rocosa en los continentes y las pruebas climáticas.

La mayoría de los contemporáneos de Wegener criticaron mucho sus ideas porque pensaban que las pruebas que servían de apoyo a su teoría de la deriva continental eran flojas. Lo más determinante en este caso fue que Wegener fue incapaz de explicar con exactitud cómo se habían movido los continentes. Para resolver esto, Wegener propuso dos ideas: primero, que la gravedad de la Luna había empujado los continentes hacia el oeste; segundo, que los continentes se habían deslizado por el fondo marino. Ambas ideas fueron rechazadas inmediatamente por considerarse imposibles.

Durante muchos años, la teoría de la deriva continental progresó muy poco. Después, durante las décadas de 1950 y 1960 los avances tecnológicos permitieron elaborar un mapa detallado del fondo marino y descubrir un sistema mundial de dorsales oceánicas. A principios de la década de 1960, el científico estadounidense Harry Hess propuso que las dorsales oceánicas se encontraban sobre corrientes de convección verticales del manto. Decía que en esos puntos se estaba formando corteza nueva, la cual empujaba el antiguo piso marino hacia abajo y posteriormente hacia el manto formando fosas oceánicas cuando los bordes se deslizaban bajo otras placas. A partir de entonces se han descubierto más indicios que apoyan la idea de la expansión del fondo oceánico. Por primera vez se contaba con una explicación razonable sobre cómo se movía la corteza terrestre.

Para 1968, las ideas de la deriva continental y expansión del fondo oceánico se habían fusionado con la teoría amplia de la tectónica de placas. Esta teoría es tan completa que ofrece un marco de referencia para comprender la mayoría de los fenómenos geológicos.

5. ¿Cuál fue la razón principal de las críticas contra las ideas de Wegener?

    (1) Se apoyó en pruebas flojas.
    (2) Había otras explicaciones para los hechos en los que se había apoyado.
    (3) No existían pruebas de la deriva continental.
    (4) No fue capaz de explicar de manera congruente cómo se habían movido los continentes.
    (5) Pangea era un continente imaginario.

6. ¿Cuál de los siguientes enunciados representa una conclusión y no un detalle de apoyo?

    (1) La línea costera de distintos continentes coincide.
    (2) Se han encontrado fósiles de las mismas especies en distintos continentes.
    (3) Hace millones de años el clima era idéntico en regiones que ahora se encuentran muy apartadas.
    (4) Las estructuras rocosas de continentes adyacentes coinciden.
    (5) Originalmente, los continentes formaban una enorme masa terrestre y luego se separaron.

7. ¿Cuál de los siguientes fenómenos naturales se explica mejor mediante la teoría de la tectónica de placas?

    (1) la migración de la fauna terrestre actual de un lugar a otro
    (2) el ciclo del agua al pasar de la atmósfera a la tierra
    (3) la presencia de sedimentos en grandes regiones del fondo marino
    (4) la presencia de ciudades de gran tamaño a lo largo de las fronteras costeras de las placas
    (5) la incidencia de terremotos a lo largo de las fronteras de las placas

Las preguntas 8 y 9 se refieren al texto y mapas siguientes.

Existen diversas pruebas que apoyan la idea de la deriva continental a través de cientos de millones de años. En primer lugar, algunas de las líneas costeras continentales aparentemente coinciden. Por ejemplo, Sudamérica y África se acoplan perfectamente como si alguna vez hubieran formado parte de la misma masa continental. En segundo lugar, los tipos de rocas y estructuras que se encuentran en un continente parecen la continuación de las del otro. Por ejemplo, los tipos de rocas de la región oriental de Brasil coinciden con los de la región noroeste de África. Además, los montes Apalaches de la región oriental de Norteamérica parecen continuar en Groenlandia y Europa septentrional.

En tercer lugar, se han descubierto fósiles de las mismas especies de plantas y animales terrestres en Sudamérica, África, Australia y Antártida. Esto sugiere que alguna vez estos continentes quizás estaban comunicados por tierra.

Por último, existen pruebas de que una gran parte de África, Sudamérica, Australia e India estaban cubiertas por una capa de hielo hace aproximadamente entre 220 y 300 millones de años. Si estas masas continentales hubieran formado un solo continente más cerca del Polo Sur, esto explicaría el clima más frío.

DERIVA CONTINENTAL

Hace 200 millones de años **Hace 135 millones de años** **Hoy día**

8. Si usted tuviera que dibujar un mapa imaginario del mundo tal y como se vería dentro de cien millones de años, ¿cómo se vería la Tierra?

   (1) igual que en nuestros días
   (2) cubierta por los mares
   (3) cubierta por continentes
   (4) el océano Atlántico sería de menos tamaño
   (5) Sudamérica y África estarían más separados

9. Antes de que se conociera la teoría de la deriva continental, ¿qué hipótesis explicaba el hallazgo de fósiles de las mismas especies de animales terrestres en distintos continentes?

   (1) Las estructuras rocosas adyacentes de Sudamérica y África son iguales.
   (2) Es posible que los animales hayan atravesado los mares en trozos de madera a la deriva.
   (3) Es posible que los animales hayan nadado de un continente a otro.
   (4) Es posible que los fósiles hayan sido arrastrados por las corrientes marinas de un continente a otro.
   (5) Alguna vez África, Sudamérica, Australia e India estuvieron cubiertas por capas de hielo.

Sugerencia

Las series de representaciones que ilustran la formación gradual de algo a través del tiempo pueden tender a la continuidad.

Las respuestas comienzan en la página 788.

Lección

10

causa
algo que origina que
otra cosa ocurra

efecto
algo que ocurre
porque otra cosa
ocurrió

**relación de causa y
efecto**
evento en el que algo
(causa) resulta en otra
cosa (efecto)

Sugerencia

A veces, la relación de
causa y efecto se
identifica por el
empleo de palabras y
verbos como *debido a
esto*, *influir*, *resultar*,
ocurrir, *consucir a*, etc.
Busque estas palabras
para identificar la
relación de causa y
efecto.

Los cambios de la tierra
Analizar causa y efecto

Cuando sentimos hambre probablemente buscamos algo de comer. En este caso, el hambre es una causa, mientras que nuestra búsqueda de comida es el efecto. La **causa** es el origen de algo y el **efecto** es la consecuencia o resultado de la causa. Las causas siempre se presentan antes que los efectos. Cuando estos eventos ocurren en secuencia se dice que hay una **relación de causa y efecto**.

Con frecuencia los científicos tratan de identificar las relaciones de causa y efecto a fin de descubrir leyes generales que les permitan predecir las consecuencias de causas definidas, como por ejemplo descubrir las causas de las erupciones volcánicas. ¿Qué consecuencias tienen las erupciones volcánicas?

Lea el texto y responda las preguntas que se presentana continuación.

De 1943 a 1952, los científicos se dedicaron a observar la formación del volcán Paricutín. En febrero de 1943 se observó una gran actividad subterránea cerca de la población de Paricutín, México, la cual causó numerosos sismos de tierra de baja intensidad que alarmaron a los habitantes del lugar. El 20 de febrero de ese mismo año, Dionisio y Paula Pulido notaron que salía humo de una pequeña abertura en la tierra de su campo de maíz cerca del poblado. La abertura había estado siempre ahí según recordaban el agricultor y su esposa. Esa noche, los fragmentos de roca caliente que salían por la abertura iluminaron el cielo como fuegos artificiales; al amanecer los fragmentos apilados formaban un cono de 40 metros de altura. Dos años después, el cono había alcanzado una altura superior a los 400 metros. Las cenizas volcánicas quemaron y sepultaron la población de Paricutín. La lava sepultó otra población cercana. Nueve años después, la actividad volcánica cesó.

1. Escriba *C* junto a la causa de los sismos de la Tierra en las cercanías de Paricutín.

_____ a. la actividad subterránea

_____ b. el humo proveniente de una abertura en la tierra

Usted acertó si escogió la *opción a*. La actividad subterránea que se detectó en el área fue la causa de los sismos de tierra. La *opción b* es incorrecta porque el humo fue un efecto, no la causa de la actividad subterránea.

2. Escriba *E* junto a los efectos de la erupción del Paricutín. Marque todas las que correspondan.

_____ a. formación de un volcán de más de 400 metros de altura

_____ b. producción de cenizas volcánicas que sepultaron la población de Paricutín

_____ c. reinicio de las actividades normales de la población

_____ d. enriquecimiento del conocimiento científico sobre la formación de volcanes

Usted acertó si escogió las *opciones a, b* y *d*. Éstos fueron los efectos de la erupción del Paricutín. Esto demuestra que una sola causa puede tener varios efectos, aunque un solo efecto también puede tener muchas causas.

Ciencias • Ciencias de la tierra y del espacio

Práctica de GED

Instrucciones: Elija la respuesta que mejor responda a cada pregunta.

Las preguntas 1 a 3 se refieren al siguiente información.

Existen dos métodos principales para predecir sismos. El primero está basado en el estudio de la historia sísmica de un área determinada. El estudio de pasados eventos permite a los científicos calcular la probabilidad de que ocurra otro sismo. Sin embargo, estos pronósticos son a largo plazo. Por ejemplo, los científicos afirman que existe una probabilidad del 67 por ciento de que ocurra un sismo de magnitud 6.8 ó mayor en la escala de Richter en San Francisco durante los próximos 30 años.

El segundo método está basado en la medición de las ondas sísmicas y el movimiento de la corteza a lo largo de las fallas. Los científicos utilizan instrumentos especiales para medir la actividad de las ondas y en años recientes han empezado a usar receptores de sistemas de posicionamiento mundial, GPS instalados a lo largo de la falla de San Andrés, California, así como en Turquía y Japón. Los receptores suministran coordenadas precisas de localización apoyándose en las señales provenientes de los satélites GPS, lo cual permite a los científicos vigilar el movimiento de la roca que forma las fallas. Estos datos, unidos a la historia sísmica mencionada anteriormente, permiten a los científicos calcular la probabilidad de que ocurra un sismo.

Los sismos tienden a ocurrir en serie en una sola área por un tiempo determinado. Los sismos preliminares se presentan antes del sismo principal de mayor intensidad, al cual sigue un sismo secundario. Hasta ahora, los científicos pueden predecir con mayor precisión los sismos secundarios que los preliminares y los principales. Sin embargo, el pronóstico de sismos en California ha sido de gran ayuda. Por ejemplo, en junio de 1988 el área de San Francisco se vio sacudida por un sismo de una magnitud de 5.1 en la escala de Richter. Los científicos predijeron entonces que el sismo principal ocurriría dentro de un plazo de cinco días; en respuesta a esto, los funcionarios del gobierno local realizaron simulacros de emergencia. El sismo principal de Loma Prieta de una magnitud de 7.1 ocurrió sesenta y nueve días después. Los funcionarios locales afirman que fueron más capaces de responder de lo que hubieran podido sin el pronóstico de los científicos. Y aun así, hubo 63 muertes y daños por un monto de 6,000 millones de dólares.

1. ¿Cuáles son los dos métodos principales para predecir los sismos?

   (1) análisis de la historia sísmica y los datos climáticos del lugar
   (2) instalación de receptores GPS y medición del movimiento de las placas a lo largo de las fallas
   (3) análisis de la historia sísmica y medición de la actividad sísmica y el movimiento de las placas a lo largo de las fallas
   (4) uso de satélites GPS para medir directamente la actividad sísmica y analizar la historia sísmica del lugar
   (5) análisis de la historia sísmica del lugar y la espera del siguiente sismo principal

2. ¿Por qué se consideró el sismo de Loma Prieta como un éxito parcial a pesar de que los científicos se equivocaron acerca del momento en el que ocurriría el sismo principal?

   (1) Fue la primera vez que se usó de manera práctica la historia sísmica del lugar para predecir un sismo.
   (2) Fue la primera vez que se usó un sistema de posicionamiento mundial para predecir un sismo.
   (3) Fue la primera vez que se usó la historia de la actividad sísmica del lugar para predecir un sismo.
   (4) Los funcionarios de la localidad pusieron en práctica medidas de respuesta ante emergencias y estaban mejor preparados para el sismo.
   (5) Muchos ignoraron las advertencias al ver que no ocurrió el sismo en los cinco días según lo predicho.

3. El gobierno de Estados Unidos suministra una gran parte de los fondos necesarios para la investigación sísmica. ¿Qué posibles beneficios justifican la asignación de estos fondos?

   (1) diseño mejorado de instrumentos sísmicos para detectar la actividad de las ondas sísmicas
   (2) capacidad mejorada para localizar el foco de los sismos
   (3) conservación de registros más eficaces sobre la historia sísmica
   (4) capacidad mejorada de prevenir los sismos
   (5) disminución de las pérdidas de vidas y daños materiales debido a sismos en el futuro

Las preguntas 4 y 5 se refieren al siguiente texto.

Los sismos y los volcanes pueden cambiar rápidamente el paisaje terrestre, mientras que la meteorización por lo general causa cambios graduales. La meteorización es el fenómeno por el cual la roca se desgasta por efecto de su exposición al sol, el viento, la lluvia, el hielo y otros elementos del medio ambiente.

Existen dos tipos principales de meteorización: la mecánica y la química. La meteorización mecánica consiste en la fragmentación de la roca en pequeños trozos sin ningún cambio en su composición. Por ejemplo, cuando el agua se congela en las grietas de una roca, el hielo se expande ensanchando las grietas. A la larga, este ciclo de congelación y descongelación fragmenta la roca. Sin embargo, la composición de esta roca fragmentada es idéntica a la de la roca original. El desgaste químico ocurre cuando ciertas sustancias, como el ácido carbónico presente en el agua de lluvia, penetran la roca, disuelven ciertos minerales y cambian la composición química de la roca.

Los seres vivos también pueden causar la meteorización. Las raíces de las plantas pueden crecer en las grietas de una roca ensanchando las grietas. Los líquenes pueden crecer en una roca y producir sustancias químicas que la fragmentan.

4. ¿Cuál de los siguientes enunciados representa un ejemplo de la meteorización mecánica?

    (1) Un guijarro que rueda cuesta abajo.
    (2) El agua subterránea disuelve la piedra caliza.
    (3) La carrocería de un automóvil forma herrumbre.
    (4) Una perforadora de mano rompe la cinta asfáltica de una carretera.
    (5) Una roca se desgasta formando arcilla, sal y sílice.

5. ¿Cuál de los siguientes enunciados representa un ejemplo de la meteorización química?

    (1) La lluvia ácida desgasta el mármol.
    (2) Los baches se forman durante los fuertes inviernos.
    (3) Las raíces de las plantas ensanchan las grietas de la roca.
    (4) El agua se congela y agrieta las paredes de una piscina.
    (5) Las tuberías se congelan y se revientan durante una onda gélida.

Las preguntas 6 y 7 se refieren al texto y diagrama siguientes.

La erosión consiste en el desgaste y acarreo de la roca y el suelo causado por el agua, el hielo o el viento. Por lo general, la erosión causa cambios graduales en la tierra.

La corriente de agua de los ríos es capaz de erosionar la roca y el suelo. Las rocas y otros desechos arrastrados por el río y denominados carga, aumentan la capacidad de la corriente para desgastar las riberas y el lecho de los ríos. Por lo general, la erosión ocurre en la parte externa de los recodos donde la ribera se desgasta, muchas veces dando lugar a la formación de acantilados escarpados o barrancos desde donde se desprenden más roca y tierra.

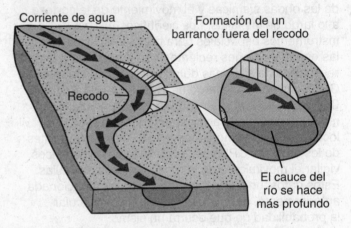

Corriente de agua

Formación de un barranco fuera del recodo

Recodo

El cauce del río se hace más profundo

6. ¿Cuáles son los dos factores que influyen en la erosión?

    (1) el desgaste y la meteorización
    (2) el desgaste y el transporte
    (3) el transporte y la sedimentación
    (4) el transporte y la carga
    (5) la carga y la divergencia

7. Debido a las intensas lluvias en la cabeza o nacimiento de un río, ocurre un repentino aumento del caudal del río. ¿Qué efecto tendría esto en el barranco formado en la parte externa de uno de los recodos del río?

    (1) El barranco quedaría expuesto al aire.
    (2) La erosión del barranco disminuiría.
    (3) La erosión del barranco aumentaría.
    (4) El río llevaría menos carga.
    (5) La erosión se detendría temporalmente

Las respuestas comienzan en la página 789.

Ciencias • Ciencias de la tierra y del espacio

Estado del tiempo y clima
Evaluar qué tan adecuados son los hechos

Los científicos presentan hechos, mediciones y observaciones para apoyar sus teorías. Cada vez que leemos textos científicos, debemos determinar si los hechos apoyan la conclusión.

Hasta ahora hemos adquirido algunas habilidades que nos ayudarán a **evaluar**, o determinar, la **idoneidad** de los hechos que supuestamente apoyan una conclusión. En la Lección 1 aprendimos a identificar la idea principal de un texto y los detalles que la explican, mientras que en la Lección 7 aprendimos a distinguir las conclusiones de los detalles de apoyo. Ahora vamos a utilizar de manera práctica estas habilidades para evaluar la información que leemos.

Al evaluar si un hecho en particular apoya la conclusión de un texto, pregúntese a sí mismo, "¿Es importante este hecho? ¿Está relacionado de alguna manera con la conclusión? ¿Contribuye de manera lógica al discernimiento de la conclusión?". Por otro lado, al evaluar si la información suministrada apoya la conclusión de un texto, pregúntese a sí mismo, "¿Existe suficiente información para apoyar esta generalización o conclusión? ¿Es necesario contar con mayor información para probar que la conclusión es correcta?".

Lea el texto y responda las preguntas que se presentan a continuación.

El fenómeno causado por "El Niño" consiste en una alteración de las corrientes marinas y los vientos del Pacífico tropical. El Niño lleva temperaturas cálidas poco comunes a las aguas del mar a lo largo de las costas de Perú y Ecuador y hace soplar los vientos hacia el este en lugar del oeste como normalmente ocurre. El Niño tiene diversas consecuencias. Por ejemplo, en la costa occidental de Sudamérica, las altas temperaturas marinas alteran el ecosistema causando una disminución de la población de especies comerciales. En el sur de Estados Unidos, la precipitación pluvial aumenta, lo cual en ocasiones causa inundaciones.

Marque con una "X" los hechos del texto que apoyan la conclusión de que El Niño afecta negativamente la industria pesquera de la costa del Pacífico de Sudamérica.

_____ a. La población de especies comerciales disminuye debido a la alteración del ecosistema.

_____ b. Las anchoas no son capaces de adaptarse a las aguas más cálidas.

_____ c. La precipitación pluvial aumenta en el sur de Estados Unidos.

Usted acertó si escogió la *opción a*. Según el texto, la población de especies comerciales disminuye durante el fenómeno de El Niño, hecho que apoya la conclusión de que la industria pesquera se ve afectada negativamente. La *opción b* es incorrecta porque el texto no ofrece información sobre la anchoa. Por último, la *opción c* es correcta con base en el texto, pero no apoya la conclusión sobre la industria pesquera.

evaluar
determinar la idoneidad, importancia o significado de algo

idoneidad
carácter satisfactorio o suficiente para los fines deseados

Sugerencia

Primero, identifique la conclusión y la información de apoyo del texto. A continuación, evalúe si la información apoya y conduce de manera lógica a la conclusión.

Práctica de GED

Instrucciones: Elija la respuesta que mejor responda a cada pregunta.

Las preguntas 1 y 2 se refieren al texto y al mapa siguientes.

A diferencia del estado del tiempo que cambia todos los días, el término clima se refiere a las condiciones del tiempo prevalecientes a largo plazo en una región. La temperatura y la precipitación son los factores más importantes que determinan el clima. Sin embargo, la distribución de los mares y la tierra también influyen en las características climáticas de un lugar. Debido a que la tierra se calienta y se enfría rápidamente, las tierras alejadas del mar tienen un clima más extremado que las tierras cercanas al mar. Además, las corrientes marinas llevan el calor de las aguas tropicales a las regiones más frías del norte, por lo que los océanos tienen una influencia moderada en el clima.

Existen seis zonas climáticas principales que se ilustran en el siguiente mapa.

LOS CLIMAS DEL MUNDO

1. ¿Qué es el clima?

   (1) el estado del tiempo de un lugar determinado en un momento determinado
   (2) las características de temperatura y precipitación de un área en particular
   (3) el estado del tiempo a largo plazo de una región
   (4) el promedio anual de precipitación de una región
   (5) el promedio anual de temperatura de una región

2. Imaginemos que una de sus amigas prefiere los climas con estaciones definidas y clima moderado. ¿Cuál de las siguientes regiones o países preferiría?

   (1) Centroamérica
   (2) Sudamérica
   (3) Europa
   (4) África
   (5) Australia

Ciencias y perspectivas personales y sociales

Las preguntas 3 a 5 se refieren al siguiente texto.

Los huracanes son tormentas tropicales de gran magnitud que llevan vientos con una velocidad mínima promedio de 74 millas por hora, aunque pueden alcanzar las 150 millas por hora. Los vientos soplan en espiral hacia la periferia partiendo de un área de calma y baja presión que se conoce como el ojo de la tormenta. Estos poderosos vientos por lo general van acompañados de abundantes lluvias y oleaje marino violento. Los huracanes son capaces de causar muertes y daños materiales a causa de los fuertes vientos, la lluvia o las inundaciones que provocan.

La labor del Centro de Pronósticos de Tormentas Tropicales consiste en salvar vidas y proteger la propiedad mediante la difusión de advertencias de tormenta, advertencias civiles y pronósticos meteorológicos para el público en general, las fuerzas armadas y la industria marítima. El centro vigila el desarrollo de las tormentas que se forman sobre el océano Atlántico, el mar Caribe, el Golfo de México y la región oriental del océano Pacífico desde el mes de mayo hasta noviembre, la época anual de huracanes.

Los científicos del centro recopilan información sobre las tormentas tropicales mediante el uso de satélites, aviones de reconocimiento, boyas marinas, embarcaciones y radares en tierra. La información se analiza con poderosos modelos de computación que aprovechan las estadísticas meteorológicas y los datos actuales para trazar el curso que la tormenta seguirá. Posteriormente, el centro difunde pronósticos sobre la intensidad y el curso de la tormenta.

Las advertencias tempranas sobre la proximidad de una tormenta tropical o un huracán ayudan a disminuir la magnitud de los daños materiales y la pérdida de vidas humanas. Sin embargo, los meteorólogos enfrentan un dilema. ¿Deben advertir sobre la inminencia de la tormenta sólo a la población de una determinada localidad o a la población de toda un área? Si el pronóstico sobre la localidad que azotará la tormenta resulta equivocado, la localidad que en realidad azote la enfrentará sin preparativo alguno y tendría cuantiosas pérdidas. Por otro lado, si la advertencia abarca un área extensa, se invertiría una gran cantidad de tiempo y dinero en preparativos que quizás resulten innecesarios. A pesar de esto, el Centro de Pronósticos de Tormentas Tropicales por lo general difunde advertencias para áreas extensas debido a que los pronósticos no son exactos y los meteorólogos prefieren actuar con precaución.

3. ¿Durante cuáles de los siguientes meses planificaría sus vacaciones en el Caribe, si quisiera evitar la posibilidad de huracanes?

(1) marzo
(2) mayo
(3) julio
(4) septiembre
(5) noviembre

4. Imaginemos que miles de personas son evacuadas de un área extensa ante una advertencia de huracán que resulta equivocada. ¿Qué consecuencias tendría esto?

(1) daños materiales cuantiosos
(2) numerosas muertes
(3) escepticismo público sobre futuras advertencias de huracanes
(4) preferencia oficial por las advertencias locales
(5) mejoramiento de las técnicas de recopilación de información

5. La exactitud de los pronósticos sobre el curso e intensidad de una tormenta varía. Los pronósticos de tres horas tienden a ser muy precisos, mientras que los de tres días muchas veces resultan equivocados. ¿Qué enunciado explica mejor el por qué los pronósticos a corto plazo son más precisos que los de largo plazo?

(1) Las estadísticas meteorológicas ofrecen tendencias de comportamiento que sirven a los meteorólogos para hacer sus pronósticos a corto plazo.
(2) Las estadísticas meteorológicas son útiles, aunque no es posible para los meteorólogos basar completamente sus pronósticos sobre tormentas tropicales en estos datos.
(3) La información actual en la que se basan los pronósticos a corto plazo es muy semejante a la proyectada, lo cual aumenta la exactitud.
(4) La información actual en la que se basan los pronósticos a corto plazo difiere considerablemente de la proyectada pasadas las tres horas.
(5) Los datos recopilados para los pronósticos a corto plazo provienen de una diversidad de instrumentos de observación en tierra, aire y mar.

Las respuestas comienzan en la página 790.

Los recursos de la tierra
Reconocer valores

Los **valores** representan nuestras creencias más firmes sobre lo que consideramos importante. Por ejemplo, el pueblo de Estados Unidos comparte ciertos valores comunes, como la libertad, la independencia y el individualismo. Sin embargo, cada individuo tiene valores propios, como la competitividad para unos y la cooperación para otros.

Nuestros valores influyen en nuestras acciones como individuos y como sociedad y también desempeñan una función importante en las ciencias. Por ejemplo, es posible que el gobierno de un país aporte fondos para investigaciones científicas que puedan resultar en el desarrollo de tecnología militar. Por otro lado, también es posible que el mismo gobierno no esté dispuesto a financiar otras áreas de investigación, como el estudio de células fetales, debido a conflictos con las creencias religiosas, éticas o morales de algunos de sus ciudadanos. La sociedad por su parte puede abstenerse de usar ciertas clases de tecnología fundamentándose en sus valores.

valor
creencia estimada sobre lo que consideramos importante

Lea el texto y responda las preguntas que se presentan a continuación.

Las plantas de energía nuclear generan electricidad utilizando el intenso calor que se libera de la reacción en cadena de la fisión nuclear. Estas plantas son económicas, pero también representan riesgos de seguridad. Existe la posibilidad de fugas accidentales de radiación, la cual puede causar la muerte a quienes se encuentren cerca, contaminar el ambiente y causar problemas de salud a largo plazo. Además, no importa qué tan efectivas sean las medidas de seguridad empleadas al almacenar los desechos radioactivos, ya que aun así puede haber fugas.

Algunos países como Francia piensan que las ventajas económicas de la energía nuclear superan los riesgos. Francia genera casi el 80 por ciento de las necesidades eléctricas del país a partir de la energía nuclear. De manera opuesta, la preocupación pública por la seguridad ha causado el cierre de numerosas plantas de energía nuclear en Estados Unidos, país que genera sólo el 20 por ciento de sus necesidades eléctricas a partir de la energía nuclear.

1. Escriba *V* junto a las ventajas y *R* junto a los riesgos de la energía nuclear.

_____ a. Los accidentes pueden causar lesiones personales y contaminar el ambiente.

_____ b. Los desechos nucleares pueden causar escapes de radioactividad.

_____ c. La energía nuclear produce una gran cantidad de energía eléctrica.

Usted acertó si escribió *V* en la *opción c*. La energía nuclear produce una gran cantidad de electricidad. Las opciones *a* y *b* expresan los riesgos de la energía nuclear.

2. Marque con una "X" la oración que explica por qué Estados Unidos no aprovecha más ampliamente la energía nuclear.

_____ a. La población de Estados Unidos valora la seguridad y considera riesgosa la energía nuclear.

_____ b. El país no cuenta con combustible nuclear suficiente.

Usted acertó si escogió la *opción a*. La preocupación sobre la seguridad de la población de Estados Unidos ha limitado el uso de la energía nuclear.

Sugerencia

A veces, los valores se señalan con los mismos verbos que las opiniones, como *creer*, *pensar*, *sentir*, *aceptar* y *adoptar*.

Práctica de GED

Instrucciones: Elija la respuesta que mejor responda a cada pregunta.

Las preguntas 1 a 3 se refieren al texto y diagrama siguientes.

El suelo es la parte de la superficie terrestre que soporta el crecimiento vegetal y está formado por minerales, materia orgánica, aire y agua en diferentes proporciones. Aproximadamente la mitad del volumen de un buen suelo está formado por minerales y materia orgánica, mientras que la otra mitad es tan sólo espacio vacío. Este espacio vacío es importante porque permite la circulación del aire y el agua por el suelo.

Si caváramos una zanja profunda en el suelo apreciaríamos capas horizontales con diversas características. Estas capas, denominadas horizontes, forman en conjunto el perfil de un suelo.

- El horizonte *A* es la capa superficial y la parte del suelo con mayor actividad orgánica y presencia de organismos vivos.
- El horizonte *B*, o subsuelo, es la capa que acumula los materiales que se filtran del horizonte *A* debido a la acción del agua. El horizonte *B* presenta una abundancia de organismos vivos.
- El horizonte *C* es una capa de lecho rocoso fragmentado y desgastado con escasa materia orgánica.

Inmediatamente debajo del horizonte *C* se encuentra el lecho rocoso, es decir, el material del cual se forma el suelo.

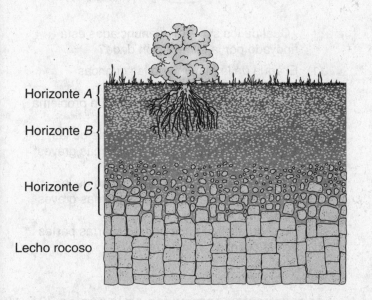

Horizonte *A*

Horizonte *B*

Horizonte *C*

Lecho rocoso

1. ¿Por qué un volumen dado de un buen suelo es menos denso que un volumen equivalente de roca?

   (1) Porque el suelo está formado por minerales y partículas de materia orgánica.
   (2) Porque aproximadamente la mitad del volumen del suelo lo ocupan espacios vacíos por donde circulan el agua y el aire.
   (3) Porque el suelo y la roca contienen materia mineral.
   (4) Porque el suelo contiene materia orgánica viva y muerta.
   (5) Porque el horizonte *C* del suelo está formado por lecho rocoso desgastado.

2. ¿Cuál de los siguientes enunciados describe la capa expuesta del suelo debido al desgaste por erosión de los horizontes *A* y *B*?

   (1) El suelo no sería capaz de soportar una gran abundancia de vida vegetal y animal.
   (2) El suelo tendría una textura más fina y un mayor contenido de minerales.
   (3) El suelo tendría una textura más gruesa y una mayor actividad orgánica.
   (4) El suelo sería rico con una mitad formada por agua y aire por volumen.
   (5) No habría suelo, sino sólo una capa de lecho rocoso sin actividad orgánica.

3. Un agricultor, quien valora fuertemente la conservación del suelo, padece una sequía. El horizonte *A* del suelo está demasiado seco y existe la posibilidad de que el viento arrastre la capa superficial. Al llegar la primavera, el agricultor tendrá que sembrar la tierra, pero sabe que al ararla puede causar una mayor pérdida de agua por evaporación. ¿Qué labor es <u>más probable</u> que emprenda el agricultor?

   (1) no cambiaría en nada las técnicas agrícolas
   (2) araría el suelo de manera agresiva para estimular una mayor evaporación de agua
   (3) sembraría menos plantas pero de una especie más resistente a la sequía
   (4) regaría el cultivo con menor frecuencia
   (5) dejaría de sembrar hasta que pasara la sequía

Las preguntas 4 a 6 se refieren a la siguiente informacion.

Estados Unidos importa la totalidad del abastecimiento de varios minerales, entre los que se encuentran los enumerados en la siguiente tabla.

Mineral	Usos principales
Bauxita	Producción de aluminio
Manganeso	Producción de acero y fabricación de pilas
Mica en placa	Equipo eléctrico y electrónico
Estroncio	Tubos de imágenes y fuegos artificiales
Talio	Superconductores y aparatos electrónicos

Fuente: Oficina para Estudios Geológicos de Estados Unidos

4. ¿Qué título se adapta mejor a la información de la tabla?

(1) Minerales
(2) Minerales y sus usos
(3) Los cinco minerales más importantes
(4) Algunos minerales importados y sus usos
(5) Recursos minerales de Estados Unidos

5. ¿Qué minerales de la tabla son los de mayor interés para la industria electrónica?

(1) la bauxita y el manganeso
(2) la bauxita y el estroncio
(3) el manganeso y el estroncio
(4) el estroncio y el talio
(5) la mica en placa y el talio

6. Imaginemos que se descubre un yacimiento de talio en Estados Unidos, pero que su explotación sería más costosa que su importación. ¿Qué razón justificaría la explotación y procesamiento del talio en Estados Unidos a pesar del costo extra?

(1) El talio es uno de los minerales usados en la producción de superconductores.
(2) El talio es uno de los minerales usados en la producción de equipo electrónico.
(3) Estados Unidos siempre ha importado el talio.
(4) Estados Unidos disminuiría su dependencia de países extranjeros.
(5) Estados Unidos sería la única fuente de suministro de talio en el mundo.

7. Durante los últimos años, la China ha aumentado su consumo de carbón graso a fin de impulsar el crecimiento continuo de su economía. Esto le ha valido convertirse en el país con mayor emisión de azufre, un contaminante atmosférico. En un estudio sobre la contaminación atmosférica en la China se demostró que la niebla producida por la combustión de carbón graso funciona como filtro y absorbe una parte de la luz solar que normalmente aprovechan las plantas para el proceso de la fotosíntesis.

¿Cuál de los siguientes enunciados expresa una de las posibles consecuencias de la contaminación en la China?

(1) vientos más fuertes en casos de tormenta
(2) disminución de la producción agrícola
(3) disminución de las emisiones de azufre
(4) aumento del número de días soleados
(5) aumento del abastecimiento de carbón graso

8. Las cuencas colectoras son áreas de desagüe que reciben y drenan el agua de lluvia por medio de escurrimiento superficial, corrientes fluviales, ríos, lagos y aguas subterráneas. En 1997, la Oficina para la Protección Ambiental de Estados Unidos, EPA (Environmental Protection Agency) publicó los resultados de un análisis de la calidad del agua de las cuencas colectoras del territorio continental de Estados Unidos. Los resultados se muestran a continuación.

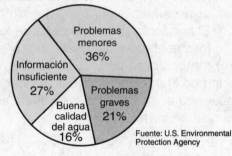

Fuente: U.S. Environmental Protection Agency

¿Cuál de los siguientes enunciados está apoyado por la información dada?

(1) El agua de la mayoría de las cuencas colectoras es de buena calidad.
(2) La contaminación no representa un problema importante.
(3) Aproximadamente una quinta parte de las cuencas colectoras tienen problemas graves de calidad del agua.
(4) Aproximadamente más de la mitad de las cuencas colectoras tienen problemas graves de calidad del agua.
(5) No se analizó el agua de tres cuartas partes de las cuencas colectoras.

Las respuestas comienzan en la página 791.

Ciencias • Ciencias de la tierra y del espacio

La Tierra en el espacio

Identificar implicaciones

Como aprendió en la Lección 9, las implicaciones son hechos expresados indirectamente o sugeridos en el texto, los diagramas, las gráficas u otras ilustraciones empleadas por el autor.

Cuando identificamos una implicación, hemos deducido algo que probablemente es cierto basado en la información o en las ilustraciones provistas. Por ejemplo, imaginemos el día programado para el arribo de una misión espacial, los diarios publican la siguiente nota: "El Servicio Nacional de Meteorología pronostica un 70% de probabilidades de tormentas eléctricas intensas en el área del Centro Espacial Kennedy". A partir de esta información, podemos **deducir**, o concluir, que el aterrizaje del trasbordador espacial se pospondrá o se programará para otro lugar debido a mal tiempo.

La habilidad de identificar implicaciones se refuerza mediante el sentido común. La aplicación del sentido común, la búsqueda de generalizaciones y la derivación de consecuencias nos permite hacer **deducciones** razonables basadas en la información provista.

Lea el texto y responda las preguntas que se presentan a continuación.

La Administración Nacional de Aeronáutica y el Espacio, NASA *(National Aeronautics and Space Administration)* tiene contemplada una serie de misiones con robots para explorar Marte. Estas misiones tienen como objetivo recopilar información que se utilizará para planificar misiones tripuladas al planeta Marte. Las misiones *Global Surveyor* y *Pathfinder* fueron un éxito rotundo; sin embargo, misiones *Mars Climate Orbiter* y *Polar Lander* fracasaron en 1999 y en consecuencia la NASA ha decidido revisar todos sus sistemas y misiones.

deducir
llegar a una conclusión implícita con la información suministrada

deducción
hecho o idea inferida a partir de información suministrada

1996–1997	1998–1999	2001–2002	2003–2008	2007–2013
Global Surveyor (cartografía) *Pathfinder* (explorar la superficie)	*Climate Orbiter* (clima) *Polar Lander* (buscar agua)	*Surveyor 2001 Lander* (explorar la superficie) *Surveyor 2001 Orbiter* (medir la superficie)	Serie de misiones para recolectar muestras	Misiones adicionales de muestreo

Marque con una "X" la oración implícita en el fracaso de las misiones *Climate Orbiter* y *Polar Lander*.

_____ a. Estados Unidos carece de la tecnología apropiada para enviar misiones con robots a Marte y otros planetas.

_____ b. Las misiones futuras a Marte probablemente serán pospuestas mientras la NASA verifica sus sistemas y planes.

Usted acertó si escogió la *opción b*. El sentido común aconseja que después de dos fracasos seguidos, los planes a futuro se verán afectados y que es probable que la NASA tome medidas extras y más tiempo antes de lanzar la siguiente misión.

Sugerencia
Recuerde que las implicaciones están sugeridas en la información y que se infieren lógicamente a partir de esta.

Práctica de GED

Instrucciones: Elija la respuesta que mejor responda a cada pregunta.

Las preguntas 1 a 2 se refieren a la siguiente tabla.

Planeta	Distancia del Sol en unidades astronómicas*
Mercurio	0.39
Venus	0.72
Tierra	1.0
Marte	1.5
Júpiter	5.2
Saturno	9.2
Urano	19.2
Neptuno	30.0
Plutón	39.4

*Una unidad astronómica equivale a la distancia de la Tierra al Sol.

1. Si un planeta se encuentra a más de una unidad astronómica de distancia del Sol, ¿qué implica esta afirmación?

   (1) Que el planeta está más cerca del Sol que la Tierra.
   (2) Que el planeta está a la misma distancia del Sol que la Tierra.
   (3) Que el planeta está más lejos del Sol que la Tierra.
   (4) Que probablemente recibe más energía solar que la Tierra.
   (5) Que probablemente no tiene satélites.

2. La luz solar tarda 8 minutos en llegar a la Tierra. ¿Cuánto tiempo tarda la luz solar en llegar a Neptuno?

   (1)　　0.3 minutos
   (2)　　8 minutos
   (3)　　24 minutos
   (4)　　30 minutos
   (5) 240 minutos

Las preguntas 3 y 4 se refieren al siguiente texto.

Los telescopios ópticos producen imágenes de objetos distantes mediante la luz que reflejan. En 1610, Galileo descubrió cuatro de las lunas de Júpiter con un telescopio óptico. Sin embargo, estos telescopios no son capaces de producir imágenes amplias de objetos que se encuentran fuera del Sistema Solar. Independientemente de su potencia, las estrellas están tan alejadas que se observan como puntos luminosos en el espacio. Además, la atmósfera distorsiona la luz que la atraviesa haciendo borrosas las imágenes.

En la actualidad existen telescopios ópticos en órbita alrededor de la Tierra. El mayor de éstos, el telescopio Hubble, se lanzó en 1990 y desde entonces ha ofrecido imágenes claras y sorprendentes de los planetas del Sistema Solar y sus lunas, así como de estrellas y galaxias distantes.

3. ¿Cuál de los siguientes enunciados expresa una suposición implícita importante para la comprensión del texto?

   (1) Galileo descubrió cuatro de las lunas de Júpiter con un telescopio.
   (2) Los telescopios ópticos amplifican las imágenes de cuerpos distantes.
   (3) Las estrellas están tan alejadas de la Tierra que semejan pequeños puntos luminosos.
   (4) La atmósfera distorsiona las imágenes de los cuerpos celestiales.
   (5) El telescopio espacial Hubble se encuentra en órbita alrededor de la Tierra.

4. ¿Qué título se adapta mejor al texto?

   (1) El telescopio espacial Hubble
   (2) Tipos de telescopios
   (3) Telescopios ópticos
   (4) Telescopios orbitantes
   (5) Radiotelescopios

Unir conceptos y procesos

Las preguntas 5 a 7 se refieren al texto y gráfica siguientes.

La mayoría de los astrónomos piensan que el universo comenzó a formarse hace aproximadamente de 10 a 20 mil millones de años a partir de una explosión denominada Big Bang. Inmediatamente después de la explosión, el universo era una nube pequeña, comprimida y muy caliente de hidrógeno y helio. A medida que empezó a expandirse se enfrió de manera desigual y los gases empezaron a formar agregados, los cuales se contrajeron por efecto de la fuerza de gravedad para formar las galaxias. En la actualidad, el universo está formado por aproximadamente 100 mil millones de galaxias que continúan alejándose una de otra.

Existen muchas pruebas que apoyan la teoría del Big Bang. Las galaxias se alejan de la Tierra en todas las direcciones como si todas se hubieran originado en un mismo punto; y mientras más alejada se encuentra una galaxia, más rápidamente parece moverse, lo cual concuerda con la expansión del universo. Además, los científicos han sido capaces de observar con radiotelescopios la radiación cósmica de fondo, CBR *(background cosmic radiation)* que quedó después de la gran explosión en todas las direcciones del espacio. Las ondulaciones en la CBR suponen áreas de densidad necesarias para la formación de las galaxias.

Sin embargo, existen discrepancias sobre lo que sucederá con el universo y su destino depende de la cantidad de masa que contiene y el efecto gravitacional. ¿Continuará expandiéndose? ¿Se detendrá al llegar a cierto tamaño? ¿Empezará entonces a contraerse? La siguiente gráfica ilustra tres posibilidades.

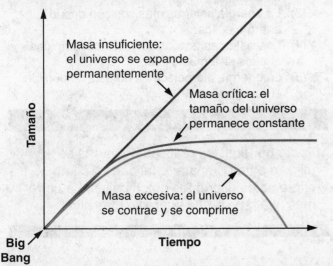

Masa insuficiente: el universo se expande permanentemente

Masa crítica: el tamaño del universo permanece constante

Masa excesiva: el universo se contrae y se comprime

Tamaño

Tiempo

Big Bang

5. ¿Cuál de los siguientes enunciados describe mejor la teoría del Big Bang?

(1) Las chispas y cenizas de una fogata salen despedidas por el aire.
(2) Los fuegos artificiales explotan arrojando chispas, cenizas y humo en todas direcciones.
(3) Dos balas de cañón chocan en el aire formando una bola de fuego que cae rápidamente a tierra.
(4) Un fósforo arroja chispas al encenderlo.
(5) Una vela se consume hasta fundirse completamente.

6. De acuerdo con la gráfica, ¿qué es lo más probable que ocurra si el universo contiene suficiente masa como para contraerse?

(1) El universo continuaría expandiéndose.
(2) El universo se comprimiría sobre sí mismo.
(3) Empezaría a formarse un universo paralelo en otra región.
(4) El tamaño del universo sería constante en un momento determinado.
(5) Ocurriría otro Big Bang en unos 10 mil millones de años.

7. Aproximadamente el 90 por ciento de la materia del universo tiene masa y ejerce gravedad, pero no es visible. Si esta masa denominada materia oscura es invisible, ¿cómo saben los científicos que la materia oscura existe?

(1) La han observado con telescopios en órbita.
(2) La han observado desde la Tierra.
(3) Han notado sus efectos gravitatorios sobre cuerpos visibles.
(4) Han observado que las galaxias distantes se alejan rápidamente.
(5) Han observado CBR en todas las direcciones del espacio.

Sugerencia

Estudie y analice las escalas de las gráficas. Algunas gráficas no señalan cantidades específicas, sino relaciones como la que existe entre el tamaño, el tiempo y la masa.

Las respuestas comienzan en la página 792.

GED Repaso Ciencias de la Tierra y del espacio

Instrucciones: Elija la respuesta que mejor responda a cada pregunta.

Las preguntas 1 a 3 se refieren al texto y diagrama siguientes.

El aire de la atmósfera terrestre siempre está en movimiento. A este movimiento del aire se le denomina viento. A través de la historia, el ser humano ha utilizado la energía del viento para impulsar embarcaciones, hacer girar la rueda de los molinos de viento y bombear agua. En 1890 se inventó un molino de viento capaz de generar electricidad y los generadores eólicos se convirtieron en parte del equipo común en las explotaciones agropecuarias de Estados Unidos. Sin embargo, en la década de 1940 la mayoría de los generadores eólicos del campo habían caído en desuso al disponerse de suministro eléctrico generado en centrales eléctricas.

La necesidad de contar con fuentes energéticas diferentes de los combustibles fósiles como el carbón, el petróleo y el gas natural, estimuló un interés renovado en la energía eólica. A partir de la década de 1970 se han venido utilizando materiales y nuevos diseños en la fabricación de generadores eólicos aerodinámicos, resistentes y eficientes. Estas máquinas se ajustan a las variaciones del viento mediante cambios en la posición de las aspas y el giro de la unidad a contraviento. En algunos lugares, existen plantas eólicas formadas por miles de generadores eólicos interconectados capaces de producir una cantidad de energía eléctrica comparable a la producida con combustibles fósiles en una central eléctrica. Sin embargo, la energía eléctrica de origen eólico es más costosa que la generada a partir de combustibles fósiles y representa sólo el 0.04 por ciento de la electricidad generada en Estados Unidos.

En la actualidad, el uso de la energía eólica en lugares alejados de las centrales eléctricas y que por lo tanto necesitan de sistemas de generación independientes y autónomos, es semejante al que existía a principios de la década de 1900. En estos lugares, la energía eólica es económica.

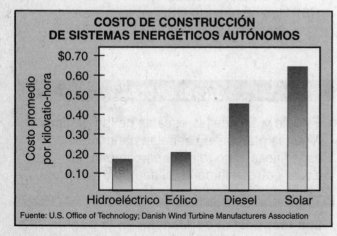

COSTO DE CONSTRUCCIÓN DE SISTEMAS ENERGÉTICOS AUTÓNOMOS

Costo promedio por kilovatio-hora: Hidroeléctrico, Eólico, Diesel, Solar

Fuente: U.S. Office of Technology; Danish Wind Turbine Manufacturers Association

1. ¿Cuál de las siguientes instalaciones sería más probable que hiciera uso de la energía eólica para generar electricidad?

   (1) una enorme área metropolitana
   (2) una fábrica
   (3) una estación de investigación instalada en un lugar deshabitado
   (4) un parque industrial
   (5) una explotación agropecuaria moderna

2. ¿Cuál sería la principal ventaja para un agricultor de contar con un generador eólico a pesar de contar con suministro eléctrico desde una central eléctrica?

   (1) El mantenimiento de un generador eólico exige menos labor que recibir suministro eléctrico de una central.
   (2) El contar con un generador eólico asegura el suministro continuo en caso de fallas de la fuente principal de electricidad.
   (3) El viento es una fuente más fiable de energía que la energía de centrales eléctricas.
   (4) La instalación y operación de un generador eólico es más económica que recibir el suministro de una central eléctrica.
   (5) A diferencia de las centrales eléctricas, los generadores eólicos usan fuentes no renovables de energía.

3. Un productor agropecuario de la región oeste de Estados Unidos que valora fuertemente el aspecto económico de sus operaciones, desea instalar un sistema independiente de generación de energía eléctrica y opta por la energía eólica. ¿Qué enunciado explica mejor la decisión del productor?

   (1) El viento es la fuente más económica de energía.
   (2) La operación de los generadores a diesel es costosa.
   (3) La energía solar es más costosa que la energía eólica.
   (4) Los sistemas eólicos son más económicos que los sistemas diesel.
   (5) La energía hidroeléctrica no está disponible en el lugar.

Sugerencia

Por lo general, las gráficas de barras se utilizan para comparar cantidades, como el precio de diferentes automóviles. La barra más alta representa el precio más alto.

Las preguntas 4 y 5 se refieren al siguiente diagrama.

FORMACIÓN DE CRÁTERES

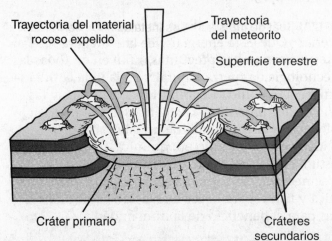

Trayectoria del material rocoso expelido

Trayectoria del meteorito

Superficie terrestre

Cráter primario

Cráteres secundarios

4. De acuerdo con el diagrama, ¿cómo se forman los cráteres secundarios?

   (1) se forman debido al impacto de meteoritos pequeños contra la superficie cercana al punto de impacto del meteorito mayor
   (2) se forman debido al la fragmentación de meteoritos grandes antes de chocar contra la superficie terrestre
   (3) se forman debido al impacto de un cometa contra la superficie terrestre y no de un meteorito
   (4) se forman debido al impacto de los residuos expelidos del cráter mayor
   (5) se forman debido al hundimiento de porciones pequeñas del suelo a medida que se acomoda luego del impacto del meteorito

5. La mayoría de los cuerpos celestes pequeños se queman en la atmósfera y nunca llegan a la superficie terrestre. ¿Cuál de los siguientes enunciados apoya esta conclusión?

   (1) Júpiter es un gigante gaseoso en cuya atmósfera se observan tormentas continuas, como la denominada Gran Mancha Roja.
   (2) Saturno presenta un complejo sistema de anillos formados por partículas de hielo y roca.
   (3) La Tierra tiene menos cráteres que la Luna, la cual no tiene atmósfera.
   (4) Algunos cráteres de la Tierra se producen debido a la actividad volcánica.
   (5) A veces, los cráteres de la Tierra se llenan de agua y forman lagos circulares.

La pregunta 6 se refiere al texto y diagrama siguientes.

Vistas a través de un telescopio, es posible que dos estrellas parezcan encontrarse cerca una de otra debido al ángulo visual de la Tierra, aunque en realidad se encuentran a una distancia de millones de años luz una de otra.

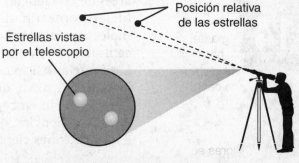

Posición relativa de las estrellas

Estrellas vistas por el telescopio

6. ¿Quién podría interesarse más en esta información?

   (1) un científico planetario
   (2) un astrónomo aficionado
   (3) un optometrista
   (4) un fabricante de telescopios
   (5) un científico dedicado al estudio del Sol

7. Algunos astrónomos piensan que el planeta Plutón y su luna Charón pudieran no ser realmente un planeta y su luna y especulan que se trata de un sistema planetario doble, es decir, dos planetas en órbita alrededor de un punto común. Esto se debe a que Plutón y Charón aparentemente tienen una masa equivalente cuando por lo general un planeta tiene una masa mucho mayor que la de sus lunas. Sin embargo, las imágenes telescópicas de Plutón no son suficientemente claras como para determinar con seguridad la masa relativa de los dos cuerpos.

¿Qué observaciones ofrecerían suficiente información para determinar si Plutón y Charón forman un sistema planetario doble o un planeta con su luna?

   (1) datos enviados por una sonda espacial sobre Plutón
   (2) imágenes del telescopio espacial Hubble
   (3) imágenes de telescopios terrestres
   (4) datos relativos a otro sistema planetario doble
   (5) datos sobre el sistema Tierra-Luna.

Las respuestas comienzan en la página 792.

Ciencias Físicas

Los científicos se encargan de estudiar todo lo relacionado con el universo. ¿Qué es la materia? ¿Qué es la energía? ¿De qué manera se relacionan entre sí? Las respuestas a estas preguntas influyen en todas las áreas de las ciencias, la tecnología, la fuerza laboral y en la vida cotidiana (desde hornear hasta comprender cómo se comportan los átomos y las moléculas; desde el diseño de automóviles o cosméticos, hasta las centrales de energía nuclear o las tareas diarias de un laboratorio). Las ciencias físicas se dividen para su estudio en: química, que estudia la materia y física, que estudia la relación que hay entre la materia y la energía. Sin embargo, se necesita cada vez más del conocimiento de ambas ciencias, química y física, para hacer nuevos descubrimientos e innovaciones científicas para el beneficio de la humanidad.

Aprender todo lo relacionado con las ciencias físicas es muy importante para obtener buenos resultados en la Prueba de Ciencias de GED. Aproximadamente un 35 por ciento de las preguntas de la prueba están basadas en las ciencias físicas

La materia

Comparar y contrastar

comparar
nos sirve para identificar en qué se parecen las cosas

contrastar
nos sirve para identificar en qué se diferencian las cosas

Tanto en las ciencias como en la vida diaria, con frecuencia encontrará dos elementos que se asemejan. Primero debe **compararlos** o identificar en qué se asemejan. En el diagrama de Venn, que se muestra en la columna de la izquierda, el etano y el eteno son hidrocarburos formados por átomos de carbono y de hidrógeno. Después, debe **contrastar** los dos elementos para identificar las diferencias. En este caso el etano es un hidrocarburo saturado y el eteno es no saturado. Puede mostrar las semejanzas y las diferencias en un diagrama de Venn.

Comparar y contrastar son destrezas que ayudan a comprender lo relacionado con las ciencias. Para comparar elementos, formúlese la siguiente pregunta: "¿En qué se asemejan estos elementos?". Para contrastarlos, pregúntese "¿En qué se diferencian?"

Lección 14

Sugerencia

El diagrama de Venn puede ayudar a identificar las cosas semejantes y las diferentes cuando resulte difícil comparar y contrastar dos o más cosas.

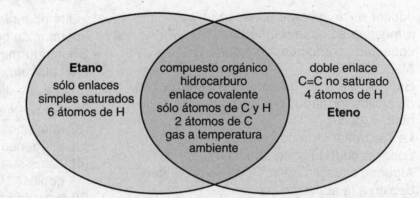

Etano
sólo enlaces simples saturados
6 átomos de H

compuesto orgánico
hidrocarburo
enlace covalente
sólo átomos de C y H
2 átomos de C
gas a temperatura ambiente

doble enlace
C=C no saturado
4 átomos de H
Eteno

Práctica de GED

Instrucciones: Elija la respuesta que mejor responda a cada pregunta.

Las preguntas 1 a 3 se refieren al texto y diagramas siguientes.

Los gases se comportan de maneras diferentes bajo diferentes condiciones de temperatura, volumen y presión (la fuerza de las colisiones de las moléculas con el recipiente por unidad de área) debido a la forma en que se mueven sus moléculas.

En el diagrama A, la presión del gas se duplica si la temperatura se duplica y el volumen permanece constante. Un aumento en la temperatura provoca que las moléculas se muevan el doble de rápido en el mismo espacio. Esto aumenta la presión. La presión también se multiplica por dos si el volumen se disminuye a la mitad y la temperatura permanece constante, como se muestra en el diagrama B. Esto sucede de este modo porque en un espacio más pequeño las moléculas tienen un doble número de colisiones. La presión del gas permanece constante si tanto la temperatura como el volumen se duplican, tal y como se muestra en el diagrama C. En este caso las moléculas se mueven más rápidamente porque la temperatura es más alta, pero puesto que el volumen se ha duplicado tienen el doble de espacio para moverse.

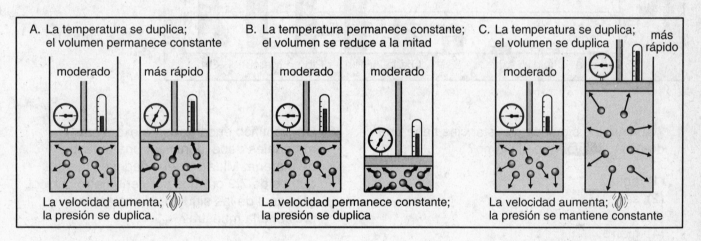

1. ¿Qué es la presión de un gas?

    (1) la energía calorífica de sus moléculas
    (2) el efecto que producen las moléculas cuando chocan contra las paredes del recipiente
    (3) el volumen del contenedor multiplicado por la temperatura
    (4) la temperatura de un volumen dado de gas
    (5) el volumen de un gas comparado con el tamaño del recipiente

2. ¿Bajo qué condiciones tendrá un gas la menor presión?

    (1) temperatura alta, volumen grande
    (2) temperatura alta, volumen pequeño
    (3) temperatura media, volumen medio
    (4) temperatura baja, volumen grande
    (5) temperatura baja, volumen pequeño

3. ¿Cuál de los siguientes enunciados acerca de los gases está apoyado por la información de los diagramas?

    (1) La presión disminuye cuando la temperatura y el volumen permanecen constantes.
    (2) La presión disminuye cuando la temperatura aumenta y el volumen permanece constante.
    (3) La presión aumenta cuando el volumen disminuye y la temperatura permanece constante.
    (4) La presión disminuye cuando tanto la temperatura como el volumen se multiplican por dos.
    (5) La presión permanece constante cuando la temperatura aumenta y el volumen disminuye.

Las preguntas 4 a 6 se refieren al párrafo y gráfica siguientes.

Si usted agarra un libro con una mano y una pieza de "foam" de tamaño similar en la otra, el libro se sentirá más pesado. El libro se siente más pesado porque tiene más masa en la misma cantidad de volumen. Esta propiedad de la materia se denomina densidad. La densidad se define como la masa que tiene un material por unidad de volumen. Es una propiedad muy importante, que combinada con otras nos ayuda a distinguir una sustancia de otra. En general, los gases tienen menos densidad que los líquidos, que a su vez tienen una densidad menor que los sólidos. La gráfica de barras muestra la densidad de algunas sustancias comunes.

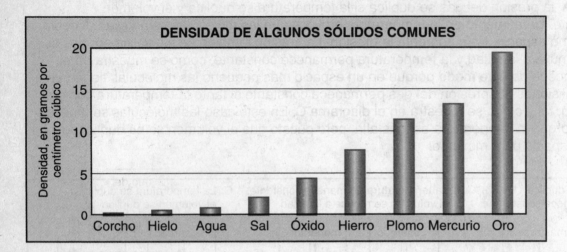

4. ¿Cuál de las siguientes sustancias tiene una densidad mayor que el plomo?

(1) agua
(2) sal
(3) óxido
(4) hierro
(5) oro

5. De acuerdo con la gráfica, ¿cuál es el efecto en la densidad si usted derrite el hielo?

(1) Su densidad aumenta.
(2) Su densidad disminuye.
(3) Su densidad aumenta y luego disminuye.
(4) Su densidad disminuye y luego aumenta.
(5) Su densidad no varía.

6. Un científico encargado de examinar materiales debe identificar una muestra de materia. Mide su densidad y encuentra que es de 7.9 gramos por centímetro cúbico. ¿De cuál de las siguientes sustancias proviene la muestra?

(1) óxido
(2) hierro
(3) plomo
(4) mercurio
(5) La densidad por sí sola no puede utilizarse para identificar una sustancia en particular.

Sugerencia

Las gráficas de barras permiten comparar cantidades. Por lo general, las barras representan los elementos en una categoría, y la longitud de cada barra representa una característica que se puede medir. Las barras más altas o de mayor longitud representan una mayor cantidad que las barras más pequeñas.

Los componentes de una mezcla mantienen sus propiedades, y pueden separarse de la mezcla mediante uno de los métodos físicos que se describen a continuación.

Método	Descripción	Ejemplo
Clasificación	Seleccionar la sustancia deseada de la mezcla	En la minería del carbón, separar a mano el carbón de las rocas.
Separación magnética	Utilizar un imán para separar una sustancia magnética en una mezcla	En el procesamiento del mineral del hierro, se separa el hierro magnético de la roca de deshecho no magnética mediante el uso de una cinta de transporte imantada
Destilación	Separar los componentes de una solución mediante ebullición y condensación; funciona porque diferentes sustancias tienen diferentes puntos de ebullición	Separar la sal del agua del mar
Extracción	Disolver y eliminar un componente de una mezcla mediante el uso de un disolvente específico	Extraer el aroma de las semillas de la vainilla con alcohol
Separación gravitacional	Separar componentes según la densidad que tienen	Cuando se hace el lavado del oro en las minas, las partículas densas de oro se quedan en el fondo de la criba y las partículas de roca, más ligeras y menos densas, se van con el agua.

7. ¿Cuál de los siguientes títulos es el mejor para la tabla?

(1) Tipos de mezclas
(2) Clasificación y extracción
(3) Usos industriales de la separación de mezclas
(4) Los componentes de las mezclas
(5) Métodos de separación de mezclas

8. ¿Qué tienen en común la destilación y la extracción?

(1) En ambas intervienen soluciones.
(2) En ambas interviene el magnetismo.
(3) En ambas interviene la densidad.
(4) En ambas interviene la apariencia.
(5) Ambas obtienen sal a partir del agua del mar.

9. Beatriz utilizó el producto químico tricloruro de etileno para eliminar del mantel una mancha de aderezo para la ensalada. ¿Qué método para separar mezclas utilizó Beatriz?

(1) clasificación
(2) separación magnética
(3) destilación
(4) extracción
(5) separación gravitatoria

10. Para extraer del petróleo productos como gasolina y keroseno, se calienta el petróleo hasta el punto de ebullición del keroseno y la gasolina, respectivamente, y luego se les deja enfriar. ¿Qué método de separación de mezclas se utiliza para procesar el petróleo?

(1) clasificación
(2) separación magnética
(3) destilación
(4) extracción
(5) separación gravitatoria

Las respuestas comienzan el la página 793.

La estructura de los átomos y de las moléculas

Aplicar ideas

Agrupar las cosas en categorías o grupos, es una de las formas que utilizamos para comprender el mundo en que vivimos. Por ejemplo, todos sabemos lo que es un perro. Aunque no hayamos visto todas las razas de perros que existen, cuando vemos una raza de perro diferente, reconocemos que es un perro. Aplicamos lo que sabemos acerca de los perros en general al nuevo perro.

En las ciencias, muchos elementos se definen con términos generales. Por ejemplo, sabemos que un líquido es un tipo de materia que tiene volumen definido pero que no tiene forma definida. Cuando vemos leche o aceite de motor, sabemos que estos tipos de materia son líquidos porque tienen volumen definido pero su forma no lo es. Ambos comparten las propiedades de los líquidos. En las ciencias, las ideas generales o categorías, como la de los líquidos, pueden entenderse con mayor facilidad si se aplican en ejemplos específicos como el de la leche o el aceite.

Lea el párrafo y responda las preguntas que se presentan a continuación.

A mediados de la década de 1980, fue posible por primera vez ver los átomos y las moléculas gracias a nuevos tipos de microscopios. Uno de ellos es el microscopio de barrido de efecto de túnel (MST). El MST puede explorar sustancias que tienen superficies que conducen la electricidad, como es el caso de muchos metales. Otro tipo es el microscopio de fuerza atómica (MFA). El extremo del MFA se flexiona cuando las fuerzas eléctricas que hay entre el extremo y el átomo empujan o tiran. El MFA mantiene constante la fuerza de su extremo para hacer un mapa de la superficie atómica. Puede utilizarse para examinar las superficies de aquellas sustancias que no conducen la electricidad, como es el caso de muchas muestras biológicas.

1. Marque con una "X" el tipo de microscopio que utilizaría un científico para medir la fuerza de enlace que hay entre las moléculas de las proteínas.

   _____ a. MST   _____ b. MFA

Usted acertó si marcó la *opción b*. Las proteínas son muestras biológicas y por lo tanto los científicos utilizarían el tipo de microscopio apropiado para examinar este tipo de moléculas biológicas, el MFA.

2. Marque con una "X" el tipo de microscopio que los científicos utilizarían con mayor probabilidad para distinguir entre grupos de átomos de oro y de plata mediante la medición del voltaje y de la luz emitida.

   _____ a. MST   _____ b. MFA

Usted acertó si escogió la *opción a*. En el texto se indica que los microscopios MST pueden estudiar materiales que conducen la electricidad como el oro y la plata, que son metales conductores.

Práctica de GED

Instrucciones: Elija la respuesta que mejor responda a cada pregunta.

Las preguntas 1 a 3 se refieren al texto y a la tabla siguientes.

El carbono está presente en la composición de todos los seres vivos. Los compuestos que contienen carbono e hidrógeno se denominan compuestos orgánicos. Un compuesto orgánico que contiene sólo estos dos elementos (el hidrógeno y el carbono) se conoce como un hidrocarburo. Existen miles de hidrocarburos diferentes, y entre ellos se encuentran los combustibles fósiles. Aunque contienen sólo dos elementos, los hidrocarburos tienen propiedades muy diferentes. Los científicos clasifican los hidrocarburos en subgrupos que se llaman series.

Los miembros de un grupo, llamado la serie de los alcanos, son los hidrocarburos más abundantes. Probablemente conozca varios en este grupo. Si ha ido a acampar, puede haber utilizado el propano o el butano. Estos gases se venden, con frecuencia, dentro de evases metálicos para su uso en barbacoas, cocinas para el campo, etc. La gasolina que alimenta un automóvil contiene, normalmente, pentano, hexano, heptano y octano. Abajo se enumeran algunos alcanos.

LA SERIE DE LOS ALCANOS

Nombre	Fórmula	Estado físico a temperatura ambiente	Punto de ebullición (°C)
Metano	CH_4	gas	−162
Etano	C_2H_6	gas	−89
Propano	C_3H_8	gas	−42
Butano	C_4H_{10}	gas	−1
Pentano	C_5H_{12}	líquido	36
Hexano	C_6H_{14}	líquido	69
Heptano	C_7H_{16}	líquido	98
Octano	C_8H_{18}	líquido	126
Nonano	C_9H_{20}	líquido	151
Decano	$C_{10}H_{22}$	líquido	174
Eicosano	$C_{20}H_{42}$	sólido	344

1. De acuerdo con el texto y la tabla, ¿cuál de las siguientes es una característica de todos los miembros de la serie de los alcanos?

   (1) Son seres vivos porque contienen hidrógeno y carbono.
   (2) Son compuestos orgánicos y también hidrocarburos.
   (3) Son líquidos cuando se encuentran a temperatura ambiente.
   (4) Todos contienen el mismo número de átomos de carbono.
   (5) Están formados por átomos de helio.

2. Si usted abre la válvula del tanque de gas en una barbacoa, el combustible que se fuga se encuentra en estado gaseoso. ¿Cuál de los siguientes es, posiblemente, el combustible que contiene el botellón de gas en la barbacoa?

   (1) C_3H_8
   (2) C_8H_{18}
   (3) C_9H_{20}
   (4) $C_{10}H_{22}$
   (5) $C_{20}H_{42}$

3. ¿Cuál de las siguientes conclusiones puede sacar a partir de la información que contiene la tabla?

   (1) El heptano tiene temperatura de ebullición más baja que el hexano.
   (2) El butano tiene temperatura de ebullición más alta que el etano.
   (3) El butano se licua a una temperatura más baja que el etano.
   (4) El eicosano contiene el número de átomos de carbono más pequeño.
   (5) El pentano contiene menos átomos de carbono y de hidrógeno que el butano.

Las preguntas 4 y 5 se refieren al siguiente texto.

Los átomos de la mayoría de los elementos forman enlaces con otros átomos. Cuando los átomos se unen, comparten o ceden electrones. Cuando se transfiere un electrón de un átomo al otro, los dos átomos se cargan. Estos átomos con carga se llaman iones. El enlace que se produce entre iones se denomina enlace iónico. Los enlaces iónicos sólo se forman entre dos elementos distintos y las sustancias resultantes son compuestos iónicos. Los elementos que se encuentran en los lados opuestos de la tabla periódica tienen más posibilidades de unirse mediante un enlace iónico.

Los elementos que están cerca unos de otros dentro de la tabla periódica suelen unirse compartiendo electrones. Los enlaces que se producen cuando se comparten electrones se denominan enlaces covalentes. Un enlace covalente simple requiere que se comparta un par de electrones que proceden de cada uno de los átomos. Dos o más átomos unidos por un enlace covalente forman una molécula.

Los enlaces covalentes se pueden formar entre átomos del mismo elemento y entre átomos de dos o más elementos diferentes. Cuando los átomos de diferentes elementos se unen mediante enlaces covalentes, el resultado es un compuesto covalente.

4. ¿Cuál de las siguientes situaciones implica un enlace iónico?

(1) dos átomos de hidrógeno y un átomo de oxígeno comparten dos pares de electrones
(2) el agua y el azúcar en una solución
(3) el calcio que cede dos electrones a dos átomos de flúor
(4) el oxígeno y el hidrógeno que están juntos en el aire
(5) el agua y el dióxido de carbono en una bebida

5. ¿Cuál de las siguientes es una suposición implícita sugerida por el texto?

(1) Los compuestos se forman a partir de átomos de diferentes elementos.
(2) En el enlace covalente es necesario compartir electrones.
(3) Una molécula se forma a partir de átomos que se unen mediante un enlace covalente.
(4) Los iones son átomos con carga.
(5) Una molécula puede tener enlaces iónicos.

La pregunta 6 se refiere al texto y diagrama siguientes.

Los compuestos pueden representarse mediante fórmulas químicas, fórmulas estructurales y diagramas. Por ejemplo, el compuesto metano se puede representar con la fórmula química CH_4. C se refiere al carbono, y H al hidrógeno. Los números en la parte inferior derecha de cada átomo muestran cuál es el número de átomos en una molécula. Cuando no hay número, esto quiere decir que sólo hay un átomo de ese elemento. Por lo tanto, una molécula de metano tiene un átomo de carbono y cuatro átomos de hidrógeno.

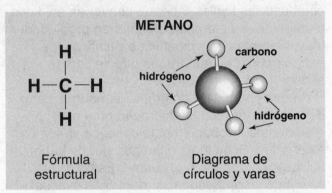

METANO

Fórmula estructural   Diagrama de círculos y varas

6. Se muestra aquí la fórmula estructural del propano

PROPANO

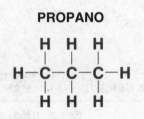

¿Cuál de los siguientes enunciados apoya la fórmula estructural del propano?

(1) El propano contiene átomos de nitrógeno.
(2) El propano tiene tres átomos de carbono y tres átomos de hidrógeno.
(3) El propano tiene tres átomos de carbono y cuatro átomos de oxígeno.
(4) La fórmula química del propano es C_3H_8.
(5) La fórmula química del propano es C_3H_6.

Las respuestas comienzan en la página 794.

Reacciones químicas

Evaluar qué tan adecuada es la información escrita

Si presta atención a las noticias de ciencias y salud, habrá comprobado que los científicos publican sus datos y sus conclusiones en revistas profesionales que otros científicos leen. Por ejemplo, un nuevo estudio puede proporcionar indicios de que los niños que beben agua embotellada tienen más caries que los niños que beben el agua tratada con flúor del grifo. Otros científicos pueden examinar el estudio o repetirlo para comprobar si hay datos nuevos que apoyen las conclusiones a las que llegaron los autores.

Cuando lea algo basado en hechos, como un tema científico u otro tema, debe comprobar que la información escrita apoya las conclusiones de una manera adecuada. Pregúntese: "¿Qué conclusiones se han obtenido? ¿Qué datos y observaciones se ofrecen para apoyar esas conclusiones? ¿Estas informaciones proporcionan el apoyo adecuado?".

Evaluar información lo ayuda a reconocer lo que ya conoce acerca del tema. Concéntrese en los detalles de apoyo y en las conclusiones que se presentan. Si una conclusión no está apoyada por una prueba adecuada, la conclusión no es sólida.

evaluar
examinar algo para poder juzgar su importancia o trascendencia

Lea el párrafo y responda las preguntas que se presentana continuación.

Existen dos tipos principales de té: el verde y el negro. En el té verde las hojas se calientan o se tratan con vapor rápidamente. De esta forma se evita que el té reaccione con el aire. El té negro se produce mediante la exposición de las hojas al aire: las sustancias de las hojas reaccionan entonces con el oxígeno que se encuentra en el aire y las hojas toman un color marrón oscuro. Este proceso se llama oxidación, y es una reacción química similar a la que oxida el hierro. En comparación con otras infusiones de hierbas, las que se producen a partir de las hojas del té contienen cafeína, una sustancia química que estimula el cuerpo y polifenoles, sustancias químicas con poder antioxidante que se consideran preventivas del deterioro celular.

Marque con una "X" los hechos del texto que apoyen la conclusión de que beber té es beneficioso para la salud.

_____ a. Se ha comprobado que el té reduce la posibilidad de desarrollar cáncer intestinal.

_____ b. El té negro se procesa mediante la exposición al aire y esto causa oxidación.

_____ c. Los polifenoles del té actúan como antioxidantes y ayudan a prevenir el deterioro celular.

Usted acertó si escogió la *opción c*. En la última oración se describen los efectos benéficos que tienen los polifenoles en las células. La *opción a* podría ser cierta, pero usted no puede estar seguro de ello porque no se comenta en el texto. La *opción b* es cierta y aparece en el texto, pero no apoya la conclusión de que beber té es bueno para la salud.

Práctica de GED

Las preguntas 1 a 2 se refieren al siguiente texto.

A lo largo de los años, los químicos han desarrollado diferentes métodos para controlar las reacciones químicas. Por ejemplo, pueden variar los niveles de temperatura, presión, concentración, acidez y de otros factores para controlar la velocidad y el resultado de la reacción. Pero a menudo estas técnicas son imprecisas. Normalmente activan las moléculas para incrementar sus vibraciones y de este modo causan que los enlaces más débiles se rompan antes.

Hay situaciones en las que es necesario un control más preciso. Por ejemplo, un químico puede querer romper los enlaces más fuertes primero para asegurarse de que una reacción química sigue el curso deseado. Existe un nuevo y prometedor método para este tipo de situaciones.

En esta nueva técnica se utilizan dos haces de luz procedentes de dos rayos láser que interactúan para controlar la reacción química. Primero variar la intensidad de la interacción entre los rayos láser, los científicos pueden controlar cuáles serán los enlaces que se romperán. Este procedimiento permite a los científicos tener un mayor control sobre los productos de la reacción.

Aunque el método está aún en la fase experimental, tiene muchas posibilidades de aplicaciones prácticas. Muchas reacciones químicas suceden simultáneamente a través de diferentes vías para producir una mezcla de compuestos. Esto puede ser un problema para los fabricantes de medicinas y para otros que intentan producir un compuesto puro sin que otros compuestos intervengan en el producto.

Por ejemplo, algunas reacciones producen moléculas quirales, que son pares de moléculas que tienen la misma fórmula química pero que son imágenes especulares en su estructura. Una molécula quiral se designa molécula de orientación derecha y la otra molécula se denomina de orientación izquierda. Con frecuencia, las moléculas con orientación derecha y con orientación izquierda tienen propiedades diferentes. Por ejemplo, la orientación derecha de la droga talidomida es un sedante relativamente seguro. La orientación izquierda, sin embargo, produjo muchos defectos de nacimiento en la década de 1960. Para la fabricación de este tipo de productos químicos, la nueva técnica láser puede mejorar los niveles de control de calidad.

1. ¿En qué se diferencia principalmente la técnica láser para controlar las reacciones químicas de otros métodos anteriores?

   (1) Utiliza haces de luz.
   (2) Utiliza técnicas modernas.
   (3) Es más precisa.
   (4) Tiene aplicaciones prácticas.
   (5) Controla la presión y la temperatura.

2. Algunas reacciones químicas pueden controlarse a un nivel molecular. De acuerdo con el texto, ¿cuál de los siguientes enunciados prueba lo anterior?

   (1) Los científicos pueden variar la temperatura, la presión, la concentración y otros factores para controlar las reacciones.
   (2) El control de las reacciones mediante el láser les permite a los científicos romper enlaces específicos entre átomos.
   (3) Los fabricantes de talidomida produjeron versiones de las orientaciones derecha e izquierda de la droga.
   (4) Es posible controlar los procesos químicos utilizando diferentes métodos tecnológicos.
   (5) Los fabricantes de drogas y de otros productos pueden utilizar la técnica láser para asegurarse de fabricar productos de calidad.

Sugerencia

Cuando le pidan que identifique los hechos que apoyan una conclusión, busque cuáles son las relaciones lógicas que unen los hechos y la conclusión.

Las preguntas 3 a 7 se refieren al texto y tabla siguientes.

Las etiquetas de los alimentos suelen mostrar la cantidad de grasas saturadas y de grasas no saturadas que contienen. Las moléculas saturadas contienen sólo enlaces simples y en ellas se comparte un par de electrones para cada enlace. Las moléculas no saturadas contienen otros tipos de enlaces y en ellas se comparte más de un par de electrones.

Un hidrocarburo saturado se satura con hidrógeno. Esto quiere decir que contiene más hidrógeno que un hidrocarburo no saturado que tenga el mismo número de átomos de carbono. Un ejemplo de hidrocarburo saturado es el etano, C_2H_6. Un ejemplo de un hidrocarburo no saturado es el eteno, C_2H_4. En el eteno, dos electrones de un átomo de carbono se emparejan con dos electrones de otro átomo de carbono y forman un enlace doble.

En ciertas reacciones, los enlaces dobles y triples de un hidrocarburo no saturado pueden romperse. Se puede añadir hidrógeno a la molécula. Una reacción en la que se añade hidrógeno a un hidrocarburo no saturado se denomina reacción de adición.

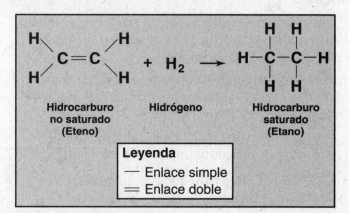

Hidrocarburo no saturado (Eteno) Hidrógeno Hidrocarburo saturado (Etano)

Leyenda
— Enlace simple
= Enlace doble

3. ¿Cuál de los siguientes elementos interviene en una reacción de adición con hidrocarburos?

(1) oxígeno
(2) nitrógeno
(3) litio
(4) neón
(5) hidrógeno

4. Si se compara con una molécula saturada, ¿qué contiene una molécula no saturada?

(1) átomos de hidrógeno
(2) sólo enlaces simples
(3) electrones compartidos
(4) enlaces dobles (o triples)
(5) átomos de carbono

5. ¿Cuál de los siguientes es un hecho enunciado acerca del etano?

(1) Es una molécula de hidrocarburo no saturada.
(2) Entre sus átomos de carbono tienen lugar enlaces simples.
(3) Entre sus átomos de carbono tienen lugar enlaces dobles.
(4) Sus átomos contienen sólo dos electrones.
(5) Tiene cuatro átomos de hidrógeno.

6. ¿Cuál de los siguientes enunciados apoya el diagrama acerca de la reacción de adición?

(1) Un reactivo es un hidrocarburo saturado.
(2) Los dos reactivos son hidrocarburos.
(3) Los reactivo son H_2 y C_2H_6.
(4) El producto contiene un enlace doble.
(5) El producto es C_2H_6.

7. ¿Cuál de las conclusiones siguientes está apoyada por la información presentada?

(1) Los hidrocarburos saturados pueden producirse a partir de hidrocarburos no saturados a través de reacciones de adición.
(2) Los hidrocarburos no saturados pueden formarse a partir de hidrocarburos saturados mediante reacciones de adición.
(3) En las reacciones de adición, el número de átomos de carbono en la molécula original se incrementa.
(4) El eteno puede producirse a partir del etano mediante una reacción de adición.
(5) Bajo ciertas condiciones, los hidrocarburos reaccionan con el cloro para formar compuestos que contienen hidrógeno, carbono y cloro.

Las respuestas comienzan en la página 795.

Lección

17

Las fuerzas y el movimiento
Reconocer suposiciones implícitas

Utilizamos nuestros conocimientos y nuestras experiencias sobre el mundo que nos rodea para referirnos a las cosas que hacemos. Por ejemplo, cuando una persona escribe un artículo científico incorpora muchos conocimientos relevantes en el momento de escribir. Usted también incorpora muchos conocimientos relevantes a la hora de leer. Por lo tanto, el escritor no lo explica todo con demasiados detalles porque supone que quien lee ya conoce muchas cosas. Es importante que cuando usted lea, reconozca las suposiciones implícitas que tiene el texto. Reconocer las suposiciones implícitas lo ayudará a comprender lo que lee.

Lea el texto y responda las preguntas que se presentan a continuación.

Cuando usted viaja como pasajero en un automóvil puede ver cómo los objetos pasan zumbando en el costado de la carretera. Los postes de teléfono, los árboles y las casas pasan rápidamente, sin embargo la puerta del automóvil y el conductor parecen no moverse en lo absoluto. Permanecen junto a usted.

Ahora imagine que se encuentra de pie en el costado de la misma carretera. Los automóviles y sus conductores se mueven con rapidez frente a usted, pero los postes de teléfonos, los árboles, las casas y los edificios no se mueven ni una sola pulgada.

1. Marque con una "X" la suposición implícita relacionada con el hecho de que la puerta del automóvil y el conductor no parecen moverse cuando usted se encuentra dentro del automóvil.

      _____ a. Usted se mueve conjuntamente con la puerta del automóvil, con el conductor y con el tablero de instrumentos, por lo tanto todos le parecen inmóviles.

      _____ b. La vista de la ventana le distrae del hecho de que usted, la puerta del automóvil y el conductor se están moviendo.

Usted acertó si marcó la *opción a*. El escritor supone que usted comprende que todo movimiento es relativo al punto de vista de la persona.

2. Marque con una "X" la suposición implícita relacionada con el hecho de que cuando usted está de pie en un costado de la carretera, los automóviles parecen moverse pero los árboles y los postes no.

      _____ a. Los automóviles sólo parecen estar moviéndose y los árboles y los postes en realidad no se mueven.

      _____ b. Los automóviles están en movimiento relativo a su posición y los árboles y los postes no.

Usted acertó si escogió la *opción b*. De nuevo, el escritor supone que usted sabe que todo movimiento es relativo, que depende de su marco de referencia y que los objetos que se mueven a su misma velocidad le parecen inmóviles. Usted sólo percibe movimiento en aquellos objetos que tienen un movimiento diferente al suyo.

Sugerencia

Cuando esté buscando suposiciones implícitas, saque conclusiones a partir de sus propias experiencias acerca del mundo que lo rodea y a partir de cosas que ya sabe.

Práctica de GED

Instrucciones: Elija la respuesta que mejor responda a cada pregunta.

Las preguntas 1 y 2 se refieren al texto y diagrama siguientes.

De acuerdo con la tercera ley de Newton, cuando un objeto ejerce una fuerza sobre un segundo objeto, el segundo objeto ejerce una fuerza opuesta de la misma intensidad sobre el primero. Esta fuerza se denomina fuerza de reacción.

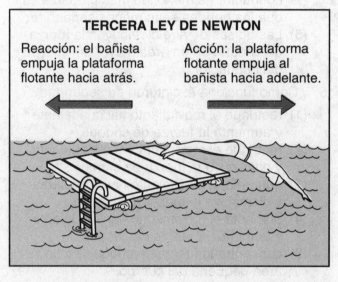

TERCERA LEY DE NEWTON

Reacción: el bañista empuja la plataforma flotante hacia atrás.

Acción: la plataforma flotante empuja al bañista hacia adelante.

Usted puede sentir los efectos de la tercera ley de Newton si se lanza de cabeza dentro del agua desde uno de los lados de una plataforma flotante no anclada o ligeramente sujeta. Sus pies empujarán la plataforma y la plataforma lo lanzará hacia a delante en el mismo momento en que la empuja hacia atrás.

1. ¿Cuál de los siguientes es un ejemplo de una fuerza de reacción?

   (1) las ráfagas de aire caliente que salen de un globo
   (2) el viento que vuela contra una cometa
   (3) una pelota que golpea un muro
   (4) el retroceso de un rifle que se dispara
   (5) la brazada de un nadador contra el agua

Sugerencia

Cuando busque un ejemplo específico de una ley general en ciencias, sustituya los elementos del ejemplo por los elementos generales para comprobar si son apropiados.

---

2. El motor de un cohete está diseñado de acuerdo con los principios de la tercera ley de Newton. ¿Cuál de las siguientes causas hace que el cohete se mueva hacia adelante?

   (1) el aire que fluye a través del motor desde la parte frontal a la parte trasera
   (2) la elevación causada por las diferencias en la velocidad del aire entre la parte superior y la parte inferior del motor
   (3) la fuerza que ejercen los gases que salen por la parte trasera del motor
   (4) la fuerza de la gravedad que atrae el cohete de vuelta a la Tierra
   (5) la fuerza de fricción ejercida por el aire a través del cual viaja el cohete

---

3. De acuerdo con Isaac Newton, el momento de un objeto puede hallarse si se multiplica su masa por su velocidad. Por ejemplo, si alguien le golpea levemente la mano con una regla, apenas lo sentirá. Pero si alguien baja la regla con rapidez y lo golpea con ella en la mano, el golpe le dolerá. Newton mostró que para cambiar el momento de un objeto es preciso aplicar una fuerza. Cuando la regla lo golpea en la mano, usted suministra la fuerza para detenerla y por eso el golpe duele.

¿Cuál de los siguientes enunciados apoya la idea de que un camión que se mueve a alta velocidad tiene más momento que un automóvil que se mueve a la misma velocidad?

   (1) El camión tiene mayor masa que el automóvil.
   (2) El automóvil tiene mayor masa que el camión.
   (3) El camión va más rápido que el automóvil.
   (4) El automóvil va más deprisa que el camión.
   (5) El camión y el automóvil experimentan un movimiento relativo.

Las preguntas 4 a 6 se refieren al texto y diagrama siguientes.

De acuerdo con la primera ley de Newton, un cuerpo en movimiento tiende a permanecer en movimiento si no actúa sobre él una fuerza exterior. Por lo tanto, cuando un automóvil choca contra un árbol, se detiene de manera abrupta. Dentro del automóvil, sin embargo, a causa de la inercia el conductor sigue moviéndose hacia adelante hasta que su movimiento es detenido por el volante, el tablero de instrumentos, el parabrisas o el cinturón de seguridad.

Vamos a utilizar un ejemplo específico para explicar cómo funciona el cinturón de seguridad. Imagine un automóvil que se mueve 30 millas por hora, choca contra un árbol y se aplasta 1 pie (esto es, desde el punto de impacto hasta donde se detiene el automóvil hay 1 pie). Si el conductor, que pesa 160 libras, no lleva puesto el cinturón de seguridad, seguirá moviéndose rápidamente hacia adelante hasta chocar contra el parabrisas. Su desplazamiento desde el punto de impacto hasta donde se detiene su cuerpo es de sólo unas pocas pulgadas porque el parabrisas no sigue moviéndose después de la colisión. En este caso, la fuerza del impacto sobre el conductor es de unas 12 toneladas.

Imagine ahora que el conductor llevaba puesto el cinturón de seguridad. El cinturón de seguridad restringe el movimiento hacia adelante después de la colisión. Pero desde el impacto inicial, continuaría moviéndose con el automóvil aproximadamente 1.5 pies. En este caso la fuerza de choque sería de 1.6 toneladas. Utilizar el cinturón de seguridad reduce de manera dramática la fuerza de choque.

¿Cómo funciona una bolsa de aire? Una bolsa de aire no afecta la fuerza de choque, sino que la distribuye en un área mayor y así disminuye la presión en cualquier punto dado del cuerpo del conductor.

4. ¿Cuál de las siguientes es una suposición implícita sugerida en el texto?

(1) La inercia hace que el conductor siga moviéndose hacia delante cuando el automóvil se detiene en una colisión.
(2) En una colisión, una parte del automóvil detendrá a un conductor que no utilice el cinturón de seguridad.
(3) Las bolsas de aire han causado los mismos beneficios que perjuicios en los accidentes de automóvil.
(4) Si la fuerza de choque sobre un conductor es menor, lo más probable es que las heridas sean menos serias.
(5) Las bolsas de aire distribuyen la fuerza de choque en un área mayor del cuerpo del conductor.

5. ¿Cómo funciona el cinturón de seguridad?

(1) restringe el movimiento hacia adelante y aumenta la fuerza de choque
(2) restringe el movimiento hacia adelante y disminuye la fuerza de choque
(3) aumenta el movimiento hacia adelante y disminuye la fuerza de choque
(4) aumenta el movimiento hacia adelante y aumenta la fuerza de choque
(5) concentra la fuerza de choque en un área pequeña del cuerpo

6. ¿A cuál de los siguientes se parece más el principio de funcionamiento de una bolsa de aire?

(1) a un globo de aire caliente, que se eleva porque los gases dentro del globo tienen una densidad menor que los gases que están fuera de él
(2) al motor de un avión de reacción, que mueve al avión hacia delante con una fuerza opuesta y de la misma intensidad a la de los gases calientes que salen por la parte trasera
(3) a un sistema de poleas, que reduce la fuerza necesaria para mover una carga una distancia determinada
(4) a los rodamientos, que reducen la fricción entre las partes en movimiento de una máquina y de esta forma incrementan su eficacia
(5) a las raquetas para la nieve, que distribuyen el peso de una persona en un área grande para que pueda caminar por encima de la superficie de la nieve.

Las respuestas comienzan en la página 796.

Trabajo y energía

Evaluar qué tan adecuada es la información visual

Los diagramas, las tablas y los dibujos pueden ser útiles para comprender los objetos, los procesos y las ideas de las ciencias. A pesar de ello, es importante tener cuidado con las conclusiones que pueden extraerse de este tipo de información. Por ejemplo, una ilustración le puede mostrar cuáles son las partes de una máquina. Puede descubrir cómo funciona una máquina si estudia la ilustración. Pero la ilustración no le permitirá saber si la máquina funciona *bien*. Para saberlo necesitaría más datos. Para evaluar si los datos que se ofrecen a través de la información visual son los apropiados para apoyar una conclusión o una generalización, concéntrese en lo que realmente se muestra y evite añadir sus propias interpretaciones o sacar conclusiones que no estén apoyadas por la información.

Estudie el texto y los diagramas. Luego responda las preguntas.

Científicos, estudiantes de diseño y algunas personas que trabajan en la Antártida están diseñando una bicicleta apta para las condiciones del polo. Debido al frío extremo y a la nieve que se mueve a la deriva, las bicicletas de montaña convencionales no tienen ninguna utilidad en el polo. Entre los diseños que se están probando se incluyen tres tipos de ruedas con bandas de rodamiento anchas.

Goma vulcanizada   Malla de acero inoxidable   Resina de policarbonato

1. Marque con una "X" el tipo de rueda que <u>más se parece</u> al de una bicicleta convencional.

   _____ a. la rueda de goma vulcanizada

   _____ b. la rueda formada por una malla de acero inoxidable

   _____ c. la rueda hueca de resina de policarbonato

Usted acertó si marcó la *opción a*. El diagrama muestra que la rueda de goma es la <u>más parecida</u> a la de una bicicleta convencional.

2. Marque con una "X" la información que necesitaría para decidir qué tipo de rueda funciona mejor.

   _____ a. ilustraciones detalladas de cómo funcionan las ruedas y qué aspecto tienen

   _____ b. resultados de pruebas llevadas a cabo para cada uno de los tipos de rueda

Usted acertó si escogió la *opción b*. Sólo los datos procedentes de pruebas reales pueden demostrar que una de las ruedas funciona mejor que las demás.

Lección 18

Práctica de GED

Las preguntas 1 a 4 se refieren al texto y a los diagramas siguientes.

La transmisión del calor de un objeto a otro se puede explicar en función de las moléculas en movimiento. Las moléculas de los objetos calientes tienen más energía cinética y se mueven con más rapidez que las de los objetos fríos. Cuando dos objetos se juntan, las moléculas de mayor energía del objeto más caliente comienzan a chocar con las moléculas del objeto más frío. En este proceso se transmite energía. Este proceso muestra que la frialdad es en realidad la ausencia de calor. Cuando la energía calorífica sale del objeto, el objeto pierde calor y se enfría.

TRANSFERENCIA DE CALOR ENTRE DOS OBJETOS

1. De acuerdo con los diagramas, ¿cuándo finaliza la transferencia de calor?

   (1) cuando todas las moléculas dejan de moverse
   (2) cuando los dos objetos tienen la misma temperatura
   (3) cuando los dos objetos se separan
   (4) cuando el objeto frío cede calor al objeto caliente
   (5) cuando el objeto frío comienza a calentarse

2. ¿Cuál de los siguientes ejemplos es el más parecido a la acción de las moléculas dentro de una sustancia que se calienta?

   (1) un automóvil que viaja en línea recta
   (2) una pelota que rueda
   (3) las palomitas de maíz que se abren
   (4) la rotación de la Tierra sobre su eje
   (5) un camión que de repente se detiene

3. Cuando un cubito de hielo se le derrite en la mano, ésta se siente fría. ¿Cuál de las siguientes conclusiones acerca de la transferencia de calor apoyan el texto y los diagramas?

   (1) El frío del hielo fluye hacia su mano.
   (2) El calor de su mano es absorbido por el hielo.
   (3) El hielo pierde su energía calorífica y se derrite.
   (4) Las moléculas de su mano obtienen energía.
   (5) Las moléculas del hielo pierden energía.

4. ¿Qué otro tipo de transferencia de energía entre los objetos de los diagramas puede suceder?

   (1) El objeto frío transmite calor al objeto caliente.
   (2) El objeto frío transmite calor al aire.
   (3) El aire transmite calor al objeto caliente.
   (4) El objeto caliente transmite calor al aire.
   (5) No es probable que suceda ningún otro tipo de transmisión de calor.

Las preguntas 5 a 7 se refieren al siguiente texto.

Tal vez el automóvil sea una de las máquinas más valoradas en la Tierra, pero es una máquina que utiliza en grandes cantidades una fuente de energía no renovable: la gasolina refinada a partir del petróleo, un combustible fósil muy valioso. Los automóviles tienen además un impacto negativo en el medio ambiente porque desprenden muchas sustancias contaminantes en el aire y porque desperdician calor.

En un automóvil convencional, la gasolina se quema dentro del motor para proporcionar energía calorífica que a su vez se transforma en energía mecánica que impulsa el eje de tracción. La batería sólo se utiliza para proporcionar energía en el momento de arrancar el vehículo y para su uso en ciertas partes como las luces. Casi toda la energía de un automóvil tradicional proviene del motor que quema gasolina.

Un automóvil eléctrico es mucho más limpio que un automóvil convencional. En este caso, el motor funciona con la energía eléctrica que le suministran las baterías. El inconveniente principal de los automóviles eléctricos es que tienen una autonomía limitada. La mayoría sólo puede viajar unas 80 millas antes de que sea necesario recargar las baterías. Y recargar las baterías es un proceso lento (que tarda de tres a ocho horas).

Un diseño más práctico es el de un automóvil que combina un motor de gasolina pequeño con un motor eléctrico impulsado por baterías que se recargan, de manera automática, cuando el motor de gasolina está en funcionamiento. Por lo tanto, en los automóviles híbridos eléctricos y de gasolina, no es necesario enchufar las baterías para recargarlas. Existen dos tipos básicos de vehículos híbridos. En un híbrido en serie el motor de gasolina proporciona energía calorífica que genera energía eléctrica, a su vez almacenada como energía química en las baterías. Las baterías proporcionan energía eléctrica para hacer funcionar el motor que, a su vez, impulsa el eje de tracción. En un híbrido en paralelo, tanto el motor de gasolina como el motor eléctrico pueden impulsar el eje de tracción directamente.

Los automóviles híbridos eléctricos y de gasolina, utilizan una cantidad menor de gasolina que otros automóviles convencionales parecidos. Puesto que además queman menos gasolina, producen menos calor y contaminan menos el aire. Los fabricantes de automóviles vendieron estos primeros modelos híbridos en Estados Unidos en 1999.

5. ¿Cuál es la energía que impulsa el eje de tracción en un automóvil híbrido eléctrico y de gasolina en paralelo?

   (1) sólo la energía calorífica
   (2) sólo la energía eléctrica
   (3) la energía eléctrica y la energía calorífica
   (4) la energía luminosa
   (5) la energía nuclear

6. ¿Por qué los automóviles híbridos eléctricos y de gasolina son más prácticos que los que sólo son eléctricos?

   (1) Tienen una mayor autonomía y las baterías se recargan de manera automática.
   (2) Recorren más millas por galón que los eléctricos.
   (3) Desprenden menos calor que los eléctricos.
   (4) Producen menos contaminación que los eléctricos.
   (5) En ambos tipos de automóviles, un motor eléctrico puede impulsar el eje de tracción.

7. Las ventas de los automóviles eléctricos no han sido buenas ni siquiera en los países de Europa o en Japón, donde la gasolina es mucho más cara que en los Estados Unidos. Según esto, ¿qué es lo que más valoran los compradores de un automóvil?

   (1) contribuir en un medio ambiente más limpio
   (2) conservar las fuentes de energía no renovable
   (3) la conveniencia de los automóviles convencionales
   (4) los bajos costos de funcionamiento de los automóviles eléctricos
   (5) establecer modas con las nuevas tecnologías

Sugerencia

Cuando se comparen y contrasten cosas, hacer una tabla en la que se describan las características de cada una de ellas es útil para clasificar las semejanzas y diferencias que hay entre ellas.

Las respuestas comienzan en la página 797.

Electricidad y magnetismo

Analizar causa y efecto

Cuando se plantean las relaciones de causa y efecto, lo que se hace es pensar en cómo un elemento influye en otro. Una causa hace que algo ocurra. El efecto es lo que sucede como resultado de la causa.

Cuando usted acciona un interruptor, las luces se encienden. La acción obvia o causa, produce un resultado obvio o efecto.

Las relaciones de causa y efecto no son siempre tan obvias. Por ejemplo, lo que realmente sucede cuando se acciona un interruptor es que se está cerrando un circuito eléctrico; de este modo permite que la corriente llegue hasta la bombilla y que ésta produzca luz.

Estudie el texto. Luego, responda las preguntas.

Una fotocopiadora utiliza la electricidad estática para producir copias de documentos. Dentro de una fotocopiadora hay un tambor metálico que recibe una carga eléctrica negativa. Las lentes proyectan una imagen del documento sobre el tambor. Cuando la luz incide sobre el tambor metálico, la carga eléctrica desaparece. Sólo las partes oscuras de la imagen en el tambor mantienen la carga negativa. La copiadora contiene un polvo negro que se denomina tóner. El tóner está cargado positivamente y es atraído por las partes negras de la imagen del tambor que están cargadas negativamente. Entonces, un papel da la vuelta sobre el tambor, el tóner se transfiere al papel y luego se fija con calor. Una fotocopia caliente sale de la máquina.

1. Marque con una "X" el enunciado que explica por qué el tóner forma una imagen del documento en el tambor.

_____ a. El tóner, positivamente cargado, es atraído por las áreas negativamente cargadas del tambor.

_____ b. El calor de la máquina hace que el tóner forme una imagen del documento.

Usted acertó si marcó la *opción a*. Las partes oscuras de la imagen tienen carga negativa en el tambor y atraen las partículas de carga positiva del tóner.

2. Marque con una "X" el enunciado que describe qué sucedería si se proyectara sólo luz sobre el tambor al hacer una fotocopia.

_____ a. Saldría una hoja de papel en blanco.

_____ b. Saldría una hoja de papel con un color grisáceo.

Usted acertó si escogió la *opción a*. La luz llegaría a todas las áreas del tambor, la carga negativa desaparecería y no habría ninguna carga para atraer al tóner. Por lo tanto, obtendría una copia en blanco.

Sugerencia

Cuando evalúe situaciones que impliquen causa y efecto, lea el texto con cuidado para descubrir posibles causas y efectos. Utilice las definiciones y las ecuaciones del texto para descubrir esas relaciones.

Práctica de GED

Instrucciones: Elija la respuesta que mejor responda a cada pregunta.

Las preguntas 1 y 2 se refieren al párrafo y diagrama siguientes.

En un motor eléctrico sencillo, la corriente directa procedente de una batería fluye a través de una bobina que está dentro de un imán fijo. Cuando la corriente fluye por la bobina, ésta se magnetiza y adquiere un polo norte y un polo sur. Puesto que los polos iguales se repelen y los opuestos se atraen, la bobina da medio giro para que su polo norte esté enfrente del polo sur del imán. La corriente que pasa por la bobina se invierte en este momento y el campo magnético se invierte también. La bobina da otro medio giro. La corriente sigue alternándose y la bobina, que sigue unida al eje del motor, continúa girando.

EL MOTOR ELÉCTRICO

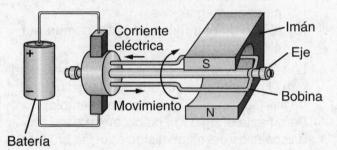

1. De acuerdo con el texto y el diagrama, ¿qué es lo que hace que el eje del motor gire?

   (1) la batería
   (2) la rotación de la bobina
   (3) la rotación del imán
   (4) los polos del imán
   (5) el centro del imán

2. ¿Qué sucedería si la corriente de la bobina fluyera siempre en la misma dirección?

   (1) La bobina dejaría de girar.
   (2) La bobina giraría con mayor rapidez.
   (3) El campo magnético del imán fijo se invertiría.
   (4) El campo magnético de la bobina se invertiría.
   (5) La batería no se acabaría nunca.

3. La inducción electromagnética se utiliza para producir electricidad a partir del magnetismo. Una barra de imán se introduce dentro de una bobina de cable y produce corriente eléctrica siempre que el imán se mueva.

   ¿Cuál de los siguientes ejemplos utiliza el principio de la inducción electromagnética?

   (1) un electroimán, que utiliza electricidad para producir un campo magnético
   (2) una turbina, que se mueve gracias a un líquido en movimiento
   (3) un motor de combustión interna, que quema combustible para generar energía calorífica
   (4) una batería, que utiliza energía química para producir electricidad
   (5) un generador, que utiliza el campo magnético para producir electricidad

La pregunta 4 se refiere a la siguiente tabla.

FUERZA	DESCRIPCIÓN
Gravedad	La fuerza de atracción que hay entre una estrella, un planeta o un satélite y los objetos que están cerca de ellos.
Electromagnética	La fuerza de atracción que hay entre electrones con carga negativa y protones con carga positiva que mantiene a los átomos unidos.
Nuclear débil	La fuerza que causa la desintegración radiactiva del núcleo del átomo.
Nuclear fuerte	La fuerza que une los protones y los neutrones en el núcleo del átomo.

4. ¿Cuál de las siguientes fuerzas fundamentales implica atracción entre objetos y puede verse con facilidad en el mundo que nos rodea?

   (1) la gravedad
   (2) el electromagnetismo
   (3) la fuerza nuclear débil
   (4) la fuerza nuclear fuerte
   (5) todas las fuerzas

Historia y naturaleza de las ciencias

Las preguntas 5 a 7 se refieren al siguiente texto.

En 1820, durante una clase, el físico danés Hans Oersted comprobó que una corriente eléctrica que había producido cambiaba la dirección de la aguja de una brújula cercana. Concluyó que una corriente eléctrica podía producir un campo magnético. Oersted fue el primero en demostrar que la electricidad y el magnetismo están relacionados (un descubrimiento que cambió la historia porque permitió descubrir máquinas que funcionan con electromagnetismo).

Poco después, el científico francés André-Marie Ampère comprobó que los cables podían comportarse como imanes si una corriente eléctrica pasaba a través de ellos. También mostró que al invertir la dirección de la corriente, se invertía también la polaridad del campo magnético.

En 1821, el científico inglés Michael Faraday mostró que podía suceder lo contrario a lo que Oersted había observado: un imán podía producir que un cable que transportara electricidad se moviera. Este fenómeno es el principio en que se basa el motor eléctrico, el cual convierte la energía eléctrica en energía mecánica. En 1840, varios inventores habían producido varios motores eléctricos con diseños y eficacias diferentes. Faraday también descubrió que un campo magnético en movimiento hace que la corriente eléctrica de un cable fluya. Este fenómeno es la base de la producción de electricidad por generadores.

5. ¿Cuál es el descubrimiento importante que hizo Oersted?

   (1) Una corriente eléctrica que fluye por un cable produce un campo magnético.

   (2) La Tierra tiene un campo magnético porque hace que las agujas de las brújulas señalen hacia el norte.

   (3) Un campo magnético hace que la corriente eléctrica fluya.

   (4) Un imán hace que un cable que transporta electricidad se mueva.

   (5) Un motor eléctrico convierte la energía eléctrica en energía mecánica.

6. ¿Cuál de las siguientes es una suposición implícita basada en el texto?

   (1) Una corriente eléctrica produce un campo magnético.

   (2) El funcionamiento de un motor eléctrico se basa en el electromagnetismo.

   (3) La aguja de una brújula está magnetizada.

   (4) La electricidad y el magnetismo están relacionados.

   (5) Oersted descubrió el electromagnetismo.

7. ¿Cuál de los siguientes enunciados fue un resultado del descubrimiento del electromagnetismo?

   (1) el uso de combustibles fósiles para suministrar energía a los motores de combustión interna

   (2) el uso de vapor para hacer funcionar las locomotoras

   (3) el uso de molinos de viento para bombear agua

   (4) la generación de electricidad a gran escala mediante el movimiento de campos magnéticos

   (5) el uso de baterías para producir energía eléctrica

8. Los antiguos chinos, griegos y romanos sabían que el magnetismo era una propiedad natural de ciertas rocas (la calamita, por ejemplo). Pero hasta el siglo XIII prácticamente los únicos usos del magnetismo eran las brújulas, que se utilizaron en la navegación por primera vez aproximadamente en esa época. Sin embargo, a partir de los descubrimientos de Oersted, Ampère y Faraday en el siglo XIX, el interés en el terreno del magnetismo se incrementó notablemente.

¿Cuál de las siguientes es la explicación más posible del creciente interés por el magnetismo en el siglo XIX?

   (1) Se descubrieron nuevos usos para la calamita.

   (2) La navegación era mucho más precisa gracias a las brújulas magnéticas.

   (3) Había más científicos en el siglo XIX que en los siglos anteriores.

   (4) Un interés renovado por las civilizaciones antiguas produjo nuevos descubrimientos científicos.

   (5) El electromagnetismo tenía muchas aplicaciones potenciales de gran valor.

Las respuestas comienzan en la página 798.

Las ondas

Identificar la lógica incorrecta

Lección 20

Cuando lea materiales de Ciencias necesita estar alerta ante ejemplos de lógica incorrecta. Uno de los tipos de lógica incorrecta es el **argumento circular.** En un argumento circular, las razones que apoyan la conclusión simplemente dicen con otras palabras la misma conclusión. Imagínese que Jana le dice a Luis que es guapo porque es bello. Éste es un argumento circular. El significado de guapo es el de ser bello y por lo tanto Jana no está proporcionando ninguna prueba adicional ni razones que justifiquen su conclusión de que Luis es guapo.

Otra forma de lógica incorrecta es la **generalización apresurada**. En una generalización apresurada la conclusión se basa en pruebas insuficientes. Si Jana ve a Luis desde lejos y concluye que es guapo, estará haciendo una generalización apresurada. Jana no vio a Luis con la suficiente claridad como para concluir que es guapo.

argumento circular
una forma de lógica incorrecta en la que la conclusión se basa en razones que simplemente expresan la conclusión con otras palabras.

generalización apresurada
una forma de lógica incorrecta en la que la conclusión está basada en pruebas insuficientes

Estudie el texto. Responda después las preguntas.

El tsunami es una ola causada por un terremoto en el fondo del mar, un desplazamiento de tierra o una erupción volcánica. Cuando el fondo del océano sufre una perturbación, produce una ola que viaja hacia a fuera en círculos. Un tsunami puede viajar a velocidades de hasta 500 millas por hora. Mar adentro, la ola puede tener sólo dos o tres pies de altura. Pero según va llegando a la zona costera menos profunda, va creciendo y ganando altura con rapidez. Cuando alcanza la orilla del mar, un tsunami puede tener más de 50 pies de altura. Estas olas pueden hacer desaparecer áreas costeras enteras. Entre los años 1992 y 1997, los tsunamis causaron la muerte de más de 1800 personas en los alrededores del Océano Pacífico.

1. Marque con una "X" la razón por la que los tsunamis son peligrosos.
   ____ a. Plantean muchos peligros.
   ____ b. Causan inundaciones y muertes y producen daños materiales.

Usted acertó si marcó la *opción b,* que da razones específicas por las que los tsunamis son peligrosos. La *opción a* es incorrecta porque es un argumento circular. Es otra forma de decir que los tsunamis son peligrosos.

2. Escriba *C* junto a la conclusión apoyada por pruebas suficientes procedentes del texto.
   ____ a. La mayoría de los tsunamis se forman en el Océano Pacífico.
   ____ b. Un tsunami no es demasiado peligroso cuando está mar adentro.

Usted acertó si escogió la *opción b.* Una ola de 1 ó 2 pies de altura no es peligrosa. La *opción a* es una generalización apresurada. La cantidad total de muertos en el Pacífico no es una prueba suficiente que permita concluir que los tsunamis suelen suceder allí.

Sugerencia

Cuando lea, compruebe la lógica de los hechos, ideas y conclusiones que se presentan. Plantéese si lo que lee tiene sentido y si los hechos apuntan a esa conclusión.

Práctica de GED

Instrucciones: Elija la respuesta que mejor responda a cada pregunta.

Las preguntas 1 a 4 se refieren al texto y diagrama siguientes.

La radiación electromagnética es un movimiento ondulatorio de campos magnéticos y eléctricos oscilatorios. Los campos magnéticos son perpendiculares entre sí y también son perpendiculares con respecto a la dirección en la que viaja la onda.

Las ondas electromagnéticas van desde las ondas de radio de longitud de onda muy larga a las ondas gamma con longitudes de onda extremadamente cortas. El campo de acción de las ondas electromagnéticas se denomina espectro electromagnético. Las únicas ondas dentro de este espectro que somos capaces de ver son las que pertenecen a la luz visible.

Todas las ondas electromagnéticas viajan a la misma velocidad en el vacío. La velocidad de la luz en el vacío es de 186,282 millas por segundo.

ONDA ELECTROMAGNÉTICA

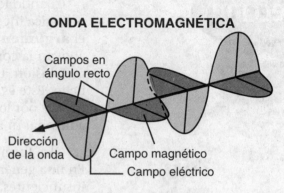

Campos en ángulo recto

Dirección de la onda

Campo magnético

Campo eléctrico

ESPECTRO ELECTROMAGNÉTICO

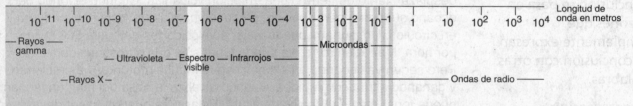

1. ¿En qué consiste la radiación electromagnética?

    (1) en ondas electromagnéticas con longitudes de onda diferentes
    (2) en una onda con una perturbación en una dirección
    (3) en una onda longitudinal con comprensiones y rarefacciones alternas
    (4) en campos magnéticos y eléctricos que oscilan en una onda
    (5) en un tipo de luz visible

2. ¿En qué dirección se produce la perturbación en una onda electromagnética?

    (1) paralela a la dirección del movimiento
    (2) en ángulos rectos con respecto a la dirección del movimiento
    (3) en ángulos de 45 grados con respecto a la dirección del movimiento
    (4) hacia adelante y hacia atrás en la misma dirección del movimiento
    (5) en círculos alrededor de la dirección del movimiento

3. ¿En qué se diferencian las ondas de luz visible de las ondas de radio?

    (1) Las ondas de la luz están formadas sólo por campos magnéticos en movimiento.
    (2) Las ondas de la luz están formadas sólo por campos eléctricos en movimiento.
    (3) Las ondas de la luz tienen longitudes de onda más cortas.
    (4) Las ondas de radio tienen que viajar a través del aire.
    (5) Las ondas de radio son ondas sonoras.

4. De acuerdo con el diagrama y el texto, ¿cuál de los siguientes enunciados acerca de las ondas infrarrojas es cierto?

    (1) Están producidas por máquinas de rayos X.
    (2) Viajan a través del vacío a una velocidad de 186,282 millas por segundo.
    (3) Viajan más rápido a través del espacio que las ondas de radio.
    (4) Algunas tienen una longitud de onda de 100 metros.
    (5) No son ondas electromagnéticas.

Ciencias y perspectivas personales y sociales

Las preguntas 5 a 7 se refieren al siguiente texto.

Los teléfonos celulares emiten bajos niveles de radiación electromagnética en el rango de las microondas. Los altos niveles de este tipo de radiación pueden causar daños biológicos mediante el calentamiento (el horno de microondas funciona de esta forma). ¿Pueden causar problemas de salud en los seres humanos los bajos niveles de radiación electromagnética que emiten los teléfonos celulares? Una de las preocupaciones más importantes es la relación que hay entre los teléfonos celulares que tienen las antenas incorporadas, que están más cerca de la cabeza y el cáncer cerebral.

Hasta el momento no hay ninguna conclusión definitiva acerca de la seguridad de los teléfonos celulares. Las pruebas procedentes de los estudios con animales son contradictorias. En uno de los estudios, los ratones alterados genéticamente para que estuvieran predispuestos a desarrollar un cierto tipo de cáncer mostraron más casos de cáncer cuando se les expuso a radiaciones de microondas de bajo nivel que el grupo de control. En otros estudios con animales, los resultados no han sido concluyentes.

Los estudios en seres humanos no han encontrado ninguna relación entre el uso del teléfono celular y el cáncer cerebral. Es cierto que algunas personas que utilizan el teléfono celular desarrollan cáncer cerebral, pero las personas que no los utilizan también lo desarrollan. En la actualidad, alrededor de 80 millones de personas utilizan teléfonos celulares en Estados Unidos. Se esperan unos 4,800 casos de cáncer cerebral al año entre esas 80 millones de personas, utilicen o no teléfonos celulares. Cuando se incremente el uso a largo plazo de los teléfonos móviles, precisarán más estudios en animales y en seres humanos para comprobar si existe una relación entre el uso de los teléfonos móviles y el cáncer cerebral.

Sugerencia

Cuando tenga que decidir si dispone de suficiente información para apoyar una conclusión, pregúntese si la información es la apropiada para apoyar la conclusión o si sólo sugiere que *podría* ser cierta.

---

5. ¿Por qué algunas personas piensan que el uso del teléfono celular puede causar cáncer cerebral?

(1) Los teléfonos celulares emiten microondas cerca de la cabeza.
(2) La distancia hace que la transmisión se interrumpa.
(3) Los ratones expuestos a teléfonos celulares en funcionamiento han desarrollado cáncer.
(4) El uso de los teléfonos celulares se ha incrementado notablemente en los últimos cinco años.
(5) Los teléfonos celulares funcionan sin cables.

6. ¿Cuál de los siguientes pasos podría tomar el usuario de un teléfono celular para minimizar la exposición a la radiación de microondas?

(1) Utilizar el teléfono celular en la calle y en espacios abiertos y amplios.
(2) Utilizar un teléfono celular con una antena remota para atenuar la intensidad de las microondas cerca de la cabeza.
(3) Alternar el lado de la cabeza en el que se coloca el teléfono celular.
(4) Utilizar el teléfono celular sólo para recibir llamadas.
(5) Utilizar el teléfono celular sólo para hacer llamadas.

7. ¿Cuál de las siguientes conclusiones está apoyada por la información del texto?

(1) En todos los estudios con animales de laboratorio, los bajos niveles de emisiones de microondas causaron cáncer.
(2) El uso del teléfono celular está asociado con ciertos tipos de cáncer cerebral en seres humanos.
(3) Sólo son necesarios bajos niveles de microondas para calentar comida en un horno microondas.
(4) No ha podido encontrarse una conexión definitiva entre el uso del teléfono celular y el cáncer cerebral.
(5) Las personas que utilizan teléfonos celulares tienen un riesgo mayor de desarrollar cáncer cerebral.

Las respuestas comienzan en la página 799.

Instrucciones: Elija la respuesta que mejor responda a cada pregunta.

Las preguntas 1 a 3 se refieren al siguiente párrafo.

Un conductor es una sustancia que permite que la corriente eléctrica fluya a través de él con facilidad. Los metales como el cobre, el oro y el aluminio son los mejores conductores. Un aislante es una sustancia que se opone al flujo de los electrones. Los aislantes suelen ser no metales como el vidrio, el plástico y la porcelana.

1. ¿Cuál de los siguientes es un buen aislante?

   (1) el aluminio
   (2) el cobre
   (3) el oro
   (4) la goma de caucho
   (5) la plata

2. ¿Cuál de los siguientes se utilizaría mejor como conductor?

   (1) cable eléctrico para una lámpara
   (2) la cubierta de una toma de corriente eléctrica
   (3) las suelas de los zapatos para los reparadores de los tendidos eléctricos
   (4) la base decorativa para una lámpara
   (5) la parte exterior de una bombilla

3. ¿Cuál de las siguientes conclusiones está apoyada por la información del párrafo?

   (1) Lo más probable es que una tubería de plata tenga menor resistencia que una tubería de plástico.
   (2) La capacidad de una sustancia para conducir electricidad depende de su temperatura.
   (3) La plata es mejor aislante que la porcelana.
   (4) Lo más probable es que un tubo de cristal tenga una menor resistencia que un tubo de cobre.
   (5) Los electrones se mueven más fácilmente a través de los no metales que a través de los metales.

Las preguntas 4 y 5 se refieren al párrafo y a los diagramas siguientes.

En un circuito en serie, hay sólo un posible trayecto para la corriente eléctrica. Cuando el circuito se abre la corriente deja de fluir. En un circuito en paralelo, la corriente fluye por dos o más caminos separados. Si se interrumpe la corriente en uno de los trayectos, ésta sigue fluyendo por el resto de ellos.

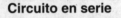
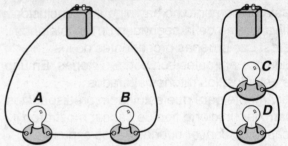

Circuito en serie   **Circuito en paralelo**

4. Estudie los diagramas. Imagine que las bombillas con las letras *A* y *C* se funden. ¿Cuál sería el resultado?

   (1) Habría que reemplazar el cable que está entre *A* y *B*.
   (2) La bombilla *B* tampoco se encendería.
   (3) La bombilla *D* tampoco se encendería.
   (4) Es necesario cambiar los cables del circuito en paralelo.
   (5) Los dos circuitos necesitan una batería nueva.

5. Una de las bombillas de la cocina se fundió pero el resto de las luces del mismo circuito siguen funcionando. ¿Cuál de los siguientes enunciados apoya la conclusión de que la cocina utiliza un sólo circuito en paralelo?

   (1) Un corte de la corriente hizo que la luz se apagara.
   (2) La corriente se detuvo en todo el circuito.
   (3) La corriente sigue en todos los trayectos del circuito excepto en uno.
   (4) Un fusible cortó la corriente.
   (5) La bombilla fundida estaba en su propio circuito en serie.

Las preguntas 6 a 8 se refieren al texto y diagrama siguientes.

Un coloide es un tipo de mezcla en la que hay partículas de materia con medidas de entre una diezmillonésima de pulgada y una milésima de pulgada dispersas dentro de un líquido o un gas. Ejemplos de coloide son el humo (partículas sólidas en un gas), el citoplasma (partículas sólidas en un líquido) y la espuma (partículas de gas en un líquido o en un sólido).

Un coloide se diferencia de las disoluciones en que las partículas coloidales tienen un tamaño mayor que las del soluto en las disoluciones. Esto puede comprobarse con una membrana semipermeable, que permite que moléculas como las del agua o las de un soluto disuelto la crucen, pero que bloquea partículas coloidales más grandes, como las de las proteínas. Si usted deja pasar crema, un coloide, a través de una membrana semipermeable, las partículas sólidas de la crema no la atravesarán pero el agua sí. Por el contrario, cuando vierte una solución con colorante vegetal a través de la membrana semipermeable, tanto el soluto (el colorante alimentario) como el solvente (el agua) la atraviesan.

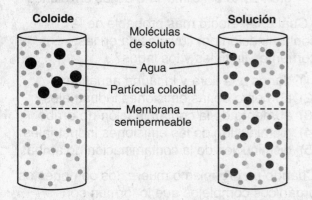

6. De acuerdo con la información que brindan el texto y el diagrama, ¿en qué se diferencian un coloide y una solución?

   (1) Un coloide es un gas y una solución es un líquido.
   (2) El punto de congelación de un coloide es más bajo que el punto de congelación de una solución.
   (3) Las moléculas de las soluciones son más pequeñas que las partículas de un coloide.
   (4) Las partículas coloidales pueden atravesar la membrana semipermeable y las moléculas de soluto en una solución no pueden.
   (5) Los coloides son generalmente sólidos y las disoluciones son siempre líquidos.

7. Si usted sustituyera la membrana semipermeable del diagrama por una tela metálica, ¿cuál de los siguientes sería el resultado más probable?

   (1) Las partículas sólidas del coloide la atravesarían, pero las moléculas del soluto no.
   (2) Las partículas sólidas del coloide no la atravesarían, pero las moléculas del soluto sí.
   (3) Tanto las partículas del coloide como las moléculas de soluto la atravesarían.
   (4) Ni las partículas del coloide ni las moléculas de soluto la atravesarían.
   (5) Sólo las moléculas de agua podrían atravesar la tela metálica.

8. Una suspensión es un tipo de mezcla (como en el caso del agua cenagosa) en la que las partículas son aún más grandes que las de un coloide. ¿Qué implica esto?

   (1) Las partículas de una suspensión son más grandes que las de una solución.
   (2) Las partículas de la suspensión atravesarían la membrana semipermeable.
   (3) Las suspensiones son siempre sólidos suspendidos en líquidos.
   (4) Se puede identificar una suspensión gracias a su color.
   (5) Una suspensión es el único tipo de mezcla que puede separarse en sus diferentes componentes.

9. El punto de congelación del agua puede ser disminuido en varios grados si se añade un soluto para crear una solución. Las moléculas del soluto se distribuyen dentro del disolvente, en este caso el agua. Esto dificulta que el agua se congele y que forme cristales. ¿Cuál de las siguientes observaciones apoya esta información?

   (1) Cuando cae la nieve, se riega cloruro de calcio en las carreteras para prevenir la formación de hielo.
   (2) Los cristales se forman en las ventanas cuando la temperatura está por debajo del punto de congelación.
   (3) Un envase de cristal para sopa revienta cuando la sopa se congela.
   (4) Cuando coloca cubitos de hielo en un vaso de agua se derriten.
   (5) Cuando el agua se congela, se expande y ocupa más espacio.

Las respuestas comienzan en la página 800.

Instrucciones: Elija la respuesta que mejor responda a cada pregunta.

Las preguntas 1 a 3 se refieren al texto y diagrama siguientes.

Las fábricas, las centrales eléctricas y los automóviles producen gases como el dióxido de azufre y el monóxido de nitrógeno como desechos. Estos gases pasan al aire y reaccionan con el vapor de agua formando ácidos que se precipitan en forma de lluvia ácida, a veces a cientos de millas de distancia de donde se formaron. La lluvia ácida daña las plantas y contamina las corrientes fluviales y los lagos.

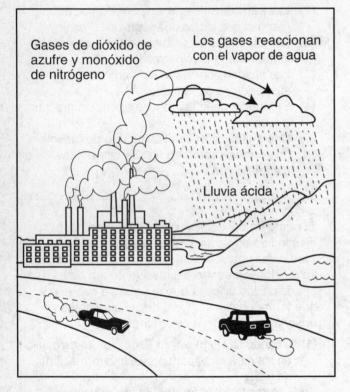

Gases de dióxido de azufre y monóxido de nitrógeno

Los gases reaccionan con el vapor de agua

Lluvia ácida

1. ¿Cuál de los siguientes eventos es el causante de la lluvia ácida?

   (1) las emisiones de las fábricas, las centrales eléctricas y los automóviles
   (2) la condensación del vapor de agua del aire
   (3) el escurrimiento de pesticidas de las áreas agrícolas
   (4) los desechos industriales arrojados en las corrientes fluviales
   (5) los residuos de metales pesados presentes en el fondo de las corrientes fluviales y los lagos

2. Los funcionarios de uno de los estados del país pretenden disminuir la lluvia ácida en el estado, por lo que deciden imponer reglamentos de control a las emisiones industriales y vehiculares en el estado. ¿Por qué es posible que el plan no disminuya la lluvia ácida en el estado?

   (1) porque es difícil disminuir las emisiones industriales y vehiculares lo suficiente como para disminuir la lluvia ácida
   (2) porque el estado no sería capaz de vigilar el cumplimiento de los reglamentos
   (3) porque es posible disminuir las emisiones industriales, pero no las vehiculares
   (4) porque las emisiones causantes de la lluvia ácida en el estado bien pueden originarse en otro lugar del país
   (5) porque la precipitación pluvial depende en gran parte del clima y no de las emisiones

3. ¿Cuál es el efecto más probable de la contaminación por lluvia ácida en las corrientes fluviales y los lagos?

   (1) daños a la flora y la fauna acuática
   (2) aumento de las emisiones industriales
   (3) aumento de la contaminación río arriba
   (4) disminución de las emisiones industriales
   (5) disminución de la contaminación río arriba.

4. Cuando un organismo muere, los compuestos orgánicos complejos que lo forman son desdoblados para formar compuestos más sencillos. Los descomponedores grandes, como la lombriz de tierra, descomponen la materia muerta de gran tamaño para que otros descomponedores menores, como los hongos y las bacterias, terminen el proceso liberando en el ambiente dióxido de carbono, nitratos, fosfatos y otras sustancias.

¿A cuál de las siguientes funciones del organismo humano se asemeja más la descomposición?

   (1) respiración
   (2) producción de orina
   (3) circulación
   (4) digestión
   (5) movimiento

Las preguntas 5 y 6 se refieren al párrafo y diagrama siguientes.

En un sistema de polea simple, la carga recorre la misma distancia que la que recorre la cuerda de la que se tira. Una polea no incrementa la cantidad de esfuerzo pero cambia la dirección. En vez de elevar algo hacia arriba, lo que usted hace es tirar de algo hacia abajo.

CÓMO FUNCIONA UNA POLEA SIMPLE

Movimiento de la cuerda

Esfuerzo

Carga

5. ¿Qué información necesitaría para calcular la distancia que recorre la carga en un sistema de poleas?

(1) el tamaño de la rueda de la polea
(2) la distancia que recorre la cuerda al tirar de ella
(3) el peso de la carga
(4) el esfuerzo
(5) la longitud total de la cuerda

6. En un sistema de polea simple ideal, el esfuerzo es el mismo que la carga. En la vida real, el esfuerzo es siempre un poco mayor que la carga. ¿Por qué?

(1) La distancia que recorre la cuerda al tirar de ella es igual a la distancia que recorre la carga.
(2) La distancia que recorre la cuerda al tirar de ella es mayor que la distancia que recorre la carga.
(3) La distancia que recorre la cuerda al tirar de ella es menor que la distancia que recorre la carga.
(4) Cuando la carga se mueve hacia arriba se va haciendo más pesada, y por tanto quien tira de la cuerda tiene que ejercer un esfuerzo mayor.
(5) La fricción de la rueda de la polea debe compensarse con el esfuerzo al tirar de la cuerda.

7. La mayoría de la energía calorífica que generan los motores de gasolina no se convierte en energía mecánica sino que se desperdicia.

De acuerdo con esta información, ¿por qué es más alta la temperatura en las calles que tienen un tráfico pesado que en las que tienen menos tráfico?

(1) Las calles que tienen un tráfico pesado absorben más luz solar que las que tienen menos tráfico.
(2) El calor que despiden los automóviles sube la temperatura en las calles que tienen un tráfico pesado.
(3) El desgaste de las superficies de la calzada incrementa el calor en las calles que tienen un tráfico pesado.
(4) Las calles que tienen un tráfico denso tienen menos árboles para hacer sombra.
(5) Hay más industrias que generan calor cerca de las calles que tienen un tráfico pesado.

8. La potencia es la rapidez con la que se realiza un trabajo. Si un hombre que pesa 165 libras sube un tramo de escaleras de 10 metros de altura, realiza 1650 pies-libras de trabajo. Si lo hace en 3 segundos, su potencia es de 550 pies-libras por segundo (1650 pies-libras dividido entre 3 segundos). Esta cantidad equivale a un caballo de fuerza.

El caballo de fuerza sirve para describir la potencia que tiene un motor. En los automóviles, los motores que tienen más caballos de fuerza pueden transportar mayores cargas y aceleran dentro del tráfico más fácilmente. Pero estos motores utilizan más combustible que los motores que tienen menos caballos de fuerza.

¿En cuál de las siguientes situaciones es más probable que tuviera que reemplazar un automóvil con pocos caballos de fuerza por otro que tuviera un motor más potente?

(1) Ha cambiado de trabajo y ahora recorre una distancia más larga para llegar al trabajo.
(2) Quiere ahorrar dinero en combustible.
(3) Se va a trasladar a un lugar en el que hay mucha nieve y le preocupa conducir en carreteras resbaladizas.
(4) En su nuevo trabajo necesita transportar instrumentos pesados en el automóvil.
(5) Le preocupa la contaminación del aire.

Las preguntas 9 a 11 se refieren al texto y diagrama siguientes.

El principal órgano del sistema circulatorio es el corazón, el cual es responsable de bombear la sangre a todo el organismo. El lado derecho y el lado izquierdo del corazón están separados por una pared denominada septo interventricular. A su vez, cada lado se divide y está formado por dos cavidades, una aurícula y un ventrículo.

La sangre proveniente de todo el organismo con una concentración baja de oxígeno entra en la aurícula derecha a través de unas venas de gran tamaño, la vena cava superior e inferior. Cuando la aurícula se contrae, la sangre es forzada a pasar al ventrículo derecho. A continuación, este ventrículo se contrae bombeando la sangre por las arterias pulmonares que la llevan a los pulmones. En los pulmones, la sangre se oxigena y pasa a las venas pulmonares para regresar a la aurícula izquierda del corazón. Al contraerse, la aurícula izquierda fuerza la sangre a pasar al ventrículo izquierdo, el cual a su vez se contrae y bombea la sangre por una arteria de gran tamaño llamada aorta. La sangre circula por la aorta para luego pasar a través de un sistema de vasos sanguíneos que la llevan a todo el organismo.

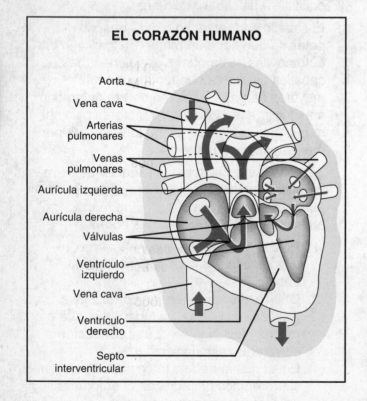

EL CORAZÓN HUMANO

Aorta
Vena cava
Arterias pulmonares
Venas pulmonares
Aurícula izquierda
Aurícula derecha
Válvulas
Ventrículo izquierdo
Vena cava
Ventrículo derecho
Septo interventricular

9. ¿Qué cavidad del corazón bombea la sangre a todo el organismo?

(1) el ventrículo derecho
(2) la aurícula derecha
(3) el ventrículo izquierdo
(4) la aurícula izquierda
(5) las venas cava superior e inferior

10. ¿Cuál sería la consecuencia más probable de un bloqueo parcial de la aorta?

(1) El ventrículo izquierdo recibiría un volumen excesivo de sangre.
(2) El corazón no recibiría un volumen suficiente de sangre con una concentración baja de oxígeno.
(3) La sangre con una concentración baja de oxígeno no podría llegar a los pulmones.
(4) El organismo no recibiría suficiente sangre oxigenada.
(5) La sangre oxigenada pasaría a las venas cava inferior y superior.

11. ¿Cuáles de los siguientes conocimientos supone el autor que son del dominio público?

(1) Las arterias y las venas son vasos sanguíneos que forman parte del sistema circulatorio.
(2) Las aurículas forman las cavidades superiores del corazón, mientras que los ventrículos forman las cavidades inferiores.
(3) Las venas pulmonares llevan sangre de los pulmones a la aurícula izquierda del corazón.
(4) El septo interventricular separa los lados izquierdo y derecho del corazón.
(5) La sangre circula de las aurículas a los ventrículos del corazón.

Sugerencia

Al estudiar un diagrama, piense en todo lo que ya sabe y que se pueda relacionar con el tema. Aplique sus conocimientos a medida que lea la información.

La pregunta 12 se refiere a la información y diagrama siguientes.

La arena arrastrada por el viento es uno de los principales agentes de erosión en los desiertos. La continua fricción y los golpes incesantes de las partículas de arena desgastan la base de la roca de acuerdo con lo que nos muestra el diagrama.

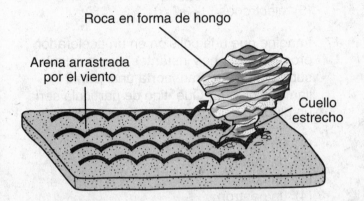

12. ¿Por qué la acción del viento y la arena desgastan la base de la roca y no la parte superior?

(1) porque debido a su peso, la mayoría de las partículas son arrastradas cerca del suelo

(2) porque la base de la roca está formada por un material menos resistente que la parte superior

(3) porque la base de la roca sufre una erosión preliminar por agua

(4) porque la parte superior de la roca está protegida por el aire tibio ascendente

(5) porque a la larga, la parte superior de la roca se desprende de la base

13. La roca ígnea es un tipo de roca que se forma por el enfriamiento y solidificación del magma. ¿Cuál de las siguientes conclusiones apoya esta información?

(1) La caliza se forma a partir de los restos de conchas y esqueletos.

(2) La caliza se transforma en mármol en presencia de presiones y temperaturas de gran magnitud.

(3) La arenisca se forma a partir de partículas de arena unidas y es una roca ígnea.

(4) Las rocas formadas a presiones y temperaturas altas son rocas ígneas.

(5) Las rocas de origen volcánico son rocas ígneas.

Las preguntas 14 y 15 se refieren al siguiente mapa.

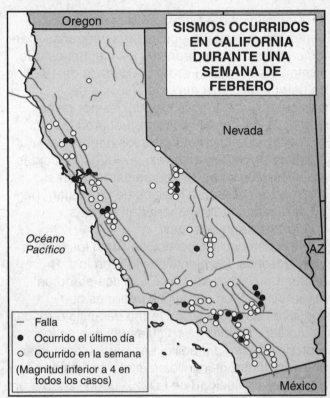

14. De acuerdo con el mapa, ¿qué región de California mostró la actividad sísmica más intensa el último día del período?

(1) la región fronteriza con Oregon

(2) la región centro-norte de California

(3) la región centro-sur de California

(4) la región fronteriza con Nevada

(5) la región fronteriza con México

15. ¿Cuál de las siguientes conclusiones está apoyada por la información del mapa?

(1) En California, los sismos raramente ocurren en invierno.

(2) Algunos de los sismos ocurridos en California en esa semana tuvieron una magnitud de 6.

(3) Muchos de los sismos no fueron registrados por las estaciones sismológicas.

(4) Los sismos ocurren todos los días en California.

(5) La población sintió todos los sismos ocurridos en California.

Las preguntas 16 a 18 se refieren al siguiente texto.

A principios del siglo XX los científicos pensaban que las partículas más pequeñas eran los protones, los neutrones y los electrones que forman los átomos. Pero en la década de 1920 se detectaron en la atmósfera lluvias de partículas subatómicas producidas por rayos cósmicos. Los científicos comprobaron de inmediato que los protones y los neutrones estaban formados, a su vez, por otras partículas más pequeñas que se denominaron quarks. Además, encontraron indicios de una categoría de partículas que transportaban fuerzas conocidas como bosones.

Para estudiar las partículas como los quarks y los bosones, los científicos utilizan los aceleradores de partículas. Los aceleradores de partículas son máquinas enormes que consisten en túneles con forma de anillo o rosca. Un acelerador lanza partículas del tipo de los protones dentro del anillo. Las partículas que se mueven dentro del anillo se aceleran hasta alcanzar la velocidad de la luz. Luego llegan a un detector donde chocan con otras partículas. Cuando las partículas chocan, dejan escapar energía que inmediatamente se transforma en nuevas partículas de materia. Mediante el análisis de las colisiones que tienen lugar dentro de los aceleradores de partículas, los científicos pueden probar o refutar las últimas teorías sobre la estructura de la materia y sobre las fuerzas que la unen.

En la actualidad, dos de los mayores aceleradores de partículas están participando en una carrera contrarreloj. Los científicos del National Accelerator Laboratory (Fermilab) en Illinois y del European Laboratory for Particle Physics (CERN) en Suiza pretenden probar la existencia del bosón de Higgs. Los científicos han predicho que las interacciones de los bosones de Higgs le dan masa a la materia. Se necesita mucha energía para producir un bosón de Higgs en un choque de partículas. Hasta ahora ningún acelerador ha generado suficiente energía como para producir evidencia directa de que el bosón de Higgs existe.

16. De acuerdo con el texto, ¿qué partículas subatómicas forman los protones y los neutrones?

(1) rayos cósmicos
(2) quarks
(3) bosones
(4) bosones de Higgs
(5) electrones

17. Imagine que una colisión en un acelerador produce, por unos instantes, una partícula subatómica que transporta una fuerza llamada gluón. ¿Qué tipo de partícula sería un gluón?

(1) un rayo cósmico
(2) un quark
(3) un bosón
(4) un neutrón
(5) un electrón

18. Los aceleradores de partículas son máquinas enormes y complejas que generan controversia porque, por lo común, se construyen utilizando fondos públicos. ¿Cuál de los argumentos siguientes podría usar una persona que estuviera de acuerdo con la construcción de un nuevo acelerador?

(1) Un acelerador ocuparía terrenos que servirían mejor para otros usos.
(2) Las colisiones de un acelerador podrían suponer un peligro para las personas que vivieran en el área.
(3) El costo de un acelerador es superior a los beneficios que ofrece.
(4) Los científicos deberían investigar cuestiones con aplicaciones prácticas inmediatas.
(5) Comprender las partículas subatómicas puede conducir a avances en la tecnología.

Sugerencia

Los valores se reflejan, con frecuencia, en las preguntas de hecho y opinión y en las de apoyo y conclusión. Los valores suelen ser una indicación de una opinión.

Ciencias • Repaso de la unidad

La pregunta 19 se refiere al texto y diagrama siguientes.

BACTERIA

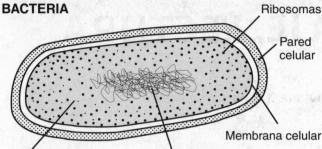

Ribosomas

Pared celular

Membrana celular

Citoplasma

Material genético

Las bacterias son organismos unicelulares. Son más pequeñas que las células animales y vegetales y no tienen núcleo. Al igual que las células vegetales, las bacterias tienen pared celular.

19. ¿Qué enunciado apoya la información del párrafo y el diagrama?

(1) Las células animales y vegetales son más pequeñas que las bacterias.

(2) No hay ribosomas en el citoplasma de las bacterias.

(3) Las bacterias tienen membrana celular, pero carecen de pared celular.

(4) Las bacterias tienen material genético, pero carecen de núcleo.

(5) A diferencia de las células animales y vegetales, las bacterias carecen de citoplasma.

20. Cuando los organismos se reproducen sexualmente, sus células reproductoras tienen la mitad del número de cromosomas de las células no reproductoras.

Las células reproductoras tienen un número reducido de cromosomas. ¿De qué manera permite esto que se reproduzcan los organismos?

(1) separándose por la mitad

(2) a partir de una sola célula reproductora

(3) mediante la unión de la célula reproductora de un organismo con la célula reproductora de otro organismo de la misma especie

(4) mediante la unión de dos células reproductoras de un organismo con dos células reproductoras de otro organismo de la misma especie

(5) mediante la unión de células no reproductoras

21. En una célula normal, el extremo de los cromosomas se encoge gradualmente cada vez que la célula se divide. Sin embargo, en las células cancerosas, el extremo de los cromosomas es más largo que el de las células normales. El cáncer es una enfermedad que se caracteriza por una rápida y descontrolada división celular.

¿Cuál es la idea principal implícita del párrafo?

(1) Los cromosomas de las células normales se acortan cuando la célula se divide.

(2) Es posible que el extremo de los cromosomas desempeñe alguna función en la velocidad de la división celular.

(3) La estructura de los cromosomas no altera en absoluto la velocidad de la división celular.

(4) Las células cancerosas se dividen rápidamente.

(5) Las células normales se reproducen más rápidamente que las células cancerosas.

22. Los siguientes dibujos ilustran algunos de los tipos de células que forman el cuerpo humano. ¿Qué tipo de células es más probable que recubra las fosas nasales y filtre el polvo con unas estructuras parecidas a pelos diminutos llamadas cilios?

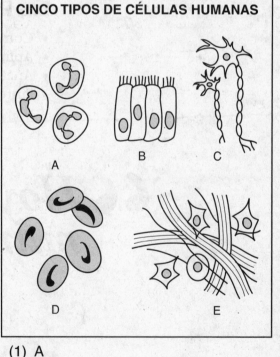

CINCO TIPOS DE CÉLULAS HUMANAS

A

B

C

D

E

(1) A

(2) B

(3) C

(4) D

(5) E

Las respuestas comienzan en las página 801.

Unidad 5

LENGUAJE, LECTURA

La prueba de GED Lenguaje, Lectura consiste en:

La Prueba

- Prueba de selección múltiple con 40 preguntas
- 65 minutos de plazo para hacerla

El Contenido

Textos literarios incluyendo
- Poesía
- Teatro
- Ficción anterior a 1920
- Ficción de 1920 a 1960
- Ficción posterior a 1960

Textos de no ficción incluyendo
- Textos informativos o persuasivos
- Reseñas críticas
- Documentos empresariales

Las Preguntas

- Comprensión
- Aplicación
- Análisis
- Síntesis

" *Hoy lector, mañana vencedor.* "

—Margaret Fuller (1810-1850)

La lectura sirve de base para tener éxito en la vida. Cuando usted lee, ve el mundo con la perspectiva del autor, comparte las experiencias de otros, cultiva su propia creatividad, descubre las herramientas para lograr sus metas y aplica lo que ha leído para realizar sus sueños.

Mejorar las destrezas de lectura es un paso importante en su preparación para lograr sus metas. Cuanto más lea, más ideas tendrá para analizar, explorar, sintetizar y aplicar a su propia experiencia. Cuando lee, la mente procesa ideas que de esta forma le serán más fácil aplicarlas a su propia vida, su trabajo y sus metas. Procesar sus ideas sobre lo que ha leído forma parte de las destrezas necesarias para aprobar la Prueba de Lenguaje, Lectura; es decir, comprender el texto, analizar y aplicar lo que ha leído y formular nuevas ideas.

La habilidad de analizar y razonar lo que ha leído le servirá de muchas maneras, aún después de que haya sacado el GED. Lea lo que lea -un periódico, una novela, un libro de texto, un documento empresarial o un artículo de revista- podrá reunir ideas y determinar cómo afectan su vida y aspiraciones. Como el GED sirve de entrada para su propio éxito en la vida, ¿cómo aprovechará el diploma de GED y las destrezas de lectura adquiridas para realizar sus sueños?

Sugerencia para el estudio

El repaso es una buena manera de adquirir confianza.

Cuando decida qué quiere estudiar y cuándo, dedique parte del tiempo a repasar material que estudió anteriormente.

- Incluya tiempo para repasar en su horario de estudio.
- Tome nota de los conceptos difíciles.
- Repase brevemente el material de las unidades anteriores.

Interpretar los textos de no ficción

Quizás usted lee varios tipos de materiales de no ficción con regularidad. Entre los materiales de no ficción están los periódicos, revistas, libros de texto, biografías, reseñas de televisión y cine, manuales y documentos comerciales. El propósito de este tipo de materiales es transmitir información. La redacción que explica cómo hacer algo o da información es uno de los materiales de lectura más comunes. Por ejemplo, en el lugar de trabajo, es posible que tenga que consultar un manual del empleado para entender una norma relacionada con su trabajo. En su casa, es posible que tenga que leer las instrucciones del funcionamiento de su nuevo aparato de discos compactos.

La Prueba de Lenguaje y Lectura del GED incluirá varios pasajes de no ficción para determinar su comprensión de estos estilos de redacción. En general, los materiales de no ficción son la base de 25 por ciento de las preguntas de la Prueba de Lectura del GED.

Encontrar la idea principal y los detalles de apoyo

idea principal
la idea o punto más importante de un texto

oración temática
la oración que contiene la idea principal

detalles de apoyo
información que apoya o explica la idea principal

deducir
usar pistas para descubrir el significado de palabras

Cuando usted entiende la **idea principal** de un escrito, entiende el punto más importante del escritor. La idea principal puede expresarse al principio, en medio o al final del párrafo o texto.

En muchos párrafos, la idea principal se expresa en una sola oración: **la oración temática** Con frecuencia, la oración temática se encuentra al comienzo o al final de un párrafo. Si está al comienzo, las demás oraciones del párrafo agregan detalles que apoyan o explican la idea principal. Si la oración temática está al final, los **detalles de apoyo** aparecen al comienzo y luego, se resumen en la oración temática.

En algunas formas de no ficción, la idea principal no se menciona en absoluto y el lector debe **deducir** o descubrir el significado a partir de los detalles que el autor proporciona.

Sugerencia

Ponga atención a los encabezados y títulos; por lo general contienen ideas clave.

Práctica de GED

Instrucciones: Elija la respuesta que mejor responda a cada pregunta.

Las preguntas 1 a 4 se refieren al pasaje del artículo siguiente.

¿QUÉ TIENEN DE ESPECIAL LOS SEMANARIOS DE NOTICIAS?

Más allá del resultado final, a Wall Street no le importa mucho la calidad editorial; a los periodistas sí y a los demás les debería importar. No porque el
(5) periodismo sea perfecto, sino porque no lo es.
Los semanarios de noticias son el eslabón final de la cadena alimenticia del periodismo. Primero, la radio informa a
(10) cada hora las noticias, luego el noticiario de la televisión las repite y añade imágenes. Los periódicos completan la historia con mayor detalle y, por último, los semanarios de noticias resumen y
(15) analizan el conjunto. Para entonces, es posible que el lector sufra una indigestión informativa. Se requiere de ingenio, reflexión, dotes de comprensión, un poco de cobertura fresca o consulta con
(20) expertos y un giro original para añadir algo nuevo. La verdadera tarea del semanario de noticias es ayudar a que el lector encuentre sentido a su época. Quienes pueden hacer esto conforman un grupo
(25) de mentes contenciosas.

Thomas Griffith, "What's So Special About News Magazines?", Revista *Newsweek*.

1. ¿Cuál de las siguientes oraciones es el mejor replanteamiento de la frase "No porque el periodismo sea perfecto, sino porque no lo es." (líneas 4 a 6)?

   (1) A la mayoría de los periodistas no les importa la calidad editorial.
   (2) Cuidar la calidad editorial puede ayudar a mejorar las ganancias.
   (3) Los buenos periodistas no pierden tiempo en tratar de ser perfectos.
   (4) Cuidar la calidad editorial puede ayudar a mejorar el periodismo.
   (5) Los buenos periodistas se fijan en cuánta gente compra revistas.

2. ¿Cuál es la idea principal del segundo párrafo del pasaje (líneas 7 a 25)?

   (1) Toma mucho trabajo hacer una buena revista de noticias.
   (2) Otros medios informan las noticias antes que los semanarios de noticias.
   (3) Los semanarios de noticias son una colección de reportajes de noticias.
   (4) Los semanarios de noticias suelen contener puntos de vista opuestos.
   (5) Los semanarios de noticias resumen y analizan las noticias.

3. ¿Por qué el enunciado "sufra una indigestión informativa" (línea 16) es un uso efectivo del lenguaje figurado?

   (1) Describe cómo el lector encuentra sentido al mundo.
   (2) Sugiere que en la TV aparecen demasiadas noticias.
   (3) Recuerda al lector la indigestión por comer en exceso.
   (4) Sugiere que los lectores necesitan encontrar nuevas fuentes de información.
   (5) Implica que los lectores de revistas deben dejar de ver noticieros de televisión.

4. ¿Qué patrón de organización usa el autor para describir los cuatro medios de comunicación de noticias que conforman el periodismo (líneas 9 a 15)?

   (1) orden cronológico: explica el orden en que los medios de comunicación cubren la noticia
   (2) clasificación: agrupa ideas similares
   (3) comparación y contraste: encuentra semejanzas y diferencias entre los medios de comunicación
   (4) causa y efecto: encuentra conexiones entre los sucesos y sus causas
   (5) jerarquía: ordena los medios de comunicación por importancia

Las preguntas 5 a 8 se refieren al siguiente pasaje de un artículo.

¿QUÉ SUCEDE EN LA FERIA DEL CONDADO?

Las jueces de manualidades forman una asociacion de mujeres expertas, la mayoría de ellas no son del condado. Varias de estas mujeres asistieron a

(5) la escuela para jueces de la iglesia Presbiteriana Augusta y tienen papeles para acreditarlo. A las jueces primerizas se les asignan las galletas, jaleas y mermeladas. Cientos de cosas dulces

(10) concursan: platos de "brownies" (bizcochos de chocolate y nueces), pasteles, mermeladas y jaleas. Parece que sería divertido probarlas hasta que lo piensa dos veces. Las jueces de las jaleas

(15) sí se quedaron a comer (gracias a las Niñas Exploradoras de Highland) pero apenas probaron bocado.

Las jueces de costura se sientan en una mesa mientras los asistentes les

(20) llevan prendas de vestir para que examinen las fibras de la tela, puntadas, hilo apropiado, pinzas lizas, dobleces, dobladillos, pliegues y guarniciones.
—¡Ay, miren! Forró los botones—dice una

(25) señora mientras alza el jumper de niña blanco y negro que acaba de revisar.

La segunda jueza saca el bolsillo de un vestido de playa para examinar las puntadas.

(30) —¿Qué se hace cuando los dos son lindos?
—Hay que ser quisquillosa—dice la jueza veterana antes de otorgar el primer premio al jumper. No sé cómo es en otros

(35) lugares, pero en el condado de Highland, los botones forrados hacen la diferencia.

Las jueces de las conservas de verduras buscan un sello perfecto, y un empaque y etiqueta atractivos. El líquido

(40) debe estar libre de sedimentos y burbujas. El color debe ser natural y los frascos deben ser uniformes y de buena calidad. Mildred Datamore sostiene un frasco de tomates contra la luz y suspira: "Este año

(45) los tomates tienen muchas semillas; es por la sequía".

Donald McCaig, "The Best Four Days in Highland County", *An American Homeplace.*

5. ¿Cuál de las siguientes oraciones sugiere el autor cuando usa la cita: "Hay que ser quisquillosa" (línea 32)?

(1) La jueza veterana es una persona quisquillosa.
(2) Los botones forrados son una característica importante de todas las prendas de vestir.
(3) Una jueza puede otorgar un premio basándose en un detalle pequeño.
(4) Las jueces de costura suelen apreciar dos prendas de vestir por igual.
(5) Los pequeños detalles no son el aspecto más importante de una prenda de vestir.

6. ¿Cuál es el factor que más probablemente decidió la asignación del primer premio al jumper de niña blanco y negro?

(1) sus finas puntadas
(2) sus pinzas lisas
(3) sus botones forrados
(4) su aspecto general
(5) las fibras de la tela

7. ¿Qué sugiere el autor con la palabra "suspira" (línea 44)?

(1) La jueza está cansada de degustar muestras.
(2) Juzgar es un trabajo difícil y a menudo aburrido.
(3) La jueza piensa que el frasco está defectuoso.
(4) La jueza no está satisfecha con la cosecha de este año.
(5) La jueza no recibirá un pago por todo su trabajo.

8. ¿Qué par de palabras describe mejor el estilo de escritura de este artículo?

(1) seco y académico
(2) informal y espontáneo
(3) complejo y técnico
(4) formal y científico
(5) ligero y cómico

Las respuestas comienzan en la página 807.

Lección

2

Resumir las ideas importantes

Usted lee documentos en el trabajo y otros tipos de materiales de no ficción para encontrar la información que necesita. Cuando **resume** las ideas importantes de lo que lee, traduce activamente estas ideas en información utilizable. A menudo resumir se conoce como una "estrategia de lectura activa".

Es probable que usted haya resumido las ideas importantes de material informativo muy a menudo sin darse cuenta. Imagine, por ejemplo, que recibe un memorando en el trabajo sobre las nuevas normas de seguridad. Uno de sus colegas le pregunta lo que dice el memorando y entonces, usted podría responderle: "dice que ahora debemos usar tapones para los oídos en el piso donde está el taller". Usted resumió de manera efectiva los principales puntos del memorando sin dar todos los detalles.

Lea el siguiente pasaje de un memorando y complete el ejercicio a continuación.

resumir
expresar las ideas importantes en un texto en sus propias palabras

A partir del 30 de junio, la compañia de software Digidiseños ofrecerá a todos sus empleados de jornada completa una cobertura de seguro médico. "Jornada completa" constituye una semana laboral de 37.5 horas. La cobertura entra en vigencia a partir del primer día del mes siguiente a la fecha de inicio del empleado. Actualmente, hay dos opciones de seguro médico disponibles: la organización de mantenimiento de la salud, HMO (*Health Maintenance Organization*) y la organización de proveedor preferencial, PPO (*Preferred Provider Organization*). Ambos planes requieren un deducible anual por individuo asegurado de $250, con un máximo familiar de $750, pero hay otras diferencias importantes en la cobertura. Lea el material adjunto y póngase en contacto con Recursos Humanos si tiene alguna pregunta.

Los encabezados suelen resumir los puntos principales de los materiales informativos. Marque con una "X" el encabezado que resume mejor las ideas importantes de este memorando.

_____ a. Dos nuevos planes de salud están disponibles para los empleados de jornada completa

_____ b. Deducibles anuales para los planes de salud personales y familiares

Usted acertó si eligió la *opción a*. Éste encabezado resume los puntos principales del memorando. La *opción b* contiene detalles, pero no la información más importante.

Sugerencia

Cuando resuma lo que lee, trate de contestar estas preguntas acerca de las ideas más importantes expuestas: *¿Quién? ¿Qué? ¿Dónde? ¿Cuándo? ¿Por qué? y ¿Cómo?*

Práctica de GED

Instrucciones: Elija la respuesta que mejor responda a cada pregunta.

Las preguntas 1 a 3 se refieren al siguiente aviso de una empresa.

¿POR QUÉ ES IMPORTANTE ESTA LEY?

Todos los empleados deben ser informados de la ley referente a los beneficios de salud para los ex-empleados.
Como empleador de más de 20
(5) personas, Aviación Universal debe por ley permitir que los "beneficiarios que califican" conserven su seguro de salud después de dejar la empresa debido a ciertos "sucesos calificadores".
(10) Un beneficiario que califica o reúne los requisitos es un empleado o ex-empleado con cobertura de un plan de salud grupal, su esposo o esposa, hijos dependientes o hijo adoptado o nacido cuando el empleado
(15) tenía la cobertura. Para un empleado con cobertura, un "suceso calificador" es el cese voluntario o involuntario (excepto si es despedido por una falta grave de conducta), reducción de horas de empleo o
(20) presentación de solicitud de quiebra por parte del empleador. Para un cónyuge o hijo dependiente significa la pérdida del trabajo del empleado, la muerte del empleado con cobertura, el divorcio o separación legal del
(25) empleado con cobertura, el cumplimiento de los requisitos para Medicare por parte del empleado con cobertura, la pérdida de estatus de un dependiente, o bien, la presentación de solicitud de quiebra por
(30) parte del empleador.
Los empleados con cobertura deben ser informados de sus derechos cuando son contratados y al abandonar Aviación Universal. La cobertura puede durar hasta
(35) 18 meses por cese o reducción de horas laborales, hasta 29 meses para ciertos beneficiarios discapacitados que califican y hasta 36 meses por divorcio o separación. Una vez que la cobertura es elegida, se
(40) pide a los beneficiarios que califican que paguen una prima que incluye una cuota nominal de administración, el primer día del mes que se aplica la cobertura.

1. ¿Cuál de las siguientes razones es más probable que descalificaría a un empleado para la cobertura de esta póliza?

    (1) quiebra de la empresa
    (2) pérdida del empleo por reducción de personal
    (3) adopción de un hijo
    (4) renuncia al empleo
    (5) robo de una computadora

2. ¿Qué enunciado resume mejor el pasaje?

    (1) La empresa tiene pólizas claras para los ex-empleados.
    (2) Los ex-empleados pueden conservar su seguro de salud al dejar la empresa.
    (3) Los ex-empleados que califican y sus dependientes pueden conservar su seguro de salud.
    (4) Los empleados tienen derecho a tener un seguro de salud.
    (5) Al gobierno le preocupa el costo cada vez mayor de los cuidados médicos.

3. ¿Cuáles de las siguientes deducciones sobre las leyes de seguros de salud son apoyadas por el pasaje?

    (1) Los dependientes menores de 21 años que no asisten a la escuela pierden la cobertura.
    (2) Las empresas con menos de 20 empleados están exentas.
    (3) Los empleados cubiertos no pueden conservar su seguro cuando aceptan un nuevo trabajo.
    (4) Los ex-empleados deben pagar enormes primas para retener su cobertura.
    (5) Las enfermedades que el empleado sufra después de dejar la empresa no están cubiertas.

Las respuestas comienzan en la página 807.

Replantear información

Usted demuestra que entiende algo que leyó cuando lo **replantea** con sus propias palabras. Puede usar esta estrategia de lectura activa para profundizar y reforzar su comprensión de materiales escritos. Usted emplea esta estrategia a menudo en la vida diaria. Por ejemplo, imagine que está ayudando a un amigo o amiga a armar su nuevo escritorio. Usted lee "inserte la espiga A en el agujero A". Su amigo le pide que le explique las instrucciones con mayor claridad, así que le dice: "pon la estaquilla larga en el agujero que conecta la parte de arriba del escritorio con uno de sus lados". Acaba de replantear la información.

Lea el siguiente pasaje de un artículo y complete el ejercicio a continuación.

A pesar de lo llamativo de la Red, el correo electrónico es y ha sido siempre la principal razón por la que la gente se conecta a la Red, seguida de la investigación, según una encuesta realizada por Louis Harris y Asociados. Más de 1.6 mil millones de mensajes no comerciales son enviados por correo electrónico cada día en los Estados Unidos; esto es casi tres veces el número de envíos por correo de primera clase, de acuerdo con un análisis hecho por eMarketer, una firma de investigación del mercado de Internet con sede en la ciudad de Nueva York.

Es fácil ver por qué. El correo electrónico es más barato y rápido que una carta, importuna menos que una llamada telefónica y es más flexible que un fax. Es posible enviar un correo electrónico desde el trabajo, la escuela y la casa, 24 horas al día y, además de texto, es posible intercambiar fotos, mensajes orales e incluso vídeos.

Reid Goldsborough, "We've All Got E-Mail", *The Editorial Eye*.

replantear
demostrar que entiende algo al expresarlo con sus propias palabras

1. Marque con una "X" el enunciado que <u>mejor</u> replantee la idea principal del pasaje.

_____ a. El correo electrónico no se está usando a su máximo potencial.

_____ b. El correo electrónico es superior a muchos otros medios de comunicación.

2. La segunda oración del segundo párrafo menciona tres razones de la popularidad del correo electrónico. Escriba cada razón junto a su replanteamiento correspondiente.

a. más eficiente: _____

b. mejor recibido: _____

c. más adaptable: _____

Usted acertó si eligió la *opción b* para la pregunta 1. Para la pregunta 2 las respuestas correctas son: *a. más barato y rápido que una carta, b. importuna menos que una llamada telefónica y c. más flexible que un fax.*

Sugerencia

Para replantear una idea, busque la idea principal de un texto y después exprésela usando sus propias palabras.

Práctica de GED

Las preguntas 1 a 4 se refieren al siguiente pasaje de un artículo.

¿QUÉ ES UN BILLETE PARA BILL GATES?

Considere que Bill Gates, cuya fortuna personal fue recientemente tasada en $40 miles de millones de dólares, hizo su dinero a lo largo de los 22 años desde que fundó
(5) Microsoft. Si suponemos que desde entonces ha trabajado catorce horas por día cada día hábil, eso significa que ha ganado la friolera suma de $500,000 por hora o alrededor de $150 por segundo. A su vez,
(10) significa que si Bill Gates viera o dejara caer un billete de $500, no valdría la pena que se tomara la molestia de invertir los cuatro segundos que se requieren para agacharse y recogerlo.
(15) El índice "billete demasiado pequeño para Bill" ha aumentado drásticamente con los años. Cuando Microsoft salió a la bolsa en 1986, el nuevo multimillonario habría perdido dejando todo menos los billetes de
(20) $5. Recuerdo que al hablar con él en una conferencia en 1993 pensé: "$31 por segundo, $31 por segundo".

Otra manera de examinar esta asombrosa fortuna es compararla con la de
(25) un estadounidense promedio con una fortuna razonable pero modesta. Pensemos en una persona cuya fortuna ascienda a $100,000. La del Sr. Gates es 400,000 veces más grande, lo cual significa que para
(30) Bill, $100,000 (toda la fortuna de la persona) equivale a 25 centavos. Puede calcular la relación respecto de su propia fortuna. Así que un Lamborghini Diablo nuevo, que cuesta unos $250,000, equivaldría a 63
(35) centavos en la moneda de Bill Gates. ¿Y la computadora portátil de 233 MHz, completamente equipada, con multimedia, matriz activa y pantalla de 1024 × 768? Un centavo. ¿Y una linda casa en una ciudad
(40) de ricos como Palo Alto, California? $2. Es posible que usted pueda comprar un boleto de avión en un Boeing 747 por $1,200, tarifa completa. En la moneda de Bill, el Sr. Gates podría comprar tres aviones 747: uno para

(45) él, uno para su esposa, Melinda y otro para su hija pequeña Jennifer Katharine.

Brad Templeton, "It's Net Worth It", "Bill Gates Wealth Index".

1. ¿Qué quiere decir el autor con el enunciado "El índice 'billete demasiado pequeño para Bill' ha aumentado drásticamente con los años" (líneas 15 a 16)?

    (1) El valor de Gates es mayor, así que su tiempo es más valioso.
    (2) Gates tiene que trabajar más para ganar más.
    (3) Gates se ha vuelto más generoso con su dinero.
    (4) Probablemente Gates gane menos en el futuro.
    (5) Gates gana mucho más que el estadounidense promedio.

2. ¿Cuál es el tono de este artículo?

    (1) de felicitación
    (2) de envidia
    (3) crítico
    (4) de molestia
    (5) humorístico

3. ¿Qué quiere decir el autor con el enunciado "(toda la fortuna de la persona) equivale a 25 centavos" (líneas 30 y 31)?

    (1) Gates trata a los demás como si no tuvieran mucho valor.
    (2) El estadounidense promedio no puede costearse artículos de lujo.
    (3) Gates gasta fortunas sin pensarlo dos veces.
    (4) Una fortuna modesta es para Gates como cambio de bolsillo.
    (5) La mayoría de los estadounidenses no ahorran suficiente dinero.

4. De acuerdo con el pasaje, ¿qué enfoque es más probable que el autor utilizaría para describir la distancia de la Tierra a la Luna?

    (1) mediante lenguaje muy técnico
    (2) mediante comparaciones
    (3) mediante exageraciones para enfatizar
    (4) describiría distintos puntos de vista
    (5) enunciaría la información de manera realista

Las preguntas 5 a 8 se refieren a la siguiente póliza de garantía.

¿QUÉ CUBRE ESTA GARANTÍA?
TECNOLOGÍAS DE CÓMPUTO

garantiza que este producto está libre de materiales defectuosos o defectos de fabricación y reemplazará o reparará esta unidad o cualquiera de sus partes si

(5) resulta defectuosa con el uso o servicio normal dentro del año posterior a la fecha de compra. Nuestra obligación bajo esta garantía es la reparación o reemplazo del aparato defectuoso o cualquiera de sus

(10) partes. Esta garantía se considerará anulada en caso de alteración de la unidad, de su mantenimiento inadecuado o uso indebido, negligencia o daño accidental. No hay garantías adicionales a las que se

(15) enuncian en este párrafo.

EXCLUSIONES: Esta garantía limitada no es válida para reparaciones o reemplazos que se deban a cualquier causa más allá del control de Tecnologías

(20) de Cómputo. Éstas incluyen, pero no están limitadas a: cualquier mal funcionamiento, desperfectos o fallas que en opinión de la empresa hayan sido ocasionadas por un servicio no autorizado, mantenimiento

(25) inadecuado, uso contrario a las instrucciones proporcionadas, transporte o accidentes de tránsito, modificación o reparación por parte del usuario, abuso, mal uso, descuido, accidente, incendio,

(30) inundación u otros desastres naturales, voltaje incorrecto, daños superficiales, partes eliminadas o desfiguradas y desgaste por uso normal.

La garantía limitada no se aplica a los

(35) daños ocasionados durante el desempaque y la instalación; desplazamiento del producto para su reparación; o reinstalación del producto después de su reparación.

A discreción de la empresa, un cargo

(40) por mano de obra puede ser impuesto a los productos cuya reparación haya sido solicitada bajo la garantía limitada y en los que no se haya encontrado falla alguna.

Esta garantía le brinda derechos

(45) legales específicos y usted también puede tener otros derechos que varían de un estado a otro.

---

5. ¿Qué oración expresa mejor la idea principal del segundo párrafo?

(1) Cualquier cliente que descomponga una computadora debe comprarla.
(2) La garantía sólo cubre los desperfectos de manufactura.
(3) La garantía no es válida si el comprador descompone la computadora.
(4) La garantía cubre únicamente reparaciones más allá del control de Tecnologías de Cómputo.
(5) Los compradores deben manejar la computadora con cuidado.

6. ¿Cuál es el propósito de esta cláusula de garantía?

(1) describir las condiciones en que la empresa reemplazará o reparará el producto
(2) eximir a la empresa de la responsabilidad de reemplazar o reparar el producto
(3) garantizar que los compradores estén completamente satisfechos
(4) servir como prueba de que el producto pasó por una inspección cuidadosa antes de ser vendido
(5) explicar que el fabricante no hará devoluciones ni cambios

7. Para que un fabricante cumpla con la garantía, ¿cuál de los siguientes criterios es más probable que el comprador deba reunir?

(1) ser residente de los Estados Unidos
(2) dar prueba de la fecha de compra
(3) demostrar que el producto estaba defectuoso
(4) regresar el producto al lugar de la compra
(5) llenar un cuestionario sobre los hábitos de compra

8. ¿Qué par de palabras describe mejor el estilo de este documento?

(1) informal y coloquial
(2) vago y engañoso
(3) severo y amenazante
(4) aburrido y repetitivo
(5) formal y legal

Las respuestas comienzan en la página 808.

Aplicar las ideas

Aplicar ideas significa usar la información que se lee. Por ejemplo, cuando usted sigue los pasos de una receta para preparar cierto platillo, toma las palabras y las lleva a la práctica, en otros términos, las aplica. Muchos materiales de lectura de la vida diaria requieren el uso de esta destreza.

Lea el siguiente pasaje de un manual de orientación del empleado y complete el ejercicio a continuación.

Uno de los principales cambios en los beneficios que entra en vigencia el primero de enero es el ajuste de la Empresa de las contribuciones de los empleados a su cuenta 401(k). La razón de este beneficio es animar a los empleados a contribuir a sus propias cuentas de jubilación adicionalmente a los aportes que hace la compañía. Los empleados pueden hacer esto mediante aplazamientos optativos de sus sueldos a sus cuentas 401(k). Por cada dólar invertido hasta el uno por ciento del salario base sobre el siguiente año, la compañía abonará un dólar. Esto representa un rendimiento inmediato de su inversión del 100 por ciento. Por cada dólar que invierta hasta el siguiente 1 por ciento de su salario base la compañía abonará 50 centavos: un rendimiento de su inversión del 50 por ciento. Todas las contribuciones se hacen antes de impuestos.

aplicar ideas
la capacidad para extraer la información que lee y transferirla a una nueva situación

1. Complete los espacios en blanco con la palabra correcta de la siguiente lista.

   banco   dinero   401(k)   sueldo

   De acuerdo con el pasaje, un aplazamiento optativo es

   _____ que es tomado de su

   _____ cada periodo de pago y depositado en su cuenta.

2. ¿Cuál de las siguientes actividades es similar a un aplazamiento optativo?

   _____ a. retiros regulares de una cuenta de ahorros

   _____ b. reuniones regulares con un consejero de inversiones

   _____ c. depósitos regulares a una cuenta de ahorros

3. ¿Qué otra cuenta tendría el mismo propósito que la cuenta 401(k)?

   _____ a. cuenta de ahorros

   _____ b. cuenta corriente

   _____ c. bonos del gobierno

   _____ d. cuenta individual de jubilación

   _____ e. acciones

Usted acertó si eligió *dinero, sueldo* y *401(k)* en la pregunta 1. La respuesta de la pregunta 2 es la *opción c* porque ambas involucran ahorrar dinero regularmente. La respuesta de la pregunta 3 es la *opción d*; tanto las cuentas de jubilación individuales como las cuentas 401(k) implican ahorrar dinero para el retiro.

Sugerencia

Aplicar ideas es un proceso de dos pasos. Paso 1: Asegúrese de que entiende la idea principal o los detalles de apoyo. Paso 2: Aplique esa información a la nueva situación.

Práctica de GED

Las preguntas 1 a 4 se refieren al siguiente pasaje de un artículo.

¿POR QUÉ LA "RED" ES UN BUEN NOMBRE PARA INTERNET?

La Red o World Wide Web representa el mayor recurso de información del mundo. Pero sin cierta preparación, buscar en la Red puede ser similar a vagar en
(5) una biblioteca durante un apagón: uno sabe que las respuestas están cerca, pero no las puede encontrar.

Con el fin de aprovechar al máximo las capacidades de la Red, es necesario
(10) familiarizarse con las herramientas disponibles y entender bien cómo se emprende una búsqueda. Pensar unos momentos antes de presionar la tecla "buscar" puede cambiar todo.

(15) **Los motores de búsqueda**
A diferencia de su amigable biblioteca del barrio, en línea no hay un sistema decimal Dewey, sino una colección de documentos que, según los expertos,
(20) pronto serán mil millones. Tampoco hay un índice para la Red, así que encontrar información puede ser una tarea de enormes proporciones. De ahí que los motores de búsqueda sean herramientas
(25) tan esenciales. Los motores de búsqueda permiten encontrar documentos en respuesta a una pregunta. Cada motor mantiene su propia base de datos creada por programas de computadora o "robots".
(30) Estos programas, también llamados "arañas", viajan por la Red (de ahí el sobrenombre) para localizar nuevos sitios, actualizar los viejos y eliminar la base de datos obsoletos. Al realizar la búsqueda,
(35) emplean una técnica de título y localización: las páginas cuyos títulos contienen las palabras que se buscan (palabras clave) son consideradas más relevantes.

Art Daudelin, "Keys to Effective Web Searching", *Physicians Financial News.*

1. ¿Cuál de las siguientes opciones resume la idea principal de este pasaje?

   (1) cómo la Red recibió su nombre
   (2) cómo obtener un trabajo en computadora
   (3) cómo buscar en la Red
   (4) cómo crear un motor de búsqueda
   (5) cómo la Red sustituye a la biblioteca

2. Si quisiera información sobre trabajos de cocina, ¿qué palabras clave resultarían más útiles para obtener resultados?

   (1) técnicas de cocina
   (2) oportunidades de empleo
   (3) oportunidades en el servicio de comida
   (4) escuelas de cocina francesa
   (5) servicios de restauración

3. De acuerdo con la información de este pasaje, ¿qué deducción puede hacer sobre hacer una búsqueda en la Red?

   (1) La Red es un enorme motor de búsqueda.
   (2) No hay dos motores de búsqueda iguales.
   (3) La Red es una biblioteca electrónica.
   (4) Actualizar sitios de la Red es casi imposible.
   (5) La frecuencia de palabras no es una técnica de búsqueda importante.

4. De acuerdo con la información del artículo, ¿qué título atraería al mayor número de buscadores interesados a una página de red en particular?

   (1) un título humorístico que haga reír a los lectores
   (2) un título que resuma en una palabra el contenido de la página
   (3) un título que contenga las palabras más importantes de la página
   (4) un título con palabras vívidas y poéticas
   (5) un título general, no específico

Las preguntas 5 a 7 se refieren al siguiente pasaje de una guía de beneficios del empleado.

¿CUALES SON LAS CARACTERÍSTICAS DE ESTE PLAN?

La compañía se complace y enorgullece de anunciar la adición de beneficios para los cuidados de la vista a nuestro excepcional paquete de
(5) beneficios. Estamos orgullosos de ser una de las compañías más progresistas y cordiales con los empleados en Estados Unidos. Nuestro lema es: "¡Cuidamos a nuestros empleados y ellos cuidan de
(10) nosotros!". Con esta idea en mente, hemos agregado los siguientes beneficios. Por favor, revíselos detenidamente y, si tiene preguntas, contacte a nuestro departamento de Recursos Humanos.
(15) La compañía se inscribirá en el Plan de cuidados para la vista, una de las mayores redes en el área metropolitana. Todos los empleados actualmente inscritos en el plan médico de la compañía entrarán
(20) automáticamente en la cobertura. Para lograr esto, la compañía aumentará la prima del seguro de salud del empleado por $10 al mes o $120 al año. El plan requiere el pago de un deducible de $50
(25) al año por familia, después del cual la red paga 90 por ciento de los cargos cubiertos.
Con el fin de recibir el coseguro del 90 por ciento, los empleados deben acudir a
(30) los oftalmólogos, optometristas u ópticas que participan en la red de cuidados para los ojos. A los empleados que opten por consultar a profesionales fuera de la red se les reembolsará un 75 por ciento.
(35) Bajo este plan, el reemplazo de lentes (anteojos y lentes de contacto) está permitido cada 12 meses, pero sólo si es necesario debido a un cambio en la receta o daños en los lentes. Los marcos pueden
(40) cambiarse cada 24 meses. La cirugía láser con propósitos meramente estéticos no está cubierta en el plan. Por favor, contacte a Recursos Humanos para obtener un formulario de inscripción, una
(45) descripción de los beneficios y una lista de los profesionales participantes.

5. De acuerdo con el pasaje, ¿cuál de las siguientes opciones define un "coseguro" (línea 28)?

Es la cantidad que

(1) paga el plan de seguro
(2) paga la compañía del empleado
(3) debe pagar una segunda aseguradora
(4) paga el empelado
(5) debe pagar el optómetra

6. De acuerdo con la descripción de la compañía en el primer párrafo, ¿cuál de las siguientes oraciones es la descripción más probable de la política de la compañía respecto del permiso por paternidad (tiempo libre que se da a los nuevos padres)?

(1) No se concede permiso por paternidad, a menos que se tome días por enfermedad o días personales acumulados.
(2) Se concede un permiso de hasta 6 meses si el padre es el principal cuidador.
(3) El permiso por paternidad puede concederse por un periodo ilimitado de tiempo.
(4) El permiso por paternidad se concede sólo para los hijos biológicos.
(5) El permiso por paternidad no se concede más que como licencia sin goce de sueldo.

7. ¿Por cuál de las siguientes razones se puede deducir que la compañía promueve la consulta con los profesionales de la vista aprobados?

(1) Están mejor calificados que los profesionales fuera de la red.
(2) La compañía recibe una cuota por cada empleado que les refiere.
(3) Consultarlos ayuda a regular los costos del seguro.
(4) No cobran en exceso a sus pacientes.
(5) Las autoridades de salubridad les han otorgado calificaciones profesionales altas.

Sugerencia

Al aplicar ideas, busque las semejanzas entre la información que lee y la situación a la que debe aplicarla.

Las respuestas comienzan en la página 809.

Hacer una deducción

En ocasiones, cuando usted lee textos de no ficción los hechos están implícitos o sugeridos. En tales casos debe descubrir lo que el autor dice a partir de la información que se menciona y se sugiere. Esta destreza se conoce como **hacer una deducción**.

En la lección 1, usted aprendió que en ciertos estilos de escritura de no ficción la idea principal no se menciona directamente. Cuando el autor no menciona directamente la idea principal, usted debe hacer una deducción para descubrirla.

Lea el siguiente pasaje de un artículo y complete el ejercicio a continuación.

Era a principios de la década de 1980... Un experto que estaban entrevistando en la sección de noticias dijo que en 20 años, gracias a las computadoras, la semana laboral promedio iba a reducirse a 20 horas. Los Estados Unidos se convertiría en un país de ocio y cultura. Íbamos a tener más tiempo para cumplir nuestros sueños. Las computadoras iban a revolucionar la medicina, los negocios, la comunicación, el gobierno, la educación; iban a facilitar nuestra existencia más de lo que podríamos imaginar y a librarnos de las ansiedades que nos acosan...

Saltemos al presente, el año 2000. Las computadoras personales han proliferado. Las PC saturan cada vez más hogares en los Estados Unidos y las compañías de Internet dominan el mercado de valores. Las computadoras han allanado el terreno para hacer extraordinarias investigaciones en genética y física cuántica, así como para la exploración del espacio. Pero trabajamos más horas, tenemos prisa y estamos más nerviosos que nunca.

Y después se habla de la semana laboral de 20 horas...

Victor Landa, "My 20-hour Workweek Never Arrived", ©2000 Hispanic Link News Service.

1. Marque con una "X" la idea principal implícita en este pasaje.

    _____ a. Las computadoras han revolucionado muchas áreas de la vida moderna.

    _____ b. A pesar de las predicciones que indican lo contrario, las computadoras hicieron que la vida sea más ajetreada que nunca.

2. Marque con una "X" cada detalle que lo ayudó a responder a la pregunta 1. Marque más de una opción.

    _____ a. Un experto predijo que las computadoras reducirían la semana laboral medio a 20 horas.

    _____ b. Las compañías de Internet desempeñan un rol importante en el mercado de valores.

    _____ c. Trabajamos en la actualidad más que nunca.

Usted acertó si escogió la *opción b* para la pregunta 1. Para la pregunta 2, los detalles que apoyan la idea principal son las *opciones a* y *c*.

Lección

5

hacer una deducción
usar información que se menciona y sugiere para descubrir una idea que no se menciona

---

Sugerencia

Para deducir la idea principal de un párrafo, identifique el tema y los detalles de apoyo. Cuando vea cómo se relacionan el tema y los detalles, podrá determinar la idea principal.

Práctica de GED

Instrucciones: Elija la respuesta que mejor responda a cada pregunta.

Las preguntas 1 a 4 se refieren al siguiente pasaje de una biografía.

¿CUÁNTAS CARAS TIENE UN HOMBRE?

Whiteside tenía razón. Todas las características del líder mayoritario y presidente Lyndon Baines Johnson que, desplegadas en el escenario nacional,
(5) eran tan singulares y llenas de vitalidad: su deslumbre, su capacidad para ser incluyente y manipular a los hombres, el tejemaneje. Todas estas son características que los estudiantes de San
(10) Marcos habían visto. Y la similitud se extendía a aspectos del hombre menos públicos. Los métodos que Lyndon Johnson utilizó para llegar al poder en el Capitolio fueron los mismos que usó
(15) en College Hill y la similitud fue más allá que el robo de una elección. En San Marcos, el poder residía en las manos de un solo hombre mayor. Johnson le había rogado a ese hombre que le diera una
(20) oportunidad para hacerle sus encargos, había buscado hacerle más encargos, le había ofrecido escucharlo cuando se sentía comunicativo y lo había acompañado cuando se sentía solo.
(25) También lo había adulado; su adulación, plagada de halagos tan extravagantes y descarados (hábiles) que maravillaron a sus coetáneos. La amistad de este único hombre mayor lo acorazó contra
(30) la enemistad de sus coetáneos, le dio suficiente poder para que dejara de importarle lo que los demás pensaban de él. En Washington, los nombres de sus patrones, los hombres de mayor edad que
(35) le confirieron poder a Johnson, serían más famosos: Rayburn, Russell, Roosevelt; pero la técnica sería la misma.

Robert A. Caro, *The Years of Lyndon Johnson: The Path to Power.*

1. De acuerdo con el pasaje, ¿cuál es la opinión del autor sobre Lyndon Johnson?

   El autor

   (1) admira su talento en campaña
   (2) cree que era interesado
   (3) lo cataloga como uno de los mejores presidentes de Estados Unidos
   (4) piensa que no estaba calificado para servir
   (5) odia lo que representaba

2. De acuerdo con el pasaje, ¿cuál de las siguientes características explica mejor cómo Lyndon Johnson llegó al poder?

   (1) Tenía carácter.
   (2) Su presencia era vívida.
   (3) Era extravagante.
   (4) Era adulador.
   (5) Era un apantallador.

3. De acuerdo con el pasaje, ¿qué deducción puede hacer sobre las amistades de Lyndon Johnson?

   (1) Tenía más cosas en común con hombres de mayor edad que con sus coetáneos.
   (2) Intentaba hacerse amigo de los hombres que podían ayudarlo.
   (3) Tenía poco respeto por sus coetáneos.
   (4) Los hombres mayores le desagradaban pero de todos modos buscaba su amistad.
   (5) Sólo se hacía amigo de hombres poderosos.

4. El presidente Johnson logró la aprobación de más leyes de derechos civiles que cualquier otro presidente de Estados Unidos. ¿Qué idea clave de este pasaje está apoyada por este hecho?

   (1) A Johnson no le importaban las opiniones de los demás.
   (2) Johnson podía andar en tejemanejes.
   (3) Johnson era descarado.
   (4) Johnson quería agradar.
   (5) Johnson era un gran hombre.

Las preguntas 5 a 7 se refieren al siguiente pasaje de una editorial.

¿POR QUÉ ESTOS EDIFICIOS ESTÁN AMENAZADOS?

Los edificios del área de Washington Square Park ofrecen un vistazo único al pasado de nuestra ciudad.

El carácter turístico de éste y otros
(5) barrios del centro está bajo una amenaza creciente. Hay un auge de edificaciones residenciales en los circuitos sur, oeste y en el lado norte. En general, esto es algo grandioso para nuestra ciudad. Pero, ¿qué
(10) tal si un potencial sitio de construcción ya está ocupado por hermosos edificios?

Lamentablemente, a veces la respuesta a esta pregunta está en el ruido de una bola de demolición. No importa que un pedazo
(15) de terreno ya esté ocupado por mansiones victorianas o por una atractiva sucesión de edificios italianos de tres pisos de la década de 1870. En respuesta a tales preocupaciones, los nuevos edificios suelen
(20) construirse con un estilo muy atractivo. "Hacemos incluso arte deco... ¿o qué tal un diseño Beaux Arts? Éstas podrían ser las palabras de un promotor inmobiliario.

Dadas estas opciones, debemos
(25) conservar los edificios de la década de 1870 en cada ocasión. En tales casos ningún edificio nuevo, sin importar lo elegante del diseño, puede mejorar lo que ya está construido allí. Este principio se
(30) aplica a un posible nuevo proyecto en la intersección de las calles Dearborn y Elm, en el área de Washington Square Park.

Un término de moda relacionado con el desarrollo es "mal aprovechado". Puede
(35) escucharlo cuando alguien hace referencia a un terreno que no ha alcanzado su más alto potencial para generar impuestos.

Claro, una estructura nueva con muchos pisos generará más impuestos inmobiliarios;
(40) pero cuando en el mercado haya demanda para edificios como éstos, deben ser construidos *primero* en lugares *no históricos.*

...Se deben equilibrar los derechos de los propietarios con los del bien común.
(45) Este bien comprende conservar la belleza y la historia, así como lograr los beneficios económicos que resultan de la conservación aunque a veces sean intangibles.

Michael C. Moran, "Saving downtown's gems", *Chicago Tribune.*

5 ¿Cuál de las siguientes ideas es el mejor replanteamiento de la última oración del pasaje?

(1) Conservar las propiedades históricas reporta dólares considerables provenientes del turismo.
(2) La conservación histórica está directamente relacionada con el crecimiento económico de la ciudad.
(3) El interés del público tiene prioridad sobre los intereses privados.
(4) Los beneficios de la conservación no siempre pueden medirse en dólares y centavos.
(5) No hay comparación entre los dólares de impuestos producidos y los dólares del turismo gastados.

6. De acuerdo con la información del pasaje, ¿cuál es la preocupación más probable de los promotores inmobiliarios?

(1) aumentar los impuestos a la propiedad recaudadas por la ciudad
(2) aumentar los espacios disponibles para oficinas
(3) obtener beneficios de los nuevos proyectos de construcción
(4) mantener el carácter de los barrios
(5) aliviar la escasez de viviendas de precio accesible

7. ¿Cuál es el propósito general de esta editorial?

(1) despertar la conciencia de la importancia de conservar los edificios históricos
(2) estimular el turismo mediante el fomento de la historia de la ciudad
(3) criticar a los funcionarios de las zonas de la ciudad
(4) detener todas las construcciones en la zona del centro
(5) impresionar a los lectores con el conocimiento del autor sobre los estilos arquitectónicos

Sugerencia

Para descubrir una idea principal implícita, lea todo el pasaje. ¿Cuál parece ser la actitud del autor respecto a su tema? ¿Qué insinúa el autor. Hacerse este tipo de preguntas puede ayudarlo a encontrar pistas que le sirvan para determinar la idea principal.

Las respuestas comienzan en la página 809.

Identificar el estilo y el tono

El estilo y el tono son dos aspectos importantes de la redacción. El **estilo** es la manera en que un escritor escribe, es decir, el tipo de palabras que elige y la manera en que las ordena para formar oraciones y párrafos. Los escritores escogen el estilo de redacción más adecuado para el tema que escriben. El estilo de un escritor a veces indica cómo se siente sobre el tema. El **tono** resulta del estilo; es el sentimiento que el escritor quiere transmitir a través del texto. La selección de las palabras revela el tono, que a su vez refleja las actitudes y sentimientos del autor sobre un tema.

Lea el siguiente pasaje de un ensayo personal y complete el ejercicio a continuación.

Antes de mudarme al oeste de Dakota del Sur, no sabía nada sobre la lluvia. No sabía que podía caer con demasiada fuerza, suavidad, calidez o frío, demasiado temprano o demasiado tarde. Y tampoco sabía que podía caer muy poca en el momento justo o mucha en el momento equivocado y viceversa.

No sabía que una llovizna al final de una tarde calurosa, a una temperatura de 100 grados o más, podía literalmente quemar el trigo, cocerlo en su tallo y arruinar la cosecha.

Nunca había visto una lluvia persistente y lenta caer sobre la cosecha, hacer brotar de nuevo los granos sobre la franja y convertirlos en inservibles como cultivo comercial.

Kathleen Norris, "Rain", *Dakota*.

estilo

la manera en que el escritor escribe: las palabras y estructuras de las oraciones usadas para transmitir ideas

tono

la actitud del escritor revelada por las palabras que escoge

Sugerencia

Escuche los "sonidos" de las palabras. ¿Qué emoción comunican?

1. ¿Cuál de las siguientes características describen el estilo del primer párrafo? Marque con una "X" todas las que aplican.

_____ a. repetición de una palabra clave

_____ b. oraciones cortas y sencillas

_____ c. el punto de vista de la primera persona

_____ d. uso de antónimos

2. Marque con una "X" las dos palabras que describen el estilo de este pasaje.

_____ a. técnico

_____ b. sencillo

_____ c. informal

3. ¿Qué palabra describe mejor el tono del pasaje?

_____ a. serio

_____ b. sarcástico

_____ c. sentimental

Usted acertó si eligió las *opciones a, c y d* para la pregunta 1. Las respuestas correctas a la pregunta 2 son las *opciones b y c*; la respuesta correcta a la pregunta 3 es la *opción a*.

Práctica de GED

Instrucciones: Elija la respuesta que mejor responda a cada pregunta.

Las preguntas 1 a 4 se refieren al pasaje del ensayo siguiente.

¿CÓMO HACE UN POETA Y MAESTRO PARA CALIFICAR A SUS ESTUDIANTES?

Hay dos maneras de acercarse a la poesía. Una de ellas es escribir poesía. Algunas personas piensan que quiero que la gente escriba poesía, pero no es así; no

(5) necesariamente. Sólo quiero que la gente escriba poesía si quiere escribir poesía. Nunca alenté a alguien que no quisiera escribir poesía a hacerlo y no siempre he animado a quienes sí querían hacerlo.

(10) Sería como estar en nuestro propio funeral. Según dicen la vida no es fácil, nada fácil...

Por fortuna, hay otra manera de acercarse a la poesía y es, leyéndola, pero

(15) no como lingüística, ni historia, sólo como poesía. Determinar cuánto una persona se ha acercado a la poesía es cosa difícil para un maestro. ¿Cómo sé si leyendo a Keats una persona se ha acercado a él?

(20) Para mí es difícil saberlo. Después de un año entero viviendo con mis estudiantes y algunos poetas, no sabía bien si se habían acercado al punto en cuestión. A veces una sola observación me lo decía todo.

(25) Una observación era su calificación anual; tenía que serlo porque era lo único que me indicaba lo que quería saber. Y eso basta, si la observación era correcta, si se acercó lo suficiente. Creo que

(30) una persona puede hacer veinte observaciones tontas si hizo una buena en algún momento del año. Su calificación dependerá de esa buena observación.

Robert Frost, "Education by Poetry", *The Selected Prose of Robert Frost*.

Sugerencia

Fíjese en los tipos de oraciones del pasaje. Las oraciones cortas con verbos fuertes a menudo indican un tono de apremio.

---

1. ¿Qué es lo que Frost quiere decir con "acercarse a la poesía" (línea 1)?

   (1) estar cerca de los grandes poetas
   (2) llevar una vida poética
   (3) ser capaz de recitar poesía
   (4) entender la poesía
   (5) traducir poesía

2. De acuerdo con el pasaje, ¿cuál de las siguientes ideas describe mejor lo que Frost piensa sobre la enseñanza y la comprensión de la poesía?

   (1) Ambas son inexactas y no científicas.
   (2) Ambas requieren conocimiento científico.
   (3) Ambas se benefician de la fe religiosa.
   (4) Ambas son una pérdida de tiempo.
   (5) Ambas son temas para los lingüistas.

3. ¿Cuál de los siguientes enunciados resumen mejor las ideas de Frost sobre poner calificaciones?

   (1) Un estudiante que no desea escribir poesía no tendrá una buena calificación.
   (2) Un estudiante debe ser exacto en su entendimiento de un poema.
   (3) Calificar la comprensión de poesía de un estudiante es difícil y circunstancial.
   (4) Un estudiante que hace más de 20 observaciones tontas reprobará.
   (5) Calificar la comprensión de poesía de un estudiante a veces puede requerir un año entero.

4. ¿Qué par de palabras describe mejor el estilo de redacción del ensayo?

   (1) formal e informativo
   (2) seco y complejo
   (3) técnico y científico
   (4) emotivo y artístico
   (5) serio y coloquial

Las respuestas comienzan en la página 810.

Sacar conclusiones

Cuando usted **saca conclusiones**, considera los hechos de una situación determinada y luego, piensa en explicaciones razonables para esos hechos. Considere la siguiente situación: coloca una rebanada de pan en el tostador y baja la palanca para que se tueste. Después de un minuto regresa y encuentra que el tostador está frío y el pan está sin tostar. Desconecta el tostador y lo conecta a otro tomacorriente. Esta vez el tostador funciona a la perfección. Basándose en el hecho de que el tostador funcionó en el segundo tomacorriente, concluye que hay un problema con el primer tomacorriente.

Lea el siguiente pasaje de un artículo y responda las preguntas que se presentan a continuación.

Tal vez deberíamos dar aplausos por los brazos de Linda Hamilton. Después de que la actriz de "Terminator 2" mostró sus bíceps hace ocho años, cada vez más mujeres se atreven a hacer todo tipo de deporte. Las mujeres practican el levantamiento de pesas, boxeo, escalada en roca, artes marciales y todo tipo de ejercicio vigoroso que antes sólo conocían los hombres. "Ya no hay distinción de género para hacer ejercicio" dice Radu, un entrenador de la ciudad de Nueva York entre cuyos clientes está Cindy Crawford. No se trata sólo de la vanidad, aunque la posibilidad de hacer desaparecer la celulitis para siempre es sin duda parte del atractivo del ejercicio extremo. La Dra. Miriam Nelson, autora de *Strong Women Stay Young (Las mujeres fuertes permanecen jóvenes)*, dice que las rutinas de ejercicio intenso también previenen la osteoporosis y la depresión y desarrollan la autoestima: "La conexión entre la mente y el cuerpo se encuentra allí". Y además, está el incentivo de saber que cualquier cosa que él haga, es probable que una la haga mejor.

"Living Well", *Newsweek*.

sacar conclusiones
tomar decisiones basadas en todos los hecos de una situación determinada

Sugerencia

Para sacar una conclusión correcta, haga una lista de todos los hechos disponibles y luego, piense en explicaciones razonables para esos hechos.

1. ¿Cuál de las siguientes conclusiones apoya este pasaje?

_____ a. El ejercicio intenso es la forma más popular de ejercicio entre las mujeres de hoy.

_____ b. El ejercicio intenso es bueno para todos.

_____ c. El ejercicio intenso tiene varios beneficios para las mujeres.

2. ¿Cuáles son los dos detalles del pasaje que apoyan su elección para la pregunta 1?

_____

_____

Usted acertó si eligió la *opción c* para la pregunta 1. Es posible que haya elegido los siguientes detalles para la pregunta 2: *la posibilidad de desaparecer la celulitis para siempre* y *prevenir la osteoporosis y la depresión, así como desarrollar la autoestima.*

Práctica de GED

Instrucciones: Elija la respuesta que mejor responda a cada pregunta.

Las preguntas 1 a 4 se refieren al siguiente pasaje de un artículo.

¿QUÉ PASA EN EL HOTEL ROOSEVELT?

A las siete de la noche estaba exhausto y empapado en lluvia y sudor. Caminé hacia el Roosevelt con la esperanza de encontrar una habitación para hacer un breve
(5) descanso, pero en lugar de aceptar huéspedes, el hotel estaba evacuándolos. Las luces estaban apagadas y la amenaza de una explosión por una fuga de gas había aumentado en toda la zona demolida. Se
(10) había anunciado otra advertencia de la posibilidad de un segundo tornado. El vestíbulo estaba congestionado de personas temerosas que esperaban en silencio la siguiente explosión.
(15) El conmutador[1] del Roosevelt tenía un circuito telefónico en operación. La operadora llamó al Hotel Raleigh que estaba calle arriba y reservó habitaciones para Roy Miller y para mí, aunque no
(20) sabía en ese momento dónde estaba Roy. La siguiente ocasión que lo vi, me dijo que había manejado hasta Hillsboro, a unas 35 millas de distancia, para llamar por teléfono a su esposa y tranquilizarla sobre
(25) su seguridad. Estaba que echaba humo.
"Manejo 70 millas para llamar a mi esposa", dijo, "le digo: 'querida, estoy bien, estoy a salvo. Ya no te preocupes.' '¿Y qué obtengo a cambio?' Que me diga: "¿Quién
(30) está preocupada? Tú siempre has estado bien. ¿Por qué tienes que llamarme de larga distancia para decírmelo?" "Roy Miller, ¿qué te traes?" dijo la Sra. Miller, quien no se había enterado de la tormenta.

[1]conmutador: centralita telefónica

Ira A. J. Baden relatado a Robert H. Parham, "Forty-five Seconds Inside a Tornado", *Man Against Nature*.

Sugerencia

Al sacar conclusiones, descarte las explicaciones que los hechos no apoyan.

---

1. ¿Cuál de las siguientes conclusiones resume más precisamente la situación general descrita en el pasaje?

   (1) Los hombres se preocupan por lo que sus esposas pensarán.
   (2) El Hotel Raleigh tiene mucha clientela durante la tormenta.
   (3) La gente estaba reaccionando a los efectos del tornado.
   (4) El tornado había cortado el servicio telefónico cerca de la ciudad.
   (5) Los tornados pueden ocasionar fugas de gas.

2. ¿Por qué la Sra. Miller respondió a su esposo de esa manera?

   (1) No le tenía miedo a los tornados.
   (2) Estaba demasiado preocupada por los tornados cercanos a ella para pensar en su esposo.
   (3) No le importaba su esposo.
   (4) Se había dormido durante el tornado.
   (5) No entendía por qué su esposo la había llamado.

3. ¿Cuál de las siguientes palabras describe mejor el tono de este pasaje?

   (1) suspenso
   (2) cómico
   (3) trágico
   (4) acongojado
   5) juguetón

4. ¿Cuál de las siguientes frases describe el estilo de escritura de este pasaje?

   Está escrito en un estilo de

   (1) leyenda urbana.
   (2) artículo de periódico.
   (3) testimonio de un testigo.
   (4) entrevista de televisión.
   (5) informe policíaco.

¿QUIÉN CONDUCE ESTE PROGRAMA?

Cualquier persona que visite en Burbank las oficinas de producción de "E.R.", la serie de televisión médica, no sabría decir de inmediato quién es la fuerza
(5) conductora que está detrás del mayor éxito de la televisión durante varios años.

No es Michael Crichton, el novelista y guionista que creó el programa y escribió el episodio piloto (y se fue casi
(10) inmediatamente a escribir más novelas). No es Steven Spielberg, cuya compañía de televisión Amblin llevó el proyecto a unos estudios grandes, a la Warner Brothers. No es Leslie Moonves, la presidenta de la
(15) Warner Brothers Television, que produce el programa para la NBC.

Es un hombre llamado John Wells, un guionista de televisión veterano, más notablemente conocido por "China Beach".
(20) En todo momento, el Sr. Wells supervisa el contenido y la ejecución de por lo menos cuatro episodios de una hora en varias etapas de su desarrollo, desde el guión hasta la filmación, edición y
(25) posproducción. Las tramas futuras de la serie también son su responsabilidad... En términos del gremio, el Sr. Wells es el administrador de "E.R."

Al menos durante los últimos 10 años,
(30) la persona con ese título no oficial ha sido la verdadera autora o creadora de la serie de televisión. Día a día, el o la administradora del programa toma todo tipo de decisiones referentes a la serie:
(35) guiones, tono, actitud, aspecto y dirección. Él o ella supervisa el reparto, el diseño de la producción y el presupuesto; asimismo, escoge a los directores y estrellas invitadas, defiende el programa de la intromisión de la
(40) cadena televisiva o compañía productora y, cuando es necesario, cambia su curso.

Aún en este medio de notoria colaboración, los administradores de los programas son responsables de lo que los
(45) espectadores ven en la pantalla. Sin embargo, casi todas las personas que están del otro lado del tubo desconocen su verdadera posición e influencia.

Andy Meisler, "The Man Who Keeps *E.R.*'s Heart Beating",
The New York Times.

5. De acuerdo con el pasaje, ¿cuál de las siguientes conclusiones puede sacarse sobre la producción de una serie de televisión?

(1) Los administradores de programas y los guionistas comparten la responsabilidad del éxito de un programa.
(2) Las productoras a menudo interfieren con la administración del programa.
(3) Los administradores de programas son unas de las personas más importantes de la televisión.
(4) La creación de un programa exitoso a menudo es una cuestión de suerte.
(5) Los guionistas veteranos son responsables de los programas de televisión.

6. ¿Cuál de las siguientes responsabilidades puede un administrador de programa delegar a otra persona?

(1) escribir un programa piloto para un nuevo programa relacionado
(2) contratar actores
(3) aprobar el guión de un episodio
(4) reducir los salarios de los actores
(5) cambiar el lugar de filmación

7. La ironía se define como la diferencia entre lo que se esperaba fuera verdad y lo que realmente fue. ¿Cuál de las siguientes oraciones es más irónica en este pasaje?

(1) La persona más importante en la filmación de una serie de televisión es el director.
(2) La fuerza conductora detrás de *E.R.* es en gran parte desconocida para los televidentes.
(3) A los administradores de programas no les gusta colaborar.
(4) El administrador de programa supervisa más de un programa a la vez.
(5) *E.R.* sigue siendo uno de los programas de televisión más vistos.

Las respuestas comienzan en la página 811.

Comparar y contrastar ideas

Cuando usted **compara** ideas, busca en qué se parecen. Cuando usted **contrasta** ideas, busca en qué se diferencian. Los escritores a menudo usan comparaciones y contrastes para organizar ideas de acuerdo con sus semejanzas y diferencias. Ciertas palabras suelen indicar cuando se comparan o contrastan dos cosas.

Lea los siguientes párrafos y complete el ejercicio a continuación.

La TV comercial, que alguna vez fue la reina indiscutible del entretenimiento y la información, enfrenta una seria amenaza de la televisión por cable y al parecer está perdiendo la batalla. La TV por cable con un número de canales aparentemente infinito, brinda a su público televidente un extenso menú de programación, mientras que la TV comercial se limita a recalentar lo que sirven las "cuatro grandes" cadenas.

En su esfuerzo por captar el interés del público estadounidense, la TV por cable se ha distinguido por transmitir programas más imaginativos, arriesgados y reflexivos, a diferencia de los programas insípidos, predecibles e insultantes que la TV comercial define como "entretenimiento". En un débil esfuerzo por competir con un medio que claramente ha encontrado su audiencia, la TV comercial ha optado por innovar cada vez más y más hasta producir programas que alcanzaron nuevos niveles bajos en buen gusto.

1. Este pasaje contrasta _____ con

   _____ .

2. ¿Qué palabras en la última oración del primer párrafo indican un

   contraste? _____

3. Haga una lista de las tres palabras del segundo párrafo que describen la TV por cable y las tres palabras que describen la TV comercial.

TV por cable	TV comercial

Usted acertó si eligió las palabras *TV comercial* y *TV por cable* en la pregunta 1. Para la pregunta 2, las palabras que indican un contraste son *mientras que*. En la pregunta 3, usted acertó si eligió las palabras *imaginativos*, *arriesgados* y *reflexivos* en el caso de la TV por cable y las palabras *insípidos*, *predecibles* e *insultantes* para la TV comercial.

---

comparar
mostrar en qué se parecen las cosas

contrastar
mostrar en qué se diferencian las cosas

Sugerencia

Estas palabras clave indican similitudes: *y, también, de la misma manera, además, asimismo.* Estas palabras clave indican diferencias: *aunque, sin embargo, aún, pero, por otro lado, por el contrario, mientras que, contra, en contraste con.*

Práctica de GED

Instrucciones: Elija la respuesta que mejor responda a cada pregunta.

Las preguntas 1 a 3 se refieren al pasaje de una crítica de libro.

¿POR QUÉ SE HIZO FAMOSO ESTE DUELO?

En *Duel (Duelo)*, Thomas Fleming llena un vacío que muchos estadounidenses tienen de nuestra historia antigua...

(5) Fleming se sirve del famoso duelo entre [Aaron] Burr y [Alexander] Hamilton para hacer un examen detallado de los asuntos de la nación entre 1795 y la muerte de Burr, en 1836...

Tanto Burr como Hamilton tenían
(10) defectos, ambos eran ambiciosos en exceso y representaban serias amenazas para el nuevo equilibrio de la nación. Fleming tiene el crédito de haberlos retratado por lo que fueron sin dejar de transmitir una imagen
(15) peculiarmente simpática de ellos.

Ya había transcurrido un buen tiempo desde los actos heroicos de Hamilton en la guerra, cuando Fleming lo presenta. Hamilton había vuelto a practicar la
(20) abogacía privada en Nueva York sin haber cumplido ninguna de sus dos metas más anheladas: la formación de un gobierno central sólido y un lugar duradero a la cabeza. Estaba atormentado por las deudas
(25) y apenas apegado al liderazgo del Partido Federalista...

Por otro lado, Burr había estado cerca de la presidencia en 1800, cuando él y Thomas Jefferson obtuvieron 73 votos
(30) electorales cada uno. Burr sólo hubiera tenido que persuadir a unas cuantas personas de cambiar sus posturas y el cargo habría sido suyo. Sin embargo, por razones personales complejas, optó por no
(35) hacer el esfuerzo y Jefferson fue declarado presidente.

En 1804, Burr estaba en Nueva York haciendo un último esfuerzo por ganar el control del estado en las elecciones para
(40) gobernador. Pero su oponente de toda la vida, George Clinton, lo derrotó de nuevo. Hamilton contribuyó de manera significativa al resultado y precipitó las conspiraciones vengativas de Burr...

(45) Con una sola bala, Burr selló su destino, ser marginado de la sociedad para siempre. A Hamilton, envejecido pero animoso, le fue negado su último deseo de cuidar de su familia.

Lowe Bibby, "'Duel' comes to terms with our nation's early history", *The Associated Press*.

1. ¿Cuál fue el resultado del famoso duelo entre Hamilton y Burr?

   (1) Hamilton hirió al impopular Burr.
   (2) Tanto Hamilton como Burr resultaron gravemente heridos.
   (3) Burr mató a Clinton, su enemigo de toda la vida.
   (4) Hamilton mató a Burr y fue encarcelado.
   (5) Burr mató al envejecido Hamilton.

2. De acuerdo con el pasaje, ¿qué oración compara correctamente a Burr y a Hamilton?

   (1) Ninguno de los dos estuvo cerca de ganar la presidencia.
   (2) Los dos eran marginados.
   (3) Burr era más peligroso para la nación.
   (4) Ambos buscaban el poder.
   (5) Ambos eran federalistas.

3. ¿Cuál de los siguientes enunciados es más probable que represente la actitud de Fleming hacia estos dos hombres?

   (1) Piensa que Hamilton era más agradable que Burr.
   (2) Admira la fuerte ambición de Burr.
   (3) Le parece que el país sufrió un daño con la derrota de Hamilton para presidente.
   (4) Siente simpatía por los dos hombres.
   (5) Cree que Burr merecía volverse un marginado.

> ### Sugerencia
>
> Para contrastar dos personas, haga una lista de los adjetivos diferentes u opuestos que se utilizan para describirlos.

Lenguaje, Lectura • Interpretar textos de no ficción

Las preguntas 4 a 7 se refieren al siguiente pasaje de un libro de no ficción.

¿CUÁL ES LA DEFINICIÓN DE UNA FOTOGRAFÍA BELLA?

En las primeras décadas de la fotografía, se esperaba que las fotografías fueran imágenes idealizadas. Éste es todavía el objetivo de la mayoría de los

(5) fotógrafos aficionados para quienes una fotografía bella es una fotografía de algo bello, como una mujer o una puesta de sol. En 1915, Edward Steichen fotografió una botella de leche en una escalera de

(10) incendios de un vecindario, uno de los primeros ejemplos de una idea bastante diferente de lo que es una fotografía bella. Desde la década de 1920, los profesionales ambiciosos, es decir, aquellos cuyas obras

(15) se exponen en los museos, se han mantenido lejos de los temas líricos y exploran conscientemente materiales sencillos, de mal gusto e inclusive desabridos. En las últimas décadas, la

(20) fotografía ha logrado revisar en cierto modo y para beneficio de todos, las definiciones de lo bello y lo feo de acuerdo con los parámetros propuestos por Whitman. Si, con las palabras de Whitman, "cada objeto,

(25) condición, combinación o proceso preciso muestra belleza", se vuelve superficial señalar a unas cosas como bellas y a otras no. Si "todo lo que una persona hace o piensa tiene consecuencias", se vuelve

(30) arbitrario considerar que algunos momentos de la vida son importantes y otros son triviales. Fotografiar es dar importancia. Quizás no hay ningún tema que no se pueda embellecer; además, no hay manera

(35) de impedir la tendencia inherente en todas las fotografías de otorgar valor a sus temas. Pero, es posible modificar el mismo significado de valor, como ha sucedido en la cultura contemporánea de la imagen

(40) fotográfica, que ha sido una parodia del evangelio de Whitman. En las mansiones de la cultura predemocrática, alguien fotografiado es una celebridad. En el ámbito de la experiencia estadounidense, como

(45) cataloga Whitman con pasión y evalúa Warhol con indiferencia, todo el mundo es una celebridad. Ningún momento es más importante que otro; ninguna persona es más interesante que otra.

Susan Sontag, *On Photography.*

4. ¿Cuál es el tono de este pasaje?

   (1) argumentativo
   (2) persuasivo
   (3) descriptivo
   (4) explicativo
   (5) analítico

5. De acuerdo con el pasaje, ¿cuál es el objetivo de muchos fotógrafos profesionales contemporáneos?

   (1) hacer fotografías bellas y líricas
   (2) fotografiar imágenes precisas de lugares
   (3) fotografiar temas cotidianos
   (4) hacer fotografías ordinarias y sin gusto
   (5) hacer fotografías que se expongan en museos

6. De acuerdo con la información dada en las líneas 43 a 47 sobre Whitman y Warhol, ¿cuál de las siguientes comparaciones es más precisa?

   Whitman es a Warhol lo que

   (1) un fotógrafo es a un tema
   (2) una celebridad es a una no celebridad
   (3) la belleza es a la fealdad
   (4) algo especial es a algo ordinario
   (5) el sentimiento es a la indiferencia

7. De acuerdo con el pasaje, ¿con cuál de los siguientes enunciados sería más probable que Whitman estuviera de acuerdo?

   (1) Todo ser tiene dignidad y valía.
   (2) Las mejores fotografías no están en los museos.
   (3) Los temas más feos a menudo son los más bellos.
   (4) El arte debe estar basado en los sentimientos más que en la razón.
   (5) Muchas personas son superficiales.

Las respuestas comienzan en la página 811.

Reconocer el punto de vista del autor

Lección 9

La actitud o **punto de vista** de un escritor sobre un tema a menudo influye la forma en que trata un tema. Por ejemplo, es probable que a un crítico de cine le desagraden las comedias pero le gusten los dramas. Es posible que ese mismo crítico dijera más cosas positivas sobre una película dramática que sobre una humorística. Los lectores pueden identificar el punto de vista de un autor basándose en pistas sobre los antecedentes o intereses del escritor, el vocabulario que usa, y los detalles muestran las cosas que le agradan y le desagradan.

Lea el siguiente pasaje de un artículo y complete el ejercicio a continuación.

punto de vista
la actitud u opinión de un escritor sobre un tema

Las improvisaciones de Hines son *siempre* asombrosas y atrevidas. Nos lleva hacia direcciones impredecibles: corta las frases en lugares inesperados, cambia periodos de descanso por movimientos en toda la extensión de la palabra mientras se desliza por la superficie de su estudio. Hines es un bailarín de tap fuerte y serio; se encorva sobre sus pies y mantiene baja la cabeza como un luchador, escucha y enfoca su atención y la nuestra en el sonido de sus pies. No se mueve con gracia ni ligereza (aunque cuando quiere hace que sus pies susurren palabras de amor), pero Hines es más que excepcional en el mundo del tap, es un artista sexy y con carácter. De todos los bailarines de tap que conozco, quizá Hines es el más ingenioso debido a su carácter intrépido. Está promocionando la tecnología del tap casi por sí solo y es un verdadero modernista en cuanto al uso de los ritmos. Con frecuencia, arranca frases a un ritmo para crear tensión; en los pies de un bailarín de menos experiencia sería caótico, pero en los de Hines es excitante.

Sally R. Sommer, "Superfeet", *The Village Voice*.

1. ¿Cuál es la actitud de este crítico hacia el baile tap de Hines?

_____ a. indiferente

_____ b. desfavorable

_____ c. admiradora

2. Haga una lista con las palabras y frases del pasaje que son claves del punto de vista del crítico.

_____

_____

_____

Sugerencia

Busque las palabras con carga positiva o negativa que indiquen cómo se siente un escritor sobre el tema.

Usted acertó si eligió la *opción c* para la pregunta 1. Para la pregunta 2, las claves son: *asombrosas, atrevidas, excepcional, sexy, con carácter, ingenioso, intrépido, verdadero modernista* y *excitante*. Cada una de estas pistas dice algo muy positivo sobre el baile de Hines.

Práctica de GED

IInstrucciones: Elija la respuesta que mejor responda a cada pregunta.

Las preguntas 1 a 3 se refieren al pasaje de una reseña de película.

¿ES UN ÉXITO *ENRIQUE V?*

Las obras de Shakespeare muy rara vez son adaptadas al cine porque o son realizadas con bajos presupuestos, o bien, parecen obras de teatro. Es sorprendente
(5) que *Enrique V*, aunque no es la mejor obra de Shakespeare, sea una de las pocas películas en que Shakespeare no sólo parece un gran dramaturgo, sino también un experimentado guionista.
(10) Mucho se debe a la actuación de Kenneth Branagh, un actor inglés poco conocido cuya identificación con Enrique V equivale a la de Laurence Olivier con Hamlet. Kenneth tiene el papel estelar y
(15) mientras dirige, adapta la obra manejando la transición psicológica del príncipe Hal al rey Enrique durante las heroicas campañas del gobernante en Francia. Branagh es lo suficientemente joven en
(20) sus facciones que reflejan un aspecto juvenil y lo suficientemente viejo para proyectar el carisma de un rey. Incluso, si uno logra seguir el lenguaje isabelino, sus inflexiones naturales y elocuentes,
(25) así como los detalles de su dirección muestran de manera clara lo que él y su gran reparto quieren transmitir.
La película está llena de fotografías bellas que no se limita en ningún momento
(30) a decorar. De hecho, el escenario del siglo XV le da un aspecto medieval tosco y primitivo. Aunque las escenas de la batalla son dramáticas, sus detalles muestran el sufrimiento, las penas y la pequeñez de
(35) los hombres de Enrique. La película incluso nos inspira con su heroísmo en las batallas. Después de todo, sus guerras eran más un deporte que un medio de aniquilación.
(40) *Enrique V* surge como una película épica de primera clase, tan entretenida que no necesita dar disculpas por basarse en una obra de hace 400 años. Las únicas decepciones son Paul Scofield, cuya

(45) representación del rey francés es sorprendentemente rígida y los últimos 10 minutos de la película, cuando Enrique corteja a su futura esposa Catalina, están innecesariamente llenos de afecto. Pero,
(50) la culpa es tanto de Shakespeare como de Branagh.

David Patrick Stearns, "Majestic *Henry V* does justice to the bard", *USA Today.*

1. ¿Qué enunciado expresa mejor la opinión del crítico sobre la película *Enrique V*?

   (1) Contiene secuencias de acción realistas.
   (2) Es tan buena como otras películas basadas en obras de Shakespeare.
   (3) Es una película entretenida.
   (4) Es una adaptación deficiente de la obra original.
   (5) Tiene un gran reparto.

2. ¿Cuál de las siguientes oraciones expresa más correctamente la idea principal del segundo párrafo?

   (1) Branagh es un actor tan bueno como Olivier.
   (2) Branagh es perfecto para el papel de Enrique V.
   (3) Branagh será un actor más conocido como resultado de la película.
   (4) Branagh es director y actor.
   (5) Branagh realmente estudia el papel de Enrique V.

3. ¿En qué se parecen el primer y último párrafo de esta reseña?

   (1) En ambos se critica la obra *Enrique V* de Shakespeare.
   (2) Se resumen escenas de la película.
   (3) Branagh recibe el mérito de haber rescatado la película.
   (4) Se ataca la reputación de Shakespeare.
   (5) El crítico dice que sus expectativas no fueron satisfechas.

Las respuestas comienzan en la página 812.

Lección 9 • Reconocer el punto de vista del autor

389

Instrucciones: Elija la respuesta que mejor responda a cada pregunta.

Las preguntas 1 a 6 se refieren al siguiente pasaje de una crítica.

¿QUÉ LLEVARON ESTOS HOMBRES A LA GUERRA?

Sólo un puñado de novelas y cuentos han logrado aclarar, de manera duradera, el significado de la guerra en Vietnam para Estados Unidos y para los soldados que
(5) prestaron servicio en ella. Con *The Things They Carried* (*Las cosas que llevaron*), Tim O'Brien agrega su segundo título a la corta lista de ficción básica sobre Vietnam. Al igual que en su novela *Going After*
(10) *Cacciato* (*Siguiendo a Cacciato*), de 1978, ganadora de un premio nacional del libro, O'Brien captura el ritmo pulsátil de la guerra y los peligros espeluznantes; pero él va mucho más lejos. Al ir más allá del
(15) horror de la lucha para examinar con sensibilidad y profundidad la naturaleza del valor y del miedo, al cuestionarse el papel que la imaginación juega en la formación de nuestros recuerdos y
(20) nuestras versiones de la verdad, coloca a *Las cosas que llevaron* entre los primeros lugares de la lista de mejor ficción sobre cualquier guerra.
   Las cosas que llevaron es una
(25) colección de historias relacionadas entre sí...
   En el cuento que da título al libro, el señor O'Brien yuxtapone los elementos mundanos y mortales que los soldados
(30) llevan a la batalla. Abrelatas, navajas, relojes de pulsera, repelente contra mosquitos, goma de mascar, dulces, cigarrillos, tabletas de sal, sobres de Kool-Aid, cerillos, estuches de costura; las
(35) raciones enlatadas son "cargadas" por los soldados junto con rifles de asalto M16, ametralladoras M-60 y lanzadores de granadas M79. Pero en realidad el cuento trata de otras cosas que los soldados
(40) "cargan": "dolor, terror, amor, recuerdos persistentes y... vergonzosos" y, lo que unifica todas las historias, "el secreto común de la cobardía". Estos jóvenes, nos dice el señor O'Brien, "cargaban con el
(45) mayor miedo de los soldados: el miedo

de ruborizarse. Hombres mataron y murieron porque les daba vergüenza no hacerlo".
   La vergüenza, revela el autor en "On
(50) the Rainy River" ("En el río lluvioso"), es la razón por la cual él, o más bien una versión ficticia de sí mismo, fue a Vietnam. Él casi se fue a Canadá para no ir a Vietnam. Lo que lo detuvo, irónicamente,
(55) fue el miedo. "Tantos ojos sobre mí", escribe, "y yo no podía arriesgarme a la vergüenza... no podía resistir las burlas o la desgracia, o el ridículo patriótico... Yo era un cobarde. Fui a la guerra... "
(60)   El señor O'Brien se esfuerza por ir más allá de las descripciones literales de lo que estos hombres sufrieron y sintieron. Presta sentido a la irrealidad de la guerra (presta sentido al hecho de que él ha
(65) distorsionado esa realidad aún más en su ficción) al regresar a explorar el funcionamiento de la imaginación, al sondear el terror en su memoria y al confrontar sin miedo la manera en que ha
(70) lidiado con todo eso como soldado tanto como escritor de ficción. Al hacer esto, no sólo cristaliza la experiencia de Vietnam para nosotros, sino que también expone la naturaleza de todas las historias de
(75) guerra.

Robert R. Harris, "Too Embarrassed Not to Kill", *New York Times Book Review*.

1. ¿Cuál es la razón más probable por la que el crítico discute en detalle dos cuentos del libro?

   (1) para presumir de su exhaustivo conocimiento de la guerra
   (2) para mostrar qué tienen los cuentos en común
   (3) para dar ejemplos de los personajes en el libro
   (4) para relacionar los cuentos con su propia experiencia personal
   (5) para demostrar por qué al autor le desagradaba la guerra

2. De acuerdo con la información del pasaje, ¿cuál es la razón más importante por la que el crítico piensa que vale la pena leer el libro *Las cosas que llevaron*?

   (1) Describe las rutinas de los hombres en la guerra.
   (2) Es una colección de cuentos.
   (3) Examina los sentimientos de los soldados.
   (4) No trata solamente de una persona.
   (5) Describe las batallas en detalle.

3. ¿Qué quiere decir el autor de *Las cosas que llevaron* cuando afirma que "no podía resistir...el ridículo patriótico" (líneas 57 a 58)?

   El autor no quería

   (1) explicar públicamente sus razones para no ir a la guerra
   (2) ser criticado por no ir a la guerra
   (3) ser condenado por decidir pelear
   (4) sentirse avergonzado al llevar puesto el uniforme
   (5) recibir una llamada del presidente de Estados Unidos

4. ¿Qué piensa el crítico sobre la novela anterior del autor *Siguiendo a Cacciato*?

   Piensa que

   (1) es mejor que *Las cosas que llevaron*
   (2) no examina con suficiente profundidad el terror de la guerra
   (3) debe leerse además de *Las cosas* que *llevaron*
   (4) fracasa, porque no retrata la experiencia típica de la guerra
   (5) no tiene suficientes escenas emocionantes

5. ¿Cuál es el tono general de este artículo?

   (1) crudo
   (2) frustrado
   (3) indiferente
   (4) complaciente
   (5) admirativo

6. De acuerdo con el pasaje, ¿qué es más probable que *Las cosas que llevaron* permita entender al lector?

   (1) la vida del autor
   (2) la experiencia de la guerra
   (3) ciertas batallas en Vietnam
   (4) la política durante la Guerra de Vietnam
   (5) la relación entre los cuentos

> *Sugerencia*
>
> Para identificar el punto de vista del autor, separe en el texto los hechos de las opiniones. La relación entre los hechos y las opiniones puede darle una buena idea del punto de vista del autor.

Las repuestas comienzan en la página 812.

Entender la ficción

La ficción es una forma de redacción que relata una historia. Un escritor de ficción crea un mundo con su imaginación. Las obras más comunes de ficción son las novelas y los cuentos. La ficción puede tratar cualquier tema: aventuras, romance, deportes, misterio o una combinación de ellos.

Entender la ficción es una parte importante para pasar la Prueba de Lenguaje y Lectura del GED. Las preguntas sobre los pasajes de ficción constituyen aproximadamente el 75% de las preguntas de la prueba.

Descubrir el significado a partir del contexto

contexto
las palabras u oraciones que rodean a las palabras

Cuando los escritores presentan situaciones o palabras desconocidas, puede basarse en las palabras y frases que las rodean, o **contexto,** para descubrir su significado. Estas palabras y frases pueden estar en la misma oración o en un grupo de oraciones cercanas. Busque pistas en esas palabras que le permitan entender lo que lee.

Aun cuando no pueda discernir el significado exacto de una palabra o frase, las pistas del contexto le ayudarán a adivinarlo. Por ejemplo, si usted viera un artículo desconocido en una tienda, probablemente observaría los artículos del mismo estante en busca de pistas y luego podría hacer una suposición razonable sobre qué es o para qué sirve el artículo.

Lea el siguiente pasaje de una novela y complete el ejercicio a continuación.

Mark revisó lentamente el cuarto de máquinas, verificando todo dos veces. Lavó los platos en la cocina y los colocó con cuidado detrás de las pequeñas rejillas que servían para sostenerlos con fuerza durante los temporales. Revisó el diario, guardó los mapas, tendió las literas, limpió el refrigerador y cerró las portillas. Cuando terminó y salió a cubierta a esperar las canoas, el sol estaba muy alto.

Margaret Craven, *I Heard the Owl Call My Name.*

Según las claves de contexto del pasaje, ¿qué es un *temporal*?

_____ a. una brisa suave

_____ b. un viento fuerte

Usted acertó si eligió la *opción b, un viento fuerte.* Es necesario sujetar los platos para evitar que se rompan cuando los vientos fuertes sacuden el bote.

Sugerencia

Para descubrir el significado de palabras desconocidas de un pasaje, sustitúyalas por palabras que conoce. Si las palabras tienen sentido dentro del contexto, ha acertado en la definición.

Práctica de GED

Instrucciones: Elija la respuesta que mejor responda a cada pregunta.

Las preguntas 1 a 7 se refieren al siguiente pasaje de una novela.

¿CÓMO COMBATE ESTE HOMBRE LA TV COMERCIAL?

Años antes, había inventado un módulo que apagaba automáticamente el sonido en cuanto aparecía un comercial en la televisión. Al principio no era un aparato

(5) reconocedor de contexto, simplemente supervisaba la amplitud de la onda transportadora. A los anunciantes de TV les había dado por aumentar el volumen de sus anuncios y transmitirlos con mayor

(10) claridad auditiva que el de los programas que eran sus vehículos nominales. La noticia del módulo de Hadden se difundió de boca en boca. La gente empezó a hablar de una sensación de alivio, de una

(15) gran carga que les quitaban de encima e incluso de un sentimiento de alegría al verse liberadas del bombardeo de anuncios durante las seis a ocho horas al día que el estadounidense promedio está

(20) frente al aparato de televisión. Antes de que la industria de los anuncios de televisión pudiera dar una respuesta coordinada, la popularidad del Adnix se había vuelto desenfrenada. Obligaba a los

(25) anunciantes y a las cadenas de televisión a buscar nuevas opciones de estrategias de transporte de ondas, cada una de las cuales Hadden contrarrestaba con un nuevo invento. A veces inventaba circuitos

(30) para frustrar estrategias que a las agencias y cadenas todavía no se les había ocurrido; y luego decía que les estaba ahorrando el trabajo de inventar cosas, a un gran costo para los

(35) accionistas, que en todo caso estaban condenadas al fracaso. A medida que el volumen de sus ventas aumentaba, seguía bajando los precios. Era una especie de guerra electrónica y él estaba ganando.

(40) Trataron de demandarlo, de imputarle algo acerca de una confabulación en las restricciones del comercio. Tenían suficiente poder político para que su moción de despido inmediato fuera

(45) denegada, pero no la influencia suficiente para ganar el caso. El juicio había obligado a Hadden a investigar los códigos legales relevantes. Poco después, a través de una agencia conocida de Madison Avenue y de

(50) la que ahora era un importante socio capitalista, solicitó anunciar su propio producto en la televisión comercial. Después de unas cuantas semanas de controversia, sus comerciales fueron

(55) rechazados. Demandó a las tres cadenas y en este juicio fue capaz de probar confabulación en las restricciones del comercio. Recibió una enorme suma que en aquella época era un récord para casos

(60) de esta índole y que contribuyó a la transferencia en arrendamiento de las cadenas originales.

Por supuesto, siempre había personas que disfrutaban de los comerciales y que

(65) no necesitaban el Adnix, pero eran una minoría cada vez más reducida. Hadden hizo una gran fortuna extirpando[1] la transmisión de anuncios; también se hizo de muchos enemigos...

(70) Cuando posteriormente Hadden desarrolló los chips de reconocimiento de contexto, le pareció obvio que sus aplicaciones eran mucho más amplias, desde la educación, la Ciencia y la

(75) Medicina, hasta la inteligencia militar y el espionaje industrial. A partir de este asunto se establecieron las posturas para el famoso juicio *Estados Unidos contra Hadden Cybernetics*. Uno de los chips

(80) de Hadden fue considerado demasiado bueno para la vida civil y, siguiendo la recomendación de la Agencia de Seguridad Nacional, las instalaciones y el equipo personal destinados a la

(85) producción del chip de reconocimiento de contexto más avanzado pasaron al control del gobierno. Simplemente era demasiado importante leer el correo ruso. Sólo Dios

(90) sabe, le dijeron, qué pasaría si los rusos pudieran leer nuestro correo.

---

[1] quitando definitivamente una cosa perjudicial

Carl Sagan, *Contact*.

1. ¿Qué sugiere sobre la personalidad de Hadden el detalle de las líneas 27 a 29 "cada una de las cuales Hadden contrarrestaba con un nuevo invento"?

    (1) A Hadden le gusta molestar a la gente.
    (2) Hadden es persistente.
    (3) Hadden es taimado.
    (4) Hadden es flojo.
    (5) Hadden no es digno de confianza.

2. ¿A qué se refiere la frase "vehículos nominales" (línea 11)?

    (1) comerciales de TV
    (2) un tipo de auto muy publicitado en los anuncios de TV
    (3) anuncios de TV de auto y otros vehículos
    (4) programas de televisión
    (5) anuncios con mayor claridad auditiva

3. De acuerdo con el pasaje, ¿qué es el "Adnix"?

    (1) un aparato que silencia los comerciales de TV
    (2) una máquina que reconoce voces
    (3) un chip de computadora que sirve para espionaje
    (4) un aparato para quitar claridad auditiva a los comerciales
    (5) un chip de computadora que ocasiona un corto circuito en los comerciales

4. De acuerdo con el pasaje, ¿cuál de estos enunciados es más probable que describa la actitud de Hadden hacia la televisión?

    (1) La calidad de los comerciales debe mejorarse.
    (2) Las cadenas de televisión deben producir más programas educativos.
    (3) Las cadenas de televisión no observan los intereses de los televidentes.
    (4) La gente es muy cuidadosa con lo que ve en la televisión.
    (5) Los televidentes deben tolerar los comerciales como un mal necesario.

5. De acuerdo con los detalles de este pasaje, ¿cuál es su tema o mensaje?

    (1) los peligros de ver demasiada televisión
    (2) la naturaleza indeseable de los comerciales
    (3) la superioridad de la televisión pública sobre la televisión comercial
    (4) el funcionamiento de la mente de un inventor
    (5) los beneficios de la televisión comercial

6. ¿Cuál de los siguientes aspectos de la televisión comercial desaprobaría más Hadden?

    (1) el uso de groserías o expresiones inapropiadas durante las horas de mayor audiencia
    (2) la poca representación de las minorías en los programas de mayor audiencia
    (3) la violencia y el sexo
    (4) la aceptación de "comerciales informativos" para promocionar productos
    (5) la falta de una clara diferenciación entre noticias y entretenimiento

7. De acuerdo con el pasaje, ¿cuál fue el punto central del juicio *Estados Unidos contra Hadden Cybernetics*?

    (1) Las cadenas de televisión se negaron a sacar al aire los comerciales de Hadden.
    (2) Hadden quería usar su chip para espiar a sus competidores.
    (3) El gobierno de EE.UU. quería evitar que Hadden usara su chip para recopilar información militar.
    (4) El gobierno de EE.UU. quería controlar la producción y uso del chip de Hadden.
    (5) Estados Unidos quería que Hadden dejara de producir chips que bloquearan los comerciales.

Las respuestas comienzan en la página 813.

Identificar los elementos del argumento

El **argumento** se refiere a lo que les ocurre a los personajes de una historia y al orden en que estos sucesos tienen lugar. Por medio del argumento, los escritores organizan los sucesos para crear una historia creíble e interesante.

El argumento se desarrolla en distintas etapas que se identifican como principio, medio y final. El principio, o exposición, presenta a los personajes, el ambiente, y otros detalles y claves de una situación por lo general inestable. En el medio se plantean las peripecias que crean el conflicto; la tensión del relato va en aumento. El punto de mayor intensidad de las peripecias se llama clímax, después del cual el conflicto se resuelve y llega el final o desenlace.

Lea el siguiente resumen de un argumento y haga el siguiente ejercicio.

argumento
el orden de los sucesos de una historia y las relaciones entre ellos

Un joven se cuela en una fiesta y se siente atraído por una hermosa muchacha. A pesar de la enemistad que hay entre sus familias, los dos se enamoran y se casan en secreto. El primo de la muchacha mata al amigo del joven amante con motivo de un insulto. Para vengar la muerte de su amigo, el joven mata al primo de su esposa y huye. Mientras tanto, la familia de la muchacha intenta obligarla a casarse con otro hombre. El día de su boda toma una droga que la hace aparecer muerta; la llevan a la tumba familiar, donde se reunirá con su amante al despertar. El amante llega, piensa que está muerta y bebe un veneno para quitarse la vida. La muchacha despierta y al ver a su amante muerto se mata con una daga. Después de descubrir el destino de los amantes, las familias acaban con su enemistad.

Identifique cada elemento del argumento escribiendo *E* para exposición, *P* para peripecias, *Con* para conflicto, *Cl* para clímax, y *D* para desenlace.

_____ a. Un joven y una muchacha se enamoran.

_____ b. El primo de la muchacha mata al amigo de su amante.

_____ c. Las familias acuerdan acabar con su enemistad.

_____ d. La muchacha se suicida con una daga.

_____ e. Las familias de los amantes se odian.

Sugerencia

Al identificar los elementos del argumento, busque los personajes importantes y los conflictos que puedan influir en las consecuencias de los sucesos.

Usted acertó se eligió *E* en la *opción a* porque es información importante sobre los personajes que se presentan al inicio. La respuesta de la *opción b* es *P* porque es una peripecia que genera agudeza o conflicto. *D* es la respuesta para la *opción c* porque es el desenlace de la historia. *Cl* es la respuesta de la *opción d* porque es el punto en que la acción alcanza su intensidad máxima, y *C* es la respuesta de la *opción e* porque es el conflicto subyacente que genera la tensión en la historia.

Práctica de GED

Instrucciones: Elija la respuesta que mejor responda a cada pregunta.

Las preguntas 1 a 4 se refieren al siguiente pasaje de un cuento.

¿ADÓNDE IRÁN DE VACACIONES?

La abuela no quería ir a Florida. Quería visitar a unos parientes que vivían en el este de Tennessee y aprovechaba cada ocasión para tratar de hacer cambiar de
(5) opinión a Bailey. Bailey era el hijo con quien vivía, su único hijo; estaba sentado en el borde de su silla, inclinado sobre la sección naranja de deportes del *Diario* que estaba sobre la mesa.
(10)   —Mira Bailey —le dijo—. Aquí, lee esto —y se quedó parada con una mano sobre su débil cadera y la otra sacudiendo el periódico frente a la calva de su hijo—. Este tipo que se hace llamar el Misfit se
(15) escapó de la Penitenciaría Federal y se fue para Florida y aquí dice lo que le hizo a esa gente. Léelo y verás. Yo no llevaría a mis hijos a un lugar donde hay un criminal así suelto. Me remordería la conciencia.
(20)   Bailey no levantó la mirada, así que ella se volvió hacia la madre de los niños, una mujer joven que vestía pantalones y cuya cara era tan ancha e inocente como una col; en la cabeza llevaba una pañoleta
(25) verde con las puntadas atadas como orejas de conejo. Estaba sentada en el sofá y le daba de comer al bebé albaricoques de un frasco.
    —Los niños ya han estado en Florida
(30) —dijo la vieja—. Deberían llevarlos a otro lugar para que conozcan varias partes del mundo y sean abiertos. Nunca han estado en el este de Tennessee.
    La madre de los niños no pareció
(35) escucharla pero John Wesley, un niño de ocho años robusto con lentes, le dijo:
    —Si no quieres ir a Florida, ¿por qué no te quedas en casa? — él y la pequeña June Star estaban leyendo la tira cómica
(40) del periódico en el piso.

Flannery O'Connor, "A Good Man is Hard to find", *A Good Man is Hard to Find and other Stories*.

1. De acuerdo con el pasaje, ¿cuál de las siguientes palabras describe mejor a la abuela?

   (1) egoísta
   (2) preocupada
   (3) inocente
   (4) tímida
   (5) abnegada

2. ¿Cómo reaccionan los otros miembros de la familia al comportamiento de la abuela?

   (1) se burlan de ella
   (2) no le hacen caso la mayor parte del tiempo
   (3) la excluyen de sus actividades
   (4) la dejan salirse con la suya
   (5) la desafían abiertamente

3. ¿Cuál de las siguientes situaciones se parece más a la situación del pasaje?

   (1) una conferencia en la que los maestros hablan sobre la mejor manera de educar a los niños
   (2) una reunión en la que el jefe trata de cambiar la opinión del personal sobre una cuestión
   (3) una reunión en la que los vecinos votan para frenar el crimen en su comunidad
   (4) una reunión familiar en que los familiares se expresan su amor
   (5) un salón de clases en donde los estudiantes comparten sus opiniones sobre sucesos actuales

4. ¿Cuál es la principal manera en que el personaje de la abuela es revelado en este pasaje?

   (1) la descripción de su aspecto
   (2) los antecedentes sobre su familia en Tennessee
   (3) los detalles sobre lo que le gusta leer
   (4) las explicaciones sobre lo que los demás personajes piensan de ella
   (5) los diálogos que muestran su manera de hablar

Las respuestas comienzan en la página 814.

Aplicar ideas

Una manera de de demostrar su comprensión de lo que lee es **aplicar** la información que proporciona a una situación relacionada. En ficción, los escritores crean personajes que por lo general actúan de manera coherente. Basándose en las acciones de los personajes, sus motivaciones y reacciones a los sucesos de la historia, usted puede predecir cómo podrían reaccionar en situaciones nuevas. Aplicar información a un nuevo contexto puede ayudarle a entender mejor los personajes y el argumento de la historia.

Lea el siguiente pasaje de un cuento y complete el ejercicio a continuación.

…Mi talento consistía en poder hacer dinero siempre. Tenía habilidad para eso, poco común en Chippewa. Desde el comienzo me distinguí en eso y todos lo reconocieron. Por ejemplo, yo era el único niño a quien dejaban entrar en el Hall de la Legión Americana para lustrar zapatos; y una Navidad vendí de puerta en puerta ramos espirituales para la misión. Las monjas me dejaron quedarme con un porcentaje. Una vez que empecé, parecía que cuanto más ganaba, más fácil venía el dinero. Todos lo fomentaban. Cuando tenía quince años conseguí un trabajo de lavaplatos en el Café Joliet y allí fue donde se presentó mi primera gran oportunidad.

Louise Erdrich, "The Red Convertible", *Love Medicine.*

aplicar
transferir la información a una nueva situación

1. De acuerdo con el pasaje, ¿para qué trabajo estaría más calificado el personaje si se ofreciera como voluntario en un albergue para personas sin hogar?

    _____ a. cocinero en el comedor del albergue

    _____ b. recaudador de fondos

Usted acertó si eligió la *opción b, recaudador de fondos*. El pasaje dice que el talento del personaje es hacer dinero; por lo tanto, lo más probable es que estuviera más calificado para recaudar fondos.

2. De acuerdo con el pasaje, ¿cuál de los siguientes dichos populares se aplicaría mejor al personaje según su relación con el dinero?

    _____ a. Tiene un cocodrilo en el bolsillo.

    _____ b. Todo lo que toca se convierte en oro.

Usted acertó si eligió la *opción b, Todo lo que toca se convierte en oro*. El pasaje dice que siempre podía hacer dinero, que tenía habilidad para eso.

Sugerencia

Las preguntas que le piden predecir lo que un personaje diría o haría por lo general son preguntas de aplicación.

Práctica de GED

Instrucciones: Elija la respuesta que mejor responda a cada pregunta.

Las preguntas 1 a 3 se refieren al siguiente pasaje de una novela.

¿CÓMO CELEBRARÁN?

Corrí calle abajo, desde la parada del autobús ocho hasta mi casa, que estaba a la vuelta de la esquina. El otoño se dejaba notar poco a poco en los árboles de
(5) nuestra manzana, y algunos empezaban a tener una tonalidad marrón.

A duras penas podía contener mi excitación mientras subía la escalera de mi casa y corría por la sala de estar hacia la
(10) cocina.

Mamá, inclinada sobre los fogones y las ollas, tarareaba una canción. —Tendré el pasaporte en un mes, más o menos —dije, sacando una fotocopia de la solicitud para
(15) que la viera.

La miró como si contuviera un número ilimitado de posibilidades.

—Podemos celebrarlo con una sopa de huesos bien cargada —dijo—. Justo ahora
(20) la estoy preparando.

En la olla que estaba en los fogones había trozos de huesos de vaca cociéndose en agua hirviendo.

Mamá creía que su sopa de huesos
(25) curaba todo tipo de enfermedades. Creía incluso que podía obrar el milagro de separar a Caroline de Eric, su novio de las Bahamas. Desde que anunció que estaba prometida, habíamos cenado sopa de
(30) huesos todas y cada una de las noches.

—¿Has tomado sopa? —le pregunté bromeando a Caroline cuando salió de su habitación.

—Esa sopa me pone de los nervios —
(35) me susurró ella al oído, al pasar junto a mí para coger un vaso de agua del grifo.

Edwidge Danticat, *Krik? Krak!*

1. De acuerdo con el pasaje, ¿cuál de las siguientes sería la reacción más probable de la madre si Caroline rompiera su compromiso con su novio?

   La madre de Caroline

   (1) pensaría que la sopa de huesos fue la responsable
   (2) iría a las Bahamas a encontrar un esposo para Caroline
   (3) le pediría a su otra hija que pospusiera el viaje
   (4) embrujaría al novio
   (5) regañaría a Caroline por cometer un error

2. ¿Por qué la narradora le pregunta a Caroline si tomó sopa?

   (1) Le preocupa que Caroline no coma suficiente.
   (2) Espera que Caroline rompa su compromiso.
   (3) Les gusta reírse de las creencias de su madre.
   (4) Quiere que Caroline celebre.
   (5) Disfrutan de lo que su madre cocina.

3. ¿Cuál de las siguientes puede deducir sobre la madre con base en la manera en que responde a los planes de su hija?

   (1) Quiere que sus hijas se queden en casa.
   (2) Espera que sus hijas sean grandes cocineras como ella.
   (3) Apoya las decisiones de sus hijas.
   (4) Se preocupa por el futuro de sus hijas.
   (5) Desearía que sus hijas fueran más tolerantes con otras culturas.

Las respuestas comienzan en la página 814.

Lenguaje, Lectura • Entender la ficción

Identificar causa y efecto

La **causa** es la acción inicial (un pensamiento, una palabra o un hecho) que hace que ocurra una cosa. El **efecto** es la consecuencia o el resultado de esa acción. Una causa suele tener más de un efecto. O un efecto puede tener más de una causa. A veces, el vínculo entre causa y efecto no es obvio, y hay que pensar con detenimiento en cómo están relacionados los acontecimientos.

Los escritores de ficción usan causas y efectos para crear sus cuentos y relatos. Si presta atención a las causas y efectos de un relato, entenderá mejor el argumento.

Lee el siguiente pasaje de una novela y complete el ejercicio a continuación.

Él era un viejo que pescaba solo en un botecito en la Corriente del Golfo de México, y ya llevaba ochenta y cuatro días sin pescar nada. Un niño lo había acompañado durante los primeros cuarenta días. Pero después de pasar cuarenta días sin pescar un pez los padres del niño le dijeron que el viejo definitivamente estaba *salao*, que es la peor clase de mala suerte, y por orden suya el niño se había ido en otro bote donde pescaron tres buenos peces en la primera semana. El niño se entristecía al ver llegar al viejo todos los días con su botecito vacío y siempre iba para ayudarle a cargar las cuerdas enrolladas o el garfio y el arpón, y la vela recogida alrededor del mástil. La vela estaba remendada con sacos de harina, y plegada parecía la bandera del la derrota permanente.

Ernest Hemingway, *The Old Man and the Sea*.

causa
una acción que hace que ocurra otra cosa

efecto
el resultado de una acción

Sugerencia

Puede identificar una relación de causa y efecto al preguntar por qué ocurrió algo y cuáles fueron sus resultados.

---

1. Los padres del niño le obligan a ir en otro bote. ¿Cuál es la causa de este efecto?

    _____ a. El otro bote pescó tres peces la primera semana.

    _____ b. Pasan cuarenta días sin que el viejo saque un pez.

Uste acertó si escogió la *opción b*. A los padres del niño les parece que el viejo tiene mala suerte, y obligan al niño a irse en otro bote.

2. El viejo llegaba todos los días con el bote vacío. ¿Cuál fue el efecto de esta causa?

    _____ a. El viejo tenía muy mala suerte.

    _____ b. El niño se entristecía.

Usted acertó si escogió la *opción b*. El pasaje dice claramente que el niño se entristeció porque el bote estaba vacío.

Práctica de GED

Instrucciones: Elija la respuesta que mejor responda a cada pregunta.

Las preguntas 1 a 5 se refieren al siguiente pasaje de una novela.

¿EN QUÉ HAN CAMBIADO ESTAS PERSONAS?

La mañana del treceavo sueño de la Enfermedad en el campamento de los Comedores Solitarios, Alarde de Tontos y su padre, Cabalga en la Puerta, salieron a

(5) caminar por la aldea. Fueron de pabellón en pabellón llamando a la gente que estaba adentro. Todavía había muchos enfermos y moribundos, pero el número de víctimas nuevas había disminuido. La furia

(10) de las costras blancas estaba cediendo. Parecía imposible que fuera a durar tan poco tiempo y dejar tantos muertos o cicatrices de por vida debidas a las llagas supurantes. Otros caminaban con desgano

(15) bajo el tibio sol o sólo se sentaban afuera de sus pabelones. No había nada del bullicio que normalmente llenaba las mañanas invernales en el campamento. Las personas no se saludaban. Si se

(20) encontraban en el camino que iba al río, se salían del camino y daban un rodeo, hasta que llegaban mucho más adelante. Si se encontraban a un niño jugando con los niños de una familia muy golpeada por

(25) el espíritu maligno, se lo llamaba y se lo reprendía. Pero una mujer vieja, la única sobreviviente de su pabellón, que se sentaba a llorar y a escarbar la tierra congelada hasta que los dedos se le

(30) descarnaban y sangraban, fue quien hizo que la gente se percatara del grado de sus pérdidas. Poco a poco emergieron del profundo vacío de la enfermedad y la muerte y vieron que se habían

(35) transformado en un pueblo distinto.

James Welch, *Fools Crow*.

1. ¿Qué le ha pasado a la gente del pueblo?

   (1) Se están muriendo de hambre.
   (2) Son víctimas de un desastre natural.
   (3) Han contraído una enfermedad infecciosa.
   (4) Tienen miedo de abandonar sus pabellones.
   (5) Están en guerra con otro pueblo.

2. ¿A cuál de las siguientes situaciones se parece más un aldeano que elude a otro para evitar entrar en contacto con el espíritu maligno?

   (1) a una persona que contrae una terrible enfermedad
   (2) a una persona que toma una nueva ruta para evitar a alguien que le desagrada
   (3) a una persona que lleva puesta una mascarilla para evitar microbios
   (4) a una persona que deja un camino para caminar por el bosque
   (5) a una persona que estornuda cerca de otra y le transmite un resfriado

3. ¿Cuál cree la gente que es la causa de sus problemas?

   (1) la invasión del hombre blanco a su territorio
   (2) la presencia de un espíritu maligno
   (3) un castigo de los dioses
   (4) la contaminación del río
   (5) estar obligados a vivir muy juntos

4. Las líneas 34 y 35 dicen que "se habían transformado en un pueblo distinto". ¿Cuál de los siguientes es el cambio más probable?

   (1) Estaban tristes y desanimados.
   (2) Sus rostros tenían cictatrices de por vida.
   (3) Estaban felices de haber sobrevivido.
   (4) Decidieron unirse a otro campamento.
   (5) Ya no les importaba lo que les pasara.

5. ¿Cuál es el efecto de relatar la historia principalmente desde el punto de vista de los aldeanos?

   (1) Distancia a los lectores de los sucesos de la historia.
   (2) Permite a los lectores entender cómo se sienten los personajes.
   (3) Sugiere que a la gente le gustaba comentarse todo lo que pasaba.
   (4) Predispone a los lectores contra el hombre blanco.
   (5) Demuestra que a los aldeanos les desagradan las personas de fuera.

Las preguntas 6 a 9 se refieren al siguiente pasaje de un cuento.

¿QUÉ OCURRIÓ EN ALTA MAR?

Era yo entonces un muchacho y servía como ayudante y aprendiz en diversas faenas a bordo del "San Jorge", un pequeño remolcador de la matrícula
(5) de Lota.

Marcos, hijo único del capitán, era también un amigo nuestro, un alegre y simpático camarada. Nunca el proverbio "de tal palo tal astilla" había tenido en
(10) aquellos dos seres tan completa confirmación. Semejantes en lo físico y en lo moral era aquel hijo el retrato de su padre, contando el mozo dos años más que yo que tenía en ese entonces
(15) veintiuno cumplidos…

Todo marchó bien al principio, mientras estuvimos al abrigo de los acantilados de la isla; pero cambió completamente en cuanto enfilamos el canal para internarnos
(20) en el golfo. Una racha de lluvia y granizo nos azotó por la proa y se llevó la lona del toldo que pasó rozándome por encima de la cabeza como alas de un gigantesco petrel, el pájaro mensajero de la
(25) tempestad.

A una voz del capitán, asido a la rueda del timón, yo y el timonel corrimos hacia las escotillas de la cámara y de la máquina y extendimos sobre ellas las gruesas lonas
(30) embreadas, tapándolas herméticamente.

Apenas había vuelto a ocupar mi sitio junto al guardacable, cuando una luz blanquecina brilló por la proa y una masa de agua se estrelló contra mis piernas
(35) impetuosamente. Asido a la barra resistí el choque de aquella ola, a la cual siguieron otras dos con intervalos de pocos segundos. Por un instante creí que todo había terminado, pero la voz del capitán
(40) que gritaba aproximándose a la bocina de mando: "¡Avante a toda fuerza!", me hizo ver que aún estábamos a flote.

El casco entero del "San Jorge" vibró y rechinó sordamente. La hélice había
(45) doblado sus revoluciones y los chasquidos del cable de remolque nos indicaron que el andar era sensiblemente más rápido. Durante un tiempo que me pareció

larguísimo, la situación se sostuvo sin
(5) agravarse. Aunque la marejada era siempre muy dura, no habíamos vuelto a embarcar olas como las que nos asaltaron a la salida del canal, y el "San Jorge", lanzado a toda máquina, manteníase
(10) bravamente en la dirección que nos marcaban los destellos del faro desde lo alto del promontorio que domina la entrada del puerto.

Pero esta calma relativa, esta tregua
(15) del viento y del océano, cesó cuando, según nuestros cálculos, estábamos en mitad del golfo. La furia de los elementos desencadenados, asumió esta vez tales proporciones, que nadie a bordo del "San
(20) Jorge" dudó un instante sobre el resultado final de la travesía.

El remolcador, Baldomero Lillo

6. ¿Qué es la luz blanquecina que brilla por la proa del barco?

   (1) la luz de la cabina del capitán
   (2) la luna entre las nubes
   (3) un relámpago
   (4) un faro
   (5) la luz de otro barco

7. ¿Qué frase describe mejor la tormenta?

   (1) esta tregua del viento y del océano
   (2) aún estábamos a flote
   (3) al abrigo de los acantilados
   (4) la furia de los elementos desencadenados
   (5) se sostuvo sin agravarse

8. ¿Cuál de los siguientes conflictos se resalta en este extracto?

   (1) el capitán contra la tripulación
   (2) los humanos contra el barco
   (3) los humanos contra la naturaleza
   (4) el narrador contra el capitán
   (5) los humanos contra el destino

9. ¿Cuál sería el resultado final de la travesía, según los tripulantes del barco?

   (1) Tendrían que regresar al puerto de salida.
   (2) Sería una travesía larga.
   (3) Llegarían al puerto de destino.
   (4) Iban a salvarse de la tormenta.
   (5) Todos iban a morir.

Las respuestas comienzan en la página 814.

Analizar los personajes

Los escritores de ficción crean personas, o **personajes**, para capturar el interés del lector. Hay varias maneras de descubrir cosas sobre los personajes en la literatura. Para desarrollar personajes, los escritores describen su aspecto, comportamiento, pensamientos y palabras, así como lo que los demás personajes dicen de ellos.

Lea el siguiente pasaje de una novela y complete el ejercicio a continuación.

El Sr. Chadband es un hombre grande y muy rubio, con una sonrisa amplia y la apariencia general de tener una buena cantidad de grasa en su sistema... El Sr. Chadband se desplaza silenciosa y pesadamente[1], no de manera muy distinta a un oso que ha aprendido a caminar erguido. Los brazos lo entorpecen mucho, como si fueran poco prácticos y quisiera postrarse; la cabeza le transpira mucho, y nunca habla sin antes alzar su manaza[2], como en señal de que va a iluminar a quienes lo escuchan.

—Amigos míos —dice el Sr. Chadband—, ¡que haya paz en esta casa! ¡Para el amo, para el ama, para las doncellas y para los jóvenes! Amigos míos, ¿por qué deseo la paz? ¿Qué es la paz? ¿Es acaso la guerra? No. ¿Es lucha? No. ¿Es encantadora y amable y hermosa y agradable y serena y alegre? ¡Ah, sí! Por lo tanto, amigos míos, deseo la paz para ustedes y para los suyos.

---

[1] pesadamente: lentamente y con movimientos torpes por estar excesivamente gordo o por cansancio o agotamiento excesivo, distracción o enajenación   [2] manaza: mano grande

Charles Dickens, *Bleak House.*

personajes
las personas que aparecen en una obra de ficción

1. Marque con una "X" todas las opciones que puedan aplicarse al Sr. Chadband.

_____ a. Es un hombre de pocas palabras.

_____ b. Es sermoneador.

_____ c. Es presumido.

_____ d. Frunce mucho el ceño.

2. Subraye las frases descriptivas del pasaje que le digan algo sobre el carácter del Sr. Chadband.

Usted acertó si eligió las *opciones b y c.* El Sr. Chadband habla como si estuviera dando un sermón y se comporta como si fuera a iluminar a su público. Algunas de las frases que usted pudo haber subrayado son: *una sonrisa amplia; la apariencia general de tener una buena cantidad de grasa en su sistema, y nunca habla sin antes alzar su manaza.*

Sugerencia

Las acciones de los personajes no siempre concuerdan con sus palabras. Al igual que en la vida real, usted tendrá que juzgar si los personajes son honestos y confiables.

Práctica de GED

Instrucciones: Elija la respuesta que mejor responda a cada pregunta.

Las preguntas 1 a 3 se refieren al siguiente pasaje de un cuento.

¿QUÉ CLASE DE PERSONA ES LA ABUELA WEATHERALL?

Zafó su muñeca de los dedos regordetes y meticulosos del doctor Harry y se subió la sábana hasta la barbilla. Ese mocoso debería andar en pantalones cortos. ¡Un
(5) médico rural con anteojos sobre la nariz!

—Ahora váyase, tome sus libros escolares y váyase. No me pasa nada.

El doctor Harry le puso una manaza tibia como un almohadón sobre la frente,
(10) donde la vena bifurcada[1] y verde bailaba y le hacía temblar los párpados.

—Vamos, vamos, pórtese bien y pronto se podrá levantar.

—Así no se le habla a una mujer de casi
(15) ochenta años sólo porque está enferma. Respete a sus mayores, jovencito.

—Bien, señorita, discúlpeme —el doctor Harry le dio palmaditas en la mejilla—. Pero tengo que prevenirla,
(20) ¿verdad? Usted es muy fuerte, pero debe cuidarse o se sentirá mal y le pesará.

—No me diga cómo me sentiré. En este momento estoy levantada, moralmente hablando. Es Cornelia. Tuve que guardar
(25) cama para librarme de ella.

Sentía los huesos flojos, flotando en la piel; y el doctor Harry flotaba como un globo al pie de la cama. Flotaba, se ajustaba el chaleco y balanceaba sus
(30) lentes con cordel.

—Bueno, quédese donde está. Seguro que no le hará daño.

—Siga su camino y cuide a sus enfermos —dijo la abuela Weatherall—. Deje en paz
(35) a las mujeres sanas. Lo llamaré si lo necesito.

¿Dónde estaba usted hace cuarenta años, cuando me recuperé del edema[2] y de la neumonía? Ni siquiera había nacido. No
(40) haga caso de lo que dice Cornelia—gritó, pues el doctor Harry parecía flotar hasta el techo y salir—. ¡Yo misma pago mis cuentas y no tiro el dinero en tonterías!

Quiso despedirse con la mano, pero el
(45) esfuerzo era demasiado. Los ojos se le cerraron como una cortina oscura que cae alrededor de la cama. La almohada se levantó y flotó debajo de ella, agradable como una hamaca en la brisa. Escuchó el
(50) susurro de las hojas afuera. No, alguien agitaba periódicos. No, Cornelia y el doctor Harry murmuraban. Se despabiló de golpe, pensando que le susurraban al oído.

—¡Ella nunca estuvo así, nunca!
(55) —Bien, ¿qué se puede esperar?
—Sí, ochenta años...

---

[1] bifurcada: dividida en los ramales   [2] edema: hinchazón en una parte del cuerpo

Katherine Ann Porter, "The Jilting of Granny Weatherall", *Flowering Judas and Other Stories.*

1. ¿Cuál de las siguientes opciones es probablemente verdadera sobre la abuela?

    (1) Está más sana ahora que cuando era joven.
    (2) Está mucho más enferma de lo que dice.
    (3) Cree que los médicos bien valen lo que cobran.
    (4) Es capaz de moverse con facilidad.
    (5) Piensa que Cornelia es una excelente mujer.

2. ¿Cuál de las siguientes opciones describe mejor el tono del médico?

    (1) comprensivo pero firme
    (2) distante pero científico
    (3) amable pero inseguro
    (4) serio y lúgubre
    (5) brillante y alegre

3. ¿Cuál de las siguientes opciones revela más sobre el carácter de la abuela Weatherall?

    (1) lo que otros dicen de ella
    (2) lo que ella dice
    (3) lo que ella piensa
    (4) lo que los demás hacen en su presencia
    (5) lo que ella siente

Las preguntas 4 a 7 se refieren al siguiente pasaje de un cuento.

¿POR QUE COMPRA VENENO ESTA MUJER?

—Quiero un poco de veneno —le dijo al farmacéutico. En ese entnces tenía más de treinta años y todavía era una mujer menuda, aunque más delgada que de
(5) costumbre, de ojos negros y altivos en una rostro cuya carne se tensaba en las sienes y lórbitas tal como uno imaginaría a un farero[1].

—Quiero un poco de veneno —dijo.
(10) —Sí, señorita Emily. ¿De qué clase? ¿Para ratas y animales así? Yo le recom...

—Quiero el mejor que tenga. No me importa de qué clase. El farmacéutico nombró varios.
(15) —Matarán de todo hasta un elefante. Pero lo que usted quiere es...

—Arsénico —dijo la señorita Emily— ¿Es bueno?

—Es ...¿arsénico? Sí, señorita. Pero lo
(20) que used quiere...

—Quiero arsénico.

El farmacéutico la miró y a su vez ella lo miró, erguida y con la cara como una bandera tirante.
(25) —Claro —dijo el farmacéutico— si eso es lo que quiere. Pero la ley exige que me diga para qué lo va a usar.

La señorita Emily sólo se quedó viendo, inclinó la cabeza hacia atrás para verlo
(30) directamente a los ojos, hasta que él apartó la mirada y se fue a buscar el arsénico y lo envolvió.

---

[1] farero: empleado o vigilante de un faro

William Faulkner, "A Rose for Emily", *Collected stories of William Faulkner.*

4. ¿Qué se quiere decir cuando se describe la cara de la señorita Emily como "bandera tirante" (línea 24)?

(1) Emily está a punto de llorar.
(2) Que está muy tensa.
(3) Emily que parece solitaria.
(4) Emily que parece ser bastante frágil.
(5) Emily que está extrañamente pálida.

5. De acuerdo con el pasaje, ¿cómo es más probable que la señorita Emily caminara en un cuarto atestado de gente?

(1) con cuidado, procurando no pegarle a nadie
(2) pisando con energía
(3) con timidez, con la cabeza gacha y dando pasos cortos
(4) con seguridad, con la cabeza en alto
(5) con torpeza, a veces tropezando con la gente

6. ¿De acuerdo con el pasaje, ¿cuál de las siguientes descripciones caracteriza mejor a la señorita Emily?

(1) No puede decidirse.
(2) Es abierta con respecto a su vida.
(3) Le avergüenza que en su casa haya ratas.
(4) Su ingreso es limitado.
(5) Intimida a otras personas.

7. De acuerdo con los diálogos en este pasaje, ¿en qué se diferencia la conducta de la señorita Emily de la del farmacéutico?

(1) La señorita Emily es malhumorada y el farmacéutico is amigable.
(2) La señorita Emily es comunicativa y el farmacéutico es parco[2].
(3) La señorita Emily es contundente y el farmacéutico es complaciente.
(4) La señorita Emily es tranquila y el farmacéutico es impaciente.
(5) La señorita Emily es racional y el f farmacéutico es suspicaz[3].

---

[2] parco: moderado en el uso o concesión de las cosas   [3] suspicaz: propenso a tener sospechas y desconfianza

Las respuestas comienzan en la página 815.

Analizar el tono

Cuando usted habla, el **tono** de voz revela su actitud, es decir, qué siente sobre el tema y su público. El tono de un escritor también transmite sus sentimientos sobre el tema. Las palabras de un escritor pueden sugerir emociones o actitudes como seriedad, humor, enojo o simpatía. El **clima emocional** es la atmósfera de una obra literaria, es el sentimiento que el autor quiere que el lector experimente. El clima emocional puede ser igual o diferente del tono. Los escritores suelen usar descripciones para generar estos sentimientos. A medida que lea, busque estas pistas: cómo usa el autor palabras descriptivas y cómo se desarrolla la historia hasta su conclusión.

Lee el siguiente pasaje de un cuento y complete el ejercicio a continuación.

Durante todo un día de otoño gris, sombrío y silencioso, cuando las nubes se cernían pesadas y opresoras en los cielos, había yo cruzado solo, a caballo, por un terreno singularmente lóbrego de la campiña; y al final me encontré, cuando las sombras de la noche iban cayendo, a la vista de la melancólica Casa de Usher. No sé cómo fue, pero en cuanto la vi, una sensación de insufrible tristeza invadió mi espíritu…Era una sensación glacial, un abatimiento, una naúsea del corazón…

Edgar Allan Poe, "The Fall of the House of Usher", *The Fall of the House of Usher and Other Writings*.

tono
los detalles presentes en la obra de un escritor que sugieren qué siente sobre el tema

clima emocional
la atmósfera transmitida por las palabras que el escritor elige

1. Marque con una "X" la palabra que mejor describa el tono de este pasaje.

   _____ a. confuso

   _____ b. enojado

   _____ c. fúnebre

2. Subraye las palabras de la primera línea del pasaje que sugieren el tono del autor.

3. El pasaje tiene lugar al inicio de la noche. ¿En qué cree que contribuye la hora del día al clima emocional?

   _____

   _____

Sugerencia

La elección de las palabas es una pista para determinar el tono de un texto de ficción.

Usted acertó si eligió la *opción c* para la pregunta 1 y si subrayó *gris, sombrío* y *silencioso* para la pregunta 2. La hora del día contribuye al clima emocional porque muchas personas asocian el oscurecimiento del cielo con miedo o tristeza.

Práctica de GED

Las preguntas 1 a 10 se refieren al siguiente pasaje de una novela.

¿ESTÁ TENIENDO ESTA FAMILIA UNA CENA AGRADABLE?

—George está en el pueblo, papá; ha ido con la Guardia Montada y regresará para la cena.

—¿Ah sí? ¿En verdad? No permitiré que
(5) la cena se demore por su causa, Jane —y diciendo esto, el honorable hombre se dejó caer en su silla especial; y luego, el extremo silencio que reinaba en su refinado y bien amueblado salón sólo fue interrumpido por
(10) el tic-tac del gran reloj francés.

Cuando marcó las cinco en un pesado tono catedralicio, el Sr. Osborne tiró con violencia de la campana a su mano derecha y el mayordomo llegó a todo correr.

(15) —¡La cena! —rugió el Sr. Osborne.

—El señor George no ha llegado, señor —dijo el hombre.

—Al diablo el Sr. George. ¿No soy yo el amo de esta casa? ¡LA CENA! —dijo el Sr.
(20) Osborne frunciendo el ceño. Amelia tembló. Una comunicación telegráfica pasó entre las otras dos damas. La obediente campana de los pisos más bajos comenzó a tocar para anunciar la comida. Una vez
(25) que el tañido cesó, el jefe de familia metió las manos en los bolsillos de su gran abrigo azul con botones metálicos y, sin esperar otro anuncio, bajó las escaleras solo y a grandes pasos.

(30) —Y ahora qué pasa, querida? —preguntó una de ellas cuando se levantaron y comenzaron a caminar con sigilo detrás del señor.

—Supongo que los fondos están
(35) bajando —murmuró la señorita Wirt; y así, temblorosa y en silencio, esta compañía femenina siguió a su sombrío líder.

Ocuparon sus lugares en silencio. Él masculló una bendición que sonó tan
(40) áspera como una maldición. Las grandes cubiertas de plata fueron retiradas. Amelia temblaba, ya que estaba sentada junto al terrible Osborne y del otro lado faltaba George.

(45) —¿Sopa? —dijo el Sr. Osborne en tono sepulcral al tomar el cucharón y fijar los ojos en ella. Después de servirles a ella y a los demás, no habló por un rato.

—Llévese el plato de la señorita
(50) Sedley —dijo por fin—. No puede tomar la sopa… y tampoco yo. Está espantosa. Hicks, llévese la sopa; y Jane, despide mañana a la cocinera.

Una vez que concluyó sus
(55) observaciones sobre la sopa, el Sr. osborne hizo unos cuantos comentarios cortantes con respecto al pescado…

William Makepeace Thackeray, *Vanity Fair*.

1. ¿Cuál de las siguientes palabras describe mejor a las hijas del Sr. Osborne?

   (1) temerosas
   (2) esnob
   (3) consideradas
   (4) amigables
   (5) obedientes

2. ¿A qué se refiere la frase "caminar con sigilo" que aparece en la línea 32?

   (1) caer con gracia
   (2) murmurar con cuidado
   (3) tropezar torpemente
   (4) correr rápidamente
   (5) caminar cuidadosamente

3. De acuerdo con el pasaje, ¿cuál de las siguientes opciones es la explicación que da otro personaje sobre la conducta del Sr. Osborne?

(1) Está enojado con George por llegar tarde.
(2) Está descontento con la comida que se sirvió en la cena.
(3) Su posición en la casa ha sido desafiada.
(4) Es posible que esté perdiendo dinero en sus inversiones.
(5) Está enojado por tener que esperar la cena.

4. De acuerdo con el pasaje, ¿cómo reaccionaría Osborne si una de sus hijas llegara tarde a una cita importante con él?

(1) Caminaría nerviosamente de un lado al otro.
(2) La despediría sin verla.
(3) Le daría un sermón sobre la importancia de ser puntual.
(4) La perdonaría sin pensarlo dos veces.
(5) Esperaría pacientemente a que llegara.

5. ¿Cuál de las siguientes palabras describe mejor el clima emocional de este pasaje?

(1) alegre
(2) melancólico
(3) cómico
(4) tenso
(5) tranquilo

6. De acuerdo con el contexto, ¿a qué es probable que se refiera la frase "el Sr. Osborne hizo unos cuantos comentarios cortantes con respecto al pescado" (líneas 55 a 57)?

(1) El Sr. Osborne estaba ordenándoles a sus hijas que probaran el pescado.
(2) El Sr. Osborne estaba impresionado por la manera en que la cocinera había preparado el pescado.
(3) El Sr. Osborne no parecía satisfecho con el pescado.
(4) El Sr. Osborne no tenía mucho que decir sobre el pescado.
(5) El Sr. Osborne intentaba iniciar una conversación en la cena.

7. ¿Cuál de las siguientes opciones indica mejor la falta de calidez de Osborne?

(1) la referencia al Sr. Osborne como "jefe de la familia" (línea 25)
(2) cuando el Sr. Osborne se llama a sí mismo "amo de esta casa" (línea 19).
(3) la referencia al miedo de Amelia cuando se sienta junto a él
(4) cuando Jane llama a su padre "papá"(línea 1)
(5) el hecho de que Osborne se niega a llamar a sus hijas por sus nombres.

8. Osborne le dice a su hija que despida a la cocinera, ¿qué sugiere esto sobre su carácter?

(1) Es extremadamente intolerante.
(2) Antes era un gourmet.
(3) Tiene poco gusto para la comida.
(4) Es muy aprehensivo.
(5) Tiene debilidad por las burlas.

9. ¿Quién es George?

Es

(1) un conocido de la familia
(2) un general de la Guardia Montada
(3) el verdadero amo de la casa
(4) uno de los hermanos de Jane
(5) el socio del Sr. Osborne

10. ¿Cuál de las siguientes opciones describe mejor la actitud del narrador hacia el Sr. Osborne?

El Sr. Osborne es

(1) un hombe serio
(2) un hombre admirable
(3) un hombre paciente
(4) un hombre gruñón
(5) un hombre terrible

Las preguntas 11 a 14 se refieren al siguiente pasaje de una novela.

¿CUÁL ES LA IMPORTANCIA DE LA DECISIÓN DE CARTER DRUSE?

El centinela que dormía sobre un montículo de laureles era un joven de Virginia llamado Carter Druse. Era hijo único de padres ricos y había conocido
(5) toda la buena vida y refinamiento que el gusto y riqueza de la campiña montañosa del oeste de Virginia podían ofrecer. Su casa estaba a unas cuantas millas de donde él se encontraba ahora. Una
(10) mañana se levantó de la mesa del desayuno y dijo de manera callada pero seria:

—Padre, ha llegado a Grafton un regimiento de la Unión. Voy a unírmele.
(15) Su padre alzó la cabeza leonina, miró un momento a su hijo en silencio y contestó:

—Bien, vaya señor, y pase lo que pase, haga lo que considere su deber. Virginia,
(20) para quien usted es un traidor, debe continuar su camino sin usted. Si los dos estamos vivos cuando la guerra termine, hablaremos más del asunto. Su madre, como le ha informado el médico, está en
(25) una situación sumamente crítica; en el mejor de los casos, estará con nosotros unas cuantas semanas a lo más, pero este tiempo es precioso. Sería mejor no perturbarla.
(30) Así, Carter Druse hizo una reverencia a su Padre, quien le devolvió el saludo con una cortesía majestuosa que enmascaraba un corazón desecho, y dejó la casa de su niñez para prestar servicio como soldado.
(35) Al poco tiempo, su conciencia y valor, así como sus acciones devotas y audaces, le valieron un lugar entre sus compañeros y oficiales; y gracias a estas cualidades y a cierto conocimiento de la región fue
(40) seleccionado para el arriesgado servicio que actualmente prestaba en el puesto de avanzada más extremo.

Ambrose Bierce, *A Horseman in the sky.*

11. ¿Cuál de las siguientes opciones describe mejor al padre de Carter Druse?

(1) un hombre despiadado a quien su esposa e hijo le importan poco
(2) un individuo demandante
(3) un cobarde que quiere evadir sus responsabilidades
(4) un hombre de honor que respeta las creencias de su hijo
(5) un hombre pobre de gustos sencillos y educación limitada

12. ¿Cuál de las siguientes acciones concordaría con el carácter de Carter Druse tal como se describe en el pasaje?

(1) huir de una batalla
(2) mentir a uno de sus oficiales
(3) mantener una promesa difícil
(4) desertar del ejército Confederado
(5) robarle a su padre

13. ¿Cuál de las siguientes opciones describe mejor el tono del pasaje?

(1) amenazante
(2) formal
(3) envidioso
(4) cómico
(5) conversador

14. ¿Cuál de las siguientes realidades sobre la Guerra Civil destaca la decisión de Carter Druse?

(1) La guerra condujo a que la parte oeste de Virginia se separara del estado.
(2) La guerra ocasionó más muertos que ninguna otra guerra.
(3) La guerra dividió incluso a las familias más unidas.
(4) La guerra produjo héroes insólitos.
(5) La guerra se libró principalmente en el Sur.

Las respuestas comienzan en la página 816.

Lenguaje, Lectura • Entender la ficción

Identificar el lenguaje figurado

Los escritores suelen crear imágenes vívidas mediante palabras. Esta técnica se llama **lenguaje figurado**. La mayor parte del lenguaje figurado se basa en comparaciones que comunican algo. Un **símil** hace una comparación por medio de las palabras *como* o *al igual que*. Por ejemplo, el enunciado "su cabello era <u>como</u> un mal sueño"es un símil. Por otro lado, una **metáfora** hace una comparación al expresar que una cosa es otra, por ejemplo, "su cabello era una pesadilla".

Un tercer tipo de de lenguaje figurado es el **símbolo**: una persona, lugar o cosa que representa una idea más amplia. Por ejemplo, el ingenio de un personaje puede sugerirse mediante una referencia frecuente a un zorro.

El lenguaje figurado es distinto del lenguaje literal. El lenguaje literal es objetivo; no crea efectos por medio de exageraciones. La descripción "María sobresale como un rascacielos" es un enunciado figurado.

Lea el siguiente pasaje de un cuento y complete el ejercicio a continuación.

Su madre no sabía cómo pintarse la cara; sólo se ponía todo el maquillaje y probablemente ni siquiera sabía que se veía como un payaso viejo y cansado. Por mejillas tenía dos tomates rojos y por labios fresas rojas. El contorno de las cejas estaba trazado con un lápiz negro y se veía horrible. Nunca entendí por qué se pintaba tanto la cara.

Enedina Cáceres Vásquez, "The House of "Quilts", *Daughters of the Fifth Sun*.

1. Marque con una "X" el tipo de lenguaje figurado que se usa en "se veía como un payaso viejo y cansado".

   _____ a. símil

   _____ b. símbolo

   _____ c. metáfora

2. ¿Qué clave le ayudó a responder la pregunta 1? _____

3. Escriba dos metáforas del pasaje.

   _____

   _____

Usted acertó si eligió *símil* en la pregunta 1. La palabra clave es *como*. Dos metáforas son *tomates rojos* para las mejillas y *fresas rojas* para los labios.

lenguaje figurado
palabras usadas de manera imaginativa para crear imágenes vívidas

símil
comparación entre dos personas, lugares, o cosas, conectadas con palabras y expresiones del tipo de *como, tan…como…, semejante a…, al igual que…* etc.

metáfora
comparación que presenta una cosa como otra

símbolo
una persona, lugar, o cosa que representa a otra

Sugerencia

Para identificar el lenguaje figurado, busque comparaciones entre cosas diferentes. ¿De qué manera el escritor sugiere que se parecen?

Práctica de GED

Instrucciones: Elija la respuesta que mejor responda a cada pregunta.

Las preguntas 1 a 4 se refieren al siguiente pasaje de un cuento.

¿EN QUÉ SE PARECEN LOS INSECTOS A LOS SERES HUMANOS?

El Dr. Nahum Fischelson caminaba de un lado a otro de su buhardilla de la calle del Mercado, en Varsovia.[1] El Dr. Fischelson era un hombre encorvado y de baja estatura

(5) con barba grisácea y bastante calvo, excepto por unos cuantos mechones de pelo que le quedaban en la nuca. Su nariz estaba tan torcida como un pico y sus ojos eran grandes, oscuros y vibrantes,

(10) parecidos a los de algún pájaro enorme. Era una calurosa noche de verano, pero el Dr. Fischelson llevaba puesto un abrigo negro que le llegaba hasta las rodillas y un cuello rígido con corbata de moño. Caminaba

(15) despacio de la puerta a la ventana de la buhardilla que estaba en lo alto de la habitación inclinada. Era necesario subir varios escalones para mirar afuera. Sobre la mesa había un candelabro con una vela

(20) prendida y en torno a la llama zumbaban insectos variados. De vez en cuando, una criatura volaba demasiado cerca de la llama y sus alas se chamuscaban, o bien, una se incendiaba y resplandecía en la mecha por

(25) un instante. En momentos como éste, el Dr. Fischelson hacía una mueca y su arrugado rostro temblaba mientras se mordía los labios bajo su alborotado bigote. Finalmente sacó un pañuelo de su bolsillo

(30) y lo agitó cerca de los insectos.

—Váyanse de allí, tontos, imbéciles— los reprendió. —No encontrarán calor aquí, sólo se quemarán.

Los insectos se dispersaron, pero un

(35) segundo después ya estaban de regreso y una vez más rodeaban la temblorosa llama. El Dr. Fischelson se limpió el sudor de su arrugada frente y suspiró:

—Al igual que los seres humanos, sólo desean el placer del momento.

[1] la ciudad más grande de Polonia

Isaac Bashevis Singer, "The Spinoza of Market Street".

1. De acuerdo con las pistas de este pasaje, ¿qué tipo de habitación es una buhardilla?

   (1) un comedor
   (2) un sótano
   (3) un cuarto dentro de un dormitorio
   (4) un cuarto en un ático
   (5) una suite de un penthouse

2. De acuerdo con el pasaje, ¿cómo es más probable que el Dr. Fischelson reaccionara ante un gato callejero que apareciera a su puerta?

   (1) Lo espantaría.
   (2) Llamaría al centro de control de animales.
   (3) Lo cuidaría.
   (4) Le regañaría.
   (5) Trataría de patearlo.

3. ¿Qué características del Dr. Fischelson son comparadas con las de un pájaro?

   (1) nariz y ojos
   (2) cabeza y pies
   (3) ojos y cuello
   (4) nariz y pies
   (5) pies y ojos

4. ¿Qué tono tiene el pasaje?

   (1) temeroso
   (2) violento
   (3) agorero
   (4) tonto
   (5) doloroso

Sugerencia

Para crear símbolos, los escritores usan palabras e imágenes de maneras originales. ¿Se repite una imagen o una palabra? Si es así, generalmente tiene un significado más amplio.

Las respuestas comienzan en la página 817.

Lenguaje, Lectura •Entender la ficción

Hacer deducciones

En la vida diaria, a menudo nos encontramos con situaciones en las que no tenemos toda la información que se necesita. En tales casos, debemos tomar decisiones basadas en los datos disponibles, así como en nuestros conocimientos y experiencia previa. Esta destreza se llama **hacer deducciones**. También podemos hacer deducciones al leer textos de ficción. Primero, descubra lo que el autor sugiere, y luego trate de determinar, según su propia comprensión, lo que indirectamente dijo el autor. Los escritores suelen sugerir o dar a entender información sobre los personajes, el escenario, la atmósfera y el tono.

Lea el siguiente pasaje de un cuento y complete el ejercicio a continuación.

Los niños grandes me llaman Mercury porque soy la más veloz del vecindario. Todo el mundo lo sabe, excepto dos personas que sabemos la verdad: mi padre y yo. Papá puede ganarme de casa a la avenida Ámsterdam aun dándome una ventaja inicial de dos bombas de agua y corriendo con las manos en los bolsillos y chiflando. Pero esa es información privada. Porque, ¿se pueden imaginar a un hombre de treinta y cinco años metiéndose en unos pantalones cortos para jugar con niñitos en las carreras? Y en lo que hace a los demás, para ellos soy la más veloz y eso va también para Gretchen, quien salió con el cuento de que ganará la medalla del primer lugar este año. Ridículo.

Toni Cade Bambara, "Raymond's Run", *Gorilla, My Love*.

hacer una deducción
reunir pistas o detalles para llegar a una conclusión lógica cuando los hecho no se mencionan directamente

1. Escriba *I* junto al enunciado que sea un dato y *D* junto al enunciado que sea una deducción.

_____ a. La narradora tiene buen sentido del humor.

_____ b. El padre de la narradora puede correr más rápido que ella.

2. Marque con una "X" todos los enunciados que apoyan la deducción de que la narradora se tiene mucha confianza como corredora.

_____ a. "Papá puede ganarme hasta la avenida de Ámsterdam"

_____ b. "Yo soy la más veloz del vecindario"

_____ c. "Ridículo"

Sugerencia

Para hacer deducciones, busque las palabras clave de un pasaje y agregue a ellas lo que ya sabe por experiencia personal.

Usted acertó si eligió *deducción* para la *opción a*. El pasaje no menciona esto directamente, pero la narradora hace dos comentarios humorísticos sobre su padre, así que usted puede deducir que tiene un buen sentido del humor. La *opción b* es un dato que la narradora menciona. Para a pregunta 2, debió haber marcado *b* y *c*. Sólo una persona segura de su capacidad diría que es la más veloz del vecinadario y que es ridículo que alguien piense que puede ser vencida.

Práctica de GED

Instrucciones: Elija la respuesta que mejor responda a cada pregunta.

Las preguntas 1 a 9 se refieren al siguiente pasaje de un cuento.

¿QUIÉN ES LA NUEVA SOLISTA DEL CORO?

En la fila central de las cantantes estaba Alma Way. Todo el mundo tenía la vista fija en ella y se disponía a escucharla con oídos críticos. Era la nueva primera soprano.

(5) Candace Whitcomb, la anterior, había cantado en el coro durante cuarenta años, pero recientemente había sido despedida. El público opinaba que su voz ya estaba demasiado cascada y era vacilante en las

(10) notas altas. Hubo muchas quejas y, después de una larga deliberación, los dirigentes de la la iglesia le dieron a conocer su decisión, lo más gentilmente posible, a la antigua cantante. Había cantado por última

(15) vez el domingo pasado y Alma Way había sido contratada para ocupar su lugar. Con excepción del organista, la primera soprano era la única integrante del numeroso coro que recibía una paga. El salario era muy

(20) modesto, pero aún así, el pueblo lo consideraba cuantioso para una mujer joven. Alma era del pueblo colindante de East Derby y en el área tenía buena reputación como cantante.

(25) Ahora sus solemnes ojos azules miraban fijamente; su rostro, delicado que había sido bonito, palideció; las flores azules de su sombrero temblaron; las diminutas manos enguantadas que sostenían

(30) firmemente el libro de canto se sacudieron perceptiblemente; pero cantó con valor. Esa formidable montaña del mundo, la falta de confianza en sí misma y la timidez, se alzaban ante ella, pero sus nervios estaban

(35) preparados para la ascensión. En la mitad del himno ejecutó un solo; su voz resonó profundamente dulce; la gente asentía con admiración; pero de repente, hubo una conmoción; todos miraron hacia las

(40) ventanas del lado sur de la iglesia. Por encima del rumor del viento y de los pájaros, por encima de las dulces notas de Alma Way, emergió otra voz femenina cantando otro himno, en otro tono.

(45) —Es ella —cuchichearon las mujeres, medio pávidas, medio sonrientes.

La cabaña de Candace Whitcomb quedaba cerca del lado sur de la iglesia. Estaba tocando el órgano de su casa y

(50) cantaba para ahogar la voz de su rival. A Alma se le cortó la respiración y por poco se detiene; el libro de canto se movió como abanico; luego continúo. Pero el prolongado y ronco zumbido del órgano,

(55) aunado al estridente clamor de la otra voz eran más fuertes que todo lo demás.

Cuando el himno hubo terminado, Alma se sentó. Se sentía desfallecida; la mujer que estaba a su lado le puso una menta

(60) en la mano.

—No vale la pena hacerle caso —le susurró enérgicamente. Alma trató de sonreír; abajo, entre el público, un joven la miraba con una especie de intensa

(65) compasión.

En el último himno, Alma ejecutó otro solo y, de nuevo, el órgano vecino zumbó por encima del preciso y delicado acompañamiento del órgano de la iglesia

(70) y, una vez más, la voz de Candace Whitcomb rugió en otro tono.

Mary Wilkins Freeman, "A Village Singer".

1. ¿Por qué Candace Whitcomb se quedó en su casa a tocar órgano y cantar?

(1) No se sentía bien ese día.
(2) Pidió el día para que la nueva solista diera una audición.
(3) Tenía que ensayar para el día siguiente.
(4) Sentía envidia por la nueva solista.
(5) Había decidido jubilarse.

2. ¿Cuál de los siguientes es el significado de la oración "Esa formidable montaña del mundo, la falta de confianza en sí misma, y la timidez, se alzaban ante ella, pero sus nervios estaban preparados para la ascensión" (líneas 31 a 35)?

(1) Alma había escalado montañas antes.
(2) Alma estaba preparada para vencer su miedo.
(3) Alma no confiaba en que su voz alcanzara las notas altas.
(4) Alma creía que sentirse nerviosa antes de una interpretación era normal.
(5) Alma sentía que el camino al podium era como escalar una montaña

3. ¿Cuál de las siguientes opciones explica mejor el significado de la frase "medio pávidas" en la línea 46?

(1) Las bocas de las mujeres estaban medio abiertas.
(2) La mitad de las mujeres estaban en contra de Alma.
(3) Las mujeres sonreían apenas.
(4) Las mujeres trataban de permanecer en silencio.
(5) Las mujeres estaban horrorizadas.

4. ¿Por qué Alma se sintio desfallecida (línea 58)?

(1) Estaba exhausta después de su maravillosa interpretación.
(2) Estaba mareada por el calor que hacía en la iglesia.
(3) Estaba nerviosa porque un joven del público la miraba.
(4) Se sentía débil por la tensión de tener que competir con el canto de Candace.
(5) Tenía miedo de que el canto de Candace fuera mejor que el suyo.

5. Si Alma dejara de cantar en el coro, ¿qué sería más probable que hiciera Candace?

(1) trataría de convencer a Alma de que regresara
(2) trataría de reintegrarse como solista del coro
(3) le pediría a Alma que cantara a dúo con ella
(4) se disculparía con Alma por haberla hecho sentir mal
(5) seguiría cantando en su cabaña

6. ¿Cuál de los siguientes detalles del pasaje ayudan a entender la atmósfera emocional de la iglesia?

(1) "su voz ya estaba demasiado cascada y era vacilante" (líneas 8 y 9)
(2) "la primera soprano era la única integrante del numeroso coro que recibía una paga" (líneas 17 a 19)
(3) "todo el mundo tenía la vista fija en ella y se disponía a escucharla con oídos críticos" (líneas 2 a 4)
(4) "en el área tenía buena reputación como cantante" (líneas 23 y 24)
(5) "era la nueva primera soprano" (línea 4)

7. ¿Cuál de los siguientes aspectos de la personalidad de Alma puede conocerse a partir del pasaje?

(1) Está dispuesta a enfrentar un reto.
(2) Es vanidosa en cuanto a su belleza.
(3) Resiente la competencia.
(4) No valora su talento.
(5) Suele ser pesimista.

8. ¿Cuál de las siguientes descripciones caracteriza mejor el estilo de este pasaje?

(1) seco y académico
(2) soso y poco emotivo
(3) irónico y bromista
(4) informal y serio
(5) complejo y confuso

9. De acuerdo con el pasaje, ¿cuál de los siguientes pares muestra la misma relación que la existente entre la voz de Candace y la de Alma?

(1) la voz de un cuervo y la de un águila
(2) la voz de un águila y la de un colibrí
(3) la voz de un colibrí y la de un cuervo
(4) la voz de un búho y la de un ave cantora
(5) la voz de un cuervo y la de un canario

Las preguntas 10 a 13 se refieren al siguiente pasaje de una novela.

¿QUÉ SIENTE EL NARRADOR POR ESTA MUJER?

....Me puse otra vez la ropa nueva, y yo no hacía más que sudar y sudar y sentirme aprisionado. Y bueno, después, todo lo mismo otra vez; la viuda tocó la
(5) campanilla para anunciar la cena y tuve que ir corriendo. Ya en la mesa, no pude empezar a comer de inmediato, tuve que esperar a que ella bajara la cabeza y refunfuñara no sé qué de los alimentos,
(10) aunque en realidad no les pasaba nada. Bueno, salvo que los habían cocinado por separado. En el bote de la basura es distinto, todo se junta, las salsas se mezclan y así todo sabe mejor.
(15) Después de la cena la viuda sacó su libro y me leyó lo de Moisés y los juncos; yo estaba como loco por conocer toda la historia. Pero al poco rato se le ocurrió decirme que Moisés había muerto hacía
(20) muchísimo tiempo; entonces dejó de importarme lo que le pasara porque a mí los muertos no me hacen ninguna gracia. Al poco tiempo me dieron ganas de fumar y le pedí permiso a la viuda, pero no
(25) me lo dio. Me dijo que era una mala costumbre y que además no era sano, y que debía procurar no fumar más. Hay personas así, se oponen a una cosa sin saber nada de ella. Ahí estaba la viuda,
(30) preocupadísima por Moisés, que ni era pariente suyo, ni le servía a nadie porque estaba muerto; y luego, iba y me reclamaba que hiciera algo bueno. Y, además ella tomaba rapé[1]; claro, eso sí estaba bien porque era ella quien lo hacía.

---

rapé [1]: tipo de tabaco

Mark Twain, *The Adventures of Huckleberry Finn*.

10. ¿Qué intenta la viuda hacerle al narrador?

(1) adoptarlo
(2) reformarlo
(3) enojarlo
(4) burlarse de él
(5) entretenerlo

11. De acuerdo con la información que proporciona el pasaje, ¿qué comida disfrutaría más el narrador?

(1) un hotdog
(2) puré de papas
(3) un plato de estofado de res
(4) queso y galletas
(5) ensalada fresca y verde

12. ¿Cuál de las siguientes palabras describe mejor el tono del pasaje?

(1) misterioso
(2) formal
(3) serio
(4) alegre
(5) coloquial

13. ¿Cuál es el principal efecto de la jerga con la que el autor se expresa?

(1) Da pistas sobre el tiempo y el lugar.
(2) Crea un contraste con el discurso la viuda.
(3) Crea un personaje agradable.
(4) Crea una situación humorística.
(5) Facilita la comprensión del pasaje.

Sugerencia

Para repasar la destreza de hacer deducciones, pregúntese: "¿Hay pistas en el pasaje que apoyan mi deducción? Si es así, ¿cuáles son?"

Las respuestas comienzan en la página 817.

Comparar y contrastar

Cuando se **comparan** cosas, se muestra en qué se parecen. Cuando se las **contrasta**, se muestra en qué se diferencian. Uno de los placeres de leer ficción está en seguir el desarrollo de los personajes. Los escritores comparan y contrastan el carácter y la forma de ser de los personajes de una historia para transmitir al lector una imagen vívida de ellos. El desarrollo de los personajes también puede ayudar a discernir el conflicto de la historia.

Al leer un texto de ficción, el proceso de comparar y contrastar puede ayudarle a entender mejor lo que lee.

Lea el siguiente pasaje de una novela y complete el ejercicio a continuación.

El señor Bennet era una mezcla tan singular de viveza, humor sarcástico, reserva y capricho, que la experiencia de veintitrés años no le había bastado a su mujer para descifrar su carácter. Ella era menos difícil de conocer. Era una mujer de entendimiento limitado, poca instrucción y temple incierto. Cuando se hallaba descontenta se imaginaba nerviosa. La empresa de su vida consistía en casar a sus hijas; sus solaces eran ir de visita y las noticias.

Jane Austen, *Pride and Prejudice*.

comparar
mostrar en qué se parecen las cosas

contrastar
mostrar en qué se diferencian las cosas

1. Encierre en un círculo la palabra subrayada que sea correcta en la siguiente oración.

   Este párrafo <u>compara</u>/<u>contrasta</u> al Sr. y a la Sra. Bennet.

2. Marque con una "X" la oración que contrasta dos cosas.

   _____ a. El Sr. Bennet es más difícil de comprender que su esposa.

   _____ b. A la Sra. Bennet le encantan el chismorreo y las visitas.

   _____ c. La Sra. Bennet está confundida por sus propios sentimientos.

3. Subraye la oración del pasaje que indica que se hará un contraste entre los personajes.

Usted acertó si en la pregunta 1 encerró en un círculo *contrasta*. El pasaje muestra las diferencias entre los personajes. En la pregunta 2, la *opción a* es la respuesta correcta. En la pregunta 3, usted debió subrayar *Ella era menos difícil de conocer*. El énfasis en la palabra *ella* combinado con la palabra *menos* le indican que se está haciendo un contraste entre ella y el Sr. Bennet.

Sugerencia

Identifique las comparaciones buscando palabras clave, como por ejemplo, *como, al igual que, también, comparado con* y *de igual manera*. Identifique los contrastes buscando palabras clave como *a diferencia de, sin embargo, pero, por otro lado,* y *por el contrario*.

Práctica de GED

Las preguntas 1 a 3 se refieren al siguiente pasaje de un cuento.

EL VIAJE HACIA EL MAR

Ya estaban frente a aquella cosa soberbia, bárbara y misteriosa—según Rodríguez—, callados, esperando cada uno la voz del otro. Caía el sol.

(5) —¿Qué te parece? —preguntó Rodríguez a "Siete y tres diez", señalando con el brazo extendido hacia el poniente.

—Y...—respondió aquél— es pura

(10) agua... Más o menos como la tierra que es tierra... nada más que es agua...

Rodríguez sintió rabia y desilusión. ¿Aquélla era una contestación? ¿El y el mar merecían esta afrentosa respuesta?...

(15) —¿Y si es agua qué te voy a decir? ¿Que es tierra? —terminó "Siete y tres diez".

El Vasco se había agachado. Apretaba y soltaba el puño levantando y dejando caer

(20) puñados de arena. Rodríguez se dirigió a él:

—¿Y a vos qué te parece?

El Vasco lo miró como si hablara en inglés.

—¿El qué? —preguntó.

—¿El qué? ¿Qué va a ser? ¡El mar!

(25) El Vasco lentamente dijo lo siguiente:

—¿El mar?... Lo más lindo que tiene es la arena... ¡No parece arena y es arena!

"Leche con fideos" estaba por allí.

Rodríguez meneó la cabeza desilusionado.

(30) Con la vista lo interrogó:

—¡Qué cantidad de agua! —dijo "Leche con fideos"-. De lo que no me doy cuenta es para dónde corre...

Se acercó a Rataplán.

(35) —¿Qué decís, Rataplán —preguntó Rodríguez—, es grande o no es grande esto?

—Es —respondió y volvió a repetir— es. Pero no tiene barcos... Y para mí un mar sin

(40) barcos es como un campo sin árboles... ¿Entendés lo que te quiero decir?... Pintás un campo y si no le ponés un rancho o un árbol no te representa nada...

Eso ya era algo. Rodríguez se consideró

(45) obligado a explicarle a aquel infeliz que no sabía nada del mar, algunas cosas del mar:

—Mirá: los barcos pasar por el canal. Como a dos leguas de aquí... Ahora

(50) mismo estará pasando alguno.

Rataplán trató de pararse en puntas de pie y miró en la dirección que señalaba Rodríguez.

—Yo no veo nada, dijo.

(55) —No los ves porque la tierra es redonda...

Se disponía a seguir cuando Rataplán, con sorna, preguntó nuevamente:

—¿Y el agua es redonda también?

(60) Rodríguez no pudo más. Se dió vuelta e inició el camino de regreso hacia el campamento.

Juan José Morosoli

1. ¿Cuál es la relación entre Rodríguez y sus cuatro compañeros?

   (1) Se acaban de conocer en la playa.
   (2) Rodríguez los ha traído hasta aquí.
   (3) No se conocen unos a otros.
   (4) Rodríguez es el menor de todos.
   (5) Los cuatro desprecian a Rodríguez.

2. ¿En qué se parecen las reacciones de los cuatro compañeros de Rodríguez?

   (1) Los cuatro están fascinados con el mar.
   (2) Los cuatro quieren acercarse más al mar.
   (3) Los cuatro demuestran su falta de aprecio por el mar.
   (4) Los cuatro quieren que Rodríguez les hable del mar.
   (5) Los cuatro quieren dar su opinión sobre el mar.

3. ¿Cómo describirías a los compañeros de Rodríguez?

   (1) ignorantes pero sinceros
   (2) hipócritas y tontos
   (3) malintencionados
   (4) astutos
   (5) malagradecidos

Las respuestas comienzan en la página 818.

Interpretar el tema

El **tema** es la idea general sobre la vida o la naturaleza humana que un cuento o una novela revela. A veces, el tema se compara con una **moraleja** de la historia, una lección cuyo propósito es enseñar a distinguir entre el bien y el mal. Sin embargo, por lo general el tema no se expresa directamente, sino que hay que deducirlo. Tampoco el tema suele indicarle al lector cómo comportarse, sino que simplemente expresa las opiniones del autor sobre la vida.

Lea el siguiente pasaje de un cuento y complete el ejercicio a continuación.

Cuando a un hombre se le ocurre que la naturaleza no le da importancia y no considera que el universo quedaría mutilado si se deshiciera de él, su primer impulso es arrojar ladrillos al templo y, luego, odiar profundamente el hecho de que no haya ladrillos ni
(5)   templos. Cualquier manifestación visible de la naturaleza seguramente sería ridiculizada con sus burlas.

Luego, si no hay nada de qué reírse, el hombre siente, quizás, el deseo de confrontar una personificación[1] y deshacerse en súplicas, inclinado sobre una rodilla y con las manos suplicantes,
(10)   diciendo: "Sí, pero siento amor por mí".

Una fría estrella en el cielo de una noche de invierno es la palabra que siente que ella le transmite. A partir de ese momento conoce el patetismo[2] de su situación.

Los hombres del bote no habían discutido estos asuntos, pero
(15)   sin duda habían reflexionado sobre ellos en silencio y según sus principios. Rara vez había una expresión en sus rostros, salvo la de total fatiga. Si se hablaba era solo sobre asuntos del bote.

[1] personificación: un objeto al que se le da forma humana
[2] patetismo: dolor trágico

Stephen Crane, "The Open Boat," *The Portable Stephen Crane.*

tema
la idea general sobre la vida que se deduce de un cuento o una novela

moraleja
una lección que uno puede aplicar a su propia vida

Sugerencia

Al leer, pregúntese si el autor intenta darle un consejo o expresar una verdad.

1. Marque con una "X" qué siente el hombre de este pasaje respecto de la naturaleza.

_____ a. indiferencia

_____ b. enojo

2. Marque con una "X" la mejor descripción de la naturaleza de acuerdo con el pasaje.

_____ a. acogedora

_____ b. vengativa

_____ c. indiferente

Usted acertó si eligió la *opción b* en la pregunta 1. El hombre está enojado con la naturaleza. Para la pregunta 2, la respuesta correcta es la *opción c*. La frase "la naturaleza no le da importancia" debió haberle ayudado a responder correctamente la pregunta 2.

Práctica de GED

Instrucciones: Elija la respuesta que mejor responda a cada pregunta.

Las preguntas 1 a 10 se refieren al siguiente pasaje de una novela.

¿POR QUÉ PARA ESTE NARRADOR LA GUERRA TODAVÍA ESTÁ VIVA?

Todos tenemos un momento en la historia que es especialmente nuestro. Es el momento en que las emociones alcanzan el influjo más poderoso sobre
(5) nuestro ser y después, cuando alguien dice "el mundo de hoy" o "la vida" o "la realidad" uno asume que se hace referencia a ese momento, aun si han pasado cincuenta años. A través de sus emociones
(10) desencadenadas, el mundo dejó una huella en uno, y uno lleva para siempre la impronta de ese momento pasajero.

Para mí, ese momento (cuatro años equivalen a un momento en la historia) fue
(15) la guerra. La guerra fue y es realidad para mí. Todavía vivo y pienso instintivamente en su atmósfera. Éstas son algunas de sus características: Franklin Delano Roosevelt es el presidente de Estados Unidos y
(20) siempre lo ha sido. Los otros dos líderes eternos son Winston Churchill y José Stalin. Estados Unidos no es, nunca ha sido y nunca será lo que las canciones y poemas dicen, una tierra de abundancia. El nilón, la
(25) carne, la gasolina y el acero son raros. Hay demasiados empleos pero no suficientes trabajadores. El dinero es muy fácil de ganar, pero bastante difícil de gastar porque no hay mucho que comprar. Los trenes
(30) siempre se demoran y siempre están llenos de "militares". La guerra siempre se hará muy lejos de Estados Unidos y nunca terminará. No hay nada en Estados Unidos que permanezca en su sitio por mucho
(35) tiempo, incluyendo a las personas que siempre se están yendo o están de permiso. En Estados Unidos la gente llora a menudo. Los dieciséis años son la edad clave, crucial y natural para un ser humano, y las
(40) personas de las demás edades están jerarquizadas de manera ordenada por delante y por detrás de uno, como un armonioso escenario para los que tienen dieciséis en el mundo. Cuando uno tiene
(45) dieciséis años, los adultos se sienten ligeramente impresionados y casi intimidados por uno. Éste es un rompecabezas que finalmente se resuelve cuando te percatas de que ellos vislumbran
(50) tu futuro militar—luchar por ellos. Tú no lo vislumbras. En Estados Unidos desperdiciar algo es inmoral. Los cordeles y el papel aluminio son tesoros. Los periódicos siempre están repletos de mapas extraños
(55) y nombres de ciudades, y cada tantos meses la Tierra parece tambalearse cuando ves algo en los periódicos, como cuando Mussolini, quien casi parecía uno de los líderes eternos, sale en una fotografía
(60) colgado de un gancho de carnicero. Todo el mundo escucha las transmisiones de noticias cinco o seis veces al día. Todas las cosas agradables, todos los viajes, deportes, espectáculos, buena comida y
(65) prendas finas, escasean, siempre han escaseado y siempre escasearán. En el mundo sólo hay pequeños fragmentos de placer y lujo, y hay algo poco patriótico en disfrutarlos. Todos los países extranjeros
(70) son inaccesibles, excepto para los militares; son difusos, distantes y enclaustrados, como si estuvieran detrás de una cortina de plástico. En Estados Unidos, el color de la vida que prevalece es un verde oscuro
(75) y opaco llamado verde oliva. Ese color siempre es respetable y siempre es importante. Casi todos los demás colores corren el riesgo de ser antipatrióticos.

John Knowles, *A Separate Peace.*

1. ¿Cuál es la idea principal del primer párrafo?

(1) Las emociones pueden influir en el cuerpo.
(2) La gente no debe vivir en el pasado.
(3) La gente debe aprender más sobre la historia.
(4) La vida en Estados Unidos no es todo lo que se dice que es.
(5) La visión del mundo de una persona está moldeada por eventos clave.

Lenguaje, Lectura • Entender la ficción

2. ¿Cuál de las siguientes opciones replantea mejor las líneas 55 a 57: "cada tantos meses la Tierra parece tambalearse cuando ves algo en los periódicos"?

(1) Cada tantos meses los terremotos sacuden la Tierra.
(2) Cada tantos meses estalla una bomba.
(3) Cada tantos meses Estados Unidos ataca a otro país.
(4) Cada tantos meses ocurre algo que conmueve al mundo.
(5) Cada tantos meses hay un nuevo período de escasez.

3. ¿Con cuál de los siguientes enunciados es más probable que el narrador estuviera de acuerdo?

(1) La política forja alianzas peculiares.
(2) No hay mejor momento que el presente.
(3) El tiempo es algo que nunca entenderemos.
(4) El momento histórico afecta al individuo.
(5) El tiempo no se detiene para nadie.

4. ¿Qué hace el narrador para que el lector entienda cómo se siente respecto de la guerra?

(1) explica que los adultos se sentían intimidados por los soldados
(2) habla de la guerra como si estuviera ocurriendo ahora
(3) se refiere a líderes mundiales famosos
(4) describe claramente sus emociones
(5) hace que la guerra aparezca como algo romántico y atractivo

5. ¿Cuál es el principal propósito de la descripción que hace el narrador de la Segunda Guerra Mundial?

(1) recordar sucesos que ocurrieron durante su adolescencia
(2) describir circunstancias de Estados Unidos que permanecen con nosotros
(3) criticar el estado de los asuntos mundiales
(4) proponer un regreso a los "viejos tiempos"
(5) pronunciarse en contra de los horrores de la guerra

6. De acuerdo con el pasaje, ¿por qué los años de la guerra afectaron al narrador de esa manera?

(1) Era joven e impresionable.
(2) Admiraba la política de Roosevelt.
(3) El dinero era fácil de ganar.
(4) Todo el mundo estaba muy triste.
(5) Temía tener que ir al frente como soldado.

7. ¿Cuál de las siguientes palabras describe mejor el tono de este pasaje?

(1) crítico
(2) optimista
(3) sentimental
(4) expectante
(5) serio

8. ¿Cuál de las siguientes opciones describe mejor el estilo de este pasaje?

(1) formal y académico
(2) ingenioso y sarcástico
(3) comprometedor y colorido
(4) realista y repetitivo
(5) florido e inspirador

9. ¿Cuál de los siguientes es el principal efecto del estilo del autor en este pasaje?

Ayuda a

(1) apelar al sentido patriótico del lector
(2) transmitir los horrores de la guerra
(3) a que los estadounidenses valoren lo que tienen
(4) indicar la monotonía impuesta por la guerra
(5) revelar el modo de pensar de un adolescente de dieciséis años

10. ¿Cuál de los siguientes enunciados expresa mejor el punto de vista del narrador?

(1) Todo el mundo tiene quince minutos de fama.
(2) Quienes no recuerden el pasado están condenados a repetirlo.
(3) Los "viejos tiempos" no siempre fueron buenos.
(4) El mundo está demasiado con nosotros.
(5) Siempre habrá guerras y rumores de guerra.

Las respuestas comienzan en la página 818.

Instrucciones: Elija la respuesta que mejor responda a cada pregunta.

Las preguntas 1 a 7 se refieren al siguiente pasaje de una novela.

¿POR QUÉ LEE CHONG HACE UN TRATO CON MACK?

Lee Chong se ponía ligeramente tenso cuando Mack entraba a la tienda y daba un vistazo rápido para comprobar que Eddie, Hazel, Hughes o Jones no

(5) hubieran entrado también, y luego deambulaba entre los comestibles.

Mack expuso sus cartas con honestidad cautivadora. —Lee —dijo—, yo y Eddie y los demás nos enteramos

(10) que eres el dueño de la casa de Abbeville.

Lee Chong asintió y esperó.

—Yo y mis amigos pensamos en preguntarte si podíamos mudarnos allí. Mantendremos la propiedad —agregó

(15) rápidamente—. No dejaremos que nadie entre ni que nadie haga estropicios. Los niños podrían romper las ventanas... —sugirió Mack—. La casa podría incendiarse si nadie la vigila.

(20) Lee inclinó la cabeza hacia atrás y miró a Mack a los ojos a través de sus medios anteojos; el tamborileo del dedo de Lee disminuyó su ritmo mientras pensaba intensamente. Los ojos de Mack reflejaban

(25) buena voluntad y compañerismo, y el deseo de tener contentos a todos. Entonces, ¿por qué Lee Chong se sentía ligeramente acorralado? ¿Por qué su mente se abría camino con la delicadeza

(30) de un gato que se desplaza entre cactus? Había sido hecho con dulzura, casi con ánimo filantrópico. La mente de Lee se adelantó a las posibilidades... no, eran probabilidades, y el tamborileo de su dedo

(35) se hizo todavía más lento. Se vio a sí mismo rechazando la petición de Mack y vio los vidrios rotos de las ventanas. Luego, Mack se ofrecería por segunda vez para cuidar y preservar la propiedad y, en

(40) caso de un segundo rechazo, Lee olía ya el humo y veía las pequeñas llamas trepando por las paredes. Mack y sus amigos tratarían de apagar el incendio. El dedo de Lee se detuvo suavemente

(45) sobre el tapetito del cambio.

Estaba derrotado y lo sabía. Sólo le quedaba la posibilidad de salvar las apariencias y era muy probable que Mack fuera muy generoso sobre este punto.

(50) Lee dijo:

—¿Quieles pagal una lenta pol mi casa? ¿Quieles vivil allí como en hotel?

Mack le sonrió ampliamente y fue generoso. —Oye —gritó—. Qué buena

(55) idea. Claro. ¿Cuánto?

Lee meditó. Sabía que no importaba lo que cobrara; de todos modos no le darían nada. Bien podía entonces pedir una suma fuerte para salvar las apariencias.

(60) —Cinco dólales a la semana —dijo Lee Mack jugó hasta el final. —Tengo que hablarlo con los chicos —dijo con recelo—. ¿No podrían ser cuatro dólares por semana?

—Cinco dólales —dijo Lee con firmeza.

—Bueno, a ver qué dicen los chicos —dijo Mack.

Y así fue. Todos quedaron contentos. Y si se piensa que Lee Chong sufrió una

(70) pérdida total, al menos su mente no funcionó en esa dirección. Las ventanas no se rompieron; no hubo ningún incendio y, aunque nunca recibió renta alguna, cuando los inquilinos tenían dinero (y a menudo así era) nunca se les ocurría gastarlo en otro lugar que no fuera la tienda de comestibles de Lee Chong.

John Steinbeck, *Cannery Row.*

1. ¿Cuál es el motivo más probable por el que Mack se ofrece a mantener la propiedad (líneas 13 y 14) y a vigilarla (línea 19)?

   (1) está tratando de entablar amistad
   (2) está tratando de mejorar la comunidad
   (3) está pidiéndole trabajo a Lee Chong
   (4) está amenazando a Lee Chong
   (5) está tratando de engañar a sus amigos

2. ¿Qué es más probable que Mack y sus amigos hagan si alguien le prende fuego a la casa de Abbeville?

   (1) mudarse de allí
   (2) agregar combustible a las llamas
   (3) ayudar a apagar el incendio
   (4) huir
   (5) robar los comestibles antes de que se quemen

3. ¿Cuál de las siguientes palabras describe mejor el trato entre Lee Chong y Mack?

   (1) útil
   (2) inmoral
   (3) peligroso
   (4) patético
   (5) amable

4. Si Lee Chong tuviera una concesionaria de autos, ¿cómo es más probable que administrara su negocio?

   (1) Les haría descuentos a sus amigos y a su familia.
   (2) Ofrecería precios justos para asegurar muchos clientes.
   (3) Ofrecería bajos precios para mantener su inventario pequeño.
   (4) Ofrecería precios inflados mediante tácticas de presión.
   (6) Ofrecería precios más altos a los clientes difíciles.

5. ¿Cuál de las siguientes ideas se contrastan más claramente en este pasaje?

   (1) riqueza y pobreza
   (2) novedad y tradición
   (3) dar y recibir
   (4) poder y factibilidad
   (5) enojo y simpatía

6. ¿Cuál de las siguientes expresa mejor el tema del pasaje?

   (1) Salvar las apariencias es una estrategia débil.
   (2) Los verdaderos amigos se prueban en épocas de problemas.
   (3) Sopesar los riesgos ayuda a tomar buenas decisiones.
   (4) Las buenas destrezas de negociación no siempre resuelven los problemas.
   (5) Ser injusto con un vecino no trae nada bueno.

7. ¿Cuál es el tono general del pasaje?

   (1) informal
   (2) humorístico
   (3) tenso
   (4) enojado
   (5) cordial

Sugerencia

Responda las preguntas de aplicación mediante el proceso de eliminación. Lea cada respuesta para descartar las que no concuerdan con el personaje o con la situación. Así podrá determinar mejor la respuesta correcta.

Las respuestas comienzan en la pagina 819.

Entender la poesía

La poesía es un tipo especial de escritura en el que el lenguaje descriptivo se usa para crear imagines o sensaciones. La poesía estimula las emociones, los sentidos y la imaginación de la persona que la lee. Puede leer poemas en libros o revistas, y puede escribirlos para expresar sus emociones o, a veces, para contra una historia. Cuanda escucha música, está escuchando una forma de poesía en la letra de los canciones. Mientras que la prosa, ya sea ficción o ensayo, usa oraciones y párrafos, la poesía utiliza líneas y grupos de líneas llamados versos y estrofas.

La comprensión de la poesía lo ayudará a aprobar la Prueba de Lenguaje y Lectura del GED. Algunas de las preguntas en este examen estarán relacionadas con la poesía.

Identificar los efectos del ritmo y la rima

ritmo
patrón creado por la cantidad de sílabas, la acentuación de las palabras y la puntuación

rima
repetición de las mismas letras al final de las palabras para relacionar dos o más palabras entre sí

En la poesía, el sonido respalda al significado. Las palabras de un poema comunican ideas; el sonido de estas palabras comunica sentimientos unidos a las ideas. Los poetas acomodan cuidadosamente las palabras en formas especiales, o patrones, para crear "efectos de sonido". Dos tipos de patrones son el **ritmo** y la **rima**.

Todos los poemas tienen ritmo o compás. El compás puede ser rápido o lento, regular o irregular. El ritmo consiste principalmente en un patrón de sílabas tónicas. Para entender cómo funciona, lea lentamente la frase: "Volverán las oscuras golondrinas/de tu balcón sus nidos a colgar". Fíjese cómo las sílabas tónicas se alternan para crear un ritmo especial.

Otra forma en la que los poetas crean ritmo en un poema es a través de la puntuación. Las comas, puntos, o la ausencia de puntuación tanto dentro como al final de un verso, afectan el sonido y el ritmo de un poema.

Muchos poemas también tienen rima. La rima se crea al repetir los sonidos al final de las palabras, como en *flama* y *rama*. A veces, el final de una palabra suena parecido pero no rima completamente, como en *tarde* y *hable*. Tanto la rima completa como la parcial (llamadas consonante y asonante) unen partes de un poema en un patrón. El ritmo y la rima dan forma al poema y crean una impresión en la persona que lo lee.

Sugerencia

Para notar mejor el ritmo y la rima de un poema, léalo en voz alta. ¿Le parece que los versos van rápido o despacio? ¿Tienen algunas palabras sonidos similares? Estos patrones lo ayudarán a relacionar las ideas o sentimientos del poema.

Práctica de GED

Instrucciones: Elija la respuesta que mejor responda a cada pregunta.

Las preguntas 1 a 3 se refieren al siguiente poema.

¿QUÉ PAPEL TIENEN LAS MUJERES?

REDONDILLAS

Hombres necios, que acusáis
a la mujer sin razón,
sin ver que sois la ocasión
de lo mismo que culpáis;

si con ansia sin igual
solicitáis su desdén,
¿por qué queréis que obren bien
si las incitáis al mal?

Combatís su resistencia,
y luego con gravedad
decís que fue liviandad
lo que hizo la diligencia.

Parecer quiere el denuedo
de vuestro parecer loco
al niño que pone el coco
y luego le tiene miedo.

Sor Juana Inés de la Cruz, *Poesías de Sor Juan Inés de la Cruz Antología.*

1. ¿Cuál es el significado más probable de la palabra "ocasión" en "sin ver que sois la ocasión" (línea 3)?

   (1) suceso
   (2) causa
   (3) oportunidad
   (4) lugar
   (5) consecuencia

Sugerencia

Los poetas muchas veces usan el ritmo para crear el ambiente de un poema. Piense en cómo la música usa el ritmo para crear sentimientos tristes, románticos o alegres.

2. ¿Cuál de las siguientes oraciones describe mejor el tema del poema?

   (1) los hombres buscan la perfección en las mujeres
   (2) los hombres y las mujeres tienen intereses distintos
   (3) las exigencias de los hombres son contradictorias
   (4) las mujeres son como niños pequeños
   (5) los hombres son como niños pequeños

3. De las siguientes cualidades ¿cuál cree que más apreciaría la escritora de este poema?

   (1) la franqueza
   (2) la justicia
   (3) la belleza
   (4) la inteligencia
   (5) la discreción

Las preguntas 4 a 8 se refieren al siguiente poema.

¿DE DÓNDE VIENE EL POETA?

EL SILBO DE AFIRMACIÓN EN LA ALDEA

Alto soy de mirar a las palmeras,
Rudo de convivir con las montañas...
Yo me vi bajo y blando en las aceras
de una ciudad espléndida de arañas.
(5) Difíciles barrancos de escaleras,
calladas cataratas de ascensores,
¡qué impresión de vacío!
ocupaban el puesto de mis flores,
los aires de mis aires y mi río.
(10) Yo vi lo más notable de lo mío
llevado del demonio, y Dios ausente.
Yo te tuve en el lejos del olvido, aldea,
huerto, fuente en que me vi al descuido:
huerto, donde me hallé la mejor vida,
(15) aldea, donde al aire y libremente,
en una paz larga y tendida.
Pero volví en seguida
mi atención a las puras existencias
de mi retiro hacia mi ausencia atento,
(20) y todas sus ausencias
me llenaron de luz el pensamiento.

Iba mi pie sin tierra, ¡qué tormento!,
vacilando en la cera de los pisos,
con un temor continuo, un sobresalto,
(25) que aumentaban los timbres, los avisos,
las alarmas, los hombres y el asfalto.
¡Alto!, ¡Alto!, ¡Alto!, ¡Alto!

Miguel Hernández, "Miguel Hernández, *El hombre y
su poesía*".

4. ¿Cuál de las siguientes oraciones describe
mejor el tema del poema?

   (1) El recuerdo de algo querido puede
   consolarnos de su pérdida.
   (2) El campo es mejor que la ciudad.
   (3) La vida en la ciudad tiene peligros
   comparables a los del campo.
   (4) La ausencia deja una sensación de
   gran vacío.
   (5) El poeta ha olvidado la aldea de
   donde vino.

5. El poeta tiene una impresión de vacío

   (1) al recordar el aire, las montañas y los ríos
   de su aldea
   (2) porque la ciudad no le inspira el mismo
   sentimiento que el campo
   (3) porque nota que su fuerza ha decaído
   (4) porque siente que ha caído en una
   trampa, como la tela de una araña
   (5) porque tiene miedo

6. ¿A qué se refiere el poeta cuando dice "lo
más notable de lo mío" (línea 10)?

   (1) a su sentimiento religioso
   (2) a todo lo que ha olvidado
   (3) a su vida en la aldea, el huerto y la fuente
   (4) a su carácter descuidado
   (5) a la ausencia de las cosas queridas

7. Comparada con la primera estrofa, ¿qué
sensación produce la última estrofa?

   (1) pesadez y tristeza
   (2) consuelo y alegría
   (3) seguridad y comodidad
   (4) sorpresa y enojo
   (5) desilusión

8. ¿A qué crees que compararía el poeta el
tráfico de automóviles de la ciudad?

   (1) a una parvada de gansos
   (2) a un hormiguero
   (3) a una manada en estampida
   (4) a un arroyo
   (5) al cielo nocturno

Las respuestas comienzan en la página 820.

Interpretar el lenguaje figurado

A veces no es fácil entender la poesía. Una de las razones es que la poesía tiene su propio lenguaje, es decir, usa las palabras en una forma diferente a la mayoría de los otros tipos de redacción. El **lenguaje figurado** es una de las herramientas que usan los poetas para que su redacción sea distintiva. En el lenguaje figurado se usan palabras ordinarias en formas poco comunes. Los poetas usan el lenguaje figurado para un propósito específico. La exageración, por ejemplo, es un tipo de lenguaje figurado. Si el poeta dice que las estrellas del cielo están tan cerca que las puede tocar, está exagerando para expresar lo cercano que siente el cielo nocturno. Las personas que escriben poesía también usan la **personificación**, y le dan cualidades humanas a animales, objetos o ideas, como en esta oración: "Los árboles danzaban con el viento".

Otros tipos de lenguaje figurado son las metáforas y los símiles, que usted estudió en la lección 16. Si presta atención al lenguaje figurado de un poema, podrá comprender mejor su significado.

lenguaje figurado
lenguaje que combina palabras ordinarias de formas nuevas con un propósito específico

Personificación
Tipo de lenguaje figurado que da atributos humanos a cosas que no son humanas

Lea el siguiente poema y responda las preguntas a continuación.

¿QUÉ LE PASA A LA LUNA?

SEGUNDO VIOLÍN

La luna te desampara
y hunde en el confín remoto
su punto de huevo roto
que vierte en el mar su clara.

Medianoche van a dar,
y al gemido de la ola,
te angustias, trémula y sola,
entre mi alma y el mar.

Leopoldo Lugones, *Segundo Violín*.

¿Qué acción sugiere el verso "la luna te desampara"?

_____ a. La luna se encuentra en lo alto del cielo.

_____ b. La luna se está ocultando.

Si escogió la *opción b*, su respuesta es correcta. Este verso sugiere que la luna ha abandonado a la persona de la que habla el poema, dejándola desamparada.

Sugerencia

Si una descripción o comparación no puede entenderse de forma literal, probablemente se trata de lenguaje figurado. Busque descripciones o comparaciones fuera de lo común y use su imaginación para encontrar su significado.

Instrucciones: Elija la respuesta que mejor responda a cada pregunta.

Las preguntas 1 a 3 se refieren al siguiente poema.

¿DE QUÉ SE HA DADO CUENTA EL POETA?

SONETO XX

¡Cuántas veces te ma has engalanado[1],
clara y amiga noche! ¡Cuántas llena
de oscuridad y espanto la serena
mansedumbre[2] del cielo me has turbado!

(5) Estrellas hay que saben mi cuidado
y que se han regalado con mi pena;
que entre tanta beldad[3], la más ajena
de amor, tiene su pecho enamorado.

Ellas saben amar, y saben ellas
(10) que he contado su mal llorando el mío,
envuelto en los dobleces de tu manto.

Tú, con mil ojos, Noche, mis querellas
oye, y esconde; pues mi amargo llanto
Es fruto inútil que al amor envío.

_____
[1] engalanado: adornado   [2] mansedumbre:
tranquilidad, sosiego   [3] beldad: belleza

Francisco de la Torre, "Soneto XX".

1. ¿Cuál de las siguientes oraciones describe mejor las similitudes entre las cualidades de la noche y las estrellas y las de una persona?

   (1) La noche lleva un manto y se adorna con estrellas para estar elegante.
   (2) Las estrellas sufren por amor como el poeta y son compasivas.
   (3) Las estrellas son los ojos de la noche.
   (4) Las estrellas saben amar, como el poeta.
   (5) La noche puede oír y esconder los lamentos del poeta enamorado.

2. ¿A cuál de las siguientes se parecen más las estrellas en este poema?

   (1) objetos inanimados que hay que contemplar con telescopio
   (2) faros potentes que asustan al poeta
   (3) joyas valiosas e inalcanzables
   (4) personas enamoradas y compasivas
   (5) focos que no funcionan

3. ¿Cuál de las siguientes sugiere mejor el tema central del poema?

   El poeta

   (1) de ahora en adelante, dejará de lamentarse, porque es inútil
   (2) cree que su amada lo ignora y confía sus penas a la noche
   (3) de ahora en adelante, vivirá de día únicamente
   (4) de ahora en adelante, sólo contará sucesos felices
   (5) ha pasado de una vida rica a otra de pobreza

Sugerencia

Recuerde que los poetas a menudo quieren que sus lectores vean el mundo de una forma diferente. Para entender cómo lo logran, busque palabras comunes que se utilicen de forma figurada.

Las respuestas comienzan en la página 821.

Lenguaje, Lectura • Entender la poesía

Interpretar símbolos e imágenes

En un poema, un **símbolo** es una palabra o frase que representa una idea importante, como por ejemplo la juventud, la edad, la vida, la muerte o la esperanza. Muchas veces es difícil identificar a los símbolos fuera de su contexto. Los símbolos en un poema pueden ser una persona, un objeto, un evento o cualquier otra cosa y pueden representar una o más ideas.

Una **imagen** estimula la imaginación del lector. Las imágenes recrean sensaciones perceptivas de la vista, el gusto, el tacto, el olfato y el oído. Los poetas usan palabras que los lectores pueden asociar con su propia experiencia para crear imágenes.

Lea el siguiente poema y responda las preguntas que se presentan a continuación.

FLOR NOCTURNA

Hay una flor que en la noche
nace —¡lucero en la rama!—
y su blancura derrama
en silencioso derroche.
En las tinieblas es broche
de una luz estremecida
que, entre las sombras hundida,
enardece su blancor:
es paloma vuelta flor
que en la obscuridad se anida.

Elías Nandino, *Conversación con el mar.*

símbolo
una imagen poderosa que representa a una persona, lugar o cosa más allá del objeto al que describe

imagen
representación mental creada por el uso imaginativo de las palabras

1. ¿Qué ideas sugieren las imágenes de este poema? Marque con una "X" la respuesta correcta.

   _____ a. contraste intenso entre la luz y la oscuridad

   _____ b. suave mezcla de luz y sombra

2. ¿Qué sensación crean los versos "es paloma vuelta flor/que en la oscuridad se anida"?

   _____ a. temor de lo que se esconde en la oscuridad

   _____ b. asombro ante la magia de la naturaleza

Sugerencia

Para identificar símbolos, busque imágenes que se repiten o que están estrechamente relacionadas. La repetición de una imagen muchas veces indica su simbolismo.

La *opción a* es la respuesta correcta a la pregunta 1. El poema entero habla del contraste entre lo negro de la noche (tinieblas, sombra, oscuridad) y lo blanco de la flor (*lucero, luz, blancura, blancor*).
La *opción b* es la respuesta correcta a la pregunta 2. Aunque la imagen de algo que anida en la oscuridad es tenebrosa, no hay en el resto del poema ningun indicio de amenaza. La imagen de la flor transformada en paloma evoca la magia y el asombro del hablante ante la naturaleza.

Práctica de GED

Instrucciones: Elija la respuesta que mejor responda a cada pregunta.

Las preguntas 1 a 8 se refieren al siguiente poema.

¿QUIÉN DESTILA MIEL?

SONETO IX

Quien ve las blancas y hermosas rosas
de mano virginal recién cogidas
y con diversos tallos retejidas,
guirnaldas bellas hacen y olorosas;

(5)   quien gusta de las aves más preciosas
las tiernas pechuguillas convertidas
en líquidos manjares, y comidas
suaves, odoríferas[1], sabrosas;

y quien panales albos[2] destilando
(10)   la rubia miel de la amarilla cera,
a lo que al gusto y vista más provoca,

pues tal es de mi ninfa[3] el rostro, cuando
mi vista de la suya reverbera[4]
y bebo las palabras de su boca.

---

[1]odoríferas: olorosas
[2]albos: blancos o claros
[3]ninfa: mujer hermosa
[4]reverbera: libera destellos

Francisco de Figueroa, "Soneto IX".

1. ¿Qué sugiere el poema sobre la mujer de quien está enamorado el poeta (la "ninfa")?

   (1) Es una joven rubia.
   (2) Trabaja en una florería haciendo guirnaldas de rosas.
   (3) Es una joven cocinera.
   (4) Se ha transformado en abeja.
   (5) Es una joven nadadora.

2. ¿Cuál de las siguientes oraciones describe mejor el significado de "a lo que al gusto y vista más provoca" (línea 11)?

   (1) Soy muy glotón y me encanta la miel por su gusto y su aspecto.
   (2) El rostro y las palabras de mi amada son un gusto para los sentidos.
   (3) Mi amada me tienta con el olor y el sabor de su cuerpo.
   (4) Me encantan los platos que me prepara mi amada.
   (5) A mi amada y a mí nos encanta comer mucho y bien.

3. ¿Qué quiere decir el poeta con "cuando/mi vista de la suya reverbera" (líneas 12 y 13)?

   (1) Mis ojos son como espejos que reflejan la luz de mi amada.
   (2) La luz del verano es tan intensa que no veo bien al aire libre.
   (3) Mi amada es invisible.
   (4) El color de la piel de mi amada resalta de día.
   (5) El sol me deslumbra al reflejarse en el mar.

4. De acuerdo con la información del poema, ¿cuál de las siguientes opciones expresa más probablemente lo que desea el poeta?

   (1) hacer guirnaldas de rosas
   (2) pintar un retrato de su amada
   (3) pasear por el campo entre las abejas
   (4) invitar a su amada a un banquete delicioso
   (5) abrazar y besar a su amada

5. ¿Cuál de las siguientes opciones describe mejor lo que representa la miel?

   (1) la dulzura de la amada
   (2) el plato preferido del amante
   (3) el esfuerzo y el trabajo del amante
   (4) el esfuerzo y el trabajo de las abejas
   (5) el amor imposible de alcanzar

6. ¿Qué sentidos estimula la lectura del poema en las dos primeras estrofas?

   (1) la vista, el olfato y el gusto
   (2) el oído y la vista
   (3) el tacto y el olfato
   (4) el olfato y el gusto
   (5) el oído y el tacto

7. ¿Cuál de las siguientes palabras describe mejor el tono del poema?

   (1) enojado
   (2) tranquilo
   (3) desesperado
   (4) paciente
   (5) sensual

8. ¿Cuál de las siguientes opciones expresa más probablemente el significado de la frase "bebo las palabras de su boca" (línea 14)?

   El poeta

   (1) se siente atrapado en su propio cuerpo
   (2) disfruta de escuchar a la joven
   (3) teme no poder decirle a su amada lo que siente por ella
   (4) tiene sed pero no se atreve a decirlo
   (5) debe esforzarse por oír lo que su amada le dice en voz baja

Las respuestas comienzan en la página 821.

Lección 22 • Interpretar símbolos e imágenes

429

Hacer deducciones

Hay poemas que son como acertijos, y hay que adivinar lo que el poeta sugiere para entenderlos por completo. Luego, usted debe tomar una decisión de acuerdo con su propia interpretación de lo que el poema dice indirectamente. Al considerar la información, puede tomar una decisión lógica acerca de qué trata el poema, pero en ocasiones los datos no están explícitos, y tendrá que decidir basándose en la información explícita e implícita. Esto se llama hacer una **deducción**.

Su deducción puede ser razonable y aun así no ser correcta. Cuando lea un poema, asegúrese de hacer deducciones empleando todas las pistas que éste ofrece: las palabras que escoge el poeta para crear ciertas imágenes.

Lea el siguiente fragmento de un poema y complete el ejercicio a continuación.

deducción
la idea que se forman los lectores a partir de la información explícita e implícita

ROMANCE

¡No te tardes que me muero,
carcelero,
no te tardes que me muero!
Bien sabes que la tardanza
trae gran desconfianza:
ven y cumple mi esperanza.
¡Carcelero,
no te tardes que me muero!

Juan del Encina, "Romance".

1. ¿A qué se parece más el fragmento anterior? Marque con una "X" la respuesta correcta.

    _____ a. un misterio

    _____ b. un chiste

2. ¿Quién es el carcelero del poema, de acuerdo con sus deducciones? Marque con una "X" la respuesta correcta.

    _____ a. el vigilante de una cárcel

    _____ b. b. el amado ausente

3. Encierre en un círculo las pistas o claves del poema en las que se base para responder a la pregunta 2.

La *opción a* es la respuesta correcta a la pregunta 1. El poema es como un misterio, porque no se sabe quién es el carcelero. La *opción b* es la respuesta correcta a la pregunta 2. En la pregunta 3, las pistas señaladas con un círculo pueden ser las palabras y frases que indican el deseo de estar pronto junto al "carcelero": *no te tardes que me muero, la tardanza trae gran desconfianza*, y *cumple mi esperanza*.

Sugerencia

Fíjese en lo que está implícito en el poema y luego añádalo a lo que se expresa directamente, para hacer una deducción a partir de la información tanto explícita como implícita.

Práctica de GED

Las preguntas 1 a 10 se refieren al siguiente poema.

¿DÓNDE ESTÁ LA CEIBA?

A LA CEIBA DE PONCE

Ese árbol hembra siempre ha estado ahí,
con su corteza limpia,
con su copa tendida a ras del aire,
con sus caderas curvas saltando sobre
(5) el suelo.

Porque no es un árbol más, fíjese bien,
no hay falda de montaña
ni tejado ni seto que la cubra
y además, trae un aire sereno y
(10) circunspecto[1]
como si siempre hubiera estado ahí,
por encima del hombro, por encima
del viento

Dicen que es la mansión de Atabey,
(15) que en su tronco, en su fronda,
hay casa para todos,
el lagarto, la hormiga, la araña, la bromelia,
el breve colibrí…
y cuentan que al principio de los tiempos
(20) de su cuerpo pendía la faz del firmamento.

Esa inmensa magnífica montura
donde los niños sin caballo juegan,
esas monumentales coyunturas
donde el anciano halla reposo
(25) y el cansado hila un rezo,
es la ceiba que vive desde siempre
en el umbral vidrioso de este pueblo.

La ceiba americana, la prodigiosa ceiba
que, como un acto de misericordia,
(30) supera las fatigas de la noche,
conversa con las islas de la sombra
y en el vaso sureño del recuerdo
desborda los cuadernos de mi infancia.
La ceiba que se yergue como sombra liviana
sobre las altas hierbas…

---

[1]circunspecto:prudente, comedido

Magaly Quiñones, *Nombrar*

1. ¿Cuál de las siguientes explica mejor por qué la poetisa se refiere al árbol como un "arbol hembra" (línea 1)?

   (1) Representa a una diosa.
   (2) Pertenece a una mujer.
   (3) Tiene aspecto maternal.
   (4) Tiene una silueta femenina.
   (5) Los animales se cobijan en él.

2. De las siguientes oraciones, ¿cuál describe mejor la impresión de las imágenes del poema?

   La ceiba es

   (1) un árbol muy productivo
   (2) un árbol conocido y ancestral
   (3) una especie de árbol rara
   (4) un árbol extinto
   (5) un árbol legendario

3. ¿Qué evoca la imagen en "y cuentan que al principio de los tiempos/de su cuerpo pendía la faz del firmamento" (líneas 19 y 20)?

   (1) es un árbol antiguo
   (2) es un árbol muy alto
   (3) sus raíces son muy rofundas
   (4) las estrellas parecen colgar de sus ramas
   (5) es un árbol imaginario

4. ¿Cuál de las siguientes opciones describe mejor el ambiente del poema?

    (1) alegre y juguetón
    (2) sombrío y pesado
    (3) grave y fatigado
    (4) asombrado y nostálgico
    (5) grandioso y reverente

5. ¿De acuerdo al contexto, ¿qué quiere decir "por encima del hombro" (línea 12)?

    (1) la ceiba es más alta que la hablante poética
    (2) la poetisa ha dejado a la ceiba atrás
    (3) al mirar hacia el pasado, la ceiba siempre está presente
    (4) no hay nada que pueda derribar al gran árbol
    (5) la hablante tiene la sensación de que la ceiba la sigue

6 ¿A qué se refiere la poetisa cuando dice que la ceiba "desborda los cuadernos de mi infancia" (línea 33)?

    (1) Explica el tamaño del árbol.
    (2) Describe sus actividades infantiles.
    (3) Habla sobre una inundación.
    (4) Representa su niñez.
    (5) Está presente en sus recuerdos.

7. ¿Cuál de los siguientes versos indica la familiaridad de la poetisa con la ceiba?

    (1) Porque no es un árbol más, fíjese bien,
    (2) Dicen que es la mansión de Atabey
    (3) Esa inmensa, magnífica montura
    (4) La ceiba americana, la prodigiosa ceiba
    (5) es la ceiba que vive desde siempre

8. ¿Cuál describe mejor el tema del poema?

    (1) Los árboles son símbolos culturales.
    (2) Es importante conservar la naturaleza.
    (3) La ceiba un árbol antiguo.
    (4) La ceiba un árbol de singular presencia.
    (5) La ceiba un árbol con personalidad.

9. Si el árbol representara a una persona, ¿cuál de las siguientes sería?

    (1) el padre
    (2) la hermana
    (3) la madre
    (4) la hija
    (5) la abuela

10. ¿Cuál es el significado simbólico más probable de "las altas hierbas" (línea 35)?

    (1) el campo
    (2) la infancia
    (3) el pueblo natal
    (4) los años pasados
    (5) el umbral

Las respuestas comienzan en la página 822.

Interpretar el tema

Si un poema empieza con las palabras "El amor te dejará cicatrices", podemos estar bastante seguros de que su **tema** o idea central tiene que ver con el lado doloroso del amor. Si, por el contrario, leemos "El amor es un capullo de rosa", esperaremos un tema diferente. El tema de un poema expresa una opinión o creencia específica acerca de un asunto más general. En los ejemplos anteriores, el asunto es el amor, pero el tema es lo que el poeta tiene que decir acerca del amor. Por ejemplo, el tema podría ser que "el amor es una experiencia dolorosa" (las cicatrices) o "el amor es delicado y todo lo contiene en potencia" (un capullo de rosa).

Generalmente, el tema de un poema no se establece directamente, por lo que hay que deducirlo. Para deducir el tema, hay que decidir de qué trata (el asunto) y, a continuación, considerar qué tiene que decir el poeta acerca de ese asunto. ¿Qué lenguaje figurado e imágenes emplea para describirlo? ¿Qué comparaciones se hacen? ¿Qué sentidos están implicados? Todos estos elementos son claves importantes para descubrir el tema.

Lea el siguiente poema y responda las preguntas a continuación.

ARTE POÉTICA

Que el verso sea como una llave
Que abra mil puertas.
Una hoja cae; algo pasa volando.
Cuanto miren los ojos creado sea,
Y el alma del oyente quede temblando.

Vicente Huidobro

1. Marque con una "X" el asunto principal del fragmento.

_____ a. el alma

_____ b. la creación poética

2. Marque con una "X" el tema del fragmento.

_____ a. la poesía

_____ b. que abra mil puertas

Si escogió la *opción b*, su respuesta a la pregunta 1 es correcta. La cuarta frase dice "*Cuanto miren los ojos creado sea*", es decir, que todo aquello que sea visto con los ojos puede usarse para la creación poética. En la pregunta 2, su respuesta es correcta si escogió la *opción a*. La *opción b* es incorrecta porque aquello que "abre mil puertas" -es decir, miles de maneras de imaginar el mundo- es la poesía. Por tanto, la poesía que hace que "el alma del oyente quede temblando" es el tema central del fragmento.

Lección 24

tema
la idea central de una obra literaria, o el mensaje esencial sobre la vida que el autor desea comunicar

Sugerencia

Para identificar el tema de un poema, pregúntese a sí mismo: "¿Qué está diciendo el poeta acerca de la vida?" Trate de resumir el tema en una sola oración.

Práctica de GED

Instrucciones: Elija la respuesta que mejor responda a cada pregunta.

Las preguntas 1 a 4 se refieren al siguiente poema.

¿A DÓNDE VA EL ESPÍRITU?

EL VIAJE DEFINITIVO

Y yo me iré. Y se quedarán los pájaros cantando.
Y se quedará mi huerto con su verde árbol,
y con su pozo blanco.

Todas las tardes el cielo será azul y plácido,
(5)   y tocarán, como esta tarde están tocando,
las campanas del campanario.

Se morirán aquellos que me amaron
y el pueblo se hará nuevo cada año;
y lejos del bullicio distinto, sordo, raro
(10)   del domingo cerrado,
del coche de las cinco, de las siestas del baño,
en el rincón secreto de mi huerto florido y encalado,
mi espíritu de hoy errará, nostálgico…

Y yo me iré, y seré otro, sin hogar, sin árbol
(15)   verde, sin pozo blanco,
sin cielo azul y plácido…
Y se quedarán los pájaros cantando.

Juan Ramón Jiménez, *Canción.*

1. ¿Qué sugiere la frase "Y se quedarán los pájaros cantando" (línea 1)?

   (1) Los pájaros tienen un canto hermoso.
   (2) La vida seguirá su curso.
   (3) La vida no será igual sin el canto de los pájaros.
   (4) Los pájaros no son migratorios.
   (5) El hablante no quiere llevarse a los pájaros.

2. De las siguientes oraciones, ¿cuál describe mejor lo que el poeta quiere decir con "mi espíritu de hoy errará, nostálgico" (línea 13)?

   (1) El espíritu se sentirá perdido.
   (2) El hablante se siente nostálgico.
   (3) El hablante no se irá nunca de ese huerto.
   (4) El espíritu permanece aunque el cuerpo muera.
   (5) El hablante recordará ese momento para siempre.

3. ¿Qué efecto tiene los varios versos que inician con "Y…" en el poema?

   (1) Dan una impresión de continuidad.
   (2) Dan una impresión de algo inacabado.
   (3) Enumeran varias cosas.
   (4) Dan la impresión de rapidez.
   (5) Unen una oración con la siguiente.

4. ¿Cuál de los siguientes enunciados expresa mejor el tema del poema?

   (1) El mundo es ingrato con los individuos.
   (2) Es difícil dejar atrás lo que amamos.
   (3) El mundo permanece, los individuos pasan.
   (4) La vida nos despoja de todo lo que tenemos.
   (5) Nada es nuestro para siempre.

¿QUÉ EFECTO TIENE EL AMOR?

OVILLEJOS[1]

¿Quién menoscaba[2] mis bienes?
¡Desdenes[3]!
¿Y quién aumenta mis duelos[4]?
¡Los celos!

(5) ¿Y quién prueba mi paciencia?
¡Ausencia!
De ese modo en mi dolencia
ningún remedio me alcanza,
pues me matan las esperanzas,

(10) desdenes, celos y ausencia.
¿Quién me causa este dolor?
¡Amor!
¿Y quién mi gloria repugna?
¡Fortuna!

(15) ¿Y quién consiente mi duelo?
¡El cielo!
De ese modo yo recelo[5]
morir deste[6] mal extraño,
pues se aunan en mi daño

(20) amor, fortuna y cielo.

¿Quién mejorará mi suerte?
¡La muerte!
Y el bien de amor, ¿quién le alcanza?
¡Mudanza!

(25) Y sus males, ¿quién los cura?
¡Locura!
De ese modo no es cordura[7]
querer curar la pasión,
cuando los remedios son
muerte, mudanza y locura.

---

[1] ovillejos: combinación métrica de este poema

[2] menoscaba: reduce, deteriora

[3] desdenes: desprecios

[4] duelos: penas

[5] recelo: sospecho

[6] deste: de este

[7] es cordura: no es sensato o lógico

Miguel de Cervantes, "Ovillejos".

5. ¿Cuál de las siguientes oraciones expresa mejor el tema del poema?

  (1) El amor, aunque no sea correspondido, es una pasión incontrolable.
  (2) El amor hace muy desgraciadas a las personas.
  (3) Los enamorados son locos que disfrutan sufriendo.
  (4) Las personas no deben enamorarse hasta conocerse muy bien.
  (5) Ojos que no ven, corazón que no siente.

6. ¿Cuáles de las siguientes ideas están contrastadas más claramente en el poema?

  (1) la ausencia y la presencia
  (2) el amor y el desamor
  (3) el bien y el mal
  (4) la tristeza y la alegría
  (5) la juventud y la vejez

Sugerencia

Si el tema o mensaje de un poema no es explícito, busque pistas que le ayuden a investigar de qué trata el poema. El tono y las imágenes que usa un poeta son dos formas en las que el tema puede expresarse.

Las respuestas comienzan en la página 823.

Instrucciones: Elija la respuesta que mejor responda a cada pregunta.

Las preguntas 1 a 6 se refieren al siguiente poema.

¿QUÉ SIENTE ESTA MUJER POR LAS OLAS?

ORILLAS DEL SAR (61)

Del mar azul las transparentes olas
mientras blandas murmuran
sobre la arena, hasta mis pies rodando,
tentadoras me besan y me buscan.

(5) Inquietas lamen de mi planta el borde,
lánzanme airosas[1] su nevada espuma,
y pienso que me llaman, que me atraen
hacia sus salas húmedas.

Mas cuando ansiosa quiero
(10) seguirlas por la líquida llanura,
se hunde mi pie en la linfa[2] transparente
y ellas de mí se burlan.

Y huyen abandonándome en la playa
A la terrena[3], inacabable lucha,
(15) como en las tristes playas de la vida
me abandonó inconstante la fortuna.

_____

[1] airosas: con gracia   [2] linfa: agua
[3] terrena :de la tierra

Rosalía de Castro, "Orillas del Sar"

1. ¿Cuál de las siguientes oraciones describe **mejor** lo que tienen en común las olas y la fortuna o la suerte de la mujer?

   (1) Tanto las olas como la suerte son difíciles.
   (2) Tanto las olas como la suerte actúan a impulsos del viento.
   (3) Tanto las olas como la suerte son inconstantes.
   (4) Tanto las olas como la suerte pueden ser peligrosas.
   (5) Tanto las olas como la suerte se compadecen de la mujer.

2. ¿Cuál de las siguientes oraciones describe mejor lo que significa "Inquietas lamen de mi planta el borde" (línea 5)?

   (1) Las olas mojan la planta que la mujer cultiva en la arena.
   (2) Las olas le mojan los pies a la mujer.
   (3) Las olas que se acercan a la orilla ponen nerviosa a la mujer.
   (4) Las olas llegan a mojar el jardín de su casa.
   (5) La mujer corre por la playa porque está muy inquieta.

3. ¿Qué es lo que la poetisa quiere decir con la frase "la líquida llanura" (línea 10)?

   (1) la playa
   (2) el oleaje
   (3) el mar
   (4) la arena
   (5) la fortuna

4. ¿Por qué es **más probable** que la poetisa afirme que las olas se burlan de ella?

   (1) Se siente decepcionada.
   (2) Le molesta que la espuma le salpique.
   (3) Le molesta el sonido de las olas.
   (4) Alguna vez estuvo a punto de ahogarse en el mar.
   (5) No sabe nadar.

5. ¿En qué se parecen la vida y las olas?

   Ambas son

   (1) difíciles
   (2) desagradables
   (3) bellas
   (4) decepcionantes
   (5) inacabables

6. ¿Cuál es el tono del poema?

   (1) coloquial
   (2) melancólico
   (3) muy solemne
   (4) prudente
   (5) desaprobador

Sugerencia

Para entender mejor el ritmo y el significado de un poema, preste atención a la puntuación dentro y al final de cada verso.

Las respuestas comienzan en la página 824.

Entender las obras dramáticas

Lección 25

En esta unidad, ustedes aprenderán a analizar una obra dramática usando el lenguaje hablado y no hablado de la obra. La Prueba de Lenguaje y Lectura del GED incluirá selecciones de obras dramáticas para determinar cuál es su comprensión de este estilo literario.

Entender el argumento

Al igual que un cuento, una obra dramática tiene un comienzo, una parte intermedia y un final. Los acontecimientos de una obra y el orden en que se desarrollan, desde el inicio hasta la terminación, constituyen el **argumento**.

En un argumento típico, la exposición da información previa o antecedentes y presenta el ambiente y los personajes de la obra. A medida que la obra se desarrolla, se producen complicaciones que crean un conflicto, es decir, un problema que se necesita resolver. El punto en que el conflicto alcanza su pico es el clímax. Representa el punto culminante de la obra. Después de eso, la tensión disminuye y los problemas que no se resolvieron durante el clímax llegan a su fin en la resolución.

argumento
los sucesos de una obra dramática y el orden en que están organizados

Lea el siguiente resumen de una obra dramática y complete los siguientes ejercicios.

Dos íntimos amigos, Valentino y Proteo, se enamoran de Silvia, la hija del Duque de Milán. El duque, sin embargo, quiere que su hija se case con un hombre llamado Thurio, a quien Silvia no ama. Proteo traiciona a su amigo Valentino y lo hace desaparecer del reino. Silvia decide que quiere estar con Valentino y se escapa al bosque para unírsele. Proteo persigue a Valentino y a Silvia. Proteo captura a Silvia y está a punto de vencerla cuando Valentino la rescata. Valentino entonces perdona a Proteo por su comportamiento. Llega el padre de Silvia. El duque está impresionado por la conducta honorable de Valentino y le da el consentimiento para que se case con Silvia. Proteo, mientras tanto, se da cuenta de los errores de su comportamiento y se alegra de casarse con su ex novia, Julia.

1. Escriba una descripción del clímax de la obra en el espacio en blanco.

   _____

2. ¿Cuál de los siguientes detalles proviene de la resolución de la obra? Marque con una "X" la respuesta correcta.

   _____ a. Proteo captura a Silvia.

   _____ b. El duque permite que Silvia y Valentino se casen.

En el caso de la pregunta 1, es posible que haya escrito algo así como *Valentino rescata a Silvia de Proteo*. Usted acertó si eligió la *opción b* para la pregunta 2.

Sugerencia

Para determinar las complicaciones en un argumento, preste atención a las circunstancias o sucesos que le hacen la vida más difícil a los personajes. Para identificar los conflictos, analice las reacciones de los personajes frente a las complicaciones.

Práctica de GED

Instrucciones: Elija la respuesta que mejor responda a cada pregunta.

Las preguntas 1 a 4 se refieren al siguiente pasaje de una obra dramática.

¿QUÉ HIZO NORA POR SU MARIDO?

SRA. LINDE:... Una esposa no puede pedir dinero prestado sin el consentimiento de su marido.

NORA: *(meneando la cabeza)* Ah, pero
(5) cuando se trata de una esposa con algo de sentido de los negocios... una esposa que sabe arreglárselas, en ese caso...

SRA. LINDE: Pero, Nora, no te entiendo...

(10) NORA: No es necesario. Yo no dije que pedía dinero prestado. Tal vez lo obtuve de otra manera. *(acomodándose en el sofá)* hasta incluso podría obtenerlo de algún
(15) admirador. Cualquier persona lo bastante atractiva como yo...

SRA. LINDE: ¡No seas tan tonta!

NORA: Ahora debes estar muriéndote de curiosidad, Kristine.

(20) SRA. LINDE: Escúchame, Nora querida, ¿no hiciste algo apresuradamente, no?

NORA: *(incorporándose)* ¿Es una actitud atolondrada salvarle la vida al marido?

SRA. LINDE: Me parece que fue
(25) atolondrado hacer algo sin contárselo...

NORA: Pero el hecho era que él no se debía enterar de nada. ¡Santo cielo, no te das cuenta! Se suponía que él ni siquiera tenía que saber lo
(30) desesperadamente enfermo que está. Los médicos se acercaron a mí para decirme que su vida estaba en peligro, que la única manera de salvarlo era viajar al sur por un tiempo. ¿Crees que
(35) no intenté hablarlo con él primero? Empecé a tirar sugerencias sobre lo lindo que sería que me llevaran a un viajecito en el exterior, como sucede con otras jóvenes esposas. Lloré,
(40) rogué. Le dije que él debía demostrar un poco de consideración por mi estado y dejarme hacer algo que me gusta. Y entonces sugerí que podría sacar un préstamo. Pero eso casi lo
(45) sacó de sus cabales, Kristine. Dijo que

eso era una frivolidad mía, que era su obligación como esposo no ceder a todos mis caprichos y fantasías (creo que esas palabras usó). Muy bien,
(50) pensé, de alguna manera tienes que salvarte. Y fue entonces que encontré la forma.

Henrik Ibsen, *A Doll's House.*

1. De acuerdo con el diálogo de la escena, ¿qué par de palabras describe mejor la personalidad de Nora?

   (1) humilde y obediente
   (2) histérica, entra en pánico
   (3) arrogante y maldita
   (4) tiene recursos y es decidida
   (5) infantil e impulsiva

2. ¿Cuál de las siguientes palabras describe mejor el tono del pasaje?

   (1) de miedo
   (2) de secreto
   (3) desesperanzado
   (4) optimista
   (5) humorista

3. De acuerdo con el pasaje, ¿qué sería lo más probable que la Sra. Linde haría si una amiga le pidiera esconder un sobre que contiene documentos importantes?

   (1) sentirse muy ofendida
   (2) ofrecer ayuda de alguna otra manera
   (3) sentirse honrada por el gesto de confianza
   (4) aceptar el pedido con entusiasmo
   (5) insistir que su amiga sea franca

4. ¿Por qué Nora quiere viajar al sur?

   (1) Quiere hacer un viaje.
   (2) Quiere hacer lo que es mejor para la salud de su marido.
   (3) Quiere tomarse un descanso del humor de su marido.
   (4) Quiere ahorrar dinero.
   (5) Quiere dejar su hogar y empezar una vida mejor.

Las respuestas comienzan en la página 824.

Deducir el personaje

Los **personajes** de obras dramáticas son personas de ficción que participan en los sucesos de una obra. El personaje principal se llama **protagonista**. La acción y el conflicto principal de la obra se centran en este personaje. Los demás personajes con que el protagonista se encuentra ayudan a producir el clímax.

¿Qué se puede aprender sobre los personajes de una obra? Primero, es posible saber sobre ellos por lo que dicen en su diálogo con otros personajes. El diálogo puede revelar lo que los personajes sienten o piensan. También puede revelar detalles sobre el pasado de los personajes.

Segundo, puedes conocer cosas sobre los personajes a través de sus actos. Las acotaciones son palabras entre paréntesis que describen los gestos, movimientos y las expresiones de los personajes. Es posible que las acotaciones también ofrezcan detalles sobre el vestuario o la escenografía. Por ejemplo, una descripción de un personaje que viste un traje arrugado con los cordones de un zapato desatados sirve para comprender la clase de persona que es el personaje.

personajes
las personas que participan en los sucesos de la obra

protagonista
el personaje central, que lucha para resolver uno o más conflictos

Lea el siguiente pasaje de una obra y complete el ejercicio que se encuentra a continuación.

AUSTIN: No quiero que me hablen más de eso, ¿bueno? Vayan a decírselo a los ejecutivos. Díganselo a alguien que lo transforme en un paquete comercial o en algo. Una serie de TV. No me lo digan a mí.

SAUL: Pero también quiero seguir con tu proyecto, Austin. No es que no podamos hacer los dos. Somos grandecitos para eso, ¿verdad?

AUSTIN: ¿"Nosotros"? ¡No puedo hacer los dos! No sé nada de "nosotros".

LEE: (*a* SAUL) ¡Ves, qué te dije! No es para nada considerado.

SAUL: Austin, no tiene sentido que vayamos a otro guionista con esto. Simplemente no tiene sentido. Ustedes son hermanos. Se conocen. Hay una familiaridad con el material que de otra manera sería imposible.

AUSTIN: ¡No hay familiaridad con el material! ¡Ninguna! No sé lo que es "El País de lo Tornados". No sé lo que es "El Cuello del Cisne". ¡Y no quiero saberlo! (*señalando a* LEE) ¡Es un buscavidas! ¡Más buscavidas que tú! Si no lo ves, entonces...

Sam Shepard, *True West.*

Marque con una "X" en la respuesta que describe mejor la actitud de Agustín hacia Saúl en este pasaje.

_____ a. desafiante

_____ b. cooperador

Usted acertó si eligió la *opción a.* Austin se niega a cooperar con el plan de Saul sobre la participación de Austin en este proyecto.

Sugerencia

Para entender a un personaje, analice lo que hace y dice. Observe las acotaciones referidas al personaje. Luego, busque claves en el diálogo de los demás personajes; tome nota de lo que dicen acerca de él o de ella.

Práctica de GED

Instrucciones: Elija la respuesta que mejor responda a cada pregunta.

Las preguntas 1 a 10 se refieren al siguiente pasaje de una obra teatral.

PERO QUÉ QUIERES?

NICOMEDES: Conque, querido Anselmo, francamente, dime lo que piensas de nuestro hotel.

ANSELMO: Pues… pienso, querido
(5) Nicomedes, todo lo bueno imaginable; nada malo. Un lugar de delicia, sin mezcla de mal alguno. (*Con tono algo burlón.*)

NICOMEDES: Bien dicho: un paraíso; ésa
(10) es la palabra. ¿Y el jardín? ¿Y las vistas al mar? Pues ¿y la situación?

VISITACIÓN: Hombre, ni que pusieras en venta la finca tendrías mayor empeño en cantarnos sus alabanzas.

(15) NICOMEDES: Es que lo merece, y si no, que lo diga tu hermano. Dilo tú, Anselmo; repítelo, que Visitación no te ha oído.

ANSELMO: ¿Yo?

(20) NICOMEDES: Sí, tú, que eres persona de gusto, y que lo has probado, ¡vaya si lo has probado! ¿Verdad, Paquita? Al escoger a usted por compañera demostró mi hombre que sabía
(25) escoger, y que es, tan esforzado militar como artista de alto sentido estético y varón de prudencia y juicio. (*Inclinándose con galantería ante Paquita.*) Y ahora atrévete a llevarme
(30) la contraria, según costumbre, mujer de Dios.

VISITACIÓN: Pero ¿qué tiene que ver la boda de Anselmo con las excelencias o imperfecciones de nuestra
(35) modestísima vivienda? La prueba de que Paquita le gustó es que se casó con ella, a pesar de sus años (los de Anselmo) y de sus viudeces (las de mi señor hermano, valeroso brigadier en
(40) situación de retiro) y a pesar de tener un hijo como Carlos, mi sabio, severo y simpático sobrino.

NICOMEDES: Visitación, que descarrilas.

VISITACIÓN: El que va a descarrilar, si no
(45) modera la marcha, eres tú. Echa los frenos, hermano.

ANSELMO: Esos te pondría yo, y con uno bueno me bastaría si era de serreta. (*Se sienta con enojo.*)

(50) VISITACIÓN: Bueno, pues, como iba diciendo, le gustó Paquita y se casó; pero no le gusta tu hotel, casa de campo o lo que fuere, y se marcha.

NICOMEDES: ¡Defiéndete, Anselmo, y
(55) defiéndeme! ¿Es verdad que nos dejas? ¡Pues si no hace ni mes y medio que estás con nosotros! ¡Si apenas empieza el verano! ¡Vamos, di algo!

(60) ANSELMO: Pero ¿qué he de decir, señor, si no me dejan ustedes poner palabra en su sitio? El hotel me parece encantador, ¿estás contento? Vuestra compañía me es sumamente
(65) agradable, ¿oyes tú? Pero tengo asuntos en Madrid, y son de importancia, y me voy. ¡Toma, toma! ¡Corno que hay novedades! ¡El amigo íntimo de mi Carlos, su compañero de
(70) colegio, el acaudalado marqués de Vega-Umbrosa, le presenta diputado. ¡Ya veréis, ya veréis! (*Restregándose las manos.*) El chico tiene ambición; pero, entendámonos: ambición noble y
(75) digna. Nada; que siente con bríos y dice: «¡Yo he de hacer algo muy grande!» ¡Vaya, mi Carlos vale mucho! ¡Cuando yo digo que vale mucho! ¿Verdad, Paquita?

(80) PAQUITA: Carlos es hijo tuyo. ¿Qué más puede decirse?

José de Echegaray *De mala raza*

1 ¿De qué acusa Visitación a Anselmo?

(1) De que no puede oírlo cuando habla.
(2) De querer irse muy pronto.
(3) De que elogia demasiado el hotel.
(4) De haberse casado con Paquita.
(5) De considerar que su casa es muy modesta.

2. ¿Cuál es la prueba, según Nicomedes, de que Anselmo tiene buen gusto?

(1) se casó con Paquita.
(2) le gusta el hotel.
(3) es brigadier en retiro.
(4) se va a ir del hotel.
(5) se quedó todo ellos todo el verano.

3. ¿Cuál de los siguientes describe mejor lo que desea Nicomedes?

(1) que se acabe el verano.
(2) que Visitación no hable tanto.
(3) que Anselmo se vaya pronto a Madrid.
(4) que Anselmo compre el hotel.
(5) que Anselmo elogie el hotel.

4. ¿Cuál de las siguientes frases describe mejor la actitud de Anselmo hacia sus anfitriones?

(1) molesto y aburrido
(2) furioso y vengativo
(3) entusiasmado y feliz
(4) adolorido y triste
(5) temeroso y dudoso

5. ¿Qué defensa querrá Nicomedes al decir: "Defiéndete, Anselmo!"

(1) que a Anselmo sí le gusta el hotel.
(2) que Anselmo no le hizo nada malo a Visitación.
(3) que Anselmo se casó por amor.
(4) que Nicomedes y Anselmo son buenos amigos.
(5) que Anselmo se va pronto para no ser una carga.

6. Con base en este extracto ¿qué es lo más probable?

(1) Anselmo volverá pronto con su hijo.
(2) Anselmo se irá pero Paquita se queda.
(3) Nicomedes y Visitación irán a Madrid.
(4) Anselmo no volverá pronto al hotel.
(5) Anselmo comprará el hotel de Nicomedes.

7. ¿Qué puedes deducir del matrimonio de Anselmo y Paquita?

(1) él es bastante mayor que ella.
(2) llevan muchos años de casados.
(3) los dos son ancianos.
(4) ella es mayor que él.
(5) los dos son muy jóvenes.

8. Indica por qué crees que Anselmo le pregunta a Nicomedes: "¿Estás contento?"

(1) porque lo ve muy sonriente.
(2) porque teme que esté disgustado con él
(3) porque espera que su visita sea agradable.
(4) porque Nicomedes y Visitación parecen enojados.
(5) porque al fin lo obligó a decir que le gusta el hotel.

9. ¿En qué momento cambia el ánimo de Anselmo?

(1) cuando hablan de Paquita.
(2) cuando Visitación lo acusa.
(3) cuando Nicomedes le pregunta si se va.
(4) cuando empieza a hablar de su hijo.
(5) cuando Visitación se calla.

10. ¿Cuál de los siguientes describe mejor la actitud de Anselmo hacia su hijo?

(1) indiferente
(2) decepcionado
(3) preocupado
(4) agradecido
(5) orgulloso

La respuestas comienzan en la página 825.

Entender la motivación

La **motivación** es la razón que hace que un personaje se comporte de determinada manera. La motivación de un personaje nos cuenta cómo es él o ella. Una forma en que las obras dramáticas difieren de las novelas y cuentos cortos es que todo en las obras se dice a través del diálogo y la acción. En una obra, los pensamientos de los personajes no se revelan directamente al lector o al público. En consecuencia, las motivaciones de los personajes son a veces más difíciles de identificar.

Para entender qué es lo que motiva a los personajes de una obra, preste atención a lo que dicen. Pregúntese por qué un personaje hace determinadas afirmaciones y lo que espera lograr a través de ellas. Sin embargo, las motivaciones de los personajes pueden encontrarse no sólo en lo que dicen, sino también en lo que hacen. Es posible que las acotaciones, que describen las acciones de los personajes, también den claves sobre la motivación.

motivación
la razón que lleva a un personaje a hacer o decir algo

Lea el siguiente pasaje de una obra y complete el ejercicio que se encuentra a continuación.

JESSIE *(Parada ahora detrás de* MAMÁ, *tomándole los hombros):* Ahora, cuando escuches el disparo, no quiero que entres. Primero, no podrás entrar por tus propios medios, pero además no quiero que lo intentes. Llama a Dawson, luego a la policía y luego a Agnes. Y después necesitarás hacer algo hasta que alguien llegue, así que lava la olla del chocolate caliente. Lava esa olla hasta que escuches el timbre y no me importa si pasa una hora, tú sigue lavando esa olla.

MAMÁ: Haré las llamadas y luego simplemente me quedaré sentada. Yo no necesitaré estar ocupada en algo. ¿Qué dirá la policía?

Marsha Norman, *'night, Mother.*

1. Marque con una "X" la motivación más probable que tiene la hija para decirle a la madre que lave la olla.

    _____ a. No quiere que su madre oiga llegar a la policía.

    _____ b. No quiere que su madre piense en el disparo.

    _____ c. No quiere que su madre se vea en problemas.

2. Marque con una "X" el enunciado que describe mejor los sentimientos de la hija hacia su madre.

    _____ a. Se preocupa por su madre.

    _____ b. Siente que su madre es demasiado metida.

Usted acertó si eligió la *opción b* para la pregunta 1 y la *opción a* para la pregunta 2. La hija parece preocuparse por su madre. Esto lo indica tanto su gesto de poner las manos en los hombros de la madre como sus palabras, que muestran preocupación por el bienestar de su madre.

Sugerencia

Descubra la motivación de un personaje preguntándose: "Por qué este personaje se comporta de esta manera?" Luego, trate de descubrir la verdadera razón detrás de las palabras o acciones del personaje.

Práctica de GED

Instrucciones: Elija la respuesta que mejor responda a cada pregunta.

Las preguntas 1 a 5 se refieren al siguiente pasaje de una obra.

¿QUÉ TIENEN EN COMÚN ESTOS HOMBRES?

LUKE: Tocas el piano como lo soñaba.

DAVID: Estos días, estuve descubriendo que tú eres bastante bueno. Mamá nunca nos dejó tener un fonógrafo.
(5) Nunca jamás había escuchado ninguno de tus discos, hasta hace poco. Andabas por allá arriba con los mejores Jellyroll Morton y Louis Armstrong y tipos como ésos... Nunca
(10) viniste a buscarnos. ¿Por qué?

LUKE: Empecé y quería. Lo pensé un montón de veces.

DAVID: ¿Por qué nunca no lo hiciste?¿Pensaste que fue bueno
(15) deshacerte de nosotros?

LUKE: Esperaba que nunca pensaran eso, nunca.

DAVID: Me pregunto, ¿qué creías que pensaba de ti? Me acordaba de ti, pero
(20) nunca podía hablar sobre ti. Algunas veces escuchaba cosas tuyas, pero nunca podía decir: ¡Ése es mi papá! Tenía mucha vergüenza. Me acordaba cuando algunas veces tocabas algo
(25) para mí. Por eso empecé a tocar el piano. Me iba a dormir soñando cómo tocaríamos juntos algún día, yo con mi piano y tú con tu trombón.

LUKE: David. David.

(30) DAVID: Nunca viniste. Nunca viniste cuando podías hacer algo bueno por nosotros. Vienes ahora, ahora que no puedes hacer nada bueno por naide. Cada vez que pienso en eso, que
(35) pienso en *ti*, quiero llorar y gritar como un bebé. Me haces... ¡ah! Me haces sentir tan mal.

LUKE: Hijo, no te apartes de las cosas que duelen. Las cosas que duelen, a
(40) veces son todo lo que tienes. Tienes que aprender a vivir con esas cosas y a usarlas.

James Baldwin, *The Amen Corner*.

1. ¿Qué es lo que David más desea en el mundo?

   (1) saber por qué su padre se hizo músico
   (2) olvidar a su padre para siempre
   (3) ser mejor músico que su padre
   (4) saber lo que su padre piensa de él
   (5) entender la ausencia de su padre

2. ¿Qué es lo más probable que David quiera decir con "Andabas por allá arriba con los mejores" (líneas 7 y 8)?

   (1) Luke era uno de los héroes de David.
   (2) Luke vivía en un buen vecindario.
   (3) Luke era un gran músico.
   (4) Mamá escondió los discos de Luke entre los demás.
   (5) Mamá admiraba mucho a Luke.

3. ¿Por qué razón es más probable que David haya empezado a tocar el piano?

   (1) Tenía un talento natural para el piano.
   (2) Necesitaba ocupar su tiempo libre.
   (3) Quería ser un músico famoso.
   (4) Fue estimulado por su madre.
   (5) Quería estar conectado con su padre.

4. ¿Cuál de las siguientes actitudes describe mejor los sentimientos de David hacia su padre?

   (1) admiración y respeto
   (2) dolido y enojado
   (3) indiferente y confundido
   (4) esperanzado y cuestionador
   (5) avergonzado y apenado

5. ¿Cuál es el clima general de esta obra?

   (1) tranquilo y reconfortante
   (2) violento y perturbador
   (3) triste y de duelo
   (4) despreocupado y alegre
   (5) emotivo y sincero

Las respuestas comienzan en la página 826.

Interpretar el tema

La idea principal de una obra se llama **tema**. El tema es el mensaje implícito que el dramaturgo quiere que el lector o el público entiendan sobre la obra. Un ejemplo de tema es "la amistad se basa en la comprensión". No basta con decir que el tema es la amistad. Hay que avanzar un paso más y contestar la pregunta: "¿Qué aspecto de la amistad el dramaturgo quiere transmitir?" Por lo general, el dramaturgo no dice el tema directamente, de manera que el lector o el público es el que decide cuál es.

Recuerde que el tema no es lo mismo que el tema general o un resumen del argumento de la obra. Por ejemplo, imagínese una obra con dos personajes principales: Juan, un republicano y Cintia, una demócrata. Es posible que el tema general sea un romance entre los dos personajes. Pero el tema de esta obra podría ser "el amor puede superar las diferencias".

tema
la idea principal de una obra literaria

Lea el siguiente pasaje de una obra y complete el ejercicio que se encuentra a continuación.

PETER: ¿Estás enamorado?

SCOOP: ¿Cómo?

PETER: Quisiera pensar que cuando dos personas de nuestra edad se casan, lo hacen porque están enamoradas.

HEIDI: *(toma el brazo de Peter)* Peter es muy romántico.

SCOOP: Ya veo. ¿Es una advertencia ahora?

HEIDI: No.

PETER: *(con voz más alta)* Sí.

SCOOP: Me parece lógico. Lisa se casa con un apuesto abogado judío; Heidi se casa con un cálido pediatra italiano. Todo es intercambiable, ¿verdad? Para responder a tu pregunta de si estoy enamorado, claro, ¿por qué no?

HEIDI: *(aprieta la mano de Peter)* ¿Por qué no?

Wendy Wasserstein, *The Heidi Chronicles*.

Marque con una "X" el enunciado que refleje <u>mejor</u> el tema de este pasaje.

_____ a. Scoop y Heidi son viejos amigos.

_____ b. Peter es demasiado extrovertido.

_____ c. Reaccionar defensivamente con los amigos es contraproducente.

_____ d. El amor es un tema delicado entre algunos amigos.

Usted acertó si eligió la *opción d*. Los amigos parecen querer hablar acerca de sus vidas amorosas, pero a la vez parecen cautelosos de no revelar demasiado. Éste es el mensaje implícito del pasaje.

Práctica de GED

IInstrucciones: Elija la respuesta que mejor responda a cada pregunta.

Las preguntas 1 a 11 se refieren al siguiente pasaje de una obra.

¿AMA MEDVEDENKO A MASHA?

MEDVEDENKO: ¿Por qué te vistes siempre de negro?

MASHA: Estoy de duelo de por vida. No soy feliz.

(5) MEDVEDENKO: ¿Tú infeliz? No lo entiendo. Tienes buena salud y tu padre no es rico pero tiene comodidades. Mi vida es mucho más difícil de llevar que la tuya. Recibo veintitrés rublos[1] por mes

(10) y nada más, y de eso me descuentan la jubilación, pero no estoy de luto (Se sientan.)

MASHA: No se trata de dinero. Hasta un mendigo puede ser feliz.

(15) MEDVEDENKO: Sí, en teoría si puede, pero no cuando lo piensas dos veces. Fíjate en mí, con mi madre, mis dos hermanas y mi hermanito y mi salario de veintitrés rublos en total. Bueno, la

(20) gente tiene que comer y beber, ¿no es cierto? ¿Tienen que tener té y azúcar, no? ¿Y tabaco? Y así seguimos y seguimos hacia adelante.

MASHA: (mirando hacia el escenario)

(25) La obra comenzará en breve.

MEDVEDENKO: Sí. La actuación estará a cargo de Nina Zaretchny y la obra fue escrita por Constantine Gavrilovitch. La actriz y la obra están mutuamente

(30) enamoradas y hoy sus almas se confunden en un anhelo de crear una imagen que las dos puedan compartir y que sea auténtica para ambas. Pero mi alma y tu alma no pueden encontrarse

(35) en ningún lado. ¿Ves como son las cosas? Te amo; no puedo quedarme en casa porque siempre estoy deseando estar contigo y por eso, todos los días camino cuatro millas para venir y cuatro

(40) para volver y sólo encuentro indiferencia de tu parte. Pero eso es muy normal. No tengo nada, nosotros somos una familia grande. ¿Quién quiere casarse con un hombre que ni siquiera puede

(45) alimentarse?

MASHA: ¡Tonterías! (aspira rapé[2]) Tu amor me toca, pero no puedo corresponderte, eso es todo. (Le ofrece rapé) Sírvete.

(50) MEDVEDENKO: Ahora no. (Una pausa.)

MASHA: ¡Ay, qué cerca está! Habrá tormenta esta noche. Todo lo que tú haces es filosofar o hablar de dinero. Piensas que la peor miseria que

(55) podemos tener es la pobreza. Pero creo que es mil veces más fácil andar en harapos y mendigar el pan que...—Pero tú nunca lo entenderías...

---

[1] rublo: moneda rusa   [2] rapé: tipo de tabaco

Anton Chekhov, *The Sea Gull.*

1. ¿Qué oración describe mejor al padre de Medvedenko?

   (1) Generalmente está en la casa con la familia.
   (2) Está fuera de casa trabajando.
   (3) Trabaja mucho todo el día.
   (4) Está enfermo en la casa.
   (5) No vive con la familia.

2. ¿Cuál de las siguientes frases describe mejor a Medvedenko?

   (1) sincero y solitario
   (2) taciturno y arrogante
   (3) despreocupado y dulce
   (4) torpe y no educado
   (5) patético y victimizado

3. ¿Qué es lo que Masha quiere significar cuando dice que el amor de Medvedenko la toca (línea 46 y 47)?

   (1) Está empezando a quererlo nuevamente.
   (2) Aprecia sus sentimientos.
   (3) Está enojada porque no la deja en paz.
   (4) Está luchando para esconder su amor.
   (5) Está dándole esperanzas para el futuro de ambos.

4. ¿Cuál de las siguientes opciones describe mejor la relación entre Masha y Medvedenko?

(1) amor no correspondido
(2) amor secreto
(3) amistad profunda
(4) respeto mutuo
(5) se conocen y son amigos

5. ¿Cuál de las siguientes oraciones describe mejor el tema principal que se desarrolla en el pasaje?

(1) La felicidad no depende del dinero.
(2) El amor suele ser inesperado.
(3) La persistencia te ganará a la persona que amas.
(4) Las personalidades opuestas se atraen mutuamente.
(6) El dinero hace la vida más fácil.

6. ¿De qué manera el enunciado "Habrá tormenta esta noche" (líneas 51 y 52) contribuye al clima del pasaje?

Sugiere

(1) inquietud
(2) comodidad
(3) peligro
(4) súbita libertad
(5) poder sobrenatural

7. De acuerdo con el pasaje, ¿cuál es el significado más probable de "No puedo quedarme en casa porque siempre estoy deseando estar contigo" (líneas 36 a 38)?

(1) Medvedenko es infeliz en su casa y ha abandonado a su familia.
(2) Medvedenko se odia y siente que no merece su casa.
(3) Medvedenko se siente obligado por el amor a visitar a Masha.
(4) Medvedenko es mezquino que no compartirá su riqueza con su familia.
(6) Medvedenko se siente culpable por ver a Masha.

8. ¿Cuál de las siguientes razones es la motivación más probable que tiene Medvedenko cuando dice que la actriz y la obra están mutuamente enamoradas?

(1) Piensa que esto dará significado extra a la obra.
(2) Espera que la información cambiará los sentimientos de Masha.
(3) Disfruta hablar de chismes sobre la gente rica y famosa.
(4) Piensa que Masha disfrutará de la información.
(5) Contrasta aquella relación con la que tiene con Masha.

9. ¿Por qué Medvedenko piensa que Masha no se casará con él?

(1) porque a ella no le gusta Medvedenko
(2) porque él es pobre
(3) porque no tienen nada en común
(4) porque ella es demasiado infeliz
(5) porque él se preocupa demasiado

10. ¿Cuál de las siguientes opciones es la razón más probable que tiene Medvedenko para rechazar el rapé?

(1) No le gusta.
(2) Sabe que la obra está por comenzar.
(3) Prefiere continuar la conversación.
(4) Está enojado porque Masha no lo ama.
(5) No quiere parecer un mendigo.

11. Si Medvedenko fuera un viajante que vende zapatos, ¿qué clase de viajante es más probable que fuera?

(1) Persistente, tratando de ganarse a los clientes.
(2) Tímido y sin querer molestar a la gente.
(3) Se quejaría de los clientes.
(4) Vendería más zapatos que ningún otro vendedor.
(5) Se negaría a viajar distancias largas.

Las respuestas comienzan en la página 826.

Instrucciones: Elija la respuesta que mejor responda a cada pregunta.

Las preguntas 1 a 6 se refieren al siguiente pasaje de una obra.

¿QUÉ CLASE DE AMIGA ES LA SEÑORA X?

SEÑORA X.: Tiene que ver lo que compré para mis chiquitinas. (Saca una muñeca.) Mire esto. Ésta es para Lisa. ¿Ve cómo mueve los ojos y la cabeza?

(5) ¿No es encantadora? Y ésta es una pistola de juguete para Maja. (Carga la pistola y le dispara a la SEÑORITA Y, quien se ve asustada.)

SEÑORA X.: ¿Se asustó? ¿Creyó que le

(10) iba a pegar un tiro? En verdad, nunca pensé que me creyera capaz de eso. En cambio, no sería tan sorprendente que usted me disparara porque, después de todo, yo sí me interpuse

(15) en su camino y sé que nunca lo olvida... a pesar de que fui completamente inocente. Todavía piensa que intrigué para sacarla del Gran Teatro, pero no lo hice. No lo hice, por mucho que usted

(20) piense que sí. Bueno, de nada sirve hablar, usted creerá que fui yo... (Saca un par de pantuflas bordadas.) Y éstas son para mi viejo, yo misma bordé los tulipanes. La verdad es que odio los

(25) tulipanes, pero él tiene que tener tulipanes en todo. (La SEÑORITA Y. levanta la vista, con ironía y curiosidad en su rostro.)

SEÑORA X.: (metiendo una mano en

(30) cada pantufla) Mire qué pies tan pequeños tiene Bob, ¿cierto? Tiene que ver la manera encantadora en que camina... usted nunca lo ha visto en pantuflas, ¿cierto?

(35) (La SEÑORITA Y. se ríe.)

SEÑORA X.: Mire, le enseñaré. (Hace que las pantuflas caminen por la mesa y la SEÑORITA Y. se ríe de nuevo.)

SEÑORA X.: Pero cuando se enoja, mire,

(40) da patadas en el suelo así. "¡Esas condenadas muchachas que no pueden aprender a hacer café! ¡Maldición! Ese idiota no ha arreglado la lámpara como debe ser". Luego,

(45) entra una bocanada de aire por debajo de la puerta y sus pies se enfrían. "¡Maldita sea, está helando y esos malditos tontos ni siquiera pueden mantener la estufa caliente!

(50) (Frota la suela de una pantufla contra el empeine de la otra. La SEÑORITA Y. se ríe a carcajadas.)

SEÑORA X.: Y luego llega a casa y tiene que buscar sus pantuflas que Mary

(55) ha puesto debajo del buró... Bueno, quizás no sea correcto burlarse así del esposo de una. De cualquier manera, es un esposo bueno y querido. Usted debería tener un marido como él,

(60) Amelia. ¿De qué se ríe? ¿Eh? Y, ya ve, sé que me es fiel. Sí, lo sé. Él mismo me dijo (¿de qué se ríe?) que cuando estuve de gira en Noruega esa horrenda Frederica trató de seducirlo.

(65) ¿Puede imaginar algo más abominable?

August Strindberg, *The Stronger.*

1. De acuerdo con la información del pasaje, ¿qué es <u>más probable</u> que la señora X. sienta por su esposo?

   (1) Le molesta que le guste coquetear.
   (2) Desearía que estuviera menos enojado.
   (3) Piensa que es un viejo tonto.
   (4) Está pensando en divorciarse de él.
   (5) Está feliz de haberse casado con él.

2. ¿Cuál de las siguientes palabras describe <u>mejor</u> a la señora X.?

   (1) amigable
   (2) agradecida
   (3) vengativa
   (4) siniestra
   (5) manipuladora

3. ¿Por qué la señora X. le dice a la señorita Y. "no sería tan sorprendente que usted me disparara" (líneas 12 y 13)?

   (1) La señorita Y. odia a la señora X.
   (2) La señorita Y. no es de fiar.
   (3) La señora X. piensa que la señorita Y. le tiene rencor.
   (4) La señora X. y la señorita Y. han sido enemigas por mucho tiempo.
   (5) La señorita Y. es emocionalmente inestable.

4. ¿Cuál de las siguientes palabras describe <u>mejor</u> la relación entre las dos mujeres?

   (1) cálida
   (2) competitiva
   (3) cautelosa
   (4) hostil
   (5) honesta

5. Si la señorita Y. decidiera dar a conocer sus verdaderos sentimientos por la señora X., ¿cuál de las siguientes afirmaciones es <u>más probable</u> que dijera?

   (1) Nunca me importó el Gran Teatro.
   (2) Ésa es una terrible imitación de su esposo.
   (3) Sé más de lo que te imaginas sobre ti.
   (4) Es la persona más chistosa que conozco.
   (5) Su esposo es un hombre afortunado.

6. Más adelante en la obra, la señora X. dice "usted sólo se sienta ahí sin moverse... como un gato a la entrada de la ratonera. No puede sacar su presa, ni la puede perseguir, pero puede abusar de ella". Con base en esta información y en el pasaje, ¿cuál de las siguientes palabras describe mejor a la señorita Y.?

   (1) astuta
   (2) poco inteligente
   (3) indiferente
   (4) maligna
   (5) floja

> ### Sugerencia
>
> La motivación de un personaje puede revelarse en la forma como él o ella trata a los demás personajes. ¿Habla respetuosamente el personaje a los demás personajes? ¿O es él o ella poco amigable?

Las respuestas comienzan en la página 827.

Instrucciones: Elija la respuesta que mejor responda a cada pregunta.

Las preguntas 1 a 4 se refieren al siguiente pasaje de un ensayo.

¿CONTRATARÍA A ESTE HOMBRE?

En cuanto a mi propio negocio, mis empleadores no quieren siquiera el tipo de topografía que podría hacer con gran satisfacción. Prefieren que haga mi trabajo
(5) de manera ordinaria y no demasiado bien, qué digo, no del todo bien. Cuando digo que hay varias maneras de medir, mi empleador comúnmente me pregunta cuál le dará más tierra, no cuál es la más
(10) correcta. Una vez inventé una regla para medir cargas de leña y quise introducirla en Boston, pero la persona que medía allí me dijo que los vendedores no querían que su madera se midiera con precisión
(15) y que él ya era demasiado preciso para ellos, así que medían la madera en Charlestown, antes de cruzar el puente.

El objetivo del trabajador debe ser, no ganarse la vida ni obtener un "buen
(20) empleo", sino desempeñar bien un determinado trabajo; e incluso, en un sentido monetario, sería económico para la ciudad pagar a sus trabajadores tan bien que no sintieran que trabajan
(25) por bajos salarios o sólo para ganarse la vida, sino con fines científicos o inclusive éticos. No contrate a una persona que hace su trabajo por dinero, contrate a una que lo haga por gusto.

Henry David Thoreau, "Life Without Principle", *Major Writers of America.*

1. De acuerdo con el pasaje, ¿cuál de las siguientes opiniones es más probable que el autor tenga sobre algunos de sus clientes?

   (1) Critican su trabajo demasiado.
   (2) Les gusta Charlestown más que Boston.
   (3) No le pagan lo suficiente.
   (4) Son un poco deshonestos.
   (5) Son muy flojos.

2. De acuerdo con el pasaje, ¿cuál sería la reacción más probable del autor si le ofrecieran un trabajo que consistiera en hacer algo que no le gusta?

   (1) aceptar el trabajo por dinero
   (2) rechazar el trabajo
   (3) aceptarlo pero hacerlo mal
   (4) pedir más dinero
   (5) contratar a alguien para hacer el trabajo

3. De acuerdo con el pasaje, ¿qué enunciado contrasta correctamente a Thoreau (el autor) y a sus empleadores?

   (1) Thoreau trabaja mucho y sus empleadores no.
   (2) Thoreau y sus empleadores son topógrafos.
   (3) A Thoreau le encanta su trabajo y a sus empleadores no.
   (4) Thoreau prefiere precisión y sus empleadores prefieren dinero.
   (5) Thoreau inventa nuevas reglas y sus empleadores le roban sus ideas.

4. ¿Cuál es la idea principal del último párrafo?

   (1) A los trabajadores no deben importarles el dinero ni las cosas materiales.
   (2) Las ciudades deben pagar bien a los trabajadores.
   (3) Los trabajadores deben hacer lo que les gusta y recibir una buena paga por ello.
   (4) Los trabajadores que reciban una buena paga disfrutarán sus trabajos.
   (5) Las ciudades deben contratar personas cuyo sentido ético sea muy elevado.

Las preguntas 5 a 7 se refieren al siguiente poema.

¿ADÓNDE VA EL RÍO?

ELEGÍAS DEL AMADO FANTASMA I

Inclinada, en tu orilla, siento cómo te alejas.
Trémula como un sauce contemplo tu corriente formada
de cristales transparentes y fríos. Huyen contigo todas
las nítidas imágenes, el hondo y alto cielo, los astros

(5)   imantados, la vehemencia ingrávida del canto.
Con un afán inútil mis ramas se despliegan, se
tienden como brazos en el aire y quieren prolongarse
en bandadas de pájaros para seguirte adonde va
tu cauce.

(10)   Eres lo que se mueve, el ansia que camina, La luz
desenvolviéndose, la voz que se desata. Yo soy sólo la
asfixia quieta de las raíces Hundidas en la tierra
tenebrosa y compacta.

Rosario Castellanos, "Bella dama sin piedad y otros poemas".

5. ¿Por qué huye el "hondo y alto cielo" (línea 4)?

   (1) El recuerdo ya es borroso
   (2) Se mueve con el reflejo del agua.
   (3) Está anocheciendo.
   (4) El sauce lo persigue
   (5) Hay viento

6. De las siguientes opciones, ¿cuál explica mejor el símbolo evocado en la segunda estrofa?

   (1) Si amas algo, déjalo ir.
   (2) Cada uno a su elemento.
   (3) Somos impotentes ante la separación de la muerte.
   (4) Es posible separarla barera de la muerte.
   (5) Querer es poder.

7. De los siguientes pares de ideas, escoja las que más claramente se contrastan en el poema.

   (1) el movimiento y la inmovilidad
   (2) el ansia y la tranquilidad
   (3) la alegría y la furia
   (4) la vida y la muerte
   (5) el recuerdo y el olvido

Las preguntas 8 a 10 se refieren al siguiente pasaje de una crítica.

¿TIENE ESTA PELÍCULA UN ÉXITO ESPECTACULAR?

Hay pocos actores buenos en Amor y básquetbol *(Love and Basketball)*, pero la mayor parte del tiempo se tienen que quedar en la banca. Cuatro actores

(5) talentosos (Alfre Woodward, Dennis Haysbert, Debbie Morgan y Harry J. Lennix) representan el papel de los padres de las figuras principales y resultan más interesantes que los jóvenes enamorados

(10) que son el centro de la película.

Por no decir que los actores principales Sanaa Lathan y Omar Epps son menos que adecuados para representar el papel de basquetbolistas que tardan mucho,

(15) mucho tiempo para darse cuenta que se aman tanto como aman el básquetbol. Lathan y Epps son atractivos (aunque parecen bastante bajos de estatura para sus papeles) en su representación de

(20) chicos de barrio que crecen juntos y son tan unidos como carne y uña. Los actores hacen lo posible para dar vida a esos personajes sombríos, pero carecen de ventajas y su lucha parece ser mucho más

(25) predecible que un juego típico de básquetbol.

Aunque el trabajo de la escritora y directora Gina Prince-Bythewood es fluido y pulido, particulamente si se considera

(30) que es su primera película, la estructura del argumento es torpe. La película se divide en cuatro períodos, como un juego de básquetbol, pero imponer estructura a un cuento lleno de divagaciones resulta

(35) arbitrario. Los conflictos de la niñez que nunca fueron mencionados de pronto se convierten en complicaciones del argumento a la mitad de la película y unas cuantas escenas después se resuelven

(40) de la misma manera brusca. Un juego de básquetbol jugado al estilo póquer parece emocionante en los avances, pero carece de chispa en la película porque los competidores ya son amantes cuando

(45) representan la escena.

Por el tipo de tema, Amor y básquetbol tiene cierto interés y cualquier persona que tenga curiosidad por saber cómo viven los jugadores de básquetbol en la universidad

(50) y en sus años como jugadores profesionales aprenderá algunas cosas, aunque no muchas. Sin embargo, una historia de amor que tiene al básquetbol como telón de fondo es tan poco común

(55) que no resulta necesario justificar su carácter fácil y predecible. Uno desearía que el productor Spike Lee hubiera intervenido para dar frescura a los diálogos…

Andy Seiller, "'Love and Basketball' misses the net", *USA Today.*

8. ¿Cuál de los siguiente enunciados expresa la opinión geneal del crítico sobre la película?

   (1) Es una historia de amor atractiva, aunque defectuosa.
   (2) Se basa en una combinación conocida de deportes y romance que no funciona.
   (3) No logra adecuadamente retratar el primer amor.
   (4) Relata exitosamente la historia de un jugador de básquetbol que llega a la madurez.
   (5) Es una historia creíble y realista de una amor en la adolescencia.

9. ¿Cuál es el efecto de la repetición que hace el autor de la palabra "mucho" "basquetbolistas que tardan mucho, mucho tiempo para darse cuenta que se aman" (líneas 14 y 15)?

   (1) Expresa el entusiasmo del crítico por su tema.
   (2) Sugiere que hay un ritmo lento y pesado en la película.
   (3) Muestra que el crítico es muy paciente.
   (4) Quiere insinuar que la película es en realidad demasiado breve.
   (5) Sugiere que los personajes principales son cautelosos en cuanto al amor.

10. ¿Cuál de los siguientes cambios es más probable que hubiera generado en el crítico una reacción más favorable hacia la película?

   (1) Si cambiaran los actores principales.
   (2) Si el director tuviera más experiencia.
   (3) Si el tema no estuviera relacionado con el básquetbol.
   (4) Si el ambiente fuera en la ciudad y no en los barrios.
   (5) Si la estructura del argumento fuera distinta.

Las preguntas 11 a 15 se refieren al siguiente pasaje de una novela.

¿CUÁL ES EL TRABAJO DE ESTE HOMBRE?

Era un placer quemar.

Era un placer especial ver cosas consumidas, ennegrecidas y cambiadas. Al empuñar la boquilla de latón —esa
(5) gran pitón[1] que escupía el veneno del queroseno sobre el mundo— la sangre se le agolpó en la cabeza y sus manos eran las de un asombroso director que ejecuta todas las sinfonías del fuego para derribar
(10) los andrajos y ruinas carbonizadas de la historia. Con el simbólico casco numerado 451 sobre la impasible cabeza, y los ojos inyectados de una sola llama anaranjada ante el pensamiento de lo que estaba por
(15) venir, abrió la llave y la casa fue engullida por un fuego devorador que tiñó el cielo del atardecer de rojo, amarillo y negro. Avanzó a grandes pasos entre un enjambre de luciérnagas; sobre todo,
(20) hubiera querido, como en el viejo chiste, ensartar un malvavisco en una vara y meterlo en el horno mientras los libros, aleteando como palomas, morían en la entrada y en el césped de la casa.
(25) Mientras los libros se elevaban en relucientes torbellinos y se dispersaban en un viento oscurecido por el incendio.

---

[1] pitón: tipo de serpiente venenosa

Ray Bradbury, *Fahrenheit 451.*

11. De acuerdo con la información que proporciona el pasaje, ¿qué está haciendo el personaje?

    (1) combatiendo un gran incendio de una casa
    (2) dirigiendo una sesión de entrenamiento para bomberos
    (3) quemando una pila de basura en el basurero municipal
    (4) quemando una casa llena de libros
    (5) supervisando una demostración de juegos artificiales

12. ¿Cuál de los siguientes trabajos es <u>más probable</u> que disfrutara el personaje de este pasaje?

    (1) director de orquesta
    (2) trabajador de construcción
    (3) trabajador de demolición
    (4) bibliotecario
    (5) chef

13. ¿Cuál de las siguientes técnicas usa el autor para dar vida al pasaje?

    (1) imágenes detalladas
    (2) diálogo humorístico
    (3) narración en primera persona
    (4) conflicto entre los personajes
    (5) sentido del humor

14. ¿Cuál es el significado del enunciado "la casa fue engullida por un fuego devorador" (líneas 15 y 16)?

    (1) Las llamas bajaron de la parte superior de la casa.
    (2) Las llamas envolvieron inmediatamente a la casa.
    (3) Las llamas sobre el césped de repente iluminaron la casa.
    (4) La casa se derrumbó mientras el fuego la convertía en cenizas.
    (5) La casa resplandeció a la luz de las llamas.

15. ¿A qué se refiere la frase "esa gran pitón que escupía el veneno del queroseno" (líneas 4 y 5)?

    (1) al personaje, que se siente como una serpiente venenosa lista para atacar
    (2) a una serpiente venenosa que estaba en el jardín
    (3) a una manguera que hace pensar en una serpiente
    (4) a las llamas que se curvan hacia arriba como una serpiente a punto de atacar
    (5) a la corriente de agua que se rocía sobre el fuego y parece una serpiente escupiendo

Sugerencia

Para descubrir lo que sucede en un pasaje complejo, procure pasar por alto las palabras y frases descriptivas y centre su atención en las palabras de acción (verbos). Estas palabras pueden indicar lo que hace el personaje.

Las preguntas 16 a 20 se refieren al siguiente pasaje de una obra.

¿ESTÁ CONTENTA LA SRA. DUDGEON?

SRA. DUDGEON:... ¡Ah, es usted, verdad, Sra. Anderson?

JUDITH: *(muy amablemente, casi con aire de superioridad)* Sí. ¿Puedo ayudarla

(5)   en algo Sra. Dudgeon? ¿Quiere que la ayude a limpiar la casa antes de que vengan a leer el testamento?

SRA. DUDGEON: *(rígidamente)* Gracias, Sra. Anderson, mi casa está siempre

(10)   lista para recibir visitas.

JUDITH: *(con complaciente amabilidad)* Sí, claro que sí. Tal vez usted preferiría que no la importunara justo en este momento.

(15) SRA. DUDGEON: Ah, uno más o menos no hará diferencia esta mañana, Sra. Anderson. Ahora que está aquí, sería mejor que se quedara. Si no es mucho pedir ¡cierre la puerta! (JUDITH *sonríe,*

(20)   *dando a entender "¡Estúpida de mí!" y la cierra con gesto exasperante de estar haciendo algo hermoso y confortante.)* Así está mejor. Debo ir a arreglarme un poco. Supongo que no

(25)   le importa quedarse aquí parada para recibir a las personas que lleguen hasta que me termine de arreglar.

JUDITH: *(dándole amablemente permiso)* Ah sí, por supuesto. Déjelo en mis

(30)   manos, Sra. Dudgeon y tóme su tiempo. *(Cuelga su capa y boina.)*

SRA. DUDGEON: *(casi despectivamente)* Pensé que eso sería más apropiado para usted que limpiar la casa.

George Bernard Shaw, *The Devil's Disciple.*

16. De acuerdo con el pasaje, ¿qué muestran las palabras y actos de la Sra. Dudgeon?

(1) Es paciente y ha sufrido mucho.
(2) Es gentil y complaciente.
(3) Es pura y noble.
(4) Es punzante y tacaña.
(5) Es grosera y susceptible.

17. De acuerdo con las acotaciones, ¿Qué par de palabras es la mejor descripción de Judith?

(1) dulce y sacrificada
(2) petulante y satisfecha
(3) tensa y sensible
(4) deprimida y retraída
(5) enojada y a la defensiva

18. ¿Cuál de las siguientes oraciones expresa mejor la idea principal de este pasaje?

(1) Judith ha llegado muy temprano para una fiesta en la casa de la Sra. Dudgeon.
(2) Judith es una visita inesperada para la lectura de un testamento.
(3) Judith y la Sra. Dudgeon quieren ser amigas.
(4) La amabilidad de Judith facilitó una reunión difícil.
(5) La Sra. Dudgeon está contenta de que Judith haya llegado para ayudar.

19. ¿Cuál de las siguientes palabras describe mejor el clima de este pasaje?

(1) de duelo
(2) tenso
(3) despreocupado
(4) de suspenso
(5) de ternura

20. ¿Cuál es la razón más probable de que la Sra. Dudgen dijera: "Pensé que eso sería más apropiado para usted que limpiar la casa" (líneas 33 y 34)?

(1) No escuchó el ofrecimiento de Judith de ayudar con la limpieza.
(2) Piensa que Judith es excelente para recibir a la gente.
(3) Cree que Judith es descuidada.
(4) Piensa que Judith no fue sincera cuando se ofreció a limpiar.
(5) Quiere ser amable con Judith.

Las preguntas 21 a 24 se refieren al siguiente pasaje de un cuento.

¿POR QUÉ LA HERMANA DE ESTA MUJER SE VA DE SU CASA?

Yo me llevaba de maravilla con Mamá, Papá-papi y Tío Rondó hasta que volvió a casa mi hermana Stella-Rondó, que se había separado de su marido. ¡El señor
(5) Whitaker! Fui yo la que salió primero con el señor Whitaker cuando apareco en China Grove haciendo fotos de ésas de "Pose usted mismo", pero Stella-Rondó consiguió separar. Le dijo que yo era
(10) asimétrica, ya sabeis, más grande de un lado que de otro; que no es más que una malintencionada mentira. Yo soy normal. Stella-Rondó es justo doce meses más pequeña que yo y precisamente por eso
(15) siempre ha sido la niña mimada.
Ella conseguía siempre lo que se le antojaba, para luego destrozarlo. Papá-papi le regaló un precioso collar cuando tenía ocho años y lo rompió
(20) jugando al béisbol a los nueve.
Y en cuanto se casó se marchó de casa, lo primero que se le ocurrió fue separarse. ¡Del señor Whitaker! El fotógrafo de ojos saltones en quien decía que confiaba tanto.
(25) Y volvió a casa desde uno de esos pueblecitos de allá de Illinois y, ante nuestra absoluta sorpresa, con una hija de dos años.
Mamá se llevó un susto de muerte, según dijo, cuando la vio aparecer.
(30) —Te presentas aquí con esta niñita rubia tan preciosa de la que ni a tu propia madre habías dicho una palabra —dice Mamá—. Me avergüenzo de ti —pero se veía que no se avergonzaba de ella.
(35) Y Stella-Rondó va y sin inmutarse se quita muy tranquila aquel *sombrero*; tendrían que haberlo visto. Y va y dice:
—Pero mamá, Shirley-T es adoptada. Puedo demostrarlo.
(40) —¡¿Cómo?! —dice mamá; pero yo dije sólo "¡Mmmmm!". Yo estaba en la cocina, intentando que dos pollos dieran para cinco personas y, además, para una niñita absolutamente inesperada.

Eudora Welty, "Why I live at the P.O." *A Curtain of Green and Other Stories.*

21. ¿Qué quiere decir la narradora con las palabras "intentando que dos pollos dieran para cinco personas" (líneas 42 y 43)?

Ella no tenía suficiente

(1) número de recetas para satisfacer el gusto de todos
(2) comida para alimentar a todos
(3) tiempo para ir a comprar comestibles
(4) número de cobijas de plumas para todas las camas
(5) espacio en la cocina para preparar la cena

22. ¿Qué es más probable que la narradora haga si el señor Whitaker se presenta?

(1) regañarlo por huir con su hermana menor
(2) negarse a dejarlo entrar
(3) decirle lo decepcionada que está de él
(4) hacer lugar en la mesa para una sexta persona
(5) preguntarle si Stella-Rondó dice la verdad sobre la niña

23. ¿Cuál de las siguientes palabras describe mejor el tono del pasaje?

(1) dramático
(2) de suspenso
(3) superficial
(4) serio
(5) irritante

24. ¿Cuál de las siguientes palabras describe mejor la actitud de la narradora hacia Stella-Rondó?

(1) protectora
(2) resentida
(3) de apoyo
(4) desconfiada
(6) preocupada

Sugerencia

Para entender el tono, "escuche" cómo los personajes de la historia dirían sus diálogos.

Las respuestas comienzan en la página 828.

MATEMÁTICAS

La prueba de Matemáticas de GED cubrirá el contenido y las destrezas siguientes.

La prueba

- 80% preguntas de opción múltiple, 20% preguntas de formato alternativo
- Se permite el uso de una calculadora en la Parte 1
- 90 minutos para completar las dos partes

El contenido

- Números y operaciones
- Medidas, análisis de datos y probabilidad
- Álgebra
- Geometría

Las preguntas

- Comprensión conceptual
- Conocimiento de procedimientos
- Resolución de problemas

"Estoy orgulloso de ser un oficial elegido que se da cuenta de que los contribuyentes confían en nosotros con el dinero que tanto les ha costado ganar".

~Ben Nighthorse Campbell

Graduado del GED

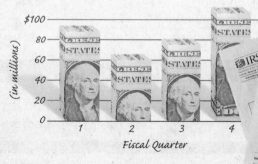

El desperdicio del dinero de los contribuyentes por parte del gobierno, el control de los gastos federales y la reducción del déficit son todos problemas enfrentados por el Senado de EE.UU. Ben Nighthorse Campbell, un senador y recipiente del GED, ganó el premio "Buldog de oro" de los Perros Guardianes del Tesoro por su trabajo en asuntos como éstos. Como miembro del Comité de Apropiación del Senado y presidente del Subcomité General del Gobierno, el senador Campbell estudia los problemas complejos que confrontan nuestra nación. Una vez que comprende un asunto, considera los métodos para resolver el problema y trabaja para hallar una solución.

La resolución de problemas en matemáticas sigue un camino parecido. Primero, hay que entender el concepto o problema; ¿qué es lo que quiere saber? Luego, tiene que considerar las maneras de resolver el problema: ¿qué información tiene? ¿Cómo puede usar esa información para hallar la solución? Finalmente, use lo que sabe para resolver el problema. Esta unidad le muestra cómo comprender conceptos, seleccionar procedimientos para resolver problemas y hallar soluciones.

Cuando estudió para su Prueba de GED, el senador Campbell enfrentó muchos desafíos. Usted probablemente enfrenta desafíos únicos también. ¿Usará las destrezas aprendidas al adquirir su GED para enfrentar estos desafíos con confianza y determinación?

Sugerencia para estudiar

¿Cuál de estos sentidos se usa para aprender?

No todas las personas aprenden de la misma manera. Sepa qué sentidos son los más útiles para usted en el proceso de aprender, y úselos al estudiar.

- ◯ Si es el oído, lea las lecciones en voz alta.
- ◯ Si es la vista, haga diagramas y dibujos.
- ◯ Si es el tacto, cree modelos.

Números y operaciones

Lección

1

Los números son una parte importante de nuestra vida. ¿Alguna vez ha calculado el número de millas que hay entre el lugar en el que se encuentra y el lugar al que desea ir? ¿Cuándo fue la última vez que calculó si tenía dinero suficiente para comprar algún artículo en una tienda? ¿Alguna vez ha pagado parcialmente una deuda y ha calculado después cuánto le falta por pagar?

Todas estas actividades cotidianas dependen de nuestra comprensión de los números, de nuestro sentido numérico y del conocimiento de las operaciones matemáticas elementales. Esta unidad abarca los temas de sentido numérico y operaciones con números enteros, fracciones, decimales y porcentajes. Recuerde que en la Prueba de Matemáticas de GED usará todas las destrezas que se enseñan en esta unidad en 20 a 30 por ciento de las preguntas.

Sentido numérico y operaciones

Valor posicional

Los números enteros están conformados por los siguientes diez dígitos: 0, 1, 2, 3, 4, 5, 6, 7, 8 y 9. El número 3,820 tiene cuatro dígitos; 1,000,000 es un número de siete dígitos, aunque seis de ellos sean iguales.

Nuestro sistema numérico se basa en el concepto del valor posicional. El valor posicional de un dígito depende de la posición, o el lugar, que ocupa dentro de una cifra. La siguiente tabla muestra cómo se designa a las primeras 12 posiciones de los números enteros.

El valor total de un número es igual a la suma de los valores que sus dígitos tienen en cada posición.

Ejemplo ¿Cuál es el valor de cada uno de los dígitos en 30,596?

3 está en la posición de las
decenas de millar. $3 \times 10,000 =$ **30,000**

0 está en la posición de las
unidades de millar. $0 \times 1,000 =$ **0,000**

5 está en la posición de las centenas. $5 \times 100 =$ **500**

9 está en la posición de las decenas. $9 \times 10 =$ **90**

6 está en la posición de las unidades. $6 \times 1 =$ **6**

Leer y escribir números

Al escribir un número, coloque una coma cada tres dígitos contados de derecha a izquierda. Cada grupo de tres dígitos forma un período que lleva el nombre de la posición de la cifra que antecede a la coma que lo separa. Siempre lea los números de izquierda a derecha. Primero, lea cada grupo de dígitos antes de una coma y, luego, diga el nombre del período representado por esa coma.

Escriba una palabra numérica tal como se lee el número en voz alta. Al leer o escribir números enteros, no es necesario que diga la palabra *unidades*.

Ejemplo   Lea el número 12,950,068 y escríbalo con palabras.

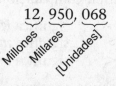

Este número se lee y escribe en palabras como **doce millones novecientos cincuenta mil sesenta y ocho**.

Redondear números enteros

Para facilitar los cálculos difíciles puede redondear. Cuando no necesite una respuesta exacta, redondee los números que está usando.

Ejemplo   Redondee el número 24,902 a la posición de las unidades de millar.

Paso 1   Localice el dígito que desea redondear y enciérrelo en un círculo.   2④,902

Paso 2   Observe el dígito que está a la derecha del dígito que encerró en un círculo.   2④,902

Paso 3   Si el dígito que está a la derecha es igual a o mayor que 5, sume 1 al dígito que encerró en un círculo. Si el dígito es menor que 5, no cambie dígito que encerró en un círculo.
Cambie por ceros todos los dígitos que están a la derecha del dígito que encerró en un círculo.   2⑤,000

Ejemplos   Redondee al millar más cercano.   ③,499 redondeado es **3,000**
1⑨,930 redondeado es **20,000**

A. Escriba con palabras el valor del dígito subrayado. Consulte la tabla de la página 458.

1. 5,5_1_7 _____

3. 4,_7_00,510 _____

2. 3,_7_42,691 _____

4. 964,2_5_1 _____

B. Redondee cada número como se indica. Consulte la tabla de la página 458.

5. Redondee 8,671 a la posición de las centenas. _____

6. Redondee 5,099,620 a la unidad de millón más cercana. _____

Las respuestas comienzan en la página 831.

Comparar, ordenar y agrupar

Cuando va de compras, seguramente compara precios para hacer la mejor compra. Use estas reglas al comparar números enteros.

REGLA 1 El número entero con más dígitos es siempre el mayor.

Ejemplo Compare 7,235 con 848. El número 7,235 (4 dígitos) es mayor que 848 (3 dígitos).

REGLA 2 Cuando dos cifras tienen el mismo número de dígitos, compare los dígitos de izquierda a derecha.

Ejemplo 646 es menor que 690 porque 40 es menor que 90.

Para escribir comparaciones entre números, use los siguientes símbolos:

=	significa *igual a*	140 = 140	140 es igual a 140
>	significa *mayor que*	25 > 23	25 es mayor que 23
<	significa *menor que*	4 < 5	4 es menor que 5

Utilizando estas mismas reglas, puede ordenar varios números según su valor.

Ejemplo 1 Una compañía vende libros, juguetes y videos por Internet. Ayer, la compañía registró las ventas en cada categoría: libros, 1,247; juguetes, 1,271; y videos, 990. Ordene las ventas de <u>menor a mayor</u>.

Paso 1 Cuente los dígitos que tienen las cifras de ventas. Puesto que 990 sólo tiene 3 dígitos (mientras que las otras tienen 4), 990 es menor que las otras dos cifras de ventas.

Paso 2 Compare los dígitos en 1,247 y 1,271 empezando de izquierda a derecha. Los dígitos en la posición de las unidades de millar y de las centenas son iguales en ambas cifras, por lo que tiene que observar la posición de las decenas. Como 40 es menor que 70, el número 1,247 es menor que 1,271.

De menor a mayor, las cifras de ventas son **990, 1,247** y **1,271**.

Comprender el concepto del valor posicional, ayuda a calcular el rango en el que se encuentra un número determinado.

Ejemplo 2 Samuel está buscando el expediente #13,496. La etiqueta de una gaveta indica cuál es el rango de números de los expedientes que se encuentran en ella. Por ejemplo, la gaveta A contiene los expedientes que van del #13,090 al #13,274. ¿Cuál es la gaveta que contiene el expediente #13,496?

Gaveta A #13090 al #13274	Gaveta B #13275 al #13490	Gaveta C #13491 al #13598	Gaveta D #13599 al #14701

Compare el número 13,496 con los de las etiquetas. El expediente #13,496 se encontrará entre otros dos números en la gaveta correspondiente. Puesto que 13,496 es mayor que 13,491 y menor que 13,598, el expediente está en la **Gaveta C**.

Sugerencia

Piense en los símbolos "mayor que" y "menor que" como si fueran flechas que siempre apuntan hacia el número menor.

Seleccionar operaciones

Para resolver problemas matemáticos, debe tomar varias decisiones. Primero, debe determinar qué es lo que se le está preguntando y qué información necesitará para resolver el problema. Después, debe seleccionar la operación que necesita para resolverlo: suma, resta, multiplicación o división.

Lea el problema con atención y piense en la información que éste le proporciona y en cómo lo va a resolver. A continuación encontrará algunas pautas que pueden ayudarle a seleccionar la operación adecuada.

Debe	Cuando necesite
Sumar (+)	Combinar cantidades Calcular un total
Restar (−)	Calcular una diferencia Restar una cantidad Hacer una comparación para calcular "cuánto más", "cuánto menos" o "cuánto queda"
Multiplicar (×)	Unir varias cantidades iguales para calcular un total Sumar el mismo número varias veces
Dividir (÷)	Separar una cantidad en partes iguales

Ejemplo 1   Víctor debe pagar una cuenta médica de $55 y una cuenta de farmacia de $12. ¿Cuál operación muestra el total de las cuentas?

(1) $55 + $12
(2) $55 − $12
(3) $12 × $55
(4) $55 ÷ $12
(5) $12 − $55

Sugerencia

Observe que el orden en que escribe los números es importante en los problemas de resta y división. La cantidad de la cual se está restando o dividiendo debe ir primero.

Como tiene que encontrar un total, entonces debe sumar las cantidades. La respuesta correcta es la **opción (1)**.

Ejemplo 2   Alberto, Rita y Lilia van a repartirse en partes iguales la ganancia de $126 que obtuvieron de su venta de cosas usadas. ¿Cuál operación muestra cuánto va a recibir cada persona?

(1) 3 + $126
(2) $126 − 3
(3) $126 × 3
(4) $126 ÷ 3
(5) 3 ÷ $126

Para repartir $126 en cantidades iguales, divida. La respuesta correcta es la **opción (4)**.

Práctica de GED

Instrucciones: Elija la respuesta que mejor responda a cada pregunta.

1. La familia Chávez paga mensualmente $269 por un crédito automotriz. ¿Cuál operación muestra cuánto pagará la familia por el préstamo en un período de 12 meses?

   (1) 12 + $269
   (2) $269 − 12
   (3) $269 × 12
   (4) $269 ÷ 12
   (5) 12 − $269

2. El mes pasado, Teresa pagó $137 por gastos de calefacción para su casa. Este mes, pagó $124. ¿Cuál operación muestra el costo total de calefacción que Teresa pagó en esos 2 meses?

   (1) $137 + $124
   (2) $137 − $124
   (3) $124 × $137
   (4) $137 ÷ $124
   (5) $124 ÷ $137

3. Carlos llenó el tanque de gasolina de su camión de entregas. El costo total de la gasolina aparece en la ilustración siguiente. Si pagó la gasolina con un billete de cincuenta dólares, ¿cuál operación muestra cuánto dinero debe recibir Carlos de cambio?

   (1) $50 + $28
   (2) $28 − $50
   (3) $28 × $50
   (4) $50 ÷ $28
   (5) $50 − $28

4. Katia tiene que leer un libro de 348 páginas para una clase. Como tiene tres semanas para leerlo, piensa leer un mismo número de páginas cada semana. ¿Cuál operación muestra cuántas páginas debe leer Katia por semana?

   (1) 3 + 348
   (2) 348 − 3
   (3) 348 × 3
   (4) 348 ÷ 3
   (5) 3 ÷ 348

5. Marcos abre una cuenta de cheques con $327. Si hace un cheque por $189, ¿cuál operación muestra cuánto dinero quedará en su cuenta?

   (1) $189 + $327
   (2) $327 − $189
   (3) $189 × $327
   (4) $327 ÷ $189
   (5) $189 ÷ $327

6. Cuatro amigos se van en el mismo coche al trabajo de lunes a viernes. En total, pagan $62 a la semana en gastos de gasolina, estacionamiento y peaje. ¿Cuál operación muestra cómo pueden repartirse los gastos en partes iguales?

   (1) 4 + $62
   (2) $62 − 4
   (3) 4 × $62
   (4) 4 ÷ $62
   (5) $62 ÷ 4

Sugerencia

Es posible que tenga que leer un problema con mucha atención para encontrar todos los números que necesita. A veces, los números aparecen escritos en palabras, como en el caso de "cuatro" amigos.

Las respuestas comienzan en la página 831.

Operaciones con números enteros

Sumar y restar números enteros

Uno de los secretos del éxito en matemáticas es saber cómo realizar las operaciones elementales con precisión y cuándo usar cada operación. Sume para combinar cantidades, calcular un total, o suma. Siga estos pasos para sumar números enteros.

Paso 1 Alinee los números que va a sumar haciendo coincidir los dígitos del mismo valor posicional. Comience con la columna de las unidades. Sume los números de cada columna avanzando de derecha a izquierda.

Paso 2 Cuando una columna de dígitos sume más de 9, reagrupe o lleve el dígito que sobre a la siguiente columna de la izquierda.

Ejemplo 1 Video EZ rentó 169 videos el jueves y 683 videos el viernes. Calcule el total de videos rentados durante esos dos días.

Paso 1 Sume la columna de las unidades (9 + 3 = 12). Escriba 2 en la columna de la unidades y reagrupe el 1 en la columna de las decenas.

Paso 2 Continúe sumando las columnas restantes y reagrupando según sea necesario.

$$\begin{array}{r} 1 \\ 169 \\ +683 \\ \hline 2 \end{array} \qquad \begin{array}{r} 1\ 1 \\ 169 \\ +683 \\ \hline 852 \end{array}$$

En su calculadora, marque los números que desea sumar.

169 + 683 = 852.

Video EZ rentó un total de **852 videos** el jueves y el viernes.

Use la resta para calcular la diferencia entre dos números o cantidades. Siga estos pasos para restar números enteros.

Paso 1 Escriba el número que desea restar debajo del otro número y asegúrese de alinear las columnas según su valor posicional. Comenzando con la columna de las unidades, vaya restando los números de cada columna de derecha a izquierda.

Paso 2 Cuando uno de los dígitos del número que está restando es mayor que el dígito de arriba, debe reagrupar el dígito o pedir prestado para restar en esa columna.

Ejemplo 2 La empresa Remodelaciones Nueva Era cobra $5,025 por remodelar una cocina y $2,438 por pintar una casa de dos pisos. Calcule la diferencia en costo.

Paso 1 Alinee los números en columnas. Reagrupe 1 decena tomada de la columna de las decenas para poder restar la columna de las unidades (15 − 8 = 7).

$$\begin{array}{r} 1\ 15 \\ \$50\cancel{2}\cancel{5} \\ -\ 2438 \\ \hline 7 \end{array}$$

Paso 2 Reste la columna de las decenas. Reagrupe. Puesto que no hay centenas, pida prestado un dígito de las unidades de millar. De esta manera, nos quedan 10 centenas en la columna de las centenas.

$$\begin{array}{r} 4\ 10\ 1\ \ 15 \\ \$\cancel{5}\cancel{0}\cancel{2}\cancel{5} \\ -\ 2438 \\ \hline 7 \end{array}$$

Paso 3 Finalmente, reagrupe de la columna de las centenas y termine la resta.

$$
\begin{array}{r}
{}^{9\ 11} \\
4\ \cancel{10}\cancel{1}\ 15 \\
\$\cancel{5025} \\
-\ \ 2438 \\
\hline
\$2587
\end{array}
$$

Paso 4 Compruebe la respuesta sumando su resultado al número que restó. La suma debe ser igual al número que estaba en la parte superior en la operación.

$$
\begin{array}{r}
{}^{1\ 1\ 1} \\
\$2587 \\
+\ \ 2438 \\
\hline
\$5025
\end{array}
$$

En su calculadora, marque primero el número que sea mayor.

5025 ▬ 2438 ▬ 2587.

El trabajo de remodelación cuesta **$2,587** más que el trabajo de pintura.

Multiplicar y dividir números enteros

Use la multiplicación cuando desee sumar un mismo número varias veces. Al resultado de una multiplicación se le llama producto. Siga estos pasos para multiplicar.

Paso 1 De derecha a izquierda, multiplique los dígitos del número de arriba por el dígito de las unidades en el número de abajo para calcular primero un producto parcial. Luego, multiplique el número de arriba por el dígito que está en la posición de las decenas en el número de abajo para calcular otro producto parcial y así sucesivamente.

Paso 2 Alinee cada producto parcial debajo del dígito por el cual multiplicó. Luego, sume todos los productos parciales.

Ejemplo 1 Una compañía gasta $913 a la semana en publicidad. ¿Cuánto gastará la compañía en 52 semanas?

Paso 1 Para multiplicar $913 por 52, multiplique primero $913 por el dígito de las unidades, en este caso, 2. El producto parcial es 1826 y debe alinearse con la columna de las unidades.

Paso 2 Multiplique $913 por el dígito de las decenas, es decir, 5. El producto parcial es 4565 y debe alinearse con la columna de las decenas. Use el cero como valor nulo. Sume los productos parciales para calcular el producto.

$$
\begin{array}{r}
\$913 \\
\times\ \ 52 \\
\hline
1\ 826 \\
45\ 650 \\
\hline
\$47,476
\end{array}
$$

En su calculadora, marque los números que desea multiplicar.

913 ▬ 52 ▬ 47476.

La compañía gastará **$47,476** en publicidad en un período de 52 semanas.

Use la división cuando necesite separar un todo (el dividendo) en partes iguales. Al resultado de una división se le llama cociente. El siguiente ejemplo le ayudará a comprender los pasos de una división desglosada. Coloque el dividendo dentro del signo de división. Coloque el número por el cual desea dividir (el divisor) afuera y a la izquierda del signo de división. Divida avanzando de izquierda a derecha.

Ejemplo 2 Elena está empacando vasos de vidrio en cajas. En cada caja caben 18 vasos para jugo. Si tiene que empacar 7310 vasos, ¿cuántas cajas puede llenar?

$$\begin{array}{r} 4 \\ 18\overline{)7310} \\ 72 \\ \hline 11 \end{array}$$

Paso 1 Divida 7310 entre 18. Como 18 no cabe en 7, tome los primeros dos dígitos y divida 73 entre 18. Escriba el resultado (4) arriba de la posición de las centenas. Luego, multiplique 18 por 4 y reste el resultado de 73. Baje el siguiente dígito.

$$\begin{array}{r} 406\ r2 \\ 18\overline{)7310} \\ 72 \\ \hline 110 \\ 108 \\ \hline 2 \end{array}$$

Paso 2 18 no cabe en 11. Escriba 0 en el cociente, arriba de la posición de las decenas y baje el siguiente dígito (las unidades). Continúe dividiendo. Use la letra *r* para indicar el residuo.

Paso 3 Para comprobar su respuesta, multiplíquela por el número entre el cual dividió. Luego, sume el residuo. El resultado debe ser el número que deseaba dividir.

$$\begin{array}{r} 406 \\ \times\ 18 \\ \hline 3248 \\ 4060 \\ \hline 7308 \\ +\ \ \ 2 \\ \hline 7310 \end{array}$$

Para hacer una división con su calculadora, marque los números en el orden que se muestra a continuación. En una calculadora, el residuo aparece en forma de decimal. En la Lección 9, aprenderá más sobre los números decimales.

7310 ÷ **18** = **406.1111111**

Esta respuesta nos indica que Elena puede llenar 406 cajas y que le sobrarán algunos vasos.

Resuelva estos problemas con lápiz y papel.

1. $\begin{array}{r} 746 \\ \times\ \ 5 \end{array}$ 3. $\begin{array}{r} 36 \\ \times 23 \end{array}$ 5. $7\overline{)3206}$ 7. $12\overline{)76,402}$

2. $\begin{array}{r} 4862 \\ \times\ \ \ 9 \end{array}$ 4. $\begin{array}{r} 5084 \\ \times\ \ 76 \end{array}$ 6. $4\overline{)23,984}$ 8. $24\overline{)219,315}$

9. $2584 \times 2700 =$ 11. $190 \times 2186 =$

10. Multiplique 25,097 por 25.   12. Divida 139,400 entre 205.

Las respuestas comienzan en la página 831.

Práctica de GED

Instrucciones: Elija la respuesta que mejor responda a cada pregunta. Use la calculadora cuando se le indique.

1. El mes pasado, la familia López pagó $137 en gastos de calefacción para su casa. Este mes, pagó $124. ¿Cuál ha sido el costo total de los gastos de calefacción durante los últimos dos meses?

   (1) $ 13
   (2) $130
   (3) $161
   (4) $251
   (5) $261

2. Si Marcos tiene un saldo de $827 en su cuenta de cheques y hace un cheque por $189, ¿cuánto dinero quedará en su cuenta?

   (1) $1016
   (2) $ 762
   (3) $ 738
   (4) $ 648
   (5) $ 638

La pregunta 3 se refiere al siguiente diagrama:

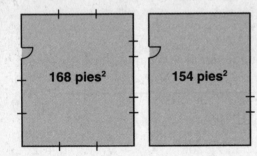

3. Alejandra desea alfombrar su casa. El diagrama muestra la superficie de cada una de las habitaciones. ¿Cuántos pies cuadrados de alfombra necesita Alejandra?

   (1) 322
   (2) 320
   (3) 312
   (4) 222
   (5) 214

4. La familia Valdés paga $289 mensuales por un préstamo automotriz. ¿Cuánto gastará la familia en el préstamo durante un período de un año?

   (1) $ 289
   (2) $ 360
   (3) $1200
   (4) $2890
   (5) $3468

5. Seis amigos van juntos a trabajar en el mismo auto. Sus gastos semanales por gasolina, estacionamiento y peaje ascienden a $114. Si se reparten los gastos en partes iguales, ¿cuánto paga cada uno de los amigos a la semana por los gastos de transporte?

   (1) $17
   (2) $18
   (3) $19
   (4) $108
   (5) $120

6. Emilia trabajó 68 horas en 2 semanas. Si gana $7 por hora, ¿cuánto ganó durante esas 2 semanas?

   (1) $51
   (2) $75
   (3) $435
   (4) $476
   (5) $952

Sugerencia

En la Prueba de Matemáticas de GED será necesario que conozca equivalencias de uso común, como por ejemplo:
24 horas = 1 día; 7 días = 1 semana
52 semanas = 12 meses = 1 año

Las respuestas comienzan en la página 832.

Estrategia de GED • Usar la calculadora

Funciones básicas de la calculadora

En la parte I de la Prueba de Matemáticas de GED, se le permitirá usar una calculadora. Esta calculadora, provista por el centro de evaluación, es una calculadora CASIO, *fx-260SOLAR*. En este libro, podrá practicar cómo resolver problemas con una calculadora. Aunque varias calculadoras se ven diferentes, las teclas de las calculadoras funcionan de la misma manera. Para más información sobre la calculadora que se usa en la Prueba de GED, repase el Manual de la calculadora, páginas 900-903.

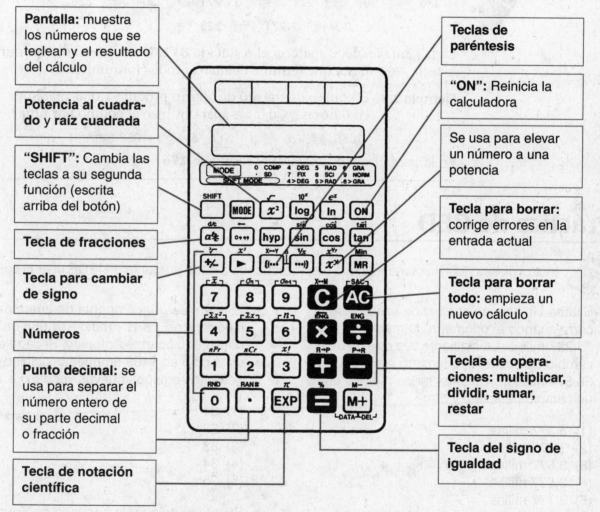

Pantalla: muestra los números que se teclean y el resultado del cálculo

Potencia al cuadrado y **raíz cuadrada**

"SHIFT": Cambia las teclas a su segunda función (escrita arriba del botón)

Tecla de fracciones

Tecla para cambiar de signo

Números

Punto decimal: se usa para separar el número entero de su parte decimal o fracción

Tecla de notación científica

Teclas de paréntesis

"ON": Reinicia la calculadora

Se usa para elevar un número a una potencia

Tecla para borrar: corrige errores en la entrada actual

Tecla para borrar todo: empieza un nuevo cálculo

Teclas de operaciones: multiplicar, dividir, sumar, restar

Tecla del signo de igualdad

Otros puntos importantes acerca de la calculadora:
- Aunque sólo esté marcando números enteros, muchas calculadoras mostrarán automáticamente en la pantalla un punto decimal al final del número entero.
- Al sumar o multiplicar, no importa el orden en que marque los números. No obstante, al restar o dividir es muy importante que los marque en el orden correcto.
  - **Problemas de resta:** Debe marcar el número que está restando en segundo lugar: 32 − 28.
  - **Problemas de división:** Debe marcar primero el número que va a dividir: 24 ÷ 3.

Sugerencia

Antes de la prueba, podrá practicar el uso de esta calculadora en el centro de evaluación.

Ejemplo 1   Catalina manejó 236 millas el viernes, 304 millas el sábado y 271 millas el domingo. ¿Cuántas millas manejó durante ese período de tres días?

Sume para calcular el número total de millas que manejó Catalina.

$$236 + 304 + 271$$

Si usa una calculadora, puede marcar estos números en cualquier orden. Sin embargo, es importante que se asegure de que los dígitos dentro de un mismo número estén en el orden correcto. Si marca los números en cualquiera de los siguientes órdenes, obtendrá el mismo resultado.

236 + 304 + 271 =   ó   271 + 304 + 236 =

ó   304 + 271 + 236 =

En la pantalla, debe aparecer el resultado **811**. No es necesario oprimir la tecla = hasta que termine de marcar todos los números.

Ejemplo 2   El equipo de trabajo de Martín produjo 1,056 aparatos en 6 horas. ¿Cuántos aparatos hizo el equipo por hora?

1056 ÷ 6 =   NO   6 ÷ 1056 =

En la pantalla, debe aparecer el resultado **176**.

Práctica de GED

Instrucciones: Elija la respuesta que mejor responda a cada pregunta. PUEDE usar la calculadora.

1. Esteban le hizo un cambio de aceite a su carro cuando el odómetro marcaba 35,297 millas. La siguiente vez que hizo un cambio de aceite, el odómetro marcaba 38,874 millas. ¿Cuántas millas manejó entre un cambio de aceite y otro?

   (1) 3,377 millas
   (2) 3,477 millas
   (3) 3,577 millas
   (4) 3,677 millas
   (5) 3,777 millas

2. Carlos paga una renta mensual de $595. ¿Cuánto pagará de renta en un período de dos años?

   (1) $ 1,190
   (1) $ 5,950
   (3) $ 7,140
   (4) $14,280
   (5) $28,560

3. El miércoles, la compañía de aparatos electrónicos J & R vendió $14,688 de su nuevo equipo estereofónico. Si cada equipo se vendió en $459 (impuesto incluido), ¿cuántos equipos nuevos vendió J & R?

   (1) 31
   (2) 32
   (3) 33
   (4) 34
   (5) 35

4. El estado de cuenta bancaria de Katia mostraba un saldo de $76 en su cuenta de cheques. Durante el mes siguiente depositó $96, $873 y $98. ¿Cuál es el nuevo saldo en su cuenta después de estas transacciones?

   (1) $ 603
   (2) $1047
   (3) $1067
   (4) $1134
   (5) $1143

Las respuestas comienzan en la página 832.

Pasos para resolver problemas

Resolver problemas mediante estimaciones

Hacer una estimación significa calcular un valor aproximado. Imagine que va al supermercado a comprar algunos artículos, pero sólo tiene $20. ¿Cómo sabe si le va alcanzar para comprar lo que quiere? Podría hacer una estimación del total redondeando los precios al dólar más cercano y sumándolos.

Una manera útil de estimar un resultado es redondeando, al valor posicional más conveniente, los números en el problema.

Ejemplo 1 La ciudad de San Fernando cuenta con 13,968 votantes registrados. En unas elecciones celebradas recientemente, sólo votaron 4,787 personas. Aproximadamente, ¿cuántos fueron los votantes registrados que no votaron?

(1)   6,500
(2)   7,500
(3)   8,000
(4)   9,000
(5)   10,000

Para calcular la diferencia entre el número de votantes registrados y el número de personas que votaron, debe restar. La palabra *aproximadamente* indica que debe hacer un cálculo estimado del resultado. Para hacer una estimación de la diferencia, redondee los números a la unidad de millar más cercana y reste.

Estimación: $14,000 - 5,000 = 9,000$. La respuesta correcta es la **opción (4)**.

También puede usar las estimaciones para comprobar que un resultado tiene sentido. En el siguiente problema, haga primero una estimación para comprobar que su resultado debe ser de alrededor de 9,000. Cuando reste, su resultado será 9,181. Su estimación confirmará que su respuesta tiene sentido.

Ejemplo 2 La ciudad de San Fernando tiene 13,968 votantes registrados. En unas elecciones celebradas recientemente, sólo votaron 4,787 personas. ¿Cuántos fueron los votantes registrados que no emitieron su voto?

(1)   2,917
(2)   4,787
(3)   8,221
(4)   9,181
(5)   18,755

Sugerencia

Las estimaciones ayudan a comprobar que su resultado tiene sentido. Estimar es una forma de verificar rápidamente si oprimió las teclas correctas en la calculadora.

Use la estimación del ejemplo 1 para descartar las opciones (1), (2) y (5) por ser demasiado bajas o altas. Reste: $13,968 - 4,787 = 9,181$. La **opción (4)** es la correcta y la estimación indica que tiene sentido.

Otra forma de hacer estimaciones es mediante el uso de números con cociente exacto. Éstos son números cuya división no tiene residuo, por lo cual es fácil hacer operaciones con ellos. Para estimar el resultado de un problema de división, calcule cuáles son los números con cociente exacto más cercanos a los números que aparecen en el problema.

Ejemplo 3   Clarisa desea dividir 1,935 entre 9. Usa su calculadora y en la pantalla aparece 21.4444444. ¿Es razonable su respuesta?

El número 9 es cercano al 10, mientras que 1,935 es cercano a 2000. Usted sabe que $2000 \div 10 = 200$, por lo que la respuesta correcta debe ser aproximadamente 200. El resultado de Clarisa de un poco más de 21 es demasiado bajo. Es posible que haya oprimido una tecla equivocada de la calculadora. Debe volver a resolver el problema. La respuesta correcta es **215**.

Seleccionar y organizar datos

Algunos problemas dan más información de la que necesita para resolver un problema. El primer paso es organizar la información y, después, identificar cuáles son los datos que necesita.

Las tablas y los cuadros contienen muchos datos organizados en columnas e hileras. Para encontrar los datos que necesita, ponga mucha atención a los membretes, títulos y encabezados. No permita que lo distraiga la información que no sea necesaria para resolver el problema.

Ejemplo 1   La Biblioteca Pública de San Juan mantuvo el siguiente registro de circulación de libros de enero a abril.

enero	febrero	marzo	abril
10,356	7,542	7,625	9,436

¿Cuántos libros más que en febrero se prestaron en abril?

(1)   83
(2)   820
(3)   1,811
(4)   1,894
(5)   16,978

Sugerencia

No use todos los números en un problema por el simple hecho de que están ahí. Siempre reflexione sobre qué es lo que se le pide que calcule y, luego, use sólo las cantidades que le sean útiles.

La pregunta pide que calcule la diferencia entre febrero y abril, por lo que sólo necesitará los números de esos dos meses para resolver el problema. Reste para calcular la diferencia: $9,436 - 7,542 = 1,894$. La respuesta correcta es la **opción (4) 1,894.**

Algunos problemas no proporcionan toda la información que necesita. Lea el problema detenidamente. ¿Cuáles son los datos necesarios para responder la pregunta?

Estrategia de GED • Usar formatos especiales

Escribir respuestas en una cuadrícula estándar

Uno de los formatos especiales que se usan en la Prueba de Matemáticas de GED es la cuadrícula estándar, como la que se ilustra abajo. Para las preguntas de este tipo, en lugar de elegir su respuesta de una lista de cinco opciones, deberá marcarla rellenando las burbujas de la cuadrícula.

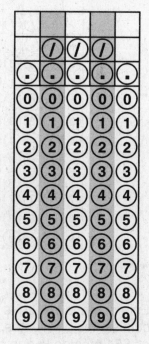

Al usar la cuadrícula estándar, debe tener en mente los siguientes puntos:

- La cuadrícula se usa para marcar un solo resultado numérico.

- La hilera superior está en blanco y sirve para que usted escriba en ella su respuesta. Aunque puede dejar esta hilera en blanco si así lo desea, le ayudará escribir en ella su respuesta a modo de guía para marcar los círculos numerados correspondientes en las hileras inferiores.

- Puede empezar a escribir su respuesta en cualquiera de las cinco columnas siempre y cuando esté completa.

- Deje en blanco cualquier columna que no use.

- Para las respuestas expresadas en números enteros, no use la segunda hilera con la barra de división, $(/)$, ni la tercera hilera con el punto decimal, $(\cdot)$.

Ejemplo   Marcos manejó 157 millas el sábado y 189 millas el domingo. ¿Cuántas millas manejó en total los dos días?

El número total de millas para los dos días es igual a $157 + 189 = 346$.

Primero, escriba el resultado, 346, en la hilera superior que está en blanco. Luego, rellene los círculos numerados correspondientes en la siguiente cuadrícula estándar. Observe que, como su respuesta puede empezar a registrar en cualquiera de las cinco columnas, las tres cuadrículas siguientes están marcadas correctamente.

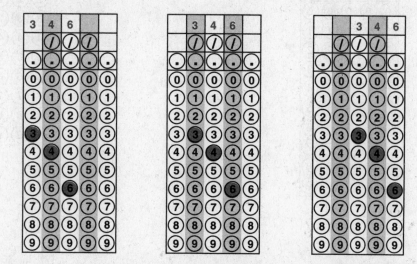

Práctica de GED

Instrucciones: Resuelva los siguientes problemas y marque sus respuestas en las cuadrículas correspondientes.

1. El salario semanal bruto de Susana es de $615. Si le descuentan $172 por concepto de impuestos y $35 por otras deducciones, ¿cuál es el salario neto semanal de Susana?

2. Alberto compra una computadora y la paga a plazos de 24 mensualidades iguales. Si cada mensualidad es de $78, ¿cuánto pagará Alberto en total por la computadora?

3. Seis hermanas envían a su familia un total de $720 al mes. Si las hermanas hacen esta aportación por partes iguales, ¿cuánto aporta cada una de ellas?

4. Esta semana, Lourdes ganó $620 en comisiones por ventas. Si esta cantidad es $54 más de lo que ganó la semana pasada, ¿cuánto ganó en comisiones la semana pasada?

Las respuestas comienzan en la página 832.

Resolver problemas en varios pasos

Orden de las operaciones

Los problemas en varios pasos son aquéllos que requieren más de un cálculo. A menudo es necesario realizar más de una operación. Lea el problema con atención, reflexione sobre la situación planteada y realice las operaciones en orden para obtener el resultado correcto. Algunas preguntas de la Prueba de Matemáticas de GED piden que elija el método correcto para resolver un problema; otras, le piden que calcule la respuesta. En ambos casos, necesita saber cómo escribir y evaluar expresiones matemáticas que contienen más de una operación.

El orden en el que realiza las operaciones en un problema en varios pasos puede afectar su resultado. Considere el problema $6 + 3 \times 5$. Este problema incluye tanto multiplicación como suma. Puede resolverse de dos maneras diferentes y ambas dan resultados distintos, pero sólo uno de ellos es el correcto. ¿Sabe cuál?

Opción 1   Primero multiplique (3×5) y, luego, sume: $6 + 15 = 21$
Opción 2   Primero sume ($6 + 3$) y, luego, multiplique: $9 \times 5 = 45$

La respuesta correcta podría ser 21 ó 45, dependiendo del orden en que haya realizado las operaciones. Los matemáticos han establecido un orden de las operaciones. Al seguir el orden de las operaciones, todos pueden obtener el mismo resultado para un problema. Según el orden de las operaciones, la respuesta correcta al problema anterior es **21.**

Paso 1   Haga las operaciones que están entre paréntesis.
Paso 2   Haga las multiplicaciones y divisiones de izquierda a derecha.
Paso 3   Haga las sumas y restas de izquierda a derecha.

Ejemplo 1 $7 \times 4 + 15 \div 3 - 12 \times 2 = ?$

Paso 1   Si no hay paréntesis, continúe al siguiente paso.
Paso 2   Multiplique y divida:
$$7 \times 4 + 15 \div 3 - 12 \times 2 = ?$$
$$28 + 5 - 24 = ?$$
Paso 3   Sume y reste:
$$33 - 24 = 9$$

La solución correcta es **9.**

Los paréntesis se usan para alterar el orden de las operaciones. Siempre realice primero las operaciones que están entre paréntesis.

Ejemplo 2 $(12 + 8) \div 4 - 2 = ?$
Si no hubiera paréntesis, tendría que empezar por dividir 8 entre 4, pero el paréntesis indica que debe sumar primero.

Paso 1   Haga la operación que está entre paréntesis: $(12 + 8) \div 4 - 2 = ?$
Paso 2   Divida: $20 \div 4 - 2 = ?$
Paso 3   Reste: $5 - 2 = 3$

La solución correcta es **3.**

Sugerencia

Agrupe números que dan como resultado 10 o múltiplos de 10.

Existen otras propiedades de los números que ayudan a resolver problemas. La propiedad conmutativa se aplica tanto a la suma como a la multiplicación. Esta propiedad establece que la suma y la multiplicación de números pueden realizarse en cualquier orden sin que esto altere el resultado.

Ejemplos

$$a + b = b + a \qquad a \times b = b \times a$$
$$7 + 5 = 5 + 7 \qquad 6 \times 3 = 3 \times 6$$

La propiedad asociativa también se aplica a la suma y a la multiplicación. Al sumar o multiplicar tres o más cifras, la forma en que las agrupe no afectará el resultado final.

Ejemplos

$$(a + b) + c = a + (b + c) \qquad (a \times b) \times c = a \times (b \times c)$$
$$(15 + 2) + 8 = 15 + (2 + 8) \qquad (18 \times 5) \times 20 = 18 \times (5 \times 20)$$

Resolver problemas en varios pasos

Sugerencia

Los problemas en varios pasos contienen información adicional. Identifique el problema que le piden resolver. Luego, concéntrese sólo en los datos que le ayudarán a calcular la respuesta.

Para resolver un problema en varios pasos es necesario realizar más de una operación. La clave para resolver problemas en varios pasos es reflexionar sobre la situación planteada e identificar los datos, los pasos y las operaciones necesarios *antes* de resolver el problema.

Los siguientes ejemplos se basan en la información de este cuadro.

Empleado	Salario por hora	Horas trabajadas L M M J V
D. González	$8	8 7 8 8 6
S. Barrios	$9	7 5 6 5 5

Ejemplo 1 ¿Cuánto ganó Diego González en la semana?

(1) $259
(2) $296
(3) $320
(4) $333
(5) No se cuenta con suficiente información.

Este problema debe resolverse en dos pasos. Determine cuántas horas trabajó Diego y, luego, multiplique esa cantidad de horas por el salario por hora.

Paso 1 Sume las horas trabajadas cada día: $8 + 7 + 8 + 8 + 6 = 37$
Paso 2 Multiplique por el salario por hora de $8: $37 \times \$8 = \$296$

La respuesta correcta es la **opción (2) $296.**

Un mismo problema puede resolverse de diferentes maneras. En el ejemplo 1, podría calcular el salario diario (horas trabajadas por día × salario por hora) y, luego, sumar los salarios diarios para calcular el salario semanal.

Ejemplo 2   Sara Barrios se propuso ganar $342 por semana. ¿Cuántas horas más habría tenido que trabajar esta semana para lograr su meta?

(1) 10
(2) 28
(3) 38
(4) 90
(5) 252

Compare las horas que Sara tiene que trabajar para ganar $342 con la cantidad de horas que trabajó durante la semana ilustrada en la tabla.

Paso 1   Sara gana $9 por hora. Divida para calcular cuántas horas tiene que trabajar para ganar $342. $342 \div 9 = 38$

Paso 2   Sume para calcular las horas que trabajó durante la semana ilustrada en la tabla. $7 + 5 + 6 + 5 + 5 = 28$

Paso 3   Compare por medio de una resta. $38 - 28 = 10$

La respuesta correcta es la **opción (1) 10.**

Práctica de GED

Instrucciones: Elija la respuesta que mejor responda a cada pregunta.

1. Transportes de Occidente ofreció un banquete de entrega de premios para sus 65 empleados. La empresa pagó $350 por la renta del salón de banquetes y $9 por la comida de cada persona. ¿Cuál expresión muestra cuánto pagó la empresa por el salón y la comida?

   (1) $65 \times \$350$

   (2) $65 \times \$9$

   (3) $(\$350 + \$9)65$

   (4) $(65 \times \$9) + \$350$

   (5) $\frac{(\$350 + \$9)}{65}$

2. David puede manejar 300 millas con 1 tanque de gasolina. ¿Cuál expresión muestra cuántos tanques de gasolina necesita David para manejar 1,200 millas?

   (1) $300 + 1200$

   (2) $1200 - 300$

   (3) 300×1200

   (4) $\frac{300}{1200}$

   (5) $\frac{1200}{300}$

3. Un estacionamiento público tiene lugares para 70 autos y cobra a los usuarios $6 dólares al día por estacionar su auto. Si todos los lugares están ocupados, ¿cuál expresión muestra cuánto más ganaría el propietario del estacionamiento si cobrara $8 al día?

   (1) $70 + \$8 + \$6$

   (2) $70 \times \$8 \times \$6$

   (3) $70(\$8 - \$6)$

   (4) $70(\$6 + \$8)$

   (5) $\frac{(70 \times \$6)}{(70 \times \$8)}$

4. Arturo tenía $150 para comprar sus libros de universidad. Compró 2 libros de texto que costaron $35 cada uno y 3 libros de texto de $18 cada uno. ¿Cuál expresión muestra cuánto dinero le sobró después de comprar los libros?

   (1) $\$150 - (2 \times \$35) + (3 \times \$18)$

   (2) $\$150 - (2 \times \$35) - (3 \times \$18)$

   (3) $(2 \times \$35) - (3 \times \$18)$

   (4) $\$150 - \$35 - \$18$

   (5) $\$150 \times \$35 \times \$18$

Las respuestas comienzan en la página 833.

Orden de las operaciones

El orden de las operaciones también se aplica al usar una calculadora.

Paso 1   Haga las operaciones que están entre paréntesis.
Paso 2   Haga las multiplicaciones y divisiones de izquierda a derecha.
Paso 3   Haga las sumas y restas de izquierda a derecha.

Siempre revise si la calculadora que está usando está programada con el orden de operaciones. Para hacerlo, haga la siguiente prueba. Marque la siguiente expresión:

$$3 \quad + \quad 4 \quad \times \quad 2 \quad =$$

Si su calculadora está programada con el orden de las operaciones, primero multiplicará ($4 \times 2 = 8$) y, luego, sumará ($3 + 8$). La respuesta correcta es **11.**

Si su calculadora no está programada con el orden de las operaciones, las hará en el mismo orden en que usted marcó las cifras y dará como respuesta $3 + 4 = 7$ primero y $7 \times 2 = 14$ después. Si su calculadora no realiza operaciones en orden, deberá prestar especial atención al usarla para resolver problemas.

Ejemplo 1   Constanza, una auxiliar administrativa, va a comprar 3 cartuchos para impresora que cuestan $24 cada uno. Si paga al cajero con un billete de $100, ¿cuánto le dará el cajero de cambio?

Para resolver este problema, podría marcar la siguiente expresión en su calculadora:

$$100 \quad - \quad 3 \quad \times \quad 24 \quad =$$

No olvide tener mucho cuidado al usar una calculadora que no esté programada con el orden de las operaciones, ya que le daría una respuesta equivocada de 2328.

Para obtener la respuesta correcta con esta calculadora, siga el orden de las operaciones marcando primero la multiplicación: $3 \times 24 = 72$. Luego, reste el resultado de 100: $100 - 72 = 28$. La respuesta correcta es **$28.**

Ejemplo 2   Antonio tiene ahorrados $272. Si ahorra $2 diarios durante 1 año, ¿cuánto habrá ahorrado en total?

Primero, considere que 1 año tiene 365 días. Resuelva el problema sumando la cantidad que tiene Antonio ahora más la que va a ahorrar. Asegúrese de hacer primero la multiplicación.

$$2 \quad \times \quad 365 \quad + \quad 272 \quad =$$

La respuesta final es **$1,002.**

Sugerencia

La calculadora que usará en la Prueba de Matemáticas de GED está programada con el orden de las operaciones.

Práctica de GED

 Instrucciones: Elija la respuesta que mejor responda a cada pregunta. PUEDE usar la calculadora.

Las preguntas 1 y 2 se refieren a la siguiente información:

Los inquilinos de dos edificios de apartamentos decidieron contratar un servicio privado de recolección de basura para los edificios. El costo total del servicio por año será de $3,096. Uno de los edificios tiene 18 apartamentos y el otro 25.

1. ¿Cuál combinación de operaciones necesitaría para calcular cuánto tendrá que pagar cada apartamento al año por este servicio si cada uno paga una misma cantidad del costo?

   (1) suma y multiplicación
   (2) suma y división
   (3) resta y división
   (4) multiplicación y resta
   (5) multiplicación y división

2. ¿Cuánto es lo que pagará cada apartamento del costo total por año?

   (1) $ 7
   (2) $ 43
   (3) $ 72
   (4) $124
   (5) $172

---

3. ¿Cuál es el valor de la expresión 2,184 + 1,476 × 408?

   (1)   498,982
   (2)   499,982
   (3)   598,093
   (4)   604,392
   (5) 1,493,280

Las preguntas 5 y 6 se refieren a la siguiente tabla:

Compra de acciones	
Compañía	Precio por acción
Ampex	$58
Branton	$87
Comtex	$92

4. Maricela se dedica a hacer inversiones para sus clientes. Si compró 112 acciones de Ampex y 89 acciones de Comtex, ¿cuál fue el costo total de las acciones?

   (1) $ 201
   (2) $ 351
   (3) $ 6,496
   (4) $ 8,188
   (5) $14,684

5. Maricela también compró 68 acciones de Branton para otro cliente. Si ese cliente tenía $6,000 para invertir, ¿cuánto dinero le queda todavía por invertir?

   (1) $ 84
   (2) $ 155
   (3) $ 5,845
   (4) $ 5,916
   (5) $516,084

6. El mes pasado, Computadoras Delta registró $685,170 en ventas netas de computadoras portátiles. Si cada computadora portátil costó $1,986, ¿cuántas se vendieron?

   (1) 694,700
   (2)   3,500
   (3)   3,450
   (4)   345
   (5)   35

7. Atlas Corporación dio a sus 1,216 empleados un bono de fin de año de $760. ¿Cuál fue el total de los bonos de fin de año?

   (1) $924,160
   (2) $ 92,416
   (3) $ 9,242
   (4) $ 9,241
   (5) No se da suficiente información.

8. ¿Cuál es el valor de 50 + 15,000 ÷ 25?

   (1) 650
   (2) 602
   (3) 250
   (4) 200
   (5) 25

9. El año pasado, una librería vendió 569,346 novelas; 234,908 biografías; y 389,782 libros sobre viajes. ¿Cuál fue el número total de libros vendidos en estas tres categorías?

   (1) 11,940,360
   (2) 1,194,036
   (3)   119,404
   (4)   11,940
   (5) No se cuenta con suficiente información.

10. ¿Cuál es el valor de 40(50 − 5 × 2)?

    (1)   40
    (2) 800
    (3) 1600
    (4) 3600
    (5) 3990

11. En unas elecciones recientes, el candidato electo recibió 290,876 votos más que su oponente. Si el vencedor tuvo 3,898,705 votos a favor, ¿cuántos votos a favor recibió su oponente?

    (1) 4,189,581
    (2) 4,089,581
    (3) 3,707,829
    (4) 3,608,829
    (5) 3,607,829

Las respuestas comienzan en la página 833.

Introducción a las fracciones

Generalidades acerca de las fracciones

Lección

5

Para contar usamos los números enteros. Para representar una parte de algo usamos fracciones. Las fracciones representan parte de un todo o de un grupo.

Las fracciones están formadas por dos números separados por una barra de división. El número de abajo, o denominador, indica el número de partes iguales entre las cuales se ha dividido un todo o un grupo. El número de arriba, o numerador, indica el número de partes iguales que se han tomado del todo o grupo en cuestión. Al numerador y denominador se les conoce como los términos de la fracción.

Para representar la parte de un todo mediante una fracción, imagine que ese todo está dividido en partes iguales. Por ejemplo, el rectángulo siguiente está dividido en 6 partes o en sextos. El rectángulo completo representa $\frac{6}{6}$ ó 1 entero. Toda fracción cuyo numerador y denominador sean iguales es igual a 1.

5 de las 6 partes del rectángulo están sombreadas. La fracción $\frac{5}{6}$ representa la parte sombreada.

$\frac{5}{6}$ ← número de partes sombreadas (numerador)

← número de partes iguales en el entero (denominador)

Una fracción también puede usarse para representar parte de un grupo.

Sugerencia

Cuando el numerador de una fracción tiene casi el mismo valor que el denominador, el valor de la fracción es casi 1.

Ejemplo Nicolás recibió 18 pedidos el miércoles. De esos pedidos, 11 fueron telefónicos. ¿Qué fracción de los pedidos se hizo por teléfono?

$\frac{11}{18}$ ← número de pedidos telefónicos

← número de pedidos recibidos el miércoles

$\frac{11}{18}$ de los pedidos que se recibieron el miércoles fueron telefónicos.

Las fracciones $\frac{5}{6}$ y $\frac{11}{18}$ son ejemplos de fracciones propias. Una fracción propia es aquélla que representa una cantidad menor que 1. El numerador de una fracción propia siempre es menor que el denominador.

Una fracción impropia sirve para representar una cantidad igual a o mayor que 1. El numerador de una fracción impropia es igual a o mayor que el denominador.

La figura está dividida en tres partes iguales y las tres están sombreadas. La fracción $\frac{3}{3}$ representa las partes sombreadas. $\frac{3}{3}$ es una fracción impropia, ya que es igual a 1 entero.

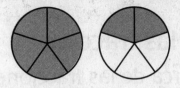

Cada círculo está dividido en 5 partes iguales, 7 de las cuales están sombreadas. La fracción $\frac{7}{5}$ representa la parte sombreada. $\frac{7}{5}$ es una fracción impropia, ya que el numerador es mayor que el denominador. $\frac{7}{5}$ es mayor que 1.

Convertir fracciones impropias y números mixtos

Un número mixto es otra manera de representar una fracción mayor que 1. Un número mixto está formado por un número entero y una fracción propia.

Ejemplo 1   Escriba un número mixto que represente la parte sombreada.

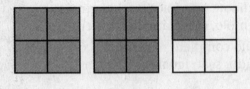

En esta ilustración, cada cuadrado está dividido en 4 partes iguales. Dos de los cuadrados están completamente sombreados y $\frac{1}{4}$ del último cuadrado está sombreado. La parte sombreada es igual a $\mathbf{2\frac{1}{4}}$. El número mixto $2\frac{1}{4}$ significa "dos y un cuarto" ó $2 + \frac{1}{4}$.

Como puede observar, la parte sombreada de la figura anterior es igual a la fracción impropia $\frac{9}{4}$. Entonces, se puede concluir que $\frac{9}{4} = 2\frac{1}{4}$. Toda cantidad igual a o mayor que 1 puede expresarse tanto como una fracción impropia o como un número mixto. Al hacer operaciones con fracciones, deberá saber cómo convertir una fracción impropia a número mixto y viceversa.

Siga estos pasos para convertir una fracción impropia a número mixto o a número entero.

Paso 1   Piense en la barra de fracción como si fuera un signo de división. Divida el numerador de la fracción impropia entre su denominador. El número entero que obtenga como resultado pasará a ser el número entero del número mixto.

Paso 2   Escriba el residuo sobre el denominador original. Ésta será la fracción del número mixto.

Ejemplo 2   Convierta $\frac{14}{3}$ en un número mixto.

Paso 1 $\frac{14}{3}$ es lo mismo que $14 \div 3$. Divida. El número entero es 4.

Paso 2   Escriba el residuo en el lugar del numerador sobre el divisor, es decir, el denominador: 2 sobre 3.

$$\begin{array}{r} \mathbf{4} \leftarrow \text{número} \\ \text{denominador} \rightarrow 3\overline{)14} \quad \text{entero} \\ \underline{12} \\ \mathbf{2} \leftarrow \text{numerador} \end{array}$$

La fracción impropia $\frac{14}{13}$ es igual a $\mathbf{4\frac{2}{3}}$.

Un número mixto también puede convertirse en fracción impropia.

Paso 1 Multiplique el número entero del número mixto por el denominador de la fracción.

Paso 2 Sume al resultado el numerador de la parte fraccionaria.

Paso 3 Escriba el total sobre el denominador original.

Ejemplo 3 Convierta $2\frac{3}{8}$ en fracción impropia.

número entero   denominador

Paso 1 Multiplique 2 por 8. $2 \times 8 = 16$

Paso 2 Sume al resultado el numerador 3. $16 + 3 = 19$

Paso 3 Escriba el total sobre el denominador 8. $\frac{19}{8}$

El número mixto $2\frac{3}{8}$ es igual a $\frac{19}{8}$.

Sugerencia

Recuerde que el denominador indica cuántas partes hay en cada número entero. La fracción $\frac{3}{4}$ significa que hay 3 de 4 partes.

Seleccionar la operación

Los problemas con fracciones pueden también expresarse como problemas verbales. Como siempre, lea el problema con atención antes de seleccionar qué operación debe usar. Identifique qué es lo que quiere calcular. A continuación, se muestra una versión más amplia de la tabla de operaciones que usó con los números enteros. Repase estas pautas para seleccionar una operación.

Debe	Cuando necesite
Sumar (+)	Combinar cantidades Calcular un total
Restar (−)	Calcular una diferencia Restar una cantidad Comparar para calcular "cuánto más", "cuánto menos" o "cuánto queda"
Multiplicar (×)	Unir un número de cantidades iguales para calcular un total Sumar el mismo número varias veces Calcular una "parte de" un todo o de un grupo
Dividir (÷)	Separar una cantidad en partes iguales Calcular cuántas partes iguales hay en un todo

Ejemplo 1 Un empleado de una cafetería mezcló $10\frac{3}{8}$ libras de café de alta calidad con $6\frac{3}{4}$ libras de café de grano regular. ¿Cuántas libras más de café de alta calidad que de grano regular usó el empleado?

(1) $10\frac{3}{8} + 6\frac{3}{4}$

(2) $10\frac{3}{8} - 6\frac{3}{4}$

(3) $6\frac{3}{4} \times 10\frac{3}{8}$

(4) $10\frac{3}{8} \div 6\frac{3}{4}$

(5) $6\frac{3}{4} - 10\frac{3}{8}$

La respuesta correcta es la **opción (2).** Necesita restar para calcular "cuánto más".

Ejemplo 2   De los 128 empleados que trabajan para Eduardo, $\frac{3}{8}$ se ofrecieron como voluntarios para trabajar el sábado. ¿Cuántos empleados trabajaron como voluntarios el sábado?

(1) $\frac{3}{8} + 128$

(2) $128 - \frac{3}{8}$

(3) $128 \times \frac{3}{8}$

(4) $128 \div \frac{3}{8}$

(5) $\frac{3}{8} \div 128$

La respuesta correcta es la **opción (3)**. Necesita calcular una "parte de" un grupo.

Práctica de GED

Instrucciones: Elija la respuesta que mejor responda a cada pregunta.

1. En una receta se necesitan $5\frac{3}{4}$ de tazas de harina. A Boris sólo le quedan $2\frac{3}{8}$ de tazas en el paquete. ¿Cuánto más necesita?

   (1) $5\frac{3}{4} + 2\frac{3}{8}$

   (2) $5\frac{3}{4} - 2\frac{3}{8}$

   (3) $2\frac{3}{8} \times 5\frac{3}{4}$

   (4) $5\frac{3}{4} \div 2\frac{3}{8}$

   (5) $2\frac{3}{8} \div 5\frac{3}{4}$

La pregunta 2 se refiere al siguiente diagrama:

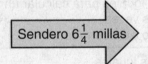

Sendero $6\frac{1}{4}$ millas

2. Esteban recorre el sendero que indica el letrero anterior. Si se tarda un promedio de una hora en recorrer $2\frac{1}{2}$ millas, ¿cuántas horas se tardará en llegar al final del sendero?

   (1) $6\frac{1}{4} + 2\frac{1}{2}$

   (2) $6\frac{1}{4} - 2\frac{1}{2}$

   (3) $2\frac{1}{2} \times 6\frac{1}{4}$

   (4) $6\frac{1}{4} \div 2\frac{1}{2}$

   (5) $2\frac{1}{2} \div 6\frac{1}{4}$

3. Un restaurante hizo un pedido de $15\frac{3}{4}$ libras de almendras. El proveedor de frutos secos únicamente surtió $\frac{1}{2}$ del pedido. ¿Cuántas libras de almendras surtió el proveedor?

   (1) $\frac{1}{2} + 15\frac{3}{4}$

   (2) $15\frac{3}{4} - \frac{1}{2}$

   (3) $15\frac{3}{4} \times \frac{1}{2}$

   (4) $15\frac{3}{4} \div \frac{1}{2}$

   (5) $\frac{1}{2} \div 15\frac{3}{4}$

4. Las clases de conducir que da Claudia duran $\frac{3}{4}$ de hora. ¿Cuántas clases puede dar Claudia en $4\frac{1}{2}$ horas?

   (1) $4\frac{1}{2} + \frac{3}{4}$

   (2) $4\frac{1}{2} - \frac{3}{4}$

   (3) $\frac{3}{4} \times 4\frac{1}{2}$

   (4) $4\frac{1}{2} \div \frac{3}{4}$

   (5) $\frac{3}{4} \div 4\frac{1}{2}$

Las respuestas comienzan en la página 833.

Fracciones, razones y proporciones

Fracciones equivalentes

Lección 6

Usted sabe por experiencia que dos fracciones diferentes pueden tener el mismo valor.

- Puesto que en un dólar hay 100 centavos, 25 centavos equivale a $\frac{25}{100}$ de un dólar. Esta cantidad también equivale a $\frac{1}{4}$ de dólar.

- En una taza para medir, $\frac{1}{2}$ taza es la misma cantidad que $\frac{2}{4}$ de taza.

- En un odómetro, $\frac{5}{10}$ de milla es lo mismo que $\frac{1}{2}$ milla.

- De una docena de donas, seis donas equivalen a $\frac{6}{12}$, o a $\frac{1}{2}$ docena.

Las fracciones que tienen el mismo valor reciben el nombre de fracciones equivalentes o iguales. Puede comprobar si dos fracciones son equivalentes, calculando el producto vectorial.

Ejemplo ¿Son equivalentes las fracciones $\frac{4}{8}$ y $\frac{3}{6}$?

Multiplique en diagonal como lo ilustran las flechas en el ejemplo. Si los productos vectoriales son iguales, entonces las fracciones son equivalentes.

$$\frac{4}{8} \diagdown \frac{3}{6} \qquad 4 \times 6 = 24$$
$$8 \times 3 = 24$$

Como los productos vectoriales son iguales, entonces $\frac{4}{8} = \frac{3}{6}$.

Simplificar fracciones

Simplificar una fracción significa encontrar una fracción equivalente con un numerador y un denominador menor. Una fracción se simplifica a sus términos mínimos cuando no hay ningún otro número, aparte del 1, que divida exactamente al numerador y al denominador.

Para simplificar una fracción, divida tanto el numerador como el denominador entre un mismo número y escriba la fracción resultante.

Ejemplo 1 En una hora, 10 clientes pasaron por el puesto de periódicos del Sr. Sánchez, 6 de los cuales compraron una revista. ¿Qué fracción de los clientes compró una revista?

Escriba una fracción: $\frac{6}{10}$ y, luego, simplifíquela a sus términos mínimos dividiendo tanto el numerador como el denominador entre 2.

$$\frac{6}{10} = \frac{6 \div 2}{10 \div 2} = \frac{3}{5} \qquad \mathbf{\frac{3}{5}} \text{ de los clientes compraron una revista.}$$

> **Sugerencia**
>
> Si los dos números de una fracción son números pares, siempre podrá dividir la fracción entre 2.

Para simplificar una fracción a sus términos mínimos, es posible que tenga que dividirla más de una vez. Recuerde que debe seguir dividiendo hasta que no haya otro número, aparte del 1, que divida exactamente al numerador y al denominador.

Ejemplo 2 Escriba $\frac{24}{30}$ en sus términos mínimos.

Paso 1 Primero, divida el numerador y el denominador entre 3. Sin embargo, la fracción $\frac{8}{10}$ todavía no está en términos mínimos.

$$\frac{24}{30} = \frac{24 \div 3}{30 \div 3} = \frac{8}{10}$$

Paso 2 Divida el numerador y el denominador entre 2. La fracción $\frac{4}{5}$ está en términos mínimos.

$$\frac{8}{10} = \frac{8 \div 2}{10 \div 2} = \frac{4}{5}$$

Nota: Si nota que el número 6 puede dividir exactamente tanto a 24 como a 30, podría simplificar la fracción a sus términos mínimos en un solo paso.

A. Simplifique cada fracción a sus términos mínimos.

1. $\frac{2}{4} =$ 　　　　4. $\frac{6}{8} =$ 　　　　7. $\frac{5}{20} =$ 　　　　10. $\frac{12}{30} =$

2. $\frac{6}{9} =$ 　　　　5. $\frac{6}{15} =$ 　　　　8. $\frac{12}{48} =$ 　　　　11. $\frac{7}{42} =$

3. $\frac{10}{25} =$ 　　　　6. $\frac{18}{27} =$ 　　　　9. $\frac{16}{20} =$ 　　　　12. $\frac{24}{36} =$

B. Encierre en un círculo las dos fracciones equivalentes. Puede serle útil simplificar todas las fracciones a sus términos mínimos.

13. $\frac{4}{6}$ 　 $\frac{8}{12}$ 　 $\frac{6}{10}$ 　 $\frac{2}{4}$ 　 $\frac{10}{12}$ 　　　　15. $\frac{3}{12}$ 　 $\frac{8}{16}$ 　 $\frac{2}{8}$ 　 $\frac{4}{20}$ 　 $\frac{2}{6}$

14. $\frac{8}{16}$ 　 $\frac{2}{3}$ 　 $\frac{5}{12}$ 　 $\frac{3}{6}$ 　 $\frac{3}{4}$ 　　　　16. $\frac{5}{8}$ 　 $\frac{6}{8}$ 　 $\frac{6}{10}$ 　 $\frac{4}{16}$ 　 $\frac{3}{5}$

C. Resuelva y exprese el resultado en sus términos mínimos.

17. Efraín trabajó 8 horas el lunes. Si trabajó un total de 40 horas durante la semana, ¿qué fracción del total de horas trabajó el lunes?

18. Pinturas Robles anunció en el periódico una oferta en su tienda. El viernes, 50 clientes estuvieron en la tienda, de los cuales 15 vieron el anuncio en el periódico. ¿Qué fracción de los clientes del viernes vio el anuncio?

19. Manufacturas La Corona ensambló 1000 productos el día de hoy, de los cuales 50 salieron defectuosos. ¿Qué fracción de los productos ensamblados salió defectuosa?

20. Juana retiró $40 de su cuenta de ahorros y gastó $24 en la farmacia. ¿Qué fracción del retiro gastó Juana en la farmacia?

Las respuestas comienzan en la página 834.

Amplificar fracciones

A veces, es necesario encontrar una fracción equivalente expresada con números mayores. Para amplificar una fracción, multiplique tanto el numerador como el denominador por un mismo número (que no sea 0).

$\frac{5}{8}$ y $\frac{20}{32}$ son fracciones equivalentes porque $\frac{5 \times 4}{8 \times 4} = \frac{20}{32}$.

Muchas veces, tendrá que encontrar una fracción equivalente con un determinado denominador. Para hacerlo, pregúntese: "¿Qué número multiplicado por el denominador original dará como resultado el nuevo denominador?" Luego, multiplique el numerador original por ese mismo número.

Ejemplo $\frac{3}{4} = \frac{?}{24}$

Puesto que $4 \times 6 = 24$, multiplique el numerador, 3 por 6. $\frac{3 \times 6}{4 \times 6} = \frac{18}{24}$

Las fracciones $\frac{3}{4}$ y $\frac{18}{24}$ **son fracciones equivalentes.**

Comparar fracciones

Cuando dos fracciones tienen el mismo denominador, se dice que tienen un denominador común y nos referimos a ellas como fracciones homogéneas. Al comparar fracciones homogéneas, la fracción que tiene el mayor numerador es la mayor.

Ejemplo 1   ¿Cuál fracción es mayor: $\frac{3}{5}$ ó $\frac{4}{5}$?

Las fracciones $\frac{3}{5}$ y $\frac{4}{5}$ son fracciones homogéneas porque tienen un denominador común, 5. Compare los numeradores.

Puesto que 4 es mayor que 3, entonces $\frac{4}{5}$ **es mayor que** $\frac{3}{5}$.

Las fracciones que tienen denominadores diferentes reciben el nombre de fracciones heterogéneas. Para comparar este tipo de fracciones, debe convertirlas en fracciones con un denominador común.

El denominador común siempre será un múltiplo de los dos denominadores originales. Los múltiplos de un número, se encuentran en la tabla de multiplicar de ese número. Por ejemplo, los múltiplos de 3 son 3, 6, 9, 12, 15, 18, etc.

También puede encontrar un denominador común haciendo cálculos mentales. O bien, puede usar los métodos siguientes:

1. Observe si el denominador mayor puede usarse como denominador común. En otras palabras, si el denominador menor divide exactamente al denominador mayor, entonces podrá usar el denominador mayor como denominador común.

2. Repase los múltiplos del denominador mayor. El primero que pueda ser dividido exactamente por el denominador menor será el mínimo común denominador.

Ejemplo 2   ¿Cuál es mayor: $\frac{5}{6}$ ó $\frac{3}{4}$?

Repase los múltiplos del denominador mayor: 6, 12, 18, 24, 30 . . .
Como 12 puede ser dividido exactamente entre 4 y 6, 12 es el mínimo común denominador.

Convierta las fracciones en fracciones equivalentes con denominador 12: $\frac{5 \times 2}{6 \times 2} = \frac{10}{12}$ $\frac{3 \times 3}{4 \times 3} = \frac{9}{12}$

Compare las fracciones homogéneas. Como $\frac{10}{12} > \frac{9}{12}$, entonces la fracción $\frac{5}{6} > \frac{3}{4}$.

A. Calcule una fracción equivalente con el denominador dado.

1. $\frac{2}{3} = \frac{?}{12}$ 4. $\frac{5}{8} = \frac{?}{32}$ 7. $\frac{3}{4} = \frac{?}{36}$

2. $\frac{2}{7} = \frac{?}{21}$ 5. $\frac{7}{9} = \frac{?}{63}$ 8. $\frac{4}{9} = \frac{?}{81}$

3. $\frac{4}{5} = \frac{?}{25}$ 6. $\frac{3}{10} = \frac{?}{120}$ 9. $\frac{9}{50} = \frac{?}{150}$

B. Compare las fracciones y escriba los signos >, < ó = entre ellas.

10. $\frac{1}{3}$ $\frac{1}{4}$ 13. $\frac{2}{3}$ $\frac{1}{2}$ 16. $\frac{7}{10}$ $\frac{2}{3}$

11. $\frac{3}{4}$ $\frac{7}{8}$ 14. $\frac{5}{6}$ $\frac{15}{18}$ 17. $\frac{7}{15}$ $\frac{2}{5}$

12. $\frac{3}{9}$ $\frac{1}{3}$ 15. $\frac{9}{12}$ $\frac{3}{4}$ 18. $\frac{9}{10}$ $\frac{3}{4}$

Operaciones con razones

Una razón es una comparación entre dos cantidades. Para expresar una razón se usan la frase *es a*, el signo de dos puntos (:) o se escribe en forma de fracción. Siempre escriba los términos de una razón en el mismo orden en que se comparan dentro del problema.

Ejemplo 1   Un pintor mezcla 4 cuartillos de pintura blanca con 2 cuartillos de pintura azul. ¿Cuál es la razón de pintura blanca a pintura azul?

La razón de pintura blanca a pintura azul puede expresarse como

4 es a 2, 4:2, ó $\frac{4}{2}$.

Al igual que las fracciones, las razones también pueden simplificarse a sus términos mínimos. La razón $\frac{4}{2}$ puede simplificarse a $\frac{2}{1}$, es decir, que por cada 2 cuartillos de pintura blanca hay 1 cuartillo de pintura azul. Las razones se escriben en forma de fracción aun cuando el denominador sea 1.

Las razones tienen mucho en común con las fracciones, pero existe una diferencia importante entre ellas. Una razón puede parecer una fracción impropia, pero no debe convertirse en número entero ni en número mixto, ya que es una comparación entre dos elementos y no solamente una parte de una totalidad.

Muchas veces, las razones expresan tasas. Una razón con denominador 1 recibe el nombre de tasa unitaria. Las tasas unitarias casi siempre se expresan mediante la palabra *por*.

Las respuestas comienzan en la página 834.

Ejemplo 2   Si Bárbara gana $180 en 15 horas, ¿cuánto gana por hora?

Escriba la razón de salario a horas. Luego, divida para calcular la tasa unitaria.

$$\frac{\text{dólares ganados}}{\text{horas}} = \frac{\$180}{15} = \frac{180 \div 15}{15 \div 15} = \frac{\$12}{1 \text{ hr}}$$

Bárbara gana $12 por cada 1 hora de trabajo. En otras palabras, ella gana **$12 por hora.**

Algunos problemas con razones requieren seguir más de un paso. Es posible que no le proporcionen los dos números que necesita para escribir una razón. En ese caso, tendrá que calcular el número que falta.

Ejemplo 3   Almacenes de Descuento Jiménez tiene 25 empleados, de los cuales 15 son mujeres. ¿Cuál es la razón de hombres a mujeres entre los empleados?

Debe escribir una razón que compare el número de hombres con el número de mujeres. Usted conoce el número total de empleados y el número de mujeres empleadas.

Paso 1   Reste para calcular el número de hombres. $25 - 15 = 10$ hombres

Paso 2   Escriba la razón de hombres a mujeres. $\dfrac{\text{hombres}}{\text{mujeres}} = \dfrac{10}{15}$

Paso 3   Simplifique la razón. $\dfrac{10}{15} = \dfrac{10 \div 5}{15 \div 5} = \dfrac{2}{3}$

La razón de hombres a mujeres en Almacenes de Descuento Jiménez es de $\frac{2}{3}$.

Resolver proporciones

Cuando dos razones se escriben en forma de razones iguales, la ecuación recibe el nombre de proporción. Considere el siguiente enunciado:

Ejemplo 1   Si Pablo gana $8 en 1 hora, entonces él ganará $56 en 7 horas.

Con la información dada, puede escribir una proporción. Use los productos vectoriales para comprobar que las razones son iguales.

$$\frac{\text{dólares ganados}}{\text{horas}} \qquad \frac{8}{1} \underset{?}{\times} \frac{56}{7} \qquad \text{productos vectoriales}: \begin{array}{l} 1 \times 56 = 8 \times 7 \\ 56 = 56 \end{array}$$

Como puede observar en el ejemplo anterior, toda proporción está formada por cuatro términos. En un problema con proporciones, se desconoce uno de los cuatro términos. Una proporción puede resolverse aplicando la siguiente regla:

Regla de los productos vectoriales: Para calcular el número que falta en una proporción, calcule el producto vectorial y, luego, divida por el tercer número.

Ejemplo 2   Graciela manejó 165 millas en 3 horas. Si mantiene esa velocidad, ¿cuántas millas manejará en 5 horas?

En este problema, se comparan millas con horas. Plantee dos razones iguales y escriba una x que represente el término que falta.

$$\frac{\text{millas}}{\text{horas}} = \frac{165}{3} = \frac{x}{5}$$

Paso 1   Calcule el producto vectorial. $165 \times 5 = 825$

Paso 2   Divida por 3, el extremo que se conoce. $825 \div 3 = 275$

Graciela manejará **275 millas** en 5 horas.

Los problemas con proporciones pueden resolverse fácilmente con una calculadora. Marque los números y las operaciones en el siguiente orden:

165 ✕ 5 ÷ 3 = 275.

En algunos problemas con proporciones se usan los dos puntos (:) para expresar una razón. Lea el problema detenidamente para entender lo que representan los números en la razón.

Ejemplo 3   En una junta del consejo escolar, la razón de padres a maestros es de 3:2. Si asistieron 72 padres a la junta, ¿cuántos maestros hay?

Paso 1   La razón 3:2 compara padres con maestros. Escriba la segunda razón en ese mismo orden.

$$\frac{\text{parents}}{\text{teachers}} = \frac{3}{2} = \frac{72}{x}$$

Paso 2   Calcule el producto vectorial y, luego, divídalo por el término conocido.

$2 \times 72 = 144$
$144 \div 3 = 48$

En la junta hay **48 maestros.**

A. Calcule el término que falta en cada proporción.

1. $\dfrac{2}{3} = \dfrac{x}{15}$ 5. $\dfrac{15}{24} = \dfrac{5}{x}$ 9. $\dfrac{49}{7} = \dfrac{x}{10}$

2. $\dfrac{28}{12} = \dfrac{14}{x}$ 6. $\dfrac{12}{15} = \dfrac{24}{x}$ 10. $\dfrac{32}{8} = \dfrac{x}{15}$

3. $\dfrac{9}{10} = \dfrac{x}{20}$ 7. $\dfrac{14}{6} = \dfrac{7}{x}$ 11. $\dfrac{18}{6} = \dfrac{3}{x}$

4. $\dfrac{5}{6} = \dfrac{x}{18}$ 8. $\dfrac{115}{30} = \dfrac{x}{6}$ 12. $\dfrac{6}{120} = \dfrac{5}{x}$

B. Para cada situación se ha escrito la primera razón. Escriba la segunda razón para completar la proporción y resuélvala.

13. Una receta para 8 porciones requiere 2 tazas de leche. ¿Cuántas tazas de leche se necesitarían para 36 porciones?

$$\frac{\text{porciones}}{\text{tazas de leche}} \quad \frac{8}{2} = \frac{?}{?}$$

14. Una persona quema aproximadamente 315 calorías en una carrera de 3 millas. ¿Cuántas calorías quemará en una carrera de 10 millas?

$$\frac{\text{calorías}}{\text{millas}} \quad \frac{315}{3} = \frac{?}{?}$$

Las respuestas comienzan en la página 834.

Operaciones con fracciones

Sumar y restar fracciones

Sumar y restar sólo pueden realizarse entre elementos del mismo tipo. Se puede sumar dólares con dólares y pulgadas con pulgadas, pero no dólares con pulgadas. Esto también se aplica a las fracciones. Usted sólo puede sumar o restar fracciones homogéneas, es decir, aquéllas que tienen un denominador común.

Para sumar o restar fracciones homogéneas, sume o reste los numeradores y escriba el resultado sobre el común denominador. De ser necesario, simplifique el resultado a sus términos mínimos. Escriba las fracciones impropias en forma de número entero o mixto.

Ejemplo 1   Sume $\frac{3}{8}$ y $\frac{4}{8}$.

Paso 1   Sume los numeradores.

Paso 2   Escriba el total de los numeradores sobre el común denominador.

$$3 + 4 = 7$$
$$\frac{7}{8}$$

La suma de $\frac{3}{8}$ y $\frac{4}{8}$ es $\mathbf{\frac{7}{8}}$.

Ejemplo 2   Reste $\frac{2}{12}$ de $\frac{11}{12}$.

Paso 1   Recuerde el orden de los números en la resta. La fracción de la cual se resta debe escribirse primero. Después se restan los numeradores.

Paso 2   Simplifique a sus términos mínimos.

$$\frac{11}{12} - \frac{2}{12} = \frac{11 - 2}{12} = \frac{9}{12}$$
$$\frac{9 \div 3}{12 \div 3} = \frac{3}{4}$$

La diferencia de $\frac{11}{12}$ y $\frac{2}{12}$ es $\mathbf{\frac{3}{4}}$.

Las fracciones heterogéneas tienen denominadores diferentes. Siga estos pasos para sumar o restar fracciones heterogéneas.

Paso 1   Calcule el denominador común y convierta una o ambas fracciones en fracciones homogéneas.

Paso 2   Sume o reste las fracciones homogéneas.

Paso 3   Si es necesario, simplifique el resultado. Si el resultado es una fracción impropia, vuelva a escribirlo en forma de número entero o mixto.

Ejemplo 3   Jaime compró $\frac{1}{2}$ libra de chocolate amargo y $\frac{3}{4}$ libra de chocolate blanco. ¿Cuántas libras de chocolate compró?

Paso 1   El mínimo común denominador de estas dos fracciones es 4.
Amplifique $\frac{1}{2}$ para obtener una fracción equivalente con denominador 4.

$$\frac{1}{2} = \frac{1 \times 2}{2 \times 2} = \frac{2}{4}$$

Paso 2   Sume $\frac{2}{4}$ y $\frac{3}{4}$.

$$\frac{2}{4} + \frac{3}{4} = \frac{5}{4}$$

Paso 3   Simplifique la fracción impropia a sus términos mínimos.

$$\frac{5}{4} = 1\frac{1}{4}$$

Jaime compró $\mathbf{1\frac{1}{4}}$ **libras** de chocolate.

Sumar y restar números mixtos

Un número mixto está formado por un número entero y una fracción propia. Para sumar o restar números mixtos, haga las operaciones de cada parte por separado y luego combine los resultados.

Ejemplo 1 Para un trabajo de pintura, Luis dedicó $6\frac{1}{3}$ horas preparando los cuartos para pintarlos y $4\frac{3}{4}$ horas aplicando la pintura y limpiando. ¿Cuántas horas le tomó hacer el trabajo?

Paso 1 Escriba las fracciones con denominadores comunes.

$$6\frac{1}{3} = 6\frac{1 \times 4}{3 \times 4} = 6\frac{4}{12}$$
$$+4\frac{3}{4} = 4\frac{3 \times 3}{4 \times 3} = 4\frac{9}{12}$$

Paso 2 Primero sume las fracciones. Sume los numeradores y coloque el total sobre el denominador común. Luego, sume los números enteros.

$$6\frac{4}{12}$$
$$+4\frac{9}{12}$$
$$\overline{10\frac{13}{12}}$$

Paso 3 Convierta la fracción impropia en número mixto. Súmelo al resultado en números enteros.

$$\frac{13}{12} = 1\frac{1}{12}$$
$$10 + 1\frac{1}{12} = 11\frac{1}{12}$$

A Luis le tomó **$11\frac{1}{12}$** horas hacer el trabajo.

A veces al restar números mixtos, la fracción de la cual está restando es menor que la fracción que desea restar. En este caso, deberá reagrupar, o "tomar prestado", 1 del número entero y volver a escribirlo en forma de fracción. Recuerde que una fracción que tiene el mismo numerador y el mismo denominador es igual a 1.

Ejemplo 2 Una tubería mide $5\frac{1}{8}$ pies de largo. Si cortamos un pedazo de $3\frac{3}{4}$ pies de la tubería, ¿cuál será el largo del pedazo que queda? ¿El pedazo restante alcanzará para cortar otro pedazo que mida $1\frac{1}{8}$ pies de largo?

Paso 1	Paso 2	Paso 3

Paso 1 Escriba las fracciones con denominadores comunes. El mínimo común denominador es 8.

$$5\frac{1}{8} = \quad 5\frac{1}{8} = 4\frac{8}{8} + \frac{1}{8} = \quad 4\frac{9}{8}$$
$$-3\frac{3}{4} = -3\frac{6}{8} \qquad\qquad\qquad -3\frac{6}{8}$$
$$\overline{1\frac{3}{8}}$$

Paso 2 Puesto que $\frac{1}{8}$ es menor que $\frac{6}{8}$ deberá reagrupar. Tome prestado 1 del número entero 5 y vuelva a escribir 5 como $4\frac{8}{8}$. Luego, sume las partes fraccionarias $\frac{1}{8}$ y $\frac{8}{8}$.

Paso 3 Reste. La fracción ya está simplificada a sus términos mínimos.

El pedazo de tubería restante mide **$1\frac{3}{8}$** pies de largo. Puesto que $\frac{3}{8}$ es mayor que $\frac{1}{8}$, $1\frac{3}{8}$ es mayor que $1\frac{1}{8}$. El pedazo restante alcanza para cortar otro pedazo de tubería de $1\frac{1}{8}$ pies de largo.

A. Sume o reste según se indica. Simplifique los resultados a sus términos mínimos.

1. $3\frac{3}{4}$
   $+4\frac{1}{3}$

2. $1\frac{1}{2}$
   $+5\frac{5}{8}$

3. $2\frac{3}{10}$
   $+9\frac{4}{5}$

4. $22\frac{1}{9}$
   $+21\frac{2}{3}$

5. $6\frac{1}{2}$
   $-3\frac{1}{3}$

6. $8\frac{5}{6}$
   $-2\frac{1}{4}$

7. $20\frac{1}{3}$
   $-8\frac{2}{3}$

8. $5\frac{2}{3}$
   $-3\frac{3}{4}$

B. Resuelva y simplifique sus resultados.

9. Belinda llevó un registro de la gasolina que usó durante un mes. Ella compró $8\frac{1}{2}$ galones, $9\frac{1}{2}$ galones y $8\frac{7}{10}$ galones. ¿Cuántos galones de gasolina compró ese mes?

10. Una receta requiere $1\frac{2}{3}$ tazas de leche, $\frac{1}{2}$ taza de aceite de cocina y $\frac{3}{4}$ taza de agua. ¿Cuál es la cantidad total de ingredientes en líquidos que se usan en la receta?

Multiplicar fracciones y números mixtos

Para multiplicar fracciones, no necesita convertirlas en fracciones homogéneas. Tan sólo tiene que multiplicar los numeradores; luego, los denominadores y, finalmente, simplifar los resultados.

Ejemplo 1 Un pedazo de cable eléctrico mide $\frac{1}{6}$ yardas de largo. Marco usó $\frac{2}{3}$ del cable en un trabajo. ¿Cuánto cable usó?

Paso 1 Multiplique un numerador por el otro numerador. Luego, multiplique un denominador por el otro denominador.

$$\frac{1}{6} \times \frac{2}{3} = \frac{1 \times 2}{6 \times 3} = \frac{2}{18}$$

Paso 2 Simplifique el resultado a sus términos mínimos.

$$\frac{2 \div 2}{18 \div 2} = \frac{1}{9}$$

Max usó $\frac{1}{9}$ de yardas de cable.

Como sabe, simplificar una fracción significa dividir el numerador y el denominador por el mismo número. Aplique este principio para simplificar antes de resolver un problema. A este proceso se le llama cancelación.

Ejemplo 2 Calcule $\frac{1}{6}$ de $\frac{2}{3}$.

Tanto el numerador de una de las fracciones como el denominador de la otra se pueden dividir entre 2. Dado que $2 \div 2 = 1$, tache diagonalmente el numerador 2 y escriba 1. Dado que $6 \div 2 = 3$, tache diagonalmente el denominador 6 y escriba 3. Luego, multiplique las fracciones simplificadas.

$$\frac{1}{6} \times \frac{2}{3} = \frac{1 \times \overset{1}{\cancel{2}}}{\underset{3}{\cancel{6}} \times 3} = \frac{1}{9}$$

Las respuestas comienzan en la página 835.

> ### Sugerencia
>
> Una fracción seguida de la palabra *de*, indica que debe multiplicarse por dicha fracción. Por ejemplo, cuando calcula $\frac{1}{6}$ de $\frac{2}{3}$, debe multiplicar $\frac{1}{6} \times \frac{2}{3}$.

Puesto que utilizó la cancelación antes de multiplicar, no es necesario simplificar el resultado: $\frac{1}{6}$ de $\frac{2}{3}$ es $\frac{1}{9}$. Observe que, mediante la cancelación, llegamos al mismo resultado que en el Ejemplo 1 anterior.

Al hacer una cancelación, asegúrese de dividir el numerador y el denominador entre un mismo número. La cancelación que aparece aquí es incorrecta. Aunque 6 y 3 se pueden dividir entre 3, los dos números representan el denominador.

Incorrecto:
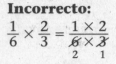

Para multiplicar números mixtos, conviértalos en fracciones impropias antes de multiplicar.

Ejemplo 3   Multiplique $1\frac{2}{3}$ por $7\frac{1}{2}$.

Paso 1
Cambie a fracciones impropias.

Paso 2
Cancele y multiplique.

Paso 3
Exprese como número mixto.

$$1\frac{2}{3} \times 7\frac{1}{2} = \frac{5}{3} \times \frac{15}{2}$$

$$\frac{5}{\cancel{3}_1} \times \frac{\cancel{15}^5}{2} =$$

$$\frac{25}{2} = 12\frac{1}{2}$$

El producto de $1\frac{2}{3}$ y $7\frac{1}{2}$ es **$12\frac{1}{2}$**.

Práctica de GED

Instrucciones: Elija la respuesta que mejor responda a cada pregunta.

1. Generalmente, Ramón recorre $\frac{3}{5}$ de milla para recoger a José. Luego, recorren juntos $\frac{4}{5}$ de milla más para llegar al trabajo. Hoy, José está enfermo, por lo que Ramón recorre 1 milla directamente a la oficina. ¿Cuánto más corta es la ruta directa?

   (1) $\frac{2}{5}$ de milla

   (2) $\frac{3}{5}$ de milla

   (3) $\frac{4}{5}$ de milla

   (4) $1\frac{2}{5}$ millas

   (5) $2\frac{2}{5}$ millas

2. Carolina trabajó $7\frac{2}{3}$ horas ayer y $6\frac{3}{5}$ horas hoy. ¿Cuántas horas trabajó en ambos días?

   (1) $13\frac{4}{15}$

   (2) $13\frac{5}{8}$

   (3) $14\frac{4}{15}$

   (4) $14\frac{5}{8}$

   (5) No se cuenta con suficiente información.

Las respuestas comienzan en la página 835.

Dividir fracciones y números mixtos

La multiplicación y la división son operaciones inversas (opuestas). Esta relación se utiliza para dividir fracciones.

Ejemplo 1 $\frac{6}{8} \div \frac{1}{4} = ?$

Para resolver este problema, es necesario calcular cuántos $\frac{1}{4}$s hay en $\frac{6}{8}$. Siga estos pasos:

Paso 1 Invierta el divisor (la fracción entre la que se está dividiendo) y cambie la operación a una multiplicación.

$$\frac{6}{8} \div \frac{1}{4} = \frac{6}{8} \times \frac{4}{1}$$

Paso 2 Resuelva el problema como lo haría con un problema de multiplicación. Siempre simplifique su respuesta a sus términos mínimos y convierta las fracciones impropias en números mixtos o enteros.

$$\frac{6}{8} \times \frac{4}{1} = \frac{6}{\overset{}{\underset{2}{8}}} \times \frac{\overset{1}{4}}{1} = \frac{6}{2} = 3$$

La fracción $\frac{6}{8}$ dividida entre $\frac{1}{4}$ es 3. En otras palabras, hay tres $\frac{1}{4}$ s en $\frac{6}{8}$.

La siguiente figura demuestra que esto es cierto.

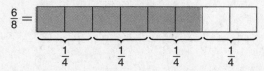

$$\frac{6}{8} =$$

En muchas situaciones de la vida, es necesario dividir números mixtos o enteros entre fracciones.

Ejemplo 2 Una sección de una zona habitacional tiene 24 acres de terreno disponibles a la venta. Si este terreno se divide en lotes habitacionales de $\frac{3}{4}$ de acre cada uno, ¿cuántos lotes hay en esa sección de la zona habitacional?

Paso 1 Convierta el número entero 24 en fracción impropia escribiéndolo sobre el denominador 1. Invierta el número entre el cual está dividiendo y cambie la operación a una multiplicación.

$$24 \div \frac{3}{4} = \frac{24}{1} \times \frac{4}{3}$$

Paso 2 Multiplique. Escriba su respuesta en términos mínimos.

$$\frac{24}{1} \times \frac{4}{3} = \frac{\overset{8}{24}}{1} \times \frac{4}{\underset{1}{3}} = \frac{32}{1} = 32$$

El terreno se dividirá en **32** lotes habitacionales.

Siempre analice su resultado para ver si tiene sentido. Puede verificar un problema de división mediante la multiplicación.

$$\text{Verifique: } 32 \times \frac{3}{4} = \frac{\overset{8}{32}}{1} \times \frac{3}{\underset{1}{4}} = \frac{24}{1} = 24$$

Sugerencia

Cuando divida entre una fracción propia, el resultado será mayor que el número dividido. Saber esto le puede ayudar a determinar si su respuesta tiene sentido.

Sugerencia

Recuerde que, tal como en cualquier problema de división, la fracción que está dividiendo debe ir primero.

A. Divida y escriba los resultados en sus términos mínimos.

1. $\frac{1}{3} \div \frac{5}{6} =$

2. $\frac{2}{3} \div \frac{2}{5} =$

3. $\frac{7}{10} \div 2 =$

4. $\frac{5}{6} \div \frac{5}{24} =$

5. $\frac{6}{7} \div 3 =$

6. $\frac{4}{9} \div \frac{2}{3} =$

7. $\frac{7}{8} \div \frac{1}{4} =$

8. $4\frac{1}{2} \div \frac{1}{8} =$

9. $12 \div 1\frac{1}{2} =$

10. $3\frac{3}{4} \div 1\frac{2}{3} =$

11. $6\frac{1}{2} \div \frac{1}{4} =$

12. $2\frac{1}{4} \div 1\frac{1}{2} =$

13. $18 \div \frac{2}{3} =$

14. $2\frac{2}{5} \div \frac{6}{25} =$

15. $4\frac{9}{10} \div 1\frac{1}{6} =$

16. $6\frac{1}{9} \div 1\frac{5}{6} =$

17. $2\frac{2}{3} \div \frac{1}{3} =$

18. $4 \div 1\frac{1}{4} =$

19. $9\frac{1}{8} \div 1\frac{2}{3} =$

20. $10 \div 1\frac{1}{5} =$

21. $8\frac{3}{4} \div \frac{1}{4} =$

22. $12 \div \frac{4}{9} =$

23. $16 \div \frac{4}{5} =$

24. $4 \div 2\frac{1}{5} =$

B. Resuelva y simplifique sus resultados.

25 Alonso tiene una tabla parecida a ésta. Necesita cortarla en pedazos, cada uno de los cuales debe medir $\frac{3}{4}$ de pie. ¿En cuántos pedazos puede cortar la tabla?

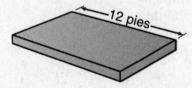
12 pies

26. Un cocinero utiliza $\frac{1}{3}$ de libra de carne molida para cocinar el plato del día. ¿Cuántos platos del día puede hacer si tiene 15 libras de carne molida?

27. Una pila de libros mide 24 pulgadas de alto. Cada uno de los libros de la pila mide $\frac{3}{4}$ de pulgada de grueso. ¿Cuántos libros hay en la pila?

28. Karina trabaja de medio tiempo en una juguetería armando bicicletas. Puede armar una bicicleta en $2\frac{1}{2}$ horas. Si trabaja 25 horas a la semana, ¿cuántas bicicletas puede armar?

29. Si usted tiene 10 tazas de azúcar y quiere hacer una receta de galletas que requiere $1\frac{1}{4}$ tazas de azúcar por porción. ¿Cuál es el mayor número de porciones de galletas que puede hacer con el azúcar que tiene?

Las respuestas comienzan en la página 835.

Hacer estimaciones con fracciones

Conocer el valor aproximado de las fracciones facilita hacer operaciones con ellas. Una buena manera de estimar un resultado de un problema con fracciones es redondeándolas al número entero más cercano. Para redondear una fracción al número entero más cercano, compare la fracción con $\frac{1}{2}$.

REGLA Si una fracción es menor que $\frac{1}{2}$, redondee la fracción a 0. En un número mixto, la parte del número entero permanece igual.

Ejemplo   Redondee $5\frac{1}{3}$ al número entero más cercano. Compare $\frac{1}{3}$ y $\frac{1}{2}$. Convierta en fracciones homogéneas con denominador 6.
$$\frac{1}{3} = \frac{2}{6} \text{ y } \frac{1}{2} = \frac{3}{6}$$

Puesto que $\frac{2}{6}$ es menor que $\frac{3}{6}$, entonces $\frac{1}{3}$ es menor que $\frac{1}{2}$. Redondee $5\frac{1}{3}$ a **5**.

REGLA Si una fracción es igual a o mayor que $\frac{1}{2}$, redondee la fracción a 1. En un número mixto, agregue un 1 a la parte del número entero.

Ejemplo   Redondee $8\frac{5}{8}$ al número entero más cercano. Convierta $\frac{1}{2}$ en una fracción con denominador 8 para poder comparar $\frac{5}{8}$ y $\frac{1}{2}$.
$$\frac{1}{2} = \frac{4}{8}$$

Puesto que $\frac{5}{8}$ es mayor que $\frac{4}{8}$, entonces $\frac{5}{8}$ es mayor que $\frac{1}{2}$. Redondee $8\frac{5}{8}$ a **9**.

Las estimaciones con números fraccionarios son más exactas en la suma y la resta que en la multiplicación y la división.

Ejemplo   Enrique y María salen a correr dos veces por semana. Enrique corrió $4\frac{3}{4}$ millas y $4\frac{1}{5}$ millas en la semana. María corrió $3\frac{1}{4}$ millas y $3\frac{7}{8}$ millas en la semana. Aproximadamente, ¿cuántas millas más que María corrió Enrique?

(1) 0
(2) 1
(3) 2
(4) 3
(5) 4

Paso 1   Redondee las millas que corrió Enrique y luego súmelas. Redondee $4\frac{3}{4}$ a 5 y $4\frac{1}{5}$ a 4. $5 + 4 = 9$

Paso 2   Redondee las millas que corrió María y luego súmelas. Redondee $3\frac{1}{4}$ a 3 y $3\frac{7}{8}$ a 4. $3 + 4 = 7$

Paso 3   Reste para comparar las dos cantidades. $9 - 7 = 2$

La **opción (3)** es la correcta. Enrique corrió aproximadamente **2 millas** más que María.

Sugerencia

Si el numerador de una fracción es mayor que la mitad de su denominador, la fracción es mayor que $\frac{1}{2}$. Si el numerador es menor que la mitad de su denominador, la fracción es menor que $\frac{1}{2}$.

- $\frac{3}{8}$ es menor que $\frac{1}{2}$
- $\frac{5}{8}$ es mayor que $\frac{1}{2}$

Sugerencia

Recuerde: Las palabras *alrededor de* y *aproximadamente* indican que debe hacer un cálculo estimado del resultado.

Práctica de GED

Instrucciones: Elija la respuesta que mejor responda a cada pregunta.

Las preguntas 1 a 3 se refieren a la siguiente tabla:

Reparaciones As: Ventas del lunes por la mañana

Pintura	$14\frac{1}{3}$ galones de pintura roja
	$6\frac{3}{4}$ galones de pintura verde
	$9\frac{1}{4}$ galones de pintura blanca
Ferretería	$12\frac{1}{6}$ libras de clavos
Madera	$9\frac{5}{8}$ pies de tablas de 2 × 4
	$27\frac{1}{4}$ pies de tablas de 2 × 8
	$4\frac{2}{3}$ pies de tablas de 1 × 4
	$36\frac{3}{8}$ pies de tablas de 1 × 6

1. ¿Cuál es la estimación más cercana a los galones de pintura vendidos el lunes por la mañana?

   (1) 26
   (2) 28
   (3) 30
   (4) 32
   (5) 34

2. Aproximadamente, ¿cuántos pies de madera se vendieron?

   (1) 70
   (2) 74
   (3) 76
   (4) 78
   (5) 82

3. El lunes por la tarde se vendieron $10\frac{2}{5}$ libras de clavos. Aproximadamente, ¿cuántas libras de clavos se vendieron el lunes?

   (1) 20
   (2) 22
   (3) 24
   (4) 26
   (5) 28

Las preguntas 4 a 6 se refieren a la siguiente información:

Nueces Sánchez vende dos tipos de surtidos.

Surtido A: $2\frac{2}{3}$ libras de nueces de la India

$2\frac{3}{8}$ libras de maní

$3\frac{1}{2}$ libras de nueces saladas

$2\frac{1}{8}$ libras de nueces de Brasil

Surtido B: $6\frac{1}{2}$ libras de almendras

$3\frac{7}{8}$ libras de nueces de castilla

$4\frac{1}{5}$ libras de maní

4. Aproximadamente, ¿cuántas libras más de maní tiene el Surtido B que el Surtido A?

   (1) 2
   (2) 4
   (3) 6
   (4) 10
   (5) No se cuenta con suficiente información.

5. Calcule el número aproximado de libras de nueces de la India y de nueces de Brasil que contiene el Surtido A.

   (1) 1
   (2) 2
   (3) 3
   (4) 5
   (5) 15

6. Aproximadamente, ¿cuantas libras más de nueces contiene el Surtido B que el Surtido A?

   (1) 26
   (2) 15
   (3) 11
   (4) 4
   (5) No se cuenta con suficiente información.

Las respuestas comienzan en la página 836.

Matemáticas • Números y operaciones

Estrategia de GED • Usar formatos especiales

Escribir fracciones en una cuadrícula estándar

Cuando use la cuadrícula estándar para escribir resultados fraccionarios de problemas, es importante recordar lo siguiente:

- Escriba su respuesta en la parte superior de la cuadrícula.
- En la segunda hilera de la cuadrícula, el símbolo $\oslash$ es la barra de división.
- Su respuesta puede empezar en cualquiera de las cinco columnas siempre y cuando esté completa. Deje en blanco las columnas que no use.
- No puede escribir números mixtos en la cuadrícula. Por lo tanto, deberá convertir los resultados en número mixto en fracción impropia antes de escribirlo en la cuadrícula.

Ejemplo 1 Felipe corrió durante $1\frac{1}{8}$ horas el martes y $\frac{1}{2}$ hora el miércoles. ¿Cuántas horas más que el miércoles corrió el martes?

$$1\frac{1}{8} - \frac{1}{2} =$$
$$\frac{9}{8} - \frac{4}{8} = \frac{5}{8}$$

Sugerencia

Al escribir su respuesta en la cuadrícula, recuerde anotarla en la hilera superior, rellenar el círculo correspondiente y dejar en blanco columnas que no use.

La diferencia del número de horas que Felipe corrió el martes y el número de horas que corrió el miércoles es $\frac{5}{8}$ **horas.** Las tres cuadrículas que se muestran a la derecha están llenadas correctamente.

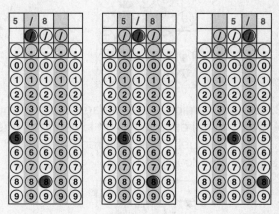

Ejemplo 2 Angélica trabajó $5\frac{1}{2}$ horas el lunes y $4\frac{3}{4}$ horas el martes. ¿Cuántas horas trabajó Angélica en total esos dos días?

$$5\frac{1}{2} + 4\frac{3}{4} =$$
$$5\frac{2}{4} + 4\frac{3}{4} = 9\frac{5}{4}$$
$$= 10\frac{1}{4}$$

El número total de horas que trabajó Angélica es **$10\frac{1}{4}$**. Como no puede escribir números mixtos en la cuadrícula estándar, primero convierta $10\frac{1}{4}$ en fracción impropia: $\frac{41}{4}$. Las dos cuadrículas de la derecha están llenadas correctamente.

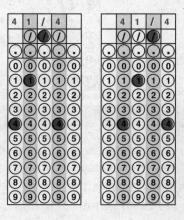

Práctica de GED

Instrucciones: Resuelva los siguientes problemas. Escriba su respuesta en la hilera superior de cada cuadrícula y rellene las burbujas correspondientes que reflejen su respuesta.

1. En una elección para presidente de un club, Noemí obtuvo 23 votos a favor de los 47 votos emitidos. ¿Qué fracción de los votos se emitió a favor de Noemí?

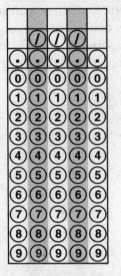

2. En una comida, Alberto pago $17 y Samuel $15. ¿Cuál es la razón de la cantidad que pagó Samuel a que pagaron Samuel y Alberto en conjunto?

3. César llena una lavadora de alfombras con 3 galones de agua y le agrega 6 onzas de un detergente para lavar alfombras. ¿Cuál es la razón de onzas de detergente a galones de agua?

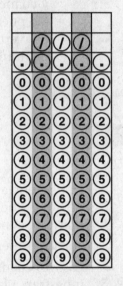

4. Cecilia mecanografió 7 páginas en 21 minutos. ¿Cuál es la razón en términos mínimos de minutos a páginas mecanografiadas?

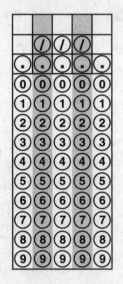

Sugerencia

Asegúrese de escribir su respuesta en la hilera en blanco en la parte superior de cada cuadrícula. Esto le ayudará a rellenar las burbujas en el orden correcto.

5. Un trozo de madera mide $2\frac{7}{8}$ pies de largo. Si corta $1\frac{3}{4}$ pies, ¿cuántos pies quedan?

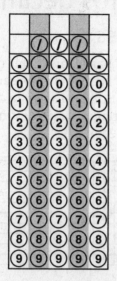

6. Andrea corta una cinta de $2\frac{3}{4}$ yardas en 3 pedazos iguales. ¿Cuál es la longitud de cada pedazo?

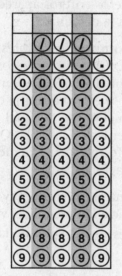

7. Raquel tiene 4 tazas de harina y usa $\frac{2}{3}$ para una receta. ¿Cuántas tazas de harina le quedan?

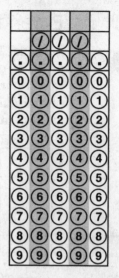

8. En un mapa a escala, $\frac{1}{3}$ de pulgada en el mapa es igual a una distancia real de 3 millas. Si una distancia en el mapa es de $\frac{3}{4}$ de pulgada, ¿cuál es la distancia real en millas?

Sugerencia

Asegúrese de responder lo que le están preguntando. Cuando le piden calcular "cuánto queda", revise el valor de su resultado. ¿Calculó cuánto se usó o cuánto quedó?

Sugerencia

Hay diferentes métodos para resolver un problema. Por ejemplo, si la escala de un mapa es de $\frac{1}{3}$ de pulgada = 3 millas, entonces 1 pulgada equivale a 9 millas.

Así, $\frac{1}{9} = \frac{\frac{3}{4}}{x}$ ó $\frac{3}{4} \times 9 = x$.

Las respuestas comienzan en la página 837.

Introducción a los números decimales

Entender los números decimales

En las Lecciones 5 a 7, usted usó fracciones para representar cantidades menores que uno. Un número decimal es otra forma de expresar cantidades fraccionarias. Un decimal es una fracción que utiliza el sistema del valor posicional. En cada uno de los siguientes diagramas, la parte sombreada se expresa tanto en forma de fracción como de decimal.

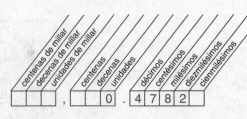

$\frac{1}{10}$ ó 0.1 $\frac{7}{10}$ ó 0.7 $\frac{1}{100}$ ó 0.01 $\frac{9}{100}$ ó 0.09

La siguiente tabla muestra los nombres de los primeros cinco valores posicionales decimales. Observe que los números enteros aparecen a la izquierda del punto decimal y los decimales a la derecha.

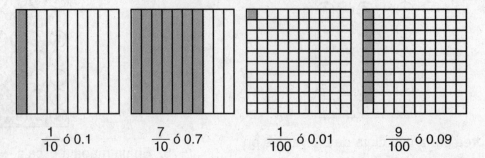

Compare los valores posicionales de los números enteros y de los decimales. ¿Nota algún patrón? Piense en la columna de las unidades y en el punto decimal como si fueran el centro de la tabla. Observe que, conforme se va alejando del centro, los nombres de los valores posicionales se relacionan entre sí.

Al avanzar hacia la izquierda, cada columna es 10 veces mayor que la columna que está a su derecha. Al avanzar hacia la derecha, el valor de las columnas se hace menor. Cada columna es $\frac{1}{10}$ del valor de la columna que está a su izquierda.

Al igual que con los números enteros, la suma del valor posicional de cada dígito es igual al valor total de la cifra.

Ejemplo 1   ¿Cuál es el valor de cada dígito en 0.4782?
4 está en la posición
de los **décimos**. 4×0.1 = **0.4**
7 está en la posición de
los **centésimos**. 7×0.01 = **0.07**
8 está en la posición de
los **milésimos**. 8×0.001 = **0.008**
2 está en la posición de
los **diezmilésimos**. $+2 \times 0.0001$ = **0.0002**
                                                              0.4782

Nota: Cuando un número decimal no tiene un valor en la parte de los números enteros, se suele escribir un cero a la izquierda del punto decimal. El cero no tiene valor.

Matemáticas • Números y operaciones

Ejemplo 2   ¿Cómo se escribe 16.034 con palabras?

Lea la parte del número que corresponde a los enteros. Diga la palabra *con* para indicar el punto decimal. Lea los dígitos que están a la derecha del punto decimal y diga el nombre de la posición del último dígito de la derecha. Observe que no se usan comas para separar grupos de tres de dígitos en la parte decimal de la cifra, es decir, a la derecha del punto decimal.

El número 16.034 se lee ***dieciséis con treinta y cuatro milésimos.***

Redondear, comparar y ordenar números decimales

Los pasos para redondear decimales son similares a los que utilizamos para redondear números enteros. Hay una diferencia importante en el **Paso 3**.

Ejemplo 1   Redondee 5.362 al décimo más cercano.

Paso 1	Ubique el dígito que desea redondear. Encerrar el dígito en un círculo puede serle útil.	5.③62
Paso 2	Observe el dígito que está inmediatamente a la derecha del dígito que encerró en un círculo.	5.③62
Paso 3	Si el dígito que está a la derecha es igual a o mayor que 5, sume 1 al dígito que encerró en un círculo. Si el dígito a la derecha es menor que 5, no cambie el dígito que encerró en el círculo. *Elimine los dígitos restantes.*	

Ejemplos   Redondee al valor posicional que se indica.   **5.4**
Redondee 1.832 al centésimo
más cercano.   1.8③2 redondeado es **1.83**
Redondee 16.95 al décimo
más cercano.   16.⑨5 redondeado es **17.0**
Redondee 3.972 a la posición
de las unidades.   ③.972 redondeado es **4**

En la comparación de decimales se aplica un concepto matemático importante. Se pueden añadir ceros a la derecha del último dígito decimal sin que cambie el valor de la cifra. Examine los siguientes ejemplos.

REGLA Al comparar decimales con el mismo número de posiciones decimales, se comparan como si fueran números enteros.

Ejemplo   ¿Cuál es mayor: 0.364 ó 0.329?
Ambos números tienen tres posiciones decimales. Puesto que 364 es mayor que 329, el decimal **0.364 > 0.329**.

La regla para comparar números enteros que establece que el número con más dígitos es el mayor no se aplica a los decimales. El número decimal con más posiciones decimales no necesariamente es el mayor.

Sugerencia

Recuerde que > significa *mayor que* y < significa *menor que*. La flecha apunta hacia el número menor.

REGLA Cuando los decimales tienen un número diferente de dígitos, escriba ceros a la derecha del decimal con menos dígitos para que ambas cifras tengan el mismo número de posiciones decimales. Luego, compárelos.

Ejemplo   ¿Cuál es mayor: 0.518 ó 0.52?
Agregue un cero a 0.52.   0.518 ? 0.520
Puesto que 520 > 518, el decimal **0.52 > 0.518**.

REGLA Cuando los números tienen partes enteras y decimales, compare primero los números enteros.

Ejemplo 1   Compare 32.001 y 31.999.
Como 32 es mayor que 31, el número **32.001 es mayor que 31.999**. No importa que 0.999 sea mayor que 0.001.

Siguiendo estas mismas reglas, puede ordenar varios números según su valor. Cuando tenga que comparar varios números, escríbalos en una columna y alinee los puntos decimales. Luego, agregue ceros a la derecha, hasta que todos los decimales tengan el mismo número de dígitos.

Ejemplo 2   Una escala digital muestra el peso de un objeto hasta los milésimos de libra. Tres paquetes pesan 0.094 libras, 0.91 libras y 0.1 libras respectivamente. Ordene los pesos de mayor a menor.

Paso 1   Escriba los pesos en una columna, alineando el punto decimal.   0.094
Paso 2   Añada ceros para llenar las columnas.   0.91**0**
Paso 3   Compare los números como lo haría con números enteros.   0.1**00**

En orden de mayor a menor, los pesos son **0.91, 0.1** y **0.094 libras**.

Los valores de los dígitos pueden ayudarle a comparar decimales. Los dos números decimales del ejemplo tienen 5 décimos, pero 0.52 tiene 2 centésimos y 0.518 sólo tiene un centésimo, por lo que 0.52 > 0.518.

Sugerencia

Los valores de los dígitos pueden ayudarle a comparar decimales. Los dos números decimales del ejemplo tienen 5 décimos, pero 0.52 tiene 2 centésimos y 0.518 sólo tiene un centésimo, por lo que 0.52 > 0.518.

A. Redondee cada número según se indica. Consulte la tabla en la página 500.

1. Redondee 3.5719 a la posición de los décimos. _____

2. Redondee 5.132 a la posición de los centésimos. _____

3. Redondee 0.543 a la posición de las unidades. _____

4. Redondee 7.0813 a la posición de los décimos. _____

5. Redondee 1.0699 a la posición de los milésimos. _____

B. Compare los siguientes números y escriba >, < ó = entre ellos.

6. 0.32 _____ 0.3109

7. 0.98 _____ 1.9

8. 0.5 _____ 0.50

9. 0.006 _____ 0.06

10. 1.075 _____ 1.57

11. 0.18 _____ 0.108

12. 2.38 _____ 2.83

13. 3.60 _____ 3.600

Las respuestas comienzan en la página 838.

Las estimaciones y el dinero

Hacer estimaciones con dinero puede ser una destreza muy útil. En muchas situaciones diarias relacionadas con el dinero, no son necesarias las cantidades exactas. Por ejemplo, puede hacer cálculos estimados cuando desee saber si tiene suficiente dinero para comprar las cosas que quiere en el supermercado, o para saber aproximadamente, cuánto dinero debe dar cada persona para pagar una comida entre varias personas. En estos casos, puede utilizar cantidades redondeadas al dólar más cercano (la posición de las unidades).

Ejemplo 1 Según la siguiente lista de precios, aproximadamente ¿cuánto debe pagar Paty por una funda para el volante de su auto, un espejo lateral y una bandeja para aceite?

(1) entre $31 y $33
(2) entre $33 y $35
(3) entre $35 y $37
(4) entre $37 y $39
(5) entre $39 y $41

Lista de precios de piezas de automóvil	
Espejo lateral	$13.45
Funda para volante	$15.95
Bandeja para aceite	$ 8.73
Líquido limpiaparabrisas	$ 2.85
Líquido de frenos	$ 6.35

Redondee el costo de cada artículo al dólar más cercano y calcule el total de los valores aproximados.

Artículo	Costo	Aproximación
Funda para volante	$15.95	$16
Espejo lateral	13.45	13
Bandeja para aceite	8.73	+ 9
Total:		$38

La estimación más acertada es la de la **opción (4) entre $37 y $39**.

Práctica de GED

Instrucciones: Elija la respuesta que mejor responda a cada pregunta.

1. La Ferretería Héctor vende paquetes que contienen 6 cajas de clavos. Si cada paquete cuesta $17.85, aproximadamente ¿cuánto cuesta cada caja de clavos?

   (1) $ 3
   (2) $ 6
   (3) $18
   (4) $26
   (5) $36

2. Dos veces al mes, a Paola le descuentan $27.50 de su salario por concepto de seguro médico. Aproximadamente, ¿cuánto es su aportación anual por concepto de seguro médico?

   (1) $ 30
   (2) $ 60
   (3) $360
   (4) $600
   (5) $700

Las respuestas comienzan en la página 839.

Operaciones con números decimales

Sumar y restar números decimales

Lección 9

Ejemplo 1 Ana ensambla piezas de máquinas. Una de las piezas consta de dos secciones cuyas longitudes miden 4.875 y 3.25 centímetros. Una vez ensambladas, ¿cuál es la longitud total de las dos secciones?

Paso 1 Para sumar, escriba los números de manera que los puntos decimales estén alineados. Si es necesario, escriba ceros a la derecha del último dígito de modo que todos los números tengan el mismo número de posiciones decimales.

$$\begin{array}{r} 4.875 \\ +3.25\mathbf{0} \end{array}$$

Paso 2 Sume tal como lo haría con números enteros. Reagrupe si es necesario.

$$\begin{array}{r} {\scriptstyle 1\ 1} \\ 4.875 \\ +3.250 \\ \hline 8\ 125 \end{array}$$

Paso 3 Alinee el punto decimal del resultado con los puntos decimales del problema.

$$\begin{array}{r} 4.875 \\ +3.250 \\ \hline 8.125 \end{array}$$

Cuando sume decimales con una calculadora, asegúrese de marcar los puntos decimales donde correspondan.

4 · 875 + 3 · 25 = 8.125

La longitud total de las piezas ensambladas es de **8.125 centímetros**.

Sugerencia

Cuando haga cálculos de dinero con la calculadora, tenga cuidado al leer el resultado. La suma de $5.55 más $3.75 aparecería como 9.3 en la pantalla de la calculadora, pero la respuesta es $9.30.

Ejemplo 2 César tiene $213 en su cuenta de cheques. Si hace un cheque por $32.60, ¿cuánto le quedará en la cuenta?

Paso 1 Para restar, escriba las cifras de manera que los puntos decimales estén alineados. Observe que un número sin punto decimal se considera como si tuviera uno a la derecha de la posición de las unidades. Si es necesario, escriba ceros a la derecha del último dígito de la cifra.

$$\begin{array}{r} \$213.\mathbf{00} \\ -\ \ 32.60 \end{array}$$

Paso 2 Reste tal como lo haría con números enteros. Reagrupe si es necesario.

$$\begin{array}{r} {\scriptstyle 1\ 11\ 2\ 10} \\ \$2\cancel{1}\cancel{3}.\cancel{0}0 \\ -\ \ 32.60 \\ \hline \$180\ 40 \end{array}$$

Paso 3 Alinee el punto decimal del resultado con los puntos decimales del problema.

$$\begin{array}{r} \$213.00 \\ -\ \ 32.60 \\ \hline \$180.40 \end{array}$$

A César le quedarán **$180.40** en su cuenta de cheques.

A. Resuelva los problemas de números decimales con lápiz y papel. Alinee los resultados con los puntos decimales.

1.
```
   0.03
 +2.60
```

9.
```
    1.85
    0.03
   19.007
 +62
```

2.
```
   1.35
 +4.05
```

10.
```
   12.4
   11.08
   16.1
 + 4.575
```

3.
```
   6.90
 −1.353
```

11.
```
   16,004.1
 −  6,972.1
```

4.
```
   5.075
 −2.15
```

12.
```
   3.8
 −1.006
```

5. 7.1 + 8.003

13. 12.87 − 9.923

6. 10.3 − 6.125

14. 23.07 − 5.965

7. 3.61 + 1.2

15. 14.01 + 8.6 + 0.058

8. 16.05 − 4.27

16. 56.8 − 24.95

B. Use la calculadora para resolver estos problemas.

17. 0.95 + 1.843 + 3.008 + 0.9

20. 39.05 − 15.7

18. 0.6 − 0.3407

21. 0.125 + 1.4 + 3.76 + 0.01

19. 3.15 + 2.816 + 4.05 + 0.3

22. 25.6 − 12.85

Las respuestas comienzan en la página 839.

Multiplicar y dividir números decimales

Ejemplo 1   En la sección de embutidos de la tienda, un pedazo de queso pesa 1.6 libras y cuesta $1.79 la libra. ¿Cuál es el costo del queso, aproximado al centavo más cercano?

Paso 1   Multiplique el precio de la libra por el número de libras. Multiplique como lo haría con números enteros. Observe que no hay necesidad de alinear los puntos decimales al multiplicar.

$$
\begin{array}{r}
\$1.79 \\
\times\ \ 1.6 \\
\hline
1074 \\
+1790 \\
\hline
2864
\end{array}
$$

Paso 2   Cuente las posiciones decimales en el problema original para calcular cuántas posiciones decimales se necesitan en el resultado. Coloque el punto decimal en el resultado. Empezando por la derecha, cuente tres posiciones decimales.

$1.79 \leftarrow$ 2 posiciones decimales
$\times\ \ 1.6 \leftarrow$ 1 posición decimal
$\$2.864 \leftarrow$ 3 posiciones decimales

Paso 3   El problema indica que debe redondear el resultado al centavo más cercano. Por ello, debe redondear a la posición de los centésimos.

$2.864 redondeado es **$2.86**

Marque los números que desea multiplicar. Observe que la calculadora no marca el signo de dólar.

1.6 × 1.79 = 2.864

El pedazo de queso cuesta **$2.86**.

Ejemplo 2   Martín compró un reproductor portátil de discos compactos a $74.55 y lo piensa pagar en 6 plazos. ¿De cuánto será cada pago? Redondee el resultado al centavo más cercano.

Paso 1   Plantee el problema. Coloque el punto decimal en el resultado directamente encima del punto decimal del problema.

Paso 2   Divida tal como lo haría con números enteros. Si hay un residuo, escriba cero a la derecha de la última posición decimal del número que está dividiendo. Continúe este proceso hasta que no haya residuos o hasta llegar a una posición a la derecha del valor posicional deseado.

$$
\begin{array}{r}
12.425 \\
6\overline{)74.550} \\
\underline{6} \\
14 \\
\underline{12} \\
25 \\
\underline{24} \\
15 \\
\underline{12} \\
30 \\
\underline{30}
\end{array}
$$

Paso 3   Redondee su respuesta al centavo más cercano.

$12.425 redondeado es $12.43.

Marque los números que desea dividir. Recuerde que es importante marcar primero el número que va a dividir.

74.55 ÷ 6 = 12.425

Cada pago es de **$12.43**.

Ejemplo 3 Un farmacéutico está preparando cápsulas que contienen 0.007 gramos de aspirina cada una. ¿Cuántas cápsulas puede preparar con 14 gramos de aspirina?

Paso 1 Plantee el problema. Para dividir por un número decimal, convierta el divisor (el número por el que está dividiendo) en un número entero. En este problema, mueva el punto decimal del divisor tres posiciones a la derecha. Agregue ceros a la derecha del número que está dividiendo de manera que pueda mover el punto decimal el mismo número de lugares: tres.

$$0.007\overline{)14.000.}$$

Paso 2 Coloque el punto decimal del resultado directamente encima del punto decimal del número que está dividiendo. Divida tal como lo haría con números enteros.

$$\begin{array}{r} 2,000. \\ 7\overline{)14,000.} \\ \underline{14} \end{array}$$

Marque los números que desea dividir. Observe que no necesita mover el punto decimal en la calculadora.

14 ÷ 0.007 = 2000.

El farmacéutico puede preparar **2,000 cápsulas**.

A. Coloque el punto decimal en cada resultado. Si es necesario, añada ceros.

1. $8.5 \times 0.4 = $ 3 4 0

2. $0.04 \times 0.6 = $ 2 4

3. $5.6 \times 0.002 = $ 1 1 2

4. $12 \times 3.06 = $ 3 6 7 2

5. $21.1 \times 14.7 = $ 3 1 0 1 7

6. $0.008 \times 12 = $ 9 6

B. Resuelva los siguientes problemas con lápiz y papel.

7. 1.07×12

8. 0.09×6.1

9. $8\overline{)20.48}$

10. $3\overline{)3.2916}$

11. 2.27×1.8

12. 5.04×15

13. $3.6\overline{)7.704}$

14. $1.05\overline{)6.3987}$

15. 0.008×2.5

16. 1.05×0.11

17. $6\overline{)0.021}$

18. $0.07\overline{)4.34}$

C. Use su calculadora para resolver estos problemas. Redondee los resultados al centésimo más cercano.

19. 0.012×12

20. $7\overline{)2}$

21. 7.15×0.03

22. $11\overline{)3}$

23. 12.25×1.5

24. $6\overline{)5}$

Las respuestas comienzan en la página 839.

Resolver problemas en varios pasos

Sugerencia

Recuerde seguir el orden de las operaciones.

1. Primero, realice todas las operaciones entre paréntesis.
2. Después, realice las multiplicaciones o divisiones.
3. Por último, haga las sumas o restas.

Ejemplo 1 Erica compra un artículo que cuesta $5.24 y paga además $0.31 de impuesto. Si Erica paga con un billete de $20, ¿cuál expresión muestra cuánto recibirá Erica de cambio?

(1) $20 + $5.24 + $0.31
(2) $5.24 + $0.31 − $20
(3) $20 − $5.24 + $0.31
(4) $5.24 − ($0.31 + $5.24)
(5) $20 − ($5.24 + $0.31)

Lea el problema detenidamente. ¿Qué necesita saber para resolverlo? Necesita conocer el costo total (costo del artículo más impuesto). También necesita calcular la diferencia entre la cantidad pagada y el costo total. En otras palabras, restar el costo total de $20.

- La opción (1) es incorrecta porque suma las tres cantidades.
- En la opción (2), $20 se resta del total de $5.24 y $0.31. Restar $20 del total no es lo mismo que restar el total de $20.
- La opción (3) es incorrecta porque no hay paréntesis, indicando que sólo se restan $5.24 de $20, en lugar de la suma de $5.24 y $0.31.
- La opción (4) es incorrecta porque la suma se resta de $5.24 y no de $20.
- **La opción (5) es correcta.** Debido a los paréntesis, el primer paso es calcular el costo total del artículo ($5.24 + $0.31). Después, se resta el costo total de $20.

Práctica de GED

Instrucciones: Elija la respuesta que mejor responda a cada pregunta.

La pregunta 1 se refiere a la siguiente información:

El Centro de Cómputo Elektra vende discos compactos en blanco a $0.89 cada uno. La Bodega de Computadoras Siglo XXI vende los mismos discos compactos a $1.05 cada uno.

1. ¿Cuál expresión muestra cuánto ahorrará un cliente si compra 25 discos compactos en blanco en el Centro de Cómputo Elektra?

(1) 25($1.05 − $0.89)
(2) 25($1.05 + $0.89)
(3) 25 − ($1.05 + $0.89)
(4) 25 + ($1.05 − $0.89)
(5) 25 ÷ ($1.05 − $0.89)

La pregunta 2 se refiere a la siguiente información:

Blanca tiene $35 en efectivo. Compra una blusa de $12.98, un cinturón de $10.67 y un cartel de $5.98.

2. Si Blanca paga $2.37 en impuesto de ventas, ¿cuánto le queda?

(1) $ 3.00
(2) $ 5.37
(3) $22.02
(4) $29.63
(5) $32.00

Las respuestas comienzan en la página 840.

Matemáticas • Números y operaciones

Estrategia de GED • Usar formatos especiales

Escribir decimales en una cuadrícula estándar

Anteriormente en este libro usted aprendió a escribir números enteros y fracciones en una cuadrícula estándar. Usará la misma cuadrícula para escribir decimales.

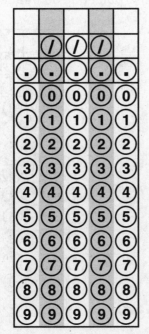

Puntos que debe recordar:

- Cada cuadrícula se usa para marcar un solo resultado.
- Para anotar un resultado con decimales en una cuadrícula, puede escribir su respuesta empezando en cualquiera de las columnas, siempre y cuando esté completa.
- Observe que ⊙ representa el punto decimal.
- Deje en blanco cualquier columna que no use.
- Marque un solo valor en cada columna.

Ejemplo Sara es responsable de registrar sus horas de trabajo. Trabajó 3.75 horas, 4.5 horas y 1.25 horas arreglando el sistema de computadora de un cliente. ¿Cuántas horas se tardó en total en arreglar el sistema de computadora de este cliente?

El problema le pide calcular el número total de horas que Sara se tardó en arreglar el sistema de computadora del cliente. Sume las horas que trabajó.

Escriba su respuesta en la cuadrícula. Observe que las tres cuadrículas se llenaron correctamente.

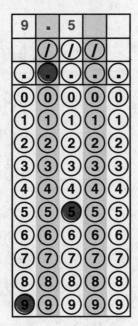

Práctica de GED

Instrucciones: Resuelva los siguientes problemas y registre sus respuestas en las cuadrículas.

1. Marta anda en bicicleta tres veces por semana. Cada vez trata de ir un poco más lejos. Esta semana, anduvo en bicicleta 4.5 millas, 5.25 millas y 6 millas. ¿Cuál fue la distancia total que recorrió en bicicleta esta semana?

2. Manuel tuvo un promedio de bateo de .275 el año pasado. Este año, su promedio de bateo alcanzó .340, el punto más alto de su carrera. ¿De cuánto fue el incremento de su promedio?

3. Un pedazo de tubo de cobre mide 60 pulgadas de largo. Suponiendo que no se desperdicia nada, ¿cuántos pedazos de 1.2 pulgadas se pueden cortar de este tubo?

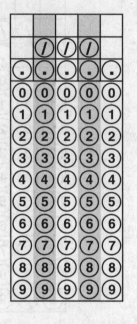

4. Margarita hizo un pedido de 14 repuestos que cuestan $2.99 cada uno. ¿De cuánto fue el total del pedido?

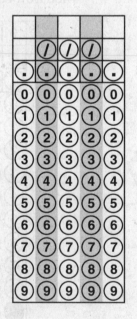

Las respuestas comienzan en la página 840.

Matemáticas • Números y operaciones

Números decimales y fracciones

Convertir números decimales en fracciones

Tanto los números decimales comó las fracciones pueden usarse para representar una parte de un todo. A veces es más fácil hacer cálculos con fracciones. Otras veces, los decimales son más útiles. Si sabe cómo convertir estos números de una forma a otra, podrá resolver cualquier problema utilizando la forma más adecuada para cada situación.

Ejemplo 1 José está resolviendo un problema con la calculadora. La pantalla de la calculadora dice 0.375, pero José tiene que escribir el resultado en forma de fracción. Convierta 0.375 en fracción.

Paso 1 Escriba el número, sin el punto decimal, como el numerador de la fracción.

$$0.375 = \frac{375}{?}$$

Paso 2 Escriba el valor posicional del último dígito decimal como denominador.

$$0.375 = \frac{375}{1000}$$

Paso 3 Simplifique la fracción a sus términos mínimos.

$$\frac{375 \div 125}{1000 \div 125} = \frac{3}{8}$$

El decimal 0.375 equivale a la fracción $\frac{3}{8}$.

Cuando realice operaciones con dinero, a veces verá decimales con una parte fraccionaria. Esta combinación de números se encuentra, generalmente, en el caso de un precio unitario, que es el costo de un artículo o unidad.

Ejemplo 2 En el anaquel de una tienda, Rita observa que el precio por onza de una marca de champú es de 0.33\frac{1}{3}$. ¿Qué fracción de dólar representa el precio unitario?

Paso 1 Escriba la fracción comó lo hizo en el ejemplo anterior.

$$0.33\frac{1}{3} = \frac{33\frac{1}{3}}{100}$$

Paso 2 Cuando estudió las fracciones impropias, aprendió que la barra indica una división.

$\frac{33\frac{1}{3}}{100}$ significa

Paso 3 Utilice las reglas para la división de números mixtos. Convierta ambos números en fracciones impropias, invierta el número por el cual está dividiendo y multiplique.

$$33\frac{1}{3} \div 100$$

$$33\frac{1}{3} \div 100 = \frac{100}{3} \div \frac{100}{1} = \frac{\overset{1}{\cancel{100}}}{3} \times \frac{1}{\underset{1}{\cancel{100}}} = \frac{1}{3}$$

El precio unitario es de $\frac{1}{3}$ **de dólar.**

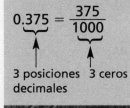

Convertir fracciones en decimales

Para resolver algunos problemas, puede tener que convertir una fracción en número decimal. Para hacer esto, realice la división indicada por la barra de división.

Ejemplo 1   Convierta $\frac{2}{5}$ en número decimal.

Paso 1   Divida el numerador entre el denominador.

$5)\overline{2}$

Paso 2   Coloque el punto decimal del resultado directamente encima del punto decimal del problema. Agregue ceros y siga dividiendo hasta que el residuo sea cero o hasta que llegue al número deseado de posiciones decimales.

$$\begin{array}{r} 0.4 \\ 5)\overline{2.0} \\ \underline{2\,0} \end{array}$$

La fracción $\frac{2}{5}$ es igual a **0.4.**

Algunas fracciones tienen equivalentes decimales que contienen un dígito o grupo de dígitos que se repite. Redondee los decimales periódicos a una posición decimal dada o exprese el residuo en forma de fracción.

Ejemplo 2   Convierta $\frac{2}{9}$ en decimal. Escriba el resultado hasta la posición de los centésimos y exprese el residuo en forma de fracción.

Paso 1   Divida el numerador entre el denominador.

$9)\overline{2}$

Paso 2   Como puede observar, la división continuará repitiéndose porque el resultado de la resta siempre es el mismo. Escriba el residuo, 2, en forma de fracción colocándolo sobre el divisor, 9.

$$\begin{array}{r} 0.22 \\ 9)\overline{2.00} \\ \underline{1\,8} \\ 20 \\ \underline{18} \end{array}$$

La fracción $\frac{2}{9}$ es igual a **0.22$\frac{2}{9}$.**

Como ya sabe, un precio unitario casi siempre se escribe comó número decimal con una fracción. La fracción representa una parte de un centavo.

Ejemplo 3   El precio unitario de una marca de bebida de frutas es $8\frac{1}{2}$ centavos la onza. ¿Cuál es el costo de 32 onzas de la bebida?

Multiplique 32 por $8\frac{1}{2}$ ó $0.08 $\frac{1}{2}$ para resolver el problema. Convierta la parte fraccionaria del número decimal en un dígito decimal. La fracción $\frac{1}{2}$ se convierte en 0.5 (1 ÷ 2 = 0.5). Así, $8\frac{1}{2}$ centavos pueden expresarse como 8.5 centavos ó comó $0.085. Multiplique.

$$\begin{array}{r} 32 \\ \times 0.085 \\ \hline 160 \\ +2\,560 \\ \hline 2.720 \end{array}$$

El costo 32 onzas de bebida de frutas es de **$2.72**.

Ejemplo 4   ¿Cuál es el costo por libra de una bolsa de 20 libras de comida para perros que se vende por $12.75?

Divida $12.75 entre 20 hasta dos posiciones decimales. Exprese el residuo en forma de fracción y simplifíquela a sus términos mínimos. $\frac{15}{20} = \frac{3}{4}$

$$\begin{array}{r} 0.63 \\ 20)\overline{12.75} \\ \underline{12\,0} \\ 75 \\ \underline{60} \\ 15 \end{array}$$

El precio unitario de una libra de comida para perro es de **$63\frac{3}{4}$ centavos.**

A. Convierta estos números decimales en fracciones y simplifíquelas a sus términos mínimos.

1. $0.25 =$

2. $0.4 =$

3. $0.35 =$

4. $0.128 =$

5. $0.05 =$

6. $0.31\frac{1}{4} =$

7. $0.26\frac{2}{3} =$

8. $0.06\frac{2}{3} =$

9. $0.23\frac{3}{4} =$

B. Para cada pantalla de calculadora, escriba el decimal en forma de fracción. Luego, simplifique la fracción a sus términos mínimos si es necesario.

10. $0.9 = \frac{?}{10}$

11. $0.625 =$

12. $0.125 =$

13. $0.55 =$

14. $0.28 =$

15. $0.3125 =$

C. Convierta estas fracciones en decimales. Redondee hasta tres posiciones decimales.

16. $\frac{4}{5} =$

17. $\frac{3}{8} =$

18. $\frac{11}{20} =$

19. $\frac{5}{8} =$

20. $\frac{3}{5} =$

21. $\frac{7}{25} =$

D. Convierta estas fracciones en decimales. Divida hasta dos posiciones decimales y escriba el residuo en forma de fracción.

22. $\frac{5}{6} =$

23. $\frac{8}{9} =$

24. $\frac{1}{16} =$

25. $\frac{3}{11} =$

26. $\frac{7}{15} =$

27. $\frac{1}{3} =$

E. Resuelva y simplifique sus resultados. Recuerde convertir todos los números mixtos en fracciones impropias.

28. Una marca de mermelada de frambuesa cuesta $0.43\frac{3}{4}$ la onza. ¿Qué fracción de un dólar representa el precio unitario?

29. Una marca de bebida congelada cuesta $0.16\frac{2}{3}$ la onza. Escriba el precio unitario en forma de fracción.

30. El precio unitario de una rosquilla de pan es de $37\frac{1}{2}$ centavos. ¿Qué fracción de un dólar representa el precio unitario?

31. Una compañía anuncia un incremento de $0.02\frac{1}{2}$ por libra en el precio unitario de un producto. Escriba el número decimal en forma de fracción.

Las respuestas comienzan en la página 841.

Práctica de GED

Instrucciones: Resuelva los siguientes problemas y escriba sus resultados en las cuadrículas.

1. Jaime corre $2\frac{1}{4}$ millas los lunes, 1.5 millas los martes y $3\frac{3}{4}$ millas los miércoles. ¿Cuántas millas corre Jaime en esos tres días?

2. Si la gasolina cuesta $1.25 el galón, ¿cuánto costarían $3\frac{3}{5}$ galones? Exprese el resultado en forma decimal.

3. Una lata de habichuelas tiernas contiene $40\frac{1}{2}$ onzas. Si una porción es de 3.75 onzas, ¿cuántas porciones hay en una lata?

4. Joaquín tiene una tabla de 9.375 pies de largo. Si Joaquín corta un pedazo de $3\frac{1}{8}$ pies de largo, ¿cuántos pies quedan de la tabla original?

Sugerencia

Si la respuesta que debe escribir en la cuadrícula lleva un cero al final, después de un punto decimal, puede incluirlo o eliminarlo. Por ejemplo, 1.20 sería correcto si lo escribiera como 1.20 o como 1.2.

Sugerencia

Las preguntas que incluyen tanto fracciones como decimales pueden pedirle el resultado en un cierto formato. Asegúrese de escribir su respuesta en el formato solicitado, ya sea como fracción o como decimal.

Las respuestas comienzan en la página 842.

Estrategia de GED • Usar la calculadora

Fracciones y números decimales

La mayoría de las calculadoras usan solamente números decimales y números enteros. Incluso los números enteros en una calculadora aparecen con un punto decimal después de la posición de las unidades. Por ejemplo, si marcáramos el número 32 en la calculadora, probablemente aparecería con un punto decimal en la pantalla como 32. Cuando use la calculadora, necesita convertir las fracciones en decimales, por ejemplo, $\frac{3}{4}$ en 0.75.

Cuando haga operaciones con fracciones y decimales en la calculadora, debe tener en mente los siguientes puntos.

- Para convertir una fracción en decimal, divida el numerador entre el denominador.
  Ejemplo Convierta $\frac{3}{8}$ en decimal dividiendo 3 entre 8 = 0.375.

- Cuando haga operaciones con números mixtos en la calculadora, deje la parte correspondiente al entero como está y convierta sólo la parte fraccionaria en decimal.
  Ejemplo $17\frac{1}{2}$ sería 17.5.

- Todos los decimales que no contienen números enteros aparecen en la pantalla con un 0 en la posición de las unidades, aun cuando usted no marque el cero.
  Ejemplo Al marcar el decimal .64, aparecerá como 0.64.

- Cuando haga operaciones con decimales, no necesita marcar los ceros que están a la derecha del último dígito en la parte de los decimales.
  Ejemplo Puede marcar 24.600 como 24.6.

Ejemplo   Samuel compró una computadora portátil por $1620 y dio un anticipo de $\frac{1}{4}$ del costo. ¿De cuánto fue el anticipo?

(1) $ 25.00
(2) $ 40.00
(3) $ 64.80
(4) $ 405.00
(5) $1595.00

Puesto que el problema pide calcular $\frac{1}{4}$ de $1620, debe multiplicar. Para resolver este problema con la calculadora, convierta $\frac{1}{4}$ en .25. Luego, oprima las teclas de la calculadora siguiendo la secuencia siguiente.

Since $\frac{1}{4}$ also means 1 divided by 4, you could also use any of these sequences:

.25 [×] 1620 [=]   ó   1 [÷] 4 [×] 1620 [=]

ó   1 [a b/c] 4 [×] 1620 [=]

La pantalla debe mostrar el resultado 405. La **opción (4) $405** es la correcta.

Práctica de GED

Instrucciones: Elija la respuesta que mejor responda a cada pregunta. PUEDE usar la calculadora.

1. Carolina anduvo en bicicleta 26.8 millas el jueves, $14\frac{3}{8}$ millas el viernes y $27\frac{3}{4}$ millas el sábado. ¿Cuántas millas recorrió en bicicleta en total en esos tres días?

   (1) 26.825

   (2) 67.05

   (3) 67.825

   (4) 68.925

   (5) 80.4

2. Durante una reciente tormenta de nieve, nevó a razón de 1.24 pulgadas por hora. A esta razón, ¿cuántas pulgadas de nieve habrán caído en $6\frac{1}{4}$ horas?

   (1) $5\frac{1}{10}$

   (2) $5\frac{2}{5}$

   (3) $7\frac{1}{4}$

   (4) $7\frac{61}{100}$

   (5) $7\frac{3}{4}$

3. A Miguel le pagan $9.50 por hora durante las primeras 40 horas de trabajo en una semana, y $1\frac{1}{2}$ esta razón por horas extra. Si trabaja $52\frac{1}{4}$ horas en una semana, ¿cuál será su ingreso bruto, redondeado al centavo más cercano?

   (1) $550.56

   (2) $552.56

   (3) $554.56

   (4) $557.56

   (5) $560.56

4. Si la gasolina cuesta $1.39 el galón, ¿cuánto costarían $16\frac{1}{8}$ galones, redondeados al centavo más cercano?

   (1) $31.12

   (2) $22.49

   (3) $22.41

   (4) $22.24

   (5) $11.60

Las preguntas 5 y 6 se refieren a la siguiente tabla:

Millas recorridas	
Alicia	4.875
Ramón	$3\frac{3}{5}$
Cristina	$4\frac{3}{4}$

5. ¿Cuántas millas más que Ramón corrió Alicia?

   (1) 1.275

   (2) 1.375

   (3) 1.400

   (4) 1.500

   (5) 1.575

6. ¿Cuál fue el total de millas que corrieron los tres?

   (1) 13.525

   (2) 13.425

   (3) 13.325

   (4) 13.225

   (5) 13.125

Las respuestas comienzan en la página 843.

El significado del porcentaje

El porcentaje es otra manera de representar una parte de un todo. En el caso de las fracciones, un entero puede dividirse en cualquier número de partes iguales. En el caso de los decimales, el número de partes debe ser de 10, 100, 1000 u otra potencia de 10. En el caso de los porcentajes, un entero siempre se divide en 100 partes iguales.

A

La ilustración A está dividida en 100 partes iguales. El cuadro entero representa el 100%. Cincuenta partes, o la mitad del cuadro, están sombreadas. La parte sombreada es el 50% del todo. El signo de porcentaje, %, significa "de 100". Cincuenta partes de 100 están sombreadas. La ilustración también representa la fracción $\frac{1}{2}$ y el decimal 0.5.

B

Los porcentajes pueden ser mayores que el 100%. La ilustración B representa el 125%. Se sombrearon un cuadro entero y 25 partes del segundo. Puesto que 100 partes es igual a 1 y 25 partes de 100 son lo mismo que $\frac{1}{4}$, 125% es igual a $1\frac{1}{4}$ ó 1.25.

La ilustración C representa $\frac{1}{2}$%, ó 0.5%. Solamente se sombreó la mitad de una parte. Un porcentaje que es menor que 1% es menor que $\frac{1}{100}$.

C

$$0.5\% = 0.005 = \frac{5}{1000} = \frac{1}{200}$$

Convertir porcentajes en números decimales

Para resolver problemas de porcentajes utilizando lápiz y papel, necesita convertir el porcentaje ya sea en un número decimal o en una fracción.

Ejemplo 1   Convierta 45% en número decimal.   45.%
Elimine el signo de porcentaje y marque un   0.45.
punto decimal a la derecha del dígito de las
unidades. Luego, mueva el punto decimal dos
lugares hacia la izquierda.

El porcentaje 45% es igual al decimal **0.45.**

Ejemplo 2   Convierta 7.5% en número decimal.
Elimine el signo de porcentaje y mueva el punto   7.5%
decimal dos lugares hacia la izquierda.   0.07.5
Escriba un cero como valor nulo en el lugar
de las decenas.

El porcentaje 7.5% es igual al decimal **0.075.**

Para convertir un decimal con una calculadora, marque la cifra del porcentaje y divídala entre 100.

7.5 ÷ 100 = 0.075

Convertir números decimales en porcentajes

Los siguientes ejemplos muestran cómo convertir un número decimal en porcentaje.

Ejemplo   Convierta 0.15 en porcentaje.
Mueva el punto decimal dos lugares a la derecha y escriba el signo de porcentaje. (Observe que ya no se necesita el cero como valor nulo.)

$$0.15. = 15\%$$

El decimal 0.15 es igual que **15%**.

Ejemplos   Agregue un cero para mover el punto decimal dos lugares.

$$2.5 = 2.50. = 250\%$$

No escriba un punto decimal después de un número entero o entre un número entero y una fracción.

$$0.33\tfrac{1}{3} = 0.33.\tfrac{1}{3} = 33\tfrac{1}{3}\%$$

Para convertir un decimal en porcentaje con una calculadora, marque el

$$0.15 \;\boxed{\times}\; 100 \;\boxed{=}\; 15.$$

Convertir fracciones en porcentajes

Sugerencia

En la calculadora suministrada para la Prueba de Matemáticas de GED, debe oprimir las teclas SHIFT = para usar la tecla de porcentaje. Consulte la página 901 para mayor información sobre cómo utilizar las teclas de porcentaje en las calculadoras.

Puede convertir una fracción en porcentaje convirtiéndola primero en número decimal y, luego, convirtiendo éste en porcentaje.

Ejemplo 1   Convierta $\tfrac{3}{4}$ en porcentaje.

Paso 1   Divida el numerador entre el denominador.

$$3 \div 4 = 0.75$$

Paso 2   Multiplique el decimal por 100. Mueva el punto decimal dos lugares a la derecha y escriba un signo de porcentaje.

$$0.75 = 75\%$$

La fracción $\tfrac{3}{4}$ es igual a **75%**.

También puede convertir directamente una fracción o un número mixto en porcentaje.

Ejemplo 2   Convierta $\tfrac{3}{4}$ en porcentaje.

Paso 1   Multiplique la fracción por $\tfrac{100}{1}$.

Paso 2   Simplifique para obtener un número mixto o entero y escriba el signo de porcentaje.

$$\frac{3}{\cancel{4}_{\,1}} \times \frac{\overset{25}{\cancel{100}}}{1} = 75\%$$

Con este método, la fracción $\tfrac{3}{4}$ también es igual a **75%**.

Ejemplo 3   Convierta $3\frac{1}{4}$ en porcentaje.

Paso 1   Convierta el número mixto en fracción impropia.

$3\frac{1}{4} = \frac{13}{4}$

Paso 2   Multiplique por $\frac{100}{1}$ y agregue el signo de porcentaje.

$\frac{13}{\cancel{4}_1} \times \frac{\cancel{100}^{25}}{1} = 325\%$

El número mixto $3\frac{1}{4}$ es igual a **325%**.

Para convertir una fracción en porcentaje con una calculadora, divida el numerador entre el denominador y oprima la tecla de porcentaje.

Convierta $\frac{3}{4}$ en porcentaje.   **3** ÷ **4** **SHIFT** = **75.** ó **75%**

Convierta $\frac{2}{5}$ en porcentaje.   **2** ÷ **5** **SHIFT** = **40.** ó **40%**

Convertir porcentajes en fracciones o números mixtos

Como ya sabe, la palabra *porcentaje* significa "de 100". Para convertir un porcentaje en una fracción o número mixto, elimine el signo de porcentaje y escriba el número en forma de fracción con denominador 100. Después, simplifique.

Ejemplo 1   Convierta 35% en fracción.
Escriba en forma de fracción con denominador 100 y simplifique.

$\frac{35}{100} = \frac{35 \div 5}{100 \div 5} = \frac{7}{20}$

Por lo tanto, el porcentaje 35% es igual a la fracción $\frac{7}{20}$.

Ejemplo 2   Convierta 150% en número mixto.
Escriba en forma de fracción impropia (denominador 100); Simplifique.

$\frac{150}{100} = \frac{150 \div 50}{100 \div 50} = \frac{3}{2} = 1\frac{1}{2}$

Así, el porcentaje 150% es igual que el número mixto $1\frac{1}{2}$.

Convertir porcentajes que contienen partes fraccionarias o decimales requiere pasos extra.

Ejemplo 3   Convierta $41\frac{2}{3}\%$ en fracción.
Escriba $41\frac{2}{3}$ sobre 100 y divida.

$\frac{41\frac{2}{3}}{100} = 41\frac{2}{3} \div 100 = \frac{\cancel{125}^5}{3} \times \frac{1}{\cancel{100}_4} = \frac{5}{12}$

El porcentaje 41% es igual a la fracción $\frac{5}{12}$.

Ejemplo 4   Convierta 37.5% en fracción.

Paso 1   Convierta el porcentaje en número decimal: Mueva el punto decimal 2 lugares a la izquierda.

$37.5\% = .37.5 = 0.375$

$\frac{375 \div 125}{1000 \div 125} = \frac{3}{8}$

Paso 2   Convierta el decimal en fracción; simplifique.

Así, el porcentaje 37.5% es igual a la fracción $\frac{3}{8}$.

Algunas calculadoras tienen teclas especiales para convertir los porcentajes en fracciones.

Para convertir 150% en fracción: marque la cifra del porcentaje, oprima la tecla de fracción, marque 100 y oprima $=$.

150 $\boxed{a\,b/c}$ **100** $\boxed{=}$ **1 ⌋ 1 ⌋ 2.**

Cuando aparece esto en la pantalla de una calculadora, significa $1\frac{1}{2}$.

Sugerencia

Tal vez la pantalla de su calculadora sea muy diferente de la que se muestra aquí. Lea las instrucciones que acompañan a su calculadora para aprender cómo usarla para resolver problemas con fracciones.

Convierta cada porcentaje en fracción o número mixto.

1. 65%   3. 140%   5. 39%

2. 84%   4. 275%   6. 450%

Usar proporciones con porcentajes

Existen tres elementos básicos en un problema de porcentaje: **total × razón = porción.** Considere el siguiente enunciado:

Ejemplo   De 200 solicitantes, 25% ó 50 no pueden trabajar los fines de semana.

- El **total** es la cantidad total. En este enunciado el total es 200.
- La **porción** es una parte del todo o del total. En este enunciado, 50 indica qué parte de los 200 solicitantes (el total) no puede trabajar los fines de semana.
- La **razón** siempre va seguida de un signo de porcentaje (%). La razón indica cuál es la relación entre la porción y el total. En este enunciado, la relación es del 25%.

Sugerencia

El total, o el todo, frecuentemente es una cantidad original, tal como un precio original, saldo inicial o cantidad total.

En un problema de porcentajes, uno de estos tres elementos se desconoce. Para calcular el elemento que falta, plantee una proporción utilizando el total, la porción y la razón. Substituya los valores conocidos y resuelva para calcular el elemento que falta.

$$\frac{\text{Porción}}{\text{Total}} = \frac{\text{Razón\%}}{100\%}$$ Para calcular el elemento que falta, calcule el producto vectorial y divida entre el tercer número.

Ejemplo 1   12 es el 75%, ¿de qué número?

(1) 1200
(2)   75
(3)   63
(4)   16
(5)   12

En este problema, se conocen la porción y la razón, por lo que debe calcular el valor del total.

Paso 1   Plantee la proporción. $\frac{12}{?} = \frac{75}{100}$
Paso 2   Calcule el producto vectorial. $12 \times 100 = 1200$
Paso 3   Divida entre 75. $1200 \div 75 = 16$

De manera que 12 es el 75% de 16. La **opción (4)** es la correcta.

Las respuestas comienzan en la página 843.

Práctica de GED

Instrucciones: Elija la respuesta que mejor responda a cada pregunta. Utilice la calculadora cuando se le indique.

1. El suéter que aparece arriba está a la venta con un 20% de descuento. Si la etiqueta muestra el precio original, ¿cuánto ahorrará una persona si lo compra en oferta?

   (1) $ 7
   (2) $ 9
   (3) $12
   (4) $14
   (5) $15

2. La compañía aseguradora de Samuel pagó 90% del costo de las reparaciones de su automóvil. Si la factura por la reparación fue de $625, ¿cuánto pagó la compañía aseguradora?

   (1) $437.50
   (2) $468.75
   (3) $500.00
   (4) $562.50
   (5) $605.15

3. Aurora gana $1344 al mes. Si 2.5% de sus ingresos lo designa para pagar contribuciones estatales, ¿cuánto paga al mes en contribuciones estatales?

   (1) $ 20.16
   (2) $ 26.88
   (3) $ 33.60
   (4) $ 42.20
   (5) $336.00

4. En una prueba, un estudiante contestó correctamente 80% de las preguntas. Si el estudiante tuvo 56 preguntas correctas, ¿cuántas preguntas había en la prueba?

   (1) 64
   (2) 70
   (3) 72
   (4) 84
   (5) 90

5. Los Toros ganaron 18 juegos de 45. ¿Cuál es el porcentaje de juegos que ganaron los Toros?

   (1) 40%
   (2) 45%
   (3) 50%
   (4) 55%
   (5) 60%

6. El ochenta por ciento de los empleados de la Compañía Usagi Exprés son choferes. Si hay 300 choferes en la compañía, ¿cuántos empleados trabajan para Usagi Exprés?

   (1) 320
   (2) 335
   (3) 342
   (4) 365
   (5) 375

Sugerencia

Para resolver un problema de porcentaje, plantee una proporción:

$$\frac{\text{porción}}{\text{total}} = \frac{\text{razón\%}}{100\%}$$

Determine cuál elemento falta (el total, la porción o la razón), substituya las cifras en la proporción y resuélvala.

Las respuestas comienzan en la página 843.

Resolver problemas de porcentaje (Parte I)

Elementos de un problema de porcentaje

Como ya sabe, los problemas de porcentaje tienen tres elementos básicos: el total, la porción y la razón. Considere este enunciado:

Erica gasta $320, ó 20%, de su ingreso mensual de $1600 en víveres.

El total, $1600, es la cantidad completa. Las otras cifras del problema se comparan con el total. La porción, $320, es una parte del total. La razón, 20%, indica la relación que hay entre la porción y el total.

En un problema de porcentaje, uno de estos tres elementos se desconoce. Anteriormente, usted aprendió a resolver un problema de porcentaje utilizando una proporción. También puede calcular el elemento que falta utilizando la fórmula de porcentaje:

$$\textbf{total} \times \textbf{razón} = \textbf{porción}$$

El diagrama de triángulo muestra la relación entre los tres elementos. En los ejemplos que se presentan en esta lección, aprenderá como utilizar este diagrama.

Calcular la porción

Ejemplo Araceli deposita 5% de su cheque semanal en su cuenta de ahorros. Si su cheque semanal es de $326, ¿cuánto deposita en su cuenta de ahorros?

Paso 1 Identifique los elementos que conoce. El total, o la cantidad completa, es $326. Araceli deposita una *porción* de esta cantidad en su cuenta de ahorros. La razón es 5%. Debe calcular el valor de la porción.

Paso 2 Utilice el diagrama para identificar qué operación debe realizar. Cubra la palabra *porción*. Los elementos restantes se conectan mediante el signo de multiplicación. Multiplique: **total × razón.**

Paso 3 Convierta la razón en número decimal. $5\% = 0.05$
Multiplique. $326 \times 0.05 = \$16.30$

> ### *Sugerencia*
> Si la razón es mayor que 100%, la porción debe ser mayor que el total. El 150% de 200 es 300.

Cuando resuelva cualquier problema, tómese un tiempo para ver si su respuesta tiene sentido. Puesto que 5% es una parte pequeña de 100%, sabrá que los ahorros de Araceli deben constituir una parte pequeña de su cheque. La respuesta $16.30 es una cantidad razonable.

Debe calcular 5% de $326. Primero, marque la cifra correspondiente al total.

    326 × 5 SHIFT =   16.3

(Recuerde: SHIFT = son la tecla de % en las calculadoras de la Prueba de GED.)

Araceli deposita **$16.30** de su cheque semanal en su cuenta de ahorros.

Calcular la razón

Sugerencia

Para aprender cómo usar la tecla de porcentaje en la calculadora de la Prueba de Matemáticas de GED, vea la página 901.

Ejemplo   Joel gana $1700 al mes. Decide pedir un préstamo para comprar un automóvil usado. Los pagos mensuales de su préstamo son de $204. ¿Qué porcentaje de su ingreso mensual constituye el pago del préstamo?

Paso 1   Piense en el problema. La cantidad total que Joel gana cada mes es el total. Joel gasta una porción de ese ingreso en el pago del préstamo. Lo que debe calcular es el porcentaje o razón.

Paso 2   Utilice el diagrama para determinar qué operación debe realizar. Cubra la palabra *razón*. Los elementos restantes están conectados con el signo de división: **porción ÷ total = razón.**

Paso 3   Divida. 204 ÷ 1700 = 0.12. Convierta el resultado en porcentaje. 0.12 = 12%

Puede hacer ambos cálculos en un sólo paso utilizando la tecla de porcentaje de la calculadora ó las teclas SHIFT = en la calculadora de la Prueba de GED.

204 ÷ 1700 % 12.   or   204 ÷ 1700 SHIFT = 12.

Joel gasta un **12%** de su ingreso mensual en el pago del préstamo para auto.

Calcular el porcentaje de aumento o disminución

Algunos problemas de porcentaje le piden calcular la razón del cambio de un monto durante un tiempo. Este cambio puede ser ya sea un aumento o una disminución. Para resolver estos problemas, siga estos pasos.

Sugerencia

Busque indicios en el texto del problema que le ayuden a identificar la cantidad original. Por ejemplo, las palabras: "¿Qué porcentaje de...?" generalmente preceden a la cifra correspondiente al total.

Paso 1   Reste para calcular la diferencia entre la cantidad original y la nueva cantidad.

Paso 2   Divida la diferencia del Paso 1 entre la cantidad original.

Paso 3   Convierta el decimal en porcentaje.

Ejemplo   Beto trabaja como vendedor en una tienda de ropa. Cuando empezó a trabajar ahí, le pagaban $7.50 por hora. Recientemente, recibió un aumento. Ahora gana $8.10 por hora. Calcule la razón del aumento de su salario por hora.

Inicialmente el salario de Beto era de $7.50 por hora (cantidad original) y aumentó a $8.10 (cantidad nueva).

Paso 1   Reste para calcular la diferencia. $8.10 − $7.50 = $0.60
Paso 2   Divida entre el salario original por hora. $0.60 ÷ $7.50 = 0.08
Paso 3   Convierta el decimal en porcentaje.   0.08 = 8%

El aumento de Beto representa un **aumento del 8%.**

Práctica de GED

Instrucciones: Elija la respuesta que mejor responda a cada pregunta.

1. La Biblioteca Pública Central lleva un registro del número de libros que se prestan cada mes. De los 8520 libros que se prestaron en mayo, 10% eran libros para niños. ¿Cuantos libros para niños se prestaron en mayo?

   (1)   85
   (2)   170
   (3)   852
   (4) 1704
   (5) 2000

La pregunta 2 se refiere al siguiente diagrama:

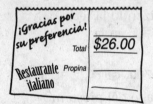

2. Estela trabaja como mesera. Un cliente le dejó una propina de 15% del total de la cuenta que se muestra arriba. ¿De cuánto fue la propina de Estela?

   (1) $1.30
   (2) $1.60
   (3) $2.75
   (4) $3.90
   (5) $5.00

3. Martín pagó por un equipo estereofónico $150 más 5% por el impuesto de ventas. ¿Cuánto pagó por el impuesto de ventas?

   (1) $155.00
   (2) $ 50.00
   (3) $ 30.00
   (4) $ 15.00
   (5) $ 7.50

4. Sara vendió un radio/reproductor de discos compactos que originalmente costaba $70 y que tenía un descuento del 20%. ¿De cuánto fue el descuento?

   (1) $20.00
   (2) $14.00
   (3) $ 7.00
   (4) $ 1.40
   (5) $ 0.70

5. El salario neto de Zoila es de $1500 mensuales. De esta cantidad, 25% lo utiliza para pagar la renta. ¿Cuánto paga de renta al mes?

   (1) $ 60
   (2) $150
   (3) $300
   (4) $375
   (5) $500

6. El Centro Comunitario Juárez está vendiendo boletos para su concierto de recaudación de fondos. Hasta ahora, han vendido 30% de los 1800 boletos. ¿Cuántos boletos han vendido hasta ahora?

   (1) 600
   (2) 540
   (3)   60
   (4)   54
   (5)   6

Sugerencia

A veces es útil hacer estimaciones y cálculos mentales. Por ejemplo, para dejar una propina del 15% de una cuenta de $8.69, redondee esta cantidad a $9 y, luego, calcule el 15% de $9.

Las respuestas comienzan en la página 843.

Matemáticas • Números y operaciones

Resolver problemas de porcentajes (Parte II)

Calcular el total

Ejemplo 1 Los empleados de la Imprenta Galindo deben completar un curso de seguridad durante su primer año de empleo. De los empleados actuales, 90% ha terminado el curso. Si 63 empleados han completado el curso, ¿cuántos empleados trabajan en la Imprenta Galindo?

Paso 1 Analice el problema. El total o cantidad completa es el número total de empleados de la Imprenta Galindo. El número 63 es una porción del número de empleados. Los 63 empleados son el 90% del total de empleados. Debe resolver para calcular el total.

Paso 2 Utilice el diagrama para ver cuál es la operación que debe realizar. Cubra la palabra *total*. Los elementos restantes se conectan mediante el signo de división. Divida **porción ÷ razón**.

Paso 3 Convierta la razón en decimal. Divida. Hay **70** empleados en la Imprenta Galindo.

$$0.9 \overline{)63.0.}$$

Usted puede realizar los cálculos en un solo paso con la calculadora. Divida.

63 ÷ 90 SHIFT = 70.

La Imprenta Galindo tiene **70 empleados**.

Como sabe, la porción puede ser mayor que el total. Puede reconocer estos casos porque la razón es mayor que 100%.

Ejemplo 2 Regina empezó recientemente a trabajar en un empleo mejor pagado. Su nuevo salario semanal es 120% del salario semanal en su empleo anterior. Si su nuevo salario semanal es de $326.40, ¿cuánto ganaba en su empleo anterior?

Paso 1 Analice el caso. El nuevo salario de Regina es 120% de su salario anterior. Su nuevo salario, $326.40, representa la porción aun cuando es la cantidad mayor. El salario anterior representa el total.

Paso 2 Convierta la razón en decimal y divida la porción entre la razón.

$$120\% = 1.2 \qquad \$326.40 \div 1.2 = \$272.00$$

El salario anterior de Regina era de **$272.00**.

Sugerencia

También puede usar una proporción para calcular el total:

$$\frac{63}{x} = \frac{90\%}{100\%}$$

Sugerencia

Siempre lea atentamente. A primera vista, éste puede parecer un problema de razón de aumento. Asegúrese de saber qué es lo que está resolviendo antes de empezar a calcular.

Resolver problemas de intereses

El interés es una cuota que se cobra por utilizar el dinero de otra persona. Cuando usted pide un préstamo para una compra, pagará intereses a la compañía que le presta el dinero. Cuando pone su dinero en una cuenta de ahorros, el banco le paga un interés por usar su dinero.

Si tiene una tarjeta de crédito o si ha pedido un préstamo, entonces tiene experiencia en el pago de intereses. Hay varios tipos de interés y diversas maneras de calcularlo. En la Prueba de Matemáticas de GED se evaluarán sus conocimientos sobre el interés simple. El interés simple se basa en el tiempo del préstamo en años.

La fórmula para calcular el interés simple es **$I = PTt$.** Esta fórmula es similar a la fórmula de porcentajes que ha estado utilizando. Cuando las letras o variables de una fórmula se escriben una junto a la otra, se deben multiplicar. Esta fórmula para calcular el interés también se puede expresar como un triángulo.

Sugerencia

Consulte la página 16 para ver la copia de la hoja de fórmulas GED que recibirá para la Prueba de Matemáticas de GED. Antes del examen, debe familiarizarse con estas fórmulas y cómo se utilizan.

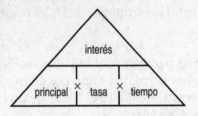

I = **interés**

P = **principal,** el monto del préstamo o dinero invertido

T = **tasa de interés,** como porcentaje

t = **tiempo** del préstamo en años

Ejemplo   Lina Álvarez pide $2500 prestados a 6 meses, a una tasa de interés del 12%. ¿Cuánto pagará Lina en intereses por el préstamo?

El principal (p) es de $2500, la cantidad del préstamo. La tasa de interés (T) es del 12%. El tiempo (t) es 6 meses, o $\frac{1}{2}$ de un año.

Paso 1   Convierta la tasa de interés en decimal. $12\% = 0.12$

Paso 2   Exprese el tiempo en años. $6 \text{ meses} = \frac{6}{12} = \frac{1}{2}$ de año.

(Si el problema indica el tiempo en meses, escriba el tiempo como la fracción de un año. Escriba el número de meses en el numerador y el número 12 en el denominador. Simplifique la fracción a sus términos mínimos.)

Sugerencia

Para resolver problemas de interés con la calculadora, convierta la parte fraccionaria del año en decimal. Por ejemplo, 6 meses es igual a 0.5 de un año.

Paso 3   Multiplique: **principal × tasa × tiempo.** $\$2500 \times 0.12 \times \frac{1}{2} =$

El resultado es el interés. $\$300 \times \frac{1}{2} = \$150$

Lina pagará **$150** en intereses.

Algunos problemas le piden calcular la cantidad a pagar. Esto incluye el principal y los intereses que se deban. En el ejemplo anterior, Lina pidió $2500 prestados y debe pagar $150 de interés. Pero esto no responde a la pregunta. Para calcular la cantidad a pagar, sume el principal y el interés: $2500 + $150 = $2650.

Lina debe pagar **$2650.**

Práctica de GED

Instrucciones: Elija la respuesta que mejor responda a cada pregunta.

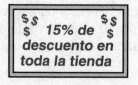

1. El Sótano de Mauricio tiene una liquidación de artículos para el hogar. ¿Cuál sería el precio de un juego de sábanas individuales cuyo precio original es $20?

   (1) $ 3.00
   (2) $ 5.00
   (3) $ 7.50
   (4) $17.00
   (5) $18.67

2. Flora tiene un salario de $9.00 por hora y recibió un aumento del 6%. Elija la respuesta que muestra cuál es el nuevo salario por hora de Flora.

   (1) $9 + 0.06
   (2) $9 + 0.06 × $9
   (3) $9 − 0.06 × $9
   (4) $9 × 0.06
   (5) $9(1 − 0.06)

3. Alfredo compró un auto usado por $1500. Le cambió el motor y reparó la carrocería. Vendió el auto por $4500. ¿Cuál fue la razón de aumento del precio del auto?

   (1)   67%
   (2) 133%
   (3) 200%
   (4) 300%
   (5) 400%

4. En una fábrica, Gloria supervisa a 30 empleados. El próximo mes, el personal a su cargo aumentará en un 40%. ¿Cuál expresión muestra cuántos empleados supervisará Gloria el próximo mes?

   (1) 0.4(30) + 0.4
   (2) 0.4(30) + 30
   (3) 0.4(30) − 0.4
   (4) 0.04(30) + 0.4
   (5) 0.4(30) − 30

5. Laura separó un abrigo que cuesta $160. Dio un anticipo del 10% y pagará el resto en 6 mensualidades. ¿Cuál expresión puede usarse para calcular el monto de cada mensualidad?

   (1) $\frac{\$160 - (\$160 \times 0.1)}{6}$

   (2) $\frac{\$160}{6}$

   (3) $160 − ($160 × 0.1)
   (4) $160 × 0.1
   (5) $160 + ($160 × 0.1)

6. Minas de Cobre González emplea a 1400 empleados. La compañía debe despedir al 5% de la fuerza laboral inmediatamente y a otro 20% de la fuerza laboral restante para fines de año. ¿Cuántos trabajadores serán despedidos?

   (1) 350
   (2) 336
   (3) 280
   (4) 210
   (5)   70

Las respuestas comienzan en la página 844.

Calculadoras y porcentajes

Una de las teclas más útiles de la calculadora es la tecla de porcentaje. Cuando se utiliza esta tecla, no se necesita convertir el porcentaje en decimal ni el decimal en porcentaje, la calculadora lo hace automáticamente.

Ejemplo   De su salario mensual de $3540, Julia pagó 32% en impuestos. ¿Cuánto pagó de impuestos?

Si no utiliza la tecla de porcentaje, primero deberá convertir 32% en número decimal, ó 0.32, antes de multiplicar esto por $3540. A continuación se muestra este método de usar la calculadora.

3540 $\times$ .32 $=$

La pantalla mostrará la respuesta de 1132.8, ó **$1132.80 de impuestos.**

Usando la tecla de porcentaje, no necesita convertir el porcentaje en decimal, sino marcar los números según aparecen en el problema. Esto se muestra a continuación. (Recuerde que en algunas calculadoras no es necesario oprimir la tecla del signo igual al final).

3540 $\times$ 32 % $=$

Recuerde: la calculadora que se emplea para la Prueba de Matemáticas de GED no tiene "tecla" de porcentaje. Debe oprimir las teclas SHIFT $=$ para hacer operaciones con porcentajes.

3540 $\times$ 32 SHIFT $=$ 1132.8

Usar la tecla de porcentaje

A continuación se presentan algunos puntos que debe recordar cuando utilice la tecla de porcentaje en la calculadora.

- **Cuando calcule el total o la porción, debe marcar el porcentaje tal y como aparece en el problema.** No mueva el punto decimal. Por ejemplo, si desea calcular el 8% de un número, no lo convierta en el decimal 0.08. Tan sólo multiplique el número por 8 y oprima la tecla % después del 8.
- **Al calcular la razón, la respuesta que aparece en la pantalla es el porcentaje y no su equivalente decimal.** No mueva el punto decimal. Por ejemplo, divida la porción (1) entre el total (4) seguida de la tecla de porcentaje. (Si la pantalla de su calculadora muestra 0.04, oprima la tecla del signo igual.) La pantalla muestra 25, que es el 25%. No hay necesidad de mover el punto decimal.
- **Cuidado con el orden en el que marca los números.** Cuando calcule la porción, multiplique el total por el porcentaje. Cuando calcule el porcentaje o el total, divida. Tenga cuidado de marcar primero la porción.

Práctica de GED

Instrucciones: Elija la respuesta que mejor responda a cada pregunta. PUEDE usar la calculadora.

1. Al final del primer trimestre, la Gaceta tenía 3450 empleados. En el segundo trimestre, se contrató un 12% más de empleados. ¿Cuántos nuevos empleados contrató la Gaceta en el segundo trimestre?

   (1)   41
   (2)   404
   (3)   414
   (4)   424
   (5) 4140

2. La familia Pérez fue a cenar a un restaurante y la cuenta fue de $120. Si dejaron una propina de $21.60, ¿qué porcentaje de la cuenta dejaron?

   (1) 15%
   (2) 16%
   (3) 17%
   (4) 18%
   (5) 19%

3. El vicepresidente de un banco hizo una contribución a su plan de retiro de $8\frac{3}{4}$% de su salario. Si contribuyó con $4375 de su salario anual, ¿cuál fue su salario ese año?

   (1) $42,000
   (2) $43,750
   (3) $49,383
   (4) $50,000
   (5) $50,383

4. Los gastos de oficina en Productos Delta se redujeron de $1400 el mes pasado a $1225 este mes. ¿Cuál fue el porcentaje de la reducción en los gastos de oficina?

   (1) 12.0%
   (2) 12.5%
   (3) 13.0%
   (4) 13.5%
   (5) 14.0%

5. Alexis compró un horno de microondas cuyo precio regular es de $394. Si el horno tenía un descuento del 40% sobre el precio regular, ¿cuánto pagó por el microondas?

   (1) $226.95
   (2) $232.60
   (3) $236.40
   (4) $240.25
   (5) $250.00

La pregunta 6 se refiere a la siguiente tabla:

Farmacia Dalí		
Artículo	Ventas en abril	Ventas en mayo
Pasta de dientes	$4200	$4956
Jabón	$3980	$4293
Champú	$3420	$3290

6. ¿Cuál fue el porcentaje de aumento de las ventas de pasta de dientes en mayo comparado con las ventas de pasta de dientes en abril?

   (1) 15%
   (2) 16%
   (3) 17%
   (4) 18%
   (5) 19%

Las respuestas comienzan en la página 844.

Las preguntas 7 y 8 se refieren a la siguiente tabla:

Ventas de la compañía (Millones de dólares)	
Mes	**Ventas**
Ene.	$ 2
Feb.	$ 6
Mar.	$ 8
Abr.	$ 8
Mayo	$14
Jun.	$18

7. Las ventas en febrero representan, ¿qué porcentaje del total de ventas de estos seis meses? Redondee al entero más cercano.

   (1) 10%
   (2) 11%
   (3) 12%
   (4) 13%
   (5) 14%

8. ¿Entre qué meses consecutivos tuvo la compañía el mayor porcentaje de aumento en sus ventas?

   (1) enero a febrero
   (2) febrero a marzo
   (3) marzo a abril
   (4) abril a mayo
   (5) mayo a junio

9. Lorenzo pidió un préstamo de $12,500 a un interés simple anual del 16% por $3\frac{1}{2}$ años. ¿Cuánto pagará en intereses sobre el préstamo al finalizar dicho período?

   (1) $2,000
   (2) $3,000
   (3) $4,000
   (4) $5,000
   (5) $7,000

10. Joaquín tiene un salario anual de $38,650. Si obtiene un aumento de $3,280, ¿cuál es el porcentaje de aumento con respecto a su salario actual? Redondee al entero más cercano.

    (1) 6%
    (2) 7%
    (3) 8%
    (4) 9%
    (5) 10%

11. Jaime compra un abrigo por $136 y paga un impuesto de ventas de $8\frac{1}{4}$%. ¿Cuál expresión muestra la cantidad que pagó Jaime por el abrigo, incluyendo el impuesto de ventas?

    (1) $136 + 0.0825
    (2) $136 × 0.0825
    (3) ($136 × 0.0825) + $136
    (4) ($136 + $136)0.0825
    (5) $\frac{\$136}{0.0825}$

12. La asistencia a una feria de artesanías decayó de 1,420 el año pasado a 1,209 este año. ¿Cuál fue el porcentaje de disminución de la asistencia, redondeado al porcentaje más cercano?

    (1) 15%
    (2) 16%
    (3) 17%
    (4) 18%
    (5) 19%

13. En octubre, la circulación del periódico local fue de 247,624. La circulación del periódico en septiembre fue de 238,100. ¿Cuál fue el porcentaje de cambio en la circulación de septiembre a octubre?

    (1) aumento del 3%
    (2) disminución del 3%
    (3) aumento del 4%
    (4) disminución del 4%
    (5) aumento del 5%

Las respuestas comienzan en la página 844.

GED Repaso Números y operaciones

Instrucciones: Elija la respuesta que mejor responda a cada pregunta. PUEDE usar la calculadora.

1. ¿Cuánto es el valor de 6000 − 2784?

   (1) 8784
   (2) 4785
   (3) 4784
   (4) 4216
   (5) 3216

2. ¿Cuánto es el valor de 3024 ÷ 6?

   (1) 54
   (2) 504
   (3) 540
   (4) 5004
   (5) 5040

3. Karina necesita $3,220 para comprar un auto usado. Si ahorra $230 al mes, ¿en cuántos meses podrá ahorrar la cantidad que necesita?

   (1) 11
   (2) 12
   (3) 13
   (4) 14
   (5) 15

4. Ivón paga $480 de renta al mes. ¿Cuánto paga de renta en un año?

   (1) $14,400
   (2) $ 5,760
   (3) $ 4,800
   (4) $ 576
   (5) $ 480

Las preguntas 5 a 7 se refieren a la siguiente tabla:

Número de videos rentados	
enero	4,320
febrero	5,980
marzo	4,987
abril	6,007
mayo	7,985

5. ¿Cuál fue el número total de videos rentados en febrero y marzo?

   (1) 10,300
   (2) 10,400
   (3) 10,967
   (4) 11,067
   (5) 15,287

6. ¿Cuántos videos más que en abril se rentaron en mayo?

   (1) 993
   (2) 1,070
   (3) 1,978
   (4) 1,988
   (5) 13,992

7. Si en junio se rentó el doble de videos que en enero, ¿cuántos videos se rentaron en junio?

   (1) 15,970
   (2) 12,014
   (3) 9,974
   (4) 8,640
   (5) 2,160

8. El año pasado, Ana pagó $13,600 en impuestos, que representaron 32% de su salario bruto anual. ¿Cuál fue su salario bruto anual?

   (1) $30,000
   (2) $34,500
   (3) $36,000
   (4) $38,500
   (5) $42,500

9. El catálogo actual de Suministros de Oficina Jiménez incluye una grapadora eléctrica de $69.95. Si ofrecen un descuento del 35%, ¿cuál es el precio de la grapadora después de aplicar el descuento, redondeado al centavo más cercano?

   (1) $24.48
   (2) $34.47
   (3) $42.43
   (4) $45.47
   (5) $94.43

10. El valor del inventario de la tienda Deportes Samuel incrementó de $46,400 a $52,200 durante el primer trimestre del año. ¿Cuál es el porcentaje de aumento del valor del inventario?

    (1) 10.5%
    (2) 12.0%
    (3) 12.5%
    (4) 58.3%
    (5) No se cuenta con suficiente información.

11. En una encuesta reciente en una compañía, $\frac{3}{4}$ de los empleados dijeron que iban al trabajo en auto. De aquellos que van en auto, $\frac{3}{5}$ dijeron que comparten auto. ¿Qué fracción de los empleados comparte auto?

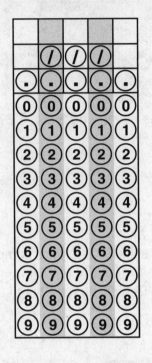

La pregunta 12 se refiere a la siguiente tabla.

Presupuesto mensual	
Gastos	**Fracción presupuestada**
Renta	$\frac{3}{8}$
Salarios	$\frac{1}{4}$
Publicidad	$\frac{1}{5}$
Suministros	$\frac{1}{8}$
Gastos diversos	$\frac{1}{20}$

12. ¿A cuál de los gastos se adjudicó la mayor cantidad del presupuesto mensual?

    (1) Renta
    (2) Salarios
    (3) Publicidad
    (4) Suministros
    (5) Gastos diversos

Matemáticas • Números y operaciones

Las preguntas 13 a 15 se refieren a la siguiente tabla:

Ganancias de la compañía	
Región	**Fraccion de las ganancias**
Noreste	$\frac{1}{8}$
Sureste	$\frac{1}{4}$
Noroeste	$\frac{1}{8}$
Suroeste	$\frac{1}{5}$
Centro	$\frac{3}{10}$

13. ¿Qué región tuvo la fracción mayor de las ganancias de la compañía?

(1) Noreste
(2) Sureste
(3) Noroeste
(4) Suroeste
(5) Centro

14. ¿Qué tanto mayor es la fracción de las ganancias combinadas de las regiones Noreste y Noroeste que la fracción de las ganancias de la región Suroeste?

(1) $\frac{1}{20}$
(2) $\frac{3}{20}$
(3) $\frac{1}{5}$
(4) $\frac{1}{4}$
(5) $\frac{2}{5}$

15. Si las ganancias totales de la compañía para el año pasado fueron de $1,987,865, ¿qué cantidad de las ganancias provino de la región Suroeste?

(1) $ 248,483
(2) $ 397,573
(3) $ 496,966
(4) $ 596,966
(5) $9,939,325

16. ¿Cuál de los siguientes números decimales tiene el mismo valor que la fracción $\frac{3}{7}$, redondeada al centésimo más cercano?

(1) 0.04
(2) 0.42
(3) 0.43
(4) 0.44
(5) 0.45

17. Durante los primeros cinco meses del año, las cuentas de luz de Marta fueron de $64.16, $78.92, $63.94, $50.17, y $42.87. ¿Cuál fue la cantidad total de estas cuentas?

(1) $287.86
(2) $298.06
(3) $299.06
(4) $300.06
(5) No se cuenta con suficiente información.

18. Eduardo compró tres artículos en la Farmacia Rita, cuyos precios eran $17.60, $9.25 y $3.68. Si pagó $2.40 de impuesto y le dio al cajero un billete de $50, ¿cuánto le dieron de cambio?

(1) $17.07
(2) $17.93
(3) $18.07
(4) $18.93
(5) $19.07

Sugerencia

Recuerde que puede haber más de una manera de escribir algunas expresiones.
$40(7 - 5)$ is $(40 \times 7) - (40 \times 5)$

Parte 11

Instrucciones: Elija la respuesta que mejor responda a cada pregunta. NO puede usar la calculadora.

19. La empresa Modas Fernández tiene 2100 empleados que trabajan en 14 sucursales. Después de contratar a 200 empleados nuevos, ¿cuál será el número total de empleados?

   (1) 214
   (2) 2114
   (3) 2300
   (4) 2314
   (5) 4900

20. Jardinería El Olivo compra suministros al por mayor. Para arreglar el jardín de una casa-muestra, la compañía gastó $560 en arbustos y $638 en grava. Además, la compañía compró bloques de adoquín a $3 cada uno. Si se necesitan 250 bloques, ¿cuál expresión muestra cuánto costarán los bloques de adoquín?

   (1) $\dfrac{(\$560 + \$638 + \$3)}{250}$

   (2) $(\$560 + \$638 + \$3)250$

   (3) $\$560 + \$638 + \$3 - 250$

   (4) $250 \times \$3$

   (5) $\dfrac{250}{\$3}$

21. Narciso compra una computadora a crédito. Da un anticipo de $720 y decide pagar $85 mensuales por el saldo adeudado. ¿Cuál es el costo total de la computadora?

   (1) $ 720
   (2) $ 765
   (3) $1020
   (4) $1275
   (5) No se cuenta con suficiente información.

22. Juan pagó $1224.96 en doce mensualidades iguales. Haga un cálculo aproximado de la cantidad de cada mensualidad.

   (1) $1200
   (2) $1000
   (3) $ 120
   (4) $ 100
   (5) $ 12

23. Jimena tiene $175 y gasta $54.25 y $30.50. ¿Cuál de las siguientes expresiones muestra cuánto le quedó a Jimena después de las dos compras?

   (1) $175 + $54.25 + $30.50
   (2) $175 − ($54.25 + $30.50)
   (3) ($175 + $54.25) − ($175 + $30.50)
   (4) $175 + $54.25 − $30.50
   (5) $175 − $54.25 + $30.50

La pregunta 24 se refiere a la siguiente tabla:

Viveros Pablo-Lista de precios	
Planta de 3 pulgadas en tiesto	$1.79
Planta de 4 pulgadas en tiesto	$2.89
Planta de 5 pulgadas en tiesto	$3.69
Bolsa de tierra para sembrar	$3.19
Regadera	$1.89

24. ¿Cuál es el mayor número de plantas de 3 pulgadas que puede comprar Manuel con $10?

   (1) 2
   (2) 3
   (3) 5
   (4) 8
   (5) 10

Matemáticas • Números y operaciones

25. Las ventas netas registradas en agosto representaron 120% de las ventas netas de febrero. Si las ventas netas de febrero fueron de $13,985, ¿cuáles fueron las ventas netas en agosto?

(1) $11,188
(2) $11,654
(3) $14,782
(4) $16,782
(5) $17,481

26. Durante una oferta, una tienda de muebles para oficina rebajó un 30% el precio de una silla giratoria. Si el precio regular de la silla es $180, ¿cuál es el precio después de aplicar el descuento?

(1) $ 54
(2) $120
(3) $126
(4) $184
(5) $234

La pregunta 27 se refiere a la siguiente tabla:

Presupuesto de gastos Total: $60,000	
Categoría	% del presupuesto
Publicidad	16%
Salarios	35%
Suministros	25%
Renta	24%

27. ¿Cuánto mayor es el presupuesto para suministros que el presupuesto para publicidad?

(1) $5000
(2) $5400
(3) $6400
(4) $7400
(5) $9000

28. Débora invirtió $5000 en una cuenta que paga un interés anual simple del 8%. Transcurridos 3 años, ¿cuánto dinero habrá en la cuenta, incluidos los intereses ganados?

(1) $ 400
(2) $1200
(3) $5400
(4) $5800
(5) $6200

29. Durante las festividades, el precio de un juguete subió de $1 a $3. ¿Cuál fue el porcentaje de incremento en el precio del juguete?

(1) 100%
(2) 200%
(3) 300%
(4) 400%
(5) 500%

30. Samuel compró un nuevo televisor a $440. Dio el 20% del precio como anticipo y pagó el resto en 8 mensualidades iguales. ¿De cuánto fue cada mensualidad?

(1) $43
(2) $44
(3) $45
(4) $46
(5) $47

31. Margarita pidió prestados $2500 a su jefe, a dos años, al $2\frac{1}{2}$% de interes. ¿Cuál es la cantidad total que tendrá que pagar?

(1) $2625
(2) $3137
(3) $3426
(4) $5000
(5) $6150

Las respuestas comienzan en la página 845.

Medidas y análisis de datos

La medición y el análisis de datos son dos áreas importantes de las matemáticas que utilizamos a diario. Cuando hacemos cosas utilizamos las medidas. A veces utilizamos unidades como los galones de pintura o las tazas de trocitos de chocolate. En otras ocasiones medimos la longitud o el espacio. Podemos medir, por ejemplo, el perímetro o la superficie que tienen un piso, una pared o un jardín, o el volumen de un recipiente. El análisis de datos es una actividad cada vez más importante en nuestras vidas. El uso creciente de las computadoras ha acelerado los procesos de recogida, presentación y análisis de datos, especialmente cuando la información tiene carácter numérico. Con mucha frecuencia podemos ver estos datos presentados en forma de cuadros, tablas y gráficas.

Las preguntas relacionadas con las medidas y con el análisis de datos representan más del 25 por ciento del total de las preguntas en las Pruebas de Matemáticas de GED. Además, comprobará que buena parte de las destrezas que aparecen en esta unidad le serán útiles en su vida personal y en el trabajo.

Sistemas de medidas

El sistema tradicional de medidas (E.U.A.)

Muchos problemas de Matemáticas implican medidas. Una medida es un número al que acompaña una unidad de medición. Puede decir, por ejemplo, que una tabla de madera mide 4 pies de largo, que un balde tiene una capacidad de 2 galones o que una carta pesa 1 onza. Los pies, los galones y las onzas son unidades de medida.

La tabla anterior muestra las unidades de medida y sus equivalencias en el sistema tradicional de medidas utilizado en Estados Unidos. Es preciso que conozca la información de la tabla.

Longitud	Peso
1 pie (pie) = 12 pulgadas (pulg)	1 libra (lb) = 16 onzas (oz)
1 yarda (yd) = 3 pies	1 tonelada (t) = 2000 libras
1 milla (mi) = 5280 pies	
Volumen	**Tiempo**
1 taza (c) = 8 onzas líquidas (fl oz)	1 minuto (min) = 60 segundos (seg)
1 pinta (pt) = 2 tazas	1 hora (h) = 60 min
1 cuarto (qt) = 2 pintas	1 día = 24 h
1 galón (gal) = 4 cuartos	1 semana = 7 días
	1 año = 12 meses = 365 días

Conversión de las unidades de medidas

Con frecuencia es necesario pasar de una unidad de medida a otra. Utilizar proporciones es uno de los métodos más sencillos de convertir unidades.

Ejemplo 1   Emilio tiene un plan de llamadas telefónicas que le ofrece 1200 minutos al mes para sus llamadas de larga distancia. ¿De cuántas horas de llamadas de larga distancia dispone Emilio?

Paso 1   **Utilice el factor de conversión correcto.** 1 horas = 60 minutos

Paso 2   **Escriba una proporción.** Escriba las dos razones en el mismo orden (escriba el mismo tipo de unidades arriba).
$$\frac{horas}{minutos} \qquad \frac{1}{60} = \frac{x}{1200}$$

Paso 3   **Resuelva para encontrar el valor de x.** Halle el producto vectorial y divida por el término restante.
$$1 \times 1200 \div 60 = 20$$

Emilio tiene un plan de llamadas que le ofrece **20 horas** al mes.

Escriba la proporción y haga el cálculo aritmético.

   1   ✕   1200   ÷   60   =   20.

Ejemplo 2   Una tabla mide $5\frac{3}{4}$ pies de largo. ¿Qué longitud tiene en pulgadas?

Paso 1   Utilice el factor de conversión apropiado.   1 pie = 12 pulg

Paso 2   Escriba después una proporción.
$$\frac{pulg}{pie} \qquad \frac{12}{1} = \frac{x}{5\frac{3}{4}}$$

Paso 3   Obtenga el producto vectorial, divida y resuelva.
$$12 \times 5\frac{3}{4} \div 1 = x$$
$$\cancel{12} \times \frac{23}{\cancel{4}} \div 1 = 69$$

La longitud de la tabla es de **69 pulgadas**.

No todas las conversiones tienen como resultado un número entero. Cuando le quede un resto, podrá escribirlo como una unidad más pequeña, como una fracción o como número decimal.

Ejemplo 3   Pasar 56 onzas a libras.

Paso 1   Utilice el factor de conversión apropiado.   1 lb = 16 oz

Paso 2   Escriba y resuelva una proporción.

$$\frac{libras}{onzas} \quad \frac{1}{16} = \frac{x}{56} \qquad 1 \times 56 \div 16 = 3 \; r8 = 3\frac{8}{16} = 3\frac{1}{2} = 3.5$$

El resto en forma decimal o en forma fraccionaria utiliza el mismo tipo de unidad de medida que la parte entera de la respuesta.

   1   ✕   56   ÷   16   =   3.5

La respuesta es **3 libras y 8 onzas**, $3\frac{1}{2}$ **libras** ó **3.5 libras**.

Resolver. Puede usar la calculadora.

1. Pase 6 pies y 9 pulgadas a yardas.

2. Pase 74 onzas a libras.

3. ¿Cuál es el equivalente en pies de 5 millas?

4. ¿Cuántas tazas hay en 2 galones?

Las respuestas comienzan en la página 846.

Operaciones con medidas

Las medidas tienen que estar en las mismas unidades para poder sumarlas, restarlas, multiplicarlas o dividirlas.

Ejemplo 1 Una tabla de madera mide $2\frac{1}{2}$ pies de largo. Otra tabla mide 2 pies y 9 pulgadas. ¿Cuál es la longitud total de las dos tablas juntas?

Paso 1 **Transforme al mismo tipo de unidades.** 1 pies = 12 pulg
Use el factor de conversión apropiado. $2\frac{1}{2}$ pies = 2 pies 6 pulg

Paso 2 **Desarrolle** el problema 2 pies 6 pulg
de la suma y luego sume $\underline{+2\ \text{pies}\quad 9\ \text{pulg}}$
las unidades del mismo 4 pies 15 pulg = 4 pies + 12 pulg + 3 pulg
tipo. = 4 pies + 1 pie + 3 pulg = 5 pies 3 pulg

Paso 3 **Reduzca** su respuesta.

La longitud total de las dos tablas es de **5 pies y 3 pulgadas**.

Para restar medidas, puede que tenga que reagrupar o pedir prestado a la columna que tiene la unidad de medida mayor.

Ejemplo 2 Juan pesaba 11 lb y 11 oz a los 2 meses de edad. A los 4 meses de edad pesaba 14 lb y 8 oz. ¿Cuánto aumentó su peso?

Paso 1 Reagrupe cuando sea necesario. En este caso tiene
que pedir prestada 1 lb a 14 lb y convertirla en 16 oz.

$$\begin{array}{r} \overset{13}{\cancel{14}}\ \text{lb}\ \overset{24}{\cancel{8}}\ \text{oz} \\ -11\ \text{lb}\ 11\ \text{oz} \\ \hline 2\ \text{lb}\ 13\ \text{oz} \end{array}$$

Paso 2 Combine entre sí las unidades del mismo tipo. En este caso, sume 16 oz y 8 oz. Luego reste para hallar la diferencia.

El peso de Juan aumentó **2 libras y 13 onzas**.

Puede que tenga que convertir unidades y reducir sus respuestas para dividir o multiplicar. Para dividir pase los datos a la unidad de medida más pequeña.

Ejemplo 3 En un proyecto se necesitan 4 tablas de madera, cada una de 4 pies y 3 pulg de longitud. ¿Cuál es la longitud total de todas las tablas?

Paso 1 Desarrolle el problema y multiplique cada
una de las partes de la medida por
separado. En este caso, 4 pies × 4 = 4 pies 3 pulg
16 pies; 3 pulg × 4 = 12 pulg $\underline{\times\qquad\qquad 4}$

Paso 2 Convierta las unidades y reduzca 16 pies 12 pulg = 16 pies + 1 pie
la respuesta. = 17 pies

La longitud total es de **17 pies**.

Ejemplo 4 Mel tiene un tubo de 14 pies y 2 pulg de largo. Si lo corta en cinco partes iguales, ¿qué longitud tendrá cada parte del tubo?

Paso 1 Para dividir, convierta las unidades mixtas a la
unidad más pequeña. Escriba una proporción $\dfrac{\text{pulgadas}}{\text{pies}}\quad \dfrac{12}{1}=\dfrac{x}{14}$
usando el factor de conversión apropiado.
Resuelva (en este caso, para las pulgadas
que hay en 14 pies). Sume la unidad más $12 \times 14 \div 1 = 168$ pulg
pequeña que queda para obtener el total
de pulgadas (en este caso, 2 pulgadas). 168 pulg + 2 pulg = 170 pulg

Paso 2 Divida (en este caso, por 5). 170 pulg ÷ 5 = 34 pulg

Paso 3 Convierta a unidades mixtas (en 34 pulg = 2 pies 10 pulg
este caso, pies y pulgadas).

Cada parte de tubo medirá **34 pulgadas** ó **2 pies y 10 pulgadas**.

Sistema métrico

El sistema métrico se usa en la mayor parte de los países del mundo. El sistema consta de estas unidades métricas básicas:

metro (m) unidad de longitud.   Un metro es unas pocas pulgadas más largo que una yarda.

gramo (g) unidad de peso o de masa. Una onza tiene 28 gramos.

litro (L) unidad de volumen. Un litro es poco más que un cuarto.

Otras unidades de medida se crean añadiendo a las unidades básicas que se mencionan arriba los prefijos siguientes.

mili-	significa $\frac{1}{1000}$	Un miligramo (mg) es $\frac{1}{1000}$ de gramo.
centi-	significa $\frac{1}{100}$	Un centímetro (cm) es $\frac{1}{100}$ de metro.
deci-	significa $\frac{1}{10}$	Un decilitro (dL) es $\frac{1}{10}$ de litro.
deca-	significa 10	Un decagramo (dag) es 10 gramos.
hecto-	significa 100	Un hectolitro (hL) tiene 100 litros.
kilo-	significa 1000	Un kilómetro (km) tiene 1000 metros.

El sistema métrico se basa en las potencias del diez. Para convertir las unidades métricas se desplaza el punto decimal. Use la tabla siguiente para hacer las conversiones métricas.

Para convertir a unidades menores, desplace el punto decimal hacia la derecha. ----------➤

kilo- 1000	hecto- 100	deca- 10	metro gramo litro	deci- $\frac{1}{10}$	centi- $\frac{1}{100}$	mili- $\frac{1}{1000}$

◄-------------- Para convertir a unidades mayores, desplace el punto decimal hacia la izquierda.

Ejemplo 1   ¿Cuántos miligramos hay en 2 decagramos?

Paso 1   Tiene que pasar de una unidad mayor (decagramos) a una unidad menor (miligramos). Coloque su dedo en cualquiera de las medidas de unidad en la tabla y **cuente los espacios** hasta la otra medida.

Hay 4 espacios.

Paso 2   Puesto que está pasando de una unidad mayor a una menor, tiene que **desplazar el punto decimal** 4 lugares hacia la derecha. Añada ceros si es preciso.

$2.0000 = 20,000.$

Hay **20,000 miligramos** en 2 decagramos.

Ejemplo 2   Un trozo de cable mide 150 centímetros de largo. ¿Cuál es la longitud del cable en metros?

Paso 1   Tiene que pasar de centímetros a metros. Cuente los espacios que hay en la tabla desde una medida a la otra. Hay 2 espacios.

Sugerencia

Piense en el significado de los prefijos métricos. Como centímetro significa $\frac{1}{100}$ de metro, hay 100 centímetros en 1 metro.

Paso 2   Puesto que está convirtiendo de una unidad menor a una mayor, tiene que desplazar el punto decimal 2 lugares hacia la izquierda.

$$150. = 1.5$$

El cable tiene **1.5 metros** de largo.

Las medidas métricas utilizan decimales en lugar de fracciones. Cuando utilice estas medidas calcule de la misma forma que calcularía en otros problemas con decimales. Recuerde que sólo puede sumar o restar el mismo tipo de unidades.

Resuelva con lápiz y papel.

1. Pase 5000 metros a kilómetros.

2. ¿Cuántos miligramos hay en 3.4 gramos?

3. Un reproductor de CD pesa 3 kg. ¿Cuál es su peso en gramos?

4. Pase 2950 centímetros a metros.

5. ¿Cuántos litros hay en 3000 mililitros?

6. Una estantería para libros tiene una altura de 2.4 metros. ¿Cuál es su altura en centímetros?

> ### Sugerencia
> Para trabajar con unidades métricas se siguen los mismos pasos que para trabajar con decimales. En las páginas 500 a 509 se explica cómo trabajar con decimales.

Práctica de GED

Instrucciones: Elija la respuesta que mejor responda a cada pregunta.

1. Dos pedazos de madera tienen 6 pies y 8 pulgadas, y 4 pies 7 pulgadas respectivamente. ¿Cuál es la longitud total de los dos pedazos?

   (1) 10 pies 1 pulgada
   (2) 10 pies 3 pulgadas
   (3) 11 pies 1 pulgada
   (4) 11 pies 3 pulgadas
   (5) 15 pies 10 pulgadas

2. Marcos tiene un trozo de cuerda de 7 pies y 9 pulgadas de largo. Si corta la cuerda en 3 trozos iguales, ¿qué largo tendrá cada uno de los trozos?

   (1) 2 pies 3 pulgadas
   (2) 2 pies 4 pulgadas
   (3) 2 pies 5 pulgadas
   (4) 2 pies 6 pulgadas
   (5) 2 pies 7 pulgadas

3. Miguel tiene dos pedazos de tubo. Uno mide 2 yardas de largo y el otro 4 pies. ¿Cuántos pies es más largo el primer tubo?

   (1) 10
   (2) 9
   (3) 6
   (4) 4
   (5) 2

4. Un aparcamiento mide $41\frac{1}{2}$ yardas de ancho. ¿Cuánto mide el aparcamiento en pies?

   (1) 83
   (2) 112.5
   (3) 123
   (4) 124.5
   (5) 130

Las respuestas comienzan en la página 846.

Medir figuras comunes

Perímetro

El perímetro es la medida de la distancia total que tiene el borde de cualquier figura plana. Para hallar el perímetro de un polígono, sume las longitudes de todos sus lados.

Ejemplo 1 El supervisor del condado quiere poner una valla alrededor de la superficie de un patio de recreo. ¿Cuál es la longitud total de valla que necesita?

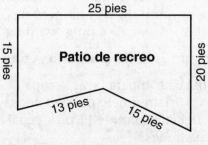

La valla se colocará alrededor del perímetro del patio de recreo. Halle el perímetro sumando las longitudes de todos los lados.

$$15 + 13 + 15 + 20 + 25 = 88$$

Necesitará **88 pies** de valla para cercar el patio de recreo.

A veces no se muestran las medidas de todos los lados que tiene una figura. Para hallar las longitudes que faltan tendrá que aplicar sus conocimientos acerca de las propiedades de esa figura.

Un rectángulo tiene 4 lados, 4 esquinas cuadradas o ángulos rectos y sus lados opuestos tienen la misma longitud. Los lados opuestos están uno enfrente del otro.

Ejemplo 2 Mónica necesita pegar un cordón alrededor del perímetro de una pieza rectangular de tablero para carteles que tiene 18 pulgadas de largo por 15 pulgadas de ancho. ¿Qué cantidad de cordón necesitará?

Paso 1 Escriba las medidas de los lados opuestos.
Paso 2 Sume las medidas. $18 + 18 + 15 + 15 = 66$ pulgadas

Otra forma de solucionar el problema es multiplicar por dos el largo y el ancho y luego sumar los resultados. $(18 \times 2) + (15 \times 2) = 36 + 30 = 66$ pulgadas

---

Si su calculadora está programada con el orden de operaciones (como la que se entrega en la Prueba de Matemáticas de GED), usted podrá introducir los números del segundo método sin la necesidad de resolver antes los paréntesis. La calculadora realiza las operaciones de multiplicación de forma automática antes de sumar.

$18 \times 2 + 15 \times 2 = 66.$

El perímetro del tablero de carteles es de **66 pulgadas.**

Un cuadrado tiene 4 lados iguales y 4 ángulos rectos. Si conoce la longitud de uno de los lados podrá hallar el perímetro del cuadrado multiplicando el lado por 4.

Sugerencia

Si usa una calculadora que no está programada con el orden de operaciones, tendrá que introducir el cálculo como un problema de suma: $18 + 18 + 15 + 15 = 66$.

Lección **15**

Superficie de cuadrados y rectángulos

La superficie es la medida del espacio que hay dentro de una figura plana. La superficie se mide en unidades cuadradas. La superficie indica cuántas unidades cuadradas se necesitan para cubrir el espacio interior de una figura.

Ejemplo 1   Un rectángulo mide 6 pulgadas de ancho y 5 pulgadas de alto. ¿Cuál es la superficie del rectángulo en pulgadas cuadradas?

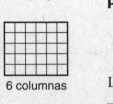

Paso 1   El rectángulo tiene 6 pulgadas en la base, o sea, 6 cuadrados de 1 pulgada × 1 pulgada, alineados en la fila inferior. Se necesitan 5 filas como ésta para rellenar el rectángulo.

Paso 2   La superficie indica el número de cuadrados que pueden colocarse dentro del rectángulo. Una manera rápida de contar los cuadrados es multiplicar el número de columnas por el número de filas.   6 pulg × 5 pulg = 30 pulgadas cuadradas

La superficie del rectángulo es de **30 pulgadas cuadradas**.

Ejemplo 2   El suelo del cuarto para lavar la ropa de Miriam tiene forma de cuadrado. Miriam quiere poner baldosas en el cuarto. Si uno de los lados del cuarto mide 11 pies, ¿cuál es la superficie del suelo en pies cuadrados?

cuarto para lavar la ropa

11 pies

El cuadrado es, en realidad, una clase especial de rectángulo. Para hallar lasuperficie de un rectángulo tiene que multiplicar el largo por el ancho. Utilice el mismo método para hallar la superficie de un cuadrado. El cuarto tiene 11 pies por 11 pies. Multiplique el largo por el ancho para hallar la superficie.   11 pies × 11 pies = 121 pies cuadrados

---

Cuando multiplica un número por sí mismo está elevando el número al cuadrado. Utilice la calculadora para hallar el cuadrado de un número realizando una multiplicación o utilizando la tecla x^2. Esta tecla multiplica cualquier número, x, por sí mismo. El 2 elevado en x^2 (exponente) indica cuántas veces debe aparecer el número en el problema de multiplicación.

11 ☒ **11** ☐ **121.**   **11** x^2 **121.**

La superficie del cuarto de lavado es de **121 pies cuadrados**.

Algunas formas complejas son en realidad una combinación de cuadrados y rectángulos. Para hallar la superficie de estas formas divida la figura en partes más pequeñas, halle la superficie de cada una de las partes y luego sume las superficies para calcular la superficie total.

Ejemplo 3   Una oficina tiene la forma que se muestra abajo. ¿Cuál es la superficie en pies cuadrados de la oficina?

Paso 1   Divida la forma en cuadrados y rectángulos. Es probable que haya más de una manera de hacerlo. Escoja la manera que a usted le parezca más lógica. La superficie seguirá siendo la misma independientemente de cómo divida la figura.

21 pies
21 pies   oficina   35 pies
49 pies

Paso 2   Halle la superficie de cada una de las partes.
Cuadrado: Las dimensiones son de 21 pies por 21 pies.
Multiplique para hallar la superficie.   21 pies × 21 pies = 441 pies²

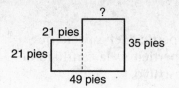

21 pies

21 pies

?

35 pies

49 pies

Rectángulo: Un lado mide 35 pies. Aunque no se da la medida 21 pies del otro lado, usted sabe que el lado del cuadrado mide 21 pies y que la longitud de toda la figura es de 49 pies. Reste para hallar la medida que falta. 49 pies − 21 pies = 28 pies

Multiplique las dimensiones del rectángulo. 35 pies × 28 pies = 980 pies^2

Paso 3 Sume las superficies del cuadrado y del rectángulo para hallar la superficie total de la figura. 441 pies + 980 pies = 1421 pies^2

 Utilice las teclas de paréntesis para introducir en un solo paso los datos del problema si tiene una calculadora no programada con el orden de las operaciones.

(21 × 21) + (35 × 28) = 1421.

La superficie de la oficina es igual a **1421 pies cuadrados**.

Práctica de GED

Instrucciones: Elija la respuesta que mejor responda a cada pregunta.

Las preguntas 1 y 2 se refieren al siguiente diagrama.

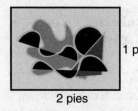

1 pies 6 pulg

2 pies

1. Clarisa quiere enmarcar la pintura que se muestra en el diagrama. ¿Cuántos pies de madera necesitará para enmarcar la pintura?

(1) 3
(2) $3\frac{1}{2}$
(3) 5
(4) 7
(5) 9

2. Clarisa piensa poner un cristal sobre la pintura. ¿Cuántas pulgadas cuadradas de cristal necesitará para cubrir la superficie?

(1)   84
(2)   168
(3)   432
(4) 1008
(5) No se cuenta con suficiente información.

3. El perímetro de un rectángulo es 48 pies. El largo del rectángulo es 3 veces su ancho. ¿Cuál es su ancho en pies?

(1) 4
(2) 6
(3) 8
(4) 12
(5) 16

4. ¿Cuál es el perímetro de la figura?

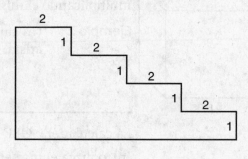

2
1   2
1   2
1   2
1

(1) 10
(2) 12
(3) 20
(4) 24
(5) 30

Las respuestas comienzan en la página 846.

Volumen

Las medidas de longitud sirven para calcular la superficie (el espacio que está dentro de una figura de dos dimensiones). La superficie es la cantidad de unidades cuadradas que se necesitan para cubrir un espacio.

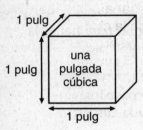

Las medidas de longitud sirven también para calcular el volumen. El volumen es una medida del espacio que está dentro de un objeto de tres dimensiones. El volumen se mide en unidades tridimensionales o unidades cúbicas: pulgadas cúbicas (pulg. cúbicas), pies cúbicos (pies cúbicos), yardas cúbicas (yd cúbicas), y centímetros cúbicos (cm^3) y otras unidades métricas. Cada una de estas unidades es un cubo de caras cuadradas idénticas entre sí.

Uno de los objetos tridimensionales más comunes es el recipiente rectangular. Las cajas de cartón, los cajones de embalaje y las habitaciones son ejemplos de recipientes rectangulares. Multiplique el largo por el ancho y por la altura para hallar el volumen de estos objetos.

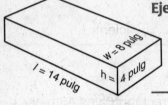

Ejemplo 1   ¿Cuál es el volumen de un recipiente rectangular que mide 14 pulg de largo, 8 pulg de ancho y 4 pulg de alto?

Multiplicar: longitud por ancho por altura.

14 pulg × 8 pulg × 4 pulg = 448 pulgadas cúbicas

Multiplique los números de la manera siguiente.

14 × 8 × 4 = 448.

El volumen del recipiente es de **448 pulgadas cúbicas.** En otras palabras, usted podría colocar 448 cubos con una arista de una pulgada dentro del recipiente.

Puesto que el cubo es un tipo especial de recipiente rectangular, su volumen se puede hallar con el mismo método. Sin embargo, dado que todas las caras de un 6 pies cubo tienen la misma medida, cuando halle su volumen estará multiplicando el mismo número tres veces, o elevando el número "al cubo".

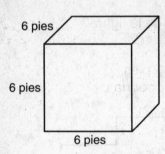

Ejemplo 2   Un cajón de embalaje tiene la forma de un cubo de 6 pies de arista. ¿Cuál es su volumen en pies cúbicos?

Volumen = largo × ancho × alto
= 6 pies × 6 pies × 6 pies = 216 pies cúbicos

La calculadora GED también tiene una tecla x^2 .

Introduzca el número que desee multiplicar, pulse SHIFT y luego pulse ► . La respuesta aparecerá.

6 SHIFT ► 216.

El volumen del cajón de embalaje es de **216 pies cúbicos.**

Podrá elevar un número al cubo utilizando la tecla x^y de la calculadora científica. Introduzca el número que desee multiplicar, pulse la tecla x^y , introduzca el exponente 3 y pulse la tecla = . Recuerde que el exponente es la cantidad de veces que el número se usa en el problema de multiplicación, $x \times x \times x$. Pruebe los dos métodos para comprobar que el resultado es el mismo.

6 × 6 × 6 = 216.   **6 x^y 3 = 216.**

Práctica de GED

Instrucciones: Elija la respuesta que mejor responda a cada pregunta.

1. El patio rectangular de una escuela mide 100 metros por 75 metros. En el centro del patio hay una superficie cuadrada con cubierta negra cuyos lados miden 40 metros. El resto del patio está sembrado de césped. ¿Cuál es la superficie en metros cuadrados del patio que está sembrada de césped?

   (1) 9100
   (2) 7660
   (3) 7500
   (4) 5900
   (5) 1600

2. El lado de la base cuadrada de un cartón de leche mide 4 pulgadas. Si el cartón puede llenarse hasta una altura de 8 pulgadas, ¿cuál es la capacidad del cartón en pulgadas cúbicas?

   (1) 112
   (2) 128
   (3) 132
   (4) 138
   (5) 146

3. Una colcha de bebé tiene 4 cuadrados de ancho y 6 cuadrados de largo. Hay una borla cosida en cada uno de los puntos en los que se unen 4 cuadrados. ¿Cuántas borlas son necesarias para completar la colcha?

   (1) 10
   (2) 15
   (3) 20
   (4) 24
   (5) 35

4. Silvia está intentando llegar a una entrevista de trabajo en el centro de la ciudad. Comienza en un aparcamiento y camina 4 cuadras hacia el norte, 5 cuadras hacia el este, 2 cuadras hacia el sur, 2 cuadras hacia el oeste y 2 cuadras más hacia el sur. ¿A cuántas cuadras al este del aparcamiento termina el recorrido?

   (1) 1
   (2) 2
   (3) 3
   (4) 4
   (5) No se cuenta con suficiente información.

5. En un campo rectangular de 150 pies por 60 pies se juega un partido. En el campo hay una línea de tiza trazada exactamente a 2 pies de distancia del interior del rectángulo exterior en todos los puntos. ¿Cuál es la longitud total en pies de la línea de tiza?

   (1) 112
   (2) 202
   (3) 210
   (4) 292
   (5) 404

6. Catalina quiere instalar un equipo de aire acondicionado en una oficina que mide 10 pies por 8 pies por 7 pies. ¿Cuál de las expresiones siguientes podría usarse para hallar la medida del espacio de la oficina en pies cúbicos?

   (1) 8 + 10 + 8 + 10
   (2) (7 + 8 + 10)2
   (3) 8 × 7
   (4) 10 × 8
   (5) 10 × 8 × 7

7. El largo de un rectángulo es de 36 centímetros. ¿Cuál es su superficie en centímetros cuadrados?

(1) 324
(2) 432
(3) 504
(4) 576
(5) No se cuenta con suficiente información.

8. ¿Cuál es el perímetro en centímetros de la siguiente figura?

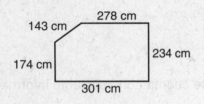

(1) 829
(2) 852
(3) 956
(4) 987
(5) 1130

9. Las Cajas A y B son cubos. Cada lado de la Caja A mide 2 pies. Los lados de la Caja B son dos veces el largo de los lados de la Caja A. ¿Cuál de los siguientes enunciados sobre el volumen de las cajas es verdadero?

(1) El volumen de la Caja A es $\frac{1}{6}$ del volumen de la Caja B.
(2) El volumen de la Caja A es $\frac{1}{2}$ del volumen de la Caja B.
(3) El volumen de ambas cajas es igual.
(4) El volumen de la Caja B es cuatro veces el volumne de la Caja A.
(5) El volumen de la Caja B es ocho veces el volumen de la Caja A.

Las preguntas 10 y 11 se refieren a la siguiente figura.

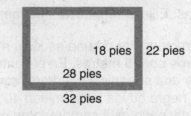

10. La figura está formada por dos rectángulos. ¿Cuál es la superficie de la parte sombreada en pies cuadrados?

(1) 100
(2) 200
(3) 504
(4) 704
(5) 1208

11. ¿En cuántos pies supera la medida del perímetro del rectángulo mayor a la del menor?

(1) 8
(2) 16
(3) 56
(4) 92
(5) 108

12. Con un galón de pintura se cubren 200 pies cuadrados. ¿Cuántos galones se necesitan para pintar un suelo rectangular de 40 pies por 60 pies?

(1) 12
(2) 24
(3) 40
(4) 60
(5) 120

Las respuestas comienzan en la página 847.

Medidas de tendencia central y probabilidad

Media aritmética, mediana y moda

Hallar el "centro" de un grupo de números nos ayuda a hacer comparaciones entre los números. Existen tres maneras de medir cuál es el centro de un grupo de datos numéricos: la media aritmética, la mediana y la moda. Estas medidas nos ayudan a comprender mejor los datos.

Tal vez usted conozca la media aritmética con el nombre de promedio. Por lo general, el promedio se considera como lo típico o normal. Para hallar la media aritmética de un grupo de números, sume los valores y divídalos entre la cantidad de elementos en la lista. Recuerde: promedio es lo mismo que media aritmética.

Ejemplo 1   David obtuvo las siguientes notas en cinco pruebas: 82, 92, 75, 82 y 84. ¿Cuál fue su puntuación promedio?

Paso 1   Sume los valores de los datos. $82 + 92 + 75 + 82 + 84 = 415$
Paso 2   Divida entre 5, o el número total de notas. $415 \div 5 = 83$

Las calculadoras científicas realizan los pasos de la multiplicación o división antes que los de la suma. Para estar seguro de que su calculadora hace primero el paso de la suma, pulse la tecla antes de dividir.

82 + 92 + 75 + 82 + 84 = ÷ 5 = 83.

La puntuación promedio que obtuvo David en las pruebas fue **83**.

La mediana es el valor que se encuentra en el lugar central de un conjunto. Para hallar la mediana, ordene los datos de menor a mayor o de mayor a menor y busque el número que se encuentra en el lugar central. La mediana se usa con frecuencia cuando un valor puede afectar significativamente el promedio de un grupo de valores.

Ejemplo 2   Busque la mediana de las notas de David.

Paso 1   Coloque las notas de las pruebas en orden.   92, 84, 82, 82, 75
Paso 2   Busque el valor que se encuentra en el lugar central. 92, 84, **82,** 82, 75

La mediana de las puntuaciones de David es **82**.

Si la cantidad total de elementos es un número par, la mediana es el promedio (media) de los dos números que se encuentran más cerca del centro.

Ejemplo 3   Los puntos totales que obtuvo Amelia en seis partidos de baloncesto fueron 24, 16, 19, 22, 6 y 12 respectivamente. Halle la mediana de sus puntuaciones totales.

Paso 1   Coloque los datos en orden.   24, 22, **19, 16,** 12, 6
Paso 2   Los dos números que se encuentran $19 + 16 = 35$
más cerca del centro son el 19 y el 16. $35 \div 2 = 17.5$
Saque el promedio de estos dos números
para hallar la mediana.

La mediana de las puntuaciones totales de Amelia fue **17.5 puntos.**

> ### Sugerencia
>
> Plantéese siempre si su respuesta tiene sentido. Por ejemplo, cuando resuelva un problema de media aritmética, mediana o moda, la respuesta debe encontrarse entre el valor máximo y el valor mínimo del grupo de números.

La moda de un grupo de números es el número que se repite con más frecuencia. En el Ejemplo 1, la moda de las notas de las pruebas de David es 82, la única nota que se repite dos veces en la serie. En el Ejemplo 3, los elementos aparecen una sola vez, y por lo tanto no hay moda. Un conjunto de datos puede no tener moda, o tener una o varias modas. La moda suele usarse en los negocios para determinar qué tamaños, precios o estilos son los más populares. (Nota: la tecla MODE en la calculadora GED *no* se utiliza para hallar la moda de los datos.)

Otra medida útil para comprender los datos es el rango. Para hallar el rango, reste al número menor de la serie al número mayor. Si el rango es un número pequeño podrá deducir que los valores están agrupados muy juntos. Si el rango es grande deducirá que los valores están espaciados o separados.

Ejemplos: El rango de las notas de las pruebas de David: $92 - 75 = 17$
El rango de los puntos totales de Amelia: $24 - 6 = 18$

Estrategia de GED • Usar la calculadora

Media aritmética

Para calcular la media aritmética (o promedio) de un conjunto de números, sume primero los números y luego divida el total de la suma por la cantidad de números que tiene el conjunto.

Ejemplo 1   Durante el semestre pasado, las notas de las pruebas de Patricia en la clase de Historia de EE.UU. fueron 86, 76, 82 y 92. ¿Cuál fue la media de aritmética de las puntuaciones de Patricia en las pruebas?

Paso 1   Primero sume las notas de las pruebas de Patricia. $86 + 76 + 82 + 92 = 336$

Paso 2   Luego divida la suma por 4, el número total de valores que tiene el conjunto de datos. $336 \div 4 = 84$

La puntuación media de las pruebas de Patricia fue **84.**

Compruebe cómo resuelve la calculadora este tipo de problemas.

86 + 76 + 82 + 92 ÷ 4 =

La calculadora le dará la respuesta correcta si <u>no</u> está programada con el orden de operaciones (84).

Sin embargo, si la calculadora usa el orden de operaciones, (y la calculadora que se usa en la Prueba de GED lo hace), ésta realizará las multiplicaciones y las divisiones antes de realizar cualquier suma o resta. El resultado sería una respuesta equivocada (267).

Para obtener la respuesta correcta en una calculadora que utilice orden de operaciones, pulse la tecla igual (=) cuando haya introducido la última nota que vaya a sumar. De este modo obtendrá el total de todas las notas antes de dividir. Complete el problema dividiendo esa cantidad por el número de valores que tiene el conjunto.

86 + 76 + 82 + 92 = ÷ 4 = 84.

Práctica de GED

La pregunta 1 se refiere a la siguiente tabla.

Partido	Puntuación
1	94
2	73
3	86
4	102
5	96
6	71

Las preguntas 3 y 4 se refieren a la siguiente tabla.

Precipitación en Palomino	
Mes	Pulgadas
junio	6.3
julio	4.5
agosto	3.8
septiembre	10.2

1. ¿Cuál fue el promedio de las puntuaciones (media aritmética) para los seis partidos de la lista?

   (1) 94.0
   (2) 90.0
   (3) 87.0
   (4) 86.5
   (5) 86.0

2. Durante los últimos cinco días las temperaturas más altas de San Francisco han sido de 64.4°, 59.3°, 68.0°, 48.4° y 53.6° respectivamente. ¿Cuál fue el promedio de las temperaturas más altas (media aritmética) para esos días, redondeado a la décima de grado más próxima?

   (1) 58.8°
   (2) 59.3°
   (3) 62.0°
   (4) 64.4°
   (5) 68.8°

3. ¿Cuál fue el promedio (media aritmética) de precipitaciones en Palomino durante los meses indicados en la tabla, redondeado a la pulgada más próxima?

   (1) 4
   (2) 5
   (3) 6
   (4) 7
   (5) 10

4. ¿Cuál fue la mediana de la precipitación en Palomino durante los meses indicados en la tabla, redondeada a la pulgada más próxima?

   (1) 4
   (2) 5
   (3) 6
   (4) 7
   (5) 10

5. Las facturas de electricidad de Carmen para un período de seis meses fueron: $28.84, $18.96, $29.32, $16.22, $17.98 y $21.80. ¿Cuál fue la mediana de las facturas de estos meses, redondeada al centavo más próximo?

   (1) $ 6.79
   (2) $16.22
   (3) $18.96
   (4) $20.38
   (5) $21.80

Las respuestas comienzan en la página 847.

Probabilidad simple

La probabilidad se encarga del estudio de las posibilidades, y nos indica hasta qué punto es posible que algo suceda. Por ejemplo, usted puede escuchar en las noticias que hay un 10% de probabilidades de que mañana llueva. Gracias a esa información sabe que es improbable que llueva mañana pero que existe una posibilidad pequeña de que sí suceda. La probabilidad no dice lo que ocurrirá, sino que expresa la posibilidad de que un suceso ocurra.

La probabilidad suele expresarse como porcentaje, desde el 0%, que significa que el suceso no puede ocurrir, hasta el 100%, que significa que hay total seguridad de que el suceso va a producirse.

La probabilidad se puede expresar también como una razón, una fracción o un número decimal. Por ejemplo, la posibilidad de lanzar una moneda y de que salga cara puede expresarse como

razón: 1 de cada 2, ó 1:2 **fracción:** $\frac{1}{2}$

decimal: 0.5 **porcentaje:** 50%

Hay dos números a tener en cuenta en cualquier situación de probabilidad:

1. la cantidad de resultados o sucesos favorables (acontecimientos que usted quiere que sucedan)

2. la cantidad total de resultados o pruebas posibles

Para hallar la probabilidad (P), escriba la razón entre los resultados favorables y los resultados posibles.

$$P = \frac{\text{resultados favorables}}{\text{resultados totales posibles}}$$

Ejemplo 1 Aarón compró cuatro papeletas para una rifa en una colecta comunitaria. Si se venden 200 papeletas en total, ¿qué probabilidad tiene Aarón de que una de sus papeletas sea la ganadora?

Paso 1 Utilice la información del problema para escribir la razón de probabilidad.

$$P = \frac{\text{resultados favorables}}{\text{resultados totales posibles}} = \frac{4}{200}$$

Paso 2 La razón se ha escrito como fracción. Reduzca la fracción y transfórmela en un número decimal y en un porcentaje.

$$\frac{4}{200} = \frac{1}{50} = 0.02 = 2\%$$

La probabilidad de que una de las papeletas de Aarón gane es de $\frac{1}{50}$, ó **de 1 en 50.** Esto se transforma en **0.02 ó 2%.**

En ocasiones, la probabilidad está basada en los resultados de un experimento. El experimento se repite una determinada cantidad de veces. Cada repetición se denomina prueba. Los resultados del experimento quedan registrados. La probabilidad experimental es la razón entre los resultados favorables y la cantidad total de pruebas.

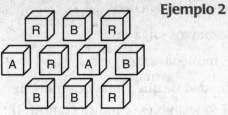

Ejemplo 2 Una bolsa contiene cubos rojos, blancos y azules del mismo tamaño. Se extrae de la bolsa un cubo al azar, se anota el color y se vuelve a poner el cubo en la bolsa. Los resultados de las 10 pruebas se muestran en el dibujo de la izquierda. ¿Cuál es la probabilidad experimental, expresada como porcentaje, de sacar un cubo rojo?

Paso 1 Escriba la razón entre resultados favorables (cubos rojos) y cantidad de pruebas (10). $\dfrac{4}{10}$

Paso 2 Reduzca y escriba el resultado como porcentaje. $\dfrac{4}{10} = \dfrac{2}{5} = 0.4 = 40\%$

Existe un **40%** de probabilidad experimental de sacar un cubo rojo.

Exprese cada una de las probabilidades como fracción, decimal y porcentaje.

Las preguntas 1 a 4 se refieren a la siguiente ruleta.

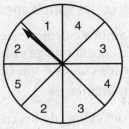

1. La ruleta tiene 8 secciones iguales. ¿Cuál es la probabilidad de que salga un número par al girar la ruleta?

2. Eva gira la ruleta una vez. ¿Qué probabilidad existe de que caiga en 3 ó en un número mayor que 3?

3. Juan necesita un 1 ó un 2 para ganar el juego. ¿Cuál es la probabilidad de que Juan gane en la siguiente tirada?

4. ¿Cuál es la probabilidad de que salga un número que no sea 4? (*Pista:* los resultados favorables son todos los números que <u>no</u> son 4.)

Probabilidad independiente y probabilidad dependiente

La probabilidad de que salga cara cuando usted lanza una moneda es de $\frac{1}{2}$, ¿pero cuál es la probabilidad de que salgan dos caras si lanza dos monedas? Haga una tabla o multiplique para hallar la probabilidad combinada de más de un suceso.

Ejemplo 1 Se lanzan dos monedas al aire, una de diez centavos y otra de cinco. ¿Cuál es la probabilidad de que salga cara en las dos monedas?

Una forma de resolver el problema es hacer una lista organizada de todos los resultados posibles. Hay 4 resultados posibles. Solamente en uno de los resultados sale cara en las dos monedas. En otras palabras, hay un $\frac{1}{4}$ de las posibilidades de que salgan dos caras.

Moneda de 5 centavos	Moneda de 10 centavos
cara	**cara**
cara	cruz
cruz	cara
cruz	cruz

> Hay 4 resultados posibles. Solamente en uno de los resultados sale cara en las dos monedas. En otras palabras, hay $\frac{1}{4}$ de posibilidades de que salgan dos caras.

Otra forma de hallar la probabilidad de que dos acontecimientos se produzcan a la vez es multiplicar las probabilidades de que cada uno se produzca por separado. **Las respuestas comienzan en la página 848.**

Probabilidad de que en la moneda de 5 centavos salga cara: $\frac{1}{2}$

Probabilidad de que en la moneda de 10 centavos salga cara: $\frac{1}{2}$

Probabilidad combinada de que en las dos monedas salgan caras: $\frac{1}{2} \times \frac{1}{2} = \frac{1}{4}$

Usando cualquiera de los métodos, la probabilidad de que en las dos monedas salga cara es de $\frac{1}{4}$, **0.25, 25%** o de **1 entre 4** (que a veces se indica como 1:4).

En el Ejemplo 1, los dos sucesos son **independientes.** El primero no afecta al segundo. La posición de la primera moneda no cambia la probabilidad de que en la segunda moneda salga cara.

Dos sucesos son **dependientes** cuando el resultado del primero afecta el resultado del segundo.

Ejemplo 2 En un cajón hay tres calcetines blancos y dos marrones. Gloria saca un calcetín **al azar,** sin mirar. Después saca un segundo calcetín, sin volver a poner en el cajón el primero. ¿Cuál es la probabilidad de que los dos calcetines sean blancos?

Paso 1 Para hallar la probabilidad de que ambos calcetines sean blancos, suponga que el primer calcetín que Gloria escoge es blanco. Ahora quedan 5 calcetines en el cajón, de los cuales 3 son blancos y, por tanto, su posibilidad de escoger uno blanco es $\frac{3}{5}$.

Paso 2 Ahora quedan 4 calcetines dentro del cajón, de los cuales 2 son blancos. La posibilidad de que Gloria escoja uno blanco la segunda vez es de $\frac{2}{4}$ ó $\frac{1}{2}$.

Paso 3 Multiplique para hallar la probabilidad combinada. $\frac{3}{5} \times \frac{1}{2} = \frac{3}{10}$

La probabilidad de que los dos calcetines sean blancos es $\frac{3}{10}$, **0.3** ó **30%**. Estos sucesos son dependientes. El primero, sacar el primer calcetín, afecta al segundo porque cambia la cantidad de calcetines que hay dentro del cajón.

A. Resuelva.

Las preguntas 1 y 2 se refieren a la siguiente información.

En un juego se gira una ruleta y luego, sin mirar, se saca una carta. Después de cada juego, se repone la carta dentro de su caja y se vuelven a mezclar todas.

1. ¿Cuál es el porcentaje de posibilidades de que a un jugador le salga rojo y luego saque un 4 ó más?

2. ¿Cuál es la probabilidad de que a un jugador le salga rojo o azul y de que luego saque un 5, redondeada al porcentaje más próximo?

Las preguntas 3 y 4 se refieren a la siguiente información.

Una empresa decide seleccionar dos trabajadores al azar para que asistan a una clase de computación. Estefanía y Yuki quieren ser las elegidas. En una caja se ponen los nombres de los diez empleados. Se sacarán de la caja dos nombres al azar.

3. ¿Qué probabilidad existe, expresada como decimal, de que el primer nombre sacado sea el de Estefanía o el de Yuki?

4. Suponga que el nombre de Estefanía sale primero. ¿Qué probabilidad existe, expresada como fracción, de que el nombre de Yuki salga en segundo lugar?

Las respuestas comienzan en la página 848.

Tablas, cuadros y gráficas

Tablas y cuadros

Las tablas y cuadros organizan la información o los datos en columnas y en filas. Los elementos de información específicos se hallan donde la columnas se encuentran con las filas. Cuando use una tabla para hallar información, lea primero todos los títulos y rótulos detenidamente. Busque luego la columna y fila relacionadas con la información que usted necesita.

Ejemplo 1 En su trabajo como conductor, Gregorio usa tablas de distancias en millas. Tiene que conducir desde Lamesa a Cañón y desde Cañón a Granada. Utilice el siguiente cuadro. ¿Cuántas millas conducirá en total?

Distancia en millas entre ciudades

	Lorenzo	**Lamesa**	Pradós	**Cañón**	Granada
Lorenzo		61.4	48.0	8.0	92.8
Lamesa	61.4		108.6	67.1	140.5
Pradós	48.0	108.6		46.3	109.1
Cañón	8.0	67.1	46.3		87.6
Granada	92.8	140.5	109.1	87.6	

Sugerencia

Por lo general, las tablas contienen más información de la necesaria. Léalas dos veces para asegurarse de que está utilizando los datos adecuados para sus cálculos.

Paso 1 Busque la distancia que hay desde Lamesa a Cañón. Localice Lamesa en la segunda fila y vaya hasta la columna de Cañón. También puede localizar Cañón en la cuarta fila y desplazarse hasta la columna de Lamesa. Obtendrá el mismo resultado con cualquiera de los dos métodos: 67.1 millas

Paso 2 Busque la distancia que hay desde Cañón a Granada. Localice Cañón y busque en qué lugar se cruza con Granada. 87.6 millas

Paso 3 Sume para obtener la distancia total en millas. 67.1 + 87.6 = 154.7

La distancia total del viaje de Gregorio es de **154.7 millas.**

Una tabla de frecuencias indica cuántas veces se producen determinados sucesos.

Ejemplo 2 Una compañía de software quiere conocer cuáles son las razones por las que los clientes llaman al servicio técnico. Alicia usa una tabla de frecuencias para hacer un seguimiento de las llamadas recibidas. ¿En cuánto excedió el número de llamadas para realizar pedidos al número de llamadas para solicitar servicio técnico?

Tabla de frecuencias: razones de las llamadas

Realizó un pedido	
Cambió el producto	
Pidió el reembolso en dinero de un producto	
Necesitaba servicio técnico	

Paso 1 Cuente las marcas de la fila "Realizó un pedido" (32). Cuente las marcas de la fila "Necesitaba servicio técnico" (26).

Paso 2 Reste para hallar la diferencia. 32 − 26 = 6

Se registraron 6 **llamadas más** de clientes para hacer pedidos que para solicitar servicio técnico.

Gráficas de barras y gráficas lineales

Las gráficas representan y comparan datos visualmente de diferentes fuentes. Muestran los cambios a lo largo de un período y pueden hacer predicciones acerca del futuro. La siguiente gráfica de barras se creó para mostrar las diferencias entre los niveles de personal para cada uno de los tres turnos de una empresa.

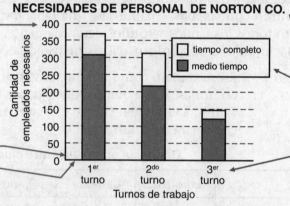

Escala: Se parece a una regla; está marcada con números que representan alguna unidad de medida.

Ejes: Tiene dos ejes; el **eje vertical** es la línea que se sitúa en la parte izquierda de la gráfica; el **eje horizontal** es la línea que se sitúa en la parte inferior de la gráfica.

Título: Indica cuál es el tipo de información que se muestra en la gráfica.

Clave: La clave o leyenda ofrece cualquier información adicional necesaria para entender la gráfica.

Rótulos de las barras: Indican lo que describen las partes individuales de la gráfica.

La clave o leyenda de una gráfica es necesaria si se muestran datos de más de una categoría. Cada eje tiene título. Las gráficas pueden tener escalas en uno o ambos ejes. En la gráfica de barras sólo hay una escala. Los rótulos de las barras reemplazan a la escala. Lea siempre los rótulos con atención.

Ejemplo 1   ¿Como cuántos empleados a tiempo completo y medio tiempo se necesitan durante el 2° turno?

Paso 1   Busque la barra correspondiente al 2° turno. Ésta representa el total de empleados que trabajan tiempo completo y medio tiempo.

Paso 2   Siga con el dedo la parte superior de la barra hasta llegar a la escala de la izquierda. La parte superior de la barra se sitúa justo por encima de 300.

El número de empleados en el 2° turno es **ligeramente superior a 320.**

A menudo, las gráficas lineales muestran los cambios a lo largo del tiempo que tiene una medida en la escala vertical y el tiempo en la escala horizontal. Las gráficas lineales tienen dos escalas y suelen tener también una clave o leyenda. Los puntos marcados en la gráfica conectan las dos escalas. En esta gráfica, cada punto representa la temperatura a una hora determinada.

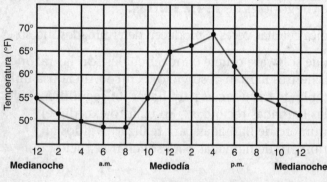

Los puntos se unen con una línea que muestra una tendencia o un patrón de cambio a lo largo del tiempo. Esta gráfica lineal muestra una tendencia de aumento de temperatura de 8 a.m. a 4 p.m. Luego, la temperatura baja de manera constante hasta la medianoche. Las tendencias nos permiten hacer predicciones acerca del futuro cercano.

Ejemplo 2   ¿Cuál era la temperatura el 28 de marzo a las 10 a.m.?

Paso 1   Halle el punto sobre las 10 a.m. en la escala horizontal.

Paso 2   Siga con el dedo la línea horizontal que corresponde al punto hasta llegar a la escala de temperatura.

La temperatura era de **55°F** el 28 de marzo a las 10 a.m.

Gráficas circulares

Las gráficas circulares muestran cómo se relacionan las partes de una cantidad con el todo. El círculo completo representa al 100%. La mayoría de las gráficas circulares muestran porcentajes, pero también pueden utilizarse fracciones, decimales o números enteros.

Ejemplo 1   Claudio tiene un presupuesto de $400 para preparar un viaje de un día en el que participarán 50 niños. En la gráfica circular de la izquierda se muestra cómo piensa gastar el dinero. ¿En qué elemento gastará aproximadamente $\frac{1}{3}$ de su presupuesto?

PRESUPUESTO PARA UN VIAJE DE UN DÍA: $400

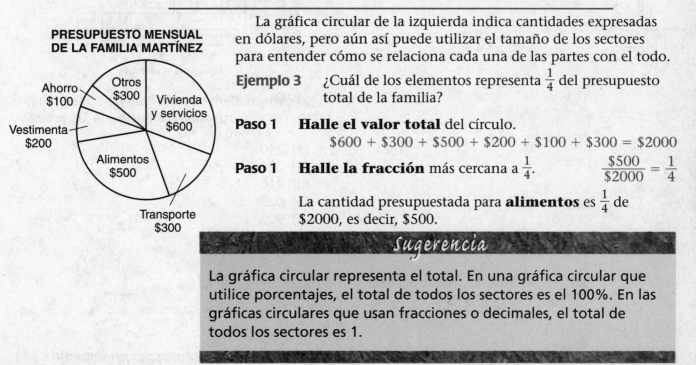

Los sectores de la gráfica tienen un rótulo que indica un elemento dentro del presupuesto y el porcentaje que se gastará en el mismo. El tamaño de cada sector representa una fracción del presupuesto. Por ejemplo, un semicírculo representa $\frac{1}{2}$ presupuesto, o el 50%. Un cuarto del círculo representa $\frac{1}{4}$, o el 25% del presupuesto total. Puesto que $\frac{1}{3}$ equivale a $33\frac{1}{3}$%, el sector que tiene el rótulo "Almuerzos 34%" es el que representa aproximadamente $\frac{1}{3}$ del círculo.

Claudio gastará aproximadamente $\frac{1}{3}$ del presupuesto en **almuerzos.**

Puede utilizar también la gráfica para hallar la cantidad de dólares dedicada a cada una de las partidas del presupuesto.

Ejemplo 2   ¿Cuánto piensa gastar Claudio en el autobús?

Paso 1   **Lea la gráfica**. Claudio dedicará un 47% de su presupuesto total de $400 a pagar el autobús.   Halle el 47% de $400.

Paso 2   **Use una proporción.** $\frac{47}{100} = \frac{x}{\$400}$, $47 \times \$400 \div 100 = \$188$

Usando la calculadora:

     400   ✕   47   %   188.   or   400   ✕   4 7   SHIFT   =   188.

Cliff gastará **$188** del presupuesto de $400 para pagar el autobús.

PRESUPUESTO MENSUAL DE LA FAMILIA MARTÍNEZ

La gráfica circular de la izquierda indica cantidades expresadas en dólares, pero aún así puede utilizar el tamaño de los sectores para entender cómo se relaciona cada una de las partes con el todo.

Ejemplo 3   ¿Cuál de los elementos representa $\frac{1}{4}$ del presupuesto total de la familia?

Paso 1   **Halle el valor total** del círculo.
     $600 + $300 + $500 + $200 + $100 + $300 = $2000

Paso 1   **Halle la fracción** más cercana a $\frac{1}{4}$. $\frac{\$500}{\$2000} = \frac{1}{4}$

La cantidad presupuestada para **alimentos** es $\frac{1}{4}$ de $2000, es decir, $500.

Sugerencia

La gráfica circular representa el total. En una gráfica circular que utilice porcentajes, el total de todos los sectores es el 100%. En las gráficas circulares que usan fracciones o decimales, el total de todos los sectores es 1.

Práctica de GED

Instrucciones: Elija la respuesta que mejor responda a cada pregunta. PUEDE usar la calculadora.

Las preguntas 1 y 2 se refieren a la siguiente gráfica.

PRECIO DEL ORO
(dólares por onza)

Precio del último día del mes

1. ¿Cuánto aumentó el precio del oro, en dólares por onza, entre julio y septiembre?

   (1) $100
   (2) $200
   (3) $400
   (4) $500
   (5) $600

2. ¿Cuál fue la razón entre el precio del oro en septiembre y el precio del oro en julio?

   (1) 1:3
   (2) 1:2
   (3) 2:1
   (4) 3:1
   (5) 6:1

La pregunta 3 se refiere a la siguiente gráfica.

VENTAS DE APERITIVOS EN MAYO
Total: $12 millones

3. ¿Cuánto dinero, en millones de dólares, se gastó en palomitas de maíz durante el mes de mayo?

   (1) $ 1.44
   (2) $ 1.56
   (3) $ 5.04
   (4) $10.56
   (5) $15.60

La pregunta 4 se refiere a la siguiente información.

PROMEDIO DIARIO DE VISITAS AL PARQUE

Número de personas

Días de la semana

4. ¿Aproximadamente cuántas personas más visitan el parque los sábados que los lunes?

   (1) 210
   (2) 320
   (3) 410
   (4) 620
   (5) 920

Las respuestas comienzan en la página 848.

Parte 1

Instrucciones: Elija la respuesta que mejor responda a cada pregunta. PUEDE usar la calculadora.

Las preguntas 1 y 2 se refieren a la siguiente información.

Los salarios de cinco empleados de Acme son $27,560, $30,050, $22,750, $42,800 y $28,900 respectivamente.

1. ¿Cuál es el salario promedio (media aritmética) de los empleados de Acme?

   (1) $20,050
   (2) $27,560
   (3) $28,900
   (4) $29,475
   (5) $30,412

2. ¿Cuál es la mediana de los salarios de los empleados de Acme?

   (1) $20,050
   (2) $27,560
   (3) $28,900
   (4) $29,475
   (5) $30,412

3. Dentro del cajón de una cómoda hay 2 calcetines rojos, 4 azules y 8 negros. ¿Cuál es la probabilidad de que un calcetín sacado del cajón al azar no sea negro?

   (1) $\frac{4}{7}$
   (2) $\frac{3}{7}$
   (3) $\frac{2}{7}$
   (4) $\frac{1}{7}$
   (5) $\frac{1}{14}$

La pregunta 4 se refiere a la siguiente figura.

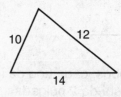

4. ¿Cuál es el perímetro de la siguiente figura?

   (1) 22
   (2) 24
   (3) 26
   (4) 36
   (5) No se cuenta con suficiente información.

5. La longitud de uno de los lados de un cuadrado es de 1 pie y 4 pulgadas. ¿Cuál es la longitud total en pulgadas alrededor de todo el cuadrado?

   (1) 64
   (2) 52
   (3) 48
   (4) 28
   (5) 16

6. La superficie de un rectángulo es igual a la de un cuadrado con un lado de 8 cm. Si la longitud del rectángulo es de 16 cm, ¿cuál es su ancho en centímetros?

(1) 4
(2) 8
(3) 16
(4) 24
(5) 64

7. ¿Cuántos cubos, cada uno de los cuales tiene una arista de 2 pulgadas, podrán colocarse exactamente dentro de un cubo de mayor tamaño que tiene una arista de 4 pulgadas?

(1) 2
(2) 8
(3) 12
(4) 16
(5) 48

8. Los lados de un triángulo miden 10 yardas, 12 yardas y 13 yardas respectivamente. ¿Cuál es la distancia que rodea al triángulo en pies?

(1)   35
(2)   105
(3)   420
(4) 1560
(5) No se cuenta con suficiente información.

9. Un marco rectangular mide 8 pies de largo. Si su ancho es 2 pies más grande que la mitad de su largo, ¿cuál es el perímetro del marco en pulgadas?

(1) 6
(2) 8
(3) 14
(4) 28
(5) 48

Las preguntas 10 y 11 se refieren a la siguiente figura.

Una cocina y un comedor tienen las dimensiones que se muestran en la ilustración. Todos los ángulos de las esquinas son rectos.

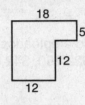

10. ¿Cuántos pies se recorrerán si se camina por el borde de las habitaciones?

(1) 72
(2) 70
(3) 66
(4) 60
(5) 57

11. ¿Cuántos pies cuadrados de baldosas se necesitan para cubrir el suelo?

(1) 378
(2) 306
(3) 234
(4) 162
(5) 144

12. Una computadora permaneció encendida durante 10 semanas seguidas. ¿Durante cuántas horas permaneció encendida la computadora?

(1)   70
(2)   168
(3)   240
(4) 1680
(5) 2400

Parte 11

Las preguntas 13 y 14 se refieren a la siguiente información.

Para cada uno de los días de la semana pasada, Carla hizo ejercicios durante los minutos siguientes: 42, 54, 62, 40, 57, 50, y 38.

13. ¿Cuál fue el promedio en minutos que dedicó Carla al ejercicio la semana pasada?

    (1) 45
    (2) 46
    (3) 47
    (4) 48
    (5) 49

14. ¿Cuál fue la mediana de los minutos que dedicó Carla al ejercicio la semana pasada?

    (1) 42
    (2) 50
    (3) 54
    (4) 57
    (5) 62

La pregunta 15 se refiere a la siguiente información.

Una bolsa contiene 20 pelotas de tenis de mesa. Cada una de ellas tiene pintado un número diferente del 1 al 20.

15. Si se escoge de la bolsa una pelota al azar, ¿cuál es la probabilidad de que el número pintado en la pelota sea mayor que 15?

    (1) $\frac{1}{20}$
    (2) $\frac{1}{5}$
    (3) $\frac{1}{4}$
    (4) $\frac{1}{2}$
    (5) $\frac{3}{4}$

Las preguntas 16 a 18 se refieren a la siguiente gráfica.

CURSOS DE ENSEÑANZA PARA ADULTOS
(Total de cursos ofrecidos: 500)

Entretenimiento 21%
Administración 22%
Salud 10%
Artes y artesanía 17%
Otros 14%
Desarrollo personal 16%

16. ¿Cuántos cursos de desarrollo personal se ofrecen?

    (1) 8
    (2) 16
    (3) 64
    (4) 80
    (5) 100

17. ¿Cuál es la razón que existe entre los cursos de administración y los de salud ofrecidos?

    (1) 5:7
    (2) 21:22
    (3) 17:10
    (4) 11:8
    (5) 11:5

18. ¿En cuánto supera el número de cursos ofrecidos en administración al número de cursos ofrecidos para entretenimiento?

    (1) 1
    (2) 5
    (3) 10
    (4) 12
    (5) 50

19. ¿Qué expresión puede utilizar para hallar el perímetro de la siguiente figura?

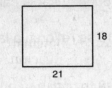

18

21

(1) 21 + 21 + 12 + 12
(2) 21 + 21 + 18 + 18
(3) 2(12 + 18)
(4) 12 + 18
(5) 21 × 18

20. ¿Cuál es la distancia en pies que hay alrededor de un macizo de flores rectangular que mide 25 pies por 3 pies?

(1) 56
(2) 60
(3) 65
(4) 66
(5) 75

21. Una fotografía mide $3\frac{3}{4}$ pulgadas de ancho y $5\frac{1}{4}$ pulgadas de largo. ¿Cuántas pulgadas medirá el ancho de la fotografía si sus dimensiones se duplican?

(1) $10\frac{1}{2}$
(2) $10\frac{1}{4}$
(3) $7\frac{3}{4}$
(4) $7\frac{1}{2}$
(5) $6\frac{3}{4}$

22. Una caja rectangular mide 5 yardas de largo, 4 yardas de ancho y 2 yardas de alto. ¿Cuál es el volumen de la caja en pies cúbicos?

(1) 40
(2) 120
(3) 180
(4) 360
(5) 1080

La pregunta 23 se refiere a la siguiente gráfica.

PERSONAS EMPLEADAS EN DIVERSAS OCUPACIONES
(Total: 25,000 personas)

23. ¿En cuánto superó el número de personas empleadas en las ocupaciones de administración, jurídicas o profesionales al número de personas dedicadas al entretenimiento?

(1) 4000
(2) 4350
(3) 5000
(4) 5250
(5) 5500

La pregunta 24 se refiere a la siguiente gráfica.

Estilo de lámpara	Precio de mayorista	Precio de minorista
A	$32.00	$45.00
B	$16.80	$24.90
C	$34.00	$41.80
D	$23.00	$28.90
E	$56.50	$74.50

24. ¿Qué estilo de lámpara tiene el mayor porcentaje de aumento entre el precio de minorista al precio de mayorista?

(1) A
(2) B
(3) C
(4) D
(5) E

Las respuestas comienzan en la página 848.

Matemáticas • Medidas y análisis de datos

Álgebra

El Álgebra es una de las áreas más importantes de las Matemáticas. Sirve para expresar en símbolos y en lenguaje matemático las situaciones de la vida diaria; para resolver problemas y aprender a pensar de una manera más lógica. Además, entender el Álgebra es un paso importante para entender otras áreas avanzadas de las Matemáticas, necesarias para realizar trabajos de ciencia y tecnología.

El 25 por ciento de las preguntas de la Prueba de Matemáticas de GED evalúan los conocimientos de Álgebra. Asimismo, usted descubrirá que podrá aplicar muchas de las destrezas de esta unidad para resolver problemas de Aritmética y Geometría.

Enteros y expresiones algebraicas

Entender los números enteros

Los números enteros, también llamados números con signos, son los números no fraccionarios positivos y negativos y el cero. Para mostrar la serie completa de números enteros, ampliamos la recta de números positivos que usamos anteriormente hacia la izquierda del cero (0), para incluir los números negativos.

Los números positivos expresan un aumento, una ganancia o un movimiento ascendente (en una recta numérica vertical). Un número positivo puede escribirse con o sin el signo de más. Los números negativos expresan lo opuesto: una disminución, una pérdida o un movimiento descendente. Los números negativos se escriben siempre con el signo de menos. Observe que el cero no es positivo ni negativo.

Sumar y restar números enteros

La suma de enteros puede expresarse en una recta numérica. Avance a la derecha con los números positivos, y a la izquierda con los números negativos.

Ejemplo 1   Sume: $(+6) + (-4)$.

Paso 1   Empiece en 0 y avance 6 unidades hacia la derecha.

Paso 2   Empiece en +6; desplácese 4 unidades hacia la izquierda.

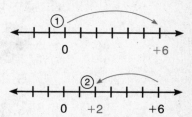

La recta numérica muestra que
$$(+6) + (-4) = \mathbf{+2.}$$

Sugerencia

Aunque el orden de las operaciones siempre es el mismo, usted debe aplicar las reglas de los números con signos al realizar cada operación.

Lección 18

Para sumar enteros, siga las reglas siguientes:

REGLA 1 Si los enteros tienen los mismos signos, sume $(+3) + (+5) = +8$
los números y conserve el mismo signo. $(-2) + (-6) = -8$

REGLA 2 Si los enteros tienen signos distintos, $(-9) + (+3) = $?
encuentre la diferencia entre los números sin $9 - 3 = 6$
los signos (los valores absolutos) y dele a la 9 es negativo
respuesta el signo del número mayor. $(-9) + (+3) = -6$

Debido a que el número mayor (-9) es negativo, la respuesta es
negativa: **−6.**

Para sumar más de dos enteros, encuentre la suma de los números positivos
y la suma de los números negativos. Luego, use la Regla 2 para hallar la suma.

Ejemplo 2 $(+30) + (-8) + (-15) + (+3) + (-20) = $?

Paso 1 Sume los números positivos. Sume $(+30) + (+3) = +33$
los números negativos. (Regla 1) $(-8) + (-15) + (-20) = -43$
Paso 2 Sume ambos resultados. (Regla 2) $(+33) + (-43) = $ **−10**

Para restar enteros con signos, debe realizar tres pasos más: **(1)** primero,
vuelva a escribir la operación de resta como una suma, **(2)** luego, cambie el
signo del número que se restará, **(3)** sume como de costumbre.

Ejemplo 3 Reste: $(+5) - (-2)$

Paso 1 Cambie la resta a suma. $(+5) - (-2) = (+5) + ( )$
Paso 2 Cambie el signo del número que
hay que restar. $(+5) - (-2) = (+5) + (+2)$
Paso 3 Sume. $(+5) + (+2) = +7$

La respuesta a $(+5) - (-2)$ is **+7.**

Para restar enteros usando la calculadora, introduzca la expresión sin
volver a escribirla como un problema de suma. Para introducir números
negativos, primero introduzca el número, luego apriete **+/−** para
cambiar a menos el signo del número. **5 − 2 +/− = 7.**

A. Resuelva.

1. $(+7) + (+5)$ 2. $(-10) + (-6)$ 3. $(-1) - (+5)$ 4. $(+6) + (-8)$

B. Resuelva. Puede usar la calculadora.

5. $(-118) - (-628)$ 8. $(-6) - (+9) + (+10) - (+1)$

6. $(+315) - (+456)$ 9. $(-5) - (-4) - (-8)$

7. $(+7) + (-5) + (-4) + (+9)$ 10. $(+13) - (+34) + (-12)$

Las respuestas comienzan en la página 849.

Matemáticas • Álgebra

Multiplicar y dividir enteros

Sugerencia

Al restar, multiplicar o dividir números con signos, dos negativos se convierten en un positivo:

$(+5) - (-2) = 5 + 2$

$(4)(-3)(-2) =$

$\quad (4)(6) = 24$

$\frac{-9}{-3} = \frac{9}{3} = 3$

Multiplique y divida los números enteros como si no tuvieran signo. A continuación, aplique la regla siguiente para determinar si la respuesta es negativa o positiva.

> **Regla de multiplicación y división**
>
> Si los signos son iguales, la respuesta es positiva.
> Si los signos son distintos, la respuesta es negativa.

Ejemplos

$(3)(5) = +15 \qquad -3(5) = -15 \qquad 3(-5) = -15 \qquad (-3)(-5) = 15$

$\frac{24}{6} = 4 \qquad\qquad \frac{-24}{6} = -4 \qquad\qquad \frac{24}{-6} = -4 \qquad\qquad \frac{-24}{-6} = 4$

Aplicar el orden de las operaciones

Cuando una expresión algebraica contiene varias operaciones, siga el orden de las operaciones. Use los paréntesis para cambiar el orden en que se realizan las operaciones.

Sugerencia

Los paréntesis tienen dos usos: como símbolo de agrupación y para indicar multiplicación. En $(+5) - (-2)$ y $(+5) - (6 - 2)$ los paréntesis indican agrupación; en $(4)(-3)(-2)$ ó $4(-3)(-2)$, los paréntesis indican tanto agrupación como multiplicación.

> **Orden de las operaciones**
>
> **Paso 1** Realice todas las operaciones que están dentro de símbolos de agrupación, como los paréntesis o corchetes: primero, multiplique y divida; luego, sume y reste. La barra de fracciones también es un símbolo de agrupación.
>
> **Paso 2** Calcule los valores de las potencias (exponentes) y raíces. (Consulte la Lección 20.)
>
> **Paso 3** Multiplique y divida de izquierda a derecha.
>
> **Paso 4** Sume y reste de izquierda a derecha.

Ejemplo 1 $\qquad 3^2 + (-4)(2) - (4 + 6 \times 3)$

Paso 1 Comience por las operaciones que están dentro de los paréntesis. Multiplique. (6×3) Luego, sume. $(4 + 18)$

$3^2 + (-4)(2) - (4 + 6 \times 3)$

$3^2 + (-4)(2) - (4 + \mathbf{18})$

$3^2 + (-4)(2) - \mathbf{22}$

$\mathbf{9} + (-4)(2) - 22$

Paso 2 Calcule el valor de la potencia. (3×3) $\quad 9 + \mathbf{(-8)} - 22$

Paso 3 Realice las operaciones restantes en orden: multiplique, luego sume y reste de izquierda a derecha. Aplique las reglas de los números con signos.

$\mathbf{1} \qquad\quad - (+22)$

$1 \qquad\quad + (-22) = -21$

La respuesta es **−21.**

La barra de división agrupa los números superiores e inferiores, como si estuvieran entre paréntesis. Aplique el orden de las operaciones al numerador y al denominador por separado. Luego haga la división final.

Ejemplo 2 $\qquad \dfrac{3 + 5}{2 - 4}$

$\dfrac{3 + 5}{2 - 4} = \dfrac{8}{-2} = -4$

Esto es lo mismo que $(3 + 5) \div (2 - 4) = 8 \div -2 = -4$.

Como los signos son distintos, la respuesta es **−4.**

A. Multiplique o divida.

1. $(-2)(+3)$

2. $(-4)(-7)$

3. $(+6)(-5)$

4. $(+12)(+3)$

5. $(-6)(-1)(+2)$

6. $(+9)(-2)(-3)$

7. $(-64) \div (+4)$

8. $(+15) \div (-3)$

9. $(+20) \div (+5)$

10. $(-36) \div (-12)$

11. $\dfrac{-132}{11}$

12. $\dfrac{-4}{-1}$

B. Resuelva cada expresión.

13. $6 + 8 \times 2^2$

14. $\dfrac{-2 - (+8)}{(6) \div (-6)}$

15. $(-9 \times 4) - (-3 \times 2)$

16. $(-25) - 4 \times 3^2$

17. $6 - (4 \times 8 + (-1))$

18. $\dfrac{(-4) + (-6)}{(+4) - (-1)}$

Variables y expresiones alebraicas

Una expresión algebraica es un grupo de números, signos de operación y variables.

Ejemplos $\quad 2x + 3 \quad\quad 4x + \dfrac{1}{3} \quad\quad 3x - 4 \quad\quad 3(6x)$

Expresiones como éstas se forman al convertir relaciones numéricas a símbolos. Analice atentamente las expresiones siguientes.

En palabras	En símbolos
4 veces un número	$4x$
6 más que un número	$x + 6$
2 menos que un número	$x - 2$
la mitad de un número que luego se aumenta en 7	$\frac{1}{2}x + 7$ ó $\frac{x}{2} + 7$
el producto de 6 por un número	$6x$
el cociente de x entre 5	$\frac{x}{5}$ ó $x \div 5$
un número multiplicado por sí mismo o un número al cuadrado	x^2
el producto de x por 8 más la suma de 2 y x.	$8x + (2 + x)$

Una expresión algebraica siempre contiene variables. Las variables son letras que se usan para representar números. Siempre que cambia el valor de x, cambia también el valor de la expresión.

Esta tabla muestra cómo cambia el valor de la expresión $2x + 1$ al cambiar el valor de x.

> ### Sugerencia
>
> Recuerde que el orden es esencial en la resta y la división. "La diferencia entre 4 y 2" significa $4 - 2$. En cambio, "4 menos que 2" significa $2 - 4$. "El cociente de 4 entre 2" significa $\dfrac{4}{2}$.

x	$2x + 1$
3	$2(3) + 1 = \mathbf{7}$
0	$2(0) + 1 = \mathbf{1}$
-2	$2(-2) + 1 = \mathbf{-3}$
-4	$2(-4) + 1 = \mathbf{-7}$

Una expresión algebraica tiene un valor únicamente cuando todas las variables se reemplazan por números. Se le llama evaluar una expresión a encontrar el valor de una expresión cuando se conocen las variables.

Las respuestas comienzan en la página 850.

Matemáticas • Álgebra

Ejemplo   Encuentre el valor de $x^2 - 3y$, cuando $x = -4$ y $y = 2$.

Paso 1   Sustituya las variables con $x^2 - 3y$
             los valores dados. $(-4)^2 - 3(2)$
Paso 2   Siga el orden de las operaciones.
             Eleve -4 a la segunda potencia. $16 - 3(2)$
             Multiplique. $16 - 6$
             Reste. 10

Después de sustituir las variables con los valores en el Paso 1, puede usar la calculadora para encontrar el valor de la expresión.

4 $\boxed{+/-}$ $\boxed{x^2}$ $\boxed{-}$ $\boxed{[(-}$ 3 $\boxed{\times}$ 2 $\boxed{-)]}$ $\boxed{=}$ 10.

Nota: La calculadora GED, no requiere las teclas $\boxed{[(-}$ $\boxed{-)]}$ El valor de la expresión es **10,** cuando $x = -4$ y $y = 2$.

Simplificar expresiones

Simplificar una expresión significa combinar los términos semejantes. Un término es un número o la combinación de un número y una o más variables, o una variable elevada a una potencia. Los factores de un número son los valores que, al multiplicarse entre sí, dan por resultado ese mismo número.

Ejemplos	5	x	$2x$	xy	$4x^2$
Factores	5 y 1	1 y x	2 y x	x y y	4 y x^2

En una expresión algebraica, los signos positivos o negativos son parte del término que lo sigue: el término "es dueño" del signo que tiene delante. Se sobreentiende que hay un signo de suma delante del signo negativo.

Ejemplo   La expresión $\underbrace{3x^2}\ \underbrace{-7x}\ \underbrace{+14}$ tiene tres términos.

Esta expresión puede también escribirse así: $3x^2 + (-7x) + (+14)$.

Los términos semejantes tienen la misma variable o las mismas variables elevadas a la misma potencia. Estudie estos ejemplos para identificar los términos semejantes.

Ejemplos $4x$ y $9x$ son términos semejantes. Ambos términos contienen x.
                 $7xy$ y $8xy$ son términos semejantes. Ambos términos contienen xy.
                 4 y $6y$ <u>no</u> son términos semejantes. Un entero es diferente a y.
                 $3x$ y $3y$ <u>no</u> son términos semejantes. Las variables x y y son diferentes.
                 $5y^2$ y $6y$ <u>no</u> son términos semejantes. Las potencias son diferentes.

Combinamos los términos semejantes en una expresión, de modo que quede únicamente un término con esa variable. Resulta más fácil evaluar las expresiones simplificadas.

Ejemplo 1   Simplifique $4x + 6y - 3x - 4y$.

Paso 1   Agrupe los términos semejantes. Agrupe $4x + 6y - 3x - 4y =$
             los términos con x y los términos con y. $4x + 6y + -3x + -4y =$
             (El signo acompaña al término.) $(4x + -3x) + (6y + -4y) =$

Paso 2   Combine los términos semejantes. $(4x - 3x) + (6y - 4y) =$
                                                              $x\ \ +\ \ 2y$

En forma simplificada, $4x + 6y - 3x - 4y$ es igual a **$x + 2y$.**

La regla del orden de las operaciones indica que se deben realizar primero las operaciones que están dentro de los paréntesis. Sin embargo, los paréntesis de las expresiones algebraicas a menudo contienen términos que no son semejantes y no pueden combinarse. Para simplificar una expresión que contiene paréntesis, use la propiedad distributiva para eliminar los paréntesis.

Propiedad distributiva Para multiplicar un factor por una suma de términos, multiplique el factor por cada término entre paréntesis. Después, combine los productos. $5(x + y) = 5x + 5y$

Ejemplo 2 Simplifique $2x(3x - 6) + 5x$.

Paso 1 Para eliminar los paréntesis, multiplique cada término dentro del paréntesis por el factor.

$$2x(3x + -6) \quad + 5x$$
$$2x(3x) + 2x(-6) + 5x$$

Paso 2 Combine los términos semejantes.

$$6x^2 - \quad 12x \quad + 5x$$
$$6x^2 - \quad\quad 7x$$

$2x(3x - 6) + 5x$ es igual a $\mathbf{6x^2 - 7x}$.

A. Evalúe estas expresiones según se indica.

1. Encuentre el valor de $3(x - 6) + 2y$
   a. cuando $x = -7$ y $y = 10$
   b. cuando $x = 5$ y $y = -2$
   c. cuando $x = 0$ y $y = 6$
   d. cuando $x = 3$ y $y = 3$

2. Encuentre el valor de $x^2 - y^2$
   a. cuando $x = 0$ y $y = 2$
   b. cuando $x = -2$ y $y = 1$
   c. cuando $x = 5$ y $y = -5$
   d. cuando $x = -1$ y $y = -2$

3. Encuentre el valor de $\dfrac{(6 + x)^2}{y}$
   a. cuando $x = 4$ y $y = -1$
   b. cuando $x = 0$ y $y = 6$
   c. cuando $x = 0$ y $y = -6$
   d. cuando $x = 2$ y $y = 2$

4. Encuentre el valor de $x^2 + 2x - 6$
   a. cuando $x = -3$
   b. cuando $x = 2$
   c. cuando $x = 4$
   d. cuando $x = 8$

B. Simplifique cada expresión.

5. $7x - 8y + 9x$

6. $5y^2 - 4y - 2y^2$

7. $4m - 9n - 3 + 6n$

8. $-5x + 16 - 8x - 14 + 10x$

9. $9x - 6 + 8x^2 + 13$

10. $25 - 3n + 16n$

11. $12(x + 3y)$

12. $5x(-y + 9)$

13. $4(2x + y) - 3(x - 5)$

14. $15 + 6(x - 4) + 8x$

15. $3m + 2(m - n) - 5(m + n)$

16. $x - 2(xy - y) + 4xy - x(3 + y)$

C. Simplifique. Luego evalúe estas expresiones según se indica.

17. Encuentre el valor de $3x + 5(x + 9) - 4x$, cuando $x = -5$.

18. Encuentre el valor de $2m - 3(m + 5) - 15$, cuando $m = 10$.

19. Encuentre el valor de $3y(2xz + 2) - 6xyz$, cuando $x = -4$, $y = -3$, y $z = 7$.

20. Encuentre el valor de $4(2x - y) - 3x + 2y$, cuando $x = 0$ y $y = -2$.

Las respuestas comienzan en la página 850.

Matemáticas • Álgebra

Práctica de GED

Instrucciones: Elija la respuesta que mejor responda a cada pregunta.

1. En un juego de cartas, Rita pierde 1 punto, gana 5 puntos y pierde 8 puntos. Javier tiene 6 puntos. ¿Qué diferencia hay entre sus puntuaciones?

   (1) 4
   (2) 6
   (3) 8
   (4) 10
   (5) 12

2. En una recta numérica, Max pone una marca en el punto situado a 3 unidades a la izquierda del punto medio entre 1 y −3. ¿En qué punto está la marca de Max?

   (1) 2
   (2) 0
   (3) −1
   (4) −3
   (5) −4

3. A las 10 a.m., la temperatura está a 5°F bajo cero. Para las 11 a.m., la temperatura sube 6°F. Si baja 3°F a la 1 p.m., ¿cuál es la temperatura a la 1p.m.?

   (1) −4°F
   (2) −2°F
   (3) 0°F
   (4) 2°F
   (5) 14°F

4. ¿Cuál de las siguientes expresiones es igual a la expresión $-m(2m + 2n) + 3mn + 2m^2$?

   (1) mn
   (2) $5mn$
   (3) $-4m^2 + mn$
   (4) $4m^2 + mn$
   (5) $4m^2 + 5mn$

5. ¿Cuál de las siguientes expresiones es igual a la expresión $3(-4b) - 2(a - b - c)$?

   (1) $-2a - 10b - 2c$
   (2) $-2a - 10b + 2c$
   (3) $-2a - 5b + 2c$
   (4) $-2a - 4b - 2c$
   (5) $2a - 4b - 2c$

La pregunta 6 se refiere a la siguiente información.

Lanzamientos de dados de Aarón

Ronda	Dado rojo	Dado verde
3	4	6
4	2	1
5	6	4

6. En un juego de dados, cada jugador lanza dos dados, uno rojo y otro verde. El número que aparece en el dado rojo se suma a la puntuación obtenida por cada jugador en la ronda anterior. El número que aparece en el dado verde se resta de la puntuación. Si Aarón tenía +4 puntos después de las dos primeras rondas, ¿cuántos puntos tiene después de cinco rondas?

   (1) −5
   (2) −3
   (3) 1
   (4) 3
   (5) 5

Las respuestas comienzan en la página 851.

Ecuaciones

Resolver ecuaciones de un paso

Una ecuación es un enunciado matemático que indica que dos cantidades son iguales. Cuando una ecuación contiene una variable, utilizamos el álgebra para encontrar el valor de la variable. Resolver una ecuación significa encontrar el número que hace que el enunciado sea cierto.

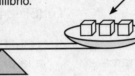

Si se suma 1 a cada platillo de la balanza, se mantiene en equilibrio.

Resuelva la ecuación. $2x - 1 = 9$
Cuando x es igual a 5, $2(5) - 1 = 9$
el enunciado es cierto. $10 - 1 = 9$
$9 = 9$

Para resolver una ecuación, debe mantener iguales ambos lados de la ecuación. Imagínese la ecuación como una balanza: lo que haga en un platillo, debe hacerlo también en el otro para mantener el equilibrio.

La estrategia básica para resolver una ecuación es aislar la variable, es decir, dejarla sola en uno de los lados realizando operaciones inversas, u opuestas, a ambos lados de la ecuación.

Recuerde: • La suma y la resta son operaciones inversas.
• La multiplicación y la división son operaciones inversas.

Ejemplo 1   Resuelva: $x - 13 = 25$.

Paso 1   **Piense en el significado** de la ecuación, $x - 13 = 25$
la operación y su inversa: en este caso, la
operación es una resta; la operación inversa
es la suma.

Paso 2   **Haga la operación inversa a ambos** $x - 13 + 13 = 25 + 13$
lados de la ecuación para aislar la $x \qquad = \qquad 38$
variable y mantener la ecuación
equilibrada. En este caso, sume 13 a
ambos lados.

Paso 3   **Verifique.** Sustituya la variable x de la $38 - 13 = 25$
ecuación original con su solución, 38. $25 = 25$

El valor **38** hace que la ecuación sea cierta.

Ejemplo 2   Resuelva: $5x = -35$.

Paso 1   La operación es una multiplicación; la $5x = -35$
operación inversa a la multiplicación es la
división.

Paso 2   Divida ambos lados entre 5. $\dfrac{5x}{5} = \dfrac{-35}{5}$

Paso 3   Sustituya y verifique. $x = -7$
$5(-7) = -35$
El valor **−7** hace que la ecuación sea cierta. $-35 = -35$

Resolver ecuaciones de varios pasos

Algunas ecuaciones requieren más de una operación. Recuerde: su objetivo es aislar la variable a un lado de la ecuación. Además, al resolver ecuaciones de varios pasos, recuerde que debe realizar las operaciones en orden inverso.

Ejemplo 1 $5x - 10 = 35$

Paso 1 Primero, realice las operaciones inversas de suma y resta. Sume 10 a ambos lados.
$$5x - 10 + 10 = 35 + 10$$
$$5x = 45$$

Paso 2 Luego, realice las operaciones inversas de multiplicación y división. Divida ambos lados entre 5.
$$\frac{5x}{5} = \frac{45}{5}$$

Paso 3 Verifique. Sustituya x por el valor encontrado.
$$x = 9$$
$$5(9) - 10 = 35$$
$$45 - 10 = 35$$
$$35 = 35$$

La solución es **$x = 9$**.

Algunas ecuaciones pueden tener términos variables en ambos lados. En este caso, debe agrupar todos los términos variables en uno de los lados de la ecuación.

Ejemplo 2 $12x + 9 = 10x + 1$

Paso 1 Agrupe las variables. Reste $10x$ de ambos lados.
$$12x - 10x + 9 = 10x - 10x + 1$$
$$2x + 9 = 1$$

Paso 2 Reste 9 de ambos lados.
$$2x + 9 - 9 = 1 - 9$$
$$2x = -8$$

Paso 3 Divida ambos lados entre 2.
$$\frac{2x}{2} = \frac{-8}{2}$$
$$x = -4$$

Paso 4 Verifique.
$$12(-4) + 9 = 10(-4) + 1$$
$$-48 + 9 = -40 + 1$$
$$-39 = -39$$

La solución es **$x = -4$**.

Algunas ecuaciones contienen paréntesis. Elimínelos multiplicando cada término dentro del paréntesis por el factor.

Ejemplo 3 $3(x + 1) = -12$

Paso 1 Multiplique los dos términos entre paréntesis por 3.
$$3(x + 1) = -12$$
$$3x + 3 = -12$$

Paso 2 Reste 3 de ambos lados.
$$3x + 3 - 3 = -12 - 3$$
$$3x = -15$$

Paso 3 Divida ambos lados entre 3.
$$\frac{3x}{3} = \frac{-15}{3}$$
$$x = -5$$

Paso 4 Verifique.
$$3(-5 + 1) = -12$$
$$3(-4) = -12$$
$$-12 = -12$$

La solución es **$x = -5$**.

> ## Sugerencia
>
> A menudo hay más de una manera de resolver las ecuaciones, como sumar o restar el entero primero y luego la variable. Sin embargo, usted siempre debe seguir las reglas básicas para resolver las ecuaciones: primero, sume o reste, y luego multiplique o divida.

El primer paso para resolver algunas ecuaciones es combinar los términos semejantes. Simplifique siempre cada lado de la ecuación antes de resolverla.

Ejemplo 4 $2x + 5 - 3x = 8 + 2$

Paso 1	**Simplifique, combinando los términos semejantes.** $2x - 3x = -x; 8 + 2 = 10$	$2x + 5 - 3x = 8 + 2$ $-x + 5 = 10$
Paso 2	**Aísle la variable.** En este caso, reste 5 de ambos lados.	$-x + 5 - 5 = 10 - 5$ $-x = 5$
Paso 3	**Despeje la x.** Multiplique ambos lados por -1 para despejar x, no $-x$.	$-x(-1) = 5(-1)$ $x = -5$
Paso 4	**Verifique.**	$2(-5) + 5 - 3(-5) = 8 + 2$ $-10 + 5 - (-15) = 10$ $-10 + 5 + 15 = 10$ $10 = 10$

La solución es **−5**.

A. Resuelva. No use la calculadora.

1. $x - 15 = 4$

2. $x - 7 = 3$

3. $x - 8 = -10$

4. $\dfrac{x}{-3} = 18$

B. Resuelva. Puede usar una calculadora en estos problemas.

5. $x - 94 = 52$

6. $6.5 + x = 12.25$

7. $-69 + x = 124$

8. $-3.6x = -17.28$

C. Convierta cada pregunta en una ecuación algebraica y resuélvala.

9. Si a un número se le suma -13, se obtiene 20. ¿Qué número es? (*Pista:* $-13 + x = 20$)

10. ¿Qué número multiplicado por 10 es igual a 900?

11. ¿Qué número dividido entre 4 es igual a 60?

12. ¿Qué número dividido entre 4 es igual a 32?

13. ¿Qué número multiplicado por -6 es igual a 48?

14. Si a un número se le suma 52, se obtiene 100. ¿Qué número es?

D. Resuelva cada ecuación.

15. $6x + 7 = 37$

16. $4x + 5x - 10 = 35$

17. $3x - 6x + 2 = -4x$

18. $6 - x + 12 = 10x + 7$

19. $5x + 7 - 4x = 6$

20. $9x + 6x - 12x = -7x + 2x - 12 + 5x$

21. $7x + 3 = 31$

22. $6(2 + x) = 5x + 15$

23. $4x + 5 = 21$

24. $2x - 5x + 11 = 38$

25. $3x - 8 = x + 4$

26. $7(x - 2) = 21$

27. $5x - 13x + 2x = -70 + x$

28. $8x + 12 = 44 + 4x$

Las respuestas comienzan en la página 851.

Convertir ecuaciones en problemas

Para resolver problemas expresados verbalmente, convierta la información del problema en símbolos algebraicos y escriba una ecuación algebraica que los exprese. Lea el problema atentamente para averiguar cuáles son los números o cantidades desconocidos. Identifique todas las demás cantidades en función de una sola magnitud desconocida.

Sugerencia

Como regla general, suponga que la x es igual a la cantidad que menos conoce; por lo general es la cantidad con la que la otra magnitud se compara o se relaciona.

Ejemplo 1   En un café se vendieron 8 sándwiches de pavo más que sándwiches de jamón a la hora del almuerzo durante un día. Si en total se vendieron 32 sándwiches, ¿cuántos eran de jamón?

Paso 1   **Identifique la(s) cantidad(es) desconocida(s); asigne la variable.** Hay 2 cantidades desconocidas: el número de sándwiches de jamón y el número de sándwiches de pavo. Escoja una, que será la x desconocida. En este caso, suponga que x = el número de sándwiches de jamón.

Paso 2   **Identifique las demás cantidades en función de x.** Como había 8 sándwiches más de pavo que de jamón, suponga que x + 8 es igual al número de sándwiches de pavo. Si se supone que x = el número de sándwiches de pavo, el número de sándwiches de jamón sería x − 8.

Paso 3   **Escriba una ecuación.** Usted sabe que en total se vendieron 32 sándwiches. Por lo tanto, la suma del número de sándwiches de pavo (x − 8) y el número de sándwiches de jamón (x) es 32: (x + 8) + x = 32. La ecuación **(x + 8) + x = 32** sirve para resolver el problema.

Algunas preguntas de álgebra de la Prueba de Matemáticas de GED son problemas de preparación. En lugar de resolver la ecuación, usted elige el método correcto para resolver el problema. Al responder a estas preguntas, analice la situación y escriba una ecuación. Luego, compare su ecuación con las opciones de respuesta.

Resolver ecuaciones algebraicas

Los problemas verbales algebraicos describen la relación entre los números en una situación dada. Para resolver un problema de álgebra, convierta los datos en símbolos algebraicos, escriba y resuelva una ecuación, y verifique su respuesta.

Ejemplo 1   La suma de tres **números consecutivos** es 189. ¿Cuál es el mayor de los tres números?

Paso 1   **Identifique la(s) cantidad(es) desconocida(s); asigne x.** La x representa el número menor.

Paso 2   **Identifique las demás cantidades en función de x.** Si x es el número menor, los dos números siguientes son x + 1 y x + 2.

Sugerencia

Asegúrese de responder a la pregunta que se plantea en el problema. Es posible que la respuesta a la pregunta no sea el valor de x.

Paso 3   **Escriba una ecuación.** La suma de los tres números es 189.

$$x + (x + 1) + (x + 2) = 189$$
$$x + x + 1 + x + 2 = 189$$

Paso 4   **Combine los términos semejantes y despeje la x.**

$$3x + 3 = 189$$
$$3x = 186$$
$$x = 62$$

Paso 5   **Solucione el problema.** El valor de x representa el menor de tres números consecutivos: los tres números son 62, 63 y 64. Cómo está buscando el número mayor, la respuesta correcta es **64**.

Paso 6   **Verifique la respuesta.** Vuelva a leer el problema para asegurarse de que su respuesta es razonable. Debido a que 62 + 63 + 64 = 189, la respuesta tiene sentido.

Práctica de GED

Instrucciones: Elija la respuesta que mejor responda a cada pregunta.

1. En los Talleres Gómez hay 360 empleados. El número de empleados de producción es doce más que el triple del número de empleados de gerencia. ¿Qué ecuación sirve para calcular el número de empleados de la gerencia?

   (1) $3x + 12 = 360$
   (2) $4x = 360$
   (3) $3x - 12 + x = 360$
   (4) $(3x + 12) - x = 360$
   (5) $x + (3x + 12) = 360$

2. En un gimnasio, Francisco hizo cierto número de flexiones de pecho. Tomás hizo 12 más que Francisco. En total, ambos hicieron 66 flexiones de pecho. ¿Qué ecuación sirve para calcular el número de flexiones de pecho que hizo Francisco?

   (1) $x(x + 12) = 66$
   (2) $x + 12x = 66$
   (3) $2x + 12 = 66$
   (4) $2x = 66 + 12$
   (5) $x + 12 = 66 + x$

3. A Eva le pusieron dos multas de estacionamiento. El monto de la segunda multa fue $4 menos del doble de la primera. Si en total ambas multas suman $65, ¿qué ecuación sirve para calcular el monto de la primera?

   (1) $3x = 65 - 4$
   (2) $2(x - 4) = 65$
   (3) $x(x - 4) = 65$
   (4) $x + (2x - 4) = 65$
   (5) $2(2x - 4) = 65$

4. Si un número multiplicado por 8 se divide entre 4, se obtiene el doble de ese número. ¿Cuál de las siguientes ecuaciones sirve para hallar el número?

   (1) $\frac{8y}{4} = 2y$
   (2) $8\left(\frac{4}{y}\right) = 2y$
   (3) $\frac{8}{4y} = 2y$
   (4) $8y(4) = 2$
   (5) $\frac{8y}{4y} = 2y$

5. El número de niñas que participan en un programa deportivo es 12 menos que el doble del número de niños (x). Si 60 niños y niñas participan en el programa, ¿cuál de las siguientes ecuaciones sirve para calcular el número de varones?

   (1) $2x - 12 = 60$
   (2) $2(x + x - 12) = 60$
   (3) $x + 2x = 60 - 12$
   (4) $x + 2(x - 12) = 60$
   (5) $3x = 60 + 12$

6. Una entrada para adultos cuesta el doble que una para niños. Ángela pagó $28 por dos entradas para adultos y tres entradas para niños. ¿Cuál de las siguientes ecuaciones sirve para calcular el precio de una entrada para niños?

   (1) $x + 2x = 28$
   (2) $3x + 2(2x) = 28$
   (3) $2(x + 2x) = 28$
   (4) $3(2x) + 2x = 28$
   (5) $3x + 2x = 28$

Sugerencia

Para usar cualquier calculadora, separe una expresión en partes, calcule cada parte y escriba el resultado de cada operación; luego, realice las operaciones finales.

Las respuestas comienzan en la página 852.

Usar fórmulas para calcular distancias y precios

Una fórmula es un tipo de ecuación especial. En una fórmula, se relacionan datos para resolver cierto tipo de problemas. En la Prueba de Matemáticas de GED, usted recibirá una página de fórmulas para ser utilizadas al resolver problemas.

Dos fórmulas importantes son las de la distancia y el precio.

Distancia   distancia = velocidad × tiempo o $d = vt$
Precio total   precio total = (número de unidades) × (precio por unidad) o $c = nr$

Para usar fórmulas, primero escoja la fórmula que exprese la relación entre los datos del problema. Luego, sustituya las cantidades conocidas y despeje la variable.

Sugerencia

En las variables de una fórmula se usan unidades de medida relacionadas. Si la velocidad se indica en *millas por hora*, la distancia se expresará en *millas*, y el tiempo, en *horas*

Ejemplo 1   Un avión viaja a una velocidad promedio de 525 millas por hora durante 4 horas. ¿Cuántas millas recorre?

(1)   60.0
(2)   131.25
(3)   240.0
(4)   525.0
(5)   2100.0

Paso 1   **Use** la fórmula de la distancia, donde d = distancia, $d = vt$
v = velocidad (velocidad promedio) y t = tiempo.

Paso 2   **Sustituya** las cantidades conocidas. $d = 525 × 4$
Paso 3   **Despeje** d. $d = 2100$

El avión recorre **2100 millas**.

En una fórmula, usted puede despejar cualquier variable si conoce los valores de las otras variables. Sustituya las variables del problema con los valores que conozca. Luego, realice operaciones inversas para despejar la variable desconocida.

Ejemplo 2   El precio total de un cargamento de sillas es de $2250. Si cada silla cuesta $75, ¿cuántas sillas hay en el cargamento?

(1)   30
(2)   75
(3)   225
(4)   2,250
(5)   168,750

Sugerencia

Se puede usar una fórmula para despejar cualquiera de sus variables. Con $c = nr$, usted también puede encontrar $n = \dfrac{c}{r}$ ó $r = \dfrac{c}{n}$.

Paso 1   Para despejar n, el número de sillas, use la $c = nr$
fórmula del precio, donde c = precio
total, n = número de unidades y r = precio
por unidad.

Paso 2   Sustituya las cantidades conocidas. $\$2250 = n(\$75)$

Paso 3   Despeje n. Divida ambos miembros de $\dfrac{\$2250}{\$75} = \dfrac{n(\$75)}{\$75}$
la ecuación entre $75.
                                                       $30 = n$

Hay **30 sillas** en el envío **(opción [1])**.

Práctica de GED

Instrucciones: Elija la respuesta que mejor responda a cada pregunta.

1. Una ferretería adquirió 6 docenas de martillos por un precio total de $345.60. ¿Cuánto costó la docena de martillos?

   (1) $ 4.80
   (2) $ 9.60
   (3) $ 28.80
   (4) $ 57.60
   (5) $115.20

2. Marta compró 3 yardas de tela a un precio de $6.98 por yarda, y 4 yardas de otra tela a un precio de $4.50 por yarda. ¿Cuál de las siguientes expresiones serviría para averiguar cuánto pagó Marta por su compra? (*Pista:* Usted tendría que calcular el precio total de cada tipo de tela y luego hacer la suma.)

   (1) 7($6.98)($4.50)
   (2) 7($6.98 + $4.50)
   (3) 3($6.98) + 4($4.50)
   (4) 4($6.98) + 3($4.50)
   (5) (3 + 4)($6.98 + $4.50)

3. Esteban manejó durante 6 horas y recorrió 312 millas. ¿Cuál de las siguientes expresiones serviría para averiguar la velocidad promedio a la que manejó Esteban durante el viaje?

   (1) 6 + 312
   (2) $\frac{312}{6}$
   (3) $\frac{6}{312}$
   (4) 6(312)
   (5) 6(6)(312)

4. En el estante de una tienda, hay una etiqueta que dice que el champú con la marca de la tienda cuesta 14.5 centavos la onza. ¿Cuánto cuesta un frasco de 24 onzas de ese champú?

   (1) $0.60
   (2) $1.66
   (3) $3.48
   (4) $6.00
   (5) $7.65

5. Cata manejó durante $2\frac{1}{2}$ horas a una velocidad promedio de 55 millas por hora y $1\frac{1}{2}$ horas a una velocidad promedio de 65 millas por hora. ¿Cuántas millas recorrió Cata?

   (1) 260
   (2) 235
   (3) 220
   (4) $137\frac{1}{2}$
   (5) $97\frac{1}{2}$

La pregunta 6 se refiere a la siguiente información.

Lista de precios de productos de panadería	
Bandeja de fiesta	$ 9.99
Fuente de fiesta	$13.99
Pastel mediano	$26.99

6. Rodrigo está organizando una fiesta en su oficina. Encarga tres bandejas, dos fuentes y un bizcocho mediano. ¿Cuánto gastará en el pedido?

   (1) $ 29.97
   (2) $ 50.97
   (3) $ 80.94
   (4) $ 84.94
   (5) $305.82

Las respuestas comienzan en la página 853.

Matemáticas • Álgebra

Exponentes y raíces

Exponentes

Los exponentes se utilizan para simplificar los problemas de multiplicación repetida. La expresión 5^3, que se lee "cinco elevado a la tercera potencia" o "cinco elevado al cubo", tiene 5 de base y 3 como exponente. El exponente indica cuántas veces debe aparecer la base en el problema de multiplicación.

Ejemplos
$$5^3 = 5 \times 5 \times 5 = 125$$
$$12^2 = 12 \times 12 = 144$$
$$2^5 = 2 \times 2 \times 2 \times 2 \times 2 = 32$$

Para elevar un número a la segunda potencia, utilice la tecla x^2.
Halle el valor de 13^2. **13** $\boxed{x^2}$ **169.** ó **13** $\boxed{\times}$ **13** $\boxed{=}$

Para elevar un número a otra potencia, se debe utilizar la tecla x^y.
Halle el valor de 5^3. **5** $\boxed{x^y}$ **3 = 125.** ó **5** $\boxed{\times}$ **5** $\boxed{\times}$ **5** $\boxed{=}$

Un exponente también puede ser 1, 0 ó un número negativo. Recuerde:

- Cualquier número a la potencia de 1 es igual a sí mismo.
- Cualquier número (excepto el 0) a la potencia de 0 es igual a 1.

Ejemplos

$2^1 = 2$	$9^1 = 9$	$7^1 = 7$
$4^0 = 1$	$3^0 = 1$	$10^0 = 1$

Nuestro sistema numérico se basa en la idea de agrupar por decenas. Las potencias de 10 tienen especial importancia.

$$10^1 = 10$$
$$10^2 = 10 \times 10 = 100$$
$$10^3 = 10 \times 10 \times 10 = 1000$$
$$10^4 = 10 \times 10 \times 10 \times 10 = 10{,}000$$

Las potencias negativas de 10 son útiles para escribir números muy pequeños. Cualquier número elevado a una potencia negativa representa una fracción o un decimal.

$$10^{-1} = \frac{1}{10} = 0.1$$

$$10^{-2} = \frac{1}{10} \times \frac{1}{10} = 0.01$$

$$10^{-3} = \frac{1}{10} \times \frac{1}{10} \times \frac{1}{10} = 0.001$$

La notación científica es un método en el que se utilizan las potencias de diez para escribir números muy pequeños y muy grandes. Los números en notación científica se expresan como productos de un número entre uno y diez y una potencia de diez.

Sugerencia

El exponente de una potencia de 10 es igual al número de ceros del producto.
$$10^6 = 1{,}000{,}000$$

Sugerencia

El exponente negativo de una potencia de 10 es igual al número de lugares decimales del producto.
$$10^{-4} = 0.0001$$

Ejemplo 1 La distancia entre la Tierra y el Sol es de 93,000,000 millas aproximadamente. Escriba esta distancia en notación científica.

Paso 1 Desplace el punto decimal a la izquierda hasta que el último dígito de la izquierda quede en la columna de las unidades.

9.3000000

Paso 2 Elimine los ceros y multiplique por 10 elevado a una potencia igual al número de lugares que desplazó el punto decimal, en este caso, 7.

$93,000,000 = \mathbf{9.3 \times 10^7}$

Ejemplo 2 En un experimento científico, la masa de una muestra es de 2×10^{-5} kilogramos. Escriba la masa en notación estándar.

Paso 1 Escriba el número dado con una hilera de ceros delante de él. Aún no ha modificado el valor.

0000002.

Paso 2 Desplace el punto decimal hacia la izquierda tantos lugares como indique el número del exponente. Elimine los ceros que sobren.

00.00002.

$2 \times 10^{-5} = \mathbf{0.00002}$

Si realiza operaciones que tengan como resultado un número muy grande o muy pequeño, es posible que su calculadora muestre la solución en notación científica. Introduzca esta operación:
$30,000 \times 5,000,000 =$

Quizás vea en la pantalla: **1.5 ^{11}** ó **1.5 11**, que equivale a **1.5×10^{11}**.

A. Encuentre los siguientes valores. No use la calculadora.

1. 2^4
2. 4^3
3. 16^1

4. 1^6
5. 5^0
6. 3^4

7. 3^3
8. 7^2
9. 3^{-2}

10. 8^2
11. 5^{-3}
12. 12^0

B. Encuentre los siguientes valores. Use la calculadora para estos problemas.

13. 6^4
14. 9^5

15. 3^6
16. 8^{-2}

17. 12^5
18. 5^7

19. 2^{-5}
20. 7^4

C. Resuelva.

21. El corazón humano bombea diariamente un promedio de 114,000 galones de sangre. ¿Cuál de las siguientes expresiones representa esa cantidad en notación científica?

(1) 1.14×10^{-5}
(2) 1.14×10^{-4}
(3) 1.14×10^3
(4) 1.14×10^5
(5) 1.14×10^6

22. ¿En cuál de las siguientes series están ordenados los números de menor a mayor?

(1) 2.43×10^2, 5.2×10^2, 4.7×10^{-1}
(2) 2.34×10^2, 4.7×10^{-1}, 5.2×10^2
(3) 4.7×10^{-1}, 5.2×10^2, 2.34×10^2
(4) 4.7×10^{-1}, 2.34×10^2, 5.2×10^2
(5) 5.2×10^2, 4.7×10^{-1}, 2.34×10^2

Las respuestas comienzan en la página 853.

Matemáticas • Álgebra

Raíces cuadradas

Elevar un número a la segunda potencia también se denomina elevar un número al cuadrado. Usted ya aprendió que para calcular el área de un cuadrado se debe multiplicar la longitud de un lado por sí misma. Es decir, para hallar el área se debe elevar la longitud de un lado al cuadrado.

La raíz cuadrada de un número es el número que, multiplicado por sí mismo, es igual al primero. El símbolo de la raíz cuadrada es $\sqrt{}$. Para encontrar la raíz cuadrada de un número, pregúntese: "¿Qué número multiplicado por sí mismo es igual a este número?"

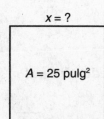

$x = ?$

$A = 25$ pulg^2

Ejemplo 1 ¿Cuánto mide el lado de un cuadrado si el área del cuadrado es 25 pulgadas cuadradas?

Paso 1 El área del cuadrado se calcula multiplicando la longitud de un lado por sí misma. Pregúntese: ¿Qué número multiplicado por sí mismo es igual a 25?

Paso 2 Debido a que $5 \times 5 = 25$, la raíz cuadrada de 25 es 5.

Cada lado del cuadrado mide **5 pulgadas**.

Memorice la siguiente lista de números al cuadrado que lo ayudará a encontrar raíces cuadradas.

$1^2 = 1$	$4^2 = 16$	$7^2 = 49$	$10^2 = 100$
$2^2 = 4$	$5^2 = 25$	$8^2 = 64$	$11^2 = 121$
$3^2 = 9$	$6^2 = 36$	$9^2 = 81$	$12^2 = 144$

Ejemplo 2 ¿Cuánto es $\sqrt{81}$?
El problema pregunta: "¿Cuál es la raíz cuadrada de 81?"
Debido a que $9^2 = 81$, $\sqrt{81} = $ **9**.

La mayoría de las raíces cuadradas no son números enteros. Puede utilizar la lista de cuadrados comunes de arriba como ayuda para calcular una respuesta estimada o puede encontrar la respuesta exacta usando la calculadora.

Ejemplo 3 ¿Cuánto es $\sqrt{55}$?
¿Qué número multiplicado por sí mismo es igual a 55? Usted sabe que 7^2 es igual a 49 y que 8^2 es igual a 64. Por lo tanto, la raíz cuadrada de 55 debe estar **entre 7 y 8**, porque 55 está entre 49 y 64.

Para encontrar la raíz cuadrada de 55 con la calculadora, debe utilizar la tecla de la raíz cuadrada. Quizá tenga que pulsar SHIFT o 2ndF para usar esta función.

La secuencia de teclas en su calculadora puede ser:

55 $\sqrt{}$ **7.416198487** ó **55** $\sqrt{x}$

En la calculadora de GED: **55** SHIFT x² **7.416198487**

Algunas raíces cuadradas son números enteros o tienen un número limitado de dígitos decimales. Otras son decimales que se repiten. Y otras son decimales que continúan sin un patrón de dígitos que se repita. Lea atentamente los problemas para averiguar si debe redondear el resultado a un dígito decimal específico.

A. Encuentre las raíces cuadradas de los siguientes números. No use la calculadora.

1. $\sqrt{16}$

3. $\sqrt{9}$

5. $\sqrt{25}$

2. $\sqrt{0}$

4. $\sqrt{49}$

6. $\sqrt{1}$

B. Encuentre la longitud del lado de cada cuadrado.

7. $x = ?$

$A = 36$
sq cm

8. $x = ?$

$A = 16$
sq yd

9. $x = ?$

$A = 81$
sq m

C. Use la calculadora para encontrar las siguientes raíces cuadradas. Redondee sus respuestas al centésimo más cercano.

10. $\sqrt{28}$ 11. $\sqrt{95}$ 12. $\sqrt{6}$ 13. $\sqrt{324}$ 14. $\sqrt{130}$ 15. $\sqrt{169}$

Trabajar al revés

Todas las preguntas de selección múltiple de la Prueba de Matemáticas de GED tienen cinco opciones de respuesta. Usted debe elegir la mejor respuesta para cada pregunta.

Sugerencia

Use su conocimiento de los promedios para solucionar problemas de números consecutivos. Si la suma de 3 números es 30, el promedio es 10. Busque una opción con un valor medio de 10.

En la mayoría de las preguntas, es más rápido resolver el problema directamente. Léalo atentamente, decida qué pide la pregunta, elija las operaciones que debe utilizar y resuelva el problema. Asegúrese siempre de que su respuesta tenga sentido. Después, lea las cinco opciones de respuesta para comprobar si su respuesta es una de ellas.

Sin embargo, para algunos problemas de álgebra, trabajar al revés a partir de las opciones de respuesta puede ahorrarle tiempo. La mayoría de los problemas de álgebra le piden que despeje una variable. Generalmente, usted escribiría una ecuación y la resolvería. No obstante, quizá encuentre la solución si prueba cada opción de respuesta en la situación dada para averiguar cuál es la correcta.

Ejemplo 1   La suma de tres números consecutivos es 30. ¿Qué números son?

(1)   6, 7 y 8
(2)   8, 9 y 10
(3)   9, 10 y 11
(4)   11, 12 y 13
(5)   14, 15 y 16

Para resolver este problema no es necesario escribir una ecuación. Usted sabe que los números suman 30, de modo que, sencillamente, debe sumar los números propuestos en cada opción. Puede eliminar rápidamente las opciones (4) y (5) ya que $10 + 10 + 10 = 30$ y todos los números de esas opciones son mayores de 10. Claramente, las opciones (4) y (5) suman más de 30. Sume rápidamente los números de las tres primeras opciones de respuesta.

Opción (1): $6 + 7 + 8 = 21$
Opción (2): $8 + 9 + 10 = 27$
Opción (3): $9 + 10 + 11 = 30$

La opción (3) 9, 10 y 11 es la respuesta correcta.

Las respuestas comienzan en la página 854.

Aplicar secuencias y funciones

Una **secuencia** matemática es una serie de números y términos formada siguiendo una regla determinada. Si se conoce la regla, se pueden encontrar otros términos de la secuencia.

Ejemplo 1   Encuentre el octavo término de la secuencia: 1, 7, 13, 19, 25,...

Paso 1   **Identifique la regla que se ha utilizado para crear la secuencia.** Estudie la secuencia. Cada número de la secuencia es seis unidades mayor que el anterior. La regla es "sumar 6".

Paso 2   **Aplique la regla para continuar la secuencia.** El número 25 es el 5° término de la secuencia. Usted tiene que hallar el 8° término.

1^r	2°	3^r	4°	5°	6°	7°	8°
1	7	13	19	25	31	37	43

$$+6 \quad +6 \quad +6 \quad +6 \quad +6 \quad +6 \quad +6$$

La respuesta correcta es **43**.

Las reglas algebraicas en ocasiones se denominan **funciones.** Usted puede imaginar una función como una máquina que realiza ciertas operaciones. Para cada número que se mete en la máquina (x), sólo habrá un número que salga (y). La función que aparece en el siguiente ejemplo multiplica un número por 3 y luego le resta 4. Se puede escribir la función como una ecuación: $y = 3x - 4$.

Ejemplo 2   En el caso de la función $y = 3x - 4$, ¿qué números se necesitan para completar la siguiente tabla?

ENTRADA
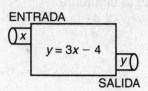
$y = 3x - 4$
SALIDA

x	−3	−2	−1	0	1	2
y	−13	−10	−7		−1	

(1)   −6 y 2
(2)   −5 y 2
(3)   −5 y 3
(4)   −4 y 2
(5)   −4 y 4

Utilice la sustitución para encontrar el valor de y. Sustituya x por 0 y por 2. Resuelva la ecuación para encontrar el valor de y.

$$y = 3x - 4 \qquad\qquad y = 3x - 4$$
$$y = 3(0) - 4 \qquad\quad y = 3(2) - 4$$
$$y = 0 - 4 \qquad\qquad\; y = 6 - 4$$
$$y = -4 \qquad\qquad\;\; y = 2$$

Los números que faltan son **−4** y **2**. Verifique el resultado probando la secuencia. Cada valor de y es 3 unidades mayor que el número anterior. Continúe la secuencia para asegurarse de que −4 y 2 son las respuestas correctas.

Práctica de GED

Instrucciones: Elija la respuesta que mejor responda a cada pregunta.

1. La suma de tres números consecutivos es 45. ¿Cuáles son los tres números?

   (1) 10, 11 y 12
   (2) 12, 13 y 14
   (3) 13, 14 y 15
   (4) 14, 15 y 16
   (5) 15, 16 y 17

2. José y David hicieron un viaje de 800 millas en carro. Durante el viaje, José manejó 200 millas más que David. ¿Cuántas millas manejó David?

   (1) 200
   (2) 250
   (3) 300
   (4) 400
   (5) 500

3. La suma de dos números consecutivos es 95. ¿Cuáles son los dos números?

   (1) 40 y 41
   (2) 42 y 43
   (3) 47 y 48
   (4) 52 y 53
   (5) 57 y 58

4. La suma de cuatro números consecutivos es 38. ¿Cuáles son los cuatro números?

   (1) 7, 8, 9 y 10
   (2) 8, 9, 10 y 11
   (3) 9, 10, 11 y 12
   (4) 10, 11, 12 y 13
   (5) 11, 12, 13 y 14

La pregunta 5 se refiere al siguiente diagrama.

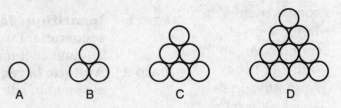

A   B   C   D

5. Si tuviera que continuar la secuencia anterior, ¿cuántos círculos habría en la figura E?

   (1) 12
   (2) 15
   (3) 20
   (4) 21
   (5) No se cuenta con suficiente información.

6. ¿Cuál es el 8° término de la siguiente secuencia?

   3, 6, 12, 24, 48,...

   (1) 96
   (2) 144
   (3) 192
   (4) 288
   (5) 384

7. En el caso de la función $y = \frac{x}{4}$, ¿cuál de los siguientes valores de x tiene como resultado un valor fraccionario de y (es decir, un resultado en el que y no sea un número entero)?

   (1) 42
   (2) 32
   (3) 28
   (4) 12
   (5) 8

Las respuestas comienzan en la página 854.

Factorización y desigualdades

Multiplicar factores de dos términos

Ya aprendió a utilizar la propiedad distributiva para multiplicar un solo término, en este caso 2, por un factor de dos términos, en este caso $(x + 5)$: $2(x + 5) = 2x + 10$. Cada término entre paréntesis se multiplica por el número entero 2 que se encuentra fuera de paréntesis.

También se puede usar la propiedad distributiva para multiplicar dos factores cuando cada uno de ellos tiene dos términos. Cada uno de los términos del primer factor se multiplica por cada uno de los términos del segundo factor. Para que no olvide llevar a cabo todos los pasos del proceso, use el método PEIU que se muestra en el siguiente ejemplo.

Ejemplo 1   Multiplique $(x + 7)(x - 3)$.

Paso 1   **Multiplique los términos.** Las letras PEIU significa Primero, Exterior, Interior y Último. Si multiplica los términos en este orden, puede estar seguro de haber multiplicado todas las combinaciones posibles de términos. Recuerde que a cada término le pertenece el signo matemático que tiene delante.

P	primero	$(x + 7)(x - 3)$	$x(x) = x^2$
E	exterior	$(x + 7)(x - 3)$	$x(-3) = -3x$
I	interior	$(x + 7)(x - 3)$	$7(x) = 7x$
U	último	$(x + 7)(x - 3)$	$7(-3) = -21$

Paso 2   Encuentre la suma de los productos de cada paso del método PEIU. Simplifique la expresión.
$x^2 + (-3x) + (7x) + (-21) = x^2 + 4x - 21$

El producto de $x + 7$ y $x - 3$ es $\boldsymbol{x^2 + 4x - 21}$.

Cuando se lleva a cabo el método PEIU, la respuesta puede tener dos, tres o cuatro términos. En el ejemplo 2, la solución sólo tiene dos términos.

Ejemplo 2   Multiplique: $(x + 4)(x - 4)$.

Paso 1   Lleve a cabo el método PEIU
para multiplicar los términos.

P	$x(x) = x^2$
E	$x(-4) = -4x$
I	$4(x) = 4x$
U	$4(-4) = -16$

Paso 2   Calcule la suma de los productos. $x^2 + (-4x) + 4x + (-16)$
$x^2 \qquad\qquad\qquad\quad - 16$

Como la suma de $-4x$ más $4x$ es 0, la respuesta sólo tiene dos términos. El producto de $x + 4$ y $x - 4$ es $\boldsymbol{x^2 - 16}$.

Sugerencia

Recuerde, al simplificar una expresión, sólo puede combinar los términos semejantes.

Factorización

Los factores son números que se multiplican unos con otros. En el término algebraico $7x$, 7 y x son factores. En ocasiones, es posible factorizar una expresión de más de un término. Para factorizar una expresión, busque un número o variable por el que sean divisibles todos los términos de la expresión.

Ejemplo 1   Factorice la expresión $6x + 10$.

Paso 1   Encuentre un factor por el que sean divisibles los dos términos. Tanto $6x$ como 10 son divisibles entre 2.   Uno de los factores es el número 2.

Paso 2   Divida para encontrar el otro factor. $\dfrac{6x + 10}{2} = \dfrac{6x}{2} + \dfrac{10}{2}$

$(3x + 5)$

Paso 3   Verifique el resultado multiplicando los factores. $2(3x + 5) = 6x + 10$

Los factores de $6x + 10$ son **2** y **$3x + 5$.**

Una expresión cuadrática contiene una variable elevada a la segunda potencia, o elevada al cuadrado, como en $x^2 + 2x$. Los dos factores de las expresiones cuadráticas contienen siempre la variable.

Ejemplo 2   Factorice $x^2 + 2x$.

Paso 1   Ambos términos son divisibles por x.   Un factor es x.

Paso 2   Divida la expresión por uno de los $\dfrac{x^2 + 2x}{x} = \dfrac{x^2}{x} + \dfrac{2x}{x}$
factores (x) para encontrar el otro factor.

$(x + 2)$

Paso 3   Verifique el resultado multiplicando los dos factores. $x(x + 2) = x^2 + 2x$

Los factores son **x** y **$x + 2$.**

Una expresión cuadrática con la forma: $x^2 - 3x - 4$, es el resultado de multiplicar dos expresiones, cada una de ellas con una variable y un número entero. Para factorizar expresiones cuadráticas con tres términos, trabaje al revés.

Ejemplo 3   Factorice $x^2 - 3x - 4$.

Paso 1   **Encuentre todos los posibles factores del tercer término.** El tercer término en este ejemplo es -4.
Los posibles factores son: $(-4)(1)$, $(4)(-1)$, $(-2)(2)$ y $(2)(-2)$

Paso 2   **Encuentre los dos factores del Paso 1 que, al sumarlos, dan como resultado la parte entera del término del medio,** en este caso, $-3x$. La suma de los factores -4 y 1 únicamente es igual a -3. $-4 + 1 = -3$
Ninguno de los demás posibles factores da como resultado -3 cuando se suma a otro factor: $4 + (-1) = 3$, $-2 + 2 = 0$ y $2 + -2 = 0$.

Paso 3   **Escriba los dos factores utilizando la variable como primer término de cada factor y los números enteros del paso 2 como el segundo término.** Los factores son $(x - 4)$ y $(x + 1)$.

Paso 4   **Verifique.** Multiplique por medio del método PEIU.

$$(x - 4)\,(x + 1) = x^2 + 1x - 4x - 4 = x^2 - 3x - 4$$

Los factores son **$(x - 4)$** y **$(x + 1)$.**

Sugerencia

Recuerde que a cada término le pertenece el signo que tiene delante. El tercer término de la expresión cuadrática $x^2 - 3x - 4$ es -4, y no 4.

Encuentre el producto de cada par de factores.

1. $(x + 1)(x + 4)$ 3. $(x - 5)(2x - 7)$ 5. $(x - 4)(y + 6)$

2. $(x + 6)(x + 3)$ 4. $(x + 2)(x - 2)$ 6. $(2x + 8)(3x + 9)$

Resolver ecuaciones cuadráticas

Como usted ya ha aprendido, una expresión cuadrática contiene una variable elevada a la segunda potencia o al cuadrado. Cuando una ecuación contiene una variable al cuadrado se denomina **ecuación cuadrática.** Las ecuaciones cuadráticas generalmente tienen dos soluciones distintas. Es decir, hay dos valores para la variable con los que la ecuación sería verdadera. Siga estos pasos para resolver una ecuación cuadrática.

Ejemplo 1   Si $x^2 + 3x = 10$, ¿qué valores de x hacen que sea cierta la ecuación?

Paso 1   **Vuelva a escribir la ecuación igualando** $x^2 + 3x = 10$
               la expresión cuadrática a 0. $x^2 + 3x - 10 = 10 - 10$
               En este caso, reste 10 de ambos lados de $x^2 + 3x - 10 = 0$
               la ecuación.

Paso 2   **Factorice la expresión cuadrática.** $x^2 + 3x - 10 = 0$
                                                         $(x + 5)(x - 2) = 0$

Paso 3   **Determine los valores de x que**   Si $x + 5 = 0$
               hagan que cada uno de los   ó $x - 2 = 0$
               factores sea igual a 0. Como   entonces, $x = -5$ ó $x = 2$
               cualquier número multiplicado
               por 0 es igual a 0, si uno de los
               factores es igual a 0, la expresión
               entera será igual a 0.

Paso 4   **Verifique** los dos valores sustituyéndolos en la ecuación
               original.

$$x^2 + 3x = 10 \qquad\qquad x^2 + 3x = 10$$
$$(-5)^2 + 3(-5) = 10 \qquad\qquad (2)^2 + 3(2) = 10$$
$$25 + (-15) = 10 \qquad\qquad 4 + 6 = 10$$
$$10 = 10 \qquad\qquad 10 = 10$$

Las dos soluciones de la ecuación $x^2 + 3x = 10$ son **−5** y **2.**

Sugerencia

En muchos casos, trabajar al revés es una buena estrategia para las pruebas en los problemas de selección múltiple que requieren cálculos extensos.

Cuando se presenta una ecuación cuadrática en una pregunta de selección múltiple, quizá pueda resolver el problema más rápidamente si trabaja al revés a partir de las respuestas.

Ejemplo 2   ¿Cuáles son los posibles valores de x si $x^2 - 7x = 60$?

     (1) −20 y 3
     (2) −12 y 5
     (3) −10 y 6
     (4) −6 y 10
     (5) −5 y 12

Sustituya la variable de la ecuación con cada una de las opciones de respuesta. Puede que le resulte más fácil trabajar con el número positivo de cada opción.

Las respuestas comienzan en la página 854.

Opción 1	Opción 2	Opción 3	Opción 4	Opción 5
$x^2 - 7x = 60$	$x^2 - 7x = 60$	$x^2 - 7x = 60$	$x^2 - 7x = 60$	$x^2 - 7x = 60$
$3^2 - 7(3) = 60$	$5^2 - 7(5) = 60$	$6^2 - 7(6) = 60$	$10^2 - 7(10) = 60$	$12^2 - 7(12) = 60$
$9 - 21 = 60$	$25 - 35 = 60$	$36 - 42 = 60$	$100 - 70 = 60$	$144 - 84 = 60$
$-12 \neq 60$	$-10 \neq 60$	$-6 \neq 60$	$30 \neq 60$	$60 = 60$
falso	**falso**	**falso**	**falso**	**verdadero**

Nota: El símbolo $\neq$ significa "no es igual a".

La **opción (5)** es la respuesta correcta. Si tiene tiempo, puede sustituir la variable con -5, el otro valor de la opción 5, para verificar su trabajo.

$$(-5)^2 - 7(-5) = 60 \qquad 25 + 35 = 60 \qquad 60 = 60 \qquad \text{verdadero}$$

Práctica de GED

Instrucciones: Elija la respuesta que mejor responda a cada pregunta.

1. En la ecuación $x^2 + 72 = 18x$, ¿cuáles son los posibles valores de x?

   (1) -9 y -8
   (2) -9 y 8
   (3) -6 y 12
   (4) 8 y 9
   (5) 12 y 6

2. Si $2x^2 - 10x + 12 = 0$, ¿cuál es un posible valor de x?

   (1) -4
   (2) -3
   (3) 3
   (4) 6
   (5) 12

3. En la ecuación $x^2 - x = 12$, ¿cuáles son los posibles valores de x?

   (1) 6 y -2
   (2) 4 y -3
   (3) 3 y -4
   (4) 2 y -6
   (5) -3 y -4

4. Si $x^2 - 13x = -40$, ¿cuáles son los posibles valores de x?

   (1) 10 y 4
   (2) 8 y 5
   (3) -4 y -10
   (4) -5 y -8
   (5) -6 y -7

5. En la ecuación cuadrática $9x^2 - 36 = 0$, ¿qué par de soluciones hace que la ecuación sea verdadera?

   (1) 9 y -4
   (2) 6 y -6
   (3) 4 y -9
   (4) 3 y -12
   (5) 2 y -2

6. En la ecuación $2x^2 - x = 45$, ¿cuál es un posible valor de x?

   (1) 9
   (2) 5
   (3) 3
   (4) -5
   (5) -9

Las respuestas comienzan en la página 854.

Matemáticas • Álgebra

Resolver desigualdades y representarlas gráficamente

La palabra desigualdad significa que dos expresiones algebraicas no son iguales. Otros símbolos de desigualdad, además de los símbolos de "mayor que" y "menor que" son los siguientes:

$\geq$ significa "es mayor o igual que" $4 \geq 2$
$\leq$ significa "es menor o igual que" $7 \leq 9$

En una desigualdad, una variable puede tener muchos valores que hacen que el enunciado sea verdadero. Piense en $x < 5$. Los números 4, 3, 2, 1, etc. son todos posibles valores de x. Las posibles soluciones de una desigualdad se pueden representar gráficamente.

Ejemplo 1   Represente gráficamente el conjunto de soluciones de la desigualdad $x < 5$.

En una recta numérica, todos los números situados a la izquierda del 5 son soluciones. Represente gráficamente la solución dibujando una línea continua

sobre la recta numérica. El círculo blanco situado sobre el número 5 indica que no se incluye el propio 5 como solución. Cinco no es "menor que" 5.

Ejemplo 2   Represente gráficamente el conjunto de soluciones de la desigualdad $x \geq -3$.

El conjunto de soluciones de la desigualdad $x \geq -3$ incluye el número -3 y todos los números situados a la derecha de -3. El círculo sobre -3 es negro, lo que indica que -3 también es una solución.

Una desigualdad se puede resolver de forma bastante parecida a una ecuación. Se puede sumar y restar el mismo número a ambos lados de la desigualdad.

Ejemplo 3   Resuelva la desigualdad $2x + 7 < x + 10$.

Paso 1	Reste x en ambos lados.	$x + 7 < 10$
Paso 2	Reste 7 en ambos lados.	$x < 3$
Paso 3	Verifique el resultado utilizando un	$2(2) + 7 < 2 + 10$
	número menor que 3 (por ejemplo 2).	$11 < 12$ es verdadero

La solución de la desigualdad es **$x < 3$.**

Los dos lados de una desigualdad también se pueden multiplicar o dividir por el mismo número para simplificar la desigualdad. Pero hay que recordar una regla importante: si se multiplica o divide una desigualdad por un número negativo, se debe <u>invertir</u> el signo de la desigualdad.

Ejemplo 4   Resuelva: $3x - 4 < 5x$.

Paso 1	Reste $5x$ en ambos lados.	$-2x - 4 < 0$
Paso 2	Sume 4 en ambos lados.	$-2x - 4 + 4 < 0 + 4$
Paso 3	Divida ambos lados entre -2, e invierta el signo de la desigualdad.	$\dfrac{-2x}{-2} < \dfrac{4}{-2}$
		$x > -2$
Paso 4	Verifique el resultado usando un número mayor que -2.	$3(2) - 4 < 5(2)$

La solución de la desigualdad es **$x > -2$.** $2 < 10$ verdadero

El plano de coordenadas

Gráficas de coordenadas

Imagínese una hoja de papel en blanco sobre la que hay un punto. ¿Cómo podría usted describir la localización precisa del punto? Podría usar los bordes del papel para dar indicaciones. Por ejemplo, se podría decir que el punto está a cuatro pulgadas del borde superior y a tres pulgadas del borde izquierdo. Las gráficas de coordenadas funcionan de la misma manera.

Una gráfica de coordenadas es un sistema para encontrar la ubicación de un punto en una superficie plana llamada plano. Una gráfica de coordenadas consiste de dos líneas, o ejes, que se cruzan en un punto llamado origen. La línea horizontal es el eje de las x, y la línea vertical es el eje de las y. Las dos líneas están marcadas como rectas numéricas que tienen su origen en el cero. Los ejes dividen la gráfica en cuatro cuadrantes.

Cada punto de la cuadrícula se nombra con dos números: una coordenada x y una coordenada y. La coordenada x se escribe siempre primero; la coordenada y se escribe siempre en segundo lugar. Las dos coordenadas juntas reciben el nombre de par ordenado y se escriben entre paréntesis, separadas con una coma.

Ejemplo 1   Marque el punto (5,3) en una cuadrícula de coordenadas.

Paso 1   **Comience en el origen** —coordenadas (0,0). **Desplácese el número de unidades indicado por la coordenada x en la dirección correcta.** En este caso, son 5 unidades a la derecha, la dirección positiva de x.

Paso 2   **Desde ese punto, desplácese el número de unidades de la coordenada y en la dirección correcta.** En este caso, son 3 unidades hacia arriba, la dirección positiva de y.

La situación del punto (5,3) está indicada por **el punto** que aparece en la cuadrícula.

Podrían pedirle que use las coordenadas para trazar un segmento o una figura en un sistema de coordenadas.

Ejemplo 2   En la cuadrícula, trace un segmento que una los puntos (0,−4) y (−3, 2).

Paso 1   Marque el punto (0,−4). Comience en el origen. El 0 indica que no es necesario desplazarse por el eje de las x. Desplácese −4 por el eje de las y (desde el origen hacia abajo), y marque el punto.

Paso 2   Marque el punto (−3,2). Comience en el origen. Desplácese 3 unidades a la izquierda por el eje de las x, y luego 2 unidades hacia arriba. Marque el punto.

Paso 3   Una los puntos trazando un segmento de recta.

La ubicación de los puntos y el segmento aparecen en la cuadrícula.

Matemáticas • Álgebra

Marcar los pares ordenados

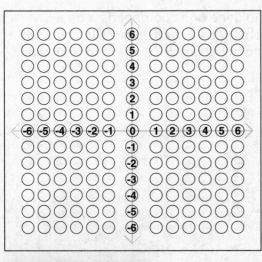

En algunas preguntas de la Prueba de Matemáticas de GED se le pedirá que indique la ubicación de un punto en una cuadrícula de coordenadas. En la hoja de respuestas se le proporcionará una cuadrícula de coordenadas especial para que escriba sus respuestas. En esa cuadrícula se usan círculos para representar los pares ordenados en el plano de coordenadas.

La cuadrícula de respuestas que aparece a la izquierda es un ejemplo de este formato de respuestas de GED. Como los números positivos y negativos se indican en las líneas de los ejes, no hay círculos que correspondan a los puntos que están directamente sobre el eje de las *x* o de las *y*. El origen (0,0) no se señala, pero usted sabe que está en la intersección del eje de las *x* con el de las *y*.

Cuando escriba las respuestas en la cuadrícula, tenga cuidado de hacerlo en el círculo correcto. No haga marcas fuera de lugar en la cuadrícula.

En la mayoría de las preguntas que evalúan su comprensión de la cuadrícula de coordenadas se utilizará un diagrama o una gráfica.

Ejemplo

Joaquín marcó tres puntos en la cuadrícula de coordenadas que aparece a la derecha. Los puntos se convertirán en tres vértices de un rectángulo. ¿Dónde deberá situar el cuarto punto para completar el rectángulo? Marque su respuesta en la cuadrícula de coordenadas.

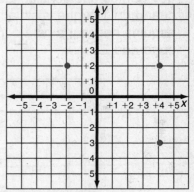

Paso 1 Complete el rectángulo para encontrar la ubicación del cuarto punto. Usted sabe que un rectángulo tiene cuatro lados. Los lados opuestos deben tener la misma longitud. A partir de los tres puntos que ya aparecen en la gráfica, usted conoce el largo y el ancho del rectángulo. El punto que falta debe estar situado en el punto **(−2,−3)**.

Paso 2 Rellene el círculo de su respuesta en la cuadrícula de coordenadas. Empezando por el origen, cuente dos unidades hacia la izquierda y tres hacia abajo. Rellene el círculo con cuidado y completamente.

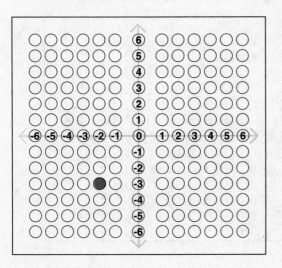

En la cuadrícula de la izquierda se indica la ubicación correcta del cuarto punto.

Práctica de GED

Instrucciones: Marque la respuesta a cada pregunta en la cuadrícula de respuestas.

1. Un punto tiene una coordenada *x* de 4 y una coordenada *y* de −1. Indique la ubicación del punto en la gráfica de coordenadas.

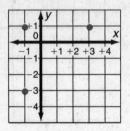

3. Un punto tiene una coordenada *x* de −5 y una coordenada *y* de 3. Indique la ubicación del punto en la cuadrícula de coordenadas.

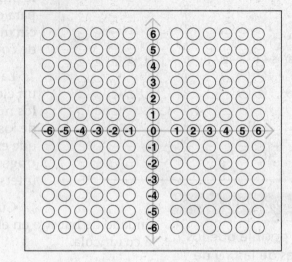

2. En el plano de coordenadas de abajo, hay tres puntos que señalan las esquinas de un cuadrado. Marque la situación de la cuarta esquina necesaria para completar el cuadrado.

4. En el plano de coordenadas de abajo, hay tres puntos que señalan las esquinas de un rectángulo. Marque la ubicación de la cuarta esquina necesaria para completar la figura.

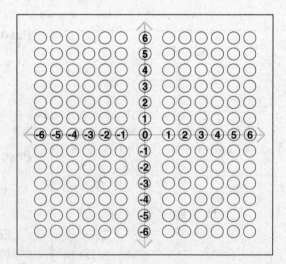

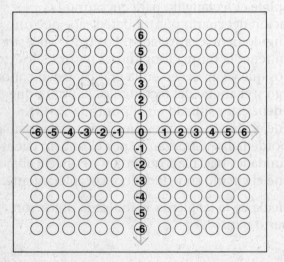

Las respuestas comienzan en la página 855.

Marcar ecuaciones en una gráfica

Usted sabe que algunas ecuaciones tienen dos variables distintas. Por ejemplo, la ecuación $y = 2x - 4$ tiene dos variables, x y y. Para cada valor específico que sustituya a x, hay un valor único de y. Una forma de indicar las soluciones posibles de una ecuación como ésta es la de trazar la gráfica de la ecuación en una gráfica de coordenadas.

La ecuación $y = 2x - 4$ recibe el nombre de ecuación lineal porque su gráfica forma una línea recta. Para trazar la línea, es necesario conocer por lo menos dos de sus puntos.

Ejemplo 1   Haga la gráfica de la ecuación $y = 2x - 4$.

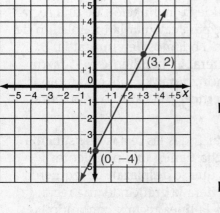

Paso 1   Identifique un punto de la recta. Escoja cualquier valor de x; generalmente, 0 es un valor ideal. Sustituya x en la ecuación. Despeje la y. Este par ordenado hace verdadera la ecuación.

Supongamos que $x = 0$
$$y = 2(0) - 4$$
$$y = 0 - 4 = -4$$
$$(0, -4)$$

Paso 2   Encuentre otro punto de la recta. Escoja otro valor de x y despeje la nueva y. Escriba las coordenadas.

Supongamos que $x = 3$
$$y = 2(3) - 4$$
$$y = 6 - 4 = 2$$
$$(3, 2)$$

Paso 3   Sitúe los dos pares ordenados en una gráfica y trace una recta que los una.

La gráfica de la ecuación aparece a la izquierda. Todos los puntos de la recta resuelven la ecuación.

Algunas preguntas se refieren a la gráfica de una ecuación, pero se pueden resolver sin hacer la gráfica.

Ejemplo 2   ¿Cuál de los siguientes puntos se sitúa en la gráfica de la ecuación $x = 3 + y$?

(1) $(4, -1)$
(2) $(3, 1)$
(3) $(2, -1)$
(4) $(1, 2)$
(5) $(0, -4)$

En lugar de hacer la gráfica, sustituya la x y la y de la ecuación con las coordenadas de las respuestas. La opción correcta es el par ordenado que haga verdadera la ecuación.

Sólo la **opción (3) (2, −1)** hace que la ecuación sea verdadera. $2 = 3 + (-1)$
$$2 = 2$$

Sugerencia

Aunque solamente se necesitan dos puntos para trazar la gráfica de una recta, siempre es bueno buscar un tercer punto para verificar el trabajo.

Haga la gráfica de estas ecuaciones en una cuadrícula de coordenadas.

1. $y = 3x - 4$

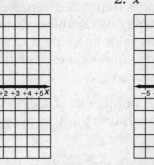

2. $x - 2y = 1$

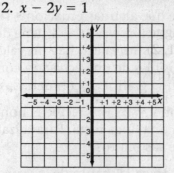

3. $-x = y + 2$

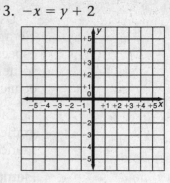

Calcular la pendiente de una recta

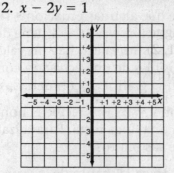

La pendiente es un número que mide la inclinación de una recta. En la vida diaria, usamos la pendiente para calcular la inclinación de una rampa o de un tramo de escaleras. Podemos determinar la pendiente de un techo o de una carretera. La pendiente es la razón entre el cambio vertical y el cambio horizontal; donde el cambio vertical es la medida de la distancia vertical y el cambio horizontal es la medida de la distancia horizontal.

La pendiente puede ser positiva o negativa. Todas las rectas que suben a medida que se desplazan de izquierda a derecha tienen una pendiente positiva. Todas las líneas que bajan a medida que se desplazan de izquierda a derecha tienen una pendiente negativa. Si tuviera la gráfica de una recta, usted podría calcular la pendiente analizando la línea recta y contando las unidades de la cuadrícula para encontrar el cambio vertical y horizontal.

Ejemplo 1   Encuentre la pendiente de la línea *A*.

Paso 1   **Seleccione dos puntos de la recta.** Comenzando en cualquiera de los dos puntos, **cuente el número de unidades** que haya que subir o bajar para alcanzar el nivel del segundo punto. Esta es la distancia vertical de la recta. En este caso, comience en $(0, -4)$ y cuente 4 hacia arriba.

Paso 2   **Desde este punto intermedio, cuente las unidades** que haya que desplazarse hacia la izquierda o hacia la derecha para alcanzar el segundo punto. Este es el cambio horizontal de la línea. En este caso, se cuentan 2 hacia la derecha.

Paso 3   **Escriba la pendiente como una fracción del cambio vertical sobre el cambio horizontal.** $\dfrac{4}{2} = 2$

Paso 4   **Decida si la pendiente es positiva o negativa.** En este caso, la pendiente es positiva, ya que la recta sube a medida que se desplaza de izquierda a derecha.

La pendiente de la línea *A* es **+2.**

También puede calcular la pendiente de una recta con una fórmula algebraica. Esta fórmula aparece en la página de fórmulas que recibirá cuando haga la Prueba de Matemáticas de GED.

pendiente (*m*) de una recta $= \dfrac{\textbf{cambio vertical}}{\textbf{cambio horizontal}} = m = \dfrac{y_2 - y_1}{x_2 - x_1}$, en donde (x_1, y_1) y (x_2, y_2) son dos puntos de la recta.

Las respuestas comienzan en la página 855.

Matemáticas • Álgebra

Las respuestas comienzan en la página 856.

Sugerencia

Use el método de conteo de las unidades de la cuadrícula siempre que le den la gráfica de una recta. Use el método de la fórmula cuando no sea práctico hacer la gráfica de la recta.

Ejemplo 2 Encuentre la pendiente de la recta B con los puntos $(-1, 2)$ y $(1, -4)$.

Paso 1 Asigne a un punto el valor (x_1, y_1) y al otro (x_2, y_2). En este caso, $(-1, 2) = (x_1, y_1)$ y $(1, -4) = (x_2, y_2)$.

Paso 2 Sustituya los valores de la fórmula y resuelva.

$$m = \frac{y_2 - y_1}{x_2 - x_1} = \frac{-4 - 2}{1 - (-1)} = \frac{-6}{2} = -3$$

La pendiente de la recta es **−3**.

Algunas características exclusivas de la pendiente que usted debe recordar:

- La pendiente de toda recta horizontal, incluido el eje de las x, es 0.
- Las rectas verticales, incluido el eje de las y, no tienen pendiente.
- Todas las rectas que tienen la misma pendiente son paralelas.

A. Encuentre la pendiente de estas rectas.

1.

2.

3.

B. Encuentre la pendiente de las rectas que pasan por estos pares de puntos.

4. $(1, -3)$ y $(0, 1)$

5. $(4, 5)$ y $(3, -4)$

6. $(-3, -3)$ y $(-2, 0)$

Calcular la distancia entre dos puntos

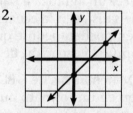

A veces es necesario averiguar la distancia que existe entre dos puntos de una cuadrícula de coordenadas. La distancia que hay entre dos puntos situados en una línea vertical u horizontal se puede encontrar fácilmente contando. Por ejemplo, en la cuadrícula de la izquierda, el punto A está a 4 unidades del punto B, y el punto B está a 3 unidades del punto C. Fíjese que los puntos ABC forman un triángulo rectángulo.

Para calcular la distancia que existe entre dos puntos que no están en la misma línea de una cuadrícula, como los puntos A y C, se puede utilizar una fórmula. Esta fórmula aparece en la página de fórmulas que recibirá cuando haga la Prueba de Matemáticas de GED.

$$\text{distancia entre dos puntos} = \sqrt{(x_2 - x_1)^2 + (y_2 - y_1)^2}$$

Para utilizar la fórmula, es necesario conocer las coordenadas de los dos puntos. Asigne a un punto el valor (x_1, y_1) y al otro el de (x_2, y_2). Luego sustituya los valores de la fórmula y resuélvala. No importa a cuál de los dos puntos asigne el valor (x_1, y_1).

Ejemplo 1   En la cuadrícula de coordenadas de la izquierda, ¿qué distancia hay entre los puntos J y K?

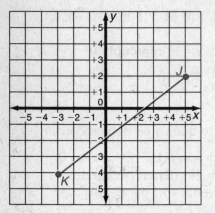

Paso 1	**Encuentre las coordenadas de los puntos.**
Paso 2	**Asigne las variables.**
Paso 3	**Sustituya los valores de la fórmula con las coordenadas y resuelva.**

Punto $J = (5,2)$; $K = (-3,-4)$

Supongamos que $J\,(5,2) = (x_1, y_1)$
Supongamos que $K\,(-3,-4) = (x_2, y_2)$

$$d = \sqrt{(x_2 - x_1)^2 + (y_2 - y_1)^2}$$
$$= \sqrt{(-3 - 5)^2 + (-4 - 2)^2}$$
$$= \sqrt{(-8)^2 + (-6)^2}$$
$$= \sqrt{64 + 36}$$
$$= \sqrt{100}$$
$$= 10$$

La distancia entre los puntos J y K es de **10 unidades.**

Calcular la ecuación de una recta

Sugerencia

Puede revisar su trabajo sustituyendo las coordenadas de un punto de la recta por x y y. Si la ecuación es verdadera, la respuesta es correcta.

Usted ya sabe hacer una gráfica a partir de una ecuación, averiguando los pares ordenados que satisfacen la ecuación y trazando una recta que pase por esos puntos. También pueden pedirle que trabaje al revés, a partir de los puntos, para determinar la ecuación de una recta.

En la Prueba de Matemáticas de GED, las respuestas a este tipo de preguntas se escriben en un formato que se llama forma pendiente-intersección de una recta. La variable m es la pendiente de la línea. La variable b es el intercepto en y, el punto en que la recta cruza el eje de las y.

$y = mx + b$, en donde m = pendiente y b = intersección en y

Ejemplo 1   ¿Cuál es la ecuación de la recta que aparece en la gráfica?

(1) $y = -2x - 3$
(2) $y = -3x + 2$
(3) $y = -4x + 2$
(4) $y = -4x - 3$
(5) $y = -4x + 3$

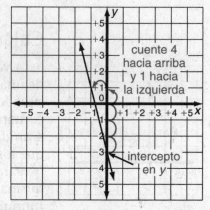

cuente 4 hacia arriba y 1 hacia la izquierda

intercepto en y

Paso 1	**Encuentre el intercepto en y de la recta.** La recta cruza el eje de las y en $(0, -3)$. Por lo tanto, el intercepto en y es -3.
Paso 2	**Encuentre la pendiente de la recta con el método de contar las unidades de la cuadrícula.** Cuente a partir del intercepto en y hasta otro punto de la recta que tenga números enteros como par ordenado, en este caso, $(-1, 1)$. La recta sube 4 unidades por cada 1 unidad de cambio horizontal hacia la izquierda (dirección negativa). pendiente $= \dfrac{\text{cambio vertical}}{\text{cambio horizontal}} = \dfrac{4}{-1} = -4$
Paso 3	**Utilice la forma pendiente-intersección** para escribir la ecuación. $y = mx + b$ $y = -4x + (-3)$ ó $y = -4x - 3$

La respuesta correcta es la **opción (4) $y = -4x - 3$.**

Práctica de GED

Instrucciones: Elija la respuesta que mejor responda a cada pregunta.

1. ¿Cuáles son las coordenadas del intercepto en *y* de la recta $y = 3x - 2$?

   (1) $(0, -5)$
   (2) $(0, -3)$
   (3) $(0, -2)$
   (4) $(-2, 0)$
   (5) $(-3, 0)$

Las preguntas 2 y 3 se refieren a la siguiente gráfica.

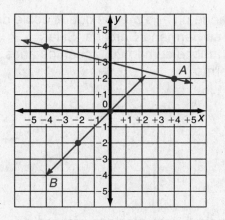

2. ¿Cuál es la ecuación de la recta *A*?

   (1) $y - 4x = 3$
   (2) $y - \frac{1}{4}x = -2$
   (3) $y = 4x$
   (4) $y + \frac{1}{4}x = -2$
   (5) $y + \frac{1}{4}x = 3$

3. ¿Cuál es la ecuación de la recta *B*?

   (1) $y = -x$
   (2) $y = x$
   (3) $y = 2x$
   (4) $y = -2x$
   (5) $y = x + 1$

4. El punto $(0, -5)$ es el intercepto en *y* ¿de cuál de las siguientes rectas?

   (1) $y = 2x$
   (2) $y = -x + 5$
   (3) $y = 3x - 5$
   (4) $y = -2x - 3$
   (5) No hay suficiente información.

Las preguntas 5 y 6 se refieren a la siguiente gráfica.

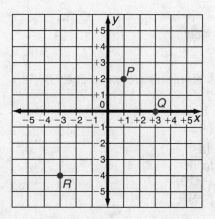

5. ¿Cuál sería la ecuación de una recta que pasara por los puntos *P* y *Q*?

   (1) $y = -x + 3$
   (2) $y = -x - 3$
   (3) $y = 2x - 3$
   (4) $y = 3x + 2$
   (5) $y = 3x + 3$

6. ¿Cuál de los siguientes es el intercepto en *y* de una recta que pasa por los puntos *R* y *Q*?

   (1) $(-3, -4)$
   (2) $(0, -2)$
   (3) $(0, -3)$
   (4) $(0, -4)$
   (5) $(3, -4)$

Las respuestas comienzan en la página 856.

Parte 1

Instrucciones: Elija la respuesta que mejor responda a cada pregunta. <u>PUEDE</u> utilizar la calculadora.

1. ¿Cuál de las siguientes expresiones representa el producto de 9 por x, restado del cociente de 2 entre x?

   (1) $\frac{2}{x} - 9x$

   (2) $-9x - \frac{2}{x}$

   (3) $2x(-9x)$

   (4) $9 - x - \frac{2}{x}$

   (5) $(2 + x) - 9x$

2. ¿Cuál de las siguientes expresiones tiene mayor valor?

   (1) $(-2) + (-7)$
   (2) $(-6) + (+8)$
   (3) $(-3) - (-4)$
   (4) $(+4) - (+10)$
   (5) $(-8) + (+9)$

3. El resultado de restarle 13 a la suma de dos números consecutivos, es 18. ¿Cuáles son esos números consecutivos?

   (1) 6 y 7
   (2) 9 y 10
   (3) 10 y 11
   (4) 15 y 16
   (5) 31 y 32

4. Diez menos que un número es igual al mismo número dividido entre 2. ¿Cuál es el número?

   (1) 8
   (2) 10
   (3) 14
   (4) 20
   (5) 28

5. Guillermo tiene un año menos que el doble de la edad de su hermana Carolina. Si las edades de ambos suman 26, ¿cuántos años tiene Guillermo?

   (1) 9
   (2) 12
   (3) 17
   (4) 19
   (5) 24

6. Eulalia maneja a una velocidad promedio de 62 millas por hora durante $4\frac{1}{2}$ horas. ¿Cuántas millas recorre?

   (1) 67
   (2) 137
   (3) 248
   (4) 279
   (5) 725

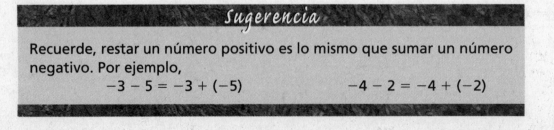

Sugerencia

Recuerde, restar un número positivo es lo mismo que sumar un número negativo. Por ejemplo,

$$-3 - 5 = -3 + (-5) \qquad\qquad -4 - 2 = -4 + (-2)$$

7. ¿Cuál de estas reglas se puede utilizar para formar la siguiente secuencia?

−19, −15, −11, −7, −3, . . .

(1) Sumar −5.
(2) Sumar −4.
(3) Restar 4.
(4) Restar 6.
(5) Sumar 4.

8. ¿Cuál es el 5° término de la siguiente secuencia?

64, −32, 16, −8, _____

(1)   8
(2)   4
(3)   2
(4) −2
(5) −4

9. La función $y = 10x − 5$ se utilizó para crear la siguiente tabla. ¿Qué números faltan?

x	−2	0	2	4	6
y	−25	−5			55

(1) 5 y 25
(2) 10 y 30
(3) 15 y 35
(4) 20 y 40
(5) 25 y 45

10. Guillermo tiene dos trabajos. La semana pasada, trabajó 30 horas en total. Si trabajó dos horas más en un trabajo que en otro, ¿cuántas horas trabajó en cada trabajo?

(1)   9 y 11
(2) 13 y 15
(3) 14 y 16
(4) 19 y 21
(5) 24 y 26

11. Marta obtuvo un total de 93 puntos en su prueba de inglés. Sacó 5 puntos menos en la parte de redacción de la prueba que en la parte de lectura. ¿Cuáles fueron sus puntuaciones en cada parte de la prueba?

(1) 43 y 48
(2) 44 y 49
(3) 45 y 50
(4) 47 y 52
(5) 54 y 59

12. Elvia manejó un total de 334 millas entre lunes y martes. Manejó 50 millas más el martes que el lunes. ¿Cuántas millas manejó cada día?

(1)   92 y 142
(2) 125 y 175
(3) 142 y 192
(4) 234 y 284
(5) 284 y 334

Sugerencia

A menudo existe más de una manera de escribir una ecuación:
$x + (x + 8) = 32$ y $2x + 8 = 32$ son lo mismo que $(x + 8) + x = 32$.

Parte 2

Elija la respuesta que mejor responda a cada pregunta. NO puede utilizar la calculadora.

13. Si $x^2 + x = 20$, ¿con qué valores de x será verdadera la ecuación?

    (1) -5 y 4
    (2) -5 y -4
    (3) 5 y 4
    (4) 5 y -4
    (5) No se cuenta con suficiente información.

14. La paga semanal (p) de Aarón se puede representar como $p = \$200 + \$6s$, en donde s es la cantidad de ventas que realiza en una semana. ¿Cuánto ganará Aarón en una semana si realiza 32 ventas?

    (1) $192
    (2) $232
    (3) $238
    (4) $384
    (5) $392

15. ¿Qué par ordenado es una solución de $4x - y = 3$?

    (1) $(-5, 2)$
    (2) $(-1, 1)$
    (3) $(0, 3)$
    (4) $(1, -1)$
    (5) $(2, 5)$

16. Un mural tiene una superficie de unos 240 metros cuadrados. ¿Cuál es la longitud aproximada de un lado del mural?

    (1) entre 18 y 19 pies
    (2) entre 17 y 18 pies
    (3) entre 16 y 17 pies
    (4) entre 15 y 16 pies
    (5) entre 14 y 15 pies

La pregunta 17 se refiere a las siguientes gráficas.

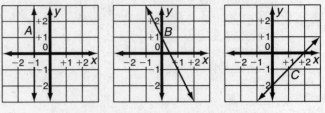

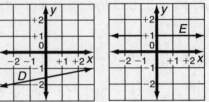

17. ¿Cuál de las rectas de arriba tiene una pendiente negativa?

    (1) A
    (2) B
    (3) C
    (4) D
    (5) E

18. ¿Cuál de los siguientes es igual a la expresión $\frac{x + 4x}{x^2 - 2x}$?

    (1) 2
    (2) $\frac{5}{x - 2}$
    (3) $x + 2$
    (4) $1 + 2x$
    (5) $2x$

19. ¿Qué punto no aparece en la gráfica de la recta $2x - y = -1$?

    (1) $(-3, -5)$
    (2) $(-1, -1)$
    (3) $(1, 3)$
    (4) $(2, 5)$
    (5) $(3, 6)$

La pregunta 20 se refiere a la siguiente figura.

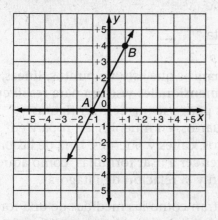

20. ¿Cuál es la ecuación de la recta que aparece en la gráfica?

(1) $y = 2x + 2$
(2) $y = 2x - 1$
(3) $y = x + 2$
(4) $y = x - 1$
(5) $y = \frac{1}{2}x + 2$

21. Una empresa de reparaciones cobra una tarifa fija de $40 más $30 por cada hora ($h$) necesaria para hacer una reparación. ¿Cuál de las siguientes ecuaciones se podría utilizar para calcular el costo (c) de cualquier reparación?

(1) $c = \$30h$
(2) $c = \$40h$
(3) $c = \$40 + \$30h$
(4) $c = \$40h + \$30h$
(5) $c = \$30 + \$40h$

22. ¿Cuál es la pendiente de una recta que pasa por los puntos situados en $(-2,-2)$ y $(-4,4)$?

(1) -3
(2) -1
(3) $-\frac{1}{3}$
(4) $\frac{1}{3}$
(5) 3

23. Las siguientes cantidades se depositaron en una cuenta de ahorros cada mes.

| enero | $20 | marzo | $44 |
| febrero | $32 | abril | $56 |

Si continúa la misma secuencia, ¿cuánto se depositará en diciembre?

(1) $112
(2) $140
(3) $144
(4) $152
(5) $164

Las preguntas 24 y 25 se refieren a la siguiente gráfica.

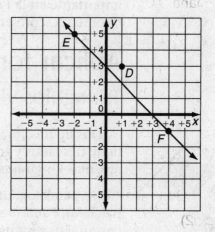

24. ¿Cuál es la ecuación de la recta que pasa por los puntos E y F?

(1) $y = -3x - 3$
(2) $y = 3x + 3$
(3) $y = x + 3$
(4) $y = -x + 3$
(5) $y = -x - 3$

25. ¿Qué distancia hay en unidades desde el punto F hasta el punto D?

(1) 3
(2) 4
(3) 5
(4) 6
(5) 7

Las respuestas comienzan en la página 856.

Geometría

Lección

23

La Geometría es el área de las Matemáticas que estudia puntos, líneas, ángulos, figuras bidimensionales y tridimensionales y se usa para resolver muchos problemas cotidianos. En todas partes se pueden ver figuras geométricas. Se pueden ver dentro de cuartos, en muebles, en ropa y en objetos domésticos y también en edificios, calles y puentes. Una de las partes más importantes de la Geometría es aprender a usar fórmulas, como aquellas para calcular el perímetro, área, volumen y la relación de Pitágoras.

Los principios de la Geometría muestran cómo las medidas de una forma o figura se relacionan con sus características y la relación que existe entre las figuras bidimensionales y tridimensionales. La Geometría es un tema importante en la Prueba de Matemáticas de GED. Las preguntas sobre Geometría representan aproximadamente el 25 por ciento de la prueba.

Aplicar fórmulas

Triángulos y paralelogramos

Triángulos

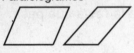

Paralelogramos

Dos figuras comunes son los triángulos y los paralelogramos. Un triángulo tiene tres lados y tres ángulos. Los lados de los triángulos pueden tener distintas longitudes y sus ángulos distintas medidas.

Un paralelogramo es una figura de cuatro lados cuyos lados opuestos son paralelos. *Paralelo* significa que las líneas extendidas nunca se intersecan o cruzan. Los rectángulos y los cuadrados son paralelogramos especiales, aunque solemos pensar en un paralelogramo como un rectángulo inclinado hacia un lado.

El perímetro de una figura geométrica es la distancia que bordea a la figura y se calcula sumando los largos de todos los lados de una figura, sin importar su número o las longitudes de los lados.

El área es la medida de la superficie de una figura bidimensional. El área de un paralelogramo es igual al producto de la base por la altura. La base puede ser cualquier lado. La altura es la distancia recta desde un punto del lado opuesto hasta la base. La altura y la base forman un ángulo de 90°.

Área de un paralelogramo = base × altura
o $A = bh$, donde b = base y h = altura

Sugerencia

La "base" es el lado que forma un ángulo de 90° con la altura. Cualquier lado de la figura puede ser la base, no sólo el lado sobre el cual "descansa" la figura.

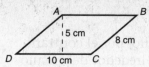

Ejemplo 1   Calcule el perímetro y el área del paralelogramo *ABCD*.

Paso 1   Calcule el perímetro. Sume la
longitud de los lados. $10 + 10 + 8 + 8 = 36$ centímetros

Paso 2   Calcule el área. **Escoja la fórmula.** $A = bh$
Sustituya las medidas. $A = 10(5)$
Resuelva. $A = 50$ cm^2

El perímetro es **36 centímetros**; el área es **50 cm cuadrados**.

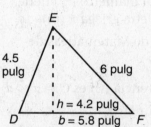

Una línea diagonal que pasa a través de dos esquinas opuestas divide al
paralelogramo en dos triángulos idénticos. Cada triángulo es igual a un medio
del paralelogramo. La fórmula del área de un triángulo se basa en este hecho.

Área del triángulo $= \frac{1}{2} \times$ base $\times$ altura o $A = \frac{1}{2}bh$

Ejemplo 2   Calcule el perímetro y el área del triángulo *DEF*.

Paso 1   Calcule el perímetro. Sume los $6 + 4.5 + 5.8 = 16.3$ pulgadas
largos de los lados.

Paso 2   Calcule el área. Escoja la fórmula. $A = \frac{1}{2}bh$

Sustituya las medidas. $A = \frac{1}{2}(5.8)(4.2)$

Resuelva. $A = 12.18$ pulg^2

Cuando resuelva los problemas con la calculadora, use en la fórmula
el número decimal 0.5 en vez de $\frac{1}{2}$.

área: 0.5 ✕ 5.8 ✕ 4.2 = 12.18

El perímetro del triángulo *DEF* es **16.3 pulgadas**;
el área es **12.18 pulgadas cuadradas**.

Calcule el perímetro y el área de cada figura. Puede usar la calculadora.

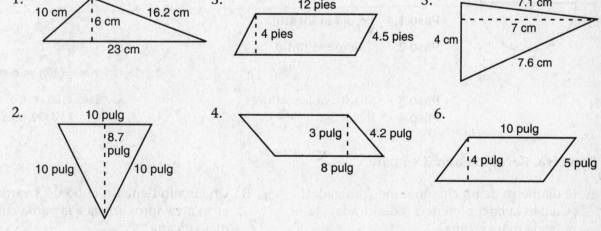

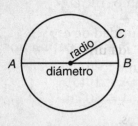

Círculos

La mayoría de las figuras tienen lados rectos. Un círculo, por el contrario, tiene el borde curvo. Al perímetro, es decir, la distancia alrededor del círculo, se le llama circunferencia. Para calcular la circunferencia de un círculo, usted necesita conocer ya sea el diámetro o el radio del círculo.

Sugerencia

Para hacer un estimado de la circunferencia de un círculo, multiplique el diámetro por 3.

El diámetro de un círculo es un segmento de recta que pasa por el centro del círculo y tiene sus puntos finales sobre el borde del círculo. El radio es un segmento de recta que conecta el centro del círculo con un punto sobre el borde del círculo. La longitud del radio es la mitad del diámetro.

$$r = \tfrac{1}{2}d = \tfrac{d}{2} \quad \text{ó} \quad 2r = d$$

Para cualquier círculo, la razón de la circunferencia al diámetro $\left(\tfrac{C}{d}\right)$ tiene siempre el mismo valor. Este valor se representa con la letra griega π (pi). El valor de π es $\tfrac{22}{7}$ o aproximadamente 3.14. La Prueba de Matemáticas de GED usa 3.14 como valor de pi.

Dado que $\tfrac{C}{d} = \pi$, la fórmula para calcular la circunferencia (C) es $C = \pi \times d$, donde d = diámetro, es decir, pi multiplicado por el diámetro.

Ejemplo 1   Florencia quiere instalar un barandal alrededor de una piscina circular. El diámetro de la piscina es de 20 pies. ¿Cuál será la longitud del barandal?

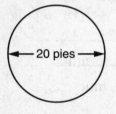

20 pies

Paso 1	Escoja la fórmula.	$C = \pi d$
Paso 2	Sustituya los valores.	$C = 3.14(20)$
Paso 3	Resuelva.	$C = 62.8$ pies

El barandal medirá aproximadamente **62.8 pies** de longitud.

La fórmula para calcular el área de un círculo es $A = \pi r^2$, donde r es el radio. Es decir, el área de un círculo se calcula multiplicando π (3.14) por el cuadrado del radio.

Ejemplo 2   Pablo desea pintar un círculo en la pared de su tienda como parte de un anuncio. ¿Cuál es el área, en pies cuadrados, del círculo si el diámetro es de 12 pies?

d = 12 pies

Paso 1	Escoja la fórmula.	$A = \pi r^2$
Paso 2	Calcule el radio.	$r = \tfrac{1}{2}d$
		$r = \tfrac{1}{2}(12) = 6$ pies
Paso 3	Sustituya los valores.	$A = 3.14 \times 6 \times 6$
Paso 4	Resuelva.	$A = 113.04$ pies cuadrados

Resuelva. Recuerda usar 3.14 para π.

1. El diámetro de un círculo mide 7 pulgadas. ¿Cuál es la circunferencia redondeada a la pulgada más cercana?

2. Si el radio de un círculo mide 2 pies, ¿cuál es el área, en pies cuadrados, del círculo?

3. Un círculo tiene un radio de 3 yardas. ¿Cuál es su área aproximada a la yarda cuadrada más cercana?

4. ¿Cuál es la circunferencia de un círculo cuyo radio es de 7 centímetros?

Las respuestas comienzan en la página 858.

Volumen

El volumen es una medida en unidades cúbicas de la cantidad de espacio que existe dentro de un objeto tridimensional (o sólido). Cada unidad cúbica es un cubo compuesto por 6 lados cuadrados idénticos (llamados *caras*). Por ejemplo, una pulgada cúbica es un cubo donde cada cara está compuesta de una arista que mide 1 pulgada. Imagine llenar un espacio con capas de cubos de hielo. El volumen del espacio es igual al número de cubos.

Tres figuras sólidas comunes son el prisma rectangular, el cubo y el cilindro. El volumen (V) es el área (A) de la base (el lado que forma un ángulo de 90° respecto a la altura) multiplicada por la altura del objeto. La fórmula general es $V = Ah$. Esta fórmula general se vuelve a formular para cada tipo de figura. Fíjese que la base de cada figura sólida es una forma que ya conoce.

Sugerencia

Memorice las fórmulas básicas del perímetro, área y volumen para ahorrar tiempo.

Prisma rectangular	Cubo	Cilindro
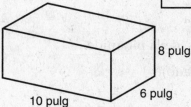		
V = (área del rectángulo)h	V = (área del cuadrado)h	V = (área del círculo)h
= (longitud × ancho) × altura	= (arista × arista) × arista	= (pi × radio²) × altura
= lwh	= s^3 (arista = lado)	= $\pi r^2 h$

Ejemplo 1   ¿Cuál es el volumen del bloque que se muestra a la izquierda?

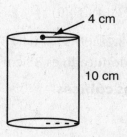

8 pulg

10 pulg   6 pulg

Paso 1	Escoja la fórmula.	$V = lwh$
Paso 2	Sustituya y resuelva.	$V = 10 \times 6 \times 8 = 480$ pulg³

El volumen del bloque es de **480 pulgadas cúbicas**.

Un cubo es un prisma rectangular especial. La fórmula de volumen sigue siendo el producto del largo por ancho y por altura, pero la fórmula se escribe de manera distinta.

Ejemplo 2   ¿Cuál es el volumen de un cubo cuyos lados miden 2 pies?

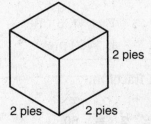

2 pies

2 pies   2 pies

Paso 1	Escoja la fórmula.	$V = s^3$
Paso 2	Sustituya.	$V = 2^3$
Paso 3	Resuelva.	$V = 2 \times 2 \times 2 = 8$ pies cúbicos

Use las teclas x^y o x^3 para elevar un número al cubo.

2 x^y 3 = 8.   ó   2 SHIFT ▶ 8.

El volumen del cubo es de **8 pies cúbicos**.

---

4 cm

10 cm

La base de todo cilindro es un círculo. Para calcular el volumen de un cilindro, calcule el área del círculo (πr^2) y multiplíquela por la altura (h).

Ejemplo 3   ¿Cuál es el volumen del cilindro que se muestra a la izquierda?

Paso 1	Escoja la fórmula.	V = (área de un círculo) × h = $\pi r^2 h$
Paso 2	Sustituya.	$V = 3.14 \times 4^2 \times 10$
Paso 3	Resuelva.	$V = 3.14 \times 16 \times 10 = 502.4$ cm cúbicos

Pirámides y conos

Todos los sólidos tridimensionales estudiados hasta el momento (envases rectangulares, cubos y cilindros) tienen dos bases idénticas. Puede considerar estas bases como el lado superior e inferior de la figura. Las pirámides y conos también son sólidos tridimensionales, pero sólo tienen una base.

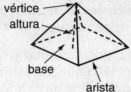

Pirámide   vértice
altura
base
arista

Una pirámide tiene una base cuyos lados miden lo mismo de largo. Una pirámide puede tener una base cuadrada o triangular. Sin embargo, en la Prueba de Matemáticas GED sólo se usa la fórmula de volumen de una pirámide con base cuadrada. La base se conecta a través de un único punto, llamado vértice, con las caras triangulares (lados).

Cono   vértice
altura
base

Un cono tiene una base circular y un vértice. Una superficie curva conecta la base al vértice.

El volumen de una pirámide o cono es $\frac{1}{3}$ del área de su base multiplicada por su altura.

$$V = \frac{1}{3} \times \text{Área de la base} \times \text{altura} \qquad\qquad V = \frac{1}{3}Ah$$

pirámide   Volumen $= \frac{1}{3}$(área del cuadrado) $\times$ altura

$= \frac{1}{3}$(arista de la base)$^2 \times$ altura $V = \frac{1}{3}s^2h$

cono   Volumen $= \frac{1}{3}$(área del círculo) $\times$ altura

$= \frac{1}{3} \times \pi \times$ radio$^2 \times$ altura $V = \frac{1}{3}\pi r^2 h$

Ejemplo 1   Calcule el volumen, en pies cúbicos, de la pirámide.

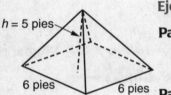

$h = 5$ pies
6 pies   6 pies

Paso 1   **Calcule el área de la base** (un cuadrado).
Escoja la fórmula. $A = s^2$
Sustituya y resuelva. $A = 6^2 = 36$ pies^2

Paso 2   **Escoja la fórmula de volumen.** $V = \frac{1}{3}Ah$
Sustituya.
Resuelva. $V = \frac{1}{3}(36)(5)$
                              $V = 60$ pies^3

Puede usar la tecla de fracción para multiplicar por una fracción. multiplique el área por la altura y divida entre 3.

1 [a b/c] **3** [×] **36** [×] **5** [=] **60.** ó **36** [×] **5** [÷] **3** [=] **60.**

El volumen de la pirámide es **60 pies cúbicos**.

Ejemplo 2   Calcule el volumen del cono al centímetro cúbico más cercano.

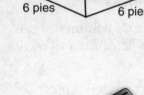

$h = 9$ cm
$r = 3$ cm

Paso 1   Use la fórmula para calcular $V = \frac{1}{3}\pi r^2 h$
el volumen de un cono.

Paso 2   Sustituya. $V = \frac{1}{3}(3.14)(3^2)(9)$

Paso 3   Resuelva. $V = \frac{1}{3}(3.14)(9)(9) = 84.78,$
                                              que redondeado es 85 cm^3

El volumen del cono es aproximadamente **85 centímetros cúbicos**.

Práctica de GED

Instrucciones: Elija la respuesta que mejor responda a cada pregunta.

1. El área de un mural rectangular es de 180 pies cuadrados. Si el mural mide 15 pies de longitud, ¿cuál es su ancho, en pies?

   (1)   6
   (2)   12
   (3)   165
   (4) 2700
   (5) No se cuenta con suficiente información.

La pregunta 2 se refiere al siguiente diagrama.

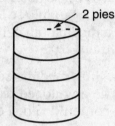

2 pies

2. Un barril de almacenaje tiene forma cilíndrica. El volumen del barril es aproximadamente 81.64 pies cúbicos. ¿Cuál de las siguientes expresiones puede usarse para calcular su altura en pies?

   (1) $\dfrac{81.64}{(3.14)(2^2)}$

   (2) $\dfrac{(3.14)(2^2)}{81.64}$

   (3) $\dfrac{81.64(2^2)}{(3.14)}$

   (4) $81.64(3.14)(2^2)$

   (5) $81.64 - (3.14)(2^2)$

3. Una pequeña sección de un techo tiene forma triangular. El área total de la sección es de 10.5 pies cuadrados. Si la altura de la sección es de 3.5 pies, ¿cuál es la medida, en pies, de la base?

   (1)   3
   (2)   6
   (3)   7
   (4) 14
   (5) 36.75

4. ¿Cuál es el volumen aproximado (en pies cúbicos) de una caja cuya longitud es $2\frac{1}{2}$ pies, ancho es 1 pie 6 pulg y altura de 1 pie 9 pulg?

   (1) entre 3 y 4
   (2) entre 4 y 5
   (3) entre 5 y 6
   (4) entre 6 y 7
   (5) entre 7 y 8

La pregunta 5 se refiere al siguiente diagrama.

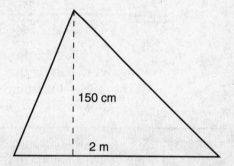

150 cm

2 m

5. ¿Cuál es el área, en centímetros cuadrados, del triángulo?
   (Pista: 1 metro = 100 centímetros)

   (1) 12,000
   (2) 12,500
   (3) 15,000
   (4) 20,000
   (5) 22,500

6. Un cono tiene una altura de 1 pie 4 pulgadas y una base cuyo área mide 18 pulgadas cuadradas. ¿Cuál es el volumen, en pulgadas cúbicas, del cono?

   (1)   84
   (2)   96
   (3) 144
   (4) 252
   (5) 288

Las respuestas comienzan en la página 858.

Rectas y ángulos
Tipos de ángulos

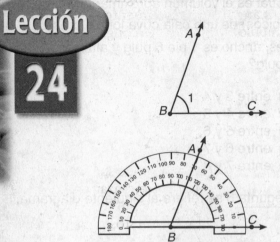

Un ángulo es el espacio o apertura formado por un par de rectas, o rayos, que se extienden desde un punto común, el vértice. Se usan tres letras para nombrar los ángulos: una para un punto sobre un rayo, otra para el vértice y una para un punto sobre el otro rayo. También pueden nombrarse usando la letra del vértice o un número escrito dentro del ángulo. El símbolo de ángulo $\angle$. A este ángulo se le puede llamar $\angle ABC$, $\angle B$ o $\angle 1$.

Los ángulos se miden en grados (°) con un transportador. Cuando el rayo BC se ubica en la parte baja del transportador, la medida del ángulo se lee sobre la escala que empieza en 0. La medida (m) del ángulo ABC es 70°, o en símbolos, $m\angle ABC = 70°$.

Los ángulos se clasifican según sus medidas. Estas medidas se basan en el hecho de que el círculo tiene 360°. Al medir un ángulo, en realidad se mide el número de grados (o parte del círculo) contenido en el espacio entre dos rayos.

Un ángulo recto mide exactamente 90°.	Un ángulo agudo mide menos de 90°.	Un ángulo obtuso mide más de 90°, pero menos de 180°.	Un ángulo llano mide exactamente 180°.	Un ángulo cóncavo mide más de 180°, pero menos de 360°.
Este símbolo significa que el ángulo mide 90°.				

También existen relaciones entre ángulos según la suma de sus medidas. (Clave para recordar: 90 viene antes de 180; la c viene antes que la s).

- Si la suma de las medidas de dos ángulos es 90°, los ángulos se llaman ángulos complementarios.
- Si la suma de las medidas de dos ángulos es 180°, los ángulos se llaman ángulos suplementarios.

Ejemplo 1 Si $\angle BXC$ mide 25°, ¿cuál es la medida de $\angle AXB$?

Los ángulos son complementarios porque $\angle AXC$ tiene un símbolo de ángulo recto, y un ángulo recto mide 90°.

Paso 1	**Escriba una ecuación.**	$m\angle AXB + m\angle BXC = 90°$
Paso 2	**Sustituya las medidas conocidas.**	$m\angle AXB + 25° = 90°$
Paso 3	**Resuelva.** Reste 25 de ambos lados.	$m\angle AXB = 65°$

La medida de $\angle AXB$ es **65°**.

Sugerencia

A menudo es útil escribir las medidas en el diagrama. Si no hay un diagrama, bosqueje los datos del problema.

Ángulos congruentes y ángulos opuestos por el vértice

Existen otras relaciones entre ángulos. A los ángulos que tienen medidas iguales se les llama ángulos congruentes. En la siguiente figura el ángulo *ABC* es congruente con el ángulo *XYZ*. Los ángulos son congruentes aun cuando no tengan la misma dirección. El símbolo ≅ significa "es congruente con".

Sugerencia

Aprenda el significado de los términos usados en la Geometría. Un problema simple se torna imposible si no domina el vocabulario.

$\angle ABC \cong \angle XYZ$

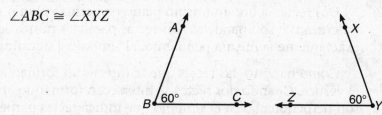

Algunos ángulos tienen una relación especial en razón de su ubicación respecto de los demás. Cuando dos rectas se intersectan o cruzan se forman cuatro ángulos. Los ángulos que se encuentran en lados opuestos se llaman ángulos opuestos por el vértice. Cada par de ángulos opuestos por el vértice es congruente.

$\angle 5 \cong \angle 6 \qquad m\angle 5 = m\angle 6$

$\angle 7 \cong \angle 8 \qquad m\angle 7 = m\angle 8$

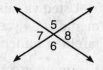

También se puede describir a los ángulos como adyacentes o no adyacentes. Los ángulos adyacentes tienen un vértice y un rayo común.

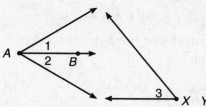

$\angle 1$ y $\angle 2$ son adyacentes. Comparten el vértice *A* y el rayo *AB* (también representado por $\overrightarrow{AB}$).

$\angle 3$ y $\angle 4$ son ángulos no adyacentes.

Muchos problemas de Geometría requieren la aplicación del razonamiento lógico para calcular ángulos congruentes. Use su conocimiento de las propiedades de los ángulos para resolver los problemas de Geometría.

Ejemplo El ángulo 1 de la figura mide 30°. Calcule las medidas de los ángulos 2, 3 y 4.

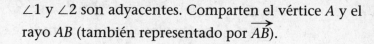

Paso 1 **Asigne los valores conocidos.** $\qquad\qquad m\angle 1 = 30°$

Paso 2 **Identifique las relaciones conocidas.**

(a) ángulos suplementarios $\qquad\qquad m\angle 1 + m\angle 2 = 180°$

(b) ángulos opuestos por el vértice $\quad m\angle 1 = m\angle 3; \ m\angle 2 = m\angle 4$

Paso 3 **Resuelva calculando los valores desconocidos.**

(a) $\ m\angle 1 + m\angle 2 = 30° + m\angle 2 = 180°; \ m\angle 2 = 150°$

(b) $\ m\angle 3 = 30°; \ m\angle 4 = 150°$

Las medidas de los ángulos son **$m\angle 2 = 150°$, $m\angle 3 = 30°$, y $m\angle 4 = 150°$.**

Rectas y ángulos

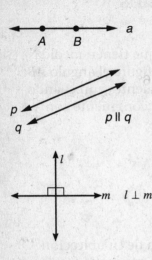

recta a

$p \parallel q$

$l \perp m$

En Geometría se dibujan flechas en los extremos de una recta para indicar que ésta se extiende infinitamente en ambas direcciones. Una recta puede llevar el nombre de dos puntos marcados en ella. La recta que se muestra aquí es la "recta AB" ($\overleftrightarrow{AB}$). También puede ser nombrada con una letra minúscula (recta a).

Dos rectas sobre un mismo plano (superficie plana) se intersecan (se cruzan) o son paralelas. Las rectas paralelas nunca se intersecan. Tienen exactamente la misma pendiente. El símbolo $\parallel$ significa "paralelo a".

Como ha visto, las rectas que se intersecan forman ángulos opuestos por el vértice. Cuando dos rectas se intersecan formando ángulos rectos, las rectas son perpendiculares. El símbolo que indica rectas perpendiculares es $\perp$.

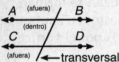

Cuando una recta, llamada transversal, cruza a dos o más rectas paralelas, se forman pares de ángulos especiales. En la figura de la derecha, la transversal interseca a la recta AB y a la recta CD. Observe que algunos de los ángulos formados están dentro de las rectas paralelas y otros afuera.

Usted ya sabe que los ángulos opuestos por el vértice tienen la misma medida ($\angle a$ y $\angle d$; $\angle b$ y $\angle c$; $\angle e$ y $\angle h$; $\angle f$ y $\angle g$). Los pares de ángulos siguientes también miden siempre lo mismo (congruentes).

Los ángulos correspondientes se encuentran en la misma posición respecto a la transversal. Es decir, están sobre el mismo lado de la transversal, ya sea sobre o debajo de las rectas paralelas.

$$\angle a \text{ y } \angle e \qquad \angle b \text{ y } \angle f \qquad \angle c \text{ y } \angle g \qquad \angle d \text{ y } \angle h$$

Los ángulos alternos externos se encuentran siempre por fuera de las rectas paralelas y en los lados opuestos de la transversal.

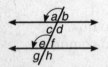

$$\angle a \text{ y } \angle h \qquad \angle b \text{ y } \angle g$$

Los ángulos alternos internos se encuentran siempre dentro de las rectas paralelas y en los lados opuestos de la transversal.

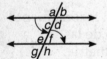

$$\angle c \text{ y } \angle f \qquad \angle d \text{ y } \angle e$$

Si conoce la medida de uno de los ángulos, puede calcular las medidas de los demás. A menudo, hay varias maneras de determinar los demás ángulos.

Ejemplo Si la medida del $\angle 1$ es 110°, ¿cuál es la medida del $\angle 6$?

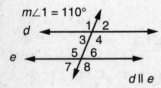

$m\angle 1 = 110°$

$d \parallel e$

Paso 1 **Identifique el ángulo que se relacione tanto con los ángulos conocidos como con los desconocidos.**
Los ángulos 1 y 5 son correspondientes (congruentes). $m\angle 1 = m\angle 5$
Los ángulos 5 y 6 son suplementarios. $m\angle 5 + m\angle 6 = 180°$

Paso 2 **Calcule la medida del ángulo identificado en el Paso 1.**
Dado que el $m\angle 1 = 110°$, y $m\angle 1 = m\angle 5$, $m\angle 5 = 110°$

Paso 3 **Calcule la medida del ángulo desconocido.**
$m\angle 5 + m\angle 6 = 180°$; $m\angle 5 = 110°$ $m\angle 6 = 180° - 110° = 70°$

La medida del $\angle 6$ es **70°**.

Matemáticas • Geometría

Práctica de GED

Instrucciones: Elija la respuesta que mejor responda a cada pregunta.

La pregunta 1 se basa en la siguiente figura.

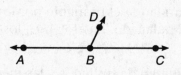

1. El ángulo ABC es llano. ¿Cuál de las siguientes afirmaciones es verdadera?

   (1) $m\angle DBC = 90°$
   (2) $\angle ABD$ y $\angle DBC$ son ángulos suplementarios.
   (3) $m\angle ABD = 90°$
   (4) $\angle ABD$ y $\angle DBC$ son ángulos complementarios.
   (5) $m\angle ABC = 90°$

2. El ángulo 1 es congruente con el $\angle 5$. ¿Cuál de los siguientes pares de ángulos es congruente también?

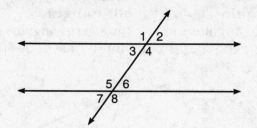

   (1) $\angle 1$ y $\angle 2$
   (2) $\angle 3$ y $\angle 4$
   (3) $\angle 3$ y $\angle 7$
   (4) $\angle 3$ y $\angle 8$
   (5) $\angle 7$ y $\angle 8$

3. Un ángulo mide 12° menos que el complementario. Si la medida del ángulo mayor es x, ¿cuál de las siguientes afirmaciones debe ser la verdadera?

   (1) $x + (x - 12°) = 180°$
   (2) $x + (x - 12°) = 90°$
   (3) $x + (12° - x) = 90°$
   (4) $x + (x - 12°) = 180°$
   (5) $x + 90° = x + 12°$

4. La medida del $\angle 7$ es 116°. ¿Cuál de las siguientes afirmaciones es verdadera?

   (1) $\angle 1$ y $\angle 5$ son congruentes.
   (2) $\angle 1$ y $\angle 4$ son suplementarios.
   (3) $m\angle 1 + m\angle 4 = 180°$
   (4) Las rectas p y q no son paralelas.
   (5) Las rectas p y q son perpendiculares.

5. ¿Qué conclusión es verdadera?

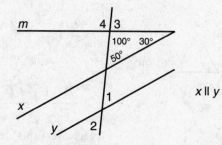

   (1) $m\angle 1 = 50°$
   (2) $m\angle 2 = 80°$
   (3) $m\angle 3 = 50°$
   (4) $m\angle 4 = 80°$
   (5) $m\angle 4 = m\angle 3$

6. ¿Cuál es la medida del $\angle AXB$, si es cuatro veces mayor que su ángulo suplementario $\angle BXC$?

   (1) 36°
   (2) 45°
   (3) 72°
   (4) 135°
   (5) 144°

Las respuestas comienzan en la página 859.

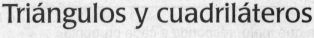

Triángulos y cuadriláteros

Triángulos

Lección

25

Un triángulo tiene tres lados y tres ángulos y recibe el nombre de sus vértices (en cualquier orden). Identifique un lado del triángulo por las dos letras que nombran sus vértices al final de cada lado. En el $\angle ABC$, los lados son $\overline{AB}$, $\overline{BC}$, y $\overline{AC}$.

El nombre de un triángulo depende del largo de sus lados y las medidas de sus ángulos. Los lados de los triángulos siguientes determinan su nombre.

Triángulo equilátero
Todos sus lados y ángulos son congruentes. Cada ángulo mide 60°.

Triángulo isósceles
Son congruentes dos de sus lados y los dos ángulos opuestos a ellos.

Triángulo escaleno
Ninguno de sus lados ni sus ángulos son congruentes.

Las medidas de sus ángulos determinan el nombre de los siguientes triángulos.

Triángulo rectángulo
Uno de sus ángulos es recto (igual a 90°).

Triángulo acutángulo
Todos sus ángulos son agudos (menos de 90°).

Triángulo obtusángulo
Uno de sus ángulos es obtuso (mayor de 90°).

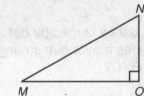

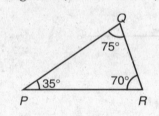

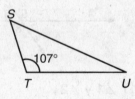

En todo triángulo, la suma de las medidas de sus ángulos es 180°. (Nota: Un triángulo sólo puede tener un ángulo recto u obtuso. Los otros dos deben ser agudos.)

Ejemplo En un triángulo rectángulo, uno de los ángulos agudos mide el doble de lo que mide el otro. ¿Cuál es la medida del ángulo mayor?

Paso 1 **Haga un bosquejo.** Un triángulo rectángulo tiene un ángulo recto ($m = 90°$).

Paso 2 **Determine los elementos desconocidos.**
Supongamos que x = la medida del ángulo agudo menor.
Supongamos que $2x$ = la medida del ángulo agudo mayor.

Paso 3 **Escriba una ecuación.** $x + 2x + 90° = 180°$

Paso 4 **Resuelva.** $3x + 90° = 180°$
$3x = 90°$; por lo tanto, $x = 30°$ y $2x = 60°$

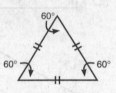

El ángulo mayor mide **60°**.

Cuadriláteros

Un cuadrilátero es una figura geométrica de cuatro lados. Una figura de cuatro lados también tiene cuatro ángulos, y sus cuatro ángulos suman 360°.

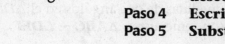

Para probarlo, dibuje un cuadrilátero cualquiera y luego trace un segmento, llamado diagonal, entre los vértices de dos ángulos opuestos. La diagonal divide al cuadrilátero en dos triángulos. Usted sabe que los tres ángulos de un triángulo suman 180°. Puesto que hay dos triángulos, la suma de los ángulos de un cuadrilátero debe ser 180° + 180° = 360°.

Los siguientes cuadriláteros aparecen en la Prueba de Matemáticas de GED.

Paralelogramo
Sus lados opuestos son paralelos y congruentes. Los ángulos opuestos tienen igual medida.

Rectángulo
Es un tipo especial de paralelogramo cuyos cuatro ángulos son rectos.

Rombo
Es un tipo especial de paralelogramo cuyos cuatro lados tienen la misma longitud.

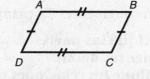

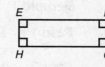

Cuadrado
Es un paralelogramo/rombo/rectángulo cuyos cuatro lados tienen la misma longitud y sus cuatro ángulos son rectos.

Trapecio
Sólo tiene un par de lados paralelos, llamados bases.

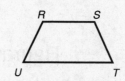

En la Prueba de Matemáticas de GED, usted deberá usar tanto sus conocimientos de Álgebra como de principios geométricos para resolver problemas.

Ejemplo   El ángulo B del rombo siguiente mide 40°. ¿Cuánto mide el $\angle C$?

| Paso 1 | **Identifique los valores conocidos.** | $m\angle B = 40°$ |

| Paso 2 | **Identifique las relaciones conocidas.** | la suma de los ángulos $= 360°$ |
| | Los ángulos opuestos son iguales. | $m\angle D = 40°$; $m\angle C = m\angle A$ |

| Paso 3 | **Determine los valores desconocidos.** | Sea $x = m\angle C$ (y $m\angle A$) |

| Paso 4 | **Escriba una ecuación.** | $m\angle A + m\angle B + m\angle C + m\angle D = 360°$ |

| Paso 5 | **Substituya los valores conocidos.** | $x + 40° + x + 40° = 360°$ |
| | | $2(40°) + 2x = 360°$ |

| Paso 6 | **Resuelva los valores desconocidos.** | $80° + 2x = 360°$ |
| | | $2x = 280°$; $x = 140°$ |

La medida del $\angle C$ es **140°**.

Figuras Congruentes

Sugerencia

Si el segundo triángulo tiene una orientación diferente, vuelva a trazar uno de los triángulos para ver más fácilmente cuáles son los lados correspondientes.

Dos figuras congruentes tienen la misma forma y medida. Una manera de saber si dos figuras son congruentes es colocar una figura sobre la otra para ver si sus lados y ángulos se alinean perfectamente. A veces, también es posible saber si son congruentes a simple vista. Sin embargo, en la Prueba de Matemáticas de GED, tendrá que hacer algo más que identificar las figuras que "parecen" ser congruentes. Debe verificarlo.

Consideremos los triángulos. Los triángulos congruentes tienen exactamente la misma forma y medida. Tienen vértices, lados y ángulos correspondientes. Se usan marcas para indicar qué partes son congruentes.

Existen tres reglas para verificar que dos triángulos son congruentes. Dos triángulos son congruentes si se cumple cualquiera de las siguientes reglas:

REGLA 1 Los tres lados (LLL) son congruentes.

REGLA 2 Dos lados y el ángulo entre ellos (LAL) son congruentes.

REGLA 3 Dos ángulos y el lado entre ellos (ALA) son congruentes.

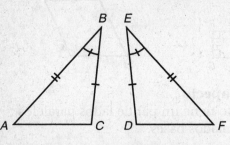

Ejemplo 1   ¿Son congruentes los triángulos *ABC* y *FDE*?

Paso 1	**Identifique las partes congruentes dadas.**	$\overline{AB} \cong \overline{FE}, \overline{BC} \cong \overline{ED}$ $\angle B \cong \angle E$
Paso 2	**Identifique las relaciones conocidas.** Hay dos pares de lados congruentes. Los ángulos entre los lados congruentes también son congruentes. (LAL)	
Paso 3	**Identifique la información adicional que necesita.** Ninguna.	
Paso 4	**Saque una conclusión.**	La regla 2 se cumple; los triángulos son congruentes.

Los triángulos son congruentes. **△ABC ≅ △FED**

Figuras semejantes

Dos figuras son semejantes (~) si sus ángulos correspondientes tienen la misma medida y sus lados mantienen una proporción. Las figuras semejantes tienen la misma forma, pero no tienen necesariamente la misma medida.

Si las medidas de dos ángulos de un triángulo son iguales a las medidas de dos ángulos de otro triángulo, las medidas de los terceros ángulos también serán iguales (AAA) y los triángulos serán semejantes.

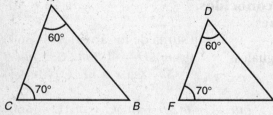

Ejemplo 1   ¿Es el △*ABC* semejante al △*DEF*?

En △*ABC*, $m\angle A = 60°$. En △*DEF*, $m\angle D = 60°$.
En △*ABC*, $m\angle C = 70°$. En △*DEF*, $m\angle F = 70°$.

Puesto que las medidas de dos ángulos del △*ABC* son iguales las medidas de dos ángulos en el △*DEF*, los triángulos son semejantes. **△ABC ~ △DEF**

Los triángulos semejantes se usan frecuentemente para resolver problemas cuando no es posible determinar una distancia por medio de la medición.

Ejemplo 2 A las 4 p.m., un asta de bandera proyecta una sombra de 20 pies. A la misma hora, una persona de 6 pies de altura proyecta una sombra de 4 pies. ¿Cuál es la altura del asta?

El sol ilumina a la persona y al asta desde el mismo ángulo (debido a que las mediciones son tomadas en el mismo lugar y a la misma hora). Por lo tanto, los objetos y las sombras forman triángulos semejantes.

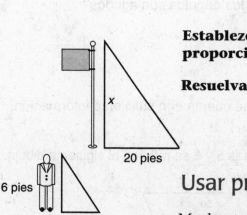

Establezca una proporción.

$$\frac{\text{altura de la persona}}{\text{altura del asta}} \quad \frac{6}{x} = \frac{4}{20} \quad \frac{\text{sombra de la persona}}{\text{sombra del asta}}$$

Resuelva.

$$4x = 6(20)$$
$$x = 120 \div 4$$
$$x = 30$$

La altura del asta de bandera es de **30 pies.**

Usar proporciones en Geometría

Muchas mediciones y problemas geométricos requieren mediciones indirectas. En vez de tomar realmente las medidas, use proporciones y el conocimiento de las correspondencias entre partes para calcular la respuesta. Calcular una de las medidas que falta cuando se trabaja con triángulos semejantes es un ejemplo de medición indirecta. Hay otras dos situaciones comunes que pueden resolverse con mediciones indirectas.

Un dibujo a escala es el bosquejo de un objeto con todas sus distancias proporcionales a las distancias del objeto real. La escala da la razón de las medidas del bosquejo a las medidas reales. Los mapas serían ejemplos de dibujos a escala.

Ejemplo 1 En el mapa, la distancia entre Quiñónez y Santos es 4.5 cm. ¿Cuál es la distancia real entre las dos ciudades?

Paso 1 **Lea la escala del mapa.** Según la escala, 1 centímetro en el mapa es igual a 5 kilómetros de distancia real.

Escala: 1 cm = 5 km

Paso 2 **Escriba una proporción.** $\dfrac{\text{distancia en el mapa}}{\text{distancia real}} = \dfrac{1\text{ cm}}{5\text{ km}} = \dfrac{4.5\text{ cm}}{x\text{ km}}$

Paso 3 **Resuelva.** $x = 5(4.5) = 22.5\text{ km}$

La distancia real es de **22.5 kilómetros.**

Práctica de GED

Instrucciones: Elija la respuesta que mejor responda a cada pregunta.

Las preguntas 1 y 2 se refieren al siguiente dibujo.

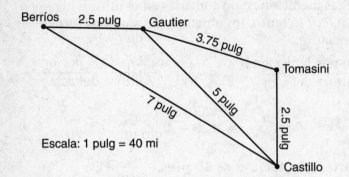

Escala: 1 pulg = 40 mi

1. En el mapa se indica la distancia a escala entre las ciudades. ¿Qué distancia real hay entre Gautier y Tomasini?

   (1) 120
   (2) 150
   (3) 160
   (4) 180
   (5) 200

2. Susana manejó desde Castillo a Berríos. Luego, manejó desde Berríos a Gautier y finalmente regresó a Castillo. ¿Cuántas millas manejó Susana?

   (1) 460
   (2) 480
   (3) 540
   (4) 580
   (5) 620

3. Hillsboro está a 50 millas de Merville. En un mapa, estas ciudades están a 2.5 pulgadas de distancia. ¿Cuál es la escala del mapa?

   (1) 1 pulg = $\frac{1}{5}$ mi
   (2) 1 pulg = 2 mi
   (3) 1 pulg = 2.5 mi
   (4) 1 pulg = 20 mi
   (5) 1 pulg = 25 mi

4. Una porción de una escultura de metal incluye un triángulo isóceles. Los dos lados iguales miden 15 pulgadas cada uno. ¿Cuál es el perímetro del triángulo, en pulgadas, si todos los ángulos son agudos?

   (1) 15
   (2) 30
   (3) 45
   (4) 60
   (5) No se cuenta con suficiente información.

Las preguntas 5 y 6 se refieren al siguiente dibujo.

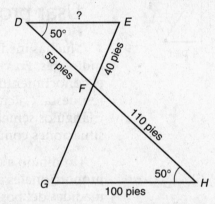

5. Si triángulos DEF y FGH son semejantes, ¿cuáles de los siguientes son lados correspondientes?

   (1) lados DF y FG
   (2) lados EF y FH
   (3) lados DE y DF
   (4) lados DF y GH
   (5) lados DF y FH

6. ¿Cuál es la longitud en pies del lado DE en la figura?

   (1) 20
   (2) 33
   (3) 40
   (4) 50
   (5) 55

Las respuestas comienzan en la página 859.

Matemáticas • Geometría

Figuras compuestas

Área y volumen

Una figura puede estar compuesta por varias formas. Para calcular el área o el volumen de una figura compuesta, calcule el área o el volumen de cada una de las partes y, luego, súmelas.

Ejemplo 1 Marcos quita el revestimiento a la mesa para darle un nuevo acabado. Necesita saber el área del tope de la mesa para determinar cuánto removedor necesitará. ¿Cuál es el área del tope de la mesa al pie cuadrado más cercano?

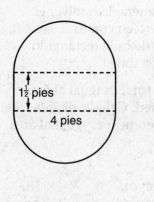

Paso 1 **Divida la figura en dos formas simples.** Imagine a cada uno de los extremos de la figura como un semicírculo unido a un rectángulo.

Paso 2 **Calcule el área de cada parte.** Los dos semicírculos se pueden combinar para construir un círculo completo.

Calcule la superficie del círculo $A = \pi \times \text{radio}^2 = \pi r^2$

Recuerde: $r = \frac{d}{2}$.

$$r = 4 \div 2 = 2$$
$$A = \pi r^2$$
$$= 3.14(2^2)$$
$$= 3.14(4) = 12.56 \text{ pies cuadrados}$$

Calcule el área del rectángulo. $A = lw$

$$= 4\left(1\frac{1}{2}\right) = 6 \text{ pies cuadrados}$$

Paso 3 **Sume las áreas.** $12.56 + 6 = 18.56,$
que redondeado es 19 pies cuadrados

El área del tope de la mesa es aproximadamente **19 pies cuadrados.**

Las figuras compuestas también pueden estar compuestas por cuerpos sólidos comunes.

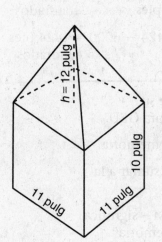

Ejemplo 2   Calcule el volumen del objeto que está a la izquierda.

Paso 1 **Divida la figura en figuras simples.** Esta figura consiste de una pirámide y un prisma rectangular.

Paso 2 **Calcule el volumen de cada parte.**

Calcule el volumen de la pirámide. $V = \frac{1}{3} \times A \times h$

Como la base es un cuadrado, $A = s^2$, en el cual s = arista de la base.

$$V = \frac{1}{3} \times (\text{arista de la base})^2 \times \text{altura}$$
$$= \frac{1}{3}(11^2)(12) = \frac{1}{3}(121)(12) = 484 \text{ pulgadas cúbicas}$$

Calcule el volumen de un cuerpo rectangular. $V = l \times w \times h$
$$= 11 \times 11 \times 10 = 1210 \text{ pulgadas cúbicas}$$

Paso 3 **Sume para calcular el volumen total.**

$$484 + 1210 = 1694 \text{ pulgadas cúbicas}$$

El volumen del objeto es **1694 pulgadas cúbicas.**

Método para resolver problemas con múltiples pasos

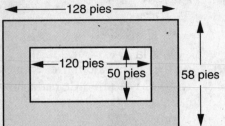

128 pies

120 pies
50 pies

58 pies

Nota: La figura no está dibujada a escala.

Algunos problemas que contienen figuras compuestas ponen a prueba su habilidad de razonar lógicamente para calcular la solución. En estos problemas, necesita determinar cómo usar la información dada para calcular la superficie o volumen de una forma compuesta.

Ejemplo Un complejo de apartamentos tiene una superficie central de recreación, como muestra el diagrama. Los inquilinos decidieron pavimentar un sendero de 4 pies alrededor del césped. ¿Cuál es el área del sendero?

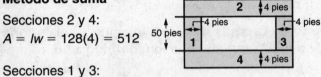

128 pies

2   4 pies
4 pies   4 pies
50 pies
1   3

4   4 pies

Método de suma

Secciones 2 y 4:
$A = lw = 128(4) = 512$

Secciones 1 y 3:
$A = lw = 50(4) = 200$

Secciones 1 + 2 + 3 + 4 =
200 + 512 + 200 + 512 =
1424 pies cuadrados

Método de suma: Una manera de resolver el problema es dividir el sendero en cuatro rectángulos, calcular el área de cada rectángulo y sumarlos para obtener el área total.

Método de resta: El área total es igual al área del sendero más la del césped. Calcule el área total y reste la del césped. La diferencia es igual al área del sendero.

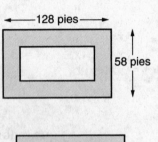

128 pies

58 pies

120 pies
50 pies

Paso 1 Calcule el área del rectángulo mayor, o externo. El rectángulo externo mide 128 por 58 pies.

$A = lw$
$= 128(58)$
$= 7424$ pies cuadrados

Paso 2 Calcule el área del rectángulo menor. El rectángulo menor mide 120 por 50 pies.

$A = lw$
$= 120(50)$
$= 6000$ pies cuadrados

Paso 3 Calcule la diferencia.

$7424 - 6000 = 1424$ pies cuadrados

Otro método implica el uso de las teclas de memoria de su calculadora. Use esta secuencia de teclas en su calculadora GED.

AC SHIFT MR	Para limpiar la memoria.
128 × 58 = 7424. M+	M + significa "sumar a la memoria".
120 × 50 = 6000. SHIFT M+	SHIFT M + = M− significa "restar de la memoria".
MR 1424.	MR significa "traer a la pantalla (el número) de la memoria".

El área del sendero es **1424 pies cuadrados.**

Matemáticas • Geometría

Práctica de GED

Instrucciones: Elija la respuesta que mejor responda a cada pregunta.

La pregunta 1 se refiere a la siguiente figura.

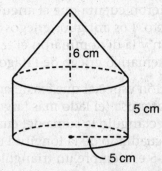

1. ¿Cuál es el volumen, al centímetro cúbico más cercano, del objeto que se muestra arriba?

   (1) 79
   (2) 157
   (3) 393
   (4) 471
   (5) 550

La pregunta 2 se refiere a la siguiente figura.

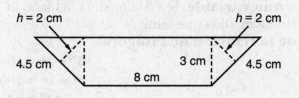

2. ¿Cuál es el área, en centímetros cuadrados, de la figura?

   (1) 27
   (2) 28.5
   (3) 33
   (4) 37.5
   (5) 42

La pregunta 3 se refiere a la siguiente figura.

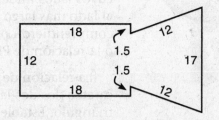

3. ¿Cuál es el perímetro de la figura?

   (1) 72
   (2) 75
   (3) 90
   (4) 92
   (5) 101

La pregunta 4 se refiere a la siguiente figura.

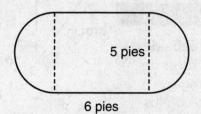

4. El tope de una mesa tiene las medidas mostradas en la figura. Si cada extremo de la mesa es un semicírculo, ¿cuál será el área aproximada (en pies cuadrados) del tope de la mesa?

   (1) 110
   (2) 80
   (3) 50
   (4) 40
   (5) 25

Las respuestas comienzan en la página 860.

Trabajar con triángulos rectángulos

La relación de Pitágoras

Los antiguos egipcios descubrieron una propiedad especial de los triángulos cuyos lados miden 3, 4 y 5 unidades. Se dieron cuenta que el ángulo opuesto al lado más largo es siempre un ángulo recto. Los antiguos griegos comprendieron por qué existe esta relación y la denominaron el teorema o la relación de Pitágoras, en honor al matemático griego de Pitágoras.

La relación de Pitágoras explica la relación especial que existe entre los catetos (los dos lados más cortos) y la hipotenusa (el lado más largo) del triángulo. Establece que en un triángulo rectángulo la suma del cuadrado de las longitudes de los catetos es igual al cuadrado de la longitud de la hipotenusa. Observe que un triángulo 3-4-5 es siempre un triángulo rectángulo, pero un triángulo rectángulo no siempre es un triángulo 3-4-5.

La relación de Pitágoras $a^2 + b^2 = c^2$, donde a y b son los catetos y c es la hipotenusa del triángulo rectángulo

Usted puede usar la relación de Pitágoras para calcular la longitud desconocida de un triángulo rectángulo.

Ejemplo 1   ¿Cuál es la longitud del lado BC del triángulo que se muestra a la izquierda?

Paso 1   **Identifique los catetos y la hipotenusa.** Los lados AB y BC son los catetos. El lado AC es la hipotenusa. Siempre se encuentra en el lado opuesto al ángulo recto.

Paso 2   **Asigne una variable.** Sea b la medida del lado BC, un cateto, la medida que falta.

Paso 3   **Aplique la relación de Pitágoras.**
$$a^2 + b^2 = c^2$$
$$6^2 + b^2 = 10^2$$
$$36 + b^2 = 100$$
$$b^2 = 64$$
$$b = \sqrt{64}$$
$$b = 8$$

> **Sugerencia**
>
> En la Prueba de Matemáticas de GED, tenga cuidado con los problemas de triángulos 3-4-5. Generalmente se usan los múltiplos 6-8-10; 9-12-15 y 1.5-2-2.5.

Para calcular la longitud del lado b con una calculadora, escriba la relación de Pitágoras como $c^2 - a^2 = b^2$. Luego marque esto datos de la siguiente manera:

10 x^2 **—** **6** x^2 **=** **SHIFT** x^2 **8.**

La longitud del lado que falta es **8 centímetros.**

Dadas las longitudes de los lados de un triángulo, puede usar la relación de Pitágoras para determinar si el triángulo es rectángulo o no.

Práctica de GED

Instrucciones: Elija la respuesta que mejor responda a cada pregunta.

La **pregunta 1** se refiere al siguiente diagrama.

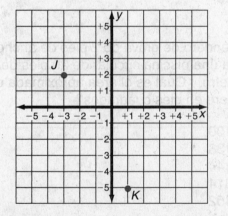

8 pies

1. Se coloca la parte inferior de una escalera a 8 pies de la pared de la casa. La casa y el suelo forman un ángulo recto. Si la escalera mide 15 pies de largo, ¿qué altura de la pared alcanza (al pie más cercano)?

   (1) 12
   (2) 13
   (3) 17
   (4) 23
   (5) 161

La **pregunta 2** se refiere al siguiente diagrama.

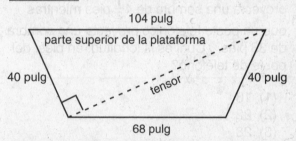

2. ¿Cuál es la distancia entre los puntos J y K, redondeada al décimo de unidad más cercano?

   (1) 6.5
   (2) 7.7
   (3) 8.1
   (4) 8.6
   (5) 11.0

La **pregunta 3** se refiere al siguiente diagrama.

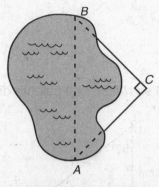

3. Benito desea calcular el ancho del lago. Pone estacas en A y B y luego calcula, de tal manera que C es un ángulo recto. Esto hace del $\triangle ABC$ un triángulo rectángulo. Si $\overline{AC}$ = 60 pies y $\overline{BC}$ = 80 pies, ¿Qué distancia hay aproximadamente entre A y B?

   (1) menos de 85 pies
   (2) entre 85 y 95 pies
   (3) entre 95 y 105 pies
   (4) entre 105 y 115 pies
   (5) más de 115 pies

La **pregunta 4** se refiere al siguiente diagrama.

104 pulg

parte superior de la plataforma

40 pulg
tensor
40 pulg

68 pulg

4. Juan construye una plataforma cuya parte superior tiene la forma de un trapecio. El plano requiere que se refuerce con un cable tensor en diagonal ¿Cuál es la longitud del tensor redondeado a la pulgada más cercana?

   (1) 64
   (2) 88
   (3) 96
   (4) 111
   (5) No se cuenta con suficiente información.

5. En un mapa cuya ecala es de 1.5 cm = 60 km, ¿cuántos kilómetros reales representan 4.7 cm en el mapa?

(1) 40
(2) 117
(3) 188
(4) 282
(5) 423

La pregunta 6 se refiere al siguiente diagrama.

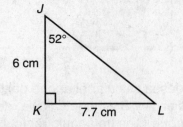

6. Si el △JKL es un triángulo rectángulo, ¿cuál es la medida del ∠L?

(1) 26°
(2) 38°
(3) 52°
(4) 90°
(5) 128°

7. A la misma hora, un poste de 3 pies de alto proyecta una sombra de $4\frac{1}{2}$ pies mientras que un poste telefónico proyecta una sombra de 33 pies. ¿Cuál es la longitud, en pies, del poste de teléfono?

(1) 18
(2) 22
(3) 28
(4) 33
(5) 99

8. ¿Cuál de los siguientes es un triángulo rectángulo?

(1) un triángulo cuyos lados miden 4, 5 y 6
(2) un triángulo cuyos lados miden 5, 7 y 9
(3) un triángulo cuyos lados miden 6, 8 y 11
(4) un triángulo cuyos lados miden 7, 9 y 12
(5) un triángulo cuyos lados miden 7, 24 y 25

9. ¿Qué longitud (redondeada al pie más cercano) debería tener la escalera para alcanzar la ventana del tercer piso?

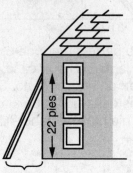

(1) 18
(2) 20
(3) 22
(4) 23
(5) 25

10. Un sendero de grava de 2 pies de ancho rodea una piscina circular de 20 pies de diámetro. ¿Cuál es el área aproximada del sendero en pies cuadrados?

(1) 100
(2) 138
(3) 144
(4) 314
(5) 452

Las respuestas comienzan en la página 860.

Repaso Geometría

Las preguntas 1 a 3 se refieren a la siguiente figura.

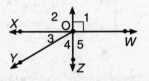

1. ¿Cuál de los siguientes ángulos es suplementario, pero no adyacente al ∠2?

   (1) ∠1
   (2) ∠3
   (3) ∠4
   (4) ∠5
   (5) No se cuenta con suficiente información.

2. La medida del ∠3 es 25°. ¿Cuál es la medida del ∠WOY?

   (1) 65°
   (2) 115°
   (3) 135°
   (4) 155°
   (5) 165°

3. Si un ángulo es suplementario al ∠XOZ, ¿qué tipo de ángulo debe ser también?

   (1) un ángulo agudo
   (2) un ángulo recto
   (3) un ángulo obtuso
   (4) un ángulo opuesto por el vértice
   (5) congruente con ∠3

4. Una piscina circular tiene una circunferencia de aproximadamente 40 metros. ¿Cuál de las siguientes expresiones puede usarse para calcular, en metros, el diámetro de la piscina?

   (1) 40π

   (2) $\frac{40}{\pi}$

   (3) $\frac{\pi}{40}$

   (4) $\frac{2(40)}{\pi}$

   (5) $\frac{\pi}{2(40)}$

5. Uno de los lados de un envase con base cuadrada mide 4 pulgadas. Si el envase se puede llenar hasta una altura de 4 pulgadas, ¿cuántas pulgadas cúbicas de líquido puede contener?

   (1) 12
   (2) 16
   (3) 20
   (4) 32
   (5) 64

6. Un marco rectangular mide $2\frac{1}{2}$ pies por 18 pulgadas. ¿Cuál es el perímetro del marco en pies?

   (1) $3\frac{3}{4}$

   (2) 4

   (3) 8

   (4) $8\frac{3}{5}$

   (5) 9

La <u>pregunta 7</u> se refiere al siguiente diagrama.

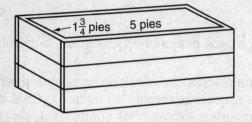

7. Miguel piensa construir una jardinera de madera parecida a la que se muestra en el diagrama. Quiere que tenga un volumen de $17\frac{1}{2}$ pies cúbicos. Si la base de la caja tiene las dimensiones que se muestran, ¿cuál es la altura, en pies, de la caja?

(1) 2

(2) $2\frac{1}{2}$

(3) $3\frac{1}{2}$

(4) 10

(5) No se cuenta con suficiente información.

Resuelva las <u>preguntas 8 y 9</u> y escriba sus respuestas en la cuadrícula provista.

8. Un paralelogramo tiene una base de 32 yardas y una altura de 8 yardas. ¿Cuántas yardas mide el lado de un cuadrado que tiene el mismo área que el paralelogramo?

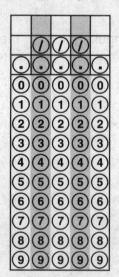

La <u>pregunta 9</u> se refiere a la siguiente gráfica.

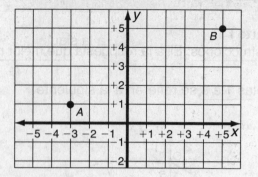

9. ¿Cuál es la distancia, redondeada a la unidad más cercana, entre los puntos A y B?

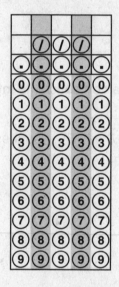

La <u>pregunta 10</u> se refiere a la siguiente figura.

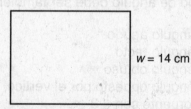

$w = 14$ cm

10. El perímetro de un rectángulo es de 64 cm. ¿Cuál de las siguientes expresiones puede usarse para calcular la longitud del rectángulo?

(1) $\frac{64}{14}$

(2) $\frac{64}{2(14)}$

(3) $64 - 14$

(4) $\frac{64 - 2(14)}{2}$

(5) $\frac{64 + 2(14)}{2}$

Matemáticas • Geometría

Parte II

Instrucciones: Elija la respuesta que mejor responda a cada pregunta. NO puede usar la calculadora.

Las preguntas 11 y 12 se refieren a la siguiente figura.

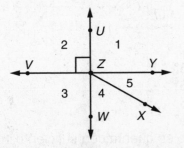

Las preguntas 14 a 16 se refieren a la siguiente figura.

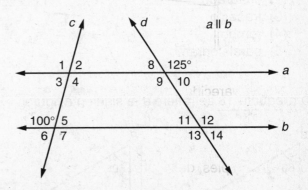

11. La recta *UW* interseca a la recta *VY* en el punto *Z*. La medida del ∠4 is 60°. ¿Cuál es la medida del ∠*UZX*?

   (1) 30°
   (2) 100°
   (3) 120°
   (4) 150°
   (5) 180°

12. Si la m∠4 = 60°, ¿cuál es la medida del ∠5?

   (1) 30°
   (2) 100°
   (3) 120°
   (4) 150°
   (5) 180°

13. Susana tiene un gabinete cuyas medidas son las siguientes: longitud = 4 pies, ancho = 3 pies y altura = 10 pies. ¿Cuál es el volumen, en pies cúbicos, del gabinete?

   (1) 60
   (2) 80
   (3) 100
   (4) 120
   (5) 160

14. ¿Cuál de los siguientes enunciados es verdadero?

   (1) El ∠3 es complementario del ∠4.
   (2) El ∠12 es suplementario del ∠13.
   (3) El ∠4 y el ∠10 son ángulos congruentes.
   (4) El ∠1 es un ángulo recto.
   (5) El ∠5 es suplementario del ∠1.

15. ¿Cuál de estos grupos contiene sólo ángulos congruentes con el ∠4?

   (1) ∠1, ∠2, y ∠3
   (2) ∠1 y ∠7
   (3) ∠1, ∠8, y ∠10
   (4) ∠2 y ∠7
   (5) ∠7, ∠10, y ∠14

16. ¿Cuál es la medida del ∠12?

   (1) 55°
   (2) 65°
   (3) 80°
   (4) 100°
   (5) 125°

Sugerencia

No tome en cuenta las rectas paralelas o perpendiculares, a menos que el problema dé esta información en palabras o símbolos.

17. Los lados de una figura de cuatro lados
    miden respectivamente 6, 10, 6 y 10 y no
    hay ángulos rectos. ¿Qué figura es?

    (1) triángulo
    (2) cuadrado
    (3) trapecio
    (4) rombo
    (5) paralelogramo

La pregunta 18 se refiere a la siguiente figura.

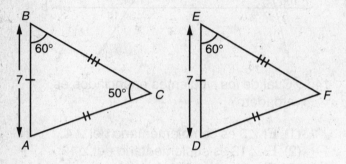

18. Estos triángulos son congruentes. ¿Cuál es
    la medida de $\angle D$?

    (1) 50°
    (2) 70°
    (3) 110°
    (4) 180°
    (5) No se cuenta con suficiente información.

19. Los tres lados del triángulo ABC miden 12,
    16 y 20 pies respectivamente. El triángulo
    DEF es similar a △ABC. El lado más corto
    de △DEF mide 15 pies. ¿Cuál es la longitud
    en pies de los otros dos lados de △DEF?

    (1) 18 y 23
    (2) 18 y 25
    (3) 19 y 23
    (4) 20 y 24
    (5) 20 y 25

20. ¿Cuánto mide $\angle L$?

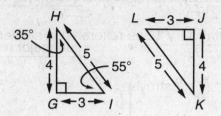

    (1) 35°
    (2) 45°
    (3) 55°
    (4) 90°
    (5) No se cuenta con suficiente información.

21. Los lados AB y BC del △ABC miden 10
    pulgadas cada uno. Si m$\angle A$ = 60° y m$\angle B$ =
    60°, ¿Cuál es la longitud en pulgadas del
    lado AC?

    (1) 5
    (2) 6
    (3) 10
    (4) 14
    (5) No se cuenta con suficiente información.

22. Para comprobar que △ACE ≅ △BCD por
    SSS, ¿Cuál de los siguientes datos es
    necesario saber?

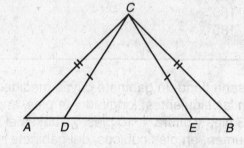

    (1) $\overline{AD} \cong \overline{BC}$
    (2) $\overline{AE} \cong \overline{BD}$
    (3) $\angle DAC \cong \angle EBC$
    (4) $\angle CDE \cong \angle CED$
    (5) $\overline{DE} \cong \overline{EB}$

Las respuestas comienzan en la página 861.

Matemáticas • Geometría

Parte I

Instrucciones: Elija la respuesta que mejor responda a cada pregunta. PUEDE usar la calculadora.

1. Rafael está construyendo una estantería para libros y para ello utiliza 4 tablas de madera, cada una de 3 yardas y 2 pies de largo. ¿Cuál es la longitud total de las tablas?

   (1) 16 yardas 2 pies
   (2) 15 yardas 2 pies
   (3) 14 yardas 2 pies
   (4) 13 yardas 2 pies
   (5) 12 yardas 2 pies

2. Los tres lados de un triángulo miden 16.52, 17.24 y 22.19 pulgadas respectivamente. ¿Cuál es el perímetro del triángulo en pulgadas?

   (1) 53.95
   (2) 54.45
   (3) 54.95
   (4) 55.45
   (5) 55.95

3. Antonio tiene un terreno cubierto de césped con una forma extraña y quiere rodearlo con un seto. ¿Cuál es la longitud en pies del borde del terreno, aproximada al pie más próximo?

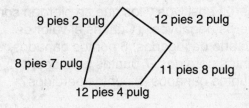

   9 pies 2 pulg
   12 pies 2 pulg
   8 pies 7 pulg
   11 pies 8 pulg
   12 pies 4 pulg

   (1) 41 pies
   (2) 44 pies
   (3) 54 pies
   (4) 60 pies
   (5) No se cuenta con suficiente información.

4. ¿Cuál es el volumen, en pies cúbicos, de un cubo que tiene lado de 3.5 pies?

   (1) 12.250
   (2) 22.875
   (3) 32.875
   (4) 42.250
   (5) 42.875

5. Una piscina con forma de prisma rectangular tiene una longitud de 100 pies, un ancho de 32 pies y una profundidad de 8 pies. Si la piscina se llena de agua hasta los $\frac{3}{4}$ de su volumen total, ¿cuántos pies cúbicos de agua habrá en la piscina?

   (1) 2,400
   (2) 6,400
   (3) 10,400
   (4) 19,200
   (5) 25,600

6. La pregunta 6 se refiere al siguiente rectángulo.

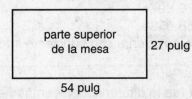

   parte superior de la mesa   27 pulg

   54 pulg

7. Ana quiere proteger la parte superior de su mesa de café con un cristal. ¿Cuántas pulgadas cuadradas de cristal necesitará para cubrir la parte superior de su mesa de café?

   (1)   81
   (2)   100
   (3)   162
   (4)   200
   (5) 1458

Las preguntas 7 a 9 se refieren a la siguiente tabla:

Deportes Acción	
Departamento	Ventas netas
Calzado	$20,897
Ropa deportiva	$57,941
Accesorios deportivos	$31,009
Aparatos para ejercicios	$28,987
Equipo de esquí	$18,883

7. ¿Cuál fue el total de las ventas netas de los cinco departamentos enlistados?

(1) $137,717
(2) $147,707
(3) $147,717
(4) $157,717
(5) No se cuenta con suficiente información.

8. ¿Qué tan inferiores fueron las ventas netas de los departamentos de calzado y accesorios deportivos en comparación con las del departamento de ropa?

(1) $ 6,000
(2) $ 6,035
(3) $20,897
(4) $68,053
(5) No se cuenta con suficiente información.

9. ¿Cuál fue la diferencia en ventas netas entre el departamento que tuvo más ventas netas y el que tuvo menos?

(1) $76,828
(2) $57,941
(3) $39,058
(4) $37,644
(5) $28,954

10. Un carro recorre 406 millas a una velocidad promedio de 58 millas por hora. ¿Cuántas horas tarda en recorrer esa distancia?

(1) 4
(2) 5
(3) 6
(4) 7
(5) 8

11. Brenda compró 5 cajas de plástico para ordenar sus armarios. Después de sumar $2.06 por el impuesto sobre la venta, el precio total de las cajas fue de $31.51. ¿Cuál de las siguientes expresiones serviría para hallar el precio de una caja (x)?

(1) $5 + x = \$31.51 - \$2.06$
(2) $5(x + \$2.06) = \$31.51$
(3) $5x = \$31.51$
(4) $5x - \$2.06 = \$31.51$
(5) $5x + \$2.06 = \$31.51$

12. ¿Cuál de las siguientes expresiones es igual a $-5(x - 6) - 2(x + 8)$?

(1) $7x + 14$
(2) $7x + 2$
(3) $-7x - 5$
(4) $-7x + 14$
(5) $-7x + 46$

13. En un juego, los puntos que se ganan son números positivos y los que se pierden son números negativos. ¿Cuál es el valor de esta serie de jugadas: 8 puntos ganados, 6 puntos perdidos, 7 puntos perdidos, 11 puntos ganados, 2 puntos perdidos?

(1) −15
(2) −4
(3) 4
(4) 12
(5) 19

Las preguntas 14 a 16 se refieren a la siguiente gráfica.

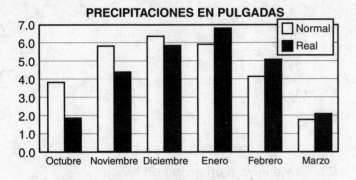

PRECIPITACIONES EN PULGADAS

La pregunta 17 se refiere al siguiente diagrama.

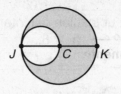

14. ¿En qué meses las precipitaciones reales fueron inferiores a lo normal?

(1) octubre, noviembre y diciembre
(2) octubre, noviembre y enero
(3) octubre, diciembre y marzo
(4) octubre, febrero y marzo
(5) enero, febrero y marzo

15. ¿Durante cuántos meses las precipitaciones reales fueron mayores de 5.0 pulgadas?

(1) 2
(2) 3
(3) 4
(4) 5
(5) 6

16. ¿Cuántas pulgadas más de lluvia cayeron en enero que en marzo?

(1) 2.2
(2) 3.5
(3) 4.0
(4) 4.6
(5) 5.8

17. Dos círculos se intersecan en el punto J. Si C es el centro del círculo mayor y el diámetro del círculo mayor es de 28 pulgadas, ¿cuál es el radio, en pulgadas, del círculo menor?

(1) 1.75
(2) 3.5
(3) 7
(4) 14
(5) No se cuenta con suficiente información.

18. ¿Cuál es el volumen, en pies cúbicos, de un cajón rectangular que mide $3\frac{1}{2}$ pies por 1 pie 9 pulgadas por 24 pulgadas?

(1) $6\frac{1}{2}$
(2) $7\frac{1}{4}$
(3) $12\frac{1}{4}$
(4) $13\frac{1}{3}$
(5) 147

La pregunta 19 se refiere a la siguiente figura.

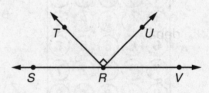

19. Si la $m\angle URV = 53°$, ¿cuál es la medida del $\angle TRS$?

(1) 37°
(2) 53°
(3) 106°
(4) 127°
(5) 143°

Resuelva las preguntas 20 y 21 y anote sus respuestas en las cuadrículas.

20. Marque la ubicación del intercepto en x de la recta $-2x + 3y = 6$.

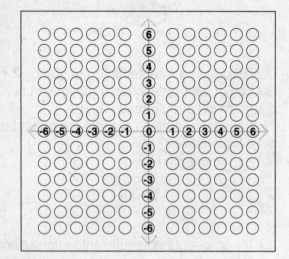

21. Marque en la cuadrícula el valor de la siguiente expresión:
$\sqrt{81} + 2^4 - \sqrt{169} + 5^2$

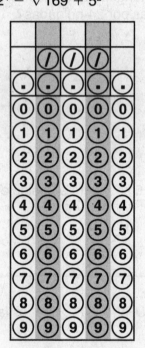

22. ¿Cuál es el valor de x en la ecuación $-2(x + 4) = 5x + 6$?

(1) -2

(2) $-\dfrac{1}{2}$

(3) 1

(4) $\dfrac{1}{2}$

(5) 2

23. Silvia lleva a un grupo de Niños Exploradores a la Exposición de la Policía. Cada entrada para adultos cuesta $2 más que una entrada para niños. Silvia paga $78 por 12 entradas para niños y 5 entradas para adultos. ¿Cuál es el precio de una entrada para niños?

(1) $3.00
(2) $3.50
(3) $4.00
(4) $5.00
(5) $6.00

La pregunta 24 se refiere a la siguiente recta numérica.

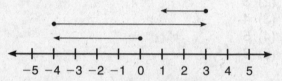

24. ¿Cuál de las siguientes expresiones representa los cambios indicados en la recta numérica?

(1) $-4 + 3 + (-1)$
(2) $-4 + 7 + (-2)$
(3) $-4 + 7 - (-2)$
(4) $4 + (-7) + 2$
(5) $4 - (-7) - 2$

25. Una estructura rectangular de madera mide 6 pies por 8 pies. Un tensor en diagonal se añade a la parte trasera de la estructura. ¿Cuál es la longitud en pies del tensor?

(1) 5
(2) 7
(3) 8
(4) 10
(5) 13

26. Un círculo tiene un radio de 7 pulgadas. ¿Cuál de las siguientes opciones es a mejor aproximación, en pulgadas, de la circunferencia del círculo?

(1) 15
(2) 25
(3) 40
(4) 50
(5) 150

27. El triángulo *ABC* tiene lados que miden 2.9, 4.6 y 4.9 cm respectivamente. Sus ángulos miden 78°, 36° y 66°. ¿A cuál de las dos clasificaciones de triángulos pertenece el triángulo *ABC*?

(1) equilátero y acutángulo
(2) isósceles y acutángulo
(3) isósceles y obtusángulo
(4) escaleno y acutángulo
(5) escaleno y obtusángulo

28. En un triángulo rectángulo, la medida de uno de los ángulos agudos es cinco veces mayor que la medida del otro. ¿Cuál de las siguientes ecuaciones puede usarse para calcular la medida del ángulo menor?

(1) $x + 5x + 90° = 180°$
(2) $x + (5 + x) + 90° = 180°$
(3) $x + 5x = 180°$
(4) $90x + 5x = 180°$
(5) $180° - 90° = 5x$

La pregunta 29 se refiere a las siguiente figuras.

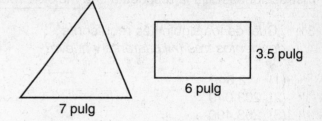

7 pulg   6 pulg   3.5 pulg

29. Un rectángulo y un triángulo tienen el mismo área. ¿Cuál es la altura, en pulgadas, del triángulo?

(1) 3
(2) 3.5
(3) 6
(4) 12
(5) 21

La pregunta 30 se refiere a las siguiente figuras.

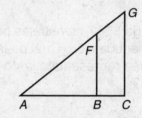

30. Si el $\triangle ABF \sim \triangle ACG$, entonces, ¿cuál de las siguientes expresiones es una proporción verdadera?

(1) $\dfrac{\overline{AF}}{\overline{AB}} = \dfrac{\overline{AB}}{\overline{AC}}$

(2) $\dfrac{\overline{AB}}{\overline{AC}} = \dfrac{\overline{FB}}{\overline{GC}}$

(3) $\dfrac{\overline{AF}}{\overline{AC}} = \dfrac{\overline{AC}}{\overline{AB}}$

(4) $\dfrac{\overline{AB}}{\overline{GC}} = \dfrac{\overline{AC}}{\overline{FB}}$

(5) $\dfrac{\overline{AG}}{\overline{AC}} = \dfrac{\overline{AB}}{\overline{AF}}$

Parte II

<u>Instrucciones</u>: Elija la respuesta que mejor responda a cada pregunta. <u>NO</u> puede usar la calculadora.

31. ¿Cuál de los siguientes representa *doscientos tres mil cuarenta y nueve*?

    (1)   2,349
    (2) 203,049
    (3) 203,490
    (4) 230,049
    (5) 230,490

32. ¿Cuál de los siguientes representa 39,462 redondeado al millar más cercano?

    (1) 39,000
    (2) 39,400
    (3) 39,460
    (4) 39,500
    (5) 40,000

33. Tomás paga $387 mensuales por un préstamo educativo. ¿Cuál de las siguientes operaciones representa cuánto paga en 12 meses?

    (1) 12 + $387
    (2) $387 − 12
    (3) $387 × 12
    (4) $387 ÷ 12
    (5) 12 ÷ $387

34. Tres amigos rentan un apartamento por un costo total de $972 al mes. Si comparten este gasto en partes iguales, ¿cuál de las siguientes operaciones representa la cantidad que paga cada uno al mes?

    (1) 3 + $972
    (2) $972 − 3
    (3) $972 × 3
    (4) $972 ÷ 3
    (5) 3 ÷ $972

35. La tienda de ropa La Imperial impartió un seminario de capacitación a 35 de sus empleados. Si la compañía pagó $12 por el almuerzo de cada persona, ¿cuánto pagó la compañía por gastos de alimentación a sus empleados?

    (1) $700
    (2) $420
    (3) $350
    (4) $336
    (5) $ 70

36. Cintia trabaja 4 horas diarias, 6 días a la semana. ¿Cuántas horas trabaja en 3 semanas?

    (1) 12
    (2) 18
    (3) 24
    (4) 48
    (5) 72

37. Alfredo tiene $1,200 en su cuenta de cheques. Si retira $140, ¿cuál será el saldo que quedará en su cuenta?

    (1) $1340
    (2) $1160
    (3) $1140
    (4) $1060
    (5) $ 200

38. Un equipo de cómputo cuesta $1,050. Si Roberto tiene ahorrados $985, ¿cuánto dinero le falta para poder comprarse el equipo?

    (1) $ 65
    (2) $ 75
    (3) $ 165
    (4) $ 985
    (5) $1050

Instrucciones: Resuelva las siguientes preguntas y escriba las respuestas en las cuadrículas.

La <u>pregunta 39</u> se refiere a la siguiente figura.

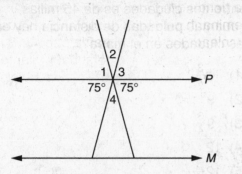

39. Las rectas p y m son paralelas. Los ∠2 y ∠4 son ángulos opuestos por el vértice. ¿Cuál es la medida, en grados, del ∠4?

40. Un triángulo mide 40 pulgadas de alto. Si el área del triángulo es 200 pulgadas cuadradas, ¿cuál es la longitud, en pulgadas, de la base?

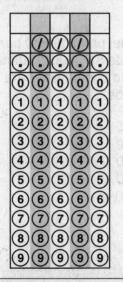

La <u>pregunta 41</u> se refiere a la siguiente figura.

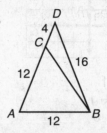

41. La medida del ∠DAB es 70°. ¿Cuál es la medida, en grados, del ∠D?

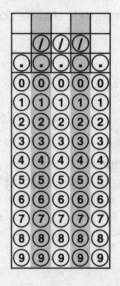

42. Un cartel de 4 metros de alto proyecta una sombra de 5 metros de largo. A la misma hora, un árbol proyecta una sombra de 30 metros de largo. ¿Cuál es la altura, en metros, del árbol?

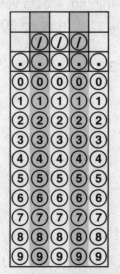

43. ¿Qué ecuación resuelven los puntos marcados en la cuadrícula de abajo?

(1) $x - y = 1$
(2) $x - y = -1$
(3) $2y - x = 0$
(4) $x = 0$
(5) $y = 0$

44. ¿Qué par ordenado es una solución de $x - y = 1$?

(1) $(-3,-4)$
(2) $(-3,-2)$
(3) $(-1,0)$
(4) $(0,1)$
(5) $(1,-2)$

45. ¿Cuál es el valor de x si $(?,1)$ es una solución de $-4x + 7y = 15$?

(1) $\frac{-11}{2}$
(2) -2
(3) 2
(4) $\frac{19}{7}$
(5) $\frac{11}{2}$

46. Sara corre a una velocidad promedio de $\frac{2}{15}$ milla por minuto. A esta velocidad, ¿cuántas millas correrá en 30 minutos?

(1) 2
(2) 4
(3) $4\frac{1}{2}$
(4) $7\frac{1}{2}$
(5) 15

47. La escala de un mapa indica que $\frac{3}{4}$ de pulgada en el mapa equivalen a una distancia real de 5 millas. Si la distancia real entre dos ciudades es de 45 millas, ¿cuántas pulgadas de distancia hay entre las ciudades en el mapa?

(1) $6\frac{3}{4}$
(2) 9
(3) $9\frac{3}{4}$
(4) 12
(5) $12\frac{3}{4}$

Las preguntas 48 y 49 se refieren a la siguiente tabla:

Presupuesto mensual	
Gastos	**Fracción presupuestada**
Renta	$\frac{3}{8}$
Salarios	$\frac{1}{4}$
Publicidad	$\frac{1}{5}$
Suministros	$\frac{1}{8}$
Gastos diversos	$\frac{1}{20}$

48. ¿A cuál de los gastos se adjudicó la mayor cantidad del presupuesto mensual?

(1) Renta
(2) Salarios
(3) Publicidad
(4) Suministros
(5) Gastos diversos

49. Si el total del presupuesto para el mes de marzo fue de $16,000, ¿cuánto fue el presupuesto combinado para salarios y suministros?

(1) $ 2,000
(2) $ 4,000
(3) $ 6,000
(4) $ 8,000
(5) $10,000

Las preguntas 50 a 52 se refieren a la siguiente gráfica.

CANTIDAD DE NUEVOS SUSCRIPTORES DEL DIARIO LA GACETA
(en miles)

Las preguntas 53 a 55 se refieren a la siguiente gráfica.

GRANDES ALMACENES D & T
(Ventas netas en miles de dólares)

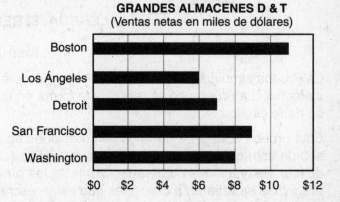

50. ¿Cuál es el rango de nuevos suscriptores por mes, desde el número menor al número mayor?

    (1) 8,400 a 10,200
    (2) 8,700 a 9,800
    (3) 8,700 a 10,000
    (4) 8,800 a 10,000
    (5) 9,800 a 10,000

51. El cambio es un punto de la gráfica donde la dirección de la línea cambia. ¿Cuántos cambios se muestran en esta gráfica?

    (1) dos
    (2) tres
    (3) cuatro
    (4) cinco
    (5) seis

52. ¿Cuáles de los siguientes meses consecutivos mostraron un aumento en el número de nuevos suscriptores?

    (1) febrero a marzo
    (2) marzo a abril
    (3) septiembre a octubre
    (4) octubre a noviembre
    (5) noviembre a diciembre

53. ¿Aproximadamente en cuánto superó la cantidad de ventas netas registradas en la tienda de Boston a las registradas en Detroit?

    (1) $2000
    (2) $2500
    (3) $3000
    (4) $4000
    (5) $5000

54. ¿Cuál es la razón entre las ventas netas del negocio de Los Ángeles y las ventas netas del negocio de San Francisco?

    (1) 1:2
    (2) 2:3
    (3) 6:7
    (4) 3:2
    (5) 7:6

55. ¿Cuál es el promedio en miles de dólares (media aritmética) de las ventas netas para las cinco tiendas presentadas?

    (1) $ 6.0
    (2) $ 7.2
    (3) $ 8.2
    (4) $10.5
    (5) $41.0

Las respuestas comienzan en la página 863.

LENGUAJE, REDACCIÓN, PARTE I

Instrucciones

La Prueba simulada de Lenguaje y Redacción pretende medir su capacidad para usar un español claro y efectivo. La prueba no se refiere a la forma en que el idioma se puede hablar, sino a la forma en que se debe escribir.

Esta prueba consta de párrafos con oraciones enumeradas. Algunas oraciones contienen errores; ya sea de estructura, uso o aspectos de mecánica (ortografía, puntuación y uso de mayúsculas). Después de leer las oraciones numeradas, conteste las preguntas de selección múltiple que siguen. Algunas preguntas se refieren a oraciones que están escritas de manera correcta. La mejor respuesta para estas preguntas es la que no cambia la oración original. La mejor respuesta para otras preguntas es la que produce una oración que concuerda con el tiempo verbal y el punto de vista empleado en todo el texto.

Se le darán 75 minutos para contestar las 50 preguntas de esta prueba. Trabaje con cuidado, pero no dedique demasiado tiempo a una sola pregunta. Conteste todas las preguntas. Si no está seguro de una respuesta, responda de manera razonable por eliminación. No se descontarán puntos por respuestas incorrectas.

Cuando se agote el tiempo, ponga una marca en la última pregunta que haya contestado. Esto le servirá de guía para calcular si podrá terminar la verdadera Prueba de GED dentro del tiempo permitido. A continuación termine la prueba.

Registre sus respuestas en una copia de la hoja de respuestas de la página 916. Asegúrese de incluir toda la información requerida en la hoja de respuestas.

Para marcar sus respuestas, en la hoja de respuestas rellene el círculo con el número de la respuesta que considere correcta para cada una de las preguntas de la prueba.

Ejemplo:

Oración 1: **Fue un honor para todos nosotros ser recibidos por el Gobernador Phillips.**

¿Qué corrección se debe hacer en la oración 1?

(1) cambiar Fue a Siendo
(2) añadir una coma después de Fue
(3) cambiar ser recibidos a recibirnos
(4) cambiar Gobernador a gobernador
(5) no se requiere hacer ninguna corrección   ① ② ③ ● ⑤

En este ejemplo, la palabra gobernador debe ir en minúscula; por lo tanto, en la hoja de respuestas debería haber rellenado el círculo con el número 4 adentro.

No apoye la punta del lápiz en la hoja de respuestas mientras piensa en la respuesta. No haga marcas innecesarias en la hoja. Si decide cambiar una respuesta, borre completamente la primera marca. Rellene un solo círculo por cada respuesta: si señala más de un círculo, la respuesta se considerará incorrecta. No doble ni arrugue la hoja de respuestas.

Una vez terminada esta prueba, utilice la Tabla de análisis del desempeño en la página 646 para determinar si está listo para tomar la verdadera Prueba de GED. Si no lo está, use la tabla para identificar las destrezas que debe repasar de nuevo.

Adaptado con el permiso del *American Council on Education*.

Instrucciones: Elija la respuesta que mejor responda a cada pregunta.

Las preguntas 1 a 8 se refieren al párrafo siguiente.

El *drive-in*

(1) Las películas al aire libre de los *drive-ins* fueron una de las máximas expresiones del afecto de los estadounidenses por sus carros. (2) Fueron inventados por Richard M. Hollingshead un vendedor de piezas de autos. (3) Hollingshead amarró un proyector al capó de su auto y clavó una pantalla a los árboles de su patio trasero. (4) El primer teatro *drive-in* apareció en 1933, pero no fue hasta los años 50 que los *drive-ins* realmente despegan. (5) En la mejor época de los *drive-ins,* las familias preparaban comida y mantas, se metían en el carro y dirigirse a ver una película a la luz de las estrellas. (6) La station wagon era el mejor carro pues tenía una puerta trasera que se podía bajar. (7) Algunas familias traían todos los materiales para un picnic la parrilla para la barbacoa, el carbón, la neverita y las sillas plegables se metían en el carro con los niños. (8) La mayoría de los teatros disponían de casetas de venta, y muchos también tenían patios de juegos. (9) El mayor teatro fue el *All-Weather Drive-In,* en Copiague, Nueva York. (10) El *All-Weather Drive-In* tenía capacidad para 2,500 autos y disponía de un patio de juegos, un restaurante y un tren de enlace. (11) Ni siquiera los mosquitos molestos, los adolescentes peleones ni las bocinas de baja calidad podían empañar los atractivos del *drive-in.* (12) Hoy en día, los carros pequeños y los teatros con múltiples salas atraen a las familias. (13) Sólo unos pocos cines al aire libre sobrevive. (14) De hecho, los *drive-ins* están más llenos de nostalgia que de clientes.

1. Oración 1: **Las películas al aire libre de los *drive-ins* fueron una de las máximas expresiones del afecto de los estadounidenses por sus carros.**

   ¿Qué corrección debe hacerse a la oración 1?

   (1) cambiar fueron a fue
   (2) añadir una coma después de películas
   (3) añadir cinematográficas después de expresiones
   (4) cambiar afecto a efecto
   (5) no se requiere hacer ninguna corrección

2. Oración 2: **Fueron inventados por Richard M. Hollingshead un vendedor de piezas de autos.**

   ¿Cuál es la mejor manera de escribir la parte subrayada del texto? Si el original representa la mejor manera, escoja la opción (1).

   (1) Hollingshead un
   (2) Hollingshead, un
   (3) Hollingshead. Un
   (4) Hollingshead quien había sido un
   (5) Hollingshead siendo

El artículo se repite para que le sea más fácil contestar las preguntas que vienen a continuación.

El *drive-in*

(1) Las películas al aire libre de los *drive-ins* fueron una de las máximas expresiones del afecto de los estadounidenses por sus carros. (2) Fueron inventados por Richard M. Hollingshead un vendedor de piezas de autos. (3) Hollingshead amarró un proyector al capó de su auto y clavó una pantalla a los árboles de su patio trasero. (4) El primer teatro *drive-in* apareció en 1933, pero no fue hasta los años 50 que los *drive-ins* realmente despegan. (5) En la mejor época de los *drive-ins*, las familias preparaban comida y mantas, se metían en el carro y dirigirse a ver una película a la luz de las estrellas. (6) La station wagon era el mejor carro pues tenía una puerta trasera que se podía bajar. (7) Algunas familias traían todos los materiales para un picnic la parrilla para la barbacoa, el carbón, la neverita y las sillas plegables se metían en el carro con los niños. (8) La mayoría de los teatros disponían de casetas de venta, y muchos también tenían patios de juegos. (9) El mayor teatro fue el *All-Weather Drive-In,* en Copiague, Nueva York. (10) El *All-Weather Drive-In* tenía capacidad para 2,500 autos y disponía de un patio de juegos, un restaurante y un tren de enlace. (11) Ni siquiera los mosquitos molestos, los adolescentes peleones ni las bocinas de baja calidad podían empañar los atractivos del *drive-in*. (12) Hoy en día, los carros pequeños y los teatros con múltiples salas atraen a las familias. (13) Sólo unos pocos cines al aire libre sobrevive. (14) De hecho, los *drive-ins* están más llenos de nostalgia que de clientes.

3. Oración 4: **El primer teatro *drive-in* apareció en 1933, pero no fue hasta los años 50 que los *drive-ins* realmente despegan.**

¿Qué corrección debe hacerse a la oración 4?

(1) cambiar despegan a despegaron
(2) eliminar la coma después de 1933
(3) sustituir pero por así
(4) insertar una coma después de los años 50
(5) no se requiere hacer ninguna corrección

4. Oración 5: **En la mejor época de los *drive-ins,* las familias preparaban comida y mantas, se metían en el carro y dirigirse a ver una película a la luz de las estrellas.**

¿Qué corrección debe hacerse a la oración 5?

(1) cambiar preparaban a prepararían
(2) eliminar la coma después de mantas
(3) cambiar se metían a metiéndose
(4) cambiar dirigirse a se dirigían
(5) no se requiere hacer ninguna corrección

5. Oración 7: **Algunas familias traían todos los materiales para un picnic la parrilla para la barbacoa, el carbón, la neverita y las sillas plegables se metían en el carro con los niños.**

¿Cuál es la mejor manera de escribir la parte subrayada del texto? Si el original representa la mejor manera, escoja la opción (1).

(1) picnic la
(2) picnic, la
(3) picnic, aun la
(4) picnic y la
(5) picnic. La

6. Oración 10: **El *All-Weather Drive-In* tenía capacidad para 2,500 autos y disponía de un patio de juegos, un restaurante y un tren de enlace.**

¿Cuál es la mejor manera de escribir la parte subrayada del texto? Si el original representa la mejor manera, escoja la opción (1).

(1) tenía capacidad para 2,500 autos y disponía
(2) estaba teniendo capacidad para 2,500 autos y disponía
(3) tiene capacidad para 2,500 autos y disponía
(4) tenía capacidad para 2,500 autos y dispone
(5) tenía capacidad para 2,500 autos y disponiendo

7. Oración 11: **Ni siquiera los mosquitos molestos, los adolescentes peleones ni las bocinas de baja calidad podían empañar los atractivos del *drive-in*.**

¿Qué corrección debe hacerse a la oración 5?

(1) cambiar Ni siquiera a Sin embargo
(2) añadir una coma después de peleones
(3) añadir escuchar después de ni
(4) cambiar empañar a empañando
(5) no se requiere hacer ninguna corrección

8. Oración 13: **Sólo unos pocos cines al aire libre sobrevive.**

¿Qué corrección debe hacerse a la oración 13?

(1) cambiar cines al aire libre a Cines al Aire Libre
(2) cambiar sobrevive a habían sobrevivido
(3) cambiar sobrevive a sobreviven
(4) insertar una coma después de pocos
(5) no se requiere hacer ninguna corrección

Daniel Borges
Gerente de Contabilidad
KraftMade, Inc.
2001 Blue Mound Road
Milwaukee, WI 53202

Estimado Sr. Borges:

(A)

(1) Le ruego tome en consideración mi solicitud para el puesto de tenedor de libros que anunció recientemente en el *Heights* del domingo. (2) Reviso los anuncios de ofertas de empleo todas las semanas. (3) Creo que mis destrezas se ajustan muy bien a este puesto.

(B)

(4) Después de obtener el diploma de GED el pasado marzo con la calificación de matemáticas más alta de la Escuela Nocturna de Oakdale, tomado tres cursos de teneduría[1] de libros allí. (5) Para poder pagar las clases, trabajé en la oficina de la escuela nocturna. (6) Adquirí valiosa experiencia práctica. (7) Incluso el administrador de la oficina, Bob Cusamano, me permitió ayudar en la preparación del presupuesto de la escuela. (8) Me dijeron que hice un buen trabajo.

(C)

(9) Después, en enero, me aceptaron en el hills community college. (10) Actualmente estoy tomando dos cursos nocturnos de matemáticas avanzadas y de contabilidad básica. (11) Estoy planeando hacer una concentración en contabilidad. (12) Espero poder reunirme con usted y hablar de este puesto. (13) Como podrá comprobar, tengo mucho interés en llegar a ser un buen tenedor de libros. (14) Creo que mis destrezas, experiencia y dedicación serán muy valiosas para su empresa.

Atentamente,

Josué Ríos

[1]teneduría: contabilidad

9. Oración 1: **Le ruego tome en consideración mi solicitud para el puesto de tenedor de libros que anunció recientemente en el *Heights* del domingo.**

   ¿Qué cambio se debe hacer en la oración 1?

   (1) añadir una coma después de ruego
   (2) cambiar solicitud a aplicación
   (3) cambiar anunció a anunciado
   (4) cambiar recientemente a recién
   (5) no es necesario hacer ningún cambio

10. ¿Qué cambio se debe hacer en el párrafo A?

   (1) trasladar la oración 1 al final del párrafo
   (2) eliminar la oración 1
   (3) comenzar un nuevo párrafo después de la oración 2
   (4) eliminar la oración 2
   (5) no es necesario hacer ningún cambio

11. Oración 4: **Después de obtener el diploma de GED el pasado marzo con la calificación de matemáticas más alta de la Escuela Nocturna de Oakdale, tomado tres cursos de teneduría de libros allí.**

   ¿Qué cambio se debe hacer en la oración 4?

   (1) añadir una coma después de marzo
   (2) eliminar la coma después de Oakdale
   (3) cambiar obtener a obtuve
   (4) cambiar tomado a tomé
   (5) no es necesario hacer ningún cambio

12. Oración 6: **Adquirí valiosa experiencia práctica.**

   ¿Qué palabras incluirían el mejor cambio a la oración 6?

   (1) Valiosa experiencia práctica
   (2) Al adquirir valiosa experiencia práctica
   (3) Como resultado de mi trabajo,
   (4) Por ejemplo, adquirí
   (5) Aunque adquirí

13. Oración 8: **Me dijeron que hice un buen trabajo.**

   ¿Cuál es la mejor manera de escribir la parte subrayada del texto? Si el original representa la mejor manera, escoja la opción (1).

   (1) Me dijeron
   (2) Ella me dijo
   (3) Él me dijo
   (4) Me dicen
   (5) Me dice

14. Oración 9: **Después, en enero, me aceptaron en el hills community college.**

   ¿Cuál es la mejor manera de escribir la parte subrayada del texto? Si el original representa la mejor manera, escoja la opción (1).

   (1) hills community college
   (2) Hills community college
   (3) hills Community College
   (4) Hills Community College
   (5) Hills Community college

15. Oración 10: **Actualmente estoy tomando dos cursos nocturnos de matemáticas avanzadas y de contabilidad básica.**

   ¿Qué cambio se debe hacer en la oración 10?

   (1) cambiar tomando a tomo
   (2) añadir una coma después de Actualmente
   (3) añadir una coma después de avanzadas
   (4) añadir yo después de Actualmente
   (5) no es necesario hacer ningún cambio

16. ¿Qué cambio se debe hacer en el párrafo C?

   (1) trasladar la oración 9 al final del párrafo B
   (2) eliminar la oración 10
   (3) comenzar un nuevo párrafo con la oración 12
   (4) trasladar la oración 13 al final del párrafo
   (5) eliminar la oración 14

Las preguntas 17 a 24 se refieren a los párrafos siguientes.

En la biblioteca

(A)

(1) Un concepto erróneo muy generalizado sobre las bibliotecas es que en ellas es difícil hallar información. (2) De hecho, encontrar información en las bibliotecas es más fácil que nunca. (3) Puede usar una computadora para buscar el catálogo de la biblioteca y obtener el número de catálogo de los libros, CDs y videos que necesite. (4) La mayoría de las bibliotecas tienen directorios que indican dónde mirar para encontrar los números de catálogos, y los bibliotecarios se complacen en ayudar.

(B)

(5) Las bibliotecas que contienen una enorme cantidad de libros de consulta. (6) Estos libros se guardan en una sección especial. (7) Llena de libros utilizados para buscar datos. (8) Los bibliotecarios están entrenados para buscar todo tipo de información que desee. (9) Supongamos que usted quiere buscar la dirección de una organización tal vez quiere información sobre comprar una casa. (10) El bibliotecario puede ayudarlo pero usted tiene que pedirle ayuda.

(C)

(11) En algunas bibliotecas hay maquinillas y computadoras para el uso de los visitantes que no tienen otro acceso a estos aparatos. (12) Muchas bibliotecas tienen programas especiales para niños. (13) Las bibliotecas deben considerarse como uno de nuestros principales recursos públicos, brindan tantos servicios.

17. Oración 1: **Un concepto erróneo muy generalizado sobre las bibliotecas es que en ellas es difícil hallar información.**

¿Cuál es la mejor manera de escribir la parte subrayada del texto? Si el original representa la mejor manera, escoja la opción (1).

(1) es que en ellas
(2) es que, en ellas
(3) es, que en ellas
(4) es que en las
(5) es que, en las

18. Oraciones 6 y 7: **Estos libros se guardan en una sección especial. Llena de libros utilizados para buscar datos.**

¿Qué grupo de palabras incluiría la mejor combinación de las oraciones 6 y 7?

(1) especial, así que está
(2) especial y llenos
(3) especial, y sin embargo llena
(4) especial, estando llena
(5) especial que está llena

19. Oración 8: **Los bibliotecarios están entrenados para buscar todo tipo de información que desee.**

    ¿Qué corrección debe hacerse a la oración 8?

    (1) cambiar están a estaban
    (2) cambiar buscar a buscando
    (3) añadir una coma después de entrenados
    (4) sustituir entrenados con guiados
    (5) no se requiere hacer ninguna corrección

20. Oración 9: **Supongamos que usted quiere buscar la dirección de una organización tal vez quiere información sobre comprar una casa.**

    ¿Qué corrección debe hacerse a la oración 9?

    (1) añadir una coma después de organización
    (2) añadir o después de organización
    (3) añadir coma después de tal vez
    (4) sustituir tal vez con del mismo modo
    (5) añadir coma después de información

21. Oración 10: **El bibliotecario puede ayudarlo pero usted tiene que pedirle ayuda.**

    ¿Cuál es la mejor manera de escribir la parte subrayada del texto? Si el original representa la mejor manera, escoja la opción (1).

    (1) ayudarlo pero
    (2) ayudarlo, pero
    (3) ayudarlo. Pero
    (4) ayudarlo pero,
    (5) ayudarlo

22. Oración 11: **En algunas bibliotecas hay maquinillas y computadoras para el uso de los visitantes que no tienen otro acceso a estos aparatos.**

    ¿Qué corrección debe hacerse a la oración 11?

    (1) cambiar hay a haber
    (2) sustituir estos por esos
    (3) insertar una coma después de maquinillas
    (4) sustituir que por quien
    (5) no se requiere hacer ninguna corrección

23. Oración 13: **Las bibliotecas deben considerarse como uno de nuestros principales recursos públicos, brindan tantos servicios.**

    ¿Qué corrección debe hacerse a la oración 13?

    (1) eliminar deben
    (2) añadir coma después de considerarse
    (3) eliminar la coma
    (4) añadir ya que después de la coma
    (5) no se requiere hacer ninguna corrección

24. ¿Qué oración sería más efectiva si se insertara al comienzo del párrafo C?

    (1) Conocer cómo usar libros de referencia es una destreza importante.
    (2) Usted debe mantenerse en silencio cuando visite una biblioteca.
    (3) Las bibliotecas tienen mucho más que ofrecer que sólo libros.
    (4) Los libros estás ordenados juntos por temas.
    (5) Las bibliotecas son realmente magníficas.

Las preguntas 25 a 32 se refieren a la siguiente carta.

A quien corresponda:

(A)

(1) A menudo viajo utilizando los vuelos de Aerolíneas Expreso Locales
(2) Recientemente, he tenido una bonita experiencia que es un ejemplo del excelente
servicio que siempre recibo de Aerolíneas Expreso Locales. (3) En mi último vuelo, dejé
un libro de la biblioteca sobre el asiento que ocupaba en el avión. (4) Sé que no debo
viajar con los libros de la biblioteca, pero desafortunadamente, uno lo hace. (5) No me
acordé del libro hasta que llegué al transportador de equipajes, donde estaba
esperando y se lo dije a una empleada de la recepción de equipajes. (6) Ella telefonea a
los empleados de la entrada, pidiéndoles que revisaran el avión. (7) Tristemente, ellos
no encontraron mi libro ese día, ni tampoco durante las siguientes semanas.
(8) Finalmente, llamé a la biblioteca para informar que el libro se había perdido.
(9) La bibliotecaria me dijo que el libro había llegando por correo esa mañana.

(B)

(10) ¡Bravo por el personal de la aerolínea que se desplazo una millas más para
que el libro llegara a su dueño! (11) Siguiendo recomendando su aerolínea a amigos,
parientes y asociados.

Sinceramente,

Milan Fajr

---

25. Oraciones 1 y 2: **A menudo viajo utilizando los vuelos de Aerolíneas Expreso Locales Recientemente, he tenido una bonita experiencia que es un ejemplo del excelente servicio que siempre recibo de Aerolíneas Expreso Locales.**

¿Cuál es la mejor manera de escribir la parte subrayada del texto? Si el original representa la mejor manera, escoja la opción (1).

(1) Locales Recientemente,
(2) Locales, recientemente,
(3) Locales. Recientemente,
(4) Locales; Recientemente
(5) Locales recientemente

26. Oración 2: **Recientemente, he tenido una bonita experiencia que es un ejemplo del excelente servicio que siempre recibo de Aerolíneas Expreso Locales.**

¿Qué corrección se debe hacer en la oración 2?

(1) cambiar he tenido por tuve
(2) cambiar es por fue
(3) colocar una coma después de servicio
(4) sustituir siempre recibo por uno siempre recibe
(5) cambiar recibo por he recibido

27. Oración 4: **Sé que no debo viajar con los libros de la biblioteca, pero desafortunadamente, uno lo hace.**

¿Qué corrección se debe hacer en la oración 4?

(1) cambiar sé por sabía
(2) eliminar la coma después de biblioteca
(3) sustituir debo por debía
(4) sustituir biblioteca, pero con biblioteca. Pero
(5) sustituir uno lo hace con lo hice

28. Oración 5: **No me acordé del libro hasta que llegué al transportador de equipajes, donde estaba esperando y se lo dije a una empleada de la recepción de equipajes.**

Si se vuelve a redactar la oración 5 comenzando con Mientras esperaba en el transportador de equipaje, yo la próxima palabra sería:

(1) recuerdo
(2) he recordado
(3) recordé
(4) estuve recordando
(5) había recordado

29. Oración 6: **Ella telefonea a los empleados de la entrada, pidiéndoles que revisaran el avión.**

¿Cuál es la mejor manera de escribir la parte subrayada del texto? Si el original representa la mejor manera, escoja la opción (1).

(1) telefonea
(2) telefoneaba
(3) telefoneó
(4) telefoneará
(5) había telefoneado

30. Oración 7: **Tristemente, ellos no encontraron mi libro ese día, ni tampoco durante las siguientes semanas.**

¿Qué corrección se debe hacer en la oración 7?

(1) eliminar la coma después de Tristemente
(2) cambiar la coma después de día a un punto y coma
(3) cambiar encontraron a encuentran
(4) cambiar siguientes a últimas
(5) no se requiere hacer ninguna corrección

31. Oración 9: **La bibliotecaria me dijo que el libro había llegando por correo esa mañana.**

¿Qué corrección se debe hacer en la oración 9?

(1) sustituir La bibliotecaria por Ellos
(2) cambiar dijo por dice
(3) sustituir el libro por éste
(4) cambiar había llegando por había llegado
(5) no se requiere hacer ninguna corrección

32. Oración 11: **Siguiendo recomendando su aerolínea a amigos, parientes y asociados.**

¿Cuál es la mejor manera de escribir la parte subrayada del texto? Si el original representa la mejor manera, escoja la opción (1).

(1) Siguiendo recomendando
(2) Dejé de recomendar
(3) Seguiré recomendando
(4) Seguido recomendar
(5) Seguí recomendado

La isla de los tiburones

(A)

(1) En el océano Pacífico hay una isla de incomparable belleza llamada Cocos, "La isla de los tiburones". (2) Su abundancia de seres vivos son famosa en todo el mundo. (3) Peces que parecen joyas se encuentran alrededor de la isla, en su coral submarino, mientras cientos de tiburones los han cazado en grupos. (4) Los buzos pueden ver también mantas enormes, pulpos, tortugas verdes y anguilas gigantes.

(B)

(5) Hoy la isla está deshabitada. (6) En una época fue frecuentada por piratas. (7) Mucha gente cree que hay tesoros enterrados en la isla. (8) Se han organizado cientos de expediciones en busca de oro, pero no se ha encontrado nada. (9) El verdadero tesoro de la isla Coco es su balanceado y saludable ecosistema.

(C)

(10) La isla Coco es realmente el pico de un volcán extinguido. (11) Cuando las fuertes corrientes marítimas llegan hasta el volcán, han sido forzados hacia arriba. (12) Estas corrientes, traen agua fría que es rica en vida vegetal y alimento en la superficie. (13) Diminutas plantas y animales, conocidos colectivamente como plancton, crece cuando ellos están expuestos a la luz solar y alimento. (14) El plancton atrae al pez pequeño. (15) El pez pequeño atrae al pez más grande. (16) Finalmente, el pez más grande de la cadena atrae al tiburón que da el nombre a la isla.

33. Oración 1: **En el océano Pacífico hay una isla de incomparable belleza llamada Cocos, "La isla de los tiburones".**

¿Cuál es la mejor manera de escribir la parte subrayada de la oración? Si la redacción original es la mejor, escoja la opción (1).

(1) Cocos, "La
(2) Cocos ",La
(3) Cocos "La
(4) Cocos; "la
(5) cocos, "la

34. Oración 2: **Su abundancia de seres vivos son famosa en todo el mundo.**

¿Cuál es la mejor manera de escribir la parte subrayada de la oración? Si la redacción original es la mejor, escoja la opción (1).

(1) son
(2) es
(3) ha sido
(4) han sido
(5) siendo

35. Oración 3: **Peces que parecen joyas se encuentran alrededor de la isla, en su coral submarino, mientras cientos de tiburones los han cazado en grupos.**

¿Qué corrección se debe hacer en la oración 3?

(1) cambiar alrededor por debajo
(2) sustituir submarino, mientras por submarino. Mientras.
(3) cambiar han cazado por cazando
(4) cambiar han cazado por cazan
(5) no se requiere hacer ninguna corrección

36. Oración 10: **La isla Coco es realmente el pico de un volcán extinguido.**

¿Qué corrección se debe hacer en la oración 10?

(1) añadir una coma después de Coco
(2) cambiar el pico a la base
(3) añadir una coma después de realmente
(4) cambiar extinguido a extinguiendo
(5) no se requiere hacer ninguna corrección

37. Oración 11: **Cuando las fuertes corrientes marítimas llegan hasta el volcán, han sido forzados hacia arriba.**

¿Cuál es la mejor manera de escribir la parte subrayada de la oración? Si la redacción original es la mejor, escoja la opción (1).

(1) han sido
(2) son
(3) estuvieron
(4) estarán
(5) siendo

38. Oración 12: **Estas corrientes, traen agua fría que es rica en vida vegetal y alimento en la superficie.**

¿Qué corrección se debe hacer en la oración 12?

(1) cambiar Estas a Ellas
(2) añadir una coma después de vegetal
(3) eliminar la coma después de corrientes
(4) cambiar traen por siendo traídas
(5) sustituir que por la que

39. Oración 13: **Diminutas plantas y animales, conocidos colectivamente como plancton, crece cuando ellos están expuestos a la luz solar y alimento.**

¿Qué corrección se debe hacer en la oración 13?

(1) cambiar crece por crecen
(2) cambiar ellos están por él está
(3) cambiar están por estando
(4) cambiar expuestos por siendo expuestos
(5) sustituir la luz solar y alimento por ellos

40. Oraciones 14 y 15: **El plancton atrae al pez pequeño. El pez pequeño atrae al pez más grande.**

¿Qué grupo de palabras incluiría el mejor cambio a las oraciones 14 y 15?

(1) pequeño y éste, a su vez, atrae
(2) pequeño y ellos, a su vez, atraen
(3) pequeño y uno, a su vez, atrae
(4) pequeño y estos allí, a su vez, atraen
(5) pequeños y ellos, a su vez, atraen

41. Oración 16: **Finalmente, el pez más grande de la cadena atrae al tiburón que da el nombre a la isla.**

¿Qué corrección se debe hacer en la oración 16?

(1) eliminar la coma después de Finalmente
(2) añadir una coma después de cadena
(3) cambiar tiburón a lo
(4) cambiar la isla a ella
(5) no se requiere hacer ninguna corrección

42. ¿Qué cambio haría más efectivo el párrafo C?

(1) eliminar la oración 11
(2) eliminar la oración 16
(3) trasladar la oración 10 al final del párrafo
(4) combinar las oraciones 12 y 13
(5) no se requiere hacer ningún cambio

Las preguntas 43 a 50 se refieren al siguiente texto.

Un hogar a prueba de niños

(A)

(1) Cada año, millones de niños resultan heridos por los peligros en el hogar. (2) Usted puede ayudar a evitar estos accidentes instalando mecanismos de seguridad para los niños, tales como cerraduras de seguridad, pasadores, verjas y mecanismos antiquemaduras.

(B)

(3) Usted puede instalar cerraduras de seguridad y pasadores en los armarios y gavetas. (4) Con ellos se evita que los niños se tire los cajones a la cabeza. (5) También mantienen los cuchillos y las herramientas afiladas fuera de su alcance. (6) Una cerradura de seguridad o pasador también puede evitar que los niños tengan alcance a los productos de limpieza del hogar o a las medicinas.

(C)

(7) Las verjas de seguridad también ayudan a crear una casa a prueba de niños. (8) Entre las habitaciones, las verjas pueden impedir el paso a los niños a los lugares que no sean seguros para ellos. (9) Las verjas se deben instalar en la parte superior de las escaleras para evitar que los niños caigan. (10) Las verjas que se atornillan a la pared son más seguras que las que se instalan a presión.

(D)

(11) Los mecanismos antiquemaduras regulan la temperatura del agua de su hogar para evitar quemaduras. (12) Un plomero puede instalar estos mecanismos a duchas y plumas. (13) Ponga la temperatura a 120 grados Fahrenheit, que es suficientemente caliente para lavar pero no quema la piel.

(E)

(14) Para obtener información sobre la fiabilidad y el precio de los mecanismos a prueba de niños, pregunte a sus amigos o busque en revistas orientadas al consumidor. (15) Estas revistas tratan temas de seguridad y abarcan desde sistemas de alarmas hasta seguros de responsabilidad. (16) Estos mecanismos de seguridad pueden proporcionarle un nuevo tipo de seguridad en su hogar.

43. Oración 2: **Usted puede ayudar a evitar estos accidentes instalando mecanismos de seguridad para los niños, tales como cerraduras de seguridad, pasadores, verjas y mecanismos antiquemaduras.**

¿Cuál es la mejor manera de escribir la parte subrayada de la oración? Si la redacción original es la mejor, escoja la opción (1).

(1) seguridad, pasadores, verjas y mecanismos
(2) seguridad pasadores verjas y mecanismos
(3) seguridad, pasadores, verjas, y mecanismos
(4) seguridad; pasadores; verjas; y mecanismos
(5) seguridad, pasadores, verjas. Y mecanismos

44. Oración 3: **Usted puede instalar cerraduras de seguridad y pasadores en los armarios y gavetas.**

¿Qué cambio se debe hacer en la oración 3?

(1) sustituir la oración 3 con Las cerraduras de seguridad y los pasadores protegen a los niños de distintas maneras.
(2) sustituir la oración 3 con Instale cerraduras de seguridad y pasadores en las gavetas.
(3) trasladar la oración 3 al final del párrafo A
(4) eliminar la oración 3
(5) no es necesario hacer ningún cambio

45. Oración 4: **Con ellos se evita que los niños se tire los cajones a la cabeza.**

¿Qué cambio se debe hacer a la oración 4?

(1) añadir una coma después de ellos
(2) cambiar evita a evitan
(3) cambiar tire a tiren
(4) cambiar ellos a cerraduras de seguridad y pasadores en los armarios y gavetas
(5) no se requiere hacer ninguna corrección

46. Oración 6: **Una cerradura de seguridad o pasador también puede evitar que los niños tengan alcance a los productos de limpieza del hogar o a las medicinas.**

¿Qué cambio se debe hacer a la oración 6?

(1) añadir una coma después de hogar
(2) cambiar tengan a tienen
(3) cambiar puede a pueden
(4) cambiar los niños a ellos
(5) no se requiere hacer ninguna corrección

47. Oración 8: **Entre las habitaciones, las verjas pueden impedir el paso a los niños a los lugares que no sean seguros para ellos.**

¿Cuál es la mejor manera de escribir la parte subrayada de la oración? Si la redacción original es la mejor, escoja la opción (1).

(1) habían podido impedir
(2) pudieron impedir
(3) podido impedir
(4) impidan
(5) no se requiere hacer ninguna corrección

48. ¿Qué cambio se debe hacer al párrafo C?

(1) eliminar la oración 7
(2) trasladar la oración 7 a continuación de la oración 10
(3) eliminar la oración 9
(4) comenzar un nuevo párrafo con la oración 11
(5) comenzar un nuevo párrafo con la oración 12

49. Oración 14: **Para obtener información sobre la fiabilidad y el precio de los mecanismos a prueba de niños, pregunte a sus amigos o busque en revistas orientadas al consumidor.**

¿Qué cambio se debe hacer a la oración 14?

(1) eliminar la coma después de niños
(2) cambiar niños, pregunte a niños. Pregunte
(3) cambiar obtener a obtiene
(4) cambiar busque a buscar
(5) no se requiere hacer ninguna corrección

50. Oración 15: **Estas revistas tratan temas de seguridad y abarcan desde sistemas de alarmas hasta seguros de responsabilidad.**

¿Qué cambio se debe hacer en la oración 15?

(1) sustituir la oración 15 con De hecho, estas revistas pueden explicarle todo desde los sistemas de alarma hasta los seguros de responsabilidad.
(2) sustituir la oración 15 con Puede conseguir este tipo de revistas en la biblioteca o puede suscribirse a ellas.
(3) trasladar la oración 15 al final del párrafo
(4) eliminar la oración 15
(5) no es necesario hacer ningún cambio

Lenguaje, Redacción

La siguiente tabla le servirá para determinar cuáles son sus puntos fuertes y débiles en las áreas temáticas y destrezas necesarias para aprobar la Prueba de Lenguaje y Redacción de GED. Consulte la sección Respuestas y explicaciones que comienza en la página 861 para verificar las respuestas que haya dado en la Prueba simulada. Luego, en la tabla, encierre en un círculo los números correspondientes a las preguntas de la prueba que haya contestado correctamente. Anote el número total de aciertos por área temática y por destreza al final de cada hilera y columna. Si responde correctamente menos de 50 preguntas, vea el número total de aciertos de cada columna e hilera para determinar cuáles son las áreas y destrezas que más se le dificultan. Use como referencia las páginas señaladas en la tabla para estudiar esas áreas.

Tipo de pregunta / Área temática	Corrección	Revisión	Construcción	Número de aciertos	Números de página
Estructura de las oraciones					**68–95**
Oraciones/Fragmentos	28	15, 49		____/3	68–71
Oraciones compuestas/ Combinar ideas			18, 37	____/2	72–75
Ideas subordinantes Oraciones seguidas/ Separación	23		26, 33	____/3	76–79
por comas	20	5		____/2	80–83
Modificadores	9, 46			____/2	84–86
Estructura paralela	4	6, 45		____/3	87–89
Organización					**96–113**
Estructura de los párrafos/	10, 31		42	____/3	96–99
Unidad y coherencia/ Oraciones temáticas			24, 44	____/2	100–102
División en párrafos			16	____/1	103–105
Transiciones			12	____/1	106–108
Uso					**114–131**
Concordancia entre el sujeto y el verbo	8, 40	25, 34		____/4	114–117
Formas verbales	11	19, 29, 50		____/4	118–120
Tiempos verbales	3, 35	27, 39		____/4	121–123
Pronombres	22, 48	13, 41		____/4	124–127
Mecánica					**132–144**
Uso de mayúsculas	32, 43	14		____/3	132–134
Comas	7, 21	2, 36, 47		____/5	135–137
Ortografía	1, 30, 38	17		____/4	138–141

Para más práctica, vea el libro de Steck-Vaughn *GED Lenguaje, Redacción* y el *Cuaderno de práctica: GED Lenguaje, Redacción*.

LENGUAJE Y REDACCIÓN, PARTE II

Tema e instrucciones para la composición

En el recuadro de la siguiente página aparece el tema que se le ha asignado para la composición y la letra que designa a ese tema.

Escriba su composición SOLAMENTE sobre el tema asignado.

Tiene 45 minutos para redactar su composición sobre el tema que se le ha asignado. Si le sobra tiempo después de haber terminado la composición, puede volver a la sección de preguntas de selección múltiple. No entregue el folleto de la Prueba de redacción hasta que haya terminado la Parte I y la Parte II de la prueba de redacción

Dos personas evaluarán su composición de acuerdo a la efectividad general de su redacción. La evaluación tomará en cuenta los siguientes puntos:

- enfoque de las ideas principales;

- claridad de la organización;

- desarrollo específico de las ideas;

- control de la estructura de las oraciones, puntuación, gramática, vocabulario y ortografía.

RECUERDE QUE DEBE TERMINAR TANTO LA SECCIÓN DE PREGUNTAS DE SELECCIÓN MÚLTIPLE (PARTE I) COMO LA COMPOSICIÓN (PARTE II) PARA QUE SU PRUEBA DE REDACCIÓN SEA CALIFICADA. A fin de no tener que repetir las dos secciones de la prueba, asegúrese de seguir las reglas siguientes:

- No deje hojas en blanco.

- Escriba de manera legible usando <u>tinta</u> para evitar problemas en la evaluación.

- Escriba sobre el tema que se le ha asignado, si no lo hace, su Prueba de Redacción no será calificada.

- Escriba la composición en las hojas con líneas del folleto de respuestas. Sólo se calificará lo que esté escrito en esas líneas.

¿Qué cosas se deben considerar cuando se elige un trabajo, además del tipo de tareas que se deberán realizar?

Escriba una composición en la que describa los factores que influyen en el momento de elegir un trabajo. Explique esos factores.

La Parte II es una prueba para determinar la forma en que usted utiliza el idioma escrito para explicar sus ideas.

Al preparar su composición, siga los siguientes pasos:

- Lea las **INSTRUCCIONES** y el **TEMA** cuidadosamente.
- Haga un plan antes de empezar a redactar. Use el papel de borrador para hacer apuntes. Éstos apuntes se deben entregar, pero no se calificarán.
- Antes de entregar la composición, léala con cuidado y haga los cambios que crea que la pueden mejorar.

Su composición debe ser lo suficientemente larga como para desarrollar el tema adecuadamente.

Cuando termine, vea la página 865 de la sección Respuestas y explicaciones para evaluar su composición.

Adaptado con el permiso del *American Council on Education*.

ESTUDIOS SOCIALES

Instrucciones

La Prueba simulada de Estudios Sociales consta de una serie de preguntas de selección múltiple destinadas a medir conocimientos generales de Estudios Sociales.

Las preguntas se basan en lecturas breves que con frecuencia incluyen un mapa, un gráfico, un cuadro, una tira cómica o un diagrama. Primero estudie la información que se proporciona y luego conteste la pregunta o preguntas que siguen. Al contestar las preguntas, consulte la información dada cuantas veces considere necesario.

Se le darán 70 minutos para contestar las 50 preguntas de esta prueba. Trabaje con cuidado, pero no dedique demasiado tiempo a una sola pregunta. Conteste todas las preguntas. Si no está seguro de una respuesta, responda de manera razonable por eliminación. No se descontarán puntos por respuestas incorrectas.

Registre sus respuestas en la hoja de respuestas separada en la página 917. Asegúrese de incluir toda la información requerida en la hoja de respuestas.

Para marcar sus respuestas, en la hoja de respuestas rellene el círculo con el número de la respuesta que considere correcta para cada una de las preguntas de la prueba.

Ejemplo:

Para asentarse los primeros colonos de América del Norte buscaron lugares que tuvieran suficiente agua y acceso por barco. Por este motivo, muchas de las primeras ciudades fueron construidas cerca de

(1) bosques
(2) praderas
(3) ríos
(4) glaciares
(5) océanos

① ② ● ④ ⑤

La respuesta correcta es ríos; por lo tanto, en la hoja de respuestas debería haber rellenado el círculo con el número 3 adentro.

No apoye la punta del lápiz en la hoja de respuestas mientras piensa en la respuesta. No haga marcas innecesarias en la hoja. Si decide cambiar una respuesta, borre completamente la primera marca. Rellene un solo círculo por cada respuesta: si señala más de un círculo, la respuesta se considerará incorrecta. No doble ni arrugue la hoja de respuestas.

Una vez terminada esta prueba, utilice la Tabla de análisis del desempeño en la página 668 para determinar si está listo para tomar la verdadera Prueba de GED. Si no lo está, use la tabla para identificar las destrezas que debe repasar de nuevo.

Adaptado con el permiso del *American Council on Education*.

Instrucciones: Elija la respuesta que mejor responda a cada pregunta.

Las preguntas 1 a 3 se refieren al párrafo y gráfica siguientes.

La cantidad de dinero con que cuentan los consumidores, las empresas y el gobierno para gastar se conoce como existencia monetaria. Los cambios rápidos en la existencia monetaria pueden provocar problemas económicos, de modo que es importante mantenerla bajo control. Esta responsabilidad se encuentra entre las tareas del Sistema de la Reserva Federal. La gráfica presenta la importancia de la existencia monetaria para rastrear los precios, la producción y la existencia monetaria durante un período de 20 años.

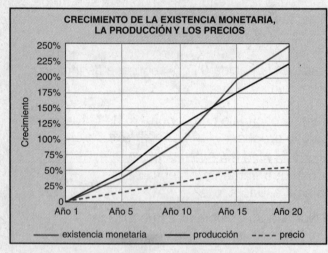

1. Durante los primeros 10 años que se muestran en la gráfica, ¿qué sucedió con los precios cuando se aumentó la cantidad de dinero en la economía?

    (1) Subieron bruscamente.
    (2) Subieron, pero más lentamente de lo que aumentó la existencia monetaria.
    (3) Subieron a la misma velocidad que el aumento en la existencia monetaria.
    (4) Bajaron.
    (5) No cambiaron.

2. Cuando la existencia monetaria crece más rápido que los bienes y servicios que produce la economía, ¿qué sucede con los precios?

    (1) La inflación hace que los precios suban bruscamente.
    (2) Los precios bajan.
    (3) Los precios suben, luego bajan y después vuelven a subir.
    (4) Los precios no se ven afectados por este desarrollo.
    (5) La relación no se puede determinar.

3. ¿Qué conclusión sobre la relación entre existencia monetaria, producción y precios está apoyada por los datos de la gráfica?

    (1) Un aumento en la existencia monetaria provocará una disminución en la producción.
    (2) Un aumento en la producción provocará un aumento en la existencia monetaria.
    (3) Un aumento en los precios provocará una disminución en la producción.
    (4) Una disminución en la producción provocará un aumento en la existencia monetaria.
    (5) No hay información suficiente para determinar la relación.

La pregunta 4 se refiere a la tabla siguiente.

PROMEDIO ANUAL DE INGRESOS PARA OCUPACIONES SELECCIONADAS EN 1890	
Trabajadores agrícolas	$233
Profesores de escuelas públicas	256
Mineros de carbón de piedra	406
Empleados de las fábricas	439
Empleados del tranvía	557
Empleados de los ferrocarriles de vapor	560
Empleados de gas y electricidad	687
Pastores	794
Empleados en las fábricas de manufactura y ferrocarriles de vapor	848
Empleados postales	878

4. De acuerdo con la tabla, ¿cuál fue una de las razones probables por la que la gente se trasladó de las zonas rurales de Estados Unidos a las ciudades en 1890?

    (1) Los ferrocarriles no llegaban al campo.
    (2) Había poca necesidad de granjeros.
    (3) Los sueldos en la ciudad eran mejores.
    (4) Los maestros de escuelas eran más necesarios en las ciudades.
    (5) Había muchos trabajos disponibles en el gobierno.

La pregunta 5 se refiere al siguiente texto.

Cristóbal Colón creía que podía llegar a las Indias (nombre que daban los europeos a las tierras de Asia Oriental) navegando hacia el oeste por el Océano Pacífico. Persuadió al rey y la reina de España para que financiaran dicho viaje.

El 12 de octubre de 1492, luego de varias semanas en el mar, Colón llegó a una isla en lo que hoy son las Bahamas; la reclamó para España y la bautizó como San Salvador. Como estaba seguro de haber llegado a las Indias, llamó "indios" a los nativos que lo recibieron. Antes de volver a España, formó una colonia en otra isla que denominó La Española.

Cuando volvió Colón a La Española en 1493, descubrió que la colonia había sido destruida. Fundó otra colonia en las cercanías y partió en búsqueda de China y Japón. Mientras estaba ausente, los nativos se sublevaron contra las continuas exigencias de oro y alimentos por parte de los colonizadores. Estos últimos también lucharon por las tierras y el trabajo de los indios americanos. Algunos volvieron a España y se quejaron de Colón. A partir de ese momento, se vio empañada su reputación. Se le hizo más difícil recaudar fondos y gente para sus viajes, aunque pudo volver a América dos veces más antes de morir en 1506, creyendo aún que había llegado a Asia.

Muchos lo tenían a Colón como héroe por sus viajes. Sin embargo, algunas personas veían en sus actividades el comienzo de la destrucción del pueblo y la cultura de los indios americanos. Sin importar la opinión que se tenga, es evidente que los viajes de Colón marcaron un momento decisivo en la historia.

5. ¿Qué título resume mejor la idea principal de este texto?

(1) Conflicto en las Américas
(2) Origen del término "indio"
(3) Cristóbal Colón y su obra
(4) La búsqueda de China y Japón
(5) La exploración española de América

La pregunta 6 se refiere al siguiente texto.

Durante el siglo XIV, muchos comerciantes italianos se enriquecieron vendiendo mercaderías asiáticas en Europa. Con el tiempo libre que otorgaba la nueva riqueza, los comerciantes se interesaron en el arte y la cultura de sus antepasados. Esta curiosidad inspiró el Renacimiento, un período de 300 años donde hubo avances en el Arte, la Literatura y la Ciencia por toda Europa. Los eruditos italianos llamados humanistas estudiaron los antiguos escritos romanos y griegos, y aplicaron las ideas de esos escritos a su propio mundo.

El humanismo enseñaba que la participación en las artes era parte importante de la vida. Por lo tanto, los comerciantes adinerados comenzaron a apoyar económicamente a los artistas. Esta ayuda hizo posible que los escultores y pintores italianos como Leonado da Vinci y Miguel Ángel crearan sus obras maestras.

La Literatura y la enseñanza se fomentaron cuando el impresor alemán Johann Gutenberg perfeccionó la imprenta en el año 1455. La imprenta hizo más fácil la producción de libros, con lo que aumentaron en cantidades. Este invento ayudó a que las ideas del Renacimiento se extendieran por toda Europa.

6. ¿Qué acontecimiento moderno ha tenido las repercusiones más parecidas a las que tuvo la imprenta en el siglo XV?

(1) la popularidad del arte de la caricatura
(2) la invención del grabador de vídeo
(3) la creación de Internet
(4) el número creciente de centros comerciales
(5) la interpretación de la música renacentista

La pregunta 7 se refiere al pasaje y fotografía siguientes.

El siglo XX fue una época de gran tensión mundial. Se suponía que la Primera Guerra Mundial, que duró de 1914 a 1918, era "la guerra que terminaría con todas las guerras". Pronto la siguió la devastación aún mayor de la Segunda Guerra Mundial, que se extendió de 1939 a 1945. Durante gran parte del resto del siglo, la gente estaba preocupada por el posible exterminio nuclear, pues Estados Unidos y la Unión Soviética se enfrentaron en la Guerra Fría.

Con el fin de la Segunda Guerra Mundial terminó también la cooperación forzada entre Estados Unidos y la Unión Soviética, que habían sido aliados de guerra. Pronto el mundo se dividió en tres. Estados Unidos se hizo líder de los países occidentales, que incluían las principales democracias, como Gran Bretaña, Francia y sus aliados. La Unión Soviética surgió como líder del bloque comunista, que incluía a sus países satélite en Europa del Este, China y Corea del Norte. La mayor parte del resto del mundo formó un tercer grupo de países no alineados.

A principios de la década de 1980, parecía que la Guerra Fría entre la Unión Soviética y Occidente no terminaría nunca; pero alrededor del año 1989 empezó a debilitarse el control político de los soviéticos. En ninguna parte fueron tan dramáticos estos acontecimientos como en Berlín, ciudad rodeada por Alemania Oriental. Desde 1961, los habitantes de Berlín Oriental habían estado separados de Berlín Occidental por el Muro que erigiera el gobierno de Alemania Oriental.

En la medianoche del 9 de noviembre de 1989, miles de alemanes tomaron por asalto el muro que separaba Berlín Oriental y Occidental. Los berlineses orientales despedazaron el Muro de Berlín, dando rienda suelta a su ira por las décadas de opresión. Al mismo tiempo, los berlineses occidentales pulverizaron las tensiones originadas por el temor de que algún día también ellos pudieran perder su libertad. En la mañana siguiente, el símbolo más conocido en el mundo que representaba las millones de personas que carecían de derechos humanos, se venía abajo.

Mientras las cámaras de televisión registraban ese momento histórico, la destrucción del Muro de Berlín marcó el fin de la Guerra Fría y de la amenaza del comunismo a nivel mundial.

7. ¿Por qué los berlineses occidentales temían y odiaban el Muro de Berlín tanto como los berlineses orientales?

(1) No les permitía viajar a Berlín Oriental.
(2) El muro no era sólido y representaba un peligro para la gente.
(3) Temían que el comunismo se expandiera a Berlín Occidental.
(4) El muro impedía el comercio en Berlín Occidental.
(5) El muro dividia Alemania en Berlín Oriental comunista y Berlín Occidental capitalista.

La pregunta 8 se refiere al siguiente texto.

En cada forma básica de gobierno pueden surgir líderes especiales. Estos líderes tienen una rara cualidad que se conoce como "carisma", es decir, la capacidad de despertar devoción y entusiasmo extremos entre sus seguidores. La fuerza de sus personalidades basta para inspirar a naciones completas a seguir su ejemplo. En ocasiones, se forman movimientos revolucionarios alrededor de personajes carismáticos que parecen representar o simbolizar los principios y las ideas que ellos defienden.

Dos de los líderes carismáticos más famosos de la historia han sido la visionaria Juana de Arco y, más tarde, el gran soberano y líder militar francés Napoleón Bonaparte. Más recientemente, ha habido personajes carismáticos notables como el dictador nazi Adolf Hitler, el brillante Mohandas Gandhi en la India, Mao Zedong en China, Winston Churchill en Gran Bretaña y Fidel Castro en Cuba.

La naturaleza de la democracia estadounidense dificulta el desarrollo de dichos personajes populares y poderosos. Sin embargo, entre los líderes estadounidenses cuya personalidad e ideas inspiraron a un gran número de devotos seguidores se incluyen Franklin D. Roosevelt, John F. Kennedy y Ronald Reagan.

8. ¿Cuál de las siguientes es una opinión que se expresa o sugiere en este texto?

(1) Juana de Arco afirmaba tener visiones.
(2) Ronald Reagan fue un presidente popular.
(3) Adolf Hitler era nazi.
(4) Mohandas Gandhi era una persona brillante.
(5) Fidel Castro es un dictador.

La pregunta 9 se refiere a la siguiente caricatura.

"Hoy el mercado apenas se mueve . . ."

Dan Carpenter © Cartoon Stock

9. ¿Qué supone el creador de esta caricatura que los lectores saben acerca del "mercado"?

(1) Que es un almacén.
(2) Que es el mercado de valores.
(3) Que se refiere a recursos naturales.
(4) Que se refiere a una promoción publicitaria.
(5) Que se refiere a la propiedad hereditaria.

La pregunta 10 se refiere al siguiente documento histórico.

Pasaje de la *Declaración de Independencia*.

"Sostenemos que estas verdades son evidentes por sí mismas: que todos los hombres han sido creados iguales, que ellos están dotados por su Creador de ciertos derechos inalienables, que entre estos están la vida, la libertad y la búsqueda de la felicidad. Que, para asegurar estos derechos, los gobiernos son instituidos por los hombres, derivando sus justos poderes del consentimiento de los gobernados; que siempre que cualquier forma de gobierno se vuelve destructiva de estos fines, es derecho del pueblo… instituir un nuevo gobierno… La historia del actual Rey de Gran Bretaña es una historia de repetidos agravios…

Él nos ha… sometido a una jurisdicción extranjera a nuestra constitución y desconocida por nuestras leyes… acuartelando grandes cantidades de tropas armadas entre nosotros… exigiéndonos impuestos sin nuestro consentimiento… privándonos, en muchos casos, de los beneficios de un juicio por un Jurado;… suspendiendo nuestros propios poderes legislativos y declarándose a sí mismos [Parlamento] investidos del poder para legislar por nosotros en cualquiera y todos los casos".

10. ¿Qué oración resume mejor el primer párrafo del documento histórico?

(1) Todos deben ser tratados con igualdad.
(2) El Creador otorga el derecho a rebelarse.
(3) Los pueblos estarían mejor sin ningún gobierno.
(4) Los hombres constituyen los gobiernos.
(5) Los gobiernos que no protegen los derechos del pueblo deben ser reemplazados.

La pregunta 11 se refiere a la reproducción de la siguiente pintura.

Colección Granger, Nueva York

11. En 1783, el Tratado de París, firmado por Estados Unidos y Gran Bretaña, terminó con la Guerra de Independencia. La delegación británica se negó a posar para la pintura que sellaba la redacción de este tratado. ¿Qué conclusiones puede sacar sobre este gesto de los británicos?

(1) Ellos no participaron en la redacción del tratado.
(2) No estaban contentos con este tratado.
(3) No firmaron el tratado.
(4) No les agradaban los estadounidenses.
(5) No les agradaba el pintor.

Las preguntas 12 a 14 se refieren al párrafo y tabla siguientes.

Durante los últimos años, los gobiernos estatales han recurrido a la lotería como fuente de ingresos adicionales. New Hampshire lanzó la primera de las loterías estatales modernas en 1964. Desde entonces, 36 estados adicionales y el distrito de Columbia han comenzado a administrar loterías. Muchos funcionarios estatales ven la lotería como una alternativa preferible al aumento de los impuestos.

Los diez estados que más ingresos fiscales obtuvieron con la lotería en 1997		
Estado	Ingresos fiscales por la venta de boletos (en millones de dólares)	Utilidades netas con premios y gastos (en millones de dólares)
Nueva York	$3,644	$1,531
Texas	3,385	1,174
Massachusetts	3,002	696
Ohio	2,445	1,046
Florida	1,965	819
California	1,930	722
Pensilvania	1,611	683
Nueva Jersey	1,502	663
Michigan	1,487	586
Illinois	1,462	572

Fuente: U.S. Bureau of the Census

12. ¿Cuánto dinero proporcionó la lotería de California en 1997 para financiar otras operaciones y programas del estado?

(1) $ 722,000
(2) $ 1,930,000
(3) $ 7,220,000
(4) $ 722,000,000
(5) $1,930,000,000

13. ¿Cuál de los siguientes enunciados está apoyado por la información que se brinda sobre las loterías?

(1) Las loterías proporcionan suficientes ingresos fiscales para los estados que las utilizan.
(2) Las loterías pueden suministrar millones de dólares en ingresos fiscales a algunos estados.
(3) Diez estados administran loterías legales.
(4) Nueva York tiene el mejor sistema de lotería de todo el país.
(5) Ahora los estados sólo dependen de las loterías para obtener sus ingresos fiscales.

14. ¿Cuál de estas loterías es la menos eficiente en la generación de ingresos para el estado?

(1) Massachusetts
(2) Pensilvania
(3) Nueva Jersey
(4) Michigan
(5) Illinois

La pregunta 15 se refiere al texto y tabla siguientes.

En el sistema de gobierno y de política estadounidense existen varios derechos que se consideran básicos para la libertad individual y el ejercicio de la democracia. Algunos de estos derechos se explican con detalle en la Constitución. Otros simplemente son valores que comparte la mayoría del pueblo estadounidense. En la siguiente tabla se describen los cinco derechos por la mayor parte de los estadounidenses considerados como fundamentales.

Los cinco derechos fundamentales
La libertad de expresión
La Primera Enmienda establece que "el Congreso no elaborará ninguna ley . . . que reduzca la libertad de expresión". Los temas de libertad de expresión suelen relacionarse con la expresión de las personas.
La libertad de prensa
La Primera Enmienda prohíbe al Congreso "reducir la libertad . . . de la prensa". Los temas de la libertad de prensa suelen relacionarse con la expresión de los medios de información, como periódicos y programas de noticias de la televisión.
La libertad de asociación
Aun cuando no se garantiza explícitamente la libertad de asociación, La Corte Suprema ha sostenido que el derecho a asociarse es el resultado de las libertades de expresión y reunión.
La libertad religiosa
La Primera Enmienda afirma que "el Congreso no elaborará ninguna ley con respecto al establecimiento de una religión o que prohíba la libre práctica de una religión".
Igual protección ante las leyes
Igualdad ante la ley significa que la ley se aplica a todos de la misma forma a menos que exista un motivo claro para hacer una distinción (tal como una ley que establece una edad mínima para trabajar). Este derecho está protegido por la Cuarta Enmienda.

15. Durante los últimos años se ha generado una polémica con respecto a si se debe permitir rezar en las escuelas públicas. ¿A qué derecho podrían recurrir ambas partes para buscar apoyo en esta disputa?

    (1) la libertad de expresión
    (2) la libertad de prensa
    (3) la libertad de asociación
    (4) la libertad religiosa
    (5) igualdad de protección ante las leyes

La pregunta 16 se refiere a la siguiente tabla.

Tasa de desempleo de la fuerza laboral de 1929 a 1943 y de 1986 a 2000			
Año	**Desempleo**	**Año**	**Desempleo**
1929	3.2	1986	7.0
1931	15.9	1988	5.5
1933	24.9	1990	5.6
1935	20.1	1992	7.5
1937	14.3	1994	6.1
1939	17.2	1996	5.4
1941	9.9	1998	4.5
1943	1.9	2000	4.1

Fuente: U.S. Department of Commerce

16. Los salarios de los trabajadores eran más altos en 1929 que en 1939. ¿Qué principio de la economía se sugiere en la tabla como responsable de esta diferencia en los salarios?

    (1) la relación entre la oferta y la demanda
    (2) el funcionamiento del sistema de trueque
    (3) las fuerzas de la inflación
    (4) el logro de un equilibrio
    (5) el funcionamiento de la economía monetaria

17. "Para que la democracia funcione, los votantes deben informarse antes de tomar una decisión". De acuerdo con esta opinión, ¿cuál de los siguientes debería ser más valorado en una democracia?

    (1) la tradición
    (2) la riqueza
    (3) la buena vecindad
    (4) la individualidad
    (5) la educación

Prueba simulada • Estudios sociales

Marco Polo se convirtió en un explorador del mundo a la edad de 17 años. En 1271, partió hacia China con su padre y su tío, que eran comerciantes venecianos. Después de tres años de viajar a través de Asia Central en barco y en camello, llegaron a Shang-tu al palacio de verano de Kubilai Kan, el emperador mongol de China. Marco Polo se convirtió enseguida en el favorito del Kan y durante 17 años viajó por toda China como su representante.

Finalizado este período, los tres estaban listos para regresar a casa. En un principio, el emperador no deseaba que se fueran. Pero en 1292, accedió y permitió su partida por lo que zarparon a Persia. Desde allí, estaban listos para llegar a Venecia en 1295, 24 años después.

Poco después de su llegada a Italia, Marco Polo contó su experiencia en detalle a un escritor. El libro que resultó se conoce en la actualidad como *Los viajes de Marco Polo*. Por más de 300 años, fue la única descripción publicada sobre el Lejano Oriente que había en Europa.

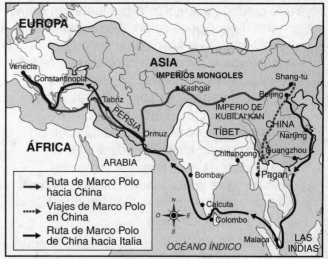

LOS VIAJES DE MARCO POLO, DE 1271 A 1295

18. ¿Por qué Kubilai Kan no quería que los Polos regresaran a Italia?

(1) Temía que fueran espías.
(2) No quería que Marco Polo publicara su libro.
(3) Temía por la seguridad de ellos.
(4) Pensaba que el viaje de regreso duraría mucho tiempo.
(5) No quería perder a su representante de confianza, Marco Polo.

19. ¿Qué suposición implícita se sugiere sobre Marco Polo y Kubilai Kan?

(1) Kubilai Kan temía a Marco Polo.
(2) Les gustaba viajar juntos.
(3) Kubilai Kan admiraba y confiaba en Marco Polo.
(4) Marco Polo temía a Kubilai Kan.
(5) Los Kan ayudaron a Marco Polo a escribir su libro.

20. El viaje de Marco Polo a China duró tres años, y su regreso también. ¿Cuál información del mapa apoya la idea de que les tomó menos tiempo el viaje de regreso?

(1) En el viaje a China cruzaron Persia.
(2) El viaje de regreso fue una ruta más directa que el viaje a China.
(3) El viaje a China cubrió más distancia que el viaje de regreso.
(4) El viaje de regreso requirió que cruzaran el Tíbet.
(5) El viaje de regreso fue principalmente por mar, mientras que el viaje a China fue principalmente por tierra.

21. Los periódicos desempeñaron un papel importante para lograr que la Constitución fuera ratificada, o sea, aprobada. A pesar de que algunos escritores argumentaban en contra de la Constitución, Alexander Hamilton, James Madison y John Jay escribieron acaloradas editoriales en favor de ella. Estas editoriales convencieron a muchas personas de apoyar la ratificación de la Constitución. Estos ensayos se hicieron famosos y fueron recopilados en un libro que se titula *El Federalista*.

¿Qué valor es el que refleja en forma más cercana la publicación de editoriales a favor y en contra de la Constitución?

(1) el amor al lenguaje
(2) el deseo de innovar
(3) el deseo de objetividad en las noticias
(4) el respeto por el debate abierto
(5) el deseo de conformidad

La pregunta 22 se refiere a la tabla siguiente.

RATIFICACIÓN DE LA CONSTITUCIÓN		
Estado	Voto de la asamblea	Mes en que fue ratificada
Delaware	30–0	diciembre de 1787
Pensilvania	46–23	diciembre de 1787
Nueva Jersey	38–0	diciembre de 1787
Georgia	26–0	enero de 1788
Connecticut	128–40	enero de 1788
Massachusetts	187–168	febrero de 1788
Maryland	63–11	abril de 1788
Carolina del Sur	149–73	mayo de 1788
New Hampshire	57–47	junio de 1788
Virginia	89–79	junio de 1788
Nueva York	30–27	julio de 1788
Carolina del Norte	194–77	noviembre de 1789
Rhode Island	34–32	mayo de 1790

22. ¿Qué conclusión puede usted sacar de la tabla acerca de la ratificación de la Constitución?

(1) Delaware y Pensilvania fueron los primeros estados en ratificar la Constitución.
(2) En Nueva Jersey, todos los delegados votaron a favor de la Constitución.
(3) En Nueva York, la Constitución fue aprobada solamente por tres votos.
(4) En los primeros cinco estados, la ratificación fue difícil; sin embargo, en los últimos ocho fue fácil.

(5) En los primeros cinco estados, la ratificación fue fácil; sin embargo, en los últimos ocho fue difícil.

Las preguntas 23 y 24 se refieren al siguiente texto.

A principios del siglo IX, una sucesión de clanes poderosos lograron el control del gobierno de Japón. El emperador siguió siendo el gobernante simbólico; sin embargo, los miembros del clan dominante de turno ocupaban importantes cargos en el gobierno. El miembro de la familia que encabezaba el clan era el verdadero dirigente del Japón.

La familia Fujiwara controló el gobierno desde el año 857 al 1160. Cuando otros dos clanes desafiaron su poder, estalló una larga guerra civil. En el año 1192, el emperador nombró al jefe del clan victorioso shogún o gobernante militar de Japón. Era un título hereditario, pero al fallecer un shogún, lo que seguía, por lo general, era una lucha por el poder. Debido a estas rivalidades, la autoridad del gobierno rara vez se extendía más allá de la ciudad natal del shogún.

Desde el siglo XV al siglo XVI, el poder real en Japón estaba en manos de poderosos terratenientes llamados daimyos. Cada daimyo contrataba guerreros profesionales llamados samurai para proteger sus tierras y a los campesinos que trabajaban en sus campos. Cuando Tokugawa Ieyasu se convirtió en shogún en el año 1600, el gobierno comenzó a reestablecer el control sobre los daimyos. Los shogunes Tokugawa reinaron por más de 250 años. En 1868, con el derrocamiento del último shogún y la restitución del poder del emperador, nació la moderna nación de Japón.

23. ¿A qué personaje europeo se asemeja más un samurai?

(1) comerciantes   (4) caballeros
(2) nobles   (5) siervos
(3) reyes

24. ¿Cuál de las siguientes conclusiones está mejor apoyada por la información del texto?

(1) Los emperadores japoneses tenían gran poder.
(2) Los Tokugawa se convirtieron en emperadores de Japón.
(3) En Japón existió un sistema similar al feudalismo europeo.
(4) Japón no tuvo emperador durante mil años.
(5) Los daimyos aún mantienen el control.

Las preguntas 25 y 26 se refieren al siguiente texto.

A medida que los colonos se desplazaban hacia el oeste a mediados del siglo XIX, surgía la necesidad de caminos, canales y vías férreas para que las granjas y pueblos que construían pudieran prosperar. Al mismo tiempo, la nación se tornaba más industrializada. Todo esto creó una gran necesidad de mano de obra. Como resultado, Estados Unidos experimentó una gran ola de inmigración. Entre 1830 y 1880 llegaron más de diez millones de personas. La mayoría de ellos eran irlandeses, alemanes, ingleses o escandinavos.

Para desarrollar la región al oeste del río Mississippi, el congreso aprobó el Acta de Ferrocarriles del Pacífico en 1862. El gobierno donó terrenos públicos a las empresas Union Pacific Railroad y Central Pacific Railroad. Como retribución, las empresas acordaron construir una vía férrea al Océano Pacífico. La venta de algunas de sus tierras a los colonos ayudó a las empresas a financiar la construcción de la vía férrea.

Cada empresa contrató miles de trabajadores para ese trabajo agotador y a menudo peligroso. La mayoría de los 10,000 trabajadores de Union Pacific eran inmigrantes irlandeses. La fuerza de trabajo mayor de Central Pacific se componía sobre todo de trabajadores chinos. Algunos de estos chinos habían llegado a California durante la fiebre del oro de 1849, pero la mayoría fueron contratados en China y llevados a Estados Unidos específicamente para trabajar en la vía férrea.

Union Pacific empezó en Omaha, Nebraska y comenzó a instalar rieles hacia el oeste. Central Pacific empezó en Sacramento, California y comenzó a instalar rieles hacia el este. Debido a que las donaciones de tierras del gobierno se basaban en el avance del proyecto, cada empresa quería ser la que colocara más rieles. Luego de un esfuerzo de siete años, ambas vías se encontraron en Promontory, Utah. El 10 de mayo de 1869, mientras una multitud de políticos, trabajadores y funcionarios del ferrocarril daban vivas, el presidente de Central Pacific colocó un clavo de oro para conectar los rieles y completar la primera vía férrea transcontinental de la nación.

25 ¿Cuál valor sugiere el texto que más ayudó a los inmigrantes a tener éxito en Estados Unidos?

(1) sus ganas de trabajar duro
(2) su profunda fe religiosa
(3) su deseo de libertad personal
(4) su entusiasmo por participar en un gobierno democrático
(5) su respeto por la cultura y las tradiciones de sus países de origen

26. ¿Cuál ley era la más parecida al Acta de Ferrocarriles del Pacífico de 1862?

(1) la ley de Derechos Civiles de 1866, que otorgó la ciudadanía a todos aquellos nacidos en Estados Unidos
(2) la ley de Exclusión China de 1882, que prohibió la inmigración de los trabajadores chinos
(3) la ley de Comercio Interestatal de 1887, que creó una institución gubernamental para supervisar los ferrocarriles
(4) la ley de Carreteras de 1956, que autorizó la construcción de un sistema de carreteras interestatales
(5) la ley de Inmigración de 1990, que aumentó la cantidad de inmigrantes permitida en Estados Unidos

La pregunta 27 se refiere al siguiente mapa.

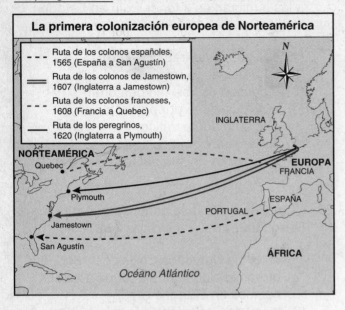

La primera colonización europea de Norteamérica

- - - Ruta de los colonos españoles, 1565 (España a San Agustín)
===== Ruta de los colonos de Jamestown, 1607 (Inglaterra a Jamestown)
- - - Ruta de los colonos franceses, 1608 (Francia a Quebec)
——— Ruta de los peregrinos, 1620 (Inglaterra a Plymouth)

Océano Atlántico

27. ¿Cuál de las siguientes conclusiones se apoya por la información del mapa?

(1) Los colonos españoles se instalaron en lo que ahora conocemos como el sur de Estados Unidos a fines del siglo XVI.

(2) Los colonos ingleses fundaron Jamestown.

(3) Los colonos franceses formaron asentamientos en lo que ahora es Canadá a principios del siglo XVII.

(4) Francia, Inglaterra y España fueron los principales colonizadores del este norteamericano.

(5) Portugal fue el principal colonizador europeo del este de Sudamérica.

La pregunta 28 se refiere al siguiente párrafo.

El objetivo principal de un grupo de intereses especiales es promover los intereses de sus miembros. Uno de los métodos utilizados por estos grupos para lograr sus metas es practicar lo que se llama "hacer presión". Esto significa tratar de convencer a los dirigentes del gobierno para que apoyen o estén a favor de ciertas causas. Muchos grupos de intereses especiales emplean a miembros de grupos de presión pagados. Estos profesionales trabajan en todos los niveles del gobierno en todo el país.

28. ¿Cuál de las siguientes acciones se puede considerar como hacer presión?

(1) un presentador de noticias en la televisión que informa sobre las actividades de los funcionarios del gobierno

(2) escribir una carta a un funcionario del gobierno que presenta su posición sobre un tema que genera polémicas

(3) escribir una carta al editor de un periódico local sobre un tema que genera polémicas

(4) un editor de un periódico que escribe una columna y que adopta una posición sobre un tema que genera polémicas

(5) unirse a un grupo de intereses especiales

29. En 1964, el Congreso creó Medicare, un programa que entrega un seguro de salud del gobierno a los estadounidenses de edad avanzada. Actualmente, la salud financiera de este programa se ha deteriorado y ya no hay fondos suficientes para garantizar una atención adecuada para las personas que calificarían en el futuro.

¿Cuál de los siguientes es el motivo de la crisis financiera de Medicare?

(1) Los dirigentes del gobierno no se preocupan por la salud del pueblo estadounidense.

(2) La cantidad de ciudadanos de edad avanzada ha disminuido rápidamente.

(3) Ha habido un aumento repentino en la cantidad de personas de edad avanzada.

(4) Los estadounidenses son más sanos, ya que se están haciendo controles médicos todos los años.

(5) Los estadounidenses no pueden confiar en los programas del gobierno.

Las preguntas 30 a 32 se refieren a la siguiente caricatura.

NON SEQUITUR   por WILEY

CUIDADO: FIN DE LA ZONA DE LIBRE EMPRESA

SERVICIO DE RENTAS INTERNAS

DEPÓSITOS NOCTURNOS
OJO IZQUIERDO   OJO DERECHO

30. ¿Qué hecho supone el caricaturista que usted ya conoce para poder entender la caricatura?

(1) El gobierno federal ayuda a las empresas estadounidenses.
(2) El Servicio de Rentas Internas recauda los impuestos de las personas y las empresas.
(3) El Servicio de Rentas Internas recibe muy bien a los contribuyentes que hacen preguntas.
(4) El Servicio de Rentas Internas está tratando de evitar que las empresas construyan fábricas en el extranjero.
(5) La mayoría de las empresas estadounidenses no generan ganancias.

31. ¿Cuál es el mensaje principal de la caricatura?

(1) Los líderes empresariales estadounidenses deberían mirar por donde caminan.
(2) Una mayor cantidad de estadounidenses debería iniciar sus propias empresas.
(3) La mayoría de las personas dedicadas a los negocios son corruptas y el gobierno debe vigilarlas atentamente.
(4) Los recaudadores de impuestos deberían utilizar todos los métodos posibles para conseguir que los empresarios paguen sus impuestos.
(5) Las leyes fiscales federales hacen difícil administrar con éxito una empresa en Estados Unidos.

32. ¿Cuál de las siguientes es una opinión con la que el caricaturista está en desacuerdo?

(1) Estados Unidos tiene un sistema de libre empresa.
(2) Algunas empresas tienen altos ingresos.
(3) El Servicio de Rentas Internas es justo en sus tratos.
(4) Los impuestos a las empresas son demasiado altos.
(5) Las empresas que generan ganancias deberían pagar impuestos.

Las preguntas 33 y 34 se refieren al texto y aviso del periódico siguientes.

Los gobiernos tienen cinco funciones fundamentales en un sistema social. Primero, el gobierno representa a la gente de una sociedad en el trato con otros gobiernos. Segundo, el gobierno tiene la responsabilidad de crear leyes y hacerlas cumplir. Las leyes de una sociedad reflejan el modo general en que se espera que la gente se comporte. Por ejemplo, una ley contra el hurto significa que robar se considera como un comportamiento inaceptable en esa sociedad. Tercero, el gobierno protege a la sociedad de peligros y amenazas que provengan del interior o del exterior de la nación. Cuarto, el gobierno calma las disputas por conflictos de intereses dentro de una sociedad. Establece sistemas (como los tribunales) y procesos (como las elecciones) que ayudan a resolver las diferencias y a promover métodos sistemáticos para la toma de decisiones. Finalmente, el gobierno coordina y desarrolla metas para la sociedad y las lleva a cabo. En una democracia, muchas de estas metas provienen de grupos en la sociedad. A veces no es posible que la gente logre estas metas por sí sola, de modo que se le pide ayuda al gobierno. El siguiente aviso es un ejemplo de este proceso.

AUMENTEMOS LA EDAD LEGAL PARA CONDUCIR A 21

Patrocinado por

Ciudadanos por calles y autopistas seguras

- **Los estudios muestran que los conductores adolescentes tienen una alta tasa de accidentes.**

- **Los conductores adolescentes son imprudentes y descuidados.**

- **Aumentar la edad legal para conducir terminará con el exceso de velocidad en nuestras calles y autopistas.**

PIDA A SU LEGISLADOR ESTATAL QUE APOYE ESTA PROPUESTA.

33. ¿Cuál de los siguientes enunciados es una opinión que se relaciona con el texto y aviso del periódico.

(1) Los gobiernos tienen cinco funciones fundamentales en un sistema social.
(2) Las metas de una sociedad son desarrolladas y coordinadas por el gobierno.
(3) El hurto es aceptable en algunas situaciones.
(4) El gobierno tiene la responsabilidad de crear las leyes y hacer que se cumplan.
(5) Las leyes reflejan las normas de conducta.

34. ¿Cuál de los siguientes enunciados es una opinión que sostiene el patrocinador del aviso?

(1) Los conductores adolescentes tienen una gran cantidad de accidentes.
(2) Los conductores adolescentes son peligrosos y constituyen una amenaza en las autopistas.
(3) La edad legal para conducir no es de 21 años.
(4) Los patrocinadores quieren que los lectores se pongan en contacto con su legislador para que apoye la propuesta.
(5) La organización Ciudadanos por calles y autopistas seguras patrocinó el aviso.

Las preguntas 35 a 37 se refieren al siguiente párrafo.

La amplia variedad de características geográficas en Estados Unidos ofrece muchas alternativas de hermosos lugares para ir de vacaciones. Un viaje a Vermont puede satisfacer a una persona que desea aire fresco y blancas laderas para esquiar o para pasear. Para los amantes de la naturaleza que prefieren montañas redondeadas con flores silvestres, buena pesca y el aroma de los pinos, las organizaciones de las tribus apaches le permiten acampar en las Montañas Blancas de Arizona. Los amantes del sol preferirán ir a las arenosas playas en el sur de California o en Florida. Los Cerros Negros de Dakota de Sur están llenos de cuevas que resplandecen con los depósitos minerales que atrajeron a los estadounidenses de origen europeo a la región para buscar fortuna. Los aventureros modernos pueden viajar corriente abajo por los rápidos del río Colorado. Y para los excursionistas hay un largo recorrido hacia el fondo del Gran Cañón.

35. ¿Cuál enunciado resume mejor este párrafo?

(1) Los variados parajes de Estados Unidos ofrecen vacaciones de todo tipo.
(2) Uno puede divertirse mucho si va de vacaciones al río Colorado y al Gran Cañón.
(3) Las playas y líneas costeras son características geográficas.
(4) Se puede ir de vacaciones a las montañas en cualquier momento del año.
(5) Se recomiendan las vacaciones en la playa más que en cualquier otro lugar.

36. De acuerdo con el texto, ¿cuáles lugares para ir de vacaciones tienen la geografía más parecida?

(1) las playas de Florida y Vermont
(2) los Cerros Negros y el Gran Cañón
(3) Vermont y la Montaña Blanca en Arizona
(4) el río Colorado y las playas de California
(5) el Gran Cañón y las playas de Florida

37. ¿Cuál de los siguientes enunciados establece un hecho?

(1) Bajar por los rápidos en balsa es muy divertido.
(2) Las vacaciones al aire libre son las que se disfrutan más.
(3) Las mejores playas de Estados Unidos se encuentran en Florida y California.
(4) El esquí es un deporte peligroso y costoso.
(5) Ir de campamento generalmente es más barato que alojarse en un hotel.

La pregunta 38 se refiere a la siguiente tabla.

PROMEDIO DE VIDA AL NACER EN 1999		
País	Hombres	Mujeres
Estados Unidos	73	80
Brasil	59	69
Suecia	77	82
Japón	77	83
Egipto	60	64

Fuente: The CIA World Fact Book

38. ¿Cuál de las siguientes conclusiones está apoyada por la tabla?

(1) Los estadounidenses tienen el mayor promedio de vida del mundo.
(2) Los hombres estadounidenses viven más que los hombres japoneses.
(3) Las mujeres tienen tendencia a vivir más que los hombres.
(4) El clima afecta el promedio de vida.
(5) Brasil tiene el mayor promedio de vida en Sudamérica.

Las preguntas 39 a 42 se refieren a la siguiente caricatura.

"Pensamos negociar toda la noche hasta que lleguemos a un acuerdo".

The Wall Street Journal, Cartoon Features Syndicate.

39. ¿Cuál es la idea principal de esta caricatura?

(1) Las negociaciones colectivas son un proceso largo, difícil y exhaustivo.
(2) Los patrones siempre mienten a los medios de comunicación para hacer parecer que negocian con vehemencia.
(3) Los sindicatos siempre mienten a los medios de comunicación para hacer parecer que negocian con vehemencia.
(4) El público y los medios de comunicación tienen el derecho de conocer los hechos de un importante conflicto laboral.
(5) Las negociaciones mantienen falsamente la imagen de una negociación maratónica.

40. Según los detalles de la caricatura, ¿cuál de los siguientes enunciados es más probable que ocurra en las negociaciones señaladas?

Los negociadores

(1) no han logrado nada.
(2) se han enfermado.
(3) están a punto de alcanzar un acuerdo.
(4) están tomando un descanso para almorzar.
(5) acaban de firmar un contrato.

41. ¿Qué supone la caricatura que reconocerá el lector?

(1) qué empresa negocia con el sindicato
(2) qué sindicato negocia con la empresa
(3) que el hombre que porta un cuaderno de notas es un reportero
(4) la identidad del orador que porta una almohada
(5) el tema que se está negociando

42. La intención del mensaje de la caricatura es tener un efecto sobre el público. ¿Cuál de los siguientes enunciados es el mensaje más probable en términos de su intención?

(1) gritar "¡Incendio!" en un teatro repleto
(2) decir "El cheque está en el correo"
(3) criticar públicamente a un político popular
(4) un criminal sospechoso diciendo "Sin comentarios"
(5) admitir que no hay acuerdo posible

43. Los paros laborales en el siglo XX tuvieron su punto más alto en 1970. Ese año, cerca de 2.5 millones de trabajadores hicieron un paro o se declararon en huelga. En 1988, sólo 387,000 trabajadores participaron en paros laborales.

¿Qué está implícito en esta información?

(1) Hubo más paros laborales en 1965 que en 1970.
(2) La cantidad de trabajadores que participaron en paros laborales ha sido estable.
(3) Ha habido una declinación en la cantidad de paros laborales desde 1970.
(4) Los trabajadores generalmente tienen buenas razones para un paro laboral.
(5) A las personas no se les paga durante los paros laborales.

Las preguntas 44 y 45 se refieren al siguiente texto.

En la década de 1850, los funcionarios del gobierno comenzaron a buscar modos de conectar mejor la vasta región al oeste del río Mississippi con el resto de Estados Unidos. Una solución a la que recurrieron fue el telégrafo, perfeccionado por su inventor Samuel F. B. Morse en 1837.

El congreso había financiado la primera línea telegráfica entre Washington, D.C. y Baltimore, Maryland, en 1844. Diez años después, el aparato había revolucionado la vida en Estados Unidos. Con el código Morse de puntos y rayas, un operador de telégrafo podía enviar y recibir mensajes desde sitios lejanos en cuestión de minutos. Esta nueva forma de comunicación hizo que el comercio fuera más eficaz. La instalación de líneas telegráficas a lo largo de las líneas férreas también les permitió a los ferrocarriles administrar mejor los trenes y horarios.

En 1860, el congreso ofreció $400,000 a cualquier empresa que quisiera instalar una línea telegráfica desde Missouri a California. La empresa telegráfica Western Union Telegraph rápidamente comenzó a instalar líneas hacia el este desde San Francisco y al oeste siguiendo la ruta de Oregón. Las dos líneas se encontraron en Salt Lake City en 1861. Un importante juez de California envió el primer telegrama. Se dirigía al presidente Abraham Lincoln y decía que la nueva línea telegráfica fortalecía la lealtad del pueblo californiano hacia Estados Unidos, que estaba en plena Guerra Civil.

44. ¿En qué situación podría ayudar el telégrafo al funcionamiento del ferrocarril?

(1) para que los inmigrantes compren sus boletos de tren
(2) para evitar que los trenes se pierdan
(3) para ayudar a los vendedores a comercializar boletos
(4) para dirigir a los pasajeros al tren correcto
(5) para avisar a las estaciones del retraso de un tren

45. ¿Qué invento estuvo <u>más estrechamente</u> relacionado con el telégrafo?

(1) el automóvil
(2) el teléfono
(3) el generador eléctrico
(4) la máquina de escribir
(5) el disco compacto

La pregunta 46 se refiere al siguiente texto.

A principios del siglo XVI, los exploradores militares, denominados conquistadores, vencieron al pueblo nativo de los aztecas en México y establecieron la primera colonia española en Norteamérica. A medida que los asentamientos españoles se expandían lentamente hacia el norte, los sacerdotes católicos fundaban misiones. Cada misión estaba compuesta de un pueblo construido alrededor de una iglesia. Los españoles fundaron alrededor de 150 misiones en lo que hoy es Estados Unidos. La mayoría de estas misiones se encontraban en los actuales estados de Florida, Texas, Nuevo México, Arizona y California.

El objetivo de una misión era desarrollar la región que la rodeaba y convertir a los indios americanos al cristianismo. Paulatinamente, grandes comunidades de indios americanos se formaron alrededor de las misiones. La mayor parte del trabajo de la misión era realizado por los habitantes de estas comunidades. La vida de los "indios de las misiones" era muy dura. Trabajaban en talleres donde fabricaban telas y otros productos. En los campos cercanos, vigilaban el ganado y cultivaban diversas cosechas. Estaban obligados a obedecer las órdenes de los sacerdotes y también a renunciar a sus propias religiones. Aquellos que se resistían a menudo eran azotados.

46. ¿A la vida de cuál otro grupo sugiere el texto que era similar la vida de los indios en las misiones?

(1) obreros de las fábricas
(2) granjeros
(3) sacerdotes católicos
(4) colonos españoles
(5) esclavos

"¿Ya has pensado lo que vas a hacer los sábados cuando ya no queden combustibles fósiles en el mundo?

Entre los combustibles fósiles se incluyen todos los combustibles derivados de los depósitos subterráneos de carbón, petróleo y gas natural. Los combustibles fósiles se han formado durante millones de años a partir de los desechos enterrados de plantas y animales. La combustión de los combustibles fósiles proporciona la mayor parte de la energía del mundo. Menos del 10 por ciento de la energía que se utiliza se produce con otros métodos. El aumento en la demanda de energía ha comenzado a agotar el abastecimiento de combustibles fósiles. Algunos expertos calculan que el carbón se agotará en 250 años y que las reservas de petróleo conocidas del mundo durarán solamente otros 30.

47. ¿Qué hecho supone el caricaturista que usted ya conoce para poder entender la idea principal de la caricatura?

  (1) El lavado de automóviles agota los recursos hidráulicos.
  (2) La mayoría de los estadounidenses usan lavados de auto comerciales.
  (3) La mayoría de los estadounidenses no trabajan los sábados.
  (4) La gasolina, que hace funcionar los automóviles, es un combustible fósil.
  (5) El carbón proporciona la mayor cantidad de la energía del mundo.

48. ¿Cuál de las siguientes conclusiones está apoyada por la información del párrafo y la caricatura?

  (1) Dependemos demasiado de los combustibles fósiles.
  (2) Las personas deberían conservar los recursos hidráulicos.
  (3) Los combustibles fósiles no se agotarán pronto.
  (4) Se inventarán nuevas formas de transporte.
  (5) Las personas caminarán más en el futuro.

49. La latitud y la altura afectan la temperatura de los lugares. La latitud es la distancia de un lugar con respecto al ecuador. El calor del sol es mayor en el ecuador. La altura afecta la temperatura porque, a mayor altura, más frío será el lugar.

¿Cuál de los siguientes lugares sería más frío?

  (1) cerca del ecuador a gran altura
  (2) lejos del ecuador a baja altura
  (3) cerca del ecuador a baja altura
  (4) lejos del ecuador a gran altura
  (5) encima del ecuador a gran altura

La pregunta 50 se refiere al texto y caricatura siguientes.

Cerca de cien años después de que se creara la Unión de Sudáfrica en 1910, la nación estaba completamente controlada por una minoría blanca. Los sudafricanos de raza negra, que conformaban la amplia mayoría de la población, no tenían derecho al voto.

Después de la Segunda Guerra Mundial, el gobierno implementó una política de apartheid, que quiere decir "segregación racial", que regulaba casi cada aspecto de las vidas de los sudafricanos de raza negra. Cuando el Congreso Nacional Africano, ANC (African National Congress), una organización para los derechos del pueblo de raza negra, protestó contra las políticas de gobierno, se prohibió. Su líder, Nelson Mandela, fue sentenciado a cadena perpetua en 1962.

A pesar de estas medidas, la oposición al apartheid creció durante las siguientes décadas. El gobierno sudafricano respondió con más violencia. En la década de 1980, la gente alrededor del mundo, así como un número creciente de sudafricanos de raza blanca, clamaron por el fin del apartheid.

En 1990, muchas leyes del apartheid fueron relajadas o revocadas. La prohibición del ANC se anuló y se liberó a Mandela. Sin embargo, los sudafricanos de raza negra continuaron presionando por la igualdad de derechos. El gobierno finalmente estuvo de acuerdo con realizar la primera elección de Sudáfrica en que participaron todas las razas.

En abril de 1994, millones de sudafricanos de raza negra esperaron pacientemente en largas filas para participar en la primera elección nacional. Nelson Mandela, que ganó por una amplia mayoría de votos, fue elegido el primer presidente de raza negra de Sudáfrica.

Jack Higgins, courtesy of the *Chicago Sun-Times*.

50. ¿Qué simbolizan el brazalete de acero y la cadena en la caricatura?

   (1) los sudafricanos de raza negra
   (2) los bajos salarios
   (3) el cambio violento
   (4) el ANC
   (5) el apartheid

Tabla de análisis del desempeño en la Prueba simulada
Estudios sociales

Las siguientes tablas le servirán para determinar cuáles son sus puntos fuertes y débiles en las áreas temáticas y destrezas necesarias para aprobar la Prueba de Estudios sociales de GED. Consulte la sección Respuestas y explicaciones que comienza en la página 865 para verificar las respuestas que haya dado en la Prueba simulada. Luego, en la tabla, encierre en un círculo los números correspondientes a las preguntas de la prueba que haya contestado correctamente. Anote el número total de aciertos por área temática y por destreza al final de cada hilera y columna. Vea el número total de aciertos de cada columna e hilera para determinar cuáles son las áreas y destrezas que más se le dificultan. Use como referencia las páginas señaladas en la tabla para estudiar esas áreas.

Destreza de razo-namiento / Área temática	Comprensión (Lecciones 1, 2, 7, 16, 18)	Análisis (Lecciones 3, 4, 6, 9, 10, 11, 12, 19)	Aplicación (Lecciones 14, 15)	Evaluación (Lecciones 5, 8, 13, 17, 20)	Número de aciertos
Historia de Estados Unidos (Lecciones 1 a 6)	5, 10	**4, 11, 22, 27**	26, 44, 45, 46	21, 25	_____/12
Historia del mundo (Lecciones 7 a 10)	**7, 50**	**18, 19**	6, 23	**20, 24**	_____/8
Educación cívica y gobierno (Lecciones 11 a 14)	**12, 31**	8, **14**, 29, **30, 32, 33, 34**	**15**, 28	**13**, 17	_____/13
Economía (Lecciones 15 a 17)	**1, 39**, 43	**2, 9, 16, 41**	**42**	**3, 40**	_____/10
Geografía (Lecciones 18 a 20)	35	36, 37, **47**	49	**38, 48**	_____/7
Número de aciertos	_____/10	_____/20	_____/10	_____/10	_____/50

> 1 a 40 → Necesita estudiar más.
> 41 a 50 → ¡Felicidades! ¡Esta listo para tomar la Prueba de GED!

Los **números en negritas** corresponden a preguntas que contienen tablas, gráficas, diagramas y dibujos.

Para más práctica, vea el libro de Steck–Vaughn *GED Estudios sociales* o el *Cuaderno de práctica: GED Estudios sociales*.

CIENCIAS

Instrucciones

La Prueba simulada de Ciencias consta de una serie de preguntas de selección múltiple destinadas a medir conceptos generales de las ciencias. Las preguntas se basan en lecturas breves que con frecuencia incluyen una gráfica, un cuadro o un diagrama. Primero estudie la información que se proporciona y luego conteste la pregunta o preguntas que le siguen. Al contestar las preguntas, consulte la información dada cuantas veces considere necesario.

Se le darán 80 minutos para contestar las 50 preguntas de la Prueba simulada de Ciencias. Trabaje con cuidado, pero no dedique demasiado tiempo a una sola pregunta. Asegúrese de haber contestado todas las preguntas. Si no está seguro de una respuesta responda de manera razonable por eliminación. No se descontarán puntos por respuestas incorrectas.

Cuando se agote el tiempo, ponga una marca en la última pregunta que haya contestado. Esto le servirá de guía para calcular si podrá o no terminar la verdadera Prueba de GED dentro del tiempo permitido. A continuación, termine la prueba.

Registre sus respuestas en una copia de la hoja de respuestas de la página 918. Asegúrese de incluir toda la información requerida en la hoja de respuestas.

Para marcar sus respuestas, en la hoja de respuestas rellene el círculo con el número de la respuesta que considere correcta para cada una de las preguntas de la prueba.

Ejemplo:

¿Cuál de las siguientes es la unidad más pequeña en un ser vivo?

(1) tejido
(2) órgano
(3) célula
(4) músculo
(5) capilar
         ① ② ● ④ ⑤

La respuesta correcta es "célula", por lo tanto, en la hoja de respuestas debería haber rellenado el círculo con el número 3 adentro.

No apoye la punta del lápiz en la hoja de respuestas mientras piensa en la respuesta. No haga marcas innecesarias en la hoja. Si decide cambiar una respuesta, borre completamente la primera marca. Rellene un solo círculo por cada respuesta: si señala más de un círculo, la respuesta se considerará incorrecta. No doble ni arrugue la hoja de respuestas.

Una vez terminada esta prueba, utilice la Tabla de análisis del desempeño en la página 688 para determinar si está listo para tomar la verdadera Prueba de GED. Si no lo está, use la tabla para identificar las destrezas que debe repasar de nuevo.

Adaptado con el permiso del *American Council on Education.*

Instrucciones: Elija la respuesta que mejor responda a cada pregunta.

Las preguntas 1 a 5 se refieren a la siguiente información.

Los científicos crearon una escala de tiempo geológico para registrar la historia de la Tierra. El tiempo geológico frecuentemente se divide en cuatro eras.

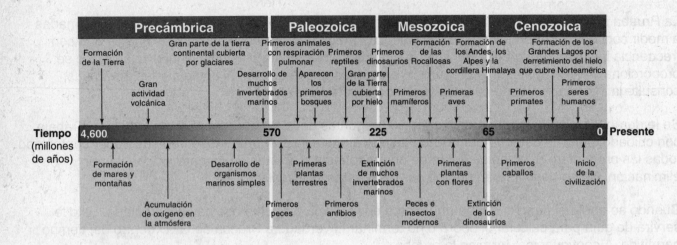

1. ¿Cuál de los siguientes enunciados expresa una conclusión y no un detalle de apoyo?

   (1) Los primates aparecieron hace aproximadamente 50 millones de años.
   (2) Los seres humanos aparecieron en la era Cenozoica tardía.
   (3) Los caballos aparecieron en la era Cenozoica.
   (4) Los seres humanos no existieron en la mayor parte del tiempo geológico.
   (5) Los grandes lagos se formaron en la era Cenozoica.

2. ¿Qué fósiles son más probables encontrar en rocas de la era Mesozoica?

   (1) sólo organismos marinos simples
   (2) plantas terrestres, dinosaurios y caballos
   (3) peces, plantas terrestres y dinosaurios
   (4) primates y seres humanos
   (5) plantas con flores y primates

3. ¿Aproximadamente por cuánto tiempo existieron los dinosaurios?

   (1)   65 millones de años
   (2)   160 millones de años
   (3)   225 millones de años
   (4) 4,535 millones de años
   (5) 1,000 millones de años

4. ¿Cuál de los siguientes pudo haber sido el alimento de los primeros peces?

   (1) plantas con flores
   (2) invertebrados marinos
   (3) insectos
   (4) anfibios
   (5) plantas terrestres

5. ¿Cuál de los siguientes enunciados apoya la información de la escala de tiempo geológico?

   (1) Los primeros animales con respiración pulmonar fueron los anfibios.
   (2) Los dinosaurios fueron la forma principal de vida de la era Paleozoica.
   (3) Los Grandes Lagos son más jóvenes que las Rocallosas.
   (4) Los dinosaurios se extinguieron hace cinco millones de años.
   (5) Las primeras formas de vida se originaron en tierra y posteriormente se desarrollaron en los mares.

La pregunta 6 se refiere al párrafo y fórmulas estructurales siguientes.

Dos compuestos químicos cuyas moléculas tienen igual cantidad y tipo de átomos, es decir igual fórmula global pero con una disposición diferente de los átomos, se denominan isómeros. Compare los isómeros del butano, un hidrocarburo saturado, que se muestran debajo. Aunque estos isómeros tienen la misma fórmula química, son compuestos diferentes con propiedades diferentes. Por ejemplo, el butano formado por una cadena lineal tiene un punto de ebullición más alto que el butano con una cadena ramificada. Cuantos más átomos de carbono contenga una molécula de hidrocarburo, más isómeros puede formar la molécula.

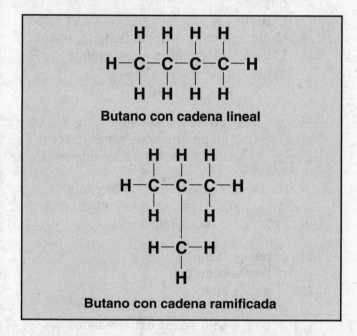

Butano con cadena lineal

Butano con cadena ramificada

6. El pentano (C_5H_{12}) es un miembro de la serie de los hidrocarburos alcanos que tiene tres isómeros. De acuerdo con la información del párrafo anterior, ¿en qué se diferencia otro miembro de esta serie, el decano ($C_{10}H_{22}$), del pentano?

(1) El decano tiene un número menor de átomos de hidrógeno.
(2) El decano no tiene isómeros.
(3) El decano tiene menos isómeros.
(4) El decano tiene el mismo número de isómeros.
(5) El decano tiene más isómeros.

La pregunta 7 se refiere al siguiente texto.

Los minerales son compuestos que presentan cinco características o propiedades básicas:

1. Se encuentran en estado natural en la Tierra.
2. Son sólidos.
3. Nunca han estado con vida.
4. Están formados por elementos diferentes.
5. Las partículas que los forman se organizan en patrones definidos denominados cristales.

Con frecuencia, los minerales se encuentran combinados en las rocas y los depósitos rocosos que contienen cierto tipo de minerales se conocen como menas. La separación de los minerales de las menas requiere de la extracción de las menas para su posterior fundición. La fundición de las menas consiste en calentar las menas de manera que un mineral determinado se separe de los demás componentes de la roca.

7. Una pieza de granito se formó a partir de partículas diminutas de tres colores, mientras que otra se formó a partir de partículas de cuatro colores. ¿Cuál de los siguientes enunciados apoya mejor la conclusión de que el granito es sólo un tipo de roca y no un mineral?

(1) El granito se encuentra en estado natural en la Tierra.
(2) El granito es uno de los tipos más comunes de roca de la superficie terrestre.
(3) Existen tres tipos de granito, cada uno de los cuales está formado por distintos minerales.
(4) El granito se forma a partir del magma frío.
(5) El granito es un sólido.

La pregunta 8 se refiere al siguiente diagrama.

ATMÓSFERA TERRESTRE

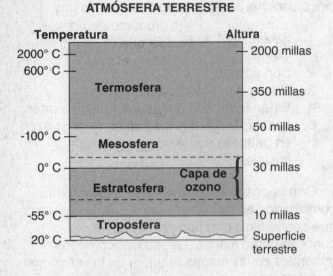

8. A medida que ascendemos por la troposfera, el aire "adelgaza" o se vuelve menos denso y existe una menor concentración de oxígeno en un mismo volumen de aire que cuando nos encontramos al nivel del mar. ¿Cuál de los siguientes casos ofrece pruebas sólidas que apoyan este enunciado?

(1) Un corredor de Boston, ciudad que se encuentra a nivel del mar, tiene dificultad para respirar al trotar en las Montañas Rocosas.
(2) Un individuo expuesto a los rayos ultravioleta del sol, tiene mayores probabilidades de sufrir quemaduras de piel a elevadas alturas que a nivel del mar.
(3) Un excursionista montañés tiene mayores probabilidades de sufrir temperaturas frías que un excursionista a nivel del mar.
(4) Un alpinista entrena para una expedición a montañas muy altas, recreando las condiciones atmosféricas a nivel del mar.
(5) Antes de abrir su paracaídas, un paracaidista acrobático experimenta una caída libre desde 12,000 pies de altura hasta aproximadamente 2,500 pies antes de llegar a tierra.

9. La convergencia se observa cuando dos especies que no tienen un parentesco estrecho desarrollan rasgos semejantes de manera independiente. Estos rasgos representan una adaptación a un medio semejante. Por ejemplo, la forma del cuerpo y las aletas del tiburón y el delfín son semejantes pero no tienen un parentesco estrecho. El tiburón es un pez y el delfín, un mamífero.

¿Cuál de los siguientes representa otro ejemplo de convergencia?

(1) Los azulejos y las mariposas tienen alas.
(2) El delfín y la ballena tienen orificios nasales.
(3) El perro y el lobo tienen colmillos filosos.
(4) El chimpancé y el gorila tienen pulgares.
(5) El tigre y el leopardo tienen pelaje manchado.

10. Un rasgo favorable para la supervivencia de una especie en un ambiente determinado puede no serlo en otro ambiente diferente.

¿Cuál de los siguientes sería un rasgo favorable para un animal que habita cerca del Polo Norte o del Polo Sur?

(1) el pelaje blanco
(2) el pelaje oscuro
(3) el pelaje pinto
(4) el pelaje ralo
(5) el pelaje sólo en las extremidades

La pregunta 11 se refiere a la siguiente información.

Después de años de mostrar una disminución, la población de aves acuáticas del puerto de Nueva York se encuentra en aumento gracias a una mayor limpieza del agua. La gráfica ilustra las tendencias demográficas de dos especies.

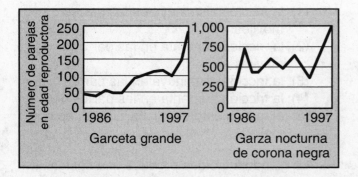

La pregunta 12 se refiere al siguiente texto.

Puede que usted no haya pensado que la cocina puede ser un laboratorio de química, pero es fácil encontrar muchos productos químicos dentro de ella. Una sustancia que contiene varios químicos interesantes es el polvo de hornear. Esta sustancia se utiliza para que la masa de los bizcochos aumente de tamaño.

El ingrediente principal del polvo de hornear es el bicarbonato de sodio ($NaHCO_3$). Cuando el bicarbonato de sodio reacciona con un ácido, produce agua y dióxido de carbono (CO_2), un gas. Cuando el bicarbonato de sodio se calienta durante el proceso de horneado, se divide y forma dióxido de carbono más carbonato de sodio (Na_2CO_3), una sal de poco sabor. El polvo de hornear contiene también tartrato, un compuesto que reacciona con el agua para formar ácidos.

11. ¿Cuál de los siguientes enunciados está apoyado por el texto y la gráfica?

(1) Las aves acuáticas perdieron su hábitat isleño del puerto debido a la construcción de complejos de departamentos.
(2) La Ley de calidad del aire de 1970 ayudó a disminuir las emisiones de contaminantes de los automóviles.
(3) La población de garzas y garcetas ha aumentado gracias a que el agua limpia estimula el crecimiento de las poblaciones de peces que sirven de alimento a las aves.
(4) La población de aves acuáticas está en aumento debido a que las aves no tienen depredadores.
(5) La hembra de la garza y la garceta ponen sólo uno o dos huevos por año.

12. Cuando se añade polvo de hornear a la masa, ¿cuál es la sustancia que hace que el bizcocho aumente de tamaño?

(1) la sal
(2) el oxígeno
(3) el agua
(4) el tartrato
(5) el dióxido de carbono

13. El término "registro fósil" se refiere a los restos conservados de organismos muertos hace mucho tiempo, que han sido estudiados por los científicos. Este registro ofrece pistas sobre cómo y cuándo evolucionaron los organismos.

¿En cuál de los siguientes casos sería útil el registro fósil?

(1) predicción de la extinción de una especie actual
(2) trazo de las relaciones evolutivas de especies extintas
(3) determinación de la longevidad de los miembros de especies actuales
(4) cálculo de la edad de formación de la Tierra
(5) cálculo del número de especies de la Tierra

14. El parasitismo es una relación en la que una especie se beneficia a expensas de otra. ¿Cuál de los siguientes enunciados representa un ejemplo de parasitismo?

(1) El garrapatero pone sus huevos en los nidos de aves canoras, las cuales los incuban y crían a sus polluelos.
(2) El pez rémora obtiene su alimento limpiando de parásitos la piel del tiburón.
(3) Las plantas que albergan colonias de bacterias fijadoras de nitrógeno obtienen compuestos nitrogenados mientras las bacterias se alimentan.
(4) El pájaro del cocodrilo obtiene su alimento limpiando los residuos de los dientes del cocodrilo.
(5) La anémona de mar obtiene su alimento del cangrejo ermitaño, mientras lo protege de sus depredadores.

15. La fricción entre dos objetos sólidos puede reducirse si se lubrican (para ello se añade una capa de fluido entre ellos). Las moléculas de fluidos como el aceite fluyen de manera libre y permiten un movimiento más fácil entre las dos superficies.

¿Cuál podría ser la consecuencia de utilizar un motor que tiene bajo el nivel de aceite?

(1) la fricción disminuye en las partes móviles
(2) la fricción aumenta en las partes móviles
(3) la fricción disminuye en las partes fijas
(4) la fricción aumenta en las partes fijas
(5) el movimiento de las partes del motor mejora

16. La glándula tiroides produce una sustancia que contiene yodo y que participa en el control del crecimiento. El bocio es un aumento del tamaño de la tiroides causado por la falta de yodo en la dieta. El bocio es raro en las regiones costeras donde la población consume productos del mar que contienen una forma de yodo, pero es más común en tierra continental donde la población consume alimentos cultivados en tierras que carecen de yodo.

¿Qué frase replantea la causa del bocio de acuerdo con el texto?

(1) consumo excesivo de productos del mar
(2) consumo insuficiente de alimentos con alto contenido de yodo
(3) exposición a cierta bacteria que porta el yodo
(4) fertilización de la tierra con yodo
(5) herencia de un gen tiroideo defectuoso

Las preguntas 17 y 18 se refieren al texto y diagrama siguientes.

Los tres grupos más importantes de compuestos químicos son los ácidos, las bases y las sales. Estos compuestos producen iones cuando se disuelven en agua. Los iones son átomos o moléculas que tienen carga eléctrica. En el agua, los ácidos producen hidrógeno, o iones H^+. En el agua, las bases producen hidróxido, o iones OH^-. El ácido cítrico se encuentra en los frutos de los cítricos. La vitamina C es el ácido ascórbico. El hidróxido de magnesio es una base que es el ingrediente activo de muchas medicinas para el estómago. El bicarbonato de sodio es una base que se encuentra en la levadura en polvo.

Un ácido fuerte, como el ácido sulfúrico, o una base fuerte, como el hidróxido de sodio, son venenosos y pueden quemar la piel. Sin embargo, un ácido débil, como el ácido cítrico, o una base débil, como el hidróxido de magnesio, pueden manejarse de manera segura e incluso pueden ingerirse (comerse).

La fuerza de un ácido o de una base se mide en una escala que se denomina escala de pH. Por lo común, la escala de pH va del 0 al 14. El número 7 indica el punto neutro. Las sustancias con un pH menor que 7 son ácidas y las que tienen un pH mayor que 7 son básicas. Los ácidos extremadamente fuertes tienen un pH de 0; las bases extremadamente fuertes tienen un pH de 14.

Escala de pH

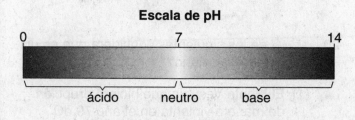

Cuando un ácido y una base se combinan químicamente, resultan dos compuestos neutros: el agua y una sal. Una sal conocida es el cloruro de sodio o sal de mesa.

17. ¿Cuál de las siguientes listas está correctamente ordenada de menor a mayor pH?

   (1) hidróxido de magnesio, ácido cítrico, agua destilada, ácido sulfúrico, hidróxido de sodio
   (2) agua destilada, ácido sulfúrico, ácido cítrico, hidróxido de sodio, hidróxido de magnesio
   (3) ácido sulfúrico, hidróxido de sodio, ácido cítrico, hidróxido de magnesio, agua destilada
   (4) ácido sulfúrico, ácido cítrico, agua destilada, hidróxido de magnesio, hidróxido de sodio
   (5) hidróxido de sodio, hidróxido de magnesio, agua destilada, ácido cítrico, ácido sulfúrico

18. Cuando el hidróxido de calcio, una base, reacciona con el ácido cítrico, la reacción produce citrato de calcio y agua. ¿Qué es el citrato de calcio?

   (1) un ácido fuerte
   (2) un ácido débil
   (3) una sal
   (4) una base débil
   (5) una base fuerte

La pregunta 19 se refiere al texto y diagrama siguientes.

La síntesis de proteínas se realiza de acuerdo con las instrucciones del ADN nuclear y tiene lugar en el citoplasma de la célula. Durante la primera etapa de la síntesis, las dos cadenas longitudinales de la molécula de ADN se separan dejando expuesto un segmento de la molécula. Las bases expuestas del segmento de ADN sirven de patrón para producir el ARN mensajero. Las bases de los nucleótidos del ARN mensajero se ordenan pareándose según corresponde con las bases del segmento de ADN. Este patrón del segmento original de ADN, conocido como ARN mensajero, sale del núcleo celular y pasa al citoplasma.

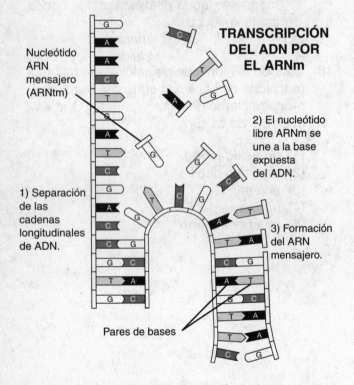

Nucleótido ARN mensajero (ARNtm)

TRANSCRIPCIÓN DEL ADN POR EL ARNm

2) El nucleótido libre ARNm se une a la base expuesta del ADN.

1) Separación de las cadenas longitudinales de ADN.

3) Formación del ARN mensajero.

Pares de bases

En el citoplasma, el ARN mensajero se une a un ribosoma, el cual lee la secuencia de sus bases. Cada codón, o grupo de tres bases nitrogenadas, representa un aminoácido en particular. En el ribosoma, los codones se unen a los aminoácidos correspondientes, es decir, las unidades proteicas. Una sola proteína puede estar formada por 100 a 500 aminoácidos unidos en forma de cadena.

19. Las mutaciones ocurren cuando una de las bases del ADN es sustituida por una base equivocada, lo cual causa cambios en uno de los codones. ¿Cuál sería el resultado más probable de una mutación de este tipo?

(1) un cambio en la secuencia de aminoácidos de una proteína determinada
(2) un cambio en el citoplasma de las células del organismo
(3) un cambio en el núcleo de las células del organismo
(4) un cambio en los ribosomas de las células del organismo
(5) la muerte del organismo

La pregunta 20 se refiere a la información y al diagrama siguientes.

Los volcanes tipo hawaiano se forman debido al flujo silencioso y muchas veces lento de cursos de lava. La lava de este tipo de volcanes se extiende sobre un área considerable formando montañas de pendiente ligera en forma de cúpula.

Capas de lava

Magma

20. ¿Cuál de los siguientes considera que es un volcán tipo hawaiano?

(1) El Monte Vesubio que hiciera erupción de manera violenta en el año 79 dC sepultando Pompeya en tres días
(2) El Monte Fujiyama, un cono simétrico de laderas escarpadas que se encuentra en Japón
(3) El Monte Pelee que hiciera erupción con una violenta nube destruyendo St. Pierre en diez minutos
(4) El Paricutín, un volcán formado por fragmentos de lava y cenizas que alcanzara una altura de 40 metros durante la noche
(5) El Kilauea Iki, cuya lava se extendiera sobre Hawai a través de varios meses

Las preguntas 21 y 22 se refieren al siguiente texto.

El código genético de un organismo se denomina genoma y se determina mediante la secuenciación en la que aparecen cuatro compuestos (conocidos como bases nitrogenadas y representadas por las abreviaturas A, T, C y G) en las moléculas de ADN que forman los genes. La variación en la secuencia de estas cuatro bases nitrogenadas es la razón del código genético único que heredan los individuos.

El Proyecto Genoma Humano comenzó en 1990 con el objetivo de identificar todos los genes humanos, localizar su ubicación en los cromosomas y determinar su secuencia de bases nitrogenadas. Los científicos han procedido paso a paso en esta empresa. Primero localizaron los genes en grandes segmentos de ADN para después determinar la secuencia de bases nitrogenadas de cada uno de ellos. Y debido a que el genoma humano tiene aproximadamente 3,000 millones de pares de bases nitrogenadas, se tenía contemplado que el proyecto durara unos 15 años.

Sin embargo, en 1998 una compañía privada desarrolló una tecnología nueva capaz de determinar la secuencia de las bases nitrogenadas de todo el genoma humano en cuestión de unos cuantos años, antes de identificar y localizar los genes. Millones de fragmentos de ADN humano han pasado por las máquinas de alta velocidad para posteriormente ser reagrupados mediante potentes súper computadoras. La compañía terminó de determinar la secuencia en el año 2000 y a principios de ese mismo año se publicaron los detalles sobre la localización de los genes del genoma humano.

Algunos científicos argumentan que esta técnica puede causar errores al reagrupar los fragmentos de ADN, haciendo imposible identificar y localizar con precisión cada gen. Quienes apoyan la técnica, argumentan que los resultados serán adecuados para su aplicación en diversos proyectos de investigación.

21. ¿Cuál de los siguientes enunciados expresa una opinión y no un hecho?

(1) Se previó que el Proyecto Genoma Humano del gobierno de EE.UU. llevara 15 años.

(2) El genoma humano está formado por aproximadamente 3,000 millones de pares de bases nitrogenadas.

(3) Todos los organismos tienen un código genético llamado genoma.

(4) Cierta compañía privada desarrolló una tecnología nueva capaz de determinar la secuencia de las bases nitrogenadas de todo el genoma humano, para analizarlo en tan sólo unos años.

(5) Los resultados de la compañía privada sobre la determinación de la secuencia y la localización genética son de mala calidad.

22. ¿En cuál de las siguientes áreas sería más ventajosa para los científicos la capacidad de "leer" el genoma humano?

(1) diseño y producción de máquinas de secuencia más eficientes

(2) mejoramiento de los planes de estudio de las escuelas de medicina

(3) prevención y tratamiento de enfermedades hereditarias

(4) prevención y tratamiento de enfermedades bacterianas

(5) mejoramiento de la calidad de productos agrícolas alterados genéticamente

23. Todos tenemos un modelo de ADN único que se puede analizar. Y debido a que los resultados de este análisis serían únicos, muchas veces se les conoce como "huella digital genética".
¿Cuál de las siguientes sería la aplicación más práctica de las huellas digitales genéticas?
(1) identificación de criminales
(2) tipificación sanguínea
(3) análisis de los nutrientes de los alimentos
(4) cirugía láser
(5) tratamiento de enfermedades

24. El éxito de los trasplantes, es decir, la inserción de órganos o tejidos de un individuo o un animal en otro o de una parte a otra del cuerpo del mismo individuo o animal, depende de la compatibilidad entre el donante y el receptor. Si el órgano o tejido del donante no es compatible con el receptor, el sistema inmunológico del receptor puede rechazarlo.
¿Cuál de los siguientes trasplantes tiene más probabilidades de éxito?
(1) Un corazón de babuino trasplantado en un ser humano.
(2) Un riñón trasplantado en un muchacho proveniente de su primo.
(3) Un pulmón trasplantado en una muchacha proveniente de una desconocida.
(4) Segmentos sanos de intestino de un hombre usados para sustituir segmentos enfermos.

La pregunta 25 se refiere al siguiente texto.

Los herbicidas son sustancias químicas capaces de destruir las plantas. Cuando se aplican a los cultivos para consumo humano o animal, es importante que destruyan sólo las malezas y no los cultivos. Los científicos han aplicado los conocimientos de la ingeniería genética para desarrollar cultivos capaces de ser resistentes a ciertos herbicidas, lo cual ha permitido a los agricultores destruir las malezas con herbicidas. Por ejemplo, los científicos han creado una especie de algodón resistente al bromoxinilo, herbicida que elimina las malezas pero no las plantas de algodón resistentes a sus efectos. Otros cultivos que tienen variedades resistentes a ciertos herbicidas son el frijol de soya, el tabaco, el tomate y la remolacha.

Algunos grupos ambientalistas se oponen al desarrollo de cultivos resistentes a los herbicidas argumentando que estimula a los agricultores a continuar aplicando sustancias químicas que contaminan el medio ambiente por mucho tiempo y que además pueden ser peligrosas. Estos grupos prefieren la aplicación de técnicas agrícolas mejoradas y creativas que eviten el uso de sustancias químicas.

25. De acuerdo con el texto, ¿cuál de los siguientes enunciados representa una opinión y no un hecho?

    (1) Los herbicidas se aplican para eliminar las malezas.
    (2) Algunas variedades de frijol de soya y tabaco son resistentes a ciertos herbicidas.
    (3) El bromoxinilo es un tipo de herbicida.
    (4) El uso de técnicas agrícolas mejoradas es preferible a la aplicación de herbicidas.
    (5) Los científicos han desarrollado especies de cultivos resistentes a los herbicidas.

La pregunta 26 se refiere al texto y diagrama siguientes.

El término marea se refiere al ciclo periódico de ascenso y descenso del nivel del mar. La marea sube y baja aproximadamente dos veces al día y existen lugares donde el nivel del mar asciende y desciende más de 4.6 metros por lo que es posible aprovechar la circulación del agua para generar electricidad.

Las centrales eléctricas marinas forman parte de presas construidas en la desembocadura de los ríos. Los canales de la presa dejan entrar el agua cuando la marea es alta y la dejan salir cuando baja la marea. Al circular el agua, ésta hace girar las turbinas de los generadores eléctricos.

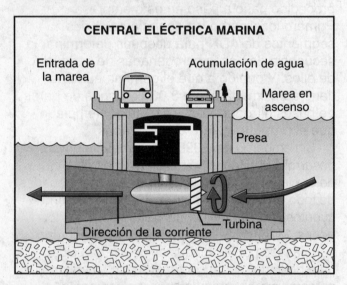

CENTRAL ELÉCTRICA MARINA

Entrada de la marea

Acumulación de agua

Marea en ascenso

Presa

Dirección de la corriente

Turbina

La energía eléctrica generada por la energía de la marea es muy limpia ya que no contamina, aunque las centrales eléctricas marinas alteran la ecología de los ríos en las que se construyen.

26. ¿Cuál de los siguientes lugares sería más apropiado para la construcción de una central eléctrica marina?

    (1) la fuente de origen del río Mississippi en la parte alta de la región centro-oeste del país
    (2) la desembocadura del río Hudson en el puerto de Nueva York, la cual presenta una ligera variación entre la marea alta y la marea baja
    (3) la desembocadura del río Annapolis en Nueva Escocia, la cual presenta una variación considerable entre la marea alta y la marea baja
    (4) las cataratas del río Missouri en las Grandes Llanuras
    (5) la Presa Hoover del suroeste de Estados Unidos

La pregunta 27 se refiere al siguiente texto.

La fricción es la fuerza que reduce la velocidad que tienen los objetos o evita que éstos se muevan. Un ejemplo de fricción es la resistencia del aire, que usted podrá sentir si saca una mano por la ventanilla de un automóvil en movimiento.

Una forma más emocionante de experimentar la resistencia del aire es el paracaidismo. Cuando una paracaidista salta desde un aeroplano, la única fuerza que la afecta es la gravedad que la hala hacia abajo. Cuanto más rápido cae, la fricción del aire alrededor de ella aumenta y la aceleración se reduce. Por fin, a unas 100 ó 150 millas por hora la fuerza de la fricción se equilibra con la fuerza de gravedad y la paracaidista deja de acelerarse. Este momento se denomina velocidad terminal. La velocidad terminal depende de la masa de la paracaidista y de su posición corporal.

Cuando la paracaidista abre el paracaídas, incrementa el área afectada por la resistencia del aire. Entonces su velocidad se reduce a unas 25 millas por hora, una velocidad mucho más segura para el aterrizaje.

27. Para poder calcular el tiempo que tardaría un paracaidista en llegar a la tierra, es necesario conocer la distancia que tiene que recorrer antes de caer, la superficie total y la masa del paracaídas. ¿Qué otra información es probable que también necesite?

(1) la masa de ella
(2) el volumen de ella
(3) la altura de ella
(4) la velocidad del aeroplano
(5) el tipo de aeroplano

La pregunta 28 se refiere al párrafo y diagramas siguientes.

En un horno de microondas, un magnetrón produce un haz de microondas, un tipo de radiación electromagnética. Las microondas golpean las moléculas de agua que se encuentran dentro de los alimentos y causan que estas moléculas se alineen y que luego inviertan la alineación. El giro rápido y repetido de las moléculas de agua produce calor.

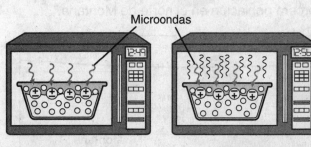

Microondas

1. Las moléculas de agua se alinean

2. Las moléculas de agua invierten la alineación

28. ¿Cuál de las siguientes conclusiones está apoyada por el texto y el diagrama?

(1) Todos los tipos de radiación electromagnética pueden hacer girar las moléculas de agua.
(2) El horno de microondas convierte la energía calorífica en energía electromagnética.
(3) Un horno de microondas calienta los alimentos utilizando el mismo principio de los hornos convencionales.
(4) Los alimentos con un alto contenido en agua se calientan con mayor rapidez que la comida seca.
(5) Los hornos de microondas suponen un peligro de radiación para las personas que están cerca de ellos.

Las preguntas 29 a 32 se refieren al texto y mapa siguientes.

A principios del siglo XX el lobo gris había sido erradicado en toda la región oeste y de gran parte del resto del territorio de Estados Unidos. Después, en 1995 y 1996 se volvieron a introducir lobos grises provenientes de Canadá en dos áreas del oeste del país, la región central de Idaho y el Parque Nacional Yellowstone de Wyoming. La emigración natural del lobo canadiense posteriormente dio lugar a una tercera población en el norte de Montana.

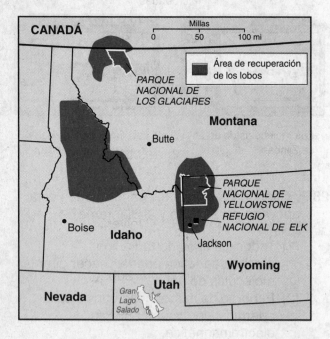

Una de las razones por las que se importaron los lobos fue para ayudar a controlar la población de alces de Yellowstone, la cual había crecido enormemente. Sin embargo, una de las jaurías de lobos de Yellowstone ha aprendido también a atacar y matar bisontes y animales domésticos presentes en su territorio. Durante los tres primeros años a partir de su reintroducción en el oeste del país, los lobos mataron 80 cabezas de ganado, 190 ovejas y 12 perros. Los propietarios de estos animales recibieron una indemnización por sus pérdidas y los lobos culpables fueron cambiados de residencia o se sacrificaron.

A pesar del hecho de que aproximadamente el 10 por ciento de los lobos muere al año, las tres poblaciones han aumentado considerablemente y en la actualidad alcanzan un número de varios cientos de animales distribuidos en más de 30 jaurías. Incluso se conocen por lo menos dos casos de apareamiento de lobos de distintas jaurías. Se especula que con el tiempo los lobos formen una sola población de gran tamaño en la

región de las Montañas Rocosas. Algunos argumentan que el lobo debe ser retirado de la lista de especies en peligro de extinción.

29. De acuerdo con el mapa, ¿cuál estado tiene más áreas dispersas de poblaciones de lobos?

(1) Idaho
(2) Montana
(3) Nevada
(4) Utah
(5) Wyoming

30. ¿Cuál de los siguientes títulos representa la idea principal del mapa?

(1) Parque Nacional Yellowstone
(2) Idaho, Montana y Wyoming
(3) Los parques nacionales de las Montañas Rocosas
(4) El territorio del lobo gris
(5) El lobo gris en los parques nacionales

31. ¿Cuál de los siguientes enunciados representa una opinión y no un hecho?

(1) El lobo ha aprendido a cazar el bisonte.
(2) Existen más de 30 jaurías de lobos en las Montañas Rocosas en Estados Unidos.
(3) Aproximadamente el 10 por ciento de los lobos de la región oeste del país mueren cada año.
(4) Los propietarios recibieron una indemnización por el ganado que mataron los lobos.
(5) El lobo gris no debe considerarse ya como especie en peligro de extinción.

32. ¿Cuál de las siguientes acciones se asemeja más a la reintroducción del lobo gris en Estados Unidos?

(1) construcción de pasos en las presas para permitir la migración del salmón río arriba
(2) restricción de la caza de ciertas especies en determinadas épocas del año
(3) restablecimiento de las variedades de pastizales altos en las Grandes Llanuras
(4) introducción de una especie no nativa para acabar con una plaga
(5) prevención de la introducción de especies no nativas en un área

La pregunta 33 se refiere al siguiente párrafo.

El sonido viaja mejor a través de los sólidos porque en ellos las moléculas están unidas fuertemente. Los sólidos elásticos como el níquel, el acero o el hierro transportan muy bien el sonido. Los sólidos inelásticos como los materiales aislantes del sonido, transportan peor el sonido. Los líquidos transportan el sonido mejor que los gases, pero con más dificultad que los sólidos, siendo los gases los menos eficaces.

33. ¿Cuál de las siguientes expresiones se relaciona con el hecho de que las ondas sonoras viajan más rápido a través de los sólidos?

  (1) A palabras necias, oídos sordos.
  (2) Es música para los oídos.
  (3) Cuando el río suena, agua lleva.
  (4) Pega la oreja al suelo.
  (5) Te oigo, pero no te escucho.

34. Los virus son moléculas de material genético envueltas por una cubierta protectora proteica. Cuando se encuentran fuera de células vivas, estas partículas no dan señales de vida. Los virus se activan al invadir células vivas y usar los recursos de la célula huésped para duplicar su propio material genético.

  ¿Cuál de los siguientes enunciados replantea mejor la información anterior?

  (1) Los virus son moléculas de material genético envueltas por una cubierta proteica.
  (2) La cubierta proteica de los virus los protege de las amenazas de su medio ambiente.
  (3) Los virus contienen material genético que no da señales de vida sino hasta invadir células para reproducirse.
  (4) Existen unos cien virus causantes del resfriado común.
  (5) Las enfermedades virales son difíciles de tratar porque los virus no responden a los antibióticos.

35. El movimiento browniano ocurre cuando las partículas más pequeñas de un fluido chocan con las más grandes que están suspendidas en él y de este modo hacen que las partículas más grandes se muevan al azar.

  ¿Cuál de las siguientes es una suposición implícita importante para entender la información que se muestra arriba?

  (1) El movimiento browniano ocurre en un fluido.
  (2) Un fluido es un líquido o un gas.
  (3) Las moléculas de un fluido son pequeñas.
  (4) Las partículas pequeñas bombardean las más grandes.
  (5) El movimiento browniano es aleatorio.

36. Las plantas verdes elaboran sus propios alimentos a través de la fotosíntesis utilizando agua, dióxido de carbono y energía luminosa. Investigadores del Centro Agrícola Kearney de la Universidad de California han demostrado que las plantas de tomate alcanzan un mayor tamaño y producen más tomates al cubrir la tierra con plástico reflector de color plateado. Según los investigadores, el uso de este plástico estimula la fotosíntesis y por ende el crecimiento de las plantas.

  ¿Qué propiedad del plástico reflector plateado es probablemente la responsable de la estimulación de la fotosíntesis?

  (1) su grosor
  (2) su peso
  (3) su capacidad de reflexión
  (4) su longitud
  (5) su forma aplanada

La pregunta 37 se refiere al texto y mapa siguientes.

La mayoría de los terremotos y una gran parte de la actividad volcánica ocurren a lo largo de los límites entre las placas tectónicas de la Tierra. En estas regiones, las placas chocan, se separan o se deslizan lateralmente en dirección opuesta.

37. En 1994, cierto robot al que se le dio el nombre de Dante II entró en el cráter de un volcán activo a fin de recopilar información científica. ¿En qué lugar es más probable que haya tenido lugar esta expedición?

   (1) en la costa este de Norteamérica
   (2) en una isla del Pacífico Sur
   (3) en el norte de Asia
   (4) en una isla del Pacífico Norte
   (5) en el norte de Australia

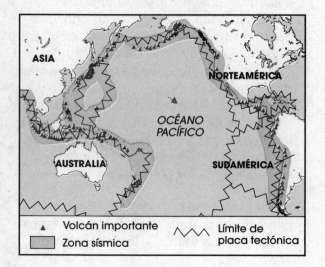

La pregunta 38 se refiere al párrafo y a los diagramas siguientes.

La fricción que se produce cuando los objetos se mueven en el aire se denomina resistencia del aire. La resistencia del aire disminuye la velocidad de un objeto en movimiento. La cantidad de resistencia que ejerce el aire depende de la forma del objeto. El aire fluye con más facilidad alrededor de los objetos que tienen una forma afilada.

FLUJO DEL AIRE ALREDEDOR DE LOS OBJETOS

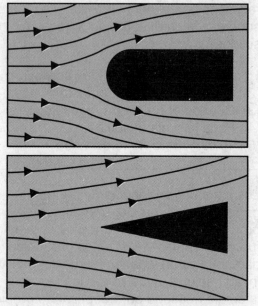

38. ¿Cuál de los siguientes resultados se produciría si la resistencia que el aire ejerce sobre un objeto se incrementara?

   (1) una velocidad disminuida
   (2) una velocidad incrementada
   (3) un flujo de aire más suave
   (4) un flujo de aire incrementado
   (5) una menor fricción

La pregunta 39 se refiere al texto y diagrama siguientes.

Un polímero está formado por moléculas grandes que a su vez contienen otras unidades más pequeñas y repetidas que se denominan monómeros, unidos entre sí por enlaces covalentes. La mayoría de los compuestos orgánicos que se encuentran en los seres vivos son polímeros. Entre ellos se incluyen la celulosa, los carbohidratos, las grasas y las proteínas. Los plásticos, los adhesivos, el nylon y otras fibras sintéticas también son polímeros.

Los polímeros forman estructuras con diferentes formas. Un polímero lineal está formado por largas cadenas de monómeros. Un polímero ramificado consiste en una molécula formada por una larga cadena y por otras cadenas laterales. Un polímero entrecruzado está formado por dos o más cadenas que están unidas entre sí por otras cadenas laterales.

ESTRUCTURA DE LOS POLÍMEROS

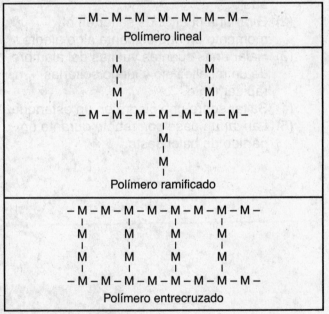

M = unidad monomérica

39. De acuerdo con la información que ofrece el texto, ¿cuál de las siguientes es una característica de los monómeros que forman los polímeros?

Los monómeros dentro de los polímeros son

(1) repetitivos.
(2) grandes.
(3) iónicos.
(4) metálicos.
(5) gaseosos.

La pregunta 40 se refiere al texto y diagrama siguientes.

La gravedad es una fuerza de atracción que afecta a toda la materia. La fuerza de atracción entre dos objetos depende de sus masas y de la distancia que hay entre ellos.

Por ejemplo, la Tierra ejerce su fuerza de gravedad sobre los objetos que están cerca de su superficie y de este modo los atrae hacia su centro. Cuando usted suelta un objeto (una pelota, por ejemplo), cae en línea recta hacia abajo. La Tierra también ejerce su fuerza de gravedad sobre objetos distantes como la Luna, pero la Luna está lejos y por eso la fuerza de la gravedad de la Tierra es más débil. La gravedad de la Tierra es demasiado débil como para que la Luna caiga sobre ella, pero es suficientemente fuerte como para ejercer una atracción sobre ella. Si la Tierra no ejerciera esa fuerza de gravedad, la Luna se desplazaría en un movimiento rectilíneo tal y como muestra la primera ley de Newton. En lugar de eso se mueve en una órbita alrededor de la Tierra.

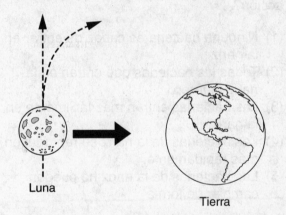

Luna

Tierra

40. ¿Cuál de las siguientes es una suposición implícita acerca de la masa, que es importante para comprender el texto?

(1) La masa es el volumen de un objeto.
(2) La masa es la cantidad de materia que tiene un objeto.
(3) La fuerza de la gravedad está relacionada con la masa del objeto.
(4) Algunos objetos no tienen masa.
(5) La masa de los objetos no se puede medir.

41. Durante un partido de béisbol, un espectador sentado en una zona muy alejada del campo de juego ve la pelota en el aire antes de escuchar el golpe con el bate. ¿Cuál de los enunciados siguientes explica esto mejor?

   (1) Los oídos de la persona se han paralizado.
   (2) El jugador golpeó la pelota con menos velocidad de lo normal.
   (3) El jugador golpeó la pelota con más rapidez de lo normal.
   (4) La pelota está fabricada con materiales elásticos.
   (5) Las ondas sonoras viajan más despacio que las ondas luminosas.

42. La mucosidad de nuestra cavidad nasal contiene una proteína que destruye la pared celular de las bacterias, muchas de las cuales pueden causar enfermedades. ¿Cuál será la consecuencia más probable de esta acción?

   (1) Ninguna bacteria es capaz de entrar en la nariz.
   (2) Todas las bacterias que entran en la nariz mueren.
   (3) Las bacterias entran más fácilmente en la nariz.
   (4) Las bacterias de la nariz se reproducen más rápidamente.
   (5) Las bacterias de la nariz no pueden cambiar de forma.

43. La transpiración es el proceso por el cual las plantas despiden vapor de agua al aire a través de los estomas de las hojas. ¿Dónde es más probable que se observe una mayor transpiración vegetal?

   (1) en los desiertos
   (2) en el Polo Norte
   (3) en los mares
   (4) en los invernaderos
   (5) en los huertos de verduras

44. Una onda longitudinal que se propaga en un medio altera las moléculas cuando pasan por él y hace que éstas se muevan hacia adelante y hacia atrás en la misma dirección en que se mueve la onda. ¿Cuál de los siguientes ejemplos podría ser el mejor modelo de una onda longitudinal?

   (1) Agarrar una cuerda de saltar y agitar el final con fuerza hacia arriba y hacia abajo.
   (2) Girar una cuerda de saltar en el momento en que se canta algo alegre.
   (3) Halar unas cuantas vueltas del alambre de un muelle flojo y luego soltarlas rápidamente.
   (4) Saltar sobre una piedra en un estanque.
   (5) Lanzar un pase con rebote durante un partido de baloncesto.

La pregunta 45 se refiere al siguiente párrafo.

La resistencia es la oposición de un material al flujo de corriente eléctrica. Algunos materiales ofrecen mayor resistencia al flujo de corriente que otros y pueden utilizarse como aislantes. La resistencia depende de muchos factores, y entre ellos están el tipo de material, su tamaño, su forma y su temperatura. La resistencia se mide en ohmios. La resistencia, el voltaje y la intensidad de la corriente se relacionan en una fórmula que se denomina ley de Ohm:

$$\text{Resistencia} = \frac{\text{Voltaje}}{\text{Corriente}}$$

45. El oro tiene una resistencia al paso de la corriente eléctrica menor que el cobre, y el cobre tiene una resistencia menor que el acero. Cuanto más grueso sea un cable, menor será su resistencia.

Imaginando que el voltaje no varía, ¿cuál de los siguientes cambios incrementaría la intensidad de la corriente? (Pista: transforme la fórmula para determinar de qué forma la resistencia tiene que cambiar para aumentar la corriente).

(1) Reemplazar un cable grueso de oro por otro fino.
(2) Reemplazar un cable fino de cobre por un cable fino de acero.
(3) Reemplazar un cable grueso de acero por otro fino.
(4) Reemplazar un cable grueso de oro por un cable grueso de cobre.
(5) Reemplazar un cable fino de acero por uno grueso de cobre.

46. La ley de la reflexión señala que el ángulo con el que un rayo golpea una superficie (ángulo de incidencia) es igual al ángulo con el que el rayo es reflejado (ángulo de reflexión). Los dos ángulos se miden con respecto a la normal, la línea perpendicular a la superficie.

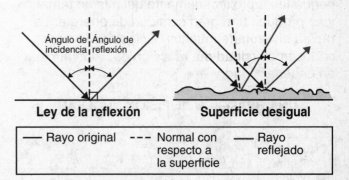

Ley de la reflexión   Superficie desigual

—— Rayo original   --- Normal con respecto a la superficie   —— Rayo reflejado

¿Cuál de los siguientes enunciados está apoyado por los diagramas?

(1) Una superficie desigual no puede reflejar la luz si el rayo original viene en paralelo.
(2) Una superficie desigual refleja la luz de los rayos paralelos con diferentes ángulos.
(3) La ley de la reflexión no se mantiene en el caso de las superficies desiguales.
(4) La reflexión de un rayo de luz no es normal.
(5) La reflexión de muchos rayos de luz no es normal.

La pregunta 47 se refiere al párrafo y diagrama siguientes.

Cuando los núcleos de los átomos se reorganizan, se desprende una gran cantidad de energía. En una reacción de fisión nuclear, un núcleo atómico se divide en otros dos más pequeños, aproximadamente del mismo tamaño y se produce una gran cantidad de energía. La rápida división de muchos núcleos es lo que conocemos como una reacción de fisión nuclear en cadena.

UNA REACCIÓN DE FISIÓN NUCLEAR

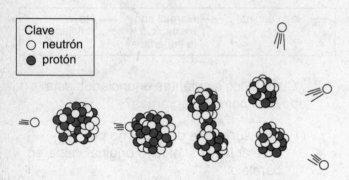

La fisión nuclear puede ocurrir de manera natural o puede ser forzada. La primera fisión continua y controlada fue llevada a cabo en 1942. En julio de 1945 un equipo de físicos en Los Álamos, Nuevo México, produjo la primera explosión nuclear. Al siguiente mes se dejaron caer dos bombas atómicas en Japón, se devastaron por completo dos ciudades y se terminó la Segunda Guerra Mundial. En los años siguientes a la guerra, muchos físicos sintieron que se habían equivocado al haber desarrollado un arma con un poder de destrucción tan masivo y se opusieron al aumento de la cantidad de armas nucleares.

47. ¿Qué fue lo que probablemente más valoraron los físicos que trabajaron en la bomba atómica?

   (1) la posibilidad de trabajar de manera independiente
   (2) métodos no violentos de resolver un conflicto
   (3) el reto científico y técnico
   (4) la fuerte recompensa económica
   (5) la posibilidad de destruir

48. Los lípidos, entre los que se encuentran las grasas, son compuestos orgánicos que forman parte de la estructura de los seres vivos. Las células almacenan energía en forma de lípidos para utilizarla después.

¿Cuál de los siguientes enunciados representa un ejemplo de la utilización de los lípidos por los organismos?

   (1) Los osos en hibernación sobreviven el invierno gracias a la energía almacenada en forma de grasa en su organismo.
   (2) En ausencia de energía luminosa, las plantas verdes dejan de realizar la fotosíntesis.
   (3) El estudiante se come una manzana como fuente rápida de energía.
   (4) Las enzimas de la saliva descomponen los almidones en azúcares.
   (5) Los lípidos están formados por los elementos carbono, hidrógeno y oxígeno.

La pregunta 49 se refiere a la tabla siguiente.

Tipo de sangre	A	B	AB	O
Estadounidense (caucásico)	41.0%	10.0%	4.0%	45.0%
Estadounidense (negro)	26.0%	21.0%	3.7%	49.3%
Indio	7.7%	1.0%	0.0%	91.3%
Sueco	46.7%	10.3%	5.1%	37.9%
Japonés	38.4%	21.8%	8.6%	31.2%
Polinesio	60.8%	2.2%	0.5%	36.5%
Chino	25.0%	35.0%	10.0%	30.0%

49. ¿Cuál de los siguientes sería el mejor título para la tabla de arriba a la derecha?

   (1) Frecuencia de tipos de sangre en poblaciones selectas
   (2) Tipos de sangre humana en el mundo
   (3) Aceptación y donación de sangre en poblaciones selectas
   (4) Genotipos y tipos de sangre
   (5) Frecuencia de tipos de sangre en Estados Unidos

50. Las hojas son las estructuras vegetales en las que por lo general tiene lugar la fotosíntesis. ¿Qué características de la mayoría de estas estructuras aumentan al máximo la cantidad de energía luminosa absorbida para ser utilizada en la fotosíntesis?

(1) las porosidades del envés
(2) su forma amplia y aplanada
(3) el tallo de la planta
(4) la red de vasos
(5) el sistema radicular

Tabla de análisis del desempeño en la Prueba simulada
Ciencias

Las siguientes tablas le servirán para determinar cuáles son sus puntos fuertes y débiles en las áreas temáticas y destrezas de lectura necesarias para aprobar la Prueba de Ciencias de GED. Consulte la sección Respuestas y explicaciones que comienza en la página 870 para verificar las respuestas que haya dado en la Prueba simulada. Luego, en la tabla, encierre en un círculo los números correspondientes a las preguntas de la prueba que haya contestado correctamente. Anote el número total de aciertos por área temática y por destreza al final de cada hilera y columna. Vea el número total de aciertos de cada columna e hilera para determinar cuáles son las áreas y destrezas que más se le dificultan. Use como referencia las páginas señaladas en la tabla para estudiar esas áreas.

Destreza de razonamiento / Área temática	Comprensión (Lecciones 1, 2, 6, 9, 13)	Aplicación (Lecciones 8, 15)	Análisis (Lecciones 3, 4, 7, 10, 14, 17, 19)	Evaluación (Lecciones 5, 11, 12, 16, 18, 20)	Número de aciertos
Ciencias biológicas (*Lecciones 1 a 8*)	16, **29, 30,** 34, **49**	9, 10, 14, 23, 24, **32,** 43, 48	**19,** 21, 22, 25, **31,** 36, 42, 50	**11,** 13	____/23
Ciencias de la Tierra y del espacio (*Lecciones 9 a 13*)	**2, 3**	**20, 26, 37**	**1, 4**	**5,** 7, 8	____/10
Ciencias físicas (*Lecciones 14 a 20*)	**17, 39**	**18,** 33, 44, 45	**6,** 12, 15, 35, **38, 40**	27, **28,** 41, **46, 47**	____/17
Número de aciertos	____/9	____/15	____/16	____/10	____/50

> 1 a 40 → Necesita estudiar más.
> 41 a 50 → ¡Felicidades! ¡Está listo para tomar la Prueba de GED!

Los **números en negritas** corresponden a preguntas que contienen tablas, gráficas, diagramas e ilustraciones.

Para más práctica, vea el libro de Steck-Vaughn *GED Ciencias* o el *Cuaderno de práctica: GED Ciencias.*

LENGUAJE, LECTURA

Instrucciones

La Prueba simulada de Lenguaje y Lectura consta de pasajes extraídos de textos de ficción, no ficción, poesía, y obras de teatro. Cada pasaje va seguido de preguntas de selección múltiple sobre las lecturas.

Lea primero cada texto y luego conteste las preguntas. Vuelva al texto todas las veces que necesite para contestar las preguntas.

Cada texto va precedido de una "pregunta general". La pregunta general ofrece un motivo para leer la selección y lo ayudará a orientarse en la lectura. No tiene que contestar estas preguntas generales, sino que están allí para ayudarlo a concentrarse en las ideas presentadas en la lectura.

Se le darán 65 minutos para contestar las 40 preguntas de esta prueba. Trabaje con cuidado, pero no dedique demasiado tiempo a una sola pregunta. Conteste todas las preguntas. Si no está seguro de una respuesta, responda de manera razonable. No se descontarán puntos por respuestas incorrectas.

Cuando se agote el tiempo, ponga una marca en la última pregunta que haya contestado. Esto le servirá de guía para calcular si podrá terminar la verdadera Prueba de GED dentro del tiempo permitido. A continuación termine la prueba.

Registre sus respuestas en una copia de la hoja de respuestas de la página 919. Asegúrese de incluir toda la información requerida en la hoja de respuestas.

Para marcar sus respuestas, en la hoja de respuestas rellene el círculo con el número de la respuesta que considere correcta para cada una de las preguntas de la prueba.

Ejemplo:

Era el sueño de Susana. El color azul metálico resplandecía y brillaba el cromo de las ruedas. El motor había sido limpiado con el mismo esmero. Adentro, luces brillantes iluminaban el tablero de mandos y los asientos estaban tapizados en cuero fino.

¿A qué es más probable que se refiera el párrafo?

(1) a un avión
(2) a un equipo estereofónico
(3) a un automóvil
(4) a un bote
(5) a una motocicleta   ① ② ● ④ ⑤

La respuesta correcta es "a un automóvil", por lo tanto, en la hoja de respuestas debería haber rellenado el círculo con el número 3 adentro.

No apoye la punta del lápiz en la hoja de respuestas mientras piensa en la respuesta. No haga marcas innecesarias en la hoja. Si decide cambiar una respuesta, borre completamente la primera marca. Rellene un solo círculo por cada respuesta; si señala más de un círculo, la respuesta se considerará incorrecta. No doble ni arrugue la hoja de respuestas.

Una vez terminada esta prueba, utilice la tabla de Análisis del desempeño en la página 704 para determinar si está listo para tomar la verdadera Prueba de GED. Si no lo está, use la tabla para identificar las destrezas que debe repasar de nuevo.

Adaptado con el permiso del *American Council on Education*.

Instrucciones: Elija la respuesta que mejor responda a cada pregunta.

Las preguntas 1 a 7 se refieren al siguiente pasaje de una novela.

¿TIENEN LA MISMA SUERTE EN EL AMOR ESTAS DOS HERMANAS?

Sin embargo, esa desdicha por la cual años enteros de felicidad no podían brindar compensación se suavizó poco después, al observar cómo la belleza de
(5) su hermana despertaba de nuevo la admiración de su anterior enamorado. Al entrar, éste no le había hablado sino poco, pero cada cinco minutos parecía prestarle cada vez más atención. La encontró tan
(10) bella como el año pasado, de tan buen carácter y sencilla, aunque no tan conversadora. Jane estaba ansiosa porque no se percibiera diferencia alguna en ella y realmente estaba persuadida de
(15) que hablaba tanto como siempre, pero su mente estaba tan ocupada que no siempre se percataba de su silencio.

Cuando los caballeros se levantaron para marcharse, la Sra. Bennet no olvidó
(20) su deliberada amabilidad y los invitó a cenar en Longbourn a los pocos días, invitación que ellos aceptaron...

En cuanto se marcharon, Elizabeth salió para recobrar sus ánimos o, en otras
(25) palabras, para meditar sin interrupción sobre aquellas cosas que debían atemperarlos. La conducta del Sr. Darcy la asombraba y la desconcertaba.

—¿Por qué vino —se preguntaba— si
(30) sólo vino a estar callado, serio e indiferente?

No podía explicárselo de manera satisfactoria.

—Si podía ser amable y agradable con mis tíos en la ciudad, ¿por qué no
(35) conmigo? Si me tiene miedo, ¿por qué vino aquí? Y si ya no le importo, ¿por qué estuvo callado? ¡Hombre perturbador, perturbador! No he de pensar más en él.

Esta resolución la mantuvo
(40) involuntariamente por corto tiempo debido a que su hermana llegó con una mirada alegre, lo cual revelaba que estaba más satisfecha con sus visitantes que Elizabeth.

(45) —Ahora —dijo— que este primer encuentro ha pasado, me siento completamente tranquila. Conozco mi propia fortaleza y ya no me avergonzaré de nuevo cuando venga. Me alegro de que
(50) cene aquí el martes. Entonces se hará público que por ambas partes nos encontramos como conocidos ordinarios e indiferentes.

—Sí, en verdad muy indiferentes —dijo
(55) Elizabeth riendo— ¡Ah, Jane, ten cuidado!

—Querida Elizabeth, no puedes creerme tan débil como para considerarme en peligro.

—Creo que estás en gran peligro de que te ame como siempre.

Jane Austen, *Pride and Prejudice.*

1. ¿Cuál de las siguientes palabras describe **mejor** lo que Elizabeth siente por el Sr. Darcy?

   (1) atracción
   (2) envidia
   (3) gratitud
   (4) respeto
   (5) desconfianza

2. ¿Por qué Elizabeth está decepcionada?

   (1) Su hermana coquetea con el Sr. Darcy.
   (2) El Sr. Darcy no le ha hecho caso.
   (3) El Sr. Darcy se preocupa mucho por ella.
   (4) Su madre se inmiscuye en la visita de los hombres.
   (5) El Sr. Darcy ha sido grosero con sus parientes.

3. De acuerdo con el pasaje, ¿qué es **más probable** que Elizabeth haga en el futuro?

   (1) Le pedirá disculpas al Sr. Darcy por su conducta grosera.
   (2) Estará preocupada pensando en el Sr. Darcy.
   (3) Tratará de convencer a Jane de que deje a su novio.
   (4) Dejará de hablarle a su tío y a su tía.
   (5) Perderá todas las esperanzas de romance.

4. De acuerdo con el pasaje, ¿qué descripción caracteriza **mejor** la relación entre Elizabeth y Jane?

   (1) crítica y competitiva
   (2) distante pero educada
   (3) cercana y cariñosa
   (4) turbulenta y problemática
   (5) frágil pero se hace más profunda

5. ¿Cuál de las siguientes opciones describe **mejor** lo que Elizabeth quiere decir con la frase "Sí, en verdad muy indiferentes" (línea 54)?

   (1) Está elogiando a Jane por su conducta.
   (2) Está describiendo la actitud del Sr. Darcy.
   (3) Está ironizando la afirmación de Jane sobre su indiferencia.
   (4) Está dando su opinión sobre la cena planeada.
   (5) Está compartiendo sus observaciones sobre la Sra. Bennet.

6. ¿Los pensamientos de qué personaje de este pasaje se ocultan al lector?

   (1) los de Elizabeth
   (2) los de Jane
   (3) los de los visitantes de Jane
   (4) los del Sr. Darcy
   (5) los de la Sra. Bennet

7. ¿En qué se parecen Jane y el Sr. Darcy?

   (1) Ninguno de los dos se muestra comunicativo el día de la visita.
   (2) Ambos cuestionan a Elizabeth sobre su conducta.
   (3) Ninguno de los dos desea ir a Longbourn.
   (4) Ambos parecen particularmente alegres después de la visita.
   (5) Ambos parecen disfrutar de molestar a Elizabeth.

¿POR QUÉ DISCUTEN?

MARTIRIO: ¡Las cosas de las viejas, señó! Si una no riñera con su novio na más que cuando tiene motivos, ¡vaya una gracia! ¡Una gracia mohosa! La
(5) cuestión es reñí sin motivo. Se tienen ganas de reñí como se tienen ganas de comerse un dulce o de tomar un pescado. Y hoy tengo yo ganas de reñir. Y riño. ¡Ya lo creo que riño!…
(10) Esta tarde riño con él. No es que terminemos, no; es que riño esta tarde. Se me ha puesto en la cabeza reñí. Allí viene. Míralo qué risueño. Poco le va a durá la sonrisa… Y
(15) creyendo que lo voy a recibí como a un Rey Mago. ¡Silba, silba!... ¡Todo el aire que eches fuera te lo vas a tené que sorber!...

(*Sale, en efecto, silbando, Julián, con*
(20) *rostro placentero.*)
JULIÁN: ¡Hola, perdición!
MARTIRIO: ¡Hola! ¿No traes el perro?
JULIÁN: No. Lo he dejao en casa.
MARTIRIO: ¡Como venías silbando!...
(25) JULIÁN: ¡Ah! Contento que está uno.
MARTIRIO: ¿Estás tú contento?
JULIÁN: ¿No me ves? ¿Y tú, no estás contenta?
MARTIRIO: Estándolo tú...
(30) JULIÁN: Me lo dices con una cara...
MARTIRIO: Con la que tengo, hijo.
JULIÁN: ¿Te pasa algo?
MARTIRIO: ¿A mi? ¿Por qué?

JULIÁN: ¡Qué sé yo! Te veo de una
(35) forma... ¿Me he retardao, quizás? (*Mira su reloj*.) Al contrario: no; son las seis, y tos los días vengo a las seis y media...
MARTIRIO: Lo cual significa que tos los
(40) días puedes vení antes, y no vienes... porque no se te antoja.
JULIÁN: Según se da el trabajo en la fotografía...
MARTIRIO: Yo no me voy a meté en
(45) averiguarlo, ¿sabes?
JULIÁN: Unas veces acude mucho público y otras veces poco...
MARTIRIO: ¡Si no te pido esplicaciones, Julián! Allá tú.
(50) JULIÁN: El resultao es que te incomodas porque vengo a verte media hora antes. Lo tendré presente pa mañana.
MARTIRIO: ¿Pa mañana? No pienses pa tan lejos.
(55) JULIÁN: ¿Eh?
MARTIRIO: Ya lo he dicho.
JULIÁN: ¡Bueno está! (*Silba de nuevo*).
MARTIRIO: Silba, hijo, silba más; a ver si viene el perro y me llena de pulgas.
(60) JULIÁN: Tú, tú; que mi perro no tiene pulgas.
MARTIRIO: ¡Ah! es verdá: soy yo quien se las pega al perro.
JULIÁN: Pero, mujé, ¿qué bicho te ha
(65) picao?

Ganas de reñir Hermanos Álvarez Quintero

8. ¿Cuál de las siguientes frases describe mejor a Mary?

    (1) solitaria e incomprendida
    (2) patética y victimizada
    (3) amigable y abierta
    (4) de pocas luces y lerda
    (5) solapada y no cooperativa

9. De acuerdo con la información de este pasaje, ¿cuál sería la manera más probable de comportarse de Mary en un trabajo?

Mary

    (1) pondría excusas al entregar un trabajo tarde
    (2) tendría demasiado miedo como para expresar su opinión
    (3) lo abandonaría después de unos pocos días
    (4) trabajaría mucho para ser promovida
    (5) podría comunicarse bien con sus compañeros de trabajo

10. ¿Cuál de las siguientes palabras describe mejor el clima en esta escena?

    (1) armonioso
    (2) de suspenso
    (3) tenso
    (4) triste
    (5) despreocupado

11. ¿Cuál de las siguientes oraciones es la razón más probable de la caída de Mary al piso?

    (1) Está contrariada y se desmayó.
    (2) Tiene una dolencia cardiaca.
    (3) No le gusta lo que le dijo Karen.
    (4) No quiere que la Sra. Mortar le pegue.
    (5) Quedó exhausta después de su larga caminata.

12. De acuerdo con el pasaje, ¿qué se puede deducir sobre la relación de Karen con la Sra. Mortar?

    (1) A Karen no le interesan las opiniones de la Sra. Mortar.
    (2) La Sra. Mortar es la amiga íntima de Karen en la que confía.
    (3) Karen se cuida de no herir los sentimientos de la Sra. Mortar.
    (4) Karen en última instancia respeta a la Sra. Mortar.
    (5) La Sra. Mortar fue profesora de Karen.

13. De acuerdo con el pasaje, ¿qué es lo más probable que Karen haga ahora?

    (1) llamar a la abuela de Mary
    (2) llamar al médico
    (3) dar una reprimenda a la Sra. Mortar
    (4) esperar que Mary decida levantarse
    (5) pedir a alguien que lleve a Mary a su habitación

Las preguntas 14 a 17 se refieren al siguiente pasaje de una novela.

¿QUÉ DECÍA EL TESTAMENTO DEL ABUELO BLAKESLEE?

—Quiero que mi entierro le recuerde a mi gente que la muerte no siempre es algo horrible. Dios inventó la muerte. Está en el plan de Dios que ocurra. Así que cuando

(5) llegue mi hora no quiero ningún viaje al emporio[1] de Birdsong ni a ningún otro. Vestir a un muerto para que parezca vivo no funciona...

—No quiero ningún ataúd. Es un

(10) desperdicio de dinero. Lo que realmente me gustaría es que me envolvieran en dos o tres costales de comida y me arrojaran a la tierra. Pero eso sería muy molesto para todos ustedes, así que usen la caja de pino

(15) que está en el piso de arriba de la tienda y que el cajón de la señorita Mattie Lou puso de moda. La he estado guardando. Y aunque no me importaría que me plantaran en la parcela para verduras o en

(20) cualquier otro lugar, creo que después nadie querría comer lo que creciera allí. Sea como sea, llévenme de la casa directo al cementerio.

—De nada sirve que le paguen a

(25) Birdsong por esa carroza fúnebre. Pídanle a Loomis que lleve su camión, sobre todo si hace calor, mi consejo es que no pierdan tiempo.

Mamá estaba escandalizada y se

(30) tapaba la boca con las manos. Mary Toy se había puesto blanca como una hoja. La tía Loma parecía emocionada, como si estuviera viendo una obra de teatro de terror. Yo misma me sentía emocionada.

(35) Me preguntaba si era una broma práctica del abuelo o un sermón. Quizás después de dar su opinión había escrito una posdata diciendo que una vez muerto realmente no le importaría qué tipo de

(40) funeral tuviera. Pero lo dudaba...

Papá siguió leyendo.

—Quiero que Loomis y ellos caven mi tumba justo al lado de la señorita Mattie Lou. No quiero a ningún sermoneador que

(45) no sea él, pero no lo dejen dar un sermón. Duraría horas. Sólo dejen que le rece a Dios para que reconforte a mi familia...

Papá siguió leyendo.

—No quiero a nadie en el entierro

(50) excepto a ustedes y a los de la tienda que quieran ir. No pongan *No está muerto, sino durmiendo* en mi lápida. Escriban *Muerto, no durmiendo.* No me molestará para nada estar muerto a seis pies bajo

(55) tierra, pero detesto que suene como si me hubieran enterrado vivo.

---

[1] emporio: establecimiento comercial grande

Olive Ann Burns, *Cold Sassy Tree.*

14. De acuerdo con el pasaje, ¿qué es probable que el abuelo Blakeslee pensara sobre la muerte?

Pensaba que la muerte es

(1) el final de todo
(2) el comienzo de una nueva vida
(3) un desperdicio de dinero
(4) normal y natural
(5) un poco aterradora

15. ¿Cuál de las siguientes opciones expresa mejor la idea principal del pasaje?

(1) El abuelo Blakeslee no quiere alboroto en su funeral.
(2) La muerte nos llega a todos.
(3) El emporio de Birdsong es demasiado caro.
(4) Los funerales deben ser sencillos y solemnes.
(5) El autor del testamento no quiere que lo vistan cuando muera.

16. ¿Cuál de las siguientes es la mejor descripción de la última voluntad y testamento del abuelo Blakeslee?

(1) una cachetada para sus herederos
(2) un ataque a la religión organizada
(3) una aprobación del movimiento que propone regresar a la naturaleza
(4) la última broma de un bromista práctico
(5) una crítica humorística de la industria funeraria

17. ¿Cuál es el principal efecto de frases como "De nada sirve" (línea 24) y "no pierdan tiempo" (línea 27 a 28)?

(1) Muestran que el abuelo Blakeslee no era un hombre inteligente.
(2) Crean la impresión de que al abuelo Blakeslee le gusta hablar.
(3) Crean la impresión de que el abuelo Blakeslee escribió su testamento deprisa.
(4) Dan la impresión de que el abuelo Blakeslee realmente está hablando.
(5) Crean la impresión de que el abuelo Blakeslee es un hombre autoritario.

¿CÓMO SE SIENTE ESTA MUJER?

VIGILIA

Él duerme. Evapora razones y memoria.
Duerme la noche obediente y plena en los balcones.
Mas yo no duermo,
está su sangre demasiado cerca.
(5) No es él, es su efigie cabal[1]
la que contemplo en el sueño de náufrago
y en esta agua
reconozco todas las que mis ojos vieron.
Él huye en la voz que nos nombra
(10) de la noche que ocurre.
Él sueña con la mano apoyada en la piel del tambor.
Quizá yo esté en su párpado pudiendo ser otra,
muchas otras razones. Timbal[2] de retirada en el combate,
el beso del perdón
(15) o carne de manzana.
Quizá nunca tendré las claves del tumulto,
su razón del ayer y de esta noche,
lo que espera de mí en mi paso de hormiga.

Mas no importa. No pido ninguna variación.
(20) He dormido bastante a la izquierda del ángel.

[1]efigie cabal: imagen, representación fiel
[2]timbal: especie de tambor

Lola Méndez, *La razón cotidiana.*

18. Al principio del poema, ¿qué relación existe entre las dos personas?

    (1) Son compañeros de universidad.
    (2) Son compañeros de trabajo.
    (3) Son una pareja.
    (4) Son desconocidos.
    (5) Son compañeros de juegos.

19. ¿Cuál de las siguientes frases describe mejor el estado de ánimo que el poema expresa?

    (1) serenidad con dudas
    (2) indiferencia
    (3) enorme indignación
    (4) tristeza abrumadora
    (5) alegría desbordante

20. Basándote en los primeros versos, ¿cuál de las siguientes opciones es la mejor manera de volver a expresar la frase "está su sangre demasiado cerca" (línea 4)?

    (1) Él se muestra indiferente a mí esta noche y yo no duermo.
    (2) Su cercanía hace que me pregunte muchas cosas y por eso no duermo.
    (3) Él duerme por los dos y por eso no me hace falta dormir.
    (4) Él está muerto y desangrándose junto a mí, por eso no duermo.
    (5) Él duerme en un hospital donde acaban de extraerle sangre; no duermo por el nerviosismo.

21. ¿Cuál de las siguientes deducciones puede hacer sobre las relaciones de la autora antes de conocerlo a él?

    (1) Ella sólo lo ha conocido a él.
    (2) Ella ha tenido otras parejas.
    (3) Antes de conocerlo, ella formó pareja con otros ángeles.
    (4) Antes de conocerlo, ella siempre dormía a la derecha de su pareja.
    (5) Su marido naufragó en un accidente y ella se quedó viuda.

22. Si la mujer del poema pudiera dar una lección sobre la vida a otra más joven, ¿cuál de las siguientes frases sería más probable que dijera?

    (1) No se puede prever el rumbo de la vida.
    (2) Cuando se ama, hay que estar siempre vigilante.
    (3) En la vida hay situaciones maravillosas y se encuentran seres extraordinarios.
    (4) Todos los hombres son iguales y no vale la pena enamorarse.
    (5) Los hombres que amamos nos engañan siempre.

23. ¿Cuál de las siguientes describe mejor las emociones de la mujer a lo largo del poema?

    (1) contemplación, soledad, curiosidad, conformidad y tranquilidad
    (2) alegría, satisfacción, indiferencia y nostalgia
    (3) ternura, miedo, desesperación, conformidad y tranquilidad
    (4) serenidad, nostalgia, miedo e indiferencia
    (5) tristeza, curiosidad, indignación y miedo

Las preguntas 24 a 29 se refieren al siguiente pasaje del manual del empleado.

¿CUÁL ES LA IMPORTANCIA DE ESTE PROGRAMA?

La mayoría de los problemas personales no desaparecen entre las 9 y las 5. Cuando los empleados experimentan dificultades en el hogar, los

(5) problemas generalmente los acompañan al trabajo. En algunos casos, los empleados enfrentan problemas adicionales en el lugar de trabajo, como presiones de fechas de entrega y

(10) conflictos con compañeros de trabajo. Situaciones como éstas pueden perturbar la capacidad de un empleado para desempeñarse bien en su trabajo u otras actividades.

(15) Son varios los tipos de problemas que pueden afectar el desempeño laboral de un empleado. Estos problemas pueden ser emocionales, maritales, familiares, ocupacionales, financieros o relacionados

(20) con el abuso de sustancias químicas. ¿Cómo puede un empleado abordar problemas como éstos? Con frecuencia, la asesoría a corto plazo es todo lo que se necesita para ayudarlo a resolver su

(25) problema antes de que comience a afectar su desempeño laboral gravemente. Aquí es donde interviene el Servicio de Asesoría y Referencia para los Empleados, SARE. Este servicio puede

(30) ayudar a los empleados a resolver muchos tipos de problemas personales.

El personal de SARE está integrado por consejeros bien capacitados y se ofrece a través del actual programa de seguro

(35) médico. Este beneficio no tiene ningún costo para el empleado ni para los miembros de su familia. Sin embargo, los empleados son responsables de los costos en que incurran en caso de ser

(40) referidos a un profesional fuera del programa SARE. Bajo esta circunstancia, el grupo de seguro médico pagará los mismos cargos razonables y habituales que pagaría si un empleado fuera tratado

(45) por un profesional médico.

Los consejeros de SARE mantienen una estricta confidencialidad. Nadie, incluyendo al empleador, será informado de la participación del empleado en el programa,

(50) a menos que él o ella lo revele. La participación en el programa tampoco pondrá en peligro el trabajo del empleado.

El programa SARE se basa en la auto referencia, es decir, el empleado se refiere a

(55) sí mismo. Él o ella comentará el problema con un consejero de SARE, quien determinará el tipo de ayuda que requiere. SARE opera las 24 horas. Si ninguno de los consejeros puede resolver el problema, el

(60) empleado será referido a un profesional calificado fuera del programa.

Durante la participación, el consejero del empleado dará apoyo y seguimiento. En caso de que fuese necesario referir el

(65) empleado a un profesional exterior, las circunstancias financieras del empleado y la ubicación geográfica serán tomadas en cuenta.

En SARE queremos ofrecerle el mejor

(70) servicio posible. Después de todo sabemos escuchar y nos preocupamos.

24. ¿Cuál de las siguientes opciones replantea mejor la frase: "Situaciones como éstas pueden perturbar la capacidad de un empleado para desempeñar bien su trabajo" (líneas 11 a 13)?

Situaciones como éstas pueden

(1) imposibilitar el desempeño de un buen trabajo
(2) necesitar una intervención médica
(3) hacer que al empleado no le importe su desempeño laboral
(4) dificultar sobresalir en el trabajo
(5) implicar el despido del empleado

25. De acuerdo con el pasaje, ¿qué se puede deducir sobre los directores de la empresa que ofrecen el programa SARE a sus empleados?

(1) Dan poca importancia a los beneficios de los empleados.
(2) Piensan que este beneficio ayudará a atraer empleados de alta calidad.
(3) Quieren que sus empleados tengan un buen desempeño laboral.
(4) Les piden a sus empleados que dejen sus problemas en casa.
(5) Quieren referir a sus empleados con problemas con profesionales de fuera del programa.

26. ¿Qué implica la referencia al pago de "cargos razonables y habituales" (línea 43)?

Implica que el seguro médico grupal

(1) cobra cuotas estándar a los empleados
(2) normalmente no cobra a sus clientes
(3) no cubrirá los costos que considere demasiado altos
(4) cubrirá sólo aquellos tipos de tratamientos brindados por los médicos
(5) pagará la misma cantidad que los cargos médicos normales del empleado

27. Imagine que SARE está disponible en su puesto de trabajo. ¿Cuál de las siguientes personas podría reunirse con un consejero de SERA, sin costos para usted?

(1) su amigo, quien tiene dificultades emocionales
(2) su hijo, quien sufre de depresión
(3) su cónyuge, quien tiene un brazo partido
(4) su vecino, quien tiene problemas con el crédito
(5) la madre de su cuñada, quien necesita consejería

28. ¿Qué par de palabras describe mejor el estilo de redacción de este pasaje?

(1) directo y realista
(2) parco y académico
(3) técnico y difícil
(4) ligero y divertido
(5) detallado y clínico

29. ¿Cuál de las siguientes opciones describe mejor la organización de este pasaje?

(1) secuencia de sucesos
(2) comparación y contraste de información
(3) enumeración de la información en orden de importancia
(4) presentación de un problema y su solución
(5) primero, la presentación de cuestiones conocidas y luego, la presentación de cuestiones desconocidas

¿ESTA MUJER VIVE EN UN MUNDO DE SUEÑOS?

Las ventanas del salón daban a
un balcón con vista al jardín. A lo lejos,
contra el muro, había un peral alto y esbelto
en pleno florecimiento; se erguía perfecto,
(5) como inmóvil contra el cielo verde jade[1].
Berta no podía evitar sentir, aun desde esa
distancia, que no tenía ni un solo capullo o
pétalo descolorido. Más abajo, en los
arriates[2] del jardín, los tulipanes rojos y
(10) amarillos mecidos de flores parecían
inclinarse hacia el anochecer. Un gato gris,
con la panza a rastras, avanzó por el
césped, y uno negro, su sombra, lo siguió.
Esta escena, tan penetrante y fugaz, dio a
(15) Berta un curioso escalofrío.

—¡Qué criaturas tan espeluznantes son
los gatos! —balbuceó antes de alejarse de
la ventana y comenzar a caminar de arriba
abajo...

(20) Qué fuerte se sentía el olor de los
junquillos[3] en la cálida habitación.
¿Demasiado fuerte? Ah, no. Y sin embargo,
como embelesada, se dejó caer en un sofá
y se presionó los ojos con las manos.

(25) —¡Soy demasiado feliz, demasiado
feliz! —murmuró.

Y le pareció ver sobre sus párpados el
hermoso peral con sus flores bien abiertas
como símbolo de su propia vida.

(30) Realmente, realmente lo tenía todo. Era
joven; Harry y ella estaban tan enamorados
como siempre, se llevaban espléndidamente
y realmente eran buenos amigos. Tenía un
bebé adorable. No tenían que preocuparse
(35) por el dinero y la casa y el jardín eran
totalmente satisfactorios. En cuanto a los
amigos —escritores, pintores y poetas

modernos y entusiastas de la vida
social—, eran justo la clase de amigos
(40) que quería. Y luego, estaban los libros
y la música, además, había encontrado
un modisto maravilloso, irían al
extranjero en el verano y la nueva
cocinera preparaba las "omelettes" más
(45) exquisitas...

—¡Soy absurda! ¡Absurda! —se
levantó, pero se sintió bastante mareada,
bastante ebria. Debe ser la primavera.

Sí, era la primavera. Ahora estaba tan
(50) cansada que no podía arrastrarse
escaleras arriba para ir a vestirse.

Vestido blanco, collar de cuentas de
jade, zapatos y medias verdes. No era
intencional. Había pensado en esta
(55) combinación horas antes de pararse en la
ventana del salón.

---

[1]jade: piedra preciosa de color verde
[2]arriates: lugar en el que se ponen plantas
de adorno junto a las paredes de un jardín
o patio
[3]junquillos: planta que tiene flores
amarillas

Katherine Mansfield, "Bliss", *The Short Stories of Katherine
Mansfield.*

30. ¿A qué hora tiene lugar la escena de este pasaje?

(1) temprano por la mañana
(2) a mediodía
(3) en la tarde
(4) en las primeras horas de la noche
(5) en la noche

31. De acuerdo con la información que proporciona este pasaje, ¿en cuál de las siguientes actividades es más probable que Berta participara?

(1) visitar galerías de arte
(2) ir a cacerías de zorros
(3) cepillar gatos
(4) limpiar la casa
(5) preparar platillos de alta cocina

32. ¿Por qué Berta ve al peral como un símbolo de su vida?

(1) Parece perfecto, al igual que las circunstancias de ella.
(2) Es alto y esbelto, al igual que ella.
(3) Pronto dará frutos, y ella está embarazada.
(4) Está creciendo y cambiando, al igual que ella.
(5) Proyecta una sensación de tranquilidad, y ella es tranquila.

33. ¿Cuál es el significado más probable de las líneas 53 a 56: "No era intencional. Había pensado en esta combinación horas antes de pararse en la ventana del salón"?

(1) Los colores de la ropa que pensaba ponerse combinaban con su entorno.
(2) Los colores de la ropa que pensaba ponerse combinaban con su estado de ánimo.
(3) Berta no creía en coincidencias.
(4) Berta ensayaba lo que les diría a quienes elogiaran su atuendo.
(5) Berta tramaba hacer algo malo.

34. ¿Qué efecto tiene en el clima emocional la estación (primavera) en la que se desarrolla la historia?

(1) Contribuye a crear una sensación fresca y novedosa.
(2) Contribuye a crear una sensación de irrealidad.
(3) Contribuye a crear una sensación alegre y juguetona.
(4) Hace que el peral sea un símbolo más efectivo.
(5) Da la sensación de un nuevo comienzo para Berta.

35. De acuerdo con el pasaje, ¿cuál de las siguientes palabras es más probable que el narrador usara para describir a Berta?

(1) inteligente
(2) ingenua
(3) negligente
(4) sensible
(5) odiosa

¿CÓMO LEE LA TELEGUÍA ESTE AUTOR?

Lo primero que hago cuando tomo la *Teleguía (TV Guide)* en el supermercado es arrancar los abundantes anuncios comerciales. No me molestan los anuncios,

(5) sino cómo están impresos, ya que dificultan de manera fastidiosa la localización de las páginas importantes. Después de quitar los obstáculos, me dispongo a echar un vistazo a la programación para identificar los

(10) programas que veré y los que grabaré para después recuperarlos. Debido al número de canales descritos, revisar cada programa es frustrante, sobre todo si se desea hacer una lista de películas distintas a las ofrecidas

(15) exclusivamente en los canales de cable de primera. Sería mucho más fácil distinguir las películas y sin duda para los aficionados a los deportes, si *Teleguía* ofreciera programaciones completas por separado

(20) para satisfacer ambos intereses. Si se considera la diversidad de los programas de interés especial, también se podría adoptar un esquema similar para anunciar las noticias y eventos especiales para niños.

(25) Sin culpa alguna, *Teleguía* enumera sólo los títulos de los programas transmitidos por la cadena A&E, Discovery Channel, Disney Channel y absolutamente nada de C-Span. Con excepción de Disney Channel, cada

(30) canal vende su propia guía de programación mensual por $15.00 a $30.00 al año (La revista Disney Channel Magazine está incluida en la cuota mensual del cable)...

Los programas de Discovery Channel

(35) son continuamente interesantes. El que más sobresale es la serie de Gus MacDonald's sobre la arqueología y evolución de

el extranjero, además de una variedad de documentales extranjeros, entre lo que se

(40) incluyen aquellos que exploran todos los aspectos de la vida y de las épocas del Imperio británico. Sin embargo, no justifican el gasto extra de una guía de programación ya que muchos son

(45) repeticiones. Lo mismo sucede con A&E, aunque es peor. Las repeticiones son, por ejemplo, más frecuentes que los nuevos programas. Mientras que una ocasional película en lengua extranjera es

(50) considerada como algo extra, lo que no es bienvenido es la frecuencia con que transmiten películas sin algunas escenas para ahorrar tiempo...

Algunos de los programas más

(55) importantes de la televisión son transmitidos por los canales C-Span y como tal debería aparecer en *Teleguía* y en todos los periódicos, pero no es así. Por lo tanto, la guía mensual de C-Span no

(60) tiene precio, salvo por los inevitables cambios de último momento en la programación.

Lo que se necesita es una guía exhaustiva de televisión semanal que

(65) describa, con profundidad, los programas de todos los canales de un área determinada; una guía cuya información esté organizada de tal manera que permita al televidente acceder a ella con pocas

(70) dificultades.

Chris Buchman, "The Television Scene", *Films in Review*.

36. ¿Cuál es la idea principal del pasaje?

El autor

(1) piensa que la programación en el canal C-Span es muy importante
(2) quisiera guías de programación más detalladas y enfocadas en intereses particulares
(3) no le gustan las opciones de programación ni con el número de repeticiones del canal A&E
(4) quiere que la gente compre *Teleguía*
(5) desea que más gente comparta sus hábitos de lectura y de programas

37. ¿Cuál de los siguientes enunciados expresa mejor la opinión del autor sobre A&E?

(1) Su programación es mucho mejor que la del canal C-Span.
(2) Es necesario tener una guía de programación especial para sus transmisiones.
(3) Su guía de programación es un desperdicio de dinero.
(4) Transmite unos de los mejores programas de la televisión.
(5) No debe verse nunca.

38. ¿Cuál de las siguientes palabras describe mejor el tono del pasaje?

(1) informativo
(2) enojado
(3) humorístico
(4) abrumador
(5) complacido

39. ¿Cuál de las siguientes palabras describe mejor el estilo de redacción de esta crítica?

(1) técnico
(2) superficial
(3) metódico
(4) decorativo
(5) económico

40. De acuerdo con el autor, ¿cuál de las siguientes palabras describe mejor a la *Teleguía*?

(1) reflexiva
(2) detallada
(3) superficial
(4) confusa
(5) sesgada

Tabla de análisis del desempeño en la Prueba simulada
Lenguaje, Lectura

Las siguientes tablas le servirán para determinar cuáles son sus puntos fuertes y débiles en las áreas temáticas y destrezas necesarias para aprobar la Prueba de Lenguaje y Lectura de GED. Consulte la sección Respuestas y explicaciones que comienza en la página 875 para verificar las respuestas que haya dado en la Prueba simulada. Luego, en la tabla, encierre en un círculo los números correspondientes a las preguntas de la prueba que haya contestado correctamente. Anote el número total de aciertos por área temática y por destreza al final de cada hilera y columna. Vea el número total de aciertos de cada columna e hilera para determinar cuáles son las áreas y destrezas que más se le dificultan.

Destreza de razonamiento / Área temática	Comprensión	Aplicación	Análisis	Síntesis	Número de aciertos
Textos de no ficción (*Lecciones 1 a 9*)	24, 36, 40	26, 27	25, 37	28, 29, 38, 39	_____/11
Ficción (*Lecciones 10 a 19*)	1, 2, 14, 15, 30	3, 31	4, 5, 6, 32, 33	7, 16, 17, 34, 35	_____/17
Poesía (*Lecciones 20 a 24*)	18	22	20, 21	19, 23	_____/6
Obras dramáticas (*Lecciones 25 a 28*)	8	9	11, 12, 13	10	_____/6
Número de aciertos	_____/10	_____/6	_____/12	_____/12	_____/40

1 a 32 → Necesita estudiar más.
33 a 40 → ¡Felicidades! ¡Está listo para tomar la Prueba de GED!

Para más práctica, vea el libro de Steck-Vaughn *GED Lenguaje, Lectura* o el *Cuaderno de práctica: GED Lenguaje, Lectura.*

MATEMÁTICAS
Parte I

Instrucciones

La prueba simulada de Matemáticas está formada por preguntas de opción múltiple y por preguntas de formato alternativo que sirven para medir su conocimiento general de las destrezas matemáticas y su capacidad de resolver problemas. Las preguntas se basan en enunciados breves que en muchas ocasiones incluyen una gráfica, una tabla o una ilustración.

Dispone de 45 minutos para completar las 25 preguntas de la Parte I. Trabaje con cuidado, pero no dedique demasiado tiempo a una sola pregunta. Asegúrese de haber contestado todas las preguntas. No se descontarán puntos por respuestas incorrectas. Cuando se agote el tiempo, ponga una marca en la última pregunta que haya contestado. Esto le servirá de guía para calcular si podrá terminar la verdadera Prueba de GED dentro del tiempo permitido. A continuación, termine la prueba.

En la página 708 se proporcionan las fórmulas que podría necesitar. Solamente algunas de las preguntas necesitarán que utilice fórmulas. No todas las fórmulas que se dan serán necesarias.

Algunas preguntas contienen más información de la que usted necesita para resolver el problema; otras preguntas no dan suficiente información. Si la pregunta no da suficiente información para resolver el problema, las respuesta correcta es "No se cuenta con suficiente información".

En la Parte I se le permitirá el uso de la calculadora. En la página 707 encontrará las instrucciones necesarias para utilizar la calculadora científica CASIO modelo *fx-260SOLAR*.

Registre sus respuestas en la hoja de respuestas separada en la página 921. Asegúrese de incluir toda la información requerida en la hoja de respuestas.

Para marcar sus respuestas, en la hoja de respuestas rellene el círculo con el número de la respuesta que considere correcta para cada una de las preguntas de la prueba.

Ejemplo: Si una cuenta de mercado por valor total de $15.75 se paga con un billete de $20.00, ¿cuánto cambio debe devolverse?

(1) $5.25
(2) $4.75
(3) $4.25
(4) $3.75
(5) $3.25

① ② ● ④ ⑤

La respuesta correcta es $4.25. Por tanto, en la hoja de respuestas debería haber rellenado el círculo con el número 3 adentro.

No apoye la punta del lápiz en la hoja de respuestas mientras piensa en la respuesta. No haga marcas innecesarias en la hoja. Si decide cambiar una respuesta, borre completamente la primera marca. Rellene un sólo círculo por cada respuesta: si señala más de un círculo, la respuesta se considerará incorrecta. No doble ni arrugue la hoja de respuestas.

Una vez terminada esta prueba, utilice la Tabla de análisis del desempeño en la página 721 para determinar si está listo para tomar la verdadera Prueba de GED. Si no lo está, use la tabla para identificar las destrezas que debe repasar de nuevo.

Adaptado con el permiso del *American Council on Education*.

MATEMÁTICAS

Los números mixtos, como $3\frac{1}{2}$, no pueden anotarse en la cuadrícula del formato alterno. En lugar de ello, represéntelos como números decimales (en este caso, 3.5) o en fracciones (en este caso, 7/2). Ninguna respuesta podrá ser un número negativo, como −8.

Para registrar su respuesta a una pregunta en el formato alternativo:

- empiece en cualquier columna que le permita anotar su respuesta;
- escriba su respuesta en los recuadros en la fila superior;
- en la columna que esté debajo de una barra de fracción o de un punto decimal (si la hubiere) y cada número de su respuesta, rellene el círculo que representa ese signo o número;
- deje en blanco las columnas no utilizadas.

Ejemplo:

La escala de un mapa indica que $\frac{1}{2}$ pulg. representa una distancia real de 120 millas. ¿A qué distancia en pulgadas estarían dentro del mapa dos ciudades que en la vida real se encuentran a 180 millas de distancia?

La respuesta al ejemplo anterior es de 3/4 ó 0.75 pulgadas. A continuación se presentan algunos ejemplos de cómo podría anotarse la respuesta en la cuadrícula.

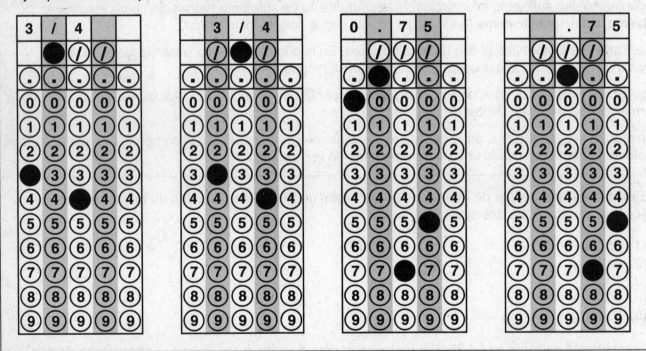

Puntos que son preciso recordar:

- La hoja de respuestas será calificada a máquina. **Los círculos deben rellenarse correctamente.**
- No marque más de un círculo en una columna.
- Anote una sola respuesta en la cuadrícula aunque haya más de una respuesta correcta.
- Los números mixtos como $3\frac{1}{2}$ deben escribirse en la cuadrícula como 3.5 ó 7/2.
- Ninguna respuesta podrá ser un número negativo.

Adaptado con el permiso del *American Council on Education*.

INSTRUCCIONES PARA EL USO DE LA CALCULADORA

Presione la tecla (ON) (situada en la esquina superior derecha) cuando utilice la calculadora por **primera** vez. En la parte superior central de la pantalla aparecerán las letras "DEG" y a la derecha el número "0." Esto indica que la calculadora se encuentra en el formato adecuado para que usted pueda realizar sus cálculos.

Para utilizar la calculadora con **otra** pregunta, presione la tecla (ON) o la tecla roja (AC) . De esta forma se borrará toda entrada anterior.

Introduzca la expresión tal como está escrita para realizar cualquier operación. Presione (=) (el signo de "es igual a") cuando termine de introducir los datos.

EJEMPLO A: $8 - 3 + 9$

> Presione primero (ON) o (AC) .
> Introduzca lo siguiente:
>
> > 8 (−) 3 (+) 9 (=)
>
> La respuesta correcta es 14.

Si tiene que multiplicar una expresión entre paréntesis por un número, presione (X) (el signo de multiplicación) entre el número y el signo de paréntesis.

EJEMPLO B: $6(8 + 5)$

> Presione primero (ON) o (AC) .
> Introduzca lo siguiente:
>
> > 6 (X) ((--- 8 (+) 5 ---)) (=)
>
> La respuesta correcta es 78.

Para calcular la raíz cuadrada de un número:

- Introduzca el número;
- Presione la tecla (SHIFT) (situada en la esquina superior izquierda). (En la parte superior izquierda de la pantalla, aparecerá la palabra "SHIFT");
- Presione (x^2) (la tercera tecla empezando por la izquierda en la fila superior) para poder utilizar la segunda función de la tecla: la raíz cuadrada. **NO** presione (SHIFT) y (x^2) a la vez.

EJEMPLO C: $\sqrt{64}$

> Presione primero (ON) o (AC) .
> Introduzca lo siguiente:
>
> > 64 (SHIFT) (x^2)
>
> La respuesta correcta es 8.

Para introducir un número negativo, como por ejemplo -8:

- Introduzca el número sin el signo negativo (introduzca 8);
- Presione la tecla de cambio de signo ((+/−)) que está colocada justo encima de la tecla del número 7. Puede realizar cualquier operación con números negativos y/o positivos.

EJEMPLO D: $-8 - -5$

> Presione primero (ON) o (AC) .
> Introduzca lo siguiente:
>
> > 8 (+/−) (−) 5 (+/−) (=)
>
> La respuesta correcta es -3.

Adaptado con el permiso del *American Council on Education*.

FÓRMULAS

ÁREA de un:

cuadrado	Área = lado^2
rectángulo	Área = largo $\times$ ancho
paralelogramo	Área = base $\times$ altura
triángulo	Área = $\frac{1}{2} \times$ base $\times$ altura
trapecio	Área = $\frac{1}{2} \times$ (base mayor + base menor) $\times$ altura
círculo	Área = $\pi \times$ radio^2; donde π equivale aproximadamente a 3.14

PERÍMETRO de un:

cuadrado	Perímetro = 4 $\times$ lado
rectángulo	Perímetro = 2 $\times$ largo + 2 $\times$ ancho
triángulo	Perímetro = lado$_1$ + lado$_2$ + lado$_3$
PERÍMETRO DE LA CIRCUNFERENCIA	Circunferencia = $\pi \times$ diámetro; donde π equivale aproximadamente a 3.14

VOLUMEN de:

un cubo	Volumen = arista^3
un objeto rectangular	Volumen = largo $\times$ ancho $\times$ altura
una pirámide cuadrangular	Volumen = $\frac{1}{3} \times$ (arista de la base)$^2 \times$ altura
un cilindro	Volumen = $\pi \times$ radio$^2 \times$ altura; donde π equivale aproximadamente a 3.14
un cono	Volumen = $\frac{1}{3} \times \pi \times$ radio$^2 \times$ altura; donde π equivale aproximadamente a 3.14

GEOMETRÍA ANALÍTICA

Distancia entre dos puntos = $\sqrt{(x_2 - x_1)^2 + (y_2 - y_1)^2}$; donde (x_1, y_1) y (x_2, y_2) son dos puntos en un plano.

Pendiente de una recta = $\frac{y_2 - y_1}{x_2 - x_1}$; donde (x_1, y_1) y (x_2, y_2) son dos puntos en una recta.

TEOREMA DE PITÁGORAS

$a^2 + b^2 = c^2$, donde a y b son los catetos y c la hipotenusa de un triángulo rectángulo.

MEDIDAS DE TENDENCIA CENTRAL

Media artimética = $\frac{x_1 + x_2 + \ldots + x_n}{n}$; donde las x son los valores para los cuales se desea encontrar la media y n es el número total de valores de x.

Mediana = Es el valor situado en el centro en un número impar de datos *ordenados* y la media aritmética de los dos valores más próximos al centro en un número par de datos *ordenados*.

INTERÉS SIMPLE

Interés = capital $\times$ tasa $\times$ tiempo

DISTANCIA

Distancia = velocidad $\times$ tiempo

COSTO TOTAL

Costo total = (número de unidades) $\times$ (precio de cada unidad)

Adaptado con el permiso del *American Council on Education*.

Parte I

Instrucciones: Elija la respuesta que mejor responda a cada pregunta. PUEDE usar la calculadora.

Las preguntas 1 y 2 se refieren a la siguiente gráfica.

PERSONAS EMPLEADAS EN DIVERSAS OCUPACIONES
(Total: 25,000 personas)

1. ¿Cuál fue el número total de personas empleadas en el sector de ventas al por mayor y en el sector de salud y educación?

   (1) 2000
   (2) 3000
   (3) 5000
   (4) 7000
   (5) 8000

2. ¿En cuánto superó el número de personas empleadas en las ocupaciones de administración, jurídicas o profesionales al número de personas dedicadas al entretenimiento?

   (1) 4000
   (2) 4350
   (3) 5000
   (4) 5250
   (5) 5500

3. Una compañía tiene $15,000 en su cuenta corriente. La compañía deposita cheques de $1800, $3000 y $900. Para pagar las facturas, escribe cheques de $3600 y $2800. ¿Cuánto dinero hay en la cuenta después de las transacciones?

   (1) $27,100
   (2) $16,800
   (3) 14,300
   (4) 3,800
   (5) No se cuenta con suficiente información.

La pregunta 4 se refiere a la siguiente figura.

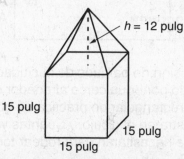

4. ¿Cuál es el volumen de la figura en pulgadas cúbicas?

   Marque su respuesta en los círculos de la cuadrícula de su hoja de respuestas.

5. ¿Cuál es el valor de la expresión $(908 + 23 \times 48) \div 2 + 687$?

   Marque su respuesta en los círculos de la cuadrícula de su hoja de respuestas.

6. De enero a febrero el precio de las acciones de Argon subió de $2 por acción a $8 por acción. ¿Cuál fue el porcentaje del aumento?

   (1) 6%
   (2) 40%
   (3) 75%
   (4) 300%
   (5) No se cuenta con suficiente información.

7. Sara compró 6 boletos de rifas. Si se venden un total de 300 boletos, ¿cuál es la probabilidad de que le toque a Sara?

   (1) $\frac{1}{4}$
   (2) $\frac{1}{20}$
   (3) $\frac{1}{25}$
   (4) $\frac{1}{50}$
   (5) $\frac{1}{300}$

Las preguntas 8 y 9 se refieren a la siguiente figura.

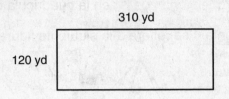

310 yd

120 yd

8. La comisión de parques de la ciudad tiene planeado poner un cerco alrededor del campo rectangular de práctica de golf que se muestra en el dibujo. ¿Cuántas yardas de cerco se necesitarán para rodear todo el campo?

(1) 240
(2) 430
(3) 620
(4) 860
(5) 980

9. La ciudad necesita comprar semillas para cubrir con césped el campo de práctica de golf. Si cada bolsa de semillas es capaz de cubrir 75 yardas cuadradas de terreno, ¿cuántas bolsas tendrá que comprar la ciudad para sembrar todo el campo?

(1) 160
(2) 357
(3) 496
(4) 653
(5) 744

10. El precio de un equipo de sonido el viernes era de $272, incluyendo un descuento del 15% con respecto a su precio el jueves. ¿Cuál era el precio del equipo estereofónico el jueves?

(1) $231.20
(2) $312.80
(3) $318.20
(4) $320.00
(5) $328.00

11. El Banco Noroeste cobra por su cuenta corriente normal una cuota mensual de $2.50, más $0.10 por cada cheque. La función que se usa para determinar los cargos mensuales totales es $M = \$2.50 + \$0.10c$, en donde M = cargos mensuales y c = la cantidad de cheques. Si durante un mes un cliente usa 24 cheques, ¿cuánto le cobrarán?

(1) $ 2.40
(2) $ 2.50
(3) $ 4.90
(4) $ 6.00
(5) $26.50

12. Alberto es cinco veces mayor que Timoteo. Dentro de cinco años, Alberto será cuatro veces mayor que Timoteo. ¿Qué edad tendrá Timoteo dentro de cinco años?

Marque su respuesta en los círculos de la cuadrícula de su hoja de respuestas.

La pregunta 13 se refiere a la siguiente figura.

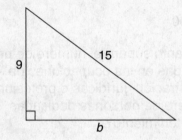

9

15

b

13. En un triángulo rectángulo, el cateto corto tiene una longitud de 9 y la hipotenusa tiene una longitud de 15. ¿Cuál es la longitud del otro cateto?

Marque su respuesta en los círculos de la cuadrícula de su hoja de respuestas.

14. Roberto pide $14,000 prestados y acepta pagar un interés anual simple del $9\frac{3}{4}$%. ¿Cuál de las siguientes expresiones muestra cuánto pagará de intereses si pide el préstamo a $3\frac{1}{2}$ años?

   (1) $14,000 + 0.0975 + 3.5
   (2) $14,000 × 9.75 × 3.5
   (3) $14,000 × 0.0975 × 3.5
   (4) $14,000 × $\frac{0.0975}{3.5}$
   (5) $\frac{\$14,000}{3.5}$ × 0.0975

La pregunta 15 se refiere a la siguiente figura.

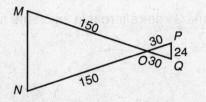

15. Si $\overline{PQ}$ y $\overline{MN}$ son paralelos, ¿cuál es la longitud de $\overline{MN}$?

   (1) 48
   (2) 60
   (3) 90
   (4) 120
   (5) 150

La pregunta 16 se refiere al siguiente diagrama.

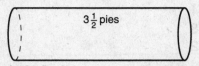

el diámetro de la base es de 12 pulgadas

16. ¿Cuál de las siguientes expresiones puede usarse para calcular el volumen, en pulgadas cúbicas, de un cilindro?

   (1) 42(12)
   (2) 3.14(6²)
   (3) 3.14(6²)(3.5)
   (4) (3.14)(6²)(42)
   (5) (3.14)(12²)(42)

17. Muestre el punto con las coordenadas (3, −4).

   Marque su respuesta en la cuadrícula de coordenadas de su hoja de respuestas.

18. ¿Cuál de las siguientes gráficas muestra la solución de?

$$6 - 5x < 7x - 6$$

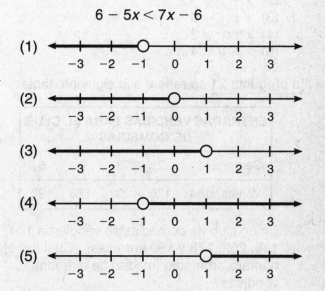

La pregunta 19 se refiere a la siguiente tabla.

PAGOS DE ELECTRICIDAD	
Período	**Cantidad**
Ene–Feb	$89.36
Mar–Abr	$90.12
May–Jun	$74.47
Jul–Ago	$63.15
Sept–Oct	$59.76
Nov–Dic	$84.31

19. ¿Cuál es la mediana de las cantidades que aparecen en la tabla?

   (1) $84.31
   (2) $79.39
   (3) $74.47
   (4) $63.15
   (5) No se cuenta con suficiente información.

20. ¿Cuál es la ecuación de la siguiente recta?

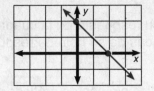

(1) $x + y = -4$
(2) $x + y = -2$
(3) $x + y = 0$
(4) $x + y = 2$
(5) $x + y = 4$

La pregunta 21 se refiere a la siguiente tabla.

ENTRADAS VENDIDAS PARA EL CLUB DE COMEDIAS					
Semana	1	2	3	4	5
Ventas	184	176	202	178	190

21. En un club de comedias se vendieron 184, 176, 202, 178 y 190 entradas. ¿Cuál fue el número promedio (media) de entradas vendidas?

Marque su respuesta en los círculos de la cuadrícula de su hoja de respuestas.

22. El lunes, Areta le pidió prestado $42.48 a Julia y el viernes, le pidió $64.76 más. El sábado le devolvió $\frac{1}{4}$ de lo que le debía. ¿Cuánto todavía le debe?

Marque su respuesta en los círculos de la cuadrícula de su hoja de respuestas.

23. Una carrera de 5 kilómetros tiene tres puntos de control entre la salida y la meta. El punto de control 1 está a 1.8 km de la salida. El punto de control 3 se encuentra a 1.2 km de la meta. El punto de control 2 está a mitad de camino entre los puntos de control 1 y 3. ¿A cuántos kilómetros de distancia está el punto de control 2 de la meta?

(1) 1.2
(2) 1.5
(3) 1.8
(4) 2.0
(5) 2.2

La pregunta 24 se refiere a la siguiente figura.

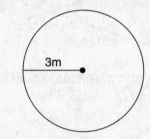

24. ¿Cuál es la circunferencia de un círculo con un radio de 3 metros. Redondee su respuesta al décimo de metro más cercano.

(1) 4.7
(2) 7.1
(3) 9.4
(4) 18.8
(5) 28.2

25. ¿Cuál de las siguientes expresa el producto de 6,000 y 14,000 en notación científica?

(1) 8.4×10^8
(2) 8.4×10^7
(3) 8.4×10^6
(4) 84×10^8
(5) 84×10^7

MATEMÁTICAS
Parte II

Instrucciones

La Prueba preliminar de Matemáticas consta de una serie de preguntas de selección múltiple y formato alternativo, destinadas a medir las aptitudes matemáticas generales y la capacidad de resolver problemas. Las preguntas se basan en lecturas breves que con frecuencia incluyen una gráfica, un cuadro o un diagrama.

Se le darán 45 minutos para contestar las 25 preguntas de la Parte II. Trabaje con cuidado, pero no dedique demasiado tiempo a una sola pregunta. Asegúrese de haber contestado todas las preguntas. No se descontarán puntos por respuestas incorrectas. Cuando se agote el tiempo, ponga una marca en la última pregunta que haya contestado. Esto le servirá de guía para calcular si podrá terminar la verdadera Prueba de GED dentro del tiempo permitido. A continuación, termine la prueba.

En la página 715 se proporcionan las fórmulas que podría necesitar. Solamente algunas de las preguntas necesitarán que utilice fórmulas. No todas las fórmulas que se dan serán necesarias.

Algunas preguntas contienen más información de la que usted necesita para resolver el problema; otras preguntas no dan suficiente información. Si la pregunta no da suficiente información para resolver el problema, las respuesta correcta es "No se cuenta con suficiente información".

En la Parte II no se permitirá utilizar la calculadora.

Registre sus respuestas en la hoja de respuestas separada en la página 922. Asegúrese de incluir toda la información requerida en la hoja de respuestas.

Para marcar sus respuestas, en la hoja de respuestas rellene el círculo con el número de la respuesta que considere correcta para cada una de las preguntas de la prueba.

Ejemplo: Si una cuenta de mercado por valor total de $15.75 se paga con un billete de $20.00, ¿cuánto cambio debe devolverse?

(1) $5.25
(2) $4.75
(3) $4.25
(4) $3.75
(5) $3.25   ① ② ● ④ ⑤

La respuesta correcta es $4.25; por tanto, en la hoja de respuestas debería haber rellenado el círculo con el número 3 adentro.

No apoye la punta del lápiz en la hoja de respuestas mientras piensa en la respuesta. No haga marcas innecesarias en la hoja. Si decide cambiar una respuesta, borre completamente la primera marca. Rellene un sólo círculo por cada respuesta: si señala más de un círculo, la respuesta se considerará incorrecta. No doble ni arrugue la hoja de respuestas.

Una vez terminada esta prueba, utilice la Tabla de análisis del desempeño en la página 721 para determinar si está listo para tomar la verdadera Prueba de GED. Si no lo está, use la tabla para identificar las destrezas que debe repasar de nuevo.

Adaptado con el permiso del *American Council on Education*.

MATEMÁTICAS

Los números mixtos, como $3\frac{1}{2}$, no pueden anotarse en la cuadrícula de formato alterno.

En lugar de ello, represéntelos como números decimales (en este caso, 3.5) o fracciones (en este caso, 7/2). Ninguna respuesta podrá ser un número negativo, como -8.

Para registrar su respuesta a una pregunta en el formato alternativo:

- empiece en cualquier columna que le permita anotar su respuesta;
- escriba su respuesta en los recuadros en la fila superior;
- en la columna que esté debajo de una barra de fracción o de un punto decimal (si la hubiere) y cada número de su respuesta, rellene el círculo que representa ese signo o número;
- deje en blanco las columnas no utilizadas.

Ejemplo:

La escala de un mapa indica que $\frac{1}{2}$ pulg. representa una distancia real de 120 millas. ¿A qué distancia en pulgadas estarían dentro del mapa dos ciudades que en la vida real se encuentran a 180 millas de distancia?

La respuesta al ejemplo anterior es de 3/4 ó 0.75 pulgadas. A continuación se presentan algunos ejemplos de cómo podría anotarse la respuesta en la cuadrícula.

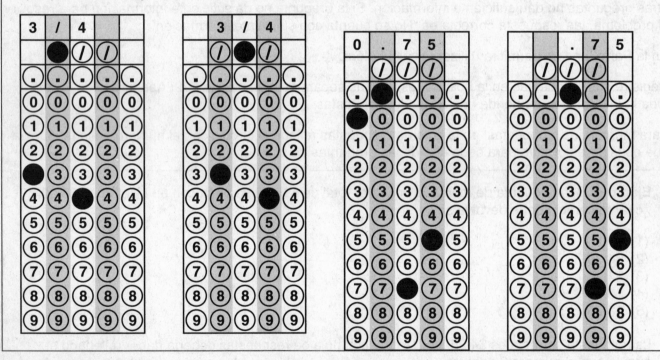

Puntos que son preciso recordar:

- La hoja de respuestas será calificada a máquina. **Los círculos deben rellenarse correctamente.**
- No marque más de un círculo en una columna.
- Anote una sola respuesta en la cuadrícula aunque haya más de una respuesta correcta.
- Los números mixtos como $3\frac{1}{2}$, deben escribirse en la cuadrícula como 3.5 ó 7/2.
- Ninguna respuesta podrá ser un número negativo.

Adaptado con el permiso del *American Council on Education*.

FÓRMULAS

ÁREA de un:

cuadrado	Área = lado^2
rectángulo	Área = largo × ancho
paralelogramo	Área = base × altura
triángulo	Área = $\frac{1}{2}$ × base × altura
trapecio	Área = $\frac{1}{2}$ × (base mayor + base menor) × altura
círculo	Área = π × radio^2; donde π equivale aproximadamente a 3.14

PERÍMETRO de un:

cuadrado	Perímetro = 4 × lado
rectángulo	Perímetro = 2 × largo + 2 × ancho
triángulo	Perímetro = lado$_1$ + lado$_2$ + lado$_3$
PERÍMETRO DE LA CIRCUNFERENCIA	Circunferencia = π × diámetro; donde π equivale aproximadamente a 3.14

VOLUMEN de:

un cubo	Volumen = arista^3
un objeto rectangular	Volumen = largo × ancho × altura
una pirámide cuadrangular	Volumen = $\frac{1}{3}$ × (arista de la base)^2 × altura
un cilindro	Volumen = π × radio^2 × altura; donde π equivale aproximadamente a 3.14
un cono	Volumen = $\frac{1}{3}$ × π × radio^2 × altura; donde π equivale aproximadamente a 3.14

GEOMETRÍA ANALÍTICA

Distancia entre dos puntos = $\sqrt{(x_2 - x_1)^2 + (y_2 - y_1)^2}$; donde (x_1, y_1) y (x_2, y_2) son dos puntos en un plano.

Pendiente de una recta = $\frac{y_2 - y_1}{x_2 - x_1}$; donde (x_1, y_1) y (x_2, y_2) son dos puntos en una recta.

TEOREMA DE PITÁGORAS

$a^2 + b^2 = c^2$, donde a y b son los catetos y c la hipotenusa de un triángulo rectángulo.

MEDIDAS DE TENDENCIA CENTRAL

Media aritmética = $\frac{x_1 + x_2 + \ldots + x_n}{n}$; donde las x son los valores para los cuales se desea encontrar la media y n es el número total de valores de x.

Mediana = Es el valor situado en el centro en un número impar de datos _ordenados_ y la media aritmética de los dos valores más cercanos al centro en un número par de datos _ordenados_.

INTERÉS SIMPLE Interés = capital × tasa × tiempo

DISTANCIA Distancia = velocidad × tiempo

COSTO TOTAL Costo total = (número de unidades) × (precio de cada unidad)

Adaptado con el permiso del _American Council on Education._

Parte II

Instrucciones: Dispone de 45 minutos para responder las preguntas 26 a 50. Escoja la respuesta que mejor responda a cada pregunta. **NO** puede usar su calculadora.

26. ¿Cuál de los siguientes decimales tiene el mismo valor que 2.1374 redondeado al centésimo más cercano?

    (1) 2.10
    (2) 2.13
    (3) 2.14
    (4) 2.17
    (5) 2.20

La pregunta 27 se refiere a la siguiente figura.

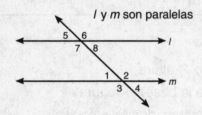

l y *m* son paralelas

27. Si el ángulo ∠8 mide 50°, ¿cuáles de los siguientes miden 130°?

    (1) ∠1 y ∠7
    (2) ∠2 y ∠6
    (3) ∠4 y ∠6
    (4) ∠4 y ∠7
    (5) ∠5 y ∠7

28. Una caja de cereal se vende por $1.59. Si hay 8 cajas en un paquete, ¿cuánto costarían $3\frac{1}{2}$ paquetes?

    (1) $ 5.57
    (2) $12.72
    (3) $28.00
    (4) $38.92
    (5) $44.52

Las preguntas 29 y 30 se refieren a la siguiente figura.

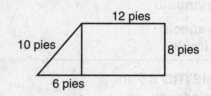

El propietario de una casa ha pedido que le construyan una terraza nueva con la forma que se muestra en la figura. El lado más largo de la terraza es el que se unirá a la casa.

29. ¿Cuántos pies de reja habrá que colocar teniendo en cuenta que el lado que está unido a la casa no la necesita?

    (1) 30
    (2) 36
    (3) 40
    (4) 48
    (5) 56

30. Después de que envejece y se curte a la intemperie, la madera puede teñirse. La superficie de la parte triangular es un cuarto del área de la parte rectangular. ¿Cuál de las expresiones siguientes puede utilizarse para hallar la superficie total de la terraza?

    (1) $12 \times 8 + 6$
    (2) $(12 \times 8) + (10 \times 8)$
    (3) $\frac{1}{4}(12 \times 8)$
    (4) $(12 \times 8) + \frac{1}{4}(12 \times 8)$
    (5) $4 \times 12 \times 8$

31. ¿Cuál es el valor de la siguiente expresión si $x = 2$ y $y = -2$?

$$6x^2 - 5xy - 4y^2$$

Marque su respuesta en los círculos de la cuadrícula de su hoja de respuestas.

Las preguntas 32 y 33 se refieren a la siguiente gráfica.

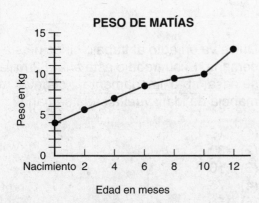

PESO DE MATÍAS

32. ¿En qué período bimestral el peso de Matías tuvo el mayor aumento?

(1) del nacimiento a los 2 meses
(2) de los 4 a los 6 meses
(3) de los 6 a los 8 meses
(4) de los 8 a los 10 meses
(5) de los 10 a los 12 meses

33. El promedio de peso de un bebé varón que tiene un año de edad es de 10.5 kilos. ¿Aproximadamente cuántos kilos <u>más</u> que el promedio pesó Matías cuando cumplió un año de edad?

(1) 0.5
(2) 0.8
(3) 1.1
(4) 1.3
(5) 2.5

La pregunta 34 se refiere a la siguiente información.

Una caja contiene 15 cartas, cada una numerada con un número entero del 1 al 15.

34. Si se escoge una carta de la caja al azar, ¿cuál es la probabilidad de que la carta sea menor que 4?

(1) $\frac{1}{15}$

(2) $\frac{1}{5}$

(3) $\frac{4}{15}$

(4) $\frac{1}{2}$

(5) $\frac{11}{15}$

La pregunta 35 se refiere a la siguiente figura.

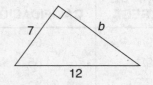

35. La hipotenusa de un triángulo rectángulo mide 12 pulgadas. Si uno de los catetos mide 7 pulgadas, ¿cuál de las siguientes expresiones puede usarse para calcular la longitud del otro cateto?

(1) $12^2 + 7^2$

(2) $\sqrt{12^2 + 7^2}$

(3) $12^2 - 7^2$

(4) $\sqrt{12^2 - 7^2}$

(5) $(12 + 7)^2$

36. ¿Cuál de las siguientes ecuaciones expresa el producto de -6 y x, disminuido por la suma de -6 más y?

(1) $-6x - (-6 + y)$
(2) $-6y - (-6x)$
(3) $(-6 + x) - (-6y)$
(4) $(-6 + y) - (-6x)$
(5) $(-6 + x) - (-6 + y)$

37. Marque la ubicación del intercepto en *y* de la recta $2x - y = 4$.

Marque su respuesta en la cuadrícula de coordenadas de su hoja de respuestas.

38. Un número multiplicado por dos, sumado a 3, es igual al negativo de ese número. ¿Qué número es?

(1) -3
(2) -1
(3) $-\frac{1}{3}$
(4) 1
(5) 3

La pregunta 39 se refiere a la siguiente información.

FECHA DE ENTREGA	CALIFICACIÓN
9/7	60
9/14	85
9/21	95
9/28	80
10/5	95
10/12	95

Martín asistió a un taller de escritura y obtuvo las siguientes calificaciones en los textos que escribió para el curso: 60, 85, 95, 80, 95, 95.

39. ¿Cuál fue la puntuación media de los trabajos aproximada al entero más próximo?

(1) 95
(2) 90
(3) 85
(4) 80
(5) 60

40. Si *C* es igual a la circunferencia, $d =$ diámetro y $r =$ radio, ¿cuál de las siguientes fórmulas no es válida?

(1) $d = 2r$
(2) $C = \pi d$
(3) $C = 2\pi r$
(4) $\frac{C}{d} = \pi$
(5) $\pi = \frac{C}{r}$

41. Dulce va en auto al trabajo cinco días a la semana. Si su trabajo está a 14.82 millas de su casa, aproximadamente, ¿cuántas millas maneja de ida y vuelta cada semana?

(1) 15
(2) 30
(3) 50
(4) 75
(5) 150

42. Un pavo de 16 libras cuesta $15.92. ¿Cuál de las siguientes respuestas se puede utilizar para calcular cuánto costaría un pavo de 20 libras al mismo precio por libra?

(1) $\frac{16}{\$15.92} = \frac{20}{?}$
(2) $\frac{\$15.92}{16} = \frac{20}{?}$
(3) $\frac{16}{\$15.92} = \frac{?}{20}$
(4) $\frac{16}{20} = \frac{?}{\$15.92}$
(5) $\frac{20}{16} = \frac{\$15.92}{?}$

43. Virginia recorrió 78 millas en $1\frac{1}{2}$ horas.
A esta misma razón, ¿cuántas millas podría recorrer en 2.5 horas?

Marque su respuesta en los círculos de la cuadrícula de su hoja de respuestas.

La pregunta 44 se refiere a la siguiente figura.

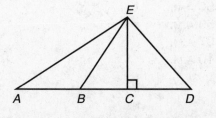

44. El triángulo *ECD* es un triángulo rectángulo. ¿Cuál de los siguientes representa un ángulo obtuso?

(1) $\angle ABE$
(2) $\angle ACE$
(3) $\angle BCE$
(4) $\angle DAE$
(5) No se cuenta con suficiente información.

La pregunta 45 se refiere a la siguiente gráfica.

45. ¿Qué desigualdad se representa en la recta numérica?

(1) $-2 > x$
(2) $x < -2$
(3) $-2 \leq x$
(4) $x \leq -2$
(5) $2 = x$

46. La longitud de un rectángulo es 6 veces su anchura. El perímetro tiene que ser de más de 110 pies. ¿Qué desigualdad se puede resolver para encontrar la anchura (*x*)?

(1) $7x > 110$
(2) $6x^2 > 110$
(3) $x + 6x > 110$
(4) $2(6x) + x > 110$
(5) $x + 6x + x + 6x > 110$

La pregunta 47 se refiere a la siguiente figura.

La recta *a* es paralela a la recta *b*.
$m\angle 3 = m\angle 4$

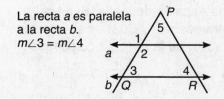

47. ¿Cuál ecuación es verdadera si $m\angle 3 = 60°$?

(1) $m\angle 5 = 45°$
(2) $m\angle 4 = 120°$
(3) $m\angle 2 = 60°$
(4) $m\angle 5 = 60°$
(5) $m\angle 1 = 135$

48. Sonio puede recoger 14.5 canastos de fresas por hora. A esa razón, ¿cuántos canastos puede recoger en $5\frac{1}{2}$ horas?

(1) 70
(2) $72\frac{1}{2}$
(3) $79\frac{3}{4}$
(4) $82\frac{1}{2}$
(5) 87

La pregunta 49 se refiere al siguiente diagrama.

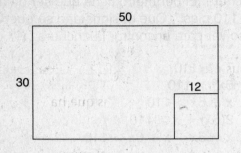

49. El patio rectangular de los González mide 50 por 30 pies. Piensan plantar una pequeña huerta que medirá 12 pies por lado, en una esquina del patio. El área restante será césped. ¿Cuál es el área, en pies cuadrados, de la sección con césped?

(1) 900
(2) 1140
(3) 1356
(4) 1500
(5) 1644

50. César tiene tres proyectos. Para el primero necesitará 20 minutos, para el segundo, la misma cantidad de tiempo que para el primero y para el tercero, 30 minutos. ¿A qué hora tendrá que comenzar los tres proyectos si quiere completarlos a las 12 del mediodía y desea empezar lo más tarde posible?

(1) 10:10 A.M.
(2) 10:50 A.M.
(3) 10:53 A.M.
(4) 11:07 A.M.
(5) 11:10 A.M.

Tabla de análisis del desempeño en la Prueba simulada
Matemáticas

Las siguientes tablas le servirán para determinar cuáles son sus puntos fuertes y débiles en las áreas temáticas y destrezas necesarias para aprobar la Prueba de Matemáticas de GED. Consulte la sección Respuestas y explicaciones que comienza en la página 878 para verificar las respuestas que haya dado en la Prueba preliminar. Luego, en las tablas para la parte I y la parte II, encierre en un círculo los números correspondientes a las preguntas de la prueba que haya contestado correctamente. Anote el número total de aciertos por área temática y por destreza al final de cada hilera y columna. Vea el número total de aciertos de cada columna e hilera para determinar cuáles son las áreas y destrezas que más se le dificultan. Use como referencia las páginas señaladas en la tabla para estudiar esas áreas y destrezas.

Parte I

Área temática	Concepto	Procedimiento	Aplicación	Número de aciertos
Operaciones numéricas y sentido numérico *Lecciones 1 a 13)*	5	14	3, 6, 10, 22	_____/6
Medidas *(Lecciones 14 a 15)*			**8**, 23	_____/2
Análisis de datos *(Lecciones 16 a 17)*	**1, 21**	**2, 19**	7	_____/5
Álgebra *(Lecciones 18 a 22)*	17, **20**, 25	**9**, 11	12, **18**	_____/7
Geometría *(Lecciones 23 a 27)*	**13**	**16**	**4, 15, 24**	_____/5
Número de aciertos	_____/7	_____/6	_____/12	_____/25

Parte II

Área temática	Concepto	Procedimiento	Aplicación	Número de aciertos
Operaciones numéricas y sentido numérico *Lecciones 1 a 13)*	26	42	28, 41, 43, 48, 50	_____/7
Medidas *(Lecciones 14 a 15)*		**30**	**29**	_____/2
Análisis de datos *(Lecciones 16 a 17)*	**32**	**39**	**33, 34**	_____/4
Álgebra *(Lecciones 18 a 22)*	31, **45**	36, 46	37, 38	_____/6
Geometría *(Lecciones 23 a 27)*	**27, 44**	**35**, 40	**47, 49**	_____/6
Número de aciertos	_____/6	_____/7	_____/12	_____/25

Los números en **negritas** corresponden a preguntas que contienen gráficas.

Respuestas y explicaciones

Pruebas preliminares

Lenguaje, Redacción, Parte I
(páginas 13 a 20)

1. **(3) Hospital del Niño** (Uso de mayúsculas) La opción (3) es correcta porque Hospital del Niño es un sustantivo propio y se escribe con mayúsculas. La opción (1) no es correcta porque no está en mayúsculas. Las opciones (2) y (4) no son correctas porque sólo tienen mayúscula en una parte del sustantivo propio. La opción (5) no es correcta porque tiene un error de ortografía en la primera palabra.

2. **(5) eliminar la oración 2** (Unidad y coherencia) La opción (5) es correcta porque elimina una oración que no apoya a la idea principal. La opción (1) simplemente vuelve a expresar el detalle no esencial. La opción (2) lo sustituye con otro detalle irrelevante. Las opciones (3) y (4) cambian de sitio la oración, creando una falta de coherencia.

3. **(1) comenzar un nuevo párrafo con la oración 4** (División en párrafos) La opción (1) crea correctamente un segundo párrafo cuando la idea principal cambia a tratar de envolver los regalos. Las opciones (2) y (3) dan comienzo al nuevo párrafo en lugares inadecuados, separando detalles que deberían ir juntos. La opción (4) forma incorrectamente un párrafo largo a partir de tres ideas principales distintas y los detalles de apoyo correspondientes.

4. **(1) para envolver los regalos** (Ideas subordinadas) La opción (1) es correcta porque combina muy bien las ideas de ambas oraciones. Las opciones (2), (3), (4) y (5) no lo hacen.

5. **(4) sustituir la oración 8 con El martes, necesitaremos ayuda para repartir los regalos.** (Oraciones temáticas) En la opción (4) se sustituye correctamente una oración con otra oración temática efectiva que expresa la idea principal del párrafo e incluye una transición del párrafo anterior. La opción (1) es demasiado general. Las opciones (2) y (5) son demasiado indefinidas, y la elección de palabras crea un tono informal. La opción (3) es demasiado específica.

6. **(2) camionetas, furgonetas o camiones** (Comas) La opción (2) es correcta porque coloca la coma entre las primeras dos palabras de la serie. La opción (3) no es correcta porque coloca una coma entre la letra "o" y la última palabra. La opción (4) no es correcta porque coloca "o" entre las dos primeras palabras y luego una coma entre la segunda y la tercera. La opción (5) no es correcta porque coloca mal todas las comas.

7. **(1) que nunca olvidarán** (Negación) La opción (1) es correcta porque se necesita colocar el adverbio "nunca" para negar "olvidarán". Las opciones (2), (3) y (4) expresan la idea incorrecta de lo que quiere decir el párrafo.

8. **(2) viernes para que** (Comas) La opción (2) es correcta porque elimina la coma para darle fluidez a la oración. Las opciones (3) y (4) no son correctas porque la coma interrumpe la oración bruscamente.

9. **(3) trasladar la oración 14 al final del párrafo C** (Unidad y coherencia) La opción (3) es correcta porque traslada un enunciado de conclusión efectivo al final del memorando. La opción (1) elimina incorrectamente el enunciado. La opción (2) coloca la oración en un párrafo que tiene una idea principal diferente. La opción (4) utiliza un enunciado de conclusión poco efectivo e inadecuado.

10. **(4) logró** (Formas verbales) La opción (4) brinda la forma del pretérito del verbo regular *lograr*, ya que el primer verbo de la oración reconstruida, *provenía*, está en pretérito. Las demás opciones emplean verbos con tiempos verbales incorrectos para la oración.

11. **(1) En 1960, se graduó** (Fragmentos de oraciones) La opción (1) es correcta porque corrige la oración fragmentada. La opción (2) agrega mal una coma. La opción (3) introduce un error de ortografía. La opción (4) es un gerundio mal construido. La opción (5) no es correcta porque la oración está fragmentada.

12. **(3) cambiar fue por fueron** (Concordancia entre el sujeto y el verbo) La opción (3) es correcta porque el verbo en plural *fueron* concuerda con el sujeto en plural *puestos* y no con la frase interpuesta *durante la presidencia de Jimmy Carter*. La opción (1) crea un cambio innecesario porque no hace falta aclarar el antecedente de *Sus*. La opción (2) elimina una coma necesaria. La opción (4) elimina la coma necesaria entre los elementos de una serie. La opción (5) emplea un verbo en singular para un sujeto en plural.

13. **(2) pobres y luchó por** (Fragmentos de oraciones) La opción (2) es correcta porque corrige la oración fragmentada. Las demás opciones no solucionan el problema.

14. **(2) aparece** (Concordancia entre el sujeto y el verbo) La opción (2) es correcta porque el sujeto en singular *imagen* tiene que concordar con un verbo en singular. Las demás opciones contienen tiempos verbales incorrectos o que rompen esta concordancia necesaria.

15. **(5) comenzó** (Formas verbales) La opción (5) es la forma correcta del tiempo pretérito del verbo. Las opciones (1), (2), (3) y (4) emplean tiempos verbales incorrectos, porque *en 1978* indica que se requiere la forma verbal utilizada.

16. **(1) Sus éxitos rinden homenaje** (Gramática) La opción (1) es correcta porque la s al final forma el plural. La opción (2) no corrige el singular e introduce mal un verbo. La opción (3) introduce un error de ortografía. La opción (4) introduce apóstrofe que no se usa en español. La opción (5) no es correcta porque hay un error gramatical en la oración.

17. **(4) oración 14** (División de párrafos) La opción (4) es correcta porque divide el párrafo en dos temas: *la estampilla conmemorativa* y *el programa de becas*. Las opciones (1), (2) y (3) cortan la información acerca de la estampilla conmemorativa. La opción (5) corta la información acerca del programa de becas.

18. **(3) Cuando quiera comprar un carro usado, no** (Modificadores sin sujeto) La opción (3) es correcta porque añade un sujeto implícito y completa el verbo del modificador sin verbo, convirtiendo la frase en una oración subordinante. La opción (2) cambia el significado y no corrige el modificador sin verbo. La opción (4) crea un fragmento. Las opciones (1) y (5) no corrigen el modificador sin verbo.

19. **(2) colocar una coma después de modelos** (Comas) La opción (2) es correcta porque coloca una coma en la frase introductoria. La opción (1) cambia incorrectamente el uso de usted por tú. La opción (3) escribe incorrectamente un sustantivo común con mayúscula inicial. La opción (4) elimina incorrectamente el uso del verbo poder. La opción (5) no es correcta porque no corrige la falta de la coma.

20. **(3) siempre es bueno** La opción (3) es correcta porque corrige un contrasentido en la oración original. La opción (2) repite el error de la oración y además coloca mal la coma. La opción (4) coloca mal la coma. La opción (5) introduce una oración incompleta sin sentido.

21. **(2) o con desgaste desigual** (Plural y singular) La opción (2) es correcta porque *desgaste* concuerda con el adjetivo *desigual* en singular. La opción (3) agrega una conjunción innecesaria. La opción (4) es una redundancia. La opción (5) no tiene sentido.

22. **(5) desgastados. Esto** (oraciones seguidas) La opción (5) es correcta porque convierte un ejemplo de omisión de conjunciones coordinantes, la opción (1), en dos oraciones completas. La opción (2) crea una oración seguida. Las opciones (3) y (4) añaden conjunciones coordinantes inadecuadas. La opción (3) también omite una coma necesaria.

23. **(4) Las manchas de aceite debajo de un carro y el exceso de aceite** (Fragmentos de oración) La opción (4) es correcta porque corrige el fragmento incorporando el detalle del fragmento en el sujeto. Las opciones (1) y (2) no eliminan el exceso de palabras ni la repetición de forma clara ni efectiva. Las opciones (3) y (5) crean oraciones poco claras y de muchas palabras.

24. **(3) colocar una coma después de millaje** (Comas) La opción (3) es correcta porque se necesita la coma después de la oración inicial. Las opciones (1) y (2) son formas verbales incorrectas. La opción (4) elimina el sujeto. La opción (5) no corrige el problema.

25. **(4) suene bien. Asegúrese** (Oraciones diferentes) La opción (4) es correcta porque forma dos oraciones diferentes. La opción (1) no tiene sentido. La opción (2) coloca mal la coma. La opción (3) no tiene sentido. La opción (5) no corrige el problema.

Lenguaje, Redacción, Parte II, Composición
(páginas 22 y 23)

Usted u otra persona pueden calificar su composición. Si está tomando alguna clase, pídale a su maestro que califique su composición. Si está trabajando independientemente, pídale a un amigo o familiar que lo lea. Si nada de esto es posible, califique usted mismo su trabajo. Al terminar su composición, guárdela todo un día. Luego, léala lo meas objetivamente posible. No importa quién revise su composición, asegúrese de que esa persona use la guía para calificar de la página 185 y la lista de verificación de la página 187.

Escriba la fecha en sus composiciones y consérvelas juntas en una carpeta o cuaderno de notas. Use el formulario de autoevaluación de la página 883 para llevar un registro de su progreso, observe sus fortalezas e identifique las áreas en las que quisiera mejorar.

Estudios Sociales
(páginas 24 a 32)

1. **(4) para promover la paz mundial** (Comprensión) Éste es un replanteamiento del punto de que la ONU se creó con la esperanza de prevenir futuras guerras. La opción (1) es incorrecta porque, como expresa el texto, la ONU se creó justo cuando la Segunda Guerra Mundial se acercaba a su fin; por lo que la ONU no pudo haber puesto fin a la guerra. Las opciones (2) y (3) son actividades de la ONU que promueven la paz, pero no son la razón por la cual se formó la ONU. La opción (5) fue una misión que la ONU posteriormente emprendió, pero no fue la razón por la que se formó.

2. **(2) Los cristianos estaban atacando a los musulmanes.** (Análisis) De acuerdo con el texto, la razón por la cual la fuerza de paz de la ONU se envió a Bosnia fue para proteger a la población musulmana de los ataques de los serbios cristianos. La opción (1) es incorrecta porque, aunque los franceses y los canadienses eran parte de la fuerza de paz de la ONU en Bosnia, no peleaban entre ellos. La opción (3) es incorrecta porque los musulmanes no atacaban a los serbios cristianos; el texto explica que ocurría lo contrario. Las opciones (4) y (5) no se apoyan por el texto.

3. **(3) oír a una profesora amenazar con suspender a un alumno peleón, sin cumplirlo** (Aplicación) Éste es otro ejemplo de puro aire, es decir, amenazar pero no concretar la amenaza. Las demás opciones no son ejemplos de amenazas falsas.

4. **(4) La ONU debería tener la capacidad necesaria para ejecutar sus misiones.** (Evaluación) Tanto el texto como la caricatura apoyan esta conclusión. El texto explica que las misiones de paz de la ONU no son eficaces, y la caricatura las muestra como si estuvieran simulando y no amenazando de verdad a los serbios. Las opciones (1), (2) y (3) son incorrectas, porque no hay nada en el consejo de la caricatura que sugiere que la ONU debiera disolverse, tener su ejército propio o salir de Bosnia. La opción (5) es incorrecta, ya que no se habla acerca de los refugiados bosnios.

5. **(4) Sólo se debe autorizar para votar a las personas que cumplan con los requisitos.** (Evaluación) Los votantes deben tener al menos 18 años, ser ciudadanos y residentes del distrito en el que van a votar. El proceso de registro es la prueba de la intención de los votantes aspirantes a cumplir con dichas normas. No hay nada en el texto que sugiere que las opciones (1) o (5) sean correctas. La opción (2) es incorrecta, ya que el requisito del registro anticipado podría reducir el número de personas que votan. La opción (3) es incorrecta, ya que el número de personas que podría registrarse legalmente para votar es bastante grande y todas ellas serían elegibles para votar si lo hicieran.

6. **(2) a una licencia de conducir** (Aplicación) Del mismo modo que la tarjeta de registro de votante autoriza a una persona para votar, la licencia de conducir autoriza a una persona para conducir un vehículo motorizado. Ambos son documentos obligatorios que el gobierno utiliza para supervisar y controlar la elegibilidad para realizar una actividad. Los demás documentos enumerados no tienen esta función. La opción (1) representa una línea de crédito contra la cual el titular de la tarjeta pide un préstamo cuando utiliza ésta para efectuar una compra, pero la tarjeta de crédito no la emite el gobierno. Las opciones (3) y (4) son documentos que entregan un registro de algo que ha sucedido. La opción (5) proporciona pruebas de seguros de salud, vida o automóvil.

7. **(4) Los bostonianos se ven crueles.** (Análisis) El caricaturista presta a las caras de los colonos expresiones crueles y recelosas. Ésta es la mejor indicación de que el caricaturista está de parte del recaudador de impuestos. Las opciones (1), (2) y (3) indican que los bostonianos tratan con dureza al recaudador de impuestos, pero no indican lo que piensa el caricaturista de esta situación. Los sombreros eran bastante comunes en las vestimentas coloniales y no parecen ser símbolos de maldad ni nada por el estilo, por lo que la opción (5) es incorrecta.

8. **(2) respeto por la ley** (Evaluación) Debido a que el caricaturista muestra, en los rostros crueles y recelosos de los colonos, que no está de parte de los colonos y que le desagradan sus acciones ilegales, usted puede inferir que el caricaturista trata de inspirar el valor opuesto, respeto por la ley. No existe evidencia en la caricatura de que el caricaturista trate de inspirar los valores enumerados en las opciones (1), (3), (4) o (5).

9. **(5) El sindicato de los profesores negociaría con la junta escolar.** (Aplicación) Por ley, el sindicato de profesores negociaría antes de hacer una huelga, de modo que la opción (1) es incorrecta. También intentaría negociar antes de aceptar la opción (2) o llevar a cabo la opción (3). Ya que una junta escolar no querría cerrar una de sus escuelas, probablemente intentaría negociar antes de cumplir la opción (4).

10. **(1) Son demasiado poderosos.** (Análisis) Esto es sólo un juicio con el que no todos estarán de acuerdo. Un trabajador cuyo sindicato ha perdido una huelga, por ejemplo, no compartiría esta opinión. La opción (2) se apoya por las pruebas de salarios más altos, condiciones laborales mejoradas y otros beneficios que los sindicatos han obtenido para los trabajadores. Las opciones (3), (4) y (5) son hechos que se indican en el texto.

11. **(4) el compromiso** (Evaluación) El texto indica que la negociación colectiva es aquella en que cada parte a menudo debe ceder en algo, si quiere, para que el proceso pueda continuar. Esto muestra una fuerte responsabilidad con el principio del compromiso. Este proceso no funcionaría si las opciones (1), (3) o (5) fueran las más importantes, ya que en un contrato sindical cada parte renuncia a su capacidad para actuar en forma independiente en problemas relacionados con el trabajo y el lugar de trabajo. Aunque los problemas monetarios siempre se encuentran entre los más importantes en las negociaciones entre sindicatos y ejecutivos, nada en el proceso o el texto sugiere que la opción (2) se valore más que el compromiso en una negociación colectiva exitosa.

12. **(3) Los estadounidenses compran muchos artículos plásticos desechables.** (Comprensión) La gráfica muestra que se arrojan millones de toneladas de plástico anualmente. Esto sugiere que los estadounidenses compran y usan gran cantidad de estos elementos. La gráfica entrega cifras sólo para los pañales, no para los bebés, por lo que la opción (1) es incorrecta. La opción (2) no se puede inferir a partir de la gráfica. La gráfica implica lo contrario a la opciones (4) y (5).

13. **(2) 1933** (Comprensión) La mayor cifra de desempleo fue 24.9 por ciento en 1933. Las cifras en las opciones (1), (3), (4) y (5) son todas inferiores.

14. **(4) Las tasas de la década de 1990 son menores que las tasas de la década de 1930.** (Análisis) La tabla muestra que las tasas de desempleo fueron de más del 14 por ciento en la década de 1930 en comparación con menos de un 8 por ciento en la década de 1990. Esta relación hace que las opciones (3) y (5) sean incorrectas. Las tasas para 1929 y 1943 hacen que la opción (1) sea incorrecta. Las tasas para cada año en la década de 1930 hacen que la opción (2) sea falsa.

15. **(3) A un gran número de estadounidenses se les negaron ciertos derechos civiles.** (Comprensión) Se puede inferir que a un gran segmento de la población estadounidense no se le había otorgado todos sus derechos ciudadanos. Las opciones (2), (4) y (5) se muestran en la fotografía o se mencionan en el pasaje y, por lo tanto, no se infieren. El pasaje contradice la opción (1).

16. **(3) Se espera cielo nublado y temperatura máxima de 70 grados en Dallas hoy.** (Análisis) Esta afirmación es un hecho que se fundamenta en la lectura correcta de los símbolos en el mapa. Sólo Dallas tiene los símbolos para cielo parcialmente nublado combinado con temperaturas máximas en los 70's. Las opciones (1), (2), (4) y (5) no se pueden inferir del mapa.

17. **(1) La nieve retrasa los vuelos en el aeropuerto de Minneapolis.** (Análisis) El mapa muestra nieve en Minneapolis, por lo que es posible que se demoren los vuelos. Las opciones (2), (3), (4) y (5) no se pueden determinar a partir de la información en el mapa.

18. **(1) Los miembros del Congreso se presentan a sí mismos como independientes, aun cuando siguen los consejos de grupos de intereses especiales.** (Análisis) La caricatura muestra que el congresista ni siquiera puede declararse independiente sin que el miembro de un grupo de presión le indique lo que debe decir. Las opciones (2) y (3) son hechos. La caricatura no apoya la opción (4). La opción (5) podría o no ser cierta, pero las afirmaciones del personaje de la caricatura no la sugieren.

19. **(3) mejores condiciones de seguridad** (Análisis) Gracias a que OSHA se creó con el fin de supervisar la seguridad, las mejoras en las condiciones de seguridad que se han realizado pueden ser relacionar con sus actividades. La opción (1) es un resultado poco probable. Las opciones (2), (4) y (5) no se relacionan con la seguridad en el lugar de trabajo.

20. **(1) estipular los derechos de los ciudadanos.** (Análisis) La discusión de las constituciones estatales y la lista de libertades en el primer párrafo apoyan esta conclusión. Las opciones (2) y (3) están en contradicción con el texto. En el texto no hay información acerca de las opciones (4) o (5).

21. **(3) Sería difícil para los estados con diferentes sistemas monetarios efectuar comercio.** (Análisis) El texto establece que la carencia de uniformidad en varias áreas conducía a varios problemas. Ninguna información del texto sugiere las opciones (1), (4) y (5). La opción (2) no es muy probable porque la gente se habría acostumbrado a la apariencia del dinero.

22. **(5) la Organización de las Naciones Unidas, donde cada país se representa en una Asamblea General de naciones independientes.** (Aplicación) Como los estados según los Artículos de la Confederación, los países miembro de la ONU trabajan juntos pero son ampliamente independientes en sus actos. La opción (1) es incorrecta porque esta organización facilita las restricciones comerciales y promueve la cooperación. La opción (2) es incorrecta porque es una alianza militar. La opción (3) es una organización policial. La opción (4) no se relaciona con el modo en que los estados funcionaban en virtud de los Artículos de la Confederación.

23. **(5) Pago de intereses sobre la deuda nacional** (Comprensión) El texto indica que la deuda nacional surge de la venta de bonos y pagarés del Tesoro. El pago de los intereses sobre dichas obligaciones debería ubicarse en esta categoría. Las categorías en las opciones (1), (2), (3) y (4) no son adecuadas para dichos pagos.

24. **(4) Su caso llevó a solicitar que las escuelas públicas tuvieran integración racial.** (Análisis) Éste fue el efecto del caso. No hay nada en el texto que apoya las opciones (1) o (3), que son ambas falsas. La discriminación continuó en la sociedad, así que la opción (2) es incorrecta. No hay pruebas que sugieran que la opción (5) sea un efecto del caso.

25. **(5) Más japoneses viven en Honshu que en cualquiera de las demás islas.** (Evaluación) El mapa muestra que Honshu es la isla más grande y que contiene la mayoría de las ciudades de la nación, por lo tanto, esta es una conclusión razonable que se obtiene a partir de la evidencia entregada. El mapa no marca las montañas más altas de Japón, de modo que la opción (1) no puede concluirse del mapa. La opción (2) se contradice con la evidencia del mapa; la isla de Shikoku es claramente más pequeña que la isla de Kyushu. Las ciudades más importantes se encuentran en las costas Oeste y Este de las islas más importantes de Japón y las regiones agrícolas no aparecen, por lo tanto la opción (3) no puede concluirse de la información del mapa. La opción (4) es incorrecta porque el mapa no proporciona información acerca de la economía de Japón.

Ciencias
(páginas 33 a 41)

1. **(2) el proceso por el cual el estado inmaduro de un animal cambia al llegar a la etapa adulta** (Comprensión) La opción (2) replantea el proceso de la metamorfosis que se describe en el texto. La opción (1) es incorrecta porque la metamorfosis no se refiere a la reproducción. La opción (3) es incorrecta porque la metamorfosis no es un mero proceso de crecimiento sino que afecta sólo a aquellos organismos que cambian de forma durante las diferentes etapas del desarrollo. La opción (4) describe el envejecimiento y no la metamorfosis. La opción (5) se refiere a la respiración a través de branquias, no a la metamorfosis.

2. **(4) el crecimiento de una oruga hasta llegar a ser una mariposa** (Aplicación) La transformación de una oruga en mariposa, como la del renacuajo en rana, implica un cambio de forma durante el crecimiento. Las opciones (1), (2), (3) y (5) implican sólo el crecimiento. No hay un cambio completo de forma entre una etapa y la otra.

3. **(3) Las diferentes características estructurales de los organismos les sirven para adaptarse a diferentes ambientes.** (Análisis) En el diagrama se muestra que las estructuras del renacuajo son adecuadas para nadar debajo del agua y que las estructuras de la rana son adecuadas para vivir en la tierra. El texto menciona los pulmones y las branquias y también menciona que los renacuajos viven en el agua y las ranas adultas viven en la tierra. El autor supone que usted sabe cómo se adaptan las diferentes estructuras a los distintos entornos. Las opciones (1) y (2) son incorrectas porque hay muy pocos animales que sufren metamorfosis y no hay ninguna planta que lo haga. Las opciones (4) y (5) no son ciertas y además no están estrechamente relacionadas con el tema del texto.

4. **(2) El cáncer de colon se observa casi en el mismo número de hombres que de mujeres** (Evaluación) En la gráfica se muestra que las mujeres tienen una tasa de cáncer de colon casi igual que la de los hombres. A los 70 años de edad, por ejemplo, 250 de cada 100,000 mujeres y 350 de cada 100,000 hombres tienen cáncer de colon. Por lo tanto, decir que el cáncer de colon es una enfermedad de los varones es una generalización falsa. La opción (1) es cierta pero no explica lo que está equivocado en el enunciado. De acuerdo con la gráfica, las opciones (3) y (4) no son correctas. En la gráfica no hay ninguna información acerca de la opción (5) y, sea o no cierta, no explica por qué es ilógico el enunciado.

5. **(1) La posición de la Luna también es un factor que influye en un eclipse lunar.** (Evaluación) La posición de los tres cuerpos celestes (el Sol, la Tierra y la Luna) es crítica para determinar cuándo sucederá un eclipse lunar. La opción (2) es incorrecta porque las estaciones no afectan que haya o no eclipses lunares. La opción (3) es falsa: la Tierra siempre está girando alrededor del Sol. La opción (4) es correcta pero no explica por qué es una simplificación excesiva el considerar sólo las posiciones del Sol y de la Tierra. La opción (5) no es cierta. La posición de la Tierra es uno de los factores a la hora de determinar la presencia de un eclipse lunar.

6. **(4) ocho** (Aplicación) El diagrama muestra los enlaces covalentes: los dos átomos de hidrógeno y el átomo de oxígeno comparten dos pares de electrones. Puesto que los enlaces covalentes implican que cada uno de los átomos contribuye al enlace covalente con un electrón, cada uno de los átomos de hidrógeno antes del enlace debe haber tenido sólo un electrón. El átomo de oxígeno ha debido contribuir también pero con dos electrones, uno en cada uno de los dos enlaces con el hidrógeno. Por lo tanto, antes de que sucediera el enlace, el átomo de oxígeno debía tener dos electrones en el orbital interior, cuatro electrones libres en el orbital exterior y dos de los electrones (de los cuatro) ahora compartidos en dos enlaces covalentes. Esto suma un total de ocho electrones. La opción (1) es incorrecta; sólo los átomos de hidrógeno tienen un electrón. La opción (2) es incorrecta; hay dos electrones en el orbital interior del átomo de oxígeno, pero ese no es el número total. La opción (3) es incorrecta porque hay seis electrones en el orbital exterior de un átomo de oxígeno, pero ese no es el número total. La

opción (5) es incorrecta porque diez es el número total de los electrones del oxígeno junto a los de los dos hidrógenos.

7. **(5) Los proyectos del SETI se basan en sueños más que en posibilidades realistas del espacio.** (Análisis) El valor científico de los proyectos del SETI se debate en los círculos científicos. Algunos piensan que buscar extraterrestres es una actividad que debería ser parte de la ciencia-ficción. Otros opinan que el esfuerzo científico dedicado merece la pena. Las opciones (1), (2), (3) y (4) son datos acerca de las ondas de radio y el SETI.

8. **(5) Las fosas más profundas del mundo son las del océano Pacífico.** (Evaluación) Tal y como indica el texto, la tabla muestra las fosas más profundas para cada océano. Por lo tanto, las fosas más profundas se encuentran en el Pacífico porque son las más profundas de la tabla. Las opciones (1), (3) y (4) contradicen la información que aparece en la tabla. La opción (2) es incorrecta porque las fosas son depresiones del fondo oceánico, no expansiones.

9. **(4) El ritmo de respiración celular aumenta al hacer ejercicio para suministrar más energía al organismo.** (Análisis) Las opciones (1) y (2) son incorrectas porque no tienen relación con el experimento de Jaime. La opción (3) es incorrecta porque durante el ejercicio se necesita más energía, no menos. La opción (5) es incorrecta porque la cantidad de dióxido de carbono espirada no está directamente relacionada con la capacidad pulmonar.

10. **(2) un gotero** (Análisis) Un gotero sería un instrumento útil para añadir gotas de hidróxido de sodio al agua. La opción (1) es incorrecta porque no hay ningún proceso de calentamiento implicado. La opción (3) es incorrecta porque no hay nada que tenga que ser medido con una cuchara. Las opciones (4) y (5) también son innecesarias para este procedimiento.

11. **(2) Las células de las raíces de las plantas absorben agua del suelo.** (Aplicación) El agua fluye a través de las membranas de las células de las raíces hacia la planta cuando hay más agua en el suelo que en las células de las raíces. La opción (1) describe la división celular, no la ósmosis. La opción (3) implica la difusión del oxígeno y del dióxido de carbono (no del agua) a través de una membrana. En la opción (4) se describe la entrada del agua en la hoja a través de los estomas (orificios pequeños) de una hoja, no a

través de una membrana. La opción (5) describe un método por el cual las proteínas entran en las células (no el agua).

12. **(2) migrar hacia el ecuador** (Aplicación) Puesto que el hielo se estaría desplazando hacia al sur desde el Polo Norte, los habitantes de Norteamérica tenderían a desplazarse también hacia el sur, hacia el ecuador. La opción (1) no serviría de ayuda porque el hielo se extendería hacia al norte en el hemisferio sur. La opción (3) es incorrecta porque las capas de hielo en la parte norte del continente harían que la vida en la región fuera difícil. La opción (4) no es probable porque los seres humanos tienen una gran capacidad de adaptación y han sobrevivido a períodos glaciares anteriores. La opción (5) muestra lo contrario a lo que sucede durante un período glaciar.

13. **(4) el grupo de 70 a 90 después de una sola exhibición** (Comprensión) De acuerdo con la gráfica, el grupo que tuvo un peor resultado después de una sola exhibición fue el de más edad. Sólo pudieron recordar cerca de un 12 por ciento de los nombres. Las opciones (1), (2), (3) y (5) son incorrectas porque muestran porcentajes superiores al 12%.

14. **(3) Los vestigios estructurales son señales de estructuras completamente desarrolladas y funcionales.** (Análisis) Ésta es la conclusión a la que llegaron los científicos después de haber examinado las pruebas procedentes de los vestigios estructurales. Las opciones (1), (2), (4) y (5) son detalles del texto y el diagrama que apoyan la conclusión.

15. **(4) menos energía disponible para los seres vivos.** (Análisis) Menos fotosíntesis significa menos energía química disponible en la red alimenticia. Las opciones (1), (2) y (3) son incorrectas porque el Sol seguiría produciendo la misma cantidad de energía sin importar lo que pase en la Tierra. La opción (5) es incorrecta porque la cantidad de energía química disponible para las plantas sería menor si hubiera menos fotosíntesis.

16. **(4) el número de ciclos que pasan por un punto dado y la unidad de tiempo** (Comprensión) La frecuencia se define en la primera línea del texto como el número de ondas que pasan por un punto determinado por unidad de tiempo. Las opciones (1), (2) y (3) son incorrectas porque ni la altura (otra forma de decir amplitud) ni la distancia entre las crestas y valles están directamente relacionadas con la frecuencia. La opción (5) es incorrecta porque para calcular la frecuencia no es preciso conocer la distancia.

17. **(3) la atracción de la gravedad terrestre sobre una estación espacial** (Aplicación) La pelota que gira en el extremo de una cuerda es atraída hacia el centro por la fuerza centrípeta. Una estación espacial sigue una órbita circular porque la fuerza de gravedad de la Tierra la atrae. Ninguna de las otras opciones implica movimiento circular, el elemento clave en este caso.

18. **(5) biosfera** (Aplicación) Un medio ambiente de gran tamaño, autosuficiente, que contiene organismos y el entorno físico que los rodea es una biosfera. La palabra clave es "autosuficiente", esto es, contiene todo lo necesario para mantener la vida, como el caso de la Tierra. Las opciones (1) a (4) son incorrectas porque en ellas el nivel de complejidad es demasiado bajo.

19. **(5) El antepasado común de los peces, las aves y los seres humanos fue probablemente un animal acuático.** (Evaluación) La existencia de branquias en las etapas tempranas de estos tres embriones apoya este enunciado. Las opciones (1), (2) y (4) pueden ser ciertas o no, pero no hay suficiente información para decidir. El diagrama contradice la opción (3).

20. **(2) El metano es que el que proporciona la mayor cantidad de calor.** (Evaluación) De acuerdo con la tabla, el metano es el que proporciona la mayor cantidad de calor por gramo consumido: 13.3 kilocalorías. La opción (1) es incorrecta porque el gas natural proporciona más calor que el petróleo. La opción (3) es incorrecta porque la madera proporciona menos de la mitad de calor que el petróleo. La opción (4) es incorrecta porque la madera proporciona menos calor que el carbón. La opción (5) es incorrecta porque el carbón proporciona menos calor que el petróleo.

21. **(5) Causas y efectos de los glaciares** (Comprensión) En el texto se explica cómo se forman los glaciares (causas) y los cambios que éstos producen en el paisaje (efectos). La opción (1) es incorrecta porque en el texto no se habla de la historia de los glaciares. La opción (2) es demasiado general. Las opciones (3) y (4) son demasiado específicas.

22. **(3) su campo electromagnético** (Análisis) Las ondas infrarrojas son un tipo de radiación electromagnética y por eso producen campos eléctricos y magnéticos que afectan a la

para una mujer que ha perdido a su esposo, no a su hijo, así que esto sería una indicación de que el personaje está perdiendo su equilibrio mental. Las opciones (1) y (2) no sugieren inestabilidad mental. La opción (4) es incorrecta porque el hecho de que hayan matado a su hijo no es evidencia de que ella haya perdido la razón. La opción (5) es incorrecta porque aunque la bandera y las medallas la ofenden, en lugar de reconfortarla, esta reacción no es lo suficientemente rara para que sea evidencia de que estaba perdiendo la razón.

18. **(2) se negaría a asistir a la ceremonia** (Aplicación) Doña Ernestina responde "no, gracias" a la oferta del militar de darle a su hijo un funeral con honores militares, lo cual sugiere que ella no asistiría a la ceremonia. La opción (1) es incorrecta porque el pasaje deja claro que ella no asistiría. La opción (3) es incorrecta porque en el pasaje no se habla de la guerra. La opción (4) es incorrecta porque no es una característica de ella según se la describe en el pasaje. La opción (5) es incorrecta porque es opuesta a los sentimientos que siente por el presidente y por el militar.

19. **(4) Su mirada era salvaje.** (Análisis) Esta descripción de Doña Ernestina es el mejor indicio de su estado mental. La opción (1) podría sugerir su estado mental, pero no es tan reveladora como su descripción física. Las opciones (2) y (3) son descripciones que no reflejan inestabilidad mental. La opción (5) indica sus ideas de perjuicio y traición, más que su inestabilidad mental.

20. **(4) frases en español** (Síntesis) El pasaje presenta frases en español como "luto", "ya no vive aquí" y "no, gracias". Aunque el relato está narrado en tercera persona, esta técnica no contribuye a la autenticidad del pasaje, así que la opción (1) es incorrecta. Las opciones (2), (3) y (5) no son ciertas sobre el estilo del pasaje.

Matemáticas
(páginas 52 a 65)
Parte 1
1. **(4) $89.16.** Establezca una proporción usando la razón del costo del seguro a la cantidad de seguro.

Haga la multiplicación cruzada y resuelva.
$$\frac{\$7.43}{\$2{,}500} = \frac{?}{\$30{,}000}$$
$\$7.43 \times \$30{,}000 \div \$2{,}500 = \$89.16$

2. **(1) 10** Calcule el área de un triángulo.
$A = \frac{1}{2}bh = \frac{1}{2}(5.2)(4) = 10.4$, redondeado a 10 cm cuadrados

3. **(4) (2 + 3)$35** Primero, calcule el total de cámaras vendidas (2 + 3). Luego, multiplique esa cantidad por la comisión que ella recibe. El precio de cada cámara no es necesario.

4. **(4) −4 y 0** Busque cada par de puntos en una recta numérica y localice el punto medio.

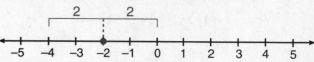

5. **(2) 50°** La suma de los ángulos de un triángulo es 180°, por tanto, $m\angle RPQ = 180° - 90° - 40° = 50°$

6. **12.3** Ya conoce dos lados del triángulo rectángulo. Use la relación pitagórica para calcular el lado que falta.
$10.2^2 + b^2 = 16^2$
$b^2 = 16^2 - 10.2^2$
$b^2 = 151.96$
$b = \sqrt{151.96} = 12.3272$
Use su calculadora GED:
16 x^2 − 10.2 x^2 =
SHIFT x^2 12.32720568
Redondee a 12.3

7. **(5) $4.08** Multiplique el porcentaje gastado en popcorn por el monto total gastado.
$0.34 \times \$12$ millones $= \$4.08$ millones. Use su calculadora GED:
12 × .34 SHIFT = 4.08

8. **(2) 2:1** Escriba una razón entre el porcentaje gastado en popcorn y el gastado en nachos. 34:17. Reduzca la razón 34:17 = 2:1

9. **(4) 3x + 7y** $4(x + 2y) - (x + y)$
$4x + 8y - x - y$
$3x + 7y$

10. **(3) 396** Convierta un pie a pulgadas. $1 \times 12 = 12$ pulg. Use la fórmula para el área de un rectángulo.
$A = lw$
$A = 33(12)$
$A = 396$ sq in

11. **(1) 50** $A = \pi r^2$
$A = 3.14(4^2)$
$A = 50.24$ sq ft
Round to 50 sq ft

12. **(−3,2)** Comience en el origen (0, 0). Desplácese 3 unidades hacia la derecha y 4 unidades hacia abajo. El punto se encuentra en el cuadrante IV.

Parte 2

13. **(3) 48** Sean x, $x + 2$, and $x + 4$ los números enteros consecutivos. Escriba una ecuación y resuelva.

$$x + (x + 2) + (x + 4) = 138$$
$$3x + 6 = 138$$
$$3x = 132$$
$$x = 44$$

Los números son 44, 46 y 48.

14. **(2) 37** Halle el perímetro de la parte superior del envase de cartón. Las medidas de esa parte son las mismas que las de la parte inferior, por lo tanto, la parte superior tiene 8.5 cm por 10 cm. Sume los lados.

$$8.5 + 8.5 + 10 + 10 = 37 \text{ cm}$$

15. **(4) 8.5 × 12** Para hallar el área del frente rectangular del cartón, multiplique largo × ancho.

16. **(2) −x − 5** Piense en la operación de resta como la multiplicación del contenido de los paréntesis por −1. $2 − (x + 7) = 2 + (−1)(x + 7) = 2$ $−x − 7 = −x − 5$

17. **(4) $7100** Multiplique el monto que se pidió prestado por la tasa de interés, y luego multiplique el resultado por el número de años. $\$5000 \times 0.14 \times 3 = \$2100$ Súmele el interés a la cantidad que se pidió prestada. $\$5000 + \$2100 = \$7100$

18. **4.9** Divida la longitud total de la tabla por 4. $19.6 \div 4 = 4.9$

ó $\dfrac{49}{10}$

$$\frac{196}{10} \div 4 = \frac{196}{10} \div \frac{4}{1} =$$

$$\frac{196}{10} \times \frac{1}{4} = \frac{49}{10}$$

19. **(1) 16 + 2π** La suma de los tres lados rectos es $6 + 4 + 6 = 16$. la circunferencia del semicírculo es $\frac{1}{2}\pi(4)$, lo que es igual a 2π. El perímetro de toda la figura es $16 + 2\pi$.

20. **(2) 21 + 21 + 18 + 18** Sume los cuatro lados de la figura para hallar el perímetro. $21 + 21 + 18 + 18$

21. **(2) 90.0** Escriba los 6 puntos en orden creciente o decreciente. 71, 73, 86, 94, 96, 102 Como hay un número par de partidos, no existe número medio. Halle el promedio (media) de los dos números medios, 86 y 94. $(86 + 94) \div 2 = 90$

22. **(3) A, D, y F** Una manera de solucionar el problema es hallar las coordenadas de algunos de los puntos de la gráfica y ponerlos en el lugar de las variables en la ecuación. Si escoge este método, recuerde que no es necesario probar todos los puntos. Escoja puntos que aparezcan sólo en una o dos opciones para eliminar tantas opciones de respuesta como sea posible. Otra manera de resolver el problema es representar gráficamente la ecuación en la cuadrícula. Observe que la ecuación está escrita en forma pendiente-intercepto, o $y = mx + b$, donde m = pendiente y b = intercepto en y. El intercepto en y es (0, 3), la ubicación del punto D. La pendiente es $-\frac{3}{2}$. Para hallar otro punto en la recta, comience en el punto D y cuente 3 hacia abajo y 2 hacia la derecha. Ahora estará en el punto A. La opción correcta pasa por los puntos A, D y F.

23. **(1)** $\dfrac{(\$1800 - \$300)}{\$150}$ Primero, reste el pago de $300 de la deuda de $1800 ($1800 − 300). Luego, divida lo que queda de la deuda entre la cantidad que va a pagar mensualmente ($150).

24. **(2)** $\dfrac{7}{15}$ Hay 7 cartas numeradas con un número par: 2, 4, 6, 8, 10, 12 y 14. Escriba una fracción con el número total de resultados favorables, 7, sobre el número total de resultados posibles, 15. $\frac{7}{15}$

25. **(1) 40** Use los siguientes factores de conversión. 1 gal = 4 cts; 1 ct = 2 pts; por tanto, 1 gal = 8 pts $5 \times 8 = 40$ pintas.

UNIDAD 1: LENGUAJE, REDACCIÓN

Estructura de las oraciones
Lección 1: Oraciones completas y fragmentos de oraciones
Práctica de GED (páginas 70 y 71)

Todas las preguntas en esta práctica se refieren a fragmentos de oraciones.

1. **(5) no se requiere hacer ninguna corrección** La oración es completa tal y como está. En la opción (1) se repite el sujeto. En las opciones (2), (3) y (4) se forman fragmentos.

2. **(2) cocinar, que es una** La opción (2) es correcta porque une el fragmento (la oración 4) con una idea completa. La opción (1) es incorrecta porque la oración 4 es un fragmento. Las opciones (3) y (5) no corrigen el fragmento. La opción (4) no tiene sentido.

3. **(1) sustituir Más con Los microondas son más** La opción (1) es correcta porque le da al fragmento un sujeto y un verbo. Las opciones (2), (3) y (5) no corrigen el fragmento. La opción (4) forma un nuevo fragmento.

4. **(4) no están preocupados porque la mayoría** Esta opción es la correcta porque proporciona el verbo correcto y la palabra de enlace porque para unir el fragmento con la oración completa. Las opciones (1), (2) y (5) no tienen verbos completos. En la opción (3) se repite el sujeto.

5. **(3) nosotros, como su** La opción (3) es correcta porque une un fragmento de oración con una oración completa. La opción (1) es incorrecta porque contiene un fragmento. La opción (2) tiene las ideas seguidas sin la puntuación correcta. Las opciones (4) y (5) emplean palabras inadecuadas para conectar las ideas.

6. **(5) no se requiere hacer ninguna corrección** Las opciones (1), (2) y (3) crean fragmentos en una oración que ya consiste en una idea completa. En la opción (4) hay una palabra mal escrita.

7. **(2) cuando quiera bajar** La opción (2) une correctamente un fragmento con una idea completa y proporciona un verbo y un sujeto implícito. Las opciones (1), (3), (4) y (5) crearían oraciones poco naturales o cambiarían el sentido del texto.

8. **(1) añadir puede ser antes de actualizada** La opción (1) completa el verbo correctamente para eliminar el fragmento. La opción (2) es incorrecta porque no completa el verbo para eliminar el fragmento. La opción (3) crea otro fragmento. La opción (4) no corrige el fragmento. La opción (5) no completa el verbo principal de la oración.

Lección 2: Oraciones compuestas
Práctica de GED (páginas 74 y 75)

Todas las preguntas en esta práctica se refieren a oraciones compuestas.

1. **(2) llenos de colorido tales como mapas** En la opción (2) se corrige el fragmento combinándolo con la oración anterior. La opción (1) une el fragmento como si fuera una oración independiente. Las opciones (3), (4) y (5) no unen el fragmento y no mantienen el sentido del texto original.

2. **(1) insignias o** La oración es correcta porque contiene dos ideas completas y relacionadas unidas por una conjunción coordinante adecuada sin coma (por ser o). La opción (2) tiene una coma que no corresponde. La opción (3) crea un fragmento. La opción (4) tiene una coma mal colocada. En la opción (5) hay dos comas innecesarias.

3. **(5) trabajo, pero** La opción (5) es correcta porque dos oraciones completas y relacionadas están unidas con una conjunción coordinante de contraste y una coma. A la opción (1) le falta la coma necesaria. En la opción (2) se utiliza un adverbio conjuntivo inadecuado y lleva la puntuación incorrecta. La opción (3) crea un fragmento. La opción (4) coloca la coma en donde no corresponde.

4. **(2) añadir Se hizo antes de Más corriente** La opción (2) corrige el fragmento añadiendo un verbo y, por tanto, un sujeto implícito. La opción (1) cambia incorrectamente la forma verbal y no añade un sujeto implícito ni explícito. En la opción (1) se añade una coma innecesaria. En la opción (4) se utiliza una letra mayúscula incorrectamente. La opción (5) es un fragmento de oración.

5. **(1) Internet, así que su** La opción (1) es la correcta porque dos ideas completas y relacionadas están unidas correctamente con una coma y una locución coordinante correcta. La opción (2) es incorrecta porque las dos oraciones sólo están unidas con una coma sin una conjunción coordinante. En la opción (3), la coma debe colocarse antes de así. En la opción (4), así no tiene una coma delante. La opción (5) crea un fragmento.

6. **(3) eliminar la coma después de económicos** La opción (3) es correcta, porque la conjunción coordinante y no lleva una coma delante. En la opción (1) se elimina la conjunción coordinante de la oración compuesta, creando una oración seguida. En la opción (2) se emplea la coma incorrectamente. En la opción (4) se elimina el sujeto de la segunda oración.

7. **(5) rechazados, pero el** La opción (5) es correcta porque combina correctamente las dos oraciones con una coma, seguida de la conjunción coordinante adecuada. En la opción (1) no hay conjunción coordinante en la oración compuesta. La opción (2) utiliza la puntuación incorrecta. La opción (3) no contiene puntuación y tiene una palabra de enlace inadecuada. La opción (4) contiene la conjunción coordinante correcta pero le falta la coma.

8. **(2) añadir o después de electrónicamente** La opción (2) es correcta porque proporciona una conjunción coordinante adecuada para las dos oraciones de la oración compuesta. Las opciones (1) y (5) son incorrectas porque la oración compuesta necesita una conjunción coordinante. La opción (3) es incorrecta porque no debe haber una coma antes de la conjunción coordinante o. La opción (4) es incorrecta porque no hace falta la coma.

Lección 3: Ideas subordinantes
Práctica de GED (páginas 78 y 79)
Todas las preguntas en esta práctica se refieren a ideas subordinantes.

1. **(3) país, mudarse** La opción (3) es la correcta porque corrige un fragmento de oración subordinada uniéndolo a la oración independiente que sigue e incluye una coma después de la oración subordinada. La opción (1) crea un fragmento. La opción (2) omite la coma después de la oración subordinada introductoria. La opción (4) es incorrecta porque utiliza una conjunción coordinante inadecuada. La opción (5) emplea una conjunción subordinante inadecuada antes de la oración independiente, formando un fragmento.

2. **(2) añadir coma después de fácil** La opción (2) es correcta porque añade una coma después de la oración subordinada que está al principio de la oración. La opción (1) usa una conjunción subordinante inapropiada y no incluye la coma después de la oración. La opción (3) cambia el verbo incorrectamente al tiempo pasado. La

opción (4) añade una coma innecesaria. La opción (5) es una oración seguida.

3. **(5) dirección y** La opción (5) es correcta porque combina detalles relacionados de forma fluida y reduce la repetición. La opción (1) crea un fragmento. La opción (2) une dos oraciones independientes sin una conjunción coordinante. La opción (3) es incorrecta porque no combina los detalles de forma fluida y natural. La opción (4) crea un fragmento.

4. **(3) equipo de supervivencia, que contiene** La opción (3) es correcta porque combina los detalles de forma fluida en una sola oración. La opción (1) no combina los detalles de forma natural y repite las palabras. La opción (2) usa un término de enlace inadecuado entre equipo de supervivencia y la enumeración de artículos. La opción (5) crea un fragmento de oración con un verbo incompleto.

5. **(2) muchos los libros para estar en forma y los programas para hacer ejercicio** La opción (2) es correcta porque combina los sujetos para formar una sola oración. La opción (1) omite la conjunción coordinante necesaria para formar una oración compuesta. La opción (3) no combina las ideas de una forma fluida. La opción (4) utiliza una conjunción coordinante inadecuada. La opción (5) omite un verbo.

6. **(3) añadir coma después de forma** La opción (3) es correcta porque se necesita una coma después de una oración subordinada que está al principio de una oración. La opción (1) crea una oración compuesta sin conjunción coordinante. La opción (2) añade la coma en el medio de la oración subordinada. La opción (4) crea un fragmento a partir de la oración subordinada.

7. **(5) un buen par de zapatos para andar** La opción (5) combina el detalle de la segunda oración en la primera. La nueva oración sería: Puede simplemente comprar un buen par de zapatos para andar y dar un paseo rápido con ellos varias veces a la semana. Las opciones (1) y (4) no combinan los detalles de una forma tan fluida. Las opciones (2) y (3) no mantienen el mismo sentido del texto original.

8. **(3) siente desde que cambió** La opción (3) corrige el fragmento de la oración subordinada uniéndola a una idea independiente anterior. La opción (2) añade una coma y una conjunción coordinante innecesarias; la relación entre ambas ideas es subordinante, y no de igual a igual. La

opción (4) utiliza una conjunción subordinante inadecuada. La opción (5) elimina la palabra de enlace que indica la relación entre las dos oraciones.

Lección 4: Oraciones seguidas y omisión de conjunciones coordinantes
Práctica de GED (páginas 82 y 83)
Todas las preguntas en esta práctica se refieren a oraciones seguidas.

1. **(5) solicitud y todo** La opción (5) corrige la oración seguida separando las oraciones independientes con una conjunción coordinante adecuada. La opción (2) crea un ejemplo de omisión de conjunción coordinante. La opción (3) utiliza un adverbio conjuntivo inadecuado y la puntuación incorrecta. La opción (4) tiene un punto y coma innecesario delante de la conjunción coordinante *y*.

2. **(3) cambiar la coma a un punto** La opción (3) es correcta porque corrige la omisión de conjunciones coordinantes formando dos oraciones distintas con las oraciones independientes. La opción (1) es incorrecta porque separa una idea de la oración con la que corresponde. La opción (2) crea una oración seguida. La opción (4) utiliza una conjunción coordinante inadecuada. La opción (5) conecta las ideas de forma inadecuada.

3. **(1) añadir puedo después de la coma** La opción (1) añade correctamente un sujeto implícito con el verbo para corregir el fragmento de oración. La opción (2) no corrige el fragmento, sino que sólo cambia la forma del verbo. La opción (3) añade un sujeto inadecuado y elimina el verbo. La opción (4) añade una coma innecesaria, porque la palabra o no lleva coma delante.

4. **(4) carta e incluir mi nombre,** La opción (4) es correcta porque corrige la falta de coma entre las oraciones independientes y elimina palabras innecesarias combinando dos verbos en una sola oración principal. Las otras opciones no producen una combinación fluida de ideas en una sola oración.

5. **(5) pesados. Algunas** La opción (5) es correcta porque emplea un punto para dividir la oración seguida en dos oraciones. La opción (2) es incorrecta porque crea una oración seguida. La oración (3) utiliza un adverbio conjuntivo inadecuado con puntuación incorrecta. La opción (4) utiliza una conjunción subordinante inadecuada.

6. **(3) carpiano. Los** La opción (3) es correcta porque utiliza un punto para separar las oraciones independientes de la oración seguida en dos oraciones. La opción (2) es un ejemplo de omisión de conjunción coordinante. Las opciones (4) y (5) crean oraciones compuestas con conjunciones coordinantes que no llevan la coma correspondiente delante.

7. **(5) no se requiere hacer ninguna corrección** La opción (1) crea un fragmento. La opción (2) añade una coma innecesaria. La opción (3) elimina la palabra necesaria como. La opción (4) crea un fragmento al eliminar el verbo de la oración.

8. **(4) "seguros"; por ejemplo,** La opción (4) es correcta porque añade las conjunciones coordinantes que faltaban y utiliza la puntuación correcta. La opción (1) crea una oración compuesta, pero con una conjunción coordinante inadecuada. La opción (2) crea una oración subordinada a partir de la primera oración independiente, pero con una conjunción subordinante inadecuada. La opción (3) crea una oración subordinada a partir de la segunda oración independiente, pero con una conjunción subordinante inadecuada. La opción (5) omite información del texto original.

9. **(4) sustituir corrientes los empleados con corrientes. Los empleados** La opción (4) separa las dos oraciones independientes de forma correcta en dos oraciones distintas. La opción (1) crea una oración subordinada a partir de la primera oración independiente, pero con una conjunción subordinante inadecuada y sin la coma necesaria después de la frase introductoria. La opción (2) crea un ejemplo de omisión de conjunción coordinante. La opción (3) crea una oración compuesta con una conjunción coordinante que no es la más adecuada. La opción (5) no corrige la oración seguida.

Lección 5: Modificadores mal colocados
Práctica de GED (páginas 85 y 86)
Todas las preguntas en esta práctica se refieren a modificadores mal colocados.

1. **(1) sustituir Al instalar con Si usted instala** La opción (1) es correcta porque añade un sujeto y un verbo a un modificador sin sujeto, convirtiendo la frase en una oración subordinante. La opción (2) elimina una coma necesaria y no corrige el modificador sin sujeto. La opción (3) trata la oración como si fuera compuesta, pero no lo es. La opción (4) cambia la

forma verbal de la oración principal y no corrige el modificador sin sujeto.

2. **(1) Por sólo unos $20,** La opción (1) es correcta porque traslada la frase mal colocada cerca de la palabra a la que modifica, manera. Las demás opciones no producen oraciones en la que el modificador esté bien colocado y el sentido del texto original se mantenga.

3. **(4) hacen difícil para los ladrones desmontar** La opción (4) es correcta porque traslada la frase mal colocada para que quede más cerca de la palabra a la que modifica, difícil. Las otras opciones no producen una oración en que todos los modificadores estén colocados correctamente.

4. **(5) no se requiere hacer ninguna corrección** La oración es correcta porque todos los modificadores están colocados correctamente. La opción (1) sustituye la oración subordinante introductoria sin necesidad. La opción (2) elimina la coma necesaria después de la oración subordinante introductoria. La opción (3) sustituye el sujeto de la oración principal con un sujeto y un verbo. En la opción (4) se añade una coma innecesaria delante de y.

5. **(1) Como supervisora de equipos de trabajo, Erica Ortiz** La opción (1) es correcta porque la frase modificadora está correctamente colocada. La opción (2) crea un fragmento. La opción (3) crea una oración con dos verbos: es y supervisa. La opción (4) tiene un exceso de palabras y necesita comas alrededor de la frase modificadora. La opción (5) crea una oración con dos sujetos: Erica Ortiz y ella.

6. **(4) de que los equipos tengan sus tareas asignadas y sus herramientas al** La opción (4) es correcta porque traslada la oración modificadora cerca del sustantivo que modifica: equipos. La opción (1) no produciría una revisión efectiva ni mantendría toda la información en la oración. La opción (2) hace que la oración modifique Erica, y no equipo. Las opciones (3) y (5) cambian el sentido de la oración.

7. **(3) Contemporáneo en 1998 y rápidamente se ganó el respeto de los miembros de los equipos** La opción (3) es correcta porque traslada la frase mal colocada en 1998 más cerca de la idea que modifica y elimina el exceso de palabras dándole a la oración dos verbos: comenzó y se ganó. La opción (1) es una oración seguida. Las opciones (2) y (4) no trasladan la frase en 1998 a la mejor ubicación de la oración.

Tampoco lo hace la oración (5), que además crea un ejemplo de omisión de conjunciones coordinantes.

8. **(1) Erica tiene también** La opción (1) es correcta porque le da a la frase modificadora introductoria el sujeto correcto para modificar: Erica. La oración nueva sería: Orgullosa representante de Paisajismo Contemporáneo, Erica tiene también una gran reputación entre nuestros clientes. Las opciones (2), (3) y (4) crean un modificador sin sujeto al no proporcionar el sujeto correcto. La opción (5) no incluye el verbo necesario de la oración principal.

9. **(2) cambiar Erica Ortiz queda recomendada por recomiendo a Erica Ortiz** La opción (2) es correcta porque usa el sujeto implícito que modifica la frase Con mucho gusto: yo (recomiendo). La opción (1) crea un fragmento al hacer que el verbo quede incompleto. La opción (4) añade una coma innecesaria. La opción (5) crea un modificador sin sujeto.

Lección 6: Estructura paralela
Práctica de GED (páginas 88 y 89)
Todas las preguntas en esta práctica se refieren a estructura paralela.

1. **(3) sustituir con mucha con tener** La opción (3) es correcta porque la terminación -er concuerda con la terminación del infinitivo -ar de los otros elementos de la serie. La opción (1) cambia la forma paralela a una forma que no es paralela (-ando). La opción (2) elimina una coma necesaria entre los elementos de una serie. En la opción (4) se cambia de una forma paralela a una que no es paralela. La opción (5) añade una coma innecesaria.

2. **(4) y deshacerse en disculpas** La opción (4) es correcta porque las frases son paralelas cuando cada una contiene un verbo con -ar, -er o -ir. La opción (1) no contiene ninguna palabra con -ar, -er ni -ir. La opción (2) utiliza una oración subordinada, La opción (3) emplea la preposición para. La opción (5) usa una frase.

3. **(1) y tenis** La opción (1) es correcta porque los tres sustantivos (mahones, camiseta y tenis), tienen una estructura paralela. Las opciones (2) y (3) son incorrectas porque usan frases. La opción (4) utiliza la terminación -ando. La opción (5) utiliza una frase después del sustantivo. Todas estas opciones crean estructuras que no son paralelas.

4. **(5) eliminar que tenga aire** La opción (5) es correcta porque elimina la frase subordinada y permite que empresarial concuerde con los

demás adjetivos de la serie. Las opciones (1) y (2) crean fragmentos. La opción (3) elimina la coma necesaria entre los elementos de una serie. La opción (4) añade una conjunción coordinante innecesaria. La coma es lo único que hace falta para separar los elementos.

5. **(5) sustituir y podemos reconocerla con y conocida** La opción (5) es correcta porque convierte una oración con un adjetivo de una sola palabra, como los demás de la serie: suave, indefinida, conocida. La opción (1) cambia la forma del verbo, pero no corrige el error en la estructura paralela. Las opciones (2) y (3) cambian los demás adjetivos de la serie para acrecentar el error en la estructura paralela. En la opción (4) se cambia la conjunción subordinante, pero no se mantiene el sentido del texto original.

6. **(4) cambiar que reduce a reducir** La opción (4) es correcta porque le da la misma forma a todos los verbos de la serie: calmarnos, disminuir, reducir. Las opciones (1) y (5) no corrigen la estructura no paralela. La opción (2) amplía la estructura no paralela cambiando el verbo del medio a una forma distinta. La opción (3) cambia el sentido de la oración original.

7. **(4) en las tiendas, en el trabajo y en situaciones de tensión** La opción (4) es correcta porque crea una serie de frases preposicionales paralelas. En las opciones (1) y (3), la tercera frase de cada serie no es paralela. En las opciones (2) y (5), todas las frases tienen formas distintas.

8. **(3) añadir una coma después de ausencias** La opción (3) es correcta porque hace falta una coma entre los elementos de una serie. La opción (1) añade una coma innecesaria. La opción (2) crea un fragmento con un verbo incompleto. La opción (4) crea una estructura que no es paralela. La opción (5) crea una oración seguida.

9. **(5) no se requiere hacer ninguna corrección** La opción (5) es correcta porque las tres palabras que contienen la terminación del infinitivo (ar e ir) forman una estructura paralela. La opción (1) es incorrecta porque la coma es necesaria después de la oración subordinada introductoria. La opción (2) es incorrecta porque si se deja tapones en los oídos solo se crearía una estructura que no es paralela.

Repaso de GED: Estructura de las oraciones
(Páginas 90 a 95)

1. **(3) lugar, que** La opción (3) es la correcta porque une un fragmento con una idea completa. En la opción (2) sólo se cambia la puntuación; no elimina el fragmento. En la opción (4) la palabra y no se corresponde con el sentido de la oración. En la opción (5), la combinación de Y y que no elimina el fragmento.

2. **(5) no se requiere hacer ninguna corrección** Las opciones (1), (2) y (3) son incorrectas, porque en cada una se forma un fragmento. En la opción (4) se forman dos oraciones completas sin la puntuación correcta.

3. **(1) añadir Han pasado antes de 15** La opción (1) es la correcta porque le proporciona al fragmento un sujeto y un verbo. Las opciones (2), (3) y (4) no corrigen el fragmento.

4. **(2) añadir es después de Éste** En la opción (2) se corrigen los fragmentos añadiendo el verbo que falta. En la opción (1) se elimina el sujeto y no se elimina el fragmento. En la opción (3) se crea un nuevo fragmento. En las opciones (4) y (5) no se elimina el fragmento.

5. **(3) tarjeta de la tienda a menos que reciba una** La opción (3) es correcta porque proporciona la palabra de enlace adecuada y un sujeto y verbo para el fragmento. Las opciones (1), (2), (4) y (5) no tienen sentido.

6. **(3) añadir así que después de la coma** La opción (3) es correcta porque proporciona la conjunción coordinante correcta. La opción (1) es incorrecta porque dos meses no es una oración independiente completa. La opción (2) contiene un adverbio conjuntivo inadecuado con la puntuación incorrecta. La opción (4) es incorrecta porque hace falta una conjunción coordinante y una coma (si no se trata de y, e, o, u) para combinar dos oraciones. La opción (5) emplea un uso incorrecto de la coma.

7. **(5) meses, pero esa hora** La opción (5) es correcta porque une dos oraciones completas con una coma y una conjunción coordinante correcta. Las opciones (1) y (3) contienen adverbios conjuntivos incorrectos con la puntuación errónea. En la opción (2) hay una coma de más. En la opción (4) se utiliza una locución coordinante inadecuada y contiene la puntuación incorrecta.

8. **(1) eliminar la coma** La opción (1) elimina la coma, que no se utiliza con la conjunción coordinante y. La opción (2) emplea una palabra de enlace inadecuada y contiene la puntuación incorrecta. La opción (3) elimina la conjunción coordinante necesaria. La opción (4) coloca la coma delante de la conjunción y, que es incorrecto.

9. **(2) respondidas, pero** La opción (2) es correcta porque une dos oraciones completas con una coma y una conjunción coordinante adecuada. A la opción (1) le falta la coma. A la opción (3) le hace falta punto y coma delante del adverbio conjuntivo sin embargo. A la opción (4) le falta una coma. La opción (5) es incorrecta porque separa dos oraciones relacionadas.

10. **(5) no se requiere hacer ninguna corrección** Las oraciones dentro de esta oración están combinadas correctamente y tienen la puntuación correcta. La opción (1) usa un adverbio conjuntivo de contraste que resulta inadecuado. La opción (2) utiliza una conjunción coordinante inadecuada y lleva la puntuación incorrecta. La opción (3) elimina una coma necesaria. La opción (4) utiliza una coma incorrecta delante de la conjunción y.

11. **(4) Hospital Municipal. Tiene usted razón** La opción (4) es correcta porque se utiliza un punto para separar dos oraciones independientes de la oración seguida para formar dos oraciones. Las opciones (1) y (5) son oraciones seguidas. Además, la opción (5) contiene una mayúscula innecesaria. La opción (2) concluye una oración con coma en vez de punto final. La opción (3) también es un ejemplo del uso de mayúsculas.

12. **(5) no se requiere hacer ninguna corrección** La opción (1) añade una coma innecesaria. La opción (2) elimina una coma necesaria en una oración compuesta. La opción (3) añade una segunda conjunción coordinante que es innecesaria. La opción (4) crea un ejemplo de omisión de conjunción coordinante.

13. **(5) añadir pero después de la coma** La opción (5) añade la conjunción coordinante que había sido omitida. La opción (1) subordina la primera oración, pero con una conjunción subordinante inadecuada. La opción (2) crea una oración seguida. La opción (3) cambia el sentido de la oración. La opción (4) añade un adverbio conjuntivo adecuado, pero sin el punto y coma y la coma que hacen falta.

14. **(1) en uno o más campos. El absoluto** La opción (1) es la correcta porque crea una oración compuesta y una oración simple. Las opciones (2), (3), (4) y (5) no separan las oraciones con claridad ni mantienen el sentido original del texto.

15. **(3) cambiar lo fácil que es de utilizar a facilidad de uso** (Estructura paralela) La opción (3) es correcta porque crea una frase que coincide con las otras frases de la serie. La opción (1) elimina la coma necesaria entre los elementos de una serie. La opción (2) convierte una palabra paralela en una frase que no es paralela. La opción (4) simplemente cambia el verbo de la oración que provoca la falta de paralelismo. La opción (5) no corrige la estructura paralela.

16. **(3) eliminar la coma después de congelarse** (Oración compuesta) La opción (3) elimina la coma incorrecta delante de la conjunción coordinante y. La opción (1) hace que el verbo de la primera oración sea incompleto. La opción (2) cambia incorrectamente una forma verbal. La opción (4) sustituye erróneamente la conjunción coordinante necesaria, y. La opción (5) cambia el no a ni incorrectamente.

17. **(4) disco duro, reconectar el ratón tres veces y reinstalar** (Subordinación: Combinar detalles) La opción (4) combina la información de las tres oraciones independientes para crear una sola oración: Tuve que cambiar el disco duro, reconectar el ratón tres veces y reinstalar mi conexión de Internet dos veces. Las otras opciones no eliminan el exceso de palabras ni la repetición. La opción (2) omite información importante.

18. **(5) complicados y los** (Oraciones seguidas) La opción (5) corrige la oración seguida añadiendo la conjunción coordinante necesaria entre las oraciones independientes. La opción (3) usa un adverbio conjuntivo inadecuado sin la puntuación correcta. La opción (4) crea un ejemplo de la omisión de conjunciones coordinantes. La opción (2) contiene una coma innecesaria. La opción (1) es una oración seguida.

19. **(2) añadir coma después de entramos** La opción (2) es correcta porque las oraciones subordinantes siempre llevan coma si están al principio de la oración. La opción (1) es incorrecta porque utiliza una conjunción subordinante inadecuada. La opción (3) crea un fragmento. Las opciones (4) y (5) añaden comas innecesarias

20. **(3) impulsivas tales como revistas, dulces y** La opción (3) combina todos los detalles en una oración fluida al enumerarlos en una lista. La opción (1) no producirá una oración ni podrá mantener el sentido del texto original. La opción (2) combina los sujetos, pero no los demás detalles. La opción (4) crea una oración compuesta a la que le falta una conjunción coordinante. La opción (5) repite una forma del verbo ver y no combina los detalles.

21. (5) leche, saldremos La opción (5) corrige el fragmento de oración subordinada del texto original (opción 1) al unirlo al principio de una oración independiente y añadir una coma. Las opciones (2) y (3) forman oraciones compuestas con conjunciones coordinantes inadecuadas. La opción (4) omite la coma necesaria.

22. (4) si comprendemos La opción (4) combina las ideas para formar una oración compleja, convirtiendo la segunda oración en una oración subordinada y añadiendo una coma. Las opciones (2) y (3) forman oraciones compuestas con conjunciones coordinantes inadecuadas. La opción (4) omite la coma necesaria.

23. (3) población de algunos estados (Modificadores mal colocados) La opción (3) es correcta porque traslada la frase mal colocada y la coloca cerca de la palabra que modifica. Las otras opciones no producirían oraciones que den la información de forma clara y fluida.

24. (3) añadir estos productos después de dejan (Modificadores sin sujeto) La opción (3) es correcta porque añade un sujeto y un verbo para el modificador sin sujeto, convirtiendo la frase en una oración subordinante. Las opciones (1) y (2) no corrigen el modificador sin sujeto. La opción (4) elimina la coma necesaria después de la frase introductoria y no corrige el modificador sin sujeto. La opción (5) sólo cambia la forma verbal de la oración principal y no corrige el modificador sin sujeto.

25. (3) añadir Se están delante de Formando (Fragmentos de oración) La opción (3) es correcta porque corrige el fragmento completando el verbo. La opción (1) sólo cambia de lugar la frase modificadora y la palabra que modifica. Al añadir un verbo en la primera parte de la oración, la opción (2) crea otro modificador mal colocado. La opción (4) añade una coma innecesaria. En la opción (5) falta un verbo completo.

26. (5) hace suelas de tenis utilizando gomas de automóvil gastadas (Oraciones seguidas) La opción (5) es correcta porque combina todos los detalles de las tres oraciones independientes en una sola oración y los coloca correctamente. Las otras opciones producirán oraciones con exceso de palabras, repetitivas o que contienen modificadores mal colocados.

Organización
Lección 7: Párrafos efectivos
Práctica de GED (páginas 98 y 99)
Todas las preguntas en esta práctica se refieren a unidad y coherencia en los párrafos.

1. **(1) eliminar la oración 2** La opción (1) elimina correctamente una oración que no apoya la idea principal. Las opciones (2) y (3) trasladan esta información, pero no la eliminan. La opción (4) sugiere que un detalle de apoyo es el tema del párrafo.

2. **(3) trasladar la oración 6 a continuación de la oración 8** La opción (3) es correcta porque vuelve a ordenar la oración de una forma más lógica, colocando la mención de la segunda opción para los medicamentos después de que se comenten todos los detalles de la primera. La opción (1) es correcta porque elimina un dato importante. La opción (2) es incorrecta porque coloca información sobre la segunda opción para los medicamentos antes de que se den las distintas farmacias de la primera opción. La opción (4) es incorrecta porque sugiere que un detalle secundario es la oración temática del último párrafo.

3. **(4) trasladar la oración 9 al principio del párrafo C** La opción (4) es correcta porque traslada un comentario de conclusión de manera que introduzca el último párrafo, que es el de conclusión. La opción (1) coloca incorrectamente el comentario como si fuera la oración temática de la carta entera. La opción (2) traslada el comentario de conclusión al párrafo de introducción. La opción (3) elimina el comentario de conclusión, pese a ser efectivo y cortés.

4. **(5) no se requiere hacer ninguna corrección** La oración es correcta según está escrita. La opción (1) añade otro sujeto que es innecesario. La opción (2) crea un fragmento. La opción (3) elimina una coma necesaria. La opción (4) crea un error en la estructura paralela.

5. **(2) eliminar la oración 10** (Unidad del párrafo) La opción (2) elimina correctamente una oración que no apoya la idea principal del párrafo. Las opciones (1) y (4) eliminan detalles de apoyo. La opción (3) traslada incorrectamente un detalle de apoyo y lo saca del orden lógico.

6. **(3) eliminar la oración 2** En la opción (3) se elimina correctamente una oración que no apoya la idea principal. La opción (1) elimina

incorrectamente una oración temática. La opción (2) colocaría incorrectamente la oración temática al final del párrafo. La opción (4) elimina incorrectamente un detalle de apoyo del párrafo.

Lección 8: Oraciones temáticas
Práctica de GED (páginas 101 y 102)
Todas las preguntas en esta práctica se refieren a oraciones temáticas.

1. **(2) Para seguir recibiendo la correspondencia cuando cambie de domicilio, notifique al correo su nueva dirección.** La opción (2) es correcta porque expresa la idea principal del párrafo y proporciona un tema con el que tienen que ver todas las oraciones que siguen. Las opciones (1), (3), (4) y (5) son demasiado generales como para ser oraciones temáticas efectivas.

2. **(1) añadir al principio del párrafo El correo reenviará su correspondencia personal y la mayoría de los paquetes durante un año.** La opción (1) añade una oración temática clara y efectiva para el párrafo. La opción (2) elimina un detalle de apoyo. La opción (3) traslada la oración a un lugar poco lógico. La opción (4) sustituye un enunciado claro con uno general y confuso.

3. **(5) No olvide notificar a las empresas con las que trata que se mudó.** La opción (5) es correcta porque expresa la idea principal del párrafo y proporciona un tema con el que tienen que ver todas las oraciones que siguen. Las opciones (1) y (2) son demasiado generales. La opción (4) no expresa efectivamente la idea principal del párrafo.

4. **(3) Los cambios del color natural de las uñas pueden avisarle que tiene una enfermedad.** (Oraciones temáticas) La opción (3) es correcta porque expresa la idea principal del párrafo y proporciona el tema con el que tienen que ver todas las oraciones que siguen. Las opciones (1) y (2) son demasiado generales. La opción (4) hace un enunciado equivocado y engañoso. La opción (5) no expresa de forma clara y efectiva la idea principal del párrafo.

5. **(4) eliminar la oración 7** (Unidad del párrafo) La opción (4) elimina correctamente una oración irrelevante que no apoya la idea principal. La opción (1) elimina un detalle de apoyo importante. Las opciones (2) y (3) trasladan detalles de apoyo incorrectamente y los sacan del orden lógico. La opción (5) traslada una oración irrelevante que debería eliminarse.

6. **(1) El séptimo grado visitará el Museo de Ciencias el lunes, 5 de octubre.** La opción (1) es la mejor oración temática porque presenta la idea principal del párrafo. Las opciones (2), (4) y (5) son demasiado generales como para ser oraciones temáticas efectivas. La opción (3) es demasiado específica para ser una oración temática efectiva.

7. **(3) El costo de la excursión es de 8 dólares en efectivo o con cheque.** La opción (3) expresa la idea principal del párrafo y proporciona datos fundamentales que tienen que ver con todas las demás oraciones. La opción (1) no proporciona información suficientemente específica. La opción (4) proporciona información innecesaria. La opción (5) es demasiado indefinida.

Lección 9: División en párrafos
Práctica de GED (páginas 104 y 105)
Todas las preguntas en esta práctica se refieren a división en párrafos.

1. **(2) comenzar un nuevo párrafo con la oración 6** (División en párrafos) La opción (2) es correcta porque la oración pasa a una idea nueva sobre lo que pasa después de adquirir un permiso. La opción (1) divide el primer párrafo, que trata de adquirir un permiso. Las opciones (3) y (4) eliminan detalles de apoyo importantes. La opción (5) sugiere incorrectamente que un detalle de un párrafo debe pasar a formar parte de otro.

2. **(2) con la oración 3** La opción (2) es correcta porque la oración pasa de la introducción a una idea nueva. La opción (1) divide el párrafo de introducción. Las opciones (3), (4) y (5) dividen el segundo párrafo sobre los sucesos en el hospital.

3. **(2) con la oración 3** La opción (2) es correcta porque la oración hace un cambio de la introducción a una idea nueva. La opción (1) divide el párrafo de introducción. La opción (3) separa una oración temática sobre escritores principiantes de los detalles que tienen que ver con esa idea principal. Las opciones (4) y (5) dividen lo que debería ser el segundo párrafo, que trata de los escritores principiantes.

4. **(1) con la oración 7** La opción (1) es correcta porque la oración hace la transición a la segunda de tres oraciones sobre la escritura competente de los estudiantes. Las opciones (2), (3) y (4) dividen lo que debería ser el tercer párrafo.

5. **(4) con la oración 15** La opción (4) es correcta porque la oración hace el cambio hacia la

conclusión. La opción (1) separa la oración temática sobre los escritores superiores de los detalles sobre esa idea principal.

Lección 10: Transiciones claras
Práctica de GED (páginas 107 y 108)
Todas las preguntas en esta práctica se refieren a división en párrafos.

1. **(1) sustituir El con Por desgracia, el** La opción (1) es correcta porque añade una transición que sugiere que hay un contraste entre la idea de la oración 4 y la idea de la oración 3. Las opciones (2), (3) y (4) añaden la transición en lugares en los que la relación entre las ideas no queda clara; además, llevan la puntuación incorrecta.

2. **(3) Afortunadamente, puede conseguir que la madera barnizada siempre se vea bien si sigue estos consejos.** La opción (3) es correcta porque proporciona una oración temática efectiva para el párrafo B e incluye una transición entre las ideas principales de los párrafos A y B. Las opciones (1), (2), (4) y (5) emplean transiciones inadecuadas que no contienen la idea principal del párrafo B.

3. **(2) y además,** La opción (2) es correcta porque sugiere la combinación de dos oraciones relacionadas con una transición que muestra que se ha añadido un detalle. La opción (1) no muestra esta relación. La opción (3) sugiere que la idea de la oración 6 es resultado de la idea de la oración 5. La opción (4) sugiere que la idea de la oración 6 es un ejemplo de la idea de la oración 5. La opción (5) sugiere que existe un contraste entre la idea de la oración 6 y la de la oración 5.

4. **(4) barnizados. De hecho, la** La opción (4) combina correctamente una oración y un detalle de apoyo con una transición adecuada. Las opciones (1) y (2) son incorrectas porque no muestran la relación entre las ideas de las dos oraciones. La opción (2) crea además un ejemplo de omisión de conjunciones coordinantes. La opción (3) sugiere incorrectamente que la idea de la oración 9 causa la idea de la oración 10. La opción (5) sugiere incorrectamente que la idea de la oración 10 es la misma que la idea de la oración 9.

5. **(4) Según la Ley sobre Informes de Crédito Justos,** (Transiciones) La opción (4) es correcta porque añade al principio de la oración una transición que explica la relación que existe entre las ideas de las oraciones 2 y 3. También tiene el tono correcto. Las opciones (1) y (5) crean oraciones poco naturales. Las opciones (2) y (3) no producen oraciones efectivas que vuelvan a expresar de forma precisa el sentido del texto original.

6. **(1) hacerlo, pida** (Transiciones) La forma original es la mejor forma de expresar la idea porque utiliza una frase de transición adecuada con la puntuación correcta. Las opciones (2) y (3) crean fragmentos. Las opciones (4) y (5) añaden transiciones innecesarias e inadecuadas. La opción (5) también lleva la puntuación incorrecta.

7. **(1) añadir sin embargo, después de la coma** La opción (1) es correcta porque añade una transición que muestra un contraste entre las ideas de las oraciones 1 y 2. Las opciones (2), (3), (4) y (5) añaden la transición en lugares en los que la relación que existe entre las ideas no queda clara. Además, llevan la puntuación incorrecta.

8. **(1) sustituir Se han con Como consecuencia, se han** La opción (1) es correcta porque añade una transición que indica que la idea de la oración 6 es resultado de la idea de la oración 5. Las opciones (2), (3) y (4) añaden la transición en lugares en los cuales la relación entre las ideas no se muestra claramente.

Repaso de GED: Organización
(Páginas 109 a 113)

1. **(4) trasladar la oración 3 al final del párrafo** La opción (4) traslada correctamente un detalle de apoyo a su lugar lógico en el párrafo. La opción (1) traslada la oración temática, quitándola del lugar más efectivo. Las opciones (2) y (3) eliminan detalles de apoyo importantes. La opción (5) traslada un detalle que apoya la idea principal del párrafo A al párrafo B.

2. **(2) eliminar la oración 7** La oración (2) es correcta porque elimina un detalle irrelevante. Las opciones (1) y (3) solamente trasladan el detalle irrelevante. La opción (4) sustituye el detalle irrelevante con otro detalle irrelevante.

3. **(5) no se requiere hacer ninguna corrección** Esta oración es una conclusión adecuada para el párrafo y el pasaje. Las opciones (1), (2) y (3) trasladan la oración a lugares que no tienen sentido. La opción (4) elimina la conclusión del pasaje.

4. **(4) eliminar la oración 4** (Organización/ Unidad y coherencia) La opción (4) elimina correctamente una oración que no apoya la idea

principal del párrafo. La opción (1) elimina la oración temática. La opción (2) saca un detalle del orden lógico. La opción (3) elimina un detalle de apoyo importante.

5. **(2) combinar los párrafos B y C** (Organización/División en párrafos) La opción (2) combina correctamente dos párrafos cortos que contienen detalles e información sobre una idea principal. Las opciones (1), (3) y (4) sacan detalles de apoyo de su orden lógico. La opción (5) elimina información importante.

6. **(2) combinar los párrafos A y B** (Organización/Estructura de los párrafos) La opción (2) combina correctamente dos párrafos que contienen detalles sobre una idea principal. La opción (1) mueve sólo uno de los detalles al primer párrafo y deja un párrafo de una sola oración. Las opciones (3) y (5) quitan importantes detalles que sustentan la idea principal. La opción (4) mueve incorrectamente la oración temática del párrafo que introduce.

7. **(4) oración 9** (Organización/División de párrafos) La opción (4) es correcta porque la oración 9 cambia a una idea nueva y por lo tanto debe empezar un párrafo. Las opciones (1), (2) y (3) tienen oraciones que proveen detalles sobre la idea principal del párrafo B. La opción (5) es un detalle en relación con la idea de la oración 9, por lo tanto debe seguirla en el nuevo párrafo.

8. **(2) Hacer el esquema del historial médico de su familia puede ayudar a salvar una vida, ya que la herencia desempeña un papel muy importante en muchas enfermedades.** (Oraciones temáticas) La opción (2) es la mejor alternativa para una oración temática porque expresa el tema general del párrafo y comunica la idea principal sobre el tema. Las opciones (1), (4) y (5) son demasiado generales; no tienen que ver con el punto principal del párrafo. La opción (3) es demasiado específica.

9. **(2) eliminar la oración 5** (Unidad y coherencia) La opción (2) elimina correctamente una oración que no apoya a la idea principal. La opción (1) traslada un detalle de apoyo a un lugar ilógico. La opción (3) simplemente traslada la información irrelevante. Las opciones (4) y (5) eliminan detalles de apoyo importantes.

10. **(1) Sin embargo, como casi todas las cosas, soñar despierto también tiene aspectos negativos.** (Organización/Oraciones temáticas) La opción (1) es la mejor oración temática, porque introduce la idea principal del párrafo. La

opción (2) es demasiado general y no se relaciona directamente con los detalles del párrafo. Las opciones (3), (4) y (5) son demasiado específicas y no abordan la cuestión principal del párrafo.

11. **(4) poner la oración 13 al final del párrafo C** (Organización/Unidad y coherencia) La opción (4) es correcta porque sitúa un detalle en el lugar más lógico dentro del párrafo. La opción (1) desplaza un detalle del párrafo en donde corresponde. Las opciones (2) y (5) eliminan detalles importantes. La opción (3) desplaza un detalle a un lugar ilógico.

12. **(5) No es necesario hacer ningún cambio.** (Organización/Unidad y coherencia) La opción (5) mantiene correctamente la oración temática al comienzo del párrafo, donde corresponde. Las opciones (1), (3) y (4) la desplazan a lugares incorrectos. La opción (2) elimina la oración temática.

Uso
Lección 11: Concordancia entre el sujeto y el verbo
Práctica de GED (páginas 117)
Todas las preguntas en esta práctica se refieren a concordancia entre el sujeto y el verbo.

1. **(2) sustituir garantizan por garantiza** La opción (2) es correcta porque garantiza concuerda con Compañía Falcón. La opción (1) es incorrecta porque el sujeto y el verbo no concuerdan. Las opciones (3) y (4) añaden comas innecesarias

2. **(3) tiene** Esta opción es correcta porque el verbo concuerda con el sujeto compañía, no con la frase interpuesta entre el sujeto y el verbo. La opción (1) es incorrecta porque compañía y el verbo no concuerdan. La opción (2) crea un fragmento de oración. La opción (4) cambia el significado de la oración. La opción (5) usa un verbo incorrecto.

3. **(4) cambiar puedo a puede** Esta opción es correcta porque el verbo concuerda con el sujeto cliente. La opción (1) elimina una coma necesaria. La opción (2) tiene una conjugación incorrecta. La opción (3) hace un cambio innecesario.

4. **(2) sustituir cubrimos por cubre** La opción (2) es correcta porque el verbo cubre concuerda con el sujeto garantía. La opción (1) contiene una transición innecesaria. La opción (3) no tiene la conjugación correcta, y la opción (4) coloca una coma innecesaria.

Lección 12: Tiempos verbales

Práctica de GED (páginas 120)

Todas las preguntas en esta práctica se refieren a tiempos verbales.

1. **(3) han cambiado** La opción (3) es la correcta porque propone un tiempo compuesto con las formas correctas del auxiliar y el participio. La opción (2) precisaría el auxiliar han. Las opciones (4) y (5) proponen formas que dejarían a la oración sin verbo principal conjugado.

2. **(4) cambiar <u>pensando</u> por <u>piensan</u>** La opción (4) es la correcta porque cambia el gerundio incorrecto por la forma correcta. La opción (1) propone agregar una coma innecesaria. La opción (2) es incorrecta porque propone formar un tiempo compuesto con gerundio, en vez de con participio. La opción (3) propone formar un tiempo compuesto incorrecto. La opción (5) propone un gerundio incorrecto.

3. **(5) temen** La opción (5) corrige el gerundio incorrecto. Las opciones (1), (2), (3) y (4) son incorrectas porque proponen formas verbales inapropiadas para esta oración.

4. **(4) no han hablado** La opción (4) es la correcta porque es el tiempo compuesto que la oración requiere con el auxiliar y el participio en las formas correctas. Las opciones (1), (2), (3) y (5) son incorrectas porque proponen formas verbales inapropiadas para esta oración.

Lección 13: Participio y gerundio

Práctica de GED (páginas 123)

Todas las preguntas en esta práctica se refieren a participio y gerundio.

1. **(2) sustituir <u>ha complacido</u> por <u>complace</u>** La opción (2) es correcta porque soluciona el cambio innecesario del tiempo verbal. El tiempo es inconsistente con el resto del párrafo. La opción (1) cambia incorrectamente el verbo al pasado, lo cual es inconsistente con el resto del párrafo. La opción (3) es incorrecta porque cambia otro verbo en la oración. La opción (4) coloca una coma innecesaria

2. **(1) enviaremos** La opción (3) es correcta porque dentro de los próximos treinta días indica que el verbo debe estar en futuro. Las opciones (2) y (4) no corresponden con el tiempo verbal. La opción (3) está en presente. La opción (5) crea un fragmento de oración.

3. **(3) llegue** La opción (3) es correcta porque en cuanto concuerda es la clave para saber que se necesita un presente condicional. La opción (1) es futuro perfecto. La opción (2) está en pretérito, no corresponde al tiempo de la oración. La opción (4) es incorrecta porque sugiere una acción continua. La opción (5) crea una oración incompleta.

4. **(4) sustituir <u>esté llamando</u> por <u>llame</u>** La opción (4) es correcta porque usa el condicional en la segunda cláusula, porque el verbo en la primera cláusula está en presente. La opción (1) utiliza un tiempo verbal incorrecto porque la acción no es continua. La opción (2) elimina una coma necesaria. La opción (3) crea un fragmento dentro de la cláusula.

5. **(5) Apreciamos** La opción (5) es correcta porque el presente es consistente con el otro verbo en la oración, esperamos. Las opciones (1), (2), (3) y (4) son cambios incorrectos al verbo.

Lección 14: Pronombres

Práctica de GED (páginas 127)

Todas las preguntas en esta práctica se refieren a pronombres.

1. **(4) sustituir <u>evitarla</u> por <u>evitar la enfermedad</u>** La opción (4) es correcta porque se completa la idea que era vaga anteriormente. La opción (1) es incorrecta porque la inclusión de Tenemos no tiene sentido. La opción (2) no tiene sentido al sustituir el singular por el plural. La opción (3) es incorrecta porque es un cambio innecesario. La opción (5) no resuelve el problema.

2. **(2) Usted debe introducir** La opción (2) es correcta porque sustituye el antecedente ambiguo del original en la opción (1). La opción (3) utiliza otro pronombre ambiguo. Las opciones (4) y (5) introducen cambios innecesarios

3. **(4) sustituir <u>eliminarlas</u> por <u>eliminar las garrapatas</u>** La opción (4) es correcta porque aclara el antecedente. La opción (1) indica una sustitución incorrecta. La opción (2) elimina una coma necesaria después de la cláusula introductoria. La opción (3) coloca una coma innecesaria. La opción (5) crea un cambio innecesario.

4. **(1) sustituir <u>Son</u> por <u>Los collares son</u>** La opción (1) es correcta porque aclara el antecedente. La opción (2) coloca un pronombre ambiguo. La opción (3) crea un fragmento incompleto. La opción (4) no indica un cambio necesario. La opción (5) no resuelve el problema.

Repaso de GED: Uso
(Páginas 128 a 131)

1. **(4) añadir He antes de conducido** La opción (4) es la correcta porque añade el verbo auxiliar antes del participio. La opción (1) es incorrecta porque el gerundio conduciendo no puede ser el verbo principal de la oración. La opción (2) propone una forma verbal incorrecta. La opción (3) propone agregar una coma innecesaria. La opción (5) propone cambiar la forma correcta del pasado, obtuve por la forma incorrecta obtení.

2. **(4) cambiar creciendo por crecí** La opción (4) es la correcta porque corrige un gerundio incorrecto. La opción (1) propone cambiar el verbo correcto estar por el verbo incorrecto ser. La opción (2) propone cambiar la forma correcta estar + participio/adjetivo por el presente progresivo estar + gerundio. La opción (3) propone cambiar una forma incorrecta por otra; el participio crecido debería ir precedido del auxiliar he para formar el tiempo compuesto que sería aceptable en este contexto. La opción (5) propone agregar un auxiliar incorrecto antes del gerundio.

3. **(2) He conducido** La opción (2) es la correcta porque provee a la oración el verbo tiempo compuesto adecuado: he + participio. La opción (1) dejaría a la oración sin verbo principal conjugado. La opción (2) propone una forma incorrecta del pasado. La opción (3) propone usar el gerundio conduciendo donde corresponde usar el participio conducido. La opción (5) propone usar el participio sin el verbo auxiliar, lo que dejaría a la oración sin verbo principal conjugado.

4. **(1) estoy desempeñando** La opción (1) es la correcta porque la oración necesita un tiempo progresivo estar + gerundio. Las opciones (2), (3) y (4) forman frases en vez de oraciones. La opción (5) no concuerda con el sujeto

5. **(2) sustituir yo por mí** La opción (2) es correcta porque sustituye el pronombre incorrecto. La opción (1) coloca un pronombre innecesario. La opción (4) introduce un futuro innecesario. La opción (5) no resuelve el problema.

6. **(5) Ricardo y yo** La opción (5) es correcta porque introduce el pronombre adecuado. Las opciones (1), (2), (3) y (4) son incorrectas pues indican combinaciones inadecuadas de sustantivo y pronombre

7. **(4) sustituir organizarlos por organizar el transporte colectivo** Esta opción es correcta porque aclara el antecedente. Las opciones (1) y (2) indican sustituciones incorrectas. La opción (3) indica un tiempo verbal incorrecto. La opción (5) sustituye el pronombre correcto por uno que no concuerda.

8. **(5) no se requiere hacer ninguna corrección** La opción (1) es incorrecta porque no hay concordancia. La opción (2) introduce una mutación incorrecta. La opción (3) coloca una coma innecesaria, y la opción (4) elimina una coma necesaria.

9. **(3) me dará la información, y yo la compilaré** La opción (3) es correcta porque hace que el antecedente sea claro, cambiando el orden del pronombre y su antecedente. Ninguna de las demás opciones aclara el antecedente.

10. **(2) sustituir vayamos por vaya** La opción (2) es correcta porque vaya concuerda con usted. La opción (1) refleja un cambio innecesario. Las opciones (3) y (5) añaden usos incorrectos de la coma. La opción (4) hace que el sujeto y el verbo no concuerden.

11. **(4) sustituir puede por pueden** La opción (4) es correcta porque pueden concuerda con las plantas caseras. Las opciones (1) y (2) tienen comas innecesarias. La opción (3) crea discordancia entre el sustantivo y el adjetivo.

12. **(3) sustituir pueden por puede** La opción (3) es correcta porque puede concuerda con el singular planta. La opción (1) es incorrecta porque elimina una importante transición. Las opciones (2) y (4) no corrigen la falta de concordancia.

13. **(2) dañe** La opción (2) es correcta porque se necesita el verbo en singular dañe para que concuerde con bañera. Las opciones (1) y (4) son incorrectas porque son verbos en plural. La opción (3) crea una conjugación verbal incorrecta. La opción (5) es incorrecta porque se encuentra en el pretérito.

14. **(2) estén cubiertos** La opción (2) es correcta porque el verbo en plural estén cubiertos concuerda con ladrillos. La opción (1) es incorrecta porque es un verbo en singular. Las opciones (3) y (4) crean un fragmento de oración. La opción (5) crea otro problema de concordancia.

15. (5) saben La opción (5) es correcta porque la expresión *desde hace muchos años* indica una acción pasada que continúa en el presente, lo cual requiere el tiempo presente. La opción (1) es incorrecta porque está en presente perfecto. La opción (2) está en pasado. La opción (3) es una forma incorrecta del pretérito. La opción (4) está en futuro.

16. (2) sustituir expresan por expresaron Esta opción es correcta. La expresión *hace varios años* indica la necesidad de un pasado simple. La opción (1) elimina una coma necesaria. La opción (3) coloca una coma innecesaria. La opción (4) es un futuro perfecto.

17. (4) eligen Esta opción es correcta porque indica el tiempo verbal que corresponde a la expresión *entonces y ahora*. Las opciones (1), (2), (3) y (5) son aplicaciones incorrectas del tiempo verbal.

18. (3) se enfocarán La opción (3) es correcta porque se necesita el futuro simple en la segunda cláusula principal. La cláusula introductoria *En la medida que crezca la demanda de productos libres de pesticidas* establece una condición que continúa en el futuro. Las opciones (1), (2), (4) y (5) son tiempos verbales incorrectos.

Mecánica
Lección 15: Mayúsculas
Práctica de GED (páginas 134)
Todas las preguntas en esta práctica se refieren a mayúsculas.

1. **(4) sustituir día de la madre por Día de la Madre** La opción (4) es correcta porque los días festivos llevan mayúscula. La opción (1) es incorrecta porque cambia inadecuadamente el tiempo verbal. La opción (2) es incorrecta porque *Semana Santa* lleva mayúscula. Las opciones (3) y (5) colocan comas innecesarias.

2. **(2) sustituir fundación por Fundación** La opción (2) es correcta porque *Fundación* es parte del nombre de una organización específica. La opción (1) es incorrecta porque elimina las mayúsculas apropiadas. La opción (3) es incorrecta porque indica una falta de concordancia entre sujeto y verbo. La opción (4) introduce un pronombre ambiguo. La opción (5) cambia incorrectamente el tiempo verbal.

3. **(5) sustituir Mayo a Junio por mayo a junio** Esta opción es correcta porque los meses no se escriben con mayúscula. La opción (1) es incorrecta porque *meses* es un nombre común. La opción (2) cambia incorrectamente el tiempo verbal. La opción (3) coloca una coma

innecesaria. La opción (4) indica una utilización incorrecta de las mayúsculas.

4. **(1) sustituir Verano por verano** La opción (1) es correcta porque las estaciones del año no se escriben con mayúscula. La opción (2) cambia incorrectamente el tiempo verbal. La opción (3) coloca una coma innecesaria. La opción (4) utiliza incorrectamente la mayúscula.

Lección 16: Comas
Práctica de GED (páginas 137)
Todas las preguntas en esta práctica se refieren a comas.

1. **(5) El viernes, sábado y domingo próximos,** La opción (5) es correcta porque *viernes* es el primer elemento en una serie de tres días. Las opciones (1), (2), (3) y (4) no colocan la puntuación correcta en la serie.

2. **(1) añadir una coma después de Además** La opción (1) es correcta porque coloca correctamente una coma después de una frase de introducción. La opción (2) elimina una coma necesaria. La opción (3) coloca una coma innecesaria al final de la serie. La opción (4) cambia incorrectamente el tiempo verbal.

3. **(2) añadir una coma después de Márquez** La opción (2) es correcta porque *Silvia Márquez* es una aposición explicativa que identifica el sustantivo *gerente* y debe llevar coma. La opción (1) es incorrecta porque coloca una mayúscula incorrecta. La opción (3) coloca una coma innecesaria. La opción (4) cambia incorrectamente el tiempo verbal. La opción (5) utiliza un pronombre incorrecto.

4. **(3) eliminar la coma después de amigos** La opción (3) es correcta porque elimina una coma innecesaria entre dos elementos. La opción (1) crea incorrectamente una mutación de pronombres. La opción (2) utiliza una forma verbal incorrecta. La opción (4) coloca una coma innecesaria.

Lección 17: Ortografía
Práctica de GED (páginas 141)
Todas las preguntas en esta práctica se refieren a ortografía.

1. **(4) sustituir seminales por semanales** La opción (4) es correcta porque sustituye una palabra parónima por la correcta. La opción (2) elimina incorrectamente una coma necesaria. La opción (3) es incorrecta porque introduce un tiempo verbal incorrecto. Las opciones (4) y (5) sustituyen incorrectamente las palabras.

2. **(1) sustituir resiente por reciente** La opción (1) es correcta porque sustituye la palabra homónima incorrecta por la correcta. Las opciones (2) y (4) introducen un tiempo verbal incorrecto. La opción (3) implica una mutación pronominal incorrecta.

3. **(3) sustituir remodelación por renovación** Esta opción es correcta porque sustituye una palabra parónima por la correcta. La opción (1) es incorrecta porque indica la inserción de un adjetivo posesivo incorrecto. La opción (2) elimina una coma necesaria. La opción (4) indica una utilización incorrecta de las mayúsculas.

4. **(5) no se requiere hacer ninguna corrección** La oración está escrita correctamente. La opción (1) indica un tiempo verbal incorrecto. La opción (2) coloca una coma innecesaria. La opción (3) indica un uso incorrecto de la mayúscula. La opción (4) elimina una mayúscula necesaria.

Repaso de GED: Mecánica
(Páginas 142 a 144)

1. **(5) no se requiere hacer ninguna corrección** La oración está escrita correctamente. La opción (1) coloca una coma innecesaria. La opción (2) elimina incorrectamente una coma después de una frase introductoria. Las opciones (3) y (4) introducen palabras con significados incorrectos.

2. **(5) sustituir masajes por mensajes** La opción (5) corrige una diferencia de escritura de la palabra mensajes. Las opciones (1), (2) y (3) introducen palabras con significados incorrectos. La opción (4) introduce una coma innecesaria.

3. **(1) sustituir ha por a** La opción (1) es correcta porque sustituye la palabra con la ortografía correcta, independientemente de que suenan igual. La opción (2) indica una acentuación incorrecta. Las opciones (3) y (4) introducen respectivamente comas innecesarias. La opción (5) introduce un componente innecesario.

4. **(1) sustituir deseé por desee** La opción (1) es correcta porque sustituye una palabra parecida y con acentuación diferente por la palabra correcta desee. Las opciones (2) y (3) cambian incorrectamente las palabras. La opción (4) elimina una coma necesaria, y la opción (5) introduce una coma innecesaria al final de la serie.

5. **(3) eliminar la coma después de duración** La opción (2) es correcta porque elimina una coma innecesaria al final de una serie. La opción

(1) cambia incorrectamente el tiempo verbal. Las opciones (2) y (4) introducen comas innecesarias.

6. **(3) añadir una coma después de píldoras** La opción (3) es correcta porque introduce una coma después de la cláusula de introducción. La opción (1) cambia incorrectamente el tiempo verbal. La opción (2) coloca una coma innecesaria. La opción (4) introduce una mayúscula innecesaria.

7. **(4) calcio, y** Esta opción es correcta porque coloca una coma antes de la conjunción copulativa que conecta dos cláusulas independientes en una oración compuesta. Las opciones (1), (2), (3) y (5) no utilizan la combinación correcta de comas y conjunciones.

8. **(2) añadir una coma después de leche** La opción (2) es correcta porque coloca una coma después de la frase introductoria. La opción (1) es incorrecta porque coloca una coma con demasiada anticipación. La opción (3) es incorrecta porque cambia inadecuadamente el verbo, y la opción (4) indica un tiempo verbal incorrecto.

9. **(3) eliminar la coma después de calcio** La opción (3) es correcta porque elimina una coma innecesaria que separa el sujeto del verbo. La opción (1) indica una sustitución incorrecta. La opción (2) cambia incorrectamente el tiempo verbal. La opción (4) elimina una coma necesaria en la serie. La opción (5) introduce también una coma innecesaria.

10. **(1) sustituir Otoño por otoño** La opción (1) es correcta porque las estaciones no llevan mayúscula inicial. La opción (2) es incorrecta porque no hay concordancia entre sujeto y verbo. La opción (3) cambia incorrectamente el tiempo verbal. La opción (4) es incorrecta porque en este caso presidente se utiliza en un sentido genérico.

11. **(2) sustituir Estado por estado** La opción (2) es correcta porque estado es un nombre común y no lleva mayúscula. La opción (3) cambia incorrectamente el tiempo verbal. La opción (4) crea una concordancia incorrecta. La opción (5) es incorrecta porque introduce un uso incorrecto de la mayúscula.

12. **(5) sustituir Vicepresidente por vicepresidente** La opción (5) es correcta porque un título no lleva mayúscula cuando precede a un nombre propio. La opción (1) elimina una coma después de una frase introductoria. Las

opciones (2) y (4) son incorrectas porque indican un error en el uso de las mayúsculas.

13. **(4) sustituir congreso por Congreso** La opción (4) es correcta porque indica el uso correcto de la mayúscula en Congreso. Las opciones (1) y (2) cambian incorrectamente el tiempo verbal. Las opciones (3) y (5) son incorrectas porque indican un error en el uso de las mayúsculas.

GED Repaso de la Unidad: Lenguaje, Redacción
(Páginas 145 a 155)

1. **(4) cambiar estamos a en** (mecánica/verbos y preposiciones) La opción (4) es correcta porque el verbo estamos no corresponde al uso preposicional requerido de en. Las opciones (1) y (2) incorrectamente cambian el tiempo verbal en dos cláusulas de la oración. La opción (3) inserta una coma innecesaria.

2. **(2) Cuando necesite reemplazar un parabrisas roto o quebrado,** (Estructura de la oración/modificadores) La opción (2) inserta correctamente una conjunción subordinada y un sujeto y verbo en el modificador sin sujeto, cambiando la frase a una cláusula subordinada. Las opciones (1), (3), (4) y (5) no corrigen el error.

3. **(5) no se requiere hacer ninguna corrección** (uso/sujeto-verbo) La opción (1) cambia incorrectamente el tiempo verbal al futuro. La opción (2) es incorrecta porque el sujeto singular aparece con el sujeto singular. La opción (3) proporciona una forma verbal incorrecta. La opción (4) inserta una coma innecesaria.

4. **(1) cambiar Primavera a primavera** (Mecánica/Uso de las mayúsculas) La opción (1) es correcta porque las estaciones del año no se escriben con mayúscula. La opción (2) elimina una coma necesaria después de una frase introductoria. La opción (3) usa incorrectamente la e mayúscula para el sustantivo común estado. La opción (4) cambia incorrectamente el tiempo verbal al futuro. La opción (5) elimina una coma necesaria en una serie.

5. **(5) cambiar son a es** (Uso/Concordancia entre el sujeto y el verbo). La opción (5) es correcta porque el verbo en singular es concuerda con el sujeto en singular la persona, que a su vez concuerda con la forma verbal singular excave. La opción (1) añade un verbo incorrectamente. Las opciones (2) y (3) añaden comas innecesarias. La opción (4) forma un plural incorrecto.

6. **(4) El departamento de construcción** (Uso/Pronombres) La opción (4) sustituye correctamente el pronombre poco específico Éste con su antecedente. La opción (1) usa incorrectamente un pronombre con un antecedente poco específico. Las opciones (2) y (3) son pronombres incorrectos. La opción (5) emplea un antecedente incorrecto.

7. **(1) poner la oración 8 al final del párrafo B** (Organización/Unidad y coherencia) La opción (1) desplaza correctamente un detalle al párrafo correspondiente. Con la oración 9 comienza un tema completamente nuevo. Las opciones (2) y (4) eliminan detalles importantes. La opción (3) desplaza incorrectamente un detalle de apoyo y altera el orden lógico.

8. **(2) eliminar la coma después de visibles** (Mecánica/Comas innecesarias) La opción (2) elimina correctamente una coma innecesaria entre sujeto y verbo. La opción (1) elimina una coma necesaria en una serie. Las opciones (3) y (4) cambian la forma verbal y rompen la concordancia entre sujeto y verbo. La opción (5) deja una coma innecesaria.

9. **(3) cambiar es a son** (uso/concordancia sujeto-verbo) La opción (3) es correcta porque el verbo plural debe concordar con el sujeto plural. Cuando un sujeto compuesto es unido por o, el verbo debe coincidir con el sujeto compuesto. La opción (1) cambia en forma incorrecta un plural en posesivo. La opción (2) inserta una coma innecesaria. La opción (4) reemplaza una palabra bien escrita con su homónimo.

10. **(2) Otra táctica cuestionable, llamada retorno,** (estructura de oración/modificadores) La opción (2) ubica el modificador junto al sustantivo al que modifica. Las opciones (1), (3), (4) y (5) no reconstruyen la oración de modo que el modificador quede claro y la oración señale el significado del texto original.

11. **(1) cambiar duda a dude** (mecánica/ortografía) La opción (1) reemplaza el sustantivo por la forma del verbo correcta. La opción (2) cambia en forma incorrecta el tiempo de presente a presente perfecto. Las opciones (3) y (4) reemplazan palabras escritas correctamente con sus homónimos.

12. **(3) cambiar del mes a de un mes** (Mecánica/Artículos) La opción (3) cambia el artículo indefinido por el definido que es necesario en esta oración. Las opciones (2) y (4) son incorrectas porque el cambio de adjetivos o

su posición modifican el significado. La opción (5) no corrige el error.

13. **(1) más de la mitad de los temporeros crean** (Estructura de las oraciones/Modificadores) La opción (1) tiene el sujeto correcto y los modificadores están en la posición correcta. Las opciones (2), (3), (4) y (5) no presentan una idea clara de lo que los modificadores están modificando.

14. **(5) sustituir a mí mismo con a mí** (Estructura/Mecánica) La opción (5) es correcta porque mí es objeto indirecto y no necesita el énfasis de mismo. La opción (1) rompe la concordancia entre sujeto y verbo. La opción (2) rompe concordancia de número. La opción (3) quita una coma necesaria. La opción (4) agrega una coma innecesaria.

15. **(1) CIT, cuyos productos cerealeros** (estructura de oración/subordinación) La opción (1) combina los detalles de dos oraciones por subordinación de la información en la segunda oración para evitar la repetición. Las opciones (2), (3), (4) y (5) no llevan a una oración efectiva y uniforme y cambian el significado de la oración inicial.

16. **(4) año, a pesar de** (estructura de oración/subordinación) La opción (4) subordina efectivamente la información en la segunda cláusula independiente a la primera y elimina la repetición. La opción (1) es una oración confusa y con muchas palabras. La opción (2) elimina una coma necesaria. Las opciones (3) y (5) crean fragmentos.

17. **(5) cambiar su a sus** (uso/pronombre) La opción (5) es correcta porque el pronombre posesivo su coincide con el antecedente United Seed Company. La opción (1) elimina la coma necesaria después de un elemento introductorio. La opción (2) es incorrecta porque Company es parte del nombre de la organización y se debe mantener en mayúsculas. La opción (3) es incorrecta porque el verbo singular continúa concuerda con el sujeto singular United Seed Company. La opción (4) reemplaza a una gerundio por un participio pasado.

18. **(1) con la oración 5** (organización/divisiones de párrafo) La opción (1) comienza correctamente un nuevo párrafo cuando la idea principal cambia a otras divisiones en la corporación. Las opciones (2), (3), (4) y (5) son detalles relacionados a esa idea principal.

19. **(5) cambiar Academia a academia** (Mecánica/mayúsculas) La opción (5) es correcta porque este primer elemento no necesita llevar mayúscula, su nombre específico. Por la misma razón, la opción (4) es incorrecta. La opción (1) es incorrecta porque un sustantivo común como nominado no se escribe con mayúscula. La opción (2) elimina en forma incorrecta la coma necesaria antes de una aposición no esencial. La opción (3) inserta en forma incorrecta una coma innecesaria entre dos elementos.

20. **(2) codiciados. Sin embargo** (Estructura de oración/fragmentos) La opción (2) corrige el fragmento ya que la frase introductoria Sin embargo da sentido al significado de la oración (1) es el fragmento original. La opción (3) crea una omisión de conjunciones coordinantes. Las opciones (4) y (5) no llevan a una oración estructurada efectiva y uniforme.

21. **(1) Se entregan Óscares para muchas categorías de películas** (Organización/oración temática). La opción (1) es la mejor opción de oración temática ya que es una declaración general de la idea principal del párrafo. Las opciones (2), (3) y (4) no tienen relación con la idea principal. La opción (5) es muy específica para ser una oración temática.

22. **(5) cambiár Oeste a oeste** (Mecánica/Mayúscula). La opción (5) es correcta porque las posiciones no deben usarse con mayúsculas. La opción (1) quita una coma necesaria después de un elemento introductorio. La opción (2) es incorrecta porque el nombre propio debe estar en mayúscula. La opción (3) usa una forma verbal incompleta. La opción (4) inserta una coma innecesaria.

23. **(2) cambiar subió a ha subido.** (Uso/Tiempos verbales) La opción (2) propone el tiempo verbal adecuado para esta oración. La opción (1) usa el plural incorrectamente. La opción (3) inserta una coma innecesaria. La opción (4) es incorrecta porque colonial no es parte de un nombre propio. La opción (5) usa una forma incorrecta del verbo.

24. **(5) estampillado, aunque cuesta** (Estructura de las oraciones/Fragmentos) La opción (5) es correcta porque une dos cláusulas independientes creando una oración compuesta. Las opciones (1), (2), (3) y (4) no muestran relación entre los fragmentos y la oración y tampoco proporcionan una puntuación adecuada.

25. **(5) hace** (Uso/Concordancia entre sujeto y predicado) La opción es correcta porque se habla

Unidad 1

en términos generales y necesita un verbo en presente. Las opciones (1), (2), (3) y (4) proporcionan tiempos verbales que no corresponden.

26. **(2) pequeñas y,** (Mecánica/Comas en oraciones compuestas) La opción (2) es correcta porque incluye una coma después de una conjunción que forma una oración compuesta. La opción (3) ofrece la coma en un lugar erróneo. La opción (3) no tiene ninguna coma. La opción (4) introduce un punto, rompiendo su unión. La opción (5) introduce una coma innecesaria.

27. **(1) cambiar presentarás a presentamos,** (Uso/Tiempo verbal) La opción (1) es la correcta porque es necesario usar presente simple en esta oración. La opción (2) introduce una coma innecesaria. La opción (4) introduce un tiempo de verbo erróneo y falta concordancia con el sujeto. La opción (5) introduce un error en la concordancia sujeto/verbo.

28. **(3) Si pierde la etiqueta** (Estructura de las oraciones) La opción (3) es correcta porque introduce una situación condicional con Si. La opción (1), (2), (4) y (5) no conducen a oraciones efectivas.

29. **(2) reemplazar Quizás quiera comprar con En ese caso es posible que** (Organización/Transición) La opción (2) es la correcta porque introduce una frase que obliga al usuario a sentir la obligación de actuar. La opción (1) mueve detalles de sustentación a un lugar ilógico. La opción (3) introduce un tiempo verbal erróneo. La opción (4) mueve detalles a un sitio fuera del párrafo al que pertenece. La opción (5) quita un detalle importante.

30. **(5) verá** (uso/formas verbales) La opción (5) corrige la forma verbal y utiliza el futuro, que es adecuado en la oración porque está describiendo una acción que vendrá. La opción (1) es el tiempo verbal original incorrecto. Las opciones (2), (3) y (4) son formas correctas de verbo, pero incorrectas para la oración.

31. **(5) cambiar he desarrollado a desarrollé** (uso/tiempos verbales) La opción (5) es correcta porque la secuencia lógica de la oración requiere el tiempo pasado simple en la segunda oración. La opción (1) elimina una conjunción de subordinación y, por ello, crea una omisión de conjunciones coordinantes. La opción (2) inserta una coma innecesaria. La opción (3) elimina una coma necesaria después de la cláusula

introductoria. La opción (4) es incorrecta porque prueba no es parte de un nombre propio y no se debe escribir con mayúsculas.

32. **(3) cambiar hospital a Hospital** (mecánica/mayúsculas) La opción (3) es correcta porque hospital no es parte de un nombre propio, sino que indica el tipo de lugar al que se refiere el nombre propio que lo acompaña. La opción (1) elimina la coma necesaria después del elemento transicional introductorio. La opción (2) inserta una coma innecesaria. La opción (4) es incorrecta porque el verbo singular requiere concuerda con el sujeto singular trabajo. La opción (5) reemplaza de forma incorrecta un plural con un posesivo singular.

33. **(5) fui** (Uso/Tiempos verbales) La opción (5) es el tiempo verbal correcto; la frase "Ayer por la mañana" indica que se requiere el pretérito. Las opciones (1), (2) y (3) emplean tiempos perfectos incorrectos. La opción (4) emplea el pretérito imperfecto, y no el tiempo pretérito.

34. **(1) Rafael Martínez, el supervisor, que dijo** (Estructura de las oraciones/Subordinación) La opción (1) elimina la repetición y el exceso de palabras, subordinando el detalle sobre Joe Forest y convirtiéndolo en aposición. Las opciones (2), (3), (4) y (5) no eliminan la repetición ni el exceso de palabras.

35. **(3) añadir coma después de conmigo** (Mecánica/Coma después de elementos introductorios) La opción (3) es la correcta porque añade la coma necesaria tras una frase introductoria. La opción (1) crearía una oración seguida. La opción (2) cambia el adverbio negativo por otro incorrecto. La opción (4) emplea una forma verbal incorrecta. La opción (5) sustituye innecesariamente el pronombre.

36. **(3) cambiar johannes gutenberg a Johannes Gutenberg** (Mecánica/Uso de las mayúsculas) La opción (3) es correcta porque todos los nombres propios se escriben con mayúscula. La opción (1) añade una coma innecesaria. La opción (2) es incorrecta porque no hay razón para escribir siglo con mayúscula. La opción (4) cambia incorrectamente el tiempo verbal. La opción (5) omite erróneamente las mayúsculas.

37. **(3) sustituir Todo con Antes de la invención de la imprenta, todo** (Organización/Transiciones) La opción (3) es correcta porque muestra la transición cronológica

entre las ideas expuestas en el primero y segundo párrafos. La opción (1) desplaza incorrectamente un detalle del párrafo en donde corresponde. La opción (2) emplea un término incorrecto para introducir la transición entre los párrafos. La opción (4) elimina información importante.

38. **(4) historia a excepción, tal vez, de la computadora personal** (Estructura de las oraciones/Oraciones seguidas) La opción (4) combina las ideas de la serie de oraciones en una oración simple, clara y concisa. Las opciones (1), (2), (3) y (5) no eliminan las oraciones seguidas ni el exceso de palabras.

39. **(3) se sintió** (Uso/Tiempos verbales) La opción (3) corrige un tiempo verbal incorrecto, porque sólo se requiere el pretérito indefinido en la oración. Las opciones (1), (2) y (4) son formas de tiempos perfectos. La opción (5) emplea un presente de indicativo incorrecto.

UNIDAD 2: COMPOSICIÓN

Lección 1: Planear

Práctica de GED (página 159)

Tema 1: describir
Tipo de información: analizar las cualidades de algo

Tema 2: plantear su punto de vista
Tipo de información: expresar lo que opina sobre un tema y explicar por qué

Tema 3: explicar las ventajas y las desventajas
Tipo de información: escribir sobre los efectos

Tema 4: explicar por qué
Tipo de información: escribir sobre las causas o las razones

Tema 5: expresar su punto de vista
Tipo de información: expresar lo que opina sobre un tema y explicar por qué

Práctica de GED (página 161)

Hay muchas respuestas posibles. Las siguientes son respuestas de muestra.

Tema 1

los programas violentos generan violencia en los niños
hace que las personas no sean tan activas físicamente
los programas educativos enseñan
muestra noticias mundiales, nacionales y locales
entretiene; relaja

Tema 2

puede poner demasiado énfasis en los deportes
puede no prestarle atención a la familia o a otras áreas importantes de la vida
alienta el apoyo y la lealtad al equipo
trae diversión y entretenimiento a nuestra vida
puede hacer que se gaste dinero que se necesita para otras cosas

Tema 3

los empleadores esperan que los empleados tengan la educación suficiente para llevar adelante las tareas laborales
no se puede competir con empleados que tienen educación si uno no la tiene
los mejores trabajos son para los que están más calificados
el GED o el diploma de la escuela superior demuestra que uno tiene la capacidad de aprender
el GED o el diploma de la escuela superior demuestra que uno es perseverante

Tema 4

los adolescentes se identifican con su música
une a los jóvenes

las letras violentas pueden causar daño en los jóvenes
algunas letras incentivan el uso de drogas
la música fuerte puede dañar la audición

Práctica de GED (página 163)

A. Posible idea principal: Hay muchas razones distintas por las que hay personas sin hogar.

B. Sus respuestas dependerán de lo que haya escrito en la página 161. Pida a su instructor o a otro estudiante que compare sus ideas principales con sus listas y mapas de ideas.

C. Hay muchas respuestas posibles. Pida a su instructor o a otro estudiante que evalúe sus mapas de ideas o listas, y sus ideas principales.

Práctica de GED (página 164)

1. explique su punto de vista

2. expresar lo que opina sobre un tema y explicar por qué

3. hacer una lista de ideas o un mapa de ideas

4. escribir una idea principal

Lección 2: Organizar

Práctica de GED (página 170)

Hay muchas respuestas posibles. Los siguientes son algunos ejemplos.

TEMA 1. Beneficios: todos lo pueden hacer, incluso quienes tienen alguna discapacidad física; buen ejercicio para el corazón y los pulmones; alivia el calor

Poco equipo: gafas de natación, aletas de natación, tablas de nado

Facilidad y conveniencia: piscinas climatizadas; lagos, lagunas, ríos y océanos

TEMA 2. Personales: sentimiento de logro; sentirse cómodo con personas que tienen educación

Laborales: sentirse más seguro para buscar trabajos con mejores pagos; se pueden esperar más ascensos

Educativos: se puede competir con otros bachilleres; se puede leer y comprender una gama más amplia de materiales de lectura

TEMA 3. Hay muchas respuestas posibles. Pida a un instructor o a otro estudiante que evalúe sus grupos de ideas.

GED Repaso Organizar

(página 171)

1. Debería agrupar las ideas que tienen algo en común y luego rotular los grupos. Tratar de armar tres grupos.

2. Para pensar más ideas, puedo volver a leer el tema, la idea principal y los grupos de ideas que armé. Preguntar qué, quién, cuándo, dónde y por qué en relación con el tema; pensar cómo el tema me afecta a mí o a las personas que conozco e intentar recordar cosas que haya leído o escuchado sobre el tema.

3. Respuesta de muestra: Como en la composición se contrasta la vida en la ciudad con la vida en un pueblo pequeño, el mejor método de organización es contrastar.

4. El orden dependerá de sus ideas y de la sensación que usted tenga. Pida a su instructor o a otro estudiante que evalúe sus grupos.

Lección 3: Desarrollar

Práctica de GED (página 175)

1. **a.** de los buenos hábitos de trabajo
   b. Un buen empleado sabe lo importante que es no faltar demasiado al trabajo y cumplir con las tareas.
   c. las personas pierden el trabajo por no presentarse o no cumplir con las tareas; los gerentes necesitan empleados con los que pueden contar; los empleadores no quieren empleados que dan vueltas conversando con otros

2. Fumar le cuesta caro a su salud y a su bolsillo.

3. Saldar una deuda puede ser difícil, pero existen formas de lograrlo.

Práctica de GED (página 177)

Respuesta de muestra para el Tema 1:

Algunas personas se quejan de que los atletas profesionales ganan demasiado dinero. Sin embargo, estos atletas se merecen hasta el último centavo que ganan. Los atletas trabajan mucho, hacen muchos sacrificios y brindan un servicio importante para la comunidad.

Hay más de una forma apropiada y efectiva de escribir cada párrafo introductorio. Muestre su trabajo a su instructor o a otro estudiante.

Práctica de GED (página 179)

Hay más de una forma apropiada y efectiva de escribir cada conjunto de párrafos del cuerpo. Muestre su trabajo a su instructor o a otro estudiante.

Práctica de GED (página 182)

Hay más de una forma apropiada y efectiva de escribir los párrafos finales. Muestre su trabajo a su instructor o a otro estudiante.

GED Repaso Escribir
(página 183)

1. Incluiría una introducción, un cuerpo y una conclusión.

2. En el párrafo introductorio se incluye una tesis que cuenta el tema de la composición y la idea principal. Da un vistazo previo de la composición y a veces información de antecedentes.

3. Escribiría un párrafo del cuerpo por cada grupo de ideas que haya enumerado. Intentaría tener tres párrafos del cuerpo en total.

4. Usaría el rótulo de cada grupo para escribir la oración temática de ese párrafo. Usaría las ideas de cada grupo para crear detalles de apoyo.

5. Al igual que el párrafo introductorio, el párrafo final plantea el tema y repasa los detalles de apoyo. Sin embargo, tiene una perspectiva distinta; en lugar de introducir las ideas de la composición, las repasa.

Lección 4: Evaluar

Práctica de GED (páginas 188–190)

Composición 1: Una posible puntuación es 2. El escritor plantea un punto de vista y brinda apoyo para la idea principal, pero el desarrollo de los párrafos no es suficiente para una composición porque hay muy pocos detalles. La estructura de las oraciones tiene errores.

Composición 2: Una posible puntuación es 4. La organización de la composición es efectiva, con una tesis clara y oraciones temáticas. Se incluyen varios ejemplos para apoyar las oraciones temáticas de los párrafos. Hay algunos errores aleatorios en las convenciones del español escrito, pero no distraen mucho al lector. Los evaluadores de GED no le restarán puntuación por estos errores.

GED Repaso Evaluar
(página 191)

Compare sus respuestas con la lista de evaluación. Fíjese en los criterios que pasó por alto.

Lección 5: Revisar

Práctica de GED (página 197)

Oraciones seguidas: La última oración del párrafo 2 se podría corregir así: "Además, generalmente ofrecen menús rápidos con unos pocos productos. Se puede decidir rápido y fácilmente lo que se quiere pedir".

La segunda oración del párrafo 4 se podría corregir así: "Cuando llegan a casa, los padres están cansados y no quieren cocinar. En cambio, quieren pasar tiempo con sus hijos".

Fragmento de oración: La segunda oración del párrafo 3 se podría corregir así: "Las hamburguesas cuestan sólo un par de dólares".

Uso de los verbos: El verbo final de la primera oración del párrafo 4 debería estar en plural: "Por último, cada vez más familias están compuestas de padres que trabajan".

Puntuación: Borre la coma innecesaria en la segunda oración del párrafo 2: "Se construyen cerca de las empresas y al costado de las carreteras".

Ortografía: Las siguientes palabras tienen errores de ortografía: vez (párrafo 4), dirigen (párrafo 4), hambre (párrafo 5).

GED Repaso Revisar
(página 198)

Puede responder con otras palabras, pero las respuestas deberían ser similares a las siguientes:

1. Primero debería revisar las ideas y luego corregir el uso de las convenciones del español escrito. A medida que revise, es probable que tache algunas oraciones y vuelva a escribir otras. Es más efectivo corregir cuando el texto está en una versión más terminada.

2. Puedo hacer cambios escribiendo entre líneas o en el margen, usando el signo de intercalación para indicar adónde corresponde el texto agregado y tachando las palabras o frases que deseo eliminar.

3. Puedo usar las listas de las páginas 192 y 194 para decidir qué cambiar. También debería memorizar las listas para poder aplicarlas cuando rinda la Prueba de GED.

4. Puedo volver a mirar el plan que hice y verificar que haya incluido todas las ideas en la composición.

GED Repaso de la Unidad Composición
(página 199)

Luego de organizar las ideas, muestre su trabajo a su instructor o a otro estudiante

UNIDAD 3: ESTUDIOS SOCIALES

Historia de Estados Unidos
Lección 1: La colonización europea de Norteamérica

Práctica de GED (páginas 203–205)

1. **(4) formular planes para gobernar la colonia** (Comprensión) En el documento, quienes firman acuerdan tomar las medidas necesarias para establecer un gobierno. La opción (2) explica por qué establecen la colonia. El documento no menciona las opciones (1), (3) ni (5).

2. **(3) No había gobierno inglés en el lugar donde se instalaron.** (Análisis) Ya que el texto enuncia que los peregrinos llegaron bastante más al norte de la única otra colonia inglesa, puede suponerse que ahí no había un gobierno inglés. La opción (1) no es correcta porque mientras los peregrinos se podían haber perdido, no hay pruebas de que estuvieran atemorizados. En el párrafo o en el Pacto no hay nada que apoye las opciones (2), (4) ni (5).

3. **(2) el desarrollo del autogobierno** (Aplicación) El Pacto del Mayflower expresa el plan de los peregrinos de formar su propio gobierno. La opción (1) es incorrecta porque ellos lograron su libertad de religión al venir a América. La opciones (3), (4) y (5) no se mencionan en el documento.

4. **(5) Los hombres tenían que pertenecer a la iglesia para poder participar en el gobierno.** (Evaluación) Esto muestra uno de los vínculos entre la iglesia y el gobierno. Todas las demás opciones son ciertas, pero ninguna de ellas explica ni ilustra la estrecha relación entre la iglesia y el gobierno en la colonia de la bahía de Massachussetts.

5. **(4) más de 250,000.** (Comprensión) Las indicaciones de la gráfica enuncian que las cifras de población están en miles, de modo que un valor de la gráfica de 250 realmente es 250,000. Las opciones (1), (2) y (3) son cifras basadas en la interpretación incorrecta de la gráfica. La opción (5) es la población blanca en 1760.

6. **(3) La población de raza negra aumentó más que la población de raza blanca entre los años 1720 y 1760.** (Evaluación) La gráfica indica que el aumento de la población de raza negra es mayor que el de la población de raza blanca. La gráfica no incluye información acerca de la población de otras colonias, de modo que las opciones (1) y (5) no son correctas. La opción (2) es incorrecta porque la gráfica no distingue entre las poblaciones de raza negra libre y esclavizada. La opción (4) resulta de una mala interpretación de la información de la gráfica.

7. **(3) Sistema de gobierno colonial en América** (Comprensión) El texto describe y compara los tres sistemas de gobierno que se usaban en las colonias. Las opciones (1) y (5) son incorrectas porque sólo hablan de uno o dos sistemas. La opción (2) no se discute en el texto. La opción (4) es el tema del primer párrafo solamente.

8. **(4) Rhode Island** (Análisis) Rhode Island era la más democrática (definida como un pueblo que se gobierna a sí mismo) de las colonias enumeradas porque era una colonia completamente autogobernada, eligiendo a su gobernante y a todos los miembros de ambas cámaras legislativas. Las opciones (1) y (5) no son correctas porque Georgia y Virginia no están dentro de las cuatro colonias de las que se habla en el texto, haciendo de ellas colonias reales con gobernantes y una cámara legislativa designados. Aunque Pensilvania eligió ambas cámaras legislativas, Pensilvania y Maryland habían designado gobernantes, convirtiéndolas en colonias con gobierno propietario; por ello las opciones (2) y (3) son incorrectas.

9. **(2) Las diferencias geográficas hicieron que las personas que vivían en las colonias se ganaran la vida de diferentes maneras.** (Comprensión) Este párrafo se centra en cómo las condiciones climáticas y el suelo afectaban la forma en que la gente de las colonias se ganaba la vida. La opción (1) es verdadera, pero no es el punto central del párrafo. Las opciones (3), (4) y (5) son hechos que apoyan o se relacionan con la idea principal.

10. **(1) Las colonias inglesas en Norteamérica estaban agrupadas en tres categorías.** (Comprensión) Esto puede apreciarse en la clave y el contenido del mapa. Las demás opciones presentan información del mapa, pero esa información no es el punto central del mapa.

11. **(5) Las colonias de Nueva Inglaterra eran las que se encontraban más al norte.** (Evaluación) La opción (5) se basa en el mapa que muestra que las colonias de Nueva Inglaterra

eran las que se encontraban más al norte y por ello tenían un clima relativamente más frío y más adverso para cultivar la tierra. Las opciones (2) y (4) se basan en el mapa pero nada tienen que ver con el clima ni con el cultivo de la tierra. Las opciones (1) y (3) no se pueden determinar a partir del mapa y nada tienen que ver con el cultivo de la tierra.

12. **(4) Massachusetts** (Aplicación) La opción (4) es correcta porque el mapa muestra que Massachusetts tiene una costa más larga que New Hampshire, opción (1). Por ello, Massachusetts es la colonia en que la gente más probablemente vivía de la pesca. Las opciones (2), (3) y (5) son incorrectas porque el texto afirma que las colonias de Nueva Inglaterra tenían buenos puertos, y esas colonias no se encuentran en Nueva Inglaterra.

Lección 2: La Revolución Estadounidense
Práctica de GED (páginas 207–208)

1. **(2) estados con grandes poblaciones y estados que tenían poblaciones pequeñas** (Comprensión) La información establece que los estados se representan en la Cámara de acuerdo con su población e igualmente en el Senado. Esta disposición sugiere que se requería un compromiso debido a las diferencias de población entre los estados. Las opciones (1), (3), (4) y (5) son incorrectas porque el plan de compromiso no se basaba en ninguno de los factores mencionados en estas opciones.

2. **(5) un gobierno que funcione para todos los estados** (Evaluación) El hecho de que los escritores (llamados "los redactores") de la Constitución estuvieran dispuestos a comprometerse indica su deseo de hacer que el nuevo gobierno funcionara para todos los estados. La opción (1) es el modo contrario al que trabajaron. No hay nada en el texto que habla de las opciones (2) o (3). La opción (4) es incorrecta porque el número de representantes de la Cámara varía en cada estado.

3. **(3) deseo de riqueza y prestigio** (Evaluación) La posesión de una gran cantidad de tierra y esclavos para cultivar en ellas con motivos comerciales sugiere que los líderes cheroquíes valoraban la riqueza y el prestigio. El hecho de tener esclavos hace que las opciones (1) y (4) sean incorrectas. No hay nada en la información que se relaciona con la opción (2). La opción (5) es incorrecta porque la lealtad no se relaciona con la posesión de plantaciones y esclavos.

4. **(4) Eran guerreros valientes y aguerridos.** (Análisis) Mientras una persona puede pensar que ciertas acciones hacen que un grupo sea valiente y aguerrido, puede que otra no. Las opciones (1), (2), (3), (5) son hechos, no opiniones, porque se pueden comprobar en registros históricos y otras pruebas.

5. **(4) para presentar un ejemplo de cómo se podían dividir todas las secciones en un municipio** (Análisis) La estructura del diagrama sugiere esta respuesta, que se centra en porciones cada vez más pequeñas de la región para dar una explicación cada vez más detallada de cómo funcionaba el sistema de medición. Aunque las opciones (1) y (2) se ilustran en el diagrama, no son la razón principal para centrarse en la sección 13. No hay nada en el párrafo ni en el diagrama que sugiere que el voto estaba relacionado con el sistema de medición, de modo que la opción (3) es incorrecta; tampoco se sugiere que ciertas secciones no fuesen deseables, de modo que la opción (5) es incorrecta.

6. **(5) La educación era apreciada debido a que el gobierno apartaba tierras para las escuelas.** (Evaluación) La pregunta establece que la ley exigía que una sección en cada municipio del territorio Noroeste se reservara para apoyar la educación. Esto sugiere que la educación era importante. Nada en el texto sugiere que la tierra no era valiosa, de modo que la opción (1) es incorrecta. Las opciones (2) y (3) requieren una comparación con otras áreas y el texto no habla de eso. Nada hay en el texto que apoye la idea de la opción (4) de que el gobierno construyó todas las escuelas: sólo que apartaba tierras.

Lección 3: La expansión hacia el oeste
Práctica de GED (páginas 210–211)

1. **(1) la Cesión mexicana** (Comprensión) La información del mapa y la segunda oración del texto hacen esta conexión. Las opciones (2), (3) y (4) son incorrectas porque el mapa muestra que sólo son parte de la tierra cedida en el tratado. La opción (5) es incorrecta porque es el nombre de la tierra que Estados Unidos compró en 1853.

2. **(1) Se transformó en parte del territorio de Nuevo México.** (Comprensión) Esto se muestra en el mapa. El mapa también muestra que la opción (2) es incorrecta. No hay nada en el texto ni en el mapa que apoye la opción (3). La opción (4) es incorrecta porque el texto muestra que obtener las tierras era de interés de la gente del sur, no de la gente del norte. La opción (5) es

incorrecta porque el texto establece que Gadsden fue a México en 1853 para negociar un trato, y el mapa muestra que California se convirtió en estado en 1850.

3. **(4) Los antiguos residentes sufrieron pérdidas bajo la ley estadounidense.** (Comprensión) El texto explica que muchos residentes del territorio adquirido de México perdieron sus tierras porque los tribunales estadounidenses no reconocieron sus títulos de propiedad. Las opciones (1), (3) y (5) no se mencionan en el párrafo. No hay nada en el texto que apoya la opción (2).

4. **(5) la ruta de Ft. Smith-Santa Fe y la antigua ruta española** (Aplicación) El mapa la muestra como la ruta más directa desde el sur de Estados Unidos a California. Las opciones (1), (3) y (4) comienzan en Missouri, lo que podría ser menos conveniente para la gente del sur. La opción (2) no llega a California.

5. **(1) En lo posible, las rutas seguían los ríos debido al agua que ellos proporcionan.** (Análisis) La gente que se desplazaba por áreas remotas necesitaba un abastecimiento de agua confiable. La migración hacia el oeste junto a un río proporcionaba el agua, y el mapa muestra que las rutas seguían a los ríos siempre y cuando era posible. Las opciones (2) y (4) se contradicen con la información del mapa. No hay nada en el mapa que sugiere que las opciones (3) y (5) sean correctas.

6. **(2) Había conflictos entre los indios americanos y los viajeros en la ruta de Oregón.** (Comprensión) El hecho de que el tratado garantizara el paso seguro de los trenes de vagones y que permitiera que el gobierno construyese fuertes sugiere que las relaciones entre los indios americanos y los viajeros en la ruta era un problema constante. La opción (1) es incorrecta porque el Senado, no los negociadores, cambió el tratado. Y aunque cambiar el tratado podía haber sido deshonroso, no necesariamente sugiere la mentira. Nada en el párrafo sugiere las opciones (3) y (5). La opción (4) no puede suponerse porque, aunque las tribus recibían provisiones del gobierno, esto no necesariamente indica que estaban muriendo de hambre.

Lección 4: La Guerra Civil
Práctica de GED (páginas 213–214)

1. **(5) El esfuerzo del Sur para llevar a cabo la guerra se vio debilitado.** (Comprensión) Los hechos presentes en el párrafo apoyan este

enunciado. Las opciones (1), (2), (3) y (4) son el opuesto de lo que se enuncia e implica en el párrafo.

2. **(2) Porque no iban a ayudar a proteger la esclavitud.** (Comprensión) El párrafo enuncia que Inglaterra había abolido la esclavitud en 1833. Las opciones (1), (3), (4) y (5) no se mencionan en el párrafo.

3. **(5) La Proclamación de Emancipación de 1863 no acabó con toda la esclavitud existente en Estados Unidos.** (Análisis) El hecho de que se requiriera de una enmienda a la Constitución para abolir la esclavitud sugiere que seguía existiendo luego de la Proclamación de Emancipación. Ninguna información de la tabla entrega fundamento para apoyar las opciones (1), (2) o (3). La opción (4) no es correcta porque la tabla muestra que la Decimoquinta Enmienda garantiza el derecho a voto de los hombres sin importar la raza, no de las mujeres.

4. **(3) En algunos estados no se les permitía votar a los que habían sido esclavos.** (Comprensión) Que se necesitara de una enmienda a la Constitución sugiere que los afroamericanos fueron privados del derecho a voto. Las opciones (1) y (4) son incorrectas porque la enmienda no habla de la posesión de tierras ni de la edad. La opción (2) es incorrecta porque la tabla muestra que la esclavitud había sido declarada ilegal en la Decimotercera Enmienda. La información de la tabla no puede apoyar la opción (5).

5. **(4) recordar a los norteños los ideales por los cuales estaban luchando** (Comprensión) El discurso de Lincoln llamó la atención de la gente sobre los principios sobre los cuales se fundó la nación, los que eran las razones que estaban detrás de la guerra. Esto se implica en el párrafo y en el pasaje del discurso de Lincoln. No hay nada en el pasaje que apoya la opción (1) o (3) como el propósito principal de las observaciones de Lincoln. La opción (2) es incorrecta porque los prisioneros de la Unión en el Sur probablemente no querían aprender el discurso de sus captores sureños. La opción (5) es incorrecta porque el tono del discurso es inspirador, no desalentador.

6. **(1) a la Declaración de Independencia** (Aplicación) El enunciado que "todos los hombres nacen como iguales" es la frase más conocida de la Declaración de Independencia. No hay nada en los documentos indicados en las opciones (2), (3), (4) ni (5) que incluyen esta frase.

Respuestas y explicaciones • Unidad 3

7. **(3) Hicieron que para Lee fuera más fácil rendirse.** (Análisis) Las generosas condiciones de Grant hicieron que para Lee fuese más fácil rendirse que si hubiera puesto condiciones crueles, que podrían haber motivado a Lee a resistir más. Por lo tanto, la opción (4) es incorrecta. Aunque el texto describe a Lee como agradecido, ninguna información apoya las opciones (1) ni (2). La opción (5) se contradice con la última oración del texto.

8. **(4) Lee sabía que su ejército estaba en apuros.** (Comprensión) Si Lee pensaba seguir luchando o escapar, probablemente no habría solicitado una reunión con Grant. Por ello, las opciones (2) y (5) son incorrectas. No hay pruebas que indiquen las opciones (1) y (3).

Lección 5: La industrialización
Práctica de GED (páginas 216–217)

1. **(5) El surgimiento de la producción en masa** (Comprensión) El texto se enfoca en el proceso de fabricación que hace posible la rápida producción de grandes cantidades de productos, en otras palabras, la producción en masa. La opción (1) es incorrecta porque el texto no trata solamente sobre Whitney. La opción (2) es una parte de la explicación de la producción en masa y la opción (3) sólo se menciona de paso. Aunque la opción (4) puede ser cierta, no se analiza en el texto.

2. **(2) La eficacia era importante.** (Evaluación) Ésta es la única conclusión que se apoya por el texto. La producción en masa era más eficiente que fabricar los productos a mano. La información en el texto no sugiere que los dueños tuvieran los valores expresados en las opciones (1), (3), (4) o (5).

3. **(1) el poder** (Evaluación) Los indicios en el texto indican que Rockefeller valoraba el poder por sobre todas las cosas. Las opciones (2) y (4) no se pueden establecer a partir de la información presentada. La información indica claramente que las opciones (3) y (5) son incorrectas.

4. **(4) Rockefeller fundó una sociedad petrolera de fideicomiso.** (Análisis) El análisis sobre las sociedades de fideicomiso y su tendencia a terminar como monopolios es seguida por la información de que Rockefeller llegó a controlar casi el 90 por ciento de la industria del petróleo, lo que hace que esta conclusión sea razonable. El texto no acusa

a Rockefeller de ladrón, por lo que la opción (1) es incorrecta. No hay información en el texto que apoya las opciones (2), (3) y (5).

5. **(2) las oportunidades laborales** (Análisis) Según el texto, las oportunidades laborales atrajeron a las personas hacia las ciudades. No hay nada en el texto que sugiere que las opciones (1), (3) y (5) tengan que ver con el crecimiento de las ciudades. Las condiciones insalubres producidas por el hacinamiento fueron consecuencia del rápido crecimiento de las grandes ciudades y no su causa, por lo que la opción (4) es incorrecta.

6. **(3) 1920** (Comprensión) Un poco más del 50 por ciento de los estadounidenses vivían en ciudades en 1920. Las opciones (1) y (2) son incorrectas porque la gráfica muestra menos estadounidenses viviendo en ciudades en esa época. Las opciones (4) y (5) corresponden a años posteriores cuando los habitantes de las ciudades superan en número a los de las zonas rurales.

7. **(4) la Segunda Guerra Mundial** (Análisis) La gráfica muestra un aumento principal en la población urbana durante esa década, y el texto sugiere que la migración afroamericana ocurrió durante la Segunda Guerra Mundial debido a las oportunidades laborales de los tiempos de guerra. La opción (1) se refiere a fines del siglo XIX. Las opciones (2) y (5) son incorrectas porque son producto de la Primera Guerra Mundial y de la década de 1920. No hay nada en el texto que apoya la opción (3) como causa del crecimiento urbano.

8. **(1) Los trabajos eran importantes para los afroamericanos.** (Evaluación) De acuerdo con el texto, la Gran Migración fue inspirada por las oportunidades de trabajo que existían en las industrias del Norte durante la Primera Guerra Mundial y en la década de 1920, cuando se restringió la migración. Esto sugiere que las personas se trasladaron al Norte debido a que era importante conseguir un buen trabajo. La opción (3) es incorrecta porque hubo una gran migración, a pesar de las condiciones de vida hacinadas en las áreas urbanas. La Gran Migración fue la reubicación de los afroamericanos, no de los inmigrantes, por lo que las opciones (2) y (4) son incorrectas. La opción (5) es incorrecta porque los sistemas de transportes no se mencionan en el texto.

Lección 6: Estados Unidos y el mundo
Práctica de GED (páginas 219–220)

1. **(3) Antes de que la nación pudiera disfrutar de tiempos mejores, debía remediar los problemas causados por la guerra.** (Evaluación) Las oraciones de apoyo detallan las dificultades de la transición de la guerra a la paz. La década de 1920 se destacó por la competencia por los trabajos y la reorganización de las industrias, por lo que la opción (1) no es verdadera. La opción (2) es una generalización amplia que no puede hacerse a partir de los detalles en el texto. La opción (4) es incorrecta debido a que el texto no se refiere a toda la década, sólo a los comienzos de 1920. La opción (5) no se apoya en la información entregada.

2. **(1) El desempleo fue alto durante algunos años después de la Primera Guerra Mundial.** (Análisis) Esta conclusión se apoya en la afirmación de que los soldados que regresaron buscaban trabajo al mismo tiempo que las industrias estaban despidiendo a los que trabajaron en la época de guerra. No hay nada en el texto que sugiere que las opciones (2), (3), (4) y (5) sean ciertas.

3. **(5) demandas de igualdad de oportunidades laborales en la década de 1970 para las mujeres y las minorías** (Aplicación) En ambos casos, los grupos de personas luchaban por alcanzar oportunidades económicas y éxito. Las opciones (1), (3) y (4) no son correctas debido a que estas corresponden a conflictos políticos más que económicos. La opción (2) es incorrecta debido a que el conflicto de la década de 1920 no era sobre la esclavitud ni la libertad.

4. **(2) Las huelgas eran parte de una conspiración comunista.** (Análisis) La "bandera roja" que se alza sobre la huelga en la fábrica siderúrgica, junto con la información que relaciona las huelgas, el comunismo, la revolución y el "Miedo a los rojos" apoya esta conclusión. No hay nada en la caricatura ni en la información presentada que sugiere que las opciones (1), (3), (4) y (5) sean correctas.

5. **(5) la Administración de Recuperación Nacional** (Comprensión) La tabla indica que este programa establecía códigos de competencia justa para las empresas en las diversas industrias. La competencia debería derribar los monopolios. Ninguno de los programas enumerados en las opciones (1), (2), (3) y (4) tiene que ver con los temas de monopolio ni de competencia.

6. **(2) Muchos de los programas del Nuevo Trato eran tan eficaces que se conservaron después de la Gran Depresión.** (Evaluación) La información del texto apoya esta conclusión más que las otras; de hecho, varios programas de esta tabla aún existen en la actualidad. La opción (2) es incorrecta debido a que la tabla muestra que cada meta fijada por Roosevelt para el Nuevo Trato estaba dirigida a por lo menos algunos de los programas de la lista. No hay suficiente información para determinar si las opciones (3), (4) y (5) son ciertas.

7. **(3) la Administración Federal de Ayuda de Emergencia.** (Análisis) Únicamente este programa entregaba dinero directamente a las personas sin pedir nada a cambio. Esto habría alarmado a los críticos que estaban preocupados sobre las consecuencias del Nuevo Trato en la independencia de los estadounidenses. Las opciones (1) y (4) son incorrectas porque estos programas involucran puestos y trabajos. Las opciones (2) y (5) son incorrectas porque el texto y la tabla señalan que estos programas no se relacionan con la independencia, el tema que preocupaba a los críticos.

8. **(2) la Administración Federal de Ayuda de Emergencia** (Aplicación) La tabla muestra que este programa entregaba dinero y otra ayuda a las personas necesitadas. Las opciones (1), (4) y (5) son incorrectas porque estos programas tienen que ver con la forma en que funcionan los negocios. La opción (3) no es correcta debido a que estos programas entregaban empleos para una sola categoría de trabajador y no daba ningún otro tipo de ayuda.

GED Repaso Historia de Estados Unidos
(páginas 221–223)

1. **(3) El sindicato perdería miembros.** (Aplicación) Cuando los sindicatos pierden las huelgas también pierden miembros. Como señala el texto, una sucesión de huelgas infructuosas tuvo que ver en la declinación de los Caballeros Laborales. Es razonable que los trabajadores se desalentarían con los sindicatos si las acciones de éstos no los ayudan. La opción (1) es incorrecta porque el perder una huelga no llevaría a mejores salarios. No hay nada en este texto que sugiere que sean ciertas las opciones (2), (4) o (3) sobre los sindicatos.

2. **(5) la aprobación de la Ley Nacional de Relaciones Laborales** (Análisis) La gráfica muestra que la participación en los sindicatos aumentó durante este período. Este texto

Respuestas y explicaciones • Unidad 3

Unidad 3

establece que la ley se aprobó en 1935 y que entregó a los trabajadores el derecho legal de formar sindicatos. Las opciones (1) y (3) son incorrectas porque ocurrieron antes de 1935. La opción (2) no es correcta porque el fracaso de las huelgas probablemente habría causado que la participación en los sindicatos disminuyera en vez de aumentar. No hay nada en este texto que sugiere que la opción (4) sea causa del crecimiento de los sindicatos.

3. **(4) Estaban desanimados por las huelgas violentas.** (Evaluación) El texto establece que los miembros de los Caballeros disminuyeron después de una sucesión de huelgas violentas. Esto sugiere que los trabajadores estaban desalentados por las huelgas y la violencia. El texto también sugiere que el éxito del AFL se debía a favorecer la cooperación en lugar de la confrontación. No hay nada en el texto que apoya las opciones (1), (3) ni (5). La opción (2) contradice la información sobre los Caballeros.

4. **(4) el esfuerzo para reunificar a la nación y reconstruir el Sur** (Comprensión) Esta definición se enuncia en el primer párrafo. Ninguna de las demás opciones ofrece una definición precisa del término.

5. **(1) Los congresistas radicales se hicieron cargo de la Reconstrucción.** (Evaluación) El texto enuncia que los radicales querían castigar al Sur y privar a los líderes tradicionales de su poder, mientras que Lincoln perdonó a los sureños por rebelarse y quería reunificar la nación. Las opciones (2), (3) y (4) son incorrectas porque no tienen que ver con el modo en que se debía tratar al Sur. La opción (5) no apoya en sí misma la conclusión porque el texto no dice nada acerca de por qué el presidente fue asesinado.

6. **(3) una agencia de socorro federal** (Aplicación) Proporcionar ayuda de emergencia era la única función de la institución en tiempos de guerra. Las opciones (1) y (4) son incorrectas porque Freedmen's Bureau no se ocupaba del trabajo ni de la educación sino hasta después de la guerra; además jamás fue oficina de empleo. La opción (2) es incorrecta porque el cuidado médico sólo era una parte de las funciones de la organización. La opción (5) es incorrecta porque la Oficina de Liberados (Freedmen's Bureau) era una organización de asistencia pública, no de beneficencia religiosa privada.

7. **(3) Los sureños de raza blanca eran dueños de la mayor parte de la tierra pero tenían poco dinero para pagar a los trabajadores agrícolas.** (Análisis) El texto muestra esta opción como la causa del desarrollo del sistema de aparcería. Las opciones (1) y (4) son lo contrario a lo que se enuncia en el texto. No hay nada en el texto que enuncia o sugiere que la aparcería se haya desarrollado a causa de la opción (2), y no se presenta información acerca del traslado al Norte de quienes fueron esclavos, por lo que la opción (5) es incorrecta.

8. **(3) Mississippi** (Comprensión) El mapa muestra que sólo el 4 por ciento de los afroamericanos en Mississippi estaban inscritos para votar en 1960 y el 6 por ciento en 1964. Éste fue el promedio más bajo de todos los estados del sur. Las opciones (1), (2), (4), y (5) no son correctas porque hubo promedios significativamente más altos de afroamericanos en dichos estados que estaban inscritos para votar.

9. **(5) Texas** (Análisis) El texto establece que la Enmienda Vigésimo Cuarta terminó con el requisito del impuesto para votar en 1964. El mapa muestra que 14 por ciento más de afroamericanos en Texas estaban inscritos para votar ese año que durante 1960. Las opciones (1), (2) y (3) son incorrectas debido a que el mapa muestra que esos estados no requerían impuestos para votar. La opción (4) es incorrecta debido a que el fin del requisito del impuesto para votar en Virginia, aumentó la inscripción de votantes afroamericanos sólo en un 6 por ciento.

10. **(2) Carolina del Norte no tenía impuesto a la votación.** (Análisis) El mapa muestra que Alabama tenía impuestos para votar, no así Carolina del Norte. Por lo mismo, los afroamericanos de Carolina del Norte tenían una historia más larga de participación en las votaciones, tal como lo indica el mapa. Las opciones (1) y (4) son incorrectas debido a que ambas describen los acontecimientos ocurridos en 1965, los que no se relacionan con la inscripción para votar en 1960 o 1964. Las opciones 3 y 5 son verdaderas pero no tienen relación con que se inscribieran pocos afroamericanos en Alabama para votar.

Historia del mundo
Lección 7: Antiguos imperios del mundo
Práctica de GED (páginas 225–227)

1. **(2) La palabra española _democracia_ viene del término griego que significa "el pueblo".** (Comprensión) Al entregar el término griego demos y su significado como una introducción al análisis de la democracia griega, el autor da a entender el origen de la palabra en

lugar de indicar directamente la conexión. No hay nada en el texto que sugiere que la opción (1) sea verdad. El texto no menciona el tamaño de las ciudades-estado, de modo que la opción (3) es incorrecta. La opción (4) es un juicio y no hay ningún enunciado en el texto que dé a entender que el escritor sostenga esta opinión. La opción (5) se contradice con la información del texto.

2. **(5) Los antiguos griegos influyeron en la ciencia moderna.** (Análisis) Esta tabla indica las importantes contribuciones científicas de Demócrito e Hipócrates. La opción (1) es incorrecta, debido a que la tabla no indica de dónde provienen los dramaturgos. No hay nada en la tabla que sugiere ni que apoya las opciones (2), (3) y (4).

3. **(3) su forma democrática de gobierno** (Comprensión) El escritor da a entender esta relación conectando Atenas como la democracia de Grecia y a Atenas como el centro de la Era Dorada. En el texto no se menciona la opción (1). No hay nada que sugiere que la opción (2) sea verdad. La opción (4) es incorrecta, debido a que el texto indica que dichas rivalidades ayudaron a terminar el liderazgo de Atenas en lugar de promoverlo. No hay información en el texto que conecte la opción (5) con Atenas.

4. **(3) La agricultura era importante para todas estas culturas.** (Análisis) La agricultura es el único tema en el texto que es común a las tres culturas. La opción (1) es incorrecta, porque sólo se observó respecto a los mayas. El texto indica que los mochicas tenían un amplio sistema de caminos y sugiere que los mayas pudieron haber tenido caminos, debido a su gran actividad comercial. Sin embargo, no se indica ni se sugiere nada sobre caminos nazcas, así que la opción (2) es incorrecta. La opción (4) se contradice con la información del texto, debido a que la civilización maya existió en Centroamérica y no en Sudamérica. La opción (5) no es la respuesta correcta, ya que el texto no entrega información sobre la decadencia ni la desaparición de nazcas y mochicas.

5. **(2) Los imperios azteca e inca existieron al mismo tiempo.** (Evaluación) La clave del mapa muestra que los imperios azteca e inca existían en el año 1500 a.C. La opción (1) es incorrecta, debido a que no hay pruebas en el mapa de que hubiera caminos entre las ciudades o que hubiera comercio entre ellos. La opción (3) es incorrecta, pues los caminos de los mochicas estaban sólo en Sudamérica, mientras que Copán se encontraba

en Centroamérica. La opción (4) no es correcta, puesto que el mapa muestra que el imperio azteca se encontraba al norte de Tikal. La clave del mapa muestra que los mayas tenían actividad en el año 1400 a.C., mientras que la fecha para los aztecas es el año 1500 a.C., de modo que la opción (5) es incorrecta.

6. **(5) el comercio** (Evaluación) Los caminos habrían facilitado el comercio para los mochicas, de modo que los caminos que construyeron demuestran la importancia del comercio para ellos. No hay ninguna conexión entre los caminos o la construcción de caminos y la importancia de las opciones (1), (3) y (4) en una cultura. Los caminos podrían haber incentivado a los pueblos a trasladarse a otras ciudades, pero ni el texto ni el mapa sugieren que las ciudades importantes fueran una característica de la cultura mochica, de modo que la opción (2) es incorrecta.

7. **(1) Estaba ubicada en África del Norte.** (Comprensión) El enunciado de que Roma obtuvo el control del norte de África al derrotar a Cartago sugiere la ubicación de la ciudad. La opción (2) es incorrecta, debido a que esto se enuncia directamente en el texto. No hay nada en el texto que sugiere la opción (3). La opción (4) es incorrecta, ya que el texto sugiere que las conquistas en Grecia, España y la actual Turquía fueron responsables de este resultado. El texto se contradice directamente con la opción (5).

8. **(4) los jueces del Tribunal Supremo, que determinan si las leyes concuerdan con la Constitución** (Aplicación) La tabla indica que los magistrados interpretaban las dudas acerca de la ley. Ninguno de los funcionarios descritos en las opciones (1), (2), (3) y (5) realizan este tipo de función legal: el cónsul era más parecido al Presidente de Estados Unidos, el Senado y las asambleas populares se parecían más al Congreso y en Roma no había funcionarios parecidos a los miembros del poder ejecutivo o a los gobernadores.

9. **(2) el poder político y militar** (Evaluación) La información en la tabla y el texto lleva a la conclusión de que el control de sus líderes y la creación de un imperio eran importantes para los romanos. No hay información que apoya las opciones (1) y (4). La opción (3) se contradice con el texto. Aunque es verdad que los romanos valoraban el arte y la cultura de Grecia, no hay nada en la tabla ni en el texto que apoya la opción (5).

Lección 8: Cómo surgieron las naciones
Práctica de GED (páginas 229–230)

1. **(2) el desarrollo y expansión del Islam, del 650 al 1550.** (Comprensión) El texto documenta el desarrollo y la expansión del Islam, que establecen que el árabe y los musulmanes otomanos controlaron el Medio Oriente, el norte de África, España, parte de India y Europa Oriental en varios momentos entre mediados del siglo VII y el año 1550. La opción (1) es incorrecta, porque el texto se refiere a la dominación política y menciona sólo una religión, el Islam. Las opciones (3) y (4) son incorrectas, debido a que en el texto se habla sobre árabes y otomanos. La opción (5) es incorrecta, ya que comprende una región geográfica más grande, no sólo el norte de África.

2. **(4) Las artes florecieron en el Imperio Otomano.** (Evaluación) El texto habla sobre la importancia que tuvieron las artes, la ciencia y el conocimiento para la cultura musulmana. Dado que los otomanos eran musulmanes, se deduce que las artes florecieron en el Imperio Otomano. El texto no menciona en qué forma trataban los turcos a los árabes y los cristianos, de modo que las opciones (1) y (5) son incorrectas. La opción (2) es incorrecta, ya que el texto indica que el Imperio Otomano no se expandió a España y que los árabes musulmanes gobernaron España siglos antes de que llegara el Imperio Otomano. La opción (3) es incorrecta, puesto que el texto no menciona el Renacimiento en Europa.

3. **(1) los derechos humanos** (Evaluación) Este valor no podría haber sido muy importante porque el texto indica que el pueblo de Songhay comerciaba esclavos. Las opciones (2) y (5) son incorrectas porque Tombuctú tenía muchas escuelas islámicas y tres universidades islámicas que ofrecían entrenamiento religioso. La opción (3) es incorrecta porque el texto implica que Songhay era un próspero imperio comercial. La opción (4) es incorrecta porque la poesía aparece enumerada como una de las materias que se enseñaban en las universidades de Tombuctú bajo el dominio Songhay.

4. **(3) la expansión del Imperio Mongol** (Comprensión) El texto describe el desarrollo del Imperio Mongol y el mapa ilustra su gran envergadura. Las opciones (1), (4) y (5) son detalles que apoyan la idea principal del texto y del mapa. La opción (2) es incorrecta, debido a que el mapa muestra el imperio pero no menciona a los líderes.

5. **(4) La invasión de Japón por los mongoles no tuvo éxito.** (Análisis) El texto indica un ataque sobre Japón; sin embargo, el mapa muestra que Japón no fue parte del Imperio Mongol. Esto lleva a la suposición de que el ataque falló. No hay nada en el mapa que apoya las opciones (1), (2) y (3). No hay nada en el texto ni en el mapa que sugiere que la opción (5) sea verdadera.

6. **(5) Los mongoles tuvieron una gran influencia en la historia del mundo.** (Evaluación) Los mongoles gobernaron gran parte de Asia y la totalidad de Rusia, de modo que su influencia en la historia tiene un alcance inmenso. La opción (1) es incorrecta, ya que el tamaño del imperio sugiere que, si lo hubo, los mongoles tuvieron un buen gobierno. La opción (2) es incorrecta, ya que aunque el texto establece su ferocidad, no demuestra que hayan sido los más feroces. No hay nada en el texto que sugiere que los mongoles tuvieran una tecnología superior, de modo que la opción (3) es incorrecta. La opción (4) es incorrecta, puesto que el imperio creció luego de la muerte de Gengis Khan.

Lección 9: La expansión mundial
Práctica de GED (páginas 232–233)

1. **(2) mostrar cómo el imperialismo afectó a Centroamérica** (Comprensión) El texto es un análisis general del imperialismo en Centroamérica. La opción (1) es un detalle que explica una de las causas del imperialismo en la región. La opción (3) es una parte del texto, pero no el punto principal. La opción (4) es incorrecta, puesto que la inversión estadounidense se menciona brevemente y tampoco es la causa del imperialismo. Aun cuando se menciona la guerra civil y los disturbios como un efecto del imperialismo, su descripción no es el propósito principal del texto, de modo que la opción (5) también es incorrecta.

2. **(5) el fracaso final de los comunistas en Nicaragua** (Análisis) El texto indica que la participación de Estados Unidos con los Contras obligó posteriormente a los comunistas a realizar nuevas elecciones, las que perdieron. La muerte de ciudadanos inocentes fue un efecto de los acontecimientos producidos en El Salvador y Guatemala y el texto no entrega ninguna información sobre el destino de los civiles en Nicaragua, de modo que la opción (1) es incorrecta. La opción (2) fue resultado de las acciones de los comunistas nicaragüenses, no de Estados Unidos. El texto no incluye información sobre las opciones (3) y (4).

3. **(1) la preocupación por la seguridad del Canal de Panamá** (Análisis) El texto indica que la preocupación de Estados Unidos por el canal aumentó después del acuerdo de 1977 para devolver el control del mismo a Panamá, casi al mismo tiempo que las revoluciones comunistas adquirían fuerza en la región. No hay nada en el texto que sugiere la opción (2) como causa. La opción (3) es incorrecta, ya que el texto sugiere que las bananas y el café son importantes para las empresas estadounidenses con inversiones en ese lugar, no para los consumidores. El texto sugiere que las naciones de Centroamérica son débiles, pero no que esto sea un motivo para la participación de Estados Unidos allí, de modo que la opción (4) es incorrecta. No hay nada en el texto que apoya la opción (5).

4. **(3) Cuba y Estados Unidos** (Aplicación) El imperialismo se produce cuando una nación expande su control sobre otra. Cuando Cuba y Estados Unidos intervinieron en las revoluciones que se producían en las naciones independientes de Centroamérica, ambos practicaron el imperialismo. Una nación que sofoca una rebelión interna en contra de su propio gobierno legítimo, tal como ocurrió en El Salvador y Nicaragua, no está actuando en forma imperialista, de modo que las opciones (1), (2), (4) y (5) son incorrectas.

5. **(4) el fortalecimiento de la democracia en Centroamérica** (Evaluación) El texto señala que Estados Unidos apoyaba a gobiernos en Centroamérica en la década de 1970 y antes que no eran democráticos. El texto sugiere que el principal objetivo de la política de Estados Unidos en la región era garantizar gobiernos estables en Centroamérica, fueran o no democráticos, con el fin de proteger las inversiones estadounidenses y el Canal de Panamá. Por lo tanto, las opciones (1), (2), (3) y (5) son incorrectas ya que dichos factores eran importantes para el gobierno de Estados Unidos.

6. **(4) Los países industrializados se hicieron más poderosos que los países no industrializados.** (Análisis) Esto se sugiere por la victoria de Gran Bretaña sobre China en la Guerra del Opio y por la consiguiente dominación de China por parte de las potencias industriales. No hay nada en el texto que apoya las opciones (2), (3) y (5).

7. **(2) Alemania.** (Comprensión) Esto se puede determinar estudiando el mapa. Las opciones (1), (3) y (5) son incorrectas, debido a que el mapa indica que Francia, Gran Bretaña y Rusia tuvieron las tres mayores esferas de influencia. La opción (4) es incorrecta, puesto que el mapa muestra que las dos esferas de influencia combinadas de Japón representaban más territorio que la esfera alemana.

8. **(3) controlar el comercio que estaba ingresando a China** (Evaluación) El texto sugiere que la causa de la Guerra del Opio fue que Gran Bretaña se negó a dejar de vender opio en China. La opción (1) es incorrecta, puesto que el texto no sugiere que China quisiera ni que recibiera ninguna ganancia del comercio de la droga. La opción (2) es incorrecta, ya que en el texto no se menciona a Japón ni hay motivo para creer que China estuviera tratando de demostrar algo a Japón. La opción (4) es incorrecta, debido a que el texto no sugiere que China quisiera detener todo el comercio con India. La opción (5) no puede ser verdadera, puesto que las esferas de influencia se establecieron en las décadas siguientes a la Guerra del Opio y no antes.

9. **(5) Japón era un país industrializado en 1912.** (Evaluación) Las esferas de influencia cumplieron con la necesidad que tenían las naciones industrializadas de mercados y fuentes de materias primas adicionales para sus industrias. Que Japón tuviera dicha esfera en 1912, tal como aparece en el mapa, sugiere que se había convertido en una nación industrializada. La opción (1) no se puede determinar a partir del mapa y del texto; de hecho, aun cuando Japón no era enemigo de Inglaterra y Francia durante este período, no existía una alianza formal. La opción (2) tampoco se puede determinar del mapa y del texto, aun cuando Japón había derrotado recientemente a Rusia en la guerra que terminó en 1905. Además, no hay nada en el mapa ni en el texto que apoya las opciones (3) y (4), aunque la política exterior de Japón tenía estas metas.

Lección 10: El mundo tras la Guerra Fría
Práctica de GED (páginas 235–236)

1. **(1) para ilustrar la opinión de que los acuerdos entre ambas partes han sido inciertos** (Comprensión) Si usted sabe, como lo indica el texto, que los otros acuerdos entre ambas partes han fallado, la referencia simbólica a un "castillo de naipes" de la caricatura se hace evidente. No hay evidencia en el texto o pistas en la caricatura que impliquen que la opción (2) sea cierta. La opción (3) es incorrecta, ya que nada en la caricatura conecta los naipes con los juegos de

azar. Tampoco hay pistas en la caricatura que impliquen que los naipes sean símbolos visuales de las opciones (4) y (5), de modo que tampoco son correctas.

2. **(3) Ambos pueblos reclaman las mismas tierras.** (Comprensión) El texto expresa que desde tiempos antiguos, los árabes y los judíos ha competido intermitentemente por la tierra llamada Palestina. La opción (1) es incorrecta porque las diferencias religiosas no se mencionan en el texto. A pesar de que es verdad que algunos gobernantes árabes apoyaron a los alemanes durante la Segunda Guerra Mundial, la opción (2) tampoco se ofrece como motivo en el texto. La opción (4) es incorrecta porque el texto no menciona el conflicto que incitó a los otomanos y, de hecho, expresa que los conflictos no eran comunes durante el gobierno de los turcos otomanos. A pesar de que los británicos agravaron el conflicto entre árabes y judíos, ellos no lo provocaron; por lo tanto, la opción (5) tampoco es correcta.

3. **(4) La mayoría de los acuerdos entre Israel y la OLP no se han podido terminar de llevar a cabo.** (Análisis) Sin este conocimiento, el significado del símbolo del "castillo de naipes" y de la leyenda será más difícil de reconocer. Es importante comprender a quién representa cada personaje, pero no es importante saber sus nombres para interpretar la caricatura, de modo que las opciones (1) y (2) son incorrectas. La información que contiene la opción (3) tampoco ayuda a entender la caricatura. La opción (5) es incorrecta porque saber el nombre del parlamento de Israel no es necesario para comprender la caricatura.

4. **(4) Berlín Oriental estaba controlado por un gobierno comunista.** (Análisis) Es posible hacer esta suposición debido al enunciado de que Berlín Oriental se separó del Berlín Occidental democrático. No hay información que apoya las opciones (1), (2) o (5) como suposiciones. De hecho, la información acerca de la caída del comunismo en general y del muro en particular sugiere firmemente que los tres enunciados son falsos. La opción (3) es incorrecta, pues el texto contiene esta información.

5. **(3) Corea del Norte y Corea del Sur** (Aplicación) Al igual que Alemania Oriental y Alemania Occidental, Corea del Norte y Corea del Sur habían sido un solo país que se dividió después de la Segunda Guerra Mundial, restringiendo los viajes a uno y otro lado del país y separando a las familias. La opción (1) es

incorrecta porque, a pesar de que Estados Unidos y Canadá son países vecinos, no fueron anteriormente una sola nación como lo fue Alemania Oriental y Alemania Occidental. La opción (2) es incorrecta porque Gran Bretaña y Estados Unidos tenían una relación de colonizador y colonia, no la misma relación de las dos Alemanias. Las opciones (4) y (5) son incorrectas porque hay libre movimiento entre todos los estados, incluyendo entre Carolina del Sur y Carolina del Este y entre Virginia Occidental y Virginia, mientras que entre las dos partes de Alemania no existía la misma libertad de movimiento.

6. **(1) El dinosaurio representa a Europa comunista bajo el liderazgo de la Unión Soviética.** (Análisis) La hoz y el martillo aparecen en la bandera soviética y los soviéticos dominaron Europa Oriental, instalaron allí crueles gobiernos comunistas y los controlaron como naciones satélites. Debido a que la hoz y el martillo aparecen a un costado del dinosaurio, y ya que la cola del dinosaurio es el Muro de Berlín, se implica que el dinosaurio representa al comunismo europeo apoyado por los soviéticos. Debido a que Berlín Occidental no estaba bajo un gobierno comunista, la opción (2) es incorrecta. Las opciones (3) y (5) son incorrectas ya que se contradicen con el texto. La opción (4) es verdadera pero no le ayuda a comprender el mensaje de la caricatura.

7. **(3) Se extingue el comunismo europeo** (Comprensión) Ésta es la razón por la cual el caricaturista ha decidido representar al comunismo europeo como un dinosaurio. La opción (1) no es correcta porque el Muro de Berlín fue derribado, no trasladado. La opción (2) no es correcta porque a pesar de que el muro está representado por la cola del dinosaurio, la cola del dinosaurio es sólo un elemento de la caricatura, no su punto central. La opción (4) no es correcta porque la caricatura trata sobre el muro en relación con la caída del comunismo europeo apoyado por los soviéticos; la caída de la Unión Soviética ocurrió poco después. La opción (5) es incorrecta ya que, como el dinosaurio está extinguido, simboliza que el comunismo europeo está muerto.

GED Repaso Historia del mundo
(páginas 237–239)

1. **(5) el imperialismo en la historia del mundo** (Comprensión) El texto resume las causas y efectos del imperialismo. Las opciones (1), (2) y (4) son incorrectas, debido a que son detalles que dan ejemplos del imperialismo. La opción (3) es

incorrecta, ya que es un detalle que indica una causa del crecimiento del imperialismo europeo durante el siglo XIX.

2. **(2) Los pueblos europeos se sentían superiores a otros pueblos.** (Análisis) Esta conexión la sugieren estas dos ideas que se incluyen en el párrafo. La opción (1) es incorrecta, ya que en el texto no hay nada que sugiera que los europeos expandieran su cultura porque los griegos lo hayan hecho. El imperialismo no requiere de la cultura para expandirse y muchas formas de imperialismo no incluyen la expansión de la cultura, de modo de la opción (3) es incorrecta. La opción (4) tiene que ver con los efectos de la Revolución Industrial y no con la expansión cultural y religiosa. La opción (5) es incorrecta, ya que no hay nada en el texto que sugiere que las personas que encontraron los europeos no tuvieran cultura y, de hecho, tenían sus propias culturas.

3. **(1) Los soldados españoles conquistaron el Imperio Inca en el siglo XVI.** (Aplicación) Esto coincide con la definición del imperialismo que se indica en el texto. La conquista abierta es la forma más extrema del imperialismo. Las opciones (2) y (4) son incorrectas, debido a que la declaración de la independencia y la protección del poder económico del propio país no califican como imperialismo. La opción (3) no es un intento de someter naciones más débiles, sino de unirlas. La opción (5) es incorrecta, porque Estados Unidos y sus aliados liberaron a Kuwait y permitieron que recuperara su estado de nación autónoma.

4. **(2) la Revolución Industrial y la necesidad de encontrar más mercados para vender sus productos** (Análisis) El texto establece que la Revolución Industrial creó la necesidad de más mercados, lo que a su vez motivó un mayor imperialismo. Las opciones (1) y (5) son incorrectas, puesto que no hay nada en el texto que indica que las demás naciones no tuvieran un ejército o una religión. (De hecho, tenían ambas cosas). La opción (3) es incorrecta porque la subyugación de los africanos fue un efecto del imperialismo y no una causa. Las naciones europeas no tenían un exceso de materias primas, sino que las necesitaban, de modo que la opción (4) es incorrecta.

5. **(5) El movimiento a favor de la democracia en China** (Comprensión) Tanto la caricatura como la mayor parte del texto se dedican a este tema. La opción (1) es incorrecta

porque esta información se trata de datos históricos que explican el desarrollo del movimiento por la democracia y la reacción del gobierno a él. La opción (2) es incorrecta porque en el texto sólo se hace una pequeña referencia a ella. La opción (3) es incorrecta porque no se describe por el texto ni se retrata en la caricatura. La opción (4) es incorrecta porque ayuda a explicar por qué se desarrolló el movimiento a favor de la democracia, pero no es el punto central del material.

6. **(3) La comunidad internacional criticó a China.** (Análisis) La caricatura simboliza el uso del ejército por parte de China contra los manifestantes. El texto indica que ésta y otras acciones contra el movimiento a favor de la democracia causaron que el mundo condenara a China por violar los derechos humanos de su pueblo. El uso de la ironía que hace el caricaturista en la mentira obvia que dice el soldado del gobierno también implica una crítica al gobierno chino. Las opciones (1) y (5) estaban dentro de las otras causas que llevaron al acontecimiento que se ilustra en la caricatura, no dentro de los efectos de él. La opción (2) es incorrecta, ya que el texto expresa que Mao murió antes de que comenzara el movimiento a favor de la democracia. La opción (4) es incorrecta, debido a que se contradice con el texto.

7. **(4) a los manifestantes que pedían democracia** (Comprensión) El texto expresa que el ejército atacó y asesinó a los manifestantes a favor de la democracia y la caricatura muestra a un personaje muerto empuñando una bandera que dice "democracia". Las opciones (1) y (3) son incorrectas porque es obvio a partir de la información del texto que el ejército chino no asesinó a Mao ni a los líderes chinos durante los disturbios. A pesar de que la bandera de la caricatura se parece a la bandera de Estados Unidos, no hay nada en el texto que sugiere que la opción (2) sea la correcta. Ni el texto ni la caricatura proporcionan razones para creer que la opción (5) sea el caso.

8. **(1) el control** (Evaluación) El uso del ejército para aplastar una protesta y la continuación de la opresión política del pueblo chino a pesar de la condena mundial de sus acciones ponen en claro que los líderes de China valoraron el control de la nación más que cualquier otra opción. El hecho de que el soldado de la caricatura diga una mentira contradice la opción (2). La muerte del manifestante chino así como también la

información del texto acerca de los actos de opresión del gobierno hace que las opciones (3), (4) y (5) sean también incorrectas.

9. **(2) el deseo de democracia está vivo en China** (Comprensión) El contenido del texto de la llamada sobre la bandera implica que la declaración del soldado acerca del manifestante se aplica a la democracia en China después del ataque al movimiento a favor de la democracia. La leyenda sobre la bandera no apoya la opción (1) como la respuesta correcta. No hay nada en la caricatura que sugiere que las opciones (3) o (5) sean ciertas. La opción (4) se contradice con la sangre que se ve salir de la cabeza del manifestante y correr a los pies del soldado.

10. **(2) imperialismo cultural** (Aplicación) La introducción de una religión se ajusta a la definición de imperialismo cultural. El neoimperialismo es un imperialismo económico, de modo que la opción (1) es incorrecta. Dado que Hawai no pasó a ser parte de Estados Unidos sino hasta mucho después, la opción (3) tampoco es correcta. Las opciones (4) y (5) son incorrectas, ya que la información indica que en esa época Hawai era un reino independiente y no una colonia oficial de Estados Unidos.

11. **(5) intervención militar** (Aplicación) La tabla indica que esto incluye el envío de tropas para influir en los asuntos internos de otras naciones, que fue lo que hizo Cuba. Dado que Angola no pasó a ser parte de Cuba, las opciones (1) y (2) son incorrectas. Dado que la situación no se ajusta a la descripción que aparece en la tabla para la formación de un protectorado, la opción (3) también es incorrecta. Además, la información no incluye ninguna sugerencia de imperialismo cultural, de modo que la opción (4) es incorrecta.

12. **(3) colonialismo e imperialismo cultural** (Aplicación) De acuerdo con la tabla, el dominio de un país sobre otro es colonialismo. La información sobre los sistemas de religión, escritura y gobierno también sugiere un imperialismo cultural. La información no indica el tipo de colonias que los chinos establecieron en el lugar, de modo que las opciones (1) y (5) no pueden ser correctas. No hay información que establece que se haya efectuado una intervención militar, así que la opción (2) no es correcta. Ya que no se analiza el imperialismo económico, la opción (4) tampoco es correcta.

13. **(4) neoimperialismo y colonias de asentamiento** (Aplicación) El tratado comercial

es prueba de un imperialismo económico y el gran número de japoneses que se trasladó a Corea sugiere colonias de asentamiento en ese lugar. El asentamiento japonés elimina la opción (1) como respuesta, ya que las colonias dependientes incluyen el dominio por parte del colonizador sobre un pueblo predominantemente nativo, sin una gran cantidad de colonizadores. Aunque se podría haber formado un protectorado y podría haberse producido un imperialismo cultural, la información no los indica, de manera que las opciones (2), (3) y (5) son incorrectas.

Educación cívica y gobierno
Lección 11: Gobierno moderno
Práctica de GED (páginas 241–243)

1. **(1) la libertad de expresión** (Aplicación) Al igual que la libertad de culto, la libertad de expresión es un ejemplo de libertad personal, es decir, es parte de los derechos naturales. La opción (2) es incorrecta porque un juicio público es un derecho civil, no un derecho natural. La opción (3) es incorrecta porque las personas deben cumplir con ciertos requisitos para obtener una licencia para practicar medicina, de modo que obtener tal licencia no es un derecho natural. La opción (4) es incorrecta porque a ciertas personas se les requiere que paguen impuestos y por lo tanto no es un derecho. La opción (5) es incorrecta porque es un ejemplo de un privilegio.

2. **(3) un préstamo para estudios garantizado por el gobierno** (Aplicación) Éste es un beneficio que otorga el gobierno a las personas que cumplen con los requisitos para obtener un préstamo, beneficio que puede ser retirado por el gobierno. Las opciones (1), (4) y (5) involucran libertades personales y por lo tanto son parte de los derechos naturales. La opción (2) es un proceso jurídico y un derecho civil garantizado a todos los estadounidenses por la Constitución.

3. **(5) John Locke era un gran pensador político.** (Análisis) Ésta es la única opinión que aparece en el texto o que se apoya por la información de él. No hay nada en el texto que sugiere que las opciones (1), (2) y (4) sean opiniones del escritor. La opción (3) es incorrecta porque no es una opinión sino una afirmación de hecho; en otras palabras, es cierto que algunas personas tienen esta creencia.

4. **(2) El gobierno puede retirar los privilegios legalmente, no así los derechos.** (Comprensión) El hecho de que el gobierno puede quitar los privilegios pero no los derechos indica que estos últimos son más fundamentales,

o básicos. La opción (1) es incorrecta porque muchas personas necesitan los beneficios a los cuales tienen derecho. La opción (3) es incorrecta porque el texto la contradice. No hay nada en el texto que apoya las opciones (4) o (5) y ninguno de los dos enunciados es correcto.

5. **(4) tener restricciones en los lugares a los que puede viajar** (Aplicación) Bajo un gobierno que controle todos los aspectos de la vida, la libertad de movimiento sería restringida. Las opciones (1), (2) y (3) serían poco probables porque las libertades individuales están extremadamente limitadas bajo esta forma de gobierno. No hay nada en el texto que apoya la opción (5).

6. **(4) el cuerpo legislativo** (Comprensión) Esto está ilustrado en el diagrama y sugerido en el segundo párrafo del texto. La opción (1) es incorrecta porque el presidente es el jefe de estado en el sistema presidencial. La opción (2) es incorrecta porque el diagrama muestra que son los votantes los que seleccionan al cuerpo legislativo, no el primer ministro. El diagrama también muestra que el primer ministro y el cuerpo legislativo eligen al gabinete, el cual a su vez elige a los jueces, de modo que las opciones (3) y (4) no son correctas.

7. **(3) El sistema parlamentario es una mejor forma de gobierno que el sistema presidencial.** (Análisis) Esta afirmación es un juicio que no tiene apoyo directo de la información del texto ni de la tabla. La opción (1) es incorrecta porque el cuerpo legislativo de un sistema parlamentario tiene el poder de elegir al jefe de estado, mientras que el cuerpo legislativo de un sistema presidencial no tiene ese poder, de modo que el enunciado es un hecho. Las opciones (2), (4) y (5) son también afirmaciones que se apoyan por la información del texto y del diagrama.

8. **(1) el gabinete** (Comprensión) Esto está establecido en el diagrama. El diagrama muestra que las opciones (2), (3) y (4) no son ciertas en un sistema parlamentario.

9. **(2) El primer ministro debe renunciar si pierde un voto importante en el cuerpo legislativo.** (Evaluación) Ésta es la mejor prueba de que el primer ministro es menos independiente, porque al presidente no se le pide la renuncia si una propuesta que lleva su apoyo se derrota en el Congreso. Las opciones (1) y (5) son incorrectas porque, a pesar de que son enunciados exactos, no tienen nada que ver con el nivel de

independencia del primer ministro. La opción (3) es incorrecta porque el diagrama muestra que el presidente, con el apoyo del congreso, es quien designa al gabinete. La opción (4) es incorrecta porque el primer ministro es directamente responsable del cuerpo legislativo, no de los votantes.

10. **(1) que conlleva responsabilidades** (Análisis) Esta opinión se expresa en el último párrafo del texto. No hay pruebas en el texto que apoyen las opciones (2), (3) o (4). Ya que el texto indica que la libertad trae consigo responsabilidades, la opción (5) es incorrecta.

11. **(4) Se construye en base al respeto por las diferencias individuales.** (Comprensión) La tabla señala la importancia del respeto por el individuo. La opción (1) es incorrecta porque un mandato absoluto ejercido por la mayoría que no preste atención a las opiniones de otros llevaría a la tiranía y la tabla destaca la importancia del compromiso. La opción (2) se contradice con la tabla. No hay información en el texto o en la tabla que apoye la opinión expresada en la opción (3) de que cualquier otro principio es el más importante. El texto expresa la opinión de que la opción (5) no es necesariamente verdadera.

12. **(2) Que en una democracia los derechos de unos no pueden interferir con los derechos de otros.** (Evaluación) La cita quiere decir que los derechos de cada persona cesan donde comienzan los derechos de otra. La información que aparece en la primera fila de la tabla expresa el principio en el cual se basa el enunciado de Holmes. La opción (1) es incorrecta porque la tabla indica que la libertad individual es importante en una democracia. La opción (3) es un valor democrático, pero la igualdad de oportunidades no tiene nada que ver con el enunciado de Holmes. No hay nada en el texto que apoya la opción (4) como explicación del enunciado de Holmes. La opción (5) es incorrecta porque la necesidad de compromiso es uno de los pilares de la democracia, lo que indica que en una democracia se esperan y se protegen las diferencias de opinión.

Lección 12: Estructura del gobierno de Estados Unidos
Práctica de GED (páginas 245–246)

1. **(4) un titular, sin importar su sexo** (Comprensión) El estudio descubrió que el factor crítico en ganar una elección es la titularidad, no el género de la persona que compite por

ocuparla. Las opciones (1), (2) y (3) son incorrectas porque es más probable que sea el desafiante quien pierda. No hay nada en el texto que indica que el servicio público previo es un factor importante para ganar las elecciones, de modo que la opción (5) tampoco es correcta.

2. **(3) Las mujeres pierden con frecuencia frente a un titular.** (Evaluación) Ya que la mayoría de los titulares son hombres, el hecho de que estos últimos tiendan a ganar da la apariencia de que las mujeres pierden con frecuencia las elecciones, a pesar de que las mujeres desafiantes no pierden con más frecuencia que sus pares masculinos. Las opciones (1), (2) y (4) no se apoyan como conclusiones por la información del texto. La opción (5) es un estereotipo que tampoco se apoya por la información.

3. **(5) una persona fuera de una organización que compite por un puesto con alguien que pertenece a la organización** (Aplicación) La similitud consiste en que la persona fuera de la organización es como el nuevo candidato de una elección política, y la persona que pertenece a la organización es como el titular. La opción (1) es incorrecta porque no hay un sistema de titularidad en los deportes, cada año es un año nuevo, con nuevos jugadores que tienen talentos distintos, por lo que los campeones de años anteriores no tienen necesariamente una ventaja. La opción (2) es incorrecta porque la competencia con otros no es normalmente el objetivo para alcanzar un grado superior. Las opciones (3) y (4) son incorrectas porque la falta de destreza o de experiencia puede ser el factor decisivo para la poetisa o para el actor, y podría no haber ningún "titular" que obstaculice su camino.

4. **(1) dividir y delegar poderes** (Comprensión) La Décima Enmienda asegura que los estados y el pueblo tengan una parte del poder y que todo el poder no se concentre en el gobierno federal. La opción (2) es incorrecta porque no hay nada en la enmienda que sugiere la expansión de los poderes de ningún sector. La Décima Enmienda puede interpretarse para limitar los poderes del gobierno federal, pero no limita los poderes de la Constitución, por lo que la opción (3) es incorrecta. Ni el Senado ni la Cámara de Representantes se mencionan en la enmienda, de modo que las opciones (4) y (5) no son correctas.

5. **(5) a la toma de decisiones en una democracia directa** (Análisis) Los residentes actúan directamente para manejar sus asuntos ellos mismos en lugar de hacerlo a través de representantes electos. La opción (1) es incorrecta porque no se menciona el partidismo con relación al grupo de vecinos, mientras que escribir una plataforma para un partido político es por naturaleza una actividad partidista. Las opciones (2) y (3) son incorrectas porque tienen que ver con la democracia representativa y con el gobierno representativo, y las personas de una asociación de vecinos no eligen representantes para votar por ellas. La opción (4) no sería verdadera a menos que el grupo formalmente votara para cambiar una resolución, propuesta o reglamento del grupo.

6. **(3) la enmienda que cambia la elección de los senadores** (Análisis) Al darle a las personas el poder de elegir directamente a los senadores, que anteriormente se elegían por los cuerpos legislativos estatales, esta enmienda aumentó el poder del pueblo. La opción (1) es incorrecta porque niega al pueblo la oportunidad de elegir a un presidente popular por un tercer período. Las opciones (2) y (5) son incorrectas porque los impuestos sobre la renta y los límites a los aumentos de sueldo no aumentan el poder del pueblo. Como expresa el texto, la opción (4) fue propuesta como una enmienda pero nunca llegó a serlo.

7. **(5) la adaptación y el cambio ordenado** (Evaluación) El hecho de que crearan un plan para cambiar la Constitución muestra que querían que el documento fuera capaz de adaptarse a los tiempos cambiantes y a las circunstancias de una manera ordenada. La opción (1) es incorrecta porque el pueblo no vota directamente sobre las enmiendas. La opción (2) es incorrecta porque la Constitución puede y ha sido enmendada para aumentar y también para limitar el poder del gobierno, y el proceso mismo no indica que el aumento o la limitación del poder haya sido valorada por los redactores. No hay nada en el texto que apoya las opciones (3) y (4) como la respuesta correcta.

8. **(3) Querían que fuera más difícil agregar enmiendas que proponerlas.** (Análisis) Como indica la tabla, con solo dos tercios de apoyo se puede proponer una enmienda pero son necesarios tres cuartos de apoyo para aprobarla. Los redactores hicieron el proceso difícil a propósito para que la Constitución no fuera abruptamente cambiada sobre la base de algún capricho transitorio. El texto no contiene información que pueda proporcionar una base para asumir las opciones (1) y (2); de hecho,

entrega pruebas contra estas opciones, ya que las primeras diez enmiendas se agregaron en 1791, menos de cinco años después de que se escribió la Constitución. Las opciones (4) y (5) no pueden ser razones para el proceso de enmiendas creadas por los redactores porque, como se observa en la tabla, las opciones expresan dichos procesos inadecuadamente.

Lección 13: La política estadounidense en acción

Práctica de GED (páginas 248–249)

1. **(3) Han sido influyentes en la política.** (Comprensión) El texto sugiere que los problemas de los partidos alternativos influyen en las posiciones de los partidos mayoritarios y que han costado por lo menos una reelección presidencial. No hay nada en el texto que sugiere que la opción (1) sea cierta. La opción (2) es incorrecta, debido a que un partido sin apoyo no puede existir. La información del texto se contradice con las opciones (4) y (5).

2. **(5) Los partidos alternativos ideológicos suelen durar más que los partidos que se orientan hacia un solo problema.** (Comprensión) El párrafo indica que los partidos alternativos ideológicos han durado más que los partidos que se han formado alrededor de un solo problema, y proporciona ejemplos de dichos partidos. La opción (1) es incorrecta, ya que es sólo un detalle que entrega el párrafo. La opción (2) es un ejemplo de la larga duración de los partidos alternativos ideológicos. La opción (3) es incorrecta, debido a que el segundo párrafo establece que los partidos alternativos dedicados a un solo tema surgen por este motivo. En el texto no hay nada que apoye la opción (4) y se menciona que esta posición la mantiene sólo el Partido Liberal.

3. **(4) Los votantes sienten que los partidos mayoritarios no se orientan hacia los problemas importantes.** (Análisis) La única forma de expresar insatisfacción con las posiciones y las políticas de ambos partidos mayoritarios sería votar por otro partido. Las opciones (1) y (5) tienen más probabilidades de dar como resultado una abstención de votar en lugar de aumentar el apoyo a otros partidos. No hay nada en el texto que apoya las opciones (2) o (3).

4. **(5) un sistema multipartidista** (Aplicación) Un sistema multipartidista se define como un sistema político que tenga tres o más partidos mayoritarios. Estados Unidos ya es una democracia y una república, de modo que las opciones (1) y (2) son incorrectas. La opción (3) es incorrecta, porque es el sistema actual. La opción (4) no es un sistema de partidos reconocido.

5. **(3) Los demócratas y los republicanos ponen a un lado sus diferencias para aprobar la ley de presupuesto balanceado.** (Comprensión) Esto se simboliza mediante la "unión" entre ambos partidos para lograr un presupuesto federal balanceado. Ninguna parte de la caricatura sugiere las opciones (1), (2) y (4). La opción (5) es incorrecta, debido a la referencia de la caricatura al presupuesto balanceado como el problema de la "billetera" que ha unido a las partes.

6. **(5) Los partidos cooperarán con el Congreso siempre y cuando les convenga.** (Comprensión) El "nos" de la caricatura se relaciona con ambos partidos políticos, tal como indica la palabra ambos y las figuras del asno y del elefante. La cooperación condicional de los partidos se sugiere por el "siempre y cuando ambos prosperemos". Las opciones (1), (3) y (4) se contradicen con este anuncio. Ninguna parte de la caricatura sugiere la opción (2) como el significado del compromiso del elefante.

7. **(2) la influencia** (Evaluación) Realizar una gran contribución a cada candidato otorgará un acceso del grupo de intereses al titular, sin importar el resultado de la elección. La opción (1) es incorrecta puesto que, si los grupos valoraran más el dinero, no se lo darían a los candidatos. Su práctica de contribuir a candidatos y partidos rivales sugiere que las opciones (3), (4) y (5) tampoco tienen valor.

8. **(4) Las donaciones para candidatos al Congreso son limitadas en cuanto al monto.** (Análisis) Los candidatos para oficinas federales no pueden aceptar más de $1,000 de una persona ni $5,000 de un PAC. Los candidatos locales y estatales no están sujetos a estas restricciones. La opción (1) es incorrecta, debido a que el texto no analiza cuáles elecciones son financiadas por fondos federales y, de hecho, el financiamiento federal se aplica sólo a los candidatos presidenciales. La opción (2) no es una diferencia, ya que también es verdadera para los gobernadores. Las opciones (3) y (5) son incorrectas, porque ambas son verdaderas y destacan una similitud, no una diferencia.

9. **(5) No hay límites a las contribuciones.** (Análisis) El texto establece que los PAC pueden entregar montos ilimitados de dinero a los

partidos políticos. A su vez, los partidos políticos utilizan este dinero para ayudar a los candidatos del partido en sus campañas. Las opciones (1) y (4) son verdaderas, pero en el texto no hay pruebas de que ellos sean responsables por el fracaso de la reforma financiera de la campaña. Muchos individuos contribuyen también a las campañas de varios candidatos. Las opciones (2) y (3) no tienen probabilidades de causar algún efecto, ya que los PAC pueden aportar cantidades ilimitadas de dinero a los partidos políticos, a pesar de dichos límites.

Lección 14: El gobierno de Estados Unidos y sus ciudadanos
Práctica de GED (páginas 251–252)

1. **(2) La mayor parte del dinero que gasta el gobierno se paga directamente a las personas.** (Comprensión) La gráfica muestra que el 47 por ciento del gasto fiscal se destina a este propósito. No hay información en el texto que apoya la opción (1) y no se puede determinar a partir de la información de la gráfica. La opción (3) se contradice con el texto, el cual señala que el gobierno también pide dinero prestado para pagar los programas gubernamentales. La opción (4) es incorrecta, debido a que el interés sobre la deuda nacional es un gasto fiscal, no una fuente de ingresos. Ni el texto ni la gráfica aportan información acerca de la cantidad que el gobierno gasta en bienestar social, de modo que la opción (5) no es correcta (y, de hecho, no es cierta).

2. **(3) Los impuestos aumentarían.** (Análisis) La principal fuente de ingresos fiscales sería la que más probablemente aumentara. Si el gobierno gastara más dinero del que recibe, no podría reducir los impuestos, así que las opciones (1) y (2) son incorrectas. La opción (4) es incorrecta, debido a que el gobierno, que necesita dinero, tendría más probabilidades de ofrecer más bonos, no menos. No hay nada en el texto que apoya la opción (5).

3. **(2) Pagos directos a los estadounidenses** (Aplicación) El seguro social comprende beneficios mensuales que se pagan directamente a las personas incapacitadas, jubiladas, cónyuges de trabajadores fallecidos o mayores de 65 años. Las categorías en las opciones (1), (3) y (4) no se ajustan al contexto de dichos pagos. La opción (5) no tiene que ver con el dinero que el gobierno gasta, sino con aquél que el gobierno recibe.

4. **(3) $1,688** (Comprensión) Observe la barra para el año 1950 y encontrará esta respuesta. Las demás opciones son producto de leer las cifras de los años incorrectos.

5. **(4) Entre 1980 y 1990, la deuda nacional por persona aumentó en más del triple.** (Evaluación) Usted puede observar esto comparando las cifras dadas para estos dos años y/o la longitud de las barras. La opción (1) es incorrecta, puesto que la deuda per cápita disminuyó en 1960. Para calcular la opción (2), tendría que conocer la población de Estados Unidos en el año 1990, lo que no se indica en la gráfica. También necesitaría las cifras de los años 1950 y 1960 para saber si la opción (3) es correcta (no es un enunciado correcto). Aunque la gráfica muestre que la nación estaba en deuda durante los años listados, ésta no muestra todos los años, así que la información de la gráfica no apoya directamente la opción (5).

6. **(1) a los aumentos mensuales en el saldo de una tarjeta de crédito** (Aplicación) Los préstamos continuos que aumentan la deuda nacional son parecidos a los cargos continuos en una tarjeta de crédito. Aunque las opciones (2) y (3) incluyen una deuda, no tienen nada que ver con una deuda en continuo aumento. De hecho, ambas comprenden una disminución en el monto de la deuda. Las opciones (4) y (5) no tienen nada que ver con la deuda.

7. **(5) Se acumularon más intereses sobre la deuda nacional durante 1999 de los que el gobierno pagó.** (Análisis) La deuda nacional se parece mucho a la deuda de una tarjeta de crédito. Si el pago de la deuda de la tarjeta es más lento que la acumulación de intereses, la deuda total aumentará a pesar de los pagos, incluso cuando no se cargue nada más en ella. Las opciones (1), (2) y (4) no se pueden determinar a partir de la información entregada. La opción (3) se contradice con el párrafo.

8. **(1) Se basan mayormente en los intereses particulares.** (Evaluación) Cada grupo se influencia por sus propias necesidades. Ninguna parte de la información apoya las demás opciones como factores generales. La opción (2) es incorrecta, ya que ninguna parte de la información tiene que ver con los partidos políticos. La información no menciona ni sugiere que los factores indicados en las opciones (3) y (4) influyan sobre la opinión política. Aunque la información incluye profesiones como ejemplos, la opción (5) no toca el principio que hay detrás de todos los ejemplos.

GED Repaso Educación cívica y gobierno

(páginas 253–255)

1. **(3) El poder legítimo termina construyendo un mejor gobierno que el ilegítimo.** (Análisis) Esto es un juicio del autor y por lo tanto es una opinión que puede o no ser verdadera. Las opciones (1), (2), (4) y (5) son todas afirmaciones que se apoyan en la información del texto.

2. **(4) la autoridad** (Aplicación) En una monarquía, se reconoce que la familia real tiene el legítimo poder de gobernar. Que el hijo mayor se convierte en el gobernante cuando el monarca muere es un método reconocido de legítima transferencia de poder en una monarquía. Las opciones (1) y (2) son incorrectas porque el rey gobierna por virtud de su posición, no por su influencia personal o por su poder de persuasión. La opción (2) es incorrecta porque Alberto no llegó al poder por la fuerza. La opción (5) es incorrecta porque las elecciones no se mencionan en el texto y generalmente los monarcas no son elegidos.

3. **(2) El apoyo del pueblo es necesario para que el poder sea legítimo.** (Comprensión) El texto expresa que el pueblo debe aceptar el poder de sus líderes como apropiado para que ese poder sea legítimo. Por lo tanto, para que el gobierno sea legítimo es necesario el apoyo del pueblo, y esto hace que la opción (1) sea incorrecta. El texto no apoya las opciones (3) y (5) como explicación de por qué las opiniones del pueblo son importantes para el ejercicio del poder. El comportamiento puede ser influenciado por la fuerza, pero el texto implica que no modifica las opiniones, por lo que la opción (4) no es correcta.

4. **(5) Hace que la gente se comporte como los dirigentes gubernamentales desean.** (Comprensión) El texto expresa que la fuerza o el temor que inspira pueden modificar el comportamiento, de modo que la opción (1) es incorrecta. La opción (2) es incorrecta porque para que el poder sea legítimo el pueblo debe dar su apoyo voluntariamente. No hay información en el texto que sugiera que las opciones (3) y (4) sean verdaderas.

5. **(3) comparar el gobierno nacional y los gobiernos estatales** (Comprensión) El texto compara y contrasta la organización, la selección y los poderes de cargos y autoridades de las tres ramas del gobierno estatal entre sí y con el gobierno nacional. La opción (1) es una comparación que se hace en el texto, pero no es su punto central. Las opciones (2), (4) y (5) también se discuten en el texto, pero son detalles que muestran las similitudes entre los gobiernos estatales.

6. **(4) la manera en que se seleccionan los jueces** (Análisis) Ésta es una gran diferencia expresada en el texto. De acuerdo con el texto, las opciones (1), (2), (3) y (5) son formas en las que los gobiernos estatales son más parecidas que diferentes.

7. **(2) el Congreso de Estados Unidos** (Análisis) La información en el texto acerca del esquema representativo, la estructura bicameral de la mayor parte del poder legislativo del estado, y las diferencias en la duración en el poder de cada cámara, proporcionan la base para esta comparación. La opción (1) es incorrecta porque el poder legislativo de Nebraska es el más distinto al de todos los demás estados, ya que tiene una cámara en lugar de dos. La opción (3) no puede ser correcta, porque se refiere a la rama judicial del gobierno, no a la ejecutiva. Las opciones (4) y (5) no pueden ser correcta s porque se refieren a las ramas ejecutivas del gobierno.

8. **(4) una democracia representativa** (Aplicación) En una democracia representativa, el pueblo elige líderes para que lo representen y lo gobiernen. Las opciones (1) y (2) son incorrectas porque los gobiernos estatales no están encabezados por ejecutivos poderosos como los dictadores o los monarcas. La opción (3) es incorrecta porque los ciudadanos de los estados no votan directamente sobre las leyes, sino que eligen representantes para que las hagan. La opción (5) es incorrecta porque un cuerpo legislativo bicameral es sólo una parte del gobierno estatal, la que también incluye las ramas ejecutiva y judicial.

9. **(2) un hombre de raza negra del sur y de 40 años de edad en 1860** (Aplicación) Los hombres afroamericanos no consiguieron el derecho constitucional de votar hasta que la Decimoquinta Enmienda se ratificó en el año 1870. La opción (1) es incorrecta porque en ese entonces un granjero podía calificar, como propietario, para el voto. La opción (3) es incorrecta porque la mujer podría haber logrado el derecho a votar a partir de las Enmiendas Decimoquinta y Decimonovena (a pesar de que la costumbre de aplicar impuestos a los afroamericanos podría haber impedido que la mujer votara). La opción (4) es incorrecta porque

el hombre podría haber logrado el derecho a voto a partir de la Vigésimo Tercera Enmienda. La opción (5) es incorrecta porque la Vigésimo Sexta Enmienda disminuyó el mínimo de edad para votar a 18 años en 1971 y sólo a las personas condenadas por delitos graves se les niega el derecho al voto en algunos estados.

10. **(4) Ha aumentado la cantidad de posibles votantes.** (Análisis) Esto se ha logrado con el paso de las décadas extendiendo el derecho al voto a personas que antes no podían hacerlo debido a su lugar de residencia, raza, edad o sexo. Ni en el texto ni en la tabla hay bases para las opciones (1), (3) o (5). La opción (2) se contradice con la información.

11. **(3) una mujer de raza blanca de Alabama y de 18 años** (Aplicación) Esto se basa en la vigésimo sexta enmienda que en 1971 disminuyó la edad mínima para votar a 18 años. La Decimoquinta Enmienda ya había otorgado el derecho de la opción (1) para votar y las Enmiendas Decimoquinta y Decimonovena habrían otorgado los derechos de las opciones (2) y (4). La opción (5) tendría pocas posibilidades de tener derecho al voto en muchos estados, tal vez la mayoría de ellos.

12. **(4) El gobierno nacional se ha vuelto más poderoso.** (Evaluación) El texto indica que durante un largo tiempo los estados eran los que determinaban quién podía votar. Sin embargo, tanto la tabla como el texto indican que el gobierno federal asumió gradualmente la toma de esta decisión enmendando la Constitución para extender el derecho al voto a grupos que carecían de ese derecho bajo las leyes de muchos estados. Esto ilustra el crecimiento del poder federal. No hay nada en el texto ni en la tabla que sugiere que las opciones (1) o (2) sean verdaderas. Las opciones (3) y (5) se contradicen con el texto y la tabla.

Economía
Lección 15: Principios generales de economía
Práctica de GED (páginas 257–258)

1. **(5) maestro y naturalista de parques** (Análisis) La gráfica muestra que el salario inicial promedio para ambas ocupaciones es de $22,000 al año. La opción (1) es incorrecta porque hay una diferencia de $4,000 entre el salario inicial de los maestros ($22,000) y el de los higienistas dentales (18,000). La opción (2) es incorrecta porque hay una diferencia de $1,000 entre el salario inicial de los ilustradores médicos ($11,000) y el de los vendedores ($10,000). La opción (3) es incorrecta porque hay una diferencia de $2,000 entre los mensajeros ($14,000) y los mecanógrafos ($16,000). La opción (4) no se puede determinar, puesto que ni el texto ni la gráfica indican los ingresos de los médicos o de la persona que trabaja como recepcionista de consulta médica.

2. **(2) Hay menos demanda de ilustradores médicos.** (Análisis) La única explicación es que debe de haber muy poca demanda de ilustradores médicos o una alta demanda de mensajeros con relación a la cantidad de personas disponibles para esos empleos. Si se aplican los mismos principios de oferta y demanda al resto de las opciones, éstas se excluyen. Las opciones (1) y (5) son incorrectas puesto que serían razones para que los ilustradores médicos tuvieran salarios más altos; ambas opciones limitarían la oferta de personas para llenar los puestos como ilustradores. La opción (3) aumentaría la oferta de personas que querrían ser mensajeros, lo que haría que disminuyeran los salarios en esa profesión. La opción (4) no es una explicación, puesto que lo que establece el salario para un empleo es la demanda de personas para llenarlo en comparación con la oferta de personas dispuestas a hacerlo, no la cantidad de personas en términos absolutos.

3. **(1) El trabajo de agente de policía es peligroso.** (Aplicación) La oferta es el principio básico que se aplica en este caso. El texto indica que el peligro hace que algunos empleos sean difíciles o no deseados, lo que restringe la oferta de trabajadores disponibles y, al mismo tiempo, aumenta la paga. Cuando hay una escasez de trabajadores, los empleadores ofrecen salarios más altos para atraer a más personas que buscan empleo. No hay nada en el texto que sugiere la opción (2), la cual, de ser verdadera, haría que el salario fuera menor, puesto que la oferta de agentes de policía potenciales será mayor que la demanda de ellos. La opción (3) es incorrecta porque la mayoría de los empleos requieren alguna capacitación y muchos no se pagan tan bien como el trabajo de agente de policía. Ni en el texto ni en la gráfica se comenta el efecto del género en el salario, de manera que la opción (4) es incorrecta. La opción (5) es incorrecta porque no hay evidencia en el texto ni en la tabla que compare los salarios y el servicio que prestan a la sociedad los agentes de policía y los médicos.

4. **(4) Era mejor antes que ahora.** (Evaluación) El texto indica que, cuando hubo una escasez de abogados, el salario era alto; ahora que hay un excedente de abogados, los salarios están sometidos a las fuerzas de la oferta y la demanda. Esta información apoya la idea de que los salarios iniciales para los abogados pueden haber disminuido. No hay información suficiente en el texto y en la gráfica para apoyar las opciones (1) o (5). El texto indica que la tendencia sería la opuesta a la indicada en la opción (2) La opción (3) es verdadera, pero no se puede sacar como conclusión a partir de la información que entregan el texto y la gráfica.

5. **(5) Los propietarios de cada una de ellas obtienen las utilidades.** (Comprensión) De acuerdo con el texto, en una empresa unipersonal es el propietario único quien obtiene las utilidades y, en una asociación, éstas se comparten entre todos los propietarios. No se ha dado ninguna comparación de tamaño, de manera que las opciones (1) y (2) son incorrectas. La opción (3) es incorrecta porque, en una asociación, la administración se comparte. La opción (4) se contradice con el texto.

6. **(3) la responsabilidad por las deudas de la empresa** (Análisis) De acuerdo con el texto, los socios son responsables por las deudas de la empresa; sin embargo, los propietarios de una sociedad anónima no tienen responsabilidad personal. La opción (1) es incorrecta porque el texto no compara el tamaño de las asociaciones y las sociedades anónimas. La opción (2) es incorrecta porque en ambos casos las utilidades se dividen entre los propietarios o inversionistas, de acuerdo con la parte de la empresa que les corresponde. La opción (4) no se puede determinar a partir de la información en el texto. La opción (5) es incorrecta porque las asociaciones y las sociedades anónimas tienen más de un propietario.

7. **(4) que se pondrán de acuerdo acerca de las decisiones de la empresa** (Análisis) Debido a que el acuerdo de negocios entre Ana y Daniel es una asociación, ninguno de ellos puede tomar las decisiones por sí solo. Si son incapaces de llegar a un acuerdo, no se puede hacer nada. La opción (1) es incorrecta porque, a no ser que Ana y Daniel lleguen a otro acuerdo, en una asociación las utilidades se dividen de acuerdo con el porcentaje que cada socio posee. La opción (2) es una opinión y no hay apoyo para ella. La opción (3) es incorrecta porque en una asociación todos los socios son responsables legalmente de las deudas de la empresa. La opción (5) sería verdadera solamente si ambos socios llegaran a ese acuerdo.

8. **(2) Las personas piden más dinero prestado.** (Comprensión) El párrafo establece que menores tasas de interés estimulan a las personas a pedir dinero prestado y a gastarlo. Las opciones (1) y (3) son incorrectas porque plantean lo opuesto a lo que sería verdadero en esta situación. No hay nada en el párrafo que sugiere la opción (4) o (5); en realidad, lo opuesto sería lo verdadero en esta situación.

9. **(3) Que tendrá menos clientes.** (Análisis) El párrafo plantea que, cuando aumenta el desempleo, las personas tienen menos dinero para gastar. También insinúa que cuando las personas tienen dificultades económicas tienden a comprar menos cosas que no son esenciales. Esto probablemente significa menos comidas en los restaurantes. Tal como lo indica el párrafo, la opción (1) es lo opuesto a lo que generalmente sería verdadero cuando aumenta el desempleo. No hay nada en el párrafo que sugiere una relación entre las tasas de desempleo y las tasas de interés o los precios, de manera que las opciones (2) y (4) son incorrectas. No es probable que ocurra la opción (5) cuando aumenta el desempleo.

Lección 16: El gobierno y la economía
Práctica de GED (páginas 260–261)

1. **(3) Los pequeños negocios pueden competir.** (Análisis) Esto es correcto porque el texto plantea que el socialismo permite cierta competencia. El autor asume que usted sabe que la competencia es una característica del sistema de "libre empresa" del capitalismo. Las opciones (1) y (2) son incorrectas porque son características del socialismo y del comunismo, no del capitalismo. A pesar de que proporcionar a las personas todo lo que necesiten es parte de la teoría del comunismo, el texto no indica que ningún sistema, capitalista, socialista ni comunista, lo haga, de manera que la opción (4) es incorrecta. La opción (5) sólo se refiere al capitalismo.

2. **(4) Son sistemas económicos.** (Análisis) Es lo único que tienen en común. El comunismo y el capitalismo son sistemas totalmente diferentes en prácticamente todo. La opción (1) sólo se aplica al capitalismo. La opción (2) es verdadera, en teoría, sólo para sistemas comunistas, no para sistemas capitalistas. La opción (3) es cierta con respecto al capitalismo, pero no al comunismo.

Este último, debido a que depende fuertemente de una planificación central, funciona mejor en una dictadura. La opción (5) es verdadera en sistemas comunistas, pero no en los capitalistas.

3. **(1) La libertad individual se asocia al capitalismo.** (Evaluación) De acuerdo con el texto, la propiedad privada y la libertad económica son la característica principal del capitalismo, de modo que la libertad individual también debe ser parte de él. La opción (2) es incorrecta porque el texto nada tiene que decir acerca del éxito o del fracaso del socialismo. El texto no apoya la opción (3), el cual sólo dice que, en teoría, bajo el comunismo todos obtienen lo que necesitan. La opción (4) se contradice con la información de que el capitalismo está unido a la democracia. La opción (5) es incorrecta porque el último párrafo indica algunos vínculos entre los sistemas político y económico.

4. **(3) cuál es la realidad del comunismo** (Evaluación) Información acerca de la realidad del comunismo, la cual no ofrece el texto, es necesaria para sacar una conclusión acerca del modo en que difiere de la teoría presentada en el texto. De modo que la opción (1) es incorrecta. La opción (2) no es suficiente para permitir una comparación entre realidad y teoría. En el texto se incluyen algunos detalles de la teoría, pero ninguna información acerca de la realidad, de modo que la opción (4) es incorrecta. La opción (5) no conduciría a una conclusión acerca de la práctica y la teoría comunista.

5. **(2) la protección al consumidor** (Aplicación) Una garantía protege al comprador en caso que el producto no funcione correctamente o tenga algún defecto. Las garantías no se relacionan con sistemas económicos, de modo que las opciones (1) y (5) son incorrectas. Las garantías no se relacionan con la economía nacional o con las fuerzas del mercado, de modo que las opciones (3) y (4) son incorrectas.

6. **(5) Sin la protección del gobierno, las empresas podrían vender a sabiendas productos dañinos para las personas.** (Comprensión) Esto se insinúa en la última oración del primer párrafo del texto. El enfoque del texto en las instituciones gubernamentales de protección al consumidor sugiere que el escritor no está de acuerdo con las opciones (1) y (4). La opción (2) es incorrecta porque ni en el texto ni en la gráfica se compara la eficacia de la FDA con la de la FAA en la protección al consumidor. La opción (3) es incorrecta porque, a pesar de que se

mencionan muchas veces los artículos alimenticios en el texto y en la tabla, nada en ellos sugiere que el escritor considere los alimentos como el problema más serio de seguridad de los productos.

7. **(3) los consumidores** (Aplicación) Esto se puede determinar si se aplica la información de que los dueños de las tiendas de abarrotes calculan el costo anticipado de sus pérdidas por alimentos "en mal estado" cuando fijan los precios, por lo que traspasan el costo de estas pérdidas al consumidor. No hay nada en el texto ni en la tabla que sugiere que las opciones (1), (4) o (5) sean la respuesta correcta. La opción (2) es incorrecta por la información que se entrega en el texto acerca de los costos que se traspasan al consumidor.

8. **(5) ayudar a evitar que los estadounidenses compren bienes y servicios posiblemente dañinos** (Análisis) Cada una de las instituciones mencionadas en la tabla establece y hace cumplir reglamentaciones y normas de calidad, seguridad y etiquetado que cumplen esta función en algunas categorías de bienes o servicios. La opción (1) es incorrecta porque en la tabla se indica que sólo la FSIS, la FDA y la FTC regulan la publicidad, directa o indirectamente (a través del etiquetado). La opción (2) es incorrecta porque la tabla indica que sólo la FTC está involucrada en evitar que los precios se fijen entre competidores. La opción (3) es una función solamente de la FSIS y de la FDA. La opción (4) es falsa y ni siquiera se sugiere en la tabla.

Lección 17: El trabajo y la economía
Práctica de GED (páginas 263–264)

1. **(1) cuando la empresa que se está comprando no desea ser comprada** (Comprensión) Esto se implica en la última oración del primer párrafo. No hay nada en el texto ni en la tabla que sugiere que las opciones (2), (3) y (4) sean necesarias para una adquisición hostil. La opción (5) no tiene nada que ver con el hecho de que una adquisición sea o no hostil.

2. **(3) Los consumidores tendrán menos opciones de productos.** (Análisis) Esto es cierto porque la empresa compradora probablemente eliminará algunos de sus productos, o los de la antigua empresa rival, que sean similares y que solían competir. Esto resultará en menos opciones de productos. Ninguna parte de la información sugiere que las

opciones (1), (4) o (5) podrían ocurrir. El texto sugiere que probablemente ocurriría lo contrario a lo que dice la opción (2).

3. **(5) sólo la información que está en la tabla** (Evaluación) Los números de fusiones en la tabla y en la tendencia que establecieron son pruebas que se necesitan para apoyar el enunciado de que las fusiones y las adquisiciones se han convertido en hechos de la vida económica estadounidense. Las opciones (1) y (2) son incorrectas porque saber los nombres de las empresas involucradas en fusiones o saber cuántas adquisiciones fueron hostiles no es necesario para apoyar esta conclusión. La conclusión no menciona las pérdidas de trabajos, de modo que la opción (3) es incorrecta. La opción (4) por sí sola no proporciona suficiente información para apoyar la conclusión. La tabla es valiosa como prueba sin ellos.

4. **(2) la información del tercer párrafo** (Evaluación) Ésta es la mejor prueba, ya que entrega estadísticas de acontecimientos pasados similares con los cuales los empleados pueden medir la probabilidad de mantener sus trabajos. Las opciones (1) y (3) no son de utilidad porque tratan de los que pasaría y de lo que pasa a veces sin datos sólidos para proporcionar una idea de cómo suceden a menudo estas cosas. Las opciones (4) y (5) proporcionan datos sólidos, pero no del tipo que brinda información acerca de lo que sucede con los empleados de las empresas involucradas en fusiones.

5. **(5) la que habla sobre el futuro de los adolescentes que abandonan la escuela** (Evaluación) La estadística de que el 15 por ciento de los adolescentes que no completan sus estudios esté desempleado indica un problema, pero no apoya el juicio de que es un motivo de alarma. Para asignarle al problema la categoría de "alarmante" se necesita de datos que comparan la tasa actual de deserción escolar, datos que ligan las tasas de deserción escolar y delictiva o más información no estadística acerca del estilo de vida de quienes no completan sus estudios, su conexión con el ciclo de pobreza y otros. La opción (1) proporciona información que sólo toca una parte del problema, es decir, los ingresos. La opción (2) plantea el problema, pero no proporciona información específica suficiente para catalogar el problema como alarmante. La opción (3) sólo se relaciona con algunos adolescentes y por ello sólo a un aspecto de la vida que podría causar preocupación financiera para algunos adolescentes que no completaron

sus estudios. La opción (4) es incorrecta ya que esta información sólo toca algunos aspectos de posibles problemas relacionados con la tasa de adolescentes que no completan sus estudios.

6. **(3) el nivel de educación** (Evaluación) La gráfica apoya esta conclusión mostrando que el nivel de ingresos aumenta para hombres y mujeres a medida que aumenta el nivel de educación. Esta información elimina la opción (1) como respuesta correcta. No se citan pruebas en el texto o gráfica que apoyen las opciones (2) o (4). La opción (5) no se puede concluir porque la gráfica muestra que, aunque no graduarse limita el potencial de ingresos, la gente que fue más allá de la educación secundaria gana mucho más dinero que aquella que dejó sus estudios cuando consiguió su diploma de enseñanza secundaria.

7. **(2) más niños pobres** (Análisis) El texto sugiere que los hijos de adolescentes que dejaron sus estudios secundarios son más propensos a tener un apoyo financiero inadecuado y, por lo tanto, son más propensos a vivir en la pobreza. El texto implica que la opción (1) es una causa del problema, no un efecto. El texto no muestra relación alguna entre los salarios de quienes abandonaron su enseñanza secundaria y aquellos que se graduaron, de modo que la opción (3) es incorrecta. El texto indica que lo opuesto a las opciones (4) y (5) es verdadero.

8. **(4) Es popular la educación para adultos.** (Evaluación) Esto se puede concluir de los altos niveles de inscripción que indican los datos. La información no incluye material acerca de motivaciones o estilos de vida, de modo que las opciones (1) y (5) son incorrectas. La opción (2) no se puede determinar sin saber las cifras de población de cada grupo. No hay datos ni otra información que apoye la opción (3).

GED Repaso Economía
(páginas 265–267)

1. **(4) el PIB ajustado por el aumento de precios producto de la inflación** (Comprensión) Esta definición se ofrece en el último párrafo del texto. La opción (1) se define en el texto como el PIB. En el texto no hay nada que indica ni que insinúa que las opciones (2), (3) o (5) sean una definición de PIB real.

2. **(3) una mazorca de maíz cultivada en Illinois** (Aplicación) El texto define los bienes como objetos físicos y plantea que el PIB es el valor de todos los bienes y servicios que se producen en Estados Unidos durante un año. La

Unidad 3

mazorca de maíz es un objeto físico que se produjo y, por lo tanto, es un bien. También es un alimento, una de las cosas citadas como tipos de bienes. La opción (1) también es un bien, pero como es un automóvil antiguo usado, debió haber sido considerado en el PIB correspondiente al año en que fue fabricado. Las opciones (2) y (4) son servicios, no bienes, porque no son objetos físicos. La opción (5) no se incluiría porque se trata de un producto fabricado en Japón y no en Estados Unidos.

3. **(2) La economía de la nación creció constantemente.** (Comprensión) Se puede apreciar en el aumento constante en la gráfica de las líneas correspondientes al PIB y al PIB real. Ninguna de las demás opciones, aun si fueran verdaderas, se podría inferir a partir de la información en la gráfica.

4. **(1) Casi un tercio del crecimiento del PIB se debe a la inflación.** (Evaluación) La prueba para este planeamiento se encuentra en el área sombreada de la gráfica, que representa la porción del PIB resultado de la inflación (la diferencia entre el PIB y el PIB real). La gráfica indica que es igual a un tercio, aproximadamente, del crecimiento del PIB. Las opciones (2) y (3) no pueden ser consideradas como conclusiones a partir de la gráfica porque ésta no proporciona información acerca de la década de 1980. Las opciones (4) y (5) son verdaderas, pero tampoco se apoyan en la gráfica.

5. **(3) 1993** (Comprensión) La tabla indica que el 12.3 por ciento de todas las familias vivía en la pobreza en 1993. La opción (1) es el año con la tasa más baja. Las opciones (2) y (4) son años que se citan en el párrafo para estadísticas de distribución de los ingresos, pero las tasas de pobreza en esos años eran más bajas que la tasa de 1993. La opción (5) es incorrecta porque, aunque una de las cifras citadas en el texto es más alta que 12.3 por ciento, es la tasa para niños, no las tasas familiares que se enumeran en la tabla.

6. **(1) Todas las personas gastarían una proporción similar de sus ingresos en alimento y vivienda.** (Aplicación) Estas dos áreas son necesidades vitales en que todos invierten dinero. Si todos tuvieran una cantidad de dinero parecida, la proporción de sus ingresos que destinarían a estas necesidades sería similar. Esto contrasta con Estados Unidos, donde la gente con menos dinero invierte una proporción más alta de sus ingresos en necesidades que la

gente más adinerada. Las opciones (2) y (5) no son necesidades, de modo que habría más diferencia en las personas que invierten en estas áreas, dependiendo de sus gustos y valores. Las opciones (3) y (4) son incorrectas porque ni el tamaño de la familia ni el nivel de educación están directamente ligados a la cantidad de dinero que tiene una persona.

7. **(2) La mayoría de las familias pobres tienen más de un hijo.** (Análisis) Para el análisis matemático del porcentaje de familias que viven en la pobreza, la familia se considera como una unidad. Si la mayoría de las familias pobres tienen más de un hijo, esto explica por qué el porcentaje de niños pobres es más alto que el porcentaje de familias pobres. La opción (1) no explicaría este resultado porque se aplica a casi todos los niños sin importar su nivel económico. Las opciones (3) y (4) pueden ser ciertas, pero ninguna explica la diferencia en las tasas de pobreza infantil y familiar. La mayoría de los niños no trabajan, de modo que la opción (5) no puede ser la razón.

8. **(4) No, porque la tabla muestra que las tasas de pobreza han sido más bajas en general durante los últimos años.** (Evaluación) Los datos de la tabla muestran que el porcentaje de familias que viven en la pobreza es prácticamente el mismo que hubo durante la mayor parte de las décadas de 1980 y 1990. De hecho, las tasas, en general, han estado disminuyendo desde 1993. Por esta razón, la opción (1) es incorrecta. La opción (2) es incorrecta porque el texto sí hace esta conexión, pero esta información se contradice con los datos de la tabla, los cuales muestran que la pobreza está disminuyendo. La opción (3) es incorrecta porque el escritor no conectó la información en una relación de causa y efecto a las tasas de pobreza. La opción (5) es incorrecta porque esta información no muestra que las tasas de pobreza estén aumentando.

9. **(3) cambiante** (Comprensión) El patrón es de cambio (de mucha actividad económica a poca y luego, nuevamente, a un aumento en la actividad económica). Las opciones (1) y (2) son opiniones acerca del ciclo que el texto no apoya. La opción (4) es contraria a lo que describe el texto. El texto no trata sobre el tamaño del ciclo de negocios, de modo que la opción (5) es incorrecta.

10. **(3) seno** (Análisis) La tabla sugiere que recesión y depresión son puntos bajos en la economía que

se diferencian en su grado de severidad. Esto indica que ambas se presentarían en el punto mínimo del ciclo. La opción (1) es incorrecta porque ni en la tabla ni en el texto se unce a la inflación con la depresión o la recesión. Las opciones (2), (4) y (5) se relacionan con períodos de prosperidad económica, lo opuesto a recesión y depresión.

11. **(1) inflación** (Aplicación) Ésta es la única opción que produce precios más altos. Las opciones (2) y (3) están relacionadas con bajas económicas en las cuales las personas tienen menos dinero lo que haría improbable un aumento en el precio. Las opciones (4) y (5) no están correlacionadas, definitivamente, con lo que sucede a los precios de los bienes en particular.

12. **(5) No se ve seriamente afectada por cambios menores en el patrón.** (Análisis) El texto indica que el ciclo de negocios, y con éste la economía estadounidense, continúa su patrón general a pesar de las frecuentes alzas y bajas. En el texto no se trata del estado actual de la economía o el efecto que tiene la inflación sobre ella, de manera que las opciones (1) y (2) son incorrectas. La opción (3) es una opinión que no se puede extraer como conclusión a partir de la información entregada. La opción (4) se contradice con la información del texto.

Geografía
Lección 18: Lugares y regiones
Práctica de GED (páginas 269–271)

1. **(3) Los Montes Trasantárticos la dividen en las regiones oriental y occidental.** (Comprensión) El mapa muestra que estos montes forman el borde entre las dos regiones, las cuales están identificadas en el mapa. Ninguna parte del mapa sugiere la opción (1), la que de hecho es incorrecta. Las opciones (2) y (4) se contradicen con el mapa. La opción (5) es incorrecta porque el mapa muestra que el Polo Sur no está localizado en las áreas montañosas de la Antártica.

2. **(5) Un desierto es un lugar con poca precipitación.** (Comprensión) El texto implica que la Antártica es desértica porque cada año caen muy pocas precipitaciones. Esto sugiere que un nivel bajo de precipitación es la característica que define a un desierto. Ninguna parte del texto sugiere que las opciones (1), (3) o (4) sean verdaderas (no lo son). La opción (2) es incorrecta, porque se contradice con el texto; es el nivel de precipitación, no la temperatura, lo que define a un desierto.

3. **(4) El interior no tiene buenas fuentes de alimento.** (Análisis) El texto expresa que sólo unas pocas plantas existen en la Antártica y sólo unos cuantos insectos viven más allá de los límites del continente, de modo que los animales grandes no tienen ninguna fuente de alimento. Los animales grandes son capaces de sobrevivir en otras regiones polares frías y en montañas escarpadas, de modo que las opciones (1) y (2) son incorrectas. La opción (3) no explica por qué los animales grandes no viven tierra adentro, puesto que el texto expresa y el mapa muestra que gran parte del continente está cubierto por una gruesa capa de hielo. No hay información que apoye la opción (5). (No es verdadera).

4. **(1) la curiosidad: aprender más sobre el continente** (Evaluación) El mapa ofrece información acerca de que los asentamientos en la Antártica son estaciones de investigación. Esto indica que las naciones que las patrocinan quieren aprender más acerca del continente. La opción (2) podría ser un motivo para que los individuos (no la nación a la que pertenecen) que viven en la Antártica, instalen estaciones de investigación. La opción (3) es incorrecta porque, como indica el texto, nunca hubo asentamientos permanentes en la Antártica. La opción (4) es incorrecta porque los animales de la Antártica no están en peligro y nada en el texto indica lo contrario. La opción (5) es incorrecta porque los asentamientos son estaciones de investigación, no lugares industriales, para los cuales sería difícil funcionar en un entorno extremadamente frío.

5. **(2) Illinois.** (Comprensión) El mapa muestra que la población de Illinois promedia más de 25 personas por milla cuadrada. Las opciones (1), (3) y (4) tienen regiones más pequeñas con esta densidad de población y la mayoría de las áreas en este estado contienen menos de 25 personas por milla cuadrada. La opción (5) no tiene áreas donde la densidad de población sea superior a la de Illinois.

6. **(1) La zona del este de Estados Unidos tiene una mayor densidad de población que la del oeste.** (Comprensión) El mapa muestra que las áreas más grandes de baja densidad de población están en el Oeste y que la densidad de población del Este es generalmente superior a la global. La opción (2) se contradice con el mapa porque el área más grande de alta densidad de población no está en la Costa Oeste, sino en el área de Nueva Jersey y Nueva York, en la Costa Este. Las opciones (3) y (4) no pueden determinarse a partir del mapa. La opción (5) es

una opinión y no un replanteamiento de la información entregada en el mapa.

7. **(5) Hay ciudades importantes en estas áreas.** (Análisis) La ciudades son lugares donde grandes cantidades de personas viven cerca, por consiguiente crean áreas de alta densidad de población. La opción (1) es incorrecta porque los turistas son visitantes temporales, de modo que el turismo no afecta la densidad de población. La opción (2) no puede determinarse a partir del mapa y en cualquier caso, es poco probable que grandes cantidades de personas vivan en un área montañosa. La opción (3) no es verdadera porque algunas de las áreas de más alta densidad no están ubicadas en áreas de tiempos cálidos. La opción (4) es poco probable porque las áreas rurales son regiones donde la gente se ha expandido y no se encuentra hacinada.

8. **(3) Ohio** (Aplicación) El mapa muestra que Ohio tiene una densidad de población de todo el estado superior a la de las otras elecciones. Tener muchas personas viviendo en el área sería importante porque se necesitaría de los clientes para que todos los restaurantes fueran exitosos. La opción (1) no es la mejor selección porque la mayoría de las personas de este estado viven en un área pequeña y el resto del estado está escasamente colonizado. Las opciones (2) y (5) tienen densidades de población superiores a la de la opción (1), pero aun inferiores a la de Ohio. Al igual que la opción (1), la opción (4) está muy escasamente colonizada excepto por una región.

9. **(2) El clima varía debido a las características del terreno.** (Comprensión) Éste es el punto principal de la información que contiene el texto. El texto no compara al tiempo y al clima, por lo que la opción (1) es incorrecta. La opción (3) es un detalle que ayuda a explicar el clima de Estados Unidos, no es un resumen del texto. La opción (4) se aplica sólo a la discusión de las áreas costeras. La opción (5) es generalmente verdadera en Estados Unidos, pero no es un resumen del texto.

10. **(5) Gran parte del clima es subtropical húmedo o continental húmedo.** (Comprensión) El mapa muestra que estas dos regiones climáticas juntas cubren más de la mitad de Estados Unidos. Las opciones (1) y (4) se contradicen con la información del mapa. El mapa no muestra información suficiente que apoye las opciones (2) o (3).

11. **(3) Los océanos tendrían un mayor efecto.** (Aplicación) El texto expresa que las montañas bloquean el aire oceánico que se mueve tierra adentro, el que da a la Costa Oeste sus climas únicos. Si estas montañas fueran de este a oeste, no tendrían un efecto bloqueador tan fuerte, lo que permitiría que los océanos tuvieran mayor influencia en el clima de la nación. El texto no apoya las opciones (1), (2), y (4). La opción (5) es incorrecta porque el texto implica que habría un cambio.

12. **(4) caminos.** (Aplicación) Los mapas físicos son mapas que muestran los accidentes geográficos y otras características de la geografía física. Ésta es la única opción hecha por la mano del hombre. Las opciones (1) y (2) son accidentes geográficos. La opción (3) es un tipo de región física. La opción (5) es un clima.

Lección 19: Los recursos influyen en el lugar donde viven las personas
Práctica de GED (páginas 273–274)

1. **(4) Las crecidas permitían que los granjeros produjeran más cultivos.** (Análisis) Este efecto se sugiere por la segunda oración del segundo párrafo. Ninguna parte del texto sugiere que las opciones (1) o (3) sean resultado de la inundación. Las opciones (2) y (5) se contradicen con el texto.

2. **(5) Los granjeros a lo largo del Nilo han tenido que enriquecer sus tierras con costosos fertilizantes químicos.** (Evolución) Este detalle ofrece un ejemplo de cómo al cambiar el Nilo con una represa ha afectado a algunas personas. Las opciones (1) y (2) establecen formas en que puede cambiar un río, pero no ofrece información sobre cómo estos cambios afectan a las personas. La opción (3) es un ejemplo de cómo un río cambia su curso, pero no ilustra ni explica cómo se ven afectadas las vidas de las personas. La opción (4) describe al río y el estilo de vida de las personas antes del cambio. No apoya la conclusión de que una alteración en el curso de río cambia las vidas de las personas.

3. **(2) Los ríos son económicamente importantes.** (Evaluación) Los granjeros, pescadores y otros egipcios dependían del Nilo por la electricidad y para mantener sus estilos de vida. No hay pruebas en el texto que apoyen las opciones (1) o (3). La opción (4) no se puede determinar a partir del texto. La opción (5) se contradice con el texto.

4. **(3) Los cambios de la Tierra se producen por la naturaleza o por las personas.** (Comprensión) Ésta es la idea general del párrafo. Las opciones (1), (2) y (5) son detalles que

apoyan esta conclusión. La opción (4) es incorrecta debido a que no se indica en el párrafo y no es verdadera.

5. **(2) La mayoría de las ciudades se encuentran millas hacia adentro, sobre una línea de caída que separa las planicies de la Costa Este de la sierra del interior.** (Comprensión) Éste es el único enunciado que describe la información del mapa acerca de donde se localizan las ciudades del este. Las opciones (1) y (5) no tienen nada que ver con la información del mapa. La opción (3) explica por qué estas ciudades están donde están, pero no resume ninguna información que aparezca en el mapa. La opción (4) es incorrecta porque, a pesar de que el mapa muestra los ríos y la línea de caída, no proporciona información contenida en el enunciado.

6. **(3) En un comienzo, viajar por tierra desde la costa hacia el interior era difícil.** (Comprensión) La información de que los colonos viajaron tierra adentro por el río y se detuvieron cuando ya no podían seguir avanzando por agua implica que el viaje por tierra era difícil. Ninguna parte del texto sugiere la opción (1). Las opciones (2) y (5) se contradicen con los hechos expresados en el texto. La opción (4) es incorrecta porque el texto no proporciona información acerca de las áreas fuera de la región.

7. **(5) Los recursos hidráulicos crearon la mayoría de las ciudades que hoy existen a lo largo de la costa marítima del este.** (Análisis) La mayor parte de las demás oraciones del párrafo llevan a esta conclusión. La opción (1) proporciona información que explica el papel que jugó el agua en la fundación de estas ciudades. Las opciones (2), (3) y (4) establecen una relación de causa y efecto que explica cómo el agua ayudó a estos lugares a convertirse en ciudades, mientras que la mayoría de los pueblos de la costa no lograron.

Lección 20: Cómo cambian las personas el medio ambiente
Práctica de GED (páginas 276–277)

1. **(4) Un señor pescó un pez que ha comido la basura de las personas.** (Comprensión) Esta descripción cubre el punto importante de la caricatura. Las opciones (1) y (2) no se apoyan por la caricatura. La opción (3) no describe la acción principal mostrada en la caricatura. La opción (5) es incorrecta porque no se usa al pez para limpiar los océanos.

2. **(2) Los océanos del mundo están contaminados.** (Análisis) El caricaturista retrata al pez escupiendo un gran montón de basura que come en el océano presumiblemente. No hay pruebas en la caricatura para apoyar las opiniones expresadas en la opciones (1), (3), (4) o (5).

3. **(3) No importa dejar desperdicios si no se ven.** (Evaluación) Ésta es la actitud común entre la gente que arrojan botellas vacías, latas y otras basuras al agua, y la basura del agua es el tema de esta caricatura. Las opciones (1), (4) y (5) también son opiniones que tienen algunas personas, pero ninguna de ellas se sugiere en la caricatura. Tampoco hay nada que sugiera la opción (2) de la caricatura.

4. **(5) La contaminación afecta a los animales del océano.** (Evaluación) La caricatura muestra que al pez perjudicado por la basura que la gente arroja al océano. Ninguna parte de la caricatura sugiere que la opción (1) o (2) sea la correcta. La caricatura no es una crítica a los métodos de pesca o a la pesca en sí, por lo que las opciones (3) y (4) son incorrectas.

5. **(3) una ventana** (Aplicación) Al igual que una ventana, los satélites de comunicaciones permiten que las cosas que suceden en un lugar se puedan ver y/o escuchar en otro. La opción (1) es incorrecta debido a que es una barrera como el océano o el desierto que impide las comunicaciones desde un lugar a otro. Las opciones (2), (4), y (5) son incorrectas debido a que estas estructuras, por lo general, impiden más que facilitan las comunicaciones entre las personas que se encuentran en distintas partes.

6. **(3) atrapan la arena** (Comprensión) La ilustración muestra que los malecones atrapan la arena que de otra forma se llevaría por las olas de las corrientes costeras. La opción (1) es incorrecta debido a que describe los efectos del rompeolas, como muestra las olas que regresan al mar desde la costa. La opción (2) es incorrecta debido a que el diagrama muestra que los malecones afectan las olas reflejadas en la costa y no las olas entrantes. La opción (4) es incorrecta puesto que, como indica el texto, las corrientes costeras son producto de las olas que chocan con la costa en ángulo, no por los malecones. La opción (5) es incorrecta porque, según el texto, se crean los arenales por las olas que golpean la tierra directamente, lo que no tiene que ver con la función de un malecón.

7. **(1) La protección de la propiedad es importante.** (Evaluación) El texto deja en claro

que la razón principal para prevenir la erosión en la playa es proteger los hogares, empresas y otros lugares a lo largo de la costa. Este desarrollo y los esfuerzos para protegerlos hace que sea incorrecta la opción (2). La construcción de estos mecanismos contradice la opción (3). La opción (4) es incorrecta porque estos mecanismos cambian la costa y pueden considerarse monstruosos. Ninguna parte del texto sugiere que la opción (5) es un valor relacionado con la construcción de dichos mecanismos.

8. **(4) el muro de protección a lo largo de una autopista** (Aplicación) Ambos son mecanismos de protección que redirigen la energía de objetos o sustancias entrantes. La ilustración muestra que el rompeolas detiene las olas que entran hacia la playa y las redirige hacia la playa. Un contrarriel en una autopista evita que los vehículos se salgan del camino a cambiarles la dirección cuando lo golpean. Las opciones (1) y (2) son incorrectas porque no son elementos de protección sino que de transporte, que sólo tiene la intención de mover algo desde un lugar a otro. La opción (3) no es un elemento de protección. La opción (5) es un elemento de protección pero no cumple la misión de redirigir la energía como lo hacen el rompeolas y el contrarriel.

9. **(5) Los rompeolas y los malecones aceleran la erosión.** (Análisis) La frase "algunos expertos piensan" en el texto indica que esta información es la opinión de alguien. Además, la otra información sugiere que el rompeolas y los malecones tiene efectos opuestos. El texto y el diagrama señala que las opciones (1), (2), (3) y (4) son hechos más que opiniones.

GED Repaso Geografía
(páginas 278–280)

1. **(3) La contaminación del agua es un problema generalizado.** (Comprensión) Esto expresa la idea principal del párrafo. Las opciones (1) y (2) son detalles, no la idea principal. La opción (4) no se sugiere en el texto. La opción (5) es una opinión relacionada a una circunstancia específica y no la idea principal del texto.

2. **(4) Las personas que obtienen agua potable de pozos deberían hacer que se analizara periódicamente.** (Evaluación) El texto señala que las sustancias químicas peligrosas pueden penetrar hacia las aguas subterráneas y luego, pueden llegar a los pozos, lo que puede ser peligroso para la salud humana si se llegara a consumir esa agua. La opción (1) se contradice con la información del primer párrafo del texto. Las

opciones (2) o (3) son incorrectas debido a que el texto no hace juicios sobre si las fuentes de agua están más contaminada. La opción (5) no se puede concluir debido a que el texto establece que las consecuencias de la contaminación por plomo ocurre en el tiempo y que sólo algunos hogares antiguos presentan potenciales problemas por contaminación de plomo.

3. **(1) su salud** (Evaluación) El texto indica que el motivo detrás de beber agua embotellada es evitar beber agua contaminada, la que puede contener sustancias peligrosas para la salud. Ninguna parte del texto sugiere que la opción (2) sea correcta. Aunque las tuberías de plomo en las antiguas casas se mencionan como fuentes de contaminación en las casas, la opción (3) es incorrecta debido a que el texto indica que muchas personas beben agua embotellada por la preocupación sobre el agua subterránea, por lo que el plomo que existe en los hogares antiguos no es la única razón para beber agua embotellada. Las opciones (4) y (5) son incorrectas debido a que beber agua embotellada no conserva los recursos hidráulicos ni ayudan a limpiar el ambiente.

4. **(5) Sí, porque la filtración de aguas pluviales podría arrastrar estas sustancias químicas hacia las aguas subterráneas.** (Análisis) Esta relación de causa y efecto se puede inferir a partir del análisis sobre el agua subterránea y sus fuentes. La información dada en las opciones (1), (3) y (4) puede ser cierta, pero esta información no tiene nada que ver con que si el entierro de sustancias químicas es la fuente de la contaminación del agua. La opción (2) contradice al texto.

5. **(4) la Costa este de Estados Unidos** (Comprensión) Ésta es la única área que indica la leyenda del mapa como una casa de invierno para las mariposas. El mapa muestra que las opción (1) es parte de las zonas de las monarcas en los climas cálidos. El mapa no indica que las opciones (2) y (3) tengan que ver con las mariposas monarcas. La opción (5) corresponde al primer territorio al que llegan las monarcas cuando cruzan el Golfo de México, pero el mapa no indica que permanecen allí.

6. **(5) Una monarca tiene alas de colores naranja y negro.** (Análisis) Saber esto es necesario para entender la referencia del autor sobre el cielo naranjo y negro. La relación entre las mariposas y las aves no entrega información útil, por lo que las opciones (1) y (4) son

incorrectas La opción (2) no se discute directamente en el texto. Ninguna parte del texto sugiere que la opción (3) sea verdad.

7. **(2) una reserva de fauna silvestre** (Aplicación) Ésta es una tierra separada por el gobierno para proteger plantas y animales, como el objetivo que tiene la reserva de México. La opción (1) es incorrecta debido a que las monarcas no pueden estar en cautiverio. Ninguna parte del texto sugiere la clase de agricultura en la reserva mexicana, por lo que la opción (3) es incorrecta. Aunque hay turistas en la reserva, el texto no indica que ésta fuera creada como complejo turístico ni que ofreciera establecimientos y actividades recreativas, lo que descarta las opciones (4) y (5) como respuestas.

8. **(1) La tala de árboles del bosque amenaza el bienestar de las monarcas.** (Análisis) El texto indica que las monarcas viven en los troncos y ramas de los árboles. Si se talan los árboles en sus bosques se las dañará por la destrucción de su hábitat natural. La opción (2) es incorrecta porque el texto no entrega información de que el gobierno mexicano creara la reserva de las monarcas a petición de los turistas. El texto da a entender que el gobierno creo la reserva para detener la tala, por lo que la opción (3) es incorrecta. Ninguna parte del texto sugiere que la opción (4) sea verdad. La opción (5) contradice la información del texto sobre la continuación de la tala en la reserva.

9. **(5) La mayoría de los estadounidenses vive en zonas urbanas, las que forman parte del medio ambiente.** (Comprensión) El párrafo señala que las ciudades son parte del medioambiente e indica que las mayoría de los estadounidenses viven en zonas urbanas. La opción (1) es incorrecta debido a que es un detalle que apoya la idea principal del párrafo. La opción (2) es incorrecta debido a que el texto no compara el número de personas que viven en los suburbios con el número que vive en las ciudades. La opción (3) es incorrecta debido a que el texto no compara la cantidad de esparcio que ocupan las ciudades y las granjas, sólo compara las poblaciones relativas e las zonas rurales y urbanas. La opción (4) es incorrecta debido a que el texto indica que toda la tierra es parte del medioambiente, no sólo la tierra urbana y suburbana.

10. **(3) Los problemas urbanos resultan de la gran concentración de personas en áreas reducidas.** (Análisis) Se entrega esta conclusión

en el párrafo 2. Las opciones (1), (2), (4) y (5) son detalles que apoyan a esta conclusión.

11. **(2) el exceso de gente** (Análisis) Si la ciudad tiene demasiada gente para la cantidad de agua disponible, habrá problemas de suministro de agua. Las opciones (1) y (3) puede terminar en problemas de suministros de agua, pero esto no ocurre en todas las ciudades y no son la causa general de dichos problemas. Las opciones (4) y (5) pueden ser problemas para algunas ciudades en ciertas ocasiones, pero no deberían tener un efecto negativo en el suministro de agua.

12. **(3) El crecimiento urbano no ha sido bien planificado.** (Análisis) A pesar de los problemas urbanos citados en el texto, la calidad de la preparación nacional frente al crecimiento urbano es la opinión del autor, con la que algunos pueden estar en desacuerdo. Las opciones (1) y (2) corresponden a hechos establecidos en el texto. La opinión (4) es un hecho que se puede confirmar al ver que algunos políticos han trabajado en programas urbanos y legislaciones. La opción (5) es un hecho que se puede demostrar al confirmar la existencia de dichas leyes.

13. **(3) La toma de conciencia de los estadounidenses sobre los problemas urbanos los lleva a ejercer presión en el gobierno para que haga mejoras urbanas.** (Análisis) El texto sugiere que mientras más votantes vayan a vivir en las ciudades y mientras más tomen conciencia sobre los problemas urbanos, los funcionarios elegidos estarán más preocupados frente a dichos problemas y tendrán más voluntad para solucionarlos. Aunque el texto establece que la cantidad de tierra ocupada por las ciudades es pequeña, nada indica que la opción (1) sea incorrecta. No hay información que apoya las opciones (2) y (5). Ninguna parte del texto sugiere que los ciudadanos están descontentos, por lo que la opción (4) también está incorrecta.

14. **(1) El derrame de petróleo fue un desastre ambiental.** (Evaluación) La información que indica que fue el peor derrame de petróleo de Norteamérica junto con las estadísticas que hablan de sus dimensiones y consecuencias apoyan esta conclusión. No se puede apoyar la opción (2) sobre la base de un sólo incidente. No se entregan suficientes detalles para comprobar que las opciones (3) y (4) sean verdaderas. Ninguna parte del texto apoya la opción (5) como conclusión.

GED Repaso de la Unidad Estudios Sociales

(páginas 281–287)

1. **(1) un aumento paulatino del nivel del mar** (Análisis) Un calentamiento paulatino derretiría el hielo polar y, por consiguiente, aumentaría paulatinamente el nivel del mar. La opción (2) es incorrecta debido a que un calentamiento paulatino no produciría un aumento repentino en el nivel del mar. Las opciones (3) y (5) son el resultado contrario. La opción (4) no es un efecto del calentamiento del planeta ni del nivel del mar.

2. **(3) Norteamérica y África** (Análisis) El mapa indica que ambos continentes están amenazados por inundaciones en numerosas partes a lo largo de sus costas. Las opciones (1), (2), (4) y (5) son incorrectas debido a que las costas de América y Australia tienen menos zonas afectadas y que la amenaza de inundación en las costas se concentra sólo en un lado de cada continente.

3. **(2) las ciudades costeras** (Aplicación) Según el mapa, muchas zonas a lo largo de las costas en todo el mundo probablemente se inundarían con el aumento del nivel del mar. Las opciones (1) y (3) son incorrectas debido a que los mapas indican que hay menos lugares amenazados en Europa y Australia que en otros continentes. La opción (4) es incorrecta debido a que la costa occidental de Sudamérica no tiene áreas que puedan ser afectadas. La opción (5) es incorrecta debido a que el mar aumentará en todo el mundo y, aunque quienes viven en algunos lugares junto a la costa ártica cerca del Polo Norte se verán afectados, este aumento no los perjudicará más que a los habitantes de las costas de otros océanos.

4. **(1) maquinaria eléctrica** (Comprensión) La maquinaria eléctrica encabeza la lista tanto de las importaciones como las exportaciones en 1994. Las opciones (2), (3), (4) y (5) son incorrectas porque la suma de la cantidad importada más la cantidad exportada de cada una es menor que la suma de la maquinaria eléctrica.

5. **(2) El TLCAN revirtió la relación comercial entre Estados Unidos y México.** (Evaluación) La gráfica muestra que, antes de que el TLCAN se hiciera efectivo, el valor de las exportaciones a México excedía al valor de los productos importados desde México. Desde que el TLCAN se volvió efectivo en 1994 hubo una inversión, ya que los valores de las importaciones desde México ahora exceden los valores de las exportaciones estadounidenses a México. Las

opciones (1), (3) y (5) no se pueden determinar a partir de la gráfica debido a que no hay comparación entre México y Canadá u otros proveedores de vestuario. La opción (4) no se apoya por la gráfica.

6. **(3) Las exportaciones de Estados Unidos a Canadá y las importaciones desde Canadá han aumentado.** (Aplicación) La gráfica muestra que todo el comercio de Estados Unidos con México (importaciones y exportaciones) aumentó desde 1994, cuando el TLCAN comenzó a eliminar las barreras económicas entre los dos países. Puesto que el texto señala que el TLCAN eliminó barreras comerciales con Canadá también, es lógico que todo el comercio entre ambos países haya aumentado igualmente. Ninguna parte de la gráfica ni del texto sugiere que la dirección de cambio de importaciones y exportaciones difiera, por lo que las opciones (1) y (2) son incorrectas. La información de la gráfica indica que es verdadero lo contrario a la opción (4) para el comercio de Estados Unidos con Canadá. No hay fundamento para la opción (5) en el texto ni en la gráfica.

7. **(4) la limitada guerra en Corea para llevar a los invasores comunistas de Corea del Sur hacia Corea del Norte** (Aplicación) Estados Unidos y sus aliados estaban en contacto para mantener el comunismo dentro de Corea del Norte más que intentar derrocarlos. Las opciones (1), (2) y (3) no ilustran los elementos de la contención. La opción (5) ilustra la expansión del comunismo y no su contención.

8. **(5) los miembros de la Sociedad Tammany** (Comprensión) Esto se ve en la etiqueta que dice "Sociedad Tammany" y el círculo de los personajes en la caricatura. Ninguna parte de la caricatura indica que las opciones (1) y (3) sean correctas. La lujosa vestimenta de algunos de los personajes que se encuentran en la parte delantera del anillo sugiere que la opción (2) es incorrecta. Las etiquetas que los personajes llevan en la espalda indican que son trabajadores (carpinteros, de la empresa de gas, de la empresa de toldos, etc.), por lo que la opción (4) es incorrecta.

9. **(1) Saben que la Sociedad Tammany se considera corrupta.** (Análisis) La caricatura no tiene sentido a menos que los lectores asuman que la Sociedad Tammany es un grupo corrupto, ya que cada miembro se declara inocente al acusar a otro miembro. El tema de la caricatura no tiene sentido si las opciones (2), (3) o (4)

fueran ciertas. Si la opción (5) es correcta, el caricaturista habría puesto nombres a los personajes como hizo con todos los demás (nombres ingeniosos en la espalda o en el sombrero del personaje).

10. **(3) la enmienda a la Constitución que deroga la esclavitud** (Aplicación) La práctica de la esclavitud era contraria a los principios expresados en la Declaración de Independencia, por cuanto todos los hombres son creados iguales y con derecho a la vida, la libertad y la búsqueda de la felicidad. La opción (1) mejora la vida de las personas y le ayuda a crear más igualdad educacional, pero no apunta a los derechos de las personas a la vida y la libertad. Las opciones (2) y (4) tienen que ver con el crecimiento de la nación, no con los principios expresados en este pasaje de la Declaración de Independencia. La opción (5) es contraria a estos principios y no un ejemplo de ellos.

11. **(5) 45 por ciento** (Comprensión) Los senadores con más de dos períodos han estado en el cargo por más de 12 años (más de dos períodos de 6 años). Según la parte superior de la gráfica, éste es el 45 por ciento de los senadores; al agregar el 20 y 25 por ciento se llega a las cifras de todos los senadores con más de 12 años en el Congreso. La opción (1) es incorrecta debido a que sólo considera el 20 por ciento que corresponde al tercer período (13 a 18 años de servicio) en 1995. La opción (2) sólo considera el 25 por ciento que estuvo en el cargo más de tres períodos (19 o más años). La opción (3) es incorrecta debido a que corresponde al porcentaje de los que estuvieron en el segundo período, por lo que estuvieron en el cargo entre 7 a 12 años. La opción (4) es el porcentaje de senadores en sus primeros períodos.

12. **(5) Los miembros del Congreso no querían que se les aplicaran los límites de mandato.** (Análisis) La pista para llegar a esta respuesta está en la referencia que el autor hace a las gráficas. Los datos muestran que la mayoría de los miembros de cada cámara del Congreso han estado allí dos o más períodos. La opción (1) es incorrecta debido a que el autor señala que la opinión pública estaba a favor de la propuesta. Las opciones (2) y (3) son argumentos a favor y en contra de ponerle límites de mandato, pero el párrafo final del texto deja en claro que el autor asume que el voto estaba más influenciado por los intereses particulares que por estos argumentos. La opción (4) es verdadera, pero no es relevante para el tema ni el voto.

13. **(4) En el Congreso de 1995, había una mayor proporción de miembros que desempeñaban el cargo por más de doce años en el Senado que en la Cámara.** (Evaluación) Puede ver esto al comparar las dos gráficas circulares. En ellas se ve que el 45 por ciento de los senadores estaban en el cargo 13 años o más, comparado con el 31 por ciento de los miembros de la Cámara. Las opciones (1) y (2) son verdaderas pero no se pueden inferir a partir de la información ofrecida. La opción (3) contradice la información en el texto y las gráficas. La gráfica de abajo indica que la opción (5) es incorrecta.

14. **(1) Surgirían disputas por la tierra entre los colonos y Francia.** (Aplicación) El mapa indica que el territorio entre el río Mississippi y los montes Apalaches se reclamó por Francia y por las colonias. Usando esta información, puede predecir que esto provocaría disputas. Las opciones (2), (3), (4) y (5) describen acontecimientos históricos verdaderos, pero éstos no se pueden deducir a partir de la información en el mapa.

15. **(3) Que ha trabajado como tenedor de libros** (Aplicación) De las características que posee, ésta es la que está más relacionada con lo que pide el patrano de la persona que va a contratar. La opción (1) es incorrecta debido a que el aviso no menciona la necesidad de hablar una segunda lengua. Las opciones (2) y (4) no tienen nada que ver con los requisitos para el trabajo. Aunque es necesario un diploma de escuela secundaria, el aviso no dice nada sobre las calificaciones, por lo que la opción (5) es incorrecta.

16. **(4) Una persona sin experiencia en nómina de pagos probablemente no será contratada.** (Análisis) La palabra probablemente destaca que ésta es una opinión. Además, el anuncio indica que la experiencia en la nómina de pagos es útil, pero no necesaria. Las opciones (1), (2), (3) y (5) son hechos que se pueden verificar al leer el aviso.

17. **(2) Bosnia-Herzegovina estaba ocupada por varios ejércitos.** (Comprensión) En el mapa, Bosnia-Herzegovina aparece sombreada para indicar dónde estaban ubicados los distintos ejércitos durante 1995. El mapa también indica dónde se ubicaban las tropas de paz de la ONU. Mientras la opción (1) es cierta, el mapa no ofrece información que indique que estos acontecimientos hayan sucedido. La opción (3)

Respuestas y explicaciones • Unidad 3

no se puede determinar a partir del mapa. Aunque el mapa muestra un barco con infantería de marina de Estados Unidos cerca de la costa de la región, el mapa no indica que hayan desembarcado en Bosnia-Herzegovina, por lo que la opción (4) es incorrecta. La opción (5) contradice al mapa.

18. **(1) El precio de una carrera de taxi es alto.** (Comprensión) La compañía de taxis constituye un monopolio, es decir, un negocio sin competencia, por lo que tienen el control absoluto en la venta de sus servicios. Debido a que no existe ninguna alternativa de transporte que les quita clientes al ofrecer mejores precios y/o mejor calidad, ABC puede mantener los precios altos. Las opciones (2) y (3) son incorrectas debido a que no hay incentivo para que la compañía baje los precios y mejore el servicio si no hay competencia. Las opciones (4) y (5) son muy improbables dado el monopolio que tiene ABC.

19. **(4) personas mayores con algún grado de educación universitaria** (Comprensión) Las tres líneas muestran que el porcentaje más alto de votantes (entre 60 y 80 por ciento) son aquellos con educación universitaria. Estas líneas tienden a subir, lo que indica un aumento de porcentaje junto con la línea de la edad que alcanza el punto más alto entre los 70 a 80 años. Las opciones (1), (2), (3) y (5) son incorrectas

debido a que el gráfico muestra que la probabilidad de votar aumenta tanto con la educación y la edad.

20. **(3) La fotografía mostraba una victoria importante y estratégica para los aliados.** (Análisis) El capturar una isla en el Pacífico era crucial en 1945 para las fuerzas estadounidense debido a su proximidad con Japón. Ni la fotografía ni el texto apoyan a las demás opciones.

21. **(3) El desempleo es mucho menor entre las personas de raza blanca que las de raza negra.** (Análisis) La gráfica muestra que las tasas de desempleo para las personas de raza negra son casi el doble de su contraparte blanca. Las opciones (1), (2), (4) y (5) son detalles de la gráfica que se atienen a los hechos y que apoyan esta conclusión.

22. **(5) Los actuales cheroquíes del Medio Oeste son descendientes de los cheroquíes del sur.** (Análisis) Esto se puede concluir a partir del mapa, el que muestra al pueblo cheroquí que se traslada del noroeste de Georgia y se acerca a lo que hoy es Oklahoma. Las opciones (1), (2), (3) y (4) son detalles del mapa sobre el lugar de origen de los cheroquíes, el hecho de que se trasladaran y el lugar donde se reubicaron. Estos son detalles que apoyan la conclusión de la opción (5).

UNIDAD 4: CIENCIAS

Ciencias Biológicas
Lección 1: Estructura y función celular
Práctica de GED (páginas 291–293)

1. **(3) El proceso de la mitosis** (Comprensión) En este título se describe la idea principal del texto. Las opciones (1), (2) y (4) son incorrectas porque se centran en detalles relacionados con la interfase o con la mitosis. La opción (5) es incorrecta porque el texto no explica por qué es importante la división celular.

2. **(1) La membrana nuclear se disuelve durante la profase.** (Evaluación) La opción (1) es correcta porque el segundo recuadro del diagrama muestra cómo desaparece la membrana nuclear durante la profase. La opción (2) es incorrecta porque en el diagrama no se muestra cómo se forman las fibras del huso. La opción (3) es incorrecta porque el diagrama no indica lo que ocurre si se cortan las fibras del huso. La opción (4) es incorrecta porque en el diagrama no se indica nada acerca del contenido de proteínas de la célula. La opción (5) es incorrecta porque en el diagrama no se indica la duración de cada una de las fases.

3. **(3) 6** (Comprensión) De acuerdo con el texto, después de la división celular todas las células hijas tendrán el mismo número de cromosomas que la célula madre. Por lo tanto, si la célula madre tiene 6 cromosomas al principio de la interfase (antes de que comience a producirse la división celular), cada una de las células hija acabará teniendo 6 cromosomas también.

4. **(4) Los biólogos celulares han logrado cultivar vasos sanguíneos en el laboratorio a partir de células vivas.** (Comprensión) En el texto y en el diagrama se describe la creación de vasos sanguíneos a partir de otros tipos de células. La opción (1) es incorrecta porque es demasiado general. La opción (2) no es cierta. La opción (3) no se menciona ni en el texto ni en el diagrama, y sea o no cierta, no es más que un detalle. La opción (5) también es un detalle.

5. **(2) Algún día los científicos serán capaces de cultivar partes de repuesto del cuerpo a partir de células vivas.** (Análisis) Los científicos se están dedicando a este tipo de investigación porque esperan poder sustituir las zonas dañadas del sistema circulatorio con nuevos vasos sanguíneos. La opción (1) es incorrecta porque si las piezas artificiales fueran mejores, nadie se molestaría en intentar crear partes a partir de células vivas. La opción (3) es incorrecta porque los científicos lograron esto hace poco tiempo. La opción (4) es incorrecta porque el diagrama se limita a indicar cuál es la duración de la formación de los vasos sanguíneos (ocho semanas) y no hace ningún tipo de juicio acerca de esta cantidad de tiempo. La opción (5) es incorrecta porque muestra un hecho que se indica en el diagrama.

6. **(3) servir de soporte físico a las células nerviosas en crecimiento** (Aplicación) La materia plástica posiblemente serviría para el mismo propósito a la hora de cultivar células nerviosas que para el crecimiento de los vasos sanguíneos. La opción (1) es incorrecta porque el plástico se coloca entre los nervios cortados. La opción (2) es incorrecta porque el plástico no proporciona células nerviosas vivas. La opción (4) es incorrecta porque la función del plástico no es eliminar los desperdicios. La opción (5) es incorrecta porque en las células nerviosas no hay células musculares presentes y porque el plástico no produce el crecimiento de las células nerviosas.

7. **(1) Estructuras de las células vegetales y sus funciones** (Comprensión) En el diagrama se muestran las estructuras de una célula vegetal y el texto describe cuáles son sus funciones. La opción (2) es incorrecta porque ni el texto ni el diagrama tratan de la reproducción celular. La opción (3) es incorrecta porque en el texto no se mencionan los parecidos entre las células animales y las células vegetales. La opción (4) es incorrecta porque ofrece un detalle del diagrama y del texto, no la idea principal. La opción (5) es incorrecta porque sólo se comentan y se muestran las células vegetales, no las partes de las plantas.

8. **(4) los cromoplastos** (Aplicación) Los cromoplastos contienen los pigmentos de color amarillo, naranja y rojo que dan el color a los pétalos del narciso y de la rosa. Las opciones (1), (2), (3) y (5) son incorrectas porque son estructuras en las que no está implicado el color de las plantas.

9. **(2) Las vacuolas se encogieron al faltarles el agua.** (Análisis) Las vacuolas mantienen la planta cuando están llenas de agua, y es por eso que las plantas se marchitan cuando las vacuolas se vacían. Las opciones (1), (2), (4) y (5) son incorrectas porque son consecuencias en las que el agua no está implicada.

Lección 2: Celúla y energía
Práctica de GED (páginas 295–296)

1. **(4) en las mitocondrias** (Comprensión) De acuerdo con el texto, la mayoría de la energía se libera en la mitocondria, no en ninguna de las otras estructuras celulares mencionadas en las opciones (1), (2), (3) y (5).

2. **(5) La glucosa y el oxígeno reaccionan químicamente produciendo dióxido de carbono, agua y energía.** (Comprensión) La opción (5) replantea correctamente la fórmula química de la respiración celular. La opción (1) es incorrecta porque es un replanteamiento del proceso de fotosíntesis. La opción (2) es incorrecta porque el agua y el oxígeno están al revés como ingrediente y como producto del proceso de respiración. La opción (3) es incorrecta porque en la respiración; el dióxido de carbono es un producto y el oxígeno es un ingrediente. La opción (4) es incorrecta porque la energía es liberada en la respiración como producto y no absorbida como ingrediente.

3. **(1) se liberaría una menor cantidad de energía** (Análisis) Tanto en el diagrama como en el texto se muestra que el oxígeno es uno de los ingredientes de la respiración celular. Cuando se reduce la cantidad de oxígeno disponible, la respiración reduce su velocidad y se libera una menor cantidad de energía. La opción (2) es incorrecta porque muestra justo lo contrario de lo que sucedería. La opción (3) es incorrecta porque la respiración es más lenta cuando hay menos oxígeno. La opción (4) es incorrecta porque una respiración celular menor significa que la cantidad de producto liberado, el dióxido de carbono, también será menor. La opción (5) es incorrecta porque el suministro de oxígeno afecta a la respiración celular.

4. **(2) A mayor número de plantas verdes, mayor concentración de oxígeno en el aire.** (Evaluación) Puesto que el oxígeno es un producto de la fotosíntesis, si hay más plantas verdes la cantidad de oxígeno liberado en la atmósfera será mayor. La opción (1) es incorrecta porque muestra lo contrario a la verdad. La opción (3) es incorrecta porque cuando los niveles de fotosíntesis disminuyen, la cantidad de dióxido de carbono de la atmósfera aumenta, no disminuye. Una cantidad menor de plantas produciendo glucosa supone una menor producción de ésta y una cantidad menor de glucosa almacenada, por lo que la opción (4) es incorrecta. La opción (5) puede o no ser verdadera pero el texto no ofrece suficiente información para apoyarla.

5. **(2) La suma de todos los procesos químicos que realiza la célula.** (Comprensión) Tal y como se define en la primera oración del texto, el metabolismo es el total de todos los procesos químicos que suceden dentro de una célula. La opción (1) define la fotosíntesis, no el metabolismo. La opción (3) es la definición de la respiración celular, no del metabolismo. La opción (4) es incorrecta porque presenta sólo una definición parcial del concepto de metabolismo. La opción (5) es incorrecta porque el metabolismo se relaciona con los procesos de las células, no con la cantidad de materias primas.

6. **(5) la estrella de aristas múltiples** (Comprensión) Las flechas, opción (1), representan procesos. Los círculos, opción (2), representan aminoácidos. Los círculos encadenados, opción (3), representan cadenas de proteínas. Los hexágonos, opción (4), representan la glucosa.

7. **(4) Habría menos reacciones catabólicas.** (Análisis) Puesto que la glucosa es la materia prima de las reacciones catabólicas, una disminución de glucosa supone menos catabolismo. La opción (1) es incorrecta porque la energía lumínica no se ve afectada por la cantidad de glucosa que penetra en una célula. La opción (2) es incorrecta porque la cantidad de glucosa que penetra dentro de una célula no afectaría la cantidad de aminoácidos que entraran en la misma. La opción (3) es incorrecta porque una cantidad menor de glucosa supondría una cantidad menor de energía para producir proteínas. La opción (5) es incorrecta porque la célula produciría menos (no más) energía si tuviera menos glucosa.

8. **(2) Aumentará el número de reacciones catabólicas.** (Aplicación) Cuando se realiza más ejercicio, se necesita más energía, y por tanto el catabolismo se incrementa. Las opciones (1) y (4) son incorrectas porque la fotosíntesis ocurre en las plantas verdes y no en el cuerpo humano. La opción (3) es incorrecta porque un incremento en el uso de energía no afectaría necesariamente la tasa de anabolismo. La opción (5) muestra lo contrario a lo que hubiera pasado.

Lección 3: Genética
Práctica de GED (páginas 298–299)

1. **(1) control de la síntesis celular de proteínas** (Comprensión) De acuerdo con el texto, ésta es una función del ADN. Las opciones (2) y (3) son incorrectas porque estas funciones las realizan otras estructuras celulares. Las opciones (4) y (5) no son funciones del ADN sino de otros químicos de la célula.

2. **(4) TACAGTCG** (Comprensión) Puesto que la A siempre se empareja con la T y la G siempre se empareja con la C, TACAGTCG se corresponde con ATGTCAGC.

3. **(5) Las cadenas longitudinales de ADN están formadas por unidades alternas de azúcar y fosfato.** (Evaluación) En el diagrama se muestra claramente que la opción (5) es la correcta. La opción (1) es incorrecta porque, tal y como aparece en el diagrama, los segmentos transversales están formados por bases de nitrógeno y no por azúcar ni por fosfatos. La opción (2) es incorrecta porque ambas cadenas longitudinales del ADN contienen tanto azúcares como fosfatos. La opción (3) es incorrecta porque en el diagrama la tiamina siempre se empareja con la adenina y no con la guanina. La opción (4) es incorrecta porque el diagrama muestra los cuatro tipos de bases nucleótidas unidas a las dos cadenas longitudinales.

4. **(2) 1** (Comprensión) Todas las personas representadas en la tabla de Punnet tienen la barbilla partida porque todos tienen al menos una copia del carácter dominante.

5. **(1) el fenotipo de la característica** (Evaluación) Lo único que puede saberse con alguna precisión es la apariencia que tiene la muchacha (su fenotipo). Las opciones (2) y (3) son incorrectas porque sólo mirándola no se puede saber si ella tiene o no el gen recesivo. Las opciones (4) y (5) son incorrectas porque mirándola no se puede saber si el hoyuelo está en la barbilla de uno o de los dos padres, y en caso de que lo tenga sólo uno de ellos no se puede saber cuál de ellos lo tiene.

6. **(5) 4 en 4** (Análisis) De acuerdo con la información ofrecida, la planta roja tiene el genotipo RR y la blanca el genotipo rr. Por lo tanto, todos los miembros de la descendencia heredarán el genotipo Rr, que da como resultado flores de color rosa. En la siguiente tabla de Punnett se muestra cómo sucede esto.

Lección 4: Los sistemas del cuerpo humano
Práctica de GED (páginas 301–302)

1. **(1) una mujer que habita un área boscosa de la región Centro Oeste** (Aplicación) De acuerdo con el mapa y con el diagrama, las personas que viven en la parte norte del centro oeste tienen un riesgo alto de contraer la enfermedad de Lyme si viven, trabajan o juegan en las zonas boscosas. La opción (2) es incorrecta porque las personas que trabajan y viven en grandes ciudades como Chicago no tienen muchas posibilidades de tener contacto con las garrapatas de venado. La opción (3) es incorrecta porque el mapa muestra que las grandes llanuras son una zona de bajo riesgo. La opción (4) es incorrecta porque un hombre que trabaje en el mar tiene pocas posibilidades de tener contacto con las garrapatas de venado. La opción (5) es incorrecta porque la vacuna no está aprobada para los niños.

2. **(5) La vacuna estimula el sistema inmunológico para producir anticuerpos contra la bacteria causante de la enfermedad.** (Evaluación) La descripción del funcionamiento de la vacuna apoya este enunciado. Las opciones (1), (2), (3) y (4) son incorrectas porque la información del texto las contradice.

3. **(1) las adrenales** (Análisis) De acuerdo con la tabla, las glándulas adrenales secretan adrenalina para preparar el cuerpo en situaciones de emergencia. Las reacciones de la pregunta son reacciones producidas por una situación de emergencia y están causadas por la adrenalina. Las opciones (2), (3), (4) y (5) son incorrectas porque nombran otras glándulas endocrinas con otras funciones diferentes.

4. **(2) la oxitocina** (Comprensión) De acuerdo con la tabla, la oxitocina es la hormona causante de las contracciones del útero durante el parto. La tabla no menciona la opción (1). Las opciones (3) y (4) son hormonas sexuales producidas por los ovarios y por los testículos respectivamente. La opción (5) es una hormona que se secreta en situaciones de emergencia.

5. **(3) la sangre** (Análisis) La sangre tiene la función de transportar sustancias por el cuerpo. Las opciones (1), (2), (4) y (5) son incorrectas porque muestran sistemas o sustancias que no transportan sustancias en el cuerpo. Cada opción tiene otras funciones.

6. **(3) la insulina** (Comprensión) Según la tabla, la insulina que secreta el páncreas disminuye los niveles de azúcar en la sangre. Un alto nivel de azúcar en la sangre puede ser un indicador, por tanto, de una cantidad inadecuada de la hormona insulina. Las opciones (1), (2), (4) y (5) son incorrectas porque estas hormonas no afectan los niveles de azúcar en la sangre.

Lección 5: El sistema nervioso y la conducta

Práctica de GED (páginas 304–305)

1. **(5) Porque la información también pasa por las interneuronas de la médula espinal.** (Evaluación) De acuerdo con el diagrama, las interneuronas, las neuronas sensoriales y las neuronas motoras están implicadas en los reflejos simples. Las opciones (1), (2), (3) y (4) son falsas. Los reflejos simples implican los tres tipos de neuronas y la médula espinal, no el encéfalo.

2. **(3) Una pequeña aprende a decir "por favor" al pedir las cosas porque sólo así consigue lo que busca.** (Aplicación) Usar las palabras "por favor" (una conducta aprendida) permite que la niña consiga lo que quería (un premio). Las opciones (1) y (2) son incorrectas porque en estos casos a la conducta le sigue algo que no es un premio. La opción (4) es un ejemplo de reflejo simple, no de una conducta aprendida. La opción (5) es un ejemplo de aprendizaje por observación.

3. **(2) El reflejo simple exige la participación de la médula espinal, mientras que la conducta aprendida exige la participación del encéfalo.** (Análisis) La médula espinal procesa de manera automática los reflejos simples, pero la conducta aprendida se procesa por el encéfalo. La opción (1) es lo opuesto de lo que sucede en realidad. Las opciones (4) y (5) son incorrectas porque las neuronas motoras y las neuronas sensoriales pueden estar implicadas tanto en los reflejos como en el aprendizaje.

4. **(3) El cerebelo y el cerebro controlan en conjunto el movimiento.** (Evaluación) En la oración se produce una simplificación excesiva porque hay más de una parte del encéfalo encargada de controlar el movimiento. Las opciones (1), (2) y (4) no son verdaderas. La opción (1) sí lo es, pero no tiene nada que ver con la función del cerebelo.

5. **(2) la vista** (Análisis) Puesto que la percepción de la vista se sitúa en el lóbulo occipital, un golpe en la parte trasera de la cabeza tiene posibilidades de afectarla. Las opciones (1) y (4) se encuentran en los lados de la cabeza. La opción (3) se controla por el tallo cerebral en la base del encéfalo. La opción (5) se controla por la parte superior del cerebro.

6. **(2) El encéfalo humano** (Comprensión) El texto y el diagrama se centran en la estructura del cerebro humano. En el texto no se describe el sistema nervioso completo, y por lo tanto las opciones (1) y (5) son incorrectas. Además, puesto que no describe solamente el cerebro, la opción (3) es incorrecta. Describe el encéfalo en humanos y no los sesos en general, y por lo tanto la opción (4) es incorrecta.

7. **(5) al escuchar la voz de una persona en una fiesta ruidosa** (Aplicación) En esta situación está seleccionando una voz de entre la mezcla de voces, y esto es un ejemplo de atención selectiva. En las otras situaciones hay un solo estímulo principal, y por lo tanto no es preciso escoger un estímulo entre varios.

Lección 6: Evolución

Práctica de GED (páginas 307–308)

1. **(1) los cambios ambientales** (Comprensión) De acuerdo con el texto, los cambios ambientales son una causa de evolución de las especies. La opción (2) es incorrecta porque la estabilidad medioambiental tendría como resultado la estabilidad en las especies. La opción (3) es incorrecta porque la especie completa seguiría evolucionando como grupo. La opción (4) es incorrecta porque cuando una especie deja de reproducirse, acaba desapareciendo. La opción (5) es incorrecta porque una gran cantidad de recursos alimenticios sugiere un medio ambiente estable, y lo más probable es que éste no produzca evolución de las especies.

2. **(3) Adquirieron más diferencias.** (Análisis) Cuando los azucareros se dispersaron en diferentes entornos, se adaptaron de diferentes formas a cada hábitat diferente. Las opciones (1) y (4) no son verdaderas. La opción (2) es incorrecta porque las especies no pueden reproducirse unas con otras. La opción (5) es incorrecta porque el cambio evolutivo entre animales como los pájaros no sucede en un tiempo tan corto.

3. **(5) No sería capaz de alimentarse lo suficiente para sobrevivir.** (Análisis) El pico del azucarero no está preparado para atrapar insectos, lo más probable es que moriría de hambre. Las opciones (1) y (2) son incorrectas porque las adaptaciones son caracteres heredados de una generación a la siguiente, no en un solo individuo. No es probable que ocurran las opciones (3) y (4) porque las diferentes especies no suelen compartir recursos.

4. **(2) creó una mayor diversidad** (Comprensión) La evolución de las especies conduce a una mayor diversidad o variedad en la vida vegetal y animal. La opción (1) muestra lo contrario a lo que hace la

evolución de las especies. Las opciones (3) y (5) son incorrectas porque la evolución de las especies incrementa la variedad. La opción (4) es incorrecta porque la evolución de las especies no afecta la velocidad de formación de nuevas variedades.

5. **(4) los hongos** (Comprensión) En la estructura de árbol, los animales y los hongos se originan a partir de la misma rama y están más relacionadas entre sí que con otros tipos de animales. El diagrama indica que para el resto de las opciones la relación de los organismos con los animales es más lejana que la de los hongos.

6. **(1) determinación del parentesco de dos individuos** (Aplicación) Del mismo modo que la comparación de la secuencia del ADN puede servir para determinar si dos especies están emparentadas, también sirve para determinar si dos individuos están emparentados. Compruebe que la palabra comparación de la pregunta es una clave: la respuesta debería mostrar una comparación del ADN que tienen dos individuos o dos especies diferentes. La opción (2) es incorrecta porque extraer el ADN de los fósiles es un proceso aparte. Las opciones (3) y (5) son incorrectas porque la comparación de las secuencias genéticas no revela la edad. La opción (4) es incorrecta porque la estructura general de la molécula del ADN se descubrió en la década de 1950, y la comparación de secuencias no podría realizarse sin una comprensión previa de la estructura general del ADN.

7. **(1) La secuencia del ADN ofrece pruebas de la relación evolutiva entre las especies e incluso derrumba conceptos antiguamente establecidos.** (Comprensión) Esta opción proporciona un resumen general del texto y del diagrama. Las opciones (2), (3), (4) y (5) son verdaderas pero son detalles, no puntos importantes del texto ni del diagrama.

Lección 7: El flujo de energía en los ecosistemas

Práctica de GED (páginas 310–311)

1. **(5) la rápida velocidad de reproducción del conejo y la ausencia de depredadores** (Análisis) La rápida reproducción de los conejos, sin control por parte de depredadores, condujo a un exceso de población de conejos en Australia. La opción (1) es incorrecta porque es una posible solución a la sobrepoblación. La opción (2) es incorrecta porque si hubiera depredadores disponibles, las importaciones continuas no producirían una sobrepoblación. La opción (3) es un resultado de la sobrepoblación. La opción (4) sería el resultado opuesto a lo que realmente sucedió.

2. **(3) Evitar la introducción de organismos nuevos.** (Comprensión) De acuerdo con el texto, prevenir la introducción de nuevas especies es la mejor solución. La opción (1) presenta una solución, pero no la mejor. Las opciones (2) y (5) empeorarían el problema, no lo solucionarían. La opción (4) no es en general controlable por parte de los humanos, y además puede tener un efecto nocivo en el ecosistema.

3. **(3) En los ecosistemas en equilibrio, la población de un consumidor por lo general controla el crecimiento de la población de otro.** (Evaluación) La aplicación de este principio conduce a la conclusión de que introducir un depredador puede controlar el organismo que está invadiendo su nuevo entorno. La opción (1) es verdadera pero no apoya la conclusión en la pregunta. La opción (2) no es verdadera. La opción (4) es incorrecta porque no hay nada que indique que con el tiempo se resolverá el problema de sobrepoblación. La opción (5) podría ser cierta a largo plazo, pero no apoya la conclusión establecida en la pregunta.

4. **(2) Que dispone de alimento para el conejo.** (Análisis) Puesto que los conejos se multiplicaron en grandes cantidades en Australia, puede suponer que encontraron muchos alimentos. Las opciones (1) y (3) son incorrectas porque sin comida los conejos se hubieran muerto de hambre. La opción (4) es incorrecta porque si hubiera habido muchos animales carnívoros, lo más probable es que se hubieran comido los conejos. La opción (5) no puede ser cierta porque si el ecosistema hubiera sido parecido al de Europa, la población de conejos no habría aumentado de esa manera.

5. **(1) En muchas regiones el coyote ya no tiene enemigos naturales.** (Comprensión) Los lobos eran los depredadores de los coyotes y después de que fueron exterminados en muchas áreas los coyotes dejaron de tenerlos. Las opciones (2), (3), (4) y (5) son todas verdaderas pero no explican por qué la ausencia de los lobos ayudó a que los coyotes se multiplicaran.

6. **(5) La capacidad de adaptación alimenticia del coyote y otros tipos de conducta le han permitido distribuirse**

más ampliamente. (Análisis) Ésta es una conclusión. Las opciones (1), (2), (3) y (4) son detalles que apoyan la conclusión de que los coyotes son adaptables en la forma de alimentarse y en otras conductas.

7. **(2) El coyote es capa de sobrevivir en diversos tipos de ecosistemas y climas.** (Evaluación) Puesto que su variedad es tan amplia, tal y como indican el mapa y el texto, se puede inferir que los coyotes pueden adaptarse a los climas fríos, templados y cálidos, en varios tipos de terreno y entre diferentes tipos de animales. La opción (1) es incorrecta porque el mapa muestra que los coyotes viven en todos los tipos de áreas. La opción (3) es incorrecta: lo más probable es que la población de coyotes sea más grande ahora que la distribución es más amplia. La opción (4) es incorrecta porque el texto dice que los coyotes se sienten cómodos viviendo entre los seres humanos. La opción (5) es incorrecta porque el texto explica que los coyotes se han expandido desde las llanuras occidentales hacia otras regiones del continente, y no desde los bosques orientales.

Lección 8: Los ciclos de los ecosistemas
Práctica de GED (página 313)

1. **(2) comparando el volumen de agua condensada por las secoyas y el colectado en áreas deforestadas** (Comprensión) Los científicos midieron las dos cantidades para poder comprobar que una cantidad era mayor que la otra. La opción (1) no ofrece suficientes datos para la comparación. La opción (3) no está directamente relacionada con la medida de la cantidad de agua recogida procedente de la niebla. La opción (4) no está directamente relacionada con la medida de la cantidad de agua recogida procedente de la niebla, y además muestra algo que es poco probable que los científicos puedan hacer. La opción (5) es incorrecta porque implica una comparación de los factores equivocados.

2. **(4) uso de colectores de niebla en regiones costeras de clima seco para acumular agua** (Aplicación) Los colectores de niebla son capaces de recoger el agua de la niebla del mismo modo que lo hacen las secoyas. Las opciones (1), (2) y (5) son incorrectas porque implican la lluvia y no la niebla. La opción (3) es incorrecta porque en ella se extrae del agua una sustancia que se encuentra disuelta en ella.

3. **(3) El agua condensada de la niebla escurre por las hojas agudas, las ramas y el tronco de las secoyas hasta llegar al suelo.** (Evaluación) El agua gotea desde el árbol al suelo, y de esta forma los animales y las plantas del hábitat tienen acceso a esa agua. La opción (1) es incorrecta porque no explica de qué forma las secoyas aportan agua al hábitat en el que se encuentran. La opción (2) es incorrecta porque no explica cómo llega el agua desde las secoyas al resto del hábitat. La opción (4) es incorrecta porque se limita a replantear la conclusión. La opción (5) es incorrecta porque la cantidad de zona forestal no indica si las secoyas aportan agua a lugares que aún existen.

4. **(5) La deforestación contribuye al agotamiento de los pozos y manantiales de la localidad.** (Evaluación) Puesto que las personas actúan a menudo movidas por sus propios intereses, es más probable que apoyen las medidas de conservación de las secoyas cuando sus suministros de agua se vean amenazados. La opción (1) trata de prácticas en el pasado que no pueden cambiarse y no es, en sí misma, una motivación para dejar de talar árboles. Las opciones (2), (3) y (4) ofrecen incentivos para la tala, no para la conservación.

GED Repaso Ciencias biológicas
(páginas 314–315)

1. **(3) Las inteligencias múltiples no son mensurables por medio de las pruebas estándar de inteligencia.** (Comprensión) Las pruebas estándar de inteligencia medirían sólo las capacidades lingüísticas y lógico-matemáticas. Las opciones (1) y (2) son incorrectas porque ambas contradicen la teoría de las inteligencias múltiples. Las opciones (4) y (5) son generalizaciones que no proceden de la teoría de las inteligencias múltiples.

2. **(1) lingüística y lógica-matemática** (Comprensión) Para el estudio de este libro son necesarios el razonamiento y el lenguaje, capacidades implicadas en las inteligencias lingüística y lógica-matemática. Las opciones (2), (3), (4) y (5) son incorrectas porque no implican ni el lenguaje ni el razonamiento.

3. **(2) una maestra de escuela primaria** (Aplicación) Una maestra puede utilizar esta teoría para diseñar diferentes lecciones según las capacidades específicas de cada estudiante. Las opciones (1), (3), (4) y (5) implican profesiones en las que no es necesario enseñar a otras personas, y por lo tanto no haría falta que la persona utilizara la teoría de las inteligencias múltiples. A pesar de ello, cualquier persona que realizara cualquiera de los trabajos de las opciones podría emplear los diferentes tipos de inteligencia en su profesión.

4. **(1) Las áreas que forman el encéfalo se especializan en funciones específicas.** (Evaluación) Este hecho apoya la teoría de los múltiples tipos de inteligencia porque para diferentes personas podría haber diferentes áreas del encéfalo que funcionarían mejor. Las opciones (2) y (3) apoyarían la teoría de que la inteligencia es una capacidad única y general. Las opciones (4) y (5) no proporcionan pruebas acerca de los múltiples tipos de inteligencia.

5. **(4) en forma de biomasa** (Comprensión) El primer párrafo del texto explica que la energía de una cadena alimenticia se almacena como materia orgánica o biomasa. La opción (1) es incorrecta porque el nivel trófico es un concepto que se define según el nivel alimenticio, no como medio de almacenamiento de energía. La opción (2) es incorrecta porque dentro de la cadena alimenticia el sol es la fuente de energía, no el lugar para almacenarla. La opción (3) es incorrecta porque la energía que hay dentro de una cadena alimenticia se pierde (no se almacena) como calor. La opción (5) es sólo parcialmente correcta porque los animales también son parte de la cadena alimenticia y almacenan energía en sus tejidos.

6. **(3) La cadena alimenticia es capaz de soportar más consumidores primarios que secundarios.** (Análisis) La información que aparece en el texto y en el diagrama apoya esta conclusión. Las opciones (1), (2), (4) y (5) presentan detalles procedentes del texto y del diagrama.

7. **(2) La mayor parte de la biomasa se encuentra en la base de la pirámide de energía.** (Evaluación) El segundo párrafo del texto y la pirámide de energía indican que la sección de la base de la pirámide es la de mayor tamaño, representando de este modo la cantidad de biomasa que hay en ese nivel. La opción (1) es incorrecta porque el diagrama y el texto indican que cuanto más se sube dentro de la pirámide de energía, menos biomasa hay. De acuerdo con el diagrama, la opción (3) es incorrecta porque hay más ratones de campo que comadrejas en la pirámide de energía. Tal y como indica el diagrama, la opción (4) es incorrecta porque las comadrejas no comen cárabos. La opción (5) es incorrecta porque, según el texto, cuando más se sube dentro de la pirámide de energía, menos energía disponible hay.

8. **(5) la de focas** (Aplicación) Las focas están en la parte superior de la pirámide de energía y por eso puede suponerse que su número sea el más pequeño. Tal y como indica el texto de la pregunta, las opciones (1), (2), (3) y (4) son incorrectas porque son organismos que se encuentran más abajo en la pirámide de energía.

Ciencias de la Tierra y del espacio
Lección 9: La estructura de la Tierra
Práctica de GED (páginas 317–319)

1. **(2) las corrientes térmicas del manto** (Comprensión) El texto y el diagrama mencionan que las rocas calientes circulan en el manto, empujan hacia arriba para cruzar a través de la corteza y de este modo hacen que el fondo oceánico se expanda. La opción (1) es incorrecta porque en el diagrama se muestra que las corrientes de calor se encuentran en el manto y no en la corteza. La opción (3) es incorrecta porque el envejecimiento del fondo oceánico es un resultado del paso del tiempo y no es una causa de la expansión del fondo oceánico. Las opciones (4) y (5) son resultados de la expansión del fondo oceánico tal y como se muestra en el diagrama y se explica en textos anteriores.

2. **(2) A mayor distancia de las dorsales oceánicas, mayor es la edad del fondo marino.** (Comprensión) La nueva corteza formada en la dorsal empuja hacia fuera la vieja corteza de fondo oceánico. La opción (1) es incorrecta porque es lo contrario a lo que implica el diagrama. Las opciones (3) y (4) son incorrectas porque en el diagrama no se nombra ningún océano específico y porque la expansión del fondo oceánico sucede en todos los océanos. El diagrama no implica la opción (5), que tampoco es verdadera.

3. **(1) el choque con una placa y su hundimiento bajo ella** (Análisis) En el diagrama se muestra que en el caso de que el fondo oceánico se encuentre con otra placa, éste se hunde debajo de ella y da lugar a una fosa. La opción (2) es incorrecta porque si el fondo oceánico fuera más ligero que las placas continentales, se elevaría sobre ellas o las empujaría desde abajo hacia arriba, pero no formaría una fosa profunda en el lugar en el que se unen. La opción (3) es incorrecta porque el manto no se colapsa. Los materiales que se encuentran dentro de él circulan gracias a las corrientes de convección. La opción (4), movimientos telúricos, son el resultado y no la causa del movimiento de las placas, incluido el que el fondo oceánico se hunda bajo la placa continental. La opción (5) es incorrecta porque en este momento el fondo oceánico está descendiendo, no ascendiendo.

4. (3) El océano Atlántico se expandirá.
(Evaluación) Los científicos han estimado la tasa real a la que se expande, y por tanto se puede apoyar la conclusión de que el océano se está ensanchando. Las opciones (1) y (2) son incorrectas porque la profundidad de un océano depende de factores diferentes a la expansión del fondo oceánico. La opción (4) es lo contrario a lo que sucede, ya que la expansión del océano implica que éste se ensancha. La opción (5) es incorrecta porque la expansión del suelo oceánico indica que la anchura del océano está cambiando.

5. (4) No fue capaz de explicar de manera congruente cómo se habían movido los continentes. (Comprensión) La idea de Wegener era endeble porque él no disponía de una buena explicación de las causas del movimiento de los continentes. Las opciones (1) y (2) fueron también fuente de crítica, pero no fueron tan importantes como la incapacidad de Wegener de explicar cómo se desplazaron los continentes. La opción (3) no es cierta (de hecho, existe evidencia de que en el pasado los continentes estuvieron unidos. La opción (5) es incorrecta porque Pangea no fue una idea imaginaria sino parte de la hipótesis. En cualquier caso, tal y como ocurre con las opciones (1) y (2), los críticos no debatieron los detalles de las teorías de Wegener sino si podía o no explicar lo que estaba proponiendo.

6. (5) Originalmente, los continentes formaban una enorme masa terrestre y luego se separaron. (Análisis) Ésta es la conclusión que extrajo Wegener. Las opciones (1), (2), (3) y (4) muestran detalles de apoyo que él citó para justificar esta conclusión.

7. (5) la incidencia de terremotos a lo largo de las fronteras de las placas (Aplicación) Puesto que las fronteras de las placas son zonas en las que hay mucha actividad geológica, se deduce que los terremotos ocurrirán a lo largo de las fronteras de las placas. Las opciones (1), (2) y (4) no tienen nada que ver con las placas tectónicas. La opción (3) es un resultado de la erosión y de la sedimentación en el fondo del océano, no de las placas tectónicas.

8. (5) Sudamérica y África estarían más separados. (Comprensión) Los mapas muestran que Sudamérica se está alejando de África y que de este modo el Atlántico se está ensanchando. Esto implica que Sudamérica y África seguirán alejándose la una de la otra. La opción (1) es incorrecta porque el mundo ha cambiado siempre y lo más probable es que siga haciéndolo en el próximo millón de años. Las opciones (2) y (3) son poco probables dado que las áreas relativas de los océanos y de los continentes han permanecido estables a lo largo del tiempo. La opción (4) indica lo opuesto a lo que mostraría el mapa (los mapas muestran que los continentes a ambos lados del Atlántico se van separando poco a poco y que el océano se va ensanchando).

9. (2) Es posible que los animales hayan atravesado los mares en trozos de madera a la deriva. (Evaluación) Antes de que la idea de la deriva continental fuera ampliamente aceptada, ésta era una de las ideas propuestas para explicar la presencia de los mismos fósiles en continentes muy separados. La opción (1) es incorrecta porque no explica por qué los mismos fósiles se encuentran en ambos continentes. La opción (3) es muy improbable porque los animales terrestres no podrían nadar cientos de millas en el océano y sobrevivir. La opción (4) no es probable porque los fósiles están incrustados en rocas. La opción (5) no tiene nada que ver con los fósiles.

Lección 10: Los cambios de la Tierra
Práctica de GED (páginas 321–322)

1. (3) análisis de la historia sísmica y medición de la actividad sísmica y el movimiento de las placas a lo largo de las fallas (Comprensión) De acuerdo con el texto, éstos son los métodos principales. La opción (1) es incorrecta porque los datos climáticos no influyen a la hora de predecir un sismo. La opción (2) es una manera de monitorización, no una forma de predecir sismos. La opción (4) es incorrecta porque, aunque los datos de GPS pueden utilizarse para inferir actividad sísmica, los satélites GPS actuales registran ubicaciones pero no la actividad sísmica. La opción (5) es incorrecta porque esperar al sismo principal no es un método de predicción.

2. (4) Los funcionarios de la localidad pusieron en práctica medidas de respuesta ante emergencias y estaban mejor preparados para el sismo. (Análisis) Aunque las predicciones sobre el momento en el que iba a producirse el sismo principal fueron erróneas, la predicción sí hizo que los funcionarios gubernamentales iniciaran ejercicios de emergencia. Cuando el sismo principal sucedió, estaban mejor preparados para responder. Las opciones (1), (2) y (3) no aparecen en el texto y además son falsas. Todos los métodos se habían utilizado antes del terremoto de Loma Prieta. La opción (5) es un indicador de fracaso y no de éxito.

3. **(5) disminución de las pérdidas de vidas y daños materiales debido a sismos en el futuro** (Evaluación) Las subvenciones del gobierno se conceden a menudo cuando hay algún tipo de beneficio posible para la sociedad como resultado de la investigación. Las opciones (1), (2) y (3) son beneficios técnicos o científicos, y éstos juegan un papel menor a la hora de decidir las subvenciones dedicadas a investigación. La opción (4) no es un resultado probable de la investigación sobre sismos.

4. **(4) Una perforadora de mano rompe la cinta asfáltica de una carretera.** (Aplicación) Según el texto, la meteorización mecánica implica la ruptura física de las rocas. Éste es el único ejemplo de ruptura física entre las opciones. La opción (1) es incorrecta porque la meteorización implica la ruptura física, no el movimiento físico. Las opciones (2), (3) y (5) son ejemplos de meteorización química.

5. **(1) La lluvia ácida desgasta el mármol.** (Aplicación) De acuerdo con el texto la meteorización química implica cambios dentro de la sustancia expuesta a la intemperie debido a la reacción que tiene ésta con las sustancias del entorno. Las opciones (2) y (3) son ejemplos de meteorización mecánica. Las opciones (4) y (5) no tienen nada que ver con la meteorización de las rocas.

6. **(2) el desgaste y el transporte** (Comprensión) De acuerdo con la primera oración del texto, la erosión está formada por dos procesos: el desgaste y el acarreo o transporte de la roca y el suelo. La opción (1) es incorrecta porque para que ocurra erosión es preciso que ocurra el transporte. La opción (3) es incorrecta porque la erosión implica desgastar el material, no depositarlo. Las opciones (4) y (5) son incorrectas porque implican un uso inadecuado de la palabra carga y porque, en el caso de la opción (5), la erosión no implica divergencia.

7. **(3) La erosión del barranco aumentaría.** (Análisis) Si hubiera más agua dentro del río ejerciendo más fuerza en su cauce, la erosión se incrementaría. La opción (1) no es probable. El nivel del río subiría y el barranco estaría expuesto a menos aire, no a más aire. La opción (2) es incorrecta porque cuanta más agua hay más erosión se produce, no menos. La opción (4) es incorrecta porque habría más materiales erosionados en un río revuelto. La opción (5) no es verdadera porque la erosión continuaría y, de hecho, se incrementaría.

Lección 11: Estado del tiempo y clima
Práctica de GED (páginas 324–325)

1. **(3) el estado del tiempo a largo plazo de una región** (Comprensión) La diferencia entre el tiempo y el clima se explica en la primera oración del texto. La opción (1) describe el tiempo y el clima. La opción (2) es demasiado específica. Las opciones (4) y (5) son aspectos del clima, pero no explican lo que es.

2. **(3) Europa** (Aplicación) Lo más probable es que una persona a la que le gustaran las temperaturas moderadas y la existencia de cuatro estaciones disfrutaría más viviendo en Europa, el único lugar de la lista que tiene un clima templado. Las opciones (1), (2), (4) y (5) tienen principalmente un clima tropical lluvioso que no produce las cuatro estaciones diferenciadas.

3. **(1) marzo** (Aplicación) El Centro hace un seguimiento de las tormentas desde mayo hasta noviembre, lo cual implica que las tormentas no son demasiado problemáticas el resto del año. El único mes de entre las opciones que no está dentro del período de huracanes es marzo. Las opciones (2), (3), (4) y (5) son incorrectas porque, según el texto, estos meses pertenecen al período de huracanes en el que el Centro hace el seguimiento de las tormentas.

4. **(3) escepticismo público sobre futuras advertencias de huracanes** (Análisis) Lo más probable es que un aviso que tiene como resultado una evacuación que luego resultó innecesaria, haga que la gente piense que los avisos en el futuro también sean equivocados. Las opciones (1) y (2) son incorrectas porque lo más probable es que los daños materiales y el número de víctimas se reduzcan como resultado del aviso en las zonas a las que llegó el huracán, mientras que esto no sucedería en las zonas a las que no llegó. No es probable que suceda la opción (4) porque, tal y como indica el texto, como medida de precaución el Centro de Pronósticos de Tormentas prefiere emitir avisos para áreas amplias aunque éstos acaben siendo poco precisos. La opción (5) no es un resultado probable de tal error.

5. **(3) La información actual en la que se basan los pronósticos a corto plazo es muy semejante a la proyectada, lo cual aumenta la exactitud.** (Evaluación) No es probable que las condiciones cambien mucho cuando el marco temporal es muy corto, y por ello los pronósticos pueden ser más precisos. Las

opciones (1) y (2) son incorrectas porque las estadísticas meteorológicas pueden utilizarse en pronósticos del tiempo a corto plazo y en pronósticos a largo plazo, y no explican por qué los pronósticos a corto plazo tienden a ser más precisos. La opción (4) es incorrecta porque muestra lo contrario a lo que en realidad sucede. La opción (5) es verdadera para las pronósticos del tiempo a corto y a largo plazo, pero no explica por qué los de corto plazo son más precisos que los de largo plazo.

Lección 12: Los recursos de la Tierra
Práctica de GED (páginas 327–328)

1. **(2) Porque aproximadamente la mitad del volumen del suelo lo ocupan espacios vacíos por donde circulan el agua y el aire.** (Comprensión) Los espacios dentro del suelo hacen que éste sea menos denso que una roca. Las opciones (1), (3), (4) y (5) son verdaderas pero no explican la diferencia que hay entre el suelo y las rocas.

2. **(1) El suelo no sería capaz de soportar una gran abundancia de vida vegetal y animal.** (Análisis) Las dos capas superiores del suelo contienen la mayor parte de la vida animal y vegetal. Una vez que han desaparecido, la que queda no tiene la capacidad de mantener mucha vida. La opción (2) es incorrecta porque el diagrama muestra que el suelo del horizonte C es más grueso, no más fino. La opción (3) es incorrecta porque el suelo del horizonte C no contiene mucha materia orgánica. La opción (4) es incorrecta porque el suelo del horizonte C no es rico. La opción (5) es incorrecta porque debajo de la capa restante C hay un lecho rocoso.

3. **(3) sembraría menos plantas pero de una especie más resistente a la sequía** (Aplicación) Un agricultor que valore mucho la conservación del terreno intentaría proteger la tierra y a la vez cultivar. La opción (1) es incorrecta porque durante la sequía el agricultor tendría que hacer algunos cambios para que el terreno no se secara y fuera arrastrado por el viento. Las opciones (2) y (4) aumentarían la pérdida de agua en el horizonte A, y esto incrementaría la cantidad de terreno que se resecaría y sería arrastrado por el viento. La opción (5) no es probable porque el agricultor necesita cultivar algo para poder sobrevivir.

4. **(4) Algunos minerales importados y sus usos** (Comprensión) En este título se resume la información ofrecida por el texto y por la tabla. Las opciones (1) y (2) son demasiado generales porque la tabla sólo muestra minerales importados. La opción (3) es incorrecta porque en la tabla aparecen cinco minerales importados, no los cinco minerales más importantes que existen. La opción (5) es incorrecta porque la tabla muestra minerales que no se pueden extraer en Estados Unidos.

5. **(5) la mica en placa y el talio** (Comprensión) De acuerdo con la tabla, éstos son dos minerales que se utilizan en la industria electrónica. Las opciones (1), (2), (3) y (4) son incorrectas porque hay uno o dos minerales dentro de la tabla que se usan fundamentalmente para propósitos diferentes a los de la electrónica.

6. **(4) Estados Unidos disminuiría su dependencia de países extranjeros.** (Evaluación) Las naciones intentan ser lo más autosuficientes que pueden para que la política no interrumpa el suministro de un recurso fundamental. Por ello pueden estar más interesadas en gastar más dinero en extraer el recurso de fuentes propias que en importarlo. Las opciones (1), (2) y (3) son ciertas pero no explican por qué una nación gastaría más dinero en desarrollar sus propias explotaciones de talio. La opción (5) no es verdadera.

7. **(2) disminución de la producción agrícola** (Análisis) Cuando la fotosíntesis está reducida por el efecto de niebla que tiene la contaminación del aire, los cultivos no crecen de la misma forma y la producción disminuye. La opción (1) es incorrecta porque no hay ninguna indicación de que la contaminación de aire afecte la velocidad del viento. De acuerdo con la información del texto, las opciones (3) y (5) muestran lo contrario de lo que sucedería. La opción (4) es incorrecta porque lo más probable es que la niebla que produce la contaminación del aire reduzca la cantidad de días soleados, no que incremente este número.

8. **(3) Aproximadamente una quinta parte de las cuencas colectoras tienen problemas graves de calidad del agua.** (Evaluación) Según la gráfica, un 21% (un quinto) de las cuencas muestran signos de serios problemas de calidad. Las opciones (1) y (2) son incorrectas porque más de la mitad de las cuencas tienen algún tipo de problema de calidad. La opción (4) es incorrecta porque sólo el 21% tiene serios problemas de calidad. La opción (5) no es cierta porque la gráfica no muestra el porcentaje de cuencas que no fueron analizadas, y sólo en el 27% de los casos (aproximadamente un cuarto) no se disponía de suficiente información.

Lección 13: La Tierra en el espacio
Práctica de GED (páginas 330–331)

1. **(3) Que el planeta está más lejos del Sol que la Tierra.** (Comprensión) La distancia de la Tierra al Sol es una unidad astronómica, por lo que un planeta que se encuentre a más de una unidad astronómica del Sol está más lejos del Sol que la Tierra. Las opciones (1) y (2), consecuentemente, son incorrectas. La opción (4) es incorrecta porque un planeta que esté más lejos del Sol que la Tierra con toda probabilidad recibirá menos energía solar que nuestro planeta. La opción (5) no tiene nada que ver con la distancia del Sol.

2. **(5) 240 minutos** (Aplicación) La luz solar tarda 8 minutos en recorrer una unidad astronómica. Por ende, tardaría 30×8, ó 240 minutos recorrer 30 unidades astronómicas (la distancia del Sol a Neptuno).

3. **(2) Los telescopios ópticos amplifican las imágenes de cuerpos distantes.** (Análisis) En esta opción se presume que usted sabe que los telescopios ópticos amplifican las imágenes. Las opciones (1), (3), (4) y (5) están expresadas directamente en el texto.

4. **(3) Telescopios ópticos** (Comprensión) El texto alude a los telescopios ópticos, desde el telescopio terrestre que utilizó Galileo, hasta el telescopio espacial Hubble. Las opciones (1) y (4) son demasiado específicas. La opción (2) es muy general porque el texto sólo menciona telescopios ópticos y no otros tipos de telescopios. La opción (5) es incorrecta porque el texto no menciona los radiotelescopios.

5. **(2) Los fuegos artificiales explotan arrojando chispas, cenizas y humo en todas direcciones.** (Aplicación) Ésta es la única opción que describe una explosión instantánea que produce como resultado material que vuela en todas las direcciones como en el caso del Big Bang. La opción (1) es incorrecta porque no describe ninguna explosión en la que haya materia volando en todas las direcciones. La opción (3) es incorrecta porque el Big Bang no fue el resultado de una colisión. Las opciones (4) y (5) son incorrectas porque no describen una explosión instantánea.

6. **(2) El universo se comprimiría sobre sí mismo.** (Análisis) En la gráfica se muestra que si el universo tuviera demasiada masa, comenzaría a contraerse y acabaría colapsándose en sí mismo. Los científicos han dado un nombre a esta

situación: el "big crunch". Según el texto, la opción (1) indica lo contrario a lo que sucedería. Las opciones (3) y (5) son incorrectas porque la gráfica no ofrece ninguna prueba de que un universo en fase de contracción produciría la existencia de un universo paralelo o la existencia de otro big bang. De acuerdo con la gráfica, en la opción (4) se describe un universo que no está expandiéndose ni contrayéndose.

7. **(3) Han notado sus efectos gravitatorios sobre cuerpos visibles.** (Evaluación) El texto implica indirectamente la existencia de materia oscura. Su existencia se puede deducir del comportamiento de los cuerpos invisibles alrededor de ella. Las opciones (1) y (2) son incorrectas porque la materia oscura no es visible. Las opciones (4) y (5) comprueban la teoría del Big Bang pero no de la materia oscura.

GED Repaso Ciencias de la Tierra y del espacio
(páginas 332–333)

1. **(3) una estación de investigación instalada en un lugar deshabitado** (Aplicación) De todas las opciones dadas, ésta es la única situada a una distancia suficiente como para que no le llegue la energía de una central eléctrica, y por ello es la que más probablemente utilizará la energía eólica como fuente de energía. Las opciones (1), (2), (4) y (5) estarán probablemente conectadas a una central eléctrica.

2. **(2) El contar con un generador eólico asegura el suministro continuo en caso de fallas de la fuente principal de electricidad.** (Evaluación) Disponer de una fuente de energía de seguridad sería una buena razón para tener un generador que funcione con energía eólica en una granja moderna. La opción (1) es incorrecta porque el mantenimiento del propio generador es más complejo que simplemente enchufar el equipo. La opción (3) es incorrecta porque para la mayoría de las ubicaciones el viento no es tan fiable como una central eléctrica. La opción (4) es incorrecta porque tal y como indica el texto, la energía del viento es relativamente cara si se compara con la energía que se obtiene de una central eléctrica. La opción (5) no es verdadera y tampoco ofrecería ninguna ventaja al granjero.

3. **(5) La energía hidroeléctrica no está disponible en el lugar.** (Evaluación) De acuerdo con la gráfica, el agua es la fuente de energía más económica. Una persona que

estuviera dando más peso al costo que al resto de los factores escogería el agua si ésta estuviera disponible. La opción (1) no es verdadera: el agua es más barata que el viento. Las opciones (2), (3) y (4) son verdaderas, pero no son razones para escoger el viento en vez de una opción más barata.

4. **(4) se forman debido al impacto de los residuos expelidos del cráter mayor** (Análisis) Si examina el diagrama, notará que los cráteres secundarios se forman debido al impacto de los residuos expelidos del cráter mayor al éste ser impactado por un meteorito. Las opciones (1) y (2) son incorrectas, pues el diagrama indica que sólo hay un meteorito y no varios. La opción (3) es incorrecta porque el diagrama indica que un meteorito, y no un cometa, formó el cráter. La opción (5) es incorrecta porque el diagrama muestra que los hundimientos se formaron al ser impactados desde arriba; no indica que el suelo se acomode luego del impacto.

5. **(3) La Tierra tiene menos cráteres que la Luna, la cual no tiene atmósfera.** (Evaluación) El hecho de que la Tierra, cuya atmósfera es densa, tenga pocos cráteres y la Luna, carente de atmósfera, tenga muchos, apoya la conclusión de que muchos objetos se queman en la atmósfera y nunca llegan a la superficie terrestre. Las opciones (1) y (2) son ciertas, pero no tienen que ver con la formación de cráteres en la Tierra. Las opciones (4) y (5) son ciertas, pero no tienen que ver con los cráteres formados por objetos que provienen del espacio.

6. **(2) un astrónomo aficionado** (Aplicación) En la ilustración se muestra la situación en la que se encontraría un astrónomo aficionado. La opción (1) es incorrecta porque los científicos planetarios estudian los planetas y no las estrellas. La opción (3) no tiene ninguna relación con la astronomía. La opción (4) es incorrecta porque un fabricante tiene más interés en el objeto que fabrica que en lo que puede verse a través de él, y porque además es imposible fabricar un telescopio que evite este tipo de ilusión óptica. La opción (5) es incorrecta porque este científico estaría interesado en el Sol, no en las estrellas dobles ópticas.

7. **(1) datos enviados por una sonda espacial sobre Plutón** (Evaluación) Una sonda espacial que se acercara de verdad a Plutón podría obtener una información más adecuada acerca de la masa de Plutón y Caronte que la que se podría obtener con telescopios desde la Tierra o a cierta altura con respecto a ella. Las opciones (2) y (3) son

incorrectas porque, tal y como se plantea en la pregunta, los telescopios no ofrecen imágenes suficientemente buenas como para determinar las masas relativas de Plutón y de Caronte. Las opciones (4) y (5) ofrecerían datos generales acerca de los dos tipos de sistemas, pero estos datos no serían específicamente aplicables a Plutón o a Caronte.

Ciencias físicas
Lección 14: La materia
Práctica de GED (páginas 335–337)

1. **(2) el efecto que producen las moléculas cuando chocan contra las paredes del recipiente** (Comprensión) De acuerdo con el texto, la presión es la fuerza con la que las moléculas de gas chocan contra las paredes del recipiente donde se encuentran. La opción (1) se relaciona con la presión del gas pero no es la definición de presión. La opción (3) es incorrecta porque la presión está relacionada con el movimiento molecular, no con el producto del volumen y la temperatura. La opción (4) se refiere a la cantidad de calor que conserva un gas, no a la presión que ejerce. La opción (5) es incorrecta porque no se relaciona con la presión de un gas sino con su volumen; tampoco tiene sentido porque el gas siempre llena el volumen del recipiente y por tanto el volumen del gas y el del recipiente (su "tamaño") son iguales.

2. **(4) temperatura baja, volumen grande** (Análisis) De acuerdo con el texto y los diagramas, la presión aumenta cuando la temperatura se incrementa y el volumen disminuye. Por lo tanto, la presión disminuirá cuando la temperatura sea baja y el volumen sea grande. La opción (1) es incorrecta porque una temperatura alta aumentaría la presión. La opción (2) es incorrecta porque una temperatura alta y un volumen pequeño aumentarían la presión. La opción (3) es incorrecta porque la presión no disminuiría en condiciones "medias". La opción (5) es incorrecta porque un volumen pequeño incrementaría la presión.

3. **(3) La presión aumenta cuando el volumen disminuye y la temperatura permanece constante.** (Evaluación) Este enunciado se apoya en el diagrama B, el cual muestra un incremento de la presión cuando el volumen disminuye y la temperatura permanece constante. La opción (1) no aparece en el diagrama y además es incorrecta porque la presión permanecería constante (y no cambiaría) si la temperatura y el volumen también

permanecieran constantes. La opción (2) es incorrecta porque la presión aumentaría si la temperatura aumentara y el volumen permaneciera constante, tal y como se muestra en el diagrama A. La opción (4) es incorrecta porque la presión sería la misma si la temperatura y el volumen se multiplicaran por dos, tal y como se muestra en el diagrama C. La opción (5) no aparece en los diagramas, y además es incorrecta porque la presión aumentaría si la temperatura aumentara y el volumen disminuyera puesto que cada cambio produce un aumento en la presión.

4. **(5) oro** (Comprensión) De acuerdo con la gráfica, la densidad del plomo es de 11.3 gramos por centímetro cúbico. De todas las opciones mostradas, sólo el oro tiene una densidad mayor (19.3 gramos por centímetro cúbico). El resto de las sustancias de las opciones (1), (2), (3) y (4) son menos densas que el plomo.

5. **(1) Su densidad aumenta.** (Análisis) Cuando el hielo se derrite se convierte en agua. De acuerdo con la gráfica, la densidad del hielo es de 0.9 gramos por centímetro cúbico y la del agua es de 1.0 gramo por centímetro cúbico. Por lo tanto, la densidad del hielo se aumenta cuando se derrite. Observe que el agua es poco usual en este sentido. La mayoría de los sólidos disminuyen su densidad cuando se derriten o funden.

6. **(5) La densidad por sí sola no puede utilizarse para identificar una sustancia en particular.** (Aplicación) Aunque el hierro, opción (2), tiene una densidad aproximada de unos 7.9 gramos por centímetro cúbico, se necesita más información sobre la sustancia desconocida para poder identificarla con seguridad. Las opciones (1), (2), (3) y (4) son incorrectas porque sus densidades son 4.5, 11.3 y 13.6 gramos por centímetro cúbico respectivamente, todas diferentes de 7.9.

7. **(5) Métodos de separación de mezclas** (Comprensión) En la tabla se muestran y describen diferentes ejemplos de métodos de separación de mezclas y por eso este título representa el contenido. Las opciones (1) y (4) son incorrectas porque la tabla muestra los métodos de separación, no los tipos de ingredientes o mezclas. Las opciones (2) y (3) son incorrectas porque son demasiado específicas.

8. **(1) En ambas intervienen soluciones.** (Análisis) En la destilación se pone a hervir una disolución para separar sus componentes; en la extracción se utiliza un disolvente para crear una disolución de uno de los componentes de la mezcla. Las opciones (2), (3) y (4) son incorrectas porque ni la destilación ni la extracción implica magnetismo, densidad o apariencia. La opción (5) es incorrecta porque sólo la destilación se utilizaría para separar la sal del agua de mar.

9. **(4) extracción** (Aplicación) El triclorido de etileno es un disolvente que disuelve la mancha y la elimina en un proceso conocido como extracción. La opción (1) es incorrecta porque no se puede clasificar una mancha de una tela. La opción (2) es incorrecta porque las manchas de este tipo no son magnéticas. La opción (3) es incorrecta porque el mantel no se hirvió. La opción (5) es incorrecta porque el uso de un disolvente químico no implica diferencias en la densidad.

10. **(3) destilación** (Aplicación) Llevar el petróleo crudo hasta el punto de ebullición produce diferentes productos cuando componentes diferentes alcanzan sus puntos de ebullición y luego se enfrían y condensan en un proceso denominado destilación. Las opciones (1) y (2) son incorrectas porque los componentes del petróleo no pueden separarse mediante un proceso de clasificación ni con el uso del magnetismo. La opción (4) es incorrecta porque la ebullición y la condensación no son parte del proceso de extracción. La opción (5) es incorrecta porque la densidad no se utiliza para separar los componentes del petróleo.

Lección 15: La estructura de los átomos y de las moléculas
Práctica de GED (páginas 339–340)

1. **(2) Son compuestos orgánicos y también hidrocarburos.** (Comprensión) El texto describe la serie de los alcanos como la más abundante entre los hidrocarburos. Puesto que el hidrocarburo es un tipo especial de compuesto orgánico, los miembros de la serie de los alcanos deben ser también compuestos orgánicos. La opción (1) es incorrecta porque los miembros de la serie de los alcanos son compuestos orgánicos, no seres vivos. El término orgánico significa basado en el carbono. Todos los seres vivos de la tierra contienen compuestos orgánicos, pero los compuestos orgánicos por sí mismos no viven. La opción (3) es incorrecta porque la tabla enumera miembros que son gases y un sólido a temperatura ambiente. La opción (4) es incorrecta porque la tabla muestra fórmulas para miembros que tienen diferentes números de átomos de carbono. La opción (5) es incorrecta porque los miembros de la serie de los alcanos están

formados por átomos de carbono y de hidrógeno, no por el helio.

2. **(1) C₃H₈** (Aplicación) El combustible que se escapa del tanque es un gas y el propano, **C₃H₈**, es un gas a temperatura ambiente. El resto (2), (3), (4) y (5) son incorrectos porque estos compuestos no son gases a temperatura ambiente.

3. **(2) El butano tiene temperatura de ebullición más alta que el etano.** (Evaluación) La tabla muestra los puntos de ebullición de menor a mayor. El punto de ebullición del butano (21°C) es más alto que el del etano (289°C). La opción (1) es incorrecta porque el heptano alcanza el punto de ebullición a una temperatura más alta que el hexano. La opción (3) es incorrecta porque no se ofrecen los puntos de fusión. La opción (4) es incorrecta porque dentro de la serie el icosano contiene el mayor número de átomos de carbono. La opción (5) es incorrecta porque el pentano contiene cinco átomos de carbono y doce de hidrógeno y el butano tiene cuatro átomos de carbono y diez de hidrógeno.

4. **(3) el calcio que cede dos electrones a dos átomos de flúor** (Aplicación) Tal y como explica el texto, los enlaces iónicos se caracterizan por la transferencia de electrones entre dos o más átomos. El calcio cede o transfiere dos de sus electrones a dos átomos de flúor, y de este modo se forman enlaces iónicos. El resultado es un compuesto iónico, CaF_2. La opción (1) es un ejemplo de enlace covalente porque los átomos de hidrógeno y de oxígeno comparten los electrones; esto resulta en el compuesto covalente H_2O: el agua. Las opciones (2), (4) y (5) son ejemplos de mezclas, no de compuestos iónicos.

5. **(1) Los compuestos se forman a partir de átomos de diferentes elementos.** (Análisis) El primer párrafo del texto señala que los enlaces iónicos se forman sólo entre dos elementos diferentes cuando ocurre la transferencia de electrones, teniendo como resultado compuestos iónicos. El tercer párrafo del texto explica que los compuestos covalentes se forman a partir de átomos de dos o más elementos diferentes que se unen mediante enlaces covalentes. Puesto que tanto los compuestos iónicos como los covalentes implican la unión de átomos de dos o más compuestos diferentes, el texto asume pero no expresa directamente que todos los compuestos se forman a partir de átomos de dos o más elementos; se diferencian de este modo, los compuestos y las moléculas, puesto que éstas

últimas pueden formarse a partir de átomos de un solo elemento o a partir de átomos de elementos diferentes. Las opciones (2), (3) y (4) se expresan claramente en el texto, que además contradice la opción (5): las moléculas, por definición, tienen enlaces covalentes y no iónicos.

6. **(4) La fórmula química del propano es C₃H₈.** (Evaluación) La fórmula estructural del propano muestra que una molécula de propano está formada por tres átomos de carbono y ocho átomos de hidrógeno. La opción (1) es incorrecta porque el propano no tiene átomos de nitrógeno. La opción (2) es incorrecta porque el propano tiene ocho átomos de hidrógeno y no tres. La opción (3) es incorrecta porque el propano no tiene átomos de oxígeno. La opción (5) es incorrecta porque el propano tiene ocho átomos de hidrógeno y no seis.

Lección 16: Reacciones químicas
Práctica de GED (páginas 342–343)

1. **(3) Es más precisa.** (Análisis) La importancia del método láser a la hora de controlar reacciones se basa en que les permite a los científicos controlar las reacciones con mayor precisión y hasta el punto de que pueden apuntar a determinados enlaces moleculares en particular. Las opciones (1) y (2) son también diferencias con respecto a las técnicas previas, pero no son las diferencias más importantes. La opción (4) es verdadera también para las técnicas previas. La opción (5) es una descripción de dos técnicas previas.

2. **(2) El control de las reacciones mediante el láser les permite a los científicos romper enlaces específicos entre átomos.** (Evaluación) El hecho de que el láser pueda apuntar a enlaces moleculares particulares es una evidencia de que algunas reacciones químicas pueden controlarse en el nivel molecular. La opción (1) describe formas imprecisas de control que no tienen a las moléculas como objetivo. Las opciones (3), (4) y (5) son verdaderas pero no proporcionan ninguna evidencia de que algunas reacciones químicas puedan controlarse a nivel molecular.

3. **(5) hidrógeno** (Comprensión) De acuerdo con el texto y con el diagrama, el hidrógeno es el elemento que se añade durante una reacción de adición. Las opciones (1), (2), (3) y (4) son incorrectas porque esos elementos no se mencionan en conexión con las reacciones de adición.

4. (4) enlaces dobles (o triples) (Comprensión)
En el texto se explica que las moléculas no saturadas no contienen enlaces simples, contienen dobles o triples enlaces y que las saturadas sólo contienen enlaces simples. La opción (1) es incorrecta porque ambos tipos de moléculas pueden contener átomos de hidrógeno. La opción (2) sólo es verdadera para el caso de las moléculas saturadas. La opción (3) no es verdadera porque ambos tipos de moléculas contienen electrones compartidos. La opción (5) es incorrecta porque ambos tipos de moléculas pueden contener átomos de carbono.

5. (2) Entre sus átomos de carbono tienen lugar enlaces simples. (Comprensión) El texto explica que el etano es un hidrocarburo saturado en el que sólo un electrón en cada uno de los átomos de carbono se parea con otro electrón del otro átomo de carbono para formar un enlace simple; el resto de los electrones se comparten con átomos de hidrógeno. La opción (1) es incorrecta porque el etano está saturado. La opción (3) es incorrecta porque, de acuerdo con el texto, el enlace doble no sucede entre los átomos de carbono del etano. La opción (4) no aparece en el texto y además es falsa. La opción (5) es incorrecta porque la fórmula química global que aparece en el texto es C_2H_6, lo cual indica que tiene seis átomos de hidrógeno.

6. (5) El producto es C_2H_6. (Evaluación) El producto contiene dos átomos de carbono y seis de hidrógeno, por lo tanto puede expresarse como C_2H_6. La opción (1) es incorrecta porque el único hidrocarburo saturado es el producto. La opción (2) es incorrecta porque el reaccionante H_2 no es un hidrocarburo. La opción (3) es incorrecta porque C_2H_6 es el producto, no un reaccionante. La opción (4) es incorrecta porque el producto sólo contiene enlaces simples.

7. (1) Los hidrocarburos saturados pueden producirse a partir de hidrocarburos no saturados a través de reacciones de adición. (Evaluación) La ecuación química muestra una reacción de adición en la que se produce un hidrocarburo saturado a partir de un hidrocarburo no saturado. La opción (2) es incorrecta porque las reacciones de adición no producen hidrocarburos no saturados sino saturados. La opción (3) es incorrecta porque el número de átomos de carbono en el hidrocarburo es el mismo después de una reacción de adición; lo que varía y se incrementa es el número de átomos de hidrógeno. La opción (4) es incorrecta porque puede obtenerse etano a partir del etano

mediante una reacción de adición de hidrógeno y no al revés. La opción (5) es cierta pero no está apoyada por la información presentada.

Lección 17: Las fuerzas y el movimiento
Práctica de GED (páginas 345–346)

1. (4) el retroceso de un rifle que se dispara (Aplicación) Cuando se dispara una bala con un rifle, esta fuerza de acción produce una fuerza de reacción que empuja al rifle hacia atrás y causa un retroceso. La persona que dispara es mucho más grande que la bala y por eso el retroceso no la mueve mucho. El resto de los casos describen fuerzas de acción más que fuerzas de reacción: las ráfagas de aire caliente que salen de un globo, el viento que vuela contra una cometa, la fuerza de la pelota que golpea contra un muro y la brazada del nadador contra el agua.

2. (3) la fuerza que ejercen los gases que salen por la parte trasera del motor (Análisis) Cuando los gases calientes salen por la parte trasera del motor, ejercen una fuerza contra el motor y lo empujan hacia delante. La opción (1) es incorrecta porque el aire que fluye a través del motor no tiene nada que ver con el movimiento de los cohetes ni con la tercera ley de Newton. De hecho, en el espacio no hay aire que pueda fluir a través del motor del cohete. La opción (2) explica cómo se produce un despegue en un avión, un principio no relacionado con la propulsión de un cohete. La opción (4) es incorrecta porque la gravedad atrae al cohete de vuelta a la tierra e impide su aceleración. La opción (5) es incorrecta porque el flujo de aire ejercería rozamiento, y esto tendría a disminuir la velocidad del cohete y no a hacerlo moverse hacia delante y porque, además, no hay aire en el espacio.

3. (1) El camión tiene mayor masa que el automóvil. (Evaluación) El momento es la masa por la velocidad. Puesto que el automóvil y el camión se mueven con la misma rapidez, tienen también la misma velocidad. El camión tiene mayor masa que el automóvil y por tanto la opción (1) apoya la idea de que el camión tiene mayor momento que el automóvil. La opción (2) es lo opuesto a la verdad. Las opciones (3) y (4) son incorrectas porque el automóvil y el camión tienen la misma velocidad, tal y como se indica en la pregunta. La opción (5) es cierta pero no tiene relevancia a la hora de determinar el momento.

4. (4) Si la fuerza de choque sobre un conductor es menor, lo más probable es que las heridas sean menos serias. (Análisis) Esta es una suposición implícita en el texto: los cinturones de seguridad reducen la fuerza de choque y por lo tanto reducen también la importancia de las heridas. Las opciones (1), (2) y (5) son incorrectas porque están en el texto. La opción (3) es incorrecta porque no hay ninguna información del texto que sugiera que el escritor opina que las bolsas de aire tienen inconvenientes: el texto se limita a explicar cómo funcionan.

5. **(2) restringe el movimiento hacia adelante y disminuye la fuerza de choque** (Comprensión) De acuerdo con el texto y con el diagrama, cuando una persona lleva un cinturón de seguridad la distancia hasta que se detiene es menor. Cuando se disminuye esta distancia se reduce la fuerza de choque. La opción (1) es incorrecta porque los cinturones de seguridad reducen la fuerza de choque, no la incrementan. Las opciones (3) y (4) son incorrectas porque el cinturón de seguridad disminuye la distancia hasta que la persona se para, no la aumenta. La opción (5) es incorrecta porque no explica el principio de funcionamiento del cinturón de seguridad, aunque lo cierto es que los cinturones de seguridad sí concentran la fuerza de choque más que las bolsas de aire (estas últimas la distribuyen).

6. **(5) a las raquetas para la nieve, que distribuyen el peso de una persona en un área grande para que pueda caminar por encima de la superficie de la nieve** (Aplicación) Del mismo modo que la bolsa de aire de un auto distribuye la fuerza de choque en un área mayor del cuerpo del conductor y así reduce la presión en un punto concreto, las raquetas para la nieve distribuyen el peso de una persona en un área mayor para que la presión no sea lo suficientemente fuerte en ningún punto como para quebrar la superficie de la nieve. La opción (1) es incorrecta porque cuando un globo caliente se eleva la causa es una diferencia de densidades, no una fuerza que se distribuye en un área grande. La opción (2) es incorrecta porque es una aplicación de la tercera ley de Newton y no se relaciona con las ideas de fuerza, área y presión. La opción (3) es incorrecta porque no implica la distribución de una fuerza en un área grande. La opción (4) es incorrecta porque los rodamientos se utilizan porque concentran la fuerza de rozamiento en una zona muy pequeña.

Lección 18: Trabajo y energía
Práctica de GED (páginas 348–349)

1. **(2) cuando los dos objetos tienen la misma temperatura** (Comprensión) De acuerdo con la tercera parte del diagrama, la transferencia de calor se detiene cuando el objeto caliente ha transferido suficiente energía al frío como para que ambos tengan la misma temperatura. La opción (1) es incorrecta porque las moléculas siempre se mueven, incluso en los objetos fríos. La opción (3) es incorrecta porque el diagrama no muestra que los dos objetos estén separados. La opción (4) es incorrecta porque el objeto frío no pierde calor sino que absorbe el calor del objeto caliente. La opción (5) es incorrecta porque indica cuándo se inicia la transferencia de calor, no cuándo finaliza.

2. **(3) las palomitas de maíz que se abren** (Aplicación) Cuando las palomitas de maíz se abren, los granos se mueven y chocan unos con otros. Es lo más parecido al movimiento de las moléculas en una sustancia que se calienta. Las opciones (1), (2) y (4) muestran movimientos constantes que no son típicos de las moléculas que se calientan. La opción (5) indica lo opuesto de lo que ocurre en una molécula que se calienta.

3. **(2) El calor de su mano es absorbido por el hielo.** (Evaluación) De acuerdo con el texto y el diagrama, el calor se transfiere de un objeto caliente a un objeto frío; en este caso de su mano caliente al hielo frío. La opción (1) es incorrecta porque de acuerdo con el texto el frío es la ausencia de calor, no algo que pueda fluir. La opción (3) es incorrecta porque el hielo obtiene energía calorífica y se derrite. Las opciones (4) y (5) son incorrectas porque indican lo opuesto a lo que sucede en la realidad (las moléculas de su mano están transfiriendo energía a las moléculas del hielo, las cuales absorben energía).

4. **(4) El objeto caliente transmite calor al aire.** (Análisis) Los objetos no están sólo en contacto unos con otros, sino que también están en contacto con el aire. Puesto que, tal y como se muestra en el termómetro del diagrama, el objeto caliente tiene una temperatura más alta que el aire, existirá una transferencia de calor desde el objeto caliente al aire. Las opciones (1) y (2) son incorrectas porque el calor se transfiere de objetos calientes a fríos y no al revés. La opción (3) es incorrecta porque el aire absorbe el calor procedente del objeto caliente ya que, según se muestra en el diagrama, es más frío que el objeto caliente. La opción (5) es incorrecta porque los dos objetos están en contacto con sustancias y no sólo uno con otro, por lo tanto ocurrirán otras formas de transmisión de calor entre todas esas sustancias.

5. **(3) la energía eléctrica y la energía calorífica** (Comprensión) De acuerdo con el texto, tanto el motor de gasolina, que produce

energía calorífica, como el motor eléctrico, que produce energía eléctrica, pueden impulsar al eje de tracción. Por tanto, las opciones (1) y (2) son incorrectas. Las opciones (4) y (5), la energía de la luz y la energía nuclear, no son energías que se utilizan para un automóvil híbrido a gasolina y eléctrico.

6. **(1) Tienen una mayor autonomía y las baterías se recargan de manera automática.** (Análisis) Los autos eléctricos no pueden manejarse más de 80 millas sin que necesiten recargar las baterías, un proceso que tarda de tres a ocho horas. Por eso no son vehículos prácticos para la mayoría de las personas. Sin embargo, los vehículos híbridos eléctricos y a gasolina son tan prácticos como los convencionales, con una autonomía mucho mayor y no necesitan recargar las baterías. La opción (2) no es una comparación viable porque los automóviles eléctricos no utilizan gasolina en absoluto. Las opciones (3) y (4) no son verdaderas porque los automóviles híbridos utilizan motores a gasolina, por lo tanto, contaminan más que los eléctricos. La opción (5) es cierta pero no se relaciona con la practicidad de los automóviles.

7. **(3) la conveniencia de los automóviles convencionales** (Evaluación) El bajo costo de mantenimiento de los autos eléctricos no parece ser un argumento suficiente para compensar la baja autonomía y el tiempo necesario para recargar las baterías. Los consumidores valoran mucho la comodidad. Las opciones (1), (2), (4) y (5) son incorrectas porque si los consumidores valoraran por encima de la comodidad un medio ambiente más limpio, la conservación de los recursos, los bajos costos de mantenimiento, o si quisieran iniciar una corriente tecnológica, comprarían más automóviles eléctricos.

Lección 19: Electricidad y magnetismo
Práctica de GED (páginas 351–352)

1. **(2) la rotación de la bobina** (Comprensión) De acuerdo con el texto y el diagrama, los giros de la bobina hacen girar el eje del motor. La opción (1) es incorrecta porque la batería se encarga de suministrar energía. Las opciones (3), (4) y (5) son incorrectas porque el imán está fijo y no puede hacer girar el eje.

2. **(1) La bobina dejaría de girar.** (Análisis) Si la corriente sólo fluyera en una dirección la bobina tendría un campo magnético estacionario. Una vez que el polo sur de la bobina móvil fuera atraído por el polo norte del imán fijo, la bobina

dejaría de girar. La opción (2) sólo sucedería si la corriente cambiara de dirección con mayor frecuencia. La opción (3) es incorrecta porque el imán no se mueve y además es un imán natural, no un electroimán. El campo magnético no se invertiría. La opción (4) es incorrecta porque el campo magnético de la bobina se invierte sólo cuando la corriente lo hace. La opción (5) es incorrecta porque la batería seguiría suministrando energía y acabaría por agotarse, independientemente de que la corriente fluyera en una sola dirección o en dos direcciones.

3. **(5) un generador, que utiliza el campo magnético para producir electricidad** (Aplicación) En un generador un imán en movimiento produce electricidad en una bobina (una aplicación del principio de la inducción electromagnética). La opción (1) es un ejemplo de una máquina que utiliza la electricidad para producir magnetismo y no de lo contrario. Las opciones (2) y (3) no implican electromagnetismo. La opción (4) es incorrecta porque la batería genera corriente eléctrica a partir de una reacción química, no gracias al magnetismo.

4. **(1) la gravedad** (Comprensión) De acuerdo con la tabla, la atracción entre objetos de mayor tamaño que los átomos está implicada sólo en el caso de la gravedad. La fuerza gravitatoria es la causante de fenómenos comunes como el peso que se siente al agarrar un objeto o los objetos que se ven caer. La opción (2) es incorrecta porque la electricidad estática es el único efecto visible de la fuerza electromagnética entre los objetos, y no es tan común como los efectos de la gravedad que se mostraron anteriormente. Aunque es posible observar el efecto del electromagnetismo, esta fuerza opera en un nivel subatómico, del mismo modo que las fuerzas de las opciones (3) y (4). La opción (5) es incorrecta porque es imposible observar este tipo de fuerzas en la vida cotidiana.

5. **(1) Una corriente eléctrica que fluye por un cable produce un campo magnético.** (Comprensión) Oersted descubrió este fenómeno cuando la corriente eléctrica que había producido afectó el movimiento de una aguja de una brújula cercana. La opción (2) era conocida antes de Oersted, como se señala con el simple hecho de que Oersted disponía de una brújula. La opción (3) indica lo opuesto a lo que descubrió Oersted. La opción (4) es el descubrimiento que según el texto hizo Faraday. Como indica el texto, la opción (5) es

Unidad 4

Respuestas y explicaciones • Unidad 4

incorrecta porque los motores eléctricos fueron producto de inventores posteriores a Oersted.

6. **(3) La aguja de una brújula está magnetizada.** (Análisis) El autor no explica que la aguja de la brújula estaba magnetizada porque supone que usted sabe que esa es la razón por la que la aguja se desplazó cuando una corriente eléctrica cercana produjo un campo magnético. Todas las demás opciones son afirmaciones del texto.

7. **(4) la generación de electricidad a gran escala mediante el movimiento de campos magnéticos** (Análisis) Cuando se comprendieron los principios del electromagnetismo fue posible la producción de electricidad mediante el uso de campos magnéticos móviles. Las opciones (2), (3) y (5) son incorrectas porque el motor de combustión interna, las locomotoras, los molinos que hacen funcionar una bomba de manera mecánica y las baterías químicas no implican electromagnetismo.

8. **(5) El electromagnetismo tenía muchas aplicaciones potenciales de gran valor.** (Evaluación) El interés en el magnetismo se hizo más patente cuando se entendió mejor su relación con la electricidad porque a partir de entonces era posible buscar usos prácticos para la interacción del magnetismo y la electricidad. La opción (1) es incorrecta: no hay nada en el texto que indique que la calamita tiene muchos usos. La opción (2) es verdadera pero no es la elección adecuada porque la brújula se venía usando desde el siglo XIII. La opción (3) es verdadera pero no explica por qué en este momento los científicos se centraron más en el magnetismo y no en otros fenómenos. La opción (4) es falsa si se relaciona con la comprensión del magnetismo, el texto señala que los descubrimientos de los científicos del siglo XIX (Oersted, Ampère y Faraday) incentivaron el interés en el magnetismo, no en las civilizaciones antiguas.

Lección 20: Las ondas
Práctica de GED (páginas 354–355)

1. **(4) en campos magnéticos y eléctricos que oscilan en una onda** (Comprensión) Es un replanteamiento de la definición que se muestra en el texto. La opción (1) es incorrecta, porque es un razonamiento circular se limita a describir la radiación electromagnética con otras palabras. La opción (2) es incorrecta porque las perturbaciones de la radiación electromagnética se mueven en dos direcciones. La opción (3) es incorrecta porque la radiación electromagnética está formada por ondas trasversales y no longitudinales. La opción (5) es incorrecta porque la luz visible es una forma de radiación electromagnética y no al revés.

2. **(2) en ángulos rectos con respecto a la dirección del movimiento** (Comprensión) De acuerdo con la información ofrecida por el texto y el diagrama, los campos magnéticos y los eléctricos oscilan de manera perpendicular con respecto a la dirección de la propagación. Las opciones (1) y (4) son incorrectas porque describen a la perturbación como una onda longitudinal y no como onda trasversal del tipo de las electromagnéticas. La opción (3) es incorrecta porque los ángulos rectos tienen 90° y no 45°. La opción (5) es incorrecta porque la perturbación es perpendicular con respecto a la propagación y no circular.

3. **(3) Las ondas de la luz tienen longitudes de onda más cortas.** (Análisis) De acuerdo con el diagrama del espectro electromagnético, las ondas de la luz visible tienen longitudes de onda más cortas que las ondas de radio. Las opciones (1) y (2) son incorrectas porque tanto el texto como el diagrama indican que todos los tipos de ondas electromagnéticas están formadas por campos eléctricos y por campos magnéticos. La opción (4) es incorrecta porque el texto explica que las ondas electromagnéticas pueden propagarse a través del vacío, por lo tanto no necesitan un medio para hacerlo. La opción (5) es incorrecta porque el texto y el diagrama indican que las ondas de radio son parte del espectro electromagnético, no ondas sonoras.

4. **(2) Viajan a través del vacío a una velocidad de 186,282 millas por segundo.** (Evaluación) De acuerdo con el diagrama del espectro electromagnético, las ondas infrarrojas son ondas electromagnéticas. De acuerdo con el texto, todas las ondas electromagnéticas se propagan en el vacío a la misma velocidad, a 186,282 millas por segundo. La opción (1) es incorrecta porque las máquinas de rayos X producen rayos X, no ondas infrarrojas. La opción (3) es incorrecta porque todas las ondas electromagnéticas se propagan a la misma velocidad en el vacío. La opción (4) es incorrecta porque las ondas electromagnéticas tienen longitudes de onda que van desde los 10^{-4} metros

a aproximadamente los 10^{-6} metros. La opción (5) es incorrecta porque el diagrama muestra que las ondas infrarrojas son un tipo de ondas electromagnéticas.

5. **(1) Los teléfonos celulares emiten microondas cerca de la cabeza.**
(Comprensión) De acuerdo con el texto, el uso del teléfono celular se ha convertido en un asunto preocupante porque este tipo de teléfonos emite radiaciones electromagnéticas cerca del cerebro. A las personas les preocupa que los teléfonos puedan suponer un riesgo de salud para los usuarios. Las opciones (2) y (4) son incorrectas porque se centran en aspectos de los teléfonos celulares que no son importantes con respecto al riesgo de desarrollar cáncer cerebral. La opción (3) es incorrecta. A los ratones se les expuso a una radiación similar pero no a teléfonos celulares específicamente, y además el tipo de cáncer que desarrollaron tampoco era específico. La opción (5) es incorrecta porque no es el hecho de que los teléfonos celulares no utilicen cables lo que hace sospechar a las personas del posible riesgo de desarrollo de cáncer cerebral.

6. **(2) Utilizar un teléfono celular con una antena remota para atenuar la intensidad de las microondas cerca de la cabeza.**
(Aplicación) Cuando se incrementa la distancia que hay entre la fuente de las emisiones electromagnéticas (la antena) y la cabeza del usuario, el bombardeo de microondas en el cerebro se reduce, por lo tanto se reduce el riesgo, si es que lo hay. La opción (1) es incorrecta porque el uso del teléfono celular en espacios abiertos no afecta la distancia que hay entre la antena y la cabeza de la persona. La opción (3) es incorrecta porque aunque se alterne el lado de la cabeza en el que se usa el teléfono el cerebro aún recibe microondas. Las opciones (4) y (5) son incorrectas porque la antena está en funcionamiento cuando se reciben llamadas y cuando se hacen.

7. **(4) No ha podido encontrarse una conexión definitiva entre el uso del teléfono celular y el cáncer cerebral.**
(Evaluación) El texto explica que los estudios con animales y los estudios con humanos no han ofrecido ninguna evidencia definitiva de que los teléfonos celulares están asociados con un riesgo de desarrollar cáncer cerebral superior al normal. Las opciones (1), (2) y (5) son generalizaciones apresuradas y no están apoyadas por la información que ofrece el texto. Hasta la fecha no

hay evidencia suficiente para apoyar ninguna de estas conclusiones. La opción (3) es incorrecta porque el texto menciona que los hornos microondas utilizan niveles altos de microondas para calentar comida, y no niveles bajos.

GED Repaso Ciencias físicas
(páginas 356–357)

1. **(4) la goma de caucho** (Comprensión) El párrafo indica que la goma de caucho es un buen material aislante. Según esto, la opción (4) es correcta. El párrafo también dice que los metales son buenos conductores. Éstos son lo contrario a un buen aislante. En las opciones (1), (2), (3) y (5) se muestran metales y éstos no serían buenos aislantes.

2. **(1) cable eléctrico para una lámpara**
(Aplicación) Un conductor permite que la corriente eléctrica fluya con facilidad a través de él y sería útil para un cable eléctrico. Las opciones (2) y (3) son objetos en los que se utilizan aislantes para prevenir un choque eléctrico. Las opciones (4) y (5) también son objetos en los que los aislantes son más apropiados que los conductores.

3. **(1) Lo más probable es que una tubería de plata tenga menor resistencia que una tubería de plástico.** (Evaluación) Los conductores permiten el flujo de la corriente y por ello ofrecen una menor resistencia a la electricidad. Además los metales tienden a ser mejores conductores que los no metales y por ello lo más probable es que la plata tenga una resistencia menor que el plástico. Aunque la opción (2) es verdadera, es una respuesta incorrecta: el párrafo no menciona el efecto de la temperatura o la capacidad que tiene una sustancia para conducir electricidad. La opción (3) es incorrecta porque el párrafo indica que la porcelana (un no metal) aísla mejor que la plata (un metal). La opción (4) es incorrecta porque el párrafo indica que el vidrio tiene una resistencia mayor que el cobre. La opción (5) es incorrecta porque en el párrafo se implica que los electrones se mueven más fácilmente a través de los metales que a través de los no metales.

4. **(2) La bombilla *B* tampoco se encendería.**
(Análisis) Puesto que la bombilla A pertenece a un circuito en serie, cuando el circuito se rompe porque la bombilla A se funde la bombilla B tampoco encendería. La opción (1) no serviría para arreglar el circuito porque es la bombilla fundida la que ha detenido el flujo de la corriente en el

circuito, no un cable defectuoso. La opción (3) es incorrecta porque la bombilla C está en un circuito en paralelo. Cuando la bombilla fundida C interrumpe el flujo de la corriente dentro del circuito, la corriente fluye por el otro trayecto y la bombilla D sigue encendida. La opción (4) es incorrecta porque sólo cuando se reemplaza la bombilla C (y no cuando se cambian los cables) la corriente fluye por todo el circuito. La opción (5) es incorrecta porque el que una sola bombilla se funda en un circuito no indica que haya que cambiar las baterías.

5. **(3) La corriente sigue en todos los trayectos del circuito excepto en uno.** (Evaluación) El hecho de que el resto de las luces funcionen después de que una bombilla se funda indica que el circuito está en paralelo. Las opciones (1) y (4) no son correctas porque un corte de corriente o un fusible detendrían la corriente de un circuito eo serie y de un circuito en paralelo también. La opción (2) es incorrecta porque esto sólo sucedería si el circuito fuera en serie. La opción (5) contradice la información dada en la pregunta de que la cocina tiene un solo circuito.

6. **(3) Las moléculas de las soluciones son más pequeñas que las partículas de un coloide.** (Comprensión) La primera oración del segundo párrafo señala cuál es la diferencia clave entre los coloides y las soluciones: las partículas de los coloides son mucho más grandes que las moléculas de las soluciones. La opción (1) no es cierta; algunos coloides son líquidos y otros son gases. La opción (2) puede ser cierta o no según el coloide y la solución implicados, pero ni el texto ni el diagrama mencionan los puntos de congelación de los coloides y de las disoluciones. El texto y el diagrama contradicen la opción (4): el diagrama muestra que las partículas de un coloide no pueden atravesar una membrana semipermeable. Las opción (5) es incorrecta porque ni el texto ni el diagrama la apoyan; el texto da ejemplos de gases y de líquidos que son coloides, no de sólidos; el texto no cita ejemplos de soluciones, pero tampoco dice que las disoluciones son siempre líquidos (no lo son).

7. **(3) Tanto las partículas del coloide como las moléculas de soluto la atravesarían.** (Análisis) Una tela metálica tiene orificios mucho más grandes y visibles. A través de ellos podrían pasar las partículas de los coloides y las moléculas de una solución. La opción (1) es incorrecta porque las moléculas de una solución podrían fluir a través de la membrana semipermeable, que

tiene orificios muy pequeños y por lo tanto podrían atravesar también los orificios más grandes de la tela metálica. La opción (2) es incorrecta porque los orificios de la tela metálica tendrían el tamaño suficiente como para que las partículas del coloide los atravesaran. La opción (4) es incorrecta porque la tela metálica dejaría pasar más que la membrana semipermeable. La opción (5) es incorrecta porque todas las partículas podrían atravesar la tela metálica, no sólo las moléculas de agua.

8. **(1) Las partículas de una suspensión son más grandes que las de una solución.** (Comprensión) Puesto que las partículas de las suspensiones son más grandes que las de los coloides y las de los coloides son más grandes que las moléculas de las soluciones, se sigue que las partículas de las suspensiones son más grandes que las moléculas de las soluciones. La opción (2) es incorrecta porque las partículas de una suspensión, más grandes que las de un coloide, no atravesarían a través de algo que no pudiera atravesar el coloide. La opción (3) no puede establecerse a partir de la información dada; una suspensión podría ser un gas. La opción (4) tampoco concuerda con la información del texto y del diagrama (ninguno comenta el color como propiedad de los coloides y las suspensiones). La opción (5) es falsa; por definición, los componentes de cualquier tipo de mezcla pueden ser separados.

9. **(1) Cuando cae la nieve, se riega cloruro de calcio en las carreteras para prevenir la formación de hielo.** (Evaluación) De acuerdo con el texto, añadir un soluto (como el cloruro de calcio) a un disolvente (nieve o agua) reduce el punto de congelación. Por eso se riega sal en las carreteras. La opción (2) es incorrecta porque no implica un soluto. La opción (3) es incorrecta porque se centra en la expansión del agua cuando se congela, no en los cambios que afectan al punto de congelación. Las opciones (4) y (5) son ciertas pero no describen el efecto de un soluto.

GED Repaso de la Unidad Ciencias
(páginas 358–363)

1. **(1) las emisiones de las fábricas, las centrales eléctricas y los automóviles** (Comprensión) De acuerdo con el texto y con el diagrama, los gases contaminantes procedentes de las fuentes industriales y de los vehículos se mezclan con el vapor del aire y dan lugar a la lluvia ácida. La opción (2) describe la formación normal de la lluvia sin indicar la fuente del ácido.

Las opciones (3), (4) y (5) son incorrectas porque hablan de los problemas de la contaminación de las aguas en la Tierra, no en la lluvia.

2. **(4) porque las emisiones causantes de la lluvia ácida en el estado bien pueden originarse en otro lugar del país**
(Evaluación) Puesto que los gases contaminantes suelen viajar grandes distancias antes de mezclarse con el vapor de agua y producir la lluvia ácida, lo más probable es que el control de las emisiones dentro del estado no reduzca sus precipitaciones de lluvia ácida. La opción (1) puede ser verdadera pero no expresa por qué el plan oficial es defectuoso. La opción (2) es incorrecta porque el estado puede forzar el cumplimiento de los controles si así lo desea. Las opciones (3) y (5) son falsas.

3. **(1) daños a la flora y la fauna acuática**
(Análisis) La lluvia ácida hace que el agua de los manantiales y de los lagos se vuelva ácida, y por ello lo más probable es que se produzca un efecto nocivo para los organismos que viven en estos lugares. La opción (2) sería una causa de la contaminación y no un efecto. La opción (3) es incorrecta porque lo más probable es que la contaminación que la lluvia ácida produce en un lago o un manantial no suba en contra de la corriente. Las opciones (4) y (5) no son resultados de la contaminación por lluvia ácida.

4. **(4) digestión** (Aplicación) Al igual que en el proceso de descomposición, en la digestión las sustancias complejas de mayor tamaño se dividen en sustancias simples a través de varios pasos. Las opciones (1), (2), (3) y (5) son incorrectas porque no tienen nada que ver con la degradación de las sustancias complejas en componentes más sencillos y fáciles de utilizar.

5. **(2) la distancia que recorre la cuerda al tirar de ella** (Evaluación) De acuerdo con el texto y el diagrama, la distancia que recorre la cuerda al tirar de ella es igual a la distancia que se desplaza la carga. Por tanto, conocer la distancia que recorre la cuerda al tirar de ella permite descubrir cuál es el desplazamiento de la carga. Las opciones (1), (3) y (4) no son precisas para hallar el desplazamiento de la carga. La opción (5), la longitud total de la cuerda, le señala el desplazamiento máximo que puede tener la carga, pero no es lo más adecuado para hallar cuánto se movió la carga en realidad.

6. **(5) La fricción de la rueda de la polea debe compensarse con el esfuerzo al tirar de la cuerda.** (Análisis) Aunque en teoría en un sistema de polea simple la fuerza del esfuerzo es la misma que la carga, en la práctica la persona que tira de la cuerda debe realizar un pequeño esfuerzo adicional (fuerza) para neutralizar el efecto de la rueda de la polea. La opción (1) es verdadera pero no explica por qué la persona que tira de la polea tiene que ejercer un pequeño esfuerzo adicional. Las opciones (2) y (3) son incorrectas porque en un sistema de poleas simples la distancia que se recorre al tirar de la cuerda es la misma que la distancia que se mueve la carga. La opción (4) es incorrecta porque la masa de la carga no varía al elevarse.

7. **(2) El calor que despiden los automóviles sube la temperatura en las calles que tienen un tráfico pesado.** (Análisis) Los motores de los automóviles pierden más calor del que producen y éste es absorbido por lo que tienen alrededor. Cuanto más tráfico tenga una calle, ésta tendrá más calor procedente del calor contaminante de los automóviles. La opción (1) es incorrecta porque las calles que tienen un tráfico denso absorben la misma cantidad de calor que el resto de las calles cuando la sombra y la orientación son iguales. En la opción (3) se muestra un incremento de calor que puede suceder por el rozamiento al viajar en calles desgastadas, pero este calor no es tan significativo como la pérdida generada por los motores de los automóviles. Las opciones (4) y (5) pueden o no ser ciertas en ciertos casos específicos, pero no se proporciona suficiente información para evaluar la importancia que tienen.

8. **(4) En su nuevo trabajo necesita transportar instrumentos pesados en el automóvil.** (Aplicación) Aumentar la potencia del motor del automóvil en caballos de fuerza o de vapor será útil para transportar una carga más pesada (por ejemplo, suministros de gran peso). Las opciones (1) y (3) no se relacionan con la cantidad de caballos de fuerza que tiene un automóvil. Las opciones (2) y (5) serían buenas razones para comprar un automóvil con un motor de baja potencia, no para comprar uno con muchos caballos de fuerza (ésta última quema más combustible y produce más contaminantes).

9. **(3) el ventrículo izquierdo** (Comprensión) El ventrículo izquierdo envía la sangre a la aorta, que a su vez la conduce a los vasos sanguíneos que cubren el cuerpo. La opción (1), el ventrículo derecho, envía sangre con un contenido bajo de oxígeno a los pulmones. La opción (2), la aurícula derecha, recoge la sangre con bajo contenido de oxígeno procedente del cuerpo. La opción (4), la

aurícula izquierda, recibe la sangre oxigenada procedente de los pulmones. La opción (5) nombra a un par de vasos sanguíneos, no a una cavidad del corazón.

10. **(4) El organismo no recibiría suficiente sangre oxigenada.** (Análisis) La aorta se encarga de enviar sangre oxigenada al resto del cuerpo. Si esta arteria estuviera parcialmente bloqueada, el flujo de la sangre se vería, por tanto, disminuido. La opción (1) es incorrecta porque la sangre no entra en el ventrículo izquierdo a través de la aorta. La opción (2) es incorrecta porque la sangre pobre en oxígeno llega al corazón a través de la vena cava, no a través de la aorta. La opción (3) es incorrecta porque la sangre pobre en oxígeno llega a los pulmones a través de las arterias pulmonares, no a través de la aorta. La opción (5) es incorrecta porque en la vena cava no entra sangre oxigenada.

11. **(1) Las arterias y las venas son vasos sanguíneos que forman parte del sistema circulatorio.** (Análisis) El escritor ofrece información acerca de las venas, de las arterias y de las funciones que tienen, pero no menciona de una manera directa que éstas sean vasos sanguíneos o que pertenezcan al sistema circulatorio. Las opciones (2) a (5) son verdaderas pero están directamente planteadas en el texto o se muestran en la ilustración.

12. **(1) porque debido a su peso, la mayoría de las partículas son arrastradas cerca del suelo** (Análisis) En el diagrama se muestra que la arena que transporta el viento rebota cerca del suelo y desgasta la base de la roca. No hay nada en la información dada que sugiera que las opciones (2), (3) o (4) sean ciertas. La opción (5) podría suceder pero no explica cuál es la acción que tienen la arena y el viento cerca del suelo.

13. **(5) Las rocas de origen volcánico son rocas ígneas.** (Evaluación) Puesto que los volcanes suceden cuando el magma alcanza la superficie y luego se enfría, se deduce que las rocas que son el resultado de una actividad volcánica son rocas ígneas. Las opciones (1), (2), (3) y (4) no mencionan que el magma forme parte de su formación. De hecho, las opciones (1) y (3) describen la formación de las rocas sedimentarias y las opciones (2) y (4) describen las condiciones bajo las que se forman las rocas metamórficas.

14. **(3) la región centro-sur de California** (Comprensión) Puede consultar la clave y mirar el grupo de sismos que ocurrieron el último día para comprobar que la mayoría sucedieron en esta zona de California. Las opciones (1), (2), (4) y (5) son áreas en las que no se muestra un gran número de sismos durante el último día.

15. **(4) Los sismos ocurren todos los días en California.** (Evaluación) Puede concluir que la actividad sísmica es muy frecuente en California viendo todos esos sismos menores en un período de una semana. La opción (1) no es verdadera porque el mapa muestra una semana en febrero con mucha actividad sísmica. La opción (2) no es verdadera porque durante esa semana ninguno de los terremotos alcanzó una magnitud de 6. La opción (3) puede o no ser verdadera, no hay manera de saberlo con la información del mapa. La opción (5) es incorrecta porque la mayoría de los sismos tuvieron una magnitud muy pequeña y lo más probable es que la mayoría de la gente no los notara.

16. **(2) quarks** (Comprensión) De acuerdo con el texto, los protones y los neutrones están formados por partículas subatómicas llamadas quarks. La opción (1) es incorrecta; los rayos cósmicos no son partículas subatómicas aunque las contengan. Las opciones (3) y (4) son incorrectas porque los bosones son partículas que transportan fuerza y el texto no dice que puedan encontrarse en los protones y neutrones. La opción (5) es incorrecta porque los electrones son partículas con carga negativa diferentes de los protones que tienen carga positiva y los neutrones.

17. **(3) un bosón** (Aplicación) De acuerdo con el texto, los bosones son partículas que transportan fuerza. Si el gluón, una partícula que transporta fuerza, se produce mediante una colisión en un acelerador, lo más probable es que sea un bosón. Ninguna de las otras opciones es una partícula que transporta fuerza.

18. **(5) Comprender las partículas subatómicas puede conducir a avances en la tecnología.** (Evaluación) Los avances en la tecnología son algo muy valorado por muchos estadounidenses porque con mucha frecuencia llevan consigo el crecimiento económico. Por lo tanto, la posibilidad de desarrollar aplicaciones tecnológicas podría ser un argumento usado a favor de construir un nuevo acelerador. Las demás opciones muestran argumentos que las personas utilizarían si se opusieran a la construcción de un nuevo acelerador.

19. **(4) Las bacterias tienen material genético, pero carecen de núcleo.** (Evaluación) De acuerdo con el párrafo, las células bacterianas no

tienen núcleo, pero en el diagrama se puede ver el material genético de la célula bacteriana suspendido dentro del citoplasma. La opción (1) es incorrecta porque el párrafo indica que las células bacterianas son más pequeñas. Las opciones (2), (3) y (5) son incorrectas porque la ilustración muestra que las células bacterianas tienen ribosomas, membrana celular, pared celular y citoplasma.

20. **(3) mediante la unión de la célula reproductora de un organismo con la célula reproductora de otro organismo de la misma especie** (Análisis) Puesto que cada una de las células reproductoras tiene la mitad del número normal de cromosomas, cuando se combinan las dos células reproductoras (una procedente del macho y otra procedente de la hembra), se produce una descendencia con un número de cromosomas normal. La opción (1) es incorrecta porque en esta forma de reproducción las células reproductoras no son necesarias. La opción (2) es incorrecta porque la descendencia resultante tendría sólo la mitad de los cromosomas necesarios. La opción (4) es incorrecta porque el número de cromosomas que se produciría como resultado sería el doble del necesario. La opción (5) es incorrecta porque los organismos que se reproducen sexualmente lo hacen gracias a sus células reproductoras y no mediante la combinación de células no reproductoras.

21. **(2) Es posible que el extremo de los cromosomas desempeñe alguna función en la velocidad de la división celular.** (Comprensión) Puesto que los extremos de los cromosomas son diferentes en las células saludables (división celular normal) y en las células cancerosas (división celular rápida), los extremos de los cromosomas están implicados en la división celular. Las opciones (1) y (4) son incorrectas porque son detalles del párrafo y no la idea principal. La opción (3) es incorrecta porque la estructura del cromosoma no afecta a la velocidad de la división celular. La opción (5) no es verdadera. De acuerdo con el texto, las células cancerosas se multiplican con mayor rapidez que las normales.

22. **(2) B** (Comprensión) De todas las células que se muestran aquí, sólo las que aparecen en la opción (2) tienen estructuras similares a pelillos (cilios) capaces de filtrar el polvo. Las opciones (1), (3), (4) y (5) muestran, por este orden: (1) glóbulos blancos, (3) células nerviosas, (4) glóbulos rojos y (5) células del tejido conjuntivo, y ninguna de ellas tiene cilios.

UNIDAD 5: LENGUAJE, LECTURA

Interpretar los textos de no ficción
Lección 1: Encontrar la idea principal y los detalles de apoyo
Práctica de GED (páginas 367–368)

1. **(4) Cuidar la calidad editorial puede ayudar a mejorar el periodismo.**
(Comprensión) Las líneas que preceden a la cita de la pregunta son "a Wall Street no le importa mucho la calidad editorial; a los periodistas sí y a los demás les debería importar" (líneas 1 a 3). La cita de la pregunta es una continuación de este pensamiento, que a la gente le debería importar la calidad editorial porque el periodismo no es perfecto. Esto implica que cuidar la calidad puede ayudar a mejorar el periodismo. La opción (1) es lo opuesto. La opción (2) puede ser verdadera, pero no se discute en el pasaje. No hay apoyo en el pasaje para las opciones (3) y (5).

2. **(5) Los semanarios de noticias resumen y analizan las noticias.** (Análisis) El párrafo habla de la posición y función de los semanarios de noticias en la "cadena alimenticia del periodismo" (línea 7). Dice que "los semanarios de noticias resumen y analizan el conjunto" (líneas 12 y 13) y describe lo que se requiere para hacerlo. Las opciones (1), (3) y (4) pueden ser verdaderas pero no se desarrollan en el pasaje. La opción (2) es un detalle, no la idea principal.

3. **(3) Recuerda al lector la indigestión por comer en exceso.** (Análisis) La sugerencia figurada compara el recibir demasiada información con la molestia de comer en exceso. La opción (1) no tiene apoyo. La opción (2) puede ser verdadera en general, pero otros medios de comunicación además de la televisión son parte del problema en cuestión. La opción (4) sólo se añade al problema. La opción (5) no se sugiere.

4. **(1) orden cronológico: explica el orden en que los medios de comunicación cubren la noticia** (Síntesis) En el segundo párrafo, cuando se describe la "cadena alimenticia", el autor usa la palabra "primero" al hablar de la radio, la palabra "luego" al referirse a los noticieros de televisión y "por último" al referirse a las revistas de noticias. Esto indica el uso de una secuencia u orden cronológico.

5. **(3) Una jueza puede otorgar un premio basándose en un detalle pequeño.**
(Comprensión) El párrafo anterior hace surgir la pregunta de cómo escoger entre dos buenas concursantes. Este párrafo contiene la frase que explica cómo decide la jueza: se centra en un detalle de las prendas ausente en las demás, esto es, los botones cubiertos. No hay evidencias de que la jueza veterana sea, en general, una persona quisquillosa, así que la opción (1) es incorrecta. La opción (2) es incorrecta porque no hay evidencias de que todas las prendas de vestir requieran botones. Los botones adquirieron importancia cuando todo lo demás era igual. La opción (4) es verdadera, pero no es sugerida por la palabra "quisquillosa", así que es incorrecta. "Quisquillosa" sugiere lo opuesto de la opción (5), por lo tanto, es incorrecta.

6. **(3) sus botones forrados** (Análisis) El hecho de que la jueza mencione que en "el condado de Highland los botones forrados hacen la diferencia" (líneas 31 y 32) sugiere que los botones son un factor importante en la decisión. No hay ninguna evidencia de que las opciones (1), (2) y (5) sean características sobresalientes del jumper, así que son todas incorrectas. El hecho de que las jueces se vuelvan quisquillosas o se fijen en detalles muy pequeños sugiere que esta no es la razón, así que la opción (4) es incorrecta.

7. **(4) La jueza no está satisfecha con la cosecha de este año.** (Análisis) Un suspiro puede ser signo de pena o desagrado. La opción (1) puede ser verdadera pero el pasaje no brinda evidencias que apoyen esta opción. Las opciones (2) y (5) pueden ser verdaderas pero no indican que la jueza está suspirando porque está aburrida o porque no le están pagando. No hay evidencias para la opción (3).

8. **(2) informal y espontáneo** (Síntesis) Los diálogos del pasaje, así como el tema del artículo, una feria de condado, apoyan la descripción de una redacción informal y espontánea. Ninguna de las otras opciones describe correctamente el estilo del escrito.

Lección 2: Resumir las ideas importantes
Práctica de GED (página 370)

1. **(5) robo de una computadora**
(Comprensión) El pasaje menciona que los ex-empleados califican para cobertura en la mayoría de las circunstancias, excepto "falta grave de conducta" (líneas 16 y 17). Las opciones (1) y (2) son problemas con la empresa, no con la conducta del empleado y por lo tanto, no descalificarían al empleado. Las opciones (3) y (4) se describen en el pasaje como situaciones en las que el empleado calificaría para beneficios; por lo tanto son incorrectas.

Unidad 5

2. **(3) Los ex-empleados que califican y sus dependientes pueden conservar su seguro de salud.** (Comprensión) La opción (1) es demasiado general para describir la idea principal del pasaje y por lo tanto es incorrecta. La opción (2) es verdadera pero está incompleta porque el pasaje también describe cómo los dependientes de ex-empleados pueden conservar el seguro. La opción (4) es demasiado general. La opción (5) no está desarrollada en el pasaje.

3. **(2) Las empresas con menos de 20 empleados están exentas.** (Análisis) La ley exige a Jefstream Airways proveer la cobertura descrita porque es "un empleador con más de 20 personas" (línea 4). Usted puede deducir de este enunciado que a las empresas con menos de 20 empleados no se les exige otorgar esta cobertura. El pasaje no menciona ningún detalle de apoyo para las demás opciones.

Lección 3: Replantear información
Práctica de GED (páginas 372–373)

1. **(1) El valor de Gates es mayor, así que su tiempo es más valioso.** (Comprensión) El pasaje describe cómo, en 1986, no valía la pena que Bill Gates recogiera un billete de $5, ahora no vale la pena que pierda tiempo recogiendo un billete de $500. El pasaje no indica que Bill Gates tendrá que trabajar más, por lo tanto, la opción (2) es incorrecta. Es posible que la opción (3) sea verdadera, pero el pasaje no la menciona. No hay ideas de apoyo para la opción (4) en el pasaje. La opción (5) es verdadera, pero no replantea las líneas dadas en la pregunta y por la tanto no es la opción correcta.

2. **(5) humorístico** (Síntesis) El autor describe con humor la enorme cantidad de dinero que gana Bill Gates. Por ejemplo, crea una imagen de Bill Gates perdiendo su tiempo por recoger un billete de $500. El autor no parece felicitar a Bill Gates, ni parece tenerle envidia o criticarlo, por lo tanto, las opciones (1), (2) y (3) son incorrectas. Tampoco hay evidencia de que el autor esté molesto por la fortuna de Gates, la opción (4).

3. **(4) Una fortuna modesta es para Gates como cambio de bolsillo.** (Análisis) Esta sección del pasaje está dedicada a comparar lo que el dinero significa para un estadounidense promedio con lo que la misma cantidad significa para Bill Gates. No hay apoyo en el pasaje para la opción (1). Aunque las opciones (2) y (5) pueden ser verdaderas, no replantean las líneas del pasaje. El autor sugiere que Gates podría gastar fortunas sin pensarlo dos veces, pero no hay evidencias de que así lo haga.

4. **(2) mediante comparaciones** (Aplicación) El autor emplea comparaciones a lo largo del pasaje para enfatizar cuánto dinero hace Bill Gates y cómo su capacidad para ganar dinero ha aumentado con los años. Por lo tanto, probablemente usaría comparaciones para describir una gran distancia, como la que hay entre la Tierra y la Luna. El autor sí emplea un lenguaje técnico para describir una computadora de vanguardia, pero la mayor parte del lenguaje del pasaje no es técnico, por lo tanto, la opción (1) es incorrecta. El autor no exagera la riqueza de Gates, opción (3), ni describe distintos puntos de vista, la opción (4). El autor no se limita a enunciar hechos sobre la riqueza de Gates, se asegura que el lector entiende la dimensión de la fortuna de Gates. Por lo tanto, la opción (5) no es la mejor.

5. **(2) La garantía sólo cubre los desperfectos de manufactura.** (Comprensión) El párrafo describe con detalle todas las circunstancias bajo las cuales la empresa no se hace responsable por los desperfectos o daños; estos incluyen cualquier cosa que suceda después de la fabricación, por ejemplo, daños sufridos durante el transporte. Una persona con esta garantía ya habría comprado el artículo en cuestión, así que la opción (1) es incorrecta. La opción (3) es verdadera, pero sólo es un detalle del párrafo así que es incorrecta. La opción (4) es opuesta a lo que dice el párrafo así que es incorrecta. La opción (5) es una cuestión de opinión, no una idea que se da en el párrafo, así que es incorrecta.

6. **(1) describir las condiciones en que la empresa reemplazará o reparará el producto** (Comprensión) El propósito de esta garantía se menciona en la primera oración del primer párrafo. La opción (2) es verdadera sólo en ciertas circunstancias. Las opciones (3) y (5) no se mencionan en la garantía. La opción (4) no es verdadera de acuerdo con la información que aparece en la póliza de garantía.

7. **(2) dar prueba de la fecha de compra** (Análisis) La garantía es valida sólo durante el año siguiente a la compra. Por lo tanto, aún cuando no está especificado en la póliza de garantía es razonable esperar que el comprador proporcione una prueba de la fecha de compra para que la empresa acceda a los términos del acuerdo de garantía. No es probable que las opciones (1), (3) y (5) sean criterios que el

comprador deba reunir para que el fabricante cumpla con el acuerdo de garantía. La opción (4) podría ser un criterio, pero en el pasaje no se hace referencia a este requisito.

8. **(5) formal y legal** (Análisis) En el acuerdo se emplea terminología legal, por ejemplo, "obligación" y "exclusiones". Las oraciones son largas y complejas. Si el estilo es aburrido o no es una cuestión de opinión, así que la opción (4) no es la mejor respuesta. Ninguna de las otras opciones está apoyada por los detalles dados en la póliza de garantía.

Lección 4: Aplicar ideas
Práctica de GED (páginas 375–376)

1. **(3) cómo buscar en la Red** (comprensión) El pasaje describe lo confuso que puede ser encontrar información en la Red y da algunas pistas e información sobre el uso de los motores de búsqueda. La opción (1) es un detalle del pasaje pero no describe la idea principal, así que es incorrecta. Las opciones (2) y (5) no están apoyadas por el pasaje, así que son incorrectas. La opción (4) es incorrecta porque el pasaje dice cómo usar un motor de búsqueda, pero no cómo crearlo.

2. **(3) oportunidades en el servicio de comida** (Aplicación) Las palabras servicio de comida indican que esta opción tiene que ver con cocinar y la palabra oportunidades sugiere trabajos. Las opciones (1) y (4) darían información sobre cocinar y aprender a cocinar, pero no sobre empleos; por lo tanto, son incorrectas. La opción (2) daría información sobre todos los tipos de trabajos y ya que esta información no sería específica a los trabajos de cocina, no es la mejor opción. La opción (5) daría información sobre empresas que suministran alimentos, no sobre trabajos, así que es incorrecta.

3. **(3) La Red es una biblioteca electrónica.** (Análisis) El pasaje describe la Red como "el mayor recurso de información del mundo" (líneas 1 y 2), lo cual sugiere que es una enorme biblioteca electrónica. La opción (1) no es un enunciado verdadero y es incorrecta. El pasaje no apoya las opciones (2) y (4), así que son incorrectas. La opción (5) es lo opuesto a lo que se menciona en el artículo, así que es incorrecta.

4. **(3) un título que contenga las palabras más importantes de la página** (Aplicación) El pasaje menciona que, al buscar, los motores de búsqueda tratan de encontrar documentos que

contengan en el título las palabras clave (líneas 30 a 35). Por lo tanto, para facilitar encontrar un documento, el título de la página debe incluir dos o tres palabras clave importantes. Dado que cada persona usa distintas palabras clave, es conveniente poner más de una palabra importante en el título. Las opciones (1), (4) y (5) no permitirían a los motores de búsqueda encontrar documentos de manera efectivas, por lo tanto, son incorrectas. La opción (2) atraería a algunas personas interesadas, pero el uso de una sola palabra limitaría el número de personas que encontrarían la página.

5. **(1) paga el plan de seguro** (Comprensión) La última oración del segundo párrafo define la cláusula de coseguro como 90 por ciento de los cargos cubiertos que la red (a la que pertenece el plan de seguro) paga.

6. **(2) Se concede un permiso de hasta 6 meses si el padre es el principal cuidador.** (Aplicación) El pasaje menciona que la compañía es progresista y cordial con los empleados. Esto coincide con un permiso por paternidad generoso. Las opciones (1), (4) y (5) no son generosas, así que son incorrectas. La opción (3) está lejos de ser generosa; no sería práctico para ninguna compañía ofrecer una cantidad ilimitada de tiempo.

7. **(3) Consultarlos ayuda a regular los costos del seguro.** (Análisis) La contención de los costos es una razón de peso para que los empleadores fomenten la consulta de ciertos proveedores de cuidados de la salud. No hay nada en el pasaje que sugiera que los profesionales de la vista aprobados estén más calificados que los que no están aprobados. Por lo tanto, la opción (1) es incorrecta. La opción (4) implica que los profesionales fuera de la red cobran en exceso a sus pacientes, una generalización que no tiene bases. Los hechos del pasaje no apoyan las opciones (2) y (5).

Lección 5: Hacer una deducción
Práctica de GED (páginas 378–379)

1. **(2) cree que era interesado** (Comprensión) El autor describe cómo Johnson se hizo amigo de un hombre mayor en la universidad y lo aduló para obtener poder. Esto sugiere que Johnson usaba a las personas para obtener lo que quería. El talento de Johnson para hacer campaña no se menciona en el pasaje, así que la opción (1) es incorrecta. Las opciones (3), (4) y (5) no están apoyadas por los hechos del pasado.

2. **(4) Era adulador.** (Comprensión) El autor usa palabras derivadas de adular dos veces en una oración (líneas 22 y 23). Esto indica que el autor cree firmemente que Johnson se servía de la adulación para obtener lo que quería. Las opciones (1) y (2) no se usan para describir a Johnson. La opción (3) se usa para describir la adulación de Johnson, no para referirse a su persona. La opción (5) se usa para describir a Johnson, pero no explica cómo llegó al poder.

3. **(2) Intentaba hacerse amigo de los hombres que podían ayudarlo.** (Análisis) El autor describe cómo Johnson se hacía amigo de hombres mayores que lo ayudaban a adquirir poder. Aunque Johnson sí se hizo amigo de hombres poderosos, en el pasaje no hay evidencias que sugieran que no hizo otro tipo de amistades. Por lo tanto, la opción (5) es incorrecta. El pasaje no apoya las otras opciones.

4. **(2) Johnson podía andar en tejemanejes.** (Síntesis) Para lograr que el Congreso apruebe programas, los presidentes deben ser capaces de persuadir a los legisladores que los apoyen, lo cual es un tipo de tejemaneje. La opción (1) es incorrecta porque probablemente esto dificultaría la aprobación de una ley. Aunque ser descarado posiblemente podría contribuir a la aprobación de leyes, no es una característica lo suficientemente fuerte para lograr la aprobación de una ley. Por lo tanto, la opción (3) es incorrecta. La opción (4) es incorrecta porque el pasaje sugiere que las únicas personas que a Johnson le importaba agradar eran las que podían ayudarlo. La opción (5) es una opinión que el pasaje no apoya.

5. **(4) Los beneficios de la conservación no siempre pueden medirse en dólares y centavos.** (Comprensión) La frase "beneficios económicos" se refiere a hacer dinero. A partir del contexto de la oración, usted puede inferir que la palabra intangible significa "no medible con dinero". Ninguna de las otras opciones tiene sentido en el contexto del pasaje.

6. **(3) obtener beneficios de los nuevos proyectos de construcción** (Análisis) El escritor menciona que los promotores inmobiliarios a menudo están deseosos de imitar un cierto estilo e implica que describen algunos edificios históricos en términos de que no llegan a "su más alto potencial para generar impuestos" (líneas 34 y 35). Esto sugiere que los promotores inmobiliarios están más preocupados por hacer dinero que por conservar los barrios históricos.

La opción (1) puede ser verdadera, pero no sería una preocupación principal de los promotores inmobiliarios. Ellos tratan de sacar beneficios y no trabajan para la ciudad. Las opciones (2) y (5) no se mencionan en el pasaje. La opción (4) es la preocupación del autor de la editorial, no la de los promotores inmobiliarios.

7. **(1) despertar la conciencia de la importancia de conservar edificios históricos** (Síntesis) Toda la editorial se enfoca en la importancia de conservar edificios históricos que ofrecen una mirada única al pasado de la ciudad. Ninguna de las otras opciones refleja el propósito general de la editorial.

Lección 6: Identificar el estilo y el tono
Práctica de GED (página 381)

1. **(4) entender la poesía** (Comprensión) Para Frost, "acercarse a la poesía" significa entender "el punto en cuestión" (líneas 21 y 22). No hay evidencias que apoyen las opciones (1), (2), (3) y (5).

2. **(1) Ambas son inexactas y no científicas.** (Comprensión) El hecho de que para Frost la mejor indicación de que un estudiante entiende poesía sea una "observación correcta" (línea 27) demuestra el carácter inexacto y no científico de su enseñanza y comprensión. No hay evidencias que apoyen las opciones (2), (3), (4) y (5).

3. **(3) Calificar la comprensión de poesía de un estudiante es difícil y circunstancial.** (Análisis) A partir del pasaje usted puede concluir que Frost piensa que calificar la comprensión que una persona tiene de la poesía no es una tarea fácil. Frost dice que es posible que una calificación dependa de una sola observación, siempre y cuando ésta sea buena. La opción (1) es incorrecta porque Frost dice que no piensa que todos deben escribir poesía. La opción (2) es incorrecta porque se puede deducir que para Frost, calificar la comprensión de poesía de un estudiante no es algo exacto ni sencillo. La opción (4) es una mala interpretación del pasaje. La opción (5) es verdadera sobre el sistema de calificación de Frost, pero no es el mejor resumen de sus ideas.

4. **(5) serio y coloquial** (Síntesis) El tema, la comprensión de la poesía, es serio, pero el autor escribe acerca de él como si estuviera hablando con el lector. La opción (1) es incorrecta porque el lenguaje usado no es formal. Las opciones (2), (3) y (4) no caracterizan el estilo en que está escrito el pasaje.

Unidad 5

Lección 7: Sacar conclusiones

Práctica de GED (páginas 383-384)

1. **(3) La gente estaba reaccionando a los efectos del tornado.** (Comprensión) Esta opción comprende las acciones de todas las personas que aparecen en el pasaje. Las opciones (1), (2), (4) y (5) se refieren a detalles del pasaje, no a la situación general.

2. **(5) No entendía por qué su esposo la había llamado.** (Comprensión) La Sra. Miller no se había preocupado por su esposo porque no sabía que había motivo de preocupación. La opción (1) es muy improbable. Para la mayoría de la gente los tornados son aterradores. No hay evidencias que apoyen las opciones (2) y (3). Aunque es claro que la Sra. Miller no sabía sobre el tornado, no hay evidencias de que estuviera dormida cuando esto sucedió, la opción (4).

3. **(1) suspenso** (Síntesis) El primer párrafo describe los efectos posteriores al tornado y termina con la anticipación de la posibilidad de un segundo tornado, lo cual genera suspenso. El suspenso se mantiene en el segundo párrafo cuando el narrador dice que desconocía el paradero de su amigo. Las opciones (2) y (5) son inadecuadas para describir el tono de tal acontecimiento devastador. La opción (3) es incorrecta porque aunque el tornado fue un suceso desafortunado, no se describe como una tragedia. La opción (4) es incorrecta porque no se mencionan muertes causadas por el tornado.

4. **(3) testimonio de un testigo.** (Síntesis) El pasaje está narrado en primera persona y relaciona los sucesos desde la perspectiva de una persona. Esto se asemeja al testimonio de un testigo. La opción (1) es incorrecta porque no hay evidencia de que los sucesos descritos en el pasaje sean exagerados o falsos. Un artículo de periódico no estaría escrito en primera persona, así que la opción (2) es incorrecta. Una entrevista de televisión consistiría en preguntas y respuestas; por lo tanto, la opción (4) es incorrecta. No hay evidencia en el pasaje que sugiera que el hablante esta relatando su historia a la policía así que la opción (5) también es incorrecta.

5. **(3) Los administradores de programas son unas de las personas más importantes de la televisión.** (Análisis) El autor afirma que el administrador del programa es más influyente que los guionistas o dirigentes de las compañías de producción; por lo tanto, la opción (1) es incorrecta. Como el pasaje no dice que las compañías de producción siempre se entrometen,

la opción (2) es incorrecta. La opción (4) es lo opuesto de lo que el pasaje da a entender. No hay evidencia que apoye la opción (5).

6. **(1) escribir un programa piloto para un nuevo programa relacionado** (Aplicación) El pasaje define las responsabilidades del administrador de programa para una serie que ya está en producción. No sugiere que el administrador del programa sea responsable de un nuevo programa basado en una serie existente; por lo tanto, es probable que el administrador del programa delegara esto a otra persona. Todas las demás opciones son descritas como responsabilidades del administrador del programa.

7. **(2) La fuerza conductora detrás de *E.R.* es en gran parte desconocida para los televidentes.** (Síntesis) Uno esperaría que la persona más influyente en la producción de una serie de televisión popular tuviera un perfil elevado, como el productor o el director; sin embargo, en realidad es una persona desconocida por la mayoría de los televidentes. La opción (1) no es verdadera con base en el pasaje. El pasaje no menciona ni da a entender la opción (3). Las opciones (4) y (5) no ilustran ironía.

Lección 8: Comparar y contrastar ideas

Práctica de GED (páginas 386–387)

1. **(5) Burr mató al envejecido Hamilton.** (Comprensión) El pasaje dice que Burr selló su destino con una bala y que Hamilton no podría cuidar de su familia (líneas 43 a 47); esto indica que Burr mató de un tiro a Hamilton. No hay evidencia en el pasaje que apoye a las otras opciones.

2. **(4) Ambos buscaban el poder.** (Análisis) El pasaje describe a ambos hombres como excesivamente ambiciosos. La opción (1) es incorrecta porque sólo Burr estuvo cerca de ganar la presidencia. La opción (2) es incorrecta porque sólo Burr era considerado un marginado. La opción (3) es incorrecta porque ambos hombres son descritos como potencialmente peligrosos para la nación; la opción (5) es incorrecta porque sólo Hamilton era federalista.

3. **(4) Siente simpatía por los dos hombres.** (Análisis) El tercer párrafo da crédito a Fleming por retratar tanto a Burr como a Hamilton correctamente y al mismo tiempo transmitir una imagen agradable de ellos (líneas 12 a 15). Esto sugiere que sentía simpatía por ambos sujetos. La información del pasaje no apoya ninguna de las otras opciones.

4. (5) analítico (Síntesis) La autora examina la percepción cambiante de la belleza en la historia reciente de la fotografía de una manera intelectual y analítica. No es argumentativa; por lo tanto, la opción (1) es incorrecta. La autora sí expresa opiniones y ofrece evidencias para apoyarlas, sin embargo, no parece persuadir a los lectores. Por lo tanto, la opción (2) es incorrecta. Describe su percepción de cómo las ideas sobre la belleza han cambiado; sin embargo, su discusión es mucho más profunda que una mera descripción; por lo tanto, la opción (3) no es la mejor. Aunque explica ciertas ideas, la opción (4), éste no es su enfoque principal.

5. (3) fotografiar temas cotidianos (Comprensión) El pasaje dice que los fotógrafos ambiciosos "exploran conscientemente materiales sencillos, de mal gusto e inclusive desabridos" (líneas 15 a 17). Las fotografías que resultan de esta exploración pueden ser bellas o líricas, pero la belleza o las cosas líricas no son el objetivo principal del fotógrafo; por lo tanto, la opción (1) es incorrecta. No hay evidencia en el pasaje que apoye la opción (2). El pasaje dice que estos fotógrafos exploran temas sencillos y desabridos pero no que las fotografías resultantes sean en sí mismas sencillas y desabridas; por lo tanto, la opción (4) es incorrecta. Los fotógrafos probablemente sí quieren que sus fotografías se expongan en museos, pero el pasaje no indica que éste sea su objetivo principal; por lo tanto, la opción (5) es incorrecta.

6. (5) el sentimiento es a la indiferencia (Síntesis) El pasaje describe la experiencia estadounidense "como cataloga Whitman con pasión y evalúa con indiferencia Warhol" (líneas 41 a 43). Las dos palabras importantes de este enunciado son "pasión" e "indiferencia"; sugieren la idea de que Whitman está lleno de sentimiento y Warhol es indiferente. Las otras opciones contienen palabras que se relacionan con ideas del pasaje, pero no con las descripciones de los dos hombres.

7. (1) Todo ser tiene dignidad y valía. (Aplicación) El pasaje menciona que Whitman cree que cada tema tiene belleza y que las acciones e ideas de cada persona son importantes. Por lo tanto, es probable que crea que todas las cosas y seres vivientes tienen dignidad y son valiosas. No hay evidencias en el pasaje que apoyen las otras opciones.

Lección 9: Reconocer el punto de vista del autor
Práctica de GED (página 389)

1. (3) Es una película entretenida. (Análisis) Se puede encontrar la opinión del crítico en las líneas 37 a 39. Aunque la opción (1) es una opinión del crítico, la opción (3) describe mejor su opinión de la película como un todo. El crítico no apoya las opciones (2) y (4). La opción (5) es un hecho, no una opinión.

2. (2) Branagh es perfecto para el papel de Enrique V. (Análisis) El párrafo describe cómo Branagh se identifica con el papel, participa en muchos aspectos de la película y parece y suena perfecto para el papel. El párrafo no apoya las opciones (1) y (3). Las opciones (4) y (5) son detalles del párrafo pero no la idea principal.

3. (1) En ambos se critica la obra *Enrique V* de Shakespeare. (Síntesis) En el primer párrafo, el crítico no se refiere a Enrique V como a una de sus mejores obras. En el último párrafo, describe los últimos 10 minutos de la película, cuando Enrique corteja a su futura esposa, como innecesariamente llenos de afecto y adjudica parte de la culpa a Shakespeare. La opción (2) es incorrecta porque sólo el último párrafo resume una escena de la película. Las opciones (3), (4) y (5) no son verdades sobre la reseña.

GED Repaso Interpretar los textos de no ficción
(página 391)

1. (2) para mostrar qué tienen los cuentos en común (Análisis) Todos los cuentos del libro están relacionados entre sí e ilustran algunos efectos importantes de la guerra en los soldados. Para darle sentido a estos efectos, el crítico discute más de un cuento. En particular, menciona dos cuentos en los que la vergüenza juega un papel en la motivación de los soldados. El crítico no es el centro de esta crítica, así que las opciones (1) y (4) son incorrectas. Tampoco hay pruebas que apoyen la opción (3). Aunque al parecer al autor del libro le desagradó la guerra, la opción (5) no explica la estructura de la crítica.

2. (3) Examina los sentimientos de los soldados. (Comprensión) El crítico indica que este libro es único porque no sólo habla de los horrores de la guerra, sino también de la valentía de los soldados, de su miedo y vergüenza. La crítica no describe las rutinas de los soldados, así que la opción (1) es incorrecta. El hecho de que el libro esté compuesto de cuentos cortos no se enfatiza como uno de sus puntos fuertes, por lo que la opción (2) es incorrecta. Tampoco hay pruebas que apoyen la opción (4). La crítica se centra en la descripción que el autor hace de las batallas; por lo tanto, la opción (5) es incorrecta.

3. **(2) ser criticado por no ir a la guerra** (Comprensión) El libro describe la vergüenza como la razón por la cual el autor, y quizás otros, prestaron servicio en la guerra, específicamente, vergüenza de ser considerados antipatrióticos. No hay pruebas que apoyen las otras opciones.

4. **(3) debe leerse además de *Las cosas que llevaron*** (Comprensión) El crítico también aplaude esta novela. Describe a los dos libros de O'Brien como "ficción básica sobre Vietnam" (línea 8). No indica que es mejor que Las cosas que llevaron, así que la opción (1) es incorrecta. No hay pruebas que apoyen las opciones (2), (4) ni (5).

5. **(5) admirativo** (Síntesis) El crítico dice que el libro está "entre los primeros de la lista de libros de mejor ficción sobre cualquier guerra" (líneas 19 a 21) y que el autor examina los sentimientos de los soldados respecto de la guerra "con sensibilidad y profundidad" (línea 15). Aunque el tema del libro es crudo, la crítica del libro no lo es; por lo tanto, la opción (1) es incorrecta. No hay ningún tipo de prueba que apoye las opciones (2) ni (3). El autor es muy entusiasta con respecto al libro de O'Brien, por lo tanto, la opción (4) no es suficientemente sólida para ser la mejor descripción del tono de la crítica.

6. **(2) la experiencia de la guerra** (Síntesis) La mayor parte de la crítica describe los detalles de la experiencia de la guerra como están escritos en el libro de O'Brien. Aunque algunos de los cuentos pueden estar basados en las experiencias del autor, la crítica dice que son ficticias; por lo tanto, la opción (1) es incorrecta. No se discuten batallas particulares, así que la opción (3) es incorrecta. Tampoco hay ningún tipo de prueba que apoye las opciones (4) ni (5).

Entender la ficción
Lección 10: Descubrir el significado a partir del contexto
Práctica de GED (páginas 393–394)

1. **(2) Hadden es persistente.** (Síntesis) Aunque es posible que Hadden les haya parecido fastidioso a las cadenas, no hay nada en el pasaje que apoye las opciones (1) y (3). Tampoco hay nada que apoye la opción (5) y la opción (4) es lo opuesto de la manera en que se le describe.

2. **(4) programas de televisión** (Comprensión) El pasaje dice que "los programas que eran sus vehículos nominales". Esta frase claramente demuestra que los programas y los vehículos nominales son lo mismo. Las opciones (2) y (3) son incorrectas porque en el pasaje no se hace ninguna mención a los carros, lo cual indica que "vehículo" tiene más de un significado. La opción (5) es lo opuesto a lo que dice el pasaje.

3. **(1) un aparato que silencia los comerciales de TV** (Análisis) La primera oración dice que Hadden ha inventado un módulo que automáticamente apaga el sonido cuando aparece un comercial. Esta información indica que el Adnix es un aparato que hace que los comerciales de televisión no se oigan. Ninguna de las otras opciones apoya esta conclusión.

4. **(3) Las cadenas de televisión no observan los intereses de los televidentes.** (Síntesis) Hadden siguió tratando de coartar los anuncios de las cadenas, lo cual indica que consideraba que a las cadenas no les importaban los intereses de los televidentes. Si Hadden hubiera creído en las opciones (1), (4) o (5), probablemente no hubiera construido el aparato. El pasaje no apoya la opción (2).

5. **(2) la naturaleza indeseable de los comerciales** (Síntesis) El pasaje describe a un personaje que inventa un aparato que apaga el sonido de los comerciales de TV. De acuerdo con este hecho y con el hecho de que las personas sentían un alivio al verse liberadas de los comerciales, usted puede deducir que el tema está relacionado con los efectos negativos de la televisión comercial. La opción (1) es un enunciado demasiado amplio; la información del pasaje no supone la opción (2); aunque la opción (4) puede deducirse del pasaje, no es el tema, y la opción (5) es lo opuesto a lo que describe el pasaje.

6. **(4) la aceptación de "comerciales informativos" para promocionar productos** (Aplicación) De las opciones enumeradas, sólo la opción (4) está relacionada con comerciales, el blanco de los inventos de Hadden.

7. **(4) El gobierno de EE.UU. quería controlar la producción y uso del chip de Hadden.** (Análisis) La opción (1) se refiere a un ensayo previo. Las opciones (2) y (3) son incorrectas porque el pasaje no dice que Hadden hubiera participado en espionaje industrial e inteligencia

militar. La opción (5) es incorrecta porque el pasaje no hace mención alguna a que el gobierno de EE.UU. quisiera el aparato silenciador de Hadden.

Lección 11: Identificar los elementos del argumento
Práctica de GED (página 396)

1. **(1) egoísta** (Análisis) Egoísta significa poner los propios deseos antes que los de los demás. La abuela no quiere ir a Florida, así que trata de manipular a la familia para hacer lo que ella quiere. La opción (2) es incorrecta porque ella menciona al Misfit no porque esté preocupada sino porque no quiere ir a Florida. En el pasaje no hay apoyo para las opciones (3), (4) ni (5).

2. **(2) no le hacen caso la mayor parte del tiempo** (Análisis) Cuando su hijo no le contesta, la abuela se dirige a su nuera, quien actúa como si no la escuchara. El niñito es el único que hace un comentario y simplemente sugiere que se quede en casa. En el pasaje no hay apoyo para las otras opciones.

3. **(2) una reunión en la que el jefe trata de cambiar la opinión del personal sobre una cuestión** (Aplicación) La abuela hace un gran esfuerzo por cambiar la decisión de la familia respecto del lugar adonde irán de vacaciones. El pasaje no apoya ninguna de las otras opciones.

4. **(5) los diálogos que muestran su manera de hablar** (Análisis) El diálogo revela que la abuela es dominante y egocéntrica. El pasaje no contiene información sobre su aspecto ni sobre su familia de Tennessee, ni sobre sus lecturas preferidas; por lo tanto, las opciones (1), (2) y (3) son incorrectas. El pasaje da a entender que los otros personajes consideran que la abuela es fastidiosa, pero no hay un planteo explícito de esto; por lo tanto, la opción (4) es incorrecta.

Lección 12: Aplicar ideas
Práctica de GED (página 398)

1. **(1) pensaría que la sopa de huesos fue la responsable** (Aplicación) Las líneas 24 a 27 dicen que la madre esperaba que la sopa de huesos hiciera el milagro de separar a Caroline de su novio de las Bahamas. Esto sugiere que la madre cree que tiene poderes especiales. Los detalles del pasaje no apoyan ninguna de las otras opciones.

2. **(3) Les gusta reírse de las creencias de su madre.** (Análisis) El pasaje dice que la narradora estaba bromeando cuando le preguntó a Caroline si había tomado sopa; esto indica que la narradora se estaba burlando de la creencia de su madre de que la sopa podía curar todo tipo de enfermedades. En el pasaje no hay apoyo para las opciones (1) ni (2). Las opciones (4) y (5) pueden ser ciertas, pero no son la razón por la cual la narradora hizo la pregunta.

3. **(4) Se preocupa por el futuro de sus hijas.** (Síntesis) La madre está emocionada por el pasaporte y las posibilidades que representa; también está consternada por el compromiso de Caroline. Estos detalles muestran que está bastante preocupada por el futuro de sus hijas. En el pasaje no hay evidencias que apoyen las opciones (1), (2) y (5). La opción (3) es incorrecta porque la madre claramente no apoya la decisión de Caroline de casarse.

Lección 13: Identificar causas y efectos
Práctica de GED (páginas 400–401)

1. **(3) Han contraído una enfermedad infecciosa.** (Comprensión) Las líneas 7 a 9 dicen que había muchos enfermos y moribundos, pero que el número de víctimas había disminuido. Esto y la referencia a la "furia de las costras blancas" indican que la gente había contraído una enfermedad contagiosa. El pasaje no apoya las opciones (1) ni (5). La opción (2) es incorrecta porque la frase "treceavo sueño de la enfermedad" significa el treceavo día del inicio de la enfermedad. La opción (4) es incorrecta porque la gente sí abandonó sus pabellones para caminar bajo el sol o sentarse.

2. **(3) a una persona que lleva puesta una mascarilla para evitar microbios** (Aplicación) Los aldeanos se eluden unos a otros para evitar contraer la enfermedad. Las opciones (1) y (5) tienen que ver con personas que se están enfermando, así que son incorrectas. El pasaje no menciona que haya antipatía entre los aldeanos, así que la opción (2) es incorrecta. La opción (4) es incorrecta porque los aldeanos se salen del camino para evitar a otros aldeanos, no porque quieran caminar por el bosque.

3. **(2) la presencia de un espíritu maligno** (Análisis) Las líneas 21 a 24 mencionan a familias muy golpeadas por el espíritu maligno. Esto supone que la gente creía que el espíritu maligno era la causa de la epidemia. Las otras opciones no están apoyadas por los detalles del pasaje.

4. **(1) Estaban tristes y desanimados.** (Análisis) Varias pistas en el pasaje apuntan a esta respuesta. La gente no se saluda, no había el

bullicio de costumbre y la vieja que lloraba hacía que la gente se diera cuenta de lo mucho que había perdido. Todas estas pistas apuntan a la depresión y a la tristeza. La opción (2) puede ser correcta, pero no sería la causa de que se volvieran un pueblo distinto. No hay apoyo para las opciones (3), (4) ni (5).

5. **(2) Permite a los lectores entender cómo se sienten los personajes.** (Análisis) Este enfoque da al lector la sensación de estar dentro de la situación y por lo tanto le permite entender más detalladamente las opiniones y sentimientos de los aldeanos. La opción (1) es incorrecta porque es lo opuesto de lo que ocurre. No hay apoyo en el pasaje para la opción (3). Las opciones (4) y (5) son incorrectas porque el pasaje no menciona ni al hombre blanco ni a las personas de fuera.

6. **(2) un relámpago** (Comprensión) La luz es blanca y brilla en una zona delante del barco. La opción (1) no es correcta porque la luz de la cabina no brillaría de repente. En medio de una tormenta no se alcanza a ver la luz de la luna, opción (2). La luz del faro está en lo alto de un promontorio y se describe como destellos, de modo que la opción (4) es incorrecta. No hay ningún sustento para la opción (5).

7. **(4) la furia de los elementos desencadenados** (Comprensión) La tormenta es furiosa y descontrolada. Una tregua no describe la tormenta sino lo contrario, un momento en que esta se calma, opción (1). El barco seguía a flote a pesar de la tormenta, opción (2). El barco no estaba en la tormenta mientras los acantilados lo protegían, opción (3). La opción (5) se refiere a la tormenta pero solamente durante un rato en que no estaba tan fuerte.

8. **(3) los humanos contra la naturaleza** (Síntesis) El viento, la lluvia, el granizo y las olas son todos elementos de la naturaleza. Las opciones (1) y (3) no se aplican porque el capitán, el narrador y los tripulantes luchan juntos contra la tormenta. Los humanos tratan de defender el barco, por lo cual la opción (3) sería errada. La opción (5) no se aplica porque el texto no dice cuál es el destino de las personas en el barco.

9. **(5) Todos iban a morir.** El resultado sería la consecuencia de la furia de la tormenta. Ya están tratando de regresar al puerto pero nada les hace pensar que lo lograrán, opción (1). Todo parecía indicar que iban a naufragar, no a hacer una travesía larga ni llegar a su puerto de destino,

opciones (2) y (3). Las personas no pensarían que se iban a salvar justamente cuando la tormenta empeora, opción (5).

Lección 14: Analizar los personajes
Práctica de GED (páginas 403–404)

1. **(2) Está mucho más enferma de lo que dice.** (Análisis) La descripción de cómo sentía los huesos y cómo estaba afectada su visión sugiere que está muy enferma, así como la conversación entre Cornelia y el doctor Harry. Por lo tanto, las opciones (1) y (4) son incorrectas. No hay evidencia para apoyar la opción (3) y la opción (5) es incorrecta porque ella no tiene nada bueno que decir de Cornelia.

2. **(1) comprensivo pero firme** (Análisis) El efecto de las palabras del médico es tranquilizador pero llevan un dejo de advertencia. Las palabras que usa son informales y sencillas, así que la opción (2) es incorrecta. Aunque "amable" podría ser una descripción adecuada, el doctor es seguro de sí mismo, así que la opción (3) es incorrecta. La opción (4) es demasiado extrema, aun cuando el doctor pone sobre aviso a Abuela. Debido a la advertencia, la opción (5) también es incorrecta.

3. **(2) lo que ella dice** (Síntesis) Las palabras de la abuela Weatherall, la opción (2), aparecen a lo largo del pasaje. Lo que ella tiene que decir muestra de manera efectiva que es orgullosa. Las demás opciones dan alguna información sobre el carácter de la abuela Weatherall, pero no se acercan tanto como la opción (2). Por lo tanto, ninguna de las opciones restantes es la mejor respuesta.

4. **(2) Que está muy tensa.** (Comprensión) Una bandera tirante está muy extendida o tensa por el viento. El pasaje no apoya las otras opciones.

5. **(4) con seguridad, con la cabeza en alto** (Aplicación) La señorita Emily habla de manera directa y tiene la cabeza erguida. Esto muestra que es una mujer segura y orgullosa. No hay evidencias en el pasaje que apoyen las opciones (1), (2), (3) ó (5).

6. **(5) Intimida a otras personas.** (Síntesis) La señorita Emily no menciona el propósito para el cual usará el arsénico y se queda mirando al farmacéutico hasta que éste se lo da. Esto indica que ella lo intimida. Además, constantemente interrumpe al farmacéutico, lo que también puede ser un método de intimidación. Su insistencia en comprar arsénico descarta la opción (1), que no puede decidirse. No hay

Unidad 5

evidencias en el pasaje que apoyen las opciones (2), (3) y (4).

7. **(3) La señorita Emily es contundente y el farmacéutico es complaciente.** (Síntesis) La opción (1) es incorrecta porque la señorita Emily no parece terriblemente malhumorada, aunque sí parece decidida. Se puede decir que el farmacéutico es complaciente porque le da el arsénico a la señorita Emily sin obligarla a decir para qué lo quiere. El pasaje no apoya las opciones (2), (4) ni (5).

Lección 15: Analizar el tono
Práctica de GED (páginas 406–408)

1. **(1) temerosas** (Comprensión) Las líneas 34 y 35 dicen que las hijas siguen al Sr. Osborne "temblorosas y en silencio" lo cual indica su miedo. No hay apoyo para las opciones (2), (3) ni (4). La opción (5) puede ser una verdad sobre las mujeres, pero no hay evidencia directa en este pasaje que apoye esta opción.

2. **(5) caminar cuidadosamente** (Comprensión) En el párrafo previo, el Sr. Osborne bajaba (a grandes pasos) las escaleras. En el siguiente párrafo, las mujeres, aparentemente asustadas, lo siguen en silencio. A partir de esto usted puede deducir que caminan cuidadosa y silenciosamente detrás del Sr. Osborne. No hay evidencias de que las mujeres se caigan; por lo tanto, las opciones (1) y (3) son incorrectas. Aunque las mujeres están murmurando, la frase "caminaban con sigilo" se refiere a la manera en que se mueven, no a cómo hablan; por lo tanto, la opción (2) es incorrecta. No hay apoyo para la opción (4).

3. **(4) Es posible que esté perdiendo dinero en sus inversiones.** (Comprensión) Aunque todas las opciones pueden ser explicaciones posibles de la conducta del Sr. Osborne, sólo la opción (4) se menciona de manera específica en el texto. En la línea 33, la señorita Wirt dice "supongo que los fondos están bajando", sugiriendo que el Sr. Osborne está perdiendo dinero.

4. **(2) La despediría sin verla.** (Aplicación) La precipitada decisión del Sr. Osborne de despedir a la cocinera y su impaciencia por la demora de George en llegar a cenar apoyan la idea de que despediría a sus hijas si no cumplieran con una cita. Las opciones (1), (4) y (5) son incorrectas porque el Sr. Osborne no está caracterizado como nervioso, ni indulgente, ni paciente. No hay suficiente evidencia en el pasaje para apoyar la opción (3).

5. **(4) tenso** (Síntesis) Las palabras "frunciendo el ceño", "rugió", "con violencia", "masculló", "áspera" y "tembló" instauran un clima emocional de tensión. Las palabras y acciones del Sr. Osborne ponen a todos en tensión. No hay apoyo para las demás opciones.

6. **(3) El Sr. Osborne no parecía satisfecho con el pescado.** (Análisis) La palabra "cortante" (línea 53) significa "filoso" o "molesto", así que el Sr. Osborne no estaba contento con el pescado. Además, ya había mencionado su insatisfacción por la sopa de la cocinera, así que es probable que no estuviera contento con su manera de cocinar en general. El pasaje da a entender que las observaciones del Sr. Osborne tenderían a criticar el pescado, no órdenes sobre lo que debía comerse; por lo tanto, la opción (1) es incorrecta. No hay evidencias en el pasaje que apoyen las opciones (2) ni (4). El Sr. Osborne no parece ser el tipo de hombre que trataría de iniciar una conversación, así que la opción (5) es incorrecta.

7. **(3) la referencia al miedo de Amelia cuando se sienta junto a él** (Análisis) Osborne no se muestra afectuoso con nadie, y todos parecen tenerle miedo. Las opciones (1) y (2) se refieren a su posición en la familia; un papel dado tradicionalmente a los padres en el pasado. La opción (4) no indica falta de afecto. La opción (5) es incorrecta porque él sí se refiere a Jane, una de sus hijas, por su nombre.

8. **(1) Es extremadamente intolerante.** (Análisis) Esta conducta sugiere que se trata de una persona intolerante con los defectos de los demás. No es un buen ejemplo de alarma, lo cual invalida la opción (4). El texto no apoya las opciones (2), (3) ni (5).

9. **(4) uno de los hermanos de Jane** (Análisis) La manera en que Jane habla de George, con su primer nombre y diciendo que regresará a cenar, así como la manera en que el mayordomo lo llama "Sr. George" (línea 16), indica que es un miembro de la familia. Esta familiaridad descarta las opciones (1), (2) y (5). En el pasaje no hay apoyo para la opción (3).

10. **(5) un hombre terrible** (Síntesis) Las líneas 40 y 41, "ya que estaba sentada junto al terrible Osborne", revelan la actitud del narrador hacia el Sr. Osborne. El Sr. Osborne es descrito como cruel y violento, así que la opción (1) no es la mejor. El Sr. Osborne no es descrito ni como admirable ni como paciente, así que las opciones (2) y (3) son incorrectas. Aunque el Sr. Osborne es ciertamente gruñón, esta palabra es demasiado suave para

captar su crueldad, así que la opción (4) no es la mejor.

11. **(4) un hombre de honor que respeta las creencias de su hijo** (Comprensión) Su respuesta muestra que respeta la decisión de Carter, aunque no esté de acuerdo con ella; por lo tanto, la opción (2) es incorrecta. La opción (1) es incorrecta porque el pasaje indica la preocupación del padre por su esposa y su preocupación implícita por su hijo. El primer párrafo dice que Carter es hijo de padres ricos, así que la opción (5) es incorrecta.

12. **(3) mantener una promesa difícil** (Aplicación) Carter es claramente un hombre honesto y honrado, así que si hiciera una promesa, la cumpliría. No está en su carácter, tal como se describe en el pasaje, hacer lo que sugieren las opciones (1), (2) y (5). Como ha tomado la decisión de entrar al ejercito de la Unión del lado de la oposición, la opción (4) es poco probable.

13. **(2) formal** (Análisis) El padre y el hijo se dirigen la palabra de manera formal, y el autor usa palabras formales como "refinamiento" en sus descripciones. Las opciones (1), (3), (4) y (5) no están apoyadas por los detalles del pasaje.

14. **(3) La guerra dividió incluso a las familias más unidas.** (Síntesis) Una de las tragedias de la Guerra Civil fue que los miembros de una misma familia a veces luchaban en bandos opuestos. La afirmación del padre de que Druse es un traidor para Virginia cuando se incorpora al regimiento de la Unión enfatiza este hecho. Las opciones (1), (2), (4) y (5) son verdaderas, pero no tienen que ver con la decisión de Druse.

Lección 16: Identificar el lenguaje figurado
Práctica de GED (página 410)

1. **(4) un cuarto en un ático** (Comprensión) El pasaje se refiere a la "ventana de la buhardilla que estaba en lo alto de la habitación inclinada" (líneas 14 a 16). Esto es una descripción de un ático, una habitación que está justo debajo de un techo inclinado. No hay apoyo para las otras opciones.

2. **(3) Lo cuidaría.** (Aplicación) El pasaje muestra la preocupación del Dr. Fischelson por los insectos cuando los espanta para que se alejen de la vela. Si muestra tal preocupación por los insectos, se puede deducir que mostraría una preocupación similar por un gato callejero. Las otras opciones no reflejan su preocupación por los seres vivos.

3. **(1) nariz y ojos** (Comprensión) El pasaje describe su nariz tan torcida como un pico y sus ojos tan grandes, oscuros y vibrantes como los de algún pájaro enorme.

4. **(3) agorero** (Síntesis) El Dr. Fischelson está vestido de manera poco cómoda y camina de un lado a otro. Los insectos se están quemando en la llama de la vela y esto perturba al Dr. Fischelson. Estos detalles transmiten al lector la sensación de que algo malo va a suceder. No hay apoyo para las opciones (1), (2) y (4). Aunque los insectos sufren una muerte dolorosa y violenta, este detalle no caracteriza el tono global del pasaje.

Lección 17: Hacer deducciones
Práctica de GED (páginas 412–414)

1. **(4) Sentía envidia por la nueva solista.** (Comprensión) El cuarto párrafo sugiere esta respuesta. No hay evidencia para la opción (1). La opción (2) es incorrecta porque la iglesia ya ha contratado a una nueva solista. La opción (3) es incorrecta porque Candace ya no canta en la iglesia. La opción (5) es incorrecta porque la han obligado a retirarse contra su voluntad.

2. **(2) Alma estaba preparada para vencer su miedo.** (Comprensión) La oración describe su falta de confianza en sí misma y su miedo en sentido figurado (como una montaña) y dice que sus nervios estaban preparados para la ascensión. Esto significa que estaba preparada para vencer su miedo. No hay evidencias en el pasaje que apoyen las opciones (1), (3), (4) ni (5).

3. **(5) Las mujeres estaban horrorizadas.** (Comprensión) La oración dice que estaban "medio pávidas, medio sonrientes". Esto sugiere que pávidas se contrasta con sonrientes y divertidas, y que por lo tanto su significado es opuesto al de ellas, así que la opción (3) es incorrecta. No hay apoyo para las opciones (1), (2) ni (4).

4. **(4) Se sentía débil por la tensión de tener que competir con el canto de Candace.** (Análisis) Los párrafos quinto y sexto describen cómo reacciona Alma ante la interrupción de Candace; por lo tanto, las opciones (1) y (2) son incorrectas. El hombre la miró después de que ella se sintiera desfallecer, así que la opción (3) es incorrecta. Candace fue despedida de su trabajo como solista debido a las imperfecciones de su voz, así que la opción (5) es incorrecta.

5. **(2) trataría de reintegrarse como solista del coro** (Aplicación) Las razones del despido de Candace del coro y la envidia que siente por

Alma indican que no desea abandonar su posición como solista; por lo tanto la opción (1) es incorrecta. La opción (3) es incorrecta porque es obvio que Candace considera a Alma su rival y es muy probable que no quisiera cantar con ella. No hay apoyo claro para las opciones (4) y (5).

6. **(3) "todo el mundo tenía la vista fija en ella y se disponía a escucharla con oídos críticos" (líneas 2 a 4).** (Análisis) Sólo la opción (3) contribuye a la atmósfera, o sensación general, en la iglesia. Las opciones (1), (2), (4) y (5) son detalles que describen a los personajes, no al escenario de la historia.

7. **(1) Está dispuesta a enfrentar un reto.** (Análisis) Alma está nerviosa, pero de todos modos canta bien. La opción (2) es incorrecta porque no está pensando en su belleza. No hay apoyo para las otras opciones.

8. **(4) informal y serio** (Análisis) El lenguaje no es técnico, así que la opción (1) es incorrecta. La opción (2) es incorrecta porque la autora describe las emociones de los personajes. Hay poca sugerencia de humor, así que la opción (3) es incorrecta. El lenguaje es directo e informativo, así que la opción (5) es incorrecta.

9. **(5) la voz de un cuervo y la de un canario** (Síntesis) La voz de Candace se describe como cascada, estridente y ruidosa, lo cual podría compararse con el graznido de un cuervo. La voz de Alma se describe como "profundamente dulce" (línea 35) y los canarios se destacan por su canto dulce y bello. El chillido de un águila, el silencio de un colibrí y el ulular de un búho no son comparables ni con la voz de Candace ni con la voz de Alma, tal como se describe en el pasaje; por lo tanto, las opciones (1), (2), (3) y (4) son incorrectas.

10. **(2) reformarlo** (Comprensión) El pasaje dice que la viuda le pone ropa nueva al narrador, lo hace dar gracias antes de comer, le lee unos párrafos sobre Moisés y le dice que no fume. Todos éstos son esfuerzos por reformarlo. En el pasaje no hay apoyo para las opciones (1), (3), (4) y (5).

11. **(3) un plato de estofado de res** (Aplicación) El narrador dice "En el bote de la basura es distinto, todo se junta, las salsas se mezclan y así todo sabe mejor" (líneas 11 a 13). De las opciones, un tazón de estofado es la única comida que cabe en esa descripción.

12. **(5) coloquial** (Análisis) El narrador relata sus experiencias como si se las estuviera contando a otra persona; por lo tanto, el tono es coloquial. El pasaje no apoya ninguna de las otras opciones.

13. **(1) Da pistas sobre el tiempo y el lugar.** (Síntesis) El uso de jerga coincide con la época y el lugar en que tiene lugar esta historia: el Sur de Estados Unidos en el siglo XIX. La opción (2) es incorrecta porque no tenemos acceso al discurso de la viuda. Las opciones (3) y (4) pueden ser verdaderas, pero no son las razones por las cuales es efectivo. La opción (5) es una opinión y no puede ser apoyada por el pasaje.

Lección 18: Comparar y contrastar
Práctica de GED (página 416)

1. **(2) Rodríguez los ha traído hasta aquí.** (Análisis) Rodríguez es el líder del grupo y el único que ya conocía el mar. No se acaban de conocer, opción (1), porque todos tienen apodos. Es evidente que se conocen por la manera como hablan entre sí, de modo que la opción (3) es errada. No hay sustento para las opciones (4) ni (5).

2. **(3) Los cuatro demuestran su falta de aprecio por el mar.** (Análisis) Uno dice que es pura agua, otro prefiere la arena, el tercero sólo ve una cantidad de agua y el cuarto piensa que está incompleto sin barcos. El único fascinado con el mar es el propio Rodríguez, opción (1). No hay bases para la opción (2) ni para la opción (4). La opción (5) no es correcta porque los cuatro se quedan callados hasta que Rodríguez insiste en saber su opinión.

3. **(1) ignorantes pero sinceros** (Síntesis) Los cuatro parecen saber muy poco sobre el mar pero dan su opinión con franqueza. Ninguno pretende saber más de lo que sabe ni ser más de lo que es, así que la opción (2) no es correcta. Las opciones (3) y (4) no tienen sustento. Aunque el mar les decepciona, ninguno critica ni le reclama a Rodríguez.

Lección 19: Interpretar el tema
Práctica de GED (páginas 418–419)

1. **(5) La visión del mundo de una persona está moldeada por eventos clave.** (Comprensión) Esta idea se menciona en la última oración del primer párrafo. No hay evidencia para las opciones (1) y (4). Las opciones (2) y (3) pueden ser ciertas pero el pasaje no las apoya.

2. **(4) Cada tantos meses ocurre algo que conmueve al mundo.** (Comprensión) El narrador da el ejemplo de la muerte de Mussolini,

que fue un acontecimiento que conmovió al mundo porque "parecía uno de los líderes eternos" (líneas 54 y 55). No hay apoyo en el pasaje para las opciones (1), (2) y (3). Aunque el narrador se refiere a una escasez de provisiones, no se menciona que esto suceda cada tantos meses, así que la opción (5) es incorrecta.

3. **(4) El momento histórico afecta al individuo.** (Aplicación) El enunciado es similar a la creencia del autor de que ciertos sucesos afectan a una persona para toda la vida. El tiempo y el lugar históricos afectan directamente las experiencias de la gente; por lo tanto, la manera en que los individuos conciben el funcionamiento del mundo también se verá afectada por esto. El pasaje no sugiere la opción (1). La opción (2) sugiere que el presente es más importante que el pasado, pero el autor habla de la importancia del pasado. La opción (3) es demasiado general, y la opción (5) no se relaciona en absoluto con lo que dice el autor.

4. **(2) habla de la guerra como sí estuviera ocurriendo ahora** (Análisis) Haber escrito el fragmento con los verbos en el tiempo presente hace que la guerra parezca más inmediata, tan cercana como el autor la siente. Las opciones (1) y (3) se mencionan, pero no ayudan a explicar los sentimientos del autor. Las opciones (4) y (5) son falsas.

5. **(1) recordar sucesos que ocurrieron durante su adolescencia** (Análisis) El narrador describe con todo detalle, desde la perspectiva de un joven de dieciséis años, los efectos que la guerra tuvo en los estadounidenses. La opción (2) es incorrecta porque no todas las realidades que el narrador experimentó afectaron a los estadounidenses de hoy. La opción (3) es incorrecta porque el pasaje no aborda el presente. La opción (4) es incorrecta porque el narrador no recuerda muchos momentos agradables durante la guerra; y la opción (5) es incorrecta porque el pasaje describe el estilo de vida estadounidense durante la guerra, no los horrores de la guerra.

6. **(1) Era joven e impresionable.** (Análisis) Parece haber considerado los sucesos desde un punto de vista juvenil; a los dieciséis años, las emociones son fácilmente influenciables; la opción (2) puede ser cierta pero no tiene apoyo en el pasaje. Las opciones (3) y (4) se mencionan, pero no fueron la causa de los sentimientos del narrador. La opción (5) es incorrecta porque el narrador dice que él no vislumbró la posibilidad de tener que ir al frente como soldado.

7. **(5) serio** (Análisis) Todo el pasaje describe la difícil realidad cotidiana durante los años de la guerra. Esta descripción se presenta de una manera seria. La opción (1) es incorrecta porque el narrador no critica, sino presenta las circunstancias tal como fueron. La opción (2) es lo opuesto al tono del pasaje. La opción (3) es incorrecta porque sugiere sentimientos cálidos que el narrador no expresa, y la opción (4) es incorrecta porque el enfoque está en el pasado, no en el futuro.

8. **(4) realista y repetitivo** (Síntesis) El narrador describe el efecto de la guerra principalmente mediante oraciones cortas con muy pocas descripciones, además, repite la palabra "siempre" (líneas 18 a 33). Ninguna de las otras opciones describe correctamente el estilo en que está escrito el pasaje.

9. **(4) indica la monotonía impuesta por la guerra** (Síntesis) El estilo del pasaje se caracteriza principalmente por oraciones cortas presentadas en un patrón repetitivo que reflejan la monotonía y reglamentación de la época de la guerra. La opción (1) es incorrecta porque el pasaje no fomenta el patriotismo. La opción (2) es incorrecta porque no habla de la guerra directamente. La opción (3) podría ser un efecto de la lectura de las dificultades de la guerra, pero no afectaría el estilo que el autor escogió. La opción (5) es incorrecta porque fue escrita por un adulto y no refleja verdaderamente el modo de pensar de un adolescente de dieciséis años.

10. **(3) Los "viejos tiempos" no siempre fueron buenos.** (Síntesis) El narrador hace un recuento de los efectos negativos de la guerra en Estados Unidos, una experiencia que él mismo vivió durante su juventud. Los detalles del pasaje no apoyan ninguno de los otros enunciados.

GED Repaso Entender la ficción
(páginas 420–421)

1. **(4) está amenazando a Lee Chong** (Análisis) Éstas son afirmaciones veladas que le indican a Lee Chong que Mack y sus amigos pueden dañar su propiedad si no les permite ocuparla. No hay pruebas que apoyen las opciones (1), (2), (3) y (5).

2. **(3) ayudar a apagar el incendio** (Aplicación) El trato que Mack hizo con Lee le permite a él y a sus amigos vivir en la casa de Abbeville. Por lo tanto, su mayor interés es proteger la casa y apagar el fuego. Si el incendio destruyera la casa, ellos tendrían que mudarse, la opción (1). Sin embargo, como no se mudarían a menos que

tuvieran que hacerlo, la opción (1) no es la mejor. Mack da a entender que él y sus amigos quemarían la casa sólo si no obtienen lo que quieren; dado que consigue lo que quiere, la opción (2) es incorrecta. No hay pruebas que demuestren apoyo para la opción (4). Aunque hay cierta indicación de que Lee Chong piensa que Mack y sus amigos son capaces de robar, en realidad no roban nada en el pasaje; por lo tanto, la opción tampoco (5) no es la mejor.

3. **(1) útil** (Análisis) Ambas partes obtienen lo que necesitan: Mack y sus amigos tienen una casa donde vivir y Lee Chong tiene la seguridad de que su casa no será destruida. Aunque la conducta de Mack puede considerarse inmoral, la opción (2), probablemente la conducta de Lee Chong no lo sería. La situación podría haberse vuelto peligrosa sólo si Lee Chong no aceptaba dejar vivir a Mack en la casa, así que la opción (3) es incorrecta. No hay pruebas que apoyen las opciones (4) ni (5).

4. **(2) Ofrecería precios justos para asegurar muchos clientes.** (Aplicación) A juzgar por su conducta en el pasaje, Lee Chong es un hombre práctico que se preocupa más por los beneficios a largo plazo que por las ganancias a corto plazo; por lo tanto, probablemente escogería una estrategia con las mayores probabilidades de brindarle beneficios a la larga. No hay pruebas de favoritismo para con sus amigos; la amistad no forma parte del trato que hizo con Mack; por lo tanto, la opción (1) es incorrecta. No hay pruebas que apoyen la opción (3). No parece ser injusto con los clientes de la tienda de comestibles; por lo tanto, las opciones (4) y (5) son incorrectas.

5. **(4) poder y factibilidad** (Síntesis) El grupo ejerce su poder sobre Lee Chong al amenazar su propiedad, entonces Lee Chong reacciona de manera práctica para protegerla. No hay apoyo para las opciones (1), (2) ni (5). Aunque Mack y sus amigos sí reciben el beneficio de vivir en la casa de Abbeville, este favor por parte de Lee no es del todo voluntario; por lo tanto, la opción (3) no es la mejor respuesta.

6. **(3) Sopesar los riesgos ayuda a tomar buenas decisiones.** (Síntesis) Lee Chong piensa cuidadosamente en las consecuencias negativas y positivas antes de decidir si acepta la propuesta de Mack. Lee decide colaborar con el grupo con tal de no arriesgar su casa. Dado que Lee Chong opta por salvar las apariencias como resultado de tomar el camino que ocasione el menor daño a su propiedad, no es una estrategia débil. Por lo

tanto, la opción (1) no es la mejor. Mack y Lee no son amigos, de hecho, Mack obliga a Lee Chong a dejarlo ocupar la propiedad, así que la opción (2) es incorrecta. Lee Chong sí emplea destrezas de negociación para proteger sus intereses, por lo tanto, la opción (4) es incorrecta. Mack consigue un lugar donde vivir al ser injusto con Lee Chong; por lo tanto, la opción (5) también es incorrecta.

7. **(3) tenso** (Síntesis) Lee Chong no está complacido con la visita de Mack y la conversación entre los dos hombres es tensa. No hay pruebas que apoyen las opciones (1) ni (2). Ni Mack ni Lee Chong expresan enojo; por lo tanto, la opción (4) es incorrecta. Es posible que exista una cordialidad superficial, la opción (5), pero esta opción no aborda el conflicto subyacente de la situación.

Entender la poesía
Lección 20: Identificar los efectos del ritmo y la rima
Práctica de GED (páginas 423–424)

1. **(2) causa** (Comprensión) La hablante poética argumenta lo paradójico del papel de las mujeres y lo contradictorio de las exigencias de los hombres; en el razonamiento que hace seguir al lector, "causa" es la palabra que mejor sustituye "ocasión". La opción (5) es lo contrario, y por tanto, incorrecta. La opción (4) no tiene sentido en el contexto de la estrofa, como ocurre con la opción (1). La opción (3) es menos enérgica que la correcta, "causa".

2. **(3) las exigencias de los hombres son contradictorias** (Análisis) La opción (3) es correcta, de acuerdo con la respuesta anterior. Las opciones (1) y (2) son incorrectas porque expresan sólo parcialmente el tema del poema. Aunque no se niegue que los hombres buscan la perfección en las mujeres, ese hecho se trata de un detalle que apoya un tema más amplio. Las opciones (4) y (5) no están respaldadas por el texto, aunque figure alguna comparación con niños.

3. **(1) la franqueza** (Aplicación) La opción (1) es correcta porque lo más probable es que la hablante poética, que censura el comportamiento de los hombres "necios", valore sobre todo una conducta recta y franca por su parte: si quieren que las mujeres obren bien, no deben incitarlas al mal. El poema expresa una queja sobre la falta de sinceridad de los hombres, no sobre la falta de belleza, inteligencia, o discreción, por lo que las

Unidad 5

opciones (3), (4) y (5) son incorrectas. La opción (2) tiene que ver con el texto, ya que la hablante poética encuentra injusto el comportamiento de los hombres, pero es menos evidente en el poema que la opción (1).

4. **(1) El recuerdo de algo querido puede consolarnos de su pérdida.** (Comprensión) La opción (1) está respaldada por los versos "Pero volví enseguida/mi atención a las puras existencias/de mi retiro hacia mi ausencia atento, /y todas sus ausencias/me llenaron de luz el pensamiento." Lejos del ambiente que el hablante poético evoca (la "aldea"), los recuerdos de lo ausente iluminan los pensamientos tristes que provoca la ciudad. La opción (2) no constituye el tema del poema, por lo que es incorrecta. Las opciones (3) y (4) son asuntos que, aunque sugeridos, no constituyen el mensaje principal. La opción (5) no está respaldada por el texto.

5. **(2) porque la ciudad no le inspira el mismo sentimiento que el campo** (Análisis) La opción (1) no es correcta porque la impresión de vacío del hablante poético la provoca no el recuerdo de lo que ama sino la presencia de los elementos urbanos agresivos. La opción (3) es incorrecta porque no está respaldada por el poema. La opción (4) no es correcta: la sensación de vacío no se debe al haber caído en una trampa, aunque el hablante poético hace una metáfora con las arañas ("una ciudad espléndida de arañas"). La opción (5) es incorrecta porque la sensación de vacío no se debe al miedo.

6. **(3) a su vida en la aldea, el huerto y la fuente** (Análisis) La opción (1) es incorrecta porque, aunque se mencione al "demonio" y al "Dios ausente", no se trata de un poema religioso. La opción (2) no es correcta porque el hablante poético no ha olvidado lo que ama. La opción (4) no está respaldada por lo que cuenta el poema. La opción (5) es incorrecta por excesivamente abstracta.

7. **(2) consuelo y alegría** (Síntesis) La opción (2) es correcta porque la tercera estrofa expresa alegría en comparación con la sensación de vacío y la evocación de lo ausente de las dos primeras estrofas. El hablante poético encuentra consuelo en la evocación de lo que ama: huerto, aldea, fuente. Las opciones (1), (4) y (5) son incorrectas por ser precisamente lo contrario. La opción (3) no está respaldada por el texto.

8. **(3) a una manada en estampida** (Aplicación) La opción (1) es la correcta porque el sentimiento que provoca la ciudad en el hablante poético es completamente diferente al que le provoca el campo (la "aldea"). Las opciones (1), (4) y (5) no son correctas porque no es probable que el hablante poético compare el tráfico de automóviles con realidades bellas o tranquilas, como "una parvada de gansos", un "arroyo" o "el cielo nocturno". La opción (2) no es correcta porque "un hormiguero" no sugiere sensación de peligro, a diferencia de una "manada en estampida".

Lección 21: Interpretar el lenguaje figurado
Práctica de GED (página 426)

1. **(2) Las estrellas sufren por amor como el poeta y son compasivas.** (Análisis) El hablante dirige su poema a la Noche, y se refiere a las estrellas como a seres humanos enamorados (segunda y tercera estrofas). Son compasivas con él porque saben lo que le preocupa ("saben mi cuidado"); lo han escuchado antes y escuchan sus lamentos como si fueran propios ("se han regalado con mi pena"). La opción (1), sin ser falsa, no describe a fondo las similitudes entre las cualidades, y lo mismo ocurre con las opciones (3) y (5). La opción (4), aunque no es falsa, está incompleta.

2. **(4) personas enamoradas y compasivas** (Aplicación) Como se explica en el párrafo anterior, en el poema se dan cualidades humanas a las estrellas, que tienen "su pecho enamorado" (línea 8) y saben "que he contado su mal llorando el mío" (línea 10). No asustan al hablante. Por tanto, son incorrectas las demás opciones, que comparan las estrellas a objetos inanimados, sean cuerpos celestes, lo cual es una interpretación literal que no representa la comprensión del poema (opción 1), faros luminosos (opción 2); joyas (opción 3) o focos (opción 5).

3. **(2) cree que su amada lo ignora y confía sus penas a la noche** (Síntesis) El poema es una confidencia hecha a la Noche, con quien el hablante se lamenta por el desamor o la ausencia de una persona amada. La opción (1) es incorrecta porque, aunque el poeta reconoce que su llanto es "inútil" (línea 14), nada indica que quiera dejar de lamentarse. Las opciones (3), (4) y (5) no están respaldadas por el texto.

Lección 22: Interpretar símbolos e imágenes
Práctica de GED (páginas 428–429)

1. **(1) Es una joven rubia.** (Comprensión) En las dos últimas estrofas, se establece una

comparación entre los panales "albos" o claros que destilan miel "rubia" de la cera "amarilla" y el rostro de la joven, por lo que se sugiere que tiene la tez clara y el cabello rubio. Las opciones (2), (3) y (5) son incorrectas porque no hay referencias a trabajos ni a deportes. La opción (4) no está respaldada por el texto.

2. **(2) El rostro y las palabras de mi amada son un gusto para los sentidos.** (Comprensión) En la última estrofa, el hablante expresa que el rostro de la amada es tan bello como las rosas, y tan suave y sabroso como los manjares que ha citado antes; además, las palabras de la amada son tan dulces como la miel. La opción (1) no está respaldada por el texto. La opción (3) tampoco es correcta porque el hablante no se refiere al cuerpo de la amada. Las opciones (4) y (5) no están respaldadas por el texto.

3. **(1) Mis ojos son como espejos que reflejan la luz de mi amada.** (Análisis) En la primera estrofa el poema estimula el sentido de la vista, describiendo a la joven mediante imágenes visuales ("hermosas rosas", "guirnaldas bellas") y en la tercera, los panales y la miel sugieren no sólo la dulzura sino el color de la tez y el cabello. La frase podría reescribirse así: "cuando mi vista refleja la luz de su visión", que sugiere también una belleza deslumbrante. Las demás opciones no están respaldadas por el texto.

4. **(5) abrazar y besar a su amada** (Síntesis) El hablante se recrea en la descripción sensual de su enamorada, en lenguaje figurado, y el poema estimula los sentidos. No se expresa ningún deseo de acción, por lo que las opciones (1), (2) y (3) no están respaldadas por el texto. Tampoco la opción (4) es correcta, porque no es seguramente lo que más desea el hablante según el contenido del poema.

5. **(1) la dulzura de la amada** (Análisis) En el poema no se hace mención a esfuerzos ni trabajos, aparte del pasatiempo de tejer guirnaldas de rosas (primera estrofa), por lo que las opciones (3) y (4) son incorrectas. La opción (5) tampoco es correcta, porque el amor del hablante poético parece correspondido. La opción (2) ofrece un significado demasiado literal para ser correcta.

6. **(1) la vista, el olfato y el gusto** (Análisis) En la primera estrofa, las imágenes de las rosas estimulan la vista y el olfato ("olorosas"), y en la segunda, las de los manjares estimulan el gusto ("sabrosas"). Ni el oído ni el tacto se mencionan en el poema. Por tanto, las demás opciones son incorrectas.

7. **(5) sensual** (Síntesis) El hablante no parece rechazado, enojado ni angustiado, por lo que las opciones (1) y (3) son incorrectas. El poema celebra el gusto que le provoca su enamorada, lo que sugiere que su amor es correspondido. Las opciones (2) y (4) no son correctas porque, sin ser falsas, ninguna es la que mejor describe el tono del poema en su totalidad.

8. **(2) disfruta de escuchar a la joven** (Análisis) En la penúltima estrofa, el hablante cuenta que sus sentidos de la vista y del gusto son "provocados" por su enamorada como la miel provoca al paladar. Como la dulzura de la miel se asocia al gusto, esas "palabras" que bebe el poeta de la boca de su amada, sugieren las palabras tiernas dichas entre enamorados. Las demás opciones no están respaldadas por el texto, por lo que son incorrectas.

Lección 23: Hacer deducciones
Práctica de GED (páginas 431–432)

1. **(4) Tiene una silueta femenina.** (Comprensión) El poema describe a la ceiba con "caderas curvas". El poema menciona que el árbol es "la mansión" de una deidad, no la deidad misma, por lo que la opción (1) no es correcta. No se menciona que el árbol tenga dueño, por lo que la opción (2) no es correcta. Aunque la ceiba es refugio tanto de niños como de animales, y puede tener un aspecto maternal, es su figura la que le da un aspecto femenino; las opciones (3) y (5) no son las más acertadas.

2. **(2) un árbol conocido y ancestral** (Análisis) La hablante conoce bien al árbol, que tanto niños como viejos aprecian; es un árbol familiar, conocido. El árbol también forma parte de varias leyendas antiguas, por lo que se le puede llamar ancestral. El poema no menciona que el árbol sea productivo, de modo que la opción (1) no es correcta. No hay nada que sustente la idea de que se trata de un árbol raro o extinto, por lo que las opciones (3) y (4) no son correctas. Aunque la ceiba aparece en dos leyendas, la opción (5) implica que el árbol no existe en la realidad, lo cual es falso.

3. **(1) es un árbol antiguo** (Comprensión) La imagen describe que el árbol existía al principio de los tiempos. Las opciones (2) y (3) pueden ser verdaderas, pero no son las más importantes en esta imagen. La opción (4) elabora sobre la imagen de el árbol que sostiene al cielo, pero no expresa su significado. La ceiba es real, aunque existan sobre ella cuentos y leyendas; por lo tanto, la opción (5) no es correcta.

4. **(4) asombrado y nostálgico** (Análisis) La hablante expresa asombro por la "ceiba prodigiosa" de los recuerdos de su infancia. El poema no sustenta las opciones (1), (2), (3) y (5).

5. **(3) al mirar hacia el pasado, la ceiba siempre está presente** (Análisis) Mirar hacia atrás o por encima del hombro es mirar hacia el pasado, donde la presencia de la ceiba es constante, "como si siempre hubiera estado allí" (verso 5). Las opciones (1) y (2) le dan un significado literal al verso, por lo que no son correctas. El poma no sustenta la opción (4). La opción (5) es una interpretación posible, pero en el contexto del poema no hay indicios de que la hablante sienta el árbol la sigue.

6. **(5) Está presente en sus recuerdos.** (Comprensión) El verso anterior (25) habla de sus recuerdos, a los que aluden también los "cuadernos de la infancia". Aunque la imagen de algo que se desborda sugiere un tamaño o importancia desmesurados, el lenguaje es figurado, no literal, por lo que la opción (1) no es correcta. Los "cuadernos de la infancia" representan el recuerdo, no la infancia en sí ni sus actividades infantiles, por lo que las opciones (2) y (4) no son correctas. Lo que se "desborda" no es agua, sino el recuerdo de la ceiba; la opción (3) no es correcta.

7. **(5) es la ceiba que vive desde siempre** (Comprensión) Esta es la única opción que expresa familiaridad con el árbol.

8. **(4) La ceiba un árbol de singular presencia.** (Síntesis) el poema es un homenaje al árbol que la hablante recuerda. Aunque el árbol era importante en la vida de la comunidad, no era un símbolo cultural, por lo que la opción (1) es incorrecta. La hablante no generaliza sobre la importancia de la naturaleza, por lo que la opción (2) es incorrecta. El poema está dedicado a el árbol particular que la hablante conoció; la opción (3) no es precisa. La opción (5) sugiere que el árbol poseía cualidades humanas, lo cual es falso.

9. **(5) la abuela** (Aplicación) La hablante se refiere al árbol en femenino, por lo que el personaje tendría que ser una mujer. El personaje tendría que ser una presencia fuerte en la infancia de la hablante, y representar de alguna forma un lazo con el pasado. Las demás opciones no cumplen estos requisitos.

10. **(4) los años pasados** (Análisis) La imagen sugiere que la ceiba permanece en el recuerdo por encima de los muchos años que han pasado. La

opción (1) le da un significado literal al verso, por lo que no es la mejor opción. La imagen de yerbas altas no se identifica fácilmente con la infancia, por lo que la opción (2) es improbable. Las opciones (3) y (5) no están sustentadas en el poema.

Lección 24: Interpretar el tema
Práctica de GED (páginas 434–435)

1. **(2) La vida seguirá su curso.** (Análisis) Todo el poema apunta hacia esta interpretación. Los pájaros simbolizan lo cotidiano, lo que sigue igual todos los días. Las opciones (1) y (3) describen opiniones que no se encuentran en el poema. El poema no menciona de qué tipo de pájaros se trata, por lo que la opción (4) no responde a la pregunta. El hablante no expresa el deseo de llevarse o no los pájaros, por lo que la opción (5) no es correcta.

2. **(4) El espíritu permanece aunque el cuerpo muera.** (Análisis) El hablante afirma que se irá, pero su espíritu se quedará en el lugar amado. El sentido de la palabra "errará" es "paseará"; no hay razón para que se sienta perdido en un lugar que conoce bien, por lo que la opción (1) no es correcta. El espíritu se sentirá nostálgico, pero el significado de la imagen va más allá de este sentimiento, por lo que la opción (2) no es la mejor. La opción (3) no expresa qué parte del hablante se tendrá que ir del huerto, por lo tanto no es correcta. El hablante no se refiere a la memoria o al olvido, por lo tanto la opción (5) no es correcta.

3. **(1) Dan una impresión de continuidad.** (Análisis) Los versos describen las cosas que pasarán cuando el hablante se haya ido, la continuidad de la vida sin su presencia. La opción (2) es lo contrario a lo que expresa el poema. La función de la conjunción "y" no es enumerar, sino continuar hablando del mismo tema. No hay una impresión de prisa, por lo que la opción (4) no es correcta. La conjunción "y" aparece al principio de los versos, por lo que su función no es unir una oración con la siguiente; la opción (5) no es correcta.

4. **(3) El mundo permanece, los individuos pasan.** (Comprensión) El hablante menciona cómo "el pueblo se hará nuevo cada año" (verso 9), porque él y los demás morirán, y el pueblo será habitado por otras personas. Las opciones (1) y (3) describen opiniones que no se encuentran en el poema. La opción (4) no se basa en el poema. La opción (5) puede deducirse del poema, pero no expresa su idea principal.

5. (1) El amor, aunque no sea correspondido, es una pasión incontrolable. (Comprensión) El poema gira en torno al tópico del amor, visto por un enamorado que sufre ("duelos, "dolencia", "ningún remedio", "me matan") por una pasión que, aunque analiza, no logra controlar ("recelo/morir deste mal"). La opción (2) es incorrecta porque, sin ser falsa, expresa únicamente parte del poema en su conjunto. Las opciones (3), (4) y (5) no están respaldadas por el texto.

6. (2) el amor y el desamor (Síntesis) En cada estrofa del poema se contrasta el análisis que hace el hablante del amor que siente (primeros seis versos de cada estrofa) con una síntesis, cuya conclusión es negativa. Aunque la ausencia de la amada pone a prueba su paciencia (primera estrofa), la ausencia y la presencia no son las ideas que se contrastan más claramente, por lo que la opción (1) es incorrecta. Las opciones (3), (4) y (5) no están respaldadas por el texto.

GED Repaso Entender la poesía
(páginas 436–437)

1. (3) Tanto las olas como la suerte son inconstantes. (Comprensión) En la última estrofa, la mujer revela que en su vida la abandonó la suerte (la fortuna "inconstante"), dejándola abandonada tras haberla tentado, como las olas. Las opciones (1) y (4) son incorrectas porque, sin ser falsas, son incompletas. La opción (2) es incorrecta porque la suerte no actúa a impulsos del viento, ni tiene relevancia en el poema. La opción (5) es incorrecta porque no está respaldada por el texto.

2. (2) Las olas le mojan los pies a la mujer. (Análisis) La mujer pasea por la orilla de una hermosa playa ("mar azul", "transparentes olas"), donde las olas rompen mansamente ("hasta mis pies rodando"). Las olas ("tentadoras"), que la "besan" y la "buscan", le tocan suavemente o "lamen" el borde de las plantas de los pies. Las opciones (1) y (4) no están respaldadas por el texto. Las opciones (3) y (5) son incorrectas porque "inquietas" se refiere a las olas, no a la mujer.

3. (3) el mar (Comprensión) El mar está presente desde el primer verso y se lo nombra de diversos modos ("mar azul", "linfa transparente"). La mujer quiere seguir las olas que la llaman y la atraen, por la planicie del mar azul, que en lenguaje figurado es una "llanura líquida". Por tanto, las demás opciones son incorrectas.

4. (1) Se siente decepcionada. (Análisis) La afirmación "ellas de mí se burlan" (línea 12) va seguida por la última estrofa, donde la poetisa manifiesta que las olas huyen abandonándola a la lucha "inacabable" de la vida ("las tristes playas de la vida"). Las opciones (2) y (3) son incorrectas porque en el texto se dice lo contrario. Las opciones (4) y (5) no están respaldadas por el texto.

5. (4) decepcionantes (Síntesis) Las olas tientan a la mujer a seguirlas hacia sus "salas húmedas" (línea 8), pero se hundiría si lo hiciera. La besan y huyen, desilusionándola. En la última estrofa, se sugiere que la vida de la mujer ha sido triste y que la fortuna, como las olas, la ha abandonado. La opciones (1) y (5) son incorrectas, sin ser falsas, por incompletas. Las opciones (2) y (3) son incorrectas porque no están respaldadas por el texto.

6. (2) melancólico (Síntesis) La segunda parte del poema expresa tristeza, por contraste con la primera. La poetisa no parece estar charlando pero tampoco se muestra ceremoniosa ni pomposa. Por tanto, las opciones (1) y (3) son incorrectas. La opción (4) es incorrecta porque el poema expresa lo contrario. La opción (5) no está respaldada por el texto.

Entender las obras dramáticas
Lección 25: Interpretar el argumento
Práctica de GED (página 439)

1. (4) tiene recursos y es decidida (Comprensión) Nora no es humilde y obediente, opción (1); ni histérica, opción (2), ni maldita, opción (3). Aunque es posible que tenga arranques impulsivos, opción (5), su determinación y sus recursos son sus cualidades más sobresalientes.

2. (2) de secreto (Síntesis) Ambas entablan una conversación sobre los secretos que Nora no comparte con su marido. La Sra. Linde parece incómoda y Nora parece preocupada sobre su marido, pero ninguna está especialmente asustada; por lo tanto la opción (1) es incorrecta. Nora tiene la esperanza de poder cambiar las cosas, por lo que la opción (3) es incorrecta. La gravedad de la situación indica que las opciones (4) y (5) no son correcta.

3. (5) insistir que su amiga sea franca (Aplicación) La Sra. Linde quiere asegurarse de que Nora toma una decisión razonable y honesta. Querría que una amiga que enfrenta una situación similar también sea franca. No reacciona ofendiéndose por la situación planteada en el pasaje, de modo que la opción (1) es incorrecta. Tampoco ofrece ayuda, opción (2); sólo expresa falta de comprensión. No hay pruebas en el diálogo que apoyen las opciones (3) ó (4).

4. **(2) Quiere hacer lo que es mejor para la salud de su marido.** (Comprensión) Nora le dice a la Sra. Linde que ésta es la forma de salvar la vida de su marido. La opción (1) es una manera en que Nora trata de llevarlo al sur, pero no es la verdadera razón del viaje. No hay pruebas en el pasaje que apoyen las opciones (3), (4) y (5).

Lección 26: Deducir el personaje
Práctica de GED (páginas 441–442)

1. **(2) de no valorar su hospitalidad** (Comprensión) Visitación piensa que la intención de irse pronto indica que Anselmo no está a gusto en su casa. La opción 1 es incorrecta porque ella sí oye; Nicomedes dice que ella no oyó porque quiere oír los elogios de nuevo. La opción 3 es errada porque Nicomedes es quien elogia demasiado el hotel, y ella misma dice que su casa es modesta (opción 5). No hay ningún sustento para la opción 4.

2. **(1) Se casó con Paquita.** (Comprensión) Nicomedes cita la elección de Paquita para reforzar que el buen gusto de Anselmo al apreciar el hotel. Por tanto, la opción (2) no tendría sentido. No hay sustento para las opciones (3), (4) o (5).

3. **que Anselmo elogie el hotel** Nicomedes insiste en las cualidades del hotel y se empeña en escuchar a Anselmo repetirlas. Hay elementos de la opción (2) pero es algo pasajero. No hay base para las opciones (1), (3) o (4).

4. **(1) molesto y aburrido** (Síntesis) Las respuestas de Anselmo suenan forzadas y poco sinceras. El elemento de entusiasmo se relaciona con su hijo, de modo que (3) es incorrecto. No hay ningún indicio de las actitudes de las opciones (2), (4) o (5).

5. **(1) que a Anselmo sí le gusta el hotel** (Comprensión) Visitación se queja de que a Anselmo no le gusta el hotel. Las opciones (2), (3) y (4) no tienen sustento. Nicomedes nunca insinúa que Anselmo sea una carga, de modo que la opción (5) es incorrecta.

6. **(4) Anselmo no volverá pronto al hotel.** (Aplicación) Anselmo parece deseoso de irse, y esto no indica que quiera regresar, opción (1). Anselmo y Paquita no muestran motivos para que ella quiera separarse de él, opción (2). Nicomedes y Visitación parecen muy contentos en su casa, y no expresan deseos de irse (opción 3). Nicomedes desea que Anselmo elogie el hotel pero no se menciona la posibilidad de venderlo, opción (5).

7. **(1) Él es bastante mayor que ella.** (Comprensión) La mención de su edad, sus matrimonios anteriores y su hijo hacen pensar en un hombre mayor. Las referencias al matrimonio de Anselmo y Paquita hacen pensar que fue un hecho relativamente reciente, opción (2). Cuando Visitación menciona la edad, aclara que se refiere a Anselmo solamente, de modo que Paquita no sería mayor que él, opción (3), ni anciana (opción 4). Aunque Paquita fuera joven, Anselmo no lo es (opción 5).

8. **(5) porque al fin lo obligó a decir que le gusta el hotel** (Análisis) Nicomedes por fin logró su empeño de oír elogiar su hotel. La opción (1) es errada porque Anselmo no se nota nada contento. Anselmo no demuestra temor de ofender sino lo contrario, cierta exasperación, opción 2. La opción 3 no se aplica porque Anselmo no está tratando de agradar. Nicomedes y Visitación desean que Anselmo se quede todo el verano, de modo que la opción (4) es incorrecta.

9. **(4) cuando empieza a hablar de su hijo** Al hablar de su hijo, Anselmo se frota las manos y se entusiasma. Cuando hablan de Paquita él no cambia, opción (2). Las opciones (3) y (4) son incorrectas porque cuando Visitación lo acusa y cuando Nicomedes le pregunta si se va, Anselmo sólo se fastidia más. Cuando empieza a defenderse, su tono se hace más sarcástico, pero sigue siendo negativo, opción (5).

10. **(5) orgulloso** (Análisis) Anselmo se jacta de Carlos, de modo que las opciones (1, (2) y (3) son incorrectas. No hay sustento para la opción (4).

Lección 27: Entender la motivación
Práctica de GED (página 444)

1. **(5) entender la ausencia de su padre** (Análisis) El punto clave surge de las preguntas frecuentes de David relacionadas al tema. No hay pruebas para apoyar la opción (1). Es posible que las opciones (2) y (3) sean verdaderas, pero no hay pruebas en el pasaje que las apoyen. La opción (4) es verdadera pero solamente apoya la motivación principal de David.

2. **(3) Luke era un gran músico.** (Comprensión) Después de hacer esta afirmación, David nombra a dos músicos famosos, lo que implica que está

colocando a su padre en la misma categoría. La opción (1) es incorrecta porque David afirma que su padre lo ha ofendido y se sintió avergonzado de él. No hay mención alguna sobre el lugar donde vivía Luke; por lo tanto, la opción (2) es incorrecta. David no dice que su madre escondió los discos de Luke, sólo que ella no les permitía tener un fonógrafo; por lo tanto, la opción (4) es incorrecta. No hay pruebas en el pasaje que apoyen la opción (5).

3. **(5) Quería estar conectado con su padre.** (Análisis) Las líneas 13 a 18 explican el deseo de David de conectarse con su padre y sus sueños de tocar el piano con él. Si bien David puede ser talentoso, según la opción (1), no es la razón principal de tocar el piano. No hay pruebas que apoyen la opción (2). La opción (3) puede ser verdadera, pero sólo porque su padre era músico. La madre de David lo desalienta, no permitiéndole escuchar la música de su padre, por lo que la opción (4) es incorrecta.

4. **(2) dolido y enojado** (Comprensión) La última parte del pasaje revela que David estaba dolido y enojado por la ausencia de Luke. La opción (1) puede ser verdadera en cuanto al talento musical de Luke, pero no en cuanto a su rol de padre. No hay pruebas que apoyen las opciones (3) y (4). Aunque la opción (5) es verdadera, estas emociones no son los sentimientos más fuertes de David sobre Luke como padre.

5. **(5) emotivo y sincero** (Síntesis) Este pasaje transmite la sinceridad tanto del padre como del hijo cuando hablan del tema doloroso de la ausencia del padre. La opción (1) es incorrecta porque no hay paz todavía para el padre ni para el hijo. No hay pruebas que apoyen las opciones (2) ó (4). Aunque el hijo está triste, otras emociones como la bronca y la vergüenza también son importantes en este pasaje; por lo tanto, la opción (3) no es la mejor respuesta.

Lección 28: Interpretar el tema
Práctica de GED (páginas 446–447)

1. **(5) No vive con la familia.** (Análisis) En el pasaje, no se menciona al padre de Medvedenko; además, si el padre estuviera presente, Medvedenko probablemente no sería absolutamente responsable de mantener a su madre y hermanos. Por lo tanto, es una deducción lógica concluir que el padre no está presente. No hay pruebas para apoyar las demás opciones.

2. **(1) sincero y solitario** (Análisis) Los enunciados de Medvedenko a Masha son sinceros y a él le gustaría tener una esposa. No hay pruebas que sugieran que Medvedenko es arrogante, según la opción (2); despreocupado, la opción (3); o sin educación, la opción (4). Aunque su personalidad puede ser un tanto patética y victimizada, según la opción (5), el enfoque principal de este pasaje es su sinceridad y amor hacia Masha.

3. **(2) Aprecia sus sentimientos.** (Análisis) Masha comprende que Medvedenko tiene sentimientos intensos para con ella, pero ella no lo ama. Por lo tanto la opción (1) es incorrecta. Ella no muestra enojo porque él la visite, según la opción (3). No hay pruebas que apoyen las opciones (4) y (5).

4. **(1) amor no correspondido** (Comprensión) Medvedenko dice que ama a Masha aunque a ella parece serle indiferente. Masha no indica que siente un amor secreto por Medvedenko; por lo tanto, la opción (2) es incorrecta. Aunque los une la amistad, no hay prueba de que su amistad sea profunda; por lo tanto, la opción (3) es incorrecta. Como Masha no parece respetar la opinión de Medvedenko de lo que significa ser pobre, la opción (4) es incorrecta. El amor de Medvedenko por Masha lleva la relación a un nivel que va más allá del ser simplemente conocidos; por lo tanto, la opción (5) también es incorrecta.

5. **(1) La felicidad no depende del dinero.** (Síntesis) El conflicto principal entre Masha y Medvedenko es si la falta de riqueza material es causa suficiente de la infelicidad. No hay pruebas que apoyen la opción (2). Las opciones (3) y (4) son lo opuesto de lo que muestran los personajes en este pasaje. Aunque es posible que Medvedenko crea que la opción (5) es verdadera, éste no es el punto principal del autor.

6. **(1) inquietud** (Análisis) Masha expresa que se siente agobiada e infeliz con la conversación de Medvedenko. Su inquietud se refleja de la manera que habla del tiempo. Sin duda que no está cómoda; por lo tanto, la opción (2) es incorrecta. No hay pruebas que sugieran peligro, según la opción (3); súbita libertad, opción (4); ó poder sobrenatural, opción (5).

7. **(3) Medvedenko se siente obligado por el amor a visitar a Masha.** (Análisis) Medvedenko dice que camina cuatro millas para verla aunque ella lo trata con indiferencia. Medvedenko no ha abandonado a su familia,

Respuestas y explicaciones • Unidad 5

según la opción (1). Quizás se sienta que no se merece a Masha, pero no hay prueba de que sienta que no merece su hogar y su familia; en realidad, se siente responsable de mantenerlos, según la opción (2). Lo opuesto a la opción (4) es verdadero. Medvedenko no está haciendo nada malo; es soltero y responsable porque mantiene a su madre y hermanos. Por lo tanto, no tiene razones para sentirse culpable por ver a Masha, opción (5).

8. **(5) Contrasta aquella relación con la que tiene con Masha.** (Análisis) Medvedenko dice que no hay puntos en común entre él y Masha, a diferencia de la pareja que menciona. Aunque esta afirmación no otorga un significado adicional a la obra, según la opción (1), Medvedenko no hace la afirmación por esa razón. No hay pruebas de que Medvedenko piense que los sentimientos de Masha cambiarán, de modo que la opción (2) es incorrecta. No hay pruebas que apoyen las opciones (3) ó (4).

9. **(2) porque él es pobre** (Análisis) Medvedenko dice ¿"Quién quiere casarse con un hombre que ni siquiera puede mantenerse a sí mismo"? (líneas 41 a 42). Masha está deseosa de ir al teatro con él, por lo tanto no le disgusta su compañía totalmente, según la opción (1). No hay pruebas que apoyen las opciones (3) ó (5). Aunque Medvedenko no entiende la tristeza de Masha, la opción (4) no parece considerarla como razón suficiente de su rechazo.

10. **(4) Está enojado porque Masha no lo ama.** (Comprensión) Masha le ofrece el rapé inmediatamente después de decir que no ama a Medvedenko. No hay prueba para apoyar la opción (1). Aunque la obra está por empezar ó quizás ya haya empezado, no hay prueba que ésta sea la razón por la que él rechaza el rapé; de modo que la opción (2) es incorrecta. Quizás prefiera seguir hablando, pero no hay motivos que impidan que tome el rapé y al mismo tiempo diga lo quiere decir; de modo que la opción (3) es incorrecta. Masha ya conoce su situación económica, de modo que la opción (5) también es incorrecta.

11. **(1) Persistente, tratando de ganarse a los clientes.** (Aplicación) Medvedenko sigue visitando a Masha aunque ella no le corresponda en el amor, de modo que es improbable que Medvedenko se acerque a los clientes de igual manera. No es tímido, porque sigue visitando a Masha, de modo que la opción (2) es incorrecta. Se queja de su propia situación, pero no de otra

gente, de modo que la opción (3) es incorrecta. No hay pruebas que apoyen la opción (4). Camina cuatro millas para ver a Masha, quien no demuestra muchos sentimientos hacia él, de modo que la opción (5) es incorrecta.

GED Repaso Entender las obras dramáticas
(páginas 448–449)

1. **(5) Está feliz de haberse casado con él.** (Comprensión) La señora X. dice que él es "un esposo bueno y querido" (líneas 54 y 55). El pasaje menciona que una mujer trató de seducir al esposo de la señora X., pero no hay prueba de que él estuviera coqueteando con ella, así que la opción (1) es incorrecta. Aunque la señora X. menciona la cólera de su esposo no se queja al respecto, por lo tanto, la opción (2) es incorrecta. No hay pruebas que apoyen las opciones (3) y (4).

2. **(5) manipuladora** (Análisis) La señora X. alega que ella no "intrigó" contra la señorita Y. para que la sacaran del Gran Teatro, pero sus protestas no son muy creíbles. La señora X. puede parecer amigable, pero asusta a la señorita Y. con una pistola y se ríe de su esposo, lo que indica que la cordialidad no es genuina. Por lo tanto, la opción (1) no es la mejor respuesta. No hay pruebas que apoyen la opción (2). La señora X. sí parece un tanto amenazadora, pero su conducta no es suficientemente extrema para que sea calificada como "vengativa" o "siniestra"; por lo tanto, las opciones (3) y (4) no son las mejores.

3. **(3) La señora X. piensa que la señorita Y. le tiene rencor.** (Comprensión) Según la señora X., la señorita Y. piensa que ella trató de sacarla del Gran Teatro. Por esta razón, la señora X. cree que la señorita Y. le tiene rencor. Es posible que la señorita Y. realmente odie a la señora X., la opción (1), pero en el pasaje no hay pruebas directas que apoyen esto. No hay pruebas en el pasaje que apoyen las opciones (2) y (5). La señora X. y la señorita Y. pueden ser enemigas, pero aun si lo son, no hay prueba de que su rivalidad sea de mucho tiempo; por lo tanto, la opción (4) no es la mejor respuesta.

4. **(3) cautelosa** (Análisis) La señorita Y. es muy cauta respecto de ser directa con la señora X.; la señora X. está convencida de que la señorita Y. le guarda rencor. Cualquier cordialidad entre ellas es meramente superficial, así que la opción (1) es incorrecta. La señora X. sí parece desear lucirse frente a la señorita Y. Sin embargo, como la señorita Y. no demuestra una conducta similar, la opción (2) es incorrecta. Ninguna de las dos

Unidad 5

mujeres es abiertamente desagradable, pero las dos parecen ocultar algo; por lo tanto, las opciones (4) y (5) son incorrectas.

5. **(3) Sé más de lo que te imaginas sobre ti.** (Aplicación) La señorita Y. sabe que muy probablemente la señora X. la obligó a salirse del Gran Teatro. Además, la señorita Y. se ríe cuando la señora X dice que su esposo ha sido fiel, como si supiera algo que la señora X. desconoce. Hay razones para creer que a la señorita Y. le importaba el Gran Teatro, así que la opción (1) es incorrecta. La señorita Y. se ríe de cuando la señora X. imita a su esposo, así que la opción (2) es incorrecta. Los sentimientos de la señorita Y. parecen ir más allá de la diversión, así que la opción (4) no es la mejor respuesta. No hay pruebas que apoyen la opción (5).

6. **(1) astuta** (Síntesis) Un gato a la entrada de una ratonera es suficientemente astuto para esperar silenciosamente la salida de su presa. De la misma manera, en el pasaje, la señorita Y. se sienta en silencio para que la señora X. hable y revele información. En el pasaje no hay apoyo para las opciones (2), (4) ni (5). La señorita Y. no es indiferente, prueba de ello es que le presta atención a la señora X. y se ríe de sus bromas; por lo tanto, la opción (3) es incorrecta.

GED Repaso de la Unidad Lenguaje, Lectura
(páginas 450–455)

1. **(4) Son un poco deshonestos.** (Análisis) El autor dice que su empleador "comúnmente le pregunta cuál le dará más tierra, no cuál es la más correcta" (líneas 8 y 9). Los empleadores no critican su trabajo, la opción (1), ni le pagan menos, la opción (3). El pasaje no apoya las opciones (2) y (5).

2. **(2) rechazar el trabajo** (Aplicación) Con base en los enunciados de las líneas 25 a 27, el narrador rechazaría un trabajo antes que hacer un trabajo que no le gusta. Aparentemente el dinero no es importante para el narrador, así que la opción (1) es incorrecta. La opción (3) es incorrecta porque el narrador obviamente está orgulloso de su trabajo. No hay apoyo para las opciones (4) y (5).

3. **(4) Thoreau prefiere precisión y sus empleadores prefieren dinero.** (Síntesis) Thoreau parece deseoso de hacer el tipo de medición "más correcta" (línea 9); además, inventó una regla para medir madera, pero fue rechazada porque era demasiado precisa. Por otro lado, uno de los empleadores de Thoreau quiere

el tipo de medición "que le dará más tierra" (líneas 8 y 9), señal de que está más interesado en la ganancia personal. Las opciones (1), (3) y (5) son incorrectas porque en el pasaje no hay evidencia de que los empleadores de Thoreau no trabajen duro, no les guste su trabajo o roben las ideas de Thoreau. La opción (2) es incorrecta porque menciona un parecido y no hace un contraste.

4. **(3) Los trabajadores deben hacer lo que les gusta y recibir una buena paga por ello.** (Comprensión) El último párrafo del pasaje dice que el mejor trabajador para contratar es el que "lo haga por gusto" (línea 27). También dice que las ciudades deben pagar bien a los trabajadores. La opción (1) no se menciona claramente en el pasaje y entonces es incorrecta. La opción (2) es un detalle que está en el párrafo pero no la idea principal completa, así que es incorrecta. El párrafo puede en cierta manera sugerir la opción (4) pero no es la idea principal. El párrafo no sugiere la opción (5); la palabra "ético" se usa para hacer referencia al sentimiento que un trabajador bien pagado puede tener para con su trabajo.

5. **(2) Se mueve con el reflejo del agua** (Comprensión) La hablante está contemplando el reflejo del cielo en el agua. El poema no identifica el reflejo del agua con los recuerdos, por lo que la opción (1) es incorrecta. Las opciones (3) y (4) no tienen fundamento en el poema. La hablante, que se compara a un sauce, se siente incapaz de seguir a la corriente, por lo que la opción (4) no es correcta.

6. **(3) Somos impotentes ante la separación de la muerte.** (Comprensión) De todas las opciones, ésta es la que mejor se ajusta a la imagen de una persona que se siente arraigada como un árbol, cuando su deseo es seguir a otra que, como un río, no puede desviarse de su cauce. Las opción (1) sugiere lo contrario a los deseos que expresa la poetisa. La opción (2) interpreta literalmente la condición del árbol y el río, sin tomar en cuenta los sentimientos que se describen. El poema habla de la imposibilidad de seguir al río, que representa la muerte; por lo tanto, las opciones (4) y (5) no son correctas.

7. **(1) el movimiento y la inmovilidad** (Síntesis) Todas las imágenes del poema apuntan hacia esta respuesta: el sauce no puede moverse, el río inevitablemente se desliza, no puede detenerse. El poema no contrasta las emociones del árbol y el río, sino su condición, por lo que

las opciones (2) y (3) son incorrectas. Aunque la imagen del árbol que no puede seguir al río evoca la impotencia de la vida ante la muerte, el poema no se compara lo vivo y lo muerto, por lo que la opción (4) no es correcta. La opción (5) no se sustenta en el poema.

8. **(1) Es una historia de amor atractiva, aunque defectuosa** (Comprensión) El crítico señala varios elementos atractivos de la película, entre ellos se incluye un elenco sólido, una dirección fluida y un tema interesante. Sin embargo, también indica varias fallas, como los personajes oscuros, luchas predecibles y una estructura torpe de la trama. En conjunto, estos puntos sugieren que la película, aunque atractiva, tiene imperfecciones. El crítico no menciona ni da a entender la opción (2). La opción (3) no es verdadera; el crítico no insinúa que la película sea un fracaso total. Las opciones (4) y (5) son demasiado positivas; ninguna de ellas toma en cuenta los muchos defectos que se mencionan en la reseña.

9. **(2) Sugiere que hay un ritmo lento y pesado en la película.** (Análisis) Al hacer énfasis en el largo tiempo que los enamorados tardaron en estar juntos, el crítico sugiere que el ritmo de la película es demasiado lento. La opción (1) es incorrecta porque el crítico no muestra entusiasmo hacia la película. No hay evidencia en el pasaje que apoye las opciones (3) y (5). La opción (4) indica un efecto opuesto al intencionado.

10. **(5) Si la estructura del argumento fuera distinta.** (Aplicación) Una de las críticas principales de la película es que el argumento está estructurado de manera torpe. Esto sugiere que se podría haber mejorado la película con un argumento estructurado de manera distinta. Los detalles de la crítica no apoyan ninguna de las otras opciones.

11. **(4) quemando una casa llena de libros** (Comprensión) El pasaje describe a un hombre quemando una casa (líneas 14 a 16) y describe los libros que se están quemando (líneas 20 a 24). La opción (1) es incorrecta porque la manguera rocía queroseno, no agua. Las opciones (2), (3) y (5) no tienen apoyo en el pasaje.

12. **(3) trabajador de demolición** (Aplicación) El hombre disfruta destruyendo cosas con fuego. Un trabajador de demolición también destruye cosas. Las opciones (1) y (2) se relacionan con la construcción o la reparación, que es lo opuesto a la destrucción. La opción (4) no tiene apoyo en el

pasaje y se refiere sólo a la mención de los libros. La opción (5) no se relaciona de ninguna manera con el pasaje.

13. **(1) imágenes detalladas** (Análisis) El autor describe la imagen de un hombre, una casa y unos libros. Las opciones (2), (3), (4) y (5) no tienen lugar en el pasaje.

14. **(2) Las llamas envolvieron inmediatamente a la casa.** (Comprensión) La casa rociada con queroseno ha sido incendiada. La opción (1) es incorrecta porque las llamas se elevan, no descienden. La opción (3) es incorrecta porque la casa en sí misma, no sólo el césped, se está incendiando. El incendio acaba de comenzar, así que las opciones (4) y (5) también son incorrectas.

15. **(3) a una manguera que hace pensar en una serpiente** (Comprensión) La palabra "boquilla" señala la conclusión de que es una manera figurada de describir una manguera. Las opciones (1) y (2) son incorrectas porque la palabra "empuñar" indica que el personaje sostiene la "gran pitón". La opción (4) no tiene apoyo; menciona meramente el incendio. La opción (5) es incorrecta porque la manguera contiene queroseno, no agua.

16. **(5) Es grosera y susceptible.** (Análisis) Los actos y dichos de la Sra. Dudgeon hacia Judith revelan estos rasgos. Las opciones (1), (2) y (3) son incorrectos de acuerdo a su conducta. Aunque puede ser punzante, según la opción (4), no hay pruebas de ésta característica en este pasaje.

17. **(2) petulante y satisfecha** (Análisis) Aunque sus palabras son dulces, las acotaciones sugieren que Judith tiene una opinión muy elevada de sí misma. Si el lector sólo tuviera los discursos de los personajes para basarse, la opción (1) sería correcta. No hay pruebas que apoyen las opciones (3), (4) ó (5).

18. **(2) Judith es una visita inesperada para la lectura de un testamento.** (Comprensión) La Sra. Dudgeon está sorprendida de ver a Judith pero dice, no muy amablemente, que puede quedarse. La ocasión se relata en las líneas 5 y 6. No hay pruebas en el pasaje que apoyen la opción (1). Las opciones (3) y (5) son lo opuesto de lo que se sugiere el pasaje. Es posible que la opción (4) sea verdadera, pero es demasiado general respecto de la idea principal y no es la que mejor describe la situación.

19. **(2) tenso** (Síntesis) Estas dos mujeres a duras penas pueden tratarse amablemente. La opción (1)

es incorrecta porque no hay pruebas de que exista tristeza aunque alguien haya muerto. Las opciones (3) y (5) sugieren que no hay complacencia en este pasaje. No hay pruebas para apoyar la opción (4).

20. **(4) Piensa que Judith no fue sincera cuando se ofreció a limpiar.** (Análisis) La Sra. Dudgeon no está feliz con la llegada de esta visita inesperada. Además, la Sra. Dudgeon ya tiene la casa lista de modo que no es necesario que Judith le ofrezca ayuda con la limpieza. Estos hechos sugieren que la Sra. Dudgeon cree que Judith le ofrece limpiar la casa sólo para parecer amable y en realidad no era sincera. No hay pruebas para apoyar la opción (1). No hay prueba de que la Sra. Dudgeon piense que Judith sería particularmente buena para recibir la gente, según la opción (2). Es posible que la Sra. Dudgeon piense que Judith es desprolija porque dejó la puerta abierta, pero esto no es prueba suficiente para apoyar la opción (3). La Sra. Dudgeon no expresa ningún sentimiento verdaderamente amable hacia Judith (en realidad, le habla "casi despectivamente"), de modo que la opción (5) es incorrecta.

21. **(2) comida para alimentar a todos** (Comprensión) La narradora es sorprendida por invitados inesperados y no tiene suficiente comida. La clave de contexto "cocina" indica que la opción (4) es incorrecta. La narradora no parece particularmente preocupada por agradar a las demás personas, así que la opción (1) también es incorrecta. Aunque las opciones (3) y (5) pueden ser ciertas, la frase de la pregunta se refiere a la comida, no al espacio ni al tiempo.

22. **(4) hacer lugar en la mesa para una sexta persona** (Aplicación) Con base en los detalles del pasaje, está claro que la narradora todavía siente algo por el señor Whitaker; además, intenta que los pollos den para todas las personas que han llegado, así que probablemente haría lo mismo por el señor Whitaker. En el pasaje no hay evidencias suficientes que apoyen las otras opciones.

23. **(5) irritante** (Análisis) Los comentarios de la narradora muestran que está molesta e irritada con su hermana, por lo tanto, la opción (5) es la correcta. Los detalles del pasaje no apoyan ninguna de las otras opciones.

24. **(2) resentida** (Síntesis) En la primera línea, la narradora dice que la familia se llevaba de maravilla hasta que su hermana Stella-Rondó volvió a casa. Esto indica su resentimiento. Las opciones (1), (3), (4) y (5) son opuestas a lo que la narradora siente por su hermana.

UNIDAD 6: MATEMÁTICAS

Operaciones numéricas y sentido numérico

Lección 1: Sentido numérico y operaciones

(página 459)

1. **quinientos**

2. **tres millones**

3. **setecientos mil**

4. **cincuenta**

5. **8,700**

6. **5,000,000**

Práctica de GED (página 462)

1. **(3) $269 × 12** Necesita combinar la misma cantidad ($269), 12 veces. Multiplique.

2. **(1) $137 + $124** Debe calcular el total de dos costos. Sume.

3. **(5) $50 − $28** Debe calcular cuánto queda. Reste. Asegúrese de colocar la cantidad total <u>antes</u> de la cantidad que vaya a restar.

4. **(4) 348 ÷ 3** Debe separar 348 páginas en tres partes iguales. Divida. Asegúrese de escribir primero la cantidad que va a dividir.

5. **(2) $327 − $189** Debe calcular cuánto queda. Reste. Asegúrese de colocar la cantidad total <u>antes</u> de la cantidad que vaya a restar.

6. **(5) $62 ÷ 4** Debe repartir una cantidad en partes iguales. Divida. Asegúrese de escribir primero la cantidad que va a dividir.

Lección 2: Operaciones con números enteros

(página 465)

1. **3730**
$$\begin{array}{r} {\scriptstyle 2\ 3} \\ 746 \\ \times\quad 5 \\ \hline 3730 \end{array}$$

2. **43,758**
$$\begin{array}{r} {\scriptstyle 7\ 5\ 1} \\ 4,862 \\ \times\quad 9 \\ \hline 43,758 \end{array}$$

3. **828**
$$\begin{array}{r} 36 \\ \times 23 \\ \hline 108 \\ +720 \\ \hline 828 \end{array}$$

4. **386,384**
$$\begin{array}{r} 5,084 \\ \times\quad 76 \\ \hline 30\ 504 \\ +355\ 880 \\ \hline 386,384 \end{array}$$

5. **458**
$$\begin{array}{r} 458 \\ 7\overline{)3206} \\ -28 \\ \hline 40 \\ -35 \\ \hline 56 \\ -56 \\ \hline 0 \end{array}$$

6. **5,996**
$$\begin{array}{r} 5,996 \\ 4\overline{)23,984} \\ -20 \\ \hline 3\ 9 \\ -3\ 6 \\ \hline 38 \\ -36 \\ \hline 24 \\ -24 \\ \hline 0 \end{array}$$

7. **6,366 r10**
$$\begin{array}{r} 6,366\ r10 \\ 12\overline{)76,402} \\ -72 \\ \hline 4\ 4 \\ -3\ 6 \\ \hline 80 \\ -72 \\ \hline 82 \\ -72 \\ \hline 10 \end{array}$$

8. **9,138 r3**
$$\begin{array}{r} 9,138\ r3 \\ 24\overline{)219,315} \\ -216 \\ \hline 3\ 3 \\ -2\ 4 \\ \hline 91 \\ -72 \\ \hline 195 \\ -192 \\ \hline 3 \end{array}$$

9. **6,976,800**
$$\begin{array}{r} 2,584 \\ \times 2,700 \\ \hline 0\ 000 \\ 00\ 000 \\ 1\ 808\ 800 \\ +5\ 168\ 000 \\ \hline 6,976,800 \end{array}$$

Agregue ceros como valores nulos.

Unidad 6

10. 627,425

$$\begin{array}{r} 25,097 \\ \times\quad 25 \\ \hline 125\ 485 \\ 501\ 940 \\ \hline 627,425 \end{array}$$

11. 415,340

$$\begin{array}{r} 2,186 \\ \times\quad 190 \\ \hline 0\ 000 \\ 196\ 740 \\ 218\ 600 \\ \hline 415,340 \end{array}$$

12. 680

$$\begin{array}{r} 680 \\ 205\overline{)139,400} \\ 123\ 0\ \ \\ \hline 16\ 40 \\ 16\ 40 \\ \hline 00 \end{array}$$

Práctica de GED (página 466)

1. (5) $261

$$\begin{array}{r} ^1\quad \\ \$137 \\ +124 \\ \hline \$261 \end{array}$$

2. (5) $638

$$\begin{array}{r} ^{7\ 11\ 17} \\ \$8\cancel{2}\cancel{2}\cancel{7} \\ -189 \\ \hline \$638 \end{array}$$

3. (1) 322

$$\begin{array}{r} ^{1\ 1} \\ 168 \\ +154 \\ \hline 322 \end{array}$$

4. (5) $3468 1 año = 12 meses; Multiplique el pago mensual por 12 para calcular la cantidad correspondiente a 1 año. $289 × 12 = $3468

$$\begin{array}{r} ^{1\ 1} \\ 289 \\ \times\quad 12 \\ \hline ^1\quad \\ 578 \\ 2890 \\ \hline 3468 \end{array}$$

5. (3) $19   114 ÷ 6 = 19.

6. (4) $476   68 × 7 = 476.

Práctica de GED (página 468)

1. (3) 3,577 Reste la lectura menor del odómetro de la lectura mayor.
38,874 − 35,297 = 3,577

2. (4) $14,280 Multiplique la renta mensual por el número de meses que hay en dos años.
$595 × 24 = $14,280

3. (2) 32 Divida las ventas totales de los nuevos equipos estereofónicos por el precio de cada equipo. $14,688 ÷ $459 = 32

4. (5) $1143 Sume los tres depósitos al saldo inicial. $76 + $96 + $873 + $98 = $1143

Lección 3: Pasos para resolver problemas

Práctica de GED (página 472)

NOTA: Su respuesta puede quedar ubicada del lado izquierdo, derecho o central de la cuadrícula. Sólo recuerde que debe dejar en blanco las columnas que no use.

1. 408 $615 − $172 − $35 = $408

2. 1872 $78 × 24 = $1872

3. 120 $720 ÷ 6 = $120

4. 566 $620 − $54 = $566

Lección 4: Resolver problemas en varios pasos

Práctica de GED (página 475)

1. **(4) (65 × $9) + $350** Calcule la cantidad que se pagó en comida multiplicando la cantidad de empleados por el costo de la comida por persona (65 × $9). Luego, sume el costo de renta del salón de banquetes ($350).

2. **(5) $\frac{1200}{300}$** Para calcular la cantidad de tanques de gasolina que se necesitan para manejar 1200 millas, divida esta cantidad entre la cantidad de millas que David puede manejar con un tanque de gasolina (300 millas).

3. **(3) 70($8 − $6)** Para calcular cuanto más ganaría el propietario del estacionamiento si elevara sus tarifas, primero calcule la diferencia entre las dos tarifas ($8 − $6). Luego, multiplique el resultado por la cantidad de lugares de estacionamiento que hay (70).

4. **(2) $150 − (2 × $35) − (3 × $18)** Primero, calcule los costos de los libros de texto. 2 a $35 (2 × $35) y 3 a $18 (3 × $18). Luego, reste ambas cantidades de $150.

Práctica de GED (páginas 477–478)

1. **(2) suma y división** Sume para calcular el número total de apartamentos. Luego, divida el costo del servicio entre el número de apartamentos.

2. **(3) $72** Hay 43 apartamentos (18 + 25). Divida el costo anual entre el número de apartamentos
   Use su calculadora GED:
   3096 ÷ [(--- 18 + 25 ---)] = 72

3. **(4) 604,392** Primero, multiplique; después, sume.
   2,184 + (1,476 × 408)
         1,476 × 408 = 602,208
   2,184 +   602,208 = 604,392
   Use su calculadora GED:
   2184 + 1476 × 408 = 604392

4. **(5) $14,684** Para las acciones de cada compañía, multiplique el costo por acción por la cantidad de acciones compradas y, luego, sume los dos productos. (112 × 58) + (89 × 92) = 6,496 + 8,188 = 14,684
   Use su calculadora GED:
   112 × 58 + 89 × 92 = 14684

5. **(1) $84** Multiplique el costo por acción por la cantidad de acciones. 68 × 87 = 5,916 Luego, reste el resultado de la cantidad inicial. 6,000 − 5,916 = 84
   Use su calculadora GED:
   6000 − 68 × 87 = 84

6. **(4) 345** Divida el total de ventas netas entre el costo de cada computadora portátil. $685,170 ÷ $1,986 = 345

7. **(1) $924,160** Multiplique el número total de empleados por el monto del bono de fin de año. 1,216 × $760 = 924,160

8. **(1) 650** Siga el orden de las operaciones. Primero, divida; luego, sume.
   50 + 15,000 ÷ 25
       15,000 ÷ 25 = 600
   50 +   600   = 650
   Use su calculadora GED:
   50 + 15000 ÷ 25 = 650

9. **(2) 1,194,036** Sume la cantidad de libros vendidos en cada una de las tres categorías. 569,346 + 234,908 + 389,782 = 1,194,036

10. **(3) 1600** Siga el orden de las operaciones. Primero, resuelva las operaciones entre paréntesis; luego, multiplique.
    40 (50 − 5 × 2)
        (50 −   10) = 40
    40   (40)   = 1600
    Use su calculadora GED:
    40 × [(--- 50 − 5 × 2 ---)] = 1600

11. **(5) 3,607,829** Reste la diferencia en votos del número de votos a favor que recibió el vencedor. 3,898,705 − 290,876 = 3,607,829

Lección 5: Introducción a las fracciones

Práctica de GED (página 482)

1. **(2) $5\frac{3}{4} − 2\frac{3}{8}$** Debe comparar dos cantidades y calcular la diferencia ("cuánto más").

2. **(4) $6\frac{1}{4} ÷ 2\frac{1}{2}$** Debe calcular cuántas partes iguales $\left(2\frac{1}{2}\right)$ hay en el todo $\left(6\frac{1}{4}\right)$.

3. **(3) $15\frac{3}{4} × \frac{1}{2}$** Debe calcular una parte fraccionaria de una cantidad total.

Unidad 6

4. (4) $4\frac{1}{2} \div \frac{3}{4}$ Debe calcular cuántas partes iguales $\left(\frac{3}{4}\right)$ hay en el todo $\left(4\frac{1}{2}\right)$.

Lección 6: Fracciones, razones y proporciones

Práctica de GED (página 484)

1. $\frac{1}{2}$ Divida el numerador (2) y el denominador (4) entre 2.

2. $\frac{2}{3}$ Divida el numerador (6) y el denominador (9) entre 3.

3. $\frac{2}{5}$ Divida el numerador (10) y el denominador (25) entre 5.

4. $\frac{3}{4}$ Divida el numerador (6) y el denominador (8) entre 2.

5. $\frac{2}{5}$ Divida el numerador (6) y el denominador (15) entre 3.

6. $\frac{2}{3}$ Divida el numerador (18) y el denominador (27) entre 9.

7. $\frac{1}{4}$ Divida el numerador (5) y el denominador (20) entre 5.

8. $\frac{1}{4}$ Divida el numerador (12) y el denominador (48) entre 12.

9. $\frac{4}{5}$ Divida el numerador (16) y el denominador (20) entre 4.

10. $\frac{2}{5}$ Divida el numerador (12) y el denominador (30) entre 6.

11. $\frac{1}{6}$ Divida el numerador (7) y el denominador (42) entre 7.

12. $\frac{2}{3}$ Divida el numerador (24) y el denominador (36) entre 12.

13. $\frac{4}{6}$ y $\frac{8}{12}$ son igual a $\frac{2}{3}$. Las demás fracciones se simplifican a $\frac{3}{5}$, $\frac{1}{2}$, y $\frac{5}{6}$.

14. $\frac{8}{16}$ y $\frac{3}{6}$ son igual a $\frac{1}{2}$. Las demás fracciones son irreducibles y ninguna de ellas es igual a $\frac{1}{2}$.

15. $\frac{3}{12}$ y $\frac{2}{8}$ Bson igual a $\frac{1}{4}$. Las demás fracciones se simplifican a $\frac{1}{2}$, $\frac{1}{5}$, y $\frac{1}{3}$.

16. $\frac{6}{10}$ y $\frac{3}{5}$ La fracción $\frac{6}{10}$ se simplifica a $\frac{3}{5}$. Las demás fracciones son igual a o se simplifican a $\frac{5}{8}$, $\frac{3}{4}$, y $\frac{1}{4}$.

17. $\frac{1}{5}$ $\frac{8 \div 8}{40 \div 8} = \frac{1}{5}$

18. $\frac{3}{10}$ $\frac{15 \div 5}{50 \div 5} = \frac{3}{10}$

19. $\frac{1}{20}$ $\frac{50 \div 50}{1,000 \div 50} = \frac{1}{20}$

20. $\frac{3}{5}$ $\frac{\$24 \div 8}{\$40 \div 8} = \frac{3}{5}$

(página 486)

1. $\frac{8}{12}$ Multiplique el numerador de la primera fracción por el mismo número que multiplicó al denominador para obtener el nuevo denominador. $3 \times 4 = 12$; por lo tanto, $2 \times 4 = 8$

2. $\frac{6}{21}$
$7 \times 3 = 21$ por lo tanto, $2 \times 3 = 6$

3. $\frac{20}{25}$
$5 \times 5 = 25$ por lo tanto, $4 \times 5 = 20$

4. $\frac{20}{32}$
$8 \times 4 = 32$ por lo tanto, $5 \times 4 = 20$

5. $\frac{49}{63}$
$9 \times 7 = 63$ por lo tanto, $7 \times 7 = 49$

6. $\frac{36}{120}$
$10 \times 12 = 120$ por lo tanto, $3 \times 12 = 36$

7. $\frac{27}{36}$
$4 \times 9 = 36$ por lo tanto, $3 \times 9 = 27$

8. $\frac{36}{81}$
$9 \times 9 = 81$ por lo tanto, $4 \times 9 = 36$

9. $\frac{27}{150}$
$50 \times 3 = 150$ por lo tanto, $9 \times 3 = 27$

10. $\frac{1}{3} > \frac{1}{4}$ Convierta las fracciones a fracciones con igual denominador. $\frac{1}{3} \times \frac{4}{4} = \frac{4}{12}$; $\frac{1}{4} \times \frac{3}{3} = \frac{3}{12}$ $\frac{4}{12} > \frac{3}{12}$; por lo tanto, $\frac{1}{3} > \frac{1}{4}$

11. $\frac{3}{4} < \frac{7}{8}$ puesto que $\frac{6}{8} < \frac{7}{8}$

12. $\frac{3}{9} = \frac{1}{3}$ puesto que $\frac{3}{9}$ se simplifica a $\frac{1}{3}$

13. $\frac{2}{3} > \frac{1}{2}$ puesto que $\frac{4}{6} > \frac{3}{6}$

14. $\frac{5}{6} = \frac{15}{18}$ puesto que $\frac{15}{18}$ se simplifica a $\frac{5}{6}$

15. $\frac{9}{12} = \frac{3}{4}$ puesto que $\frac{9}{12}$ se simplifica a $\frac{3}{4}$

16. $\frac{7}{10} > \frac{2}{3}$ puesto que $\frac{21}{30} > \frac{20}{30}$

17. $\frac{7}{15} > \frac{2}{5}$ puesto que $\frac{7}{15} > \frac{6}{15}$

18. $\frac{9}{10} > \frac{3}{4}$ puesto que $\frac{18}{20} > \frac{15}{20}$

(página 488)

1. **10** Calcule los productos vectoriales y resuelva. $2 \times 15 \div 3 = 10$

2. **6** $12 \times 14 \div 28 = 6$

3. **18** $9 \times 20 \div 10 = 18$

4. **15** $5 \times 18 \div 6 = 15$

5. **8** $24 \times 5 \div 15 = 8$

6. **30** $15 \times 24 \div 12 = 30$

Respuestas y explicaciones • Unidad 6

7. **3** $6 \times 7 \div 14 = 3$

8. **23** $115 \times 6 \div 30 = 23$

9. **70** $49 \times 10 \div 7 = 70$

10. **60** $32 \times 15 \div 8 = 60$

11. **1** $6 \times 3 \div 18 = 1$

12. **100** $120 \times 5 \div 6 = 100$

13. **9 tazas** Escriba una proporción; calcule los productos vectoriales y resuelva. $\frac{8}{2} = \frac{36}{?}$
    $2 \times 36 \div 8 = 9$

14. **1050 calorías** $\frac{315}{3} = \frac{?}{10}$
    $315 \times 10 \div 3 = 1050$

Lección 7: Operaciones con fracciones
(página 491)

1. **$8\frac{1}{12}$**
   $3\frac{3}{4} = 3\frac{9}{12}$
   $+4\frac{1}{3} = +4\frac{4}{12}$
   _____
   $7\frac{13}{12}$

   Simplifique. $7\frac{13}{12} = 7 + 1\frac{1}{12} = 8\frac{1}{12}$

2. **$7\frac{1}{8}$**
   $1\frac{1}{2} = 1\frac{4}{8}$
   $+5\frac{5}{8} = +5\frac{5}{8}$
   _____
   $6\frac{9}{8}$

   Simplifique. $6\frac{9}{8} = 6 + 1\frac{1}{8} = 7\frac{1}{8}$

3. **$12\frac{1}{10}$**
   $2\frac{3}{10} = 2\frac{3}{10}$
   $+9\frac{4}{5} = +9\frac{8}{10}$
   _____
   $11\frac{11}{10}$

   Simplifique. $11\frac{11}{10} = 11 + 1\frac{1}{10} = 12\frac{1}{10}$

4. **$43\frac{7}{9}$**
   $22\frac{1}{9} = 22\frac{1}{9}$
   $+21\frac{2}{3} = +21\frac{6}{9}$
   _____
   $43\frac{7}{9}$

5. **$3\frac{1}{6}$**
   $6\frac{1}{2} = 6\frac{3}{6}$
   $-3\frac{1}{3} = -3\frac{2}{6}$
   _____
   $3\frac{1}{6}$

6. **$6\frac{7}{12}$**
   $8\frac{5}{6} = 8\frac{10}{12}$
   $-2\frac{1}{4} = -2\frac{3}{12}$
   _____
   $6\frac{7}{12}$

7. **$11\frac{2}{3}$**
   $20\frac{1}{3} = 19\frac{3}{3} + \frac{1}{3} = 19\frac{4}{3}$
   $-8\frac{2}{3} = \qquad\qquad\qquad -8\frac{2}{3}$
   _____
   $11\frac{2}{3}$

8. **$1\frac{11}{12}$**
   $5\frac{2}{3} = 5\frac{8}{12} = 4\frac{12}{12} + \frac{8}{12} = 4\frac{20}{12}$
   $-3\frac{3}{4} = -3\frac{9}{12} = \qquad\qquad\qquad -3\frac{9}{12}$
   _____
   $1\frac{11}{12}$

9. **$26\frac{1}{2}$ galones** Sume las cantidades de gasolina para calcular el total de galones comprados en el mes.
   $8\frac{1}{2} = 8\frac{5}{10}$
   $9\frac{3}{10} = 9\frac{3}{10}$
   $+8\frac{7}{10} = +8\frac{7}{10}$
   _____
   $25\frac{15}{10}$

   Simplifique. $25\frac{15}{10} = 25 + 1\frac{5}{10} = 26\frac{5}{10} = 26\frac{1}{2}$

10. **$2\frac{11}{12}$ tazas** Sume las cantidades de cada ingrediente líquido para calcular el total de ingredientes líquidos que requiere la receta.
    $1\frac{2}{3} = 1\frac{8}{12}$
    $\frac{1}{2} = \frac{6}{12}$
    $+\frac{3}{4} = +\frac{9}{12}$
    _____
    $1\frac{23}{12}$

    Simplifique. $1\frac{23}{12} = 1 + 1\frac{11}{12} = 2\frac{11}{12}$

Práctica de GED (página 492)

1. **(1) $\frac{2}{5}$ de milla** El viaje de la casa de Ramón a la casa de José es de $\frac{3}{5}$ de milla $+ \frac{4}{5}$ de milla $= 1\frac{2}{5}$ milla. La ruta directa es de 1 milla y la diferencia es de $\frac{2}{5}$ de milla.

2. **(3) $14\frac{4}{15}$** Vuelva a escribir las fracciones con un denominador común y, luego, sume los números mixtos. $7\frac{2}{3} + 6\frac{3}{5} = 7\frac{10}{15} + 6\frac{9}{15} = 13\frac{19}{15} = 14\frac{4}{15}$

(página 494)

1. **$\frac{2}{5}$** $\frac{1}{3} \div \frac{5}{6} = \frac{1}{3} \times \frac{\overset{2}{\cancel{6}}}{5} = \frac{2}{5}$

2. **$1\frac{2}{3}$** $\frac{2}{3} \div \frac{2}{5} = \frac{\overset{1}{\cancel{2}}}{3} \times \frac{5}{\cancel{2}} = \frac{5}{3} = 1\frac{2}{3}$

3. **$\frac{7}{20}$** $\frac{7}{10} \div 2 = \frac{7}{10} \div \frac{2}{1} = \frac{7}{10} \times \frac{1}{2} = \frac{7}{20}$

4. **4** $\frac{5}{6} \div \frac{5}{24} = \frac{\overset{1}{\cancel{5}}}{\cancel{6}} \times \frac{\overset{4}{\cancel{24}}}{\cancel{5}} = \frac{4}{1} = 4$

Unidad 6

5. $\frac{2}{7}$ $\frac{6}{7} \div 3 = \frac{6}{7} \div \frac{3}{1} = \frac{\cancel{6}}{7} \times \frac{1}{\cancel{3}} = \frac{2}{7}$

6. $\frac{2}{3}$ $\frac{4}{9} \div \frac{2}{3} = \frac{\cancel{4}}{\cancel{9}} \times \frac{\cancel{3}}{\cancel{2}} = \frac{2}{3}$

7. $3\frac{1}{2}$ $\frac{7}{8} \div \frac{1}{4} = \frac{7}{\cancel{8}} \times \frac{\cancel{4}}{1} = \frac{7}{2} = 3\frac{1}{2}$

8. 36 $4\frac{1}{2} \div \frac{1}{8} = \frac{9}{2} \div \frac{1}{8} =$
$\frac{9}{\cancel{2}} \times \frac{\cancel{8}}{1} = \frac{36}{1} = 36$

9. 8 $12 \div 1\frac{1}{2} = \frac{12}{1} \div \frac{3}{2} =$
$\frac{\cancel{12}}{1} \times \frac{2}{\cancel{3}} = \frac{8}{1} = 8$

10. $2\frac{1}{4}$ $3\frac{3}{4} \div 1\frac{2}{3} = \frac{15}{4} \div \frac{5}{3} =$
$\frac{\cancel{15}}{4} \times \frac{3}{\cancel{5}} = \frac{9}{4} = 2\frac{1}{4}$

11. 26 $6\frac{1}{2} \div \frac{1}{4} = \frac{13}{2} \div \frac{1}{4} =$
$\frac{13}{\cancel{2}} \times \frac{\cancel{4}}{1} = \frac{26}{1} = 26$

12. $1\frac{1}{2}$ $2\frac{1}{4} \div 1\frac{1}{2} = \frac{9}{4} \div \frac{3}{2} =$
$\frac{\cancel{9}}{\cancel{4}} \times \frac{\cancel{2}}{\cancel{3}} = \frac{3}{2} = 1\frac{1}{2}$

13. 27 $18 \div \frac{2}{3} = \frac{18}{1} \div \frac{2}{3} =$
$\frac{\cancel{18}}{1} \times \frac{3}{\cancel{2}} = \frac{27}{1} = 27$

14. 10 $2\frac{2}{5} \div \frac{6}{25} = \frac{12}{5} \div \frac{6}{25} =$
$\frac{\cancel{12}}{\cancel{5}} \times \frac{\cancel{25}}{\cancel{6}} = \frac{10}{1} = 10$

15. $4\frac{1}{5}$ $4\frac{9}{10} \div 1\frac{1}{6} = \frac{49}{10} \div \frac{7}{6} =$
$\frac{\cancel{49}}{\cancel{10}} \times \frac{\cancel{6}}{\cancel{7}} = \frac{21}{5} = 4\frac{1}{5}$

16. $3\frac{1}{3}$ $6\frac{1}{9} \div 1\frac{5}{6} = \frac{55}{9} \div \frac{11}{6} =$
$\frac{\cancel{55}}{\cancel{9}} \times \frac{\cancel{6}}{\cancel{11}} = \frac{10}{3} = 3\frac{1}{3}$

17. 8 $2\frac{2}{3} \div \frac{1}{3} = \frac{8}{3} \div \frac{1}{3} = \frac{8}{\cancel{3}} \times \frac{\cancel{3}}{1} = \frac{8}{1} = 8$

18. $3\frac{1}{5}$ $4 \div 1\frac{1}{4} = \frac{4}{1} \div \frac{5}{4} = \frac{4}{1} \times \frac{4}{5} =$
$\frac{16}{5} = 3\frac{1}{5}$

19. $5\frac{19}{40}$ $9\frac{1}{8} \div 1\frac{2}{3} = \frac{73}{8} \div \frac{5}{3} =$
$\frac{73}{8} \times \frac{3}{5} = \frac{219}{40} = 5\frac{19}{40}$

20. $8\frac{1}{3}$ $10 \div 1\frac{1}{5} = \frac{10}{1} \div \frac{6}{5} =$
$\frac{\cancel{10}}{1} \times \frac{5}{\cancel{6}} = \frac{25}{3} = 8\frac{1}{3}$

21. 35 $8\frac{3}{4} \div \frac{1}{4} = \frac{35}{4} \div \frac{1}{4} =$
$\frac{35}{\cancel{4}} \times \frac{\cancel{4}}{1} = \frac{35}{1} = 35$

22. 27 $12 \div \frac{4}{9} = \frac{12}{1} \div \frac{4}{9} =$
$\frac{\cancel{12}}{1} \times \frac{9}{\cancel{4}} = \frac{27}{1} = 27$

23. 20 $16 \div \frac{4}{5} = \frac{16}{1} \div \frac{4}{5} =$
$\frac{\cancel{16}}{1} \times \frac{5}{\cancel{4}} = \frac{20}{1} = 20$

24. $1\frac{9}{11}$ $4 \div 2\frac{1}{5} = \frac{4}{1} \div \frac{11}{5} = \frac{4}{1} \times \frac{5}{11} = \frac{20}{11} = 1\frac{9}{11}$

25. **16 piezas** Divida la longitud de la tabla, 12 pies, por la longitud de los pedazos, $\frac{3}{4}$ de pie.
$12 \div \frac{3}{4} = \frac{12}{1} \div \frac{3}{4} = \frac{\cancel{12}}{1} \times \frac{4}{\cancel{3}} = \frac{16}{1} = 16$

26. **45 platos del día** Divida el número total de libras, 15, por la cantidad utilizada en cada plato del día, $\frac{1}{3}$ de libra.
$15 \div \frac{1}{3} = \frac{15}{1} \div \frac{1}{3} = \frac{15}{1} \times \frac{3}{1} = \frac{45}{1} = 45$

27. **32 libros** Divida la altura de la pila, 24 pulgadas, entre el grosor de un libro, $\frac{3}{4}$ de pulgada.
$24 \div \frac{3}{4} = \frac{24}{1} \div \frac{3}{4} = \frac{\cancel{24}}{1} \times \frac{4}{\cancel{3}} = \frac{32}{1} = 32$

28. **10 bicicletas** Divida el número de horas, 25, entre el tiempo que se tarda Karina en armar una bicicleta, $2\frac{1}{2}$ horas.
$25 \div 2\frac{1}{2} = \frac{25}{1} \div \frac{5}{2} = \frac{\cancel{25}}{1} \times \frac{2}{\cancel{5}} = \frac{10}{1} = 10$

29. **8 porciones** Divida la cantidad de azúcar que hay, 10 tazas, entre la cantidad necesaria para hacer 1 porción, $1\frac{1}{4}$ tazas.
$10 \div 1\frac{1}{4} = \frac{10}{1} \div \frac{5}{4} = \frac{\cancel{10}}{1} \times \frac{4}{\cancel{5}} = \frac{8}{1} = 8$

Práctica de GED (página 496)

1. **(3) 30** Redondee las cantidades $14\frac{1}{3}$ redondeado es 14

$6\frac{3}{4}$ redondeado es 7

$9\frac{1}{4}$ redondeado es 9

Sume las cantidades redondeadas. $14 + 7 + 9 = 30$

2. (4) 78 Redondee las cantidades $9\frac{5}{8}$ redondeado es 10

$27\frac{1}{4}$ redondeado es 27

$4\frac{2}{3}$ redondeado es 5

$36\frac{3}{8}$ redondeado es 36

Sume las cantidades redondeadas.
$10 + 27 + 5 + 36 = 78$

3. (2) 22 Redondee las cantidades $10\frac{2}{5}$ redondeado es 10

$12\frac{1}{6}$ redondeado es 12

Sume las cantidades redondeadas. $10 + 12 = 22$

4. (1) 2 Redondee las cantidades

cacahuates en el Surtido B: $4\frac{1}{5}$ redondeado es 4

cacahuates en el Surtido A: $2\frac{3}{8}$ redondeado es 2

Reste las cantidades. $4 - 2 = 2$

5. (4) 5 Redondee las cantidades.

Nueces de la India: $2\frac{2}{3}$ redondeado es 3

Nueces de Brasil: $2\frac{1}{8}$ redondeado es 2

Sume las cantidades redondeadas. $3 + 2 = 5$

6. (4) 4 Redondee las cantidades en el Surtido A.

$2\frac{2}{3}$ redondeado es 3

$2\frac{3}{8}$ redondeado es 2

$3\frac{1}{2}$ redondeado es 4

$2\frac{1}{8}$ redondeado es 2

Sume las cantidades redondeadas. $3 + 2 + 4 + 2 = 11$

Redondee las cantidades en el Surtido B.

$6\frac{1}{2}$ redondeado es 7

$3\frac{7}{8}$ redondeado es 4

$4\frac{1}{5}$ redondeado es 4

Sume las cantidades redondeadas. $7 + 4 + 4 = 15$
Reste para calcular la diferencia. $15 - 11 = 4$

Práctica de GED (páginas 498–499)

1. $\frac{23}{47}$

2. $\frac{15}{32}$

3. $\frac{2}{1}$

$\frac{6}{3} = \frac{2}{1}$

4. $\frac{3}{1}$

$\frac{21}{7} = \frac{3}{1}$

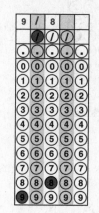

5. $\frac{9}{8}$

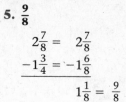

$$2\frac{7}{8} = \quad 2\frac{7}{8}$$
$$-1\frac{3}{4} = -1\frac{6}{8}$$
$$\overline{}$$
$$1\frac{1}{8} = \frac{9}{8}$$

Unidad 6

6. $\frac{11}{12}$ $2\frac{3}{4} \div 3 = \frac{11}{4} \div \frac{3}{1} = \frac{11}{4} \times \frac{1}{3} = \frac{11}{12}$

7. $\frac{4}{3}$ Si Raquel usa $\frac{2}{3}$ de la harina, queda $\frac{1}{3}$
Calcule $\frac{1}{3}$ de 4 tazas. $\frac{1}{3} \times 4 = \frac{1}{3} \times \frac{4}{1} = \frac{4}{3}$

8. $\frac{27}{4}$ Plantee una proporción y resuelva el problema.

$$\frac{\text{pulgadas}}{\text{millas}} \quad \frac{\frac{1}{3}}{3} \quad \frac{\frac{3}{4}}{x}$$

$$\left(3 \times \frac{3}{4}\right) \div \frac{1}{3} = \left(\frac{3}{1} \times \frac{3}{4}\right) \times \frac{3}{1} = \frac{9}{4} \times \frac{3}{1} = \frac{27}{4}$$

Lección 8: Introducción a los números decimales

(página 502)

1. **3.6** El número a la derecha de la posición de los décimos es igual a o mayor que 5. 3.5719 Sume 1 a la posición de los décimos y elimine los dígitos restantes de la derecha.

2. **5.13** El número a la derecha de la posición de los centésimos es menor que 5. 5.132 Elimine los dígitos restantes de la derecha.

3. **1** El número a la derecha de la posición de las unidades es igual a o mayor que 5. 0.543 Sume 1 a la posición de las unidades y elimine los dígitos restantes de la derecha.

4. **7.1** El número a la derecha de la posición de los décimos es igual a o mayor que 5. 7.0813 Sume 1 a la posición de los décimos y elimine los dígitos restantes de la derecha.

5. **1.070** ó **1.07** El úmero a la derecha de la posición de los milésimos es igual a o mayor que 5. 1.0699 Sume 1 a la posición de los milésimos. Esto afecta la posición de los centésimos. (69 + 1 = 70). Elimine los dígitos restantes de la derecha.

6. **0.32 > 0.3109** Agregue ceros; luego, compare. Puesto que 3200 es mayor que 3109, entonces 0.3200 > 0.3109.

7. **0.98 < 1.9** El primer número, 0.98, no tiene una parte de número entero; el segundo número, 1.9, sí tiene una parte de número entero igual a 1, por lo tanto es mayor.

8. **0.5 = 0.50** El 0 después de 5 en 0.50 no altera el valor del número. Ambos tienen el mismo valor: 5 décimos.

9. **0.006 < 0.06** Agregue un cero al segundo número, 0.060. El primer número, 0.006, es menor porque 6 es menor que 60.

10. **1.075 < 1.57** Ambos tienen el mismo valor en la parte de los números enteros. Agregue un cero al segundo número. 1.570. El primer número, 1.075, es menor porque 75 es menor que 570.

11. **0.18 > 0.108** Agregue un cero al primer número, 0.180. El primer número, 0.18, es mayor porque 180 es mayor que 108.

12. **2.38 < 2.83** Ambos tienen el mismo número entero. El primer número es menor porque 38 es menor que 83.

13. **3.60 = 3.600** Ambos tienen el mismo número entero. Los ceros después del 6 en ambos números no alteran el valor. Ambos tienen el mismo valor.

1. **(1) $3** Haga una aproximación del costo de un paquete. $17.85 redondeado es $18. Divida la aproximación entre 6. $18 ÷ 6 = $3

2. **(5) $700** Haga una aproximación de la cantidad deducida de cada cheque por concepto de seguro médico. $27.50 redondeado es $30. Puesto que la cantidad se deduce dos veces al mes, la aproximación se multiplica por 2 para calcular la deducción mensual. 2 × $30 = $60 Multiplique el resultado por 12 para calcular la cantidad anual aproximada. $60 × 12 = $720 La aproximación más acertada en la lista de opciones es $700.

Lección 9: Operaciones con números decimales

(Práctica de GED (página 505)

1. **2.63**
   0.03
   +2.60
   2.63

2. **5.4**
   1
   1.35
   +4.05
   5.40

3. **5.547**
   9 10
   8 10
   6.900
   −1.353
   5.547

4. **2.925**
   4 10
   5.075
   −2.150
   2.925

5. **15.103**
   7.100
   +8.003
   15.103

6. **4.175**
   9 10
   2 10
   10.300
   − 6.125
   4.175

7. **4.81**
   3.61
   +1.20
   4.81

8. **11.78**
   9 15
   5 10
   16.05
   − 4.27
   11.78

9. **82.887**
   1.850
   0.030
   19.007
   +62.000
   82.887

10. **44.155**
    1 1 1
    12.400
    11.080
    16.100
    + 4.575
    44.155

11. **9,032**
    9 10
    15 10
    16,004.1
    − 6,972.1
    9,032.0

12. **2.794**
    9 10
    7 10
    3.800
    −1.006
    2.794

13. **2.947**
    11 18
    6 10
    12.870
    − 9.923
    2.947

14. **17.105**
    1 12 10
    6 10
    23.070
    − 5.965
    17.105

15. **22.668**
    1
    14.010
    8.600
    + 0.058
    22.668

16. **31.85**
    5 17
    7 10
    56.80
    −24.95
    31.85

17. **6.701**

18. **0.2593**

19. **10.316**

20. **23.35**

21. **5.295**

22. **12.75**

1. **3.40 ó 3.4** 8.5 × 0.4 = 3.40 Hay dos posiciones decimales en el problema. Una vez que coloque el punto decimal, puede eliminar el cero de la posición de los centésimos.

2. **0.024** 0.04 × 0.6 = 0.024 Hay 3 posiciones decimales en el problema. Debe escribir un cero como valor nulo en la posición de los décimos.

3. **0.0112** 5.6 × 0.002 = 0.0112 Hay 4 posiciones decimales en el problema. Debe escribir un cero como valor nulo en la posición de los décimos.

4. **36.72** 12 × 3.06 = 36.72 Hay 2 posiciones decimales en el problema.

5. **310.17** 21.1 × 14.7 = 310.17 Hay 2 posiciones decimales en el problema.

6. **0.096** 0.008 × 12 = 0.096 Hay 3 posiciones decimales en el problema. Debe escribir un cero como valor nulo en la posición de los décimos.

7. **12.84**
   1.07
   × 12
   214
   1070
   12.84

   Hay 2 posiciones decimales en el problema.

8. **0.549**
   0.09
   × 6.1
   009
   540
   0.549

   Hay 3 posiciones decimales en el problema.

9. **2.56**
   2.56
   8)20.48
   16
   4 4
   4 0
   48
   48

10. **1.0972**
    1.0972
    3)3.2916
    3
    2
    0
    29
    27
    21
    21
    06
    6

Unidad 6

11. 4.086

  2.27
<u>× 1.8</u>   Hay 3 posiciones decimales
1 816   en el problema.
<u>2 270</u>
4.086

12. 75.6

  5.04
<u>× 15</u>   Hay 2 posiciones decimales
25 20   en el problema.
<u>50 40</u>
75.60

13. 2.14

       2.14
3.6.)7.7.04
    <u>7 2</u>
     5 0
     <u>3 6</u>
     1 44
     <u>1 44</u>

14. 6.094

       6.094
1.05.)6.39.870
    <u>6 30</u>
     9 8
      <u>0</u>
     9 87
     <u>9 45</u>
      420
      <u>420</u>

15. 0.02

    0.008
<u>× 2.5</u>   Hay 4 posiciones decimales
  0040   en el problema.
<u>0 0160</u>
0.0200

16. 0.1155

  1.05
<u>×0.11</u>   Hay 4 posiciones decimales
  105   en el problema.
1050
<u>00000</u>
0.1155

17. 0.0035

    0.0035
6)0.0210
   <u>18</u>
    30
    <u>30</u>

18. 62

     62.
0.07.)4.34.
    <u>4 2</u>
     14
     <u>14</u>

19. 0.14 0.144 redondeado es 0.14

20. 0.29 0.285 redondeado es 0.29

21. 0.21 0.2145 redondeado es 0.21

22. 0.27 0.272 redondeado es 0.27

23. 18.38 18.375 redondeado es 18.38

24. 0.83 0.8333 redondeado es 0.83

Práctica de GED (página 508)

1. (1) 25($1.05 − $0.89) Una manera de resolver el problema es calculando las diferencias entre los dos precios de discos compactos en blanco. Luego, multiplique la diferencia por 25 para calcular el ahorro total. (También puede llegar al mismo resultado multiplicando cada precio por 25 y, luego, calculando la diferencia [25($1.05) − 25($0.89)], pero este procedimiento no es una de las opciones de respuesta).

2. (1) $3.00 Realice las operaciones:
$35 − ($12.98 + $10.67 + $5.98 + $2.37) =
$35 − $32.00   = $3.00

Práctica de GED (página 510)

1. 15.75 Sume para calcular el total de millas.
4.5 + 5.25 + 6 = 15.75

2. 0.065 Reste para calcular la diferencia.
0.340 − 0.275 = 0.065

3. 50 Divida para calcular el número de pedazos del mismo tamaño.
$60 \div 1.2 = 50$

4. $41.86 Multiplique el número de repuestos por el costo de cada uno.
$\$2.99 \times 14 = \$41.86$

Lección 10: Números decimales y fracciones
(página 513)

1. $\frac{1}{4}$ Escriba 25 sobre 100 y simplifique a sus términos mínimos.

$$\frac{25 \div 25}{100 \div 25} = \frac{1}{4}$$

2. $\frac{2}{5}$ Escriba 4 sobre 10 y simplifique a sus términos mínimos.

$$\frac{4 \div 2}{10 \div 2} = \frac{2}{5}$$

3. $\frac{7}{20}$ Escriba 35 sobre 100 y simplifique a sus términos mínimos.

$$\frac{35 \div 5}{100 \div 5} = \frac{7}{20}$$

4. $\frac{16}{125}$ Escriba 128 sobre 1000 y simplifique a sus términos mínimos.

$$\frac{128 \div 8}{1000 \div 8} = \frac{16}{125}$$

5. $\frac{1}{20}$ Escriba 5 sobre 100 y simplifique a sus términos mínimos.

$$\frac{5 \div 5}{100 \div 5} = \frac{1}{20}$$

6. $\frac{5}{16}$ $\quad \frac{31\frac{1}{4}}{100} = 31\frac{1}{4} \div 100 = \frac{\overset{5}{\cancel{125}}}{4} \times \frac{1}{\underset{4}{\cancel{100}}} = \frac{5}{16}$

7. $\frac{4}{15}$ $\quad \frac{26\frac{2}{3}}{100} = 26\frac{2}{3} \div 100 = \frac{\overset{4}{\cancel{80}}}{3} \times \frac{1}{\underset{5}{\cancel{100}}} = \frac{4}{15}$

8. $\frac{1}{15}$ $\quad \frac{6\frac{2}{3}}{100} = 6\frac{2}{3} \div 100 = \frac{\overset{1}{\cancel{20}}}{3} \times \frac{1}{\underset{5}{\cancel{100}}} = \frac{1}{15}$

9. $\frac{19}{80}$ $\quad \frac{23\frac{3}{4}}{100} = 23\frac{3}{4} \div 100 = \frac{\overset{19}{\cancel{95}}}{4} \times \frac{1}{\underset{20}{\cancel{100}}} = \frac{19}{80}$

10. $\frac{9}{10}$ Escriba 9 sobre 10. La fracción ya está simplificada a sus términos mínimos.

11. $\frac{5}{8}$ Escriba 625 sobre 1000 y simplifique a sus términos mínimos.

$$\frac{625 \div 125}{1000 \div 125} = \frac{5}{8}$$

12. $\frac{1}{8}$ Escriba 125 sobre 1000 y simplifique a sus términos mínimos.

$$\frac{125 \div 125}{1000 \div 125} = \frac{1}{8}$$

13. $\frac{11}{20}$ Escriba 55 sobre 100 y simplifique a sus términos mínimos.

$$\frac{55 \div 5}{100 \div 5} = \frac{11}{20}$$

14. $\frac{7}{25}$ Escriba 28 sobre 100 y simplifique a sus términos mínimos.

$$\frac{28 \div 4}{100 \div 4} = \frac{7}{25}$$

15. $\frac{5}{16}$ Escriba 3,125 sobre 10,000 y simplifique a sus términos mínimos.

$$\frac{3,125 \div 625}{10,000 \div 625} = \frac{5}{16}$$

16. 0.8 Divida 4 entre 5.

$$\begin{array}{r} 0.8 \\ 5\overline{)4.0} \\ \underline{4\,0} \end{array}$$

17. 0.375 Divida 3 entre 8.

$$\begin{array}{r} 0.375 \\ 8\overline{)3.000} \\ \underline{2\,4} \\ 60 \\ \underline{56} \\ 40 \\ \underline{40} \end{array}$$

18. 0.55 Divida 11 entre 20.

$$\begin{array}{r} 0.55 \\ 20\overline{)11.00} \\ \underline{10\,0} \\ 1\,00 \\ \underline{1\,00} \end{array}$$

19. 0.625 Divida 5 entre 8.

$$\begin{array}{r} 0.625 \\ 8\overline{)5.000} \\ \underline{4\,8} \\ 20 \\ \underline{16} \\ 40 \\ \underline{40} \end{array}$$

20. **0.6** Divida 3 entre 5.

$$\begin{array}{r} 0.6 \\ 5\overline{)3.0} \\ \underline{3\,0} \end{array}$$

21. **0.28** Divida 7 entre 25.

$$\begin{array}{r} 0.28 \\ 25\overline{)7.00} \\ \underline{5\,0} \\ 2\,00 \\ \underline{2\,00} \end{array}$$

22. **0.83$\frac{1}{3}$**

$$0.83\frac{2}{6} = 0.83\frac{1}{3}$$
$$\begin{array}{r} 6\overline{)5.00} \\ \underline{4\,8} \\ 20 \\ \underline{18} \\ 2 \end{array}$$

23. **0.88$\frac{8}{9}$**

$$\begin{array}{r} 0.88\frac{8}{9} \\ 9\overline{)8.00} \\ \underline{7\,2} \\ 80 \\ \underline{72} \\ 8 \end{array}$$

24. **0.06$\frac{1}{4}$**

$$0.06\frac{4}{16} = 0.06\frac{1}{4}$$
$$\begin{array}{r} 16\overline{)1.00} \\ \underline{96} \\ 4 \end{array}$$

25. **0.27$\frac{3}{11}$**

$$\begin{array}{r} 0.27\frac{3}{11} \\ 11\overline{)3.00} \\ \underline{2\,2} \\ 80 \\ \underline{77} \\ 3 \end{array}$$

26. **0.46$\frac{2}{3}$**

$$0.46\frac{10}{15} = 0.46\frac{2}{3}$$
$$\begin{array}{r} 15\overline{)7.00} \\ \underline{6\,0} \\ 1\,00 \\ \underline{90} \\ 10 \end{array}$$

27. **0.33$\frac{1}{3}$**

$$\begin{array}{r} 0.33\frac{1}{3} \\ 3\overline{)1.00} \\ \underline{9} \\ 10 \\ \underline{9} \\ 1 \end{array}$$

28. **$\frac{7}{16}$** $43\frac{3}{4} \div 100 = \frac{175}{4} \div \frac{100}{1} = \frac{\overset{7}{\cancel{175}}}{4} \times \frac{1}{\underset{4}{\cancel{100}}} = \frac{7}{16}$

29. **$\frac{1}{6}$** $16\frac{2}{3} \div 100 = \frac{50}{3} \div \frac{100}{1} = \frac{\overset{1}{\cancel{50}}}{3} \times \frac{1}{\underset{2}{\cancel{100}}} = \frac{1}{6}$

30. **$\frac{3}{8}$** $37\frac{1}{2} \div 100 = \frac{75}{2} \div \frac{100}{1} = \frac{\overset{3}{\cancel{75}}}{2} \times \frac{1}{\underset{4}{\cancel{100}}} = \frac{3}{8}$

31. **$\frac{1}{40}$** $2\frac{1}{2} \div 100 = \frac{5}{2} \div \frac{100}{1} = \frac{\overset{1}{\cancel{5}}}{2} \times \frac{1}{\underset{20}{\cancel{100}}} = \frac{1}{40}$

Práctica de GED (página 514)

NOTA: Las respuestas siguientes fueron escritas como decimales, pero también podrían haber sido escritas como fracciones impropias. No puede marcar números mixtos en la cuadrícula.

1. **7.5** Convierta todas las fracciones en decimales y sume las millas.
$2.25 + 1.5 + 3.75 = 7.5$
ó **$\frac{15}{2}$**

$2\frac{1}{4} + 1\frac{1}{2} + 3\frac{3}{4} =$

$2\frac{1}{4} + 1\frac{2}{4} + 3\frac{3}{4} = 6\frac{6}{4}$

$6\frac{6}{4} = \frac{30}{4} = \frac{15}{2}$

2. **$4.50** Multiplique el costo de cada galón de gasolina por el número de galones de gasolina.
$\$1.25 \times 3.6 = \$4.50$

3. **10.8** Divida el peso total de la lata de habichuelas tiernas entre el peso por porción.
$40.5 \div 3.75 = 10.8$

Unidad 6

4. 6.25 Reste la longitud del
pedazo de tabla.
$9.375 - 3.125 = 6.25$

Práctica de GED (página 516)

1. (4) 68.925 Convierta las fracciones en
decimales y sume las millas recorridas.
$26.8 + 14.375 + 27.75$

2. (5) $7\frac{3}{4}$ Multiplique la razón de nieve caída por
el número de horas. $1.24 \times 6.25 = 7.75$, or $7\frac{3}{4}$

3. (3) $554.56 Multiplique la tarifa regular por
hora por 40 horas. $9.50 \times 40 = 380 Reste 40
del tiempo trabajado para calcular el número de
horas extra. $52.25 - 40 = 12.25$ Multiplique las
horas extra por la tarifa por hora por 1.5. $12.25
\times $9.50 \times 1.5 = 174.5625, ó $174.56 redondeado
al centavo más cercano. Sume las dos cantidades
ganadas. $380 + $174.56 = 554.56

4. (3) $22.41 Multiplique el precio por galón por el
número de galones.

$1.39 \times 16\frac{1}{8} = $1.39 \times 16.125 = 22.41375, ó
$22.41 redondeado al centavo más cercano.

Using your GED calculator:

1.39 ✕ 16 a b/c 1 a b/c 8 =
22.41375 Round to $22.41.

5. (1) 1.275 Reste el número de millas que corrió
Ramón del número de millas que corrió Alicia.
$4.875 - 3\frac{3}{5} = 4.875 - 3.6 = 1.275$

Using your GED calculator:

4.875 − 3 a b/c 3 a b/c 5 = 1.275

6. (4) 13.225 Sume el número de millas que
corrieron las tres personas.

$4.875 + 3\frac{3}{5} + 4\frac{3}{4} = 4.875 + 3.6 + 4.75 = 13.225$

Using your GED calculator:

4.875 + 3 a b/c 3 a b/c 5 + 4
a b/c 3 a b/c 4 = 13.225

Lección 11: El significado del porcentaje

Práctica de GED (página 520)

1. $\frac{13}{20}$ $\frac{65 \div 5}{100 \div 5} = \frac{13}{20}$

2. $\frac{21}{25}$ $\frac{84 \div 4}{100 \div 4} = \frac{21}{25}$

3. $1\frac{2}{5}$ $\frac{140 \div 20}{100 \div 20} = \frac{7}{5} = 1\frac{2}{5}$

4. $2\frac{3}{4}$ $\frac{275 \div 25}{100 \div 25} = \frac{11}{4} = 2\frac{3}{4}$

5. $\frac{39}{100}$ $\frac{39}{100}$ Esta fracción es irreducible.

6. $4\frac{1}{2}$ $\frac{450 \div 50}{100 \div 50} = \frac{9}{2} = 4\frac{1}{2}$

Práctica de GED (página 521)

1. (1) $7 Escriba una proporción. $\frac{?}{$35} = \frac{20}{100}$
Calcule el producto vectorial y resuelva.
$35 \times 20 \div 100 = 7

2. (4) $562.50 $\frac{?}{$625} = \frac{90}{100}$
$625 \times 90 \div 100 = 562.50

3. (3) $33.60 $\frac{?}{$1,344} = \frac{2.5}{100}$
$1,344 \times 2.5 \div 100 = 33.60

4. (2) 70 $\frac{56}{?} = \frac{80}{100}$
$56 \times 100 \div 80 = 70$

5. (1) 40% $\frac{18}{45} = \frac{?}{100}$
$18 \times 100 \div 45 = 40$

6. (5) 375 $\frac{300}{?} = \frac{80}{100}$
$300 \times 100 \div 80 = 375$

Lección 12: Resolver problemas con porcentajes (Parte I)

Práctica de GED (página 524)

1. (3) 852 Calcule 10% de 8520 moviendo el punto
decimal un lugar hacia la izquierda. 8520. →
852. Esto es lo mismo que dividir entre
10 o multiplicar por 0.1. $8520 \times 0.1 = 852$

2. (4) $3.90 Calcule el 10% moviendo el punto
decimal un lugar hacia la izquierda. $26.00 →
$2.60 Divida $2.60 entre 2 para calcular
el 5%. $2.60 \div 2 = 1.30
Sume para calcular el 15%. $2.60 + $1.30 = 3.90
Esto es lo mismo que multiplicar por 0.15.
$0.15 \times $26 = 3.90

3. (5) $7.50 Calcule el 10% moviendo el punto
decimal un lugar hacia la izquierda. $150.00 →
$15 Divida entre 2 para calcular el 5%.
$15.00 \div 2 = 7.50
O bien, multiplique. $0.05 \times $150 = 7.50

4. (2) $14.00 Calcule el 10% moviendo el punto
decimal un lugar hacia la izquierda. $70.00 → $7
Multiplique por 2 para calcular el 20%.
$7.00 \times 2 = 14.00 or $70 \times 0.2 = 14.00

5. (4) $375 Calcule el 10% moviendo el punto
decimal un lugar hacia la izquierda.
$1,500. = $150
Multiplique $150 por 2 para calcular el 20%.
$150 \times 2 = 300
Divida $150 entre 2 para calcular el 5%.
$150 \div 2 = 75
Sume 20% + 5% = 25%. $300 + $75 = 375
                            ó $1500 \times 0.25 = 375

Unidad 6

6. **(2) 540** Calcule el 10% moviendo el punto decimal un lugar hacia la izquierda. 1800. = 180. Multiplique 180 por 3 para calcular el 30%.

$$180 \times 3 = 540$$
$$ó\ 1800 \times 0.3 = 540$$

Lección 13: Resolver problemas con porcentajes (Parte II)

Práctica de GED (página 527)

1. **(4) $17.00** Calcule el monto del descuento $20 \times 0.15 = $3 Reste para calcular el precio de oferta. $20 − $3 = $17

2. **(2) $9 + 0.06 × $9** Calcule el aumento $(0.06 \times $9)$, y, después, sume la cantidad a su salario actual para calcular su nuevo salario por hora. $9 + 0.06 \times $9

3. **(3) 200%** Calcule la diferencia en las dos cantidades. $4500 − $1500 = $3000 Divida entre la cantidad original. $3000 ÷ $1500 = 2.00 = 200%

4. **(2) 0.4(30) + 30** Debe calcular el aumento multiplicando 0.4 por 30. Luego, sume el aumento a la cantidad original.

5. **(1)** $\dfrac{$160 − ($160 \times 0.1)}{6}$ Reste el monto del anticipo del costo del abrigo. $160 − ($160 × 0.1) Luego, divida esa cantidad entre el número de mensualidades.

6. **(2) 336** Primero, calcule el número de trabajadores que van a despedir. 1400 × 0.05 = 70 Reste el resultado del número original. 1400 − 70 = 1330 >. Calcule el número de trabajadores del segundo despido. 1330 × 0.20 = 266 Sume el número de trabajadores de ambos despidos. 70 + 266 = 336

Práctica de GED (páginas 529–530)

1. **(3) 414** Multiplique el número total de empleados al final del primer trimestre por el porcentaje de aumento del segundo trimestre. 3450 × 0.12 = 414 or 3450 ☒ 12 SHIFT ☐ 414

2. **(4) 18%** Divida la cantidad de la propina entre el total de la cuenta. $21.60 ÷ $120 = 0.18 = 18% or 21.60 ÷ 120 SHIFT ☐ 18

3. **(4) $50,000** Divida la cantidad de la contribución entre el porcentaje del salario. $4,375 ÷ 0.0875 = $50,000 or 4375 ÷ 8 a b/c 3 a b/c 4 SHIFT ☐ 50,000

4. **(2) 12.5%** Reste los gastos de oficina de este mes de los gastos de oficina del mes pasado. $1400 − $1225 = $175 Divida el resultado entre la cantidad de gastos del último mes. $175 ÷ $1400 = 0.125 = 12.5% ó 175 ÷ 1400 SHIFT ☐ 12.5

5. **(3) $236.40** Multiplique el precio regular del horno de microondas por el porcentaje de descuento. $394 × 0.4 = $157.60 or 394 ☒ 40 SHIFT ☐ 157.60 Reste el resultado del precio regular $394 − $157.60 = $236.40 Otro método: Puesto que el descuento es del 40%, el precio de oferta es 60% del precio original. 60% (100% − 40%). 0.6 × $394 = $236.40 ó 394 ☒ 60 SHIFT ☐ 236.40

6. **(4) 18%** Reste las ventas de pasta de dientes en abril de las ventas de pasta de dientes en mayo. $4,956 − $4,200 = $756 Divida el resultado entre las ventas de pasta de dientes en abril. $756 ÷ $4,200 = 0.18, or 18% ó 756 ÷ 4200 SHIFT ☐ 18

7. **(2) 11%** Sume las ventas de los 6 meses que aparecen en la lista. $2 + $6 + $8 + $8 + $14 + $18 = $56 Divida las ventas de febrero entre este total. 6 ÷ 56 SHIFT ☐ 10.7 = 11%, redondeado al porcentaje entero más cercano.

8. **(1) enero a febrero** El porcentaje de aumento para cada par de meses consecutivos es igual al aumento en las ventas de un mes al otro dividido entre las ventas registradas en el primer mes del par. De enero a febrero, el porcentaje de aumento fue de ($6 − $2) ÷ $2 = $4 ÷ $2 = 200%. Para cada uno de los otros pares de meses consecutivos, el porcentaje de aumento fue menor que 100%.

9. **(5) $7,000** Multiplique el monto que se pidió prestado por la tasa de interés anual por el número de años del préstamo. $12,500 × 0.16 × 3.5 or 12500 ☒ 3.5 ☒ 16 SHIFT ☐ 7000

10. **(3) 8%** Divida el monto del aumento entre el salario anual actual. 3,280 ÷ 38,650 SHIFT ☐ 8.4 = 8%, redondeado al porcentaje entero más cercano.

11. **(3) ($136 × 0.0825) + $136** Multiplique el precio del abrigo por el porcentaje del impuesto de ventas y sume el resultado (el monto del impuesto de ventas) al precio del abrigo. ($136 × .0825) + $136

12. **(1) 15%** Reste la asistencia de este año de la asistencia del año pasado. 1420 − 1209 = 211 Divida el resultado entre la asistencia del año pasado. 211 ÷ 1420 SHIFT ☐ 14.8 = 15%, redondeado al porcentaje entero más cercano.

13. **(3) aumento del 4%** Reste la circulación de septiembre ("original") de la circulación de octubre ("nueva"). 247,624 − 238,100 = 9,524 Luego, divida la diferencia entre la circulación de septiembre. 9,524 ÷ 238,100 = 0.04 = 4% Debido a que la circulación de octubre es mayor que la de septiembre, el cambio es un aumento. $\dfrac{247,624 − 238,100}{238,100} \times 100\% = 4\%$

Parte I

1. **(5) 3216**

2. **(2) 504**

3. **(4) 14** Divida la cantidad total que Karina necesita entre la cantidad que ahorra al mes. $3220 ÷ $230 = 14

4. **(2) $5,760** Multiplique la renta mensual por 12, el número de meses que tiene un año. $480 × 12 = $5760

5. **(3) 10,967** Sume el número de videos rentados en febrero y en marzo. 5,980 + 4,987 = 10,967

6. **(3) 1,978** Reste el número de videos rentados en abril del número rentado en mayo. 7,985 − 6,007 = 1,978

7. **(4) 8,640** Multiplique la cantidad de videos rentados en enero por 2. 4,320 × 2 = 8,640

8. **(5) $42,500** Divida la cantidad que se pagó por impuestos $13,600 ÷ 0.32 = $42,500 ó 13600 ÷ 32 SHIFT = 42500

9. **(4) $45.47** Multiplique el precio de lista de la grapadora por el porcentaje de descuento. $69.95 × 0.35 = $24.48 or 69.95 × 35 SHIFT = 24.48, redondeado al centavo más cercano. Reste el resultado del precio de lista. $69.95 − $24.48 = $45.47

10. **(3) 12.5%** Para calcular el aumento, reste el valor original del inventario de su valor al final del primer trimestre.
$52,200 − $46,400 = $5,800
Divida el resultado entre el valor original
$5,800 ÷ $46,400 = 0.125 = 12.5% de aumento

11. $\frac{9}{20}$ Debe calcular la parte fraccionaria de un todo. En este caso, el todo ya es una fracción. Muliplique la fracción de los empleados que van al trabajo en auto por la fracción de los empleados que comparten auto. $\frac{3}{4} \times \frac{3}{5} = \frac{9}{20}$

12. **(1) Renta** Para comparar las fracciones, debe convertirlas en fracciones homogéneas.

Renta:	$\frac{3}{8}$ =	$\frac{15}{40}$
Salarios:	$\frac{1}{4}$ =	$\frac{10}{40}$
Publicidad:	$\frac{1}{5}$ =	$\frac{8}{40}$
Suministros:	$\frac{1}{8}$ =	$\frac{5}{40}$
Gastos diversos:	$\frac{1}{20}$ =	$\frac{2}{40}$

La fracción $\frac{3}{8}$ es la mayor de las fracciones.

13. **(5) Centro** Convierta las fracciones en fracciones homogéneas.

Noreste:	$\frac{1}{8}$ =	$\frac{5}{40}$
Sureste:	$\frac{1}{4}$ =	$\frac{10}{40}$
Noroeste:	$\frac{1}{8}$ =	$\frac{5}{40}$
Suroeste:	$\frac{1}{5}$ =	$\frac{8}{40}$
Centro:	$\frac{3}{10}$ =	$\frac{12}{40}$

La fracción $\frac{3}{10}$ es la mayor.

14. **(1) $\frac{1}{20}$** Sume las fracciones que representan las ganancias de las regiones Noreste y Noroeste y, luego, reste la fracción resultante de la región Suroeste.
$\frac{5}{40} + \frac{5}{40} - \frac{8}{40} = \frac{10}{40} - \frac{8}{40} = \frac{2}{40} = \frac{1}{20}$

15. **(2) $397,573** Multiplique las ganancias totales de la compañía por la fracción que generó la región Suroeste. $1,987,865 × $\frac{1}{5}$ = $397,573 ó 1987865 × 1 a b/c 5 = 397573

16. **(3) 0.43** Divida 3 entre 7. 3 ÷ 7 = 0.428 ó 0.43, redondeado al centésimo más cercano.

17. **(4) $300.06** Sume los montos de las cinco cuentas de luz. $64.16 + $78.92 + $63.94 + $50.17 + $42.87 = $300.06

18. **(1) $17.07** Sume el costo de los tres artículos y el impuesto total. $17.60 + $9.25 + $3.68 + $2.40 = $32.93 Reste el resultado de la cantidad entregada para el pago. $50 − $32.93 = $17.07

Parte II

19. **(3) 2300** Sume el número de nuevos empleados contratados a la cantidad original de empleados. 2100 + 200 = 2300

20. **(4) 250 × $3** Esta expresión muestra que se debe multiplicar el número de bloques de adoquín (250) por el costo de cada bloque ($3).

21. **(5) No se cuenta con suficiente información.** Se desconoce el número de meses que Narciso va a hacer pagos por la computadora.

22. **(4) $100** Redondee la cantidad pagada a $1200, un número fácilmente divisible entre 12. $1200 ÷ 12 = $100

23. **(2) $175 − ($54.25 + $30.50)** Tendría que sumar los montos de las compras y restar el total de $175.

24. **(3) 5** Divida $10 entre el precio de una planta de 3 pulgadas. $10 ÷ $1.79 = 5.59 Por lo tanto, el mayor número de plantas que puede comprar Manuel es 5.

25. **(4) $16,782** Multiplique las ventas netas de febrero por 120%. 120%. $13,985 × 1.2 = $16,782

26. (3) $126 Multiplique el precio regular de la silla por el porcentaje de descuento. $180 × 0.3 = $54 Reste el resultado del precio regular de la silla $180 − $54 = $126

27. (2) $5400 Reste el porcentaje presupuestado para publicidad del porcentaje presupuestado para suministros. 25% − 16% = 9% Multiplique la cantidad total del presupuesto por el porcentaje resultante. $60,000 × 0.09 = $5400

28. (5) $6200 Multiplique el monto de la inversión por la tasa de interés anual por el número de años. $5000 × 0.08 × 3 = $1200 Sume el interés resultante al monto original invertido. $5000 + $1200 = $6200

29. (2) 200% Calcule el cambio de precio $3 − $1 = $2 Calcule el porcentaje de aumento $2 ÷ $1 = 2 = 200%

30. (2) $44 Después de pagar el 20% como anticipo, queda el 80%. $440 × 0.8 = $352 Multiplique el precio original del televisor por 80%. $440 × 0.8 = $352 Divida el resultado entre 8. $352 ÷ 8 = $44

31. (1) $2625 Utilice la formula $I = PTt$. Calcule el interés. $2500 × 0.025 × 2 = $125 Sume el interés al principal. $125 + $2500 = $2625

Medidas y análisis de datos
Lección 14: Sistema de medidas
(página 537)

1. $2\frac{1}{4}$ yardas

1 pie = 12 pulgadas; 6 pies 9 pulg = $6\frac{9}{12}$ pie, ó $6\frac{3}{4}$ pie $\frac{yards}{pies}$ $\frac{1}{3} = \frac{x}{6\frac{3}{4}}$

$1 × 6\frac{3}{4} ÷ 3 = 2\frac{1}{4}$ **yardas**

2. $4\frac{5}{8}$ libras $\frac{pies}{onzas}$ $\frac{1}{16} = \frac{x}{74}$

$1 × 74 ÷ 16 = 4\frac{5}{8}$ libras

3. 26,400 pies $\frac{millas}{pies}$ $\frac{1}{5,280} = \frac{5}{x}$
5,280 × 5 ÷ 1 = 26,400 ft

4. 32 tazas Halle un factor de conversión que relacione tazas con galones. 1 gal = 4 cuartos; 1 cuarto = 2 pt; de modo que 1 gal = 8 pintas. Como 1 pinta = 2 tazas y 8 pintas = 1 gal, 1 gal = 16 tazas $\frac{galones}{tazas}$ $\frac{1}{16} = \frac{2}{x}$; 16 × 2 ÷ 1 = 32 tazas

(página 540)

1. 5 kilómetros Mueva el punto decimal 3 lugares hacia la izquierda. 5000 m = 5.000 km

2. 3400 miligramos Mueva el punto decimal 3 lugares hacia la derecha. 3.400g = 3400. mg

3. 3000 gramos. Mueva el punto decimal 3 lugares hacia la derecha. 3.000 kg = 3000. g

4 29.5 metros Mueva el punto decimal 2 lugares hacia la izquierda. 2950. cm = 29.5 m

5. 3 litros Mueva el punto decimal 3 lugares hacia la izquierda. 3000 ml = 3.000 L

6. 240 centímetros Mueva el punto decimal 2 lugares hacia la derecha. 2.40 m = 240. cm

Práctica de GED (página 540)

1. (4) 11 pies 3 pulgadas Sume las longitudes de las dos piezas 6 pulgads 8 pie + 4 pulgads 7 pie = 10 pulgads 15 pie Reduzca. 10 pulgads 15 pie = 10 pulgads + 1 pulgads + 3 pie = 11 pulgads 3 pie

2. (5) 2 pies 7 pulgadas Cambie la longitud del trozo de cuerda pasándola de pies a pulgadas. 1 pies = 12 pulg 7 pies × $\frac{12 pulg}{pies}$ + 9 pulg = 93 pulg Divida el resultado por 3 para hallar la longitud de cada trozo. 93 ÷ 3 = 31 Vuelva a convertir a pies y pulgadas. 31 ÷ 12 = 2 pies 7 pulg

3. (5) 2 Convierta la longitud del tubo más largo a pies. 1 yarda = 3 pies; 2 yd = 6 pies Reste la longitud del tubo más corto de la del más largo. 6 pies − 4 pies = 2 pies

4. (4) 124.5 1 yarda = 3 pies 3 × número de yardas = pies $41\frac{1}{2} × 3 = \frac{83}{2} × 3 = \frac{249}{2} = 124\frac{1}{2} = 124.5$ pies

Lección 15: Medir figuras comunes
Práctica de GED (página 543)

1. (4) 7 Convierta el ancho a pies. 1 pies = 12 pulg, so 1 pies 6 pulg = $1\frac{1}{2}$ pies $P = l + l + w + w = 2 + 2 + 1\frac{1}{2} + 1\frac{1}{2} = 7$ pies

2. (3) 432 Trabaje con pulgadas. 1 pulgads = 12 pies; 1 pulgadas 6 pies = 12 pies + 6 pies = 18 pies and 2 pulgads = 24 in Halle la superficie para encontrar la cantidad de pulg² de vidrio necesario para cubrir la pintura. $S = L × A = 18 × 24 = 432$ pulg² o 1.5 × 2 = 3 pies²; 1 pies² = 12 × 12 = 144 pies² 3 × 144 = 432 pulg²

3. (2) 6 El ancho = a y el largo = $3a$. Use la fórmula para el perímetro de un rectángulo. Perímetro = 2 × largo + 2 × ancho
48 = 2(3a) + 2a
48 = 6a + 2a
48 = 8a
6 = a

4. (4) 24 La altura de la figura es de 4 unidades (4 × 1) y la base es de 8 unidades (4 × 2). El perímetro es la suma de todas las medidas.
2 + 1 + 2 + 1 + 2 + 1 + 2 + 1 + 8 + 4 = 24 unidades

Práctica de GED (páginas 545–546)

1. **(4) 5900** La superficie del patio rectangular es $100 \times 75 = 7500$ m². La superficie del cuadrado con cubierta negra es $40 \times 40 = 1600$ m². Reste la superficie de este cuadrado de la del patio para hallar la superficie de la parte con pasto. $7500 - 1600 = 5900$ m²

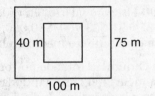

2. **(2) 128** Como la base es cuadrada, tiene 4 pulg tanto de largo como de ancho. La altura es 8 pulgadas. Volumen = longitud × ancho × altura $V = 4 \times 4 \times 8 = 128$ cu in

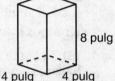

3. **(2) 15** Haga un dibujo del acolchado y cuente los puntos donde se encuentran cuatro cuadrados.

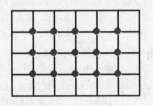

4. **(3) 3** Silvia fue 4 cuadras al norte y 4 cuadras al sur de modo que está de vuelta en el lugar de partida. Caminó 5 cuadras al este y sólo 2 cuadras al oeste, de modo que está 3 cuadras al este del lugar desde donde partió.

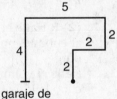

garaje de aparcamiento

5. **(5) 404** La línea de tiza forma un rectángulo de dos pies adentro de otro rectángulo en todas las direcciones. En consecuencia, las medidas del nuevo rectángulo son 146 pies por 56 pies. (Reste 2 pies de ambos extremos de cada lado, o 4 pies de cada medida.) El perímetro del rectángulo de tiza es la suma de los lados. $146 + 146 + 56 + 56 = 404$ pies

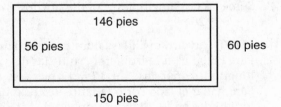

6. **(5) 10 × 8 × 7** El espacio interior de la habitación es el volumen. Volumen = longitud × ancho × altura

7. **(5) No se cuenta con suficiente información.** Sin conocer el ancho del rectángulo, no se puede calcular su superficie.

8. **(5) 1130** Sume las longitudes de todos los lados. $278 + 234 + 301 + 174 + 143 = 1130$ cm

9. **(5) El volumen de la Caja B es ocho veces el volumen de la Caja A.** Halle el volumen de la Caja A (lado = 2 pies). $V = s^3 = 2 \times 2 \times 2 = 8$ pies cúbicos. Cada lado de la Caja B mide dos veces el largo de cada lado de la Caja A, de ahí que cada lado de la Caja B mide $2 \times 2 = 4$ pies. El volumen de la Caja B = $V = s^3 = 4 \times 4 \times 4 = 64$ pies cúbicos. El volumen de la Caja B es ocho veces el volumen de la Caja A. $64 \div 8 = 8$

10. **(2) 200** Halle la superficie del rectángulo mayor. Superficie = longitud × ancho. $S = 32 \times 22 = 704$ pies². Halle la superficie del rectángulo menor. $S = 28 \times 18 = 504$ pies². Reste la superficie del rectángulo menor de la del rectángulo mayor. $704 - 504 = 200$

11. **(2) 16** El perímetro es la suma de los largos de los cuatro lados.

    Rectángulo mayor: S = 32 1 32 1 22 1 22 5 108

    Rectángulo menor: $S = 28 + 28 + 18 + 18 = 92$

    Reste el perímetro del rectángulo menor del perímetro del rectángulo mayor. $108 - 92 = 16$

12. **(1) 12** Superficie del piso = longitud × ancho $S = 60 \times 40 = 2400$ pies². Divida la superficie del piso por la superficie cubierta por un galón de $2400 \div 200 = 12$ pintura.

Lección 16: Medidas de tendencia central y probabilidad

Práctica de GED (página 549)

1. **(3) 87.0** Con la calculadora:
   94 + 73 + 86 + 102 + 96 + 71 = 522 ÷ 6 = 87

2. **(1) 58.8°** Sume las temperaturas y divida por cinco.
   $$\frac{64.4° + 59.3° + 68.0° + 48.8° + 53.6°}{5} = \frac{294.1°}{5} =$$
   58.82°, o 58.8°, redondeado al décimo más próximo.

3. **(3) 6** Sume las precipitaciones de los cuatro meses. Divida el resultado por la cantidad de meses. Con la calculadora:
   6.3 + 4.5 + 3.8 + 10.2 = 24.8 ÷ 4 = 6.2, o 6 redondeado a la pulgada más próxima.

4. **(2) 5** Escrba los valores en orden 3.8, 4.5, 6.3, 10.2 Halle la media de los dos valores medios. $(4.5 + 6.3) \div 2 = 10.8 \div 2 = 5.4$, o 5 redondeado a la pulgada más próxima.

5. **(4) $20.38** Escriba los valores en orden. $16.22, $17.98, $18.96, $21.80, $28.84, $29.32 Halle la media de los dos valores medios. ($18.96 + $21.80) ÷ 2 = $20.38

(página 551)

1. $\frac{1}{2}$, **0.5, 50%** Existen 4 números pares del total de 8 números. P = $\frac{\text{resultados favorables}}{\text{resultados totales}}$ = $\frac{4}{8}$ = $\frac{1}{2}$

2. $\frac{5}{8}$, **0.625, 62$\frac{1}{2}$% o 62.5%** Cinco números son 3 o más altos de un total de 8 números. $\frac{5}{8}$ = 0.625

3. $\frac{3}{8}$, **0.375, 37$\frac{1}{2}$% o 37.5%** Hay 3 secciones marcadas 1 o 2 de un total de 8. $\frac{3}{8}$ = 0.375

4. $\frac{3}{4}$, **0.75, 75%** 6 secciones marcadas con un número distinto de 4, de un total de 8 secciones $\frac{6}{8}$ = $\frac{3}{4}$

(página 552)

1. **25%** Probabilidad de que salga rojo = $\frac{2}{4}$ = $\frac{1}{2}$

   Probabilidad de que salga 4 o un número mayor = $\frac{3}{6}$ = $\frac{1}{2}$

   Probabilidad de ambos = $\frac{1}{2}$ × $\frac{1}{2}$ = $\frac{1}{4}$ = 25%

2. **17%** Hay 4 secciones y las cuatro son rojas o azules. Hay un 5 en siete cartas. Probabilidad de que salga rojo o azul $\frac{4}{4}$ Probabilidad de sacar un 5 = $\frac{4}{4}$ Probabilidad de ambos = $\frac{4}{4}$ × $\frac{1}{6}$ = $\frac{4}{24}$ = $\frac{1}{6}$ = 0.166 = 16.6%, lo que redondea a 17%

3. **0.2** Dos de cada diez nombres son resultados favorables P = $\frac{2}{10}$ = 0.2

4. $\frac{1}{9}$ Los acontecimientos son dependientes. Después de sacar el primer nombre, sólo quedan nueve nombres en la caja. Probabilidad = 1 en 9 = $\frac{1}{9}$

Lección 17: Tablas, cuadros y gráficas

Práctica de GED (página 556)

1. **(3) $400** Reste el precio del oro en julio del precio en septiembre $600 − $200 = $400

2. **(4) 3:1** Forme una razón entre el precio del oro en septiembre y el precio del oro en julio. Reduzca. $600:$200 = 3:1

3. **(3) $5.04** Sume los tres porcentajes gastados en nueces, pretzels y nachos. 13% + 12% + 17% = 42% Multiplique el porcentaje resultante por el total gastado. 0.42 × $12 millones = $5.04 millones o 12 ✖ 42 SHIFT = 5.04

4. **(2) 320** El número promedio de visitas son 300 los lunes y aproximadamente 620 los sábados. Reste. 620 − 300 = 320

GED Repaso Medidas y análisis de datos
(páginas 557–560)
Parte I

1. **(5) $30,412** Sume los cinco salarios anuales. Divida el resultado por la cantidad de salarios. $27,560 + $30,050 + $22,750 + $42,800 + $28,900 = $152,060 ÷ 5 = $30,412

2. **(3) $28,900** Liste los salarios en orden. $22,750, $27,560, $28,900, $30,050, $42,800 La mediana es el número medio en la lista.

3. **(2) $\frac{3}{7}$** Halle el número total de posibilidades que no son una media negra sumando la cantidad de medias rojas y la de azules. 2 + 4 = 6 Escriba una fracción colocando el resultado sobre el número total de resultados, 14. Reduzca la fracción a los términos más bajos. $\frac{6}{14}$ = $\frac{3}{7}$

4. **(4) 36** Sume los tres lados del triángulo para hallar el perímetro. 10 + 12 + 14 = 36

5. **(1) 64** Cambie la longitud de un lado del cuadrado por pulgadas. 1 pies 4 pulg = 12 pulg + 4 pulg = 16 pulg Como un cuadrado tiene cuatro lados iguales, multiplique la longitud de un lado por 4. 16 pulg × 4 = 64 pulgadas

6. **(1) 4** Halle la superficie del cuadrado multiplicando el lado por sí mismo. 8 × 8 = 64 cm2 Divida la superficie resultante por la longitud del rectángulo para hallar el ancho. 64 ÷ 16 = 4 cm

7. **(2) 8** Halle el volumen del cubo mayor: eleve al cubo la longitud de su arista. 4 × 4 × 4 = 64 pulg^3
   Halle el volumen del cubo menor elevando al cubo la longitud de su arista. 2 × 2 × 2 = 8 pulg^3 Divida el volumen del cubo mayor por el del cubo menor.
   64 ÷ 8 = 8 cubos

8. **(2) 105** Sume las longitudes de los lados para hallar el perímetro. 10 + 12 + 13 = 35 yd La respuesta debe estar en pies. Como 1 yd = 3 pies, multiplique el perímetro medido en yardas por 3. 35 × 3 = 105 pies

9. **(4) 28** Halle el ancho del rectángulo tomando la mitad de su altura y sumándole 2. $\frac{1}{2}$ × 8 + 2 = 6 pies
   Sume las dos longitudes y los dos anchos. 8 + 8 + 6 + 6 = 28 pies

10. **(2) 70** Hay dos medidas faltantes en la figura. Para hallar el lado izquierdo, sume las dos longitudes opuestas. 5 + 12 = 17 pies Para hallar el lado corto faltante, reste las dos longitudes en los extremos opuestos de la figura. 18 − 12 = 6 pies Complete los lados faltantes de la figura y sume para hallar el perímetro. 18 + 5 + 6 + 12 + 12 + 17 = 70 pies

Respuestas y explicaciones • Unidad 6

11. (3) 234 Divida la figura en dos rectángulos. Halle la superficie del rectángulo superior multiplicando su longitud por su ancho. $18 \times 5 = 90$ pies² Halle la superficie del rectángulo inferior multiplicando su longitud por su ancho. $12 \times 12 = 144$ pies² Sume las dos superficies. $90 + 144 = 234$ pies²

12. (4) 1680 Multiplique la cantidad de semanas por el número de días en una semana, 7, por la cantidad de horas en un día, 24. $10 \times 7 \times 24 = 1680$ h

Parte II

13. (5) 49 Sume la cantidad de minutos correspondientes a todos los días. Divida el resultado por la cantidad de días: 7.
$$\frac{42 + 54 + 62 + 40 + 57 + 50 + 38}{7} = 343 \div 7 = 49$$

14. (2) 50 Liste los números en orden. 38, 40, 42, 50, 54, 57, 62. La mediana es el número medio en la lista.

15. (3) $\frac{1}{4}$ El número total de posibles resultados es 20. El total de resultados favorables (los números 16, 17, 18, 19 o 20) es 5. Escriba una fracción con la cantidad total de resultados favorables sobre el total de resultados. $\frac{5}{20}$. Reduzca la fracción a su mínima expresión. $\frac{5}{20} = \frac{1}{4}$

16. (4) 80 Multiplique el número total de cursos ofrecidos por el porcentaje de cursos de Desarrollo Personal. $500 \times 0.16 = 80$

17. (5) 11:5 Compare el porcentaje de cursos de Administración ofrecidos con el de cursos de Salud: $22\%:10\% = 11:5$

18. (2) 5 Reste el porcentaje de cursos de Recreación del de cursos de Administración. $22\% - 21\% = 1\%$ Multiplique el resultado por la cantidad total de cursos. $500 \times 0.01 = 5$

19. (2) 21 + 21 + 18 + 18 Sume los cuatro lados de la figura para hallar el perímetro: $21 + 21 + 18 + 18$

20. (1) 56 Sume las dos longitudes y los dos anchos. $25 + 25 + 3 + 3 = 56$ pies

21. (4) $7\frac{1}{2}$ Un método es cambiar la fracción a un decimal. $3\frac{3}{4} = 3.75$ Para duplicar el ancho, multiplique por 2. $3.75 \times 2 = 7.5$ Cambie el decimal por una fracción. $7.5 = 7\frac{5}{10} = 7\frac{1}{2}$ pulgadas

22. (5) 1080 Cambie cada medida por pies. 5 yardas. = 15 pies; 4 yd = 12 pies; 2 yd = 6 pies Volumen = longitud × ancho × altura $V = 15 \times 12 \times 6 = 1080$ pies³

23. (4) 5250 Reste el porcentaje empleado en una ocupación de entretenimiento del empleado en una ocupación de administración, jurídica o profesional. $22\% - 1\% = 21\%$ Multiplique el resultado por el número total de personas. $25,000 \times 21\% = 25,000 \times 0.21 = 5250$

24. (2) B Halle el porcentaje de aumento para cada estilo: Reste para hallar la diferencia entre los dos precios, después divida entre el precio original (el precio de mayorista). $24.90 - 16.80 = 8.1 \div 16.80 = 0.482 = 48\%$

El porcentaje de aumento para la otras opciones son:
A: $\$45.00 - \$32.00 = \$13.00 \div \$32.00 = 0.406 = 41\%$
C: $\$41.80 - \$34.00 = \$7.80 \div \$34.00 = 0.229 = 23\%$
D: $\$28.90 - \$23.00 = \$5.90 \div \$23.00 = 0.256 = 26\%$
E: $\$74.50 - \$56.50 = \$18.00 \div \$56.50 = 0.318 = 32\%$

Álgebra
Lección 18: Enteros y expresiones algebraicas
(página 562)

1. 12 $(+7) + (+5) = +12$

2. −16 $(-10) + (-6) = -16$

3. −6 $(-1) - (+5) = -6$

4. −2 $(+6) + (-8) = -2$

5. 510 $(-118) - (-628) = +510$
Con la calculadora:
118 $+/-$ $-$ 628 $+/-$ $=$ 510

6. −141 $(+315) - (+456) = -141$
Con la calculadora:
315 $-$ 456 $=$ −141

7. 7 $(+7) + (-5) + (-4) + (+9) =$
$(+7) + (+9) + (-5) + (-4) =$
$(+16) \quad + \quad (-9) \quad = 7$
Con la calculadora:
7 $+$ 5 $+/-$ $+$ 4 $+/-$ $+$ 9 $=$ 7

8. −6 $(-6) - (+9) + (+10) - (+1) =$
$(-6) + (-9) + (-1) + (+10) =$
$(-15) \quad\quad + (+19) = -6$
Con la calculadora:
6 $+/-$ $-$ 9 $+$ 10 $-$ 1 $=$ −6

9. 7 $(-5) - (-4) - (-8) =$
$(-5) + (+4) + (+8) =$
$(-5) + \quad (+12) \quad = 7$
Con la calculadora:
5 $+/-$ $-$ 4 $+/-$ $-$ 8 $+/-$ $=$ 7

10. −33 $(+13) - (+34) + (-12) =$
$(+13) + (-34) + (-12) =$
$(+13) + \quad (-46) \quad\quad = -33$
Con la calculadora:
13 $-$ 34 $+$ 12 $+/-$ $=$ −33

Unidad 6

1. **−6** $(-2)(+3) = -6$

2. **28** $(-4)(-7) = +28$

3. **−30** $(+6)(-5) = -30$

4. **36** $(+12)(+3) = +36$

5. **12** $(-6)(-1)(+2) = (+6)(+2) = +12$

6. **54** $(+9)(-2)(-3) = (-18)(-3) = +54$

7. **−16** $(-64) \div (+4) = -16$

8. **−5** $(+15) \div (-3) = -5$

9. **4** $(+20) \div (+5) = +4$

10. **3** $(-36) \div (-12) = +3$

11. **−12** $\frac{-132}{11} = -12$

12. **4** $\frac{-4}{-1} = +4$

13. **38** $6 + 8 \times 2^2 = 6 + 8 \times 4 = 6 + 32 = 38$

14. **10** $\frac{-2 - (+8)}{(6) \div (-6)} = \frac{-10}{-1} = 10$

15. **−30** $(-9 \times 4) - (-3 \times 2) =$
$-36 \quad - \quad (-6) \quad = -36 + 6 = -30$

16. **−61** $(-25) - 4 \times 3^2 =$
$(-25) - 4 \times 9 =$
$(-25) \quad - \ 36 \quad = -61$

17. **−25** $6 - (4 \times 8 + (-1)) =$
$6 - (\ 32 \ + (-1)) =$
$6 - \qquad 31 \qquad = -25$

18. **−2** $\frac{(-4) + (-6)}{(+4) - (-1)} = \frac{-10}{5} = -2$

1. **a. −19** $3(-7 - 6) + 2(10) =$
$3 \ (-13) + \ 20 =$
$-39 + \ 20 = -19$

   b. −7 $3(5 - 6) + 2(-2) =$
$3 \ (-1) \ + \ (-4) =$
$-3 \ + \ (-4) = -7$

   c. −6 $3(0 - 6) + 2(6) =$
$3 \ (-6) \ + \ 12 =$
$-18 \ + \ 12 = -6$

   d. −3 $3(3 - 6) + 2(3) =$
$3 \ (-3) \ + \ 6 =$
$-9 \ + \ 6 = -3$

2. **a. −4** $0^2 - 2^2 = 0 - 4 = -4$
   b. 3 $(-2)^2 - 1^2 = 4 - 1 = 3$
   c. 0 $5^2 - (-5)^2 = 25 - 25 = 0$
   d. −3 $(-1)^2 - (-2)^2 =$
$1 - 4 = -3$

3. **a. −100** $\frac{(6 + 4)^2}{-1} =$
$\frac{10^2}{-1} =$
$\frac{100}{-1} = -100$

   b. 6 $\frac{(6 + 0)^2}{6} =$
$\frac{6^2}{6} =$
$\frac{36}{6} = 6$

   c. −6 $\frac{(6 + 0)^2}{-6} =$
$\frac{6^2}{-6} =$
$\frac{36}{-6} = -6$

   d. 32 $\frac{(6 + 2)^2}{2} =$
$\frac{8^2}{2} =$
$\frac{64}{2} = 32$

4. **a. −3** $(-3)^2 + 2(-3) - 6 =$
$9 \ + \ (-6) - 6 =$
$3 \qquad -6 = -3$

   b. 2 $2^2 + 2(2) - 6 =$
$4 + \ 4 \ - 6 =$
$8 \qquad - 6 = 2$

   c. 18 $4^2 + 2(4) - 6 =$
$16 + \ 8 \ - 6 =$
$24 \qquad - 6 = 18$

   d. 74 $8^2 + 2(8) - 6 =$
$64 + 16 \ - 6 =$
$80 \qquad - 6 = 74$

NOTA: Es posible que haya escrito los términos en un orden diferente. Su respuesta es correcta si ha incluido todos los términos y todos ellos llevan el signo correcto. Recuerde que a cada término le pertenece el signo que lleva delante.

5. **16x − 8y** $7x - 8y + 9x$
$16x - 8y$

6. **3y² − 4y** $5y^2 - 4y - 2y^2$
$3y^2 - 4y$

7. **4m − 3n − 3** $4m - 9n - 3 + 6n$
$4m - 3n - 3$

8. **−3x + 2** $-5x + 16 - 8x - 14 + 10x$
$-13x + 2 + 10x$
$-3x + 2$

9. **8x² + 9x + 7** $9x - 6 + 8x^2 + 13$
$8x^2 + 9x + 7$

10. **13n + 25** $25 - 3n + 16n$
$13n + 25$

11. **12x + 36y** $12(x + 3y)$
$12x + 36y$

12. **−5xy + 45x** $5x(−y + 9)$
                           $−5xy + 45x$

13. **5x + 4y + 15** $4(2x + y) − 3(x − 5)$
                           $8x + 4y − 3x + 15$
                           $5x + 4y + 15$

14. **14x − 9** $15 + 6(x − 4) + 8x$
                       $15 + 6x − 24 + 8x$
                       $14x − 9$

15. **−7n** $3m + 2(m − n) − 5(m + n)$
              $3m + 2m − 2n − 5m − 5n$
              $− 7n$

16. **−2x + xy + 2y** $x − 2(xy − y) + 4xy − x(3 + y)$
                         $x − 2xy + 2y + 4xy − 3x − xy$
                         $−2x + xy + 2y$

17. **25** $3x + 5(x + 9) − 4x$
             $3x + 5x + 45 − 4x$
             $4x + 45$
             $4(−5) + 45 = −20 + 45 = 25$

18. **−40** $2m − 3(m + 5) − 15$
             $2m − 3m − 15 − 15$
             $−m − 30$
             $−10 − 30 = −40$

19. **−18** $3y(2xz + 2) − 6xyz$
             $6xyz + 6y − 6xyz$
             $6y$
             $6(−3) = −18$

20. **4** $4(2x − y) − 3x + 2y$
          $8x − 4y − 3x + 2y$
          $5x − 2y$
          $5(0) − 2(−2) = 0 + 4 = 4$

Práctica de GED (página 567)

1. **(4) 10** Comience en cero, sume −1, sume 5 y sume −8.

$0 + (−1) + 5 + (−8) = −4$ Rita tiene −4 puntos, es decir, 10 puntos menos que la puntuación de Javier, que es de +6 puntos.

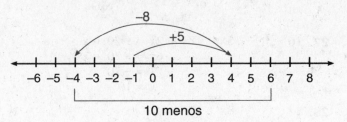

10 menos

2. **(5) −4** El punto que se encuentra a medio camino entre 1 y −3 es −1. Contar 3 unidades hacia la izquierda es lo mismo que sumar −3. $−1 + (−3) = −4.$

3. **(2) −2°F** Comience en −5. Luego desplácese 6 lugares hacia arriba y 3 hacia abajo. La temperatura a la 1 p.m. es de −2°F.

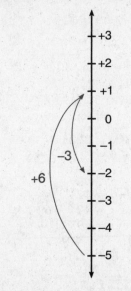

4. **(1) *mn*** $−m(2m + 2n) + 3mn + 2m^2 =$
                $−2m^2 − 2mn + 3mn + 2m^2 =$
                mn

5. **(2) −2a − 10b + 2c** $3(−4b) − 2(a − b − c) =$
                           $−12b − 2a + 2b + 2c =$
                           $−2a − 10b + 2c$

6. **(5) 5** Para resolver el problema en una recta numérica, comience en + 4. Desplácese a la derecha para marcar la puntuación del dado rojo y hacia la izquierda para marcar la puntuación del dado verde.

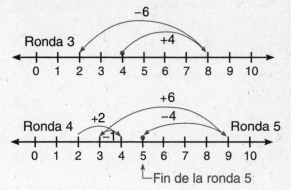

También puede sumar los números enteros para encontrar la respuesta.
$(+4) + (+4) + (+2) + (+6) + (−6) + (−1) + (−4) = +5$

Lección 19: Ecuaciones

(página 570)

1. **19** $x − 15 = 4$
            $x − 15 + 15 = 4 + 15$
                    $x = 19$

2. **10** $x − 7 = 3$
            $x − 7 + 7 = 3 + 7$
                 $x = 10$

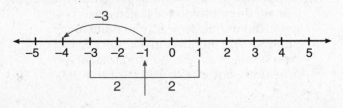

Unidad 6

3. −2

$$x - 8 = -10$$
$$x - 8 + 8 = -10 + 8$$
$$x = -2$$

4. −54

$$\frac{x}{-3} = 18$$
$$\frac{-3x}{-3} = 18(-3)$$
$$x = -54$$

5. 146

$$x - 94 = 52$$
$$x - 94 + 94 = 52 + 94$$
$$x = 146$$

6. 5.75

$$6.5 + x = 12.25$$
$$6.5 - 6.5 + x = 12.25 - 6.5$$
$$x = 5.75$$

7. 193

$$-69 + x = 124$$
$$-69 + 69 + x = 124 + 69$$
$$x = 193$$

8. 4.8

$$-3.6x = -17.28$$
$$\frac{-3.6x}{-3.6} = \frac{-17.28}{-3.6}$$
$$x = 4.8$$

9. 33

$$-13 + x = 20$$
$$-13 + 13 + x = 20 + 13$$
$$x = 33$$

10. 90

$$10x = 900$$
$$\frac{10x}{10} = \frac{900}{10}$$
$$x = 90$$

11. 240

$$\frac{x}{4} = 60$$
$$\frac{4x}{4} = 60(4)$$
$$x = 240$$

12. 128

$$\frac{x}{4} = 32$$
$$\frac{4x}{4} = 32(4)$$
$$x = 128$$

13. −8

$$-6x = 48$$
$$\frac{-6x}{-6} = \frac{48}{-6}$$
$$x = -8$$

14. 48

$$52 + x = 100$$
$$52 - 52 + x = 100 - 52$$
$$x = 48$$

15. 5

$$6x + 7 = 37$$
$$6x = 30$$
$$x = 5$$

16. 5

$$4x + 5x - 10 = 35$$
$$9x - 10 = 35$$
$$9x = 45$$
$$x = 5$$

17. −2

$$3x - 6x + 2 = -4x$$
$$-3x + 2 = -4x$$
$$2 = -x$$
$$-2 = x$$

18. 1

$$6 - x + 12 = 10x + 7$$
$$18 - x = 10x + 7$$
$$18 = 11x + 7$$
$$11 = 11x$$
$$1 = x$$

19. −1

$$5x + 7 - 4x = 6$$
$$x + 7 = 6$$
$$x = -1$$

20. −4

$$9x + 6x - 12x = -7x + 2x - 12 + 5x$$
$$3x = -12$$
$$x = -4$$

21. 4

$$7x + 3 = 31$$
$$7x = 28$$
$$x = 4$$

22. 3

$$6(2 + x) = 5x + 15$$
$$12 + 6x = 5x + 15$$
$$12 + x = 15$$
$$x = 3$$

23. 4

$$4x + 5 = 21$$
$$4x = 16$$
$$x = 4$$

24. −9

$$2x - 5x + 11 = 38$$
$$-3x + 11 = 38$$
$$-3x = 27$$
$$x = -9$$

25. 6

$$3x - 8 = x + 4$$
$$2x - 8 = 4$$
$$2x = 12$$
$$x = 6$$

26. 5

$$7(x - 2) = 21$$
$$7x - 14 = 21$$
$$7x = 35$$
$$x = 5$$

27. 10

$$5x - 13x + 2x = -70 + x$$
$$-6x = -70 + x$$
$$-7x = -70$$
$$x = 10$$

28. 8

$$8x + 12 = 44 + 4x$$
$$4x + 12 = 44$$
$$4x = 32$$
$$x = 8$$

Práctica de GED (página 572)

1. (5) $x + (3x + 12) = 360$ Supongamos que $x =$ el número de empleados de la gerencia. Supongamos que $3x + 12 =$ el número de empleados de producción. La suma de estas expresiones es igual al número total de empleados, entonces $x + (3x + 12) = 360$.

2. (3) 2x + 12 = 66 Supongamos que x es igual al número de flexiones de pecho que hizo Francisco y $x + 12$ es igual al número de flexiones de pecho que hizo Tomás. La suma de estas expresiones es igual a 66. Por lo tanto, $x + (x + 12) = 66$ o $2x + 12 = 66$.

3. (4) x + (2x − 4) = 65 Supongamos que $x =$ la primera multa de estacionamiento. La segunda multa de estacionamiento es de $4 menos que el doble de la primera: $2x - 4$. La suma de las multas de estacionamiento es igual a 65 dólares, es decir, $x + (2x - 4) = 65$.

4. (1) $\frac{8y}{4} = 2y$ Se multiplica un número y, por 8 y se divide entre 4. Esta expresión es igual al doble de ese número y, es decir, a $2y$. Sólo la opción (1) indica que estas expresiones son equivalentes.

5. (5) 3x = 60 + 12 Supongamos que $x =$ el número de niños. Supongamos que $2x - 12 =$ el número de niñas. Sume las expresiones e iguálelas a 60.
Combine los términos semejantes.
$$x + (2x - 12) = 60$$
$$3x - 12 = 60$$
Simplifique.
$$3x = 60 + 12$$

6. (2) 3x + 2(2x) = 28 Supongamos que $x =$ el precio de una entrada para niño. Sea $2x =$ el precio de una entrada para adulto. Ángela compró 2 entradas para adulto y 3 entradas para niño: $2(2x)$ y $3x$. El costo total (la suma de las expresiones) es $28; la ecuación es $3x + 2(2x) = 28$

Práctica de GED (página 574)

1. (4) $57.60 Use la fórmula del precio.
$$c = nr$$
$$\$345.60 = 6r$$
$$\frac{\$345.60}{6} = \frac{6r}{6}$$
$$\$57.60 = r$$

2. (3) 3($6.98) + 4($4.50) Se puede calcular el precio total de cada tipo de tela utilizando $c = nr$. El precio total de la primera tela es de 3($6.98). El precio total de la segunda tela es de 4($4.50 dólares). Sólo la opción (3) muestra la suma de estas dos expresiones.

3. (2) $\frac{312}{6}$ Sustituya las variables con las cantidades de distancia y tiempo y despeje la variable de velocidad, r.
$$d = rt$$
$$312 = 6r$$
$$\frac{312}{6} = r$$

4. (3) $3.48 Recuerde que 14.5 centavos = $0.145.
$$c = nr$$
$$c = 24(0.145)$$
$$c = 3.48$$

5. (2) 235 Encuentre la distancia para cada parte del viaje y súmelas. $d = rt$
Primera parte: $d = 55(2.5) = 137.5$ millas
Segunda parte: $d = 65(1.5) = 97.5$ millas
$$137.5 + 97.5 = 235 \text{ millas}$$

6. (4) $84.94 Utilice $c = nr$ para cada artículo. El número de artículos multiplicado por el precio unitario (r) es el precio total de ese artículo. Sume los precios.
$$3(\$9.99) + 2(\$13.99) + \$26.99 =$$
$$\$29.97 + \$27.98 + \$26.99 = \$84.94$$

Lección 20: Exponentes y raíces
(página 576)

1. 16 $2^4 = 2 \times 2 \times 2 \times 2 = 16$

2. 64 $4^3 = 4 \times 4 \times 4 = 64$

3. 16 Un número a la primera potencia es igual a sí mismo.

4. 1 $1^6 = 1 \times 1 \times 1 \times 1 \times 1 \times 1 = 1$

5. 1 Cualquier número (excepto el 0) elevado a la cero potencia es igual a 1.

6. 81 $3^4 = 3 \times 3 \times 3 \times 3 = 81$

7. 27 $3^3 = 3 \times 3 \times 3 = 27$

8. 49 $7^2 = 7 \times 7 = 49$

9. $\frac{1}{9}$ $3^{-2} = \frac{1}{3 \times 3} = \frac{1}{9}$

10. 64 $8^2 = 8 \times 8 = 64$

11. $\frac{1}{125}$ o 0.008 $5^{-3} = \frac{1}{5 \times 5 \times 5} = \frac{1}{125}$

12. 1 Cualquier número (excepto el 0) elevado a la cero potencia es igual a 1.

13. 1296 6 $\boxed{x^y}$ 4 $\boxed{=}$ 1296

14. 59,049 9 $\boxed{x^y}$ 5 $\boxed{=}$ 59049

15. 729 3 $\boxed{x^y}$ 6 $\boxed{=}$ 729

16. 0.015625 o $\frac{1}{64}$ 8 $\boxed{x^y}$ 2 $\boxed{+/-}$ $\boxed{=}$ 0.015625

17. 248,832 12 $\boxed{x^y}$ 5 $\boxed{=}$ 248832

18. 78,125 5 $\boxed{x^y}$ 7 $\boxed{=}$ 78125

19. 0.03125 o $\frac{1}{32}$ 2 $\boxed{x^y}$ 5 $\boxed{+/-}$ $\boxed{=}$ 0.03125

20. 2401 7 $\boxed{x^y}$ 4 $\boxed{=}$ 2401

21. (4) 1.14×10^5 Para escribir un número en notación científica, desplace el punto decimal hasta que sólo haya un dígito a la izquierda del punto decimal. En este caso, debe desplazar el punto decimal 5 lugares hacia la izquierda, de manera que la potencia de 10 sea 10^5.

22. (4) 4.7×10^{-1}, 2.34×10^2, 5.2×10^2 Encuentre el valor de cada expresión.
$4.7 \times 10^{-1} = 0.47$ Desplace el decimal 1 lugar hacia la izquierda.

Unidad 6

$2.34 \times 10^2 = 234$ Desplace el decimal 2 lugares hacia la derecha.

$5.2 \times 10^2 = 520$ Desplace el decimal 2 lugares hacia la derecha.

Compare los valores resultantes y ordene las expresiones originales de menor a mayor.

(página 578)

1. **4** $4 \times 4 = 16$

2. **0** $0 \times 0 = 0$

3. **3** $3 \times 3 = 9$

4. **7** $7 \times 7 = 49$

5. **5** $5 \times 5 = 25$

6. **1** $1 \times 1 = 1$

7. **6 cm**
   Como $6^2 = 36$, la longitud de cada lado es de 6 cm.

8. **4 yd**
   Como $4^2 = 16$, la longitud de cada lado es de 4 yd.

9. **9 m** Como $9^2 = 81$, la longitud de cada lado es de 9 m.

10. **5.29** 28 SHIFT x^2

11. **9.75** 95 SHIFT x^2

12. **2.45** 6 SHIFT x^2

13. **18** 324 SHIFT x^2

14. **11.40** Como debe redondear al lugar de las centésimas, indique el 0 en la columna de las centésimas.
    130 SHIFT x^2

15. **13** 169 SHIFT x^2

Práctica de GED (página 580)

1. **(4) 14, 15 y 16** Sume rápidamente los números de cada opción. Solo la opción (4) suma un total del 45.

2. **(3) 300** Usted sabe que José manejó 200 millas más que David. Sume 200 a cada opción de respuesta (para hallar las millas que manejó José) y después sume la opción de respuesta a esa suma (para hallar el número total de millas). Busque una suma total de 800 millas. Si David manejó 300 millas. José manejó 500. $300 + 500 = 800$ millas, o reste 200 de 800 y divídalo entre 2. $\frac{(800 - 200)}{2} = 300$

3. **(3) 47 y 48** Sume los números de cada opción de respuesta. $47 + 48 = 95$

4. **(2) 8, 9, 10 y 11** Sume los números de cada opción de respuesta. Puede que le resulte más rápido sumar si suma los números de dos en dos. $8 + 10 = 18$ y $9 + 11 = 20$; $18 + 20 = 38$

5. **(2) 15** Cada figura nueva añade una fila que consiste del número de círculos de la fila anterior más 1. Hay 4 círculos en la fila inferior de la figura D y 10 círculos en total. La figura E debería ser como la D con una fila inferior adicional de 5 círculos, con un total de 15 círculos.

6. **(5) 384** Cada término es el doble del número anterior. Éste es en buen problema para resolver con una calculadora.
   El 6º término es $48 \times 2 = 96$.
   El 7º término es $96 \times 2 = 192$.
   El 8º término es $192 \times 2 = 384$.

7. **(1) 42** Para que y sea un número entero, x debe ser divisible entre 4. Los números 8, 12, 28 y 32 son múltiplos de 4. Si 42 es igual a x, y no será un número entero. Por lo tanto, la opción (1) es la opción correcta.

Lección 21: Factorización y desigualdades
(página 583)

1. **$x^2 + 5x + 4$**
   $x^2 + 4x + x + 4 = x^2 + 5x + 4$

2. **$x^2 + 9x + 18$**
   $x^2 + 3x + 6x + 18 = x^2 + 9x + 18$

3. **$2x^2 - 17x + 35$**
   $2x^2 - 7x - 10x + 35 = 2x^2 - 17x + 35$

4. **$x^2 - 4$**
   $x^2 - 2x + 2x - 4 = x^2 - 4$

5. **$xy + 6x - 4y - 24$** No es posible simplificar esta expresión. Nota: los términos de las expresiones generalmente se escriben de tal forma que las variables queden en orden alfabético. Su respuesta también será correcta si los términos están en orden diferente. Sin embargo, debe asegurarse de que todos los términos lleven el signo correcto.

6. **$6x^2 + 42x + 72$**
   $6x^2 + 18x + 24x + 72 = 6x^2 + 42x + 72$

Práctica de GED (página 584)

1. **(5) 12 y 6** Vuelva a escribir la ecuación en forma cuadrática estándar de manera que la expresión cuadrática sea igual a 0. $x^2 - 18x + 72 = 0$
   Factorice la ecuación. $(x - 12)(x - 6) = 0$
   Determine el valor de x en cada factor que hará que el factor sea igual a 0.

   $x - 12 = 0$ $x - 6 = 0$
   $\quad\quad x = 12$ $\quad\quad x = 6$
   Compruebe:
   $x^2 + 72 = 18x$ $x^2 + 72 = 18x$
   $12^2 + 72 = 18(12)$ $6^2 + 72 = 18(6)$
   $144 + 72 = 216$ $36 + 72 = 108$
   $216 = 216$ $108 = 108$

2. (3) 3 Cuando se multiplica una variable al cuadrado por un número (por ejemplo, $2x^2$), a menudo es más rápido y fácil probar las opciones de respuesta que factorizar la ecuación. Sólo la opción (3) hace que la ecuación sea verdadera.

$$2x^2 - 10x + 12 = 0$$
$$2(3^2) - 10(3) + 12 = 0$$
$$2(9) - 30 + 12 = 0$$
$$18 - 30 + 12 = 0$$
$$0 = 0$$

3. (2) 4 y −3 Vuelva a escribir la ecuación:
$$x^2 - x - 12 = 0$$
Factorícela: $(x - 4)(x + 3) = 0$
Los valores de x deben ser 4 y −3.

4. (2) 8 y 5 Vuelva a escribir la ecuación:
$$x^2 - 13x + 40 = 0$$
Factorícela: $(x - 5)(x - 8) = 0$
Los valores de x deben ser :
$x = 5, x = 8$.

5. (5) 2 y −2 Sustituya las variables con los números de cada opción de respuesta. Para ahorrar tiempo, comience con el primer número de cada par. Sólo la opción (5) hace que la ecuación sea verdadera.

$x = 2$	$x = -2$
$9x^2 - 36 = 0$	$9x^2 - 36 = 0$
$9(2^2) - 36 = 0$	$9(-2^2) - 36 = 0$
$9(4) - 36 = 0$	$9(4) - 36 = 0$
$36 - 36 = 0$	$36 - 36 = 0$
$0 = 0$	$0 = 0$

6. (2) 5 Sustituya la variable con las opciones de respuesta. Sólo la opción (2) hace que la ecuación sea verdadera.

$$2x^2 - x = 45$$
$$2(5^2) - 5 = 45$$
$$2(25) - 5 = 45$$
$$50 - 5 = 45$$
$$45 = 45$$

Lección 22: El plano de las coordenadas

Práctica de GED (página 588)

1. Cuente 4 unidades hacia la derecha en el eje de las x (recta horizontal) y 1 unidad hacia abajo en el eje de las y (recta vertical).

2. Un cuadrado tiene 4 lados de igual longitud. A partir de la gráfica del problema, usted puede observar que cada lado del cuadrado tiene una longitud de 4 unidades. Contando, puede comprobar que la esquina que falta debe estar situada en $(3,-3)$.

3. Cuente 5 unidades hacia la izquierda a lo largo del eje de las x y 3 unidades hacia arriba a lo largo del eje de las y.

4. Un rectángulo tiene cuatro lados y los lados opuestos tienen la misma longitud. A partir de la gráfica del problema, puede comprobar que la esquina que falta debe situarse en $(-5,-3)$.

(página 590)

Para las preguntas 1 a 3, hay dos pares ordenados en la recta. Puede ser que usted haya encontrado otros pares ordenados para dibujar la recta. Su respuesta es correcta si pasa por los puntos que se indican aquí.

1. (0,−4), (1,−1)

2. (1,0), (3,1)

Unidad 6

3. (2,−4), (1,−3)

(página 591)

1. **−1** La recta baja 1 unidad cuando se desplaza 1 unidad hacia la derecha. $\frac{-1}{1} = -1$

2. **1** La recta sube 2 unidades cuando se desplaza 2 unidades hacia la derecha. $\frac{2}{2} = 1$

3. **0** Una recta horizontal tiene una pendiente de 0.

Para las preguntas 4 a 6, utilice la fórmula de la pendiente: $m = \frac{y_2 - y_1}{x_2 - x_1}$

4. **−4** $m = \frac{1 - (-3)}{0 - 1} = \frac{4}{-1} = -4$

5. **9** $m = \frac{-4 - 5}{3 - 4} = \frac{-9}{-1} = 9$

6. **3** $m = \frac{0 - (-3)}{-2 - (-3)} = \frac{3}{1} = 3$

Práctica de GED (página 593)

1. **(3) (0,−2)** En la forma pendiente-intercepto de una recta, el intercepto en y se suma o se resta del producto de la pendiente (m) por x. La coordenada x del intercepto en y siempre es 0.

2. **(5) $y + \frac{1}{4}x = 3$** La recta A sube 1 unidad por cada 4 unidades que se desplaza hacia la izquierda (una dirección negativa), de manera que la pendiente es $-\frac{1}{4}$. El intercepto en y es 3. En la forma pendiente-intercepto, la ecuación de la recta A es $y = -\frac{1}{4}x + 3$. Sólo la opción (5) es igual a esta ecuación

3. **(2) $y = x$** La recta B sube 2 unidades por cada 2 unidades que se desplaza hacia la derecha, de manera que la pendiente es $\frac{2}{2} = 1$. La recta cruza el eje de las y en el origen (0,0), por lo que su intercepto en y es 0. En la forma pendiente-intercepto, la ecuación es $y = 1x + 0$, que es igual a $y = x$.

4. **(3) $y = 3x − 5$** Sólo la opción (3) le resta 5 al producto de x y un número.

5. **(1) $y = −x + 3$** Encuentre la pendiente utilizando las coordinadas de los puntos P y Q. La recta debe subir 2 unidades por cada 2 unidades que se desplace hacia la izquierda: $\frac{2}{-2} = -1$. Si continúa la recta con una pendiente de −1, cruzará el eje de las y en el punto (0,3). Utilizando la forma pendiente-intercepto, la ecuación debe ser $y = -x + 3$.

6. **(2) (0,−2)** La recta descrita debe tener una pendiente de $\frac{2}{3}$, lo que significa que sube 2 unidades por cada 3 unidades que se desplaza hacia la derecha. A partir del punto R, cuente 2 unidades hacia arriba y 3 unidades hacia la derecha. Estará en las coordenadas (0, −2), es decir, en el intercepto en y de la recta.

GED Repaso Álgebra

(páginas 594−597)

Parte 1

1. **(1) $\frac{2}{x} − 9x$** El producto de 9 y x es 9 por x o $9x$. El cociente de 2 y x es $2 \div x$ ó $\frac{2}{x}$. Sólo la opción (1) muestra 9x restado de $\frac{2}{x}$.

2. **(2) (−6) + (+8)** Evalúe cada expresión.
$(-2) + (-7) = -9$
$(-6) + (+8) = +2$
$(-3) - (-4) = -3 + 4 = +1$
$(+4) - (+10) = -6$
$(-8) + (+9) = +1$
De todos los resultados, +2 es el mayor.

2 [+/-] [+] 7 [+/-] [=] −9
6 [+/-] [+] 8 [=] 2
3 [+/-] [−] 4 [+/-] [=] 1
4 [−] 10 [=] −6
8 [+/-] [+] 9 [=] 1

3. **(4) 15 y 16** Supongamos que x y $x + 1$ son los números consecutivos. Escriba una ecuación y resuélvala.
$x + (x + 1) - 13 = 18$
$2x - 12 = 18$
$2x = 30$
$x = 15$ y $x + 1 = 16$

4. **(4) 20** Escriba una ecuación y resuélvala.
$x - 10 = \frac{x}{2}$
$2(x - 10) = \frac{2x}{2}$
$2x - 20 = x$
$-20 = -x$
$(-1)(-20) = (-1)(-x)$
$20 = x$

5. **(3) 17** Supongamos que x es la edad de Carolina. La edad de Guillermo es $2x - 1$. Escriba una ecuación y resuélvala
$x + (2x - 1) = 26$
$3x - 1 = 26$
$3x = 27$
$x = 9$

La edad de Carolina es 9 años y la de Guillermo, $2(9) - 1$, es decir, 17 años.

6. **(4) 279** Utilice la fórmula *distancia = velocidad × tiempo*
$d = rt$
$d = 62 \times 4.5$
$d = 279$ millas

Unidad 6

7. (5) Sumar 4. Cada número de la secuencia es 4 más que el número anterior.

8. (2) 4 Cada término de la secuencia se obtiene al dividir el término anterior entre -2. $-8 \div -2 = 4$

9. (3) 15 y 35 Sustituya las variables con 2 y 4 en la función para hallar los dos valores de y.

$$y = 10(2) - 5 \qquad y = 10(4) - 5$$
$$y = 20 - 5 = 15 \qquad y = 40 - 5 = 35$$

10. (3) 14 y 16 Todas las opciones de respuesta tienen una diferencia de 2 horas. Sume los números de cada opción para encontrar una suma de 30 horas. $14 + 16 = 30$ horas

11. (2) 44 y 49 Todas las opciones de respuesta tienen una diferencia de 5 puntos. Sume los números de cada opción para encontrar una suma de 93 puntos. $44 + 49 = 93$

12. (3) 142 y 192 Todas las opciones de respuesta tienen una diferencia de 50 millas. Sume los números de cada opción para encontrar una suma de 334 millas. $142 + 192 = 334$

Parte 2

13. (1) -5 y 4 Esta es una ecuación cuadrática. Factorícela o simplemente sustituya las variables con cada opción de respuesta en la ecuación hasta encontrar la que sea correcta.

Para utilizar el método de la factorización, vuelva a escribir la ecuación, de manera que la expresión cuadrática sea igual a 0. Después, factorícela.

$$x^2 + x = 20$$
$$x^2 + x - 20 = 0$$
$$(x + 5)(x - 4) = 0$$

A continuación, encuentre el valor de x para cada factor que haga que ese factor sea igual a 0.

$$x + 5 = 0 \qquad x - 4 = 0$$
$$x = -5 \qquad x = 4$$

14. (5) \$392 Sustituya s con 32 en la función y despeje p.

$$p = \$200 + \$6(32)$$
$$p = \$200 + \$192$$
$$p = \$392$$

15. (5) (2, 5) Sustituya las variables con las opciones de respuesta en la ecuación. Sólo la opción (5) hace que la ecuación sea cierta.

$$4x - y = 3$$
$$4(2) - 5 = 3$$
$$8 - 5 = 3$$
$$3 = 3$$

16. (4) entre 15 y 16 pies

Como el área de un cuadrado es igual al lado al cuadrado, el lado de un cuadrado es igual a la raíz cuadrada del área. Pruebe elevando al cuadrado los números de las opciones de respuesta para hallar la raíz cuadrada aproximada de 240.

Usted sabe que $12 \times 12 = 144$ y que $20 \times 20 = 400$, de manera que empiece con valores entre estas dos cifras.
$14 \times 14 = 196 \quad 15 \times 15 = 225 \quad 16 \times 16 = 256$
$\sqrt{240}$ está entre 15 y 16.

17. (2) B Una recta con una pendiente negativa se desplaza hacia abajo a medida que se desplaza de izquierda a derecha. La pendiente de la recta A no está definida. Las rectas C y D tienen pendientes positivas y la pendiente de la recta E es 0.

18. (2) $\dfrac{5}{x - 2}$ Factorice cada expression. Después, simplifíquelas.

$$\frac{x + 4x}{x^2 - 2x} = \frac{x(1 + 4)}{x(x - 2)} = \frac{5}{x - 2}$$

Nota: puede cancelar x del numerador y el denominador en el segundo paso, ya que $\dfrac{x}{x} = 1$.

19. (5) (3, 6) Sustituya las variables con los pares ordenados de las opciones de respuesta hasta que encuentre el que <u>no</u> hace que la ecuación sea verdadera.

$$2x - y = -1$$
$$2(3) - 6 \neq -1$$

20. (1) $y = 2x + 2$ Las opciones de respuesta están escritas en la forma pendiente-intercepto $y = mx + b$, donde m = pendiente y b = intercepto en y. Recuerde que la pendiente es la proporción del *cambio vertical sobre el cambio horizontal*. Observe que la recta se desplaza 4 unidades verticales y 2 unidades horizontales a medida que avanza desde el punto A al B. Por tanto, la pendiente es de $\frac{4}{2} = +2$. El intercepto en y de la recta, que es el punto en el que la recta cruza el eje de las y, es $+2$. Por tanto, la ecuación correcta de la recta es. $y = 2x + 2$.

También puede resolver el problema hallando las coordenadas de dos puntos sobre la recta y poniéndolos en lugar de las variables en las ecuaciones para encontrar la ecuación correcta. Siempre debe utilizar dos puntos, ya que más de una recta podría pasar por un mismo punto.

21. (3) $c = \$40 + \$30h$ El costo de una llamada de servicio es la suma de \$40 (la tarifa fija) y el número de horas multiplicado por \$30. Sólo la opción (3) muestra esta secuencia de operaciones.

22. (1) -3 Use la fórmula de la pendiente. Supongamos que $(-2, -2) = (x_1, y_1)$ y $(-4, 4) = (x_2, y_2)$

$$m = \frac{y_2 - y_1}{x_2 - x_1}$$
$$m = \frac{4 - (-2)}{-4 - (-2)}$$
$$m = \frac{6}{-2} = -3$$

23. (4) $152 Cada mes se deposita una cantidad adicional de $12. Continúe sumando $12 hasta que llegue a diciembre, el duodécimo mes. También puede solucionar el problema multiplicando $12 por 11, el número de aumentos, sumando después $20, el depósito inicial. $11(\$12) + \$20 = \$152$

24. (4) $y = -x + 3$ La recta se desplaza 1 unidad hacia abajo cada vez que se desplaza 1 unidad hacia la derecha con una pendiente de $\frac{-1}{1} = -1$. El intercepto en y es $+3$. Utilice la forma pendiente-intercepto para escribir la ecuación de la recta. y 5 mx 1 b, donde m 5 pendiente y b 5 intercepto en y.
$$y = -1x + 3, \text{ ó } y = -x + 3$$

25. (3) 5 Use la fórmula para hallar la distancia entre dos puntos. Supongamos que $D(1,3) = (x_1, y_1)$ y $F(4,-1) = (x_2, y_2)$.

$$\begin{aligned}
\text{distancia} &= \sqrt{(x_2 - x_1)^2 + (y_2 - y_1)^2} \\
&= \sqrt{(4-1)^2 + (-1-3)^2} \\
&= \sqrt{3^2 + (-4)^2} \\
&= \sqrt{9 + 16}
\end{aligned}$$

Geometría
Lección 23: Aplicar fórmulas
(página 599)

1. $P = 49.2$ cm; $A = 69$ sq cm² Para encontrar el perímetro sume la longitud de los lados.
$$10 + 23 + 16.2 = 49.2 \text{ cm}$$
Para encontrar el área use la fórmula del área de un triángulo. $A = \frac{1}{2}bh$
$$A = \frac{1}{2}(23)(6) = 69 \text{ cm}^2$$

2. $P = 30$ pulgadas; $A = 43.5$ pulgadas cuadradas o $43\frac{1}{2}$ pulgadas cuadradas La base es el lado que forma un ángulo de 90 con la línea punteada que indica la altura. En este caso la base mide 10 pulgadas dado que todos los lados tienen la misma medida. Para encontrar el perímetro sume la longitud de todos los lados. $10 + 10 + 10 = 30$ pulgadas
Para encontrar el área use la fórmula del área de un triángulo. $A = \frac{1}{2}bh$
$$A = \frac{1}{2}(10)(8.7) = 43.5 \text{ pulgadas}$$
cuadradas

3. $P = 33$ pies; $A = 48$ pies cuadrados Los lados opuestos de un paralelogramo son iguales. Como consecuencia tanto el lado superior como el inferior miden 12 pies y cada uno de los lados izquierdo y derecho miden 4.5 pies. La altura mide 4 pies. Para encontrar el perímetro sume la longitud de los lados. $12 + 12 + 4.5 + 4.5 = 33$ pies

Para encontrar el área use la fórmula del área de un paralelogramo. $A = bh$
$$A = 12(4) = 48 \text{ pies cuadradas}$$

4. $P = 24.4$ pulgadas; $A = 24$ pulgadas cuadradas Recuerde que los lados opuestos de un paralelogramo son iguales. Por lo tanto los lados superior e inferior miden 8 pulgadas y los de la izquierda y derecha miden 4.2 pulgadas cada uno. La altura es de 3 pulgadas. Para encontrar el perímetro sume la longitud de los lados.
$$8 + 8 + 4.2 + 4.2 = 24.4 \text{ in}$$
Luego use la fórmula del área.
$$A = bh$$
$$A = 8(3) = 24 \text{ pulgadas cuadradas}$$

5. $P = 18.7$ centímetros; $A = 14$ centímetros cuadrados
Para encontrar el perímetro sume la longitud de los lados.
$$7.1 + 7.6 + 4 = 18.7 \text{ cm}$$
Luego use la fórmula del área.
$$A = \frac{1}{2}bh$$
$$A = \frac{1}{2}(4)(7) = 14 \text{ cm}^2$$

6. $P = 30$ pulgadas; $A = 40$ pulgadas cuadradas Para encontrar el perímetro sume la longitud de los lados.
$$10 + 10 + 5 + 5 = 30 \text{ pulgadas}$$
Luego use la fórmula del área.
$$A = bh$$
$$A = 10(4) = 40 \text{ pulgadas cuadradas}$$

(página 600)

1. 22 pulgadas $C = \pi d = 3.14(7) = 21.98$, se redondea a 22 pulgadas

2. 12.56 pies cuadrados
$$A = \pi r^2$$
$$A = 3.14(2^2)$$
$$A = 3.14(4)$$
$$A = 12.56 \text{ pies cuadrados}$$

3. 28 yardas cuadradas $A = \pi r^2$
$$A = 3.14(3^2)$$
$$A = 3.14(9)$$
$$A = 28.26, \text{ se redondea}$$
a 28 yardas cuadradas

4. 44 centímetros El radio de un círculo es 7 cm; el diámetro es el doble del radio o $7 \times 2 = 14$ cm.
$$C = \pi d$$
$$C = 3.14(14)$$
$$C = 43.96, \text{ se redondea a 44 cm}$$

Práctica de GED (página 603)
1. (2) 12 Use la fórmula. $A = lw$
Sustituya. $180 = 15w$
Resuelva. $\frac{180}{15} = \frac{15w}{15}$
$$12 = w$$

2. (1) $\frac{81.64}{3.14(2^2)}$ Use la fórmula. $V = \pi r^2 h$, donde r = el radio de la base del cilindro y h = altura. Rescriba la fórmula para encontrar la altura. Divida ambos lados de la fórmula entre πr^2 y sustituya las medidas conocidas dentro de la ecuación.

$$\frac{V}{\pi r^2} = h$$

$$\frac{81.64}{3.14(2^2)} = h$$

Sólo la opción 1 coincide con este arreglo.

3. (2) 6 Use la fórmula. $A = \frac{1}{2}bh$, donde b base y h = altura.

$$A = \frac{1}{2}bh$$

Sustituya. $\qquad\qquad 10.5 = \frac{1}{2}(b)(3.5)$

Multiplique ambos lados por 2. $\quad 21 = 3.5b$

divida ambos lados por 3.5. $\quad \frac{21}{3.5} = \frac{3.5b}{3.5}$

$$6 = b$$

4. (4) entre 6 y 7 Convierta el ancho y la altura a pies.

1 pie 6 pulgadas = $1\frac{6}{12} = 1\frac{1}{2}$ pies

1 pie 9 pulgadas = $1\frac{9}{12} = 1\frac{3}{4}$ pies

Encuentre el volumen de la caja.

$$V = lwh$$
$$V = 2\frac{1}{2}\left(1\frac{1}{2}\right)\left(1\frac{3}{4}\right)$$
$$V = \frac{5}{2} \times \frac{3}{2} \times \frac{7}{4}$$
$$V = \frac{105}{16}$$
$$V = 6\frac{9}{16} \text{ pies cúbicos, está entre 6 y 7 pies cúbicos}$$

5. (3) 15,000 Convierta la medida de la base a centímetros. $\frac{\text{metro}}{\text{centímetro}} \quad \frac{1}{100} = \frac{2}{x}$

$$x = 100(2) = 200 \text{ centímetros}$$
$$A = \frac{1}{2}bh$$
$$A = \frac{1}{2}(200)(150)$$
$$A = 15,000 \text{ cm}^2$$

6. (2) 96 Convierta la altura a pulgadas. Use el siguiente factor de conversión. 1 pie = 12 pulgadas.

1 pie 4 pulgadas = 12 pulgadas + 4 pulgadas = 16 pulgadas

Encuentre el volumen del cono.

$$V = \frac{1}{3}Ah$$
$$V = \frac{1}{3}(18)(16)$$
$$V = 96 \text{ pulgadas}^3$$

Lección 24: Rectas y ángulos
Práctica de GED (página 607)

1. (2) $\angle ABD$ **y** $\angle DBC$ **son ángulos suplementarios.** $m\angle ABD + m\angle DBC =$ $m\angle ABC$; $\angle ABC$ es un ángulo llano que mide 180°. Cuando la suma de las medidas de dos ángulos es 180° son suplementarios.

2. (3) $\angle 3$ **y** $\angle 7$ Dado que $\angle 1$ es congruente a $\angle 5$, la figura muestra dos líneas paralelas atravesadas por una transversal. Los ángulos 3 y 7 son congruentes porque son ángulos correspondientes. En otras palabras ambos están en la misma posición respecto de la transversal.

3. (2) $x + (x - 12°) = 90°$ El ángulo más grande se representa con x. La medida del ángulo menor debe ser 12° menos que x, o $x - 12°$. Dado que son complementarios suman 90°. Sólo la opción (2) establece de manera correcta que la suma de las expresiones es igual a 90°.

4. (4) Las rectas p **y** q **no son paralelas.** Aunque las líneas parecen paralelas ni la figura ni el texto dan esta información. Si las líneas fueran paralelas la medida de $\angle 7$ sería igual a 118° porque $\angle 7$ corresponde a $\angle 3$, el cual es vertical respecto al ángulo que mide 118°.

5. (1) $m\angle 1 = 50°$ El ángulo 1 corresponde al ángulo que mide 50°. Dado que los ángulos correspondientes son congruentes el ángulo 1 también mide 50°.

6. (5) 144° Considere que la medida de $\angle BXC = x$ y la medida de $\angle AXB = 4x$. Dado que los ángulos son suplementarios su suma es igual a 180°. Escriba la ecuación y resuelva.

$$x + 4x = 180°$$
$$5x = 180°$$
$$x = 36°$$

La medida de $\angle BXC$ es 36° y la medida de $\angle AXB$ es $4(36) = 144°$.

Lección 25: Triángulos y cuadriláteros
Práctica de GED (página 612)

NOTA: En esta sección, se han usado valores decimales en lugar de fracciones. Sin embargo, puede resolver las mismas proporciones con fracciones. Cuando resuelva problemas con una calculadora, use decimales en lugar de fracciones

$$\frac{1}{4} = 0.25 \qquad \frac{1}{2} = 0.5 \qquad \frac{3}{4} = 0.75$$

1. (2) 150 Escriba una proporción y resuelva.
$$\frac{1 \text{ pulg}}{40 \text{ millas}} = \frac{3.75 \text{ pulg}}{x \text{ millas}}$$
$$1x = 40(3.75)$$
$$x = 150 \text{ millas}$$

2. (4) 580 Sume las distancias entre las dos ciudades en el mapa. 7 pulg + 2.5 pulg. − 5 pulg. = 14.5. Escriba una proporción y resuelva.
$$\frac{1 \text{ pulg}}{40 \text{ millas}} = \frac{14.5 \text{ pulg}}{x \text{ millas}}$$
$$1x = 40(14.5)$$
$$x = 580 \text{ millas}$$

3. **(4) 1 pulg = 20 mi** Escriba una proporción y resuelva.

$$\frac{2.5 \text{ pulg}}{50 \text{ millas}} = \frac{1 \text{ pulg}}{x \text{ millas}}$$

$$2.5x = 50(1)$$
$$x = 20 \text{ millas}$$

4. **(5) No se cuenta con suficiente información.** El perímetro de un triángulo es la suma del largo de los tres lados. Saber 2 de los largos no presenta suficiente información. Es necesario saber el tercer largo o la medida de uno de los ángulos como mínimo.

5. **(5) lados *DF* y *FH*** Rote mentalmente $\triangle DEF$ para que los ángulos D y H estén en la misma posición (abajo a la derecha). Los lados correspondientes son $\overline{DF}$ y $\overline{FH}$, $\overline{DE}$ y $\overline{GH}$, y $\overline{EF}$ y $\overline{FG}$.

6. **(4) 50** Escriba una proporción usando los dos lados correspondientes conocidos, *DF* y *FH*.

$$\frac{\overline{DF}}{} = \frac{\overline{DE}}{}$$

$$\frac{55}{110} = \frac{x}{100}$$
$$x = 50 \text{ pies}$$

Lección 26: Figuras compuestas
Práctica de GED (página 615)

1. **(5) 550** Esta figura irregular se compone de un cilindro y un cono. Calcule los volúmenes por separados y súmelos.
   Cilindro: $V = \pi r^2 h = 3.14(5^2)(5) = 392.5$ cm cúbicos

   Cono: $V = \frac{1}{3}\pi r^2 h = \frac{1}{3}(3.14)(5^2)(6) = 157$ cm cúbicos

   Sume. $392.5 + 157 = 549.5$ redondeado a 550 cm cúbicos

2. **(3) 33** Calcule el área del rectángulo y de los triángulos por separado. Luego, ssume para calcular el área total. Nota: Los triángulos son congruentes. Calcule el área de uno y multiplique por dos.

   Triángulo: $A = \frac{1}{2}bh$
   $= \frac{1}{2} \times 4.5 \times 2$
   $= 4.5$ cm cuadrados

   Multiplique por 2. $4.5 \times 2 = 9$ cm cuadrados

   Rectángulo: $A = lw$
   $= 8 \times 3$
   $= 24$ cm cuadrados
   Sume $24 + 9 = 33$ cm cuadrados

3. **(4) 92** Calcule la suma de todos los lados.
   $12 + 18 + 1.5 + 12 + 17 + 12 + 1.5 + 18 = 92$

4. **(3) 50** Considere la figura como un rectángulo y dos semicírculos. Los dos semicírculos forman un círculo completo. Calcule el área del rectángulo y el área del círculo. Sume los resultados.

Rectángulo: $A = lw$
$A = 6 \times 5$
$A = 30$ pies cuadrados
Círculo: $A = \pi r^2$
$A = 3.14 \times 2.5^2$
$A = 19.625$ pies cuadrados
Sume. $30 + 19.625 = 49.625$, redondeado a to 50 pies cuadrados

Lección 27: Trabajar con triángulos rectángulos
Práctica de GED (páginas 617–618)

1. **(2) 13** La escalera es la hipotenusa. Sea la distancia desde la pared (8 pies) igual a a. Calcule b.
   $$a^2 + b^2 = c^2$$
   $$8^2 + b^2 = 15^2$$
   $$64 + b^2 = 225$$
   $$b^2 = 161$$
   $$b = \sqrt{161} \approx 12.6, \text{ redondeado a } 13$$

2. **(3) 8.1** Trace un triángulo rectángulo de manera que la distancia entre J y K forme la hipotenusa. Los catetos del triángulo miden 7 y 4 unidades respectivamente. Calcule la hipotenusa.
   $$c^2 = a^2 + b^2$$
   $$c^2 = 7^2 + 4^2$$
   $$c^2 = 49 + 16$$
   $$c^2 = 65$$
   $$c = \sqrt{65} \approx 8.06, \text{ redondeado a } 8.1$$

3. **(3) entre 95 y 105 pies** La distancia entre A y B es la hipotenusa de un triángulo rectángulo. Calcule la hipotenusa.
   $$a^2 + b^2 = c^2$$
   $$60^2 + 80^2 = c^2$$
   $$3{,}600 + 6{,}400 = c^2$$
   $$10{,}000 = c^2$$
   $$c = \sqrt{10{,}000} = 100$$
   También: Éste es un múltiplo del triángulo rectángulo 3-4-5. Dado que $3 \times 20 = 60$ y $4 \times 20 = 80$, entonces, la hipotenusa debe ser $5 \times 20 = 100$.

4. **(3) 96** El tensor es uno de los catetos de un triángulo rect'angulo. El lado que mide 104 pulgadas es la hipotenusa. No se distraiga por la orientación del triángulo. Siempre busque el ángulo recto, localice la hipotenusa y, luego, determine qué lados son los catetos. Calcule b, el segundo cateto.
   $$a^2 + b^2 = c^2$$
   $$40^2 + b^2 = 104^2$$
   $$1{,}600 + b^2 = 10{,}816$$
   $$b^2 = 9{,}216$$
   $$b = \sqrt{9{,}216} = 96$$

5. **(3) 188** Escriba una proporción y resuélvala.
   $$\frac{1.5 \text{ cm}}{60 \text{ km}} = \frac{4.7 \text{ cm}}{x \text{ km}}$$
   $$1.5x = 4.7(60)$$
   $$1.5x = 282$$
   $$x = 188 \text{ km}$$

6. **(2) 38°** La suma de los ángulos de un triángulo es igual a 180°. Para calcular la medida que falta, reste.

$$180° - 90° - 52° = 38°$$

7. **(2) 22**
$$\frac{3 \text{ pies}}{x} = \frac{4.5 \text{ pies}}{33 \text{ pies}}$$
$$4.5x = 3(33)$$
$$4.5x = 99$$
$$x = 22 \text{ pies}$$

8. **(5) un triángulo cuyos lados miden 7, 24 y 25** Utilice la relación pitagórica para evaluar cada una de las opciones de respuesta. Sólo los lados que aparecen en la opción (5) hacen verdadera la ecuación.
$$c^2 = a^2 + b^2$$
$$c^2 = 7^2 + 24^2$$
$$c^2 = 49 + 576$$
$$c^2 = 625$$
$$c = \sqrt{625} = 25$$

9. **(4) 23** Calcule la hipotenusa.
$$c^2 = a^2 + b^2$$
$$c^2 = 7^2 + 22^2$$
$$c^2 = 49 + 484$$
$$c^2 = 533$$
$$c = \sqrt{533} \approx 23.08, \text{ redondeado a 23 pies.}$$

10. **(2) 138** Primero, determine el área de la piscina. El diámetro de la piscina es 20 pies, por lo tanto, el radio es la mitad de 20, es decir, 10 pies.
$$A = \pi r^2$$
$$= 3.14(10^2)$$
$$= 3.14(100)$$
$$= 314 \text{ pies cuadrados}$$

Luego, calcule el área de la piscina, incluyendo el borde. El borde agrega 4 pies al diámetro, o 2 pies al radio. $10 + 2 = 12$ pies.
$$A = \pi r^2$$
$$= 3.14(12^2)$$
$$= 3.14(144)$$
$$= 452.16 \text{ pies cuadrados}$$

Finalmente, reste el área de la piscina del área de la piscina más el borde.
$$452.16 - 314 = 138.16, \text{ redondeado a } 138 \text{ pies cuadrados.}$$

GED Repaso Geometría

(páginas 619–622)

Parte I

1. **(4) ∠5** ∠1 es un ángulo recto y es suplementario tanto a ∠2 como a ∠5. ∠1 es suplementario pero también adyacente a ∠2. Sólo ∠5 es suplementario a ∠2 pero no es adyacente.

2. **(4) 155°** ∠WOY y ∠3 son suplementarios. $m\angle 3 = 25°$, entonces, $m\angle WOY = 180° - 25° = 155°$

3. **(2) un ángulo recto** ∠XOZ es vertical al ángulo ∠1, que es un ángulo recto. Por lo tanto ∠XOZ debe ser un ángulo recto. Dado que la suma de dos ángulos suplementarios es 180° cualquier ángulo suplementario a ∠XOZ debe medir $180° - 90° = 90°$, un ángulo recto.

4. **(2) $\frac{40}{\pi}$** Use la fórmula para hallar la circunferencia de un círculo:
Sustituya el valor conocido de C:
Despeje d:

$$C = \pi d$$
$$40 = \pi d$$
$$\frac{40}{\pi} = d$$

5. **(5) 64** El contenedor tiene una base cuadrada, cuyos lados miden 4 pulgadas. Si se llena el contenedor hasta una profundidad de 4 pulgadas el líquido llena una figura cúbica cuyos lados miden cuatro pulgadas. Use la fórmula para encontrar el volumen de un cubo.
$$V = s^3 = 4^3 = 64 \text{ pulgadas}^3$$

6. **(3) 8** Como necesita expresar la respuesta en pies, convierta 18 pulgadas a pies. Use el factor de conversión 12 pulgadas = 1 pie.
$$\frac{1}{12} = \frac{x}{18} \quad x = 1\frac{1}{2} \text{ pies.}$$ Para hallar el perímetro de un rectángulo puede sumar las medidas de los cuatro lados o usar la fórmula.
$$P = 2l + 2w$$
$$= 2\left(2\frac{1}{2}\right) + 2\left(1\frac{1}{2}\right)$$
$$= 2\left(\frac{5}{2}\right) + 2\left(\frac{3}{2}\right) \text{ o } = 2(2.5) + 2(1.5)$$
$$= 5 + 3 = 8 \text{ pies}$$

7. **(1) 2** Use la fórmula. $V = lwh$, donde l = longitud, w = ancho, y h = altura. Sustituya, cambiando las fracciones a decimales.

Despeje h.
$$V = lwh$$
$$17.5 = 5(1.75)h$$
$$17.5 = 8.75h$$
$$\frac{17.5}{8.75} = \frac{8.75h}{8.75}$$
$$2 = h$$

8. **16** El área de un paralelogramo es igual a la base × altura, por lo tanto, $A = 32 \times 8$, ó 256 yardas cuadradas. El área de un cuadrado es igual a un lado elevado al cuadrado. Si el área del cuadrado es 256 yardas cuadradas, puede hallar la medida del lado calculando la raíz cuadrada de 256, que es 16 yardas.

9. **9** Trace un triángulo rectángulo de modo que el lado *AB* sea la hipotenusa. Los catetos del triángulo miden 8 y 4 unidades.

$$c^2 = a^2 + b^2$$
$$c^2 = 8^2 + 4^2$$
$$c^2 = 64 + 16$$
$$c^2 = 80$$
$$c = \sqrt{80} \approx 8.9, \text{ redondeado a 9}$$
unidades

10. **(4)** $\dfrac{64 - 2(14)}{2}$ Use la fórmula. $P = 2l + 2w$, donde l = longitud y w = ancho. Rescriba la fórmula para encontrar la longitud. Empiece restando 2w de ambos lados. Luego divida ambos lados entre 2. Sustituya las medidas conocidas.

$$P = 2l + 2w$$
$$P - 2w = 2l$$
$$\frac{P - 2w}{2} = l$$
$$\frac{64 - 2(14)}{2} = l$$

Parte II

11. **(3) 120°** $\angle UZX$ es suplementario a $\angle 4$. Reste para encontrar su medida.
$m\angle UZX \ 180° - 60° = 120°$

12. **(1) 30°** El símbolo que se encuentra dentro de $\angle 2$ indica que $\angle 2$ es un ángulo recto y que las líneas *UW* y *VY* son perpendiculares. Entonces, $m\angle WZY$ también es = 90° ya que es un ángulo vertical respecto de $\angle 2$. Por lo tanto, $\angle 4$ y $\angle 5$ son complementarios y sus medidas suman 90°. Encuentre la medida de $\angle 5$ restando la medida dada de $\angle 4$. $90° - 60° = 30°$

13. **(4) 120** El gabinete es un sólido rectangular.
$V = lwh = 4(3)(10) = 120$ pies^3

14. **(5) El $\angle 5$ es suplementario del $\angle 1$.** La figura muestra dos conjuntos de ángulos formados por líneas paralelas y una transversal. Cada conjunto debe tomarse de manera independiente, no están relacionados. Use el razonamiento lógico para eliminar las opciones de respuesta incorrectas. La opción (1) es falsa. Los ángulos 3 y 4 son suplementarios, no complementarios. La opción (2)

es falsa porque los ángulos 12 y 13 son ángulos verticales y cada uno mide 125°. No son suplementarios porque la suma de sus medidas no es igual a 180°. La opción (3) es falsa porque $\angle 4$ y $\angle 10$ no son ángulos correspondientes. No están en la misma posición con relación a la *misma* transversal. La opción (4) es falsa porque $\angle 1$ corresponde a un ángulo de 100°; por lo tanto su medida es también 100° y no 90°. La opción (5) es verdadera porque $\angle 5$ es suplementario a un ángulo que mide 100°. Por lo tanto su medida es 180° − 100° = 80°. Dado que $\angle 1$ mide 100°, la suma de las medidas de $\angle 5$ y $\angle 1$ es 180° y los ángulos son suplementarios.

15. **(2) $\angle 1$ y $\angle 7$** Los ángulos 1 y 4 son verticales y congruentes. Los ángulos 4 y 7 son ángulos correspondientes y congruentes. Los ángulos 2 y 3 son suplementarios al ángulo 4. Los ángulos suplementarios no son congruentes a menos que sean ángulos rectos, por lo que las opciones (1) y (4) son incorrectas. Los ángulos 8, 10 y 14 están sobre una transversal distinta a la del ángulo 4 y por lo tanto no se pueden comparar. Así se pueden eliminar las opciones (3) y (5) por ser incorrectas.

16. **(5) 125°** El ángulo 12 y el ángulo cuya medida se indica como 125° son correspondientes. Ambos se encuentran en la misma posición con relación a la transversal d. Por lo tanto sus medidas son iguales.

17. **(5) paralelogramo** Aunque el problema no señala que los lados opuestos son paralelos, deben serlo para que las medidas de los lados aparezcan en el orden dado. No hay otra opción posible.

18. **(2) 70°** Los triángulos son congruentes, por lo tanto, los ángulos *A* y *D* deben ser congruentes. Puede calcular la medida $\angle A$ restando 180° − 60° − 50° = 70°. El ángulo *D* debe tener la misma medida.

19. **(5) 20 y 25** Existen varias formas de resolver este problema. Una forma es escribir proporciones para resolver los lados que faltan. Otra, es darse cuenta que el triángulo 12–16–20 es un múltiplo del triángulo común 3–4–5. Por lo tanto, el $\triangle DEF$ debe ser semejante al triángulo 3–4–5, lo que significa que los lados restantes deben medir 20 y 25 pies.

20. **(3) 55°** Puesto que sus lados correspondientes son iguales, entonces, estos triángulos son congruentes. Vire mentalmente el segundo triángulo para que los lados correspondientes tengan la misma orientación. Tal vez, le sea útil trazar nuevamente el segundo triángulo. Puesto que $\angle L$ es congruente con $\angle I$, la medida del $\angle L$ es 55°.

Unidad 6

21. (3) 10 Debido a que $\angle A$ y $\angle B$ miden 60° cada uno, el $\angle C$ también debe medir 60°. Por lo tanto, el triángulo es equilátero. Por definición, un triángulo equilátero tiene tres lados del mismo largo; entonces, el lado AC debe medir 10 pulgadas.

22. (2) $\overline{AE} \cong \overline{BD}$ Ya sabe que los lados AC y CB son congruentes; también sabe que los lados CE y CD son congruentes. Para saber que los triángulos tienen tres pares de lados congruentes, necesita saber que la medida del lado AE es igual a la medida del lado BD.

Repaso de la Unidad Matemáticas

(páginas 623–631)

Parte I

1. (3) 14 yardas 2 pies. Multiplique la longitud de una tabla por la cantidad de tablas.
3 yd 2 pies $\times$ 4 = 12 yd 8 pies
Reduzca la respuesta. 1 yd = 3 pies
12 yd 8 pies = 12 yd + 2 yd + 2 pies = 14 yd 2 pies

2. (5) 55.95 Sume los tres lados de la figura para hallar el perímetro. 16.52 + 17.24 + 22.19 = 55.95

3. (3) 54 pies Sume todos los lados de la figura.
12 pies 2 pulg + 11 pies 8 pulg + 12 pies 4 pulg + 8 pies 7 pulg + 9 pies 2 pulg = 52 pies 23 pulg
Reducir; redondear al pie más próximo.
52 pies 23 pulg = 52 pies + 1 pies + 11 pulg = 53 pies 11 pulg, que redondea a 54 pies.

4. (5) 42.875 Todos los lados de un cubo son iguales. Volumen = longitud $\times$ ancho $\times$ altura
$V = 3.5 \times 3.5 \times 3.5 = 42.875$ pies^3

Use su calculadora GED:
3.5 x^y 3 $=$ 42.875

5. (4) 19,200 Volumen = longitud $\times$ ancho $\times$ altura $V = 100 \times 32 \times 8 = 25,600$ pies^3
Multiplique el volumen por $\frac{3}{4}$, o 0.75.
$25,600 \times 0.75 = 19,200$ pies^3

6. (5) 1458 Multiplique la longitud de la mesa de café por su ancho para hallar la superficie de la tapa. $54 \times 27 = 1458$ pulg^3

7. (4) $157,717 Sume las ventas netas de los cinco departamentos enlistados en la tabla. $20,897 + $57,941 + $31,009 + $28,987 + $18,883

8. (2) $6,035 Sume las ventas netas de calzado y accesorios deportivos. $20,897 + $31,009 = $51,906 Reste el resultado de las ventas netas de ropa deportiva. $57,941 − $51,906 = $6,035

9. (3) $39,058 Reste las ventas netas de equipo de esquí de las ventas netas de ropa deportiva. $57,941 − $18,883 = $39,058

10. (4) 7 Utilice la fórmula *distancia = velocidad $\times$ tiempo.*

$$d = rt$$
$$406 = 58t$$
$$\frac{406}{58} = t$$
$$7 \text{ horas} = t$$

11. (5) $5x + $2.06 = $31.51 Usando la fórmula *precio total = número de unidades $\times$ precio por unidad*, ó $c = nr$, usted sabe que 5 veces el precio de cada caja de plástico es el precio total de las cajas de plástico antes de aplicarles el impuesto. El problema dice que se han añadido $2.06 de impuesto sobre la venta hasta alcanzar un total de $31.51. Si x representa el precio de una caja de plástico, sólo la opción (5) muestra la secuencia correcta de operaciones.

12. (4) $-7x + 14$ Simplifique la expresión.
$$-5(x - 6) - 2(x + 8)$$
$$-5x + 30 - 2x - 16$$
$$-7x + 14$$

13. (3) 4 Escriba números enteros y calcule su suma.
$(+8) + (-6) + (-7) + (+11) + (-2) = 4$
Use su calculadora GED:
8 $+$ 6 $+/-$ $+$ 7 $+/-$ $+$ 11 $+$
2 $+/-$ $=$ 4

14. (1) octubre, noviembre y diciembre En octubre, noviembre y diciembre, las barras sombreadas, que representan cantidad de precipitaciones reales, son menores que las de las barras sin sombrear que representan la cantidad de precipitaciones normales.

15. (2) 3 Las barras sombreadas que representan diciembre, enero y febrero están todas por encima de 5.0 pulgadas.

16. (4) 4.6 Reste la precipitación real de marzo de la real de enero, 6.8 − 2.2 = 4.6 pulg

17. (3) 7 El radio del círculo más grande es igual al diámetro del círculo más pequeño. Dado que el diámetro del círculo más grande es 28 pulgadas su radio es 14 pulgadas. El radio del círculo más pequeño es la mitad de su diámetro. Dado que el diámetro del círculo más pequeño es 14 pulgadas, su radio es 7 pulgadas.

18. (3) $12\frac{1}{4}$ Como debe expresar su respuesta en pies, empiece convirtiendo todas las medidas a pies. Use el hecho de que 12 pulgadas = 1 pie. Las dimensiones del cajón son $3\frac{1}{2}$ pies, $1\frac{3}{4}$ pies y 2 pies. Use la fórmula del volumen de un sólido rectangular.

$$V = lwh$$
$$= \left(3\frac{1}{2}\right)\left(1\frac{3}{4}\right)(2) \quad \text{o} \quad = (3.5)(1.75)(2)$$
$$= \left(\frac{7}{2}\right)\left(\frac{7}{4}\right)(2)$$
$$= 12\frac{1}{4} \text{ pies}^3 \quad \text{o} \quad = 12.25 = 12\frac{1}{4}$$

Unidad 6

Use su calculadora GED:

3 [a b/c] 1 [a b/c] 2 [×] 1 [a b/c] 3 [a b/c] 4 [×] 2 [=] 12.25

Aunque las opciones de respuesta se expresan con números mixtos, a veces resulta más fácil hacer los cálculos con decimales y convertir las respuestas al número mixto.

19. **(1) 37°** La suma de las medidas de los ángulos *TRS*, *TRU*, y *URV* es 180°. $m\angle TRU = 90°$ Como $m\angle URV = 53°$, encuentre la medida del ángulo que falta restando. $180° - 90° - 53° = 37°$

20. **(−3, 0)** Sustituya $y = 0$ con el intercepto en *x*. Resuelva.

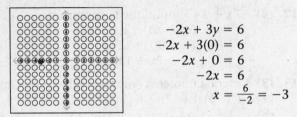

$$-2x + 3y = 6$$
$$-2x + 3(0) = 6$$
$$-2x + 0 = 6$$
$$-2x = 6$$
$$x = \frac{6}{-2} = -3$$

21. **37** 81 [SHIFT] [x²] [+] 2 [xʸ] 4 [−] 169 [SHIFT] [x²] [+] 5 [x²] [=] 37

o $\sqrt{81} = 9$ $2^4 = 16$ $\sqrt{169} = 13$ $5^2 = 25$
$9 + 16 - 13 + 25 = 37$

22. **(1) −2** Resuelva la ecuación.
$$-2(x + 4) = 5x + 6$$
$$-2x - 8 = 5x + 6$$
$$-7x - 8 = 6$$
$$-7x = 14$$
$$x = -2$$

23. **(3) $4.00** Supongamos que *x* es igual al precio de una entrada de niño y $x + 2$ es igual al precio de una entrada de adulto. Escriba una ecuación y resuélvala.
$$5(x + 2) + 12x = 78$$
$$5x + 10 + 12x = 78$$
$$17x + 10 = 78$$
$$17x = 68$$
$$x = 4$$

24. **(2) −4 + 7 + (−2)** La serie de operaciones comienza en 0 y se desplaza 4 lugares en una dirección negativa. Después, la flecha se desplaza 7 lugares en una dirección positiva, seguida de 2 lugares en una dirección negativa. Sólo la opción (2) muestra esta serie de cambios.

25. **(4) 10**
$$c^2 = a^2 + b^2$$
$$c^2 = 6^2 + 8^2$$
$$c^2 = 36 + 64$$
$$c^2 = 100$$
$$c = \sqrt{100} = 10 \text{ pies}$$

26. **(3) 40** La fórmula para calcular la circunferencia de un círculo es $C = \pi d$, donde d = diámetro. El diámetro mide el doble del largo del radio. $2(7) = 14$ pulgadas. Para calcular la circunferencia, use 3 para el valor de pi. $C = 3(14) = 42$ pulgadas. La mejor aproximación es la opción (3).

27. **(4) escaleno y acutángulo** Un triángulo con tres lados de diferentes largos es un triángulo escaleno. Un triángulo con tres ángulos agudos es un triángulo acutángulo.

28. **(1) $x + 5x + 90° = 180°$** La suma de las medidas de los tres ángulos es 180°. Si *x* es igual a la medida del ángulo agudo menor, entonces 5x es la medida del ángulo mayor. El tercer ángulo es el ángulo recto que mide 90°. Para escribir la ecuación, escriba la suma de los tres ángulos que es igual a 180°.

29. **(3) 6** Calcule el área del rectángulo.
$$A = la = 6(3.5) = 21 \text{ pies cuadrados}$$
Use la fórmula para el área del triángulo y calcule *h* (la altura).
$$A = \frac{1}{2}bh$$
$$21 = \frac{1}{2}(7)h; \quad h = 6 \text{ pulgadas}$$

30. **(2)** $\dfrac{\overline{AB}}{\overline{AC}} = \dfrac{\overline{FB}}{\overline{GC}}$ Dos pares de lados correspondientes en estos triángulos son $\overline{AB}$ y $\overline{AC}$ y $\overline{FB}$ y $\overline{GC}$. Dado que los lados correspondientes de triángulos semejantes tienen razones iguales, esta es una proporción verdadera.

Parte II

31. **(2) 203,049** No olvides que la coma entre las palabras corresponde a la coma entre los números.

32. **(1) 39,000** El número a la derecha de la posición de los milésimos es 4. Como 4 son menos de 5, no cambie el 9 en la posición de los milésimos y reemplace los números a la derecha de los milésimos con ceros.

33. **(3) $387 × 12** Multiplique el pago mensual por el número de meses. $387 × 12

34. **(4) $972 ÷ 3** Divida el total de renta mensual entre el número de amigos que compartirán el pago de la renta. $972 ÷ 3

35. **(2) $420** Multiplique el costo de la alimentación por persona por el número de empleados. $12 × 35 = $420

36. (5) 72 Multiplique el número de horas que trabaja Cintia al día por el número de días que trabaja a la semana. $4 \times 6 = 24$ Multiplique el resultado por el número de semanas que trabaja. $24 \times 3 = 72$

37. (4) $1060 Reste la cantidad que Alfredo retiró de la cuenta al monto inicial que tenía en ella. $1200 - $140 = 1060

38. (1) $65 Reste la cantidad que Roberto ahorró al costo del equipo de cómputo. $1,050 - $985 = 65

39. 30 No necesita saber que los ángulos 2 y 4 son ángulos opuestos por el vértice. Usted sabe que la suma de dos ángulos que miden $75°$ y $\angle 4$ must be $180°$ debe ser igual a $180°$, porque la suma de estos tres ángulos es una línea recta. $180° - 75° - 75° = 30°$

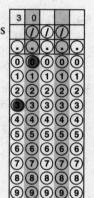

40. 10 Use la fórmula para calcular el área de un triángulo.

$$A = \tfrac{1}{2}bh, \text{ donde } b = \text{base y } h = \text{altura.}$$

$$200 = \tfrac{1}{2} \times b \times 40$$
$$200 = 20 \times b$$
$$\tfrac{200}{20} = b$$
$$10 = b$$

41. 40 Si suma las longitudes de $\overline{AC}$ y $\overline{CD}$, verá que $\triangle ABD$ es un triángulo isósceles. Por definición, un triángulo isósceles tiene dos lados y dos ángulos iguales. Los ángulos iguales son opuestos a los lados iguales. Puesto que $\angle DAB$ mide $70°$, $\angle ABD$ debe tener la misma medida. Dado que la suma de los ángulos de un triángulo debe ser $180°$, $m\angle D = 180° - 70° - 70° = 40°$

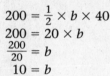

42. 24 En un momento dado, la razón de todos los objetos a su sombra es la misma. Escriba razones en el mismo orden y resuelva la proporción.

$$\frac{4}{5} = \frac{x}{30}$$
$$5x = 120$$
$$x = 24 \text{ metros}$$

43. (2) $x - y = -1$ Elija un par ordenado de la gráfica y sustituya los valores de x y y en cada ecuación de las opciones de respuesta. Si el par ordenado hace que más de una ecuación sea verdadera, utilice otro par ordenado de la gráfica. Recuerde que cada punto de la recta es una solución para la ecuación de la recta.

44. (1) (−3,−4) Sustituya las variables de la ecuación con los pares ordenados de las opciones de respuesta. Sólo la opción (1) hace que la ecuación sea cierta.

$$x - y = -1$$
$$-3 - (-4) = 1$$
$$-3 + 4 = 1$$
$$1 = 1$$

45. (2) −2 Aunque la ecuación se podría representar gráficamente para resolver el problema, la manera más sencilla es sustituir y con 1 en la ecuación y despejar x.

$$-4x + 7y = 15$$
$$-4x + 7(1) = 15$$
$$-4x + 7 = 15$$
$$-4x = 8$$
$$x = -2$$

46. (2) 4 Multiplique la fracción de una milla corrida por minuto por el número total de minutos.
$$\frac{2}{15} \times 30 = \frac{2}{15} \times \frac{30}{1} = 4$$

47. (1) $6\frac{3}{4}$ Plantee una proporción utilizando la razón del número de pulgadas en el mapa al número de millas. Calcule el valor del número desconocido de pulgadas.

$$\frac{\frac{3}{4}}{5} = \frac{?}{45}$$

$$\frac{3}{4} \times 45 \div 5 = \frac{3}{4} \times \frac{45}{1} \div \frac{5}{1} =$$

$$\frac{3}{4} \times \frac{\overset{9}{\cancel{45}}}{1} \times \frac{1}{\underset{1}{\cancel{5}}} = \frac{27}{4} = 6\frac{3}{4}$$

48. **(1) Renta** Para comparar las fracciones, debe convertirlas en fracciones homogéneas.

Renta:	$\frac{3}{8}$ =	$\frac{15}{40}$
Salarios	$\frac{1}{4}$ =	$\frac{10}{40}$
Publicidad:	$\frac{1}{5}$ =	$\frac{8}{40}$
Suministros:	$\frac{1}{8}$ =	$\frac{5}{40}$
Gastos diversos:	$\frac{1}{20}$ =	$\frac{2}{40}$

La fracción $\frac{3}{8}$ es la mayor de las fracciones.

49. **(3) $6,000** Sume las fracciones correspondientes a salarios y suministros y multiplique el resultado por la cantidad total del presupuesto para marzo.

$$\left(\frac{1}{4} + \frac{1}{8}\right) \times \$16,000 =$$

$$\left(\frac{10}{40} + \frac{5}{40}\right) \times \$16,000 =$$

$$\frac{15}{40} \times \$16,000 =$$

$$\frac{3}{8} \times \$16,000 = \$6,000$$

50. **(3) 8,700 a 10,000** El valor mínimo se registra en noviembre (8,700) y el máximo en febrero (10,000).

51. **(3) cuatro** El gráfico registra un cambio en febrero, mayo, septiembre y noviembre.

52. **(5) noviembre a diciembre** De los meses consecutivos listados, sólo de noviembre a diciembre hubo un aumento de nuevos suscriptores.

53. **(4) $4000** Reste las ventas netas del negocio de Detroit de las ventas netas del de Boston. $11.0 − $7.0 = $4.0 La escala describe ventas en miles de dólares, de modo que $4,0 representa $4000.

54. **(2) 2:3** Escriba una razón entre las ventas netas del negocio de Los Ángeles y las ventas netas del negocio de San Francisco. 6:9 Reduzca la relación. 6:9 = 2:3

55. **(3) $8.2** Sume las cinco ventas netas del gráfico. $11 + $6 + $7 + $9 + $8 = $41 Divida el resultado por la cantidad de negocios: 5. $41 ÷ 5 = $8.2

Pruebas simuladas

Lenguaje, Redacción Parte I
(páginas 633-645)

1. **(5) no se requiere hacer ninguna corrección** (Uso/Formas verbales) La opción (1) cambia incorrectamente la forma verbal. La opción (2) añade una como innecesaria. Las opciones (3) y (4) cambian el sentido de la oración.

2. **(2) Hollingshead, un** (Comas) La opción (2) es correcta porque coloca una coma en la frase introductoria. La opción (1) omite la coma después de la frase introductoria. La opción (3) crea un fragmento de una oración. La opción (4) no resulta en una oración fluida. La opción (5) añade un gerundio incorrecto.

3. **(1) cambiar despegan a despegaron** (Tiempo verbal) La opción (1) sustituye el tiempo verbal presente con el tiempo verbal correcto, el pasado. La opción (2) elimina una coma necesaria de la oración compuesta. La opción (3) no tiene sentido en esta oración. La opción (4) inserta una coma innecesaria. La opción (5) no corrige el error del tiempo verbal.

4. **(4) cambiar dirigirse a se dirigían** (Estructura paralela) La opción (4) es correcta porque *se dirigían* está en el mismo tiempo verbal que *preparaban* y *se metían*. La opción (1) no es correcta porque sólo dos de los verbos están en el mismo tiempo. La opción (2) elimina una coma necesaria entre frases en una serie. La opción (3) no está en la misma forma que *preparaban*. La opción (5) no corrige la estructura no paralela.

5. **(5) picnic. La** (División de oraciones) La opción (5) es correcta porque establece la división de oraciones, separando ambas en dos oraciones independientes. La opción (1) no es correcta porque no corrige la división de oraciones. Las opciones (2) y (3) transforman la división de oraciones en una relación separada por comas. La opción (4) omite la coma necesaria para transformar la división de oraciones en una oración compuesta.

6. **(1) tenía capacidad para 2,500 autos y disponía** (Estructura paralela) La opción (1) es una oración correcta y paralela. Las opciones (2), (3), (4) y (5) no tienen estructura paralela.

7. **(2) añadir una coma después de peleones** (Comas) La opción (2) coloca correctamente una coma entre los elementos de una serie. La opción (1) cambia el significado de la oración y está con la puntuación incorrecta. La opción (3) elimina la estructura paralela. La opción (4) crea un fragmento sin un verbo completo. La opción (5) omite la coma necesaria en una serie.

8. **(3) cambiar sobrevive a sobreviven** (Concordancia entre sujeto y verbo) La opción (3) es correcta porque *sobreviven* es plural y su sujeto, *sólo unos pocos cines,* es también plural. La opción (1) indica de manera incorrecta el uso de mayúsculas con sustantivos comunes. La opción (2) cambia el verbo a un tiempo (pretérito pluscuamperfecto) que no tiene sentido en esta oración. La opción (4) inserta una coma innecesaria. La opción (5) no es cierta porque el verbo de la oración no concuerda con su sujeto.

9. **(5) no es necesario hacer ningún cambio** (Estructura paralela) La opción (1) añade una coma innecesaria. Las opciones (2) y (4) sustituyen una palabra correcta con otra incorrecta. La opción (3) crea un fragmento de oración con un verbo incompleto.

10. **(4) eliminar la oración 2** (Unidad y coherencia) La opción (4) elimina correctamente una oración que no apoya a la idea principal. La opción (1) cambia de sitio la oración temática, creando así una falta de coherencia. La opción (2) elimina la oración temática. La opción (3) coloca un detalle de apoyo en un párrafo equivocado.

11. **(4) cambiar tomado a tomé** (Uso/Formas verbales) La opción (4) elimine un fragmento de oración y lo sustituye con un verbo completo. La opción (1) añade una coma innecesaria. La opción (2) elimina una coma necesaria. La opción (3) elimina el uso correcto del infinitivo después de la preposición de. La opción (5) crea un fragmento de oración sin un verbo completo.

12. **(3) Como resultado de mi trabajo,** (Transición) La opción (3) es correcta porque *Como resultado de mi trabajo* conecta la experiencia del solicitante con el trabajo en la oficina nocturna de la escuela. La opción (1) no es correcta porque la oración tendría que haber usado una construcción verbal pasiva, tal como *Valiosa experiencia práctica fue adquirida por mí.* La opción (2) crearía un fragmento de oración. La opción (4) usa una frase de transición, *por ejemplo*, que no tiene sentido en la oración. La opción (5) no tiene sentido en la oración.

13. **(3) Él me dijo** (Pronombres) La opción (3) es correcta porque *Él* concuerda con el antecedente de la oración anterior, Bob Cusamano. Las opciones (1) y (2) no concuerdan con el antecedente. La opción (4) no concuerda con el antecedente y usa una forma verbal que no tiene sentido en la oración. La opción (5) usa una forma verbal que no tiene sentido en la oración.

14. **(4) Hills Community College** (Mayúsculas) La opción (4) es correcta porque usa letra inicial mayúscula en todas las palabras que forman el nombre propio. La opción (1) no es correcta porque no usa letras mayúsculas en ninguna de las palabras del nombre propio. Las opciones (2), (3) y (5) son incorrectas porque no usan letras mayúsculas en todas las palabras que forman un nombre propio.

15. **(4) añadir yo después de Actualmente** (Fragmentos de oraciones) La opción (4) es correcta porque proporciona el sujeto ausente, necesario para completar la oración. Las opciones (1), (2), (3) y (5) no son correctas porque dejan la oración sin sujeto.

16. **(3) comenzar un nuevo párrafo con la oración 12** (División en párrafos) La opción (3) es correcta porque crea un nuevo párrafo cuando la idea principal pasa de ser de la escuela a ser de la reunión. La opción (1) traslada incorrectamente la oración temática del párrafo C al párrafo B. La opción (2) elimina un detalle de apoyo. La opción (4) coloca un detalle de apoyo en un lugar en el que no tiene sentido. La opción (5) elimina una oración de conclusión efectiva.

17. **(1) es que en ellas** (Oraciones compuestas) La oración es correcta porque contiene dos ideas completas y relacionadas unidas por una conjunción coordinante adecuada sin coma. Las opciones (2), (3) y (5) tienen una coma que no corresponde. La opciones (4) y (5) sustituyen el uso correcto del pronombre personal con un pronombre de complemento directo.

18. **(5) especial que está llena** (Combinar ideas) La opción (5) es correcta porque combina las oraciones fluidamente por medio del uso de una cláusula relativa. La opción (1) no es correcta porque la conjunción *así que* no tiene sentido en la oración. La opción (2) no es correcta porque el sujeto del verbo *llenos* sería *libros,* lo que no tiene sentido en la oración. La opción (3) es incorrecta porque la conjunción todavía no tiene sentido y la segunda parte de la oración carece de sujeto. La opción (4) es incorrecta porque el tiempo verbal no tiene sentido en la oración.

19. **(5) no se requiere hacer ninguna corrección** (Oraciones compuestas) Las oraciones dentro de esta oración están combinadas correctamente y tienen la puntuación correcta. La opción (1) cambia incorrectamente el tiempo verbal de la oración. La opción (2) crea un fragmento de oración sin un verbo completo después de la preposición. La opción (3) añade una coma innecesaria. La opción (4) sustituye una palabra correcta con otra que no tiene sentido en la oración.

20. **(2) añadir o después de organización** (Oraciones compuestas) La opción (2) incluye correctamente una conjunción coordinante en la oración compuesta. La opción (1) añade una coma que no corresponde delante de o. La opción (3) añade otra coma innecesaria. En la opción (4) se utiliza una palabra de enlace inadecuada y no se proporciona el punto y coma y la coma necesarias con el adverbio conjuntivo. La opción (5) añade una coma innecesaria.

21. **(2) ayudarlo, pero** (Oraciones compuestas) La opción (2) es correcta porque combina dos oraciones completas con una conjunción coordinante adecuada y la coma correspondiente. La opción (1) omite la coma necesaria. La opción (3) crea un fragmento de oración. La opción (4) coloca la coma en el lugar incorrecto. La opción (5) omite la conjunción coordinante y coma necesarias.

22. **(5) no se requiere hacer ninguna corrección** (Fragmentos de oración) La opción (5) corrige correctamente un fragmento, al unirlo a una oración completa. La opción (1) modifica erróneamente una conjugación verbal. La opción (2) utiliza el pronombre demostrativo incorrecto. La opción (3) inserta una coma en una enumeración de sólo dos elementos. La opción (4) utiliza un pronombre relativo equivocado.

23. **(4) añadir ya que después de la coma** (Oraciones compuestas) La opción (4) añade una locución coordinante adecuada y necesaria para unir dos oraciones. La opción (1) crea un fragmento al eliminar parte del verbo. La opción (2) añade una coma innecesaria. La opción (3) elimina una coma necesaria para separar las oraciones dentro de una oración compuesta. La opción (5) provoca un uso incorrecto de la coma.

24. **(3) Las bibliotecas tienen mucho más que ofrecer que solo libros** (Tema de oración) La opción (3) es correcta porque la oración introduce la información ofrecida en el resto del párrafo. La opción (1) no es correcta porque pertenece a la información sobre libros de

referencia del párrafo B, no del C. Las opciones (2) y (4) no son correctas porque no se relacionan con la información del párrafo C. La opción (5) no es correcta porque es demasiado general para ser una oración temática.

25. **(3) Locales. Recientemente,** (Oraciones seguidas) La opción (3) es correcta porque divide la oración seguida original en dos oraciones completas. La opción (2) no corrige la oración seguida. La opción (4) usa incorrectamente un punto y coma. La opción (5) no corrige la oración seguida.

26. **(1) cambiar <u>he tenido</u> por <u>tuve</u>** (Tiempos verbales) Recientemente implica el pretérito, por lo que la opción (1) es correcta. Las opciones (2) y (5) son incorrectas porque siempre indica que la acción ocurre periódicamente, de modo que se requiere el presente es y recibo. La opción (3) añade una coma innecesaria. La opción (4) cambia incorrectamente el pronombre.

27. **(5) sustituir <u>uno lo hace</u> con <u>lo hice</u>** (Pronombres) La opción (5) corrige el uso incorrecto del pronombre al emplear la primera persona, como en el resto del texto, en lugar de la tercera persona uno. La opción (1) es incorrecta porque se requiere el tiempo presente para expresar una condición permanente. La opción (2) elimina la coma necesaria entre las oraciones independientes de una oración compuesta. La opción (3) crea un fragmento de oración. La opción (4) no corrige el uso incorrecto del pronombre.

28. **(3) recordé** (Tiempos verbales) La opción (3) es correcta porque en la oración reconstruida sería preciso el tiempo pretérito: Mientras esperaba en el transportador de equipajes, yo recordé el libro y se lo dije a una empleada de la recepción. Las otras opciones emplean tiempos verbales incorrectos.

29. **(3) telefoneó** (Tiempos verbales) La opción (3) es correcta porque en la oración es preciso el tiempo pretérito. Las otras opciones emplean tiempos verbales incorrectos.

30. **(5) no se requiere hacer ninguna corrección** (Estructura de la oración) La opción (1) elimina una coma necesaria después de la transición. La opción (2) emplea un uso incorrecto del punto y coma. La opción (3) emplea un tiempo verbal incorrecto. La opción (4) cambia el sentido de la oración.

31. **(4) cambiar <u>había llegando</u> por <u>había llegado</u>** (Participio y gerundio) La opción (4) es

correcta porque había llegado es la forma correcta de llegar; llegando es gerundio. La opción (1) es un uso incorrecto del pronombre ellos. La opción (3) crea una referencia poco clara. La opción (2) emplea incorrectamente el presente, ya que se requiere el pretérito. La opción (5) emplea una forma verbal incorrecta.

32. **(3) Seguiré recomendando** (Fragmentos de oración) La opción (3) es correcta porque elimina el uso incorrecto del gerundio y lo sustituye con un verbo completo. La opción (1) no es correcto porque falta un verbo completo en la oración. La opción (2) cambia el sentido de la oración. La opción (4) emplea el uso incorrecto de un participio e infinitivo en vez de la estructura progresiva. La opción (5) cambia el tiempo verbal de la oración.

33. **(1) Cocos, "La** (Puntuación) La oración es correcta porque emplea el uso correcto de los signos de puntuación. La opción (2) coloca incorrectamente la coma entre la comillas. La opción (3) elimina una coma necesaria. La opción (4) emplea un uso incorrecto del punto y coma, y no usa mayúsculas para la primera palabra del título de la isla. La opción (5) no usa mayúsculas para la primera palabra del título de la isla

34. **(2) es** (Concordancia entre el sujeto y el verbo) La opción (2) es correcta porque es concuerda con el sujeto en singular abundancia. Las opciones (1) y (4) son verbos en plural. La opción (3) es singular pero emplea un tiempo verbal incorrecto. La opción (5) es un verbo incompleto.

35. **(4) cambiar <u>han cazado</u> por <u>cazan</u>** (Tiempos verbales) La opción (4) corrige un uso incorrecto de tiempo verbal, ya que cazan es coherente con los demás tiempos presentes del texto. La opción (1) cambia incorrectamente el adverbio alrededor por debajo. La opción (2) haría de la última oración un fragmento de oración. La opción (3) es una forma verbal incompleta. La opción (5) emplea un tiempo verbal incorrecto.

36. **(5) no se requiere hacer ninguna corrección** (Estructura de la oración) La oración es correcta y tiene la puntuación correcta. Las opciones (1) y (3) añaden una coma innecesaria. La opción (2) cambia un sustantivo correcto por otro que no tiene sentido. La opción (4) emplea un uso incorrecto del gerundio.

37. **(2) son** (Tiempos verbales) La opción (2) corrige un uso incorrecto de tiempo verbal, ya que son es coherente con el otro tiempo presente de la

oración: llegan. Las opciones (1), (3) y (4) romperían esta coherencia con llegan. La opción (5) es una forma verbal incompleta.

38. (3) eliminar la coma después de corrientes (Estructura de la oración) La opción (3) es correcta porque elimina el uso incorrecto de la coma. La opción (1) representa un uso incorrecto de un sujeto pronominal. La opción (2) añade una como innecesaria. La opción (4) no incluye un verbo completo y crea un fragmento de oración. La opción (5) emplea un uso incorrecto de un pronombre relativo.

39. (1) cambiar crece por crecen (Concordancia entre el sujeto y el verbo). La opción (1) es correcta porque crecen concuerda con el sujeto compuesto plantas y animales, y no con la frase apositiva interpuesta conocidos colectivamente como plancton. La opción (2) cambia el pronombre en plural correcto, que se refiere al sujeto, por un pronombre en singular, incorrecto. La opción (3) crea una forma verbal incorrecta. La opción (4) emplea incorrectamente una forma verbal compuesta. La opción (5) crea una referencia confusa mediante el pronombre ellos.

40. (1) pequeño y éste, a su vez, atrae (Pronombres) La opción (1) es correcta porque combina con fluidez las oraciones en una oración compuesta y reemplaza la repetición de el pez pequeño con el pronombre correcto en singular éste. Las opciones (2) y (4) emplean pronombres incorrectos en plural. La opción (3) utiliza el pronombre uno incorrectamente, confundiendo el sentido de la oración. En la opción (5) falta concordancia entre el adjetivo y el sustantivo original, así como entre sujeto, pronombre y verbo.

41. (5) no se requiere hacer ninguna corrección (Estructura de la oración) La oración es correcta tal y como está redactada. La opción (1) elimina una coma necesaria después de la transición. La opción (2) añade una coma innecesaria. La opción (3) representa el uso incorrecto de un pronombre de complemento directo sin referencia anterior. La opción (4) emplea el uso incorrecto de un pronombre personal sin especificar a qué se refiere.

42. (5) no se requiere hacer ningún cambio (Unidad y coherencia) La selección y el orden de las ideas del párrafo son correctos. Las opciones (1) y (2) se refieren a oraciones necesarias, ya que amplían ideas precedentes. La opción (3) traslada la oración temática al final del párrafo. La opción (4) crea una oración seguida.

43. (1) seguridad, pasadores, verjas y mecanismos (Puntuación) La oración es correcta tal y como está redactada. La opciones (2), (3), (4) y (5) emplean un uso incorrecto de la puntuación.

44. (1) sustituir la oración 3 con Las cerraduras de seguridad y los pasadores protegen a los niños de distintas maneras. (Oraciones temáticas) La opción (1) es correcta porque sustituye una oración temática poco efectiva con otra que expresa la idea principal del párrafo y pasa de forma natural a los detalles de apoyo. La opción (2) sustituye la oración temática con un detalle de apoyo. La opción (3) traslada la oración temática al párrafo anterior, dejando el párrafo B sin oración temática. De la misma forma, la opción (4) elimina la oración temática del párrafo B.

45. (3) cambiar tire a tiren (Concordancia entre el sujeto y el verbo) La opción tres emplea un uso correcto del verbo que concuerda con el sujeto. La opción (1) añade una coma innecesaria. La opción (2) no concuerda con el sujeto impersonal de la oración. La opción (4) sería una repetición innecesaria del sujeto.

46. (5) no se requiere hacer ninguna corrección (Estructura de la oración) La oración es correcta tal y como está redactada. La opción (1) añade una coma innecesaria. La opción (2) cambia de manera inapropiada el modo verbal. La opción (3) no concuerda con el sujeto de la oración. La opción (4) emplea el uso de un pronombre personal donde no corresponde.

47. (5) no se requiere hacer ninguna corrección (Tiempos verbales) La oración es correcta tal y como está redactada. Las opciones (2) y (5) cambian incorrectamente el tiempo verbal de la oración. La opción (3) es un fragmento de oración que no tiene un verbo completo. La oración (4) emplea un uso incorrecto del modo subjuntivo.

48. (4) comenzar un nuevo párrafo con la oración 11 (División en párrafos) La opción (4) elimina un párrafo nuevo en el que la idea principal pasa de ser las verjas de seguridad a los mecanismos antiquemaduras. La opción (1) elimina la oración temática efectiva del párrafo C. La opción (2) traslada la oración temática a una posición inefectiva. La opción (5) elimina un detalle de apoyo. La opción (5) comienza un párrafo erróneamente al separar la oración temática (oración 11) de los detalles de apoyo.

49. (5) no se requiere hacer ninguna corrección (Estructura de la oración) La oración es correcta tal y como está redactada. La opción (1) elimina una coma necesaria. La opción (2) divide la frase y crea un fragmento de oración sin un verbo completo. La opción (3) conjuga incorrectamente el verbo después de la preposición para. La opción (4) elimina un verbo completo y lo sustituye con un infinitivo que no concuerda con el sujeto de la oración.

50. (4) eliminar la oración 15 (Unidad y coherencia) La opción (4) es la correcta pues la oración incluye un aspecto que no es relevante a la idea principal del pasaje. La opción (1) vuelve a mencionar la idea irrelevante. La opción (2) la reemplaza con otra idea irrelevante. La opción (3) sólo cambia la idea irrelevante de lugar.

Lenguaje, Redacción Parte II, Composición
(páginas 647-648)

Usted puede evaluar y calificar su propia composición o pedirle a otro que lo haga. Si toma una clase, pídale a su instructor que la evalúe. Si estudias de manera independiente, pídale a un amigo o a un familiar que lea su composición. De no ser posible, evalúe su propia composición. Después de escribir una composición, déjela de lado por un día. Después, léala de manera objetiva. Sea quien sea que la califique, asegúrese de que use la Guía de puntuación para composiciones de GED en la página 186 y la lista de la página 187 para evaluarla.

Escriba la fecha en las composiciones y guárdelas en un cuaderno. Use la fórmula Su estrategia personal de redacción en la página 883 para escribir la mejor composición de GED, determinar las técnicas que le resultan más útiles y crear una estrategia de redacción para alcanzar la puntuación más alta.

Estudios sociales
(páginas 649-668)

1. (2) Subieron, pero más lentamente de lo que aumentó la existencia monetaria. (Comprensión) Esta relación se muestra en las líneas azules, enteras y punteadas. La gráfica muestra que
los precios aumentaron en 25 por ciento aproximadamente entre los años 1 y 10, pero la oferta monetaria creció en casi 100 por ciento durante el mismo período. Las relaciones sugeridas en las opciones (1), (3), (4) y (5) se contradicen con la gráfica.

2. (1) La inflación hace que los precios suban bruscamente. (Análisis) Las líneas de la gráfica muestran que entre los años 10 y 15, la oferta monetaria creció mucho más rápido que la producción; desde menos del 100 por ciento a casi 200 por ciento para la oferta monetaria, comparada al crecimiento de la producción de 125 por ciento a sólo 175 por ciento; ésta es la condición bajo la cual se produce la inflación. Al mismo tiempo, la línea de precios de la gráfica muestra un aumento de los precios (la definición de inflación), durante ese período de 5 años, casi tan grande como el que tuvieron durante los 10 años previos. Los datos de la gráfica contradicen las opciones (2), (3) y (4). La opción (5) es incorrecta porque hay suficiente información para determinar cómo se relacionan los cambios en la producción, la oferta monetaria y los precios. Éste es el punto central de la gráfica.

3. (5) No hay información suficiente para determinar la relación. (Evaluación) Aunque los datos de la gráfica muestran cómo cada uno de estos tres factores cambia mientras los otros lo hacen, no proporcionan la información adecuada para determinar cuáles cambios son causas y cuáles son efectos. Por ello, las opciones (1), (2), (3) y (4) no se pueden determinar a partir de los datos entregados. Se necesita más información.

4. (3) Los sueldos en la ciudad eran mejores. (Análisis) La mayoría de los trabajos enumerados corresponden a la ciudad y reciben mejor paga que uno de granja. No hay nada en la tabla que apoya las opciones (1) o (2). La tabla no indica si los salarios de los maestros eran de maestros urbanos o rurales, por lo que no hay pruebas para la opción (4). La opción (5) es incorrecta debido a que la tabla no da a entender cuántos puestos postales (el único empleo gubernamental de la lista) estaban disponibles.

5. (3) Cristóbal Colón y su obra (Comprensión) Este título resume la idea principal de estos párrafos. Las opciones (1) y (5) son incorrectas debido a que son demasiado amplias para ser títulos de este texto. Las opciones (2) y (4) son puntos menores de información que no son centrales al texto.

6. (3) la creación de Internet (Aplicación) El principal efecto de la imprenta fue la divulgación de ideas e información. Las opciones (1) y (2) también pueden divulgar ideas e información, pero no se acercan al alcance ni al efecto de la imprenta e Internet. Las opciones (4) y (5) no tienen este efecto: los centros comerciales no divulgan ideas, sino más bien permiten que los productos estén disponibles y la interpretación de la música renacentista brinda entretenimiento a un público selecto.

7. **(3) Temían que el comunismo se expandiera a Berlín Occidental.** (Comprensión) La información del texto y la fotografía indica que los berlineses occidentales odiaban el muro tanto como los berlineses orientales porque temían que el comunismo se expandiera a Berlín Occidental. Mientras las opciones (1) y (5) son ciertas, la información que se presenta en el texto y en la fotografía no apoya estas respuestas. No hay evidencia que apoye las opciones (2) y (4).

8. **(4) Mohandas Gandhi era una persona brillante.** (Análisis) Éste es un juicio que no se puede demostrar de manera segura. Las demás opciones son todos hechos, ya que es posible demostrar que son verdaderos. Las opciones (1), (3) y (5) son hechos históricos comprobados. La opción (2) se puede demostrar mediante las encuestas realizadas durante la presidencia de Reagan.

9. **(2) Que es el mercado de valores.** (Análisis) El término mercado de valores a menudo se reduce a mercado. Claramente son dos hombres de negocio conversando en una oficina, de modo que esta opción tendría sentido. Las opciones (1) y (4) se basan en diferentes significados de las palabras mercado y mercadotecnia que están implícitas en la caricatura. La caricatura no apoya la opción (3). La opción (5) se basa en la palabra heredarán más que en la caricatura en su conjunto.

10. **(5) Los gobiernos que no protegen los derechos del pueblo deben ser reemplazados.** (Comprensión) Ésta es la única opción lo suficientemente general como para abarcar toda la información del párrafo. Las opciones (1) y (4) representan ideas mencionadas en el párrafo, pero son demasiado específicas para ser un resumen de todo. Las opciones (2) y (3) son replanteamientos imprecisos de las ideas del párrafo o del documento.

11. **(2) No estaban contentos con este tratado.** (Análisis) Ésta es la única opción para esta pregunta que la pintura y el texto explicativo apoyan. Nada en el texto o en la pintura lleva a las opciones (1), (4) y (5). La opción (3) no puede ser correcta porque la explicación dice que los británicos sí firmaron el tratado.

12. **(4) $722,000,000** (Comprensión) En la tabla se indica que las cifras están expresadas en millones de dólares. Indica que California tuvo $722 millones para financiar otras operaciones y programas después de que se pagaron los gastos de la lotería y los premios de los ganadores. Las opciones (1), (2) y (3) indican una mala interpretación de la tabla. La opción (5) es el monto total que obtuvo la lotería antes de que se sacaran los premios y los gastos. No todo el dinero habría estado disponible para financiar otras operaciones estatales.

13. **(2) Las loterías pueden suministrar millones de dólares en ingresos fiscales a algunos estados.** (Evaluación) Los datos de la tercera columna de la tabla apoyan este enunciado. Las opciones (1) y (4) son opiniones que no se apoyan por la información disponible, que no define "suficientes ingresos fiscales" ni explica cómo determinar cuál es el "mejor" sistema de lotería. Las opciones (3) y (5) se contradicen con el texto.

14. **(1) Massachusetts** (Análisis) Esto se demuestra por el hecho de que la lotería de Massachusetts tiene la mayor disparidad (en la cantidad de dólares) entre sus ingresos fiscales y sus utilidades netas después de gastos. Las opciones (2), (3), (4), y (5) muestran utilidades ligeramente menores que las de Massachusetts, pero todas ellas también tienen mucho menores ingresos fiscales totales por la venta de boletos.

15. **(4) la libertad religiosa** (Aplicación) Quienes se oponen a rezar en las escuelas se apoyarían en la "cláusula de establecimiento" de la Primera Enmienda ("el Congreso no elaborará ninguna ley [que requiera] con respecto al establecimiento de una religión"), mientras que los partidarios de rezar en las escuelas citarían la "cláusula de libre práctica" (que nada pueda prohibir "la libre práctica [de culto]"). A pesar de que los partidarios de rezar en las escuelas podrían apoyar la opción (1), quienes se oponen no lo harían. Las opciones (2), (3) y (5) no se relacionan con el contexto de esta situación.

16. **(1) la relación entre la oferta y la demanda** (Análisis) Las cifras de desempleo en la tabla indican que, en comparación con la cantidad de empleos, la oferta de trabajadores disponibles fue mayor en 1939 de lo que había sido en 1929. Las opciones (2), (4) y (5) son conceptos económicos que no se relacionan con los niveles de los salarios. La opción (3) se contradice con la información entregada en la

pregunta; si la opción (3) fuera verdadera, los salarios de los trabajadores en 1939 habrían sido mayores que en 1929, pero, por el contrario, fueron menores.

17. **(5) la educación** (Evaluación) Estar bien informado antes de tomar una decisión requiere que la gente se eduque en ciertos temas, sea capaz de razonamiento crítico y tenga una gran habilidad en la toma de decisiones, cosas que a menudo se vinculan con la educación. Los valores enumerados en las opciones (1), (2), (3) y (4), a pesar de ser importantes o útiles para otros aspectos de la vida, no necesariamente llevan a las personas a estar bien informadas o a tomar decisiones correctas.

18. **No quería perder a su representante de confianza, Marco Polo.** (Análisis) Podemos asumir que el Kan no quería que su amigo y representante de confianza se fuera. Marco Polo no hubiera sido un favorito si el Kan hubiera pensado que era espía, así que la opción (1) es incorrecta. El pasaje no apoya la opción (2). Debido a que los Polos ya habían sobrevivido a un viaje largo y peligroso para llegar a China, las opciones (3) y (4) son incorrectas.

19. **(3) Kublai Kan admiraba y confiaba en Marco Polo.** (Análisis) Esto puede asumirse a partir de la información de que el Kan designó a Polo como su representante. La opción (1) es incorrecta porque, si el Kan hubiese temido a Polo, es poco probable que lo hubiese nombrado representante. No hay pruebas en el texto que apoyen las opciones (2) y (4). La opción (5) es incorrecta, porque el texto indica que el libro de Polo se escribió cuando estaba en Italia, no en China.

20. **(5) El viaje de regreso fue principalmente por mar, mientras que el viaje a China fue principalmente por tierra.** (Evaluación) Debido a que los barcos viajan más rápido que las personas que caminan o se trasladan en vagones tirados por animales, viajar por mar le habría permitido a los Polo trasladarse más rápido en su viaje que en el que hizo a China, el cual se realizó casi completamente por tierra. La opción (1) no apoya la idea, ya que los Polo viajaron por Persia en ambos viajes. La opción (2) es incorrecta porque el mapa muestra que el viaje a casa no se hizo por una ruta más directa. La opción (3) no es correcta porque el viaje a China no cubre una distancia mayor que la del viaje de regreso. Los Polo no cruzaron el Tíbet en su viaje de regreso, de modo que la opción (4) es incorrecta.

21. **(4) el respeto por el debate abierto** (Evaluación) La publicación de editoriales que representan ambos lados de la ratificación indica un gran respeto por el debate abierto. Aunque la opción (1), amor al lenguaje, es un valor reflejado en la publicación de muchos tipos de escritura, no es el valor principal debido a que los editoriales se centran en la presentación de opiniones. La opción (2) es incorrecta debido a que la publicación de editoriales no era una práctica nueva. La opción (3) es incorrecta debido a que los editoriales, por definición, no son objetivos. La opción (5) es incorrecta debido a que publicar editoriales opuestos indican lo contrario del deseo de conformidad.

22. **(5) En los primeros cinco estados, la ratificación fue difícil; sin embargo, en los últimos ocho fue fácil.** (Análisis) La tabla muestra que la Constitución fue aprobada unánimemente en tres de los primeros cinco estados y con dos tercios de la mayoría más en los otros dos estados. Esta información apoya la primera mitad de la conclusión. La gráfica también muestra que el voto fue más reñido en cinco de los últimos ocho estados, lo que apoya la idea de que el debate fue más acalorado en estos estados, lo cual es la última parte de la conclusión. La opción (4) es lo contrario de lo que muestra la tabla. Las opciones (1), (2) y (3) son hechos dados en la tabla, y las últimas dos apoyan la conclusión dada en la opción (5).

23. **(4) caballeros** (Aplicación) Al igual que los samurai, los caballeros eran guerreros feudales que peleaban por sus señores. Las opciones (1) y (3) son incorrectas, debido a que los mercaderes y los reyes no eran guerreros profesionales. La opción (2) es incorrecta, debido a que los daimyos eran nobles terratenientes en Japón, no los samurais. La opción (5) es incorrecta, debido a que los siervos debían pelear por su señor al igual que los samurais, pero estos últimos no eran campesinos.

24. **(3) En Japón existió un sistema similar al feudalismo europeo.** (Evaluación) La información del texto apoya la conclusión de que Japón tenía un sistema de gobierno parecido al feudal. La opción (1) es incorrecta, ya que la información del texto muestra que esto es evidentemente falso. El texto establece que los gobernantes Tokugawa eran shogunes, no emperadores, de modo que la opción (2) no sería una conclusión correcta. No hay nada en el texto que apoya la opción (4). El texto afirma que el gobierno comenzó a establecer su autoridad sobre

los daimyos después del año 1600 y que se restauró el liderazgo del emperador hacia 1868, lo que implica que los daimyos perdieron el poder, de modo que la opción (5) no es una conclusión válida.

25. **(1) sus ganas de trabajar duro** (Evaluación) De acuerdo con el texto, el trabajo fue lo que atrajo a la mayoría de los inmigrantes al creciente Estados Unidos. Aunque es verdad que muchos inmigrantes llegaron a Estados Unidos en busca de libertad de religión, política y personal, el texto no apoya las opciones (2), (3), (4) y (5).

26. **(4) la ley de Carreteras de 1956, que autorizó la construcción de un sistema de carreteras interestatales** (Aplicación) Se ejecutó por el gobierno federal para crear otro sistema de transporte transcontinental. La opción (1) no tiene que ver con el texto, mientras que las opciones (2) y (5) tienen que ver con la inmigración, no con el transporte. La opción (3) es incorrecta porque la ley de Comercio Interestatal supervisaba los ferrocarriles terminados, no su construcción.

27. **(4) Francia, Inglaterra y España fueron los principales colonizadores del este norteamericano.** (Análisis) El mapa muestra que estas tres naciones establecieron colonias en el Este norteamericano a fines del siglo XVI y comienzos del siglo XVII, lo que apoya la conclusión de que estas naciones fueron los principales colonizadores de la región. Las opciones (1), (2) y (3) no son conclusiones, sino hechos que apoyan la conclusión de la opción (4). La opción (5) es una conclusión que no se apoya por la información dada en el mapa.

28. **(2) escribir una carta a un funcionario del gobierno que presenta su posición sobre un tema que genera polémicas** (Aplicación) Cuando usted trata de convencer a la autoridad de su posición, está actuando como un miembro de un grupo de presión. La opción (1) no es hacer presión, porque sólo informa sobre las actividades del gobierno y no trata de influenciar a los líderes. Las opciones (3) y (4) expresan una posición pero no involucran contacto con una autoridad de gobierno. La opción (5) es incorrecta porque el mero acto de unirse a un grupo de interés no constituye hacer presión.

29. **(3) Ha habido un aumento repentino en la cantidad de personas de edad avanzada.** (Análisis) Ésta es la única explicación razonable. Durante las últimas décadas, el estándar de vida más alto y la mayor expectativa de vida han

provocado un aumento en la población de estadounidenses de edad avanzada, lo que ha significado una presión para el programa Medicare aumentando el monto total de beneficios que debe pagar. Las opciones (1) y (5) son opiniones que no explican las causas de los problemas de este programa. Si la opción (2) fuera verdadera, esto habría tenido un efecto contrario al que ha tenido sobre Medicare. No hay ninguna relación de causa y efecto entre la opción (4) y la condición financiera de dicho programa.

30. **(2) El Servicio de Rentas Internas recauda los impuestos de las personas y las empresas.** (Análisis) Usted no podrá entender la caricatura a menos que ya sepa esto. La opción (1) es verdadera, pero no es un conocimiento previo necesario para entender la caricatura. La opción (3) puede o no ser verdadera; sin embargo, la ubicación del lazo debajo del tapete de bienvenida indica que el caricaturista considera que el Servicio de Rentas Interna, IRS (Internal Revenue Service) es una amenaza y no una ayuda para las personas. Las opciones (4) y (5) no tienen que ver con el contenido de la caricatura y no son suposiciones implícitas; además, ninguna es verdadera.

31. **(5) Las leyes fiscales federales hacen difícil administrar con éxito una empresa en Estados Unidos.** (Comprensión) El signo de libre empresa indica que la caricatura trata sobre las empresas y el lazo debajo del tapete de bienvenida del IRS es un símbolo de las leyes fiscales que ponen trampas a las empresas. La opción (1) se relaciona con el significado literal de la caricatura en lugar del significado simbólico. El lazo debajo del tapete de bienvenida sirve como una advertencia contraria a la opción (2). Ninguna parte de la caricatura indica que los empresarios sean corruptos, de modo que la opción (3) es incorrecta. Las indicaciones de que la opción (4) es incorrecta incluyen los signos "ojo izquierdo" y "ojo derecho" en el recipiente de depósitos nocturnos. Éstos demuestran que el caricaturista piensa que el IRS exige el pago de impuestos injustificadamente altos a las empresas. (Cuando algo tiene un alto costo, se dice que "cuesta un ojo de la cara").

32. **(3) El Servicio de Rentas Internas es justo en sus tratos.** (Análisis) El lazo y la caja de depósitos para ojos indican claramente que el caricaturista piensa que el IRS pone trampas a los contribuyentes y les hace pagar enormes

sumas en impuestos. Las opciones (1) y (2) son incorrectas, debido a que no son opiniones, sino hechos. La opción (4) es una opinión con que el caricaturista estaría de acuerdo. No hay información suficiente en esta caricatura como para sugerir si el caricaturista estaría o no de acuerdo con la opinión expresada en la opción (5).

33. **(3) El hurto es aceptable en algunas situaciones.** (Análisis) El texto dice que el hurto no se acepta en la sociedad porque hay una ley que lo prohíbe. Que el hurto es aceptable en algunas situaciones es una opinión. Las opciones (1), (2), (4) y (5) son hechos que se mencionan en el texto.

34. **(2) Los conductores adolescentes son peligrosos y constituyen una amenaza en las autopistas.** (Análisis) El aviso indica que los patrocinadores creen que los conductores adolescentes son peligrosos y constituyen una amenaza en las autopistas. No es un hecho que todos los conductores adolescentes sean peligrosos. El aviso dice que los estudios muestran que los conductores adolescentes tienen una gran cantidad de accidentes, de ahí que la opción (1) no es una opinión. Las opciones (3), (4) y (5) son hechos que se mencionan en el aviso.

35. **(1) Los variados parajes de Estados Unidos ofrecen vacaciones de todo tipo.** (Comprensión) Esta idea se expresa en la primera oración, el cual es la oración temática del texto. La opción (2) es una opinión que relaciona a dos áreas geográficas específicas. Las opciones (3) y (4) son detalles sobre parajes específicos. No se analiza la opción (5).

36. **(3) Vermont y la Montaña Blanca en Arizona** (Análisis) El texto da a entender que ambas son áreas montañas. Los lugares enunciados en las opciones (1), (2), (4) y (5) no son parecidos debido a que tienen características geográficas opuestas.

37. **(5) Ir de campamento generalmente es más barato que alojarse en un hotel.** (Análisis) Éste es el único enunciado que se puede comprobar que sea cierto. Todas las demás opciones son opiniones. La opción (1) es una opinión (clave = emocionante) debido a que algunas personas encuentran esta actividad aburrida o aterradora. La opción (2) es un punto de vista (clave = disfrutan) que sólo tienen aquellos que disfrutan las vacaciones al aire libre. Algunas personas pueden pensar que las playas en Virginia, Carolina del Norte, u otros lugares

son mejores, por lo que la opción (3) no es un hecho (clave = mejores). No todos pueden estar de acuerdo con la opción (4) (clave = peligroso y costoso); por ejemplo, las personas con dinero pueden que no consideren que el esquí sea muy costoso.

38. **(3) Las mujeres tienen tendencia a vivir más que los hombres.** (Evaluación) La información en la tabla apoya esta generalización debido a que, en cada país citado, la esperanza de vida de las mujeres es mayor que la de los hombres. Las opciones (1) y (2) no son ciertas de acuerdo con la tabla. La opción (4) no se puede determinar porque la tabla no relaciona estos datos con el clima. La opción (5) no se puede concluir debido a que la tabla no entrega cifras de esperanza de vida en otros países sudamericanos.

39. **(5) Las negociaciones mantienen falsamente la imagen de una negociación maratónica.** (Comprensión) No coincide lo que dice la persona que habla en la caricatura con lo que vemos en ella. Esto indica que sus palabras son falsas. Las opciones (1) y (4) son detalles que tienen poca relación con el tema de la caricatura. Las opciones (2) y (3) no se implican por la caricatura, especialmente si se toma en cuenta que no se sabe de manera clara si la persona que habla representa los trabajadores o el equipo administrativo.

40. **(1) no han logrado nada.** (Evaluación) Han estado negociando por mucho tiempo sin lograr ningún resultado y están cansados, pero no quieren que el público se entere de su falta de progreso. Es por eso que no dicen la verdad a la prensa. La opción (2) es una mala interpretación de los detalles de la caricatura que muestran que los negociadores están acostados. La opción (3) no es probable porque si estuvieran a punto de llegar a un acuerdo, estarían dispuestos a seguir adelante y contarlo a la prensa. Las opciones (4) y (5) son incorrectas ya que se contradicen por la leyenda de la caricatura.

41. **(3) que el hombre que porta un cuaderno de notas es un reportero** (Análisis) El señor que se encuentra afuera del cuarto está tomando apuntes en un cuaderno y obviamente ha hecho una pregunta, así como hacen los reporteros. La falta de leyendas en la caricatura indica que se refiere a las negociaciones entre los sindicatos y la administración a nivel general y no a una situación específica, así que las opciones (1), (2), (4) y (5) son incorrectas.

42. (2) decir "El cheque está en el correo"
(Aplicación) Ambos mensajes pretenden darle
confianza a la persona que escucha mientras dan
a la persona que habla algo más de tiempo. La
opción (1) causaría pánico. La opción (3) podría
iniciar una discusión. La opción (4) haría que la
persona que escucha pone en duda la inocencia
de la persona que habla. La opción (5) es el
opuesto del mensaje deseado.

**43. (3) Ha habido una declinación en la
cantidad de paros laborales desde 1970.**
(Comprensión) Debido a que los paros estuvieron
en su punto más alto en el año 1970 y bajaron de
manera significativa en 1998, la tendencia
general tiene que ser una disminución. La opción
(1) es incorrecta debido a que se plantea en el
párrafo que 1970 fue el año más alto. La opción
(2) se contradice por los datos. Las opciones (4) y
(5) no se pueden concluir según el párrafo.

**44. (5) para avisar a las estaciones del retraso
de un tren** (Aplicación) Un operador de
telégrafo en una estación de ferrocarriles podía
solicitar o enviar informes de estado acerca del
progreso de un tren mientras viajaba a lo largo de
la línea férrea. Esto permitía que la gente supiera
si el tren llegaría a la hora prevista. El telégrafo
no ayudaba en las funciones enumeradas en las
opciones (1), (2), (3) y (4).

45. (2) el teléfono (Aplicación) Éste es el único
aparato que transmite mensajes e información a
través de un cable. La opción (1) es un medio de
transporte. La opción (3) proporciona energía,
pero no transmite información. La opción (4)
también transmite mensajes e información, pero
no puede transmitirla a distancia. La opción (5)
es un dispositivo de entretenimiento y
almacenamiento.

46. (5) esclavos (Aplicación) Los azotes y la
obediencia forzada son pistas que indican que
los indígenas de las misiones se trataban como
esclavos. Esta descripción no se aplica a ninguna
de las demás opciones.

**47. (4) La gasolina, que hace funcionar los
automóviles, es un combustible fósil.**
(Análisis) A menos que sepa esto, no puede
apreciar el significado de la leyenda en la
caricatura. El centro del a caricatura no está en
los recursos del agua, por lo que las opciones (1)
y (2) son incorrectas. (Además, la opción (1) no
es correcta debido a que el agua no es un
combustible) Las opciones (3) y (5) pueden ser o
no ciertas, pero no ayudan a comprender la
caricatura.

**48. (1) Dependemos demasiado de los
combustibles fósiles.** (Evaluación) Esta
oración se apoya en la información en que poca
energía viene de otras fuentes, aunque algunos
expertos creen que los combustibles fósiles se
acabarán muy pronto, y por la escena y la
leyenda de la caricatura. Aunque la opción (2)
puede ser una buena idea, ningún hecho dado
en el texto ni las opiniones expresadas en la
caricatura llevan a esta conclusión. La opción (3)
contradice al texto. No se ofrece ninguna
información que lleva a las conclusiones de
las opciones (4) y (5).

49. (4) lejos del ecuador a gran altura
(Aplicación) Según el texto, los lugares más altos
son los más fríos y, los lugares más cercanos al
ecuador son los más cálidos. Por lo tanto, si nos
alejamos del ecuador encontraremos lugares más
fríos. La combinación de distancia del ecuador y
altitud producirá el lugar más helado. Las
opciones (1), (2), (3) y (5) no entrega la
combinación correcta para la temperatura
más fría.

50. (5) el apartheid (Comprensión) El brazalete de
acero y la cadena son símbolos de control o de
cautiverio y representan el control que ejercía la
política del apartheid sobre los sudafricanos de
raza negra. La opción (1) es incorrecta porque los
sudafricanos de raza negra se representan por la
mano que se libera de la cadena. La opción (2) es
incorrecta porque los salarios bajos eran sólo uno
de los tipos de opresión que existía bajo el
apartheid. La opción (3) es incorrecta porque el
tema de la caricatura, las personas que forman
una fila para sufragar, muestra un cambio
pacífico, no violento. La opción (4) es incorrecta
porque el ANC no está retratado ni simbolizado
en la caricatura.

Ciencias
(páginas 669-688)

**1. (4) Los seres humanos no existieron en
la mayor parte del tiempo geológico.**
(Análisis) Este enunciado es una conclusión
obtenida a partir de la comparación de la
cantidad de tiempo que los humanos han
existido con todo el tiempo geológico que
precedió a nuestro desarrollo como especie.
Las opciones (1), (2), (3) y (5) son todos detalles
relacionados con la era en la aparecieron
los humanos, no con el Cenozoico.

2. (3) peces, plantas terrestres y dinosaurios
(Comprensión) En el Mesozoico, las plantas
terrestres y los peces habían evolucionado ya.

Los dinosaurios aparecieron por primera vez en el Mesozoico. Puesto que estos organismos existieron en aquel momento, se deduce que sus fósiles puedan encontrarse en las rocas procedentes del Mesozoico. La opción (1) es incorrecta porque en el período Mesozoico aparecieron muchos organismos aparte de los oceánicos simples. Las opciones (2), (4) y (5) son incorrectas porque los caballos, los primates y los humanos no aparecieron hasta después del período mesozoico. Por lo tanto, no podrían aparecer en fósiles mesozoicos.

3. **(2) 160 millones de años** (Comprensión) La escala de tiempo se mide en millones de años. Los dinosaurios aparecieron hace algo menos de 225 millones de años y desaparecieron hace unos 65 millones de años. Si se resta 65 millones a los 225 millones el resultado es 160 millones de años. La opción (1) indica el momento en el que desaparecieron los dinosaurios. En la opción (3) se indica el momento en el que los dinosaurios aparecieron por primera vez. En las opciones (4) y (5) se indican períodos de la duración de la existencia de los dinosaurios más largos que su tiempo real de existencia.

4. **(2) invertebrados marinos** (Análisis) Las opciones (1), (3) y (4) son incorrectas porque la escala de tiempo muestra que estos organismos aparecieron después de los primeros peces. La opción (5) es incorrecta por la misma razón, y aunque las plantas ya hubieran existido los peces no podrían haber salido del agua para alimentarse de ellas.

5. **(3) Los Grandes Lagos son más jóvenes que las Rocallosas.** (Evaluación) La escala de tiempo indica que las Montañas Rocosas surgieron antes que los Grandes Lagos. La opción (1) es incorrecta porque, de acuerdo con la escala, los animales capaces de respirar el aire aparecieron a principios del Paleozoico y los anfibios no lo hicieron hasta finales del Paleozoico. La opción (2) es incorrecta porque la escala muestra que los dinosaurios vivieron durante la era Mesozoica. La opción (4) es incorrecta porque la escala indica que los dinosaurios desaparecieron hace unos 65 millones de años. La opción (5) es incorrecta porque la escala muestra que las primeras formas de vida se desarrollaron en los océanos.

6. **(5) El decano tiene más isómeros.** (Análisis) El texto dice que cuantos más átomos tenga una molécula de hidrocarburo, más isómeros puede formar. El decano tiene más átomos de carbono que el pentano, por lo tanto formará más isómeros. De hecho, el decano tiene 75 isómeros y el pentano sólo 3. Las opciones (2), (3) y (4), de acuerdo con esto, son incorrectas. La opción (1) es incorrecta porque, tal y como aparece en la fórmula química, el decano tiene más átomos de hidrógeno que el pentano.

7. **(3) Existen diferentes tipos de granito, cada uno de los cuales está formado por distintos minerales.** (Evaluación) Una de las características de un mineral es que está formado por elementos determinados, es decir, específicos. El hecho de que haya diferentes tipos de granito, cada uno formado por diferentes minerales, apoya la idea de que el granito no está formado por determinados elementos específicos sino que puede formarse a partir de una variedad de elementos diferentes. El granito, por tanto, no es un mineral en sí, sino una roca formada a partir de diferentes minerales. Las opciones (1), (2), (4) y (5) son verdaderas, pero las opciones (1) y (5), como características de los minerales, se podrían utilizar para contradecir la conclusión. Las opciones (2) y (4) no tienen ninguna relación con la conclusión.

8. **(1) Un corredor de Boston, ciudad que se encuentra a nivel del mar, tiene dificultad para respirar al trotar en las Montañas Rocosas.** (Evaluación) Un corredor procedente de una ubicación que se encuentre a nivel del mar obtiene menos oxígeno por cada inspiración cuando corre a mayor altitud. Por lo tanto, el corredor tiene problemas a la hora de respirar. Las opciones (2) y (3) pueden ser verdaderas pero no proporcionan ninguna prueba de que en las zonas más altas hay menos oxígeno disponible. La opción (4) no tiene sentido. Un alpinista necesita recrear las condiciones atmosféricas de un lugar de gran altitud, no las que hay al nivel del mar. La opción (5) es verdadera pero no tiene ninguna relación con la cantidad de oxígeno que hay en el aire.

9. **(1) Los azulejos y las mariposas tienen alas.** (Aplicación) Las alas son adaptaciones para la vida en el aire, pero los azulejos son aves y las mariposas son insectos y no están, por tanto, emparentados cercanamente. Las demás opciones no son ejemplos de convergencia porque en ellas aparecen especies con parentesco cercano.

10. **(1) el pelaje blanco** (Aplicación) El color blanco es una forma de camuflaje en las zonas polares de nieve. Los demás caracteres no serían útiles en entorno polar.

11. **(3) La población de garzas y garcetas ha aumentado gracias a que el agua limpia estimula el crecimiento de las poblaciones de peces que sirven de alimento a las aves.** (Evaluación) Cuando el agua se limpió, las poblaciones de peces crecieron y las aves zancudas dispusieron de más alimento. La información del texto y de las gráficas no apoya las opciones (1), (2), (4) y (5).

12. **(5) el dióxido de carbono** (Análisis) El gas es el que hace que el pastel aumente de volumen y en el texto se indica que se produce dióxido de carbono y no oxígeno. Las opciones (1), (3) y (4) son incorrectas porque no son gases, y las opciones (1) y (4) no se producen cuando el bicarbonato de sodio reacciona. La opción (2) es un gas, pero el oxígeno no se menciona en el texto.

13. **(2) trazo de las relaciones evolutivas de especies extintas** (Evaluación) Mediante el estudio de los fósiles, los científicos pueden descubrir las relaciones evolutivas. Las opciones (1) y (5) son incorrectas porque los fósiles revelan información acerca del pasado, no acerca del presente o del futuro. La opción (3) es incorrecta porque los fósiles pertenecen a organismos antiguos y no a organismos modernos. La opción (4) es incorrecta porque el registro fósil no llega hasta el período de formación de la Tierra.

14. **(1) El garrapatero pone sus huevos en los nidos de aves canoras, las cuales los incuban y crían a sus polluelos.** (Aplicación) En este caso los garrapateros se benefician de no tener que utilizar energía para incubar y alimentar a su descendencia, y las aves canoras gastan energía que podrían utilizar para incubar y criar sus propios polluelos. Las opciones (2), (3), (4) y (5) son incorrectas porque todas representan relaciones simbióticas (relaciones en las que ambas especies se benefician).

15. **(2) la fricción aumenta en las partes móviles** (Análisis) Un motor que tiene un bajo nivel de aceite no está bien lubricado y sus partes móviles tendrán un rozamiento y desgaste mayores. La opción (1) es incorrecta porque cuando no hay suficiente aceite el rozamiento aumenta, no disminuye. Las opciones (3) y (4) son incorrectas porque la fricción no afecta a las partes fijas. La opción (5) es incorrecta porque un bajo nivel de aceite implica más rozamiento y esto dificulta el movimiento de las partes del motor.

16. **(2) consumo insuficiente de alimentos con alto contenido de yodo** (Comprensión) De acuerdo con el texto de la pregunta, el bocio es un resultado de la falta de yodo en la dieta. La opción (1) es incorrecta porque tal y como indica la pregunta, el pescado contiene yodo, y éste previene el bocio. La opción (3) es incorrecta porque el fertilizar el terreno con yodo tendría el efecto (si acaso tuviera alguno) de prevenir el bocio en aquellos que comieran directamente los alimentos que crecieran en este terreno. Las opciones (4) y (5) son incorrectas porque el bocio está producido por una deficiencia de la dieta y no por un microbio o un gen.

17. **(4) ácido sulfúrico, ácido cítrico, agua destilada, hidróxido de magnesio, hidróxido de sodio** (Comprensión) Ésta es la respuesta correcta porque por la escala de pH comienza por los ácidos fuertes, tiene sustancias neutras en medio y finaliza con las bases fuertes. Las sustancias de la opción (4) se identificaron en el texto como ácido fuerte, ácido débil, sustancia neutra, base débil y base fuerte, siguiendo el orden de la escala de pH. Las opciones (1), (2) y (3) no están en orden. La opción (5) muestra exactamente el orden inverso de mayor a menor.

18. **(3) una sal** (Aplicación) El texto indica que la reacción entre un ácido y una base produce agua y sal. Las opciones (1), (2), (4) y (5) son incorrectas porque la reacción no produciría ni un ácido ni una base.

19. **(1) un cambio en la secuencia de aminoácidos de una proteína determinada** (Análisis) Dado que la secuencia del ADN se encarga de codificar la síntesis de proteínas, una mutación que cambie una de las bases de la secuencia del ADN producirá, probablemente, un cambio en la secuencia de los aminoácidos en una proteína. Las opciones (2), (3), (4) y (5) son todas diferentes posibilidades que dependen de la naturaleza de la proteína afectada por la mutación, pero son mucho menos probables.

20. **(5) el Kilauea Iki, cuya lava se extendiera sobre Hawai a través de varios meses** (Aplicación) Éste es el único volcán que satisface la descripción de un volcán tipo hawaiano, con flujos de lava lentos y relativamente silenciosos. En las opciones (1), (2), (3) y (4) se describen características opuestas a las de un volcán tipo hawaiano.

21. **(5) Los resultados de la compañía privada sobre la determinación de la secuencia y la localización genética son de mala calidad.** (Análisis) Ésta es la opinión que tienen

algunos científicos según el texto. La clave aquí está en la frase mala calidad porque las evaluaciones de calidad suelen implicar una opinión y no tienen que ver de manera estricta con los hechos. Las opciones (1), (2), (3) y (4) son incorrectas porque muestran hechos que se mencionan en el texto.

22. **(3) prevención y tratamiento de enfermedades hereditarias** (Análisis) Cuanto más se sepa del genoma humano, más capaces serán los científicos de la rama de la medicina de comprender las enfermedades hereditarias y de desarrollar tratamientos para ellas. La opción (1) es incorrecta porque las máquinas de secuencia se diseñaron antes de que el genoma fuera "leído". La opción (2) no está directamente relacionada con el conocimiento del genoma humano. Las opciones (4) y (5) son incorrectas porque implicarían el estudio de los genomas de otras especies (bacterias y plantas).

23. **(1) identificación de criminales** (Aplicación) Cuando la impronta genética del sospechoso (su sangre y sus tejidos) coincide con las muestras de sangre o tejidos encontradas en la escena del crimen, los investigadores pueden identificar a posibles criminales. La opción (2) es incorrecta porque para establecer el tipo de sangre no es necesario identificar el ADN. La opción (3) es incorrecta porque no se refiere en absoluto al ADN humano. La opción (4) es incorrecta porque el ADN no es necesario para realizar la cirugía láser. La opción (5) es incorrecta porque la impronta genética no es necesaria para tratar ninguna enfermedad.

24. **(4) Segmentos sanos de intestino de un hombre usados para sustituir segmentos enfermos.** (Aplicaciones) De todas las posibilidades ofrecidas, ésta es la que supone la mayor compatibilidad entre el donante y el receptor, puesto que en este caso ambos son la misma persona. Cuando mayor sea el grado de compatibilidad, habrá más posibilidades de un trasplante exitoso. Las opciones (1), (2), (3) y (5) son incorrectas porque en ellas los donantes y los receptores tienen una relación más distante (si es que tienen alguna) con el hombre que se describe en la opción (4). Estos trasplantes, por tanto, tienen menos probabilidad de ser compatibles y de tener éxito.

25. **(4) El uso de técnicas agrícolas mejoradas es preferible a la aplicación de herbicidas.** (Análisis) Este enunciado representa la opinión de algunos grupos preocupados por el medio ambiente. La clave aquí está en la palabra preferible. No todo el mundo comparte este punto de vista. Las opciones (1), (2), (3) y (5) son enunciados que muestran hechos mencionados en el texto.

26. **(3) la desembocadura del río Anápolis en Nueva Escocia, la cual presenta una variación considerable entre la marea alta y la marea baja** (Aplicación) Uno de los requisitos necesarios para que tenga sentido construir una central eléctrica marina es que ésta se encuentre en una zona en la que el nivel del agua varíe mucho entre la marea baja y la marea alta, y por tanto esta opción muestra la mejor localización. Las opciones (1), (4) y (5) son incorrectas porque para aprovechar las mareas, las centrales eléctricas marinas tienen que estar en la desembocadura de un río y no en el interior. La opción (2) no es un buen sitio porque la diferencia entre las mareas es muy pequeña y una presa bloquearía el transporte por mar en un puerto como el de Nueva York.

27. **(1) la masa de ella** (Evaluación) La masa corporal del paracaidista afecta a la duración del salto porque afecta al punto en el que se alcanza la velocidad terminal. Las opciones (2) y (3) son incorrectas porque el volumen y la altura del paracaidista no son factores críticos. Las opciones (4) y (5) son incorrectas porque la velocidad del avión y su tipo no afectan la cantidad de tiempo que dura el salto.

28. **(4) Los alimentos con un alto contenido en agua se calientan con mayor rapidez que la comida seca.** (Evaluación) Puesto que las microondas actúan sobre las moléculas de agua y las hacen girar y volver a girar, usted puede concluir que los alimentos con un alto contenido en agua se calentarán más deprisa que la comida seca. La opción (1) es incorrecta porque no hay ninguna indicación proveniente del texto ni de el diagrama que indique que hay otros tipos de ondas electromagnéticos capaces de afectar a las moléculas de agua. La opción (2) es incorrecta porque el horno microondas transforma la energía electromagnética en energía calorífica y no al revés. La opción (3) es incorrecta porque los hornos convencionales no usan microondas sino que transmiten calor desde una fuente de calor a los alimentos. La opción (5) podría ser verdadera, pero el texto no muestra ningún tipo de información que apoye esa conclusión.

29. **(2) Montana** (Comprensión) En el mapa se muestra que en el estado de Montana se

encuentran las tres áreas en diferentes partes del estado. La opción (1) es incorrecta porque en Idaho sólo hay un tipo de población. Las opciones (3) y (4) son incorrectas porque en estos estados no hay ninguna población de lobos. La opción (5) es incorrecta porque Wyoming sólo dispone de una población de lobos (dentro y alrededor de Yellowstone).

30. **(4) El territorio del lobo gris** (Comprensión) El tema del mapa es indicar las localizaciones en las que se puede encontrar al lobo gris en la actualidad. La opción (1) es incorrecta porque el mapa va más allá del parque nacional de Yellowstone. La opción (2) es incorrecta porque el mapa no se limita a mostrar estos tres estados: también muestra partes de Nevada, Utah y Canadá. La opción (3) es incorrecta porque el propósito principal del mapa no es mostrar los parques nacionales sino dónde viven las poblaciones de lobos. La opción (5) es incorrecta porque el mapa muestra que los lobos viven fuera de los parques nacionales y también dentro de ellos.

31. **(5) El lobo gris no debe considerarse ya como especie en peligro de extinción.** (Análisis) Ésta es una opinión: una creencia mantenida por algunas personas pero no por otras. La idea clave aquí está en el debe. Las opciones (1), (2), (3) y (4) son hechos que menciona el texto o implicados allí.

32. **(3) restablecimiento de las variedades de pastizales altos en las Grandes Llanuras** (Aplicación) Devolver a un ecosistema una planta que en algún momento fue propia del mismo es un proceso similar al de introducir especies de animales a sus ecosistemas previos. Las opciones (1), (2), (4) y (5) son incorrectas porque no implican la reintroducción de especies a sus ecosistemas anteriores. La opción (1) es incorrecta porque implica el transformar un ecosistema alterado para que se acerque más a su estado natural, pero no la reintroducción de especies a sus ecosistemas. Las opciones (2) y (5) son formas de proteger a las especies nativas originales, no formas de reintroducirlas en sus ecosistemas. La opción (4) trata de la introducción de una especie no nativa del área, no de la reintroducción de una especie nativa.

33. **(4) Pega la oreja al suelo.** (Aplicación) Debido a que el sonido se propaga más deprisa a través el terreno sólido que a través del aire, si pega su oreja al suelo escuchará antes un sonido distante. Las otras opciones tienen que ver con el sonido

pero no con el hecho de que éste viaja más deprisa a través de los sólidos.

34. **(3) Los virus contienen material genético que no da señales de vida sino hasta invadir células para reproducirse.** (Comprensión) En esta oración se replantean las ideas del párrafo. Las opciones (1) y (2) son incorrectas porque sólo replantean algunas partes de la información. Las opciones (4) y (5) son incorrectas porque en la información ofrecida no se comenta el resfriado común ni el tratamiento de las infecciones virales.

35. **(2) Un fluido es un líquido o un gas.** (Análisis) El escritor supone que usted sabe que un fluido puede aparecer en estado líquido o en estado gaseoso (cualquier sustancia que tenga moléculas que se muevan de manera libre y aleatoria). El resto de las opciones son incorrectas porque así aparecen en el texto.

36. **(3) su capacidad de reflexión** (Análisis) El plástico reflexivo permitirá que llegue más luz a las plantas y de esta forma se incrementará la tasa de fotosíntesis. Las otras propiedades del plástico no afectan la tasa de fotosíntesis.

37. **(4) en una isla del Pacífico Norte** (Aplicación) De todos los lugares de la lista, sólo el norte del Pacífico tiene muchos volcanes. De hecho, Dante exploró un volcán en una de las islas Aleutianas de Alaska, en el norte del Pacífico.

38. **(1) una velocidad disminuida** (Análisis) La resistencia disminuye la velocidad de los objetos en movimiento. Un incremento en la resistencia disminuiría la velocidad del objeto. La opción (2) es opuesta a lo que sucedería. La opción (3) es incorrecta porque de acuerdo con el texto y con el diagrama, la aerodinámica sirve para disminuir la resistencia del aire y produce un flujo de aire más suave y rápido. Por lo tanto, una resistencia incrementada produce un flujo de aire más difícil. La opción (4) es incorrecta porque un incremento en la resistencia del aire disminuye la velocidad del flujo de aire alrededor del objeto. La opción (5) es incorrecta porque la resistencia del aire es un tipo de rozamiento, un aumento en la resistencia supone un incremento en el rozamiento.

39. **(1) repetitivos.** (Comprensión) De acuerdo con el texto y el diagrama, los monómeros son unidades que forman los polímeros. La opción (2) es incorrecta porque el texto indica que los monómeros son pequeños. La opción (3) es

Respuestas y explicaciones • Pruebas simuladas

incorrecta porque los monómeros están unidos mediante enlaces covalentes y no iónicos. Las opciones (4) y (5) no son verdaderas; ninguno de los ejemplos citados en el texto son metales o gases.

40. (2) La masa es la cantidad de materia que tiene un objeto. (Análisis) El texto no incluye una definición de masa, pero es necesario saber qué es la masa para comprender la información dada. La opción (1) es falsa; la masa no es el volumen de un objeto, es la cantidad de materia que tiene un objeto. La opción (3) es verdadera pero aparece en el texto y no es una suposición. Las opciones (4) y (5) son falsas; todos los objetos tienen masa y la masa puede medirse.

41. (5) Las ondas sonoras viajan más despacio que las ondas luminosas. (Evaluación) Existe un retraso temporal entre el momento en que se ve al bate golpear la pelota y el momento en que se escucha el golpe porque las ondas sonoras viajan mucho más despacio que las luminosas. Las opciones (1) y (4) no afectarían al momento en el que una persona escucharía el sonido. Las opciones (2) y (3) no afectarían la velocidad con la que se propagó el sonido.

42. (2) Todas las bacterias que entran en la nariz mueren. (Análisis) Las proteínas destruyen la membrana celular para acabar con las bacterias. La opción (1) es incorrecta porque las proteínas no pueden evitar que las bacterias entren en su nariz al respirar. La opción (3) es incorrecta porque las proteínas no pueden afectar a las bacterias fuera de la nariz. La opción (4) es incorrecta porque cuando la membrana celular se destruye, la bacteria es destruida también y, por tanto, no puede reproducirse. La opción (5) es incorrecta porque las bacterias cambian de forma cuando la membrana celular se rompe.

43. (4) en los invernaderos (Aplicación) En un invernadero lleno de plantas puede encontrarse prueba de la transpiración en la humedad del aire y en la condensación que se produce en la parte interior del cristal. Las opciones (1) y (2) son incorrectas porque en estos tipos de entorno hay pocas plantas y poca transpiración. La opción (3) es incorrecta porque las plantas de los océanos están bajo el agua y no transpiran. La opción (5) es incorrecta porque el vapor de agua procedente de las plantas en un campo se dispersa en el aire y es difícil de detectar.

44. (3) Halar unas cuantas vueltas del alambre de un muelle flojo y luego soltarlas rápidamente. (Aplicación) La característica clave de las ondas longitudinales es que la dirección de la propagación de la onda es la misma que la de las perturbaciones causadas por ella. El modelo de un muelle flojo al que se le estiran y luego sueltan varias vueltas de alambre es un ejemplo de este tipo de ondas. La opción (1) es incorrecta porque el movimiento hacia arriba y hacia abajo de la cuerda es perpendicular a la trayectoria de la onda; ésta es una característica de las ondas trasversales y no de las longitudinales. La opción (2) es incorrecta porque la rotación de una cuerda para saltar no es buen ejemplo de la perturbación lineal de una onda longitudinal. Las opciones (4) y (5) son incorrectas porque lanzar una piedra y un pase de rebote crean movimientos semejantes a la onda transversal, ambas acciones generan un movimiento de arriba abajo que es perpendicular a la dirección de la piedra y de la pelota.

45. (5) Reemplazar un cable fino de acero por uno grueso de cobre. (Aplicación) Si la diferencia de potencial o voltaje no varía cualquier cambio que disminuya la resistencia incrementará la intensidad de corriente. Un cable más grueso tiene una resistencia menor que uno más fino; reemplazar un cable fino de acero por otro grueso de cobre disminuye la resistencia y aumenta la intensidad de corriente. Las opciones (1), (2), (3) y (4) son cambios que incrementarían la resistencia y disminuirían, de este modo, la intensidad de corriente.

46. (2) Una superficie desigual refleja la luz de los rayos paralelos con diferentes ángulos. (Evaluación) En el diagrama de la derecha se muestra que cuando los rayos paralelos inciden sobre una superficie áspera, la luz reflejada (líneas azules) rebota con ángulos diferentes. La opción (1) es incorrecta porque el diagrama muestra que los rayos incidentes y paralelos se reflejan. La opción (3) es incorrecta porque la ley de la reflexión se aplica también a las superficies desiguales o ásperas, el ángulo de incidencia es siempre igual al ángulo de reflexión. Los rayos paralelos se reflejan con diferentes ángulos en una superficie áspera o desigual porque inciden con ángulos diferentes. Las opciones (4) y (5) son incorrectas porque se basan en la confusión con respecto a la palabra normal, que en los diagramas se refiere a la línea perpendicular a la superficie.

47. (3) el reto científico y técnico (Evaluación)
Partir de la primera fisión nuclear en 1942 y conseguir una bomba tres años después fue un reto científico y tecnológico de gran envergadura, el tipo de reto que motiva a los físicos. Lo más probable es que la opción (1) no sea correcta porque el desarrollo, tal y como se indica en el texto, fue un esfuerzo de equipo. La opción (2) es poco probable porque el desarrollo de armas de destrucción masiva es justo lo contrario a los medios pacíficos de resolución de conflictos. La opción (4) es incorrecta porque no hay nada en el texto que indique que después de la guerra los físicos esperaran una gran recompensa económica. La opción (5) es incorrecta porque el texto indica que después de la guerra muchos científicos se arrepintieron de la destrucción producto de sus trabajos y que además intentaron detener la propagación de las armas nucleares.

48. (1) Los osos en hibernación sobreviven al invierno gracias a la energía almacenada en forma de grasa en su organismo.
(Aplicación) El oso que está hibernando es un ejemplo del uso posterior de la energía acumulada en los lípidos del cuerpo. Las opciones (2) y (4) no implican lípidos. La opción (3) implica el consumo de algo para obtener energía rápida, no para almacenarla. La opción (5) es cierta, pero comenta la composición de los lípidos y no su uso.

49. (1) Frecuencia de tipos de sangre en poblaciones selectas (Comprensión) En la tabla se ofrece información acerca de los porcentajes de personas que tienen cada uno de los grupos sanguíneos en diferentes grupos de población. La opción (2) es demasiado general. Las opciones (3) y (4) no tienen ninguna relación con el tema en la derecha de la tabla. La opción (5) es demasiado específica porque en la tabla se representan otros grupos además del de los estadounidenses.

50. (2) su forma amplia y aplanada (Análisis) la forma de una hoja tiene una gran superficie para de este modo absorber la máxima cantidad de energía luminosa. La opción (1) es incorrecta porque los poros permiten el flujo de las sustancias hacia dentro y hacia fuera. La opción (3) es incorrecta porque el tallo proporciona apoyo a la planta. La opción (4) es incorrecta porque los vasos permiten el transporte del agua y de los minerales. La opción (5) es incorrecta porque el sistema de raíces de la planta no es una característica de la hoja.

Lenguaje, Lectura
(páginas 689-704)

1. (1) atracción (Comprensión) El hecho de que Elizabeth esté decepcionada por la poca atención que el Sr. Darcy le prestó (líneas 26 a 37) sugiere que ella se siente atraída por él. El texto no justifica ninguna de las otras opciones.

2. (2) El Sr. Darcy no le ha hecho caso.
(Comprensión) Los pensamientos de Elizabeth proporcionan esta información. No hay evidencia en el pasaje para las opciones (1), (3) ni (4). Sólo Elizabeth está decepcionada, así que la opción (5) es incorrecta.

3. (2) Estará preocupada pensando en el Sr. Darcy. (Aplicación) Ella se dice a sí misma que no debe pensar en él, lo cual sugiere que de todos modos lo hará. Siente que el Sr. Darcy es quien actuó de manera grosera, así que la opción (1) es incorrecta. No hay apoyo para las demás opciones.

4. (3) cercana y cariñosa (Análisis) El diálogo entre las hermanas demuestra su relación estrecha y afectuosa; además, al principio del pasaje la buena fortuna de su hermana reconfortó a Elizabeth. Esto demuestra que su relación es cercana y que se desean lo mejor. No hay apoyo para las opciones (1), (4) ni (5). La opción (2) sólo es correcta parcialmente, las hermanas son educadas pero no distantes.

5. (3) Está ironizando la afirmación de Jane sobre su indiferencia. (Análisis) Elizabeth sugiere que Jane no siente indiferencia cuando le sigue advirtiendo que tenga cuidado. Aunque Elizabeth parece coincidir con Jane, opina lo contrario; por lo tanto, la opción (1) es incorrecta. Como Elizabeth está comentando la conducta de Jane, las opciones (2), (4) y (5) son incorrectas.

6. (4) los del Sr. Darcy (Análisis) En los párrafos 3 a 7, la autora transmite los pensamientos de Elizabeth a través de su reflexión sobre la conducta del Sr. Darcy. En el primer párrafo, la autora comunica los pensamientos de Jane y de los visitantes al describir sus impresiones mutuas. En el segundo párrafo, la autora comparte los pensamientos de la Sra. Bennet cuando menciona su intención de invitar a los hombres a cenar. Por lo tanto, las opciones (1), (2), (3) y (5) son incorrectas. El Sr. Darcy es el único personaje cuyos pensamientos no se le transmiten al lector.

7.(1) Ninguno de los dos se muestra comunicativo el día de la visita. (Síntesis) Elizabeth comenta el silencio del Sr. Darcy y Jane es descrita como menos comunicativa de lo normal. Aunque Jane está alegre después de la visita, el lector no se entera de la reacción del Sr. Darcy, así que la opción (4) es incorrecta. La conducta del Sr. Darcy es la única que se describe como perturbadora, y esto no parece intencional, así que la opción (5) es también incorrecta. No hay apoyo para las opciones (2) ni (3).

8. (5) para criticarlo por silbar.
(Comprensión) Martirio está buscando motivos para reñir con Julián. Le está diciendo aquí que la única justificación para silbar es para llamar a un perro. No hay sustento para las opciones (1) ni (2). La opción (3) no tendría sentido porque los perros no silban. Martirio menciona que el perro la llenaría de pulgas, no porque ella realmente tema esto sino por buscar pleito. Por tanto, la opción (5) es incorrecta.

9. (2) Sale del trabajo a distintas horas.
(Comprensión) Cuando Julián tiene que atender más clientes, trabaja más tarde y llega a las seis y media. Si hay menos clientes, sale a las seis. Hoy dejó el perro en casa, pero no menciona que otros días pasa a recogerlo, de modo que la opción 2 es incorrecta. En el diálogo se menciona que Julián está contento, opción (3) y que mira el reloj, opción (4), pero estos no son motivos. Martirio dice que no se le antoja llegar más temprano todos los días, pero esto es por buscarle pleito.

10. (3) caprichosa (Síntesis) Martirio dice que le gusta hacer las cosas según se le antojen en el momento. La opción 1 es incorrecta porque Martirio no trata al novio con dulzura sino con agresividad. Tampoco se muestra ninguna señal de temor ni depresión, opciones 2 y 4. La opción 5 es errada porque Martirio parece estar furiosa con Julián pero ya sabemos que su actitud es fingida.

11. (1) nada distinto de divertirse (Análisis) A Martirio le parece que no es gracia reñir con motivo, de modo que le debe parecer gracioso o divertido reñir sin motivo. Martirio aclara que no quiere terminar con Julián, de modo que la opción (2) es incorrecta. El texto no indica que Julián haya hecho nada que merezca enseñarle una lección, opción (3) ni obligarlo a pedir perdón (4). No hay fundamento para la opción (4) porque Martirio se propone discutir pero no ha dicho que desee que él se vaya.

12. (4) Quiere que se acabe la discusión. (Análisis) Al contestar así y ponerse a silbar, Julián da a entender que cambien de tema. Julián no puede estar de acuerdo con Martirio porque ella le riñe sin motivos, opción (1). Él sabe que el perro no vendrá porque está en su casa, opción (2). La opción (3) no es correcta porque Julián quiere a Martirio, de lo contrario no vendría a verla todos los días. Julián da razones para explicar sus acciones, de modo que la opción (5) es incorrecta.

13. (1) tranquilo (Síntesis) Julián ha soportado con tranquilidad los ataques de Martirio, tratando de razonar con ella. Si fuera machista, habría reaccionado con más fuerza, opción (2). Martirio es la que se muestra irrespetuosa, pero Julián no le responde de la misma manera, opción (3). La opción (4) es incorrecta porque Julián parece responsable en su trabajo y en el trato con su novia. Aunque Julián puede estar un poco irritado al final, es porque ella le dio motivos pero no porque él sea así.

14. (4) normal y natural (Comprensión) El abuelo Blakeslee dice que la muerte no siempre es horrible y que es parte del plan de Dios. También quiere que no se haga alboroto sobre su muerte. Estos hechos apoyan la idea de que piensa que la muerte es normal y natural. No hay evidencias que apoyen las opciones (1) y (2). La opción (3) es incorrecta porque él piensa que los funerales, no la muerte, son un desperdicio de dinero. La opción (5) es lo opuesto de lo que piensa el abuelo Blakeslee.

15. (1) El abuelo Blakeslee no quiere alboroto en su funeral. (Comprensión) Todos los detalles del testamento se refieren a evitar cualquier cosa aparatosa en el funeral. Las opciones (2), (3) y (5) son detalles que contribuyen a sugerir esa idea. El abuelo Blakeslee cree que los funerales deben ser sencillos pero no le importa la solemnidad, así que la opción (4) es incorrecta.

16. (5) una crítica humorística de la industria funeraria (Síntesis) El abuelo Blakeslee comenta que no quiere un viaje al emporio de Birdsong, que los muertos no deben ser vestidos para parecer vivos, que quiere que lo lleven directamente de la casa al cementerio, y que no quiere una tumba con la palabra "durmiendo". Todo esto sugiere que los funerales tornan la muerte artificial y, además, son un gasto innecesario. El pasaje no apoya ninguna de las otras opciones.

17. **(4) Dan la impresión de que el abuelo Blakeslee realmente está hablando.** (Síntesis) El tono de su testamento es tan coloquial e informal que parece como si el abuelo Blakeslee estuviera en la habitación con los otros personajes. El abuelo Blakeslee parece ser un hombre reflexivo y perceptivo, así que la opción (1) es incorrecta. No hay apoyo en el pasaje para las opciones (2) y (3). Aunque el abuelo Blakeslee parece un hombre práctico, no es su uso poco común del lenguaje el responsable de esta impresión, así que la opción (5) es incorrecta.

18. **(3) Son una pareja.** (Comprensión) Ni la universidad ni el trabajo se mencionan, por lo que las opciones (1) y (2) son incorrectas. Se expresan las emociones y fantasías de la mujer, que está despierta junto a un hombra dormido y misterioso, pero no desconocido. La mujer revela haber "dormido bastante" junto a ese él. Por tanto, la opción (4) es incorrecta. La opción (5) tampoco es correcta porque son algo más que compañeros de juegos.

19. **(1) serenidad con dudas** (Síntesis) Las suposiciones de la mujer ("Quizá... Quizá...") y el penúltimo verso ("Mas no importa. No pido ninguna variación.") indican un estado de ánimo o clima emocional interrogante, dubitativo, pero tranquilo. Las opciones (2) y (3) no están respaldadas por el texto. La poetisa no revela gran tristeza ni alegría, por lo que las opciones (4) y (5) son incorrectas.

20. **(2) Su cercanía hace que me pregunte muchas cosas y por eso no duermo.** (Comprensión) La mujer está despierta junto a su pareja dormida, deseando adivinar sus sueños, pero aceptando que quizá nunca logrará hacerlo, y que quizá tampoco nunca logrará saber lo que él espera de ella. La opción (1) no es correcta, ya que él está dormido. Las opciones (3), (4) y (5) no están respaldadas por el texto.

21. **(2) Ella ha tenido otras parejas.** (Análisis) El "agua" (líneas 7 y 8) puede simbolizar la memoria. La mujer está rememorando otras relaciones y otras parejas, "todas las que mis ojos vieron". La opción (1) es incorrecta. No hay mención de otros ángeles, por lo que la opción (3) es incorrecta. La opción (4) va más allá de lo que dice el poema y es irrelevante. La opción (5) no está respaldada por el texto.

22. **(3) En la vida hay situaciones maravillosas y se encuentran seres extraordinarios.** (Aplicación) En la primera estrofa, nada indica que la mujer esté decepcionada ni por los hombres ni por el amor, aunque sea consciente de las diferencias que la separan. Por tanto, las opciones (4) y (5) son incorrectas. Aunque el final del poema es imprevisible para el lector, las opciones (1) y (2) son incorrectas porque son incompletas.

23. **(1) contemplación, soledad, curiosidad, conformidad y tranquilidad** (Síntesis) Dentro del clima emocional de serenidad con dudas, se distinguen cuatro etapas. En las líneas 1 a 8, predomina la contemplación, como forma de conocer al hombre dormido. La hablante está despierta mientras su pareja y el mundo duermen ("Duerme la noche obediente y plena en los balcones"). En los dos versos siguientes ("Él huye en la voz que nos nombra / de la noche que ocurre") se reafirma la soledad. Antes de la aceptación final ("No pido ninguna variación"), se plantea preguntas ("Quizá... Quizá..."). Las opciones (2), (3), (4) y (5) son incorrectas porque la hablante no expresa indiferencia, miedo, desesperación ni indignación.

24. **(4) dificultar sobresalir en el trabajo** (Comprensión) El primer párrafo menciona que los problemas en casa no resueltos pueden acompañar a los empleados al trabajo. Esto sugiere que pueden impedir que un empleado desempeñe bien sus capacidades. La opción (1) es demasiado firme en el contexto de este enunciado y por lo tanto no es correcta. La opción (3) no puede asumirse o deducirse a partir del enunciado, así que es incorrecta. Las opciones (2) y (5) no están apoyadas por la información del pasaje.

25. **(3) Quieren que sus empleados tengan un buen desempeño laboral.** (Análisis) El pasaje menciona que los problemas del exterior pueden interferir con la "capacidad de un empleado para desempeñarse bien" (líneas 10 y 11). El pasaje sugiere lo opuesto de la opción (1). La opción (2) puede ser verdadera, pero no se menciona o implica en el pasaje. La opción (4) es incorrecta porque el pasaje menciona que la empresa sabe que a menudo esto no es posible. La opción (5) es opuesta al primer curso de acción que la empresa recomienda.

26. **(3) no cubrirá los costos que considere demasiado altos** (Análisis) En el contexto de la oración, las palabras "razonables" y "habituales" se refieren a cargos que no sean excesivos y que la mayoría de los profesionales médicos esperarían que un paciente pague. Las opciones (1), (2), (4) y (5) no se mencionan ni están implícitas en la información del pasaje.

27. (2) su hijo, quien sufre de depresión
(Aplicación) La opción (2) es correcta porque su hijo es un pariente inmediato y la depresión es un problema personal. Las opciones (1), (4) y (5) son incorrectas porque las personas mencionadas no son parte de su familia inmediata. La opción (3) es incorrecta porque un brazo partido es un problema físico, no un problema personal.

28. (1) directo y realista (Síntesis) El pasaje está escrito con un lenguaje claro y directo que el empleado medio puede entender; el propósito de SARE es discutido con franqueza. Ninguna de las otras opciones describe correctamente el estilo en que el pasaje está escrito.

29. (4) presentación de un problema y su solución (Síntesis) El pasaje comienza con una presentación del tema de los problemas personales y su efecto sobre el desempeño laboral de un empleado. Luego, describe los tipos de problemas que los empleados experimentan y ofrece una solución para ayudar a los empleados a resolverlos. Esto claramente demuestra un patrón de organización basado en el problema y su solución. Aunque el pasaje sí discute los pasos que conforman la asesoría de SARE, esto es sólo una pequeña parte del pasaje y no lo describe como un todo. Por lo tanto, la opción (1) es incorrecta. La opción (2) no está apoyada por la información del pasaje. La ayuda disponible para tratar los problemas es tan importante como los problemas en sí mismos; por lo tanto, la opción (3) es incorrecta. Aunque es posible que los problemas sean más familiares para los lectores que la ayuda potencial, la opción (5) no describe de manera efectiva el patrón de organización del pasaje.

30. (4) en las primeras horas de la noche
(Comprensión) El pasaje describe el cielo color oscuro (verde jade) y menciona las flores "parecían inclinarse hacia el atardecer" (líneas 9 y 10). Éstas son pistas de que la escena tiene lugar en las primeras horas de la noche.

31. (1) visitar galerías de arte (Aplicación) Entre las cosas que la hacen feliz, Berta menciona a sus amigos pintores, lo cual indica que es probable que visite galerías de arte. Los detalles del pasaje no apoyan la opción (2), y la opción (3) es incorrecta porque su reacción ante los gatos es negativa. La opción (4) es incorrecta porque ella está bastante bien económicamente, y por lo tanto, es poco probable que realice los quehaceres de la casa, y la opción (5) es incorrecta porque ella tiene una cocinera.

32. (1) Parece perfecto, al igual que las circunstancias de ella. (Análisis) El peral se describe como "en pleno florecimiento" (líneas 3 y 4). Berta compara el árbol con su vida, a la que también ve en plena perfección. La opción (2) es incorrecta porque el pasaje no menciona los atributos físicos de Berta. La opción (3) es incorrecta porque no hay indicación alguna en el pasaje de que Berta dará a luz. Berta no hace referencia al crecimiento ni al cambio, así que la opción (4) es incorrecta. La opción (5) es incorrecta porque no se describe a Berta como tranquila.

33. (1) Los colores de la ropa que pensaba ponerse combinaban con su entorno.
(Análisis) Antes de subir a vestirse, Berta se percata de que los colores de la ropa que se piensa poner son los mismos del jardín, el peral y el cielo. El enunciado indica que la correlación fue casual, no planeada. Los detalles del pasaje no apoyan ninguna de las otras opciones.

34. (2) Contribuye a crear una sensación de irrealidad. (Síntesis) El escenario de la historia es la primavera, cuando las cosas que crecen por lo general son nuevas, perfectas y sin tacha; esto contribuye a crear un clima emocional irreal, casi surrealista, de perfección. El pasaje no habla de lo novedoso ni de los seres recién nacidos, así que las opciones (1) y (5) son incorrectas. El pasaje no es particularmente alegre ni juguetón, así que la opción (3) es incorrecta. La opción (4) se refiere a un detalle del pasaje y no al clima emocional en general, así que es incorrecta.

35. (2) ingenua (Síntesis) La afirmación que el personaje hace de que es demasiado feliz, su reflexión sobre su buena fortuna, así como sus sensaciones de mareo y ebriedad sugieren un estado emocional con poca probabilidad de duración. La aparente ignorancia del personaje de sus verdaderos sentimientos sugiere su ingenuidad. Las palabras usadas por la autora no apoyan las otras cuatro opciones.

36. (2) quisiera guías de programación más detalladas y enfocadas en intereses particulares (Comprensión) El autor comenta las limitaciones de la mayoría de las guías de programación y la necesidad de una guía que abarque "los programas de todos los canales" (líneas 63 y 64). Las opciones (1) y (3) son detalles del pasaje y no las ideas más importantes, así que son incorrectas. No hay evidencia que apoye la opción (4). La opción (5) es incorrecta porque el autor comenta sus propios hábitos para expresar su opinión; no intenta convencer a los demás de imitar su conducta.

37. (3) Su guía de programación es un desperdicio de dinero. (Análisis) Las líneas 45 a 48 comentan por qué el gran número de programas repetidos en el canal A&E no compensan el precio adicional de la guía de programación de ese canal. La opción (2) es lo opuesto a esta idea; por lo tanto, es incorrecta. La opción (1) es incorrecta porque contradice lo que quiere transmitir el pasaje. No hay evidencia que apoye la opción (4). Aunque el autor critica el canal A&E, no se puede decidir del pasaje la opción (5).

38. (1) informativo (Síntesis) El autor proporciona la información de manera directa e informativa. La opción (2) es incorrecta porque el autor parece frustrado pero no enojado. El autor no usa el humor en esta discusión; por lo tanto, la opción (3) es incorrecta. La opción (4) es incorrecta porque el autor está molesto, más que abrumado. El autor se muestra complacido con las listas de programas de televisión disponibles, así que la opción (5) es incorrecta.

39. (3) metódico (Síntesis) El autor expone su argumento mediante la explicación metódica de cómo usa la Teleguía. Describe los distintos canales, los programas que transmiten y la manera en que los programas aparecen en las listas. Su selección de palabras para describir el proceso y la manera cuidadosa en que aborda el tema permiten catalogar su estilo de redacción como serio y metódico. Ninguna de las otras opciones describe correctamente el estilo de redacción del comentario.

40. (3) superficial (Comprensión) El autor menciona que Teleguía se limita a enumerar los títulos de los programas de muchos canales. Ésto se considera como superficial o poco profundo. En el pasaje no hay evidencia que apoye las opciones (1) y (5). La opción (2) es lo contrario de lo que sugiere el pasaje. La opción (4) puede ser verdadera pero no es el centro de la discusión del pasaje.

Matemáticas
(páginas 705-721)

Parte I

1. (5) 8000 Sume el porcentaje empleado en una ocupación mayorista al porcentaje empleado en una ocupación de salud o de educación. $20\% + 12\% = 32\%$

Multiplique el resultado por la cantidad total de personas $25,000 \times 0.32 = 8000$

2. (4) 5250 Reste el porcentaje empleado en una ocupación de entretenimiento del empleado en una ocupación de administración, jurídica o profesional. $22\% - 1\% = 21\%$
Multiplique el resultado por el número total de personas. $25,000 \times 21\% = 25,000 \times 0.21 = 5250$

3. (3) $14,300 Sume los tres depósitos al saldo inicial. Reste los montos de los dos cheques del resultado.
$\$15,000 + \$1,800 + \$3,000 + \$900 = \$20,700$
$\$20,700 - \$3,600 - \$2,800 = \$14,300$

4. 4275 Considere la figura como un cubo y una pirámide. Calcule los volúmenes por separado y, luego, sume los resultados.

Cubo: $V = l^3$
$V = 15^3 = 3375$ pulgadas cúbicas

Pirámide cuadrada: $V = \frac{1}{3} \times$ (arista de la base)^2 $\times$ altura

$V = \frac{1}{3} \times 15^2 \times 12$
$= 900$ pulgadas cúbicas

Sume. $3375 + 900 = 4275$ pulgadas cúbicas

5. 1693 Haga primero las operaciones que están entre paréntesis, empezando por la multiplicación y, luego, la suma. Después, divida y sume.
$(908 + 23 \times 48) \div 2 + 687$
$(908 + 1104) \div 2 + 687$
$2012 \div 2 + 687$
$1006 + 687 = 1693$

6. (4) 300% Reste el precio original del nuevo precio y divida entre el precio original.
$(\$8 - \$2) \div \$2 = 3$ Cambie el resultado a un porcentaje multiplicando por 100.
$3 \times 100 = 300\%$

Use su calculadora:

[(--- 8 — 2 ---)] ÷ 2 **SHIFT** = 300

7. (4) $\frac{1}{50}$ Escriba una fracción con la cantidad total de resultados favorables sobre el total de resultados. Reduzca la fracción a su mínima expresión. $\frac{6}{300} = \frac{1}{50}$

8. (4) 860 Halle el perímetro de la figura. Sume las dos longitudes y los dos anchos.
$310 + 310 + 120 + 120 = 860$ yd

9. (3) 496 Halle la superficie. Multiplique la longitud del campo de práctica por su ancho.
$310 \times 120 = 37,200$ Divida la superficie

resultante por la superficie que cubre con una bolsa de semilla de pasto. $37,200 \div 75 = 496$

10. (4) $320.00 El precio del equipo después del descuento es el 85% del precio original (100% − 15%). Divida el precio del equipo después del descuento entre este porcentaje. $272 \div 0.85 = \$320$

11. (3) $4.90 Sustituya n con 24 y despeje C.
$$C = \$2.50 + \$0.10(24)$$
$$C = \$2.50 + \$2.40$$
$$C = \$4.90$$

12. 20 Supongamos que la edad actual de Timoteo $= x$ y la edad actual de Alberto $= 5x$. Dentro de 5 años, Timoteo tendrá $x + 5$ años y Alberto tendrá $5x + 5$. Para entonces, la edad de Alberto será 4 veces la de Timoteo. Escriba una ecuación y resuélvala.

$$4(x + 5) = 5x + 5$$
$$4x + 20 = 5x + 5$$
$$-x + 20 = 5$$
$$-x = -15$$
$$x = 15$$

La edad actual de Timoteo es de 15 años. Dentro de cinco años, tendrá 20 años.

13. 12 Use la relación pitagórica para calcular b.
$$a^2 + b^2 = c^2$$
$$9^2 + b^2 = 15^2$$
$$81 + b^2 = 225$$
$$b^2 = 144$$
$$b = \sqrt{144} = 12$$
Tal vez haya reconocido que 9 y 15 son múltiplos de 3 y 5. Este triángulo se relaciona con el triángulo común 3-4-5. Debido a que $3 \times 3 = 9$ y $3 \times 5 = 15$, el cateto que falta es $3 \times 4 = 12$.

14. (3) $14,000 × 0.0975 × 3.5 Cambie la tasa de interés por un decimal. $9\frac{3}{4}\% = 0.0975$ Cambie el número de años por un decimal. $3\frac{1}{2} = 3.5$
Use la fórmula para calcular el interés simple.
$i = prt = \$14,000 \times 0.0975 \times 3.5$

15. (4) 120 $\triangle MON$ y $\triangle POQ$ son triángulos isósceles semejantes. Por lo tanto, los lados correspondientes son proporcionales.
$$\frac{x}{24} = \frac{150}{30}$$
$$30x = 3600$$
$$x = 120$$

16. (4) $(3.14)(6^2)(42)$ Convierta $3\frac{1}{2}$ pies a pulgadas.
$$\frac{\text{pies}}{\text{pulgadas}} \qquad \frac{1}{12} = \frac{3.5}{x}$$
$$x = 12(3.5) = 42 \text{ pulgadas}$$
Para encontrar el volumen el primer paso es encontrar el área de la base. Recuerde que el radio es la mitad del diámetro. Sustituya los valores conocidos en la fórmula para encontrar el volumen de un cilindro.
$$A = \pi r^2 \qquad\qquad V = Ah$$
$$A = 3.14\left(\frac{12}{2}\right)^2 \qquad V = 3.14(6^2)(42)$$
$$A = 3.14(6^2)$$

17. $(3, -4)$ Comience en el origen $(0, 0)$. Desplácese 3 unidades hacia la derecha y 4 unidades hacia abajo. El punto se encuentra en el cuadrante IV.

18. (5)

Resuelva la desigualdad $\qquad 6 - 5x < 7x - 6$ para despejar x.
Sume 6 a ambos lados. $\qquad 12 - 5x < 7x$
Sume $5x$ a ambos lados. $\qquad 12 < 12x$
Divida ambos lados entre 12. $\qquad 1 < x$ or $x > 1$
Sólo la opción (5) muestra el número entero 1 en un círculo blanco y todos los valores mayores de 1 sombreados.

19. (2) $79.39 Haga una lista de los montos del cuadro en orden creciente o decreciente. $59.76, \$63.15, \$74.47, \$84.31, \$89.36, \$90.12.$ Dado que hay 6 montos, halle el promedio (media) de los dos números medios. $(\$74.47 + \$84.31) \div 2 = \$158.78 \div 2 = \$79.39$

20. (4) $x + y = 2$ Encuentre el par ordenado a partir de un punto de la gráfica: $(2,0)$ ó $(0,2)$. Pruebe los valores de uno de los puntos de cada ecuación. Si el punto está en la recta, hará que la ecuación sea cierta.

21. 186.0 Sume los cinco puntajes. Divida el resultado por la cantidad de puntajes: 5. $184 + 176 + 202 + 178 + 190 = 930 \div 5 = 186$

22. $80.43 Suma las dos cantidades que Areta pidió prestado. $\$42.48 + \$64.76 = \$107.24$

Después de devolver $\frac{1}{4}$ de esta candidad, todavía le debía $\frac{3}{4}$.

Cambie $\frac{3}{4}$ a un decimal y multiplique por el total.
$\$107.24 \times 0.75 = \$80.43$

23. **(5) 2.2** Haga un dibujo y rotule la distancia desde el comienzo hasta el punto de control 1 (1.8 km) y la distancia desde el punto de control 3 hasta el final (1.2 km). Reste las distancias que conoce (1.8 + 1.2 = 3 km) de la longitud total de la carrera para hallar la distancia desde el punto de control 1 al punto de control 3 (5 km − 3 km = 2 km). Como el punto de control 2 se encuentra en el punto medio de esta distancia, el punto de control 2 está a 1 km del punto de control 1 y a 1 km del punto de control 3. Sume para hallar la distancia desde el punto de control 2 hasta la línea final. 1.0 + 1.2 = 2.2

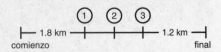

24. **(4) 18.8** La fórmula para calcular la circunferencia de un círculo es $C = \pi d$. Recuerde; diámetro (d) = 2 × radio (r). Dado que el radio del círculo mide 3 metros, el diámetro mide 6 metros. La circunferencia es 3.14 × 6, lo que equivale a 18.84 metros. 18.84 se redondea a 18.8 metros.

25. **(2) 8.4 × 10⁷** Puede utilizar la calculadora para hacer la multiplicación.
$$6{,}000 \times 14{,}000 = 84{,}000{,}000$$
Para escribir el número en notación científica, debe situar el punto decimal después del primer dígito. Para hacerlo, debe desplazar el punto decimal 7 lugares hacia la izquierda. El producto es 8.4×10^7.

Parte II

26. **(3) 2.14** Dado que 7 en la posición de los milésimos es mayor que 5, sume 1 al dígito en la posición de los centésimos y elimine el resto de los dígitos a su derecha.

27. **(2) ∠2 y ∠6** Si $m\angle 8 = 50°$, entonces $m\angle 6 = 130°$ porque ∠6 y ∠8 son ángulos suplementarios. La medida de ∠7 también es 130°, porque ∠6 y ∠7 son ángulos opuestos por el vértice. :Puesto que el ∠2 es correspondiente con el ∠6 y el ∠3 es correspondiente con ∠7, estos deben medir 130°. Sólo la opción (1) menciona dos ángulos de aquellos que miden 130°.

28. **(5) $44.52** Multiplique el número de cajas en un paquete por el número de paquetes.

$8 \times 3.5 = 28$ Multiplique el resultado por el precio de cada caja. $\$1.59 \times 28 = \$44.52$

29. **(1) 30** Sume los tres bordes exteriores que no se unen a la casa. 10 + 12 + 8 = 30 pies

30. **(4) (12 × 8) + $\frac{1}{4}$(12 × 8)** Para hallar la superficie del rectángulo, multiplique longitud por ancho (12 × 8). Como la superficie del rectángulo es cuatro veces la del triángulo, el triángulo es $\frac{1}{4}$ la superficie del rectángulo: $\frac{1}{4}$(12 × 8). Sume las dos superficies.

31. **28** Sustituya las variables con los valores que se dan y evalúe la expresión.

$$6x^2 \quad - \quad 5xy \quad - \quad 4y^2$$
$$6(2)(2) - 5(2)(-2) - 4(-2)(-2)$$
$$\quad 24 \quad + \quad 20 \quad - \quad 16 \quad = 28$$

32. **(5) de los 10 a los 12 meses** La línea más pronunciada (la que más aumenta) se registra entre 10 y 12 meses.

33. **(5) 2.5** El peso de Matías después del año, o 12 meses, es aproximadamente 13 kg. Reste el peso promedio de 10.5 kg de esta cantidad. 13 − 10.5 = 2.5

34. **(2) $\frac{1}{5}$** Tres de las 15 cartas son menos de 4: 3, 2, 1. La probabilidad de sacar una de esas tres cartas es $\frac{3}{15}$. Reduzca. $\frac{3}{15} = \frac{1}{5}$.

35. **(4) $\sqrt{12^2 - 7^2}$** Puesto que $c^2 - a^2 = b^2$, entonces $12^2 - 7^2 = b^2$. Para hacer que el lado izquierdo de la ecuación sea igual a b, calcule la raíz cuadrada en ambos lados de la ecuación. $\sqrt{12^2 - 7^2} = b$

36. **(1) −6x − (−6 + y)** El producto de −6 y x se puede expresar como −6x. La suma de −6 y y se puede escribir como (−6 + y). Sólo la opción (1) le resta la suma al producto.

37. **(0, −4)** Sustituya el intercepto en y con $x = 0$ Resuelva.
$$2x - y = 4$$
$$2(0) - y = 4$$
$$-y = 4$$
$$y = -4$$

38. **(2) −1** Escriba una ecuación y resuélvala.
$$2x + 3 = -x$$
Sume x a ambos lados. $\quad 3x + 3 = 0$
Reste 3 en ambos lados. $\quad 3x = -3$

Divida ambos lados entre 3. $x = -1$

39. **(3) 85** Sume todas las calificaciones. Divida el resultado por la cantidad de calificaciones.
$$\frac{60 + 85 + 95 + 80 + 95 + 95}{6} = 510 \div 6 = 85$$

40. **(5)** $\pi = \frac{C}{r}$ Esta fórmula da por resultado $C = \pi r$, lo que es falso. La fórmula correcta es $C = \pi d$.

41. **(5) 150** La pregunta pide una respuesta aproximada. Redondee 14.82 a 15. Multiplique por 2 para hallar el número de millas que maneja de ida y vuelta. $15 \times 2 = 30$ Multiplique el número de millas por 5 días a la semana. $30 \times 5 = 150$

42. **(1)** $\frac{16}{\$15.92} = \frac{20}{?}$ Elija la proporción con razones que comparan el número de libras de pavo al precio. $\frac{\text{pounds}}{\$ \text{ cost}} = \frac{\text{pounds}}{\$ \text{ cost}}$

43. **130** Convierta la fracción en decimal. $1\frac{1}{2} = 1.5$
Plantee una proporción utilizando la razón del número de millas al número de horas. Calcule el valor del número desconocido de millas.
$$\frac{78}{1.5} = \frac{?}{2.5}; 78 \times 2.5 \div 1.5 = 130$$

44. **(1)** $\angle ABE$ Si $\angle ECD$ es un ángulo recto, entonces su suplementario, $\angle ECB$ debe ser también un ángulo recto. Si $\angle ECB$ mide 90°, entonces $\triangle ECB$ es un triángulo rectángulo y $\angle CBE$ y $\angle BEC$ deben ser ángulos agudos. Si $\angle EBC$ es agudo (menos de 90°), entonces su suplementario, $\angle ABE$, debe ser obtuso (mayor de 90°).

45. **(4)** $x \leq -2$ El punto negro sobre -2 indica que -2 es parte del conjunto de soluciones. La recta está sombreada hacia la izquierda de -2 para indicar que todos los valores menores de -2 se incluyen en el conjunto de soluciones.

46. **(5)** $x + 6x + x + 6x > 110$ Dibuje un rectángulo. Supongamos que x = la anchura y $6x$ = la longitud. El perímetro es igual a la suma de la longitud de los cuatro lados: $x + 6x + x + 6x$. Sólo la opción (5) da como resultado una suma mayor de 110.

47. **(4)** $m\angle 5 = 60°$ El problema informa que $m\angle 3 = m\angle 4$. If $m\angle 3 = 60°$, entonces $m\angle 4 = 60°$. Dado que la suma de los ángulos de un triángulo es 180°, $m\angle 5$ también es igual a 60°. $180° - 60° - 60 = 60°$

48. **(3)** $79\frac{3}{4}$ Cambie $5\frac{1}{2}$ a 5.5. Multiplique el número de canastos recogido por hora por en número de horas. $14.5 \times 5.5 = 79.75$ Puesto que las respuestas son fracciones, cambie 79.75 a $79\frac{3}{4}$.

49. **(3) 1356** Calcule el área del rectángulo y el área del cuadrado. Luego, reste el área del cuadrado.
Rectángulo: $A = la$
$A = 50 \times 30$
$A = 1500$ pies cuadrados
Cuadrado: $A = l^2$
$A = 12^2$
$A = 144$ pies cuadrados
Reste. $1,500 - 144 = 1356$ pies cuadrados

50. **(2) 10:50** A.M. Sume los tiempos de los tres proyectos. $20 + 20 + 30 = 70$ min, o 1 hr 10 min. Reste el resultado desde las 12 del mediodía, o 12 h.

12 hr	=	11 hr 60 min
− 1 hr 10 min	=	− 1 hr 10 min
		10 hr 50 min

Planificador de estudio de GED

Destreza para aprender: _____

Área de contenido	
Lección o proyecto	
Instrucciones especiales	
Materiales necesarios	
Fecha de inicio	
Fecha de culminación	

¿Qué aprendió en esta lección? _____

_____

_____

_____

_____

¿En qué necesita profundizar para mejorar sus destrezas en esta área?

_____

_____

_____

_____

Composición: Auto evaluación

Seleccione sus mejores composiciones. Escríbalas a continuación.

Título o tema

Fecha de creación

_____   _____

_____   _____

_____   _____

_____   _____

_____   _____

(Continúe la lista en una hoja de papel aparte y añéxela)

Título o tema:

_____

Explique por qué considera los anteriores sean su mejor trabajo hasta el momento.

_____

_____

_____

_____

_____

_____

_____

¿En que necesita trabajar para mejorar su redacción?

_____

_____

_____

_____

Mapa de ideas

Lista del escritor

Estructura de las oraciones

Cuando corrija sus propias composiciones o un pasaje de la Prueba de Lenguaje y Redacción de GED, pregúntese y revise lo siguiente:

❑ **¿Todas las oraciones están completas?**
Cada oración tiene un sujeto y un verbo y expresa un pensamiento completo.
Ejemplo: *Sara fue a la feria.*

❑ **¿Se usan los signos de puntuación correctamente en todas las oraciones?**
No hay oraciones seguidas, ni omisión de conjunciones coordinantes. Se usan los signos de puntuación correctamente en cada oración.
Ejemplo: *Sara fue a la feria con sus hijos.*

❑ **¿Las ideas en las oraciones compuestas se combinan fluida y efectivamente?**
Las ideas de igual valor en las oraciones independientes están conectadas con una conjunción coordinante adecuada y una coma.
Ejemplo: *Sara no quería montarse en la montaña rusa, pero su hijo menor la convenció.*

❑ **¿Las ideas en las oraciones complejas se combinan fluida y efectivamente?**
Se usa una conjunción subordinante para conectar una idea principal con información adicional.
Ejemplo: *Mientras Sara hacía la fila, su hija mayor fue a comprar refrescos.*

❑ **¿Los detalles se combinan fluida y efectivamente?**
Las oraciones varían en la cantidad de detalles y estructura, sin usar oraciones demasiado breves y entrecortadas.
Ejemplo: *Sara trabaja cinco días a la semana en una oficina de bienes raíces de la ciudad de San Francisco.*

❑ **¿Los elementos de una serie tienen una estructura paralela?**
Los elementos en una serie se escriben de la misma forma y se separan con comas.
Ejemplo: *Su trabajo consiste en atender llamadas, tomar apuntes, pautar anuncios y redactar correspondencia.*

❑ **¿Los modificadores son claros y comprensibles?**
Las palabras y frases que sirven de modificadores se usan cerca de las palabras que describen.
Ejemplo: *Tras varios años de arduo trabajo, Sara recibió un merecido ascenso.*

Organización

Cuando corrija sus propias composiciones o un pasaje de la Prueba de Lenguaje y Redacción de GED, pregúntese y revise lo siguiente:

❏ **¿El texto se divide en párrafos en lugares adecuados?**
Cada párrafo tiene una idea principal y detalles de apoyo que explican esa idea.

❏ **¿Cada párrafo es coherente y las oraciones están bien ligadas?**
Las ideas en cada oración o párrafo apoyan y se relacionan claramente con la idea principal y se presentan en un orden lógico.

❏ **¿Cada párrafo tiene una oración temática?**
La oración temática expresa la idea principal del párrafo.

❏ **¿Las palabras de transición muestran cómo se relacionan las ideas?**
Palabras y frases clave conectan una oración a la próxima oración relacionada y un párrafo al próximo párrafo relacionado.

Ejemplo:

Muchas personas quieren comprar una casa, pero ser dueño puede ser caro y estresante. **Por una parte,** es necesario dar un pronto pago. **Por otra,** puede que el mantenimiento sea costoso y que las compañías que hacen reparaciones no sean confiables. ~~Además, nuestra niñera no es muy responsable.~~ **Por último,** otro gasto imprevisto es el de los impuestos a la propiedad que se debe pagar para ciertas residencias. **Dicho todo esto,** ser dueño de una casa puede causar preocupación y costar mucho dinero.

La oración temática está encerrada en un círculo. Las palabras de transición se identifican en negritas. Se ha tachado una oración que no está relacionada con la idea principal.

Uso

Cuando corrija sus propias composiciones o un pasaje de la Prueba de Lenguaje y Redacción de GED, pregúntese y revise lo siguiente:

❑ **¿Hay concordancia entre el sujeto y el verbo?**

Los sujetos en singular concuerdan con verbos en singular.
Ejemplo: *El béisbol es un deporte muy popular.*

Los sujetos compuestos y plurales concuerdan con verbos en plural.
Ejemplo: *El fútbol y el baloncesto también son muy populares.*

Hay concordancia entre sujetos y verbos, aunque haya frases que los interrumpan.
Ejemplo: *Un deporte muy popular en las Olimpiadas es el patinaje artístico.*

❑ **¿Los tiempos verbales son consistentes y adecuados?**

Los tiempos presente, pretérito y futuro de los verbos muestran correctamente el tiempo en que ocurren las acciones.
Ejemplo: *Jaime estudia en la Escuela Superior Pedagógica.*
Ejemplo: *El mes pasado, me matriculé en el curso de GED.*
Ejemplo: *La próxima primavera aprobaré la Prueba de GED.*

❑ **¿El participio y el gerundio se usan correctamente?**

El gerundio, que termina en -ando, -iendo, modifica al verbo como adverbio.
Ejemplo: *Jorge salió corriendo de su casa para no llegar tarde a su trabajo.*

El participio, que termina en -ado(a)(s), -ido(a)(s), por lo general funciona como un adjetivo.
Ejemplo: *Ana se quedó sorprendida al averiguar el costo del vestido.*

❑ **¿Los pronombres se usan correctamente?**

Los pronombres concuerdan en género, número y persona con sus antecedentes.
Ejemplo: *Carla y yo vamos al cine. Nuestros maridos cuidarán a los niños.*

Los pronombres personales yo, nosotros, nosotras, tú, usted, ustedes, vosotros, vosotras, él, ella, ellos y ellas se usan como sujetos de una oración.
Ejemplo: *Ella no sabía que la escuela había cerrado más temprano aquel día.*

Cuando no exista riesgo de confusión, el pronombre personal se omite y se refleja en el verbo.
Ejemplo: *Vamos a la farmacia.*

El antecedente queda claro.
Ejemplo: *Mateo y Andrés están hablando sobre la idea de Mateo.*

Mecánica

Cuando corrija sus propias composiciones o un pasaje de la Prueba de Lenguaje y Redacción de GED, pregúntese y revise lo siguiente:

❑ **¿Las mayúsculas se usan correctamente?**
> Los nombres propios se escriben con mayúsculas. Los nombres comunes no.
> **Ejemplo:** *La familia Rodríguez se va de vacaciones a México el mes próximo.*

❑ ¿Las comas se usan correctamente?
> Las comas se usan para separar elementos de una serie. No se usa coma delante de las conjunciones y, e, o, u para separar elementos que expresen un mismo contenido. Las oraciones compuestas se separan con una coma y una conjunción coordinante. Se escribe coma delante de y, e, o, u para separar una enumeración cuyo último elemento exprese un contenido distinto al de los elementos anteriores. Una conjunción va precedida de una coma cuando se enlaza con todos los elementos de una serie y no sólo con el último elemento.
> **Ejemplo:** *Mónica se probó una blusa, tres pantalones y cinco pares de zapatos, y se marchó sin comprar nada.*

❑ ¿Las palabras están escritas sin faltas de ortografía?
> No se confunden los parónimos ni las palabras homófonas. Las palabras llevan tilde donde corresponde.
> **Ejemplo:** *El ama de casa descansó después de cocer la carne y coser los calcetines rotos de sus hijos.*

Palabras que generan confusión

A continuación se muestran algunas palabras que generan confusión, como los parónimos y las palabras homófonas. Sería bueno que redactara una oración con cada palabra y que luego comparara la ortografía que usted utilizó con el significado provisto en la lista. Marque las palabras con las que tuvo dificultad. Luego, concéntrense en aprender su ortografía.

❑ a (preposición)
❑ ha (del verbo "haber")

❑ ¡ah! (interjección de sorpresa)
❑ ¡ay! (interjección)
❑ hay (del verbo "haber")

❑ absceso (tumor)
❑ acceso (entrada)
❑ exceso (excedente, sobrante, acción exagerada)

❑ abría (acción de abrir)
❑ habría (del verbo "haber")

❑ absorber (sorber)
❑ absolver (liberar de cargos o culpas)

❑ afecto (cariño)
❑ mecéto (consecuencia)

- ❏ aptitud (cualidad, disposición)
- ❏ actitud (forma de comportamiento)

- ❏ aremos (del verbo "arar")
- ❏ haremos (del verbo "hacer")

- ❏ arte (actividad creativa)
- ❏ harte (del verbo "hartarse")

- ❏ as (campeón)
- ❏ has (del verbo "haber")
- ❏ haz (del verbo "hacer")

- ❏ asta (soporte de la bandera)
- ❏ hasta (preposición)

- ❏ atajo (camino más corto)
- ❏ hatajo (partida, grupo de bandoleros)

- ❏ aya (institutriz)
- ❏ halla (del verbo "hallar")
- ❏ haya (árbol maderable)

- ❏ bacilo (microbio)
- ❏ vacilo (forma verbal de "vacilar")

- ❏ barón (titulo nobiliario)
- ❏ varón (hombre)

- ❏ basto (áspero)
- ❏ vasto (extenso)

- ❏ baya (fruto)
- ❏ vaya (del verbo "ir")
- ❏ valla (cerca)

- ❏ bienes (fortuna)
- ❏ vienes (del verbo "venir")

- ❏ bidente (que tiene dos dientes)
- ❏ vidente (que puede ver)

- ❏ botar (desechar)
- ❏ votar (ejercer el voto)

- ❏ cabe (del verbo "caber")
- ❏ cave (del verbo "cavar")

- ❏ cabo (mando militar, extremo de una cuerda)
- ❏ cavo (del verbo "cavar")

- ❏ callado (del verbo "callar")
- ❏ cayado (bastón)

- ❏ condonar (perdonar)
- ❏ condenar (sentenciar)

- ❏ deferencia (condescendencia)
- ❏ diferencia (desigualdad)

- ❑ desecho (despojo)
- ❑ deshecho (desaliñado)

- ❑ echo (del verbo "echar")
- ❑ hecho (del verbo "hacer")

- ❑ e (conjunción)
- ❑ ¡eh! (interjección)
- ❑ he (del verbo "haber")

- ❑ errado (fallado)
- ❑ herrado (herrar una cabalgadura)

- ❑ enebro (planta)
- ❑ enhebro (del verbo "enhebrar")

- ❑ encima (sobre)
- ❑ enzima (sustancia)

- ❑ grave (de gravedad)
- ❑ grabe (de "grabar")

- ❑ hala (del verbo "halar")
- ❑ ala (para volar)

- ❑ hallamos (del verbo "hallar")
- ❑ hayamos (del verbo "haber")

- ❑ herrar (poner herraduras)
- ❑ errar (equivocarse)

- ❑ hierba (vegetación)
- ❑ hierva (del verbo "hervir")

- ❑ hizo (del verbo "hacer")
- ❑ izo (del verbo "izar")

- ❑ hojear (dar vuelta las hojas)
- ❑ ojear (escudriñar)

- ❑ hola (saludo)
- ❑ ola (del mar)

- ❑ honda (de arrojar piedras)
- ❑ onda (de ondulado)

- ❑ hoya (depresión en una masa de agua)
- ❑ olla (recipiente)

- ❏ hora (unidad de tiempo)
- ❏ ora (reza)

- ❏ huso (artefacto para hilar)
- ❏ uso (usar)

- ❏ horca (forma de ejecución)
- ❏ orca (tipo de ballena)

- ❏ losa (piedra)
- ❏ loza (vajilla)

- ❏ perjuicio (daño)
- ❏ prejuicio (aprensión)

- ❏ rallar (desmenuzar)
- ❏ rayar (hacer rayas)

- ❏ rebelar (sublevar)
- ❏ revelar (difundir)

- ❏ reciente (que ocurrió hace poco)
- ❏ resiente (del verbo "resentir")

- ❏ sabia (conocedora)
- ❏ savia (de las plantas)

- ❏ sumo (supremo)
- ❏ zumo (jugo)

- ❏ tubo (cilindro)
- ❏ tuvo (del verbo "tener")

Apéndice

Lista de ortografía

Con algo de práctica y concentración, usted puede mejorar sus habilidades ortográficas. A continuación se muestra una lista de palabras que a menudo se escriben con faltas de ortografía. Escriba las palabras mientras alguien se las dicta. Prepare una lista de las que escribió incorrectamente. Puede que le resulte más fácil aprender las palabras que erró si estudia la ortografía correcta de diez a doce palabras a la vez.

ábaco ☐
abalanzarse ☐
abastecer ☐
abollar ☐
a bordo ☐
abordo ☐
aboyar ☐
abría ☐
absceso ☐
absolver ☐
absorber ☐
acceso ☐
acera ☐
acerbo ☐
acervo ☐
actitud ☐
adherir ☐
adición ☐
adoctrinamiento ☐
adolescente ☐
adondequiera ☐
adquisición ☐
aéreo ☐
aeropuerto ☐
afecto ☐
¡ah! ☐
ala ☐
albedrío ☐
albino ☐
alcohol ☐
alérgeno ☐
ambidextro ☐
amoníaco ☐
antigüedad ☐
apóstrofo ☐
aprisa ☐
aptitud ☐
aremos ☐
areola ☐
argüir ☐
arte ☐
as ☐
ascenso ☐
asta ☐
atajo ☐
a través ☐
auge ☐
aun ☐
aún ☐
aureola ☐

austero ☐
avaro ☐
a veces ☐
avisar ☐
¡ay! ☐
aya ☐

bacilo ☐
bahía ☐
balbucear ☐
barajar ☐
barón ☐
basto ☐
baya ☐
bazar ☐
bazo ☐
béisbol ☐
bello ☐
bencina ☐
beneficencia ☐
benévolo ☐
bibliografía ☐
bidente ☐
bienes ☐
bienhechor ☐
bilingüe ☐
biografía ☐
biosfera ☐
bizarro ☐
bizco ☐
biznieto ☐
bobina ☐
bohemio ☐
bohío ☐
boina ☐
bostezar ☐
botar ☐
bozal ☐
Brasil ☐
brazalete ☐
brebaje ☐
bucear ☐
bujía ☐
bulla ☐
bullicio ☐
buzo ☐
cabe ☐
cabecear ☐
cabizbajo ☐
cabo ☐

cacerola ☐
calavera ☐
callado ☐
callo ☐
calló ☐
calvicie ☐
camuflar ☐
canjear ☐
canon ☐
capacidad ☐
capaz ☐
carabela ☐
carácter ☐
caracteres ☐
caravana ☐
cardenal ☐
cardíaco ☐
cardinal ☐
cauce ☐
cave ☐
cavidad ☐
cavo ☐
cayado ☐
cayo ☐
cayó ☐
cebada ☐
cebo ☐
cebra ☐
cede ☐
ceja ☐
ceniza ☐
censurar ☐
central ☐
centrar ☐
cerciorar ☐
cerebelo ☐
cerebro ☐
cernir ☐
cerrajero ☐
cerumen ☐
cesto ☐
chapuzón ☐
chispazo ☐
chivo ☐
chubasco ☐
cidra ☐
ciervo ☐
cigüeña ☐
circunstancia ☐
cisterna ☐

cizaña ☐
cocción ☐
cocer ☐
comoquiera ☐
comparecencia ☐
complacer ☐
concejo ☐
conceptuación ☐
conciencia ☐
concienzudo ☐
condenar ☐
condición ☐
condonar ☐
consciente ☐
contrarrestar ☐
controvertible ☐
convulsionar ☐
cónyuge ☐
corpazo ☐
corpulento ☐
cortocircuito ☐
coser ☐
coyuntura ☐
cuatrienio ☐
cubo ☐
curvo ☐

decencia ☐
decenio ☐
deceso ☐
décima ☐
decisión ☐
deferencia ☐
déficit ☐
defunción ☐
depreciación ☐
derivar ☐
derredor ☐
derribar ☐
desacierto ☐
desahucio ☐
desavenencia ☐
descendente ☐
descendiente ☐
desecho ☐
deserción ☐
deshacer ☐
deshecho ☐
deshidratación ☐
deshilar ☐

deshojar ☐
deshonra ☐
deslices ☐
desvalido ☐
desvanecer ☐
devengar ☐
diabetes ☐
dieciséis ☐
diferencia ☐
diligencia ☐
directrices ☐
discernir ☐
disciplina ☐
discípulo ☐
dondequiera ☐
dúo ☐
duodécimo ☐

ebullición ☐
echar ☐
echo ☐
efecto ☐
efervescencia ☐
égida ☐
¡eh! ☐
elegía ☐
embestir ☐
embudo ☐
emisión ☐
emitir ☐
emoción ☐
enajenación ☐
encauzar ☐
encima ☐
encinta ☐
enebro ☐
enervar ☐
enhebro ☐
enhorabuena ☐
enmohecerse ☐
enrollar ☐
enseñanza ☐
envasar ☐
enzima ☐
equivalencia ☐
equívoco ☐
erigir ☐
errado ☐
errar ☐
esbozo ☐
escasez ☐
escenografía ☐
escéptico ☐
escrúpulo ☐
esparadrapo ☐
espécimen ☐
estornudo ☐
evalúe ☐

ex abrupto ☐
exaltar ☐
examen ☐
excelencia ☐
excéntrico ☐
excepción ☐
exceso ☐
excitar ☐
excursión ☐
exención ☐
exhalación ☐
exhaustivo ☐
exhibición ☐
exhortar ☐
exigir ☐
expansión ☐
expectación ☐
expedición ☐
expropiar ☐
expulsar ☐
extranjero ☐
extraoficial ☐
extravagancia ☐

facción ☐
faceta ☐
fácilmente ☐
falaces ☐
falacia ☐
falaz ☐
fascinación ☐
fascinar ☐
fascismo ☐
fase ☐
faz ☐
fehaciente ☐
fidedigno ☐
fiscalizar ☐
flagrante ☐
florescencia ☐
fluvial ☐
forcejeo ☐
forzudo ☐
fosforescencia ☐
fregar ☐
friego ☐
frívolo ☐
furibundo ☐
fútil ☐

gabán ☐
gabinete ☐
garabato ☐
garaje ☐
garbanzo ☐
gavilán ☐
gaviota ☐
gazpacho ☐

gemelo ☐
genio ☐
gerencia ☐
germen ☐
gérmenes ☐
giba ☐
gimnasio ☐
ginebra ☐
gira ☐
giro ☐
gitano ☐
glaciares ☐
globo ☐
gobierno ☐
golpear ☐
gozne ☐
grabado ☐
grabar ☐
grabe ☐
granizo ☐
gravado ☐
gravamen ☐
gravar ☐
grave ☐
grosor ☐
grúa ☐

ha ☐
habría ☐
hacha ☐
hachazo ☐
hacienda ☐
hacinamiento ☐
hala ☐
halla ☐
hallamos ☐
hallazgo ☐
haremos ☐
harte ☐
has ☐
hasta ☐
hatajo ☐
hay ☐
haya ☐
hayamos ☐
hazmerreír ☐
he ☐
hebilla ☐
hecho ☐
hégira ☐
helecho ☐
hélice ☐
herrar ☐
hexágono ☐
híbrido ☐
hice ☐
hierba ☐
hierva ☐

higiene ☐
higiénico ☐
hilo ☐
himno ☐
hincapié ☐
hinchar ☐
hipocresía ☐
hipoglucemia ☐
hispanohablante ☐
hizo ☐
hocico ☐
hogaza ☐
hojear ☐
hola ☐
holgorio ☐
holocausto ☐
honda ☐
hora ☐
horca ☐
hornada ☐
hostil ☐
hoya ☐
huérfano ☐
hule ☐
humareda ☐
humillar ☐
huso ☐
huya ☐

iba ☐
íbamos ☐
ibérico ☐
ice ☐
ignición ☐
imagen ☐
imbuir ☐
imperdible ☐
imprescindible ☐
inaccesible ☐
inalámbrico ☐
inalienable ☐
inamovible ☐
inauguración ☐
inciso ☐
incoherencia ☐
inconcebible ☐
incumbencia ☐
indemnización ☐
indescifrable ☐
indolente ☐
indulgencia ☐
infección ☐
inflexión ☐
inflingir ☐
informar ☐
infringir ☐
ingerir ☐
inhibir ☐

injerir ☐
injertar ☐
intemperie ☐
intervalo ☐
inválido ☐
invocar ☐
inyección ☐
izar ☐
izo ☐

jazmín ☐
jilguero ☐
jinete ☐
joven ☐
jovial ☐
júbilo ☐
juzgar ☐

kilogramo ☐
kilómetro ☐
kilovatio ☐

labio ☐
laceración ☐
lanza ☐
larva ☐
lascivia ☐
lavabo ☐
laxante ☐
legalización ☐
legible ☐
legitimar ☐
legítimo ☐
leí ☐
leído ☐
lenguaje ☐
lesión ☐
leucemia ☐
libido ☐
lícito ☐
ligero ☐
lívido ☐
locución ☐
longevo ☐
longitud ☐
losa ☐
loza ☐
lucidez ☐
luz ☐

macizo ☐
magia ☐
magisterio ☐
magistral ☐
malentendidos ☐
malhumor ☐
malla ☐
malversar ☐

maníaco ☐
maníes ☐
manutención ☐
marbete ☐
margen ☐
marginal ☐
masilla ☐
maya ☐
mediterráneo ☐
menopausia ☐
miligramo ☐
milímetro ☐
misceláneo ☐
misiva ☐
mitin ☐
mobiliario ☐
moción ☐
mohoso ☐
monstruo ☐
moribundo ☐
móvil ☐
mugido ☐

narración ☐
nauseabundo ☐
navaja ☐
naval ☐
navegar ☐
nebuloso ☐
negligencia ☐
negruzco ☐
neutralización ☐
nevar ☐
nivel ☐
Nobel ☐
nobiliario ☐
nocivo ☐
nómina ☐
novel ☐
noviazgo ☐
nubosidad ☐
núcleo ☐
nupcial ☐
nutritivo ☐

obedecer ☐
obelisco ☐
objeción ☐
objetivo ☐
obsceno ☐
obvio ☐
ocasión ☐
océano ☐
ofuscado ☐
oído ☐
oír ☐
ojear ☐
ola ☐

olla ☐
omitir ☐
ómnibus ☐
onda ☐
oneroso ☐
óptimo ☐
ora ☐
órbita ☐
orca ☐
orden ☐
origen ☐
ornada ☐
Ortiz ☐
orzuelo ☐
oscilar ☐
otorgamiento ☐
ovación ☐
óvalo ☐
oyente ☐
ozono ☐

pabellón ☐
paciencia ☐
palidez ☐
panza ☐
pastizal ☐
pavimento ☐
pedagogía ☐
pellizco ☐
peñasco ☐
perceptible ☐
percibir ☐
perejil ☐
perenne ☐
perezoso ☐
perito ☐
perjuicio ☐
persecución ☐
perseverancia ☐
persuasivo ☐
pilotar ☐
piscina ☐
plebiscito ☐
pocillo ☐
pollo ☐
popurrí ☐
poso ☐
poyo ☐
pozo ☐
precavido ☐
precedente ☐
preciosismo ☐
precondición ☐
predecesor ☐
prejuicio ☐
prerrequisito ☐
prerrogativa ☐
prescribir ☐

prescrito ☐
presunción ☐
pretencioso ☐
prever ☐
privación ☐
probablemente ☐
procedente ☐
prócer ☐
procesión ☐
proeza ☐
progenitor ☐
prohibir ☐
prórroga ☐
protuberancia ☐
púa ☐
pugilato ☐
pulsación ☐
pulverizar ☐
pureza ☐
puya ☐

quehacer ☐
quejido ☐
quemarropa ☐
queramos ☐
querubín ☐
quincallero ☐
quincuagésimo ☐
quiso ☐
quórum ☐

radiactivo ☐
raíces ☐
raíz ☐
rallar ☐
rancio ☐
rasa ☐
rayar ☐
raza ☐
reacio ☐
rebasar ☐
rebelar ☐
rebelarse ☐
recabar ☐
recavar ☐
receso ☐
reciente ☐
reelección ☐
referéndum ☐
refrigerio ☐
régimen ☐
regímenes ☐
rehén ☐
rehúso ☐
reivindicación ☐
residencia ☐
resiente ☐
resumen ☐

retahíla ☐
reúno ☐
revelación ☐
revelar ☐
revertir ☐
revés ☐
revisar ☐
revisión ☐
revocar ☐
revolver ☐
revólver ☐
ribera ☐
ríe ☐
río ☐
riqueza ☐
rizo ☐
roce ☐
rojizo ☐
rozar ☐
ruptura ☐

sabana ☐
sábana ☐
sabia ☐
sabueso ☐
saciar ☐
sagaz ☐
sanción ☐
savia ☐
sazón ☐
secesión ☐
secuaz ☐
sede ☐
semblanza ☐
sencillez ☐
sesión ☐
sidra ☐
siervo ☐
símbolo ☐
sin embargo ☐
sinnúmero ☐
sinusitis ☐
soberbia ☐
solo ☐
sólo ☐
somnolencia ☐
suavizador ☐
subconciencia ☐
subrayar ☐

subversivo ☐
sucesivo ☐
sugerir ☐
sugestión ☐
sujeción ☐
sumergir ☐
sumo ☐
superávit ☐
superfluo ☐
supervivencia ☐
susceptible ☐

tabular ☐
taciturno ☐
táctil ☐
talla ☐
también ☐
tangente ☐
tapicería ☐
tardanza ☐
tasación ☐
tecnicismo ☐
tensión ☐
terciar ☐
tergiversar ☐
textil ☐
titubear ☐
tobillo ☐
tocayo ☐
torcer ☐
tracción ☐
trace ☐
traduje ☐
tráetelo ☐
tragedia ☐
traía ☐
transacción ☐
transeúnte ☐
transfusión ☐
transición ☐
transversal ☐
trascendencia ☐
trascendental ☐
traslúcido ☐
travesía ☐
trayecto ☐
trazar ☐
treinta y dos ☐
triunvirato ☐

triza ☐
tubo ☐
turba ☐
turbio ☐
turbulento ☐
tuvo ☐

ubicación ☐
ufano ☐
úlcera ☐
ultimátum ☐
unánimemente ☐
unción ☐
unísono ☐
urgencia ☐
urinario ☐
uso ☐
usurpación ☐
utensilio ☐
utilización ☐

vaciar ☐
vacilo ☐
vacilación ☐
vaina ☐
vaivén ☐
validez ☐
valla ☐
valle ☐
varicela ☐
varón ☐
vasija ☐
vasto ☐
vaticinio ☐
vaya ☐
veces ☐
vehículo ☐
veintidós ☐
vello ☐
velorio ☐
vendaje ☐
venerable ☐
ventisca ☐
ventolera ☐
ventrílocuo ☐
verbena ☐
vergonzoso ☐
vergüenza ☐
verosímil ☐

verruga ☐
versión ☐
vesícula ☐
vía ☐
vicepresidente ☐
viceversa ☐
vicioso ☐
vicisitud ☐
vidente ☐
vienes ☐
vigésimo ☐
vigía ☐
viperino ☐
viraje ☐
víscera ☐
viscoso ☐
visera ☐
víspera ☐
vistazo ☐
vitalicio ☐
vociferar ☐
votar ☐

xilófono ☐
xilografía ☐

yanqui ☐
yarda ☐
yegua ☐
yema ☐
yermo ☐
yerno ☐
yeso ☐
yogur ☐
yuca ☐

zafar ☐
zalamero ☐
zambullir ☐
zanahoria ☐
zarpar ☐
zigzaguear ☐
zócalo ☐
zonificación ☐
zueco ☐
zumbar ☐
zumo ☐
zurcir ☐
zurdo ☐

Su estrategia personal de redacción

Usted ha aprendido diferentes técnicas que le ayudarán en el proceso de aprender a escribir. Hay presente diferentes técnicas debido a que cada escritor es también diferente. Para que escriba su mejor composición de GED, necesita determinar qué técnica le resulta mejor. Luego, usted puede crear su propia estrategia de escritura para sacar alta calificación en la composición de GED.

Reunir ideas

¿Cuál de las siguiente técnicas fue más útil para usted al reunir ideas? ¿Cuál le pareció la segunda mejor forma de reunir ideas? Enumere 1 y 2 las técnicas correspondientes:

_____ hacer una lista

_____ dibujar un mapa de ideas

_____ lluvia de ideas

_____ hacer preguntas

_____ usar círculos de ideas

Organizar ideas

¿ Cuál de las siguiente técnicas fue más útil para usted al agrupar y ordenar ideas?

_____ circular y marcar en grupos en la lista

_____ reescribir las ideas en lista; marcar las listas

_____ dibujar un mapa idea

_____ esbozar

Escribir

¿Cuál de los siguientes consejos le resulta más difícil recordar?

_____ ajustarme a mi plan organizativo

_____ añadir ideas nuevas a la primera que escriba

_____ escribir cuidadosamente y de manera legible

_____ dejar espacio entre las líneas y en el margen para correcciones

Evaluar y revisar

¿A cuál de las áreas necesita poner atención cuando evalúas y revisas? Marque todas las que quiera recordar.

Presentación de ideas

_____ plantear las tesis claramente en el párrafo introductorio

_____ escribir oraciones preliminares en el párrafo introductorio

_____ ajustarse al tema

_____ escribir oraciones temáticas para cada párrafo

_____ incluir detalles, ejemplos, datos y opiniones de apoyo

_____ expresar ideas claramente con palabras adecuadas y transiciones

_____ reformular el tema en las conclusiones

_____ revisar las ideas en las conclusiones

Convenciones del español

_____ usar apropiadas estructuras de oraciones

_____ usar una variedad de estructuras de oraciones

_____ asegurarse de la concordancia entre sujetos y verbos

_____ asegurarse de que los verbos estén en el tiempo y la forma correctos

_____ revisar la puntuación

_____ prestar atención a la ortografía

_____ revisar el uso de mayúsculas

_____ revisar el uso del vocabulario

Usar su tiempo

En el proceso de escribir cada uno de los pasos siguientes toma una determinada cantidad de tiempo. El esquema sugiere la cantidad de tiempo apropiada para cada paso:

Planificar:	5 minutos
Organizar:	5 minutos
Escribir:	25 minutos
Evaluar:	5 minutos
Revisar:	5 minutos

$\left.\right\}$ 45 minutos en total

Sin embargo, el margen de tiempo que mejor funcione para usted puede ser diferente. Quizás necesite menos tiempo para pensar en las ideas y más tiempo para organizarlas. O quizás necesite menos tiempo para escribir la composición y más tiempo para revisarla.

Mi estrategia de escritura	Tiempo
Planificar La técnica que usaré para reunir ideas es _____ _____ . Si tengo dificultad pensando en ideas, intentaré _____ _____ .	_____ min.
Organizar La técnica que usaré para agrupar y organizar mis ideas es _____ _____ _____ _____ .	_____ min.
Escribir Me guiaré por mi plan organizativo para escribir un párrafo introductorio, tres párrafos de contenido y un párrafo de conclusiones. Cuando escriba, prestaré atención de que yo _____ _____ _____ .	_____ min.
Evaluar y revisar mi presentación de ideas Cuando evalúe y revise, prestaré especial atención a las áreas siguientes: _____ _____ _____ .	_____ min.
Evaluar y revisar las convenciones del español Cuando evalúe y revise, prestaré especial atención a las áreas siguientes: _____ _____ _____ .	_____ min.
	Total 45 min.

Lista de redacción

Las actividades Enlaces con la redacción de este libro le sirvieron para desarrollar algunas destrezas básicas de redacción. Estas destrezas serán muy útiles para escribir una composición efectiva en la Parte II de la Prueba de Redacción. Cuando usted escriba (ya sea una composición personal o más general) pregúntese y revise lo siguiente:

❑ ¿La composición tiene introducción, cuerpo y conclusión?

❑ ¿Cada idea principal tiene su propio párrafo?

❑ ¿Todas las oraciones están completas y claras?

❑ ¿Los detalles y ejemplos son interesantes y específicos?

❑ ¿Hay modificadores vívidos y específicos que le permitirán al lector "ver" lo que describo?

❑ ¿Hay verbos específicos de acción?

❑ ¿El punto de vista es el mismo en toda la composición?

❑ ¿La composición no se sale del tema? ¿Las ideas se relacionan con el tema?

❑ ¿El uso de las estructuras de las oraciones es correcto y adecuado? (Consulte la lista en la página 885).

❑ ¿La organización es efectiva y clara? (Consulte la lista en la página 886).

❑ ¿El uso del español es correcto? (Consulte la lista en página 887).

❑ ¿Las mecánicas de redacción: uso de las mayúsculas, puntuación y ortografía son correctas? (Consulte la lista en la página 888).

Manual de la calculadora

Manual de referencia de la calculadora CASIO *fx-260solar*

Cuando tome el examen GED se le permitirá usar una calculadora en la Parte I del examen. Esta calculadora es la CASIO *fx-260solar* y será facilitada por el centro de exámenes. La información de este manual le permitirá usar la calculadora efectivamente.

La CASIO *fx-260solar* es una calculadora científica. Contiene muchas más teclas y funciones de las que usted va a necesitar en el examen. En el diagrama de abajo se indican las teclas que le serán más útiles. A través de todo este libro usted ha aprendido operaciones básicas que puede ejecutar con la mayoría de las calculadoras. Este manual presta atención a funciones especiales de la calculadora del examen GED.

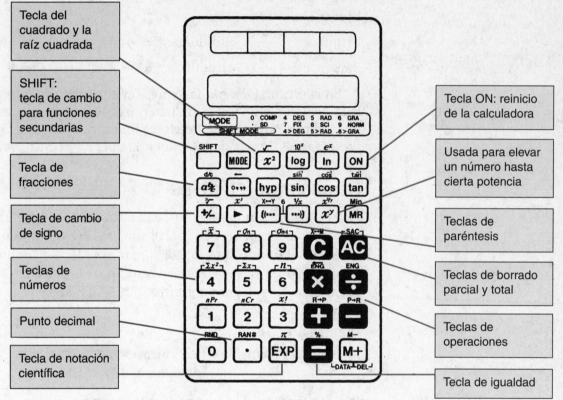

Tecla del cuadrado y la raíz cuadrada

SHIFT: tecla de cambio para funciones secundarias

Tecla de fracciones

Tecla de cambio de signo

Teclas de números

Punto decimal

Tecla de notación científica

Tecla ON: reinicio de la calculadora

Usada para elevar un número hasta cierta potencia

Teclas de paréntesis

Teclas de borrado parcial y total

Teclas de operaciones

Tecla de igualdad

Comenzar

ON Para comenzar a usar la calculadora, oprima la tecla ON. La tecla ON borra la memoria y pone la pantalla en 0. Usted verá las letras "DEG" en la parte superior de la ventana de la pantalla.

AC La tecla de "borrado total" borra de la pantalla todos los números y operaciones. Presione siempre la tecla AC o ON cuando esté listo para comenzar un problema nuevo.

C La tecla de "borrado parcial" borra el último número u operación que usted introdujo. Use esta tecla cuando esté seguro de haber introducido un número incorrecto. Presione C y luego introduzca el número correcto.

Trabajar con números con signo

Use la tecla +/– para cambiar el signo de un número. Para introducir un número negativo, introduzca primero los dígitos del número y después presione +/– .

Ejemplos

Resuelva: $6 + (-9)$ Introduzca: 6 + 9 +/– = -3.

Resuelva: $-5 \times 4 \div (-2)$ Introduzca: 5 +/– × 4 ÷ 2 +/– = 10.

Trabajar con paréntesis

Use las teclas de paréntesis [(--- y ---)] para introducir agrupaciones de símbolos cuando una expresión contiene más de una operación. Ubique las agrupaciones de símbolos alrededor de la operación que debe ser ejecutada en primer lugar. Sin el uso de paréntesis, la calculadora ejecuta primero los pasos de multiplicación y división (siguiendo el orden de las operaciones).

Ejemplos

Resuelva: $\dfrac{-4 + 6}{-2}$ Introduzca: [(--- 4 +/– + 6 ---)] ÷ 2 +/– = -1.

Resuelva: $5(4 + 7)$ Introduzca: 5 × [(--- 4 + 7 ---)] = 55.

En el último ejemplo la expresión algebraica muestra el número 5 al lado de una operación entre paréntesis. Recuerde que eso significa multiplicar. Para evaluar la expresión usando una calculadora usted debe presionar × antes de introducir la operación entre paréntesis.

Otras características

π   Use la segunda función de la tecla EXP para evaluar una expresión que contenga pi. Fíjese en que el símbolo π está impreso encima de la tecla EXP. Presione la tecla SHIFT para acceder a cualquiera de las funciones impresas encima de las teclas de la calculadora. Tenga en cuenta que si en lugar de π introduce 3.14, la respuesta también será la correcta.

Ejemplo

Resuelva: Calcule 4π Introduzca: 4 × SHIFT EXP = 12.56637061

                              Introduzca: 4 × 3.14 = 12.56

%   La función de por ciento es la segunda función de la tecla = . Usted puede introducir un por ciento como es escrito, en lugar de convertirlo a decimal.

Ejemplo

Resuelva: Calcule el 45 % de 200.   Introduzca: 200 × 45 SHIFT = 90.

Cuadrados y raíces cuadradas

Para calcular el cuadrado de un número se multiplica el número por sí mismo. Por ejemplo, $6^2 = 6 \times 6 = 36$. Se puede elevar al cuadrado número rápidamente usando la tecla $\boxed{x^2}$ de su calculadora. También se puede ejecutar operaciones usando cuadrados. Usted encontrará útiles estas características cuando resuelva problemas que incluyan el Teorema de Pitágoras.

Ejemplos

Resuelva: $8^2 = ?$ Introduzca: 8 $\boxed{x^2}$ 64.

Resuelva: $12^2 - 7^2 = ?$ Introduzca: 12 $\boxed{x^2}$ $\boxed{-}$ 7 $\boxed{x^2}$ $\boxed{=}$ 95.

La raíz cuadrada es la segunda función asignada a la tecla del cuadrado $\boxed{x^2}$. Para encontrar la raíz cuadrada de un número, introduzca el número y luego presiones SHIFT y la tecla del cuadrado.

Ejemplos

Resuelva: ¿Cuál es la raíz cuadrada de 225? Introduzca: 225 $\boxed{\text{SHIFT}}$ $\boxed{x^2}$ 15.

Resuelva: $\sqrt{256} + \sqrt{81} = ?$

Introduzca: 256 $\boxed{\text{SHIFT}}$ $\boxed{x^2}$ $\boxed{+}$ 81 $\boxed{\text{SHIFT}}$ $\boxed{x^2}$ $\boxed{=}$ 25.

Exponentes y notación científica

Para elevar un número a una potencia mayor que 2, use la tecla $\boxed{x^y}$, donde x es la base y y el exponente. Introduzca la base, presione la tecla $\boxed{x^y}$ e introduzca el exponente.

Ejemplos

Resuelva: $5^4 = ?$ Introduzca: 5 $\boxed{x^y}$ 4 $\boxed{=}$ 625.

Resuelva: $6^3 + 3^5 = ?$ Introduzca: 6 $\boxed{x^y}$ 3 $\boxed{+}$ 3 $\boxed{x^y}$ 5 $\boxed{=}$ 459.

En notación científica un número mayor que o igual a uno y menor que diez se multiplica por una potencia de diez. Use la tecla $\boxed{\text{EXP}}$ para introducir un número escrito en notación científica.

Ejemplos

Resuelve: Exprese 3.2×10^6 en notación estándar.

Introduzca: 3.2 $\boxed{\text{EXP}}$ 6 $\boxed{=}$ 3200000.

Resuelve: Exprese 4.89×10^5 en notación estándar.

Introduzca: 4.89 $\boxed{\text{EXP}}$ 5 $\boxed{=}$ 489000.

Teclas de funciones básicas de la calculadora CASIO *fx-260SOLAR*.

(ON) Tecla de encendido

(C) Tecla de borrado parcial

(·) Tecla de punto decimal

(SHIFT) Tecla para usar junto con otra tecla para cambiar una función

(AC) Tecla de borrado total

(▶) Tecla de retroceso

(3) Tecla de dígito o número

Cálculos básicos

(+) Tecla de adición

(×) Tecla de multiplicación

(=) Tecla de igualdad

(−) Tecla de substracción

(÷) Tecla de división

Teclas especiales

(a b/c) Tecla de fracción

% Tecla de por ciento = (SHIFT) + (=)

(EXP) Tecla de exponente

([(---) Tecla de apertura de paréntesis

π Tecla pi ó 3.1415926536 = (SHIFT) + (EXP)

(+/−) Tecla de cambio de signo

√ Tecla de raíz cuadrada = (SHIFT) + (x²)

(x²) Tecla del cuadrado

(---)]) Tecla de cierre de paréntesis

Si necesita ayuda adicional, consulte *Steck-Vaughn GED Skill Book Mathematics: Calculator*.

Agradecimientos

Daudelin, Art. "Keys to Effective Web Searching" by Art Daudelin from *Physicians Financial News,* 17 (10): s8, 1999. ©1999 by PFN Publishing, Inc. Reprinted by permission of the author.

Erdrich, Louise. From "The Red Convertible" from *Love Medicine,* new and expanded version, by Louise Erdrich. Copyright © 1984, 1993 by Louise Erdrich. Reprinted by permission of Henry Holt and Company, LLC.

Faulkner, William. From "A Rose for Emily" from *The Collected Stories of William Faulkner* by William Faulkner. Copyright 1930 and renewed © 1958 by William Faulkner. Reprinted by permission of Random House, Inc.

Frost, Robert. From "Education by Poetry" from Selected Prose of Robert Frost, edited by Hyde Cox and Edward Connery Lathem. Copyright © 1931, 1939, 1966, 1967 by Henry Holt and Company, copyright © 1946, 1959 by Robert Frost, and copyright © 1956 by The Estate of Robert Frost. Reprinted by permission of Henry Holt & Co., LLC.

Goldsborough, Reid. From "We've All Got E-mail" by Reid Goldsborough in *The Editorial Eye,* December 1999. Reprinted by permission of the author.

Griffith, Thomas. From "What's so Special About News Magazines?" by Thomas Griffith from *Newsweek,* June 26, 1989. Copyright © 1989 by Thomas Griffith. Reprinted by permission of the Estate of Thomas Griffith.

Harris, Robert R. From "Too Embarrassed Not to Kill" from *The New York Times,* March 11, 1990. Copyright © 1990 by the New York Times. All rights reserved. Reprinted by permission of The New York Times.

Hemingway, Ernest. From *The Old Man and the Sea* by Ernest Heminway. Copyright 1952 by Ernest Hemingway and copyright renewed © 1980 by Mary Hemingway. Reprinted by permission of The Hemingway Foreign Rights Trust.

Hernández, Miguel. From "El silbo de afirmación en la aldea" by Miguel Hernández. Copyright © Herederos de Miguel Hernández. Reprinted by permission of Vientos del Pueblo, S.L.

Hobson, Louis B. Quote by Chris Rock from "One Rocky Road," by Louis B. Hobson from *Calgary Sun,* September 7, 2000. Reprinted by permission of Toronto Sun Syndicated Services.

Ibsen, Henrik. From *A Doll's House* from *Four Major Plays* by Henrik Ibsen, translated by James McFarlane. Copyright © 1961 by James McFarlane. Reprinted by permission of Oxford University Press.

Jiménez, Juan Ramón. "El viaje definitivo" from *Canción* by Juan Ramón Jiménez. Reprinted by permission of the Herederos de Juan Ramón Jiménez.

Knowles, John. From *A Separate Peace* by John Knowles. Copyright © 1959 by John Knowles. Reprinted by permission of Curtis Brown, Ltd.

Landa, Victor. From "My 20-Hour Work Week Never Arrived" by Victor Landa, from *Hispanic Link.* Copyright © 2000. Reprinted by permission of the author.

McCaig, Donald. From "The Best Four Days in Highland County" from *An American Homeplace* by Donald McCaig. Copyright © 1992, 1997 by Donald McCaig. Reprinted by permission of International Creative Management, Inc.

Méndez, Lola. "Vigilia" from *La rázon cotidiana* by Lola Méndez. Reprinted by permission of the author.

Meisler, Andy. From "TELEVISION; The Man Who Keeps 'E.R.''s Heart Beating." From *The New York Times,* February 26, 1995. Copyright © 1995 by The New York Times. All rights reserved. Reprinted by permission of The New York Times.

Minner, Governor Ruth Ann. Quote from Ruth Ann Minner, Governor of Delaware. Reprinted by permission of the author.

Moran, Michael. From "Saving Downtown's Gems" by Michael Moran from *The Chicago Tribune,* February 29, 2000. Reprinted by permission of the author.

Nandino, Elías. "Flor Nocturna" from *Conversación con el mar* by Elías Nandino. Reprinted by permission of the author.

Newsweek. From "Get out and Exercise!" from Newsweek, March 7, 1999. Copyright ©1999 Newsweek, Inc. All rights reserved. Reprinted by permission of Newsweek, Inc.

Norman, Marsha. Excerpt from 'night Mother by Marsha Norman. Copyright © 1983 by Marsha Norman. Reprinted by permission of the Gersh Agency on behalf of the author.

Norris, Kathleen. From "Rain," from Dakota: A Spiritual Geography by Kathleen Norris. Copyright © 1993 by Kathleen Norris. All rights reserved. Reprinted by permission of Houghton Mifflin Harcourt Publishing Company.

O'Connor, Flannery. Excerpt from "A Good Man is Hard to Find" in A Good Man Is Hard To Find and Other Stories, copyright © 1953, 1954, 1955 by Flannery O'Connor and renewed © 1981, 1982, 1983 by Regina Cline O'Connor. Reprinted by permission of the Mary Flannery O'Connor Charitable Trust via Harold Matson Co., Inc.

Porter, Katherine Anne. From "The Jilting of Granny Weatherall" from Flowering Judas and Other Stories by Katherine Anne Porter. Copyright 1930 and renewed 1958 by Katherine Anne Porter. Reprinted by permission of Houghton Mifflin Harcourt Publishing Company.

Quiñones, Magaly. "A la ceiba de ponce" from Sobre las altas yerbas by Marta Magaly Quiñones. Reprinted by permission of the author.

Sagan, Carl. From Contact by Carl Sagan. Copyright © 1985 by Carl Sagan. All rights reserved. Reprinted by permission of Simon & Schuster Adult Publishing Group.

Seiler, Andy. From "Love and Basketball misses the net" by Andy Seiler from USA Today, April 21, 2000. Copyright © 2000 by USA TODAY. Reprinted by permission of USA Today Education.

Shaw, Bernard. From The Devil's Disciple by George Bernard Shaw. Copyright 1906 by Brentano's. Reprinted by permission of The Society of Authors, on behalf of the Bernard Shaw Estate.

Shepard, Sam. From "True West" from Seven Plays by Sam Shepard. Copyright © 1981 by Sam Shepard. Reprinted by permission of the author.

Singer, Isaac Bashevis. From "The Spinoza of Market Street" from The Spinoza of Market Street by Isaac Bashevis Singer. Copyright © 1961 and renewed © 1989 by Isaac Bashevis Singer. Reprinted by permission of Farrar, Straus and Giroux, LLC.

Sommer, Sally R. From "Superfeet" by Sally R. Sommer. First published in Village Voice. Reprinted by permission of the author.

Sontag, Susan. Excerpt from "America, Seen through Photographs, Darkly" from On Photography by Susan Sontag. Copyright © Susan Sontag 1971, 1974, 1977. All rights reserved. Reproduced by permission of The Wylie Agency (UK) Ltd.

Stearns, David Patrick. From "Magestic Henry V does Justice to the Bard" by David Patrick Stearns from USA Today, November 10, 1989. Copyright © 1989 USA TODAY. Reprinted by permission of USA Today Education.

Steinbeck, John. From Cannery Row by John Steinbeck. Copyright 1945 by John Steinbeck and renewed © 1973 by Elaine Steinbeck, John Steinbeck IV and Thom Steinbeck. Reprinted by permission of McIntosh and Otis, Inc.

Taylor, Peter. Excerpt from "Dean of Men" from The Collected Stories of Peter Taylor by Peter Taylor. Copyright © 1968 by Peter Taylor. Reprinted by permission of Farrar, Straus and Giroux, LLC.

Templeton, Brad. From "It's Net Worth It" from Bill Gates Wealth Index from Brad Templeton's Home Page Web site accessed at http://www.templetons.com/brad/. Copyright © 1997–1999 by Brad Templeton. Reprinted by permission of the author.

Torres-Winters, Linda. Quote by Linda Torres-Winters. Reprinted by permission of the author, www.linditassalsa.com.

Vásquez, Enedina Cásarez. From "The House of Quilts" by Enedina Cásarez Vásquez. Reprinted by permission of the author.

Índice

Hoja de respuestas

Prueba de Lenguaje, Composición de GED, Parte I

Nombre: _____ Clase: _____ Fecha: _____

Hora de inicio: _____

Hora de término: _____

○ Prueba preliminar   ○ Prueba simulada

1 ①②③④⑤	11 ①②③④⑤	21 ①②③④⑤	31 ①②③④⑤	41 ①②③④⑤
2 ①②③④⑤	12 ①②③④⑤	22 ①②③④⑤	32 ①②③④⑤	42 ①②③④⑤
3 ①②③④⑤	13 ①②③④⑤	23 ①②③④⑤	33 ①②③④⑤	43 ①②③④⑤
4 ①②③④⑤	14 ①②③④⑤	24 ①②③④⑤	34 ①②③④⑤	44 ①②③④⑤
5 ①②③④⑤	15 ①②③④⑤	25 ①②③④⑤	35 ①②③④⑤	45 ①②③④⑤
6 ①②③④⑤	16 ①②③④⑤	26 ①②③④⑤	36 ①②③④⑤	46 ①②③④⑤
7 ①②③④⑤	17 ①②③④⑤	27 ①②③④⑤	37 ①②③④⑤	47 ①②③④⑤
8 ①②③④⑤	18 ①②③④⑤	28 ①②③④⑤	38 ①②③④⑤	48 ①②③④⑤
9 ①②③④⑤	19 ①②③④⑤	29 ①②③④⑤	39 ①②③④⑤	49 ①②③④⑤
10 ①②③④⑤	20 ①②③④⑤	30 ①②③④⑤	40 ①②③④⑤	50 ①②③④⑤

Hoja de respuestas

Prueba de Estudios Sociales de GED

Nombre: _____ **Clase:** _____ **Fecha:** _____

Hora de inicio: _____

Hora de término: _____

○ **Prueba preliminar**   ○ **Prueba simulada**

1 ①②③④⑤	11 ①②③④⑤	21 ①②③④⑤	31 ①②③④⑤	41 ①②③④⑤
2 ①②③④⑤	12 ①②③④⑤	22 ①②③④⑤	32 ①②③④⑤	42 ①②③④⑤
3 ①②③④⑤	13 ①②③④⑤	23 ①②③④⑤	33 ①②③④⑤	43 ①②③④⑤
4 ①②③④⑤	14 ①②③④⑤	24 ①②③④⑤	34 ①②③④⑤	44 ①②③④⑤
5 ①②③④⑤	15 ①②③④⑤	25 ①②③④⑤	35 ①②③④⑤	45 ①②③④⑤
6 ①②③④⑤	16 ①②③④⑤	26 ①②③④⑤	36 ①②③④⑤	46 ①②③④⑤
7 ①②③④⑤	17 ①②③④⑤	27 ①②③④⑤	37 ①②③④⑤	47 ①②③④⑤
8 ①②③④⑤	18 ①②③④⑤	28 ①②③④⑤	38 ①②③④⑤	48 ①②③④⑤
9 ①②③④⑤	19 ①②③④⑤	29 ①②③④⑤	39 ①②③④⑤	49 ①②③④⑤
10 ①②③④⑤	20 ①②③④⑤	30 ①②③④⑤	40 ①②③④⑤	50 ①②③④⑤

Answer Sheet

Hoja de respuestas

Prueba de Ciencias de GED

Nombre: _____ Clase: _____ Fecha: _____

Hora de inicio: _____

Hora de término: _____

○ Prueba preliminar   ○ Prueba simulada

1 ①②③④⑤	11 ①②③④⑤	21 ①②③④⑤	31 ①②③④⑤	41 ①②③④⑤
2 ①②③④⑤	12 ①②③④⑤	22 ①②③④⑤	32 ①②③④⑤	42 ①②③④⑤
3 ①②③④⑤	13 ①②③④⑤	23 ①②③④⑤	33 ①②③④⑤	43 ①②③④⑤
4 ①②③④⑤	14 ①②③④⑤	24 ①②③④⑤	34 ①②③④⑤	44 ①②③④⑤
5 ①②③④⑤	15 ①②③④⑤	25 ①②③④⑤	35 ①②③④⑤	45 ①②③④⑤
6 ①②③④⑤	16 ①②③④⑤	26 ①②③④⑤	36 ①②③④⑤	46 ①②③④⑤
7 ①②③④⑤	17 ①②③④⑤	27 ①②③④⑤	37 ①②③④⑤	47 ①②③④⑤
8 ①②③④⑤	18 ①②③④⑤	28 ①②③④⑤	38 ①②③④⑤	48 ①②③④⑤
9 ①②③④⑤	19 ①②③④⑤	29 ①②③④⑤	39 ①②③④⑤	49 ①②③④⑤
10 ①②③④⑤	20 ①②③④⑤	30 ①②③④⑤	40 ①②③④⑤	50 ①②③④⑤

Hoja de respuestas

Prueba de Lenguaje, Lectura de GED

Nombre: _____   Clase: _____   Fecha: _____

Hora de inicio: _____

Hora de término: _____

○ Prueba preliminar   ○ Prueba simulada

1 ①②③④⑤	11 ①②③④⑤	21 ①②③④⑤	31 ①②③④⑤	41 ①②③④⑤
2 ①②③④⑤	12 ①②③④⑤	22 ①②③④⑤	32 ①②③④⑤	42 ①②③④⑤
3 ①②③④⑤	13 ①②③④⑤	23 ①②③④⑤	33 ①②③④⑤	43 ①②③④⑤
4 ①②③④⑤	14 ①②③④⑤	24 ①②③④⑤	34 ①②③④⑤	44 ①②③④⑤
5 ①②③④⑤	15 ①②③④⑤	25 ①②③④⑤	35 ①②③④⑤	45 ①②③④⑤
6 ①②③④⑤	16 ①②③④⑤	26 ①②③④⑤	36 ①②③④⑤	46 ①②③④⑤
7 ①②③④⑤	17 ①②③④⑤	27 ①②③④⑤	37 ①②③④⑤	47 ①②③④⑤
8 ①②③④⑤	18 ①②③④⑤	28 ①②③④⑤	38 ①②③④⑤	48 ①②③④⑤
9 ①②③④⑤	19 ①②③④⑤	29 ①②③④⑤	39 ①②③④⑤	49 ①②③④⑤
10 ①②③④⑤	20 ①②③④⑤	30 ①②③④⑤	40 ①②③④⑤	50 ①②③④⑤

© 2002 by Steck-Vaughn Company. Complete GED Preparation. Permission granted to reproduce for classroom use.

Answer Sheet

Hoja de respuestas

Prueba preliminar de Matemáticas de GED

Nombre: _____ Clase: _____ Fecha: _____

Hora de inicio: _____

Hora de término: _____

Parte I

1 ①②③④⑤

2 ①②③④⑤

3 ①②③④⑤

4 ①②③④⑤

5 ①②③④⑤

6

12

7 ①②③④⑤

8 ①②③④⑤

9 ①②③④⑤

10 ①②③④⑤

11 ①②③④⑤

Parte II

13 ①②③④⑤

14 ①②③④⑤

15 ①②③④⑤

16 ①②③④⑤

17 ①②③④⑤

18

19 ①②③④⑤

20 ①②③④⑤

21 ①②③④⑤

22 ①②③④⑤

23 ①②③④⑤

24 ①②③④⑤

25 ①②③④⑤

Hoja de respuestas

Prueba de Matemáticas de GED, Parte I

Nombre: _____ Clase: _____ Fecha: _____

Hora de inicio: _____

Hora de término: _____

○ Prueba simulada

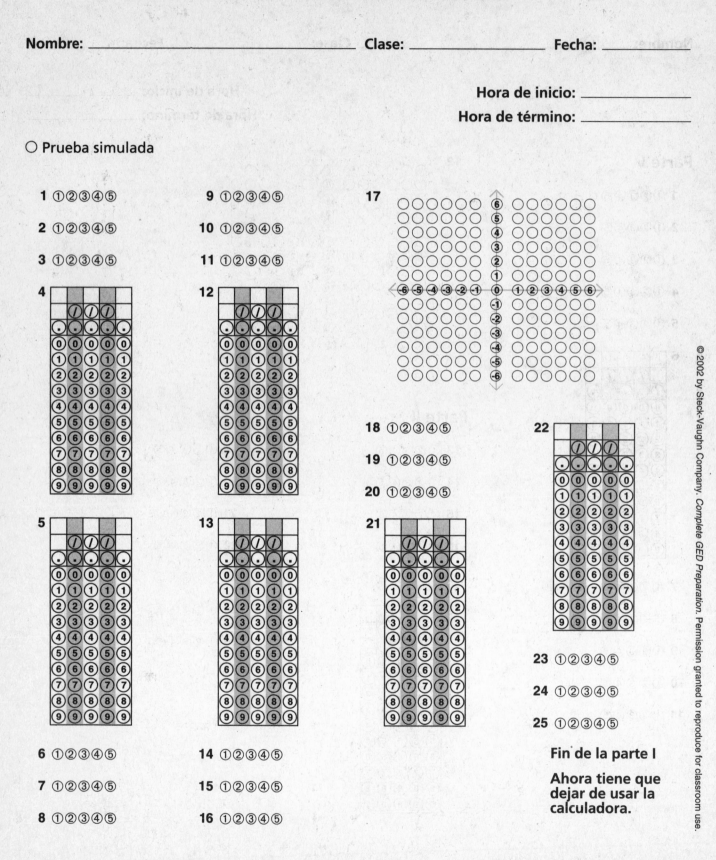

23 ①②③④⑤

24 ①②③④⑤

25 ①②③④⑤

Fin de la parte I

Ahora tiene que dejar de usar la calculadora.

Answer Sheet

Hoja de respuestas

Prueba de Matemáticas de GED, Parte II

Nombre: _____ Clase: _____ Fecha: _____

Hora de inicio: _____

Hora de término: _____

○ Prueba simulada

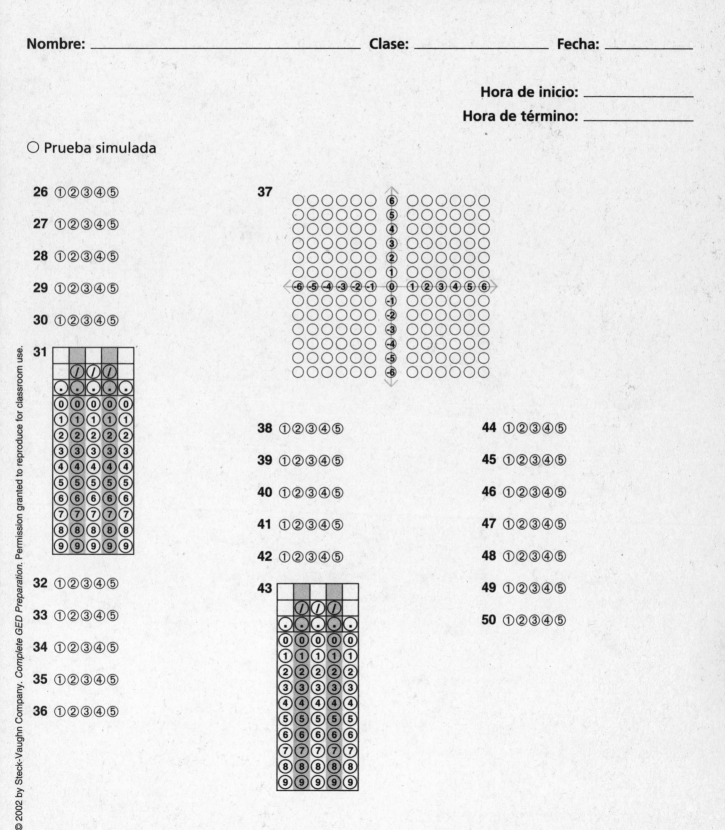